제 2 판 머리말

초판이 발행된 이후 한국의 재무환경은 많은 변화와 발전이 있었다. 최근 들어 재정이 경제·사회구조 변화에 적극 대응해야 한다는 국민의 요구가 증가하고 그에 따른 정부의 재정운용의 방향도 올바르게 설정하여 효율적으로 집행하기 위한 노력이 필요한 시대이다.

이 책은 정부의 예산과 회계를 올바르게 이해하기 위한 입문서라는 초심의 역할을 그대로 담고 있다. 책에서 소개하는 예산과정과 회계에 대한 이해를 통하여 정부의 재정 활동에 대하여 정확한 이해를 하고, 정부재정의 발전적 사고와 비판을 기대한다. 이번 개정은 초판과 다음의 몇 가지 점에 중점을 두었다.

첫째, 국민참여예산제도에 대한 내용을 포함하였다. 지난 초판에서는 예산편성 등 예산과정에서의 참여가 지방자치단체를 중심으로 한 주민참여예산제에 국한되어 있었지만, 문재인 정부가 들어서면서 도입 및 시행하고 있는 국민참여예산제를 소개함으로써 제도의 배경, 내용 등의 이해를 돕고자 하였다.

둘째, 성인지예산제도에 대한 내용을 보완하였다. 우리나라는 2008년 성인지예산안 작성지침을 발표하고, 국가재정법에 따라 2010년 회계연도부터 도입했는데, 변화내용을 보완하였다.

셋째, 정부의 성과관리 내용을 보완하였다. 최근 재정 분야의 성과관리체계의 변화내용 및 우리나라의 현황을 추가·보완하였다.

초판에 이어 개정판도 분량이 많기는 하지만, 이 책은 재무행정을 접하는 이들에게 재무행정의 변화내용을 담아 좋은 교과서가 되고자 하는 초심을 유지하고 싶다. 또한 사람들에게 정부의 재정관리를 이해하는 디딤돌 역할이 되기를 바라고, 재무행정이 학문적으로도 발전하는 데 기여했으면 한다.

2019년 12월

주기완·윤성식

머 리 말

이 책은 공공부문의 예산과 회계에 대한 입문서이다. 노무현 정부는 공공부문의 예산과 회계에 관하여 획기적인 개혁을 시도하였다. 수십 년 된 예산회계법을 국가재정법과 국가회계법으로 분리하여 제정하였다. 일제시대의 잔재인 장, 관, 항, 목으로 구성된 예산체계를 분야, 부문, 프로그램, 단위사업, 세부사업으로 바꾸었으며 프로그램 예산체계 도입을 위한 기초를 닦았다. 복식부기와 발생주의회계를 도입하고 정부회계기준을 제정하였으며 공공부문의 재무제표를 작성하기 위한 기틀을 닦았고 성과주의 예산을 본격화하였다. 정부의 예산회계정보시스템은 디지털예산회계시스템이라고 명명되었으며 현재는 dBrain이라는 멋진 이름으로 바뀌었다. 이 책은 그 간의 이러한 변화를 모두 담기 위해 최선을 다했다.

재무행정의 발전을 위하여 좋은 논문을 쓰는 것도 중요하지만 좋은 교과서가 무엇보다도 급선무라는 것을 실감한다. 학문의 발전이란, 다른 사람의 비판에서 출발할 수도 있지만, 다른 사람의 주장(좋은 내용)을 소개하고 인용하는 것도 중요하다. 이 책은 재무행정이 학문적으로 발전할 수 있도록 하는데 기여했으면 한다. 또한 좋은 책이 되기 위해서 정체되어 있지 않고, 꾸준히 새로운 학자들이 주장하는 지식과 내용을 소개·전달하고, 정부의 재정관리를 유익하고 발전시키는 매개체가 되기를 소망한다.

2012년 2월

주기완·윤성식

Contents | 차 례

제 1 장 | 공공부문의 예산

제 2 장 | 예산이론과 법체계

제 3 장 | 예산기관과 예산제도

제 4 장 | 정책분석: 예산편성과 예산심의

제 5 장 | 정책집행: 예산집행

제 6 장 | 정책평가: 결산과 감사

제 7 장 | 예산개혁

제 8 장 | 투자: 비용편익분석과 자본예산

제 9 장 | 현금관리

제10장 | 구매관리

제11장 | 정부회계

CHAPTER

01

공공부문의 예산

CHAPTER 01

공공부문의 예산

1.1 공공부문의 자원배분

1. 공공부문의 예산과 회계

민간부문의 자원배분은 시장에서 수요자와 공급자의 자발적인 의사결정에 의해 실현된다. 시장에서 수요와 공급에 의해 결정되는 가격은 소비자와 공급자에게 자원배분에 관한 신호를 보내는 역할을 한다. 가격이 상승하면 소비자는 소비를 줄이거나 다른 재화로 대체하며, 공급자는 생산을 증가시킨다.

공공부문의 자원배분은 강제력에 의해 세금을 징수하고, 예산은 합의에 의해 결정된다. 예산이 확정된 후에는 법에 의해 엄격하게 집행된다. 공공부문의 자원배분은 비시장의사결정이라고 하며 가격에 의해서가 아니라 국민, 의회, 이익단체, 여론, 공무원 등 다양한 행위자들에 의해서 정치적 환경, 제도, 법적 절차 하에서 이루어진다.

예산은 공공부문에서 자원배분이 일어나는 영역이며, 자원배분 계획이고, 자원배분의 수단이기도 하다. 예산과정 속에서 다양한 행위자, 제도, 절차 등이 상호작용을 통하여 예산이라는 정치적 문서를 탄생시킨다.

예산이 자원배분계획이라면 회계는 자원배분결과이다. 예산에 의해 계획된 자원배분은 실제 발생하면 회계에 의해 그 결과가 기록된다. 예산을 통해서 어떠한 자원배분이 목표로 설정되었으며 회계에 의해서 실제로 어떤 자원배분이 이루어졌는가를 확인할 수 있다.

의회에서 법의 형태로 제정되는 미국의 예산은 예산법률주의를 택하고 있기 때문에 예산에 담긴 내용을 위반할 경우에는 법을 위반하는 것과 동일하다. 반면에 우리나라의 예산은 예산비법률주의를 채택하고 있어 예산의 법적성격이 명확하지 않고, 예산과정 참여자와 행위자들의 효과적인 책임성 확보가 어려운 점이 있다(주용식・이승현, 2017).

2. 민간부문과 공공부문의 구분

민간부문과 공공부문의 경계가 갈수록 모호해지고 있으며 서로 접근해가고 있다. 민간부문과 공공부문을 이분법적으로 구별하려는 시도는 현상을 바로 보지 못할 우려가 있다. 현대사회는 민간부문에 대해서도 점점 사회적 책임을 요구하고 있기 때문에 민간부문과 공공부문의 특성을 중심으로 구분하는 것도 조심할 필요가 있다. 예를 들어, 민간부문과 공공부문이 합작으로 사업을 수행하거나 규제를 하는 경우는 이분법적 시각으로 이해하기 힘든 사례이다.

모든 대기업은 필연적으로 공적인 특성을 가지고 있기 때문에 사기업으로만 이해하는 것은 문제가 있다. 중소기업도 상당부분 공적인 특성을 지니고 있다. 모든 기업은 시장에서 활동하기 때문에 역설적으로 사적인 영역이 아닌 공적인 영역에서 활동하고 있는 것이다. 시장은 정부의 영향이 전혀 미치지 않은 성역과 같은 치외법권적 영역이 아니다. 정부가 제정한 법과 규제에 의해 작동되며 사람들의 관행과 인식에 의해 영향을 받는다.

정부는 항상 그동안 민간부문으로부터 배우기만 했으며 민간부문의 기법을 공공부문에 도입하는 것이 공공부문의 개혁의 상당부분을 차지할 정도로 민간부문은 공공부문의 벤치마킹 기능을 수행해 왔다. 그러나 이제는 공공부문으로부터 민간부문이 배워야 하는 공적인 특성이 있으며 이 책의 많은 내용은 민간기업에게 교훈이 될 수 있다. 기업의 사회적 책임은 행정학적인 시각에서 파악되어야 한다. 특히 대한민국의 기업은 관료적인 측면이 강하기 때문에 정부조직의 예산의사결정과 집행에서 나타나는 현상을 기업내부에서 목격할 수 있다. 대기업일수록, 재벌기업일수록 관료적인 현상이 심각하다. 이 책은 기업의 예산에 있어서도 많은 기여를 할 수 있으리라 민는다.

기업의 경우 일부 부서의 예산은 정부의 예산과 매우 유사할 수밖에 없는 성격을 지니고 있다. 예를 들어 홍보실의 예산과 관리부서의 예산은 정부 각 부처의 예산과 비슷한 특성을 지니고 있다. 공공부문의 예산과정에서 얻는 교훈이 기업의 일부 예산에 적용될 수 있음은 물론이고 이미 정부의 예산과 비슷하게 운영되고 있다. 기업 예산 중에서 공공부문의 예산과 비슷한 행태를 보이는 일부 예산 항목에서 점증주의적 관행, 사후 평가의 어려움, 행위자 간의 게임, 예산의 비효율적 관행 등도 관찰할 수 있다.

향후 민간부문은 공공부문으로부터 많은 교훈을 얻고 공공부문의 공적인 특성을 도입하여 보다 많은 사회적 책임을 져야 할 것이다. 최근 사회적 기업의 등장이 자본주의 시장경제의 문제점을 교정할 수 있는 새로운 대안으로 각광받고 있다. 사회적 기업은 행정학적인 관점에서 조망할 때 의미 있는 분석이 가능하리라 생각한다.

3. 예산의 효과성(국가의 비전, 사명, 전략)과 효율성

(1) 예산의 효과성(비전, 사명, 전략)

예산은 효과성과 효율성을 달성하기 위한 메커니즘이다(Wildavsky, 1992). 미국의 경우 대통령의 예산안은 부처의 사명, 국가적 차원의 필요사항, 근본사업, 5년간의 지출 추정액을 포함하여야 한다(Grafton & Permaloff, 1983). 국가가 무엇을 필요로 하는가가 예산에 명시되고 각 부처가 어떤 사명을 추구하는가가 대비되어야 할 것이다. 그런 의미에서 예산은 항상 조직의 비전과 전략을 반영하고 있어야 한다. 비전과 전략으로부터 유리된 예산은 결코 효과성을 달성할 수 없기 때문이며 아무리 효율성이 높다 하더라도 잘못된 부문에 사용되었음을 의미한다.

기업의 목표는 이익의 극대화라고 파악하기보다는 주주가치(shareholder value) 혹은 주주의 부를 극대화하는 것이라고 보아야 한다. 주주가치의 극대화는 장기적으로 주가에 반영된 기업의 시장가치의 극대화라고 볼 수 있다. 이에 반하여 공공조직은 공공가치(public value)를 극대화한다. 그러므로 예산은 궁극적으로 공공가치를 극대화하여야 한다. 공공가치의 극대화를 위해서는 무엇보다도 조직의 사명 선언서에 명시된 조직의 사명을 추구해야 할 것이다. 공공조직은 산출가치를 극대화하는 것이 목표라고 볼 수 있으며 이것을 행정서비스전달에서 화폐가치(VFM: value for money)를 극대화하는 것으로 해석할 수 있다(Moore, 1995; McMenamin, 1999).

조직의 사명(mission), 비전(vision), 전략(strategies)이라는 용어는 예산 분야에는 생소한 용어이다.

> ❑ 사명이란 조직이 무엇을 추구하는가에 대한 내용으로, 현재 추구하는 내용과 미래의 사업에 관한 내용을 포함하기도 함
> ❑ 비전은 조직의 미래방향, 미래위치, 미래행위 즉 미래의 가능하고 바람직한 상태를 의미
> ☞ 주의: 만약 사명이 미래에 추구해야 할 사업내용을 포함할 경우 즉 미래지향적 사명의 경우, 비전과 사명의 구별은 무의미
> ❑ 전략은 비전을 달성하는 수단을 의미

이러한 용어들은 경영학에서 발전된 개념인데 공공부문에 도입되어 공공관리에 상당한 영향을 미치고 있다. 사명, 비전, 전략은 모두 목표와 관련된 개념이다. 예를 들어 어떤 기업이 시장점유율 1위라는 비전과 저가상품 생산을 전략으로 수립하였다면 기업이 예산을 어떻게 배분해야 하는지가 명확해진다. 이처럼 예산은 조직의 비전과 전략에 부합되는 계획을 실행하기 위한 자금배분계획서의 의미를 지니고 있다.

예산은 국가목표의 달성을 위해서 정책의 우선순위 결정을 통하여 자원을 배분하는 의사결정과정으로서, 국가발전, 사회변화와 불가분의 관계에 있다. 국가발전은 소외된 집단을 포함하여 모든 집단에게 기회를 제공하고, 인간에 초점을 맞추며, 개인이 가능한 최대한 자신의 인간성(humanity)을 실현할 수 있는 환경을 창조하여야 한다. Lebret는 국가발전은 경제발전이 아니라 보다 나은 삶의 조건을 향한 인간향상을 추구해야 한다고 주장하였다. 사람은 충분히 의식주를 공급받고, 보살핌을 받고, 교육받으면 즉 정당한 물질적 필요가 만족되고 지적, 도덕적, 미적, 정신적 생활이 개선되면 보다 위대하고 높은 위치에 도달할 수 있다는 것이다. 그러므로 예산은 경제발전을 추구하는 것이 아니라 보다 나은 삶의 조건을 추구해야 한다고 주장한다(Makolo, 1983). 사회목표가 예산에 반영되어 있다면, 사회목표의 실현은 예산과정의 성과에 달려 있다(Guess, 1983).

예산은 국가정책의 방향을 재정립하고 자원을 재배분하는 수단이며 목표달성과 변화의 도구라고 레이건 대통령과 클린턴 대통령은 말하고 있다. 최근 선진국 행정개혁에서 예산개혁이 핵심적 역할을 차지하는 이유도 바로 여기에 있다. 클린턴 대통령은 1995회계연도 예산을 편성할 때 어느 대통령도 하지 않았던 일을 하였다. 15시간에 걸쳐 각 부처의 최고책임자와 예산에 관한 최종회의를 한 것이다. 대통령은 행정부 예산안이 최종 확정되기 이전에 각 부처가 대통령 앞에서 자신의 입장을 개진하

고 핵심이슈에 대해 같이 토론할 기회를 가져야 한다고 생각했다. 비록 예산에 관한 대통령의 권한은 과거에 비해 상대적으로 많이 약화되었지만 아직도 대통령은 예산을 통해 정책의제설정을 주도할 수 있으며 언론의 관심을 이용하여 자신의 입장을 충분히 홍보할 수 있다. 의회의 예산의사결정은 대부분 행정부가 제출한 예산안총액보다 적거나 거의 비슷하였기 때문에 대통령이 예산총액, 따라서 재정적자폭의 설정에서 주도적 역할을 한다고 볼 수 있다(Schick, 1995).

(2) 예산의 효율성

예산은 효과성과 아울러 효율성도 추구한다. 예산이 아무리 목표를 달성하는데 유효하였다고 해도 지나친 비용을 지불했다면 비효율적이라고 볼 수 있다. 그렇지만 예산은 여러 가지 이유로 인하여 효과성은 물론 효율성에도 소홀해 왔다. 진정으로 의도하는 목표의 달성에 미치지 못했을 뿐 아니라 산출에 비해 지나친 비용을 지불하는 경우가 많았다. 다시 말하면 예산은 사용되었으나 원래 의도한 목표를 달성하지 못하였고 목표를 달성하는 경우에도 지나친 비용을 지불하는 경우가 많았다는 것이다. 지난 100년 동안의 서구국가들의 예산개혁은 끊임없이 예산의 효과성과 효율성을 증진하려는 노력이었으며, 예산의 효율성증진 노력은 생산성 향상 노력과 밀접한 관련이 있다.

Premchand는 효과성, 생산성과 예산에 대해 다음과 같이 주장하고 있다(Premchand, 1992). 예산이 자원배분이고 생산성이 자원사용의 효율성이라면 둘이 서로 조화를 이루어야 하는데 그렇지 못하다. 좁은 개념의 생산성은 투입과 산출의 비율이지만, 넓은 의미의 생산성은 효율성과 고객만족 증진이기 때문에 효과성을 포함한다. 정부는 노동집약적 서비스부문이기 때문에 기술변화가 생산성 향상에 기여하는 정도가 상대적으로 낮을 것이다. 그렇기 때문에 정부부문에 대해서는 공무원의 증가로 인한 서비스양의 증가만이 있을 뿐이라고 가정하는 견해와 정부부문도 민간부문과 같은 생산성 향상이 있다는 견해가 있다. 그러나 공공부문에서 인건비가 차지하는 비중이 큰 것은 사실이지만 노동력이 생산성에 미치는 영향 못지않게 기술이 생산성에 미치는 영향도 크다. 예를 들어 컴퓨터의 도입은 조직의 생산성을 현저하게 증진할 수 있다.

정부의 생산성에 영향을 미치는 요인은 조직설계, 자원, 법, 자금, 인적 자원, 사업이다. 이 중에서 인적 자원을 제외하고는 모두 외부에서 결정된다. 민간부문은 원가중심점, 표준원가와 실제원가의 차이 측정 등 생산성 측정방법이 있는데 정부부문은 그렇지 못하기 때문에 정부부문의 생산성이 상대적으로 낮다는 인식이 있다. 생산성 측정은 거대하고 복잡하며 개방적 조직인 공공부문에서는 상대적으로 더 어렵지만 생산성 자료는 예산편성에 매우 중요한 자료로 사용될 수 있다. 그럼에도 불구하고 1949년 후버위원회(the Hoover Commission)에 의해 생산성 문제가 제기될 때까지 생산성은 예산편성에 고려되지 않았다.

성과주의예산은 생산성을 향상시키기 위한 혁신의 하나인데 1950년대에 최초로 연방정부에 소개된 후에 계속 다른 형태로 미국과 기타 국가에서 다시 나타나고 있다. 성과주의 예산의 업무측정이 생산성 향상과 유사하지만 다음과 같은 차이가 있다. 업무측정은 주어진 기술하에서 노동효율성의 변화를 반영하려고 하지만 생산성 측정은 기술변화와 노동효율성 변화 이외의 요인을 반영하려고 한다. 사업평가를 생산성 향상을 위한 혁신의 하나로 보는 견해도 있는데, 사업평가가 효율성 측정을 위한 투입과 산출의 비율을 포함하고 있었으며 원가절감을 강조했기 때문이다. 그러나 사업평가는 효율성의 측정과 아울러 효과성도 측정하기 때문에 생산성 향상을 위한 도구 이상의 의미를 가지고 있다.

1.2 예산과 회계의 개념

1. 예산의 개념

White, Axelrod, Breton, Cooper et al., Coombs & Jenkins, Swan, Wildavsky 그리고 저자의 생각에 기초하여 다음과 같이 다양하게 정의를 내릴 수 있다(Swan, 1983; White, 1985; Wildavsky, 1992a; Coombs & Jenkins, 1994; Axelrod, 1995; Breton, 1996; Cooper et al., 1998).

① 예산이란 미래에 대한 체계적인 사고를 할 수 있는 수단이다.

② 한정된 자원을 배분하고자 하는 정책의사결정과정이며 조직의 목표달성을 위한 계획을 화폐단위로 표시한 것이다.

③ 조직의 업무를 효과적이고 효율적으로 수행하는 데 필요한 자금을 조달하고 사용하는 것에 관한 의사결정과정이다.

④ 조직의 책임자가 회계연도 동안 수행하고자 하는 내용을 자금이라는 숫자로 표현한 업무계획서이다.

⑤ 자원배분에 관련된 이해관계자들이 권력투쟁을 통해 자신의 이익을 극대화하는 정치적 과정이다.

⑥ 의회가 행정부를 감독하고 통제하는 수단이다.

⑦ 예산은 회계의 한 형태(Budgeting is a form of accounting)이다.

⑧ 정책의 우선순위를 결정하는 정책의사결정이며 가장 적절한 규모의 공공부문을 결정하는 연습이다.

⑨ 예산은 또한 경제를 운영하고 발전하는 수단이다.

⑩ 예산이란 가격표가 부착된 목표의 집합이다.

⑪ 예산은 정책목표를 달성하기 위한 행정부와 의회의 쌍방향적인 계약이다. 예를 들어 예산을 승인하는 의회는 약속한 자금공급과 아울러 정책목표를 달성할 수 있도록 다른 필요조건도 충족시켜주어야 한다.

⑫ 정치적 과정을 통해 인간의 다양한 목표를 달성하기 위한 재무자원의 분배노력이다.

⑬ 액수의 합계를 통하여 정부에게 책임을 지우려는 것이다.

⑭ 예산은 세입과 세출로 구성되지만 미국에서는 일반적으로 세출을 지칭하며 캐나다에서는 세입과 세출을 의미한다.

⑮ 예산의 규모나 복잡성은 바로 정부의 규모와 복잡성을 나타내며 행정이 어려운 이유가 바로 예산을 통해 나타난다.

⑯ 통치능력이란 예산능력이다.[1)]

⑰ 예산편성시 최적의 정책대안을 선정하는 것은 정책분석행위와 연계되며 예산집행 후의 평가는 정책평가행위와 동일하다고 볼 수 있다.

⑱ 예산은 단순하게 재무 지향적인 과정만이 아니라 사람들의 요구를 의사결정과정에 반영하는 과정이며 그런 의미에서 사회에 대한 우리의 선언서이다.

⑲ 예산이란 사람에게 동기를 부여하여 목표를 효율적으로 달성하도록 하는 과정이다. 그렇기 때문에 예산은 인간의 인센티브와 동기부여에 대한 연구와 유리될 수 없으며 인간적인 측면이 재무적인 측면 못지않게 중요하다. 예산은 예산집행자가 최선을 다하여 목표를 달성하도록 하는 압력수단(pressure device)이라고 볼 수 있다. Barnard는 물질이나 금전을 사용하는 객관적인 인센티브(objective incentives)와 설

---

1) . . . the capacity to govern is the capacity to budget(Axelrod, 1995).

득 같은 주관적 인센티브(subjective incentives)를 제시하였는데 예산이란 조직의 목표를 달성하기 위한 객관적인 인센티브의 하나이다.

2. 회계의 개념

① 조직의 경제적 사건을 분석, 기록, 요약, 평가, 해석하고 그 결과를 이용자에게 보고하는 기술이다.

② 회계는 부기를 이용하지만, 부기와 구별되어야 한다. 부기는 알파벳과 같으며 회계는 알파벳을 사용한 언어이다.

③ 예산이 미래의 조직활동에 대한 계획서라면 회계는 과거의 조직활동인 예산집행결과에 관한 기록이다.

④ 회계는 관리의 언어(language of management), 사업의 언어(language of business), 예산의 언어이다(Herzlinger & Nitterhouse, 1994).

⑤ 회계(accounting)는 사실상 재무관리(financial management)와 구별되지 않고 사용되는 경우가 많다(Gary, 1988). 공공부문에서 재무회계는 사실상 재무관리와 동의어로 많이 사용된다.

3. 예산과 회계

사람들은 예산과 회계를 잘 구별하지 못하고 서로 혼동하는 경향이 있다. 예산과 회계는 서로 밀접하게 연관되어 있고 어떻게 보면 별도의 개념이라기보다는 동전의 양면과 같은 측면을 가지고 있기 때문에 이러한 혼란이 발생하는지도 모른다. 예산은 미래의 계획인 데 반하여 회계는 실제로 발생한 내용의 기록에서 연유한다. 예산은 미래에 대한 기록이고 회계는 과거에 대한 기록이다. 예산은 집행되면서 대부분 회계기록을 남기는데 예산집행은 조직의 경제적 사건을 발생시킨다. 회계는 이처럼 경제적 사건을 분석, 기록, 요약, 평가, 해석하고 그 결과를 이용자에게 보고하는 기술이다.

회계연도 초에 미래의 계획은 예산으로 존재하지만 회계연도가 종료하면 예산집행을 기록한 회계정보가 남는다. 회계정보는 요약되어 재무제표로 작성되는데 한국은 그동안 복식부기를 사용하지 않고 정부회계기준이 존재하지 않기에 정부재무제표는 작성되지 않았다. 그러나 디지털 예산회계시스템의 도입으로 정부도 정부회계기준에 의해 재무제표를 작성하게 되었다. 과거에 정부는 예산서와 결산서를 작성했는데 예산서는 예산에 대한 문서이고 결산서는 회계에 관한 문서이다. 다만 예산서와 결산서는 수입과 지출만을 보고하였기 때문에 수입과 지출은 물론 자산과 부채에 대해서도 보고하는 정부재무제표보다는 훨씬 좁은 개념의 보고서였던 것이다.

최근 선진국 예산개혁을 회계와 재무가 중심이 된 개혁이라고 할 만큼 정부회계는 예산개혁에서 주도적인 역할을 했다. 특히 발생주의회계의 채택과 성과평가를 위한 회계정보의 창출은 행정개혁의 핵심내용이다. 회계는 더 이상 장부정리의 차원에 머물지 않고 조직의 효과성과 효율성의 평가를 위한 정보제공의 차원으로 격상되었다. 회계는 부기담당자들의 장부정리기법이 아니라 조직의 효과성과 효율성을 평가하려는 평가자의 도구이다. 최근 한국 정부도 복식부기를 채택하고 회계기준을 제정하는 등 비약적인 발전을 하고 있어서 앞으로 회계에 대한 인식도 많이 좋아질 것으로 생각한다.

4. 예산의 중요성

(1) 관리기술로서의 예산

사람들이 예산에 대해 알고 있는 것은 예산이 돈과 관련된다는 것과 돈은 중요하다는 것이다. 그러나 이러한 생각은 오히려 예산을 이해하는 데 방해가 된다. 예산은 조직의 행위를 변화시킬 수 있고, 미래의 비전과 전략에 연계되어 있다는 사실을 망각하고, 다른 부문과 유리된 그저 "돈문제"로 치부하는 오해가 팽배해 있다. 누구나 예산의 위력에는 공감하지만 그것은 돈의 중요함 때문이지 진정 예산이 무슨 기능을 수행하는가에 대해서는 무지하다. Wildavsky는 "예산은 기술자와 서기들의 영역이고 멍청하고 기계적이며 사소한 것이라는 잘못된 생각이 지배적이다."라고 말하고 있다(Wildavsky, 1992).

대부분의 유능한 정치가, 대부분의 유능한 공무원이 예산에 대해 무지하다. 그렇기 때문에 예산에 대한 이해가 유능한 정치가와 관료가 되기 위한 필수조건으로 인식되지 못하고 있는 것이다. 그러나 유능한 정치가와 관료가 예산을 이해할 수 있다면 훨씬 더 유능해질 것이다. 예산전문지식은 그 어떤 분야보다도 유용성이 높다는 의견이 각종 여론조사에서 도출되고 있다. 미국의 한 조사에서 2,000명의 공무원들은 가장 중요한 관리기술로서 예산/재무기술을 지적하고 있다. 미국 대학의 12개의 행정학석사(MPA)프로그램의 588명의 졸업생들은 예산/재무 과목을 실무에 가장 관련성이 높은 과목으로 지적하고 있다(Grizzle, 1988). 그러므로 예산을 이해하는 사람과 그렇지 못한 사람의 차이는 사실상 매우 크다고 볼 수 있다. 예산에 대한 이해가 결여된 사람은 조직의 관리에 가장 중요한 도구의 사용을 포기하는 사람이라고 볼 수 있다.

예산은 조직의 이해와 관리에 가장 효과적인 수단이다. 예산은 정부관리에서 결정적인 역할을 담당하며, 시민들의 다양한 이익, 욕구, 필요를 공동으로 제공하는 사업을 통합하는 도구이다(Hyde, 1992). 워터게이트(Watergate) 스캔들로 인한 정치적 소용돌이 속에서 백악관 기능이 와해되고, 닉슨 대통령이 절망적인 상황에 처해 국정이 혼란스러웠던 시기에 미국의 중앙예산기관인 관리예산실(OMB)이 사실상 대통령의 역할을 수행한 사례는 이를 증명하는 대표적인 사례이다. 또한 미국기업에서 최고경영자에 오르는 확률이 가장 큰 전문가는 재무전문가이다. 조직 내에서 발생하는 갈등이나 국가 대부분의 정책 이슈는 궁극적으로 한정된 예산의 배분에 관련된다. 조직에 대한 지식과 통찰력을 획득하기 위해서는 예산이 가장 유효하기 때문에 예산을 읽을 수 있는 능력은 조직의 이해를 위해 가장 효과적인 수단이 된다. 예산편성은 조직 내에서 가장 강력한 권력이며 한국에서도 중앙예산기관의 위력은 모든 부서를 압도하고 있다(Berkeley, 1999).

한 연구에 의하면 1982년부터 1984년까지 미국상원에서 행해진 투표의 2/3와 하원에서 행해진 투표의 1/2이 예산에 관한 투표였다(Wildavsky, 1992). 조직의 장은 매년 이루어지는 대토론회(grand annual debate)라고 볼 수 있는 예산편성단계를 주도하고 정책의제를 설정할 수 있는 역량을 가져야 한다. 그렇지 않으면 예산담당부서에게 이러한 중대한 임무를 방임하지 않을 수 없다(Axelrod, 1995).

사례 **미국의 사례**

미국도 예산에 대한 무지에 있어서는 예외가 아니다. 다른 연방정부부서와 마찬가지로 인디언문제를 담당하는 부서는 예산의 흐름에 대해 전혀 파악하지 못하여 어디에서 현금이 유입되고 어디로 유출되는지를 알 수 없었다. 또한 미국의 감사원은 1990년 공군의 예산기록이 너무나 엉망이었기 때문에 장부의 숫자를 서로 맞추는 것을 포기할 수밖에 없었다(Starling, 1993).

(2) 조직의 규모와 예산

기업의 규모가 작고 창업자가 최고경영자일 때는 공식적인 예산제도가 없어도 조직 내의 상황을 한 눈에 파악할 수 있고, 조직의 관리통제에 어려움이 없으며 실제로 이러한 기업이 많이 존재한다. 그러나 조직의 규모가 확대되고 전문경영인이 관리할 때 공식예산제도가 절대적으로 필요해진다. 비록 중간규모의 기업도 공식예산제도 없이 성공적으로 관리할 수 있으며 예산제도를 채택하지 않는 대규모기업 중 성공적인 기업도 많지만, 예산은 미래에 대한 기획과 실제 조직통제를 위한 매우 유용한 교육과 훈련도구이기 때문에 소규모의 조직이라 하더라도 예산제도를 사용하는 것이 바람직하다. 바람직한 예산은 중요한 변화에 초점을 맞추어 조직이 미래를 대비하게 하고 조직의 현 상태가 궤도에서 이탈하지 않도록 통제하는 기능이 있기 때문에 예산제도가 조직에 해를 끼칠 우려는 거의 없다(King, 1994).

(3) 민주성의 증진을 위한 예산의 역할

Davey와 Vos는 다음과 같이 예산과 민주성을 연계하여 설명하고 있다(Davey & Vos, 1997). 예산이 민주적이고 참여적인 환경에서 편성될 때 조직의 모든 관리자와 구성원들이 토론하고 커뮤니케이션하는 도구가 된다. 또한 집행과정에서 예산은 다양한 구성원들의 의견차이를 조정하는 수단이 되고 집행 후 평가 단계에서 평가의 기준이 된다. 예산편성과정에서 조직의 미래에 대한 긍정적인 기대가 형성되고 구성원들의 합의가 도출된다. 또한 구성원들이 조직의 미래에서 개인의 소망실현의 가능성을 보게 됨으로써 예산이 동기부여의 역할도 수행한다. 예산편성과정에서 구성원들이 좌절하고 이에 따라 강력하게 반발할 수도 있기 때문에 부정적인 결과를 최대한 방지하고 구성원들의 반응을 긍정적으로 수용하고 처리하는 기술이 필요하다. 특정 개인이나 집단을 배제하거나 불평등하게 대우하면 사기를 저하하고 갈등을 초래한다. 예산과정에서 예산신청자에게 인간적이고 세심하게 배려하고 항상 신축적이고 융통성 있는 자세와 결정 그리고 집행이 필요하다. 예산이 민주성을 증진하는 이러한 역할을 할 때 행정의 민주성도 실현된다.

5. 회계의 중요성

과거 - 예산이 없을 때 예산의 역할을 담당
현재 - 조직의 효과성과 효율성의 평가를 평가하기 위한 도구회계는 단순히 자원의 획득, 사용 및 배분에 대한 기록과정이라는 개념을 발전되어 의사결정에 유용한 정보의 산출이라는 부가가치가 부여된 체계로 인식되는 것이 일반적이다(허웅 · 윤성식, 2014). 정부회계는 국민의 삶의 질 향상이라는 정부의 목적을 달성하기 위한 정부의 경제적 행위에 대한 평가를 위한 중요한 정보를 제공한다.

회계의 중요성은 아무리 강조해도 지나치지 않는다. 그러나 회계를 무시하고 비하하는 경향이 많기 때문에 회계가 중심이 되어 예산개혁을 이끌어나가는 데도 많은 어려움이 있다. 회계부문의 가장 급격한 개혁으로 전 세계의 관심을 모은 바 있는 뉴질랜드에서도 개혁 추진과정에서 회계전문가들에 대한 경제학자들의 이해 부족과 경멸이 문제가 되기도 했다. 한국사회도 회계에 대한 인식 부족, 회계의 중요성을 이해하지 못하는 환경이 지배적이었다. 그동안 한국의 공공부문에서 회계는 사실상 존재하지 않았다고 보아야 한다. 공공부문에서는 장부기록만이 존재했을 뿐 진정한 선진국형 회계는 존재하지 않았다. 오로지 부기만이 존재했으며 그것도 복식부기가 아닌 단식부기에 지나지 않았다.

하지만 선진국의 개혁 흐름 속에서 많은 선진국들이 회계의 중요성을 인식하고, 정부부문 회계를 혁신하였다. 한국정부도 정부회계의 중요성을 늦게나마 인식하고, 중앙부처를 중심으로 한 국가회계제도, 지방자치단체를 중심으로 한 지방자치단체 회계제도가 구축되었다. 우리나라의 복식부기의 도입과 정부회계기준의 제정은 회계의 중요성을 인식하는 첫 발에 불과하다. 특히, 참여정부 하에서 디지털 예산회계시스템의 추진으로 인하여 복식부기와 발생주의 회계가 도입된 것은 정부회계의 진정한 시작을 의미한다. 복식부기와 정부회계기준의 제정, 지속적인 관련 영역의 제도 개선 등을 통하여 정부회계가 성과지표를 매개로 예산과 긴밀하게 연계될 수 있도록 하여야 할 것이다.

1.3 공공부문 예산과 회계의 학문적 배경

1. 예산과 재무관리

예산과 재무관리는 사실상 공공부문에서 혼용하여 사용하는 경우가 많은데 사람들은 별개의 개념으로 오해하기 쉽다. 재무관리는 다양한 개념으로 사용된다. 재무관리는 자금의 조달, 관리, 사용에 관해 연구하며 현금관리, 투자론, 채무관리, 연금관리 등을 포함하는데 미래의 위험과 불확실성을 중점적으로 분석하는 학문분야로 정의할 수 있다. 미국의 관리예산실(OMB)은 재무관리를 기획, 예산편성과 집행, 회계, 감사, 구매, 재고관리, 예산회계정보시스템 등으로 정의하고, 미국의 감사원(GAO)은 재무관리를 기획, 사업편성과 집행, 예산편성과 집행, 회계, 감사와 평가로 정의한다(Gilmour & Sperry, 1986).

돈을 관리하는 방법과 수단으로 정의하기도 하며 결국 특정 목표를 달성하기 위하여 재무자원(financial resources)의 결정, 획득, 배분, 활용하는 활동이라고 정의할 수 있을 것이다(McMenamin, 1999). 그러므로 재무관리는 재무정보(예산과 회계정보)를 사용한 관리를 의미한다고 볼 수 있으며 실제로는 예산·회계와 동일한 개념으로 사용하고 있다.

예산과 재무관리(budgeting and financial management)라는 용어는 예산과 예산과정에서 발생하는 모든 재무활동을 포괄적으로 지칭하는 목적으로 사용된다. 그러나 예산과 재무관리의 엄격한 구별은 사실상 불가능하며 서로 연관되어 있고 사람들도 모호하게 사용하고 있다. 공공재무관리라는 주제 하에 예산론에서 다루는 주제들을 모두 포함시키기도 하기 때문에 공공부문의 예산에 관한 연구는 바로 공공부문의 재무관리에 관한 연구라고 할 수 있다. 여기서는 예산에 관련된 모든 재무관리 주제도 함께 소개하며 따라서 예산론, 공공재무관리, 재무행정 등의 용어는 구별이 애매하며 사실상 동의어라고 볼 수 있다.

2. 정부예산의 학문적 배경

경제학자들은 경제학이 재정학 즉 공공경제학을 포함하고 있기 때문에 예산은 경제학의 영역에 속한다고 믿을 것이다. 경영학에서는 기업의 예산은 원가회계에서 가르치고 있기 때문에 예산은 원가회계, 즉 관리회계의 주제라고 생각할 것이다. 행정학자들은 예산은 당연히 행정학의 하부분야인 재무행정영역이라고 주장할 것이다. 그러나 예산은 경제학소속도 행정학소속도 경영학소속이라고 정의하기보다는 경제학, 경영학, 행정학, 정치학 등의 다양한 분야가 모두 예산과 관련되어 있는 종합학문적 성격을 지닌 행정학의 한 분야라고 보아야 한다. 예산에 대한 치우치지 않는 시각을 갖기 위해서는 특정학문분야의 편협하고 독선적인 시각에서 탈피하여 이러한 다양한 분야를 모두 이해하여야 한다.

예산은 여러 측면을 가지고 있다. 경제학자에게는 자원을 배분하는 수단이며, 회계학자에게는 수입과 지출을 기록하고, 정치학자에게는 사회의 구성원들에게 비용과 편익을 배분하는 과정이고, 행정학자에게는 정부기관에게 재원을 조달하고 사업을 집행하는 방법이다(Schick, 1987a). 우리는 Allen Schick의 이러한 주장을 명심해야 할 것이다. 실제로 예산의 연구에 있어서 통합적인 시각의 결여로 인하여 예산의 진정한 현상을 파악하지 못하는 아쉬운 경우가 비일비재하기 때문이다. 통합적인 시각이란 예산에 관련된 학자들을 집합한다고 해서 가능한 것은 아니다. 각 분야의 전문가들이 모여서 동상이몽과 같은 논의를 하거나 서로 다른 개념과 가정에 기초하여 논의를 전개할 때 통합적인 시각을 가질 수 없다. 각 분야의 전문가들이 각각 다른 분야에 대한 어느 정도의 이해와 어느 정도의 전문지식을 갖추고, 다른 분야를 존중하며 다른 분야와 결합하여 통합적 시각을 갖는 것이 유익하다는 확신이 있을 때 가능한 것이다.

3. 정부회계의 학문적 배경

정부회계는 주로 회계학자의 연구영역에 속하는 것으로 오해하기 쉽다. 정부조직이나 기업조직이나 많은 점에서 유사하고, 정부회계는 기업회계의 기본원리를 채택하고 있기 때문에 정부회계는 회계학자의 연구영역에 속한다고 생각할 수 있지만, 본래 기업회계는 이익획득을 목적으로 하고, 손익의 측정이 용이하고, 기업회계의 기준에 따라 회계제도가 운영되고 있는 반면에 정부회계는 사회요구에 따른 재화 및 서비스의 제공을 존재 목적으로 하고 서비스 및 손익의 측정이 어려우며, 다양한 관련 법령에 의한 회계제도를 운영하고 있는 측면에서 회계학자의 연구영역에 속한다고 단정하여 말하기는 어렵다.

하지만 정부회계를 이해하기 위해서는 기본적으로 회계에 대한 원리의 이해가 필요하며, 이것은 바로 기업회계의 원리에서 습득할 수 있기 때문에 정부회계는 기업회계의 지식습득이 필요하다. 또한 정부회계는 기업회계의 원리뿐 아니라 국민들의 공공서비스 및 총체적인 복지서비스의 증진을 위한 효율적인 자원배분과 활용을 통해 예산균형을 달성할 수 있기 때문에 공공부문의 특수성을 고려한 공공성을 동시에 이해하려는 노력이 필요하다.

4. 행정학으로서의 공공부문 예산과 회계

행정학이란 무엇인가? 이에 대한 질문의 답을 자신 있게 말할 수 있는 사람은 그리 많지 않을 것이다. 행정학에 대한 시각의 차이로 인하여 그 답변도 천차만별일 것이다. 행정학에 대한 가장 간략한 대답은 '행정을 연구하는 학문'이라고 할 수 있다. 그렇다면 행정이란 무엇인가에 대한 질문이 나올 수 있다. 다양한 측면에서 행정에 대하여 정의를 내릴 수 있지만 보통 공공가치를 추구하는 정부 또는 공공조직의 기능과 역할이라고 할 수 있다. 특히 여기서 공공조직의 기능과 역할을 재무적 특성을 통하여 바라보는 것이 예산과 회계이다.

일반적으로 예산과 회계는 잘 구별되지 못하고 서로 혼동되어 사용되는 경향이 강하다. 이런 경향은 바로 예산과 회계가 동전의 양면과 같은 측면의 특성을 가지고 있기 때문에 발생되는 혼란일 수 있다. 예산은 미래의 계획이고, 회계는 실제로 발생한 내용의 기록에서 연유한다. 공공부문의 예산과 회계는 바로 정부활동에 대한 미래의 계획이고, 이에 대한 실제 발생 내용을 기록한 것을 의미한다.

행정학으로서의 공공부문 예산과 회계는 정부 혹은 공공조직의 활동, 기능, 그리고 역할 등을 계획하고, 실제로 발생한 내용을 파악하는 것으로서 개별적인 특성에 따른 독립적 성격을 가지는 것이 아니라 예산과 회계의 연계를 통한 정부 혹은 공공조직의 활동을 계획하고 그에 대한 기록을 통하여 정부의 효율성과 효과성을 평가하는 것이다.

1.4 예산의 기능

1. 정치적 기능

예산은 다양한 이익을 추구하는 집단의 자원 확보의 장소이며 토론과 갈등의 장소이다. 예산의 정치적 기능은 예산의 정치적 측면과 연관된다. 예산의 정치적 측면이란 다양한 집단 사이의 이익추구과정에서 발생하는 갈등을 말한다. 예산제도는 정치적 측면에서 관찰하면 갈등을 해결하고 강한 집단에게 보상을 주기 위해 고안되었다고 볼 수 있다(Parker, 1983). 실제 발생한 경제적 사건에 대한 기록인 회계에 비해서, 미래에 대한 가정에 근거한 예측치인 예산은 정치적 측면이 개입할 여지가 더 많다(Schick, 1995).

권력이란 어떤 정치적 주체가 자신이 선호하는 가치의 실현에 대해 다른 사람들의 순응을 획득하거나 획득하려고 할 때 작동되는데, 예산에 있어서 권력의 의미는 예산의사결정에서 승리하기 위한 권력의 사용을 말하며 이것이 예산의 정치적 측면이다. Nelson Polsby의 연구에 의하면 의회나 행정부의 예산결정은 정보나 분석의 차이에 의해서가 아니라 다른 집단의 요구에 대한 반응으로 인해 차이가 난다(Parker, 1983).

예산을 둘러싸고 다양한 형태의 이익집단들은 서로 힘을 겨루고 게임을 하기도 한다. 그리고 이익집단에는 공무원이라는 이익집단도 포함된다고 볼 수 있다. 각 부처는 자신의 이익을 위해 예산을 극대화하는 행태를 보이며 부처와 관련이 있는 이익집단과 연계하여 힘을 행사하기도 한다. 예를 들어 행정부의 최종예산안이 마련될 때까지 각 부처의 예산신청은 비밀로 유지되어야 하는 관리예산실(OMB)의 규정에도 불구하고 정치적인 이유로 인하여 내부예산문서가 유출되거나 공개되는 경우가 많았다(Schick, 1995).

예산은 회계학, 경제학, 정치학 등 여러 학문분야와 연결되어 있으며, 하나의 일관된 가치가 존재하지 않기 때문에, 예산과정이 절차에 의해서가 아니라 정치적·경제적 환경에 좌우되었다. 예산은 행정수단의 역할을 수행하지 못하고 정치적 수단의 역할을 수행했다. 그러나 최근에는 예산은 재무관리를 개선하려는 노력과 정부에 회계기준을 적용하려는 노력에 의해서 점점 정치적 측면 이외의 변수에 영향을 받게 되었다(Schick, 1987b).

비용편익분석 같은 분석적 기법은 정치흥정에서 막대한 권력을 행사할 수 있다. 분석은 예산과정에서 참여자들의 권력이 역동적으로 행사되는 와중에서 윤활유가 된다. 분석은 대화를 촉진하고 참여자로 하여금 자신의 가치와 가정을 명백하게 밝히도록 한다. 정치는 가치를 권위적으로 배분하지만 불완전하기 때문에 비용편익분석 같은 계량적 기법의 도움이 절대적으로 필요하다(Parker, 1983).

2. 경제적 기능

예산은 자원배분, 재원조달, 소득재분배, 경기조절, 경제성장, 경제안정, 경제계획과 경제발전기능을 수행한다. 복지예산 같은 항목은 소득재분배기능을 담당하는데 정부지출을 통해 불평등한 소득격차를 해소하여 형평성을 달성하고자 한다. 예산은 재정정책과 금융정책의 도구로 사용되기 때문에 경제전반에 걸쳐 미치는 영향도 중요하다(Starling, 1993). 그러나 경제환경이 개방되고 국경의 개념이 허물어지는 세계화로 인하여 이러한 정책도구가 점점 더 비효과적이 되어가고 있다. 한국의 경제개발 5개년 계획, 미국의 New Deal정책은 경제계획과 경제발전의 도구로서 예산의 대표적인 사례이다(Axelrod, 1995).

예산은 정부의 모든 정책과 관련된다. 정책결정의 최종적인 단계는 예산의 편성이며 예산의 집행은 정책을 집행하는 것이다. 정부의 모든 정책이 예산과 연관되어 있지만 재정정책은 정부의 정책 중 매우 특이한 성격을 가지고 있다. 예산이 바로 재정정책의 측면이 있기 때문이며 재정정책이 예산을 결정하고 또한 예산이 재정정책을 결정하기도 한다. 모든 정책 중에서 재정정책은 예산과 가장 잘 연계된다. 그 이유는 정부의 예산은 근본적으로 재정정책에 의해 부분적으로 결정되기 때문이다.

정부지출 중 물품과 서비스를 구입하는 데 사용되는 예산은 총수요(aggregate demand)를 구성한다. 또한 정부가 징수하는 세금은 소득과 산출에 영향을 미친다. 그러므로 경제가 침체되었을 때 사람들은 정부의 재정이 어떤 역할을 하기를 기대한다. 정부의 재정정책(fiscal policy)은 정부의 물품과 서비스구매, 사회보장 같은 이전지출(transfer payments), 조세구조에 관한 정책이다. 정부가 물품과 서비스구입을 증가하면 총수요곡선을 그만큼 증가시킨다. 그러나 승수효과(multiplier effect)로 인하여 정부지출 1원의 증가는 1원 이상의 소득증가를 가져온다. 세금의 감소는 개인의 처분가능한 소득을 증가시킨다. 정부이전지출의 증가도 소득을 증가시키지만 이전지출의 승수효과는 정부의 물품과 서비스구입의 승수효과보다 작다. 경제가 침체되거나 경제성장이 더딜 때는 세금감소나 정부구매지출, 이전지출의 증가로 산출의 증가를 도모할 수 있고, 경제가 과열되었을 때는 세금증가 혹은 정부구매지출, 이전지출의 감소로 경기를 진정시킬 수 있다. 재정정책은 경제안정을 위한 도구인 것이다(Dornbush & Fischer, 1994).

정부의 재정정책은 두 가지 방법으로 경제에 영향을 미친다. 첫째, 정부예산의 총액을 증가 혹은 감소하여 경제를 조정한다. 경기과열이 예상되면 예산총액을 감소하고 반대로 경기가 침체되었을 때는 예산총액을 증가한다. 둘째, 예산총액의 한도 내에서 지출의 속도를 조절하는 방법이다. 예를 들어 경기가 침체되었을 경우 가급적이면 회계연도의 전반기에 대부분의 지출이 이루어지도록 예산배정과 자금공급을 가속화할 수 있다. 예산총액은 불변이더라도 지출의 완급에 따라 경기를 조절할 수 있다.

케인즈는 총수요가 오랜 기간동안 매우 낮은 수준을 유지하면 실업률이 지속적인 문제가 된다고 주장한다. 자유시장경제는 총수요를 자극하여 완전고용상태를 달성할 수 있는 충분한 자기수정메커니즘(self-correcting mechanisms)이 결여되어 있기 때문에 경제침체나 공황에 갇혀서 빠져 나오지 못할 가능성이 있다. 생산을 증가하고 고용을 확대하기 위한 중앙은행의 화폐공급확대도 비효과적일 수 있다. 이럴 경우 시장을 우회하여 정부의 직접지출(direct government spending)을 증가함으로써 수요를 증가시킬 수 있다는 것이다(Baily & Friedman, 1995). 케인즈의 주장을 따른다면 경제침체나 공황의 경우 정부의 예산이 결정적인 역할을 수행할 수 있다. 경우에 따라서는 대규모의 재정적자를 감수하고서라도 경제침체나 공황에서 탈출해야 한다는 논리가 성립한다.

밀턴 프리드만은 케인즈이론에 정면으로 반대하면서 정부개입이 아닌 화폐공급(money supply)이 총수요를 결정하는 주요요인이라고 주장한다. 통화정책(monetary policy)이 거의 대부분의 경제불황의 원인이었으며 대공황의 원인이기도 하므로 중앙은행이 경제불황이나 공황에서 벗어날 수 있도록 하는 결정적인 역할을 할 수 있다는 것이다. 케인즈주의자에 의한 경제의 미세조정(fine-tuning)에 반대하고 인플레를 초래하지 않고 경제성장을 도모할 수 있는 통화공급이 중요하다고 주장한다(Baily & Friedman, 1995). 케인즈이론에 반대하는 학자들은 인플레와 낮은 경제성장은 대규모의 재정적자로 인한 과다한 통화공급 때문이므로 가격안정과 낮은 이자율을 위해서는 중앙은행이 통화공급을 천천히 지속적으로 증가시켜야 한다고 주장한다(Axelrod, 1995). 이 주장을 따른다면 대규모의 재정적자는 오히려 경제에 해를 끼치기 때문에 케인즈의 주장과 정면 배치되는 것이다.

정부가 어떤 견해를 갖는가에 따라 정부지출을 통한 재정정책의 성격이 결정될 것이다. 비록 프리드만을 선두로 하는 통화주의자들의 주장이 그동안 설득력을 얻어왔던 것은 사실이지만 대부분의 국가에서 정부지출을 통한 재정정책이 국가경제의 안정과 성장에 기여한다는 견해가 아직 유지되고 있다. 따라서 정부지출과 세금의 증가 혹은 감소를 통한 재정정책은 지금도 광범위하게 사용되고 있다.

예산이 재정정책의 도구로서 적합하지 않은 두 가지 이유가 있다고 한다. 첫째, 세계화와 개방화로 인한 재정정책의 유효성이 저하되었다는 것이다. 또 하나의 이유는 예산과정에서 소요되는 시간으로 인해 즉각 집행되지 못하기 때문에 처음 고려한 재정정책과 집행시점에서의 경제상황에 많은 괴리가 있다는 점이다(Wildavsky, 1992).

합리적 기대(rational expectations)이론은 정부재정정책이 비효과적이라고 비판하는데, 투자자들과 소비자들은 경제불황기에 정부의 팽창주의적인 재정자극을 미리 기대하고 행동하며 자신들의 이익의 관점에서 경제의사결정을 수행하기 때문이라는 것이다(Axelrod, 1995). 만약 정부가 이러한 관점을 따른다면 정부지출과 조세를 통한 재정정책을 시행하지 않을 것이다.

3. 커뮤니케이션기능

예산은 정부가 어떤 정책과 사업을 추구하는가를 알 수 있는 정치적 문서이다. 예산만큼 정부의 미래행위를 객관적으로 정확하게 전달하는 매개수단은 없다. 국가재정법 제9조 제1항에서는 '정부는 예산, 기금, 결산, 국채, 차입금, 국유재산의 현재액 및 통합재정수지 그 밖의 대통령령이 정하는 국가와 지방자치단체의 재정에 관한 중요한 사항을 매년 1회 이상 정보통신매체, 인쇄물 등 적당한 방법으로 알기 쉽고 투명하게 공표하여야 한다'고 규정하고 있다. 여기서 대통령령이 정하는 국가와 지방자치단체의 재정에 관한 중요한 사항이란 국가채권의 현황 및 변동내역, 국가재정운용계획, 주요재정사업에 대한 평가 결과, 조세지출예산서, 국가채무관리계획, 통합공시(기재부장관과 행안부장관이 협의하여 정하는 항목), 중앙관서 세입·세출예산 운용상황 및 각 기금관리주체의 기금 운용상황 항목 등을 말한다(국가재정법 시행령 제5조 제1항).

4. 관리기능

예산은 효과성과 효율성의 달성에 대한 책임 추궁의 수단이며 목표달성 즉 정책목표달성의 도구이다(Axelrod, 1995). 그러므로 예산은 관리의 도구로서 역할을 수행하며 관리의 두 가지 핵심기능인 기획, 통제와 불가분의 관계를 갖는다. 예산의 기능을 논할 때 기획기능과 통제기능을 관리기능과 분리하여 설명하기도 한다. 기획기능과 통제기능은 관리의 구성요소인데 별도로 강조하기 위해 기획기능과 통제기능을 관리기능 하에 두지 않고 구분하는 것으로 생각된다. 따라서 기획기능과 통제기능을 합쳐서 관리기능으로 설명해도 무방하다.

(1) 관리와 예산의 불가분성

관리(management)는 목표를 가장 효과적이고 효율적으로 달성하려는 체계적이고 합리적인 노력을 말하며 기획과 통제가 가장 중요한 기능이다. 기획과 통제는 예산의 가장 중요한 기능이며 기획기능(planning function)과 통제기능(control function)을 가지고 있기 때문에 예산은 조정(coordinating)역할을 할 수 있다. 관리의 가장 중요한 기능이 기획과 통제이고 예산의 가장 중요한 기능이 기획과 통제라면 관리와 예산이 불가분의 관계에 있을 수밖에 없다.

예산과 관리가 연계되어 있다는 사실은 미국의 중앙예산기관인 관리예산실(Office of Management and Budget: OMB)에서 알 수 있다. 원래 미국의 예산담당기관은 재무부 산하의 예산실(Bureau of the Budget: BoB)이었는데 대통령 직속인 백악관 소속으로 이동하였고 나중에 관리기능이 추가되면서 관리예산실이라고 명칭이 변경되었다. 관리예산실은 명칭 그대로 관리와 예산이 결합하여 하나의 부서를 구성한 것이다.

관리와 예산이 별개로 작동하는 것은 미국의 경우도 예외는 아니다. 실제로 미국의 관리예산실이 관리기능을 소홀히 하기 때문에 관리기능과 예산기능을 분리해야 한다는 주장도 대두되고 있다. 어떤 사람은 관리예산실에서 관리기능이 분리되어 Office of Federal Management와 Office of Federal Budgets로 별도 설정되어야 한다고 주장한다. 그러나 예산기능이 관리기능과 분리되는 것은 무의미하며 관리기능이 예산기능과 분리되면 관리기능이 제 기능을 발휘할 수 없다는 점에서 반대가 있으며 관리예산실은 아직도 관리기능과 예산기능을 동시에 수행하고 있다(Bowsher, 1989).

(2) 관리자와 예산

예산편성의 최고책임자는 조직의 최고책임자이다. 조직의 장은 예산편성과정에 깊이 관여할 수도 있으나 예산담당부서에 모든 것을 위임하고 중요한 안건을 결정하거나 보고 받기만 할 수도 있다. 조직의 장이 예산편성에 어느 정도 관여하는가는 조직 최고책임자의 방침, 정치적인 환경, 예산이해능력, 예산담당부서의 책임자에 따라 결정된다. 조직을 가장 잘 이해할 수 있는 수단이며 기획과 통제의 기능을 가진 예산을 조직의 최고책임자가 관리의 수단으로 이용하지 못한다면 조직의 효율성이 저하될 수밖에 없다. 그러나 실제로 대부분의 조직에 있어 조직의 책임자는 예산을 조직관리의 차원에서 활용하지 못하고 있으며 예산은 조직의 최고책임자와 유리된 채로 편성되고 있다.

(3) 관리개선(management improvement)과 행정개혁

관리를 개선하거나 강화하려고 할 때 예산은 매우 중요한 역할을 할 수 있다. 관리개선은 조직의 최고책임자의 적극적인 주도하에 가능한 개념이며 예산담당부서는 조직의 장으로 하여금 이러한 임무를 수행하도록 자극하고 감독하며 보조하는 역할을 한다. 관리개선은 달성하기 어려운 목표이며 완성될 수 없는 계속되는 과정이고 조직이 존속하는 한 영원히 추구되어야 하는 과정인데 예산을 사용하지 않고 관리개선을 달성하려는 것은 가장 쉬운 방법을 포기하는 것과 같다.

관리개선보다 강력한 개념은 행정개혁이다. 행정개혁에서도 예산의 역할은 두드러진다. 각국에서 예산담당부서가 행정개혁을 주도하고 있다. 미국의 OMB나 뉴질랜드의 재무부는 행정개혁을 추진하는 견인차의 역할을 수행했다. 예산은 행정개혁의 가장 강력한 수단인 것이다.

5. 기획기능

기획은 통제와 아울러 관리의 가장 중요한 요소이다.[2] 따라서 기획기능은 관리기능에 포함할 수도 있지만 기획기능과 통제기능을 관리기능에서 분리함으로써 예산의 기능을 보다 쉽게 이해할 수 있을 것이다.

(1) 기획에 대한 전통적인 견해

기획과 통제는 관리의 가장 중요한 두 가지 기능이다. 계획은 예산으로 구체화되지 않으면 종이조각, 단순한 그림자, 목표선언에 불과하고, 예산은 계획에 생명을 불어넣으며, 정부정책의 우선순위를 가장 명료하게 파악할 수 있는 수단이기도 하다(Starling, 1993). 목표를 달성하는 최적대안의 선정이 기획이지만 불확실성하에서 좁은 범위 내의 대안 중 최선을 선택하는 점증주의적이고 기계적인 기획이 일반적이어서 기획에 대해 회의를 가지고 있는 Wildavsky 같은 학자들도 있다.

기획은 일반적으로 중장기를 시간단위로 수립되는데 중장기계획은 세입과 세출의

---

2) 흔히 관리(management)를 organizing, planning, leading, controlling으로 구분한다.

현재 수준을 가상의 변경된 수준과 장기적인 관점에서 비교하는 것이다. 일반적으로 중기계획은 2, 3년에서 5년의 기간을 지칭하며 5년 이상의 기간이면 장기계획으로 간주한다. 중장기계획은 예산에 대한 근본적인 인식과 이해에 중요한 영향을 미치는데, 예를 들어 1년이라는 기간을 기준으로 경직성 경비였던 항목도 5년 혹은 10년이라는 기간을 단위로 볼 때는 더 이상 경직성 경비가 아닐 수 있다.

중장기계획은 미래에 새로 시작하는 사업을 미리 파악할 수 있게 해주는 장점이 있다(Axelrod, 1995). 장기기획은 비록 불확실성으로 인하여 실제와 상당한 괴리가 있을 수 있지만 장기기획 자체만으로 상당한 유용성이 있다. 조직의 사명에 대해 토론하고 사명을 설정하는 것은 조직에 활기를 불어넣으며 구성원들은 이러한 과정을 통해 자신이 조직에 소속함을 인식하고 어느 방향으로 조직이 가고 있다는 것을 알 수 있게 된다(Chambers, 1992).

기획은 조직의 비전과 전략에 대해 근본적인 검토와 재조정을 하는 기회지만 대부분의 경우 비전과 전략은 관심 영역에서 제외된다. 기획은 단순히 현재의 업무가 미래에 어떻게 변화될 것이며, 새로 어떤 업무가 추가되어야 하는가를 파악하는 것에 그치는 것이 대부분이다. 재정계획도 현재의 재정상태가 그대로 유지된다고 가정하고 인플레와 경제성장률 같은 지표만 반영하여 미래를 추정할 뿐이다.

예산계획은 일정한 미래의 사회 경제적인 상황하에서 현재의 정책과 사업이 계속 유지될 때 예산의 주요 지표들이 어떻게 달라지며 경제에 미치는 영향은 무엇이고 각 기능별, 조직별, 사업별로 예산액수의 추정치가 어떤가를 보여준다. 중장기계획에 대해 회의를 표시하는 학자들은 중장기계획이 현재의 상황이 미래에도 계속될 것으로 가정하고 수립되기 때문에 진정한 계획이 아니며, 미래에 현재와 상이한 변수의 등장이나 변수의 변경으로 인하여 발생하는 변화에 대해서는 전혀 예측하지 못하고 있다고 비판한다. 중장기계획의 가장 큰 문제점은 불확실성이며 중장기계획의 성공 여부는 불확실성에 대처하는 능력에 의존한다. 불확실성에 대처하는 방법은 여러 가지가 있지만 어느 방법도 불확실성을 완전히 제거하지 못하고 서로 결합하여 불확실성을 감소하는 역할만을 하고 있다.

불확실성에 대처하기 위해 중장기예산계획에 가장 중대한 영향을 미치는 미래의 경제전망을 낙관적인 전망, 비관적인 전망, 중립적인 전망으로 가정하는 방법을 많이 사용한다. 중장기예산은 불변가격으로 편성되어 화폐가치의 변화에 따른 불확실성에 대처해야 한다. 비교적 정확하게 지출을 예측할 수 있는 사업부터 중장기계획을 실시하는 방안도 불확실성에 대처하기 위한 것이다. 매년 중장기계획을 평가하여 수정함으로써 중장기계획이 유명무실하게 되는 것을 방지하는 것도 불확실성에 대처하는 방안이라 할 수 있다.

기획과 예산이 서로 불가분의 관계에 있다면, 기획이 정책과 분리될 수 없기 때문에 예산과 정책은 필연적으로 연관되지 않을 수가 없다. 결국 기획과 예산의 연계는 정책과 예산의 연계를 의미한다. 또한 통제란 기획한 대로 결과가 달성되었는가를 평가하고 책임을 규명하며 수정 보완을 통해 미래의 기획에 반영하는 행위이다. 그러므로 통제도 기획과 불가분의 관계에 있고 결국 예산이 통제와 분리될 수 없다.

배득종은 예산은 일을 잘하기 위해 미리 세운 계획이이며, 능력범위 내에서는 고도로 체계화된 계획을 세울수록 좋은 성과를 올리는 것이 일반적이라고 말한다. 계획은 본질적으로 실패할 수밖에 없다는 주장을 하는 Wildavsky같은 학자도 있지만 Amey같은 많은 학자들은 계획을 잘 세우면 조직의 성과가 크게 향상된다고 주장하고 있다. Amey는 적절한 계획이 없는 조직체는 다음과 같은 문제에 시달릴 것으로 보고 있다(배득종, 1996).

- 상호 연관된 의사결정을 통합적으로 내리지 못하고 개별적으로 결정해야 하므로 의사결정비용이 많이 든다.
- 단기적으로 유리한 결과를 가져올 사항에 대한 결정을 내리는 데 시간이 오래 걸려 조직의 유리한 결과를 가져올 기회를 놓치기가 쉽다.
- 아직 눈앞에 드러나지는 않았지만 잠재적으로 숨어 있는 좋은 기회에 미리 대처할 준비가 없다. 또는 잠재적 위협에 대비하지 못한다.
- 미래를 인위적으로 유리하게 만들거나, 위험을 회피하지 못한다는 것은 일종의 기회비용이 발생한 것으로 보아야 한다.
- 조직이 장기간 생존할 확률이 낮아진다.

사례

다음과 같은 뉴욕시의 사례는 기획의 중요성을 보여주는 좋은 사례이다(Bahl, 1992b). 1970년에 뉴욕 시는 거의 파산직전에 이르렀지만 1980년대에는 경제호황을 누렸다. 그러나 1980년대 말 재정적자가 시작되었으며 1990년대에도 계속되었다. 재정적자는 이미 노출되기 이전부터 예측가능한 것이었으나 호황기인 탓으로 주의를 기울이지 않았다. 예를 들어 인구 중 가난한 사람의 증가는 수입감소와 지출증가를 의미하는 것이었으나 호황기에 이런 예측을 하지 않았다. 예산의 예측은 단순히 예산만 고려해서는 안 되며 정치, 경제, 사회 등의 제반요소를 분석해야 하는 어렵고 총체적 작업임을 알 수 있다.

또한 뉴욕 시는 호황이 계속되었을 때 1인당 실제 지출액이 다른 주에 비해 상대적으로 높았다. 경제호황시에 세금 감소로 경제활력을 부여했더라면 뒤에 온 불황도 심각하지 않았거나 오지 않았을지도 모른다. 일단 경제불황이 시작되었을 때도 지출이 적절하게 감소되었더라면 재정적자를 감소시켰거나 피할 수 있었을 것이다.

기획과 예산에 관하여 뉴욕 주의 사례가 주는 교훈은 장기계획의 필요성이다. 특히 수입과 지출의 조화를 고려해야 하며 호황 때 경제잠재력의 보강과 낭비지양을 시사하고 있다. 세금 개혁 또한 중요하고 전체행정구역을 고려한 기획과 예산편성의 필요성도 의미하고 있다.

(2) 기획의 새로운 개념: 전략기획과 분권화 된 기획

1) 전략기획

전략기획과 분권화 된 기획은 새로운 기획의 개념이다. 계획예산(PPBS)에서 사용한 기획은 전략기획이었기 때문에 공공부문에서 전략기획의 역사는 길다(Hyde, 1992). 전략기획은 아주 오래 전에 대두되었지만 사실상 공공부문에서 전략기획은 그다지 중요시되지 않았다. 오히려 민간부문의 전략기획이 PPBS가 실시된 훨씬 이후에 공공부문에 다시 도입되어 영향을 미쳤다고 보아야 한다.

전략기획은 단순히 미래에 무슨 일을 하느냐에 대한 내용이 아니라 미래에 어떤 조직이 되어야 하는가에 대한 내용이다. 많은 OECD국가들이 정책과 사업의 효과성을 위해서 전략기획을 사용하고 있다(OECD, 1997). 과거에는 조직의 주체가 무엇을 해야 하는가를 기획하는 것이었다면 전략기획은 조직의 주체가 어떤 조직이 되어야 하는가에 초점을 맞추는 기획으로서 전통적인 기획과는 정반대의 사고를 하는 기획이다.

예를 들어 경찰청의 경우 내년에는 어떤 일을 하고 내 후년에는 어떤 일을 하고 5년 내에 무엇을 달성한다는 것이 과거 기획의 주요 내용이었다. 미래를 예측한 뒤 여태까지 수행하고 있는 일을 약간 수정하고 보완하는 것이 주된 내용이었다. 이에 반하여 경찰청이 비전을 세우고 그러한 비전의 달성을 위하여 범죄예방이라는 전략과 발생한 범죄의 철두철미한 검거라는 전략 중 어떤 전략을 선택하는 것이 적절한가 고민하는 것이 전략기획이다. 경우에 따라서는 사후에 발생한 범죄를 끝까지 추적해서 검거하는 전략보다 사전에 범죄를 예방하는 전략이 더 효과적일 수 있다. 물론 경찰청이 어떤 비전을 세우느냐에 따라 바람직한 전략도 달라지기 때문에 궁극적으로 전략기획은 비전과 전략에 대한 기획이어야 한다.

전략기획은 비전과 전략을 수립할 때 외부의 기회와 위협, 내부의 강점과 단점을 고려한다. 환경의 변화와 자신에 대한 성찰의 결과 수립하는 비전과 전략은 자신에 대한 근본적인 검토이며 거기로부터 조직이 수행해야 할 업무가 도출된다. 전략기획은 조직이 미래에 어떤 모습을 가지고 있어야 하는가에 대한 상상력과 소망의 발휘인 것이다. 전략기획은 변화를 주도해야 하며 능동적으로 미리 변화하는 것을 의미하기도 한다. 그러므로 기획부서는 변화를 촉진하는 부서가 되어야 한다. 기획은 변화를 기획하는 것이다.

2) 분권화 된 기획

전략기획과 아울러 분권화 된 기획이 새로운 기획의 개념이다. 과거에는 중앙에서 기획부서가 기획을 한 뒤에 상의하달식으로 기획을 집행하였는데 분권화 된 기획의 개념하에서는 중앙의 기획부서는 최소한의 방향만을 설정하고 기획은 집행부서에서 담당하게 되었다. 그러므로 이제는 전략기획이라는 용어대신 전략경영이라는 용어를 사용하고 있다. 기획기능이 중앙에서 실제 업무를 담당하는 부서로 이관하게 됨으로써 중앙의 기획부서는 규모와 역할이 최소화되었다. 변화하는 시대에는 중앙집권적인 기획은 낡은 개념에 불과하다. 업무를 담당하는 부서가 변화하는 환경에 적응하면서 즉각 반응하며 생존을 위해 미래를 설계하는 분권화 된 기획이 필요한 것이다.

(3) 기획과 예산의 연계의 의미

기획은 합리적 선견이며, 바람직한 목표를 달성하는 최적행위를 합리적으로 결정하려는 시도이다. 정부와 같은 대규모 복합조직에서는 모든 부서의 기획을 동일한 정보와 목표에 의하여 통합함으로써 전체의 효과성을 달성하여야 하며 이것이 최고책임자의 가장 중요한 임무이기도 하다. 기획은 정부의 다양한 사업에 방향을 제공하는 것이기도 하고 각 부서의 사업을 조정하려는 것이기도 하며 국가발전을 위한 중앙의 정책형성이기도 하기 때문에 예산에 반영되지 않으면 실현되지 못한다. 기획은 의사결정에 보다 체계적 사고를 도입하려는 목적을 가지고 있으며 결국 국가의(혹은 조직의) 목표가 정부의(혹은 조직의) 기획을 인도하는 기준이 되어야 한다. 기획은 장기적이고 폭넓은 관점과 목표를 가장 짧은 시간단위의 행위로 전환하는 것이어야 하며 결국 모든 것은 예산이라는 구체적 형태로 나타나야 한다(Howard, 1992).

예산은 계획한 의사결정을 구체적 사업과 프로젝트로 전환하는 메커니즘이다(Makolo 1983). 기획이 목표와 우선순위를 결정하고 예산이 편성되어야 하지만 항상 이렇게 연계되지 못한다. 호주에서 전략기획이 예산개혁에 의해 도입된 초기에는 부처의 환영을 받았지만 점점 시간이 지나면서 부처는 전략기획에 무관심해졌다. 개혁

초기에는 분권화가 시행되자 스스로 조직의 방향을 결정하고 자원에 대해 권한을 행사하는 보람과 활력이 나타났지만 시간이 지날수록 의미를 상실하게 되었고 당장 시행할 업무에 대한 운영계획(operational plans)을 보다 중시하게 되었다(OECD, 1997).

예산은 계획이지만 모든 계획이 예산은 아니다. 기획의 개념은 다양하며 조직의 모든 구성원이 기획을 하지만 일부 사람만이 자신을 기획가라고 지칭한다. 공공부문에서 기획은 정책의사결정이다. 예산편성은 기획의 한 종류이며 보다 일반적 기획의 사례이다. 비록 실패하였지만 과거의 계획예산(PPBS)은 예산과 기획을 연계하여 하나의 통합된 정책결정과정을 구축하고자 하는 노력이었다(Howard, 1992).

공공부문은 총액의 범위내에서 지출이 제한되지만 기업은 매출상황에 따라 지출예산이 변화해야 한다. 기업에서도 수입과 지출 사이에 명확한 관계가 설정되기 어려운 본부, 연구개발부서, 인력부서, 광고홍보부서 등은 공공부문처럼 지출예산이 일반적으로 고정된다(Henry et al., 1989). 그러므로 기업은 미래의 변화에 보다 신속하게 대응할 수 있는 반면 공공부문은 그만큼 변화에 대한 대응에 어려움이 있다. 기업은 기획시에 미래의 불확실성을 반영할 수 있는 신축성 있는 지출예산을 편성할 수 있는데 반하여 공공부문의 지출예산은 경직성을 지닐 수밖에 없다.

예산은 주요 조정수단이며 개혁을 가능하게 하는 도구이다. 선진국의 행정개혁이 대부분 예산부처에 의해 추진되는 것도 바로 이 때문이다. 예산의 기획역량은 제도적 절차로 예산과정을 운영하고 재무통제 같은 다른 목표를 달성하려는 노력 때문에 눈에 보이지 않게 되었을 뿐이다. 예산문서는 기획활동의 산물 중 하나에 불과하지만 예산편성단계가 미래에 대한 체계적 사고가 이루어지는 유일한 수단이 되는 경우가 많다. 예산은 기획수단의 하나가 되어야 하며 전적으로 돈에만 관련되어서는 안 된다(Howard, 1992).

예산은 1년 뒤의 일에만 관심을 기울이기 쉬운 과정이기 때문에 기획을 제한하게 되며 미래에 대한 포괄적인 추정이라기보다는 현재경향의 투영에 불과하기 쉽다. 그러므로 예산은 기획의 혁신적인 고려를 수용하기 어렵다. 일단 바쁜 예산과정이 시작되면 체계적인 고려는 불가능하기 때문에 전략기획이 예산보다 앞서야 된다. 이런 현상 때문에 예산이 사실상 좁게 정의되어 결정된 사항에 대한 기계적인 배분만을 의미하게 되고 당연히 포함해야 할 기획의 의미를 상실하게 되었다. 기획은 장기적 관점에서 수행되는 데 반하여 예산은 1년 단위로 편성되며 장기예산은 참고나 보조자료로 사용되므로 여기에서도 괴리가 생긴다. 기획에는 제약이 거의 없으나 예산은 고려해야 할 규정이나 절차가 많다. 기획은 주로 편익을 강조하는 데 반하여 예산은 주로 비용을 강조할 수밖에 없다고 한다. 기획은 포괄적이려고 하는 데 반하여 예산은 점증주의적이고 단계적인 경향이 있다. 예산기관은 다른 곳에서 제기된 문제에 대응하는 데 반하여 기획은 자신이 주도적으로 미래를 주도한다. 기획은 통제기능을 수행하지만 예산처럼 실질적이고 강력한 통제권한이 있는 것은 아니다(Howard, 1992).

예산은 일단 계획의 형태로 모양을 갖추게 되면 경직되어서 변화하는 상황에 쉽게 적응하지 못한다. 기획단계에서는 자유롭게 사고하고 변화에 적응할 수 있다고 하더라도 예산과 연계되어 기획이 반영되려고 하면 변화를 거부한다. 경우에 따라서는 성과평가가 경직성을 유발하기도 한다. 계획이 설정되고 계획달성을 측정하는 방법이 결정되면 예상하지 못한 사태의 발생으로 인하여 계획을 수정해야 할 필요성이 대두되어도 성과측정 이후로 연기하게 된다. 첫째, 원래목표를 달성하지 못하는 부담을 지고 싶지 않기 때문이며 둘째, 새로운 측정을 위한 자료수집비용을 피하고 싶기 때문이다. 그러므로 효과성, 효율성을 위한 성과평가가 오히려 효과성, 효율성에 장애가 되는 것이다(Halachmi, 1996).

기획과 예산이 연계되어 비전과 전략이 특정예산의사결정이 이루어지는 구조를 제공해야 한다. 예산은 기획의 한 형태이고 기획은 예산의 기초이다. 기획은 예산을 포함한 전체 정책결정과정의 기초가 되어야 한다. 예산은 위에서 언급한 차이점 때문에 기획을 받아들여 완전히 하나가 되는 것은 불가능하며 기획의 혁신성을 보존하기 위해서도 기획과 예산을 통합하는 것은 바람직하지도 않다. 예산과 기획은 통합되기보다 독립성을 유지하면서 연계되어야 한다. 무엇보다도 예산이 기계적인 배분에 그치지 않고 비전과 전략을 고려하고 기획의 혁신적 고려를 주어진 제약조건하에서 받아들여야 한다. 혹은 예산이 기획과 경쟁하는 또 하나의 기획기구가 되는 것도 예산과 기획의 연계를 위한 좋은 방법인데 여러 가지 문제로 인하여 사실상 불가능할 것이다(Howard, 1992).

(4) 기획과 정책분석

정책분석은 일반적으로 최적정책대안의 선정으로 정의한다. 기획은 목표를 달성하는 최적대안의 선정이기 때문에 결국 정책분석은 기획의 변형(variant)이다. 예산편성은 기획의 최종단계이고 기획의 구체화이며 최적정책대안은 예산편성으로써 확정된다(Wildavsky, 1969).

미국의 감사원은 예산편성은 기획과정의 일부분이어야 한다고 주장하고 있다. 예산은 기획의 결과 수립된 계획이 화폐가치로 표현된 것이며, 기획은 정책평가로서 과거의 정책을 평가하여 반영하고 최적정책을 결정하려는 정책분석의 차원에서 실행되어야 한다.[3] 대부분의 조직에서 예산편성은 기획관리실 혹은 기획실 등 기획과 관련된 부서에서 한다. 기획과 예산의 연계는 예산편성이 기획의 최종단계이며, 예산은 매년 편성되더라도 기획은 중장기기획이어야 한다는 의미도 포함한다.

(5) 정책과 예산의 괴리

Henry는 예산이란 정책의 측정과 평가에 대한 사고방식을 의미한다고 주장하고 있다(Henry, 1989). 예산은 정책문서이고 특정사업에 자금을 배분하고 다른 사업에 자금을 배분하지 않는다는 의사결정은 정책대안에 대한 강한 선호를 의미하기 때문에 예산은 정책우선순위에 대한 선언서이다. 정치인들의 말보다는 정치인들의 예산선택이 정치인들의 관점을 보다 잘 대변한다고 볼 수 있다(Palumbo & Maynard-Moody, 1991). 정책은 예산을 통해서 분석할 때 가장 명확하게 드러나고 정책의 실제 모습은 예산 속에 녹아들어 있다고 볼 수 있다.

예산이 정책을 무시하고 편성되어서는 안 되고 정책대안도 예산을 무시하고 선정되어서는 안 되기 때문에 정책결정과 예산편성은 유기적으로 연계되어 이루어져야 한다. 그런 의미에서 정책결정과 예산편성은 동시에 확정될 수밖에 없다. 그러나 정책결정 즉 예산편성은 합리적이고 총체적인 관점에서 이루어지지는 않는다. 정치적 이해관계와 즉흥적이고 주관적이며 자의적인 예산담당자의 관점에 의하여, 분해되고 조각난 모자이크식의 예산이 되기 십상이다. Wildavsky는 예산과정이 정책을 도출하는 경우는 거의 없으며, 오히려 정치적 과정을 통해 정책이 결정되고 예산은 그저 정치적 정책결정을 반영하기만 하는 것이 더 보편적인 현상이기 때문에 예산은 정치의 하부시스템(subsystem)이지만 결코 정책이 예산의 하부시스템은 아니라고 주장하고 있다(Palumbo & Maynard-Moody, 1991).

Wildavsky의 이러한 주장은 정책에 관한 토론과 정치적 쟁점에 관련된 이슈에만 타당할 뿐 실제로 많은 이슈들은 국민과 여론의 관심영역에서 제외되어 있고 명백한 정책우선순위가 결여된 경우가 많다. 정책우선순위에 의해 예산이 편성되어야 함에도 불구하고 예산은 기계적이고 타성적으로 편성되고 여론과 정치적 과정을 거친 주요쟁점들만이 예산에 반영될 뿐이다. 물론 이러한 경우에도 기계적이고 타성적인 예산편성은 결코 정책과 연계되지 못하고 정책이 실종될 뿐이다. 그런 의미에서 대부

---

3) 기획은 보통 planning이라 하며 계획은 plan이라고 한다.

분의 경우 예산은 정책기획문서라기보다는 인건비와 물자공급에 관한 정부활동의 반영에 불과하다(Guess, 1983).

예산과정에서 정책평가는 진위를 보여줄 수 있는 사항과 합리적 사람들이 의견일치를 이룰 수 없는 사항을 구분하는 역할을 하며 정치적 해결로 인한 경제적 문제점을 인식하게 한다고 Grizzle은 주장하고 있다. 정책분석은 최적대안선정을 보장하지는 못할지라도 최악의 선택을 방지하는 역할은 할 수 있다. 정치적 요인이 차지하는 부분이 작은 이슈는 정책분석과 평가가 유용한 역할을 한다. 정치권력구조에 영향을 미치지 않는 정책이슈와 목표설정과 최적대안선정이 기술적인 국방, 외교 같은 순수공공재는 정치적 논란의 여지가 적지만 정치권력구조에 영향을 미치고 소득재분배효과를 수반하는 정책은 다양한 사람들의 정치적 가치가 개입되기 때문에 정책분석과 평가가 기여할 수 있는 범위가 제한되어 있다. 정책분석과 평가가 유용한 역할을 하기 위해서는 정책결정과정의 참여자들이 자신의 입장을 결정하기 이전에 정보를 제공하여야 한다. 일단 예산과정에서 참여자들이 정책에 관하여 입장을 결정하면 오로지 자신의 입장에 도움이 되는 정책분석과 평가만을 수용하기 때문이다. 그러므로 기존 정책보다 새로운 정책에 대해 정책분석과 정책평가가 보다 큰 역할을 할 수 있으며 정치적 요인이 작을수록 정책분석과 정책평가가 기여할 수 있다(Grizzle, 1998).

(6) 기획, 정책, 예산의 연계

예산은 정책이라는 변수의 제약(예: 특정정책을 위한 부채조달)하에 있으며 정책도 예산이라는 변수의 제약(예: 엄청난 재원이 소요되는 정책)하에 있기 때문에 예산과 정책은 상호작용하고 상호제약의 역할을 하며 정책과 예산이 연계되어야 한다. 정책분석은 기획의 변형이지만 정책기획이라는 용어를 흔히 사용하고 있다. 정책기획이란 정책이 기획의 관점에서 수행되거나 공공부문의 기획은 정책결정이라는 취지로 이해할 수 있을 것이다. 실제로 공공부문에서 기획과 정책을 명확하게 구분하기란 쉽지 않으며 결국 두 개념은 서로 중복되고 서로를 포함하고 있다고 보아야 할 것이다.

기획과 예산의 연계는 결국 정책과 예산의 연계를 의미하는데 어떻게 하면 정책, 기획, 예산을 연계시킬 수 있을까? 기획예산실이나 기획조정실이 예산과 기획을 하나의 부서로 통합하려는 시도이지만 실제로 예산의 전문성 때문에 이 두 분야의 연계는 이루어지지 않는 경우가 대부분이다. 혹은 예산이 전문성을 확보하지 못한 채 복잡하기만 하고 상식적이고 낮은 수준에서 기계적으로 운영되고 예산담당자도 단순히 자금을 조달, 관리, 사용하는 기술자의 역할에 머물기 쉽기 때문에 예산이 기획

즉 정책과 연계되어도 별다른 기여를 하지 못한다. 예산담당자가 넓은 시각의 정책 관점을 소유하지 못하거나 정책결정자가 예산에 관한 어느 정도의 전문성을 확보하지 못할 때는 예산과 정책의 연계는 사실상 불가능하다. 정책이 기획단계에서 예산과 연계되지 못하면 궁극적으로 비용이 추가되고 비효율적이 된다.

학문의 세계에 있어서도 Wildavsky 같은 학자를 제외하고는 예산과 정책을 연계하여 연구하는 학자가 드문데 그 이유는 예산을 이해하는 것이 어렵기 때문이다. Starling은 정부예산은 방대하고 복잡하기 때문에 예산을 편성하는 사람이 의도적으로 그렇게 만들지 않았나 하고 의심할 정도라고 말하고 있다(Starling, 1993). 예산이 정책과 연계되는 문제는 사람들의 관심영역에서 제외되고 있는데 예산을 이해하는 것이 어렵기 때문이기도 하지만 예산과 정책의 연계가 얼마나 중요성을 가지는가에 대해 이해하지 못하기 때문이기도 하다. 대부분의 경우 예산과 정책의 연계를 추상적으로만 이해하고 있다. 예산과 정책분석, 정책평가, 관리정보시스템이 서로 연관되어 있지만 그러한 상호관계를 인식하는 관료들은 거의 없다고 Euske는 주장하고 있는데 한국도 예외는 아니다(Euske, 1983).

사례

1979년 Graham이 플로리다의 주지사로 당선되었을 때 가장 먼저 실시한 일의 하나는 예산의사결정과정에서 주지사의 역할을 확대하는 것이었다. 무엇보다도 주지사가 선거기간 동안 강조한 정책을 집행하기 위해서였다. 먼저 중앙예산기관을 주지사 직속기관으로 이전하여 예산과정에 거의 영향을 미치지 않았던 정책과 기획을 예산에 반영하였다. 주요 부문의 정책우선순위를 명백하게 설정하고 이를 기획문서의 형태로 예산에 반영하였다. 이런 조치가 취해지기 이전에는 플로리다도 다른 주 정부와 마찬가지로 일관되고 통일된 정책에 의해 예산이 편성되지 못하고 의회와의 갈등, 법정에서의 타협, 이익단체의 요구, 관료들의 관행들에 의해 조각나고 무질서한 결정에 의해 모자이크식 예산이 편성되었다(Polivka & Osterholt, 1985).

Lynn Muchmore에 의하면 모든 주정부 관료들은 주지사를 추상적으로 존경하지만 아무도 정책의제를 그들에게 제공하는 주지사로 생각하지 않는다. 주지사의 정책우선순위에 의해 예산이 편성되어야 함에도 불구하고 예산은 기계적이고 타성적으로 정책과 분리되어 편성되고 정책 또한 구호에 그치는 경우가 많다. 무엇보다도 예산이 소유하고 있는 정책문서로서의 기능을 사람들이 인식해야 한다. 예산을 정책과 유리된 기법 정도로 생각하는 태도에서 벗어나야 할 것이다(Polivka & Osterholt, 1985).

Appleby는 중앙예산기관이 상당부분의 정책을 결정하는 것은 사실이지만 참모에 불과하며 정책결정자의 역할을 대체하지는 못했다고 주장한다. 그러나 미국의 경우 중앙예산기관은 과거 재무부 산하의 예산실(BoB: Bureau of the Budget)에서 현재 백악관 산하의 관리예산실(OMB: Office of Management and Budget)에 이르기까지 점점 정책역할이 증가하고 있다. 물론 OMB의 역할은 OMB실장의 백악관 내에서의 위치에 달려있기도 하지만 과거에 비해 정책역할이 증가한 것은 사실이다(Schick, 1987a).

(7) 점증주의로 인한 정책과 예산의 괴리

예산의사결정은 필연적으로 정책을 결정하는 의사결정이며 예산의사결정이 정책결정과 유리되어서는 안 되며 결코 완전히 유리될 수도 없다. 예산항목의 우선순위를 결정하는 것은 결국 정책의 우선순위를 결정하는 것이며 특정 예산항목을 채택할 것인가의 여부는 어떤 정책을 채택할 것인가의 여부와 동일하다(Rubin, 1992). 점증주의의 일부장점에도 불구하고 예산의 점증주의적 관행으로 인해 예산담당자의 정책결정역할이 축소된다. 점증주의적인 예산관행은 예산담당자의 역할을 위축시키고 정치적인 요인이 더 큰 영향력을 행사하게 하며, 예산은 정책을 다루어야 하는 데도 불구하고 정책은 다른 곳에서 다루어진다. 결국 점증주의는 예산의사결정을 무의미하게 만드는 역할을 하기 때문에 정책과 예산의 괴리를 초래한다.

6. 통제기능

통제는 기획과 함께 관리의 핵심요소를 구성한다. 통제기능도 기획기능과 마찬가지로 관리기능에 포함하여 설명할 수 있지만 관리기능과 구분함으로써 예산의 통제기능을 보다 잘 이해할 수 있게 된다.

(1) 통제의 이해

예산이 집행되면 감사나 평가를 통해서 집행이 의도한 목표를 달성했는가를 판단한다. 의도한 목표란 기획에 의해 설정되며 실제 예산집행결과가 기획과 얼마나 괴리가 있는가 평가하는 것이다. 통제는 예산집행결과가 기획에서 의도한 것을 달성했는가 평가하고 괴리가 있을 경우 책임을 규명하며 수정과 보완을 통해서 다음 기획에 반영한다. 통제는 결국 예산과 불가분의 관계에 있음을 알 수 있다.

조직의 통제를 위한 수단 중 가장 효과적 수단은 예산과 회계를 통한 통제이다.

기업에서는 예산과 회계를 통한 통제를 가장 광범위하게 사용하고 있다. 선진국 기업에서는 예산과 회계의 최고담당자를 통제관(controller)이라고 하며, 외국기업들이 우리기업에 지분참여를 하는 경우 외국기업쪽에서 요구하는 자리는 대부분 최고재무담당자(CFO: chief financial officer)라는 데서 예산과 회계가 통제에 어떤 역할을 하는가 알 수 있다.[4] 지분참여를 통해 투자하는 경우 외국기업들은 예산과 회계를 통해서 한국기업을 통제하고자 하는 것이다. 최고재무담당자를 외국기업이 장악하면 한국기업을 통제할 수 있다.

기획과 통제는 불가분의 관계에 있다. 기획은 목표와 기준을 설정하고 통제는 목표와 기준으로부터 조직의 활동이 이탈하지 않도록 교정한다. 통제는 상위단계에서 행해지는 통제와 조직의 하위단계에서 행해지는 통제의 두 가지가 있다. 조직의 상층부에서 행해지는 통제를 집행통제(executive control)라고 하고 보다 구체적 목표의 달성은 내부통제(internal control)에 의해 수행한다. 내부통제를 재무통제(financial control)와 운영통제(operational control) 혹은 관리통제(administrative control)로 구분하기도 한다. 통제는 목표와 기준을 설정하고 집행한 후 결과를 평가하여 환류(feedback)와 교정이 이루어지는 4단계로 구성되어 있다(Sawyer & Vinten, 1996).

기획= 목표설정과 최적대안선정 → 집행 → 평가 → 환류(feedback)

회계는 가장 대표적 관리통제(management control)기법이다. 조직은 회계가 없이는 작동할 수 없다. 회계는 정보를 수치화하여 관리자와 정보이용자에게 제공하는 특별한 언어시스템이다. 회계는 조직의 문제를 해결할 수 있도록 제공되지 않으면 불필요한 잡음에 불과하다(Sawyer & Vinten, 1996). 분권화된 시스템의 통제에서 가장 중요한 역할을 하는 것은 정보시스템의 연계와 정보의 공유이다(Premchand, 1995). 현대의 조직은 대부분 분권화된 조직이거나 분권화를 지향하고 있다. 그러므로 정보시스템인 예산정보시스템과 회계정보시스템의 역할이 그만큼 중요한 의미를 가지고 있다. 과거에 대한 정보인 회계가 관리통제기법이라면 미래에 대한 정보인 예산 또한 관리통제시스템이다. 그러므로 예산과 통제는 모두 관리통제의 도구인 것이다.

통제는 직접통제(direct control)와 예방통제(preventive control)가 있다. 직접통제는 사전에 설정된 규범이나 기준에서 이탈하지 못하도록 하는 통제인데 반하여 예방

4) 《주간동아》, 제213호, 1999. 12. 9.

통제는 관리원칙(management principles)이 준수되도록 자율을 부여하고 평가하는 통제이다(Sawyer & Vinten, 1996).

1989년 미국 뉴저지 주에서는 회계부서와 Department of Human Services의 통제미비로 인하여 Division of Development Disabilities가 예산을 3천2백만 달러나 초과지출한 사건이 발생하였다(Axelrod, 1995). 이 사례를 통해서 보더라도 통제가 얼마나 중요한가를 알 수 있다.

통제는 부당한 간섭과 경직된 규정과 절차를 상징하는 부정적 의미를 내포하지만 그것은 전통적 의미의 통제이며 현대적 의미의 통제는 자율과 책임을 근간으로 하는 인센티브시스템에 기초하는 통제이다. 통제가 결여된 분권화는 오히려 집권화보다 바람직하지 못하며 관리가 존재하는 곳에 통제는 반드시 존재해야 한다(White, 1985).

통제는 목표를 기정사실화하고 목표달성 여부를 확인하지만 목표가 올바르게 설정되었는지 끊임없이 질문해야 한다. 기획과 실제 집행이 얼마나 유리되었는가는 암묵적으로 올바른 계획을 가정하는 것이다. 그러나 대부분의 경우 목표가 잘못 설정되었다는 것이 밝혀져도 목표의 수정까지는 많은 시간이 소요된다.

Grizzle에 의하면 1920년대와 경제대공황 시기에도 예산은 총액예산(lump sum appropriation)이어야 한다는 주장이 제기될 정도로 총액의 범위 내에서 자유재량을 부여해야 할 필요성은 오래 전부터 인식되었다. 그러나 이러한 통제시스템이 절대적인 것은 아니며 지출내역에 대해 엄격한 통제를 부과하는 품목별 예산이 적합한 경우도 있다. 정형화되고 예측가능하며 단순 반복업무를 수행하는 조직의 경우는 품목별 예산이 적합하다. 그러므로 통제시스템은 조직이 처한 환경과 조직의 성격, 필요, 목표에 맞추어 구축되어야 하며 절대적 원칙이 존재하는 것은 아니다. 지향하는 결과를 알지만 무엇이 바람직한 목표달성수단인지 알기 어려울 경우 결과중심적 통제(results control mechanism)가 적절하며, 바람직한 결과를 위해 어떤 행동을 해야 하는지 알고 있다면 행동중심적 통제(action control mechanism)가 적절하다. 복수의 산출을 생산하며 산출을 측정하기 어려울 때는 단위원가에 기초한 통제보다 품목별 예산에 기초한 통제가 더 효과적일 수 있다.

미국 의회는 전쟁, 공황 등의 위기와 불확실성이 높은 시기에는 예를 들어 총액예산 같은 자율통제를 허용하여 신축성과 자유재량을 부여하고 이러한 시기가 지나가고 안정을 찾으면 다시 엄격한 통제를 지향했다. 그러나 시간이 지나면서 의회가 행정부에 다시 많은 권한을 위임하였고(예: 재무부에 부채조달권한 위임, 행정부편성예산),

이러한 제도가 누적되어 오늘날의 예산제도를 이루었다(Grizzle, 1998).

옳은 통제라 하더라도 지나치면 역효과가 나며 잘못된 통제보다 오히려 더 큰 해를 끼칠 수 있다. F. Thompson은 잘못된 통제로 인한 효율성의 손실은 5~20%에 달하며 지나친 통제로 인한 효율성의 손실은 이보다 더 크다고 추정하고 있다. 그는 통제에 소요되는 직접비용이 1 달러일 경우 간접비용은 20 달러에 달한다고 주장한다. 더 많은 통제는 더 많은 실패를 초래하며 실패를 만회하기 위해 통제를 더 강화하면 사태가 더 악화되는 악순환이 되풀이된다. 적절한 수준의 통제란 통제로 인한 한계비용이 통제로 인한 한계편익을 초과하지 않는 수준이다(Grizzle, 1998).

통제시스템에 오류나 문제를 발견할 수 있는 장치가 하나만 존재하면 올바르게 작동하지 못할 경우 대책이 없기 때문에 두 번째 혹은 세 번째 장치를 구축한다. 문제는 어느 정도의 범위에 얼마의 가외성(redundancy)을 허용할 것인가의 문제이다. 이 문제는 가외성으로 인한 편익이 가외성으로 인한 비용보다 작아야 한다는 원칙으로 해결해야 한다(Wallace, 1991).

(2) 전통적 의미의 통제

전통적인 의미의 통제란 흔히 사람들이 통제에 대해 갖는 부정적인 의미를 내포하고 있다. 구체적인 내역까지 감독하고 규정과 절차에 의해 집행을 규제하려는 통제를 의미하며 자율의 범위가 상대적으로 적고 중앙집권적이며 상의하달식의 권위주의적인 통제이다. 그러나 이러한 부정적 의미의 통제라 하더라도 통제가 결여된 상태보다는 바람직하다. 통제의 결여는 최악의 사태인 것이다. 물론 가장 바람직한 것은 자율과 책임을 근간으로 하는 현대적 의미의 통제이다.

미국의 예산회계법(The Budget and Accounting Act)이 1921년 통과되었을 때 의회가 행정부를 통제한다는 것은 전통적인 의미의 통제였으며 감독과 규정의 준수, 그리고 낭비의 방지가 주목적이었다. 전통적인 의미의 통제에서 가장 중요한 내용을 차지한 의회의 활동은 행정부가 신청한 예산을 삭감하여 지출을 줄이는 것이었고 그것은 절약으로 생각되었다. 예산회계법에 의해 탄생한 감사원(GAO)도 관리예산실의 전신인 예산실(Bureau of the Budget: BoB)과 더불어 행정부서를 통제하는 부정적인 시각에서 힘을 행사하였으며 특히 원가통제를 통해 절약을 달성하려고 했다(White, 1985).

(3) 현대적 의미의 통제

2차대전 후에 내용승인예산인 엄격한 품목별 예산이 점점 총액승인예산인 일괄총액예산(lump-sum appropriations)으로 변경되어감에 따라 전통적인 의미의 통제를 강조하던 감사원은 현대적 의미의 통제개념인 목표의 효율적 달성에 초점을 맞추게 되었다. 절약에 관심을 기울이던 자세에서 생산성을 강조하게 되었다. 무엇보다도 감사시에 모든 서류를 남김없이 정밀 감사하던 관행에서 탈피하여 행정부서의 회계시스템과 자체감사를 감독하는 분권적인 체제로 전환하였다. 전통적인 의미의 통제가 목표달성수단의 구체적 내용까지 간섭하는 데 반하여 현대적 의미의 통제는 목표달성수단은 집행자의 자유재량에 위임하고 대신 목표의 달성에 대해 평가하고 책임을 추궁하는 통제이다.

의회가 총액승인예산으로 전환함에 따라 예산심의의 범위와 성격이 변화되었으며 절약과 부정의 방지에서 생산성과 성과의 측정으로 관심사가 변경되었다. 감사원과 마찬가지로 관리예산실도 행정부서의 성과측정에 관심을 기울이게 되었고 성과측정의 객관적인 기준을 찾으려는 노력을 시작하였다. 계획예산은 실패하였지만 계획예산은 사업평가(program evaluation)인 정책평가를 유산으로 남겼으며 관리예산실은 정치적 의사결정인 예산의사결정에 필요한 객관적인 기준으로서 사업평가 즉 정책평가를 선택하였다. 관리예산실에서 사용되었던 사업평가는 감사원에 의해 채택되었으며 감사원은 사업평가의 도입으로 획기적인 전환을 맞게 되었다.

의회의 요구에 부응하여 감사원은 사업평가 즉 정책평가를 담당하는 가장 중요한 기관으로 탄생하였다. 1980년에 회계감사는 감사원 업무의 오직 7%만을 점유하였고 절약에 투입된 연구는 29%에 그쳤다. 반면 50%의 감사원의 업무는 사업평가와 비용편익분석에 치중되었고 나머지 14%의 업무는 특별연구였다. 사업평가는 정책평가이고 비용편익분석은 정책분석기법의 하나이므로 감사원이 정책분석과 평가에 있어 주도적 역할을 수행하는 기관이라는 사실을 알 수 있다. 감사원은 보다 전문화되고 훨씬 유능한 인적 자원과 국민으로부터의 신뢰를 바탕으로 사업평가에 있어 관리예산실을 능가하게 되었다. 사업평가는 의회의 감독(oversight)수단으로서 막강한 영향력을 발휘하게 되었고 실제로 의회의원들이 예산심의시에 삭감과 증액의 의사결정을 할 때 사업평가를 많이 고려하였다. 심지어 관리예산실마저 예산사정시에 필요한 정보로서 감사원의 사업평가를 사용하였다(White, 1985).

복잡성이론, 카오스이론의 관점에서 보면 기획과 통제는 본래 의도한 바를 달성할 수 없기 때문에 의미를 상실한다(Battram, 1998). 그러나 이는 전통적 의미의 통제에 대한 비판으로 보아야 할 것이다. 현대적 의미의 통제는 분권화된 통제이고 집행부서에게 자율을 부여하는 통제이다. 통제는 성과평가를 통해서 즉 효과성과 효율성의 평가를 통해서 이루어지며 구체적 규정이나 절차가 집행을 얽매는 경우는 없다.

(4) 최근 선진국의 예산개혁과 현대적 의미의 통제

현대적 의미의 통제는 자율을 광범위하게 부여하되 자율이 방만한 운영으로 이어지지 않도록 목표를 설정하고 그러한 목표를 효과적이고 효율적으로 달성하였는가를 평가하는 성과평가를 통한 책임구현이 핵심이다. 최근 선진국의 예산개혁도 바로 현대적 의미의 통제에 기초한 것이라 할 수 있다. 예산집행부서에게 광범위한 자유재량을 부여하는 대신에 목표의 효과적이고 효율적인 달성을 위한 여러 가지 인센티브를 제공하고 효과성과 효율성을 평가하여 책임을 추궁하는 것이다.

현대적 의미의 통제는 인센티브를 이용한 통제라는 특징을 갖는다. 인센티브의 존재는 기존통제제도를 보완하며 기존 통제가 미치지 못하는 영역에서 영향을 미친다. 인센티브를 제공하기 위한 비용은 장기적으로 비용을 훨씬 상회하는 이득을 가져다줄 것이다. 분권화와 성과평가, 인센티브의 이용이라는 특징을 가지고 있는 현대적 의미의 통제는 공공부문에는 부적합한 민간부문의 경영기법이라는 비판을 받고 있지만 최근 선진국의 행정개혁에는 많은 영향을 미쳤다(Premchand, 1995).

(5) 책임(accountability)과 예산

책임과 통제는 불가분의 관계에 있다. 통제의 목적은 원래 의도한 계획을 달성하려는 것이다. 책임은 원래 의도한 계획을 달성했을 때는 최고책임자에게 이익을 부여하고 달성하지 못했을 때는 원인을 규명하여 최고책임자에게 귀책사유가 있을 경우에만 불이익을 부여하는 것이다. 결국 통제는 책임추궁을 통해 가능하다. 최근 선진국의 정부개혁은 담당자에게 광범위한 자율을 부여하고 목표달성에 대해 책임을 묻는 자율과 책임에 근거한 성과계약의 성격을 가지고 있다. 현대적 의미의 통제와 현대적 의미의 책임개념이 필요하게 된 것이다.

책임은 지출과 정책의 성과를 연결하는 것이며 지출과 공무원의 성과를 연결하는 것이다. 지출에 대하여 정부를 비판하고 질문하는 것이기도 하다. 공공조직이 지출에 대해 책임을 지는 것이 결국 성과에 대해 책임을 지는 것인데 납세자로부터 재원을 제공받았기 때문에 상급자와 의회만이 아니라 국민에 대해서도 책임을 져야 한다.

책임은 지출을 추적하는 것을 의미한다고도 볼 수 있다. 예산이 편성될 때 지출이 무엇을 목표로 하는가를 명시하고 감사와 평가에 의해 목표가 달성되었는가를 확인하기 때문에 지출의 추적을 피할 수 없다. 지출에 대한 책임은 국민에게 져야하지만 국민의 대리인인 의회가 예산과정을 통하여 책임을 추궁하기 때문에 공공조직은 일차적으로 상급기관에 대해 책임을 지고 이차적으로 의회에 대해 책임을 지며 궁극적으로 국민에 대해 책임을 진다. 만약 지출에 대해 자유재량을 부여할 필요가 없다면 통제와 책임은 성과평가에 관련되지 않을 것이다. 지출의 엄격한 준수만을 확인하면 되기 때문이다. 지출에 자유재량을 부여하기 때문에 목표를 효과적이고 효율적으로 달성했는가를 평가하는 것이다.

과거의 책임이란 규정을 준수하고 부정과 오류가 없는 관리를 의미했다(Scott et al., 1990). 과거의 책임이 수탁책임(stewardship)이었다면 현대적 의미의 책임은 성과에 기초한 책임(performance based accountability)이다(Broadbent & Guthrie, 1992). 기업의 경우 이사들이 주주들에게 주주들이 투자한 자본을 수탁받아 자신들의 의무를 다했음을 보여주기 위해 회계와 감사가 필요했으며 이것이 수탁책임의 의미이다. 현대적 의미의 책임은 절차, 규정에 대한 책임이 아니라 행위에 대한 책임을 의미한다5)(Davey & Vos, 1997).

책임은 통제의 요소이지만 예산의 문제점만이 책임과 연관된 것은 아니다. 현대조직의 문제점인 비효율, 도덕과 윤리의 붕괴, 부정, 비효과성, 낭비, 품질저하, 팀워크의 붕괴, 근시안적 사고 등이 책임의 부재와 연계되어 있다. 미국 연방정부의 연방감사관(inspector generals)과 최고재무관(chief financial officers)의 설정, 감사원의 성과감사는 책임의 구현을 위한 노력이다. 무엇보다도 적절하고, 적시의, 관련된 정보를 제공하는 것이 책임구현에 가장 필수적 요건이다(Sheldon, 1996). 최근 선진국은 비록 전통적 의미의 통제에 대해서는 부정적이지만 과거보다 더 많은 자율을 부여하되 더 많은 책임을 요구하는 현대적 의미의 통제에 대해서는 긍정적이다.

시대가 변했지만 통제의 목적은 여전히 효과성과 효율성의 달성이고 성과에 대한 책임이다. 현대적 의미의 통제가 내포하는 가장 중요한 가정은 측정할 수 없는 것은 통제할 수 없다는 것이다. 결국 측정과 평가를 강조할 수밖에 없다. 성과평가와 정책평가는 일반적으로 사후에 수행되지만 과거의 경험에서 교훈을 얻어 미래에 동일한 문제의 재발을 방지한다는 통제적 측면이 강하다(Premchand, 1995).

통제는 결국 책임과 관련되어 있음을 알 수 있다. 통제는 궁극적으로 책임추궁을

---

5) Accountability denotes that the responsibility to others that one or more persons have for their behaviour(Davey & Vos, 1997).

수반한다. 책임추궁이 존재하지 않는다면 통제도 존재하지 않는다. 그러나 책임(accountability)은 다양한 의미로 사용되기 때문에 모호한 개념이다(Bovaird & Gregory, 1996). 통제의 의미가 달라지듯이 책임의 의미도 달라졌는데 투입과 예산과정에 대한 규정을 준수하는 책임에서 배분된 자원의 사용과 효과성에 대한 책임으로 바뀌었다(Premchand, 1995). 현대적 의미의 책임은 자원의 예산이 의도한 목표를 달성하였는가의 여부와 관련이 있기 때문에 통제와 예산이 연계되어야 한다(Gray, Owen & Maunders, 1991).

또한 책임은 행위에 대한 이유(reasons for conduct)를 제공하고 요구하는 것과 관련이 있다(Roberts & Scapens, 1985). 과거에는 목표달성이나 행위에 대한 책임을 추궁하기보다는 목표달성과 행위에 대한 규정과 절차를 설정하고 이의 준수를 요구하는 통제가 이루어졌다. 책임은 이러한 규정과 절차의 준수에 초점이 맞추어졌다. 현대적 의미의 통제는 규정과 절차보다는 실제로 목표를 달성하였으며 행위가 목표달성에 부합하는가를 평가하여 책임을 추궁한다.

과거의 통제는 자금의 흐름에 대한 통제였는데 현대적 의미의 통제는 예산집행에 대해 자유재량을 부여하기 때문에 자금의 흐름에 대해서도 예산집행기관에 위임한다. 현대적 의미의 통제는 예산이 달성할 산출을 정의하고 서비스의 질과 양을 설정하며 주요 서비스의 원가를 추정한 뒤 성과평가를 통해 책임을 추궁한다. 과거의 품목별 예산에서 탈피하여 성과계약을 체결하는 것이 현대적 의미의 통제이다(Premchand, 1995).

통제가 취약한 조직의 성공은 우연일 뿐 결코 지속될 수 없다. 통제는 지속적 개선을 위한 시스템이다. TQM이 품질통제(quality control)에서 시작되었음을 상기하면 통제의 이러한 측면이 쉽게 이해될 것이다(Wallace 1991). 현대적 의미의 통제는 TQM이 추구하는 관리와 일맥상통하다고 볼 수 있다. TQM이 집행담당자에게 많은 권한을 위임하고 시스템의 개선을 통해 문제를 해결하듯이 현대적 의미의 통제도 집행담당자에게 자율을 부여하고 평가를 통해 책임을 추궁하며 평가의 결과 발견된 문제의 근본적 원인을 발견하고 교정한다.

예산의 측면에서 보면 과거의 통제는 투입에 대한 통제이며 지출내역에 대한 통제인데 현대적 의미의 통제는 산출에 대한 통제이며 달성하는 결과에 대한 통제이다. 현대적 의미의 통제가 최근의 행정개혁을 통해서 우리에게 제시하는 것은 통제를 위해서는 무엇보다도 제도적이고 조직문화적 측면이 중요하다는 사실이다. 과거의 통제가 실패한 것도 과다한 규제와 절차를 통해 통제를 달성하려고 하였기 때문이다.

현대적 의미의 통제는 조직문화와 제도를 결과지향적으로 변화시키고 중앙집권적 관리에서 분권화와 책임을 강조함으로써 통제를 실현하려고 한다(Premchand, 1995).

정보의 투명성과 시민참여를 통한 간접적 통제도 많이 사용되고 있다. 영국은 사용자를 책임부처와 집행기관의 서비스협약 작성에 참여시켜 서비스의 범위와 질에 대한 의견을 반영하고 있다. 기존의 조직과 규정에 또 하나의 새로운 요소를 추가하는 것보다 정보를 공개하고 시민을 참여시켜 행정서비스의 질과 양을 개선하는 것이야말로 현대적 의미의 통제가 나아가는 또 하나의 방향이라고 할 수 있다(Premchand, 1995). 단순히 정보를 공개하게 하는 것만으로도 훌륭한 통제를 할 수 있다. 공개된 정보를 평가하고 책임을 규명하는 행위가 존재하지 않더라도 정보의 공개를 염두에 둔 공무원들이 스스로 자신을 통제하기 때문이다. 정보의 공개와 시민참여야말로 가장 비용이 저렴한 민주적 통제수단이다.

(6) 관리통제시스템

어떤 학자는 내부통제를 관리통제의 상위개념으로 설정하기도 하고 반대로 관리통제를 내부통제의 상위개념으로 설정하기도 한다. 내부통제, 관리통제, 운영통제, 외부통제, 집행통제, 전략통제, 시장통제, 관료통제, 감독통제 등의 다양한 개념은 학자들에 따라 혼동하여 사용하고 민간부문과 공공부문에서 사용할 때도 일관성 있고 체계적으로 사용하지 않는다. 그러므로 이러한 다양한 통제개념을 너무 엄격하게 사용할 필요가 없으며 각 개념의 특성을 파악하고 의미를 음미하는데 그쳐야 한다.

전략기획에서 수립된 비전과 전략을 위해서 통제가 필요한데 먼저 관리통제시스템이 구축되어야 한다. 관리통제시스템은 내부통제시스템과 자주 비교되는 개념이다. 내부통제시스템은 조직내의 자산을 보호하고 정보의 정확성과 신뢰성을 높이며 조직의 목표를 효율적으로 수행할 수 있도록 조직 내에서 수립된 계획, 규정, 절차, 수단 등을 말한다. 관리통제시스템은 조직의 목표를 효과적이고 효율적으로 달성하기 위한 통제시스템인데 결과를 측정할 수 있다면 효과성과 효율성의 달성이 용이한데 결과의 측정이 용이하지 않을 뿐더러 산출의 측정조차 쉽지 않기 때문에 공공부문에 상대적으로 더 부적절하다. 또한 관리통제시스템은 조직의 목표와 개인의 목표가 일치되도록 보상하고 인센티브를 부여해야 한다. 내부통제시스템도 조직 목표의 효율적 달성을 추구하기 때문에 관리통제시스템과 중복된다.

관리통제시스템은 개인의 성과를 측정하는데 화폐가치로 표현된 정보를 사용하며 예산을 통제도구로 사용한다. 화폐가치로 측정한 정보는 공통단위에 기초하기 때문에 비교 가능하다는 장점이 있다. 민간부문에서 관리통제시스템이 시작되고 성공한 두 가지 이유는 화폐단위라는 객관적 측정치를 사용하였으며, 변화하는 수요에 쉽게 대응할 수 있는 신축적 예산(정부예산은 고정되어 있음)을 사용하였기 때문이다(Euske, 1983). 그렇기 때문에 예산제도는 관리통제시스템과 관련되지 않을 수가 없다. Landau는 영본위예산(ZBB), 계획예산(PPBS), 목표에 의한 관리(MBO)를 관리통제시스템이라고 했다(Swan, 1983).

내부통제제도와 관리통제제도의 구별은 쉽지 않은데 관리통제시스템은 관리측면이 강하며 내부통제시스템은 통제의 측면이 더 강하다. 내부통제제도는 회계와 더 관련되어 있으며 절차와 규정의 성격이 강하다. 내부통제와 관리통제 모두 예산과 불가분의 관계에 있다. 예를 들어 일정액수 이상의 구매에서는 구매요건을 충족하였는가를 사전에 통제하는데 이것은 전형적 내부통제이며 예산배정, 자금공급, 구매집행 등과 관련된다. 개별목표를 설정하고 예산집행 후에 사후평가를 통하여 성과급을 지불하는 것은 대표적 관리통제인데 예산편성, 결산 후의 평가 등과 연관된다.

(7) 통제와 정책평가

정책평가는 사업집행 사후에 정책의 효과성과 효율성을 평가한다. 통제는 실제집행결과를 계획과 비교하여 차이가 발생하면 원인을 밝혀 책임을 규명하고 환류(feedback)를 통하여 다음 기획에 반영한다. 통제에서 결과와 계획의 비교는 정책평가라고 볼 수 있기 때문에, 예산액수와 실제집행액수를 비교하는 사후평가는 통제이고 정책평가이다. 그러므로 통제와 정책평가는 매우 밀접하게 관련되어 있다.

통제는 예산과 회계의 매우 중요한 기능이다. 선진국의 민간기업에서 예산과 회계업무를 담당하는 직책을 통제관(controller)이라고 하며 미국 감사원(General Accounting Office: GAO)의 최고책임자를 최고통제관(Controller General of the United States)이라고 한다. 감사원이 사업평가 즉 정책평가를 수행하고 있으며 감사원장을 통제를 담당하는 최고책임자로 파악하는 것을 보더라도 통제와 정책평가의 관계를 미루어 짐작할 수 있다.

1.5 예산의 일반적인 문제점

아래의 문제점은 예산과정에서 직면할 수 있는 가장 전형적인 문제점들이자 가장 대표적인 문제점이고 서로 중복되며 밀접하게 관련되어 있다. 하지만, 예산의 문제점을 모두 포괄하여 설명하고 있는 것은 아니라는 점에 유의하여야 한다. 앞으로 논의를 진행함에 따라 예산과정의 각 단계에서 추가로 많은 문제점을 거론할 것이다.

1. 측정의 문제점

예산의 가장 심각한 문제점은 측정의 문제점이다. 사업의 진정한 원가를 측정하기 어렵다는 문제, 사업의 효과성과 효율성을 측정하기 어렵다는 문제 등이 바람직한 예산의 가장 큰 장애이다. 비용편익분석에 비용과 편익을 측정하기 어렵기 때문에 사업우선순위를 결정할 때 어려움이 있다.

2. 장기적 관점의 결여

조직은 예산을 집행할 뿐 총체적으로 장기적인 관점에서 투자하고 관리하는 시각이 결여되어 있다. 예를 들어 에너지 관련 예산을 전년도에 대비하여 일정액을 증가하여 신청하는 점증주의적 관행이 만연하고, 기계적으로 에너지를 소비할 뿐, 에너지 절약을 위해 어떤 투자를 하고, 에너지 절약을 위해 부처의 운영과 인력관리를 어떻게 해야 하는가에 대해서는 생각도 하지 않는다. 또한 이러한 사고와 행위가 가능할 수 있는 권한(예: 장기적인 투자를 위해 예산항목을 집행부서가 자유롭게 조정할 수 있어야 할 것)이 예산집행부서에 부여되지 않고 수동적으로 예산을 집행하도록 제도적인 제약이 존재한다(Timney, 1996).

3. 정치적 측면

이익집단의 압력과 로비, 정치인들의 사적인 개입, 불합리한 타협 등으로 인하여 예산의 경제적 합리성이 훼손되고 모자이크식의 누더기 예산이 되기 쉽다. 경제적 합리성 못지않게 정치적 합리성도 중요하지만, 정치적 합리성이란 모든 사회구성원이 자신의 의견을 개진할 균등한 기회를 제공받는 데서 달성될 수 있다. 정치적 합리성은 민주주의가 진정으로 실현될 때 가능한 것이다. 그러나 특정 이익집단이 지나치게 강한 힘을 발휘하거나 정치인들이 사적인 이익을 위하여 예산과정에 부당하게 개입할 때 경제적 합리성과 정치적 합리성 모두 훼손되게 된다. 소수집단의 의견이 과다 반영되는 문제는 주로 일부 이익집단의 영향력이 과다하기 때문에 발생하는데 이것 못지않게 소수의견이 무시되는 것도 심각한 문제점이다.

4. 정보의 부재와 비대칭, 그리고 정보의 적시성

정보의 부재와 비대칭 또한 예산의 문제점이다. 예산신청부서와 중앙예산기관 사이의 정보의 비대칭, 의회와 행정부 사이의 정보의 비대칭은 예산편성과 심의과정에서 가장 큰 장애요인이 된다. 어떤 당사자가 다른 당사자에 비해 정보를 더 많이 소유하고 있는 정보의 비대칭 못지않게 정보의 부재도 문제를 야기한다. 필요한 정보가 부재할 때 시간이 촉박한 중앙예산기관이나 의회는 결국 주어진 정보의 한계 내에서 의사결정을 할 수밖에 없다. 예를 들어 비용과 편익에 대한 정보가 부족하여 바람직한 사업대안을 선정하기 어렵고 결과적으로 사업의 목표달성을 측정하기 어렵다.

5. 전문지식의 결여

행정부에 비해 의회의 전문지식이 낮기 때문에 예산심의가 바람직하게 수행되지 못한다. 이보다는 덜 심각한 문제이지만 예산신청기관에 비해 중앙예산기관의 전문지식이 경우에 따라서 낮다는 것도 무시하지 못할 문제점이다. 전문지식의 결여는 정부의 비대칭과 밀접하게 관련되어 있다.

6. 지출과 결과 발생시기의 불일치

예산의 지출과 지출로 인한 혜택의 발생시기가 일치하지 않는 것도 예산의 일반적인 문제점이다. 예를 들어 컴퓨터시설의 새로운 구축을 위한 투자와 새로운 컴퓨터가 가동되어 효과가 나타나는 시기가 다르기 때문에 관리자의 임기가 제한되어 있을 때는 장기적인 혜택을 수반하는 지출에는 소극적이 된다. 미래를 위한 투자는 가시적인 지출을 수반하는 데 반하여 투자로 인한 혜택이 가시적이지 못할 때 미래를 위한 투자에 소홀하게 되고 가장 바람직한 투자대안을 선택하기보다는 단기적으로 전시효과가 큰 투자대안이 선정되기 쉽다(Timney, 1996).

7. 조직목표와 예산목표의 괴리

조직의 목표와 예산의 목표가 괴리되는 현상이 비일비재하다. 심지어 조직이 어떤 목표를 달성해야 하는지도 모르고 전년도에 수행했던 사업들을 기계적으로 반복하는 경우도 많다. 국가를 위해서 진정 필요한 목표보다는 특정 이익집단이나 특정 정치인의 이익을 위해 예산이 편성되기도 한다.

8. 정책과 예산의 괴리

정책과 예산의 괴리도 예산의 가장 중요한 문제점의 하나이다. 정책과 예산의 괴리는 조직목표와 밀접한 관련이 있다. 결국 정책은 국가목표 혹은 조직의 목표를 달성하기 위한 수단인데 정책이 예산과 괴리되어 있다면 심각한 문제가 아닐 수 없다.

9. 효율성과 효과성 증진을 위한 관심과 노력의 결여

예산의 중요성에도 불구하고 예산의 효율성 증진에 대한 노력은 전혀 이루어지고 있지 않으며 여전히 예산담당자들은 구태의연한 방법에 의존하여 예산을 편성하고 집행하며 감사를 하고 있다. 이러한 현실에서는 역설적으로 감사, 정책분석, 정책평가의 엄격한 실시가 비합리적일 수 있다. 효율성 못지않게 효과성에 대한 관심도 결여되어 있으며 효과성의 증진을 위한 노력도 부재하는 경우가 일반적이다.

효과성과 효율성에 대한 추구는 정치적 이유에 의해 방해받는데, 정치적 행동은 효과성에 치중하지만 효율성 즉 생산성에는 관심을 덜 기울인다고 한다(Swan, 1983). 목표의 달성은 사람들에게 명시적으로 드러나기 때문에 효율성보다는 더 많은 관심을 기울이게 되지만 결코 효과성의 달성도 만족할 만한 수준은 아니다. 정부가 진정으로 의도한 결과의 달성여부를 측정하기 어렵고 과거에는 아예 결과의 달성을 측정하려는 노력조차 결여되었기 때문이다. 그러므로 효과성에 비해 효율성을 상대적으로 소홀하게 취급했다는 의미이지 결코 효과성이 만족스럽게 달성되었다고 볼 수는 없다.

효율성은 결코 상부의 지시에 의해 달성되기는 어려우며 오로지 집행부서의 자발적 주도에 의해서만 달성 가능하다(Grizzle, 1998). 정부의 효율성은 다양한 요인에 의존하지만 무엇보다도 지출관리에 상당부분 달려 있다. 또한 정부에 적절한 인센티브제도가 구축되어 있지 않을 때는 효율성의 측정결과에 관계없이 효율성에 대하여 의문을 갖는 것이 당연할 것이다(Premchand, 1993). 결국 예산의 효율성은 공공부문이 효율적 조직을 구성하여 효율적으로 운영될 수 있을 때 가능하다. 선진국의 예산개혁은 효과성과 효율성의 증진을 위한 성과평가 등을 적극적으로 추진하고 있다.

10. 예산과 관리의 괴리

예산이 관리와 괴리되고 있는 것도 큰 문제이다. 미국의 중앙예산기관은 원래 재무부 소속인 예산실(BoB: Bureau of Budget)이었는데 현재는 백악관 직속이며 관리예산실(OMB: Office of Management and Budget)이라고 한다. 여기서 알 수 있듯이 예산은 관리와 불가분의 관계에 있는데 실제로 예산은 관리와 유리되어 있다. 예산이 관리와 유리되어 있기 때문에 관리의 두 가지 핵심기능인 기획과 통제와도 유리될 수밖에 없다. 예산은 기획과도 유리되고 통제와도 유리되어 기획과 통제에 기여하지도 못하고 기획과 통제 역시 예산이라는 유용한 도구를 사용하지 못하고 있는 것이다.

11. 예산과 회계의 괴리

예산과 회계의 괴리도 심각한 문제점이다. 예산과 회계는 동전의 양면과 같은 성격을 지니고 있다. 특히 최근 선진국예산개혁은 회계의 중요성을 인식하고 회계가 중심이 된 예산개혁을 추구하였다. 그러나 아직도 많은 국가에서 예산과 회계는 괴리되어 있으며 회계가 예산과정에서 적절한 기능을 수행하지 못하고 있다. 회계는 그저 장부정리라는 요식행위만을 수행하는 하급기능인들의 업무일 뿐이다.

회계는 예산과 연계되어야만 가치가 있으며 함께 목표달성을 위해 조직이나 사업을 돕는 역할을 한다. 예산과 회계는 모두 원가에 기초하여야 실제결과를 계획과 대비하여 평가할 수 있으며 투입과 산출을 측정할 수 있다. 성과측정이 가능하도록 예산과 회계가 연계된 시스템을 구축하여야 한다는 의미이다. 예산개혁은 어떻게 회계 시스템이 원가를 계산하는가를 파악하여야 성공할 수 있을 것이다(Brown, 1988).

12. 예산업무의 과다와 예산업무의 복잡성

예산과정의 가장 큰 문제점은 한정된 자원과 시간제약 내에서 방대한 자료와 정보에 근거하여 정책에 관한 의사결정을 하므로 합리적 수준에서 최소한의 확신조차 갖지 못한 채 의사결정을 해야 하는 딜레마이다. 미국의 경우도 방대한 연방예산규모와 기술적 복잡성으로 인해 대통령도, 중앙예산기관도 많은 부분을 이해하지 못하고 있다 한다(Grafton & Permaloff, 1983). 이슈를 인식하고 목표를 설정하고 대안을 검토하여 최적대안을 선정하는 것은 결코 예산과정의 일부분이 될 수가 없었는데 예산이 편성되는 도중에 이러한 일을 하기에는 시간이 너무나 부족하기 때문이다(Draper & Pitsvada, 1987). 이 문제는 다음과 같은 적정의사결정단위 유지방안으로 어느 정도 해결할 수 있다.

- 우수한 예산회계정보시스템의 구축
- 예산업무의 표준화(예: 표준예산)
- 정형화된 예산의사결정의 사용 — 예를 들어 예산편성과정을 여러 단계로 구분하여 미리 설정된 정형화되고 표준화된 절차와 방법에 의해 편성한다.
- 민영화 혹은 민간위임
- 예산업무의 분권화
- 예산편성빈도조정(예: 2년에 한 번 예산편성)=다년도예산의 사용
- 신뢰(예: 중앙예산기관이 예산신청기관을 신뢰하지 못하면 더 많은 정보를 요구)

또한 미국의회산하의 감사원(GAO)과 의회예산처(Congressional Budget Office: CBO) 같은 의회 산하의 전문기관은 예산심의과정에서의 한정된 자원과 시간으로 인한 문제점과 선거로 인한 의원연속성의 결여문제를 극복할 수 있다. 감사원과 의회예산처는 서로 중복되고 관련되는 업무가 많은데 의원들의 요구에 의해서도 업무를 수행하지만 자발적으로 업무를 수행하기도 한다. 감사원은 주로 감사와 통제를 담당하기 때문에 예산의 효과와 효율성을 제고하는 일, 지출의 합법성, 기록보고의 정확성과 적정성 등에 관한 업무를 담당한다. 의회예산처는 예산분석, 대안개발, 경제동향의 분석예측, 세입세출항목의 구체적 분석과 예측을 담당한다.

13. 총체적 시각의 결여

총체적이고 체계적인 우선순위가 아닌 모자이크식의 예산이다. 이익집단의 다양한 요구를 충족시키다 보면 마치 누더기 같은 예산이 되고 만다. 근본적인 문제를 해결하지 않고 증상에 그때그때 대처할 때에도 총체적 시각이 결여된다.

14. 절약을 위한 동기결여

절약을 위한 동기가 결여되어 있다. 특히 연말에 미집행금액을 집중 집행하는 현상(year-end spending out)은 선진국이나 후진국을 막론하고 관찰되는 현상이다. 최근에는 절약한 예산의 일부를 보너스로 지불하는 예산성과급제도가 사용되기도 하지만 이 제도도 문제가 없는 것은 아니다.

15. 점증주의적 관행

예산의 점증주의적 관행은 가장 큰 문제로 지적되어왔다. 경제적 합리성의 관점에서 보면 점증주의적 관행은 바람직하지 못하지만 정치적 합리성의 관점에서는 점증주의가 여러 가지 장점이 있다.

16. 예산에 반영되지 않는 비용의 존재

예를 들어 정부의 보조금(subsidies)은 의회의 승인과 심사를 받는데 반하여 조세지출(tax expenditures)은 정부의 예산에 반영되지 않는 문제점이 있다. 조세지출을 보고하는 예산을 편성하여 실제 발생한 조세지출을 다음 회계연도에 보고하면서 전년도의 예측치와 비교하면 자원배분에 관하여 훨씬 유용한 정보를 제공한다(Ball, 1981).

Stiglitz는 다음과 같이 예산의 가장 전형적 문제점의 하나로서 조세지출(tax expenditures)을 거론하고 있다(Stiglitz, 1988). 세금과 보조금을 통해 민간부문의 생산에 영향을 미치는 정부활동 중 어떤 것은 활동에 소요되는 원가가 정부지출에 반영되지 않는데 이를 조세지출이라고 한다. 조세지출은 실제로 정부의 세입을 감소하면서도 세출로 기록되지 않기 때문에 사람들의 관심에서 제외된다는 문제점이 있다. 예를 들어 학생에게 교육비보조금을 지불하면 정부지출에 포함되는데 교육비만큼 세금을 감면해주면 정부지출에 반영되지 않지만 액수나 효과는 모두 동일하다. 이렇게 손실된 세금을 세금지출 혹은 조세지출이라고 하며 미국연방정부는 이로 인한 조세수입 손실을 추정하도록 요구받고 있다. 산업에 대한 정부의 조세지출이 가장 큰 비중을 차지하는데 이것은 사실상 기업에 대한 보조금이나 마찬가지이므로 세금과 보조금은 서로 동일한 역할을 한다. 주와 지방정부의 공채이자에 대한 세금면제(tax exemption)도 조세지출이라고 할 수 있다.

정부가 지급보증(loan guarantee)을 하면 더 낮은 이자율에 부채를 조달할 수 있게 되는데 실제로 부채를 상환하지 못하여 정부가 대신 상환할 때까지는 정부의 예산에는 이러한 정부의 활동이 전혀 나타나지 않지만, 더 낮은 이자율에 부채를 조달할 수 있게 해주는 것은 보조금을 지불하는 것과 마찬가지이다. 지급보증을 받은 주체가 부채를 상환하면 정부는 명시적 지출은 하지 않지만 실제 대가는 더 수익성이 있는 곳에 자금을 사용하지 못한 것이며 위에서 말한 더 낮은 이자율에 부채를 조달할 수 있게 해주는 보조금이라고 할 수 있다. 이러한 암묵적 연방신용보조금(credit subsidies)의 양을 측정하기 위하여 미국 연방정부는 회계시스템을 개발하고 있다. 정부가 특정 제품의 수입을 금지하거나, 수입품에 대해 관세를 부과하면 소비자가 생산자에게 보조금을 지불하는 것이나 마찬가지로서 이것도 감추어진 보조금이라고 할 수 있다(Stiglitz, 1988).

학생이 직접 정부로부터 학자금을 빌리는 대여금도 가능하지만 학생이 은행으로부터 학자금을 빌리고 은행에 상환하지 못할 때 정부가 대신 상환한다는 지급보증을 할 수도 있다. 미국은 Federal Credit Reform Act(1990년)에 의해 대여금(direct loan)과 지급보증은 현금기준이 아니라 미래에 정부가 실제 부담하는 금액을 현재가치로 할인하여 합계한 순현재가치로 예산에 보고되며 의회가 승인하지 않으면 정부가 지급보증을 제공할 수 없다. 대여금은 제공되는 액수가 아니라 미래에 정부가 상환받지 못하는 액수를 현재가치로 할인하기 때문에 과거 제도하에서보다 액수가 작아진다. 반면 지급보증은 이전에는 보증받은 사람의 상환불능으로 정부가 지불해야 할 때까지 액수를 보고할 필요가 없었는데, 법규에 의해 정부가 실제로 지불해야 하는 미래금액을 현재가치로 할인하기 때문에 보고액수가 증가하게 된다.

조세지출은 세출에 대한 대안이나 기타 정책수단의 대안으로 자주 사용된다. 미국연방예산은 조세지출을 기능별로 보고하지만 의회는 조세지출을 참고할 뿐 다른 정식지출항목과 비교하여 대체하는 의사결정은 이루어지지 않고 있다. 조세지출을 심층 분석하여 조세지출을 축소하고 그만큼 세율을 인하하는 입법조치는 자주 이루어졌지만 조세지출액수는 증가해 왔다(Schick, 1995).

참고문헌

김종면(2008). 기존조세체계의 국제비교 및 시사점. 재정포럼. 2008(146). pp. 6-17.

Axelrod, Donald (1995). Budgeting for Modern Government, Second Edition, St. Martin's Press, Inc.

Baily, Martin Neil and Philip Friedman (1995). Macroeconomics, Financial Markets, and the International Sector, Second Edition, Irwin.

Ball, Ian (1981). Measuring the Cost of Government Services, New Zealand Planning Council.

Berkeley, G. E. (1999). The Craft of Public Administration, 4th ed., Allyn and Bacon, Inc.

Bowsher, C. A. (1989). Federal Financial Management, *Public Budgeting & Finance*, Summer 1989, pp. 91-98.

Brecher, C. and R. D., Horton (1987). Retrenchment and Recovery: American Cities and the New York Experience. *In* Allen Schick (ed.), *Perspectives on Budgeting,* Second Edition, the American Society for Public Administration, 1987, pp. 258-270.

Breton, Albert (1996). Competitive Governments: An Economic Theory of Politics and Public Finance, Cambridge University Press.

Broadbent, Jane and James Guthrie (1992). Changes in the Public Sector: A Review of Recent "Alternative" Accounting Research, *Accounting Auditing & Accountability Journal*, Vol. 5 No. 2, 1992, pp. 3-31.

Brown, Richard E. (1988). Public Administration Welcomes Accounting With Closed Arms. In Richard E. Brown (ed.), *Accounting and Accountability in Public Administration*, The American Society for Public Administration, 1988, pp. 1-18.

Chambers, Andrew (1992). Effective Internal Audits, Pitman Publishing.

Coombs, H. M. and D. E. Jenkins (1994). Public Sector Financial Management, Second Edition, Chapman & Hall.

Cooper, Phillip, Linda P. Brady, Olivia Hidalgo-Hardeman, Albert Hyde, Katherine C. Naff, J. Steven Ott and Harvey White (1998). Public Administration for the Twenty-First Century, Harcourt Brace College Publishers, 1998.

Davey, Howard and Ed Vos (1997). Financial Management Decision Making, Fourth Edition, Butterworths.

Dornbusch, Rudiger and Stanley Fischer (1994). Macroeconomics, Sixth Edition, McGraw-Hill.

Draper & Pitsvada, F. D. and B. T. Pitsvada (1987). ZBB-Looking Back after Ten Years. *In* Allen Schick (ed.), *Perspectives on Budgeting,* Second Edition, the American Society for Public Administration, 1987, pp. 101-115.

Gianakis, Gerasimos A. (1996). Integrating Performance Measurement and Budgeting. In Arie Halachmi and Geert Bouckaert (eds.), *Organizational Performance and Measurement in the Public Sector: Toward Service, Effort and Accomplishment Reporting,* Quorum Books.

Gilmour, R. S. and R. L. Sperry (1986). Pushing the String: Moving Central Management Reform from the Senate, *Public Administration Review*, September/ October 1986, pp. 392-396.

Grafton, Carl and Anne Permaloff (1983). Budgeting Reforms in Perspective. In Jack Rabin and Thomas D. Lynch (eds.), *Handbook on Public Budgeting and Financial Managment*, Marcel Dekker, Inc., pp. 89-124.

Grizzle, Gloria A. (1988). Grizzle, Gloria A., Essential Skills for Financial Management: Are MPA Students Acquiring the Necessary Competencies, *Public Administration Review*, vol, 45 (November/December 1985), pp. 840-844.

Guess, George M. (1983). Comparative Government Budgeting. In Jack Rabin and Thomas D. Lynch (eds.), *Handbook on Public Budgeting and Financial Managment*, Marcel Dekker, Inc, pp. 161-191.

Halachmi, Arie (1996). Promises and Possible Pitfalls on the Way to SEA Reporting. In Arie Halachmi and Geert Bouckaert (eds.), *Organizational Performance and Measurement in the Public Sector: Toward Service, Effort and Accomplishment Reporting*, Quorum Books.

Henry, Douglas, Clive Holtham, Andrew Likierman and John Perrin (1989). Public Sector Accounting and Financial Control, 3rd ed., Van Nostrand Reinhold (International).

Henry, N. (1989). Public Administration and Public Affairs, 4th ed., Prentice-Hall, 1989.

Howard, S. K. (1992). Planning and Budgeting: Who's on First? In Albert C. Hyde (ed.), *Government Budgeting: Theory · Process · Politics*, Second Edition, Brooks/ Cole, 1992, pp. 349-358.

Hyde, Albert C. (1992). Budgeting, Economics, and Popular Control: An Instrument of Democracy. *In* Albert C. Hyde (ed.), *Government Budgeting: Theory · Process · Politics*, Second Edition, Brooks/Cole, 1992, pp. 213-216.

Hyde, Albert C. (1992). Budgeting Systems and Management: An Instrument for Securing Administrative Efficiency and Economy. In Albert C. Hyde (ed.), *Government Budgeting: Theory · Process · Politics*, Second Edition, Brooks/Cole, 1992, pp. 323-330.

King, Alfred M. (1994). Total Cash Management, McGraw-Hill, Inc.

Makolo, Philomene N. (1983). National Development Through Budgeting. In Jack Rabin and Thomas D. Lynch (eds.), *Handbook on Public Budgeting and Financial Managment*, Marcel Dekker, Inc., pp. 125-160.

McMenamin, Jim (1999). Financial Management, Routledge.

OECD (1997). Modern Budgeting, OECD.

Parker, Steven (1983). Budgeting as an Experession of Power. In Jack Rabin and Thomas D. Lynch (eds.), *Handbook on Public Budgeting and Financial Managment*, Marcel Dekker, Inc, pp. 61-87.

Palumbo, D. and S. Maynard-Moody (1991). Contemporary Public Administration, Longman, 1991.

Premchand, A. (1995). Effective Government Accounting, International Monetary Fund.

Reed, B. J. and John W. Swain (1997). Public Finance Administration, Second Edition, Sage.

Rubin, I. S. (1992). Budget Theory and Budget Practice: How Good the Fit? *Public Administration Review* (March/April 1990): pp. 179-189.

Schick, A. (ed.) (1987a). Perspectives on Budgeting, Second Edition, the American Society for Public Administration, 1987, pp. 218-238.

Schick, A. (1987b). Budgeting as an Administrative Process. *In* Allen Schick (ed.), *Perspectives on Budgeting*, Second Edition, the American Society for Public Administration, 1987, pp. 1-12.

Schick, A. (1995). The Federal Budget: Politics, Policy, Process, The Brookings Institution, Washington D.C.

Scott, Graham, Peter Bushnell and Nikitin Sallee (1990). Reform of the Core Public Sector: New Zealand Experience, Governance: An International Journal of Policy and Administration, Vol. 3, No. 2 April 1990, pp. 138-167.

Starling (1993). Grover, Managing the Public Sector, Wadsworth, Inc., 1993.

Swan, Wallace K. (1983). Theoretical Debates Applicable to Budgeting. In Jack Rabin and Thomas D. Lynch (eds.), *Handbook on Public Budgeting and Financial Managment*, Marcel Dekker, Inc., pp. 3-59.

Timney, Mary M. (1996). Institutionalizing SEA Reporting across the Budget. In Arie Halachmi and Geert Bouckaert (eds.), *Organizational Performance and Measurement in the Public Sector: Toward Service, Effort and Accomplishment Reporting*, Quorum Books.

White, J. (1985). Much Ado About Everything: Making Sense of Fedral Budgeting, *Public Administration Review*, September/October 1985, pp. 623-630.

Wickwar, H. (1987). Budgets One and Many. *In* Allen Schick (ed.), *Perspectives on Budgeting*, Second Edition, the American Society for Public Administration, 1987, pp. 292-298.

Wildavsky, A. (1969). Rescuing Policy Analysis from PPBS, *Public Administration Review*, 1969. In Classics of Public Administration, edited by Shafritz J. M. and A. C. Hyde, 3rd ed., Brooks/Cole, pp. 319-334.

Wildavsky, A. (1992). The New Politics of the Budgetary Process, Second Edition, Harper Collins Publishers Inc.

CHAPTER

02

예산이론과 법체계

CHAPTER 02

예산이론과 법체계

2.1 예산모델과 예산이론

1. 예산모델의 의미

모델 혹은 모형은 현상과 대상으로부터 추상화와 단순화를 통해서 핵심구조의 형태로 구성된 도구이고 설명이며 표현이다. 모델은 현상을 분석하고 설명하며 이해하는데 유용하다. 여러 학문분야에서 모델은 매우 다양한 의미로 사용되기 때문에 모든 용도에 부합하는 설명을 추구하는 것은 무의미하다. 이론과 모델은 불가분의 관계를 갖는다. 이론은 대부분의 경우 모델을 사용하여 인과관계를 설명하기 때문이다. 이 책에서는 예산현상의 분석과 이해에 사용될 수 있는 도구로서의 모델 혹은 모형을 소개한다.

(1) 정책합리모형

정책단계 혹은 정책과정으로 구성되는 정책합리모형은 정책에 관한 합리모형으로서 예산모델로서의 성격도 가지고 있다. 정책합리모형은 정책과정모형이라고 할 수 있으며 보통 다음과 같은 6단계로 구성되어 있다(Cooper et al., 1998).

1) 정책의제설정(agenda setting)

이슈가 문제가 되는 단계이며 문제의 인식과 정의가 이루어지고 문제의 정책의제 상정이 이루어지는 단계이다. 예를 들어 경부교통체증이라는 이슈를 도로부족이라는 문제로 인식할 수도 있지만 차량의 과다소유라는 문제로 인식할 수도 있다. 어떻게 문제를 인식하느냐에 따라서 문제해결방안도 달라질 수밖에 없다.

2) 정책형성(policy formulation)

문제를 해결하기 위한 정책대안의 개발과 개별대안에 대한 평가가 이루어진다. 경부교통체증이라는 이슈를 도로부족이라는 문제로 인식하였다면 제2경부고속도로건설, 고속철도, 경부운하 등의 정책대안이 제시될 수 있을 것이며 경부교통체증이라는 이슈를 차량의 과다소유라는 문제로 인식했다면 주행세신설, 차량소유권의 경매제도 등이 정책대안으로 제시될 수 있을 것이다. 정책형성 단계는 문제를 해결하기 위한 여러 가지의 사업대안에 각각 소요되는 재원을 계산하는 단계이다. 사업대안의 비용과 편익을 비교하여 순편익을 기준으로 개별대안에 대한 평가를 하는 단계로 생각할 수 있다. 이 단계는 예산편성의 앞 부분이라고 할 수 있으며 예산심의에서도 정책형성은 다시 되풀이된다.

3) 정책선정, 혹은 정책의사결정(policy adoption, policy decision making)

이 단계는 정책대안의 선정이 이루어지는 단계이고 누가 정책을 집행하고 누가 재원을 제공하고 누가 집행을 감시하고 평가할 것인가도 결정하는 단계이다. 이 단계는 예산편성의 뒷 부분이고 예산심의에서도 정책선정 문제는 다시 검토된다.

4) 정책집행(policy implementation)

사업으로 전환된 정책이 집행되는 단계이므로 사업이 수행되며 다시 말하자면 행정이 발생하는 단계이다. 정책집행은 사업이 집행되는 단계이므로 예산이 집행되는 단계이다.

5) 정책평가(policy evaluation)

특정정책설계가 작동되었는지 혹은 정책실패가 있었는지를 판단하는 단계이며 예산집행 후 결산과 감사 혹은 사업에 대한 평가가 이루어지는 단계이다.

6) 정책종료(policy termination)

정책이 비효과적이거나 비효율적이면 종료되거나 다른 조건에 부응하기 위해 변형되는 단계이며 사업의 폐지는 정권이 새로 들어서는 경우가 아니면 거의 발생하지 않는다. 정책종료는 사업의 종료이므로 예산의 전액삭감이거나 특정 예산항목의 폐지에 해당한다.

2)+3) 혹은 1)+2)+3)=정책분석(policy analysis)

정책분석은 사전행위로서 정책형성과 정책선정을 합친 단계이고 따라서 정책의제 설정단계도 포함하는 정책집행 이전 단계라고 볼 수 있다. 따라서 정책분석은 사전행위이며, 정책평가는 사후행위에 해당한다. 정책분석은 경우에 따라서 정책에 대한 과학적 연구의 의미로도 사용되므로 용어 사용에 주의를 요한다. 정책분석단계는 예산편성과 예산심의에 해당하는 단계이고 정책집행은 예산집행에 해당하며 정책평가는 예산집행 후에 행해지는 결산과 감사 혹은 사업평가에 해당한다. 따라서 행정부에서 행해지는 정책분석이 예산편성이고 의회에서 행해지는 정책분석이 예산심의라고 할 수도 있다.

(2) 예산과정모델

예산과정모델은 정책합리모형과 일대일로 비교될 수 있는 모델이다. 정책합리모형이 정책을 중심으로 파악한 모델이지만 예산모델로서의 성격을 가지고 있는 것처럼 예산과정모델도 예산을 중심으로 파악한 모델이지만 정책합리모형으로서의 성격도 가지고 있는 모델이다. 예산과정은 정책과정처럼 합리모형으로서의 성격을 가지고 있다. 그러나 정책의 실제현상이 정책합리모형과 큰 괴리가 있는 것과는 달리 예산 실무는 예산과정과 상당부분 부합하며 각 단계가 명확하게 구분될 수 있고 괴리가 상대적으로 작다. 예산과정모델은 합리모형으로서 다음과 같은 단계로 구성되어 있다.

예산편성－예산심의－예산집행－결산과 감사

예산편성은 행정부에서 이루어지는 자원배분과정이고 예산우선순위결정단계이다. 행정부에서 편성된 예산안은 의회에 상정되어 예산심의를 통해 예산으로 확정된다. 예산심의는 입법부에서 이루어지는 자원배분과정이고 입법부의 예산우선순위결정에 해당한다. 의회를 통과한 예산은 행정부에 의해서 집행되고 집행된 예산은 결산을 거쳐 감사를 받는다.

2. 예산이론의 의미

이론은 현상을 설명하고 미래에 대한 예측을 한다. 이론은 가설이 경험적으로 검증을 거쳐 입증된 것을 말한다. 이론은 복잡한 현상을 단순화하는 역할을 하기 때문에 현상을 그대로 설명하는 데는 부족할 수 있지만 오히려 현상의 핵심을 반영하는 모델을 사용하기 때문에 복잡한 현상을 이해하는 데 도움이 될 수 있으며 미래를 예측하는 데 유용하다. 예산이론은 예산현상을 설명하고 미래의 예산현상을 예측할 수 있는 모델을 제공해야 한다. 예산이론은 다른 사회과학의 이론과는 달리 두 가지 특징을 가지고 있다. 첫째, 충분한 예산이론이 존재하지 않는다. 예산론에서 예산이론이라고 내세울 수 있는 것은 그리 많지 않다. 둘째, 예산분야에서는 이론이 개발되기 어렵다는 주장이 있을 정도로 예산이론은 도출되기 어려운 이론이다.

예산은 일관된 개념체계와 일반화된 이론의 정립이 어렵고, 비교접근법과 경험적 연구가 필요한 분야이다. 예산은 경제학, 회계학, 정치학, 행정학 등 여러 분야가 교차하는 분야이기 때문에 어떤 관점을 택하느냐에 따라 다른 예산이론이 가능하다. 예산과정에 개입하는 변수의 숫자, 복잡성, 역동적인 성격으로 인하여 하나의 모델로서 현상을 설명하는 것이 사실상 불가능하다. Naomi Caiden은 예산이론 즉 예산모델 대신 예산패턴(pattern), 즉 유형이 더 적절하다고 주장한다. 여태까지의 예산연구는 하나의 패턴에만 집중하여 마치 그 패턴이 유일하고 항상 우수한 것처럼 가정하였다고 한다. 비슷한 문제에 직면한 사람들은 비슷하게 대응할 것이기 때문에 역사연구가 오늘날 다른 환경에 처해 있더라도 비슷한 문제를 두고 고민하는 사람들에게 유용한 교훈을 제공한다고 주장한다(Caiden, 1987b).

V. O. Key가 예산이론의 필요성을 몇십 년 전에 갈파했지만 그러한 이론이 불가능하다고 믿는 사람들도 있으며, 어떤 의미에서는 예산에 관한 지식을 축적하는 가장 생산적인 방법은 서술적 연구(descriptive studies)라고 주장되기도 한다. 우리는 예산과정의 여러 요소에 대한 서술적 연구에 기초하여 단편적인 이론을 구성한 뒤 이러한 이론들을 종합하여 일반적인 이론을 구성할 수 있지만 과연 이러한 것들을 이론이라고 할 수 있을지에 대해서도 의문이 제기되고 있다(Grizzle, 1998).

조직의 관리를 위한 하나의 최적 시스템이 존재하지 않는다. 조직이 처한 상황에 따라 다른 기법, 이론, 시스템이 적용되어야 한다. 마찬가지로 예산이론은 바람직한 자원배분, 효율적 자원사용을 추구하지만 모든 상황에 적용될 수 있는 하나의 최선의 예산이론 즉 예산모델은 존재하지 않는다(Swan, 1983).

예산이론에는 규범적(normative) 이론과 서술적(descriptive) 이론의 두 종류가 있다. 서술적 이론의 예는 점증주의이며 규범적 이론의 예는 비용편익분석(총체주의적 예산이론)이다. 규범적 이론은 현상에서 도출되는 것이 아니라 당위성을 주장하는 이론이다. 서술적 이론(descriptive theory)은 현상에서 일정한 모델을 도출해 내는 이론이다. 예산분야에서 규범적 이론은 그런 대로 성공적이었으나, 서술적 이론은 현상을 올바르게 설명하지 못했다. 규범적 이론도 앞으로 복잡한 현대의 예산을 올바르게 파악하지 못하면 제한된 의미밖에 가지지 못할 것이며, 서술적 이론은 최근 많이 개선되었기 때문에 미래전망이 밝다고 할 수 있다(Rubin, 1992). 점증주의 이론은 서술적 이론이기도 하지만 규범적 이론의 성격도 가지고 있다. 실제 예산편성이 점증주의적으로 이루어지고 있다고 주장하는 것은 서술적 이론이지만, 예산이 처한 현실과 점증주의의 장점으로 비추어볼 때 점증주의가 채택되어야 한다고 주장하는 것은 규범적 이론이다.

2.2 점증주의 예산이론

1. 점증주의 예산이론의 성격

점증주의 이론은 규범적 이론의 성격과 서술적 이론의 성격을 동시에 가지고 있다. 점증주의 예산이론은 예산이 전년도예산에서 약간 증가한 액수로 편성되는 현상을 관찰함으로써 도출되었을 때는 서술적 이론이다. 그러나 점증주의의 장점이 바로 규범적 이론의 근거가 된다. 점증주의의 장점은 갈등을 완화하고, 탐색비용을 감소하며, 예산역할과 기대를 안정시키고, 시간을 절약하며, 중요한 정치적 가치를 고려할 가능성이 증가한다는 점이다. 이런 장점으로 인하여 점증주의 예산의 당위성이 주장되면 점증주의 예산이론은 규범적 이론이 되는 것이다(Schick, 1992).

점증주의 이론이 타당하다면 예산감축시에도 점증 대신 점감으로 대체되는 것 이외에는 모든 것이 같아야 하는데 점증주의는 긴축재정시의 예산행태를 잘 설명해주지 못하고 있다고 한다(Bozeman & Straussman, 1987). 그러나 점증주의는 예산팽창이 중단된 재정위기의 시기에는 맞지 않지만 아직도 이론의 일부분이 타당성을 유지하고 있는데다가 다른 만족할 만한 예산이론이 없기 때문에 점증주의이론이 계속하여 사용되고 있다(Schick, 1987a).

점증주의는 예산총액을 분석하지만 구성요소를 분석하면 점증주의 현상이 관찰되지 않는 경우가 많다. 대부분의 점증주의는 지출이 강제되는 항목에서 관찰되었는데 지출이 임의적인 항목은 상당한 예산액변화가 관찰되었다(Parker, 1983). 점증주의는 미국의 연방정부의 예산행태를 설명하는 예산과정에 대한 정치이론이었기 때문에 연방정부와 다른 정치적 환경하에 있는 주와 지방정부의 예산행태는 점증주의가 설명력을 갖는 데 한계가 있었다. 주와 지방정부는 예산개혁가들이 주장하는 관리기법과 효율성증진도구를 보다 개방적으로 수용하였기 때문이다(Gianakis, 1996).

2. 점증주의 예산이론의 내용

점증주의적인 예산편성은 기준예산의 개념에서 약간 증가하는 예산행태를 말하는데 기준예산이란 예산과정에 참여하는 이해관계자들에게 제공되는 혜택의 집합이라고 정의된다. 미국연방예산의 경우 관리예산실(OMB)과 예산신청기관과의 주요 협상은 기준예산의 액수에 대해서이다. 기준예산에서 점증되는 부분에 대해서는 관리예산실이 의회에 비해 더 많은 영향력을 행사한다고 한다. 이렇게 기준예산이 점증주의 예산에서 차지하는 비중이 크기 때문에 예산의 증가현상을 억제하기 위해서는 자주 기준예산을 삭감하는데 기준예산을 삭감할 때는 몇 년 전의 예산이 기준예산이 되며 실제로 아이젠하워 대통령은 이렇게 기준예산을 삭감했다(White, 1985).

다년도예산을 편성하는 경우 미래의 예측불가능한 상황을 추정하여 미래 예산액수를 조정하기보다는 현 상태가 계속되리라는 가정하에 예산액수를 조정하며 이럴 경우 점증주의가 자연스럽게 채택된다. 미국의 경우는 극적인 예산액수의 변경을 시도하는 관리예산실에 대항하는 이익단체, 행정부서, 의회의원의 철의 삼각형구도가 점증주의를 곧잘 대안으로 제시한다. 사람들의 선호가 급격하게 변화하지 않는 것에 비추어 본다면 점증주의적인 예산결정은 오히려 당연하며 현실을 대표하는 관행으로 볼 수밖에 없다는 주장도 있다. 그렇기 때문에 현실적으로 가장 실현가능한 예산삭감방법은 점진적으로 기준예산에서 삭감하는 방법일 수 있다(Pitsvada & Draper, 1984).

점증주의는 기준예산(the base)과 공정한 지분(fair share)의 개념에 기초한다. 기준예산에 무엇이 포함되는가를 결정하기 위해서는 중앙예산기관과 예산신청부처가 협의해야 할 것이다. 예를 들어 작년에 구입한 컴퓨터장비를 기준예산에 포함할 수도 있지만 매년 반복적으로 발생하는 지출이 아니기 때문에 제외할 수도 있다. 점증주의는 상의하달적이 아닌 분권화된 의사결정이지만 기준예산과 공정한 지분에 무엇이 포함되는가를 결정하는 범위 내에서는 중앙예산기관과 의회의 의견이 반영된다(Grizzle, 1998). 점증주의자들은 점증주의로 인하여 의회의 예산권한도 제약을 받지만, 행정부서도 영향력을 행사할 수 있는 기회가 많지 않다고 생각한다(Parker, 1983).

점증주의는 예산신청기관의 의사를 존중하는 상향식 예산결정이며 예산의 합리적 자원배분기능을 추구하는 하향식 예산결정과 정반대이다(Rubin, 1992). 예산과정은 과거의 타성과 관행에 의해 이루어지기 때문에 놀랄 정도로 규칙성을 보인다. 점증주의도 바로 이러한 규칙적인 예산행태의 하나이다(LeLoup, 1987). 점증주의는 의회권력의 약화를 내포하는데 부처의 예산신청과 의회의 예산확정액이 높은 상관관계를 가지고 있어서 행정부의 가치에 의회가 순응한 것이기 때문이다(Parker, 1983).

예산항목이 물가지수에 연계되어 자동적으로 결정되는 사회복지예산 같은 경우 점증주의는 필연적인 귀결이다. 이러한 예산항목은 의회의 권한 밖의 항목이며 의회가 주기적으로 조정하지 않고 물가지수에 의해 기계적으로 매년 조정되어 수혜자들에게 지불된다. 인플레의 존재는 점증주의적인 예산편성을 요구할 수밖에 없다는 주장도 있다. 예를 들어 인건비는 모든 사항이 동일하다고 해도 인플레만큼 상향조정되어야 한다. 건축이나 토목공사가 인플레에 의해 원가상승되는 경우 점증주의에 의해 상향조정되지 않으면 부실공사가 자행될 수밖에 없다.

의회에서의 점증주의는 어느 정도 불가피한 측면도 있다. 의회에 제출된 예산안은 사실상 완성상태이기 때문에 시간과 인적자원의 한계가 있는 의회가 심도 깊은 수정과 검토를 한다는 것이 어렵다(Premchand, 1995). 심리적으로도 이미 완성된 것 같은 상태에 과감한 메스를 가하기는 매우 어렵다. 진정 의회가 적극적 역할을 원한다면 행정부에서 예산이 편성되기 전에 의회와 행정부가 상의하여 지침을 마련한다든가 등의 방법에 의해 사전에 의사를 반영하는 것이 더 적절하고 현실적이다.

점증주의가 적용될 때는 일률적으로 대부분의 사업에 반영되지만 감축이 필요한 경우에는 일률적으로 삭감하지 않고 선택적으로 사업을 채택하여 이루어진다고 한다. 그러나 모든 예산항목을 인플레만큼 증액하지 않을 경우 균등한 일률적 삭감이 이루어지는 것이나 마찬가지이다(Grizzle, 1998).

3. 점증주의의 장점

갈등을 해결하는 데 적합하며 점증주의에 의해 예산과정에 참여하는 정치적 이해관계자들이 매우 안정된 관계를 유지할 수 있다. 다양한 선호를 가진 사람들을 모두 만족시킬 수 없기 때문에 경제적 합리성보다는 정치적 합리성이 예산의사결정에서 더 큰 역할을 하게 된다는 것이다.

불확실성하에서는 합리적인 자원배분모델은 오히려 비합리적일 수 있으며 과거의 기준예산에서 크게 벗어나지 않는 점증주의적 예산결정이 합리적일 수 있다. 점증주의는 방대한 규모의 예산을 한정된 시간과 자원을 가지고 의사결정을 해야 할 때 변동된 사항만을 검토하기 때문에 의사결정업무를 축소하고 결과적으로 모든 참여자들을 만족시킨다는 이점도 있다. 오로지 변동사항만을 집중적으로 검토하고 심의함으로써 예산분석과 평가가 효율적으로 이루어질 수 있는 측면이 있다.

4. 점증주의의 단점

이해관계자들의 이기적 행위의 결과로 자원의 비효율적 사용이 초래된다. 경제적 합리성이 정치적 합리성에 의해 희생된다. 짧은 시간 내에서 한정된 예산총액을 예산결정자들이 상호협의와 타협에 의해서 이루어질 가능성이 크기 때문에 기존 예산에 없던 신규 사업은 추진되기 어렵다. 점증주의는 해마다 약간씩의 증액을 하는 예산과정으로 인하여 예산팽창과 재정적자를 초래한다. 실제로 예산팽창 시기에 점증주의적인 예산편성관행이 가장 많이 관찰되고 있다.

5. 점증주의 예산의 정치적 측면

점증주의적 예산편성 관행은 경제적 합리성의 관점에서 많은 비판을 받았다. Charles E. Lindblom의 점증주의는 바로 예산의 점증주의를 의미하며 예산의 경직성과 자원배분의 비효율성을 비판한다. 예산과정에서 모든 사업과 대안을 매년 검토하는 것이 불가능하므로 Simon의 제한된 합리성은 점증주의를 선호할 수밖에 없다 (Parker, 1983). 점증주의적 예산편성은 정책의 목표와 수단에 대해 의견일치가 사실상 불가능하기 때문에 경제적 합리성보다는 정치적 측면이 예산의사결정에서 더 큰 역할을 하게 된 결과로 나타났다고 볼 수 있다. 경제적 합리성이 아닌 정치적 합리성을 대표하는 예산이론이 바로 점증주의다. 모든 이익집단의 의견이 예산과정에 반영된다면 정책결정은 가장 바람직하게 이루어진다고 볼 수 있으며 이러한 견해는 다원주의 정치이론에 근거한다고 볼 수 있다. 그러나 경제적 합리성을 주장하는 사람들은 모든 이익집단이 예산과정에 참여한다고 하더라도 목표를 설정하고 최적대안을 합리적으로 선정하지 않는다면 결코 바람직한 예산의사결정은 불가능하다고 생각한다(Grizzle, 1998).

예산은 단순히 조직의 내부문서에 불과한 것이 아니라 정치적 문서이며, 공동체의 다양한 집단의 압력이 반영된 것이기 때문에 급격한 변화는 상당한 반발을 초래할 우려가 있다. 사회에는 다양한 이익집단이 존재하지만 다른 집단보다 더 강력한 영향력을 예산과정에서 행사할 수 있는 집단이 존재한다. 예산담당자는 예산과정에서 이러한 집단을 인식할 수 있어야 한다. 이러한 관점은 예산이 점증주의적일 수밖에 없는 이유가 되기도 한다(Swan, 1983).

점증주의 예산관행은 예산팽창과 관련되어 있다. 예산총액이 증가하지 않고 그대로 있으면 제로섬게임이 되며, 예산총액이 오히려 감소하면 승자보다는 패자가 증가하여 정치적으로 매우 부담스럽게 된다. 예산이 증가하는 이유가 바로 여기에 있다. 예산 총액이 증가하면 모든 예산항목을 증액하여 모든 이익집단의 이익을 만족시킬 수 있다. 예산과정은 정치적 환경과 문화, 헌법과 법규 등의 범위 내에서 이루어지는 게임이다(Palumbo & Maynard-Moody, 1991).

예산지출액은 지출의 상한선으로 이해되었으나 점증주의시대에는 반드시 사용해야 하는 액수로 이해되었다. 예산팽창으로 점증주의가 나타나면서 관리예산실의 전신인 예산실(BoB)은 예산지출에 대해 변화된 관점을 보였다. 구체적 지출에 대한 통제를 덜 강조하고 경제의 성과와 대통령의 사업개발 같은 큰 이슈에 집중했다. 그러나 BoB의 목적이 지출통제였을 때는 독보적 존재였지만 역할이 경제와 사업기획으로 바뀌자 경제전문가와 사업옹호자와의 강한 경쟁에 직면하게 되었다. 점증주의 이전에는 각 부서의 예산신청은 외부에 유출되지 않아 비밀이었고, 의회에 나가 각 부서의 의견을 말할 때도 부서의 요구가 아닌 부서의 예산신청을 수정한 대통령의 안을 변호해야 했다. 점증주의시대에는 각 부서는 대통령이 원하는 사업을 가지고 때로는 이익단체와 사업수혜자들을 동원하여 BoB에게 예산을 요구하기 때문에 BoB와 각 부서와의 관계는 흥정하는 관계가 되었다. 점증주의시대에는 각 부서는 법규의 테두리 내에서 각 부서의 진정한 선호를 외부에 유출시켰고, 의회도 각 부서의 정보를 알기 위해 적극적이었다. 예산과정에 이익단체와 의회가 더 많이 개입하게 되어 정치적 영향력을 더 많이 받게 되었다(Schick, 1992).

점증주의자들은 예산은 약간 변화할 뿐이며 정책선택을 수반하지 않는다고 주장하였다. 예산은 정책을 결정하지 않으며 정책은 다른 곳에서 결정된다고 주장했다. 그러나 관리예산실(OMB)이 중립적 · 객관적 기관에서 보다 정치적으로 변하여 정책에 영향을 미치는 기관이 되면서 이러한 주장은 설득력을 잃게 되었다(Rubin, 1992).

Wildavsky는 예산에 대한 연구는 정치에 대한 연구의 또 다른 표현이라고 주장하였으며 좋은 예산이란 전년도 예산에서 오직 점증적으로 약간만 변화하는 예산이라고 정의하였다. 규범적 점증주의는 예산이 정치적 과정에 의해 결정된다는 바로 그 사실로 인하여 예산은 올바른 것이라고 주장한다(Schick, 1987b). 점증주의자인 Wildavsky는 미국의 정치시스템은 여러 집단과 부처에게 이익을 분배하는 분열된(fragmented) 정치시스템이고, 예산과정도 이러한 현상을 허용하고 모든 중요한 행위자들에게 권력을 행사할 기회를 허용하는 시스템이며, 분열된 예산과정이야말로 분열된 정치시스템에서 오랫동안 지속될 수 있는 유일한 시스템이라고 주장하고 있다(Parker, 1983).

6. 점증주의모델과 사이버네틱모델

의사결정의 사이버네틱모델은 Steinbruner가 외교정책사례를 분석하면서 현상을 설명하는 모델로서 제안한 것이다. 외교정책은 합리모델이나 점증주의모델에 의해 설명되지 않는다는 내용이다. 마치 온도계가 외부 온도가 미리 설정된 제한선을 넘으면 난로를 켰다 껐다 하며 반응하듯이 하나 혹은 하나 이상의 외부변수에 대해 반응하는 예산과정을 말한다. 점증주의모델과 다른 점은 변수 변화에 따라 급격한 대응이 일어난다는 점이다. Grafton & Permaloff는 이 모델이 생존지향적이고 분열되었으며 수동적이고 제한적이며 단기적인 관점에서 이루어지는 예산과정을 가장 잘 설명한다고 주장하고 있다. 인간의 정보처리능력이 제한되어 있고 예산이 방대하고 복잡하기 때문에 예산과정에 대한 적절한 모델이라고 한다(Grafton & Permaloff, 1983). 그러므로 점증주의모델과 사이버네틱모델은 예산과정에 대한 가장 대표적인 모델이라고 볼 수 있다.

7. 점증주의 예산이론에 대한 경험적 연구

(1) LeLoup와 Moreland의 연구

LeLoup와 Moreland는 점증주의 예산이론에 대하여 다음과 같이 주장하고 있다 (LeLoup & Moreland, 1987). 점증주의 예산이론의 주장은 예산신청부서가 너무 많이 예산을 신청하면 오히려 신뢰를 잃게 되고 오히려 약간 신청한 것보다 더 많이 삭감당하게 될 우려가 있기 때문에 약간 증가한 신청을 하게 된다고 한다. 점증주의는 예산신청부서는 전년도 예산에서 고정비율로 약간 증가한 액수를 신청하며 의회는 고정비율로 예산신청액수를 삭감한다고 주장한다. LeLoup와 Moreland는 과거의 점증주의에 대한 경험적 연구가 의회에 상정된 대통령의 예산안과 의회 수정액을 비교한 것이기 때문에 중앙예산기관에 신청된 신청액수와 중앙예산기관의 결정을 비교한 연구에 비해 점증주의적 경향을 보일 수밖에 없다고 주장한다.

점증주의와 반대되는 현상은 현저하게 증가한 액수를 신청하는 적극적 신청이다. LeLoup와 Moreland는 10% 이상 증액신청이면 적극적 신청이라고 정의하고 있다. 적극적 신청전략이 효과가 없다는 연구와 효과가 있다는 연구가 상반되고 있다. 그러나 적극적 신청전략이 과다한 삭감을 당하기도 하지만 절대액수는 더 많이 증가하기 때문에 어느 정도 성공적이라고 보아야 한다고 LeLoup와 Moreland는 주장하고 있다. 관리예산실(OMB)보다 각 부처가 하위 부서의 예산신청을 삭감하는 정도가 더 크며, 의회가 행정부의 예산안을 삭감하는 정도도 관리예산실보다 더 크기 때문에 관리예산실이 예산삭감에 있어서 더 기계적이고 규칙적이라고 한다.

사례연구에 의하면 부처는 하위부서에서 신청한 액수 중 급격하게 증가한 액수를 과감하게 삭감하고 가장 소극적으로 신청한 액수는 증가시켜주는 경향을 보이는데 이것은 극단적인 요소를 제거하여 안정과 균형을 달성하려는 노력이라고 생각된다. 관리예산실은 모든 부처에게 동일한 정도의 삭감을 하는 행태를 보인다. 의회는 적극적 신청은 크게 삭감하지만 절대액수는 소극적 신청에 비해 증가하며, 의회는 행정부에서 심하게 삭감당한 예산을 회복시켜주기도 한다. 적극적 신청여부를 결정하는 변수는 내부요인과 외부요인이 있는데 부서책임자의 가치, 태도, 방향 그리고 부서와 부서의 사업이 외부로부터 받는 지원에 달려 있다.

(2) 점증주의 예산이론과 현상과의 괴리

점증주의는 거의 20년 동안 가장 영향력 있는 예산이론이었는데 1980년대 초에 점증주의가 들어맞지 않게 되면서 새로운 이론이 대두되었다. 균등한 삭감과 증가가 아닌 특정 부서의 예산삭감이 있고 기준예산이란 허물어질 수도 있다는 것을 관찰하게 되었다. 예산행위는 절대적이지 않고 환경변화에 대응하여 하의상달적일 수도 있고 상의하달적일 수도 있는 조건적인 행위이다. 점증주의자들은 정책과 예산은 연계가 없으며 정책은 예산과정에서 다루어지지 않는다고 주장했지만 지방정부에 관한 연구에서는 이와는 반대현상을 보여주고 있다. 대부분의 시정부정책은 예산의사결정을 수반하며 예산의사결정의 배경 내에서 이루어지고 있다. 부서와 중앙예산기관 사이의 공청회에서 정책이슈가 다루어지지 않는다고 해서 정책이 예산과 연계되지 않는 것은 아닌데도 점증주의자들은 공청회에서 나타난 것만을 보고 예산과 정책이 별개라고 오해하게 된다. 점증주의가 설명할 수 없는 부서의 통합, 폐지 현상도 시정부에서는 자주 일어나는 현상이다. 또한 많은 도시에서 예산과정은 시정부와 시의회가 만나 예산우선순위를 결정하는 데서 시작하는데 이것도 정책과 예산의 연계를 보여주는 사례이다. 결국 점증주의는 예산현상을 설명하는 데 실패한 이론이며 예산은 하나의 이론이 설명하기에는 너무나 복잡한 현상이라고 Rubin은 주장하고 있다 (Rubin, 1992).

점증주의 예산이론은 무엇이든지 설명할 수 있게 지나치게 신축적인 이론인데, 예를 들어 어떤 예산항목의 액수가 지나치게 증가한 경우 변화의 절대치가 아닌 변화의 규칙성 혹은 불규칙성에 비추어 다시 정의되기도 한다. 예산팽창을 방지하기 위해서는 예산팽창을 기대하는 심리를 변화시켜야 한다. 1920년대에는 정부지출, 세금, 공공부채가 감소되었는데 New Deal에 의해 무너졌다. 이처럼 점증주의가 들어맞지 않는 예산감축시기가 생소한 것도 아니다. New Deal에 의해 예산이 팽창하면서 점증주의가 나타났고 “예산추정(estimates)”이란 용어가 “예산신청(requests)”이란 용어로 바뀌었다(Schick, 1992).

점증주의는 경제성장과 정부팽창으로 가능했는데 경제가 다시 위축되자 예산삭감이 시작되고 점증주의는 더 이상 현상을 설명하지 못하게 되었다(Schick, 1992). 따라서 점증주의예산이론은 예산현상을 설명하는 적절한 이론이 아니라고 일반적으로 결론지어졌다(Grizzle, 1998).

2.3 총체주의적 예산이론

총체주의[1]적 예산이론은 효용 극대화를 위한 규점적 접근방법이다(Miller, 1991; 신무섭, 2011: 52). 총체주의적 예산이론은 합리적 선택모형에 입각한 예산상의 의사결정을 합리화해 예산상의 편익을 극대화하기 위한 결정방식으로, '과정'측면에서는 합리적·분석적 의사결정 단계를 거쳐서 예산에 대한 의사결정을 하는 것을 의미하고,[2] '결과'측면에서는 예산을 통해 달성하고자 하는 목표가 극대화되도록 예산이 배분된 상태를 의미한다(윤영진, 2010: 269). 즉 관리과학적인 분석기법을 이용하여 예산을 배정하는 예산결정방법을 말한다(박영희 외, 2008: 362). 총체주의적 예산결정이론은 한계효용, 기회비용, 최적화 개념 등을 사용하는데, 이런 개념이 반영된 대표적 이론으로 Lewis의 이론이나 Allen Schick의 '체제예산운영(system budgeting)' 등이 있다.

Lewis의 이론에서는 다음의 3가지 명제의 중요성을 강조하고 있다.[3]

첫째, 예산결정은 상대가치에 입각한다.

둘째, 상대가치의 비교는 점증분석(incremental analysis)에 의한다.

셋째, 모든 공공서비스는 궁극적으로 인간의 필요와 욕망을 충족시켜주는데 목적이 있기 때문에, 상대적 효과성(relative effectiveness)을 평가하여 상대가치를 비교한다.

체제예산운영은 공공의 목표와 그 달성을 위한 대안들, 대안들의 결과와 소요비용, 대안의 선택과 이에 따른 재원의 배분 등을 중시하고, 계획예산에 사용되고 있는 사업요강(program memoranda), 사업 및 재정계획(program and financial plan), 사업구조(program structure) 등의 기법에 잘 반영되고 있다(오석홍, 2008: 529-530).

총체주의적 예산결정이론은 다음의 세 가지를 가정하고 있다(신무섭, 2007: 241; 윤영진, 2010: 270). ① 예산결정자는 사회의 가치 또는 우선순위를 알고 있다. ② 예산결정자는 문제 해결과 관련된 모든 요소를 검토할 수 있는 완전한 지식과 정보를 가

---

1) 총체주의라는 용어는 D. Braybrooke와 C. E. Lindblom이 점증주의와 대비시키기 위해서 처음 사용하였고(신무섭, 2007: 241; 윤영진, 2010: 269), 유훈교수는 합리주의를 총제주의라고 표기하여 결정과 관련된 모든 요소를 종합적으로 고려하여 자원배분을 합리적으로 행하려는 것이라고 정의하였다(유훈, 2003: 75).

2) 과정적 측면에서의 총체주의적 예산결정은 예산결정 절차를 통하여 각 단계별로 의사결정을 한다는 특징이 있지만 반드시 합리적·분석적 과정을 거친다고 최선의 결과가 나오는 것은 아니다. 다만, 분석논리에 따라 과정에서 합리성에 도달하도록 하는 논리를 따른다.

3) '행정학의 주요이론'의 Verne B. Lewis의 예산이론의 내용을 참고함.

지고 있다. ③ 예산결정자는 합리적으로 행동한다. 또한 총체주의적 예산결정은 다음과 같은 논리적 단계로 이루어진다(Lee, Jr. and Johnson, 1983: 16; 박영희 외, 2008: 363). ① 조직체의 목표를 구체적으로 기술하고 우선순위별로 배열하고, ② 목표별로 가능한 대안을 탐색하고, ③ 대안별로 비용과 편익을 비교하고, ④ 목표를 최대한 달성할 수 있거나 비용이 가장 적게 드는 대안을 선택한다. 이와 같은 논리적 단계는 합리모형에서의 논리적 단계와 같은데, 정책결정의 합리모형에 의하면, 의사결정자는 문제를 인식하고, 목표를 설정하며, 대안적 수단들을 비교·평가하여 최종적으로 하나의 대안을 선택하게 된다(오석홍·김영평 편 외, 2000: 271). 이와 같이 총체주의적 예산결정은 정책결정의 합리모형과 그 맥락을 같이하고 있고, 총체주의적 예산결정 이론에서는 비용편익분석(cost-benefit analysis), 체제분석(system analysis), OR(operation research), 관리과학(management science) 등의 분석적 방법을 적용한다(신무섭, 2007: 241).

한편, 총체주의 예산결정이론은 합리적 모형에 입각하고 있다는 측면에서 가장 이상적인 모델이라고 할 수 있지만 다음과 같은 몇 가지의 한계가 있다(윤영진, 2010: 273-274). 첫째, 총체주의는 완전한 지식과 정보를 가정하고 있는데, 인간의 인지 능력의 한계, 결정비용의 과다, 상황의 불확실성 등의 제약조건 때문에 모든 대안의 탐색과 정확한 결과의 예측 등은 현실적으로 어렵다. 둘째, 총체주의는 해결할 문제와 달성할 목표가 명백히 주어져 있는 것으로 가정하고 있는데, 명백히 주어져 있는 경우는 거의 드물다. 셋째, 총체주의에서 사회적 가치의 우선순위 및 사회후생 함수가 알려져 있는 것으로 가정하고 있는데, 공공재에 대한 선호를 보여 주기가 어렵기 때문에 사회후생 함수를 찾아내기가 거의 어렵다.

2.4 최근의 주요 예산이론

앞에서 설명한 바와 같이 점증주의 예산이론은 현상을 묘사하는 서술적 이론(descriptive theory)으로서, 현상에서 일정한 모델을 도출해 내는 이론이다. 이런 서술적 이론은 현상을 올바르게 설명하지 못하고, 예측력(predictive power)이 낮다는 한계를 가지고 있다. 반대로 총체주의(합리주의) 예산이론은 당위성을 주장하는 규범적

이론(normative theory)으로서 예산과정의 복잡한 변화를 설명하지 않고 예산의사결정자의 인지적 한계와 정치적 상호작용을 고려하지 않아 설명력(explanatory power)과 예측력이 낮다는 문제점이 있다(이정희, 2010).

이처럼 기존의 주요 예산이론에 대한 한계로 인하여 최근에 경험적 지식축적에 따른 이론들이 제시되고 있다. Bartle(2001)은 다중합리성이론, 조직과정모델, 중위투표자모델, 공공선택이론, 거래비용이론 등을 제시하고 있다.

1. 다중합리성이론(the multiple rationalities model of budgeting)

다중합리성 예산이론은 예산을 결정하는 결정자 또는 예산을 결정하는 조직은 다양한 합리성(multiple rationalities, competing rationalities)을 내포하고 다양한 합리성에 근거한 목적들을 추구하여 예산에 관련된 결정을 한다는 이론이다. 다중합리성 예산이론의 핵심 개념은 다중합리성(multiple rationalities), 의사결정의 복잡성(complexity of decision making), 조직의사결정(organizational decision making), 예산기관의 정향(orientation of budget office), 미시예산결정(micro-budgeting decisions) 등으로, 주된 설명 대상은 중앙예산기관의 행태와 이에 따른 정부예산의 크기와 구성이다(이정희, 2010).

Wildavsky(1992)는 현대 예산의 복잡성은 포괄적인 이론의 발전을 막고 있다고 주장해 왔지만, 다수의 연구자들은 예산 합리성(budgeting rationality)을 이해하기 위한 실험적 노력을 계속하였다(Bretshneider et al., 1988; Stewart and Gelberd, 1976; McCaffery and Baker, 1990; Willoughby, 1993a, b; Willoughby and Finn, 1996; Thurmaier, 1995a).[4] 이들 연구는 다양한 역할 지향성을 가진 예산집행자(budgeter)들의 해석적 의사결정 행태를 설명하기 위해 중요하다. 이들의 연구를 통하여 예산집행자(budgeter)들은 다양한 시점에서 제공받은 다양한 유형의 정보를 걸러내기 위해 다중합리성(multiple rationalities)을 적용하는 경향이 있다는 결론을 얻었다(Bartle, 2001: 40).

대표적으로 Kurt Thurmaier와 Katherine Willoughby는 공공예산에서의 다중합리성이론을 설명하였는데, 예산과정과 정책과정의 관계(the nexus between the budget and policy processes)를 설명하는데 있어서 Kingdon의 정책결정모형과 Rubin의 실

---

4) Bartle(2001)의 'EVOLVING THEORIES OF PUBLIC BUDGETING'에서 Thurmaier와 Willoughby의 Windows of Opportunity: Toward a Multiple Rationalities Model of Budgeting 논문의 37-40페이지를 참조하기 바란다.

시간 예산운영 모형(real time budgeting: RTB)을 통합하여 설명하고자 하였다(Bartle, 2001: 29-54). 연구 결과, 다섯 주의 중앙예산기구의 예산분석가[5])들은 재정분석가를 넘어서 정책분석가의 역할을 수행하며, 예산 산출에 상당한 영향력을 행사한다(윤영진, 2014: 272). 다중합리성 예산이론의 모델 하에서 강한 통제지향을 지닌 중앙예산기구의 예산분석가의 경우 회계에 집중하는 전통적인 의사결정방식을 취하게 되지만,[6]) 강한 정책지향을 가진 중앙예산기구의 예산분석가의 경우 반대자(adversary) 외에 통로(conduit), 촉진자(facilitator), 정책분석가(policy analyst), 지지자(advocate) 등의 역할을 수행하며 전통적인 의사결정방식에서 벗어나는 다양한 의사결정방식을 채택하게 된다[7])(이정희, 2010: 105-107). 뿐만 아니라 중앙예산실은 거시적 예산결정과

그림 2-1 | 미시적 예산 결정과 거시적 예산 결정의 관계

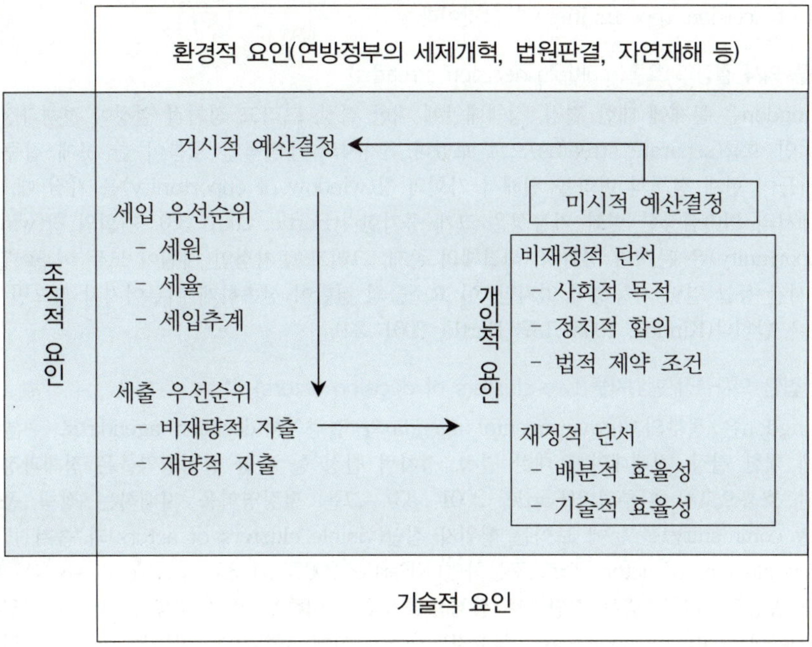

자료: Bartle(2001: 42); 윤영진, 2014: 273.

5) 중앙예산기구의 예산분석가는 정치적·재정적 환경, 조직의 정향, 주지사, 다른 기관과의 커뮤니케이션, 예산순환주기를 고려하여 의사결정을 한다(이정희, 2010: 106).

6) 주지사와 다른 행정기관과의 커뮤니케이션이 부족하고, 취약한 재정 환경을 가진 중앙예산기구의 경우 다양한 역할 중 반대자의 역할만을 담당하고, 예산의사결정방식도 행정기관의 지출계획을 검토하는 등 전통적인 예산의사결정방식을 취한다.

7) 예산집행보다 예산과 정책을 개발하고 예산형성을 예산통제보다 중요시하며 주지사와 다른 행정기관과 커뮤니케이션이 원활한 경우, 예산분석가는 단순히 정보를 전달하거나 예산을 통제하는데서 벗어나 적극적인 정책형성의 역할을 하게 된다.

미시적 예산결정의 연계(nexus) 역할을 하며 정책결정과 예산결정의 다양한 의사결정 흐름을 중앙예산실(the CBB as the Vortex)에서 상호 영향력을 행사한다(Bartle, 2001: 47-49; 윤영진, 2014: 275). 거시적 예산결정과 미시적 예산결정은 환경적(environmental)·조직적(organizational)·기술적(technical) 요인에 의한 틀로 결정되는데, 그들의 관계는 다음과 같다.

◎ 참고 Kingdon의 정책결정모형과 Rubin의 real time budgeting(RTB)

Kingdon의 정책결정모형은 미국의 공공정책과정에서 의제설정을 설명하기 위해 과정모형(process model)과 쓰레기통모형(garbage can model: GCM)을 결합하여 적용한 것으로, 쓰레기통모형에 따르면, 선택 기회(choice opportunities)는 참여자들에 의해서 만들어진 문제(problem)와 해결(solution)로 구성된다(Bartle, 2001: 33). Kingdon은 모형이 가지는 주요 3가지의 특징이 있는데, ①다중 의사 결정의 흐름(multiple decision streams), ②두 집단 의사결정 행위자들(two clusters of decision actors), ③두 가지 형태의 의사결정 기회(two types of decision opportunities)가 그것이다.

◉ 다중 의사 결정의 흐름(multiple decision streams)

Kingdon은 문제에 대한 결정, 정책대안에 대한 결정, 그리고 정치적 결정이 정책과정에서 개별적인 흐름(separate streams)으로 보았다. 3가지의 개별적인 흐름이 한 곳에 집중되고, 행위자들이 현재 정책의 변화를 위해서 기회의 창(window of opportunity)을 가질 때, 정책 선택에서의 의미심장한 변화 가능성은 크게 증가한다(Bartle, 2001: 33). 기회의 창(window of opportunity)은 문제의 명확성, 해결책의 존재, 그리고 정치적인 지원이 모두 이루어질 때, 짧은 시간 동안 열릴 가능성이 있지만, 이 요소들의 결합이 신속하게 이루어지지 않으면 기회의 창은 닫힌다(Kindon, 1995: 187; Bartle, 2001: 34).

◉ 두 집단 의사결정 행위자들(two clusters of decision actors)

Kingdon은 정부의제(governmental agenda)와 결정의제(decision agenda)로 구분하고, 문제에 대한 결정, 정책대안에 대한 결정, 정치적 결정 등 개별 결정영역들은 정책과정에서 분리된 흐름으로서 다루었다(Bartle, 2001: 33). 그는 결정영역을 지배하는 정책 공동체(policy community)를 눈에 보이는 행위자 집단(visible clusters of actors)과 숨겨진 집단(hidden clusters of actors)으로 구분하였다(Bartle, 2001: 34-35). visible clusters는 많은 압력과 공중의 관심을 받는 집단으로 정치적 흐름을 지배하고, 주로 대통령, 정무직 고위관료(high-level political appointees), 의회지도자들이 이에 포함된다. 이들은 주로 정부의제에 영향을 미친다. 숨겨진 집단(hidden clusters of actors)은 정책 대안(policy alternatives) 만드는 집단으로, 주로 정책전문가(학자와 연구원, 직업공무원, 의회참모 등)들이며, 이들 집단의 업무 대부분은 agency planning and budget shop, 특히 예산제약과 관련하여 실현가능성에 대한 분석을 한다(Bartle, 2001: 34). Kingdon(1995)은 정책과정의 핵심은 다양한 문제에 대한 해결책을 쏟아 내어놓고, 기술적·정치적·예산상의 실현가능성의 세 가지 기준을 충족하는 것들만 표면화시키는 것이라고 보았다(Bartle 2001: 35; 윤영진, 2014: 269).

◉ 두 가지 형태의 의사결정 기회(two types of decision opportunities)

Kingdon(1995: 93)은 정책과정에서 2가지 유형의 선택 기회(choice opportunity)가 있다

고 하였다. 그것이 바로 예측가능한(predictable), 그리고 예측할 수 없는(unpredictable) 기회의 창(windows of opportu- nity)이다. 개별적인 세 가지의 흐름들이 결합되고, 기회의 창이 열린 동안에 정책변화는 일어난다. 이런 경우에 해당되는 것으로 ① 문제 인식, ② 이용가능한 해결책의 존재, ③ 정책변화를 받아들일 수 있는 정치적 분위기(political climate), ④ 다른 제약조건(constraint)들이 행위를 금지하지 않는 경우이다(Bartle 2001: 35).

Rubin의 real time budgeting(RTB)는 예산운영(budgeting)은 정치가 아니라, 보다 특별한 정치적 의사결정을 포함하는 개념으로 시작된다.8) Rubin의 모형은 경제적 · 정치적 환경으로부터 개방되어 있고, 변화하는 외생적 요인(exogenous factor)들에 대처할 수 있어야 한다(Bartle, 2001: 35). 다양한 목적, 의제, 그리고 자원을 가진 행위자들의 다양성이 존재하고 있기 때문에 변화하는 환경에 융통성과 적응력을 가지기 위해서 다양성에 대한 요구를 반영한 예산운영을 만들어 가야 한다. 융통성이라는 것은 의사결정구조에 의해서 제공되는데, 5가지의 독특하고, 느슨하게 연결된(looselt coupled) 의사결정 흐름, 관련 의사결정자들, 예산의 정치성을 통합하여 구체화할 수 있다. 5가지의 의사결정 흐름은 세입흐름에 의사결정(decision-making in the revenue stream), 세출 흐름에서 의사결정(decision-making in the expenditure stream), 예산 균형흐름에서 의사결정(decision-making in the balance stream), 예산 집행흐름에서 의사결정(decision-making in the budget execution stream), 예산과정 흐름에서 의사결정(decision-making in the budget process stream)이다. 이들 5가지의 흐름들은 핵심정보가 서로 연계시켜 주기 때문에 준독립적이지만 상호의존적이고, 다른 흐름에서의 결정 및 정보와 정치적 또는 경제적 환경 변화에 반응하는 각 흐름에서 순차적 결정 조정이 예산 운영에 필요하다(윤영진, 2014: 271).

세입 흐름에서의 의사결정은 설득의 정치가 내재해 있고, 주로 누가 얼마만큼 지불할 것인가?(who will pay how much?)에 대하여 묻는다. 세출흐름에서의 의사결정은 선택의 정치로 특징지을 수 있는데, 첫 번째, 제약조건으로 기준예산의 기술적 추계이고, 이것도 점진적으로 정치적 의사결정이 되고 있다. 예산 과정에서 참여자의 목적은 지출의 우선순위를 재조정하거나 혹은 현재의 우선순위를 유지하는 것이다. 예산균형흐름에서의 의사결정은 제약조건의 특성을 가지는데, 어떻게 정의를 할 것인가? 균형을 이룰 것인지?, 어떻게 균형을 이룰 것인가? 등을 통하여 예산균형에 대하여 결정한다. 예산균형은 세입과 지출 추계 사이의 상호작용적 과정이고, 근본적으로 정부의 범위와 역할에 대한 결정과 연계되어 있다. 예산집행 흐름에서의 의사결정은 본질적으로 기술적 성격이 강하고, 특히 책임(accountability)의 정치적 특징을 갖는다. 여기서 중요한 문제는 3가지로 예산계획을 어떻게 수행할 것인지, 허용될 수 있는 일탈의 범위는 무엇인지, 어떤 정책 규정요인들이 위배될 리 없는지 등이다.9) 예산과정 흐름에서의 의사결정은 어떻게 예산결정을 하는가, 그리고 누가 결정하는가에 대한 정치적 특성을 가지고 있다. Rubin은 누가(개인과 그룹) 참여하는가에 따라서 예산결과에 영향을 미칠 수 있다고 주장한다. 이런 흐름 속에서의 갈등은 정부기관 간(행정부와 입법부, 그리고 사법부), 시민납세자들, 예산배분을 결정할 수 있는 정부관료들 간의 의사결정 권력의 균형을 포함한다.

제약조건으로 시간에 대한 취급은 예산모델과 정책모델에서 차이가 있다. 정책과정에서의 Kingdon의 정책결정모형은 시간(time)보다는 시의적절성(timeless)을 더 중요하게 생각하고, 반대로 Rubin의 RTB는 시간(time)을 실질적인 제약조건으로 보고 있으며, Timing도 중요하게 생각하고 있다는 점이다. Timing을 중요하게 생각하는 이유는 다양한 행위자들이 그들의 집단(cluster)에서 작업에 관여할 수 있어야 하고, 다른 집단들로부터 필요한 정보를 얻거나 혹은 변화하는 환경 조건에 맞춰 이전 결정을 다시 돌아볼 수 있기 때문이다.

2. 조직과정모델(the organization process model of budgeting)

조직과정모델이란 무엇일까? Green and Thompson(2001)은 조직과정모형의 발전 단계를 선언(pronouncement), 형식화(formalization), 분화(differentiation), 확산(diffusion)의 4단계로 구분하였다.

(1) 선언(Pronouncement) 단계

대표적인 학자들로는 Herbert Simmon, Charles Lindblom, Aaron Wildavsky 등이 있다. 이들은 공통적으로 "decision"을 분석단위로 채택하였고, 학제간 연구(cross-disciplinary research)에 의존하였다. Simmon은 잘 알려진 바와 같이 '제한된 합리성(bounded rationality)' 이론으로 모형을 구성하였다. Simmon의 제한된 합리성은 의사결정자가 효용을 극대화하는 사람이라는 가정을 비판한다. 그는 인간의 완벽한 합리성을 비판하고, 사람들이 만족화(satisfice=suffice+satisfy)하고, 의사결정은 현실적으로 해석하는 것이라고 주장한다. 의사결정자들은 실제 복잡한 환경에서 아주 다양한 자료(data)를 얻을 수 있고, 그런 자료들을 활용하여 목적과 목표를 정리하고, 그들의 가장 핵심적인 목표를 만족시킬 방법을 결정한다. 이런 과정은 사람들의 일반적인 행태뿐만 아니라 행정에도 적용될 수 있고, 특히 예산결정과정에서도 마찬가지다. 예산결정자들은 전년도 예산결정에 대한 지출과 과세결정에 기초하여 불확실성과 정보비용을 줄이고자 한다. Simmon의 제한된 합리성 연구는 제자들에 의해서 발전되되고 있다.

Charles Lindblom은 조직과정모형 초기의 두 번째 기여자라고 할 수 있는데, 그는 정책결정자와 행정에 대한 점증주의적 시각을 논하고 있다. Simmon이 말하고 있는 것처럼 Lindblom도 최적화는 불가능하다고 언급하였으나 Lindblom은 개인의 결정보다는 결과에 더 초점을 두었다.

Aaron Wildavsky의 조직과정 모델에 대한 기여는 예산과정의 정치학(The Politics of th e Budgetary Process)에서 찾아볼 수 있는데, 그의 저서를 통하여 2가지 이론을 제시하였다. 첫 번째 이론은 전략(strategy)와 기술(skill)이 예산결과에 영향을

---

8) Rubin의 real time budgeting(RTB)은 Bartle(2001: 35-37)의 'EVOLVING THEORIES OF PUBLIC BUDGETING'의 내용을 요약하여 정리함.

9) how precisely the budget plan will be followed, what deviations will be allowed, and which policy parameters cannot be violated.

미치는 중요한 요인이라는 것, 두 번째 이론은 Simmon의 제한된 합리성을 발전시킨 것으로 예산에 대한 점증주의와 관련성을 보여준다. 그는 두 이론 중에 두 번째 이론을 더 강조하고 있다. Wildavsky는 '예산은 경험적이며 단순하고, 예산관료들이 만족화하고, 예산이 점증적으로 이뤄진다'고 주장한다.

(2) 형식화(Formalization) 단계

주요 학자들로 Wildavsky, Davis, Dempster, Crecine, Larkey 등이 있다. Wildavsky & Davis & Dempster는 그들의 연구를 통하여 점증주의적 예산모델을 APSR에 예산 과정의 이론(A Theory of the Budgetary Process: 1966)이라는 논문으로 발표하였다. 관료의 제안과 의회의 심의라는 두 변수를 선형적으로 조합해 예산결정이 점증적으로 이루어짐을 보인다(윤영진, 2010: 296). 이들은 간단한 선형모델을 이용하여 실질적으로 복잡하지만 제도적으로 안정적인 예산문제에 대하여 계산상 도움(aids to calculation)의 중요성을 보여주었다. 이들의 연구가 비록 수학적 단순(mathematical naivete) 혹은 점증주의로부터 비롯된 복합적 약점 때문에 비판을 받기도 하지만 예산이론과 조직과정모델의 발전에 중요한 공헌을 하였다.

Cresine은 '정부문제의 해결(Government Problem Solving: 1969)'이라는 책을 통하여 조직과정모형을 더욱 명료하고 완벽한 형태로 표현하였다. 그는 디트로이트, 피츠버그, 클리블랜드의 세 도시를 대상으로 연구하였으며, 예산과정이 주요 행위자들 간의 상호 기대와 각기 다른 사람들의 의사결정 문제와 규칙에 대한 공통된 이해를 바탕으로 이뤄진다고 말한다. 그리고 복잡한 예산과정을 관리할 수 있는 범위로 줄이기 위하여 몇 가지의 다른 장치에 의존하는데 바로 큰 문제를 여러 가지의 작은 문제로 나누듯이 분해하는 작업이 그것이다. Cresine은 선례(precedent)가 예산결정과정에서 핵심이라고 강조한다. 선례(precedent)란, 작년의 문제에 대한 해결책을 의미하는 것으로 이용 가능한 자원과 현재의 긴급 상황에 맞는 변화를 통한 해결은 현재의 해결책을 의미한다. 또한 선례를 채택하는 두 번째 이유는 공공의사결정의 개방성으로 선례에 기초한 현재의 결정은 완벽하게 방어할 수 있기 때문이다.

Cresine의 과학적 혁신을 주목받을 만한데, 그 이유는 ① 지방도시의 지출에 초점을 두고 있다는 점, ② 방법론 측면으로 컴퓨터 시뮬레이션에 기초한 모델의 발전이라는 점, ③ 예산결정자를 복잡한 문제를 구성하고, 대안을 모색하고, 선택하는 조직의사결정자와 문제해결자로 보고 있다는 점이다.

Larkey도 조직과정모형의 발전에 중요한 기여를 한 학자로서, 그는 공공사업평가론(Evaluating Public Programs: 1979)의 저서를 통하여 조직과정모형의 범위를 확대하고, 모형의 정교함과 유용성을 얻게 되었다. Larkey는 두 가지의 목표를 가지고 있는데 하나는 정책평가를 위한 연구방법론으로서 조직과정적 접근의 유용성을 연구하는 것이고, 다른 하나는 General Revenue Sharing(GRS)의 결과를 평가하는 것이다. Larkey는 일반적으로 재정학의 이론이 옳다는 것과 끈끈이 효과(flypaper effect)에 대한 계량경제학적 증거가 주로 변수의 오차에 기인하고 있다는 것을 발견하였다. 즉 GRS는 공공재와 공공서비스의 생산과 서비스에 대한 큰 증가를 야기하지 않는다는 것이다.

이런 발견은 매우 중요한 것임에도 불구하고 간과되어 왔는데, 그 이유는 일부 재정학자들이 Larkey의 방법론, 분석적 카테고리, 언어에 대해서 생소했고, 주요 관심사가 아니었기 때문이다. Larkey는 재정행태의 합리적 선택과 경제적 모델에 대한 대안으로서 조직과정모델의 유용성과 평가자들이 무비판적으로 자료에 의존할 때 발생될 수 있는 오류를 강조했다. 이후 Larkey는 경험적 연구들을 통하여 조직적 과정모델의 발전에 더욱 기여하였다.

(3) 분화(Differentiation) 단계

대표적인 학자는 John Padgett로서 그는 조직과정모델에 독특한 업적을 남겼다. 그는 예산연구에서의 제한된 합리성(Bounded Rationality in Budgetary Research)라는 연구를 통하여 Davis, Dempster and Wildavsky의 점증주의 모형을 예산에 적용하였고, 순차적 판단이론(the theory of serial judgement)으로 불리는 대안적 모델을 제시했다. Padgett의 순차적 판단이론(the theory of serial judgement)은 점증주의 과정에 몇 가지 공통점이 있는데, 그것은 제한된 합리성을 가정하고 있다는 점이다. 하지만 그의 이론은 초기의 점증주의 모델과는 2가지 측면에서 독특한 특징이 있는데, 하나는 이질적인 예산대안을 통한 순차적 탐색이고, 다른 하나는 정보에 약간 모호하면서도 정보에 입각한 판단의 적용에 기반을 두고 있는 비결정적 최종선택이라는 점이다.

Padgett의 순차적 판단이론(the theory of serial judgement)은 지금까지의 조직과정모델에 대한 단연코 가장 명쾌한 설명이다.

(4) 확산(Diffusion) 단계

1980년대 조직과정모형이 잠시 연구학술지에서 사라졌지만,[10] 1980년 후반과

1990년 초기에 조직과정모형의 모습과 느낌의 몇몇 논문들이 발표되었다. 대표적인 학자들로 Mark Kamlet, David Mowery, Mark Choate, Fred Thompson, Frank Baumgartner, Bryan Jones, B. Dan Wood 등이 있다. 본 교재에서는 Frank Baumgartner와 Bryan Jones를 중심으로 설명하도록 한다. Baumgartner와 Jones는 'Agendas and Instability in American Politics(1993)'의 논문을 통하여 정책진화(policy evolution)는 본래 점증주의적이며 안정적이라고 하였다. Baumgartner와 Jones은 이 논문에서 특별히 공공예산에 관심을 가지지 않았지만, 그들의 방법, 이론은 조직과정이론가들과 매우 닮았고, 그들의 정책진화에 대한 이론은 제한된 합리성과 같은 인지상의 한계에서 비롯되었으며, 그들은 Crecine처럼 효과적인 정보처리, 학습, 그리고 의사결정에 대한 조직적인 제약을 강조하였다.

James True와 Frank Baumgartner와 Bryan Jones는 단절균형모델[11]을 가지고 3편의 논문을 발표하였다. 단절균형이론에 따르면 정부는 제도적으로 이루어지는 안정성과 극적인 변화로 인한 정기적인 단절이라는 일련의 연속체로 잘 이해된다고 본다(Baumgartner and Jones, 1993: 251). 'The Shape of Change: Punctuation and Stability in U.S. Budgeting 1947-94(1996)'에서 그들은 의사결정의 제한된 합리성 접근뿐 아니라 예산의 의제기반모델(agenda-based model)을 개발하였다. 이들은 예산결과가 정규분포를 가지지 못하고 정규분포보다 평균치를 중심으로 집중해 있다는 것[12]과 예산변화가 파레토 확률로부터 도출된다는 것을 발견하였다. 또한 그들은 예산과정에서 안정과 단절의 시기를 정확하게 예측하기 위해서 모델을 발전시켰다. 'Does Incrementalism Stem from Political Consensus or From Institutional Gridlock?(1998)'의 논문에서 이들은 입법부의 예의와 점증주의사이의 관계에 대한 Wildavsky의 설명을 검증하고자 하였다. Wildavsky가 말하는 관계는 반직관주의적 명제를 말하는 것이고, 반직관주의적 명제는 합의가 점증주의를 낳고, 반대로 의견불일치는 더 많은 지출의 변화를 초래한다는 것이다. 그들은 실증적 연구를 통하여 예산 점증성은 감소하지만, 의회의 의견불일치는 예산 점증성(budget volatility)[13]을 증가시킨다는 것을 찾았다. 'Policy Punctuations: U. S. Budget Authority, 1947-

10) 1980년대 연구학술계에서 사라지게 된 것은 경제학의 제국주의적 확장 때문이다(Economic imperialism was marching from triumph to triumph.).

11) 단절균형예산이론(punctuated equilibrium budget theory)은 정책이나 예산은 균형상태(equilibrium)가 지속되다가 어떤 조건 하에서 단절적인 변화(punctuation)가 발생하고 다시 균형상태가 지속된다는 이론이다.

12) 최빈치를 중심으로 하여 높고 좁게 집중되어 있다는 것을 의미한다.

13) 그들은 예산의 점증성을 예산휘발성(budget volatility)으로 개념을 조작화했다.

1995'(1998) 논문에서 그들은 단절적 균형이론을 검증했는데, 연구결과로 연방정부의 지출은 주로 매우 안정적이라는 것과 전체적인 정부지출의 패턴이 두 번의 대규모 지출이동에 의해서 단절이 있음을 발견하였다.14) 이런 연구결과를 통하여 그들은 단절이 일어날 수 있는데, 몇몇의 프로그램 혹은 하위프로그램 뿐만 아니라 정부전체 걸쳐서 일어난다고 하였다. 또한 그들은 단절균형모델이 경제적 변화, 정당의 변화 또는 여론의 이동의 3가지 명백한 경쟁 예산모형보다 뛰어나다고 주장한다. 즉 조직과정모형(단절균형모델)이 정치적 모형 혹은 대안적인 경제적 모형을 능가한다는 것을 의미한다.

이러한 단절균형이론에 한계가 있는데, 단절(punctuation)이 언제 발생하는지에 대해 예측하기 어렵고, 단절(punctuation)을 설명하는 요인들인 정책의 이미지(policy image)의 변화, 정책의 문제정의(problem definition)의 변화, 시민들의 관심 증대, 정책독점의 붕괴는 정책변화를 설명하는 개념으로 사용되고 있으나 이들은 다분히 질적인 개념으로 직접적으로 계량화하기 어렵기 때문에 경험적으로 검증하기 어렵다는 문제점이 있다(이정희, 2010).

3. 공공선택이론(public choice and public budgeting)15)

(1) 공공선택이론의 의의와 내용

공공선택이란 무엇일까? 공공선택은 '공공제도에 의해서 형성된 선택의 분석(Borooah, 1996: 43)', '비시장 의사결정에 대한 경제학적 연구, 또는 정치적 과학에 대한 경제학의 적용(Mueller, 1989: 1)'이라고 말할 수 있다. 공공선택 이론가들은 개인의 행동이 합리적이고 실용주의적인 태도에 기인한다고 가정하고 있다.16)

공공선택이론은 경제학의 기본가정, 경제적 합리성을 추구하는 경제적 개인(economic man)을 가정하고, 이들이 정치나 정책과정에서도 효용을 극대화하는 방식

14) 단절균형이론은 예산이 일정한 시간동안 안정적으로 유지되는 현상뿐 아니라 급격히 변화하는 메커니즘을 설명한다는 점에서 이론의 타당성, 경험적 사실과 합치 등의 기준에 근거할 때 기존의 점증주의에 비해 이론적인 진전이 있다고 할 수 있고, 새로운 연구과제를 제시하여 현재 활발한 연구가 이루어지고 있다는 점에서 유용성(powerful), 통찰력(heuristic)이라는 기준에서 장점이 있다(이정희, 2010)

15) Bartle(2001)의 'Evolving Theories of Public Budgeting'에 수록된 John P. Forrester (2001)의 'public choice theory and public budgeting: implications for the greedy bureaucrat'의 내용 중 일부를 발췌함.

16) 공공선택이론의 중요한 가정으로 정치적 행위자들도 경제적 행위자들과 마찬가지로 그들의 효용(만족)을 극대화하기 위하여 합리적으로 행동하며, 고려하여야 할 유일한 정치적 행위자는 개인이다(노화준, 2007: 95).

으로 행동할 것이라고 설명하는 이론을 통칭한다(이정희 2010). 공공선택 이론은 전통적으로 경제적 시장을 설명하는 타당한 원칙(가정)이 있다. 바로 이기심(self-interest), 교환(exchange), 방법론적 개인주의(methodological individualism), 파레토 최적, 그리고 경제적 분석의 방법과 기술에 대한 선호가 있다(DeGregori, 1974; van Winden, 1988; Udehn, 1996). 이기심은 공공선택이론을 구성하는 주요 요소로서, 개인이 분석단위이며, 이 가정 하에서 전통적인 경제인이 의사결정자를 대신한다(Ostrom & Ostrom, 1971: 205)는 것으로 Niskanen(1971)은 정부관료가 그들의 예산을 극대화하기 위하여 노력한다고 보았다. 시장이론에서 교환(exchange)의 원칙은 대부분 직접적으로 공공선택과 결부되어 있고, 사적 영역과 달리 독점적 판매자에 해당하는 정부에 좌우되는 경향을 보인다. 그리고 사람은 정치적 가치보다는 경제적 가치를 지향한다. 방법론적 개인주의는 '정부의 목적은 정부 내의 개개인들의 목적이고, 주 정부의 결정은 개개인들의 집합적인 결정'이라는 시각으로 이 가정은 공공선택이론의 출발점으로 고려될 수 있다. 공공선택론자들은 최적의 자원배분을 위해서 파레토 최적의 해결과 경쟁시장의 힘(power)을 믿고, 경제적 분석의 방법과 기술을 이용하여 정부결정에 대하여 연구하는 것을 선호한다. Forrester(2001)는 공공예산과 공공선택 사이의 차이점을 몇 가지 카테고리로 구분하여 설명하고 있는데, 그것은 경제적 프레임워크의 타당성, 분석적인 방법론의 타당성, 관료주의적 가정의 타당성, 가치지향

표 2-1 | 공공예산(public budget)과 공공선택(public choice)의 비교

구 분	공공예산(public budget)	공공선택(public choice)
경제적 프레임워크 (Economics Framework)	재정 지향성(fiscally oriented)	전체적인 예산연구의 가치(value)를 제한
분석적인 방법론 (Analytical Methodologies)	- 개념적인 측면: 정치 혹은 관리 시각 - 운영적인 측면: 사례연구, 서베이, 기술통계	- 개념적인 측면: 매우 보수적인 헌법의 시각 - 운영적인 측면: 경제적 가정에 기초한 수학적으로 엄격한 모델
관료주의적 가정 (Bureaucratic Assumption)	가정이 명확하지 않음	가정이 명확함
가치 지향 (Value Orientations)	- 효과성 - 효율성 - 공공성	- 기대효용 모델 & 경제인 - 정책은 심리학과 사회심리학으로 확대
현실성 (Reality)	초점은 실용주의 패러다임 내지 자원할당에 대한 원칙이 불명확함	현실을 반영하고 있다는 강한 신뢰함

의 타당성 그리고 현실성과 조화의 타당성이 그것이다.

이런 차이가 있음에도 불구하고, 공공예산과 공공선택은 조화될 수 있는 몇 가지 유사한 점이 있기 때문이다. 첫째, 공공예산과 공공선택은 모두 분석의 대상이 정부가 만든 선택이라는 비슷한 근본적인 관심사를 가지고 있다는 점이다. 둘째, 이들 연구의 영역이 적어도 정치행정이원론, 성공의 개념, 그리고 경제적으로 기능하는 정부의 요구 면에서 모두 관료주의에 대한 유사한 관점을 가지고 있다는 점이다. 셋째, 예산과 경제선택의 연구가들은 기관들이 성과를 정의하기 위해 사용하는 중요한 기준의 중의 하나가 요점(the bottom-line) 혹은 과거 예산과 비교하여 올해 예산에서의 증가비율이다. 또한 공공예산과 공공선택 연구가들은 주기적으로 정부가 절약하는 방향을 채택해야 하는데 동의한다. 마지막으로 공공선택과 공공예산의 학자들은 모두 정부의 자원배분 결정을 설명하는데 도울 수 있는 다양한 기관들에 대한 이론에 관심을 보여왔다.

공공선택이론가들은 관료주의자들이 그들의 명확한 목적을 극대화하도록 허락한 행위에 참여할 수 있을 정도로 욕심을 부린다고 주장한다. 그런 과정에서 다음의 각 주장의 진실성이 몇 가지 도전에 직면하게 된다. ① 우선 관료들의 책임을 보장해야 하는 부분이다. 권한은 관료들의 힘을 통제하고 제한하기 위하여 분배되어야 하고, 관료제가 공공에 책임을 질 수 있도록 보장하기 위해서 분배되어야 하는 것으로, 복합적인 권위와 분배된 권위로 구분될 수 있다. ② 관료들은 정치에 영향을 받으며 행정은 정치적이라는 사실은 공공선택에 있어서 특별한 것이 아니다. 이런 주장은 제한된 것인데, 행정과 공공예산은 정치학, 회계학, 사회학, 심지어 경제학의 영역 내에서 부분적으로 연계되어 있기 때문이다. 공공선택(public choice)처럼 한가지의 영역에 제한된 이론으로부터 관료주의적 행태의 모델을 구성한 것은 그것의 사용가능성(유용성)이 엄격하게 제한될 것이다. ③ 욕심을 부리는 관료의 관리는 조직의 효율성과 연결되어 있고, ④ 각 공공선택의 기본적인 가정들에 대한 한계들로 인하여 공공선택의 틈이 존재하게 된다. 공공선택과 공공예산은 틈은 크다고 할 수 있지만 절대적이지 않다. 적어도 공공선택이론은 공공예산가들이 자원배분과정에서 참여한 관료주의자들의 행태를 이해하도록 돕는데 아주 효과적일 수 있다.

(2) William A. Niskanen의 관료제 모형(예산극대화 이론)

Niskanen의 관료제 모형은 공공선택론에서 주장하고 있는 예산극대화의 측면에서 그 맥락을 같이 하고 있다. 간단히 말하자면, Niskanen의 이론은 관료들이 예산을 극대화한다는 이론으로서, 관료가 효용극대화의 선호를 가지고 있고 의회와의 관계에서 정보독점을 통한 우위로 예산극대화를 추구하므로 관료제는 사회적으로 적절한 크기에 비해 큰 경향이 있음(관료제 효용극대화 모형)을 주장하였다(이정희, 2010: 110). 즉 정부 관료들이 자신들의 권한을 최대한 행사하기 위하여 가능한 한 최대규모의 재원을 동원하여 재정결정을 한다고 주장한다(Niskanen, 1971; 조기선, 2007: 219 재인용). 이처럼 Niskanen은 관료들도 자신들의 효용을 극대화하기 위한 합리적 인간이라고 보고 있다.

Niskanen는 관료들이 갖는 개인적 선호의 적실성에 대한 인식에서 출발하면서 '관료들은 무엇을 극대화시키려고 애쓰는가?'라는 의문을 제기하였고, 이런 물음에 관료들도 다른 경제주체들과 마찬가지로 자기의 개인적인 효용극대화를 추구할 것이라고 가정하였다(오석홍 외, 2005: 191).[17] 관료가 자신의 효용을 극대화하기 위하여 예산 극대화를 추구하는 이유는 예산을 통해서 그들은 직책상의 특권, 사회적 명성, 권한, 영향력 등을 갖게 되기 때문이다(이준구, 1999: 최식인, 2011: 128 재인용). 관료의 예산극대화가 가능한 것은 예산의 결정과정과 깊은 관련이 있는데, 관료들은 의회에서 자신들이 생산하는 서비스의 총편익이 극대가 되도록 하는 수준으로 예산을 배정받으려 노력하기 때문이다(최식인, 2011). Niskanen은 이러한 관료들의 예산극대화 행태 때문에 예산규모는 사회적 적정수준을 초과하게 된다고 주장하였다.

Niskanen의 관료제 모형이 시사하는 바는 관료들의 합리적 선택행위 때문에 정부예산의 규모가 사회적으로 효율적인 수준보다 두배까지 증가될 수 있다는 것으로(전상경, 2007: 91), ① 관료들은 예산이 클수록 더 큰 효용을 얻고, ② 관료들은 재량권도 갖고 또한 독점권도 가지며, ③ 부서의 산출물은 사회적인 최적 산출물보다 과대생산을 하게 된다는 점이다(오석홍 외, 2005: 195).

한편, 실증적 연구 결과, 관료들의 승진 기회는 일반적으로 많고, 관료의 급여, 소속부서의 예산규모 및 증가율 사이에는 매우 낮은 상관관계가 있는 것으로 나타났고, Niskanen은 관료의 행동목표는 예산의 극대화에 있는 것이 아니라 그들이 임의로 사용할 수 있는 예산 재량권(discretionary budget)의 극대화에 있다고 그의 가설을 수정했다(손희준 외, 2008: 77).[18]

---

17) 기업가는 기업의 이익을 극대화함으로 그들의 효용을 극대화하는 것이고, 관료는 관료제의 효용을 극대화하여 국가와 사회에 봉사하는 것이다(신무섭, 2007: 239).

18) 1991년에 이르러서 Niskanen의 예산극대화모형은 재량예산의 확대모형으로 발전하는데, 관료들이 효용을 극대화하려고 하기 때문에, 산출물의 크기뿐만 아니라 그들이 임의로 사용할 수 있는 예산(재량예산)의 크기를 극대화하려고 한다는 재량예산의 확대모형으로 발전되었다(전성훈, 2008: 80).

(3) 공공선택론에서의 정부규모에 관한 이론

공공선택론의 입장에서 정부규모와 관련하여 Downs의 합리적 무지(rational ignorance)와 정치적 측면의 Buchanan의 이론이 있다. Downs와 Buchanan은 개인은 이기적이고 자기 이익을 극대화하려는 등 합리적이라고 전제하지만, 그들과 달리 정부의 개개 정책에 대한 결정을 하기보다는 국민에게 실현을 공약한 정당의 정책방향(정강: 政綱)에 대한 선호 투표로 나타낸다고 보았다(신무섭, 2007: 238-239). 다음에서 더 자세히 살펴보도록 하겠다.

1) 합리적 무지와 정부규모: Downs의 견해

공공부문과 민간부문 사이의 자원배분은 정부규모에 관한 문제인데 국민의 요구에 의해 결정되어야 한다. 그러나 국민이 적절한 정치적 정보를 획득한다는 것은 매우 복잡하고 시간이 많이 소요되기 때문에 이러한 문제에 관심을 갖지 않게 되는데 이것을 Downs는 합리적인 정치적 무지(rational political ignorance)라고 지칭하고 있다. 정부는 국민들이 원하는 것에 대하여, 국민들은 예산항목과 예산항목의 비용과 편익에 대해서 완전한 정보를 가지고 있지 않다. 그러므로 국민들이 완전한 정보를 가지고 있을 때 원하는 적정 예산(correct budget)과 실제예산과는 괴리가 있기 마련이다. Downs는 국민의 무지의 형태에 따라 실제예산이 적정 예산보다 크거나 작거나 한다고 말하면서 다음과 같이 주장하고 있다(Downs, 1992).

정부의 예산편성, 즉 정책선택의 목적은 다음 선거에서 이길 확률을 극대화하는 것인데 투표자들도 자신들에게 가장 이익을 주는 정책을 펴는 정당에게 투표한다고 주장한다. 선거는 정당이 제시하는 미래예산 사이의 경쟁이라는 것이다. 예산은 개별 정책결정의 합계이며, 모든 지출은 득표잠재력에 따라 순위를 부여하며, 모든 수입은 투표손실가능성에 따라 거꾸로 순서를 부여한다. 수입과 지출의 한계투표곡선이 교차하는 곳에서 총예산이 결정된다고 주장한다. 정부는 절대로 명시적으로 총예산규모를 결정하지 않고, 투표에서 이득이 되는 항목들을 합계하여 결정한다. 유권자들도 총예산규모에 의해 예산을 평가하지 않고 자신들에게 관련되는 특정편익과 비용에 의해 평가한다.

① 감소하는 이유

파레토효율의 원칙을 적용한다면 형편 없는 정부가 추구하고 있는 현재정책보다 더 효율적인 정책은 불가능하다. 왜냐하면 현재정책과 다른 그 어떤 정책에 있어서도 적어도 한 사람은 반대할 것이기 때문이다. 이처럼 사람들의 선호가 동일하지 않기 때문에 개인은 정부의 어떤 정책에 대해서 대다수의 사람과 일치하기도 하지만 소수의 사람과 의견을 같이 하기도 한다. 그러므로 정부는 많은 정책혼합을 제시하여 어떤 정책으로는 어떤 다수집단을 만족시키고 어떤 정책으로는 다른 다수집단을 만족시키며 어떤 정책으로는 소수집단을 만족시킨다. 오직 소수의 사람들만이 좋아하는 정책을 정부가 실행할 수 있는 이유는 정부의 혼합된 정책을 모두 합하여 전체로 보면 어느 한쪽에 치우치지 않기 때문이다. 이런 혼합정책을 정부가 추구하게 되면 누구나 자기가 반대하는 정책을 정부가 추구하고 있는 것을 발견한다. 그러므로 자신이 반대하는 정책이 제거되고 세금이 감소하면 자신의 후생은 그만큼 증진되며 모든 사람들은 실제예산이 자신이 받는 편익에 비해 너무 크다고 생각하게 된다. 이것이 작은 정부를 주장하게 되는 이유인지도 모른다.

Downs는 예산이 감소하는 현상을 다음과 같이 설명하고 있다. 정부행위로부터 받는 대부분의 혜택은 매우 멀게 느껴지고 즉각적이지 않고 실체가 없는데 가장 대표적인 사례가 경찰업무이다. 이런 활동은 실패하지 않는 한 그 혜택을 국민들이 과소평가하기 쉽다. 또한 광고를 통해 혜택을 선전하는 민간부문과는 달리 자원낭비비난을 피하고자 혜택을 홍보하지도 못하는 정부는 국민들의 과소평가를 피할 수 없게 된다. 혜택은 이렇게 과소평가되는 데도 불구하고 세금은 납부할 때마다 실감하기 때문에 비용이 지나치게 부각된다. 결국 정부는 지출을 줄일 수밖에 없다. 그렇지 않으면 반대당이 선거에서 낭비라고 공격할 것이기 때문이다.

정부의 정책은 사회 전체에 영향을 미치는 요인들에 의해 영향받기 때문에 매우 불확실성이 높으며 정보의 획득으로도 불확실성을 완전히 제거하지는 못한다. 결국 불확실성이 높은 정책을 추구하면 국민들이 이로 인한 혜택을 합리적 무지로 인하여 과소 평가하게 되기 때문에 정치적 지지를 획득하지 못하므로 이러한 정책에 관한 정부지출을 줄이게 된다. 만약 정부가 투표에서 이길 확률을 극대화하지 않고 예산을 극대화한다면 정부지출을 줄이지 않을 것이다.

② 증가하는 이유

Downs는 정부예산이 증가하는 이유를 다음과 같이 설명하고 있다. 정부사업으로 인한 세금증가가 간접세에 부과되면 사람들은 세금증가를 피부로 느끼기 어렵기 때문에 정부사업의 추가에 대해 관대하며 정부예산증가가 용이하다. 정부사업으로 인한 세금증가가 직접세에 부과된다고 해도 어떤 사업이 자기에게 이득이 되는 경우(그리고 자기가 혜택을 보는 소수의 한 사람일 경우) 혜택의 크기는 크지만 이로 인한 세금증가는 모든 사람에게 분산되므로 정부예산증가에 대해 관대하게 된다. 그러나 정부는 다른 사람에게도 소수의 사람만 혜택을 보는 사업을 제공하기 때문에 그로 인한 세금의 증가를 감안한다면 궁극적으로 순혜택의 크기가 큰지 작은지는 알기 어렵게 된다.

복잡한 분업사회의 경우 소수의 사람들이 정부사업에 의해 동일한 영향을 받는 그룹을 형성하게 되고 결국 정부는 대다수의 사람들을 위한 사업의 고안이 어렵게 되며 소수의 사람들을 위한 여러 개의 사업을 추진하기 쉽다. 그러므로 정부는 한 분야에서는 소수에게 손해보는 다수에게, 다른 분야에서는 소수에게 이익을 보게 함으로써 반발을 최소화한다. 그러나 소수에게 상대적으로 너무나 많은 자원이 배분되게 되어 결국 예산이 팽창하게 된다.

③ 결 과

간접세에 의존하여 세금을 징수하는 경우 정부예산팽창경향이 발생하지만 결국 간접세도 사람들이 존재를 인식하게 되기 때문에 정부예산팽창효과도 제한될 수밖에 없다. 그러나 이에 반하여 정부혜택을 과소평가하기 때문에 발생하는 정부예산감소는 제한이 없기 때문에 일반적으로 예산의 팽창보다는 예산의 감소가 더 보편화된다고 볼 수 있다. 이것이 민주주의국가에서 정부예산이 완전한 정보가 주어질 때 국민이 원하는 예산규모보다 작을 수밖에 없는 이유이다.

현대는 점점 더 복잡해지고 상호의존적이 됨에 따라 갈등이 더 많이 발생하게 되며 갈등의 해결과 예방을 위한 정부역할을 요구하게 되는데, 사회가 복잡해지면서 더 부유해지기 때문에 사람들은 더 많은 정부역할에 대해 지불의사를 갖게 된다. 또한 복잡해짐에 따라 사람들이 집단혜택을 더 많이 원하게 되어 정부의 역할증대를 요구하게 된다. 그러나 복잡성 때문에 정보를 갖는 것이 더 어렵게 되고 복잡성 때문에 정부사업의 혜택을 인식하는 것도 더 어렵게 되어 정부예산축소현상이 더욱 심화된다. 정부예산의 절대적 크기는 증가하기 때문에 정부예산축소현상은 정부가 비대하다고 생각하는 국민들에 의해 점점 더 인식되지 못하게 된다.

Downs는 정부가 축소할 요인이 있고 정부가 팽창할 요인이 있지만 정부축소요인이 정부팽창요인을 압도한다고 말하고 있다. Downs의 주장은 정부가 팽창하므로 작은 정부를 추구해야 한다는 최근의 정부개혁논조와는 반대되는 논리를 펴고 있다. 오히려 국민이 진정 모든 정보를 가지고 있을 때 원하게 되는 정부규모보다 작아질 경향이 있다는 것이다.

2) 정부팽창의 정치적 측면: Buchanan의 견해

Buchanan은 이익을 추구하는 정치가와 관료들이 정부팽창의 원인 중 1/3을 차지한다고 주장하면서 정부팽창원인에 대해 다음과 같이 설명하고 있다(Buchanan,

1992). 정부가 제공하는 서비스에 대한 가격인 세금이 변화되어도 서비스에 대한 수요가 조금밖에 변하지 않기 때문에 즉 수요의 가격탄력성이 낮기 때문에 정부가 팽창한다. 인구증가로 인한 정부팽창은 25% 요인밖에 되지 않는다고 한다. 현대는 서비스산업의 비중이 커지는 추세인데 정부는 서비스산업이기 때문에 현대산업구조하에서 팽창한다고 하는 주장이 있는데, 서비스산업부문에서도 정부가 차지하는 비중이 증가하여 이 설명은 타당성이 없다고 주장한다.

만약 정부서비스에 대한 소득탄력성이 높으면 소득증가로 인한 정부서비스에 대한 수요가 증가한다고 볼 수도 있으나 정부의 서비스는 소득탄력성이 높지 않다. 도시화로 인한 인구집중이 정부팽창의 원인이라는 가설임은 경험적 연구에 의하면 타당성이 없는 것으로 밝혀졌다.

사람들은 진정한 세금비용을 계산하지 못하여 자신들이 받는 서비스가 매우 싼 가격에 제공되고 있다고 생각한다. 이러한 조세환상의 원인은 간접세에 부과되는 세금, 직접세인 소득세의 경우 정부가 미리 세금을 가져가는 원천징수, 경제성장으로 인한 세금의 자동증가 등이다. 결국 조세환상이 사람들로 하여금 정부팽창을 용인하게 만드는 요인이다.

정치인들은 로봇처럼 선거주민들의 선호를 대변하는 것이 아니라 선거주민들의 선호에 반하여 획득할 수 있는 정치적 이익을 추구한다. 선거제도는 정치인들이 주민들의 선호에서 지나치게 이탈되었을 때만 응징을 가할 수 있을 뿐 이러한 행위에 대해 대부분 속수무책이다. 정치인들의 이러한 이익추구행위는 정부팽창의 원인이 된다. 예를 들어 의원들의 봉급은 예산규모와 높은 상관관계가 있다. 정부규모가 증가하면 뇌물기회가 증가한다. 작은 정부를 주장하는 새로운 정치지망생들은(이들에게는 작은 정부를 주장하는 것이 자신들의 이익이 될 것) 정계진입장벽으로 인한 정계입문비용이 크기 때문에 쉽게 등장하지 못한다.

관료들은 마찬가지로 투표하지 못하도록 해야 한다. 관료들의 수가 증가함에 따라 그들이 정부팽창정책을 취하는 정치인에게 투표할 것이기 때문이다. 그리고 관료들의 투표율이 더 높을지도 모른다. 정부예산규모를 감소하라면 관료들은 가장 민감한 항목, 즉 사람들이 가장 원하는 항목을 삭감할 것이다. 관료들이 상당한 권력을 향유하고 있는 한 정면으로 정부규모삭감을 요구하는 것은 소용이 없을 것이다. 그러므로 정부예산삭감보다도 동기부여시스템 같은 절차와 구조개혁이 더 좋은 방안일 것이다. 예를 들어 봉급체계의 변경에 의해 생산성이 향상되고 더 많은 교육기회를 제공할 수 있게 될 것이다. 정부가 재원을 조달하고 민간이 서비스를 공급하는 민간위임에 의해 재원조달을 서비스공급과 분리하는 것이 정부팽창억제와 효율성증진을 위해 매우 좋은 방법이다.

4. 중위투표자모델(the median voter model)19)

중위투표자모델은 다수결의 원칙에 따른 의사결정의 결과를 평가하는 것으로, 어느 정도 설득력있고, 단순화한 가정<① 단일정점을 가진 선호(single peaked preference), ② 1차원적인 선택(unidimensional choice), ③ 의제설정의 결여(the absence of agenda setting)>에 기초한다. 즉 다수결 원칙 하에, 투표자들은 단일정점을 가진 선호형태를 이루고, 선택은 1차원적이며, 특정한 법칙이 아닌 다양한 대안들을 고려할 경우, 정책의 결정은 중위자의 의사결정에 맞추어 이루어진다는 것이다.

예산결정에서 중위투표자들은 투표자들의 절반이 생각하는 것처럼 더 많은 지출을 혹은 나머지 절반의 투표자들이 생각하는 것처럼 더 적은 지출을 선호할 수 있을 것이다. 만약 투표자들이 균일하게 분포를 형성한다면, 절반의 투표자들은 더 많은 정부의 지출을 선호할 것이고, 나머지 절반의 투표자들은 더 적은 정부의 지출을 선호할 것이다. 만약 투표자들이 정규분포를 형성하게 된다면, 중위투표자들은 대다수의 투표자가 될 수 있고, 그들의 소비선호는 보편적이 될 것이다.

만약 선호가 분리되고 유일한 것이라면, 중위투표자는 쉽게 설명될 수 있다. 다음의 지출선호를 가지고 있는 7명의 투표자가 있다고 생각해 보자.

	V_1	V_2	V_3	V_4	V_5	V_6	V_7
amount	$5	$10	$15	$25	$30	$35	$45
support	5%	10%	20%	30%	15%	15%	5%

지출에 대한 대부분의 투표자들은 V4의 선호인 $25에 선택할 것이다. 3명의 투표자들은 더 지출할 것을 선호할 것이고, 3명은 덜 지출할 것을 선호할 것이다. 한명의 투표자는 각 지출가능성과 결합할 수 있지만, 대부분의 투표자들은 그러한 결과에 불만을 품게 될 것이다. 그렇다면 투표자 그룹들이 특정 지출의 양을 선호할 가능성에 대해서 고려해 보자. 위의 표에서 보는 바와 같이 중위투표자들은 $25를 선호

19) Bartle(2001)의 저서 'EVOLVING THEORIES OF PUBLIC BUDGETING' 중 Kearns and Bartle의 'The Median Voter Model in Public Budgeting Research'의 내용의 일부를 발췌함.

하는 그룹에 속하게 되는데, 그 이유는 $25의 지출을 선호하는 그룹 내에서 50%를 넘기 때문이다. 결국 30%의 투표자들은 이런 결과에 충분히 만족하지만, 많은 투표자들은 불만족스러워 하게 된다.

이처럼 예산 연구에 대한 중위투표자모델의 한 가지 명백히 규정할 수 있는 것은 다수결의 원칙에 따른 민주주의 개념과 일치한다는 것이다. 하지만 이런 제약조건들이 위배된다면, 애로우의 불가능성 정리(Arrow's Impossibility Theorem)[20]에 영향을 받기 쉽다. 일어날 수 있는 결과로 사이클링(cycling)과 비이행성(intransitivity)의 문제를 포함한다. 사이클링(cycling)은 3가지 혹은 그 이상의 대안들 사이에 투표자들이 대안들 사이를 끊임없이 움직일 가능성이다. 그리고 Transitivity(이행성)은 상태A가 상태 B보다 선호되며 상태 B가 상태 C보다 선호된다면 상태 A는 상태 C보다 선호됨을 의미한다. 앞서 언급한 가정들이 충족되지 않는다면, 투표시스템의 바람직한 특징들은 위배될 수 있다. 물론 애로우의 이론은 모든 투표시스템이 특정 문제를 대상으로 하고 있다는 것을 증명하였다. 다만, 가정들을 유지하지 못할 때, 중위투표자모델의 규범적 매력은 줄어들게 되는 것은 명확하다.

중위투표자모델은 중요한 내·외부적 한계를 갖고 있다. 내부적 한계는 모델의 논리에 해당하는 것으로서 중위투표자 모델은 규범적인 모델이 아니라는 것과 3가지 가정이 실제로 위배되고 있다는 것이다. ① 모델의 한계는 오로지 가정들에만 국한된 것이 아니라는 점으로, 고질적인 한계를 결코 해결될 수 없으며, Romer and Rosenthal(1979)은 이것을 'multiple fallacy'라고 명명하였다. ② 중위투표자를 나타내기 위해서 개인들은 끈질기게 중간소득을 가지려고 하지만, 특정 사법재판에서 중간소득을 가지지 못할 수도 있기 때문이다. ③ 다양한 가난 혹인 빈곤, 나이, 기타 등등 인구의 비율처럼 사회경제적 변수들이 관련되어 있다는 한계가 있다. 외부적 한계는 공공지출 분석의 연구에 대한 모델적용가능성에 대한 것이다.

5. 거래비용이론(transaction cost theory)[21]

거래비용이론은 경제학에 발달해 왔고, 사적영역에서의 조직형태를 설명하는데

---

20) Arrow의 '불가능성 정리'에 따르면, '관련된 사람이 세 명이고, 자원을 할당해야 할 대상이 셋인 아주 간단한 사회에서도 유일무이한 자원배분방식은 불가능하다'는 것이다(배득종, 1997: 124).

21) Bartle and Ma(2001)의 'applying transaction cost theory to public budgeting and finance'의 내용 중 일부를 발췌하였고, 이정희(2010)의 논문을 참조하였다.

초점을 두었다. 예산이론으로서 거래비용이론(transaction cost theory)은 각종 거래에 수반되는 비용, 거래 전에 필요한 협상, 정보의 수집과 처리는 물론 계약이 준수되는가를 감시하는 데에 드는 비용인 거래비용이 예산현상을 설명하는 중요변수라고 보는 이론이다(이정희, 2010). Patashnik(1996)은 거래비용이론이 예산제도의 설계를 설명하는데 사용될 수 있다고 주장하였고, 예산연구에 거래비용이론을 적용하는 것이 잘못되었다 하더라도 예산이론에 대하여 다음 3가지의 주장이 형성될 수 있다고 하였다.

① 예산계약(budget contract)을 타결하고 형성하는 비용은 예산과정을 만들고, 예산과정을 통하여 예산결과를 만든다.

② 정치적 행위자들은 그들의 책무(commitment)에 대한 지속성을 추가하기 위하여 의도적으로 제도적 보호조치를 만든다.

③ 예산개혁 기회주의적인 정치적 행태에 대한 가능성과 계약상의 보호조치에 대한 복잡한 거래의 내재된 요구를 감안하는데 실패하다면 성공할 개연성이 낮다.

Fred Thompson and L. R. Jones(1986)과 Thompson(1993)은 보통 정책실행(policy implementation)과 특별히 예산실행(budget execution)에 거래비용이론의 개념을 적용해 왔다. 정부계약에 행정적 통제를 연구하기 위하여 이들은 2가지 변수에 초점을 두었는데, 하나는 생산의 비용구조(the cost structure of production)이고, 나머지 하나는 산출의 이질성(the heterogeneity of the outputs)이다. 그들은 관리자가 무엇이 실현가능하고 바람직한 통제인가를 결정하는데 있어 4가지 유형(지출예산: outlay budget, 책임예산: responsibility budget, 고정가격계약: fixed-price contracts, 융통성 있는 가격계약: flexible contracts)을 이용해야 한다고 주장한다. 즉 하나의 설계가 모든 상황에 최선일 수 없고, 행정을 통제하기 위한 설계(design)는 비용구조와 산출의 이질성 변수에 달려있다. 그러므로 능률적(efficient)이고 효과적(effective)인 예산실행(budget execution)을 위해서는 적절한 제도적 설계가 필요하다. Thompson and Jones는 예산계약의 설계, 실행, 모니터링에 대한 예산 통제자(the budget 'controller')와 기관(the agency) 사이의 관계에 이 개념적 프레임워크를 적용하였다. 이들의 프레임워크는 예산에 적용함으로써 모델의 발전에 매우 도움이 되었다.

거래비용이론의 핵심개념은 행위자들간의 계약관계(contract), 거래(transaction) 및 불확실성(uncertainty), 정보의 분포(information distribution: information asymmetry),[22] 자산한정성(asset specificity)에 의해 발생하는 거래비용(transaction cost)으로,

22) 정보의 비용은 예산계약을 만들고 집행하는 비용의 대부분을 차지한다. 그리고 이 비용

예산의 거래비용의 핵심은 거래비용(transaction cost)과 예산 거버넌스 구조(budgetary governance structure) 사이의 관계이다(Bartle, 2001: 172-176; 이정희, 2001). 주요한 가정으로 행위자들의 특성으로서 예산과정에서의 행위자들은 제한된 합리성(bounded rationality)23)을 갖고, 기회주의적인 행동(opportunism)을 하며, 예산계약과 거버넌스 구조는 위험선호와 신뢰(risk preference and trust)에 의해서 영향을 받게 되는 선호체계를 갖는다는 것이다(Bartle, 2001: 169-175; 이정희, 2010).

예산이론으로서 거래비용이론은 예산은 계약의 일종이며, 예산의사결정은 거래(transaction)를 통해 이루어지고 거래에서 발생하는 비용이 현재의 예산과정, 예산제도를 설명하는데 중요한 설명변수이고, 예산과정과 제도를 개혁 할 때 고려해야하는 변수라고 본다(이정희, 2010).

거래비용이론은 예산과정, 예산제도 개혁에 거래비용이라는 새로운 변수를 찾아내고 이론의 요소로 도입하여 설명력을 높였다는 점에서 중요한 기여를 하였지만, 경험적인 검증과 관련하여 개념화한 거래비용을 조작화하고, 측정가능한 변수로 만들 수 없다는 문제점, 거래비용이론이 가지고 있는 주요가정들이 시장을 전제로 한 것인데, 이 가정들이 정치과정, 예산과정에 적용할 수 있는가의 문제점(Bartle, 2001: 169-175), 그리고 거래비용의 크기에 영향을 미치는 변수로 주로 불확실성을 상정하고 있는데, 불확실성을 줄일 수 있는 변수들이 있을 경우 거래비용이 설명변수에서 종속변수로 바뀌는 점에 대해 고려하지 않았다는 문제점이 있다(이정희, 2010).

2.5 예산시스템

시스템이론 즉 체계이론에서는 시스템 즉 체계를 투입으로 산출을 생산하는 전환과정으로 이해한다. 여기서는 예산시스템을 투입과 산출의 경계를 넘어서 산출이 만들어내는 결과까지 포함하는 시스템으로 정의하기로 한다. 산출은 다른 요인들과 결

은 예산계약자들 사이의 정보 분포(information distribution)에 의해 영향을 받는데, 정보의 비대칭성(information asymmetry)은 특정 행위자들에 대한 정보비용을 증가시킬 수 있다.

23) 제한된 합리성은 예산의 많은 모델에서 사용되어 왔다. 거래비용시각 하에서 제한된 합리성은 더 넓다. 행위자들은 가능한 넓은 범위의 정보자원을 이용하고, 그리고 불확실성의 감소와 교환기회의 확대를 위해서 노력한다. 더 나아가 거래비용 시각에서는 제한된 합리성 하나만으로 예산과정과 결과를 설명할 수 없다.

합하여 결과를 만들어내지만 투입은 국가의 비전과 전략을 위해 필요한 인적 물적 자원이다. 결과는 국가의 비전과 전략을 위해 투입한 인적 물적 자원이 창출하는 구체적 실체이며 비전과 전략이 반영된 목적이어야 하고 비전과 전략을 실현하는 요소이기도 하다.

1. 비전(vision)과 사명(mission)

공공부문의 예산은 국가의 비전과 사명을 구현하기 위한 도구이어야 한다. 만약 예산이 국가의 비전과 사명을 생각하지 않고 기계적으로 과거의 관행에 의해 편성된다면 자원을 현명하게 사용하지 못하는 것이다. 한정된 자원을 가장 잘 사용하는 방법은 국가의 비전과 사명을 설정하고 비전과 사명을 위한 예산을 편성하는 것이다.

비전은 국가의 바람직한 미래의 모습이다. 10년 뒤 20년 뒤 국가가 어떤 상태에 있는 것이 좋은가의 방향과 위치에 대한 것이고 미래에 대한 소망이고 기대인 것이다. 비전은 보통 10년 이상의 미래에 관한 국민의 요구가 반영되어서 설정되어야 한다. 비전은 목표로서 구체화된다. 비전은 방향이고 미래에 대한 소망이지만 우리가 명료하게 추구할 수 있는 이정표를 제시하는 것은 아니기 때문에 목표로 전환되어야 한다.

사명은 국가가 오늘날 무엇을 해야 하는가의 문제로서 미래에 대한 소망인 비전과 사실상 불가분의 관계를 갖는다. 사명은 국민의 요구를 충족하는 문제인데 비전을 포함하는 미래지향적인 사명의 경우 비전과 사명의 구별은 무의미하다. 사명의 연장이 비전일 수밖에 없고 사명은 비전으로부터 나와야 하기 때문에 보통 비전에 오늘날에 관한 사명을 담는 것이 일반적이므로 구태여 사명을 구별하지 않고 비전 속에 포함하여 이해하기로 한다.

국가의 비전은 국가의 생존과 성공을 위해서 지속적으로 수정되어야 한다. 국가가 비전이 없으면 한정된 자원을 현명하게 사용하지 못함은 물론 외부의 불확실성에 임기응변적으로만 대응할 뿐 능동적으로 미래를 개척해가지 못한다. 방향이 없는 국가는 열심히 노력하여도 실패할 가능성이 높으며 불확실성의 시대라고 지칭할 수 있는 21세기에 비전이 없는 국가는 폭풍우 속에서 나침반과 키가 없이 항해하는 선박에 불과하다.

김구 선생은 대한민국의 비전을 문화국가로 설정하였다. 만약 문화국가가 국민이

동의하는 비전으로 설정될 수 있다면 국가의 예산은 문화국가의 실현에 맞추어 편성되고 집행되어야 한다. 박정희 대통령은 암묵적으로 대한민국의 비전을 경제가 발전한 나라로 설정했다고 생각된다. 만약 대한민국의 비전을 빈부의 격차가 최소화되고 모든 국민이 인간답게 살 수 있는 복지국가로 설정한다면 국가의 예산은 이에 맞추어 편성되고 집행되어야 한다. 복지국가라는 비전도 여러 가지 성격이 있을 수 있다. 어떤 복지국가를 추구하는가도 국민의 의사를 반영하여 설정되어야 할 것이다.

많은 경우 예산을 편성할 때 국가의 비전을 고려하지 않고 어떤 사업이 국가에 이익이 될까 하는 것에만 관심을 기울인다. 이러한 비체계적이고 산만한 예산편성 방법은 자원의 낭비를 가져오고 국가의 노력과 자원을 집중하지 못하게 하는 어리석은 방법이다. 예산을 편성할 때는 반드시 국가의 비전이 무엇인가를 염두에 두어야 하며 비전이 없을 경우에는 비전을 설정하고 국민의 의사를 반영하지 않고 액자에 걸어 두기 위한 비전만이 존재한다면 다시 비전을 설정하여야 한다. 예산과정의 시작은 비전의 설정부터라는 것을 염두에 두어야 한다.

비전을 설정할 때는 대한민국의 강점과 약점이 무엇인가를 반드시 파악하고 대한민국의 앞날에 어떠한 기회와 위협이 다가오고 있는가를 진단하여야 한다. 대한민국의 강점과 약점, 대한민국의 미래에 놓여 있는 기회와 위협을 모두 고려하여 비전을 구축해야 한다. 이렇게 구축된 비전은 예산과정에서 행동기준, 평가기준, 통제기준, 관리기준이 되고 지침이 된다. 비전은 예산우선순위결정의 기준이 되고 계획수립의 기준이 되며 자원배분의 기준이 된다. 마치 모든 것이 비전에 의해 수립되고 집행되어야 하는 것처럼 자나깨나 비전을 염두에 두고 예산은 편성되고 집행되어야 한다.

2. 전략(strategy)

전략은 비전이 구체화되어 목표로 설정되면 목표를 어떻게 달성할 것인가의 수단을 말한다. 전략이란 목표달성의 행동과 수단이다. 목표에 의해 전략이 수립되지만 경우에 따라서는 전략이 선택되면 목표도 명료해진다. 전략도 비전과 마찬가지로 대한민국의 강점과 약점, 대한민국 미래의 기회와 위협을 모두 고려하여 설정되어야 한다.

문화국가라는 비전에 대해서는 동북아문화공동체의 추진이 전략으로 선택될 수도 있다. 박정희 대통령은 경제발전을 위해서 GDP XXX달러를 목표로 설정하고 수출

주도형 전략, 관주도형 전략, 중화학공업육성전략을 선택했다고 볼 수 있다. 복지국가라는 비전을 위해서도 다양한 전략이 선택될 수 있는데 노동자의 교육과 훈련을 강화하는 생산적 복지를 전략으로 선택할 수도 있다.

예산은 비전과 전략에 맞추어 편성되고 집행되어야 한다. 최근 선진국의 일부 예산개혁도 비전과 전략의 중요성을 인식하고 이에 맞추어 예산과정을 시작하고 있다. 예산이 국가의 비전과 전략을 망각한다면 한정된 자원을 현명하게 사용할 수 없고 같은 노력으로 작은 성과를 거둘 수밖에 없다. 세계화된 시대에 각국이 무한 경쟁하는 21세기에는 어떤 국가가 자신에게 맞는 뛰어난 비전과 전략을 수립하는가에 국가의 운명이 달려 있다.

예산은 국가의 비전과 전략을 실현하는 도구에 불과함에도 불구하고 많은 국가에서 예산은 예산공무원들에 의해서 근시안적으로 단기의 목표나 관성의 법칙에 의해서 기계적으로 편성되고 집행되고 있다. 예산이 도구임에도 불구하고 예산이 도구로서의 역할을 망각하고 예산자체가 스스로의 생명을 갖는 독자적인 생명체로서 존재하고 있다. 예산을 편성하고 심의하는 과정은 온 국민이 국가의 비전과 전략을 검토하고 수정하는 정책 대토론회인 것이다. 만약 예산을 편성하고 심의하는 과정에서 국가의 비전과 전략이라는 단어조차 등장하지 않는다면 국가의 비전과 전략은 아예 존재하지 않는 것이며 존재하더라도 액자 속에서만 전시효과적으로 존재하는 것에 불과하다.

3. 투입(inputs)

사업을 위해 필요한 물적자원, 인적자원, 정보, 기술 등을 말한다. 예산은 투입의 조달을 위해 사용한다. 국가의 비전과 전략이 설정되면 구체적으로 어떤 사업을 시행해할 것이 결정되고 이러한 사업을 위해 필요한 모든 자원을 투입이라고 한다. 투입에는 예산에 반영되는 투입이 있고 예산에 반영되지 않는 투입이 있다. 예산시스템에서는 예산에 반영된 투입만 고려하지만 국가의 관점에서 보면 예산에 반영되지 않는 투입도 무시해서는 안 된다.

4. 산출(outputs)

사업이 생산하는 물품과 서비스를 말하며 투입에 의해 산출이 생산된다. 예산은 산출을 생산한다. 모든 행정서비스는 산출이라고 볼 수 있다. 공무원은 산출을 생산하며 산출은 다른 요인과 결합하여 결과를 만들어 낸다. 공무원은 결코 결과를 만들어내지 못하며 오직 산출만을 생산할 뿐이다.

〈사례〉 고속도로의 건설, 보건소에서 실시하는 예방접종

5. 결과(outcomes, results)

산출은 바람직한 결과의 달성을 위해 생산된다. 결과란 사업이 원래 의도하는 목표이고, 사업수행 후에 사회에 가져올 수 있는 바람직한 상태이다. 산출이 원하는 결과를 달성하는가의 여부는 투입과 결과 사이의 인과관계에 달려 있다. 바람직한 결과는 원래 의도한 목표이고 이러한 목표는 비전과 전략으로부터 나와야 한다. 따라서 결과가 얼마나 성공적인가는 비전과 전략을 실현하는가의 여부에 달려 있다. 비전부터 결과에 이르는 과정을 도표로 설명하면 다음과 같다.

비전 → 목표 → 전략 → 사업선정 → 투입 → 산출 → 결과 → 평가
\+
기타 요인

〈사례〉 교통의 원활한 소통, 지역개발, 건강수명의 연장

고속도로건설은 산출이지만 고속도로개통으로 인한 교통의 원활한 소통 혹은 지역개발은 결과이다. 만약 고속도로와 지역개발에 인과관계가 없다면 고속도로의 건설 이후에도 지역이 개발되지 않을 것이다. 교통체증이 심한 지역에 고속도로를 개통하였지만 어떤 이유로 인하여 사람들이 고속도로를 이용하지 않는다면 고속도로와 교통소통과 인과관계가 결여되어 있다고 볼 수 있다. 또한 예방접종의 궁극적인 목적은 건강증진, 즉 질병이 없는 사회이며 건강수명의 연장이라고 볼 수 있다.

산출은 다른 요인과 함께 결과를 결정하고, 결과가 산출보다 측정이 어려우며, 사회가 궁극적으로 관심을 갖는 것은 결과이다. 산출이 단독적으로 결과를 결정하지 않기 때문에 산출이 결과에 미치는 영향을 정확하게 예측한다는 것은 매우 어렵게 된다. 결과적으로 훌륭한 산출을 생산했으나 바람직한 결과와의 인과관계가 결여되어 있을 경우에는 예산낭비가 된다.

〈투입, 산출, 결과의 사례〉

다음은 한국의 해양수산부에 해당하는 뉴질랜드 정부부처의 투입, 산출, 결과의 사례이다. 투입은 과학자의 봉급을 사례로 거론하고 있는데 수산업에 대한 전문지식을 가진 과학자를 고용하기 때문에 과학자의 봉급은 투입이 된다. 산출은 수산업에 대한 정책조언이다. 바람직한 결과는 뉴질랜드의 수산업의 보존과 관리를 통해 국가에 미치는 혜택을 증진하는 것이다.

투입: The salary of scientist.

산출: Policy Advice(Fisheries).

결과: Enhancing the national benefit through the conservation and management of the fisheries of New Zealand(Norman, 1997).

6. 효과성(effectiveness)

목표달성정도를 말하며 해야 할 일을 하는 것(Doing the right thing)으로 정의할 수 있으며 바람직한 결과를 달성하는 것으로 정의할 수 있다. 효과성의 측정은 오랜 시간이 지난 후에야 가능할 경우가 많다(Henry et al., 1989).

효과성이란 단어는 두 가지 의미가 있다. 한 가지는 행정이 추구하는 궁극적인 목표로서의 의미이다. 위에서 설명한 산출과 결과에 관련되는 개념이다. 효과성은 결과의 달성을 의미한다고 보아야 한다. 다만 공공부문에서 결과의 측정이 매우 어렵기 때문에 경우에 따라서는 산출의 측정을 의미하기도 한다. 그러므로 어떤 사업이나 정책의 효과성이라고 하면 사업이나 정책이 궁극적으로 달성하고자 하는 바람직한 상태, 즉 결과(outcomes, results)를 의미하는 것이며 이러한 결과가 달성되었을 때 효과적이라고 한다.

효과성이란 단어는 일반용어의 의미가 있다. 예를 들어 투입에서 노동시간 100시간의 투입을 목표로 설정할 수 있으며 만약 100시간을 달성하면 투입목표가 달성된 것이며 효과적이었다고 할 수 있다. 마찬가지로 산출에도 효과성의 의미를 적용할 수 있는데 산출량 5,000단위를 목표로 설정했는데 5,200단위를 생산했다면 목표를 초과달성한 것이고 효과적이었다고 볼 수 있다. 또한 효과성은 결과에도 적용할 수 있는데 건강수명 85세가 설정되었는데 실제로 건강수명이 86세였다면 목표를 초과달성한 것이고 효과적이었다고 할 수 있다.

7. 사업효과성과 집행효과성

사업효과성은 산출이 원하는 결과를 달성하는 정도이며 예를 들어 일정수준의 예방접종건수가 건강한 사회를 만드는 정도를 말한다. 만약 예방접종을 실시해도 질병을 예방하지 못했다면 사업효과성이 결여되었다고 볼 수 있다. 예방접종 대신에 위생교육의 실시로 질병을 예방할 수 있었다면 예방접종의 사업효과성은 존재하지 않지만 위생교육의 사업효과성은 존재한다. 그러므로 산출과 결과 사이의 인과관계가 사업효과성을 결정짓는다.

집행효과성은 원하는 산출을 달성하는 정도인데 목표로 한 일정수준의 예방접종건수의 달성을 예로 들 수 있다. 만약 예방접종과 질병예방에 인과관계가 있다고 해도 즉 사업효과성이 존재한다고 해도 필요한 만큼의 예방접종이 이루어지지 않으면 역시 질병예방이라는 궁극적인 목표는 달성되지 못한다. 여기에서 필요한 만큼의 예방접종, 즉 필요한 양의 산출이 생산되는 정도를 집행효과성이라고 한다.

바람직한 결과, 궁극적인 목표는 사업효과성과 아울러 집행효과성이 필요하다. 바람직한 결과의 달성에 기여하는 산출이 생산되어야 함은 물론 필요한 수준의 산출이 생산되어야 한다. 산출이 원하는 결과의 달성에 기여할 때, 즉 산출과 결과 사이에 인과관계가 있을 때 사업효과성이 존재하며 결과의 달성을 위해 필요한 수준의 산출이 생산될 수 있을 때 집행효과성이 존재한다. 그러므로 효과성은 사업효과성과 집행효과성으로 구성되어 있다고 볼 수 있다.

어떤 정책이 실패할 때 사업효과성과 집행효과성에 비추어 분석할 수 있다. 만약 정책이 추구하는 결과를 달성하지 못하는 산출을 생산하는 정책일 경우 사업효과성이 결여된 것이다. 그러나 산출이 원하는 결과의 달성에 기여하는 인과관계가 존재함에도 불구하고 필요한 양의 산출이 생산되지 못하면 집행효과성이 결여된 것이다.

8. 효율성(efficiency) = 능률성

효율성은 “산출/투입”의 비율이고 일을 잘하는 것(Doing things right)이다. efficiency를 능률성으로 번역하기도 하기 때문에 능률성과 효율성은 동일한 개념이다. 효과성과 효율성을 혼동해서 많이 사용하지만 엄격하게 구별되어야 한다.

효율성은 경제성(economy)을 포함하지만 그보다는 넓은 개념이며 주어진 자원으로 최대의 산출을 생산하고자 하는 것이다. 경제성은 투입의 최저원가로 정의할 수 있는데 절약에 의할 수도 있고 최저가에 투입을 구매한 결과일 수도 있다. 경제성은 매우 제한된 개념이기 때문에 효율성에 포함하여 사용하는 것이 바람직한데 예를 들어 최저가로 구입한 부속품으로 인하여 차량의 성능이 저하되는 사례에서 보듯이 경제성은 관리가 지향해야 할 주요개념으로는 부적절하다(Henry et al., 1989; Lapsley, 1996).

생산적 효율성(productive efficiency)은 가장 가치 있는 산출의 배합을 생산하기 위하여 한정된 투입을 가장 바람직하게 사용하는 것을 의미한다. 배분적 효율성(allocative efficiency)은 재화와 서비스를 가장 가치 있도록 배분하는 것을 의미한다. 교환적 효율성(exchange efficiency)은 모든 사람들이 모든 재화나 서비스에 대해 상대적으로 동일한 가치를 부여하고 있기 때문에 재화와 서비스의 거래에 의해 더 이상의 이득이 발생하지 않는 상태를 말한다. 파레토효율성(Pareto efficiency)은 다른 사람에게 손실을 가하지 않고 적어도 한 사람의 후생(welfare)을 증진할 수 있는가에 관련된다.[24] 파레토효율성은 생산적 효율성, 배분적 효율성, 교환적 효율성의 3가지 개념에 의해 뒷받침 될 수 있다. 예를 들어 배분적 효율성은 사람들의 재화나 서비스 소비배합을 변화시켜 사람들의 후생을 더 이상 증진시킬 수 없는 상태를 말하며 생산적 효율성은 더 이상의 생산원가감소가 불가능한 것을 말하고 교환적 효율성은 거래에 의해 더 이상의 이득이 발생할 수 없는 상태를 말한다(Lesser & Zerbe, 1998).

위와 같은 효율성개념은 추상적 설명을 가지고는 이해하기 어려우며 사례를 통해서 이해해야 한다. 또한 예산의 이해를 위해서는 위와 같이 다양한 효율성의 개념을 이해할 필요는 없으며 오직 생산적 효율성과 배분적 효율성의 차이만 이해하면 된다. 우수한 노동자를 채용하여 산출이 증가했다면 생산적 효율성이 증가한 것이다. 성능이 더 좋은 기계를 사용하여 산출이 증가했다면 생산적 효율성이 증가한 것이다. 생산하는 방법을 개선하여 산출이 증가했다면 생산적 효율성이 증가한 것이다. 자유시장경제에서 수많은 공급자와 수많은 수요자에 의한 자원의 배분은 배분적 효율성과 관련된다. 그러므로 흔히 조직의 차원에서 제기되는 효율성은 생산적 효율성이며, 자유시장경제에서 흔히 이야기하는 자원배분의 효율성은 배분적 효율성이다. 생산적 효율성은 기술적 효율성(technical efficiency)과 유사한 개념으로 이해할 수 있다.

미국 감사원은 3E를 효과성(effectiveness), 효율성(efficiency), 경제성(economy)으로 정의하고 있다. 효과성은 현명하게 지출(spending wisely)하는 것이고 효율성은 잘

---

24) 파레토효율성은 정치의 만장일치에 비유할 수 있다(Lesser & Zerbe, 1998).

지출하는 것(spending well)이며 경제성은 적게 지출(spending less)하는 것으로 정의하기도 한다. 투입과 산출의 비율은 효율성이지만 계획된 투입과 실제투입을 비교하는 것은 경제성이다(Lapsley, 1996).

9. 성과(performance)

성과는 효과성과 효율성을 모두 포함하는 개념이다. 따라서 성과는 효과성, 효율성, 경제성을 포함하는 가장 포괄적 개념이다. 영국에서 거론되고 있는 화폐가치(VFM: value for money)는 효과성, 효율성, 경제성을 의미하기 때문에 성과와 동의어라고 할 수 있다(Coombs and Jenkins, 1994). 예산시스템에서 성과는 투입과 산출의 정당성을 의미한다. 투입으로 산출을 만들어내는 정당성은 성과의 향상에 의해 확보될 수 있다. 성과가 있다는 것은 결과가 효과적이고 효율적이라는 의미이고 결과에 책임을 진다는 것은 성과에 책임을 지는 것이다. 성과란 목표의 효과적 효율적 달성인데 목표가 비전과 전략과 괴리된다면 성과는 아무리 효과적 효율적이라 할지라도 무의미하다. 예산과정을 관통하는 가장 중요한 개념은 국가의 비전과 전략이라는 사실을 잊어서는 안 된다. 투입, 산출, 결과 모두 국가의 비전과 전략에 관련된 구체적 목표를 실현하기 위한 개별사업에 관련된 개념인 것이다.

10. 생산성(productivity)

과거의 생산성은 "산출/투입"으로 정의하였기 때문에 효율성과 동일한 개념이었으나, 현대의 생산성은 효율성에 질(quality)의 개념이 추가되어 산출의 양뿐이 아니라 질도 고려한다(Swan, 1983). 과거의 생산성개념을 기계적 생산성이라고 한다.

〈생산성의 가장 전형적인 예〉

노동시간당 생산량=생산량/노동시간
노동비당 생산량=생산량/노동비
공무원 1인당 서비스고객 수=고객숫자/공무원숫자
노동생산성(labor productivity) 이외에도 자본생산성(capital productivity) 등 다양한 생산성지표가 가능하다(Miah, 1991).

2.6 정부의 적정규모와 정부팽창

1. 정부팽창의 의미

(1) 정부팽창의 개념

경찰국가, 야경국가의 개념하에서 정부는 원래 작은 정부였다. 정부는 치안과 국방을 위한 최소한의 기능만을 담당하고 모든 것을 시장에 위임하는 것이 가장 바람직하다는 이러한 견해는 케인스주의와 복지국가의 도입으로 붕괴된다. 시장실패를 치유하기 위해 국가의 적극적 역할이 필요하다는 생각에 기초한 케인스주의는 서구의 복지국가의 도래와 아울러 결국 거대한 정부를 탄생시켰다. 그러나 시장실패처럼 국가도 실패할 수 있으며 정부실패가 시장실패 못지않게 문제라는 관점이 대두되면서 거대한 정부와 비효율적 정부운영에 대한 국민의 비판과 반감이 고조되었고 다시 작은 정부를 요구하는 목소리가 커지기 시작한 것이다. 최근 선진국의 행정개혁은 바로 작은 정부를 지향하는 민영화와 민간위탁이 중요한 위치를 차지하고 있다.

작은 정부라는 개념은 모호한 개념이다. 공무원의 숫자를 기준으로 작은 정부를 논할 수도 있고 예산규모를 기준으로 작은 정부를 논할 수도 있다. 공무원의 숫자도 상대적으로 적고 예산규모가 작을지라도 정부가 막강한 권한을 가지고 국민 위에 군림하면 작은 정부라고 느껴지지 않는다. 그러므로 작은 정부란 공무원의 숫자, 예산규모, 정부의 권한이라는 세 가지 차원에서 고찰해야 한다.

작은 정부에 대한 주장이 있음에도 불구하고 실제로 현재 공공재가 과잉공급되는지를 판단하는 것은 쉽지 않다. 정부가 비효율적이라고 해서 작은 정부가 정당성을 갖는 것은 아니다. 과잉공급일 경우에만 그렇다. 정부가 지나치게 비대하면 과다한 세금(특히 소득세와 재산세)과 지나친 규제 때문에 자본형성을 억제하고 경제성장을 저해한다는 주장이 있다. 소득세가 높으면 노동과 여가, 저축과 소비 사이의 선택을 왜곡하며, 재산세는 자본, 노동생산성, 임금소득을 감소시키는 효과가 있다. 자본소득에 대한 세금축소를 수반하는 정부규모축소는 투자를 촉진하고 궁극적으로 실질소득, 임금, 정부세입을 증가시킨다는 것이다(Bahl, 1992).

정부팽창은 서구에서 복지국가를 지향하는 국가에서 공통적으로 나타나는 현상이다. 복지국가가 아니더라도 지난 몇 십 년 동안 전 세계적으로 거의 모든 정부의 규모가 GDP에 비해 상대적으로 팽창하였다. 최근 선진국 정부개혁은 신자유주의에 기초하고 있는데 복지국가에 대해 적대적이며 시장경제발전과 작은 정부를 지향한다.

정부규모와 소득재분배 사이에 직접적 관계가 있다고 오랫동안 주장되었다. 실제로 정부규모가 상대적으로 큰 유럽과 미국의 경우를 비교하면 유럽은 상당한 소득재분배가 이루어지지만 미국은 소득재분배에 관한 한 가장 불공평한 나라라고 볼 수 있다는 연구결과도 있다. 그러나 미국의 재정시스템은 유럽에 비해 분권화되어 있기 때문에 이런 논리는 오류가 있다. 또한 정부규모가 문제가 아니라 소득재분배에 얼마나 효과적 사업을 정부가 시행하는가가 문제이다. 소득재분배에 효과가 전혀 없는 사업규모를 증가하는 것은 소득재분배에 도움이 되지 않는다(Bahl, 1992).

정부의 소비와 자본지출이 아닌 사회보장성 이전지출(transfer payments), 보조금, 이자지불 등은 경제의 한 집단으로부터 다른 집단으로 자금이 이동하는데 불과하기 때문에 정부가 매개역할만을 담당하는 이러한 지출도 정부지출로 간주해야 하는가 하는 의문이 생긴다. 또한 동일한 효과를 거두는 정책도 정부가 정책을 집행하는 방법에 따라 예산에 다른 영향을 미친다. 예를 들어 정부가 투자보조금을 지불하는 정책은 정부지출을 증가하지만 투자를 촉진하기 위한 조세감면정책은 세금을 감소하는 효과를 가진다. 그러나 두 정책의 효과는 동일하다(Brown & Jackson, 1990).

예산을 일정한 공식에 의해 편성할 때 즉 예산배분공식을 사용할 때 수요에 기초(demand-driven)하는 경우와 가능자원(resource constrained)에 기초하는 두 가지 방법이 있다. 예산배분공식(allocation formula)을 사용하면 예산신청을 단순화할 수 있고, 비교가 용이하며, 객관성과 정확성의 느낌을 준다. 수요에 기초하는 예산배분공식의 대표적 사례는 일정한 요건을 구비하면 지출이 이루어지는 의료, 사회보장경비이다. 가능자원에 기초하는 예산배분공식의 대표적 사례는 일정한 변수에 의하여 주에 배분하는 연방정부의 보조금이다. 이러한 배분공식이 사업의 목표에 기초한다면 지출예산이 원하는 목표달성에 기여할 것이다. 수요에 기초하는 예산배분공식을 채택하면 액수를 통제하기가 어렵기 때문에 예산삭감을 위해서는 가능자원에 기초하는 예산배분공식이 더 바람직하다(Grizzle, 1998). 수요에 기초하는 예산배분공식은 재정팽창의 위험성이 있다. 그러므로 의료, 사회보장경비 같은 수요에 기초하는 예산이 증가할수록 재정이 팽창한다.

(2) 정부규모의 측정

정부규모는 중앙정부와 지방정부의 지출의 합을 공공부문의 규모로 간주하는 것이 일반적이다. 재정적자가 발생하지 않는다면 수입과 지출은 동일하므로 정부규모는 중앙정부와 지방정부의 모든 수입으로 정의할 수도 있다. 공공부문내의 자금 이동은 이중계산을 하지 않도록 유의하여야 한다. 예를 들어 중앙정부가 지방정부에 제공하는 자금은 이중계산을 피하기 위하여 정부규모를 측정할 때 제외하여야 한다. 공기업은 공공부문에서 제외하는 것이 일반적인데, 예를 들어 영국은 1976년부터 공기업의 지출을 공공부문규모의 계산에서 제외하고 있다. 그러나 공기업에 대한 정부의 보조금은 정부지출에 포함된다. 영국은 1976년 이전에는 공기업의 자본금액만 정부규모의 계산에 포함되었다(Brown & Jackson, 1990).

정부규모는 어떤 기준에 의해 측정하는가에 따라 상당한 차이가 난다고 Rosen은 다음과 같이 주장하고 있다(Rosen, 1992). 실제로 사람들은 정부규모를 논할 때 GNP(gross national product), GDP(gross domestic product) 등의 개념이 마치 하나의 수치만 존재하는 것처럼 생각하는데 이는 잘못되었다는 것이다. 정부규모는 국가 전체의 규모와 대비한 상대적인 규모만이 의미가 있는데 GNP(gross national product), NNP(net national product), GDP(gross domestic product)에 대비하여 주로 비교한다. GNP, NNP, GDP는 생산요소원가(factor cost)에 기초하여 계산하는 방법과 시장가격에 기초하여 계산하는 방법이 있는데 둘의 차이는 간접세(indirect taxes)와 보조금(subsidies)이다. GNP와 GDP의 차이는 해외순자산소득(net property income from abroad)으로 인한 것이기 때문에 그다지 크지 않다.

예를 들어 1987년 영국의 정부규모는 생산요소원가에 기초하여 계산한 GDP와 비교할 때는 47.7%였는데 생산요소원가에 기초하여 계산한 GNP와 비교할 때는 47%였다. 시장가격에 기초하여 계산한 GDP에 대한 비교는 40.5%였으며 생산요소원가에 기초하여 계산한 NNP에 대한 비교는 54.3%였다. 정부규모가 작다고 주장하고 싶은 사람은 정부규모가 40.5%라는 수치를 선호할 것이며 크다고 주장하고 싶은 사람은 54.3%라는 수치를 선호할 것이다. 그러나 어떤 수치가 절대적으로 타당하지는 않기 때문에 사용목적에 따라 각각 효용성이 있다(Brown & Jackson, 1990). 가장 많이 사용하고 있는 수치는 시장가격에 기초한 GNP에 대비한 정부규모라고 생각된다. 정부규모는 인플레를 감안하지 않으면 부당하게 팽창하는 것으로 보일 것이므로 반드시 불변가격으로 계산해야 한다(Rosen, 1992).

Brown & Jackson은 동일한 정부지출과 동일한 GDP(생산요소원가)를 가진 두 국가의 조세제도가 다를 경우 정부규모를 GDP(시장가격)와 비교할 때 얼마나 수치가 왜곡될 수 있는가를 보여주고 있다. 예를 들어 A, B국가의 정부지출이 100이고, 생산요소원가에 기초한 GDP가 200이라고 하자. 그러나 A는 직접세 10, 간접세 90으로 세금을 징수하며, B는 직접세 90, 간접세 10으로 조세를 징수한다. A의 보조금은 20이고, B의 보조금은 30이다. A의 시장가격에 기초한 GDP는 270(=200+90−20)이고, B는 180(=200+10−30)이다. 그러므로 생산요소원가에 기초한 GDP와 비교하면 A의 정부규모는 B의 정부규모와 동일한 50%인데, 시장가격에 기초한 GDP와 비교하면 A의 정부규모는 37%이고 B의 규모는 56%로 심각한 차이가 발생한다. 그러므로 생산요소원가에 기초한 정부규모가 더 적절해 보인다. 그러나 생산요소원가에 기초한 GDP와 비교한 정부규모도 간접세와 보조금에 대한 강력한 가정에 기초하기 때문에 그러한 가정이 성립하지 않는다면 오류가 발생하게 된다(Brown & Jackson, 1990).

만성적인 재정적자문제를 줄이기 위해 국가예산을 일정규모로 제한할 경우 주로 GDP나 GNP의 일정비율로 상한선을 설정할 수 있다. 문제는 GDP와 GNP의 어떤 개념이 더 적합한가이다. 경제성과를 평가하기 위하여 국가경제 내에서 생산되는 재화와 서비스의 총량을 측정하는 지표인 GDP와 GNP의 가장 큰 차이점은 다음과 같다. 예를 들어 한국의 GDP는 한국 내의 공장과 사무실에서 생산하는 재화와 서비스의 총량인데 GNP는 외국에 있는 한국자산의 소득을 포함하고 한국 내의 외국자산에 의한 소득을 제외한다. 세계경제가 국제화함에 따라 GDP와 GNP의 차이가 커지기 때문에 무엇이 더 적절한 개념인가의 문제가 대두한다. Baily와 Friedman은 GDP가 경제성과측정치로 GNP보다 더 적합하다고 주장한다.[25] GDP는 생산량과 가격의 두 가지 변수에 의해 결정되기 때문에 명목GDP와 실질GDP의 두 가지가 있다. 명목GDP는 특정년도에 생산된 재화와 서비스의 총화폐가치를 말하며 실질 GDP[26]는 기준년도의 가격을 이용하여 인플레이션으로 인한 효과를 제거한 후 특정년도에 생산된 재화와 서비스의 총화폐가치를 측정한 수치이다. 예산총액을 GDP의 일정비율로 제한할 경우에는 당연히 실질GDP에 기초하여야 한다(Baily & Friedman, 1995).

---

25) 국민 1인당 GDP는 국민 1인당 생산량을 나타내며 평균 생활수준을 측정하는 수치라고 볼 수 있다. 또한 국내의 일자리(jobs)는 GDP가 GNP보다 더 관련된 개념이다(Baily & Friedman, 1995).

26) 대부분의 경제학문헌에서 언급하고 있는 GDP는 실질GDP로 보아야 할 것이다(Baily & Friedman, 1995).

정부규모에 대한 규범적인 기준이 없는 상황에서 정부규모에 대한 논쟁은 객관적이라기보다는 느낌에 좌우되고 정치적이며 대중적인 문제가 될 우려가 있다. 정부규모가 비대하다는 논리적인 뒷받침이 결여되고 있는데도 전반적인 분위기는 정부규모의 축소 쪽으로 나아가고 있다(Bahl, 1992). 그러나 2008년 발 세계경제위기를 계기로 다시 정부규모에 대한 논쟁은 다시 큰 정부를 용인하는 방향으로 나아가고 있다. 작은 정부와 규제완화를 주장하는 목소리는 어느덧 과거의 소리가 되어 버렸는데 다시 언젠가는 작은 정부를 소리 높여 외치는 시기가 도래할지도 모른다. 과거의 역사는 큰 정부와 작은 정부를 주장하는 목소리가 교대로 시대를 좌우했다는 것을 보여주고 있다.

2. 정부규모와 재정적자

(1) 국가채무와 정부규모

정부규모의 계산시에 정부가 보증하는 채무를 어떻게 포함해야 할 것인가? 정부가 세금을 징수하여 공공사업에 사용하는 1원은 민간부문이 사용하는 1원을 빼앗는 효과가 있다. 그러므로 기회비용은 1원이라고 볼 수 있다. 그러나 정부가 보증한 채무 1원은 만약 채무자가 상환을 한다면 아무런 손실도 끼치지 않는다. 다만 정부가 보증하기 때문에 낮아진 이자율로 인한 이자액수의 차이와 민간부문의 자율에 맡겼더라면 자금을 조달하지 못했을 사업이 자금을 조달받은 만큼의 효율성 손실이 있을 뿐이다(Rosen, 1992). 최근 우리나라에서도 국가채무에 대한 논쟁이 여야간에 치열하게 전개되었는데 핵심은 국가보증채무에 대한 것이었다.

미국의 경우 정부의 융자금, 채무보증, 보험(예금보장으로 인한 것)금액은 1992년 액면가(face value)로 계산하면 5조 5천억 달러에 달했다. 여기에 정부보장기업(government-sponsored enterprises: GSEs)의 융자금, 채무보증, 보험금액을 합산하면 1991년의 경우 GNP규모에 해당하는 6조 6천억 달러에 달했다. 1990년 Federal Credit Reform Act에 의해 정부의 융자금과 채무보증의 비용을 예산에 포함하게 되었다. 융자금과 채무보증비용은 회수불능금액, 낮은 이자로 인한 보조혜택(interest subsidies)을 예측하여 현재가치로 환산함으로써 계산하였는데 1994회계연도부터 예산에 포함하여 보고하였다. 정부보장기업은 금융기관의 역할을 하는 공기업으로서 Federal Agricultural Mortgage Corporation, Federal Home Loan Mortgage Corporation, Student Loan Marketing Association이 이에 해당한다(Axelrod,

1995). 한국의 경우도 보증채무의 경우 회수불능금액을 추정하여 현재가치로 계산하여 보고하는 것이 타당할 것이다. 다만 회수불능금액의 추정이 용이하지 않으며 현재가치를 계산할 때 사용할 할인율을 선택하는 것이 어렵다는 문제가 있다.

(2) 재정적자와 재정정책

경제를 활성화시키기 위해 정부지출을 증가시키거나 세금을 삭감할 경우 재정적자가 발생할 가능성이 크다. 재정적자는 정부구매지출과 이전지출의 합이 조세수입을 상회하면 발생하지만 세금, 정부구매지출, 이전지출 이외의 변수에 의해서도 영향을 받는다. 예를 들어 산출을 증가하는 투자수요가 증가하면 조세수입이 저절로 증가하게 되어 재정적자가 감소한다. 그러므로 경제가 침체되면 세수가 감소하고 경제침체로 인해 실업률이 증가하고 실업에 관련된 이전지출이 증가하므로 재정적자가 저절로 발생하게 된다(Dornbush & Fischer, 1994).

다음 사항들이 재정적자의 문제점으로 자주 거론된다. ① 정부의 재정적자는 민간기업의 채무조달과 투자를 어렵게 하고 경제성장을 저해할 수 있다. 즉 민간부문으로부터 부채를 조달하면 민간부분의 자금을 축소하는 구축효과(crowding effect)가 발생한다. ② 이자율이 상승한다. ③ 환율상승으로 수출이 위축되고 무역적자가 발생한다. ④ 정부가 부채조달을 중앙은행에 의존하면 통화공급이 증가하고 인플레가 발생한다. ⑤ 이자지불로 인해 정부가용예산이 축소된다(Axelrod, 1995).

재정적자, 재정흑자가 발생하는 것이 균형예산을 이루는 것보다 더 자연스러운 현상이다. 기업의 경우를 생각해보면 쉽게 알 수 있다. 이익도 손실도 없이 정확하게 수입과 지출이 일치하는 경우가 얼마나 드물며 인위적으로 그렇게 만든다는 것이 얼마나 어렵겠는가? 정부는 재정정책을 위하여 정부예산의 총액을 무작정 증가하고 감소할 수는 없다. 정부는 정부가 공급하는 정부서비스의 양을 일정하게 유지해야 하기 때문이다. 지나치게 들쭉날쭉하면 안 된다는 제약조건하에서 즉 일정범위 내에서 재정정책을 수립해야 한다. 조세도 마찬가지로 갑자기 증가하고 감소할 수 없다. 그러므로 경제가 침체되어 세금수입이 감소했다고 정부지출을 감소하기보다는 일정수준의 정부지출을 유지하기 위하여 부채를 조달한다. 부채는 국내에서 조달할 수도 있지만 국외에서 조달할 수도 있으며 국내에서 조달하는 경우 중앙은행으로부터 차입하는 경우와 민간으로부터 차입하는 경우의 두 가지 방법이 가능하다. 반대로 경제가 활성화되어 세금수입이 증가하면 정부지출을 덩달아 증가시키기보다는 이전 수준의 정부지출을 유지하고 잉여세수는 저축하여 확보하는 것이 좋다. 마찬가지로 일시적으로 정부지출의 증가와 감소필요성이 발생하면 부채조달이나 여유예산의 적립으로 대응하는 것이 더 좋은 방법이다(Burda & Wyplosz, 1997).

경기가 침체되어 개인소득이 감소하면 수요승수효과(demand multiplier effect)로 인하여 수요가 더욱 감소하므로 정부가 개입하여 재정적자가 발생하더라도 부채를 조달하여 정부지출을 증가하면 경제가 활성화되고 경제활성화로 인한 세입증가는 재정적자를 제거하여 경제를 원위치로 환원한다고 정부개입 옹호론자들은 주장한다. 그러므로 경기순환에 대응하는(countercyclical) 재정정책은 실업률과 경제의 산출을 일정수준으로 유지하도록 하는 정책수단이다. 경기가 침체되었을 때 정부지출이나 조세감소를 통해 총수요를 유지하고 경기가 과열되었을 때는 정부지출삭감이나 조세증가를 통해 총수요를 진정하는 것이 바로 경기순환에 대응하는 재정정책이다(Burda & Wyplosz, 1997).

Poterba에 의하면 경기순환에 의해 초래되는 재정적자는 경제의 자동안정장치(automatic stabilizers)가 불황에서 벗어나도록 돕는다는 것을 의미하기 때문에 그다지 심각한 문제가 아니다. 자동안정장치는 실업보험 같은 이전지출이나 불황으로 감소하는 세금수입을 말하는데 총수요를 상승하는 효과가 있기 때문이라고 한다. 정부가 사회기획자(social planner)로서 긴축재정정책과 팽창재정정책을 이용하여 경제를 발전시키고 사회복지를 증진할 수 있다고 믿는 사람들은 균형예산을 강제하는 규정이나 세금 혹은 지출상한선을 설정하는 규정이 정부의 최적정책시행에 대한 제약이라고 생각한다. 균형예산이 바람직한 것은 아니며 재정적자나 재정흑자는 정부지출과 세금의 변화 폭을 완화시키는 노력의 결과라는 것이다. 그러나 민주사회의 재정정책은 과다한 정부지출, 즉 재정적자의 경향을 보이기 때문에 균형예산이나 세금 혹은 지출상한선을 강제하는 규정이 필요하다고 반대론자들은 주장한다. 또한 예산과정이 단기적 관점과 시야에 국한되어 있으면 장기 자본프로젝트는 예산의 정치적 게임에서 불리하게 되며 최적재정정책의 실현은 어려워진다(Poterba, 1997).

재정적자는 민간투자가 미약할 때 총수요를 유지하는 역할을 할 수도 있지만 지속적 재정적자는 경제에 악영향을 미친다. 경제가 완전고용상태에 있을 때 재정적자는 민간저축을 전용하며, 이자율을 상승시키고, 투자와 장기성장에 필요한 자금을 감소하기 때문이다(Baily & Friedman, 1995).

미국은 1990년대 초에 연방정부 부채로 인한 이자지불이 연방정부예산의 거의 15%를 점유하였다. 또한 1993년 연방정부 부채는 GDP의 51.6%에 도달하였다. 2차대전 직후인 1946년의 연방정부 부채는 GDP의 113.8%였지만 국가위기에 대한 우려는 제기되지 않았다. 1957년과 1991년 사이의 연방정부 부채는 GDP의 29.5%에서 50.5%사이였다. 미국 연방정부가 재정적자를 기록하던 1990년 이전에도 많은 주와 지방정부는 흑자를 기록하고 있었기 때문에 국가전체의 입장에서 재정적자는 훨씬 축소된다는 견해도 있다. 1972년부터 1981년 사이에 일본, 독일 그리고 몇 개의 유럽 국가들은 재정적자의 폭이 미국보다 훨씬 컸음에도 불구하고 미국에 비해 낮은 인플레, 높은 생산성, 지속적 경제성장을 이루었다. 1990년대 초반에 미국 연방정부의 재정적자가 가장 높을 때 낮은 이자율이 뒤를 이었기 때문에 재정적자가 이자율상승을 유발한다는 주장에도 의문이 제기되고 있다. 그리고 무엇보다도 재정적자는 나쁜 점만 있는 것이 아니라 재정적자로 인하여 많은 정부의 사업이 시행될 수 있고 정부의 이자지불은 채권자의 수입이 되는 긍정적 측면도 있다(Axelrod, 1995).

재정적자를 축소하려는 대통령(예: Reagan)의 노력은 특정사업에 대해 이해관계를 가진 의원들로 구성된 의회와의 충돌을 야기했는데 예산청문회 때 각 부처의 예산담당자는 부처사업의 삭감 필요성을 역설하여 의회를 당혹하게 만들었다. 대통령의 철학과 예산안을 변호해야 하는 각 부처는 스스로 자신의 고통을 옹호하는 이상한 풍경을 연출한 것이다. 예산을 증가시켜달라고 호소해야 하는 행정부는 삭감을 요청하고, 국민의 세금을 지키기 위해 삭감을 주도해야 하는 의회는 예산을 증가하려고 하는 기현상이 벌어진 것이다(Wildavsky, 1992).

Schick의 연구에 의하면 미국의 경우 재정적자와 경제성장과는 상관관계가 있는데, 불경기 때 재정적자가 커지고 경제가 성장할 때 재정적자가 감소한다. 경제가 위축될 때 재정적자를 확대하여 경제성장을 촉진하면 미래재정적자가 감소된다는 신념이 재정적자와 경제성장의 상관관계의 원인의 하나라고 볼 수 있다.

그러나 재정적자와 경제성장과의 상관관계가 최근에 오면서 점점 약화되었는데, 경제가 불황기 때 팽창한 재정적자가 경제가 성장할 때도 감소되지 않고 지속되는 현상이 대두하여 재정정책에 대한 과거의 신념에 의문이 제기되기 시작했다. 만성적 재정적자는 예산의 재정정책도구로서의 기능을 약화시키고 경제성장을 저해하는 요인이 되었고 경제성장이 미약하여 재정적자를 축소하지 못하는 악순환이 계속되었다 (Schick, 1995).

미국은 경제가 충분한 역량을 발휘할 때 즉 경제성과가 가장 좋을 때의 재정적자를 계산하여 의사결정자료로 이용하는데 이것을 구조적 재정적자(structural deficit)라고 한다. 구조적 재정적자는 정부정책으로 인한 재정적자와 경제성과로 인한 재정적자의 차이를 구별할 수 있게 하는 장점이 있다. 미국연방예산은 발생주의회계를 사용하지 않고 있기 때문에 대여금과 지급보증을 제외하고는 모두 현금주의회계에 입각한 수입과 지출을 보고하고 있어 재정적자가 실제보다 축소될 수밖에 없다. 현금주의회계에 기초한 재정적자는 재원조달에 관한 정보를 제공하고 정치인이 이해하기 쉽지만 미래의 부채와 진정한 비용의 산출에 관해서는 부족한 정보이다. 기금이 적립되지 않은 퇴직금과 의료사업에 관한 채무액수(unfunded accrued liabilities of federal retirement and health care programs)는 예산에 보고되지 않는데 6조 달러에 달한다고 한다. 1995회계연도의 연방예산이 1조 5천2백억 달러였던 것에 비추어보면 얼마나 어마어마한 금액인지 알 수 있다(Schick, 1995).

3. 정부팽창의 요인

공공선택론에서 제시한 Downs와 Buchanan의 정부팽창에 대한 설명 이외에 다음과 같은 정부팽창요인이 거론된다.

첫째, 국민이 원하기 때문에 팽창한다는 것이다. 예를 들어 공공부문서비스에 대한 소득탄력도(income elasticity of demand for public sector goods and services)가 1보다 크면 국민의 소득이 증가함에 따라 공공부문의 서비스에 대한 수요는 그 이상으로 증가하게 되어 정부팽창을 가져온다. 미국에서 5명 중 1명은 공무원이고 공무원과 공무원가족들은 투표권을 행사할 확률이 평균국민보다 2배나 되기 때문에 선거에 있어서도 정부팽창이 부당하게 더 많은 지지를 받을 가능성이 있다고 한다(Grafton & Permaloff, 1983; Rosen, 1992).

둘째, 공황이나 전쟁 같은 사건이 정부규모의 팽창을 가져오는데 이러한 비상사태가 사라진 이후에도 정부규모는 그 이전 수준으로 감소하지는 않는다는 것이다(Rosen, 1992). 미국은 멕시코전쟁 때 연방정부예산이 두 배로 증가했으며 남북전쟁 때는 20배나 증가했는데 주요전쟁 때마다 증가한 예산은 전쟁 후에 감소했지만 이전 수준으로 감소하지는 않아 예산팽창의 주요요인이 되었다(Schick, 1995).

셋째, 사회가 정부에 대해 지나치게 높은 기대를 하고, 유권자들도 정치과정에서 각자의 이익을 반영하는 사업을 원하기 때문에 팽창한다는 것이다. 넷째, 정치인들이 소득재분배를 득표목적으로 이용하기 때문에 정부가 팽창하기도 한다(Rosen, 1992).

다섯째, 점증주의도 예산팽창을 야기하는 원인으로 자주 지목되어왔다. 정치인들은 오로지 새로운 예산으로 새로운 정치적 지지를 이끌어낼 수 있기 때문에 팽창주의적 경향을 보이며 점증주의가 새로운 자금을 만들어낸다(Rubin, 1987). 여섯째, 지출항목이 산출을 중심으로 재구성되면 투입에 가해지던 전통적인 중앙에서의 통제가 약화되고 예산팽창의 원인이 될 수 있다. 예를 들어 사업예산과 계획예산은 1960년대 후반과 1970년 초반 예산팽창으로 이어졌다(Schick, 1987c).

일곱째, 계속비처럼 다년간에 걸친 예산집행을 한 번에 승인하는 것도 예산팽창의 원인이 되었다. 현재 프로그램의 미래 원가를 예측하지 않고 마치 무제한으로 재원이 가능한 듯이 계획을 수립하기 때문에 팽창성향이 있으며 게다가 사업계획을 변경하기 어렵다고 간주하는 경향으로 인하여 다년도 예산(multiyear budgeting)이 예산팽창의 요인이 되었다(Schick, 1987c). 그러므로 다년도 예산보다는 단년도 예산이 재정적자를 감축하기 위한 예산삭감에 용이하다(OECD, 1997).

4. 작은 정부

(1) 재정적자와 예산팽창에 대한 대책

재정적자에 대처하는 방법으로는 다음과 같은 방법들이 제기된다(Axelrod, 1995).

- 기준예산의 하향조정
- 해고, 조기퇴직 등을 통한 인원감축
- 사업우선순위 조정
- 공기업 같은 자산의 매각
- 연금편입예산 삭감
- 민영화
- 공기업이나 기타 교육특별구 같은 공공조직에 업무를 이양
- 세금증가
- 지불연장 같은 눈속임의 사용
- 지출상한선의 설정: 미국의 24개 주는 세금과 지출에 대한 상한선(tax and spending limits)을 설정하고 있으며 거의 모든 지방정부는 세금과 지출에 대한 상한선을 설정하고 있다.

(2) 지출상한선

공공선택론자들은 관료는 자신의 이익을 극대화하기 때문에 시장의 자원배분기능을 개선하기 위한 정책을 집행하지 않으며 관료실패(bureaucratic failure)가 야기된다고 주장한다. 그러므로 지출과 조세에 상한선을 설정하여 관료실패를 해결해야 한다

는 것이다(Premchand, 1993). 지출상한선 설정은 조세상한선을 설정하는 것보다 결과를 예측하기가 훨씬 쉬운 장점이 있어 정부팽창을 억제하는 방안으로 재정전문가들의 지지를 받고 있다(Grafton & Permaloff, 1983).

1990년 45%에 해당하는 미국의 주정부가 지출상한선을 설정하였는데 사례연구에 의하면 이러한 상한선설정은 예산감축에 효과적이었다고 한다. 예산신청 이전에 기능별로 지출상한선을 설정하는 캐나다의 엔벌로프예산(envelope budget)도 이에 해당한다. 지출상한선은 예산총액을 GDP나 GNP의 증가율을 초과하지 못하도록 하고, 기능별로 지출상한선을 설정하는 두 가지를 병행하는 것이 일반적이다(Grizzle, 1998). 지출상한선에는 여러 가지 유형이 있다. ① 전년도 지출의 일정 %에 매년 예산을 고정하는 방법이고, ② 1인당 국민소득증가율의 범위 내로 예산증가율을 한정하는 방법이며, ③ GDP, 생계비, 인구의 증가율의 범위 내로 예산증가율을 한정하는 방법 등이다.

(3) 조세저항

캘리포니아 주는 여러 가지 형태의 조세저항과 예산에 대한 제약조건이 많은데, Proposition 13은 재산세의 상한선을 설정하였고, Proposition 4는 주의 지출성장을 인구와 인플레증가율의 범위 내로 한정하고 이를 초과하는 수입은 주민들에게 환불하도록 하였으며, Proposition 98은 세입의 40%를 초등학교, 중등학교, 지역전문대학에 지출하도록 규정하였다(Axelrod, 1995; Toulmin & Wright, 1983). 지방정부의 주민투표에 의해 이러한 제약조건의 전부 혹은 일부를 완화할 수 있으나 주민투표는 4년마다 한 번씩 재실시하여야 한다(Toulmin & Wright, 1983).

조세저항의 대표적 사례인 캘리포니아 주의 Proposition 13이 시행된 후에 지방정부가 세금, 사용자가격을 인상하기 위해서는 주민투표에서 2/3이상의 찬성을 획득해야 한다. 그래서 법규시행 이전에 많은 지방정부들이 사용자가격과 세금을 증가시키고, 서비스를 삭감하고 봉급을 동결하고 공무원을 해고하는 등의 조치를 취했다. 또한 새로운 종류의 세금을 부과하였다. Proposition 13은 재산세를 60% 삭감하는 것이었는데 64.7%의 찬성률로 통과되었으며 이는 등록된 유권자의 42.3%에 해당한다. Proposition 13은 효과성과 형평성을 증진시켰다는 평가를 받고 있다(McCaffery, 1992).

(4) 긴축재정

세입이 증가할 때는 예산신청 후에 예산총액을 결정해도 별 지장은 없었지만, 긴축재정시에는 총액이 미리 예산편성 이전에 결정되지 않으면 강력한 예산요구에 대항하기가 어렵다. 그러므로 세입총액과 세출총액을 GNP의 일정비율이나 물가지수의 변화 등에 연계하여 제한하는 방법을 사용한다. 예산총액과 아울러 예산우선순위를 사전에 수립하는 것도 매우 유용한 기법이다. 총액의 사전결정은 예산신청부서, 이익단체, 국민에게 예산의 방향이 긴축재정이라는 것을 선언하여 모든 사람들에게 축소지향적 사고를 유도하는 기능을 한다. 긴축재정은 국민과 여론의 환영을 받기 쉬운 이슈이기 때문에 예산편성 이전에 광범위한 홍보와 설득이 상당한 효과를 거둘 수 있다. 비록 예산신청부서가 예산을 신청하기 이전에 예산총액이 결정되지만 예산과정을 통해 현실적으로 가능한 액수를 사전에 분석하여 예산총액으로 결정해야 한다. 세입증가시에는 예산신청이 예산총액에 영향을 미쳤으나 긴축재정시에는 예산총액이 예산신청에 영향을 미치게 된다. 경제동향에 맞추어 예산을 편성하지 않고 거시경제 정책도구로서가 아닌 재정적자의 감소를 추구함으로써 궁극적으로 경제를 개선할 수 있다는 신념에 기초하는 것이다. 또한 거시경제 정책도구로서 예산의 역할은 경제의 세계화와 기타 다른 요인들(예: 경직성 경비비중의 증가)로 인하여 위력이 감소되었기 때문에 거시경제정책도구로서 예산은 점점 시대에 뒤떨어진 개념이 되고 있다(Schick, 1987c).

내각책임제하에서 중앙예산기구인 재무부가 모든 각료들에 의해 에워싸이는 상황에서는 긴축예산은 불가능하기 때문에 몇 개의 국가에서 핵심관료와 수상이 긴축재정을 추구하는 주도세력을 형성하여 이에 대처하고 있다. 대통령제를 선택하는 미국에서는 중앙예산기관인 관리예산실(OMB)실장과 백악관의 핵심참모가 예산검토위원회를 구성하여 긴축재정을 실시하고 각 부처의 호소를 청취한다(Schick, 1987c).

시민단체가 긴축재정을 지지하는 정치인들을 높이 평가하거나 시민단체가 긴축재정을 위한 로비단체가 되는 것도 재정적자를 줄이고 정부팽창을 방지하는 한 가지 방법이다(Rubin, 1987). 점점 공공부문에서 리더십을 발휘하기가 어려워져 긴축재정의 실현도 점점 어려워지고 있다. 사람들의 순응도가 줄어들고, 인내심이 줄고 있으며, 개혁과 변화를 위해 사용할 수 있는 여유자금이 줄어들었기 때문이다(Biller, 1987). 혁신을 위해서는 여유자금이 필수불가결한데, 조직유지를 위해 필요한 수준 이상의 여유자금을 가진 관리자는 반대를 누그러뜨리고 변화를 유도할 수 있다(Brecher & Horton, 1987).

Biller는 성공적 긴축재정을 위한 전략을 소개하고 있다. 예를 들어 서던 캘리포니아 대학에서는 재정 때문에 20명의 교수를 삭감해야 하고 성장하는 프로그램을 위해 20명의 새로운 교수를 채용해야 한다는 것을 발견하고, 먼저 모든 분야에서 40명의 교수를 내보낸 다음에 20명을 새롭게 채용하여 유망한 프로그램에 할당하였다. 긴축을 성공적으로 달성한 것에 이익을 부여하면 긴축재정이 훨씬 쉽게 달성될 수 있는데 프로그램을 감축한 책임자에게 보너스를 부여하는 것도 한 가지 방법이다. 긴축재정이 필요한 특별한 이유보다는 일반적 이유를 내세우면 반대연합을 결성하기 어려워진다. 일률적 삭감은 공평성과 정당성을 확보할 수 있는 방법이기 때문에 긴축재정의 전략으로 자주 사용된다(Biller, 1987).

긴축재정의 또 하나의 방법은 공무원의 변화 대신 교육, 홍보, 규제, 사용자가격 등을 통하여 고객의 변화를 유도하는 것이다(Brecher & Horton, 1987). 사용자가격의 부과는 불필요한 사용을 억제하고 고객이 어떤 분야가 축소되고 어떤 분야가 팽창되어야 하는가를 결정하기 때문에 긴축재정의 좋은 방안이지만 저소득층에게 불리할 수 있기 때문에 적절한 보완책을 강구해야 한다(Biller, 1987).

(5) 미국의 GRH법과 예산실행법

미국 연방의회는 재정적자에 대한 대책으로 GRH법을 제정하였다. 개별사업을 검토하여 무엇을 삭감할 것인가를 결정하는 것은 논리와 용기를 필요로 한다. 이러한 것을 회피하기 위하여 일괄적 삭감이나 일정한 프로그램이나 규칙에 의한 삭감을 시도하게 된다고 한다. 연방의회의 GRH법은 바로 이러한 비겁한 삭감법안이라는 비판을 받았다. 또한 의원들은 GRH법의 삭감을 피하기 위하여 여러 가지 기교를 동원하였다. GRH법의 규정을 의원들이 준수하지 않았어도 아무 일도 일어나지 않았다. 이에 대해 Rosen은 법을 준수하는 것이 법을 무시하는 것보다 더 해악이 크다면 법을 무시하게 된다는 교훈을 주는 사례라고 주장했다. 결국 1990년에 GRH법은 개정되었다(Rosen, 1992).

GRH법이 실행불가능하다는 것을 알고 제정된 예산실행법(Budget Enforcement Act, 1990년)은 임의예산항목에 대한 지출상한선을 설정하는 것이기 때문에 점증주의적 팽창예산이 사실상 불가능하게 되었다. 각 부서는 자신의 모든 사업을 일률적으로 삭감하여 신청하거나 사명과 우선순위를 검토하여 사업을 재구성하는 방법이 있을 것이다(Schick, 1995).

GRH법도 실패하고 매년 연방정부가 균형예산을 편성하도록 요구하는 헌법개정

시도도 실패하였지만 클린턴 대통령은 다음과 같은 방법으로 드디어 임기중에 재정적자를 완전히 제거하는 업적을 이루었다. 균형예산의 달성은 의회가 세입의 한도 내에서 세출을 결정함으로써 가능한데 세입에는 부채로 인한 금액은 제외하며, 세출에는 부채상환을 위한 금액을 제외하여 계산한다. 의회의 3/5 이상의 찬성으로 비균형예산을 통과시킬 수 있으며 전쟁 중에는 과반수의 찬성으로 가능하다. 연방정부부채상한선을 상향조정하기 위해서는 의회의 3/5 이상의 찬성이 필요하다. 또한 급격한 세금증가를 방지하기 위하여 세금증가는 국민소득증가율을 상회하지 못하도록 했다(Axelrod, 1995).

국가부채는 해외부채와 국내부채가 있다. 국내부채는 자신에 대한 부채[27]이기 때문에 궁극적으로는 세대간의 재정부담을 나타내는 지표이다(Quigley & Smolensky, 1994). 재정적자를 축소하는 한 가지 방법은 정부가 부채를 조달할 때는 오로지 자본지출에만 사용하도록 제한하는 것이다(Connolly & Munro, 1999). 그러나 이 규정이 성공을 거두기 위해서는 자본예산과 운영예산이 구분되어야 할 것이며 운영 또한 엄격하게 분리되어야 한다. 왜냐하면 부채이건 세금이건 화폐에는 꼬리표가 붙지 않기 때문이다.

(6) 균형예산

미국에서 1994년에 제안된 균형예산편성을 의무화하는 헌법수정안은 상원과 하원에서 2/3에 약간 미달하여 통과하는 데 실패하였다. 상원의원 Paul Simon은 1996년 균형예산이 아니면 60% 이상의 지지를 획득해야 세출법안이 통과될 수 있도록 하는 규정을 제안했다. 균형예산은 실제로 균형을 달성할 것을 요구하는 것과 계획상의 추정치가 균형을 달성하면 되는 것의 두 가지 유형이 있는데 1994년 제안되었던 헌법수정안은 예산이 집행후 실제로 균형을 달성해야 하는 유형이었으며 발생지출(outlays)이 수입을 초과하지 않아야 한다. 대부분의 균형예산안은 전쟁중이나 압도적 상하원의 찬성(예: 3/5)이 있을 경우는 균형예산의무가 적용되지 않도록 예외규정을 두고 있다. GRH법안은 재정적자감축에 실패했지만 예산실행법(Budget Enforcement Act)은 성공적이었다. 그러나 헌법에 의존하지 않고서도 재정적자를 달성할 수 있는데도 불구하고 헌법에 의존하는 것은 바람직하지 않다고 Schick은 주장하면서 균형예산에 반대하고 있다(Schick, 1995; Cooper et al., 1998).

균형예산의 문제를 단순히 특정회계연도의 수입과 지출의 일치로 파악해서는 안

27) 자주 사용되는 표현은 "We owe it to ourselves."이다(Quigley & Smolensky, 1994).

되며 장기적 관점에서 반복되는 지출과 반복되는 수입의 관점에서 파악해야 한다. 균형예산을 위한 지출삭감은 ① 모든 사업을 일률적으로 일정비율 삭감하는 방법, ② 사업우선순위에 따라 삭감비율을 달리하는 방법, ③ 혼합방법이 있다. 혼합방법이란 명백히 우선인 사업을 제외하고 나머지 사업을 일률적으로 일정비율 삭감하는 방법이다(Forsythe, 1997).

균형예산은 재정적자에 대한 대책이라고 볼 수 있지만 처음부터 재정적자를 원천적으로 발생하지 못하게 하는 방법이기 때문에 재정적자에 대한 대책이라고 보는 것은 다소 무리가 있다. 균형예산(balanced budget)이란 세입과 세출이 동일하여 재정적자가 발생하지 않는 예산을 말한다. 균형예산은 재정적자에 대한 대책이 효과적이지 못할 때 선택하게 되는 다소 경직된 제도의 성격을 가지고 있다.

Axelrod(1995)는 다음과 같이 균형예산에 대해 논의하고 있다. 연방정부와는 달리 미국의 주정부는 일찍부터 균형예산을 주 헌법에 반영하였다. 미국은 1개 주를 제외한 모든 주정부가 균형예산을 편성해야 하며 약 40개에 해당하는 주정부는 부채조달금액에 제한이 있다. 미국의 연방정부와는 달리 주정부는 버몬트 주를 제외하고는 49개 주가 균형예산을 요구하는 규정이 헌법에 포함되어 있는 것이다.

연방정부의 만성적 재정적자와 재정적자를 제거하기 위한 많은 노력이 실패한 것에 실망하여 연방정부의 균형예산을 요구하는 헌법개정을 주장하는 사람들이 꾸준히 증가하였다. 선거를 의식하는 정부는 재정적자의 가능성이 높으며 오직 헌법개정에 의해서만 이러한 행위를 방지할 수 있다는 것이다. 그러나 연방정부의 균형예산에 대해서는 다음의 이유를 근거로 반론이 제기되고 있다.

첫째, 주정부도 연방정부와 같은 예산과정을 시행한다면 결코 균형예산을 달성하지 못했을 것이라며 헌법규정이 문제가 아니라 예산과정이 문제라는 것이다. 또한 균형예산을 요구하는 주 헌법의 규정에도 불구하고 모든 주정부가 실제로 균형예산을 달성하는 것은 아니다. 균형예산 요구조항을 총예산의 75%~100%에 해당하는 금액에 적용되는 주가 36개 주이며 나머지 주정부의 경우는 이보다 적은 금액에 적용된다.

둘째, 연방정부는 주정부와는 달리 국방, 완전고용, 경제성장, 인플레억제 등의 중대한 임무를 수행하기 때문에 균형예산을 요구해서는 안 된다고 한다.

셋째, 균형예산은 주요 경제지표에 대한 가정과 예측에 근거하는데 이러한 가정과 예측에 오류가 있으며 예산집행과정에서 균형예산의 달성이 불가능하게 될 때 신속한 세금증가, 지출삭감 그리고 의회의 승인이 용이하지 않다.

넷째, 균형예산을 요구하는 헌법규정을 우회하는 여러 가지 기법(예: off-budget budget)이 사용될 것이다.

다섯째, 경제운영에서 재정정책에 비해 통화정책의 역할이 지나치게 비대해진다. 재정정책은 대통령, 재무부, 관리예산실(OMB), 경제자문위원회(Council of Economic Advisors) 등에 의해 함께 주도되며, 통화정책은 중앙은행인 FRB의 소관인데 정부와 FRB에 의해 독자적으로 운영된다. 이에 반하여 영국, 일본, 프랑스는 국가가 재정정책과 통화정책을 동시에 관할하였다. 그러나 영국에서는 토니 블레어 수상이 중앙은행을 독립시켜 통화정책을 재정정책과 분리시켰다.

여섯째, 균형예산개념이 적용될 수 있는 시점이 예산편성시점, 예산안을 의회에 상정하는 시점, 예산이 의회에서 의결되는 시점, 예산집행이 종료되는 시점 등으로 다양하기 때문에 적용이 쉽지 않다.

2.7 예산관련 법체계

1. 헌 법

우리나라의 헌법은 국민의 기본권을 보장하고 국가의 권력을 조직하고 제한하는 가장 근본이 되는 법이다. 예산과 관련된 헌법규정으로 국회측면에서 헌법 제54조~제59조에서는 국회예산의결주의, 국회의 재정권에 대한 규정, 그리고 조세법률주의 등을 규정하고 있다.

제54조 ① 국회는 국가의 예산안을 심의·확정한다.

② 정부는 회계연도마다 예산안을 편성하여 회계연도 개시 90일전까지 국회에 제출하고, 국회는 회계연도 개시 30일전까지 이를 의결하여야 한다.

③ 새로운 회계연도가 개시될 때까지 예산안이 의결되지 못한 때에는 정부는 국회에서 예산안이 의결될 때까지 다음의 목적을 위한 경비는 전년도 예산에 준하여 집행할 수 있다.

1. 헌법이나 법률에 의하여 설치된 기관 또는 시설의 유지·운영

2. 법률상 지출의무의 이행
3. 이미 예산으로 승인된 사업의 계속

제55조 ① 한 회계연도를 넘어 계속하여 지출할 필요가 있을 때에는 정부는 연한을 정하여 계속비로서 국회의 의결을 얻어야 한다.

② 예비비는 총액으로 국회의 의결을 얻어야 한다. 예비비의 지출은 차기국회의 승인을 얻어야 한다.

제56조 정부는 예산에 변경을 가할 필요가 있을 때에는 추가경정예산안을 편성하여 국회에 제출할 수 있다.

제57조 국회는 정부의 동의없이 정부가 제출한 지출예산 각항의 금액을 증가하거나 새 비목을 설치할 수 없다.

제58조 국채를 모집하거나 예산외에 국가의 부담이 될 계약을 체결하려 할 때에는 정부는 미리 국회의 의결을 얻어야 한다.

제59조 조세의 종목과 세율은 법률로 정한다.

행정부 측면에서는 국무회의를 통한 ① 예산안·결산·국유재산처분의 기본계획·국가의 부담이 될 계약 기타 재정에 관한 중요사항, ② 대통령의 긴급명령·긴급재정경제처분 및 명령 또는 계엄과 그 해제 등 중요 사항을 심의할 수 있도록 하고 있다(헌법 제89조 4~5항). 그리고 국가의 세입·세출의 결산, 국가 및 법률이 정한 단체의 회계검사와 행정기관 및 공무원의 직무에 관한 감찰을 하기 위하여 대통령 소속하에 감사원을 두도록 함으로써 회계검사 고유의 권한을 부여하고, 기관에 대한 감찰을 하도록 하고 있다(헌법 제97조).

2. 국가재정법과 국가회계법

(1) 국가재정법

국가재정법은 국가 재정 전반에 대한 총칙법이다. 이 법은 제1조에서 밝히고 있듯이 국가의 예산·기금·결산·성과관리 및 국가채무 등 재정에 관한 사항을 정함으로써 효율적이고 성과 지향적이며 투명한 재정운용과 건전재정의 기틀을 확립하는 것을 목적으로 하고 있다. 국가의 예산, 기금운용 기본 지침, 결산·성과관리 및 국가채무에 대한 기본지침이다.

국가재정법의 내용구성은 총 7장으로 구성되어 있고, 제6장 보칙과 제7장 벌칙을 제외하면 총 5장으로 구성되어 있다. 제1장에서는 국가재정에 대한 총칙을 제1조~제15조에 이르기까지 규정하고 있고, 제2장은 국가의 예산에 관한 사항으로 일반적인 사항, 예산편성에 관한 사항, 예산집행에 관한 사항을 규정하고 있고, 제3장은 결산에 대한 사항으로 원칙, 성인지 및 중앙관서 결산보고서 작성 등에 대한 내용을 규정하고 있다. 제4장은 기금에 대한 내용으로 기금관리·운용의 원칙, 기금자산 운용의 원칙, 기금운용계획안 수립 및 내용 등에 관한 사항을 규정하고 있다. 마지막으로 제5장에서는 국가의 재정건전화를 위한 노력의 사항에 대하여 규정하고 있다.

'국가재정법'에서 위임된 사항과 그 시행에 관하여 필요한 사항은 국가재정법 시행령에 규정하여 시행하고 있다. 국가재정법과 달리 국가재정법 시행령은 국회 의결을 필요로 하지 않고, 국무회의 의결로 개정할 수 있다.

(2) 국가회계법

국가회계법은 국가 회계와 이와 관계된 기본적 사항 전반에 대한 총칙법이다. 이 법은 국가회계와 이와 관계되는 기본적인 사항을 정하여 국가회계를 투명하게 처리하고, 재정에 관한 유용하고 적정한 정보를 생산·제공하는 것을 목적으로 하고 있다. 국가의 회계와 재정에 관련된 기준, 내용 등을 규정한 법률이다. 국가회계법의 내용구성은 총 4장으로 구성되어 있고, 제1장은 총칙으로, 국가회계법의 목적, 정의, 적용범위, 국가회계의 원칙, 회계연도, 국가회계에 관한 사무의 관장, 회계책임관의 임명, 국가회계제도심의위원회 설치 등에 관한 내용을 규정하고 있고, 제2장은 국가회계기준을 규정하고 있다. 제3장은 결산보고서의 구성, 작성, 부속서류, 예비비 사용명세서의 작성 등에 관한 내용을 규정하고 있고, 제4장은 내부통제, 회계장부의 비치, 회계처리 및 결산보고서 작성에 대한 감독, 회계관계공무원의 교육 및 책임 등에 관한 내용을 규정하고 있다.

'국가회계법'에서 위임된 사항과 그 시행에 관하여 필요한 사항은 국가회계법 시행령에 규정하여 시행하고 있으며, 국가재정법과 마찬가지로 국회의 의결없이 국무회의 의결로 개정할 수 있다.

3. 정부기업예산법(구기업회계예산법)

정부기업예산법은 제1조에서 규정하고 있는 것처럼 '정부기업별로 특별회계를 설치하고, 그 예산 등의 운용에 관한 사항을 규정함으로써 정부기업의 운영성과와 자산 상태를 명확히 파악하여 경영을 합리화하고 운영의 투명성을 제고함'을 목적으로 하고 있는 법이다. 본 법은 본래 기업회계예산법으로 2008년도에 법제명변경 및 전면개정을 통하여 정부기업예산법으로 변경되었다.

본 법에 따르면, 정부기업은 우편사업, 우체국예금사업, 양곡관리사업 및 조달사업이 포함(정부기업예산법 제3조)되고, 각 사업별로 특별회계를 설치하여 정부기업을 운영하도록 하고 있다. 특별회계의 세입세출예산은 손익계정, 자본계정, 그 밖에 필요한 계정으로 구분하고 있고(정부기업예산법 제15조), 국회에 제출하는 특별회계 예산안에는 ① 해당연도의 투자계획 및 자금계획서, ② 해당연도의 추정재정운영표 및 추정재정상태표, ③ 차입금 명세서, ④ 다른회계 및 기금으로부터의 전입금에 관한 명세서를 첨부하도록 규정하고 있다(정부기업예산법 제18조).

4. 지방재정법

지방재정법은 국가재정법과 더불어 우리나라 지방자치단체의 재정의 투명성과 자율성을 보장함을 목적으로 하고 있는 아주 중요한 법이다. 지방재정법 제1조에서 밝히고 있듯이 지방자치단체의 재정 및 회계에 관한 기본원칙을 정함으로써 지방재정의 건전하고 투명한 운용과 자율성을 보장함을 목적으로 하고 있다.

지방재정법은 총 13장으로 구성되어 있고, 지방재정에 대한 일반적인 총칙, 경비의 부담, 예산, 결산, 재정분석 및 공개, 수입, 지출, 현금과 유가증권, 권리 및 권한에 대한 시효, 채권과 채무, 복권, 회계관계공무원, 보칙을 규정하고 있다 .'지방재정법'에서 위임된 사항과 그 시행에 관하여 필요한 사항은 지방재정법 시행령에 규정하고 있고, 국무회의 의결로 개정할 수 있다.

지방재정법은 국가재정법과 별개의 법이 아닌 상호간의 연계성을 통하여 국가의 재정효율성 및 지방재정의 효율성을 높이고 투명성을 높여야 한다.

참고문헌

노화준(2007). 정책학원론. 박영사.
박영희 · 김종희(2008). 신재무행정론. 다산출판사.
배득종(1997). 신재무행정: 좋은 예산을 찾아서. 박영사.
신무섭(2007). 재무행정학. 대영문화사.
손희준 · 강인재 · 장노순 · 최근열(2008). 지방재정론. 대영문화사.
오석홍(2008). 행정학의 주요이론. 법문사.
유훈(2003). 재무행정론. 법문사.
윤영진(2014). 새재무행정학 2.0. 대영문화사.
이정희(2010). 최근의 주요 예산이론들의 비교, 평가 및 발전방향에 관한 연구. 한국행정학보. 44(4): 103-130.
이준구(1999). 재정학. 다산출판사.
전상경(2007). 현대지방재정론. 박영사.
전성훈(2009). 서울시의 예산편성에 대한 의원과 공무원의 인식조사: 예산결정이론을 중심으로. 한국지방재정논집, 14(3): 73-103.
조기선(2007). 지방재정 성장의 결정요인에 관한 연구. 한국지방재정논집, 12(3): 213-238.
최식인(2011). 재정학개론: 국가재정과 지방재정의 이해. 청목출판사.
Appleby, P. (1987). The Role of the Budget Division. *In* Allen Schick (ed.), *Perspectives on Budgeting*, Second Edition, the American Society for Public Administration, pp. 119-123.
Axelrod, Donald (1995). Budgeting for Modern Government, Second Edition, St. Martin's Press, Inc.
Bahl, R. (1992). The Growing Fiscal and Economic Importance of State and Local Governments. In Albert C. Hyde (ed.), *Government Budgeting: Theory · Process · Politics*, Second Edition, Brooks/Cole, pp. 251-264.
Baily, Martin Neil and Philip Friedman (1995). *Macroeconomics, Financial Markets, and the International Sector*, Second Edition, Irwin.
Baumgartner, F. R. & Jones, B. D. (1993). *Agendas and Instability in American Politics*. Chicago: University of Chicago Press.
Berman, L. (1987). OMB and the Hazards of Presidential Staff Work. *In* Allen Schick (ed.), *Perspectives on Budgeting*, Second Edition, the American Society for Public Administration, pp. 162-170.
Biller, R. P. (1987). Leadership Tactics for Retrenchment. *In* Allen Schick (ed.), *Perspectives on Budgeting*, Second Edition, the American Society for Public Administration, pp. 251-257.
Borooah, V. K. (1996). Widening public choice. In: J. C. Pardo & F. Schnieder(Eds). *Current Issues in Public Choice* (pp. 43-50). Cheltenham, U. K.: Edward Elgar.
Bowsher, C. (1988). Sound Financial Management: A Federal Manager's Perspective, *Public Administration Review*, vol. 45(January/February 1985), pp. 176-184.

Bozeman, B. and J. D. Straussman (1987). Shrinking Budgets and the Shrinkage of Budget Theory. *In* Allen Schick (ed.), *Perspectives on Budgeting*, Second Edition, the American Society for Public Administration, pp. 299-310.

Brecher, C. and R. D., Horton (1987). Retrenchment and Recovery: American Cities and the New York Experience. In Allen Schick (ed.), *Perspectives on Budgeting*, Second Edition, the American Society for Public Administration, pp. 258-270.

Bretshneider, S., Straussman, J. J., Mullins, D. (1988). Do Revenye Forecasts Influence Budget Setting? A small Group Experiment. *Policy Sciences*, 21, 305-325.

Brown, C. V. and P. M. Jackson (1990). Public Sector Economics, Fourth Edition, Basil Blackwell Ltd.

Burda, Michael and Charles Wyplosz (1997). Macroeconomics, Second Edition, Oxford University Press.

Caiden, N. (1987a). Patterns of Budgeting. *In* Allen Schick (ed.), *Perspectives on Budgeting*, Second Edition, the American Society for Public Administration, pp. 15-26.

Caiden, N. (1987b). The Myth of the Annual Budget. *In* Allen Schick (ed.), *Perspectives on Budgeting*, Second Edition, the American Society for Public Administration, pp. 311-327.

Carey, W. D. (1987). Reorganization Plan No. 2. *In* Allen Schick (ed.), *Perspectives on Budgeting*, Second Edition, the American Society for Public Administration, pp. 156-161.

Connolly, Sara and Alistair Munro (1999). Economics of the Public Sector, Prentice Hall Europe.

Coombs, H. M. and D. E. Jenkins (1994). Public Sector Financial Management, Second Edition, Chapman & Hall.

Cooper, Phillip, Linda P. Brady, Olivia Hidalgo-Hardeman, Albert Hyde, Katherine C. Naff, J. Steven Ott and Harvey White (1998). *Public Administration for the Twenty-First Century*, Harcourt Brace College Publishers.

DeGregori, T. R. (1974). Caveat Emptor: ACritique of the Emerging Paradigm of Public Choice. *Administration and Society*, 6, 205-228.

Downs, A. (1992). Why the Government Budget Is Too Small in a Democracy. In Albert C. Hyde (ed.), *Government Budgeting: Theory · Process · Politics*, Second Edition, Brooks/Cole, pp. 217-230.

Forsythe, Dall W. (1997). Memos to the Governor, Georgetown University Press.

Gerald . Miller. (1991). Government Finance Management Theory; 신무섭(2011). 정부재무관리이론. 대영문화사.

Gianakis, Gerasimos A. (1996). Integrating Performance Measurement and Budgeting. In Arie Halachmi and Geert Bouckaert (eds.), *Organizational Performance and Measurement in the Public Sector: Toward Service, Effort and Accomplishment Reporting*, Quorum Books.

Grafton, Carl and Anne Permaloff (1983). Budgeting Reforms in Perspective. In Jack Rabin and Thomas D. Lynch (eds.), *Handbook on Public Budgeting and Financial Managment*, Marcel Dekker, Inc., pp. 89-124.

Grizzle, Gloria A. (1998). Budgeting and Financial Management: Propositions for Theory and Practice. *In* Jack Rabin et al. (eds.), *Handbook of Public Administration*, Second Edition, Marcel Dekker, Inc.

Henry, Douglas, Clive Holtham, Andrew Likierman and John Perrin (1989). Public Sector Accounting and Financial Control, 3rd ed., Van Nostrand Reinhold (International).

John R. Bartle. (2001). Evolving Theories of Public Budgeting. Elsevier Science Ltd. The Boulevard, Langford Kidlington, Oxford OX5 1GB UK.

Johnson, B. (1989). The OMB Budget Examiner and The Congressional Budget Process, *Public Budgeting & Finance*, Spring 1989, pp. 5-14.

Kingdon, J. W. (1995). Agendas, Alternatives, and Public Policies (2nd ed.). NY: Harper Colins.

Lapsley, Irvine (1996). Reflections on Performance Measurement in the Public Sector. In Irvine Lapsley and F. Mitchell (eds.), Accounting and Performance Measurement, Paul Chapman Publishing Ltd.

Lee, Robert D., Jr. and Ronald W. Johnson. (1983). *Public Budgeting System*, Gaithersbury, M. D.: Aspen Pubilisher, Inc.

LeLoup, L. T. and W. B. Moreland (1987). Agency Strategies and Executive Review: The Hidden Politics of Budgeting. *In* Allen Schick (ed.), *Perspectives on Budgeting*, Second Edition, the American Society for Public Administration, pp. 201-214.

Lesser, Jonathan, Richard O. Zerbe, Jr. (1998). A Practitioner's Guide to Benefit-Cost Analysis. In Fred Thompson and Mark T. Green (eds.), *Handbook of Public Finance*, Marcel Dekker, Inc.

McCaffery, J. (1983). Analyzing the Pedagogic Deficit in Budgeting. In Jack Rabin and Thomas D. Lynch (eds.), *Handbook on Public Budgeting and Financial Managment*, Marcel Dekker, Inc., pp. 193-207.

McCaffery , J., & Baker, K. G. (1990). Optimizing Choice in Resource Decisions: Staying Within the Boundary of the Comprehensive-Rational Method. *Public Administration Quarterly*, 14(Summer), 142-172

Miah, Nuruz Zaman (1991). Attempts at Developing a Conceptual Framework for Public Sector Accounting in New Zealand, *Financial Accountability & Management*, 7(2), Summer, pp. 83-97.

Mosher, Frederick C. (1984). A Tale of Two Agencies: A Comparative Analysis of the General Accounting Office and the Office of Management and Budget, Louisiana State University Press.

Mueller, D. C. (1989). *Public Choice II: A Revised Edition of Public Choice*. Cambridge: Cambridge Unoversity Press.

Niskanen, W. A. (1971). *Bureaucracy and Representative Government*. Chicago: Aldine-Atherton.

Norman, Richard (1997). *Accounting for Government*, Victoria University of Wellington.

OECD (1997). Modern Budgeting, OECD.

Ostrom, V., & E. Ostrom. (1971). Public Choice: A Different Approach to the Study of Public Administration. *Public Administration Review*, 31, 203-216.

Parker, Steven (1983). Budgeting as an Experession of Power. *In* Jack Rabin and Thomas

D. Lynch (eds.), *Handbook on Public Budgeting and Financial Managment*, Marcel Dekker, Inc., pp. 61-87.

Patashnik E. M. (1996). The contractual nature of Budgeting: A transaction cost perspective on the design of budgeting institytions. *Policy Science*, 29, 189-212.

Pearson, N. M. (1987). The Budget Bureau: From Routine Business to General Staff. *In* Allen Schick (ed.), *Perspectives on Budgeting*, Second Edition, the American Society for Public Administration, pp. 124-155.

Pitsvada, B. T. and F. D. Draper (1984). Making Sense of the Federal Budget the Old Fashioned Way-Incrementally, *Public Administration Review*, September/October, pp. 401-407.

Poterba, James M. (1997). Do Budget Rules Work? *In* Alan J. Auerbach (ed.), *Fiscal Policy: Lessons from Economic Research*, The MIT Press.

Premchand, A. (1993). Public Expenditure Management, International Monetary Fund.

Premchand, A. (1995). Effective Government Accounting, International Monetary Fund.

Romer, T., & Rosenthal, H. (1979). The elusive median voter. *Journal of Public Economics*, 12, 143-170.

Rosen, Harvey S. (1992). Public Finance, Third Edition, Irwin.

Rubin, I. (1987). Preventing or Eliminating Planned Deficits: Restructuring Political Incentives. *In* Allen Schick (ed.), *Perspectives on Budgeting*, Second Edition, the American Society for Public Administration, pp. 239-250.

Rubin, I. S. (1992). Budget Theory and Budget Practice: How Good the Fit? *Public Administration Review* (March/April 1990), pp. 179-189.

Schick, A. (ed.) (1987a). Perspectives on Budgeting, Second Edition, the American Society for Public Administration, pp. 218-238.

Schick, A. (1987b). Budgeting as an Administrative Process. *In* Allen Schick (ed.), *Perspectives on Budgeting,* Second Edition, the American Society for Public Administration, pp. 1-12.

Schick, A. (1987c). Macro-Budgetary Adaptations to Fiscal Stress in Industrialized Democracies. *In* Allen Schick (ed.), *Perspectives on Budgeting*, Second Edition, the American Society for Public Administration, pp. 218-238.

Schick, A. (1992). Incremental Budgeting in a Decremental Age. *In* Albert C. Hyde (ed.), *Government Budgeting: Theory · Process · Politics*, Second Edition, Brooks/ Cole, pp. 410-425.

Schick, A. (1995). The Federal Budget: Politics, Policy, Process, The Brookings Institution, Washington D. C.

Staats, E. B. (1992). The Continuing Need for Budget Reform. In Albert C. Hyde (ed.), *Government Budgeting: Theory · Process · Politics*, Second Edition, Brooks/Cole, pp. 61-67.

Stewart, T. R., & Gelberd, L. (1976). Analysis of Judgement Policy: A New Approach for Citizen Participation in Planning. *American Institute of planners Journal*, (January), 33-41

Swan, Wallace K. (1983). Theoretical Debates Applicable to Budgeting. In Jack Rabin and Thomas D. Lynch (eds.), *Handbook on Public Budgeting and Financial Managment*,

Marcel Dekker, Inc., pp. 3-59.

Thompson, F. (1993). Matching responsibilities with tactics: Administrative controls and modern government. *Public Administration Review*, 53 303-318.

Thompson, F., and Jones, L. R. (1986). Controllership in the public sector. *Journal of Policy Analysis and Manegement*, 5, 547-571.

Thurmaier, K. (1995a). Responsive and Responsible Budgeteers: An Experiment in Budgetary decision-making. *Public Administration Review*, 55(5), 448-460.

Thurmaier, K. (1995b). The Multiple Facets of Budget Analysis: Focusing on Budget Execution in Local Government. *State and Local Government Review*, 27(2), 102-117.

Toulmin, Llewellyn M., and Glendal E. Wright (1983). Expenditure Forecasting. In Jack Rabin and Thomas D. Lynch (eds.), *Handbook on Public Budgeting and Financial Managment*, Marcel Dekker, Inc., pp. 209-286.

Udehn, L. (1996). *The Limits of Pubvlic Choice: A Sociological Critique of the Economic Theory of Politics*. London: Routledge.

van Winden, F. A. M. (1988). The economic theory of political decision-Making: A survey and perspective. In: VanDenBroeck, J. (Ed.), Public Choice (pp. 9-42). The Netherlands: Kluwer Academic Publishers.

White, J. (1985). Much Ado About Everything: Making Sense of Fedral Budgeting, *Public Administration Review*, September/October, pp. 623-630.

Wildavsky, A. (1992). The New Politics of the Budgetary Process, Second Edition, Harper Collins Publishers Inc.

Willoughby, K. G. (1993a). decision-making Orentations of State Government Budget Analysis: Rationalists or Incrementalists? Public Budgeting and Fianacial Management, 5(1), 67-114.

Willoughby, K. G. (1993b). Patterns of Behavior: Factors Influencing the Spending Judgements of Public Budgeters. In: T. D. Lynch & L. L. Martin (Eds), *The Handbook of Comparative Public Budgeting and Financial Management* (pp. 103-132) Ny: Marcel Dekker.

Willoughby, K., & Finn, M. A. (1996). Decision Strategies of the Legislative Budget Analyst: Economist or Politician? *Journal of Public Administration Research and Theory*, 6(October), 523-546.

CHAPTER

03

예산기관과 예산제도

CHAPTER 03

예산기관과 예산제도

3.1 예산과정의 설계

1. 제도와 행위자

예산에 많은 문제점이 있다면 과연 제도와 사람 중 어디에 문제가 있는 것일까? 예산과정에는 관련행위자들의 성격(personality)도 중요한 변수이다. 상원의원 Phil Gramm은 과정에는 문제가 없으며 문제는 과정 속에 있는 사람이라고 주장한다. 그러나 하원의원 Leon Panetta는 과정이 문제라고 한다. 또 하원의원 Anthony Beilenson은 예산과정이 존재하지 않은 상태로 누가 돌아가겠느냐고 반문함으로써 예산과정이 중대한 역할을 한다고 주장하고 있다(Wildavsky, 1992a). 여기서 예산과정이 존재하지 않은 상태란 예산이 오늘날처럼 체계적으로 편성되지 않고 그때그때의 필요에 의해 지출이 이루어졌던 과거를 의미한다. 예산이라는 용어와 예산과정은 20세기에 들어와서 탄생하였기 때문에 예산과정이 존재하지 않은 상태로 돌아간다는 것은 20세기 이전으로 돌아간다는 것을 의미한다. 우리는 여기에서 진부한 교훈을 다시 확인할 수 있다. 예산에서는 제도도 중요하지만 예산과정 속의 사람도 중요하다는 사실이다.

예산에서 행위자란 중앙예산기관, 예산신청기관 즉 예산집행기관, 감사원, 의회, 대통령 등을 지칭한다. 예산제도는 예산에 관련된 헌법의 조항, 각종 법규, 규정, 명령, 규칙 등에 포함되어 있는 내용을 말하는데 주로 과정, 절차, 의무, 행위자들 사이의 관계에 대해 서술하고 있다. 예산제도와 행위자는 서로 영향을 주고 받는 두 개의 실체이다. 예산시스템이란 예산제도와 행위자들이 서로 작용하면서 형성해나가는 또 하나의 상위적 개념의 실체라 할 수 있다.

2. 예산과정

예산과정은 예산편성, 예산심의, 예산집행, 결산과 감사의 네 단계로 구성되어 있다. 미국연방정부의 경우 1921년 예산회계법이 제정되기 이전에는 정부 내에 공식예산과정이 존재하지 않았으며 각 부처는 추가 재원을 획득할 채널이 없었는데 공식예산과정의 탄생으로 인하여 추가재원의 요구가 정당화되었다. 공식예산과정은 예산삭감의 수단이 되기도 했는데 예산삭감에 효과적이기 위해서는 강력한 중앙예산기관이 필요했다(Schick, 1987b).

3. 신 축 성

예산과정은 어떻게 설계되어야 하는가? 예산제도는 신축성을 부여하고 실제로 어느 한쪽으로 치우칠 때 균형을 취할 수 있도록 그것을 알려주는 지표가 필요하다(Rubin, 1992). 예를 들어 일부 예산제도는 법개정 없이 변경 가능하도록 신축적으로 설계하는 것이 필요할 것이다.

4. 이해관계자들의 참여

예산과정에 관련당사자들이 최대한 참여할 수 있도록 설계하여야 한다. 조직구성원을 예산과정에 참여시키지 않으면 조직구성원이 예산이 지향하는 조직목표에 순응하기 어려운데 특히 전문가가 많은 조직에서는 예산과정에 그들을 참여시켜야 한다. 사회에 많은 집단들이 존재하지만 예산과정에서 모두 동등하게 영향력을 발휘하지 못하기 때문에 예산담당자는 모든 집단의 의견을 예산과정에 공평하게 반영해야 할 사회적 의무가 있다(Swan, 1983).

5. 정치적 합리성과 경제적 합리성

예산과정은 경제적 합리성은 물론 정치적 합리성도 반영될 수 있도록 설계되어야 한다. 경제적 합리성은 투입된 재원으로 최대의 효과를 거둘 수 있는 항목에 우선적으로 예산이 배분되는 것인데 정치적 이유, 불확실성, 정보의 부족, 예산편성기관의 능력부족, 기타의 이유 등으로 지켜지기 어렵다. 그러나 경제적 합리성에 못지않게 정치적 합리성도 예산편성에 있어서 중요한 고려사항이다. 정치적 합리성에 있어서 가장 중요한 것은 민주적인 절차에 의해서 예산과정이 운영되도록 설계되어야 한다는 점이다.

6. 재원제공자의 감시

예산과정의 핵심은 예산집행자에게 모든 것을 위임하지 않고 감시와 견제를 통해서 효과성과 효율성을 추구한다는 점이다. 효과성과 효율성을 위하여 재원제공자의 감시가 필요한데 의회는 재원제공자의 대리인으로서 예산의 최종결정자와 예산집행 감시자의 역할을 수행한다. 국가만이 아니라 기업, 교회, 기타 비영리조직에서도 재원제공자의 감시가 필연적으로 필요하다. 재원제공자가 예산과정에서 충분한 역할을 수행할 수 없도록 설계되면 예산과정은 결코 효율성과 효과성을 달성할 수 없다.

7. 단순성과 예산과정

행정부와 의회의 예산과정은 지나치게 구체적이고 반복적이고 과도한 업무과정이므로 자신들이 직면한 정책대안의 선정에 초점을 맞출 수 있도록 단순하고 유선화할 필요가 있다. 예산편성뿐만이 아니라 행정부의 예산집행도 관리신축성과 효율성을 위해 단순화될 필요가 있다. MBO, ZBB 같은 제도들은 기존제도에 추가되기만 함으로써 예산과정을 더 복잡하게만 만들었다. 단순화란 주요 정책이슈, 예산의사결정의 장기적 관점에서의 결과, 정부사업과 부처의 관리와 감독에 보다 전념할 수 있기 위한 것이어야 하며 예산편성상의 세부사항은 사업관리자에게 위임해야 한다(Bowsher, 1988).

8. 행정부편성예산제도

예산과정을 지배하지 못하는 대통령, 시장이나 주지사는 자신의 정부를 결코 효율적으로 운영할 수 없으며, 예산과정과 효율성은 상호의존적이라는 주장에 근거하여 행정부편성예산이 도입되었다. 행정부편성예산에 의해 의회에서 행정부로 권력이 이동하고, 분산되어 있던 행정기능이 통합되어 강력한 중앙집권적 행정부가 탄생하게 되었다. 비록 예산에 관한 권력이 의회로부터 행정부로 옮겨갔지만 행정부편성예산은 정부의 효율성을 증가할 수 있기 때문에 의회지도자들도 지지하였다. 만약 예산에 대해 대통령이 관심이 없다면 행정부편성예산의 정당성이 사라지고 행정부가 예산을 편성할 필요도 없으며 의회가 편성하면 될 것이고 행정부 내의 중앙예산기관을 의회로 옮기면 된다(Schick, 1987b).

행정부편성예산의 취지는 예산집행에 책임을 지는 행정부가 예산을 편성해야 효율성이 증가한다는 주장에서 유래한다. 자신이 책임을 지는 예산에 대해 편성권한을 부여하지 않으면서 책임을 추궁하는 것은 비합리적이라는 것이 행정부편성예산의 핵심취지이다. 지금은 모두 행정부에서 예산을 편성하는 것을 당연하게 생각하고 있지만 과거 미국연방정부에서는 1921년 예산회계법에 의해 행정부편성예산제도가 도입되기 이전에는 각 행정부처의 예산은 재무부가 취합하여 의회에 제출하였고 의회는 오늘날의 중앙예산기관의 역할을 수행하였다.

3.2 단년도 예산과 다년도 예산

1. 단년도 예산의 이해

예산은 정책검토와 예측에 관한 토론의 장을 마련한다. 미국의 초기 예산개혁은 모두 유럽에서 도입된 것인데, 예를 들어 행정부예산편성과 단년도 예산(annual budget)이 그렇다. 단년도 예산은 1년을 단위로 예산과정이 이루어지는 예산이다. 다년도 예산은 1년 이상의 시간단위를 기준으로 예산과정이 이루어지기 때문에 예를 들어 제도에 따라 2년에 한 번씩 혹은 3년에 한 번씩 예산이 편성된다. 단년도 예산은 정보통신기술이 오늘날처럼 발달하기 이전인 오직 유일한 통제가 주기적인 점검과 엄격한 예산회계의 중앙집권화뿐이었던 시절에 부패, 혼란, 편의주의를 방지하기 위해 등장했다. 단년도 예산은 1년을 단위로 측정한 재무정보가 과거와 비교되고, 사업집행의 감독에 유리하다는 장점도 있다. 그러나 오늘날은 신경망처럼 예민한 정보시스템에 의해 계속적인 지출감시, 예측수정, 계정통제, 정책과 관리분석이 가능하므로 새로운 예산구조가 필요하다는 것이다. 그리고 이미 단년도 예산구조 내에 다년도 예산요소가 많이 도입되었으며 선셋조항도 그 중 하나의 사례라고 한다. 예산항목에 따라 단년도 예산과 다년도 예산을 적절하게 사용하고, 회계연도 도중에 예산관련 가정을 끊임없이 조정하는 것도 단년도 예산의 문제점을 극복하는 한 가지 방법이다(Caiden, 1987b).

2. 단년도 예산과 다년도 예산의 장단점

단년도 예산은 1년을 단위로 예산이 편성되고 집행되는 예산인데 많은 예산항목이 장기적 계약이나 집행을 수반하기 때문에 1년은 너무 짧다는 주장이 끊임없이 제기되고 있다. 단년도 예산은 불확실성이 크기 때문에 끊임없이 조정해야 하는데 단년도 예산은 너무 엄격한 시간구조라는 비판을 받는다. 예를 들어 9월 1일부터 시작해야 하는 사업과 1월 1일부터 시작해야 하는 사업을 모두 같은 시기에 예산편성, 심의, 의결을 거친다는 것은 문제가 있다(Caiden, 1992). 미국 주 정부 중 일부는 2년에 한 번씩 예산을 편성하며 어떤 주 정부는 단년도 예산과 2년단위 편성예산(biennial budget)을 병행하기도 한다(Axelrod, 1995).

공식적인 1년 단위의 시간구조는 이미 결정된 사항을 매년 되풀이하게 만들고 막상 중요한 의사결정은 충분한 분석이나 검토도 없이 기존관행대로 자동결정되는 경향이 있으며 많은 예산이 예산과정에서 제외된다고 한다. 규칙적인 반복은 효과적인 정책결정을 저해하며 1년 내에 기획, 통제, 회계, 감사 등 모든 중요한 예산과정을 시행하기에는 시간이 부족하다. 1년이라는 고정되고 유한한 시간단위로 기획, 예측, 예산편성, 예산집행, 통제, 회계, 감사 등이 이루어지는 단년도 예산은 다년도 예산에 비하여 신축성이 결여되기 때문에 갈등이 증폭되고 복잡성이 증가한다(Caiden, 1987b).

단년도 예산이 아닌 다년도 예산을 편성하면 경직성 경비의 증가가 훨씬 더 심각하게 부각된다. 경직성경비를 단순히 통제 불가능한 경비로 수용하지 않고 전략적 관점에서 의식적 선택의 대상이 된다(Staats, 1992). 다년도 예산은 단년도 예산에 비해 더 나쁜 점은 없으며 예산담당자를 과도한 업무로부터 어느 정도 해방시킬 수 있기 때문에 약간의 장점이 있다고 주장하기도 한다. 다년도 예산은 국방조달사업 같은 장기적 관점에서 수행되어야 하는 예산항목에 부분적으로 적용할 수 있다. 다년도 예산은 2년에 한 번씩 편성된다면 3년 후의 경제상황을 예측해야 하기 때문에 예측이 어려운 예산항목에는 적합하지 않다. 예산이 물가지수와 연계되지 않을 때는 다년도 예산은 정부축소와 민간부문의 확대로 이어질 가능성이 크고 다년도 예산이 단년도 예산에 비해 지출삭감이 더 용이하다(Wildavsky, 1992a).

다년도 예산의 장점은 다음과 같다고 Axelrod는 주장하고 있다(Axelrod, 1995).

첫째, 예산우선순위가 어느 한 해에 변경되지 않기 때문에 새 정부가 들어서도 예산우선순위를 바꾸기 위해서는 몇 년이 소요된다. 따라서 장기적인 관점과 일관성을 유지할 수 있다.

둘째, 사업의 재원조달에 안정을 가져온다.

셋째, 지출통제와 재정적자감축에 효과적이다.

넷째, 단편적인 의사결정을 방지한다.

다섯째, 행정부와 의회의 예산관련업무를 감소한다.

미국연방정부의 행정개혁을 담당했던 NPR(National Performance Review)은 1993년에 2년단위예산(biennial budgeting)을 제안하면서 2년단위예산이 구체적인 예산신청서작성에서 부처를 해방시켜 보다 거시적이고 중요한 기획과 정책이슈에 집중할 수 있게 하며 의회도 여유 없는 일정표에서 벗어날 수 있다고 설명했다. 2년을 단위로 예산이 편성되면 첫 해에는 수권법안이 제정되고 둘째 해에 세출법안이 제정될 수 있어 사업과 성과의 감독에 더 효과적이라는 주장도 있다. 회계연도가 2년이 되면 점증주의적 관행도 약화되고, 변화지향적이 되며, 투입보다는 성과와 산출에 관심을 갖게 되고, 미시적 관리보다는 정책과 우선순위를 더 중시할 것이라고 주장한다. 그러나 2년단위편성예산은 의회의 예산통제를 약화시킬 우려가 있으며, 2년단위편성예산의 주창자들의 기대가 과거 계획예산(PPBS)이나 영기준예산(ZBB)의 신봉자들의 주장처럼 비현실적일 수도 있고, 추가경정예산을 과도하게 사용하면 명목상으로만 2년단위예산일 뿐 실질적으로는 단년도 예산일 수 있다고 Schick은 비판하고 있다. 또한 단년도 예산을 유지하면서 다년도 예산을 부분적으로 도입하는 등의 조치로 단년도 예산의 부담을 완화할 수도 있을 것이다(Schick, 1995).

3.3 중앙예산기관

1. 중앙예산기관의 역할

행정부, 입법부, 사법부는 모두 예산과정에서 일정한 역할을 담당한다. 중앙예산기관이라고 하면 보통 행정부의 중앙예산기관을 지칭한다. 입법부 내에서 예산에 관련된 업무를 담당하는 조직을 중앙예산기관이라고 말하지는 않는다. 한국의 경우 김대중 정부와 노무현 정부의 기획예산처, 이명박 정부의 기획재정부가 중앙예산기관이다.

중앙예산기관은 행정부 내에서 각 부처로부터 예산신청을 받아 예산을 사정한 뒤에 예산안을 확정하는 예산편성과정을 총괄하는 기구이다. 중앙예산기관은 의원내각제와 대통령제하에서 각각 위치와 역할이 다르다. 의원내각제에서는 재무부가 보통 예산을 편성하지만 예산을 편성하고 관리하는 별도의 기구가 있는 경우도 있다. 대통령제 하에서도 한국처럼 기획재정부가 예산을 편성하고 집행하는 임무를 담당하는 경우도 있고, 미국처럼 대통령 직속기구인 관리예산실(OMB)에서 중앙예산기관의 역할을 수행하는 경우도 있다.

2. 중앙예산기관과 대통령과의 관계

이론상으로는 정책은 대통령과 의회에 의해 결정되어야 하고 중앙예산기관은 대통령을 보좌하기만 해야 하지만 중앙예산기관은 대통령의 보좌 이상의 역할을 담당한다. LeLoup은 대통령이 예산에 얼마나 관여하는가에 따라 수동적 관여, 능동적 관여, 혼합적 관여의 세 가지 유형이 있다고 주장한다(Parker, 1983). 중앙예산기관이 대통령을 대신하여 정책을 결정하고 부서를 통제, 조정하는 역할을 수행함으로써 대통령과 부서간의 명령과 책임선상의 가운데에 위치하는 가장 큰 이유는 대통령이 예산의 세부사항을 검토할 수 없어 중앙예산기관이 대통령의 대리인이 되기 때문이다(Pearson, 1987). 그러므로 미국 관리예산실(OMB)실장의 역할은 전적으로 대통령과의 관계에 달려 있다고 한다(Axelrod, 1995).

대통령의 대리인이 되는 것은 단순히 대통령을 보좌하는데 그치지 않고 대통령의 임무를 대통령의 방침과 위임의 범위 내에서 수행하는 것이다. 결국 대통령의 임무를 수행한다고 보아야 한다. 다만 대통령의 방침과 위임의 범위 내에서 대통령의 역할을 한다. 이러한 대리인 역할은 대통령을 예산의 구체적 업무로부터 해방시켜 보다 중요하고 폭넓은 문제와 방향에 대해 리더십을 발휘하게 한다. 대통령은 사업집행을 각 부서에게 위임하고 각 부서의 사업을 감독, 조정, 통제하는 임무를 중앙예산기관에 위임한다는 것이다. 왜냐하면 사업의 감독, 조정, 통제임무는 예산부서가 가장 적절하기 때문이다. 그러므로 행정에 있어 성공적 대통령이 되는 것은 상당부분 중앙예산기관의 성공에 달려 있다고 한다(Pearson, 1987).

중앙예산기관은 대통령이나 지방자치단체장의 선거공약을 이행하는 것이 중요한 임무이다. 그러나 모든 선거공약을 수용하기 어렵기 때문에 때로는 수정이 필요하며 대통령이나 지방자치단체장은 취임한 후 즉시 자신의 임기와 선거공약, 재정상태, 경제상황, 기타 사항을 고려하여 장기전략계획을 수립하여야 한다. 레이건 대통령은 국방비 같은 항목의 지출을 증가하고 세금을 삭감하여 균형예산을 이루겠다고 약속했으나 취임 후에 자신의 모든 공약을 달성하기 어렵다는 것을 파악하고 균형예산공약을 포기했다. 그러나 선거에 당선된 시점과 첫 예산을 편성하는 시기 사이가 일반적으로 짧기 때문에 많은 어려움에 봉착한다. 또한 자신의 공약과 임기를 염두에 두고 장기적 관점에서 생각하는 대통령이나 지방자치단체장에 비해 예산담당관료들은 매년 반복되는 예산의 단년성에 익숙하기 때문에 장기적 관점이 결여되고 기계적으로 전년도 답습예산을 편성하는 경향이 있으며 이것이 전략기획을 가로막는 또 하나의 장애였다(Forsythe, 1997).

미국 연방정부의 경우 대부분의 예산실과 관리예산실(BoB/OMB)실장은 대통령과 친분이 있는 사람이라기보다는 추천과 능력에 의해 임명되었지만 일단 임명되면 대통령과 매우 가까운 사이가 되었고 어떤 경우는 거의 매일 대통령을 만났으며 대통령의 신뢰를 받았다. 미국의 중앙예산기관은 과거에는 예산실(BoB)이었으나 현재에는 관리예산실(OMB)로 변경되었다. 그들은 예산문제만이 아니라 정책에 관해서도 대통령을 보좌하였다. 대통령만이 아니라 백악관내의 보좌관들도 예산 이외의 문제들에 대해서도 예산실과 관리예산실(BoB/OMB)의 자문과 협조를 구하는 경우가 많았다. 현명한 대통령은 BoB/OMB를 충분히 활용하였지만 그렇지 못한 대통령도 많았다. 루스벨트 대통령은 2차 대전 중에 전쟁에 관련되지 않은 모든 정부운영은 예산실장이었던 Smith에게 위임하였다. 닉슨 대통령의 워터게이트 스캔들로 Ehrlichman과 Haldeman이 백악관을 떠난 후에는 관리예산실장인 Ash가 대통령 리더십의 공백을 메워 사실상 정부를 운영했다. 그러나 어떤 BoB/OMB실장도 대통령의 핵심참모그룹[1])에는 결코 포함되지 못하는 한계를 가졌다. 그러므로 대통령이 원하지 않거나 다른 참모들이[2]) 대통령에 대한 접근을 가로막는 경우에는 별다른 역할을 수행할 수 없었다(Mosher, 1984).

루스벨트 대통령에 의해 1939년 예산실장에 임명된 Harold D. Smith는 1946년까지 예산실장을 역임함으로써 가장 장수한 예산실장이 되었는데 그의 임기 중에 45명이었던 예산실 직원은 1944년 600명으로 급증하였으며 예산실은 새롭게 탄생하였다. 경영학, 행정학, 경제학, 기타 사회과학, 통계학, 인문학 분야의 우수대학의 졸업생과 우등생들을 채용하였다. 무엇보다도 1939년 예산실이 백악관으로 이동하여 재무부 소속에서 대통령 직속기관으로 변화함으로써 절약을 강조하던 기관에서 명실상부한 대통령의 참모기관으로 전환하였다. 루스벨트 대통령이 생각하는 이상적 예산실의 모습으로 그렇게 전환된 것은 대통령의 Smith에 대한 지지와 그가 유능한 부하직원을 확보할 수 있었기 때문에도 가능했으나, 무엇보다도 2차 대전으로 절약만을 강조할 수는 없었고 기획, 조직, 재원조달이 더 중요했기 때문이었다. 예산실은 대통령직속이 되면서 예산관련사항이 아닌 대통령의 주요관심사와 가장 긴박한 문제들을 해결하는 데도 개입하였다(Mosher, 1984; Points, 1990).

모든 중앙정부부서에 대한 구체적 지식을 가지고 있는 유일한 부서가 중앙예산기관이기 때문에 이러한 권한은 당연하다고 볼 수 있다. 무엇보다도 중앙예산기관은 어떤 부서가 어떤 활동을 하며 예산은 얼마나 소요되는가에 대한 지식이 있기 때문이다. 예산실은 인력부족에도 불구하고 1933, 1939, 1941년의 조직개편에 있어 중요한 역할을 수행하였다(Pearson, 1987).

닉슨 대통령이 워터게이트 사건에 휘말렸을 때, 정부를 운영하는 책임은 관리예산실에 맡겨져서 관리예산실이 사실상 대통령의 역할을 담당하였다. 관리예산실은 장관과 각 부서의 관료들이 해야 할 일상운영(day-to-day operations)을 통제하였다. 특히 John Erlichman과 몇몇 핵심참모[3])들이 워터게이트 사건으로 조사받고 기소당하자 관리예산실은 참모들의 공백으로 인한 자리까지 메웠다. 사실 관리예산실은 워터게이트 사건으로 인한 정치적 진공상태를 메우려는 것이었지만 각 부서의 반발과 원성은 결국 의회의 관리예산실 실장에 대한 인준요구로 이어졌다. 하원의원 J. J.

1) 이것을 kitchen cabinet이라고 한다(Mosher, 1984).

2) 대통령주변에서 대통령이 만나는 사람을 결정하고 자신들이 원하지 않는 사람들의 접근을 차단하는 이런 사람들을 gatekeeper(수문장)라고 한다(Mosher, 1984).

3) Domestic Council위원들이었음.

Pickle은 관리예산실이 미국의 보이지 않는 정부가 되었으며 의도적은 아니지만 헌법질서를 위협하고 있다고 비판하였다. 의회는 OMB의 실장과 부실장의 상원인준을 요구하는 법안을 통과시켰으나 대통령은 거부권을 행사하였다(Berman, 1987). 예산부서가 얼마나 중요한가를 보여주는 사례이다.

정책분석, 정책평가, 성과평가, 기획과 통제에 관하여 대통령부 혹은 대통령부속실(Executive Office of the President)이 제기능을 못하면 바람직한 대통령으로서 역할을 수행할 수 없다. 대통령의 리더십이란 대통령 개인의 리더십이 아니라 대통령부속실이 통합하여 성과를 발휘하는 것을 의미한다. 중앙예산기관은 대통령의 보좌기구로서 어떤 기관보다도 중요한 역할을 할 수 있다. 대통령의 보좌진은 모든 의미에서 대통령의 사람이어야 하며 무엇보다도 대통령의 철학과 일치하는 철학을 가진 헌신적인 사람이어야 한다. 업무의 영속성을 위해서는 대통령이 교체되더라도 보좌진이 바뀌지 않는 것이 좋은데 철학적으로 대통령과 일치하고 헌신할 수 있는 보좌진을 위해서는 기존 보좌진을 교체하는 것이 좋다. 그러나 관리예산실(OMB)의 구성원은 대부분 교체되지 않는다(Carey, 1987).

3. 중앙예산기관의 규모와 구성원의 성격

중앙예산기관의 인적 구성은 예산담당자의 능력과 예산업무의 성격을 대변하는 정보라고 할 수 있다. 한국의 중앙예산기관인 기획예산처 예산실의 인적 구성에 대한 정보는 없으나 미국의 주정부 중앙예산기관의 인적 구성에 대한 연구가 있어 소개한다(Lee, 1991). 다음의 표는 중앙예산기관의 구성원들의 전공과 비율을 보고하고 있다. 예를 들어 경영학전공자는 1990년도에 24%를 점유하고 있다.

미국연방정부의 중앙예산기관인 OMB는 600명의 직원으로 구성되어 있다. 오레곤주정부의 중앙예산기관인 Budget and Management Division은 40명의 직원으로 구성되어 있으며, 뉴저지주의 중앙예산기관인 Office of Management and Budget은 90명의 직원으로 구성되어 있고, 캘리포니아의 중앙예산기관인 Department of Finance는 375명의 직원으로, 뉴욕주의 중앙예산기관인 Budget Division은 350명의 직원으로 구성되어 있다(Axelrod, 1995).

예산관료에게 요구되는 바람직한 특성을 가진 전문인을 발견하기 때문에 중앙예산기관의 구성원은 하나의 팀을 구성하여 이러한 팀이 바람직한 특성을 구비하도록 하는 것이 현실적인 대안일 것이다. 예산관료가 지녀야 할 바람직한 특성에 대하여

표 3-1 | 중앙예산기관 구성원의 전공과 비율(%)

전공 분야	1970	1975	1980	1985	1990
회계학(*Accounting*)	29	20	21	18	15
경영학(*Business Administration*)	37	28	23	22	24
행정학(*Public Administration*)	15	19	22	22	21
경제학(*Economics*)	3	10	9	9	10
기타 사회과학	2	5	9	10	9
인문과학	9	8	5	5	7
기타전문분야(*Other Professional Disciplines*)	2	5	5	8	8
수학, 과학, 기타	3	7	6	6	7

Forsythe는 다음과 같이 주장하고 있다(Forsythe, 1997).

- 경제전반을 이해할 수 있는 능력과 경험
- 상급자에게 진실을 말할 수 있는 용기
- 커뮤니케이션기술
- 관리능력
- 정부 각 부처와 부처의 사업에 대한 지식과 이해
- 정치적 감각, 협상과 타협능력
- 재무관리에 대한 전문지식
- 신뢰성

지출에 관한 의사결정은 가치문제를 수반하기 마련이다. 많은 사람이 관련된 지출항목일수록 관련되는 가치도 복잡해진다. 민주사회에서 개인의 요구는 무의식적으로 권위주의적이며 반민주적이다. 예산과정에서 지출에 관하여 다른 사람의 욕구가 충족되지 않을수록 나의 욕구가 충족될 가능성이 그만큼 커진다. 그러므로 예산관료는 민주사회에서 다양한 사람들의 가치를 고려하고 조화시키는 능력이 필요하다. 또한 중앙예산기관에서 일하는 사람은 개인차원의 지혜가 아니라 사회차원의 지혜의 개발에 참여하기를 좋아하는 사람이어야 한다. 사회의 관점에서 무엇이 현명한가를 파악하여 예산의사결정을 수행해야 한다(Appleby, 1987).

4. 미국연방정부의 중앙예산기관

미국 연방정부의 중앙예산기관은 관리예산실(Office of Management: OMB)로서 대통령 직속의 참고기관으로 법제(法制)와 행정관리(administrative management)에 관한 기능까지 수행하는 강력한 기관이다. 그러나 관리예산실은 원래 예산실(Bureau of Budget: BoB)이었는데 1921년 예산회계법에 의해 창설되었다. 예산회계법이 제정되기 이전에는 미국연방정부의 예산편성은 의회가 담당하였는데 행정부의 각 부처가 의회에 예산을 신청하면 의회가 마치 오늘의 중앙예산기관처럼 각 부처의 예산신청에 대해 사정하고 예산을 결정하였다. 대통령은 이러한 예산과정에서 제외되었다. 그러나 이러한 의회예산편성은 예산집행에 대해 최종 책임을 지는 행정부의 자율성을 저해하기 때문에 오히려 비효율을 초래한다는 비판에 직면하게 되었고 1921년 예산회계법이 제정되었다. 예산회계법에 의해 행정부의 각 부처는 과거와는 달리 의회가 아닌 중앙예산기관에 예산신청을 하게 되고 대통령이 행정부예산안을 확정하여 의회에 제출하게 되었다. 의회는 예산편성권한을 행정부에 넘기는 대신 예산에 대한 감시를 위해 감사원(General Accounting Office: GAO)을 창설하게 되고, 행정부는 의회로부터 예산편성 권한을 넘겨받게 되어 예산편성을 담당하는 중앙예산기관인 예산실(BoB)이 창설되었다. 예산실은 1939년 대통령의 직속기관으로 백악관으로 이동하기 전까지는 재무부 직속기관이었으며 닉슨 대통령 시절에 관리예산실(OMB)로 명칭을 변경하였다.

감사원장이었던 Mosher가 분석한 다음과 같은 예산실의 역사에 의하면 초대 예산실장인 Charles G. Dawes는 초대감사원장인 Raymod McCarl처럼 공화당이었으며 하딩 대통령이 임명하였고 McCarl과 매우 유사한 인물이었다. Dawes는 원래 하딩 대통령에 의해 재무장관 자리를 제안받았으나 거절하고 만약 예산회계법이 통과되면 초대 예산실장을 맡고 싶다고 희망을 밝혔으며 예산실장 자리를 대통령이 제안하자 1년만 담당하겠다고 수락하였다. Dawes가 대통령의 전적 지지를 얻을 수 있었기 때문에 역사상 처음 탄생하는 기관의 책임자로서 많은 업적을 남길 수 있었다. 예산실은 최대 25명의 전문가를 넘지 않는 작은 규모였고 최초로 설립된 기관이었기 때문에 업무수행에 많은 어려움이 있었는데도 불구하고 Dawes는 매우 열정적이고 정치적 야망을 가진 강한 의지의 인물이었기 때문에 예산실의 근본성격과 모습을 갖추는 데 결정적 역할을 담당하였다. 예를 들어 그는 예산실은 공평하고 객관적이며 비정치적이어야 한다고 주장하였는데 오늘날까지 예산실의 정치적 중립성은 중요한 이슈이다. 또한 예산실은 정책결정에 관여해서는 안 되며 정책결정은 대통령과 의회가 담당해야 하며 예산실은 오로지 조언만을 수행해야 한다고 주장하였다.

초기의 예산실은 효율성과 절약을 강조하였으며 특히 절약(economy)을 가장 강조하였다. 실제로 1921년에서 1923년까지 41억 달러에 달했던 일상지출예산(ordinary expenditure)이 21억 달러로 감소하여 거의 50%가 절감되었다. 여기서 일상지출예산이란 부채상환과 퇴직금을 제외한 지출예산을 말한다. 초기 예산실의 직원은 대부분 군출신으로 채워졌는데 Dawes는 자신의 군경험을 최대한 활용하였고 예산실의 업무는 매우 구체적 사항에 치중하였는데 지나치게 사소한 수준에 도달할 정도였다 (Mosher, 1984).

Mosher(1984)는 예산실의 위치와 건물을 권력과 연계하여 다음과 같이 탁월하게 분석하고 있다. 건물의 위치와 대통령과의 거리 등은 정치적 의미를 가지고 있음을 알 수 있는 좋은 사례이다. 예산실은 1939년 대통령 직속으로 변경되어 백악관의 서편에 있는 가장 아름답고 우아한 건물이라는 대통령부 건물(Executive Office Building: EOB)로 이동할 때까지 재무부 건물 3층에 사무실이 있었다. 재무부 건물 2층에는 재무장관의 사무실이 있었는데 재무장관은 예산실에 업무가 있을 때는 3층으로 걸어 올라가야 했는데 이러한 사실은 예산실이 재무부로부터 독립된 부서라는 자부심을 상징하는 것이었고, 초대 예산실장인 Dawes는 이러한 사실을 자주 언급하였다. 1967년 새로운 대통령부 건물을 완성하여 예산실이 이동하였는데 예산실은 처음에는 구EOB건물을 헐어버리려고 했으나 나중에 망각하였거나 다른 이유로 두 개의 건물이 존속하게 되었다. 구EOB건물은 대통령의 다른 보좌진이 입주하였는데 모두 대통령의 임기와 함께 하는 정치적 보좌진이었으며 신EOB건물에는 이와는 대조적으로 직업관료들인 예산실이 입주하였다. 구EOB건물은 백악관에 더 가깝게 있었기 때문에 신EOB건물에 입주한 예산실은 두 개의 건물 지하에 터널을 건설하여 연결함으로써 백악관에 더욱 가까워지려고 하였으나 터널건설은 존슨 대통령에 의해 무산되었다(Mosher, 1984).

여기에서 알 수 있듯이 대통령의 보좌기구 중 유일한 직업관료들의 집단인 관리예산실은 백악관 직속이지만 다른 정치적 보좌진들이 사용하는 건물보다는 대통령으로부터 물리적으로 더 멀리 떨어져 있는 기관이다. 이러한 점 때문에 관리예산실이 입주한 신EOB건물을 구EOB건물과 터널로 연결하여 심리적, 물리적으로 대통령과 더 가깝게 있으려고 시도한 것이라고 볼 수 있다. 아무리 대통령의 직속기관이라 하더라도 대통령과 물리적으로 멀리 있으면 사실상 대통령의 직속기관으로서의 역할을 상실하게 되는 것이다. 대통령과 얼마나 자주 만날 수 있느냐가 권한의 크기를 말해주는 가장 중요한 변수이기 때문이다.

5. 중앙예산기관의 위치

내각책임제하에서는 재무부가 중앙예산기관이며 대통령책임제하에서 중앙예산기관은 대통령의 직속기관이거나 행정부의 부서로서 존재한다. 미국 연방정부의 예산담당기구인 관리예산실(Office of Management and Budget: OMB)은 원래 중앙부처인 재무부 내의 예산국(Bureau of the Budget: BoB)이 대통령 직속으로 이동하고 나중에 관리기능이 추가된 관리예산실로 변경되었다.

대통령은 자신의 정책을 예산이라는 수단을 통해서 집행하는데 통치를 한다는 것은 자신의 이념과 비전을 반영한 정책을 예산으로 편성하고 집행하는 것이므로 예산은 대통령의 가장 고유한 권한과 직결되어 있다. 대통령은 자신이 국민에게 제시한 공약을 실천에 옮기며 임기 동안 국정에 대한 평가를 받는다. 대통령이 자신의 정책을 실천에 옮기기 위해서는 중앙예산기관이 대통령의 의지를 최대한 반영하고 국정방침과 유리되지 않게 예산을 운영해야 한다. 미국의 관리예산실이 관료조직에 대한 대통령의 통제수단의 역할을 한다고 주장되는데서 알 수 있듯이 중앙예산기관은 대통령의 직속기관으로 설치되는 것이 바람직하다고 할 수 있다(Johnson, 1989).

중앙예산기관의 관료들은 선거에서 대통령이나 지방자치단체장에게 투표하지 않았다 하더라도 취임 후 충성을 다해야 할 의무가 있으며 이것은 예산관료에게 적용되는 중요한 규범이라고 Forsythe는 주장하고 있다(Forsythe, 1997). 그러므로 중앙예산기관의 관료가 정치성을 지니게 될 때는, 즉 정치적으로 대통령과 견해가 다를 때는 심각한 문제가 야기될 수 있다. 예를 들어 중앙예산기관의 공무원이 야당을 지지할 때는 대통령의 이익에 반하는 의사결정을 내릴 수 있다. 이런 점을 고려해도 중앙예산기관이 부처소속일 때보다도 대통령의 직속기구인 것이 더 바람직할 것이다. 제왕적 대통령을 방지하기 위해서라면 의회와 사법부의 권한을 강화하거나 대통령의 부당한 권한을 약화시킬 방안을 강구해야지 행정부의 최고책임자인 대통령의 인사와 예산에 관한 권한을 훼손해서는 안 된다.

내각책임제국가에서는 중앙예산기관인 재무부가 예산과 회계업무를 모두 담당하고 있다. 하지만 대통령제 국가인 미국의 예산은 중앙예산기관인 관리예산실(OMB)에서 담당하고 회계업무는 재무부에서 담당한다. 다만 미국은 회계기준의 제정이나 기타 회계에 관한 업무를 감사원(GAO)에서도 담당하고 있기 때문에 회계에 관한 업무는 재무부와 감사원이 분담하고 있다고 보아야 한다. 재무부는 회계에 관련된 실제업무를 담당하고 감사원은 회계기준이나 회계에 관한 감독을 담당하지만 중요안건에 대해서는 OMB, GAO, 재무부 3자가 서로 협의하는 경우가 많다. 미국 감사원의 공식명칭이 General Accounting Office(GAO)이기 때문에 감사원이 회계에 대해 관여하는 것은 어쩌면 매우 자연스러운 것인지도 모른다.

한국의 경우 노무현 정부 때 중앙예산기관인 기획예산처가 예산을 담당하고 회계업무는 재정경제부가 담당했지만, 이명박 정부 이후 기획재정부가 예산과 회계를 통합·담당하고 있다. 한국의 감사원은 국가의 세입 및 세출의 결산을 검사하고, 국가기관과 법률이 정한 단체의 회계를 상시 검사·감독하여 집행에 적정성 및 행정운영의 개선 및 향상을 도모하기 위한 역할을 수행하고 있지만, 예산 및 정부회계에 관하여 기획재정부(舊 재정경제부)가 주도적 역할을 하고 있다.

6. 중앙예산기관의 바람직한 역할

OMB의 전신인 예산실(BOB)과 감사원(GAO)은 설립초기에는 구체적인 업무에 치중하였다. 예산실은 예산의 개별품목에, 감사원은 개별거래에 초점을 맞추었다. 그러나 미국과 미국정부는 1921년 이후 엄청난 변화와 성장을 했기 때문에 구체적인 사항에 치중하면 업무를 사실상 수행할 수 없는 상황에 도달하였다. 예산실은 해결책으로 분권화를 선택하였다. 예산실은 구체적인 업무에서 탈피하여 변화된 상황에 대처하기 위해 보다 개선된 정책결정과 관리에 관심을 기울이지 않을 수 없었다(Mosher, 1984). 예산회계법은 대통령에게 예산편성의무를 부과했고 대통령은 예산실을 수단으로 예산과정을 통제하고 조정했는데 1920년대에는 세금이 감소하고 지출과 정부 부채가 축소되었기 때문에 정부예산의 통제라는 측면에서 상당한 성공을 거둔 것으로 평가된다(Schick, 1995). 예산회계법이 제정된 1921년 이후 처음 12년은 정부의 역할이 제한되어 있었기 때문에 예산규모도 작았고 세출이 세입을 초과하지 않도록 하는 것이 중요한 일이었으며 예산의 역할은 정책의 효율적 집행이었다. 그러나 정부의 역할이 1933년부터 증가하기 시작하고 1938년부터는 예산의 역할도 달라졌다(Pearson, 1987).

1929년 대공황 바로 직전에 GDP의 3%에 불과했던 연방예산은 10년 뒤에 GDP의 10%를 점유하는 크기로 팽창한다. 그러나 지출의 증가만큼 수입이 증가하지 못하였기 때문에 상당한 재정적자가 발생하였다. 그러나 2차 세계대전 중에는 의회가 적극적으로 높은 세율로 다양한 소득세 제도를 시행했기 때문에 1945년에는 5년 전에 비해 세입이 7배나 증가하였다(Schick, 1995). 정부는 규제업무도 담당하였고 예산의 역할도 관리의 도구로 변경되었다. 대통령은 다양한 이익, 목표, 욕구, 필요를 통합하여 사업에 반영하는 데 예산을 사용했다(Pearson, 1987). 전쟁 후에는 항상 지출과 세금을 감소하려는 의회의 노력이 뒤따랐지만 그 이전 수준까지 감소하지는 않았다. 특히 월남전 이후에는 전쟁으로 인해 증가한 세입을 감소시키지 않고 사회보장, 의료보장, 기타 사회복지사업에 사용하였기 때문에 재정적자는 지속되었다(Schick, 1995).

대통령을 위해 입법과 다른 공식문서[4]를 조정하는 임무는 예산회계법에 규정되어 있지 않았지만 하원의 세출위원회의 제안에 의해 수행하게 되었다. 예산실은 새로 제안되는 입법의 재정부담과 정책이슈를 검토하고 대통령이 법안에 대해 승인한 이후에만 법안을 의회에 제출할 수 있도록 하였다.[5] 법안에 의해 정부가 어떤 재정부담을 지는가를 검토하는 것이 가장 중요한 목적이다. 예산실은 법안이 의회를 통과한 후에 대통령이 승인할 것인지 거부권을 행사할 것인지에 대해서도 검토하였다(Mosher, 1984).

한국도 법령입안 단계에서 지출소요에 대한 충분한 검토가 없이 법령이 제정되는 사태를 방지하기 위해서 법령안 재정소요추계제도를 1999년 12월 1일부터 도입하여 시행하고 있는데 구체적 내용은 다음과 같다.[6] 경제규모가 커지고 사회 각 분야의 재정지출요구가 많아지면서 법령에 재정부담을 유발하는 내용을 입안함으로써 재정지출소요가 늘어나는 사례가 증가하기 때문에 이에 대처하기 위해서이다. 재정소요추계서 작성의 대상이 되는 법령은 중앙정부의 일반회계, 특별회계, 기금의 지출증가를 초래하는 법률안 또는 대통령령안이다. 법령 시행일로부터 5년간의 재정소요를 추계하도록 요구하고 있는데 연평균 직접적인 재정부담이 500억원 이상인 경우에는 시행일로부터 10년간 추계하도록 하였다. 재정소요추계서 작성자란에 담당 실, 국장 및 추계서 작성에 참여한 연구기관, 연구자 등을 부기하도록 하여 정책실명제에 부합되는 책임행정이 구현될 수 있도록 하였다. 재정소요추계서는 부처간 법령협의 단계에서부터 해당 법령 제·개정안에 첨부하도록 하였으며 국무회의시 제출되는 안건에도 추계서를 첨부하도록 하였다. 재정소요추계제도는 재정부담을 감안하여 법령을 신중하게 제·개정하여 궁극적으로 국민의 불필요한 부담을 경감하기 위한 제도이다.

---

4) 의회를 통과해야 하는 legislation 이외에 executive orders, proclamations, and other formal presidential announcements를 말한다(Mosher, 1984).

5) 이것을 legislative clearance 혹은 legislative reference라고 함(Mosher, 1984).

6) 기획예산처, 2000년도 예산개요.

미국의 예산회계법은 중앙예산기관에게 정부의 조직개편에 대한 연구를 수행할 권한을 부여했다. 조직구조, 활동, 업무수행방법이 어떻게 변화되어야 하며, 가장 효율적인 조직형태 혹은 절차가 무엇이고, 예산도 그에 따라 어떻게 변화되어야 하고, 특정활동을 특정서비스에 할당하며, 서비스를 재분류하는 것에 관해 대통령이 결정할 수 있도록 돕는 것이 목적이었다(Pearson, 1987).

예산실의 업무는 Bureau of Efficiency의 업무와 중복되었는데 1932년 후버 대통령은 예산실과 Bureau of Efficiency와의 통합을 제안하는 법안을 제출하였으나 민주당이 지배한 의회에 의해 거부되었다. 그러나 F. 루스벨트 대통령이 취임하기 하루 전에 의회는 예산실에 의해 수행될 수 있는 기능이라는 이유로 Bureau of Efficiency를 폐지하였으며 이 기관의 기록과 파일들은 예산실로 이관되었다. 그러나 Bureau of Efficiency의 업무를 예산실이 다시 재개할 때까지는 몇 년이라는 시간이 더 걸렸다(Mosher, 1984).

LeLoup는 관리예산실의 역할을 예산상한선에 맞추어 삭감하는 옹호자(guardian)의 역할과 대통령과 부서 사이의 중재자(mediator)의 역할로 정의했다. Davis와 Ripley의 연구에 의하면 예산신청부서는 중앙예산기관을 적대적이거나, 중립적이거나, 옹호적인 세 가지의 하나로 보는 경향이 있다(Parker, 1983). 중앙예산기관은 예산경찰(budget policeman)로 불리우는데 중앙예산기관이 감사 혹은 평가기능까지 수행할 때는 이러한 특징이 더 강화된다(Coombs & Jenkins, 1994).

1938년 이후 대공황으로 인하여 정부규모가 커지고 정부사업의 관리필요성이 증가함에 따라 중앙예산기관은 단순히 일상적인 정형화된 보조업무차원을 넘어서서 적극적으로 부서의 사업을 감독, 조정, 통제하는 역할을 수행하였다. 경제대공황과 2차 세계대전을 통하여 대통령을 보좌하면서 미국의 예산실은 규모가 확장되고 매우 강한 기구로 변모하였다. 경제정책의 수단으로 예산이 사용되면서 기획과 예산의 통합 필요성이 증가하게 되었고 예산실은 더욱 강력해졌다. 1921년 행정부령에 의해 재무부는 세입에 책임이 있고 중앙예산기관은 세출을 관장한다고 했지만 중앙예산기관은 대통령의 재정정책에 대해 조언하고 세출은 세입에 관련되기 때문에 세입도 고려해야 했으며 중앙예산기관은 세입과 세출을 모두 고려하는 기관이 될 수밖에 없었다(Pearson, 1987).

관리예산실의 기능은 예산편성과 재정분석, 사업평가와 조정, 사업개발, 조직개선, 정보와 관리시스템, 고위관료능력개발 등으로서 관리, 예산, 평가기능으로 구성되어 있다(Berman, 1987). 사실상 예산업무를 수행하면서 스스로 쟁취한 권한이라고 볼 수 있는 정책분석과 정책기획기능을 제2조직개편으로 인하여 백악관 내의 내무위원회(Domestic Council)에게 이관함으로써 관리예산실의 자존심과 사기가 크게 떨어졌다. 경제자문위원회(Council of Economic Advisers), 국가안보위원회(National Security Council), 내무위원회(Domestic Council)가 설립되면서 예산실(BoB)의 권한은 약화되어갔다(Carey, 1987; Mosher, 1984).

미국연방정부의 OMB는 다음 임무를 수행한다고 Axelrod는 주장하고 있다(Axelrod, 1995).

- 재정정책과 경제정책의 개발에 참여
- 사업과 정책의 감시, 평가, 재구성
- 부처간, 정부간 협력과 조정을 촉진
- 행정부의 법안제안을 검토하고 조정
- 의회가 제정한 법규나 입법과정 도중에 있는 법규가 행정부정책과 부합하는 여부의 조사
- 의회청문회에서 이루어지는 정부부처의 증언을 검토하고 조정
- 부처의 규제가 경제에 미치는 영향을 검토하고 규제개혁을 제안
- 관리와 조직구조의 개선
- 재무관리(financial management)
- 서류업무의 단순화와 축소
- 컴퓨터와 정보시스템의 사용과 개발
- 구매와 조달정책
- 부처의 성과와 문제에 대해 대통령에게 보고

대통령은 균형예산을 달성하지 못해도 그로 인한 영향은 주정부와 지방정부에 비해 사소하다. 연방정부가 균형예산을 달성하지 못한다고 해서 미국에 대한 신용평가가 하락하지는 않는다. 그러나 주정부가 균형예산을 달성하지 못하고 재정적자가 심화되면 주정부에 대한 신용평가에 부정적 영향을 미친다. 주지사는 재정적자와 경제상황을 무시하고 자신의 공약만을 고집하기에는 어려움이 많다. 더구나 미국의 경우 대부분의 주에서 균형예산을 법적으로 요구하고 있다. 그러므로 OMB와 달리 주와 지방정부의 중앙예산기관은 균형예산의 필요로 인하여 주지사나 시장에게 훨씬 더 강한 제안을 할 수 있게 된다(Forsythe, 1997). 미국의 많은 주와 지방정부는 주지사와 지방정부의 장 산하의 참모부서의 활동을 조정하기 위하여 중앙예산부서에 관리

분석(management analysis)과 사업평가(program evaluation)기능을 추가하였다(Axelrod, 1995).

중앙예산기관과 의회의 관계는 중앙예산기관의 역할에 비추어볼 수 있는데 중앙예산기관은 전통적으로 중립적이고 객관적인 태도를 가진 전문적 기구(neutral competence)였기 때문에 예산분석, 예산의사결정을 통해 정책을 결정하고 대통령의 정책 우선순위를 실현하는 데 역점을 두었다. 이러한 전통적 역할은 Nixon 대통령과 Reagan 대통령시절에 훼손되었다. 특히 Reagan 대통령하의 OMB실장이었던 David Stock-man에 의해 OMB의 역할은 변경되었으며, 그 후에도 원래의 기능으로 환원되지 않았다. 중앙예산기관과 의회의 관계는 Stockman에 의해 변화되었는데 중앙예산기관이 중립적 전문기구가 아닌 정치적 옹호자로 대두되게 된다. OMB는 이익단체, 국민, 의회에 대하여 대통령의 정책을 옹호하였다. 특히 의회에 제출한 예산안이 통과되도록 협상하는 역할을 담당하였다. 정부관료, 의회의원, 이익단체의 철의 삼각형이 사실상의 정책을 결정하는 행위는 대통령의 정책우선순위와 정책목표에 장애가 되는 것이었다. OMB는 이러한 철의 삼각형구도를 파괴하기 위하여 과거에 행정부서를 통하여 의회의 상임위원회와 접촉하던 방침에서 탈피하여 의회상임위원과 직접 접촉하였다. OMB는 대통령의 예산안을 의회에서 통과시키기 위해 관료, 이익단체, 의회가 각자의 이익을 위해 연합하는 행위를 방지하면서 의회와 직접 협상하였다(Wildavsky, 1992a; Axelrod, 1995).

중립적이며 객관적인 대통령의 보좌기구가 바로 관리예산실의 중립적 역량(neutral competence)이 의미하는 바인데 이러한 이미지는 닉슨 대통령 때 정치적 기구로 변화함으로써 종료되었다. 백악관의 다른 참모와는 달리 OMB는 대부분이 교체되지 않는 공무원으로 구성되어 있으며 정부운영과 정부작동의 메커니즘을 알고 있다는 무시하지 못할 강점이 있다. 사업을 개발하고 사업을 조정하고, 대통령을 위해 분석적인 자료와 정보를 제공하기 위해서는 중립적이고 객관적이어야 하며, 대통령의 다른 보좌진과는 다른 성격을 지닌 조직도 필요하다고 생각되었기 때문에 관리예산실의 중립적 역량은 대통령을 위해 매우 유익하다고 간주되었다. OMB는 모든 정치적 고려를 대통령에게 제시하고 대통령이 하나를 선택하게 함으로써 대통령을 보좌하는 것이 정치적인 OMB보다 바람직하다는 것이다. 그러므로 많은 학자들은 OMB가 객관적이고 중립적인 전문기구에서 정치적 옹호자로 변화한 것은 잘못되었다고 주장한다(Berman, 1987).

중앙예산기관이 중립적이고 객관적인 전문성을 추구하는 것은 결국 대통령에게 도움이 될 수 있다. 대통령의 참모 중 유일하게 모든 가능성을 고려한 훌륭한 대안을 제시할 수 있는 부서이기 때문이다. 중앙예산기관이 정치성을 지니지 않는 것이 오히려 대통령의 정치적 입지에 도움이 될 수 있는 것이다. 대통령의 주변에는 정치성을 지닌 보좌진으로 넘쳐나고 있기 때문에 중앙예산기관마저 정치성을 지닌다면 대통령은 균형을 상실하게 된다.

7. 중앙예산기관의 정책기능과 관리기능

대통령이 행정부의 수장으로서 행정부관리의 최고책임자라면 그것은 헌법에 의해 인정된 고유의 권한인가 아니면 의회에 의해 위임된 권한인가? 대통령의 관리권한의 범위는 과연 얼마나 넓은가? 예를 들어 행정부조직을 전적으로 재구성할 권한을 가지고 있는가 아니면 일부조직은 권한의 범위에서 벗어나는가 혹은 재구성할 수는 있되 반드시 의회의 동의를 획득해야 하는가? 예를 들어 예산실을 행정부에서 대통령 직속으로 이동하는 것이 대통령의 고유권한인가 아니면 의회의 동의를 필요로 하는가? 이러한 문제는 행정부가 어느 정도의 자율성을 가지는가의 문제와 연관된 사항인데 헌법이론에 비추어 결정되어야 할 쟁점이라고 볼 수 있다. 우리 헌법에서도 대통령의 행정권을 인정하고 있는데 과연 행정권이 타당하게 행사되기 위해서는 행정부가 어느 정도의 자율을 부여받아야 하는 가의 문제는 매우 논란의 여지가 많은 이슈이다.

Mosher의 연구에 의하면 닉슨 대통령은 취임 직후 조직개편을 단행했는데 백악관에 각 부처의 정책문제와 대통령 사이에서 자문할 내무위원회(Domestic Council)와 행정부의 관리문제를 담당하기 위하여 기존예산실을 포함하는 OMB를 신설하는 법안을 의회에 제출하였고 의회에서 극적으로 통과되었다. 의회의 반대이유 중의 하나는 내무위원회의 책임자(director)가 의회에 나와 증언하지 않아도 되기 때문이라는 이유도 있었는데, 한국의 기획예산위원회가 대통령 직속으로 출범할 당시에 야당에서 반대한 이유도 같은 이유였다. 이러한 조직개편은 정책(policy)과 관리(management)를 구분하는 이분법에 기초하고 있는데 현실은 이러한 구분이 매우 어렵다는 것을 보여주고 있다. 실제로 닉슨 대통령에 의해 OMB실장에 임명된 George P. Shultz는 대통령에게 정책문제에 대해 활발하게 자문하였고 내무위원회의 책임자로 임명된 Ehrlichman은 운영문제로 OMB직원들의 도움을 요청하게 된다. 예산이 급격하게 증가할 때는 대부분 새로운 정책이 채택되기 때문이었는데 예산이 결국 정책결정과 유리되기 어렵다는 것을 보여주는 사실이다(Mosher, 1984).

예산과 관리는 밀접하게 관련되어 있기 때문에 OMB가 예산과 관리기능을 동시에 수행하도록 한 것은 당연하다고 볼 수 있다. 그러나 예산실(BoB)이나 감사원은 자신의 업무가 관리책임과 밀접한 관련이 있다는 사실을 예산실의 경우는 1930년대 후반, 감사원의 경우는 1940년대까지 깨닫지 못했다. 예산실이나 감사원에서 관리는 결코 우선순위를 차지하는 중요한 관심사가 아니었다. 정형화된 업무, 최종처리날짜가 있는 업무, 단기적 관점의 업무, 일상업무에 비해 비정형화된 업무, 일정이 결정되지 않은 업무, 장기적 관점의 업무, 예외적 업무는 소홀히 취급되는 경향이 있다. 예산업무는 관리업무에 우선하고 새로운 정책, 새로운 아이디어, 새로운 사업이 관리보다 대통령의 관심을 더 끌 수밖에 없었다(Mosher, 1984).

OMB의 관리기능을 위해 젊고 대학원교육을 받은 새로운 인재를 채용하였는데 절반은 경영학전공자였다. 그들은 점점 예산에 관련된 하찮은 일에 할당되었고 관리기능은 관심범위에서 사라지게 되었다. 관리기능이 예산기능에 억눌려 활성화되지 못한 것은 대통령의 관리에 대한 무관심과 소홀함을 의미한다. OMB처럼 중앙예산기관이 관리와 예산기능을 동시에 수행할 때 예산업무의 방대함과 복잡성으로 인하여 관리기능이 소홀해질 가능성이 크다. 미국에서 관리기능과 예산기능을 분리해야 한다는 주장이 자주 거론되는 이유도 바로 여기에 있다. 그러나 관리기능과 예산기능을 분리하면 관리기능은 가장 위력 있는 예산수단을 상실하게 되고 예산은 관리와 더욱 멀어지기 때문에 안 된다는 반대의견이 높았으며 아직도 예산기능과 관리기능은 분리되지 않고 OMB 내에 공존하고 있다. 관리가 소홀해지는 문제를 해결하는 한 가지 방안은 중앙예산기관 내에 예산담당 최고책임자와 관리담당 최고책임자를 두는 것이다. 현재처럼 하나의 책임자에게 두 개의 기능을 맡기면 보다 우선적인 업무인 예산기능에만 치중하기 때문에 이를 막기 위한 방책이라고 볼 수 있다(Forsythe, 1997).

중앙예산기관이 과다한 예산업무로 예산의 효과성과 효율성의 평가에 관심을 기울이지 못하는 단점을 해결하는 하나의 방안은 중앙예산기관 내에 성과평가만을 담당하는 부서를 신설하여 예산과정에 개입하도록 허용하는 것이다. 미국의 관리예산실은 예산실의 시절에도 관리개선(management improvement)임무를 부여받았다. 1921년 예산회계법은 정부차원의 행정개선(administrative improvement)임무를 예산실에 부여했고, 1937년의 브라운로우위원회보고서는 예산실이 관리개선을 촉진할 수 있는 논리적 참모부서라고 주장했으며, 1939년 의회가 예산실을 포함하는 대통령부

(Executive Office of the President)의 설립을 승인하자 루스벨트 대통령은 행정명령(Executive Order) 8248을 통해 예산실에게 관리개선임무를 부여했다. 예산실 내의 행정관리국(Division of Administrative Management)이 관리기능을 담당하였다. 이상에서 알 수 있듯이 행정부처 중에서 관리개선임무를 가장 잘 수행할 수 있는 적절한 부서가 바로 중앙예산기관이다(Axelrod, 1995).

8. 중앙예산기관의 정치적 측면

행정부 편성예산(executive budget), 감사원(GAO), 예산실(BoB)을 탄생시킨 1921년의 예산회계법을, 헌법을 제외하고 미국 행정의 역사에서 가장 기념비적 사건이라고 Herbert Emmerich는 말했다. 1921년 예산회계법이 제정된 배경에는 당시의 개혁운동이 가장 큰 이유지만 또 하나의 그에 못지않게 중요한 이유는 제1차 세계대전 당시 재무관리의 문제점이 드러났기 때문이었다. 그러므로 예산회계법은 절약, 효율, 적법, 엄격한 통제를 목표로 제정된 법규였다. 또한 제2차 세계대전은 1950년의 예산회계절차법(Budget and Accounting Procedures Act)을 제정하게 된 배경이 되었다(Mosher, 1984).

OMB는 BoB에서 명칭이 변화했지만 감사원은 1921년 시작 당시의 업무와는 급격한 변화가 있었음에도 불구하고 1921년 당시의 조직명칭을 그대로 사용하고 있다. 예산실과 감사원은 오랫동안 중립적이고 객관적이며 전문성을 가진 기관으로 명성을 유지하였지만 각각 대통령과 의회라는 정치적 기관에 소속하고 있었기 때문에 자주 정치적 변화에 민감하게 반응해야 할 상황에 처했고 항상 정치적 경향과 비정치적 전문기관의 입장 사이에서 왔다갔다하며 고민하였다(Mosher, 1984).

중앙예산기관이 중립적이고 객관적 전문성을 추구하는 것은 결국 대통령에게 도움이 될 수 있다. 대통령의 참모 중 유일하게 모든 가능성을 고려한 훌륭한 대안을 제시할 수 있는 부서이기 때문이다. 중앙예산기관이 정치성을 지니지 않는 것이 오히려 대통령의 정치적 입지에 도움이 될 수 있는 것이다. 대통령의 주변에는 정치성을 지닌 보좌진으로 넘쳐나고 있기 때문에 중앙예산기관마저 정치성을 지닌다면 대통령은 균형을 상실하게 된다.

1921년 창설된 재무부의 예산실(BoB)은 1939년 조직개편에 의해 대통령부(the Executive Office of the President)로 이전하고 역할을 확대할 때까지 물리적으로 재무부 산하에 있었다(Schick, 1995). 1979년에 닉슨 대통령이 제안하고 의회가 승인하여 관리예산실(OMB)로 명칭이 변경되고 관리기능이 예산기능에 추가된다(Grafton & Permaloff, 1983). 관리예산실은 각각 예산에 관한 권력을 추구하는 행정부서와 대통령의 중간에서 역할을 수행한다. 닉슨 대통령 이전까지 중앙예산기관은 중립적이고 비정치적이려고 했으며(Pearson, 1987), 재무부의 예산실은 중립적 전문기구로서 권위를 유지했다. 닉슨 대통령은 관리예산실을 대통령을 정치적으로 지지하는 정치기구화했다(Parker, 1983). 매우 전문적이었던 관리예산실의 고위직 관료를 정치화하려는 의도는 의회에 의해 부분적으로 제지당했다. 1974년 의회는 관리예산실의 실장과 부실장들을 상원에 의해서 각료로서(cabinet officers) 인준받도록 했다(Grafton & Permaloff, 1983).

관리예산실은 각 부처 내의 관리과정과 정책과정에 개입함으로써 정치적 차원과 사업운영수준에까지 관리예산실의 책임을 연장하는 위험을 초래하였다. 장기적 관점에서 대통령에게 무엇이 필요한가를 도외시하고 현임 대통령의 즉각적인 정치적 필요에만 봉사하여 특정 정치이슈에 대해 대변인 역할을 수행하는 정치화는 바람직하지 못하다는 비판을 받았으며 학계도 대체로 OMB의 정치화에 대해 비판적이다. 닉슨 대통령은 직업공무원에 의해 수행되던 사업부서의 책임자를 직접 정치적으로 임명함으로써 관리예산실에 축적되어온 경험을 무시하게 되고(예: 과거에 실패한 사업을 혁신이라고 홍분), 업무지연, 좌절, 커뮤니케이션 문제가 초래되었다. 정치적으로 임명된 관료들은 지나치게 정치적이며 사업지식이 결여되고, 직업관료들을 신뢰하지 않는 등의 많은 문제점을 초래했다(Berman, 1987).

레이건 대통령하의 관리예산실장이었던 Stockman은 OMB가 각 부처의 예산신청을 구체적으로 검토하는 기관에서 의회에 행정부예산을 로비하는 기관으로 방향을 전환하였으며 OMB직원들도 의회에 대한 로비와 의회예산과정을 추적하는 데 많은 시간을 할애했다. 예를 들어 각 세출소위원회에 한 명의 직원을 할당하여 의회예산과정을 추적하고 자료를 수집하게 한 후 필요할 경우 의회 내의 관련된 모든 사람에게 의회의 예산심의에 대한 의견을 담은 편지를 보냈다. Stockman은 삭감제안목록을 설명과 함께 의회에 보낸 뒤 의회의 반응을 파악하기 위해 개인적으로 의회를 방문했다. 레이건 대통령과 Stockman은 각 부처의 업무를 위해 자금을 공급하는 것보다는 자신들이 원하는 예산삭감을 달성하기 위해 노력하였기 때문에 부처는 예산과정에서 제외되었다(Wildavsky, 1992a).

의회에 제출된 행정부의 예산안에 포함된 사업에 대한 설명이나 정당성의 입증책임은 중앙예산기관이 아니라 사업에 대해 더 많은 정보를 가지고 있으며 사업을 집행할 담당부서에게 있다고 간주되었다. 중앙예산기관의 책임자는 예외적 경우가 아니면 의회에 출두하여 설명하고 답변하는 경우는 거의 없었다. 다만 이러한 현상은 레이건 대통령의 예산실장이었던 David Stockman이 적극적으로 의회에서 정부예산을 변호함으로써 바뀌게 되었다. 각 부처가 사업에 대해 적극적으로 옹호할 것이기 때문에 중앙예산기관은 사업의 옹호보다는 대통령이 원하는 규모 내에서 각 부처의 예산신청을 조정하는 일에 더 노력했던 것인데 OMB가 정치성을 갖게 되면서 이러한 역할이 변화되었다(Pearson, 1987; Wildavsky, 1992a).

9. 중앙예산기관과 예산신청기관

예산기능은 부정적인 시각을 가지고 수행된다. 예산을 신청하는 부처와 강력한 압력단체들은 지나치게 팽창적이어서 그들의 가치가 무시되거나 묵살될 가능성이 거의 없었기 때문에 예산담당자들이 부정적인 시각을 가지고 예산기능을 수행하는 것은 정당하다고 생각되었다. 중앙예산기관의 결정은 나중에 의회나 여론에 의해 수정되기도 하기 때문에 오히려 이러한 점이 중앙예산기관에게 강한 신념을 주기도 한다(Appleby, 1987). 중앙예산기관이 필연적으로 예산신청에 대해 부정적인 시각을 가질 수밖에 없고 또 부정적인 시각을 가져야 하므로 중앙예산기관과 예산신청기관 사이의 갈등은 피할 수 없다.

OMB는 국방부 이외의 부처와는 적대적이다. 각 부처의 예산신청은 대체로 의심스러운 관점을 가지고 사정하는 OMB에 의해 주로 삭감당하며 각 부처는 이의를 제기할 기회를 제공받는다. 그러나 OMB는 국방부와는 우호적인데, 그것은 국방부의 예산신청안을 공동으로 작성하여 대통령에게 제시하기 때문이다. 국방부의 예산은 국가안보를 위해 필요한 액수면 얼마든지 제공해야 한다는 취지하에서 상한선이 미리 제시되지 않고 국방부가 필요한 액수를 먼저 취합하는 형태를 취한다. 상한선이 설정되지 않는 것과 OMB와 공동으로 예산신청안을 작성하는 것은 케네디 대통령과 McNamara국방장관으로부터 시작되었다(Wildavsky, 1992a).

중앙예산기관은 각 부처의 예산담당부서와는 달리 국가 전체의 관점을 가지고, 부처의 업무가 상호의존하는 측면을 이해하면서, 객관성을 가지고 예산을 편성하는 기능을 수행한다(Axelrod, 1995). OMB는 보통 200명 정도의 예산사정담당자로 구성되는 기관이다. OMB에 근무했다는 경력은 다른 곳에서 승진을 보장하는 권위 있는 경력이다. OMB는 재정정책의 관점에서 세입과 세출의 총액을 고려하여 각 부처에 상의하달적인 편성지침을 보내기 때문에 각 부처의 예산은 보통 이러한 한도 내에서 신청된다. OMB가 대통령에게 추천하는 예산편성안에 대해 각 부처가 OMB와 대통령에게 이의를 제기할 수 있고 의회심의과정에서 각 부처의 의견을 반영할 수 있는 기회가 주어지지만 OMB가 대통령에게 제출하는 예산편성안은 최종적이라고 할 수 있다. OMB는 과거와는 달리 각 부처의 예산신청액에 대한 구체적인 관여는 삼가고 각 부처의 총액의 한도 내에서 주요 거시지표만을 검토하고 각 부처에게 많은 자유재량을 부여한다(Wildavsky, 1992a).

중앙예산기관이 예산편성과정을 독점하는 데서 오는 문제점을 방지하기 위해서는 행정부에서 예산안이 최종적으로 확정되기 이전에 각 부처가 직접 대통령과 대화할 수 있는 기회를 제공해야 한다. 대통령은 각 부처의 장과 만나 대화할 때 중앙예산기관의 정보와 일관된 내용의 정보가 제시되면 각 부처의 의견이 충분히 반영되었다는 확신을 할 수 있다. 그러나 중앙예산기관이 보고한 정보와 부처의 장이 제시하는 정보가 상충되거나 의견차이가 심할 경우 이러한 괴리를 해소하고 바람직한 부처예산안을 확정하기 위한 별도의 추후 노력이 필요하다. 각 부처의 장과 대통령이 회합할 경우는 중앙예산기관과 기타 관련 부서가 참석하여야 한다. 한국에서는 대통령 대신 국무총리가 이러한 역할을 수행할 수도 있겠지만 대통령이 직접 수행하는 것이 바람직하다(Forsythe, 1997).

이익단체들의 의견은 중앙예산기관에 직접 전달되도록 해서는 안 되며 예산신청기관을 통해 간접 전달되도록 하는 것이 좋다. 만약 중앙예산기관이 직접 접촉하면 중앙예산기관의 기능을 잘 수행하지 못할 것이다. 예산신청기관의 신청시의 강도는 바로 이익단체들의 의견이 신청기관의 판단에 의해 수정된 결과를 나타낸다. 그러므로 강도가 강하면 일단 심각하게 고려해 보는 것이 좋을 것이다(Appleby, 1987).

3.4 입법부와 예산과정

1. 입법부와 예산심의

입법부는 예산심의를 담당하는데 의원내각제와 대통령제의 예산심의는 성격상 차이가 날 수밖에 없다. 의원내각제의 경우 내각이 의회의 과반수를 점유할 때만 구성되기 때문에 의회를 통과하는 것은 사실상 요식행위에 불과하다. 내각의 각료는 의회의 의원이기 때문에 예산을 편성하는 행정부의 행위는 의회의 일부가 예산을 편성하는 것과 마찬가지이기 때문이다. 대통령제 하에서는 대통령과 의회의 다수당이 다를 경우 대통령과 의회의 다수당과의 갈등이 생길 수 있다.

입법부는 두 가지 조직을 통해서 예산과 관련된다. 의회산하기구인 보좌기구를 통해서 예산과정에 개입하고 의회의 상임위원회 활동을 통해서 예산과정에 참여한다. 미국처럼 의회가 상하 양원으로 구성되어 있으면 상원과 하원의 예산관련 상임위원회는 각각 다른 역할을 담당한다. 의회산하기구는 의원들의 전문성을 보완하고 의원들의 요청에 의해서 예산관련 업무를 수행한다.

2. 미국 의회의 상임위원회와 산하 전문기관

의회의 각종 위원회에서 정부부처의 책임을 규명할 임무를 지닌 의원들은 대부분 예산과 재무관리에 대한 전문지식이 결여된 사람들이다(Sutton, 1989). 미국연방의회에는 의원들의 전문지식의 결여를 보완할 수 있는 의회산하 전문기관이 있다. 미국의회는 3개의 산하전문기관이 있는데 CBO, GAO, CRS이며 임무는 각각 다음과 같다.

(1) 의회의 상임위원회

미국헌법은 의회의 위원회를 구체적으로 요구하고 있지 않다. 그러나 나라가 커감에 따라, 제출되어 있는 법안을 보다 철저히 조사해야 할 필요성으로 해서 위원회가 생겨났다. 위원회 제도는 하원의원들이 제출된 새 법안들의 끝없는 토론으로 난국에 빠졌던 1789년에 시작되었다. 초기의 위원회들은 미국 독립전쟁 배상청구, 우편도로와 영토, 그리고 다른 나라들과의 무역 등을 다루었다. 오늘날 하원에는 21개의 상임위원회가 있고, 상원에는 17개의 상임위원회가 있다. 이 밖에 상하양원 의원들로 구성되는 4개의 양원합동 상임위원회들, 즉 Joint Economic Committee, Joint Committee on the Library, Joint Committee on Printing, Joint Committee on Taxation이 있고, 상원에는 Joint Select Committee on Deficit Reduction이 하나 더 있다(미국 상원 및 하원 홈페이지 참조). 이 밖에도, 각원은 특별한 문제를 연구하기 위해 특별위원회(select committee)위원을 지명할 수 있다.[7)]

7) 미국의 하원은 Select Committee on the Climate Crisis, Select Committee on the

하원의 상임위원회

Agriculture / Appropriations / Armed Services / Budget / Education and the Workforce / Energy and Commerce / Ethics/ Financial Services / Foreign Affairs / Homeland Security / House Administration / Judiciary / Natural Resources / Oversight and Reform / Rules / Science, Space, and Technology / Small Business / Transportation and Infrastructure / Veterans' Affairs / Ways and Means / Permanent Select Committee on Intelligence

상원의 상임위원회

Agriculture, Nutrition, and Forestry / Appropriations / Armed Services / Banking, Housing, and Urban Affairs / Budget / Commerce, Science, and Transportation / Energy and Natural Resources / Environment and Public Works / Finance / Foreign Relations / Health, Education, Labor, and Pensions / Homeland Security and Governmental Affairs / Indian Affairs / Judiciary / Rules and Administration / Small Business and Entrepreneurship / Veterans' Affairs

의회의 위원회들은 제출된 법안을 평가하고 다듬어서 법률의 형태를 갖추게 하거나, 아니면 완전히 폐기해버리는 미세한 근본적인 일을 하기 때문에 매우 중요하다.

(2) 의회예산처(CBO)의 임무

Swan과 Schick는 의회예산처의 임무를 다음과 같이 설명하고 있다.

• 예산에 관한 주요정보를 의회에 제공 • 재정과 예산에 관련된 중요한 경제지표의 예측과 예산의 우선순위에 대한 분석	• 재정적자감소방안의 개발 • 정책분석 • 행정부가 제출한 예산을 검토 • 행정부대안과 다른 대안의 개발

의회예산처의 경제지표예측은 행정부의 예측보다 더 정확함으로써 사실상 의회의 예산심의에 결정적인 도움을 제공하였다. CBO는 OMB, GAO와 일종의 경쟁관계에 있다고 볼 수도 있다(Swan, 1983; Schick, 1995; Mosher, 1984).

의회예산처(CBO)는 중립적이어야 하는데도 포드 대통령 때에는 공화당에 의해

Modernization of Congress, Joint Select Committee on Solvency of Multiemployer Pension Plans, 상원은 Select Committee on Ethics, Select Committee on Intelligence 등의 특별위원회(select committee)를 두고 있다.

그렇지 않다고 비난받았고, 카터 대통령 때는 민주당에 의해 그렇지 않다고 비난받았다. 하원은 CBO가 중립적 · 분석적 기관이기를 원했고, 상원은 정책대안을 제시할 수 있는 적극적 · 정책지향적 기관이기를 원했다. GAO와 CBO가 모두 정책분석을 수행하는데, CBO는 예산위원회(budget committees)의 요청에 의해 수행하고, GAO는 개인의원이나 수권위원회(authorizing committees)의 요청에 의해 수행한다(Duncombe et al., 1983).

(3) 의회연구실(CRS)의 임무

Schick는 의회연구실의 임무를 다음과 같이 설명하고 있다(Schick, 1995).

• 법안과 법안에 관한 이슈의 분석 • 의원과 위원회가 법제정책임을 원활하게 수행하도록 자료와 분석을 제공	• 법제정 상황에 대한 보고 • 특정법령과 사업에 대한 입법역사의 수집과 편찬

(4) 감사원(GAO)의 임무

미국의 감사원은 의회 산하기관이다. 감사원은 원래 General Accounting Office(GAO)였으나 Government Accountability Office(GAO)로 명칭을 변경하였다. 임기 15년의 막강한 권한을 가진 감사원장은 Comptroller General of the United States로 불리우고 있어 통제권자(controller)의 역할을 하고 있음을 알 수 있다. 기업에서 예산과 회계를 담당하는 최고 책임자를 controller라고 부르는 것과 동일하다.

Schick는 감사원의 임무를 다음과 같이 설명하고 있다(Schick, 1995).

• 회계지침제정 • 각 부처의 회계시스템을 검토 • 부처에 대한 감사 • 자금의 사용에 대한 법적 의견제공	• 의회위원회의 요청에 의해 각 부처의 지출과 운영을 조사 • 기타 예산관련 논쟁과 분쟁의 해결 • 예산집행의 연기와 집행취소의 적절성에 대해 검토

3. 한국 의회의 상임위원회와 산하 전문기관

(1) 상임위원회

상임위원회는 예산 · 결산의 예비심사 기관으로서, 상임위원회에서 삭감한 세출예산 각항의 금액을 증가하게 하거나 새 비목을 설치할 경우에는 소관 상임위원회의 동의를 얻어야 한다(국회예산정책처, 2009: 79). 우리나라의 상임위원회는 다음과 같다.

> 국회운영위원회 / 법제사법위원회 / 정무위원회 / 기획재정위원회 / 교육위원회 / 과학기술정보방송통신위원회 / 외교통일위원회 / 국방위원회 / 행정안전위원회 / 문화체육관광위원회 / 농림축산식품해양수산위원회 / 산업통산자원중소벤처기업위원회 / 보건복지위원회 / 환경노동위원회 / 국토해양위원회 / 정보위원회 / 여성가족위원회 / 예산결산특별위원회 / 윤리특별위원회(특별위원회) (2019년 기준)

(2) 국회예산정책처

국회예산정책처는 국회가 행정부에 대한 견제·감시기능을 효율적으로 수행하기 위하여, 재정 분야의 전문인력을 충원·확보하여 방대한 예산·결산을 심의함에 있어서 독자적·중립적으로 전문적 연구·분석을 위해 설립된 기관이다. 1994년 국회사무처 법제예산실을 신설하였고, 2000년에 예산정책국으로 출범하고, 2003년에 국회예산정책처법 제정을 통하여 조직을 구성하고, 명칭을 개칭하여 현재에 이르고 있다. 국회법 제22조의2에 따르면, '국가의 예산결산·기금 및 재정운용과 관련된 사항에 관하여 연구분석·평가하고 의정활동 지원'하도록 규정하고 있다.

국회예산정책처의 주요 임무는 다음과 같다.

• 예산안·결산·기금운용계획안 및 기금결산에 대한 연구 및 분석 • 예산 또는 기금상의 조치가 수반되는 법률안 등 의안에 대한 소요비용의 추계	• 국가재정운용 및 거시경제동향의 분석 및 전망 • 국가의 주요사업에 대한 분석·평가 및 중·장기재정소요 분석 • 국회의 위원회 또는 국회의원이 요구하는 사항의 조사 및 분석

(3) 국회입법조사처

국회입법조사처는 2005년에 국회의장, 양질의 입법 및 정책관련 정보가 국회의원에게 신속, 정확하게 제공될 수 있는 제도적 기반을 마련하기 위하여 국회운영위원회에 [국회입법조사처 법안]을 의견서로 제출되어, 2006년 12월에 본회의 의결을 통하여 2007년에 공포 및 조직을 구성하고 개청을 하였다. 국회입법조사처는 입법 및 정책과 관련된 사항을 중립적·전문적으로 조사·연구하여 그 결과를 다양한 방식으로 국회의 위원회와 국회의원에게 제공함으로써 국회의 입법 및 정책개발 역량을 강화하기 위해 설립된 국회의 독자적인 입법 · 정책 조시분석 기관[8]으로 국회법 제22조 3항에 의해서 조직을 둘 수 있다.

국회입법조사처의 주요 업무는 다음과 같다.

• 국회의 위원회와 국회의원이 요구하는 사항에 대한 조사 · 분석 및 결과 제공 • 다양한 입법 및 정책 현안의 조사 · 연구 및 국회의원의 입법 및 정책개발 활동 지원	• 입법 및 정책과 관련된 다양한 자료 수집 및 정도제공 • 국회의원 연구단체에 대한 연구활동 지원 • 세계적인 입법동향의 수집 · 분석 및 정보제공

4. 한국의 감사원

우리나라의 감사원은 1962년 제3공화국 헌법 제92조에서 설치근거를 마련하고, 1963년 3월 20일 「감사원법」시행과 동시에 발족하여 감사원의 업무를 개시하였다. 감사원법 제2조에서 밝히고 있듯이 우리나라 감사원은 미국의 GAO와는 달리 대통령 소속하에 두었고, 독립의 지위를 갖도록 하였다. 1965년과 1979년에 각각 INTOSAI 회원국, ASOSAI 회원국에 가입하였고, 1995년에 감사원 독립성 강화와 위상 재정립을 위한 감사원법을 개정하였고, 2005년에는 평가연구원을 개원하였다. 우리나라 감사원은 감사원장을 포함한 7명의 감사위원으로 구성되어 있고(감사원법 제3조), 감사원장은 국회의 동의를 받아 대통령이 임명하도록 되어있다. 감사위원은 원장의 제청을 통하여 대통령이 임명하고, 임기는 4년이다.

감사원의 중요 임무와 기능은 다음과 같다.

- 결산확인: 국가의 세입 · 세출의 결산을 해마다 검사하여 확인하고 그 결과를 대통령과 다음연도 국회에 보고(헌법 제99조, 감사원법 제21조)
- 회계검사: 국가, 지방자치단체, 정부투자기관 등의 회계를 검사(감사원법 제22조-제23조)
- 직무감찰: 행정기관 등의 사무와 그 소속 직원의 직무에 관한 감찰을 할 수 있는 권한(감사원법 제24조)
- 감사결과 처리(감사원법 제31조-제35조, 제51조) 및 재심의 청구처리(감사원법 제36조-제40조)
- 심사청구의 심리결정(감사원법 제43조-제48조)

8) 국회입법조사처 홈페이지 참조.

- 민원사무와 188신고 등 처리
- 의견표시 등(감사원법 제49조)

3.5 사법부와 예산과정

1. 사법부의 예산과정개입과 개입의 영향

의회와 행정부만이 아니라 사법부도 예산과정에 개입한다. Axelrod는 사법부가 예산과정에 어떻게 개입하는가를 사례를 중심으로 다음과 같이 설명하고 있다(Axelrod, 1995). 사법부는 헌법과 예산관련법규의 해석을 통해서 개입하기도 하며 미국처럼 적극적으로 법원의 결정을 통해 예산결정에 영향을 미치기도 한다. 미국의 경우 법원의 개입은 두 개의 헌법조항에 근거한다. 첫째, 잔혹하고 비정상적인 처벌(cruel and unusual punishment)을 금지하는 헌법조항과 생명, 자유, 재산에 영향을 미치는 모든 이슈에 있어서 법의 동등한 보호와 정당한 절차(equal protection of the laws and due process)를 보장하는 헌법조항에 근거하고 있다. 사법부의 판결은 예산편성과 집행, 사회간접자본의 건설, 정부간 보조금(intergovernmental grants), 입법부와 행정부의 관계, 공채발행에까지 영향을 미치지만 주로 교육, 복지, 환경보호, 교도행정, 정신질환과 장애치료에 관한 분야가 주 대상이 된다.

법원의 문제점은 총체적으로 예산을 파악하지 않고 소송이 제기되는 순서대로 이슈에 대해 개별적이고 단편적으로 판결을 내린다는 것이다. 결국 판결의 결과 하나의 사업에 대해 예산이 증액되어야 한다면 예산총액의 증가가 어려운 현실에서 법원의 판결은 다른 사업에 배분될 예산의 감소를 강제하는 것에 불과한 제로섬게임이라는 것이다. 이러한 비판도 있지만 법원에 대한 소송은 다른 구제방안이 없을 때 제시되는 최종호소수단이기 때문에 헌법에 보장된 권한을 보호할 수 있는 유일한 수단이라는 지지의견도 있다.

법원은 개인이나 조직이 소송을 제기하면 예산과정에 개입하게 된다. 법원이 얼마나 개입하는가는 정치시스템, 법률체계, 행정문화, 예산과정을 규율하는 규범에 달려 있다. 독일, 캐나다, 인도, 말레이시아처럼 연방국가인 경우에는 법원이 중앙정부와 지방정부의 예산갈등에 판결할 수 있는 구체적인 헌법적 권한을 가지고 있으며, 영국처럼 관습법에 의해 그러한 권한을 가질 수도 있다.

예를 들어 호주는 오직 연방정부만이 간접세를 부과할 수 있다고 판결하였다. 연방정부가 아닌 영국과 프랑스에서도 법원은 지방정부의 조세와 지출에 관하여 판결을 내린다. 예를 들어 영국은 법원이 런던시의 대중교통요금을 25% 인하하기 위한 세금인상을 금지하는 판결을 내렸다. 또 어떤 경우에는 공무원들의 임금협약을 국가의 임금인상률을 상회하고 1982년의 지방정부법(Local Government Act)을 위반한다는 이유로 무효화시킨 판결을 내리기도 했다.

전 세계에서 미국처럼 법원이 예산과정에 적극 개입하는 국가는 없다. 미국법원의 결정범위에서 제외되는 예산에 관한 사항은 하나도 없다. 그래서 미국의 사법부는 제왕적 사법부(imperial judiciary)라고 불리운다. 강력하고 적극적인 사법부의 원인 중의 하나는 미국은 사회의 크고 작은 문제를 법에 의해 해결하는 사회이기 때문이다. 또한 1950년대 이후로 소외된 집단이 정치가 해결하지 못하는 자신의 문제들을 법정에서 제기한 것도 한 이유이다.

사법부의 판결은 재원조달액수, 서비스기준, 필요한 인력, 봉급, 심지어 행정부와 입법부의 예산절차까지 결정하기도 한다. 법원은 단순히 판결에만 그치지 않고 판결을 준수하는가를 확인하기 위하여 감시자, 위원회 등을 지정하기도 한다. 1991년 Texas주의 예산은 초등학교와 중등학교 그리고 교도행정에 관한 법원의 명령에 의해 30%나 증가하였다. 행정부는 재원부족을 이유로 사법부의 결정에 불복할 수 없으며 재판과정에서도 재원부족은 변호이유로 인정되지 않는다.

1980년대 중반에 미국의 많은 주들이 법원의 판결에 따라 사업을 재구성하고 복지, 교육, 교도행정, 정신건강, 정신지체에 관한 예산지출을 급격하게 증가하였다. 모든 사례들이 원고가 연방법원이나 주 법원에 기존사업이 연방헌법과 주 헌법에 의해 보장된 개인의 권한을 박탈하였다고 제기하는 소송이었다. 대부분의 소송은 잔인하고 비정상적인 처벌을 금지하고 있는 수정헌법 8조와 생명, 자유, 재산에 영향을 미치는 모든 사항에 대해 법의 동등한 보호와 정당한 절차를 보장하는 수정헌법 14조에 근거하였다. 법원의 판결은 기존사업과 정책의 수정을 요구하는 내용으로 이루어졌으며 대부분 판결이 예산에 미치는 영향을 무시하고 내려졌다. 즉 예산부족은 헌법에 보장된 권리를 침해한다는 이유로 인정되지 못하였기 때문에 법원의 판결은 경우에 따라서 심각한 재원부족을 야기할 수 있는 내용이었다.

2. 교육에 관한 사례

교육 분야의 소송은 주로 장애학생교육, 소수민족이 많은 학교에 대한 재정적 차별, 초등교육과 중등교육의 재원조달 등의 쟁점에 주로 집중된다. 미국의 초등학교와 중등학교예산은 재산세에 의존하는데 빈부의 격차로 인하여 교육특별구간의 격차가 심각하였다. 예를 들어 교육예산은 재산세에 근거하기 때문에 부유한 지역의 학교는 교육예산의 확보에 있어 유리하게 되며 이러한 재원조달방법은 차별적이라는 소송이 제기되었다.

California주의 법원은 이러한 재원조달방법은 저소득층을 차별하기 때문에 헌법의 "동등한 보호"조항을 위배한다고 판시하고 이러한 격차를 감소할 수 있는 새로운 기준을 공표하였다. New Jersey주는 이보다 한 걸음 더 적극적인 조치를 취했다. 처음에 교육재원조달방법을 변경하라고 판결했으나 정부가 별다른 조치를 취하지 않자, 재원조달방법을 변경해야 하는 최종일자를 제시하고 1975년에는 아예 주정부가 교육보조금을 지불하는 것을 금지하였다. 이러한 금지는 주 의회가 교육비를 별도로 설정한 최초의 개인소득세를 통과시킨 1976년까지 철회되지 않았다.

3. 환경에 관한 사례

법원은 댐, 고속도로, 발전소의 건설중단을 환경보호의 차원에서 판결하기도 한다. 예를 들어 법원은 환경영향평가의 문제점에 근거하여 뉴욕시의 고속도로건설의 중단을 명령하기도 했다. 10년에 걸친 소송 끝에 연방법원은 뉴욕시가 건설하려는 고속도로 Westway의 건설을 환경보호에 관련된 이유로 금지하였다. 또한 연방최고재판소는 환경보호를 근거로 TVA(Tennessee Valley Authority)의 댐 건설을 금지하였다.

우리나라에서도 최근 4대강 사업과 관련하여 사법부 판결을 통한 정부의 무리한 예산계획 및 집행에 경종을 울린 사건이 있다.[9] 바로 4대강 사업과 관련된 '낙동강 살리기' 사업에 대한 법원의 첫 판결이다. 이번 판결은 그동안 4대강 사업 관련 판결을 뒤집는 것[10]이어서 중요하고, 법이 예산과정에 중요한 영향을 미친다는 점에서

9) 한국일보 인터넷 기사(2012. 2. 11.) 참조.

10) 이번 법원의 판결은 그동안 4대강 사업 관련해 한강, 낙동강, 금강, 영산강 4곳 모두 소

주목할 만하다. 정부의 '낙동강 살리기' 사업에 대한 판결의 핵심은 첫째, 그동안 정부가 무리하게 사업을 계획·집행하는 가운데 '총사업비 500억원 이상의 예산이 투입되는 국책사업의 경우 경제성에 대한 예비타당성 조사를 거쳐야 한다'는 국가재정법 제38조와 시행령을 위반하고 있다는 점, 둘째, 낙동강 살리기 사업 중 보의 설치 및 준설 등은 재해예방사업 및 시급한 국책사업이라고 보기 어렵다는 점, 셋째, 사업의 대부분이 집행되어 원래대로 원상회복을 할 경우 국가재정의 효율성, 기술·환경 침해적 측면 등에서 심각한 문제가 발생하기 때문에 사업 취소에 대한 것은 기각한다는 사정판결(事情判決)을 내렸다는 점이다. 이번 사법부의 판단은 다른 여타 4대강 사업 관련 판결에 영향을 미치는 것은 물론 앞으로 국가가 시행하려고 하는 국책사업에 있어서 더욱 신중을 기해야 한다는 교훈을 준다.

4. 주민투표에 관한 사례

주와 지방정부의 공채발행이나 재정정책의 변경에 대한 주민투표는 민주주의의 궁극적인 표현이지만 법원은 경우에 따라서 헌법에 근거하여 주민투표안건을 삭제하고, 주민투표를 금지하고, 주민투표의 결과를 무시하고, 주민투표에 의한 승인을 사후에 무효화시키기도 한다. 뉴욕주에서는 주민투표에 의해 교도소건설을 위한 주 정부의 공채발행이 거부되었는데, 주지사와 주 의회는 공기업을 설립하여 교도소건설을 위한 공채를 발행했다. 유권자들이 여기에 대해 법원에 소송을 제기했으나 법원은 이를 기각했다.

1978년 뉴저지 주민들은 다양한 공공사업을 위해 1억 달러의 공채발행에 관한 주민투표에서 공채발행을 찬성하였는데 뉴저지최고재판소는 주민투표는 위헌이라고 판결하였다. 플로리다의 최고재판소는 주 헌법에 위배된다는 이유로 주민투표의 안건에서 하나의 안건을 삭제하였다. 1984년 Florida의 법원은 특정상한선 이상으로 세금을 인상하지 못하고 만약 상한선을 상회하려면 주민투표가 필요하도록 한 제안에 대한 찬반 주민투표 자체를 금지하였다. 하나의 주제에 관련되지 않고 지나치게 광범위하여 애매하다는 이유에서였다.

송이 제기됐고, 낙동강 1심 판결을 비롯해 한강 1·2심, 금강 1·2심, 영산강 1심 등 여섯 차례의 판결에서는 정부가 모두 승소했던 결과를 뒤집었다. 이것은 그동안의 재판부가 자연재해 예방을 위한 준설, 보 설치 등의 사업을 국가재정법 시행령이 규정한 예비타당성 조사 면제 대상인 '재해예방 지원 등으로 시급한 추진이 필요한 사업'으로 인정·간주하였지만, 최근 부산고법의 재판부는 법 절차를 중시해야 하고, 정부가 대규모 국책사업을 추진할 때 신중을 기해야 한다는 점을 강조하였다.

5. 조세에 관한 사례

납세자들이 정부의 조세정책에 반발하여 많은 소송을 제기하였는데 법원은 이에 대해 판결함으로써 정부의 조세권에 대해 법적인 정의를 내렸다. 어떤 경우에는 정부의 새로운 세금신설을 승인하기도 하고 불허하기도 했으며 납세자를 차별하는 세금조항을 위헌으로 판결하기도 했고 캘리포니아주의 조세저항인 Proposition 13을 합헌으로 판결하였다. 균형예산을 요구하는 주의 헌법은 주지사가 균형예산을 제출하라는 요구이지 예산집행과정에서 균형예산을 유지하라는 요구가 아니라고 판결한 법원도 있었다. 법원은 지출예산의 형식에 대해서도 판결을 내렸는데 뉴욕주에서는 품목별 예산을 주장하는 사람들에 의한 소송에서 총액예산(lump sum appropriation)이 부적절하고 빈약하다는 주장은 근거가 미약하다고 판결하였다.

6. 기　　타

법원은 연방정부가 주와 지방정부에 제공하는 각종 재정지원금을 둘러싼 갈등에 대한 판결을 통해 정부간 보조금에까지 영향을 미친다. 미국의 법원은 특히 연방정부가 주 정부에 지불하는 보조금, 주정부가 지방정부에게 지불하는 보조금에 관한 갈등해결에 매우 적극적이다. Connecticut주의 Hartford시에서는 연방정부의 주택자금보조금이 Hartford시의 주변위성도시가 아닌 Hartford시(저소득층의 밀집지역)에 사용되어야 한다고 법원이 판결하였다.

Mississippi를 비롯한 몇 개의 주에서는 주지사에게 예산집행의 전권을 부여하는 것을 두려워하여 예산집행도중에 예산을 변경하기 위하여 행정부와 의회의 공동위원회를 수립하였는데 Mississippi법원은 이를 삼권분립에 위배된다고 판결하였다. 그 결과 예산집행을 감시하기 위하여 행정부와 의회에 각각 두 개의 기구가 설립되었다. 미국의 대부분의 주에서 품목별 예산(itemized)을 편성하도록 요구하고 있는데 총액예산이 위헌인가의 문제가 발생하였다. 예를 들어 뉴욕주에서는 3명의 의원이 총액예산과 예산국장(budget director)이 총액예산으로부터 예산을 배분하는 권한과 총액예산간의 자금이동을 통하여 의회의 권한을 침해하기 때문에 위헌임을 선언해달라고 법원에 요청하였다. 법원은 확실한 입장을 취하지 않았지만, 총액예산이 의회가 개별 지출항목을 통제하는 것을 무효화할 수 있을 정도로 광범위해서는 안 된다고 양측에 경고하였다.

3.6 미국 연방정부의 예산제도

1. 예산의 구분

Points, Schick, Axelrod, Wildavsky에 의하면 미국연방정부의 예산은 다음과 같이 구분되고 운영된다고 한다(Points, 1990; Schick, 1995; Wildavsky, 1992a; Axelrod, 1995). 미국연방정부의 예산은 일반펀드(general fund), 특별펀드(special funds), 수탁펀드(trust funds)로 구분되어 있다. 일반펀드, 특별펀드, 수탁펀드는 우리의 일반회계, 특별회계, 기금과 유사하다. 일반펀드는 특정목적을 위해 구분된 펀드가 아니지만, 특별펀드는 특별목적을 위해 구분된 펀드이고 법에 의해서 수탁펀드와 구별된다.

특별펀드는 사용료, 기타 특별징수(special collection)에 의해 운영되며 수탁펀드는 대부분 목적세에 의해 운영된다. 수탁펀드는 지정된 사업이나 용도를 위해 제한된 펀드이며 가장 대표적인 사례가 사회보장(social security)펀드, 고속도로펀드(Highway Trust Fund)이며 수탁펀드로부터 차입할 경우는 이자를 지불한다. 일반펀드, 특별펀드, 공기업, 정부간 펀드(intergovernmental funds)를 합산하여 연방펀드(federal fund)라고 한다. 차입금에 대한 이자지불여부를 제외하고는 수탁펀드와 특별펀드는 실질적으로 차이가 거의 없으며 유사한 펀드라고 할 수 있다. 연방펀드와 수탁펀드를 합산하여 통합예산(unified budget)을 구성하는데 국가경제정책과 정책우선순위결정수단으로서의 예산의 역할 때문이다.

연방펀드와 수탁펀드를 합산하여 통합예산(unified budget)을 구성하는데 국가경제정책과 정책우선순위결정수단으로서의 예산의 역할 때문이다. 사회보장펀드와 우편사업은 통합예산에도 포함되지 않지만 예산과정에서 아예 제외(off-budget)되는데 예산과정에서 영향을 받지 않고 보전하기 위하여 별도로 설정하는 것이다. 연방펀드에서 수탁펀드에 지불한 이자는 통합예산을 작성할 때는 서로 상쇄되기 때문에 통합예산의 크기에 영향을 미치지 않는다. 또한 펀드간의 자금이동은 이중계산을 방지하기 위해 차감한다. 공기업예산은 수입에서 지출을 차감한 순수입만이 가산된다.

미국 연방예산은 차입한 금액은 수입에 포함하지 않고 부채상환은 지출에 포함되지 않는다. 수탁펀드는 목적세에 의해 유지되는데 수입이 지출보다 크며, 재정적자는 사실상 일반펀드에 의해 초래되고 있다. 특정목적이 아닌 일반적 목적을 위해 조세를 신설하거나 세율을 인상하는 것을 반대하는 경향이 강하기 때문에 일반펀드의 세원이 일반펀드의 증가율만큼 증가하지 못한 것이 재정적자의 원인이다. 그러나 1993년부터는 새로운 세입이 목적세로 신설되지 않고 일반펀드에 편입되는 사례가 증가하여 재정적자를 감소하는데 기여하고 있다. 사회보장이 재정적자의 원인이라는 주장은 맞지 않는 셈이다. 물론 목적세에 의해 유지되지 않는다면 사회보장비용이 과거에 비해 상대적으로 더 증가했기 때문에 재정적자의 주요원인이라고 말할 수 있을 것이다. 그렇지만 사회보장펀드가 아닌 일반펀드가 재정적자를 초래하고 있기 때문에 재정적자의 주요원인은 일반펀드라고 보아야 한다.

수탁펀드는 다른 용도로 전용할 수도 있고 폐지할 수도 있지만 수혜자가 정치적으로 강한 영향력을 가지고 있을 때는 사실상 불가능하며 전용할 경우에도 유사한 용도로 전용하는 것이 일반적이다. 수탁펀드는 특별한 목적을 위해 존재하기 때문에 경직성지출(entitlements)로 간주하는 기대심리가 있다. 수탁펀드를 보호하기 위하여 예산에서 제외하려는 시도가 있었지만 예산의 경제정책기능을 약화하며 정치인들의 통제범위에서 벗어나기 때문에 실현되지 않았다. 주 정부는 모든 지출과 수입을 하나의 예산으로 통합하려는데 대해 연방정부처럼 소극적이다. 그러나 일반적으로 인정된 회계원칙(Generally Accepted Accounting Principles: GAAP)이 모든 펀드의 수입과 지출을 보고하도록 요구하기 때문에 예산에 포함하지 않는 펀드의 수입과 지출도 재무보고에 포함하여 보고하기도 한다.

미국 연방예산이 어떤 정보를 포함하고 어떤 양식을 갖추어야 하는가는 전적으로 대통령의 권한에 속한다. 예산에 무엇이 포함되는가 하는 문제도 매우 중요하다. 1969년 의회가 통합예산(unified budget)을 채택하면서 수탁펀드(trust funds)를 포함하자 경직성경비와 임의성경비간의 갈등이 보다 첨예화되었고 동일한 자원을 놓고 경쟁하는 것을 보다 명백하게 볼 수 있게 되었다. 경직성경비는 수탁펀드에도 있지만 비수탁펀드에도 있다. 1985년 균형예산법(Balanced Budget Act)은 사회보장수탁펀드를 통합예산에서 제외함으로써 예산과정의 영향을 받지 않고 사회보장을 보호하려고 했다.

2. 예산코드와 체계

Schick, Axelrod, Wildavsky는 미국연방정부의 예산코드와 체계를 다음과 같이 설명하고 있다(Schick, 1995; Axelrod, 1995; Wildavsky, 1992a). 미국연방정부의 예산코드(identification code)는 11자리 숫자로 구성되어 있는데 처음 두 자리 숫자는 부처를 표시하고, 다음 네 자리 숫자는 계정(account)번호를 말하며, 다음 일곱 번째 숫자는 정규예산인지 추가경정예산인지를 구분하고, 여덟 번째 숫자는 펀드유형을 표시하며, 마지막 세 자리 숫자는 계정이 분류되는 기능을 표시한다. 그러므로 예를 들어 13-1450-0-1-306이라는 예산코드는 부처번호가 13이고, 예산이 소속되는 기능(function)번호는 306이며, 기능 내에 속하는 계정의 번호는 1450이며 0이라는 번호는 정규예산임을 나타내며 펀드번호는 1번이다.

연방정부의 예산은 계정과 기능으로 분류하는데 이 예산은 306이라는 번호를 가진 기능에 속하며 1450이라는 번호를 가진 계정이라는 것을 알 수 있다. 기능이 다시 두 개 이상의 하부기능(sub-function)으로 구분될 수 있는데 이럴 경우 계정의 마지막 세 자리 숫자는 계정이 소속하는 하부기능을 지칭한다. 계정은 사업으로 구성되며 사업(program)은 활동(activities)을 단위로 구분되는데 활동 즉 사업은 회계구조에 기초하고, 부처의 운영에 연관지어, 사업분석과 평가에 유용하도록 분류되어야 한다. 그러나 사업, 하부사업, 활동의 구분과 의미에 대해서는 혼란과 논란이 많다. 활동은 다시 원가중심점이라는 단위로 구분된다. 원가중심점에 대해서는 정부회계에서 다시 설명한다. 쉽게 말하면 원가중심점은 원가에 대해 책임을 지는 관리의 단위를 말한다.

기능(function) → 하부기능(subfunction) → 사업 → 하부사업(subprogram)
→ 활동(activity) → 원가중심점(cost centers)

뉴저지 주는 지출예산을 주 차원의 사업(statewide program)으로 먼저 분류하는데 이것은 연방정부의 기능과 유사하며, 다음으로 포괄적 사업(broad program)으로 재분류하는데 이것은 연방정부의 하부기능과 유사하고, 최종적으로 부처사업(departmental program)으로 다시 분류하는데 이것은 연방정부의 사업과 유사하다.

오리건 주는 다음과 같은 포괄적 분류 하에 270개의 계량목표치를 가진 벤치마크

(benchmarks)를 설정하여 목표달성을 위한 사업의 역할을 수행한다.

• children and families • education and workforce preparation • health and health care	• physically livable communities • socially livable communities • clean natural environment • government efficiency

벤치마크의 계량목표는 20년 동안 달성해야 할 이정표를 제시한다. 예를 들어 의료접근(health care access)이라는 벤치마크는 1995년까지 근본적 의료서비스에 99%의 주민이 접근할 수 있도록 목표를 설정하고 있다. 수질(water-quality)이라는 벤치마크는 연방정부와 주정부가 설정한 수질에 부합하지 않는 하천의 숫자를 1992년에 1,100개, 2000년에는 75개로 축소하는 목표치를 설정하고 있다. 벤치마크는 집행기관의 사업원가와 연계되어 있다.

오하이오 주는 지출예산을 8개의 새로운 패러다임 예산(the new paradigm budget)으로 분류하는데 새로운 패러다임이란 비용효과적이고 공동체에 기초한 서비스제공 시스템을 지향하는 새로운 주정부 서비스 제공방법이다. 예를 들어 family and children: early intervention and coordination이라는 패러다임의 목표를 달성하기 위해서 9개의 사업을 위한 펀드를 설정하고 있다.

3. 수권예산과 지출예산

미국 연방예산은 수권예산과 지출예산이라는 구분을 하고 있는데 Collender, Schick, Wildavsky는 다음과 같이 설명하고 있다(Wildavsky, 1992a; Schick, 1995; Collender, 1992).

수권예산(budget authority)은 법에 의해 지출의무(obligation)를 부담할 수 있도록 승인된 한도를 말하며, 지출예산(outlays)은 미래지출추정액인데 실제 지출은 이보다 크거나 작을 수 있다. 매년의 지출예산은 일부는 당해 연도의 수권예산에 근거하지만 일부는 과거의 수권예산에 근거하는데, 예를 들어 1995년 회계연도 예산에서 지출예산의 3/4은 당해 연도의 수권예산으로 인한 금액이고 1/4은 그 이전 연도의 수권예산으로 인한 금액이다. 또한 90% 이상의 국방부인건비는 수권예산이 부여된 연도에 지출되지만, 오직 5% 이하의 조선(shipbuilding)비용만이 당해연도에 지출된다.

지출예산은 세출법안에 명시되지는 않지만 세출계정에 포함된 지출속도에 따라 추정 계산이 가능하다. 세출법안과는 달리 대통령이 제출하는 예산안은 수권예산에 대한 요청과 아울러 지출예산에 대한 추정액을 포함하고 있다.

수권법안과 세출법안(appropriations)에 명시되는 금액은 모두 수권예산이며 지출의무를 부담할 수 있는 승인이다. 지출예산은 실제로 지출된 금액이거나 실제로 지출될 것으로 추정되는 금액이다. 재정적자는 수입에 대해 지출예산을 차감하여 계산된다. 정부활동은 1년 내에 완료되지 않는 경우가 많기 때문에 수권예산과 지출예산이 필요하다. 수권예산은 총원가이며 지출예산은 당해연도에 사용되어야 하는 금액이다. 의원들이 투표하는 금액은 수권예산인데 사실 중요한 금액은 궁극적으로 지출예산이다. 의원들은 자신들의 투표로 인하여 결정되는 수권예산의 결과 얼마의 지출예산이 발생하는가를 추정하지만 불확실성이 존재하며 왜곡될 가능성이 있다.

미국이 처음 탄생했을 때 국가의 크기에 비해 커뮤니케이션기술은 오늘날처럼 발달하지 않았기 때문에 국가의 지시가 모든 구성원에 도달하는 데 많은 시간이 소요되었다. 남북전쟁이 종료된 후 수주 후에 뉴올리언스 전투가 발생한 것은 좋은 사례라 할 수 있다. 의회는 지출할 수 있는 권한을 부여하고 예산집행부서는 한도 내에서 자유롭게 지출하고 사후에 감사인이 지출에 있어 정직과 절약을 점검하였다. 규모가 작은 지방정부의회는 지출예산에 투표하고 수시로 조정할 수 있었기 때문에 수권예산이 필요 없었다. 정부가 제3자와의 계약을 통해 행정서비스를 공급할 때는 집행일정을 미리 계획하기 어려웠기 때문에 수권예산이 주어지면 매년 상황에 따라 집행하는 것이 더 신축적이었다. 이런 이유로 수권예산이 사용된 것이다.

4. 예산과정

미국의회의 예산과정을 규율하는 가장 중요한 세 가지 법은 다음과 같다. 보다 구체적 내용은 뒤에 자세하게 설명한다.

- Congressional Budget and Impoundment Control Act(1974년)
- Gramm-Rudman-Hollings(GRH) Act(1985년)
- 예산실행법(Budget Enforcement Act: 1990년)

(1) 세출예산과정

Breton이 설명하는 미국 연방정부의 세출예산과정은 다음과 같다(Breton, 1996).

① 경제자문위원회(Council of Economic Advisors),[11] 관리예산실(OMB), 재무부가 합의한 주요 경제추정치에 근거하여 대통령이 예산상한선을 설정하며 예산편성지침의 주요 내용이 된다.

② 각 부처가 예산신청을 OMB에 제출한다.

③ OMB는 부처의 예산신청을 사정하고 대통령이 최종적으로 결정한다.

④ 대통령이 예산안을 의회에 제출하면 하원과 상원의 예산위원회(budget committee)는 예산합의(concurrent budget resolution)에 확정하고 통과시켜야 한다.

⑤ 하원세출위원회(appropriation committee)는 13개의 소위원회에 예산안을 회부한다.

⑥ 하원세출위원회는 소위원회의 심의를 거친 예산안을 하원 본회의에 상정한다.

⑦ 하원 본회의를 통과하면 상원으로 넘겨지고 하원과 같은 절차를 밟은 후 하원과 상원의 의견차이가 있을 때는 상하원의 협의에 의해 결정한다.

⑧ 대통령에게 의결을 거친 예산이 송부된다.

⑨ 대통령이 거부권을 행사하지 않으면 예산은 확정된다.

미국 연방정부의 예산과정은 다음 연도 10월에 시작하는 예산을 4월부터 편성하기 시작하므로 무려 18개월 이전에 예산과정이 시작된다. OMB는 4월부터 6월까지 다음 회계연도예산에 관한 대통령의 정책을 수립하기 위한 검토를 한다. 2001년 10월에 시작하는 예산은 "FY2001-2002예산"이라고 하는데 2000년 4월에 예산과정이 시작하며 예산기획은 이보다 더 일찍 2000년 1월에 시작하는 것이 일반적이다. FY2001-2002예산안은 늦어도 2001년 2월의 첫째 월요일까지 의회에 상정되어야 한다. Axelrod는 미국의회의 예산과정의 역사를 시간대별로 구분하여 다음과 같이 설명하고 있다(Axelrod, 1995).

첫째, 1965년 이전으로서 세출위원회와 세입위원회가 의회예산의사결정에 압도적 영향력을 행사한 기간이다.

둘째, 1965년부터 1974년 사이 기간으로서 세출위원회와 세입위원회로부터 수권위원회로 예산에 관한 권력이 이동한 기간이다. 수권위원회는 경직성경비(entitlement programs)와 세출위원회를 거치지 않는 지출예산결정(backdoor spending)을 관할하게 되었다.

셋째, 1974년부터 1985년까지의 기간으로서 1974년의 의회예산법(The Congres-

11) 대통령을 보좌하는 백악관 내의 경제자문기구이다.

sional Budget Act)이 시행된 시기이다.

넷째, 1985년부터 1990년까지의 기간으로서 재정적자를 축소하기 위한 The Balanced Budget and Emergency Deficit Control Act(GRH)가 1985년 통과되어 1991회계연도까지 재정적자를 완전히 해소하는 것을 목표로 삼았던 기간이다. 이 법은 매년 재정적자를 감축하기 위한 목표액을 설정하고 세출법안(appropriations)이 이를 달성하지 못하면 일률적 삭감(across-the-board spending cuts=sequestrations)을 시행하도록 규정하고 있다. 1987년 재정적자폭이 GRH법이 설정한 목표를 달성하지 못하자 일률적 삭감대신 레이건 대통령과 의회지도자들은 법을 개정하여 재정적자목표치를 수정하고 완전한 재정적자 제거달성시점을 1991회계연도에서 1993회계연도로 변경하였다. 자동삭감(sequestrations)은 세입과 세출에 관한 OMB와 CBO의 합의에 기초하여 OMB가 시행하도록 OMB에게 권한을 부여하였다. 원래의 법을 GRH I라고 하고 수정된 이후의 법은 GRH II라고 한다.

다섯째, 예산실행법(The Budget Enforcement Act: BEA)이 제정된 1990년 이후 기간이다. 1990년 부시 대통령과 의회지도자들은 GRH II가 사실상 실행 불가능함을 인식하고 BEA를 제정하였다. 1992년 클린턴 대통령이 취임했으며 1993년 Reconciliation Act가 통과되었다. Reconciliation Act의 주요 내용은 1994회계연도부터 1998회계연도까지 5,140억 달러의 재정적자 삭감목표치를 설정하고, 이 기간동안 임의성경비 상한선을 1993회계연도의 임의성경비 금액수준 이하로 제한하였다

(2) 세입예산과정

Breton이 설명하는 미국 연방정부의 세입예산과정은 다음과 같다. 대통령의 세입예산안이 하원의 세입위원회(Ways and Means Committee)에 회부되고 심의를 거친 후에 하원 본회의에서 통과되면 상원의 재무위원회(Finance Committee)로 회부되는데 하원과의 의견차이가 있을 때는 양원협의위원회(conference committee)에서 합의를 도출한다. 합의된 세입예산은 대통령에게 송부된다(Breton, 1996).

5. 의회의 예산관련 위원회

상원과 하원에 예산과 관련된 각각 4개의 위원회가 있다(Schick, 1995).

(1) 수권위원회(authorizing committees)

행정부가 집행할 법규를 제정하고 행정부의 활동에 대해 의회의 승인을 부여하고, 사업지출의 상한선을 수립한다(Duncombe et al., 1983). 수권위원회는 자금을 사용해도 좋다는 결정을 내리며, 세출위원회는 사용할 자금을 조달하는 결정을 내린다. 수권법안의 제정이야말로 의회위원회업무의 대부분을 차지하는 가장 중요한 업무이다(Hyde, 1992).

(2) 세출위원회(appropriations committees)

세출위원회 내의 세출소위원회는 각각 소관세출법안을 심의하고 제정하는데 세출위원회는 의회에서 가장 영향력 있는 위원회이며 의원들이 가장 원하는 위원회이다. 수권위원회에서 자금사용에 대한 승인이 나면 세출위원회가 구체적으로 사용할 자금의 액수를 결정한다. 하원세출위원회위원들은 대부분 다른 위원회에 속하지 않고 오로지 세출위원회에만 소속되지만 상원세출위원회위원들은 적어도 하나의 수권위원회에 소속되는 것이 일반적이며 이러한 차이점이 두 세출위원회의 성격을 결정짓는 주요한 요인이 되고 있다. 세출소위원회의 위원장은 추기경(cardinals)이라고 불리울 정도로 막강한 권한을 행사한다. 대통령이 제출한 예산안은 하원세출위원회를 거쳐 상원세출위원회에 회부되는데 하원세출위원회는 예산삭감지향적이며 예산절약을 추구하기 때문에 수호자(the guardian of the purse)로 불리웠다. 상원세출위원회는 과거에는 하원세출위원회가 삭감한 예산을 부활해주는 항소심(a court of appeals)의 역할을 했지만 재정적자를 감축하려는 의회의 최근노력과 일련의 법안 때문에 이러한 경향은 현저하게 약화되었다(Schick, 1995).

(3) 세입위원회

세입을 관장하는 위원회인데 의회가 신속히 경제상황에 대처하지 못하므로 세율을 행정부가 수시로 조정할 수 있는 권한을 부여해 달라는 요구를 의회가 거절함으로써 여전히 세입에서는 의회의 권한이 최종적이다. 세입은 하원의 세입위원회(Ways and Means Committee)와 상원의 재무위원회(Finance Committee) 소관인데 상원과 하원의 견해차이는 양원협의위원회(conference committee)에 의해 해결된다. 세입위원회는 매우 강력한 위원회인데 강력한 위원회의 원인은 위원장의 강력한 리더십과 전문성에 기인한다고 한다(Ippolito, 1992). 1985년부터 인플레만큼 개인소득세(1995년에 GDP의 8.5% 점유) 부과구간을 조정함(indexation)으로써 인플레로 인하여 세금부담이 증가하는 문제점을 제거하였다. 과거에는 의회가 수시로 세율을 인하하여 조세부담을 안정하려는 노력을 기울였는데 이러한 입법조치 이후에는 조세입법의 방향이 재정적자를 감축하기 위한 세금부담증가로 전환되었다(Schick, 1995).

(4) 예산위원회(budget committees)

1974년 예산법은 행정부의 OMB에 해당하는 예산위원회를 상원과 하원에 창설하였다(Kamlet, 1992). 미국연방의회의 예산위원회(budget committees)는 거시적인 예산의사결정(macrobudgeting)을 담당하고 세출위원회(appropriations committees)는 미시적인 예산의사결정(microbudgeting)을 담당한다는 것이다(Axelrod, 1995). 거시적 예산의사결정이란 예산총액과 기능별 액수에 대한 내용을 말한다. 예산위원회는 의회에서 유일하게 예산 전체를 검토하고 분석하는 위원회이다.

상원의 예산위원회(budget committee)는 위원회 추천사항을 상원본회의에서 관철하는데 매우 성공적이었으며 이 점에서 하원의 예산위원회보다 강력한 권한을 행사했다. 또 다른 이유는 Edmund Muskie의 강력한 리더십과 위원회임기가 영구적이라는 점이었으며 위원회의 보좌직원들도 보다 정책지향적이었고 정치적 경험이 풍부했다는데도 기인한다. 하원의 예산위원회는 이에 반하여 보다 당파적이었고, 분열되었으며, 하원본회의에서 상원에 비해 상대적으로 지지를 얻지 못했다. 또한 제한된 임기 때문에 자신이 속한 상임위원회에 더 충성하는 경향이 있다. 다른 위원회가 자신들의 가장 강력한 의원들을 예산위원회에 보내 자신의 권한이 잠식당하지 않도록 한 것도 이유의 하나인데 보좌직원들은 예산전문성이 강했다(Duncombe et al., 1983).

(5) 예산관련위원회의 구성과 운영

미국 의회위원회는 각 당의 리더간의 합의에 의해 숫자를 구성하는데 대부분 상원과 하원의 각 당 의원비율을 반영한다. 각 당은 누가 어떤 위원회에 속할 것인가를 결정하는데 주로 당의 리더가 가장 큰 영향을 미친다. 위원회의 위원장은 의원이 된 기간이 아니라 위원회에 소속된 기간에 비례하여 가장 선임자가 임명된다. 상원에서는 이러한 원칙이 절대적으로 준수되지만 하원에서는 항상 이러한 원칙에 의하지는 않는데 위원장은 주로 다수당의 선임자에게 주어지기 때문이다. 선임자가 위원장이 되는 것에 대한 반발이 여러 번 있었기 때문에 이제는 각 당의 투표에 의해 위원장이 결정되는데 대부분 선임자가 위원장에 선발된다. 위원장은 당의 리더들과 상의하여 위원회의 의제를 설정하고, 위원회직원을 고용하고 해고하며, 직원들에게 임무를 부여하고, 소위원회를 구성하며, 소위원회의 위원장과 위원을 결정하고, 법안을 심의할 소위원회를 구성한다. 하원의 경우 위원장은 법안을 언제 하원본회의에 회부하거나 상원에 상정할 것인지를 결정하기 때문에 법안내용에 영향을 미칠 수 있을 뿐만이 아니라 신속한 법안심의를 가능하게 할 수도 있고 법안심의가 지체되어 저절로 소멸되게 할 수도 있다.[12] 위원회와 위원장의 권한은 막강하여 위원회와 위원장이 원하는 것은 사실상 무엇이든 실현가능하다고 보아야 한다(Breton, 1996).

Fenno는 미국의 하원은 주로 삭감을 통해 권력을 행사하고, 상원은 정부부서가 삭감된 예산회복을 호소하는 기관역할을 하며 경우에 따라서 상원에서 예산이 상당히 증가한다고 주장하였다. 하원의 세출위원회는 삭감자의 역할을, 상원의 세출위원회는 항소심(appeals courts)의 역할을 한다는 것이다. 상임위원회와 세출위원회(the appropriations committees)의 갈등시에는 세출위원회가 주로 승리하며 상임위원회는 자신이 지지하는 사업의 증액을 원하고 세출위원회는 보통 이에 반대한다고 한다. 세출위원회가 강력한 힘을 발휘하는 이유는 합의에 의한 의사결정, 위원회업무의 성격, 구성원의 입법시각, 위원회의 인기, 구성원의 장기재임기간 등으로 인한 구성원의 일치단결이다. John Harris의 연구에 의하면 세출위원회는 대부분 안정된 선거구 출신이어서 장기간 위원으로 있을 수 있기 때문에 예산전문성을 확보할 수 있다고 한다(Parker, 1983; Wildavsky, 1992a).

John Gist는 상원세출소위원회(Senate appropriations subcommittees)에 대한 연구에서 통제불가능지출이 많을수록 권력이 약한 것을 발견하였다. Schwengel과 Ripley의 연구에 의하면 위원회의 권력은 위원회의 보좌직원에 많이 의존한다고 한다. Havemann의 연구에 의하면 하원예산위원회(the House Budget Committee)와 상원예산위원회(Senate Budget Committees)의 가장 큰 차이는 보좌직원들의 차이라고 한다. 하원예산위원회의 직원들은 전문지식이 뛰어난 반면 상원예산위원회의 직원들은 정치적 측면의 전문성이 뛰어나다고 한다(Parker, 1983).

---

12) 보다 구체적 내용은 다음의 두 문헌을 참조. White, Tracy, ed., *Power in Congress*, Congressional Quarterly, 1987; Polsby, Nelson W., *Congress and the Presidency*, Fourth Edition, Prentice Hall, 1986.

6. 1974년 의회예산법(The Congressional Budget Reform and Impoundment Control Act)

1974년 의회예산법이 제정되기 이전의 의회예산심의의 문제점의 하나는 예산심의의 지체였는데 지체발생의 가장 큰 이유는 지출우선순위에 대한 정치적 갈등이다(Kamlet, 1992). 미국은 19세기에는 의회의 권한이 압도적이었으나, 비효율과 예산남용으로 인해 개혁을 요구하게 되었고 1921년 예산회계법이 제정됨으로써, 예산에 있어 행정부우위가 시작되었다. 1974년 예산법에 의해 다시 의회의 권한이 강화되었다(Parker, 1983).

1974년의 예산법은 다음과 같은 개혁을 시도했으나 어떤 목적은 달성되었고 어떤 목적은 달성되지 못했다. 많은 논문들은 이 법이 이러한 목적을 달성하지 못했으며, 지출을 감소하지도 못했고, 의회예산우선순위를 변화시키지도 못했다고 주장하고 있다. 그럼에도 불구하고 예산에 관한 토론의 성격과 예산에 관한 전략의 변화를 가져왔다고 한다(Kamlet, 1992; Fisher, 1992).

① 행정부와 독립된 의회예산과정을 구축
② 의회가 예산과정에서 행정부보다 우위를 확보
③ 분권화(decentralized)되고 분열된(fragmented) 의회예산과정을 조정하고 통합
④ 지출에 대한 의회의 통제를 강화
⑤ 국가우선순위에 대한 토론의 장을 마련
⑥ 바람직한 재정정책을 수립할 수 있도록 함
⑦ 의회의 재정정책과 예산정책의 개발을 통합하고 조정을 개선
⑧ 예산과정의 지체방지

행정부 내의 예산과정은 중앙집권적이며 계층적이고 세입과 세출의 총액을 매우 중요한 의사결정으로 생각한다. 1974년 이전까지 의회에는 예산과 재정정책을 통합하고 예산의 총액을 검토하고 결정하는 절차가 결여되어 있었다. 즉 거시적 예산심의가 부재하였다. 의회는 세출소위원회의 독자적 세출법안이 제정되면 합산하여 예산을 구성했을 뿐이었기 때문에 의회예산과정이 존재하지 않았다고 말한다. 그래서 1974년 예산법은 행정부의 OMB에 해당하는 예산위원회를 상원과 하원에 창설하였다(Kamlet, 1992).

1974년 이전의 의회의 예산과정은 조각나고 하나씩 분리되어 이루어지는 분권화된 접근방법을 사용했는데 세출위원회에게는 유리하였으며, 예측가능하고 안정되며 갈등이 최소화된다는 이점이 있어 유지되었으나 닉슨 대통령의 잦은 예산집행취소와 연기행위가 1974년의 개혁을 자극했다. 1974년 예산법은 위원회로 하여금 사업검토를 위해 계약이나 정부기관을 통한 예비실험이나 비용편익분석을 사용할 수 있도록 허용하였다(Duncombe et al., 1983).

예산위원회의 창설은 기존의 세입위원회와 세출위원회를 대체했다기보다는 견제와 균형이라는 기존시스템에 하나를 추가한 것으로 보아야 한다. 예산위원회와 아울러 CBO도 OMB의 역할을 수행하는 것이었다. 1974년 예산법은 의회예산처(CBO)의 신설과 예산집행취소와 연기행위(impoundment)의 통제라는 점에서는 상당한 성공을 거두었지만 예산위원회와 새로운 예산심의단계에 관해서는 소기의 의도를 달성하지 못했다고 한다. 1974년 이전의 분권적이고 분열된 의회예산과정이 오히려 타협을 용이하게 했던 것에 비해 1974년 예산법은 중앙집권적 과정이었기 때문에 예산우선순위에 대한 명시적 투표를 요구함으로써 여야간의 갈등과 의원들 간의 의견차이를 심화시켰다(Wildavsky, 1992a).

1974년 예산법은 뒤에 원래 내용과는 상당히 다른 내용으로 여러 번에 걸쳐 수정되었다. 1974년 의회예산법은 예산위원회가 법의 목적을 수행하기 위해서 필요하다고 생각되는 다른 어떤 절차를 선택할 수 있도록 권한을 부여하고 있다. 이 법안은 의회에 행정부의 예산과정을 이식하려는 것이었는데 의회의 환경이 행정부의 환경과 달랐기 때문에 그다지 성공적이지 못하였다. 행정부는 비교적 이익집단 등의 외부세력과 단절되어 있고 매우 위계질서가 명확한 조직이지만 의회는 분권화되고 상호적이며 계층적이지 않고 매우 정치적이기 때문에 이러한 이식은 실패할 수밖에 없었다. 그 후 의회현실에 맞도록 여러 차례 수정을 하게 되는데 예를 들어 두 번째 예산합의(resolution)를 제거하고 첫 번째 예산합의에 예산조정(reconciliation)지시사항을 포함하는 것이 좋은 예이다(Kamlet, 1992).

행정부의 예산편성지침에 해당되는 것은 첫 번째 예산합의(resolution)이고 두 번째 예산합의는 OMB의 사정에 해당된다. 예산조정(reconciliation)은 OMB에 의한 예산신청의 수정과 유사하고, 전체투표는 대통령의 최종결정에 비교될 수 있을 것이다.

1974년 예산법은 지출에 대해서는 중립적 입장이라는 주장도 있지만 지출을 억제하려는 목적이 있다는 주장도 있다. 그러나 이 법은 재정적자를 감축하는데 실패하였다. 또한 1974년 이후에 예산합의는 기대한 것 같은 역할을 수행하지 못하고 비현실적이고 정확하지 않은 가정하에 예산합의를 확정하는 경우가 많았다. 포괄적 검토를 위해서 상하원의 예산위원회는 각각 1/3은 세출위원회에서 1/3은 세입위원회에서 1/3은 수권위원회에서 위원을 선발하도록 구성하였다. 이렇게 함으로써 세입과 세출을 동시에 고려할 수 있도록 하기 위함이었다. 그러나 나중에 세출위원회와 세입위원회에서 선발된 위원의 비율이 축소됨으로써 조정의 역할에서 대표하는 위원회로 성격이 전환되었다(Fisher, 1992).

Fisher에 의하면 1974년 예산법은 새로운 지출이 세출위원회를 거치지 않고 수권위원회에서 결정되는 것(backdoor spending)을 억제하는 데 어느 정도 기여했으나 기존경직성 경비는 세출위원회의 권한에 속하지 않기 때문에 한계가 있었다. 예산우선순위를 바람직하게 결정하기 위해 기능별로 총액을 배분했으나 기능은 너무나 넓은 개념이어서 우선순위에 대한 토론이 이루어지지 못했고 심지어 하부기능(subfunction)도 지나치게 추상적이어서 예산우선순위에 대한 논의가 이루어지지 못했다. 오로지 사업단위로 관심이 집중될 때 우선순위에 대한 토론이 가능할 것이다. 갈등을 피하기 위하여 하나의 기능에서 다른 기능으로 배분액을 이동하는 것이 이루어지지 않았기 때문에 기능별 배분액의 선택으로 우선순위를 조정하는 목적은 성취되지 않았다. 1974년 이전에는 하나의 기능에 속한 사업이 증가하고 다른 기능에 속한 사업이 감소하는 것은 예산에 명시하지 않고 암묵적으로 이루어졌기 때문에 갈등을 최소화할 수 있었으며 우선순위가 조정되는 효과가 있었다(Fisher, 1992).

1974년 이후에 오히려 예산심의가 더 지체되었다. 예산법은 의회예산처를 신설하고 감사원이 사업평가에 대한 노력을 두 배로 증가하도록 지시하였지만 정보와 이해가 증진된다고 해서 책임있고 현명한 의사결정이 가능한 것은 아니었다. Fisher는 현재 예산과정은 너무나 복잡해서 언론도, 재계도, 금융계도, 무엇보다도 국민이 이해하지 못하고 있다고 주장한다. 그러나 1974년 예산법은 대통령이 의회를 통과한 예산의 집행을 부당하게 연기하거나 취소하는 행위를 방지하는 데는 성공적이었다고 볼 수 있다(Fisher, 1992). 1974년의 예산법을 제정하게 된 가장 큰 이유가 닉슨 대통령의 예산집행취소와 예산집행연기였기 때문에 이 점에 있어 성공한 것은 어쩌면 너무나 자연스러운 것인지도 모른다.

7. GRH법(Gramm-Rudman-Hollings Act)

Balanced Budget and Emergency Deficit Control Act(1985년)는 Gramm-

Rudman-Hollings(GRH) Act라고 하며 재정적자를 해소하고 균형예산을 실현하기 위한 법이었다. 1991년까지 균형예산을 달성하기 위하여 매년 재정적자 목표치를 설정하였는데 만약 대통령과 의회가 목표치의 범위 내에서 합의하지 못하면 자동공식에 의해 지출이 삭감되도록 규정하였다. 이 법은 실제 재정적자가 아닌 추정 재정적자가 목표한 범위 이내에 존재해야 한다고 요구했고 실제 재정적자가 목표범위를 벗어났을 때 취할 수단이 없었기 때문에 재정적자 문제해결에 실패했다.

또한 1987년에 연방최고재판소는 GRH법에서 자동적 삭감을 시행하는 절차는 위헌이라고 판결하였다(Stiglitz, 1988). GRH법은 대통령과 의회가 합의하지 못할 경우 감사원장이 대통령에게 당해연도 재정적자 목표치를 달성하기 위해 필요한 삭감액수를 제안하도록 규정하였는데 연방법원은 이러한 제도가 위헌이라고 판결한 것이다. 의회소속인 감사원장이 대통령에게 예산삭감을 제안하는 것은 행정부기능을 행사하는 것이기 때문에 헌법의 삼권분립원칙을 위반하였다는 것이다. 판결의 결과 GRH법은 감사원장의 참여 없이 집행되었다(Axelrod, 1990).

1985년에 제정된 GRH법은 1991년까지 목표 재정적자폭을 설정하였는데 만약 감사원장이 이러한 목표치를 초과한다고 예측하면 예외항목을 제외한 항목들에 대해 자동지출삭감절차를 시행하려는 제도였다. 자동지출삭감은 먼저 국방비에 삭감의 1/2을 할당하고 비국방비에 나머지 1/2을 할당한다. 그 다음에 퇴직과 장애를 위한 예산을 일정공식에 의해 삭감하고 그리고서도 추가삭감이 필요하면 일률적으로 모든 항목을 균등하게 삭감한다. 그러나 의회는 이러한 삭감을 시행할 의지가 없었으며 1987년에는 재정적자목표치를 수정하고 시행을 연기했다(Grizzle, 1998).

GRH법은 두 번째 예산합의(resolution)를 폐지하고 예산 밖에서 운영되던 공기업(government corporation)의 예산을 예산에 편입하였다. 또한 융자금(loans)과 보증채무(loan guarantees)를 예산합의에 포함하였다. 1990년에 GRH법의 실패를 만회하기 위하여 훨씬 더 효과적이고 현실적 예산실행법(Budget Enforcement Act: BEA)을 제정하였는데 GRH절차를 실질적으로 개정한 법이라고 볼 수 있다(Pitsvada, 1992).

1974년 예산법 이후 수많은 수정과 법제정이 있었지만 아직도 분권적이며 분열적인 과거의 의회예산과정을 극복하지 못하고 있다. 1974년의 예산법과 GRH법은 과거제도를 대체했다기보다는 새로운 관계와 제도를 추가하는데 불과했다고 한다. 1974년 예산법에 의해 시작된 새로운 제도는 의회의 다수가 원한다면 무시할 수도 있는 과정이므로 의회예산심의라는 협상과정에 또 하나의 요소를 추가한 것에 불과할 수도 있다(Wildavsky, 1992a).

8. 예산실행법(Budget Enforcement Act)

GRH법이 제 역할을 못하자 1990년 예산실행법을 제정하여 예산과정에 두 개의 새로운 제도를 도입하였다(Poterba, 1997). 예산실행법은 신규세입 혹은 신규경직성지출에 관한 의회의 입법조치가 재정적자를 증가하는 경우에는 반드시 그에 상응하는 세입증가 혹은 지출감소를 수반하도록 요구하고 있으며 이것을 PAYGO(pay-as-you-go)규정이라고 한다. 임의성경비에 대해서는 1998년까지 유효한 지출상한선을 설정했다(Schick, 1995).

예산실행법은 1991회계연도부터 1995회계연도까지 5천억 달러에 해당하는 재정적자삭감목표치를 설정하였으나 매년 목표치를 설정하지는 않았다. 1991회계연도부터 1995회계연도 사이에 매회계연도의 임의성사업(discretionary program)에 대한 지출상한선을 설정하고(상황에 따라 조정가능) 상한선을 상회하면 OMB가 자동삭감(sequestrations)하도록 함으로써 대통령에게 사실상 부분거부권 권한을 부여하였다. 경직성경비(entitlements)의 증가는 다른 경직성경비의 감소로 상쇄되어야 하며 어떤 세입의 감소도 다른 세입의 증가로 상쇄되어야 한다(Axelrod, 1995).

예산실행법은 재정적자감축을 강제하기 위한 임시절차를 구축하려는 법안이지만 예산과정에 일부 영구적인 변화를 가져온 법안이기도 한다. 이 법은 1991년부터 1995회계연도의 임의성지출상한선(discretionary spending limits)을 설정하고 이러한 상한선을 넘거나 경직성경비나 세입법안이 재정적자를 심화시키면 일률적으로 지출을 삭감하는데 사회보장(social security)은 여기에서 제외된다. 이 법은 또한 GRH적자목표를 1995회계연도까지 연장하였다(Lewis, 1998).

자동삭감(sequestration)[13]은 의회를 통과한 예산액수를 예산실행법의 임의성지출상한선(discretionary spending limits)과 재정적자중화요구(deficit neutrality requirements)를 충족하기 위해 취소하는 과정을 지칭한다. 임의성 지출의 자동삭감(discretionary spending sequestrations)은 만약 통과된 세출법안의 상한선이 준수되지 않을 때 모든 예산을 일괄 삭감한다. 그러나 회계연도의 마지막 분기에는 불필요한 혼란을 방지하기 위해 자동삭감된 금액은 다음 회계연도의 지출상한선에서 그만큼 축소한다(Curro & Yocom, 1998).

13) sequesters는 automatic cuts라고도 한다(Axelrod, 1995).

9. 예산합의(resolution)

예산합의는 상원과 하원의 승인을 요하지만(concurrent resolution) 대통령에게 제출되지 않기 때문에 대통령의 승인이나 비토권의 대상이 되지 않는다. 예산합의가 사용되기 이전인 1975년까지는 예산총액은 각 위원회의 세입과 세출의사결정의 합계에 불과했고 예산은 분권적(decentralized)이고 분열적(fragmented)이고 단계적(piecemeal)이어서 총체적 시각을 결여했다. 예산합의로서 분권적 예산과정을 통합적 과정과 결합할 수 있게 되었다. 예산위원회는 예산합의를 통해서 거시적 예산의사결정(macro-budgeting)을 담당하고 있다(Axelrod, 1995; Schick, 1995).

예산합의는 예산총액, 재정적자의 크기, 예산우선순위, 부채액수, 기능별 배분액(총액들을 기능별로 배분함) 등 주요거시예산수치를 결정하는 의회의 투표인데 예산실행법(Budget Enforcement Act)의 규정을 준수해야 한다. 여기서 예산총액이란 세입총액, 신규수권액(new budget authority)의 총액, 지출(outlays)총액, 대여금 총액, 지급보증 총액을 말한다. 예산합의에서 총액을 구분하는 기능은 대통령이 제출한 예산안의 기능분류를 따르기 때문에 세출위원회의 소위원회의 분류와는 다르다. 그러므로 세출위원회의 소위원회로 액수를 할당할 때는 다시 분류가 필요할 것이다(Wildavsky, 1992a).

예산위원회(Budget Committees)는 예산합의를 작성하는데 예산합의는 법이 아니지만 예산심의에 관한 지침이 될 수 있으며 5년간에 걸친(심의하는 회계연도와 향후 4년간) 예산총액과 기능별 액수에 대한 내용이며 의회에서 유일하게 예산전체를 검토하고 분석하는 기회를 제공한다. 예산합의는 의회의 규정이고 대통령의 서명이 필요하지 않으며 상원과 하원의 의견차이는 양원 협의위원회(conference committee)에서 해결한다. 예산합의는 법이 아니기 때문에 강제사항은 아니지만 상징적 선언이상의 의미와 역할을 하며 예산위원회의 힘에 의해 영향력이 달라진다. 비록 예산합의는 구속력이 없지만 예산위원회는 예산합의의 내용을 다른 위원회가 준수하는가를 의회예산처(CBO)를 통해서 점검한다(Schick, 1995; Starling, 1993; Hyde, 1992; Axelrod, 1995).

과거에는 세출법안이 수권법안에 맞추어져야 했는데 이제는 수권법안과 세출법안 모두 예산합의에 맞추어져야 하므로 또 하나의 규제가 추가된 것이다. 예산합의는 제출된 대통령의 예산안에 대해 의회 자신의 우선순위와 재정목표를 가지고 반응하는 것이며 의회의 투표를 거쳐 통과되므로 다수의 의견을 대표한다(Wildavsky, 1992a).

예산합의 후에 의회는 수권법안과 13개의 세출법안을 예산합의에 맞추어 제정한다(Pitsvada, 1992). 예산은 기능으로 구분되어 편성되는데, 국방기능(National Defense function)은 국방부예산과 다르다. 왜냐하면 국방기능에는 에너지부(Department of Energy)에 의해 수행되는 일부 핵무기사업이 포함되어 있기 때문이다. 기능은 세출법안과 일대일로 일치하지 않으며 세출법안은 동시에 여러 기능의 일부분을 관할한다(Collender, 1992).

예산합의의 원래의도는 거시경제정책을 토론하고 예산우선순위를 결정하는 것이었기 때문에 개별사업, 부처, 프로젝트 혹은 개별세출법안에 관여하지 않았다. 의회예산과정을 국가경제정책도구로 사용하기 위하여 총액과 기능별 배분액에만 국한되었다. 그럼에도 불구하고 예산합의는 간접적으로 특정사업과 활동에 대한 투표수단이 되고, 구체적 사업에 대한 논의를 피하기 어려웠다. 예산합의는 점점 길어지고 복잡해졌으며 이렇게 복잡하게 된 이유의 하나는 예산위원회가 법의 목적을 위해 필요하다고 생각되는 다른 사항을 포함하도록 허용한 법조항의 유연성이다(Fisher, 1992).

각 위원회에게 수권액(budget authority)[14]과 지출(outlays)을 감축하도록 제안하는 예산조정(reconciliation)지시사항이 1981회계연도의 예산합의에서 처음 시작되었다. 또한 대여금과 지급보증액에 대한 예산(credit budget)을 예산합의에서 채택하였고 의회는 예산과정 밖에서 이루어지는 예산편성활동을 예산합의에 보고하도록 요구하였다(Fisher, 1992).

원래는 두 개의 예산합의가 만들어졌으나 지금은 하나의 예산합의만이 존재한다. 1985년 균형예산법(Balanced Budget Act)에 의해 오직 하나의 예산합의만이 요구되었다. 두 개의 예산합의가 있을 때에는 첫째 예산합의는 잠정적 것인 데 반하여, 둘째 예산합의는 그동안의 변화사항을 고려하고 최종적이며 구속력이 있었다. 두 번째 예산합의가 폐지된 이후로는 첫째 예산합의가 예산심의가 반드시 준수해야 하는 상한선의 역할을 하였다. 첫 번째 예산합의 이후 세출법안을 제정하고 세출법안이 제정된 후에 두 번째 예산합의가 있었는데 두 번째 예산합의는 그동안 제기된 의견과 상황변화를 검토하고 첫 번째 예산합의에서 설정된 목표수치를 재확인하거나 수정하였다.

원래 첫 번째 예산합의는 총액과 17개의 기능별지출액수를 결정하였는데 반드시

---

14) Appropriation Committee가 제안하는 actual funding level을 말하며 appropriation이라고도 한다(Axelrod, 1995).

준수해야 하는 사항은 아니었으며 두 번째 예산합의는 수권액(budget authority)과 지출액(outlays)에 대한 것이며 반드시 준수해야 하는 상한선이었다. 비록 두 번째 예산합의는 이제 더 이상 사용되지 않고 있지만 쉽게 지켜지기 어려운 첫째 예산합의의 목표수치를 그동안 변화된 상황과 의견을 반영하여 다시 한번 요구할 수 있으며, 법제정이 필요한 위원회에 대해서는 예산위원회가 명령을 내릴 수 있다는 중요한 의미를 가지고 있었다. 그러므로 두 번째 예산합의에서는 세출법안이 첫 번째 예산합의의 목표수치 범위내에 존재하는가를 확인하고 첫 번째 예산합의에서 설정된 목표를 수정하거나 사업을 수정함으로써 신축적으로 예산의사결정을 수행하였다(Grizzle, 1998; Ippolito, 1992; Stiglitz, 1988).

10. 예산조정(reconciliation)

예산조정은 1974년 예산법에 포함되었는데 예산위원회가 수권위원회, 세입위원회, 세출위원회로 하여금 예산합의(budget resolution)의 목표에 부합하도록 필요한 법적 수정을 지시하는 규정이며 세입, 지출, 부채법안에 의해 결정된 액수를 조정(reconcile)하는 행위이다(Wildavsky, 1992a). 예산조정은 예산합의에 포함된 특별지시사항이라고 볼 수 있다. 예산조정은 기존경직성사업이나 세법을 수정하여 예산합의에 설정된 목표에 세입과 세출이 부합하도록 일부 위원회를 지정하여 지시하는 것이다(Curro & Yocom, 1998).

1979년 상원예산위원회는 6개의 수권위원회와 세출위원회가 지출을 40억 달러 삭감하는 입법을 하도록 제안하였고 상원은 이에 동의하였다(Duncombe et al., 1983). 예산조정은 두 번의 예산합의가 있을 때[15]는 두 번째 예산합의 이후에 있었기 때문에 의회예산과정의 후미에 있었는데 두 번째 예산합의를 폐지하면서 앞부분으로 이전하였다. 예산조정은 세입과 세출에 관한 기존법령을 예산합의에 일치하도록 예산조정법안(reconciliation bill)의 제정을 통해 조정한다. 예산조정은 주로 재정적자를 감축하기 위한 것이고, 의회가 경직성 경비(entitlements)를 축소할 수 있는 유일한 방안이며, 의회의 선택사항이지 강제적 의무는 아니기 때문에 매년 시행되지는 않는다. 예산조정이 시행되려면 먼저 관련위원회를 지정하고 예산조정에 대한 지시사항을 예산합의에 포함해야 하며, 해당위원회가 예산조정법안[16]을 제안한다(Schick, 1995;

15) 처음 resolution은 first concurrent resolution이라고 하고, 둘째 resolution은 second concurrent resolution이라고 했다(Axelrod, 1995).

Hyde, 1992).

예산조정은 원래 당해 연도의 세출법안을 통제하기 위해서 두 번째 예산합의에 포함시켰다. 그러나 두 번째 예산합의의 제거로 이제는 첫 번째 예산합의의 일부가 되었고 예산조정도 주로 이전에 제정된 경직성경비의 수권법안에 관해서 사용되었다. 미래의 지출을 감축하려는 노력대신 과거에 결정된 경직성경비를 축소하려는 노력으로 전환된 것이다. 이제 예산위원회가 경직성 경비를 감시하고 세출위원회가 임의성 경비를 감시하는 것이다(Kamlet, 1992).

1974년 예산법은 이전의 분열되고 조각난 의회예산과정을 총체적이고 합리적 과정으로 전환하려는 것이며 가장 중요한 내용은 예산조정이다. 예산위원회가 담당하는 예산조정을 관련위원회가 거부한다면 예산위원회는 제 기능을 상실할 것이다(Grafton & Permaloff, 1983). 예산합의와 예산조정 모두 의회가 준수하지 않으면 시행될 수 없는 선택적이고 자발적 측면을 가지고 있기 때문에 현재에도 여전히 분권적 예산과정이라고 볼 수 있다. 미국의회는 내각책임제에서 내각의 결정처럼 의회 구성원에게 자신들의 선호를 강제할 수 있는 집단이 존재하지 않는다. 그러므로 Arthur Smithies는 상하합동 예산정책위원회를 구성하여 세입과 세출에 관한 모든 제안을 고려하여 모든 의회구성원들이 반드시 준수해야 하는 최종의사결정을 도출하는 것이 좋다고 주장한다(Wildavsky, 1992b).

11. 수권(authorization)

사업을 시행하거나 부서의 운영을 위해서는 두 가지 단계가 필요한데, 첫째 단계는 사업과 부서운영을 위한 법적 기초를 수립하는 단계(authorizing legislation)이고 둘째 단계는 지출할 수 있도록 허용하는 단계(appropriation)인데 경우에 따라서는 이 두 단계가 하나로 통합(예: 경직성경비)될 수 있다(Hyde, 1992).

수권위원회가 사업이나 부서에 대한 권한을 부여한 후에 지출이 세출예산에 의해 확정된다. 두 단계를 구별하면 수권단계에서의 법적 논쟁이 자금공급단계와 구별되기 때문에 사업내용과 부서임무에 관한 법적 논쟁이 자금공급에 장애를 초래하지 않으며, 긴급하게 자금을 공급해야 할 필요가 있을 때 졸속입법할 가능성을 피할 수 있다는 장점이 있다. 수권은 사업의 내용이나 부서의 임무를 규정하면서 이루어지는데 수권은 지출예산을 획득할 수 있다는 면허증(lincense)을 부여하는 것이다. 경직성경

16) 언론에서는 재정적자감축법안이라고 지칭.

비를 제외하고는 세출법안이 사업에 얼마를 사용할 수 있는가를 결정하며 수권법안은 세출법안금액의 상한선을 결정할 뿐이다. 수권은 획득할 수 있는 지출예산의 규모를 명시하는 경우와 그렇지 않고 "필요한 액수"로 정의하여 세출법안의 제정시 구체적 액수를 결정하도록 하는 경우가 있다(Schick, 1995; Collender, 1992).

수권(authorization)은 매우 혼란스러운 개념이며 사용되는 범위와 다양성으로 인하여 여러 가지 의미를 가지고 있다. 수권법안이 세출법안의 요소를 포함하기도 하고 세출법안이 수권법안의 요소를 포함하기도 하기 때문에 이 둘의 구별도 모호하며 두 법안제정의 과정에서 갈등이 야기되기도 한다. 과거에는 수권법안은 지출방법에 대해 구체적이지 않았는데 1970, 80년대 의회와 행정부의 갈등 이후에는 매우 구체적인 지침을 규정하기 때문에 예산집행부서의 자유재량이 그만큼 축소되었다. 세출법안도 지출내역에 대한 구체적인 지침을 제정하는 경향이 과거에 비해 증가했기 때문에 수권법안과의 갈등이 야기되었다. 세출법안에서 지출예산을 결정할 때는 수권시 명시된 지출예산금액보다 동일하거나 작은 규모이어야 하는데 대부분 비슷한 액수가 결정된다. 예를 들어 매년 수권이 필요한 경우 세출법안의 지출예산규모는 대부분 수권시 명시된 지출예산규모의 90%를 상회한다(Schick, 1995; Wildavsky, 1992a).

수권위원회와 세출위원회 사이의 갈등은 주로 자신이 지지하는 사업을 강조하는 수권위원회와 이를 삭감하는 세출위원회 사이에서 필연적으로 발생할 수밖에 없는데, 수권위원회는 세출위원회를 거치지 않고 지출예산을 확정짓는 방법(backdoor spending)으로 세출위원회에 대항했으나 이 문제는 1974년 예산법에 의해 상당부분 해결된다(Ippolito, 1992). 수권위원회와 세출위원회의 관계는 갈등의 관계이지만 예산위원회와 세출위원회의 관계는 우호적이다(Duncombe et al., 1983). 수권위원회가 통제하는 예산이 모든 예산의 절반 이상을 차지하기 때문에 수권위원회와 세출위원회를 통합해야 한다는 주장이 자주 제기된다(Axelrod, 1995).

세출위원회를 거치지 않는 지출의사결정은 채무수권(borrowing authority), 계약수권(contract authority), 경직성 경비(entitlements)가 있는데 관리예산실(OMB)을 거치지 않아도 되고 따라서 의회를 거치지 않아도 된다는 점 때문에 선호한다. 경우에 따라서 세출법안이 본회의에 상정될 때 수권위원회소속 위원들이 강력한 반대를 전개하기도 하는데 대부분 세출위원회에 의해 삭감된 지출예산을 증가하고자 하기 때문이다. 채무수권은 재무부로부터 각 부처가 부채를 조달할 수 있는 권한을 말하며 세출법안과정을 통한 부채조달보다 훨씬 더 많은 자유재량이 부여되는 이점이 있다. 계약수권은 세출법안 이전에 계약을 체결할 수 있도록 승인하는 것이며 추후 세출법안에 의해 자금이 공급되어야 하며 예외적 경우에만 허용된다(Wildavsky, 1992a).

Schick은 수권법안에 대해 다음과 같이 설명하고 있다(Schick, 1995). 과거에는 수권법안은 지출방법에 대해 구체적이지 않았는데 1970, 80년대 의회와 행정부의 갈등 이후에는 매우 구체적 지침을 규정하기 때문에 예산집행부서의 자유재량이 그만큼 축소되었다. 세출법안도 지출내역에 대한 구체적 지침을 제정하는 경향이 과거에 비해 증가했기 때문에 수권법안과의 갈등이 야기되었다. 수권법안과 세출법안의 지출내역에 대한 지침이 서로 충돌하거나 수권법안에서 자유재량을 부여했던 지출항목에 세출법안이 제약을 가할 경우 수권위원회와 세출위원회의 공개적 투쟁이 초래되기도 한다. 세출법안은 수권법안이 제정된 이후에 제정되기 때문에 그동안 변화된 상황과 의회의원들의 의사를 반영할 수 있는 특징이 있으며 두 법안의 갈등시에는 이점이 고려되어야 할 것이다. 세출법안과 수권법안의 내용이 상이하게 제정되고 수권법안이 타당하다고 판정될 이후에도 예산집행부서는 막강한 권한을 행사하는 세출위원회의 요구를 무시할 수 없다는 현실적 문제가 대두되기도 한다. 수권위원회와 세출위원회를 통합하자는 개혁안이 주로 수권위원회의원들에 의해 제안되었는데 이 개혁안은 수권위원회와 세출위원회의 갈등과 업무중복을 피할 수 있다는 장점이 있을 것이다.

수권은 의회에 의해 변경될 때까지 계속되는 영구적 수권(permanent authorization)과 2~5년의 기간동안 허용되는 수권과 매년 수권이 필요한 세 가지 종류가 있다. 경직성 경비는 대부분 영구적 수권으로 창설된다. 최근에 영구적 수권이 감소 추세에 있고 과거에 영구적 수권을 획득했던 법안들도 임시적 수권으로 변경되고 있다. 주기적으로 수권이 필요하면 의회가 주기적으로 사업이나 부서의 업무를 검토하고 법개정을 할 수 있는 이점이 있어 일종의 선셋검토와 유사한 기능을 수행할 수 있다. 예를 들어 워터게이트 스캔들 이후에 의회는 법무부와 정보기관을 영구적 수권에서 임시적 수권으로 전환했다. 또한 대부분의 영구적 수권은 구체적으로 지출예산액수를 명시하지 않는데 반하여 대부분의 임시적 수권은 지출예산액수를 명시하기 때문에 의회위원회가 더 많은 권한을 행사할 수 있는 점도 있다(Schick, 1995).

세출법안에서 지출예산을 결정할 때는 수권시 명시된 지출예산금액보다 동일하거나 작은 규모이어야 하는데 대부분 비슷한 액수가 결정된다. 예를 들어 매년 수권이 필요한 경우 세출법안의 지출예산규모는 대부분 수권시 명시된 지출예산규모의 90%를 상회한다. 매년 수권이 필요한 경우 수권이 이루어지지 않으면 세출법안을 작성할 수 없기 때문에 예산지체의 원인이 되기도 했다. 의회는 수권에 관한 규정을 준수하지 않는 경우도 있는데 수권기간이 만료된 사업의 지출예산을 세출법안에 포함하거나 수권시 명시된 지출예산규모를 초과하는 경우도 있다. 세출법안의 지출예산규모가 수권시 지출예산규모보다 작을 경우 이익단체가 항의하기도 한다(Schick, 1995; Wildavsky, 1992a).

12. 세출법안의 제정

(1) 경직성 경비와 임의성 경비

지출에는 임의성 지출(예: 연방정부부서의 운영비, 국방비, 주와 지방정부에 대한 보조금 등)과 경직성 지출(예: 사회보장, 의료보장,[17] 공공부채에 대한 이자 등)이 있는데 Wildavsky(1992a)는 다음과 같이 설명하고 있다. 경직성 지출은 일정한 요건을 구비하면 법에 의해 지불하도록 규정된 보장성 지출을 말한다. 경직성 경비는 기존법을 개정하면 변경할 수 있기 때문에 매년 세출법안 제정시 검토하는 임의성 지출에 비해 상대적으로 변경이 어렵다는 의미이지 변경불가능한 것은 아니며 세출법안 제정과정을 통해 통제할 수 없다는 의미일 뿐이다. 임의성 경비는 의회가 예측오류를 범했거나 경제상황이 변화할 경우는 집행과정에서 수정하거나 다음 회계연도의 예산심의시 이를 반영할 수 있다. 그러나 경직성 경비는 의회의 예측오류가 발생하거나 경제상황이 가정한 대로 진행되지 않을 경우에도 속수무책일 수밖에 없다. 오직 수권위원회만이 경직성 경비에 관한 규정을 변경할 수 있다.

어떤 경직성 경비는 소비자물가지수(consumer price index)에 연계되어 있지만 어떤 경직성 경비는 그렇지 않으며 어떤 경제적 약자는 경직성 경비에 의해 보호받지만 어떤 경제적 약자는 그렇지 않는다. 경직성 경비는 논리나 계획을 반영하는 것이 아니라 과거역사를 반영할 뿐이다. 축소되거나 폐지되는 경직성 경비도 존재하지만, 경직성 경비는 일반적으로 수혜자, 서비스 공급에 관여하는 민간기업, 담당공무원 등의 이해관계자들이 강한 정치적 연대를 형성하기 때문에 쉽게 축소하거나 폐지하기 어렵다. 일시적으로 혜택을 주고 곧 종료할 예정으로 시작되었던 경직성 경비가 강한 정치적 저항에 직면하여 계속되기도 했다.

경직성 경비는 사람들이 생각하는 것과는 반대로 자주 수정되었지만 강력한 고객집단이나 도덕적 가치가 뒷받침하는 항목은 오랜 동안 잘 유지되었다. 경직성 경비는

---

17) 의료보장에는, 노인들을 위한 Medicare와 가난한 사람들을 위한 Medicaid가 있다(Wildavsky, 1992a).

임의성 경비에 비해 일반적으로 증가율이 높았기 때문에 총예산에서 차지하는 비율이 점점 증가하여 예산과정의 통제에서 제외되는 부분도 역시 증가하게 되었다. 경직성 경비의 또 하나의 문제점은 소비자물가지수에 연계하면 사람들은 인플레의 폐해에 대해 둔감해지기 때문에 인플레를 방임하는 경향이 있다는 것이다.

경직성 경비는 사회보장적 성격을 지니고 있는데 어떤 경우에 사회보장혜택을 부여해야 하는가의 도덕적 기준은 혜택이 필요한 상황에 대해 사회가 얼마나 책임이 있는가에 대한 문제이다. 사회보다 개인이 더 많은 책임이 있다면 개인이 해결해야 할 사안이고 사회가 더 많은 책임이 있다면 그 만큼 국가에서 사회보장으로 해결해 주어야 한다는 것이다. 또 하나의 기준은 인간으로서의 존엄성을 유지하는데 필요한 최소한의 수준을 국가가 보장해야 한다는 의무이다. 이럴 경우 사회보장은 재산권처럼 국민의 권리가 된다. 경직성 경비가 소비자물가지수와 연계되면 예산은 매년 얼마를 증액해야 하는가하는 의사결정을 할 필요가 없기 때문에 예산과정에서 제외된다. 소비자물가지수와 연계되기 이전에는 선거를 의식하여 경직성 경비가 부당할 정도로 대폭증액 되기도 했기 때문에 소비자물가지수와의 연계는 예산증액을 억제하려는 의도도 있었다.

경직성 경비는 영구적 수권을 부여받지 않으면 매년 세출법안이 제정되어야 하지만 법규를 변경하지 않는 한 액수를 조정할 수 없기 때문에 세출법안이 제정될 때 사실상 심의대상에서 제외되며 이런 이유로 인하여 재정적자의 주요원인이 되어왔다. 세출위원회는 수권이 이루어진 임의성 지출에 대한 의사결정을 하기 때문에 임의성 지출은 수권법안과 세출법안의 두 가지 과정을 거친다. 사회보장비용 같은 경직성 경비는 의회의 세출법안과정을 거치지 않지만 대부분의 경직성 경비는 세출법안단계를 거치는데 액수와 지출방법이 이미 법규에 규정되어 있기 때문에 세출위원회의 통제권한은 제한될 수밖에 없다. 그러므로 경직성 경비는 사실상 수권과 세출이 수권위원회에 의해 한번에 이루어진다고 보아야 한다. 경직성 경비는 세출위원회의 영향권에서 벗어나 수권위원회의 권한을 강화했지만 예산실행법(Budget Enforcement Act)에 의해 경직성 경비의 신설이나 임의성 경비에서 경직성 경비로의 전환은 매우 어렵게 되었다(Schick, 1995).

(2) 세출법안과 세출위원회

매년 세출위원회 소위원회에 의해 13개의 세출법안이 제정되며 의회는 각 세출법안을 개별적으로 검토하고 개별적으로 투표한다. 하원세출위원회에 소위원회가 세출법안을 제출하여 세출위원회에서 통과되면 본회의에 상정하며 본회의의 투표를 거쳐 통과되면 상원에 회부한다. 하원세출소위원회(Congressional Appropriations Subcommittees)는 다음과 같다(Curro & Yocom, 1998).

• Agriculture • Commerce, Justice, State, and the Judiciary • District of Columbia • Energy and Water Development • Foreign Operations • Interior • Labour, Education, Health and Human Services	• Legislative Branch • Military Construction • National Security and Defense • Transportation • Treasury and Postal Service • Veterans Affairs, Housing and Urban Development, and Independent Agencies

세출위원회가 결정하는 지출액수는 지출상한선의 의미가 있다. 세출법안의 지출액수는 수권액(budget authority)이며 지출예산(outlays)이 아니기 때문에 세출법안이 제정된 후 몇 년 뒤에 지출(outlay)이 이루어지기도 한다. 현재에는 세출법안은 매년 제정되지만 미국정부의 행정개혁을 연구하는 NPR(National Performance Review)은 1993년에 2년단위 예산(biennial budget)을 제안하였고 세출법안도 2년에 한 번씩 제정되도록 제안하고 있다. 세출법안은 세 가지 종류가 있는데 정기세출법안과 추가경정세출법안이 있으며 만약 의회가 회기내에 세출법안을 통과시키지 못하면 해당부서에게 잠정예산[18])을 통해 자금을 공급한다. 회기내에 통과시키지 못하는 가장 큰 이유는 세출법안에 대한 의견일치를 도출할 수 없기 때문이다(Wildavsky, 1992a). 예를 들어 1993년도 회기내에 13개의 정기세출법안, 3개의 추가경정 세출법안, 3개의 잠정예산(continuing appropriations)이 제정되었다. 때로는 세출법안 전체에 대해 잠정예산을 제정해야 되는 사태가 발생하기도 한다(Schick, 1995).

세출위원회의 위원들은 열심히 일하지 않으면 업무를 수행할 수 없을 정도로 세출위원회의 임무는 복잡하고 방대한 것이다. 일하지 않는 위원에겐 적합한 장소가 아니라고 할 정도이다. 다른 일을 수행해야 하는 세출위원회의 의원들은 업무의 방대함으로 인하여 필연적으로 과거의 합의인 전년도예산을 수용하고 변화된 부분과 특별히 논란이 되는 부분에만 심의의 초점을 맞추게 된다. 의원들은 최적의사결정을 추구하지 않고 주어진 상황하에서 적절하게 만족할 만한 수준을 추구하는데 말썽이

18) continuing appropriations 혹은 continuing resolution라고 함.

나 최악을 피하거나 그럭저럭 헤쳐나가는 것을 목표로 삼는다. 세출위원회는 철학이나 가치의 문제를 다루지 않기 때문에 사업의 내용이나 목표 등에 대해서는 논의하지 않고 주로 얼마를 증액하고 삭감할 것인가를 논의할 뿐이다. 의견차이가 발생하면 그 항목은 제쳐두고 다른 항목을 논의하며 최종적으로 합의에 도달하지 못한 항목들의 목록을 작성하여 서로 주고받으며 타협안을 도출한다. 끝내 해결되지 못한 항목은 다음 연도로 넘기거나 추가경정예산시에 다시 고려하는데 계속하여 해결되지 못할 때 논란의 정도가 수그러지거나 다른 문제의 대두로 인하여 잊혀지게 된다(Wildavsky, 1992a).

과거에 절대적 권한을 행사했던 하원세출위원회는 1974년 이후로는 도전받고 있지만 여전히 가장 강력한 위원회의 하나이다. 상원세출위원회는 하원세출위원회에 비해 독립성이 약하고 다른 의원들의 의견을 더 많이 반영한다. 세출위원회는 많은 시간과 노력을 투입하여 세출법안을 제정하고 세출에 관한 전문성을 인정받고 있기 때문에 세출법안이 본회의에 상정되면 대부분 이에 이의를 제기하지 않으며 의회의원들도 세출위원회의 결정을 존중하는 것이 일반적이다. 하원세출위원회안이 하원에서 그대로 통과되는 비율이 89.9%이고 상원세출위원회의 안이 상원에서 그대로 통과되는 비율이 88.5%이다(Ippolito, 1992).

본회의에서 세출법안에 대해 제기되는 수정안이 그동안 꾸준히 증가했고 수정안을 받아들이는 비율도 증가했다. 이것은 세출위원회의 세출법안이 본회의에서 다른 의원들에 의해 도전받는 비율이 점점 더 증가한다는 것을 의미한다. 의회연구실(CRS)과 의회예산처(CBO)의 도움으로 세출법안의 쟁점에 대해 더 많은 이해가 가능하며 의회보좌관과 정보와 지식을 갖춘 의원들의 증가로 인하여 세출위원회 의원 못지않은 전문성을 가진 의원이 증가했기 때문이다. 의회는 의원들이 자신의 이해관계가 달려 있는 정책에 대한 지출증가를 원하고 있다는 것을 알기 때문에 세출위원회에 강력한 권한을 부여함으로써 지출을 제한할 수 있도록 허용한 것이다. 세출위원회와 수권위원회의 대립관계를 통해서, 상원과 하원의 관계를 통해서, 대통령과 의회의 관계를 통해서 서로 견제하고 힘의 균형을 달성하고자 하는 것은 매우 미국적인 특징이라고 할 수 있다. 그러나 세출위원회가 주어진 권한의 한도를 넘어서서 지나치게 월권행위를 할 경우에는 19세기말의 사례처럼 권력이 약화될 수도 있다. 세출위원회는 전체의원들의 투표가 필요하기 때문에 다른 의원들의 지지를 받지 못할 정도의 행위는 삼가며 그만큼 권한에 제약이 있는 것은 사실이지만 세출위원회가 설립성격상 그리고 업무의 성격상 가장 강력한 위원회가 될 수밖에 없다. 세출위원회가 어떤 항목에 얼마를 지출하고 어떤 항목에는 지출하지 않고 어떤 항목에 어떤 조건하에 지출한다는 것은 단순히 액수를 결정하는데 그치지 않고 정책을 결정하는 것이다. 그러나 세출위원회와 수권위원회의 상호견제가 효과적이지 않다고 판단되어 1974년 예산법에 의해 예산위원회(budget committees)가 설립되었다고 보는 견해도 있다(Wildavsky, 1992a).

세출위원회내의 세출소위원회는 각각 소관세출법안을 심의하고 제정하는데 세출위원회는 의회에서 가장 영향력 있는 위원회이며 의원들이 가장 원하는 위원회이다. 하원세출위원회 위원들은 대부분 다른 위원회에 속하지 않고 오로지 세출위원회에만 소속되지만 상원세출위원회 위원들은 적어도 하나의 수권위원회에 소속되는 것이 일반적이며 이러한 차이점이 두 세출위원회의 성격을 결정짓는 주요한 요인이 되고 있다. 세출소위원회의 위원장은 추기경(cardinals)이라고 불릴 정도로 막강한 권한을 행사한다. 대통령이 제출한 예산안은 하원세출위원회를 거쳐 상원세출위원회에 회부되는데 하원세출위원회는 예산삭감지향적이며 예산절약을 추구하기 때문에 수호자(the guardian of the purse)로 불렸다. 상원세출위원회는 과거에는 하원세출위원회가 삭감한 예산을 부활해주는 항소심(a court of appeals)의 역할을 했지만 재정적자를 감축하려는 의회의 최근노력과 일련의 법안 때문에 이러한 경향은 현저하게 약화되었다(Schick, 1995).

예산합의와 예산실행법(Budget Enforcement Act)에 의해 결정된 지출총액을 세출위원회 위원장과 세출소위원회 위원장이 협의하여 각 소위원회에 배분하며 이 금액은 상한선이 된다. 소위원회는 예산신청부서가 첨부한 예산신청의 정당성을 입증하는 각종 자료를 검토하는데 대부분의 자료는 각종 프로젝트, 활동, 투입에 대한 내용이며 목표와 성과에 대한 자료는 거의 없다. 전년도의 지출과 대비한 신청액수가 집중적으로 검토되며 점증주의적 의사결정이 아직도 소위원회의 심의과정에서 중심적 역할을 한다. 점증주의는 작은 정부를 원하지만 보다 많은 서비스를 원하는 국민들의 이중적 정서를 충족하는 역할도 한다. 대통령의 신청액과 전년도액수의 중간을 채택함으로써 대통령의 신청액수를 삭감하여 작은 정부를 달성하고 전년도보다 증가함으로써 보다 많은 서비스를 제공하는 느낌을 주는 것이다(Schick, 1995).

대통령이 전년도 액수보다 증가된 액수를 신청할 때는 이러한 점증주의적 관행이 가능하지만 레이건 대통령처럼 전년도 액수에서 대폭삭감된 액수를 신청하면 예산심의가 용이하지 않게 된다. 그러나 인플레만큼 명목액수를 증가시키지 않으면 실질액수는 삭감이기 때문에 실제로는 삭감했으면서도 증가했다고 주장하기도 한다. 특정

프로젝트에 구체적 지출내역을 지정하는 행위(program earmarks)를 통하여 소위원회의 의원들은 각자의 지역구에 이익이 되도록 하며 전체 의원투표에서 통과될 수 있도록 가능한 한 많은 동료의원들의 요청을 수용하여 세출법안에 반영하려고 한다. 그러므로 세출위원회의 위원들은 예산을 통해서 다른 의원들에게 이익을 주는 경우가 많다. 행정부는 특정 프로젝트에 제약이 가해지면 예산집행의 자유재량이 감소하기 때문에 이러한 관행을 싫어하지만 아직도 광범위하게 행해지고 있다. 그러나 이러한 관행에 의해 결정되는 예산액수는 그리 크지 않기 때문에 예산전체에 미치는 영향은 논란이 되는 것에 비하면 작다고 볼 수 있다. 의회에 의해 지출용도가 구체적으로 지정된 예산항목은 행정부의 자유재량을 저해하며 예산과정에서 의회가 행정부보다 우위에 있다는 증거라고 할 수 있다(Parker, 1983; Cooper et al., 1998).

하원에서 세출법안이 표결에 부쳐지기 전에 행정부가 세출법안에 대한 의견을 제시하는 Statement of Administration Policy(SAP)가 1980년대에 시작되어 사용되고 있다. 대통령이 세출법안에 대한 이의를 제기하는 것이 주 내용이며 의회를 통과할 경우 비토권을 행사할 것이라는 암시를 주는 것이 일반적이다. SAP는 대통령과 의회의 타협점을 마련하는 계기가 되며, 비토권을 행사하지 않고 대통령의 의도를 반영할 수 있는 수단이 된다. 만약 세출법안이 의회에서 압도적으로 통과되고 대통령 소속정당의원들이 많이 찬성에 가담할 경우 대통령의 비토권행사가 어려워지기 때문에 이럴 경우에 SAP는 대통령에게 유용한 수단이 된다(Schick, 1995).

세출법안은 기간이 명시되지 않으면 1년 동안 유효한데 1년 내에 집행하지 않으면 취소되며, 집행될 때까지 유효하다고 명시되면 1년 내에 집행되지 않더라도 다음 연도로 이월할 수 있다. 세출법안은 2년에서 5년까지 기간을 명시하는 경우도 많다. 하원에서 세출법안이 통과되면 상원에서 세출법안을 심의하는데 하원의 세출법안을 상당부분 수정하는 것이 과거의 경향이다. 상원전체회의에서 세출법안이 통과되면 상원과 하원은 서로 의견이 상충되는 부분에 대해 협의위원회(conference committee)에서 타협안을 마련하여 다시 표결에 회부한다(Ippolito, 1992).

상원과 하원은 예산에 관해 상대방을 견제하는 역할을 하는데 특히 예산심의가 먼저 이루어지는 하원은 상원의 행동을 염두에 두고 예산을 심의한다. 예를 들어 하원의원들은 자신들이 좋아하지 않지만 지역구민의 지지를 획득할 수 있는 사업에 찬성표를 던질 수 있는데, 상원이 지지하지 않기 때문에 협의위원회에서 사업이 제외될 것을 계산하고 그러는 경우가 있다. 최종결정 이전에 여러 번의 투표가 있으므로 많은 협상기회가 존재하며 전략과 진실한 선호를 구별하기 어렵기 때문에 의회행위를 해석하는 것은 쉽지 않다(Wildavsky, 1992a).

3.7 한국의 예산제도

우리나라는 국가의 재정을 효율적이고, 성과지향적이며, 재정운용의 투명성과 재정건전성을 위하여 2006년에 국가재정법을 신규 제정하여 운영하고 있다. 국가재정법 제1조에서 본 법의 목적을 "국가의 예산·기금·결산·성과관리 및 국가채무 등 재정에 관한 사항을 정함으로써 효율적이고 성과 지향적이며 투명한 재정운용과 건전재정의 기틀을 확립하는 것을 목적으로 한다"고 규정하고 있다. 이외에도 우리나라의 회계연도는 매년 1월 1일에 시작하여 12월 31일에 종료하며(국가재정법 제2조), 각 회계연도의 경비는 그 연도의 세입 또는 수입으로 충당하도록 하고 있다(국가재정법 제3조).

1. 통합예산과 복합예산

19세기 유럽의 재무행정은 조세의 형평성과 효율성에 주된 관심을 가졌을 뿐 지출은 상대적으로 덜 중요하게 취급하였고, 경찰국가의 개념은 정부지출을 최소한으로 유지하는 작은 정부를 추구하였다. 그러나 정부서비스가 증가하면서 특별회계가 생겨나는 등 정부지출은 점점 더 복잡해졌다. 1차 세계대전과 세계대공황 이후 케인즈경제학이 등장하면서 경제성장, 가격안정, 고용안정을 동시에 달성하기 위한 예산의 역할이 중요하게 되었다. 이러한 거시경제정책적 목적을 위해서는 통일된 예산이 필요했다. 그러나 또한 현대복지국가는 소득을 이전하고 안정하는 정부역할로 인하여 복합예산(multiple budgets)이 필요하다(Wickwar, 1987). 이처럼 통합예산개념과 복합예산개념은 서로 상반된 성격과 목적을 지니고 있다.

거시경제정책적 목적을 위해서는 일반회계처럼 하나의 자금집합체를 구성하여 총체적으로 경제에 미치는 효과를 용이하게 분석할 수 있어야 한다. 하나의 자금집합체 내에서 자유롭게 자금을 이동하고 우선순위를 조절할 수 있어야 한다. 그러나 복지예산은 주로 별도의 목적을 위해 사용해야 하는 자금집합체를 구성하기 때문에 특별회계나 기금 같은 별도의 자금집합체가 필요하게 된다. 별도의 자금집합체가 다수 존재하더라도 통합하여 파악하면 총체적인 시각에서 예산을 운영할 수 있지만 특별회계나 기금은 특정목적을 위한 지출로서 독립적으로 설정되었기 때문에 일반회계 내에서처럼 자유롭게 이동하여 사용할 수가 없다. 그렇지만 다수의 자금집합체가 존재하더라도 항상 통합된 예산을 작성하여 총체적 시각에서 예산을 파악하고 관리해야 한다.

우리나라는 국가재정법 제16조에서 5가지의 예산원칙을 준수하여야 한다고 규정하고 있다. 첫째, 정부는 재정건전성의 확보를 위하여 최선을 다하여야 한다. 둘째, 정부는 국민부담의 최소화를 위하여 최선을 다하여야 한다. 셋째, 정부는 재정을 운용함에 있어 재정지출의 성과를 제고하여야 한다. 넷째, 정부는 예산과정의 투명성과 예산과정에의 국민참여를 제고하기 위하여 노력하여야 한다. 다섯째, 정부는 예산이 여성과 남성에게 미치는 효과를 평가하고 그 결과를 정부의 예산편성에 반영하기 위하여 노력하여야 한다. 이상 예산의 원칙에서 최근의 변화흐름으로 예산에 대한 국민의 참여와 성인지에 따른 예산편성의 중요성 부각되고 있다.

또한 국가재정법 제17조에 의하면, "한 회계연도의 모든 수입은 세입으로 하고, 모든 지출을 세출로 하며, 제53조에 규정된 사항을 제외하고는 세입과 세출은 모두 예산에 계상하여야 한다"고 규정함으로 예산총계주의를 따르고 있다. 동법 제18조에서 국가의 세출은 국채·차입금(외국정부·국제협력기구 및 외국법인으로부터 도입되는 차입자금을 포함) 외에 세입을 그 재원으로 하고, 부득이한 경우에는 국회의 의결을 얻은 금액 범위 안에서 국채 또는 차입금으로써 충당할 수 있도록 하고 있다.

2. 예산의 목적을 기준으로 한 예산의 종류

우리나라의 국가재정법 제4조는 국가의 회계를 일반회계와 특별회계로 구분하고, 각각의 목적에 맞는 세출을 충당하기 위하여 설치할 수 있도록 하고 있다. 단 특별회계는 규정된 법률에 따르지 않고는 설치할 수 없도록 규정하고 있다. 동법 제5조는 기금의 개념 및 설치를 규정하고 있다.

(1) 일반회계

국가재정법 제4조 제2항에서 "일반회계는 조세수입 등을 주요 세입으로 하여 국가의 일반적인 세출에 충당하기 위하여 설치한다"고 규정하고 있다. 즉 일반회계는 특별회계와 기금을 제외한 국가의 일반적인 활동을 위한 예산을 말하며, 특정세입으로 특정세출을 충당하는 것이 아니라 모든 세입은 일반회계로 통합되어 일반회계에서 목적에 따라 지출된다. 일반회계는 통합예산개념의 산물이고 특별회계와 기금은 복합예산개념의 산물이다.

(2) 특별회계

국가재정법 제4조 제3항에서 "특별회계는 국가에서 특정한 사업을 운영할 때, 특정한 자금을 보유하여 운영할 때 기타 특정한 세출에 충당함으로써 일반회계와 구별하여 경리(經理)할 필요가 있을 때에 특별회계를 법률로써 설치한다"고 규정하고 있다. 특별회계는 특정한 세입으로 특정세출에 충당하며 행정효율성이라는 차원에서 옹호되는데 가장 전형적인 것으로 전매, 교통, 체신사업처럼 독립채산제와 기업식 회계처리를 주로 하는 공기업적인 성격을 지닌 특별회계를 들 수 있다. 특별회계는 각기 개별법과 정부기업예산법에 근거를 두고 있으며, 일반회계에 비해 그 규모가 대체로 작은 편이다. 국가재정법에서 특별회계의 설치요건을 규정하고 있는데, 첫째 국가에서 특정한 사업을 운영하기 위하여 정부기업예산법에 따라 설치·운영하고 있는 경우, 둘째, 특정한 자금을 보유하여 운용하기 위해 과거에는 재정융자특별회계를 두었으나 현재는 공공자금관리기금법에 따라 자금을 전환하여 운영하고 있고, 셋째, 특정한 세입으로 특정한 세출을 충당하여 사용하는 회계 등이 있다.

(3) 기　　금

1) 기금의 정의

국가재정법 제5조에서 기금은 국가가 특정한 목적을 위하여 특정한 자금을 운용할 필요가 있을 때에 한하여 법률로써 설치하되 정부의 출연금 또는 법률에 따른 민간부담금을 재원으로 하는 기금은 별표 2[19]에 규정된 법률에 의하지 아니하고는 이를 설치할 수 없다고 규정하고 있다. 일반회계와 특별회계와는 달리 기금은 예산에 포함되지 않으며 자유롭고 신축적으로 부처에서 사용할 수 있다는 점에서 일반·특별회계를 구별짓는 가장 큰 차이점이다.

기금설치에 관한 국가재정법 제5조는 지나치게 애매한 조항으로, 특별회계와 구별도 명확하지 않다. 국가재정법 제정이후 국회의 심의를 받고 있지만 신축적으로

19) 기금설치 관련 근거법률(2016년 12월 20일 개정 기준)로는 고용보험법, 공공자금관리기본법, 공무원 연금법, 공적자금상환기금법 등 68개 관련 법이 있다.

집행할 필요가 있는 자금은 기금으로 허용하되 그렇지 않은 기금은 모두 특별회계로 전환해야 할 것이다.

기금을 신설하고자 하는 경우 사전심사제를 거치도록 되어 있고, 기금간 통합과 폐지에 대한 기준[20]도 명문화되어 있다(국가재정법 제14~15조). 기금의 타당성에 대한 기준은 국가재정법 제14조 제2항에 규정하고 있는데 다음과 같다.

<table>
<tr><td>1. 부담금 등 기금의 재원이 목적사업과 긴밀하게 연계되어 있을 것
2. 사업의 특성으로 인하여 신축적인 사업추진이 필요할 것
3. 중·장기적으로 안정적인 재원조달과 사업추진이 가능할 것</td><td>심사를 요청받은 기금의 신설기준</td></tr>
<tr><td>4. 일반회계나 기존의 특별회계·기금보다 새로운 특별회계나 기금으로 사업을 수행하는 것이 더 효과적일 것
5. 특정한 사업을 운영하거나 특정한 세입으로 특정한 세출에 충당함으로써 일반회계와 구분하여 계리할 필요가 있을 것</td><td>특별회계 신설의 기준</td></tr>
</table>

2) 기금의 종류

기금은 설치목적에 따라 사업성기금, 금융성 기금, 사회보험성기금, 계정성기금으로 분류하며, 그 내용은 다음과 같다.

표 3-2 | 기금의 종류

구분	개념
사업성기금	예산사업과 유사한 내용의 특정한 목적사업을 수행하는데 필요한 자금을 관리·운영하는 기금을 의미
금융성기금	직접적이고 독자적인 재정·금융활동을 수행하는 기금이 아니라, 특정사업에 수반하여 보증보험 등의 보조적 역할을 수행하는 기금을 의미
사회보험성기금	장래의 연금지출에 대비하여 보험료를 징수하여 연금급여 및 여유자금을 운용하는 연금성기금과 보험기능을 수행하는 보험성 기금으로 구성
계정성기금	기금관리주체와 사업집행 주체가 다른 기금으로서 자금을 모아 사업을 집행하는 주체에게 전달하여 주는 역할을 수행하는 기금을 의미

20) 국가재정법 제15조에서 ① 설치목적을 달성한 경우, ② 설치목적의 달성이 불가능하다고 판단되는 경우, ③ 특별회계와 기금 간 또는 특별회계 및 기금 상호 간에 유사하거나 중복되게 설치된 경우, ④ 그 밖에 재정운용의 효율성 및 투명성을 높이기 위하여 일반회계에서 통합 운용하는 것이 바람직하다고 판단되는 경우에 특별회계 또는 기금을 통합·폐지할 수 있도록 규정하고 있다.

3) 기금운용자산과 기금운용계획안

기금은 관리주체를 두어 기금의 설치목적과 공익에 맞게 기금을 관리·운용하도록 하고 있다(국가재정법 제62조). 국가재정법 제63조~제65조에서 기금자산운용원칙과 다른 법률과의 관계를 규정하고 있다. 기금관리주체는 자산운용지침에 따라 안정성, 유동성, 수익성 및 공공성을 고려하여 기금자산을 투명하고 효율적으로 운영하여야 한다(국가재정법 제63조). 또한 기금이 보유하고 있는 주식의 의결권 행사함에 있어서 기금의 이익을 위하여 신의에 따라 성실하게 행사하고, 그 내용을 공시하도록 하여 투명한 운영이 이루어져야 한다(국가재정법 제64조).

표 3-3 | 한국의 기금설치 현황

구분	기금명	근거법률	주무부처	설치 연도[1]	운용 규모[2]
사업성 기금	농산물가격안정기금	농수산물 유통 및 가격안정에 관한 법률	농림축산식품부	1966	2.4
	순국선열애국지사사업기금	독립유공자예우에 관한 법률	국가보훈처	1967	0.4
	관광진흥개발기금	관광진흥개발기금법	문화체육관광부	1972	1.2
	국민체육진흥기금	국민체육진흥법	문화체육관광부	1972	2.3
	문화예술진흥기금	문화예술진흥법	문화체육관광부	1973	0.5
	축산발전기금	축산법	농림축산식품부	1977	1
	중소벤처기업창업 및 진흥기금	중소기업진흥에 관한 법률	중소벤처기업부	1978	8
	농지관리기금	한국농어촌공사 및 농지관리기금법	농림축산식품부	1981	3.1
	보훈기금	보훈기금법	국가보훈처	1981	0.8
	주택도시기금	주택도시기금법	국토교통부	1981	77.4
	대외경제협력기금	대외경제협력기금법	기획재정부	1986	1.4
	청소년육성기금	청소년기본법	여성가족부	1988	0.2
	사학진흥기금	한국사학진흥재단법	교육부	1989	0.5
	국제교류기금	한국국제교류재단법	외교부	1991	0.2
	남북협력기금	남북협력기금법	통일부	1991	1.5
	장애인고용촉진 및 직업재활기금	장애인고용촉진 및 직업재활법	고용노동부	1991	1.1
	정보통신진흥기금	정보통신산업진흥법	과학기술정보통신부	1991	1.3
	과학기술진흥기금	과학기술기본법	과학기술정보통신부	1992	0.2
	근로복지진흥기금	근로복지기본법	고용노동부	1993	0.4
	국민건강증진기금	국민건강증진법	보건복지부	1995	4.2
	응급의료기금	응급의료에 관한 법률	보건복지부	1995	0.2
	군인복지기금	군인복지기금법	국방부	1996	0.9

구분	기금명	근거법률	주무부처	설치 연도[1]	운용 규모[2]
사업성 기금	양성평등기금	양성평등기본법	여성가족부	1996	0.4
	원자력기금	원자력진흥법	과학기술정보통신부 원자력안전위원회	1996	0.4
	임금채권보장기금	임금채권보장법	고용노동부	1998	0.9
	한강수계관리기금	한강수계상수원수질개선 및 주민지원 등에 관한 법률	환경부	1999	0.6
	방송통신발전기금	방송통신발전기본법	과학기술정보통신부 방송통신위원회	2000	1.3
	수산발전기금	수산업·어촌발전기본법	해양수산부	2001	0.8
	전력산업기반기금	전기사업법	산업통산자원부	2001	3.8
	금강수계관릭금	금강수계 물관리 및 주민지원 등에 관한 법률	환경부	2002	0.1
	낙동강수계관리기금	낙동강수계 물관리 및 주민지원 등에 관한 법률	환경부	2002	0.3
	영산강·섬진강수계관리기금	영산강·섬진강수계 물관리 및 주민지원 등에 관한 법률	환경부	2002	0.1
	농협소득보전직접지불기금	농업소득의 보전에 관한 법률	농림축산식품부	2003	0.3
	자유무역협정이행지원기금	자유무역협정체결에 따른 농어업인 등의 지원에 관한 법률	농림축산식품부	2004	0.7
	지역신문발전기금	지역신문발전지원특별법	문화체육관광부	2004	0
	농어업재해재보험기금	농어업재해보험법	농림축산식품부	2005	0.4
	영화발전기금	영화 및 비디오물의 진흥에 관한 법률	문화체육관광부	2007	0.3
	방사성폐기물관리기금	방사성폐기물관리법	산업통산자원부	2009	5.1
	문화재보호기금	문화제보호기금법	문화재청	2010	0.1
	언론진흥기금	신문 등의 진흥에 관한 법률	문화체육관광부	2010	0
	국유재산관리기금	국유재산법	기획재정부	2011	1.5
	범죄피해자보호기금	범죄피해자보호기금법	법무부	2011	0.1
	석면피해구제기금	석면피해구제법	환경부	2011	0
	산업기술진흥 및 사업화촉진기금	산업기술혁신 촉진법	산업통산자원부	2015	0.2
	소상공인시장진흥기금	소상공인 보호 및 지원에 관한 법률	중소벤처기업부	2015	2.9
	사법서비스진흥기금	공탁법	대법원	2016	0.1
	국제질병퇴치기금	국제질병퇴치기금법	외교부	2017	0.1
	자동차사고피해지원기금	자동차손해배상보장법	국토교통부	2017	0.2

구분	기금명	근거법률	주무부처	설치연도[1]	운용규모[2]
계정성 기금	외국환평형기금	외국환거래법	기획재정부	1967	99.2
	공공자금관리기금	공공자금관리기금법	기획재정부	1994	175.2
	양곡증권정리기금	양공관리법	농림축산식품부	1994	0.4
	공적자금상환기금	공적자금상환기금법	금융위원회	2003	8.7
	복권기금	복권 및 복권기금법	기획재정부	2004	5.6
금융성 기금	무역보험기금	무역보험법	산업통산자원부	1969	4
	신용보증기금	신용보증기금법	금융위원회	1967	7
	농림수산업자신용보증기금	농림수산업자신용보증법	금융위원회	1971	1.7
	농어가목돈마련저축장려기금	농어가목돈마련저축에 관한 법률	금융위원회	1986	0.1
	기술보증기금	기술보증기금법	금융위원회	1986	2.6
	주택금융신용보증기금	한국주택금융공사법	금융위원회	1987	6.6
	산업기반신용보증기금	사회기반시설에 대한 민간투자법	기획재정부	1994	0.6
	예금보험기금채권상환기금	예금자보호법	금융위원회	2003	3.6
사회보험성 기금	공무원연금기금	공무원연금법	인사혁신처	1960	21.2
	군인연금기금	군인연금법	국방부	1960	3.4
	사립학교교직원연금기금	사립학교교직원연금법	교육부	1974	12.1
	국민연금기금	국민연금법	보건복지부	1988	119.2
	고용보험기금	고용보험법	고용노동부	1995	17.1
	산업재해보상보험 및 예방기금	산업재해보상보험법	고용노동부	1995	15.1
계정성 기금	외국환평형기금	외국환거래법	기획재정부	1967	99.2
	공공자금관리기금	공공자금관리기금법	기획재정부	1994	175.2
	양곡증권정리기금	양공관리법	농림축산식품부	1994	0.4
	공적자금상환기금	공적자금상환기금법	금융위원회	2003	8.7
	복권기금	복권 및 복권기금법	기획재정부	2004	5.6
금융성 기금	무역보험기금	무역보험법	산업통산자원부	1969	4
	신용보증기금	신용보증기금법	금융위원회	1967	7
	농림수산업자신용보증기금	농림수산업자신용보증법	금융위원회	1971	1.7
	농어가목돈마련저축장려기금	농어가목돈마련저축에 관한 법률	금융위원회	1986	0.1
	기술보증기금	기술보증기금법	금융위원회	1986	2.6
	주택금융신용보증기금	한국주택금융공사법	금융위원회	1987	6.6
	산업기반신용보증기금	사회기반시설에 대한 민간투자법	기획재정부	1994	0.6
	예금보험기금채권상환기금	예금자보호법	금융위원회	2003	3.6

주: 1) 설치연도는 각 근거법령의 사행연도를 기준으로 함
2) 총계기준

자료: 한국재정정보원(2019: 24-25). 「2019 주요 재정통계」

기금운용계획안의 수립은 국가재정법 제66조에서 규정하고 있는데, 기금관리주체는 기획재정부 장관에게 신규사업(당해 회계연도~5회계연도 이상의 기간에 해당하는 신규사업) 및 계속사업과 관련하여 매년 1월 31일까지 중기사업계획서를 제출하고, 기획재정부 장관은 자문회의와 국무회의의 심의를 통과하고 대통령의 승인을 얻은 후, 국가재정운용계획과 기금운용계획 수립을 연계하기 위해 작성지침에 따라 기금별 지출한도를 포함하여 통보한다. 기금관리주체는 기금운용계획안을 작성지침에 따라 다음 연도의 기금운영계획안을 작성하여 매년 5월 31일까지 기획재정부장관에게 제출하고, 기획재정부 장관은 기금관리주체와의 협의·조정을 통하여 기금운용계획안을 마련한 후 국무심의를 거쳐 대통령 승인을 얻는다. 특히 조정과정에서 기획재정부 장관은 과도한 여유재원이 운영되고 있는 기금에 대해서는 예산상의 지원중단 등을 요청할 수 있다.

기금운용계획안의 내용은 운용총칙과 자금운용계획으로 구성되고, 운용총칙에는 기금의 사업목표, 자금의 조달과 운용(주식 및 부동산 취득한도를 포함한다) 및 자산취득에 관한 총괄적 사항을 포함되고 있고, 자금운용계획은 수입계획과 지출계획으로 구분되어 있다(국가재정법 제67조 제1항~제3항). 기금운용계획안의 작성에 관한 필요사항은 국가재정법 시행령 제28조에서 ① 자금운용계획 중 수입계획은 정부세입예산과 같이 관·항·목으로 구분하여 작성하고, 기금운용계획안에 첨부되는 기금조성계획은 정부세입예산의 목으로 구분하여 작성하고, ② 자금운용계획 중 지출계획은 정부세출예산과 같이 장·관·항·세항·목으로 구분하여 작성하고, 당해 회계연도에 여유자금을 운용하는 경우에는 이를 별도의 항으로 하며 그 운용대상을 세항으로 하여 작성하도록 규정하고 있다.

4) 기금의 문제점

기금은 일반예산과 동일한 절차를 거쳐 기금운용계획을 수립하고 국회의 심의를 받기는 하지만 계획변경, 내용의 수정, 집행시기의 조절 등 넓은 신축성을 가지고 있다. 하지만 이와 함께 기금의 가장 큰 문제점으로 지적되는 것은 예산과 함께 종합적으로 검토되지 못하고 방만하게 운영되고 있다는 점이다. 기금의 수가 너무 많아 복잡하고, 같은 부처 내에서도 수혜대상이 동일한 여러 기금이 존재하는 등 통합적 운영이 이루어지지 않아서 재정효율성을 저하시키고 있다. 또한 장기적 관점이 결여된 채 단기여유자금을 투자하여 기금잠식을 초래하기도 한다.

따라서 기금에 대한 체계적 점검이나 평가시스템의 강화, 설치목적을 달성한 기금의 폐지, 민간자율운영이 바람직한 기금의 민간이양, 일반회계와 특별회계로 편입이 가능한 기금의 이전, 사업내용이 유사한 기금의 통폐합, 공공성이 큰 기타 기금의 공공기금으로의 전환 등이 필요하고, 기금운영계획부터 집행, 평가, 환류과정에 이르기까지 기금관리의 효율성을 증진시키기 위해 기금운용평가단, 기금운용심의회, 자산운용위원회 등의 지속적 노력이 필요하다.

5) 기금운용심의회

기금은 일반회계, 특별회계와는 달리 의회의 통제가 약하기 때문에 기금운용심의회(국가재정법 제74조)를 두어 기금에 대한 통제를 대신하고 있는데, 기금운용심의회는 기금의 관리·운용에 관한 중요한 사항, 즉 기금운용계획안의 작성, 주요항목 지출금액의 변경, 기금결산보고서의 작성, 자산운용지침의 제정 및 개정 등을 심의한다.

기금운용심의회는 위원장 1인을 포함하여 10인 이내의 위원으로 구성하도록 하고 있다. 기금운용심의회 위원의 구성은 ① 고위공무원단에 속하는 공무원으로서 당해 중앙관서의 기금관리업무를 관장하는 자, ② 기금의 관리 및 운용에 관한 전문지식과 경험이 풍부하다고 인정되는 자, ③ 당해 기금의 사업과 관계가 있는 기관·단체의 대표자 또는 임원 중에서 기금관리주체가 임명 또는 위촉하여 구성하고, 위촉된 위원의 임기는 2년이다.

6) 자산운용위원회

기금관리 주체는 자산운용에 관한 중요한 사항을 심의하기 위하여 다른 법률에서 따로 정하는 경우를 제외하고 기금운용심의회에 자산운용위원회를 설치하여야 한다(국가재정법 제76조). 자산운용위원회에서 주요 심의사항은 자산운용 전담부서의 설치 등에 관한 사항,[21] 자산운용지침의 제정 및 개정에 관한 사항,[22] 자산운용 전략에

---

21) 제77조(자산운용 전담부서의 설치 등) ① 기금관리주체는 자산운용위원회의 심의를 거쳐 자산운용을 전담하는 부서를 두어야 한다.
② 기금관리주체는 자산운용위원회의 심의를 거쳐 자산운용평가 및 위험관리를 전담하는 부서를 두거나 그 업무를 외부 전문기관에 위탁하여야 한다.

22) 제79조(자산운용지침의 제정 등) ① 기금관리주체는 기금의 자산운용이 투명하고 효율적으로 이루어지도록 하기 위하여 자산운용업무를 수행함에 있어서 준수하여야 할 지침(이하 "자산운용지침"이라 한다)을 심의회의 심의를 거쳐 정하고, 이를 14일 이내에 국회 소관 상임위원회에 제출하여야 한다. 이 경우 자산운용위원회가 설치되어 있는 기금은 심의회의 심의전에 자산운용위원회의 심의를 거쳐야 한다.
② 제1항의 규정에 불구하고 제74조 제1항 단서의 규정에 따라 심의회를 설치하지 아니한 기금의 경우에는 기금관리주체가 직접 자산운용지침을 정하여야 한다.
③ 자산운용지침에는 다음 각 호의 사항이 포함되어야 한다.

관한 사항, 자산운용 평가 및 위험관리에 관한 사항, 그 밖에 자산운용과 관련된 중요한 사항 등을 포함한다. 자산운용위원회는 위원장 1인을 포함하여 10명 이내의 위원으로 구성된다. 자산운용위원회의 위원장은 당해 기금관리주체 및 수탁기관의 임·직원 또는 공무원 중에서 선임하고, 위원은 당해 기금관리주체 및 수탁기관의 임·직원 또는 공무원, 자산운용에 관한 학식과 경험이 풍부한 자로서 대통령령이 정하는 자격을 갖춘 자(국가재정법시행령 제35조 제2항) 중에서 기금관리주체의 장이 선임 또는 위촉하며, 위원의 임기는 2년이다.

7) 기금운용평가단

기획재정부장관은 기금운용에 대해 전반적 감독을 책임지고 있는데, 국가재정법 제82조에서 자세하게 규정하고 있다. 기금운용의 평가에 대해서 기획재정부장관은 회계연도마다 전체 기금 중 3분의 1 이상의 기금에 대하여 대통령령이 정하는 바에 따라 그 운용실태를 조사·평가하여야 하며, 3년마다 전체 재정체계를 고려하여 기금의 존치 여부를 평가하도록 하고 있고, 그 평가결과를 국무회의에 보고한 후 국회에 제출하는 국가결산보고서와 함께 국회에 제출한다. 기획재정부장관은 기금운용실태의 조사·평가와 기금제도에 관한 전문적·기술적인 연구 또는 자문을 위하여 기금운용평가위원을 선정하여 수시로 기금운용평가단을 구성·운영할 수 있다. 기금운용평가위원은 ① 기금의 운용 및 관련분야에 관한 전문지식이 있는 조교수 이상의 대학교수, ② 정부출연연구기관에 소속된 박사학위 소지자로서 기금에 관한 전문지식이 있는 자, ③ 5년 이상의 실무경험이 있는 공인회계사·변호사 및 금융업무에 관한 전문가, ④ 그 밖에 기금운용실태의 조사 및 평가업무에 관한 전문지식과 경험이 풍부하다고 인정되는 자 중에서 기금 소관 중앙관서의 장으로부터 추천을 받아 선정하여 구성한다. 기금운영평가단은 기금제도에 관한 연구 또는 자문, 기금운용실태조사 및 평가 업무 등을 한다.

---

1. 투자결정 및 위험관리 등에 관련된 기준과 절차에 관한 사항
2. 투자자산별 배분에 관한 사항
3. 자산운용 실적의 평가 및 공시에 관한 사항
4. 보유주식의 의결권 행사에 대한 기준과 절차에 관한 사항
5. 자산운용과 관련된 부정행위 등을 방지하기 위하여 자산운용업무를 수행하는 자가 지켜야 할 사항
6. 그 밖에 자산운용과 관련하여 기금관리주체가 필요하다고 인정하는 사항

3. 예산변경의 형태에 따른 종류

(1) 본예산(本豫算)

정기적으로 국회에 제출하는 예산을 말한다. 국가재정법 제32조~제33조에 따르면, 기획재정부 장관은 예산요구서에 따라 예산안을 편성하여 국무회의의 심의를 거친 후 대통령의 승인을 얻고, 정부는 대통령으로부터 승인을 얻은 예산안을 정기국회에 다음 회계연도 개시 120일 전까지 제출하도록 하고 있다. 국가재정법 제34조에서는 예산안 관련 첨부서류를 규정하고 있다. 국회에 예산안 제출시 ① 세입세출예산 총계표 및 순계표, ② 세입세출예산사업별 설명서, ③ 계속비에 관한 전년도말까지의 지출액 또는 지출추정액, 당해 연도 이후의 지출예정액과 사업전체의 계획 및 그 진행 상황에 관한 명세서, 총사업비 관리대상 사업의 사업별 개요, 전년도 대비 총사업비 증감내역과 증감사유, 해당연도까지의 연부액 및 해당 연도 이후의 지출예정액, ④ 국고채무 부담행위설명서, ⑤ 국고채무부담행위로서 다음 연도 이후에 걸치는 것에 있어서는 전년도말까지의 지출액 또는 지출추정액과 당해 연도 이후의 지출예정액에 관한 명세서, 완성에 2년 이상이 소요되는 사업으로서 대통령령으로 정하는 대규모 사업의 국고채무부담행위 총규모 ⑥ 예산정원표와 예산안편성기준 단가, ⑦ 국유재산의 전전년도말에 있어서의 현재액과 전년도말과 당해 연도말에 있어서의 현재액 추정에 관한 명세서, ⑧ 성과계획서, ⑨ 성인지예산서, ⑩ 조세지출예산서 ⑪ 독립기관의 세출예산요구액을 감액하거나 감사원의 세출예산요구액을 감액한 때에는 그 규모 및 이유와 감액에 대한 당해 기관의 장의 의견, ⑫ 회계와 기금 간 또는 회계 상호 간 여유재원의 전입·전출 명세서 그 밖에 재정의 상황과 예산안의 내용을 명백히 할 수 있는 서류, ⑬ 국유재산특례지출예산서, ⑭ 예비타당성조사를 실시하지 아니한 사업의 내역 및 사유, ⑮ 지방자치단체 국고보조사업 예산안에 따른 분야별 총 대응지방비 소요 추계서 등을 첨부한다.

(2) 수정예산(修正豫算)

국회에 예산안 제출 후 국회의결 전에 수정한 예산을 말하며 국가재정법 제35조에 언급되어 있다. 국가재정법 제35조에 따르면, 정부는 예산안을 국회에 제출한 후 부득이한 사유로 인하여 그 내용의 일부를 수정하고자 할 때에는 국무회의의 심의를 거쳐 대통령의 승인을 얻어 수정예산안을 국회에 제출할 수 있다.

(3) 추가경정예산(追加更正豫算)

추가경정예산은 예산안이 국회의 의결을 거쳐 성립된 후 변경된 예산으로서, 정부는 ① 전쟁이나 대규모 자연재해가 발생한 경우, ② 경기침체, 대량실업, 남북관계의 변화, 경제협력과 같은 대내·외 여건에 중대한 변화가 발생하였거나 발생할 우려가 있는 경우, ③ 법령에 따라 국가가 지급하여야 하는 지출이 발생하거나 증가하는 경우에 해당되어 이미 확정된 예산에 변경을 가할 필요가 있는 경우에는 추가경정예산안을 편성할 수 있다.

추가경정예산은 실제로 회계연도가 시작되어 집행되는 과정에서 여러 가지 변경의 필요성이 대두될 때 성립하는 예산으로서, 추가로 필요로 하는 예산이 있거나 기존의 성립된 예산을 변경할 필요가 있을 때 편성하는데 매년 추가경정예산의 편성은 상례화 되고 있다. 추가경정예산은 국회의 심의와 의결을 거쳐 성립하는데, 추가경정예산안이 확정되기 전에 미리 배정하거나 집행할 수 없다.

추가경정예산은 어떨 때는 전략적으로 사용되기도 한다. 예를 들어 본예산에서 의회에 의해 삭제된 항목을 다른 형태로 위장하여 부활하기 위하여 사용하기도 한다. 특히 추가경정예산의 심의는 본예산의 심의보다 느슨하고 무관심한 분위기에서 이루어지기 쉽기 때문에 야당의 반대가 심할 경우 처음부터 어떤 예산항목은 추가경정예산항목에 포함할 목적으로 본예산에 포함하지 않기도 한다. 물론 예상하지 못한 사태의 발생으로 인하여 추가경정예산을 편성하기도 한다. 경제가 갑자기 불경기가 되어 세입이 계획보다 훨씬 낮을 것으로 예상되면 이에 따라 세출을 조정하기 위해 추가경정예산을 편성하기도 한다.

4. 예산불성립시 예산의 종류

회계연도 개시까지 예산이 국회의 심의를 통과하지 못할 때 예산이 성립하지 못하는데 다음과 같은 방법으로 예산의 성립시까지 정부의 업무를 수행한다.

(1) 잠정예산

회계연도 개시 전까지 국회에서 예산이 의결되지 못할 때 상정된 예산의 처음 몇 개월에 해당하는 액수에 대한 지출을 허용하는 예산을 말한다. 학자들은 이것을 잠정예산이라고도 한다. 미국의 예산제도가 이를 채택하고 있다.

(2) 가예산

가예산(假豫算)은 과거 한국에서 시행하였던 예산으로서 부득이한 사유로 인해 회계연도 개시 전까지 예산이 의결되지 못할 때 다음 회계연도의 처음 1개월분의 예산을 의결하여주고 1개월 이내에 상정된 예산을 의결한다. 1개월이라는 제한만 제외하고는 잠정예산과 비슷하다. 우리나라는 1948년과 1960년 사이에 가예산제도를 채택한 바 있다.

(3) 준 예 산

준예산은 예산의 불성립시에 이용하는 제도로서 입법부의 의결을 필요로 하지 않는 특징을 자니고 있다. 우리나라는 헌법 제54조 제3항의 규정에 의하여 예산을 집행하여야 한다고 규정하고 있다. 준예산(準豫算)은 한국의 현행제도로서 새로운 회계연도가 개시될 때까지 예산안이 의결되지 못할 때는 헌법에 의하여 전년도 예산에 준하여 다음의 경비를 지출할 수 있다. 준예산은 '전년도에 준한다'라는 뜻에서 연유한다.

① 헌법이나 법률에 의해 설치된 기관 또는 시설의 유지와 운영을 위한 경비
② 법률상의 지출의무의 이행을 위한 경비
③ 이미 예산으로 승인된 사업의 계속을 위한 경비

이상에서와 같이 준예산에 의해 집행된 예산은 당해 연도의 예산이 성립되면 그 성립된 예산에 의하여 집행된 것으로 본다.

5. 기타 기준에 의한 예산의 종류

우리나라는 국가재정법 제19조에서 예산은 예산총칙·세입세출예산·계속비·명시이월비 및 국고채무부담행위를 총칭한다고 규정함으로써 예산의 구성을 밝히고 있고, 예산총칙에는 세입세출예산·계속비·명시이월비 및 국가채무부담행위에 관한 총괄적 규정을 포함하여 국채와 차입금 한도액, 재정증권의 발행과 일시차입금의 최고액, 그 밖의 예산집행에 관하여 필요한 사항에 대해 규정하고 있다(국가재정법 제2장 예산의 제1절 총칙).

(1) 예산의 성격으로 인한 종류

품목별 예산, 성과주의 예산, 사업예산, 계획예산, 영기준예산(혹은 영본위예산:

ZBB), MBO에 의한 예산 등이 있다. 예산개혁에서 구체적으로 논한다.

(2) 세입과 세출의 구분에 의한 종류

우리나라는 세입세출예산의 구분을 국가재정법 제21조에서 규정하고 있다. 세입세출예산은 필요한 때에는 계정을 구분할 수 있고, 독립기관 및 중앙관서의 소관별로 구분한 후 소관 내에서 일반회계·특별회계로 구분한다.

1) 세입예산(歲入豫算)

세입이란 조세로 인한 수입과 차입금으로 인한 수입, 기타 수수료나 사용료 같은 모든 수입의 합계로 볼 수 있다. 세입(歲入)이란 세입(稅入)이 아닌 것에 주의해야 한다. 세입예산은 회계연도 내에 발생할 것으로 추정되는 세입의 구체적인 명세서로서 세입에 관한 정부의 계획이다.

국가재정법 제21조 제3항에 따르면, 세입예산은 성질별로 관·항으로 구분하고 있고, 동법 시행령 제7조에서도 '세입예산의 관·항·목의 구분과 설정, 세출예산 및 계속비의 장·관·항·세항·목의 구분과 설정, 국고채무부담행위의 사항 구분은 기획재정부장관이 정하는 바에 따른다'고 규정하고 있다. 또한 국가재정법 제17조 제1항에서 '한 회계연도의 모든 수입을 세입으로 하고 모든 지출을 세출로 한다'고 규정함으로써 사실상 세입과 수입을 구별하지 않고 있다.

2) 세출예산(歲出豫算)

세출예산이란 회계연도 내에 정부가 계획하고 있는 지출의 명세서이며 지출로써 달성하고자 하는 업무계획서이다. 일반적으로 예산이라고 하면 세출예산을 지칭한다. 세출예산은 기능별·성질별 또는 기관별로 장·관·항으로 구분한다. 우리나라는 국가재정법 제21조 제4항에서 예산의 구체적인 분류기준 및 세항과 각 경비의 성질에 따른 목의 구분은 기획재정부 장관이 정하도록 하고 있다.

(3) 승인의 성격에 의한 종류

예산은 승인되는 형태에 따라 내용승인예산과 총액승인예산으로 구분될 수 있다. 예를 들어 예비비 같은 항목은 구체적인 지출내역이 결정되지 않은 채로 국회를 통과하기 때문에 총액승인예산으로서의 성격을 지니고 있다. 보다 자세한 내용은 뒤의 예비비에서 별도로 설명한다.

(4) 경직성경비

경직성경비란 법규에 의해 지불액수나 산정방법이 고정되어 있어 매년 예산을 편성할 때 변경하거나 조정할 수 없는 항목을 말한다. 미국의 경우 사회보장비용이 경직성경비의 대부분을 차지하는데 예산의 절반을 훨씬 상회하는 규모에 달하고 있다. 그러나 경직성경비의 판단도 결정적이지는 않다. 경직성경비도 1년 이상의 장기적인 관점에서 보면 법규를 변경할 수 있기 때문에 변경가능한 경비가 되며, 지출상한선 이상을 지출했던 항목이나 지출상한선을 조정할 수 있는 항목은 법규를 개정하지 않고서도 지출삭감이 가능하다(Brecher & Horton, 1987). 예산항목에는 경직성경비의 성격을 지닌 준경직성경비가 있는데 한국의 경우 국방비가 이에 해당한다.

(5) 자본적 지출

조직의 유지활동을 위한 경비인 경상비는 운영예산이라고 할 수 있는데 이에 대비되는 예산이 자본예산이다. 자본예산은 조직의 유지활동이 아닌 조직의 방향을 새로 정립하고 정책을 실현하는 도구역할을 한다. 자본적 지출항목을 별도로 분리하여 자본예산을 편성해야 하는가의 문제는 오랫동안 논란이 되어왔다. 자본예산은 모든 투자를 의미하며, 교육, 훈련 같은 무형자산의 취득에 관련된 투자와 같은 넓은 의미와 거액의 사업, 중요한 사업, 장기간의 지출, 장기간의 재원조달, 차입금이나 공채에 의한 재원조달, 반복되지 않는 예외적 지출로서의 좁은 의미를 가지고 있다. 미국의 경우 주정보는 연구개발, 교육훈련 등 인적·지적자본에 관련된 사업은 자본예산에 포함하지 않는다(Reed & Swain, 1977; Scjick, 1995). 자본예산과 구별해야 하는 용어는 사업예산이다. 사업예산은 모호한 용어이다. 사업예산이란 아주 다양한 의미로 사용된다. 예를 들어 '교육사업'처럼 교육담당부처만이 아니라 모든 부처의 교육관련예산을 총체적으로 집합한 아주 넓은 개념일 수도 있고, 'BK21'사업처럼 다른 활동과 구별되는 일련의 활동들의 집합으로 사용되기도 한다. 경우에 따라서는 경상비가 아닌 예산을 사업예산이라고도 한다.

(6) 수요에 기초하여 편성되는 예산

물가인상예산이 증액되지 못할 때 서비스제공수량이 감소되는 현상을 막기 위하여 예산을 화폐단위가 아닌 사업이 제공하는 서비스단위로 편성하는 방법도 있는데 덴마크와 영국이 이에 속한다고 한다. 그러나 화폐단위를 완전히 무시하는 것은 사실상 불가능할 것이며 두 가지를 병행해야 할 것이다(Schick, 1987a).

지출예산을 편성할 때 행정서비스의 물리적 수량에 근거할 수도 있고 현금상한선(cash limits)에 근거할 수도 있다. 물리적 수량에 근거하는 것은 서비스단위로 편성하는 것과 마찬가지로 볼 수 있다. 물리적 수량에 근거하여 예산을 편성할 경우 봉급과 가격인상으로 인한 지출예산의 증가를 허용하게 된다. 1970년대 중반까지 영국은 물리적 수량에 의해 지출예산을 편성한 것이나 마찬가지일 정도로 현금상한선은 별다른 영향을 미치지 못했다. 1974, 75년에 현금상한선은 극히 예외적인 경우를 제외하고는 반드시 지켜야 하는 통제사항으로 확정하고 인플레를 고려한 현재가격에 기초하여 현금상한선을 설정하는 제도를 시행하였다. 그러나 사회보장 같은 예산은 수요에 기초하여 지출이 이루어지도록 함으로써 물리적 수량에 기초하며 현금상한선통제의 예외로 인정했지만 가능한 많은 부처와 기관이 현금상한선통제를 받도록 하였다. 공기업도 이러한 통제에서 제외하였다(Henry et al., 1989).

한국도 중요한 예산항목은 수요에 기초한 예산편성, 즉 물리적 수량에 의한 예산편성을 하는 것이 좋다고 생각한다. 예를 들어 교육예산의 경우 학급당 교사와 학생의 비율을 일정비율로 유지하려고 할 경우 예산총액에 제한을 두지 않고 교사와 학생의 비율에 기준하여 예산을 편성하는 것이다. 예를 들어 올해의 예산이 10조원이었다면 내년에 인플레를 반영하여 현금상한선 11조원이 설정될 수 있다. 물론 현금상한선은 인플레만이 아니라 다른 요인도 반영하여 결정될 수 있다. 그러나 취학예정학생이 급격하게 증가할 것으로 예상되어 학급당 교사와 학생비율을 과거 수준으로 유지하기 위해서 13조원이 필요하다고 할 때 물리적 수량에 의한 예산편성제도를 사용한다면 11조원이 아니라 13조원이 채택될 것이다.

(7) 사업과 기능

오늘날 사업이라고 할 때는 PPBS에서 의미하는 사업의 순수한 형태와는 달리 부처의 품목별 예산을 일정한 기준에 의해 집합하여 분류한 것에 그치고 있으며 부처의 경계를 넘어서서 독자적인 성격을 갖는 경우는 거의 없다(Gianakis, 1996). 많은 국가에서 예산을 기능(function)별로 분류하고 있으며 기능은 사업(programs)으로 다시 분류된다. 미국 연방정부는 5000에 해당하는 사업을 운영하고 있는데 사업은 하나 혹은 하나 이상의 특정목표를 달성하기 위하여 구성된 하부사업과 활동(subprograms and activities)의 연결(network)이라고 정의한다. 사업은 품목별 예산항목으로 구성되며 일반적으로 사업을 단위로 사업목표의 효과성과 효율성을 측정한다(Axelrod, 1995). 그러므로 사업의 투입항목은 품목별 예산에 의해 계산할 수 있으며 사업의 산출을 측정하면 효율성을 측정할 수 있다. 또한 사업이 궁극적으로 달성하고자 하는 결과를 측정하면 효과성도 측정할 수 있다.

영국에서 국가예산을 보건(health), 사회보장(social security), 고용(employment), 주택(housing), 교통(transport) 등으로 기능별 분류를 한다. 기능별 분류는 중앙부처의 분류와 대개 일치하지만 경우에 따라서는 여러 부처가 하나의 기능에 관련될 수 있다(Henry et al., 1989).

기존품목별 예산에서 일부예산항목만을 추출하여 사업예산(program budget)을 구성하기도 한다. 예를 들어 미국 피츠버그시에서는 기존품목별 예산에서 에너지관련 항목만을 추출하여 별도의 사업예산을 구축하였다. 모든 투자는 실제 에너지절약액수와 예측된 에너지절약액수를 비교하고 이것을 투자비용과 대비한다. 에너지사업예산은 각 부처가 보고하는 정보에 근거하여 작성되고 에너지사용과 절약을 책임지는 관리자가 명시된다. 중앙예산기관은 에너지관리를 조정하는 책임을 지며 각 부처를 돕기 위해 필요한 지식과 기술을 습득하기 위해 중앙예산기관의 예산분석가들을 주기적으로 훈련한다(Timney, 1996).

계획예산(PPBS)을 사용하고 있다는 미국 국방부는 사업을 다음과 같이 분류하고 있다(Wildavsky, 1992a).

• Strategic forces • General purpose forces • Intelligence and communications • Airlift and sealift • National Guard and Reserve • Research and development	• Central supply and maintenance • Training, medical, and other general personnel activities • Administration and association activities • Support of other nations

(8) 예 비 비

국가재정법 제22조에서 '정부는 예측할 수 없는 예산 외의 지출 또는 예산초과지출에 충당하기 위하여 일반회계 예산총액의 100분의 1 이내의 금액을 예비비로 세입세출예산에 계상할 수 있다. 다만, 예산총칙 등에 따라 미리 사용목적을 지정해 놓은 예비비는 본문의 규정에 불구하고 별도로 세입세출예산에 계상할 수 있다'고 규정하고 있다.[23] 예비비는 이와 같이 예상하지 못한 사태에 대비하기 위해 별도로 설정하

23) 하지만 공무원의 보수 인상을 위한 인건비 충당을 위하여는 예비비의 사용목적을 지정할 수 없다.

는 예산항목이기 때문에 지출내역이 미리 결정되지 않는다. 각 중앙관서의 장은 예비비 사용을 위한 명세서를 명확한 추산을 근거로 작성하여 기획재정부 장관에게 제출하여야 한다. 기획재정부 장관은 예비비 신청을 심사한 후에 예비비 사용계획명세서를 작성하고, 국무회의를 거쳐 대통령의 승인을 얻어야 한다.

예비비는 실제지출이 발생한 후, 기획재정부 장관은 각 중앙관서장에 의해서 제출된 예비비의 총괄명세서를 작성한 후 국무회의의 심의 및 대통령의 승인을 얻어야 한다. 예비비의 해당 총괄명세서는 감사원에 제출하여야 하고, 다음 회계연도에 국회에 제출하여 승인을 얻어야 한다. 이와 같이 예비비는 기획재정부 장관이 관리하도록 하고 있다.

(9) 계 속 비

계속비는 여러 해에 걸친 사업의 경비에 관하여 미리 일괄적으로 국회의 의결을 얻는 경비를 의미하는 것으로, 국가재정법 제23조 제1항에서 '완성에 수 년도를 요하는 공사나 제조 및 연구개발사업은 경비의 총액과 연도액을 정하여 미리 국회의 의결을 얻은 범위 안에서 수 년도에 걸쳐서 지출할 수 있다'고 규정하고 있다. 계속비의 지출 연한은 당해 회계연도로부터 5년 이내로 하고 있고, 필요한 경우에 국회의 의결을 거쳐 그 연한을 연장할 수 있다(국가재정법 제23조 제2항). 이처럼 계속비는 한 회계연도에 완성되기 어려운 사업을 5년의 한도 내에서 미리 의회가 의결해줌으로써 매년 예산을 편성하는 불편을 제거해주는 예산항목이다.

(10) 명시이월비

명시이월비는 '세출예산 중 경비의 성질상 연도 내에 그 지출을 끝내지 못할 것이 예측될 때에는 특히 그 취지를 세입세출예산에 명시하여 미리 국회의 승인을 얻어 다음 연도에 이월하여 사용할 수 있도록 한 예산항목을 의미한다(국가재정법 제24조). 명시이월비는 회계연도 내에 예산집행이 완료되지 못할 것으로 예측되는 항목을 다음 회계연도로 이월하여 집행할 수 있도록 미리 명시함으로써 이월에 대한 사전승인을 획득하는 제도이다.[24] 기획재정부 장관은 다음연도에 걸쳐서 지출하여야 할 지출원인행위를 승인한 경우에는 감사원에 통지해야 한다.[25]

---

24) 이월에는 명시이월과 사고이월이 있으며, 명시이월은 경비의 성질상 연도 내에 지출을 끝내지 못할 것이 예상되어 다음연도에 이월하여 사용할 수 있도록 허용된 경비로 미리 국회의 승인을 얻어야 하고, 사고이월은 연도 내에 지출원인행위를 하고 불가피한 사유로 인하여 연도 내에 지출하지 못한 경비와 지출원인행위를 하지 아니한 부대경비를 의미한다.

(11) 국고채무부담행위

국고채무부담행위는 국가가 법률에 따른 것과 세출예산금액 또는 계속비 총액의 범위 안의 것 외에 채무를 부담하는 행위를 의미하며, 사전에 국회의 의결을 받은 범위 내에서 이루어진다(국가재정법 제25조 제1항). 채무부담행위, 즉 자금을 지불해야 하는 계약 등을 할 수 있도록 국회의 승인을 얻은 행위로서 실제로 지출에 대해서는 다시 국회의 승인을 받아야 하나 이미 채무부담행위가 끝났기 때문에 국회가 승인하지 않을 수 없을 것이다. 국고채무부담행위는 채무부담의 권한만이 부여되며 아직 집행까지 시간이 있고 미리 계약해야 하는 경우이며 행위가 보통 수년에 걸쳐 일어난다. 채무부담행위는 아직 지출이 수반되지 않고 채무부담의 원인이 될 계약의 체결이나 기타의 행위를 하고자 할 때 미리 승인을 받는 행위이며 지출의무부담에 소요되는 경비의 지출이 그 연도 내에는 필요하지 않는다.

국고채무부담행위는 예산에 포함되지 않는 항목의 미래지출에 대한 것이다. 국가가 채무를 부담하는 행위이지만 실제로 예산배정은 다음 회계연도에 이루어지기 때문에 예산집행내역을 국회에 제출하는 것은 다음다음 회계연도가 될 것이다. 예상하지 못한 사태가 생기면 예비비로 충당하지만 예비비로도 충당할 수 없는 대규모 지출요인이 발생할 것이 예측될 경우 국고채무부담행위를 이용할 수 있을 것이다. 국고채무부담행위는 사항마다 필요한 이유를 명백히 하고, 그 행위를 할 연도 및 상환연도와 채무부담의 금액을 표시하여야 한다(국가재정법 제25조 제3항).

◎ 참고 현행 국가채무[26] 작성 기준과 개편안의 비교

구 분	현행 국가채무 기준	개 편 안
적용기준	GFSM 1986	GFSM 2001, UN 1993 및 SNA
회계기준	현금주의	발생주의
정부포괄범위 기준	기능기준 (민간관리 기금 제외)	제도단위 및 시장성 기준을 적용

25) 지출원인행위에 대한 기획재정부장관의 승인을 얻고자 할 때에는 ① 다음 연도에 걸쳐서 지출하여야 할 지출원인행위를 필요로 하는 경비의 과목과 금액 및 사유, ② 다음연도에 지출할 금액을 명백히 한 서류를 기획재정부 장관에게 제출하여야 한다.

26) 기획재정부는 2010년 2월 10일에 국가채무 통계 기준을 2011년 결산 때부터 바꾸겠다고 발표하였으며, 그 내용은 공기업을 제외한 일부 공공기관과 선수금·예금·항목 등이 나랏빚 통계에 포함된다는 것이다. 즉 우리나라도 나랏빚 통계기준을 국제통화기금(IMF)이 2001년에 제시한 기준을 적용하여 거래나 사건이 미치는 효과를 현금이 거래되는 기간에 기록하는 현금주의가 아닌 거래가 발생한 기간에 기록하는 발생주의를 따르도록 하였다. 예산개혁과정에서 일어나고 있는 발생주의회계에 입각한 변화의 양상이다(KBS World 홈페이지 뉴스 2010.02.10. 참조).

구 분		현행 국가채무 기준	개 편 안
포괄범위 (2010 기준)	특별회계(18개)	18개 모두 포함	15개(준기업으로 판단된 우편사업 · 우체국예금 · 우체국보험 등 3개 제외)
	기금(64개)	40개 정부기금 * 공무원연금 · 사학연금 등 24개 민간기금 제외	60개 * 원가보상률 50% 초과 9개 기금 중 구조조정기구(3개) 및 정부가 유일한 고객인 기금(2개)을 제외한 4개 기금을 제외
	지방정부	일반회계 · 특별회계	4,845개 일반회계 · 특별회계, 기금 모두 포함
	공공기관	×	○(중앙정부 산하 282개 중 145개, 지방정부산하는 미정)

자료: 민관합동작업반(2011), 「재정통계 개편안」; 국회예산정책처(2011), 2011년도 대한민국재정, p.38 참조.

2016년도 회계연도 결산기준 국가채무 중 국고채무부담행위는 0.5조원 규모이다(국회예산정책처, 2018: 57).

(12) 성인지 예산서

성인지 예산(Gender Sensitive Budgeting)은 예산이 여성과 남성에게 미치는 효과를 미리 분석하여 이를 예산과정에서 고려하여 자원이 성평등한 방식으로 사용될 수 있도록 예산의 분배구조와 규칙을 변화시키고자 하는 일련의 활동을 의미하는 것으로 예산의 특정 범주가 아니라 성평등한 자원분배의 과정을 말한다. 이런 성인지 예산의 작성은 자원의 공정하고 균형있는 분배에 기여하고 자원의 효율적 이용을 가능하게 할 수 있고, 정부재정의 투명성과 책임성 등의 강화를 통하여 정부의 양성평등

그림 3-1 | 성인지 예산의 기대효과

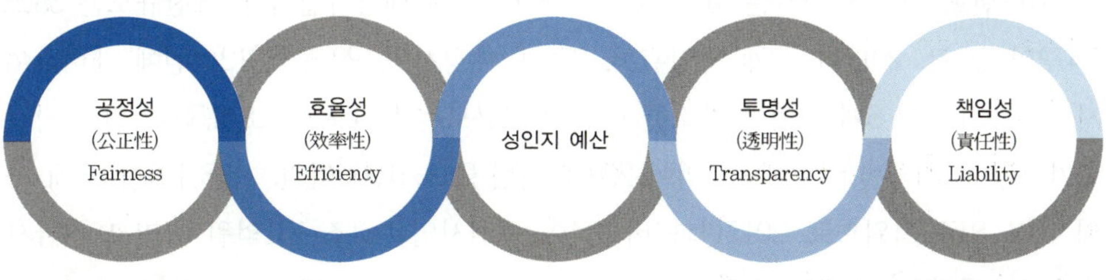

자료: 한국여성정책연구원 홈페이지.

구현에 기여할 것으로 예상된다.

우리나라는 2009년 처음으로 29개 중앙부처 195개 사업, 7조 3,144억원의 규모의 '2010년도 성인지 예산서'를 국회에 제출하는 시작으로 매년 제도의 보완을 하고 있다. 2011년에 재정운용의 성인지적 성과관리를 위하여 성인지 예・결산서에 성과목표 달성현황 작성란이 추가되었고, 2012년에는 평가란을 신설하여 성인지 예산사업의 실태를 파악하고 원인 및 해결방안을 도출하도록 하였다. 2013년에는 제4차 여성정책기본계획으로 추진사업을 변경하였고, 2015년에는 기획재정부와 여성가족부가 성인지 대상사업 선정기준만을 제시하고, 각 부처가 자율적으로 사업을 선정하여 제출하도록 하였다. 2017년에는 사업별 성인지 대상사업 선정기준이 변경되었다(국회예산정책처, 2018: 99).

성인지 예산제도 운영체계의 주요 관련 기관은 기획재정부, 여성가족부, 관련 해당부처, 감사원, 한국여성정책연구원(성인지예산센터), 한국양성평등교육진흥원이 있으며, 그 역할과 기능은 다음과 같다.

표 3-4 | 성인지 예산제도 주요 관련 기관의 역할과 기능

기관명	역할과 기능
기획재정부	- 성인지 예・결산서 작성지침 작성・배포 - 대상사업 선정기준 마련 - 성인지 예・결산서 취합・검토 - 성인지 예・결산서 국회 제출
여성가족부	- 대상사업 선정기준 마련 - 성인지 예・결산서 작성교육 및 지원
해당 관련 부처	- 대상사업의 선정 및 확정
감사원	- 성인지결산서 검사
한국여성정책연구원(성인지예산센터)	- 성인지 예・결산서 작성지원
한국양성평등교육진흥원	- 해당 기관 기획재정담당관실 및 사업담당자 교육

자료: 국회예산정책처(2018: 98). 대한민국 재정 2018.

2018년도 성인지 예산은 41개 중앙관서의 345개 대상사업이며, 예산규모는 33조 8,472억원으로, 2017년 42개 중앙관서, 350개 대상사업, 29조 5,912억원에 대비하여 사업 수는 5%인 5개 사업이 감소한 반면 예산규모는 14.4%인 4조 2,560억원이 각각 증가하였다. 회계별로는 예산사업이 260개 사업 22조 9,960억원, 기금사업이 85개 사업 10조 8,512억원으로, 2017년과 비교하여 예산사업은 3조 151억원 그리고 기금사업은 1조 2,409억원 증가하였다.

표 3-5 | 2017~2018년도 성인지 예산서 현황

		2017년(a)	2018년(b)	증감(b-a)	증감률 [(b-a)/a]
제출 중앙관서 수(개)		42	41	▲ 1	▲ 2.4
회계	사업수(개)	263	260	▲ 3	▲ 1.1
	예산액(억원)	199,809	229,960	30,151	15.1
기금	사업수(개)	87	85	▲ 2	▲ 2.3
	예산액(억원)	96,103	108,512	12,409	12.9
합계	사업수(개)	350	345	▲ 5	▲ 1.4
	예산액(억원)	295,912	338,472	42,560	14.4
	총 지출 대비 비율	7.4%	7.9%	0.5%	-

주: 1. 총지출은 정부가 제출한 예산안 기준임.
자료: 국회예산정책처(2018; 2017). 「대한민국 재정 2018」 & 「대한민국 재정 2017」.

(13) 조세지출예산서

기획재정부 장관이 작성하는 조세지출예산서는 세출예산의 기능별 분류에 따라 조세지출 내역을 작성·공표함으로써 세출예산과 연계하여 재원 배분의 효율성과 재정운용의 투명성을 제고하려는 것으로, 2010년부터 「국가재정법」에 따라 직전·당해·다음연도의 국세감면 실적 및 추정금액을 작성한 조세지출예산서를 예산안과 함께 국회에 제출하고 있다. 다만, 조세지출 항목별로 감면액을 국회에서 검토받고 승인받는 것이 아님을 유의할 필요가 있다(국회예산정책처, 2018: 101).

조세지출예산서의 제출은 조세지출도 국가재원 배분의 일부라고 간주하여 예산편성, 즉 재원 배분의사 결정과정에서 참조하는 것이며, 이는 OECD의 재정투명성 기준에도 적시되어있다(한국조세연구원, 2008-08).

6. 예산의 구조와 예산의 분류

예산의 분류란 예산의 종류와는 달리 예산을 일정한 기준에 의해 세부항목으로 구분하는 것을 말한다. 한국의 경우는 2007년 회계연도 이전까지 기관, 장, 관, 항, 세항, 세세항, 목으로 분류되었으나, 2007년 회계연도 이후 프로그램 예산체계로의 전환을 통하여 예산을 편성하고, 운용하고 있다. 프로그램 예산제도는 정부가 수행해야 할 정책목표를 일관성 있게 달성하기 위해 유사한 사업들을 묶는 프로그램을 기본단위로 하여 예산을 편성하고 운용하는 것으로, 성과중심의 예산체계로 전환을 통한 실효성을 발휘할 수 있다(국회예산정책처, 2009: 111).

한국의 프로그램 예산체계는 분야, 부문, 프로그램, 단위사업, 세부사업의 5개 단계로 구성되어 있고, 2019년 회계연도 당초예산기준으로 총 16개 분야, 75부문, 563개 프로그램, 2,457개 단위사업, 6,375개 세부사업으로 구성되어 있다.

표 3-6 | 2019년 프로그램 예산체계(단위: 개)

2019년 프로그램 예산체계	분야	부문	프로그램	단위사업	세부사업
	16	75	563	2,457	6,375

주: 당초예산기준.
자료: 한국재정정보원(2019: 109), 2019 주요 재정통계.

우리나라의 종전 예산체계와 프로그램 예산체계를 비교하여 그 특징을 정리하면, [그림 3-2]와 같다. 첫째, 회계·기금을 망라하여 동일한 정책목적을 가진 경우 관련 재원을 망라하여 프로그램 예산구조를 설정할 수 있고, 둘째, 부처의 성과관리 및 성과평가 구조를 고려하여 프로그램을 설정하게 되어 있다(국회예산정책처, 2009: 113).

그림 3-2 | 종전 예산체계와 프로그램 예산체계 비교

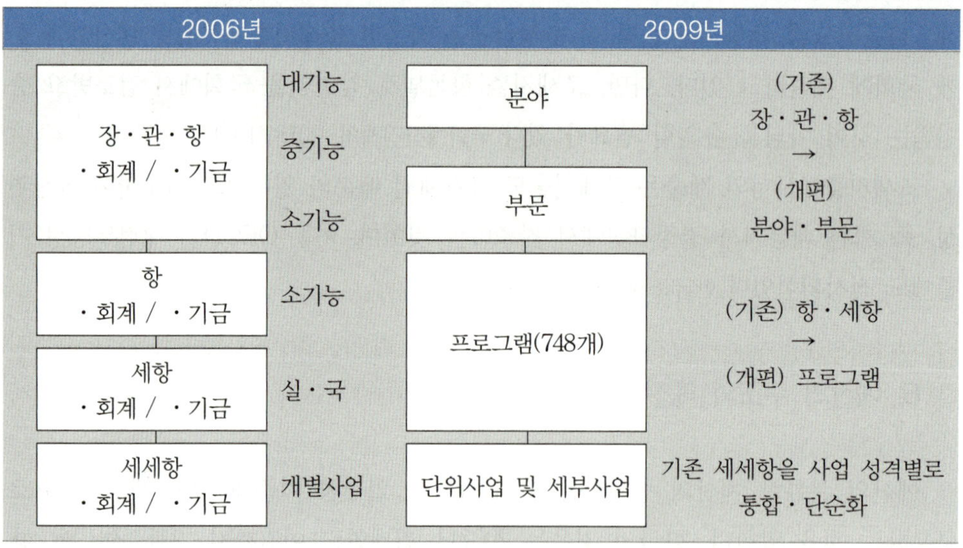

자료: 국회예산정책처, 대한민국재정(2009: 113).

2019년도 행정부 및 독립기관의 예산서에 따른 프로그램 예산제도의 개요 및 예시를 정리하면 [그림 3-3]과 같다. 사회복지 분야는 2019년 지출규모 중에서 가장 큰 148.9조원으로, 공적연금, 노동 등 12개 부문, 국민연금운영(급여지급), 고용정책 등 68개 프로그램으로 구성되어 있다.

그림 3-3 | 프로그램 예산제도의 개요 및 보건복지부 예시(2019년도 기준)

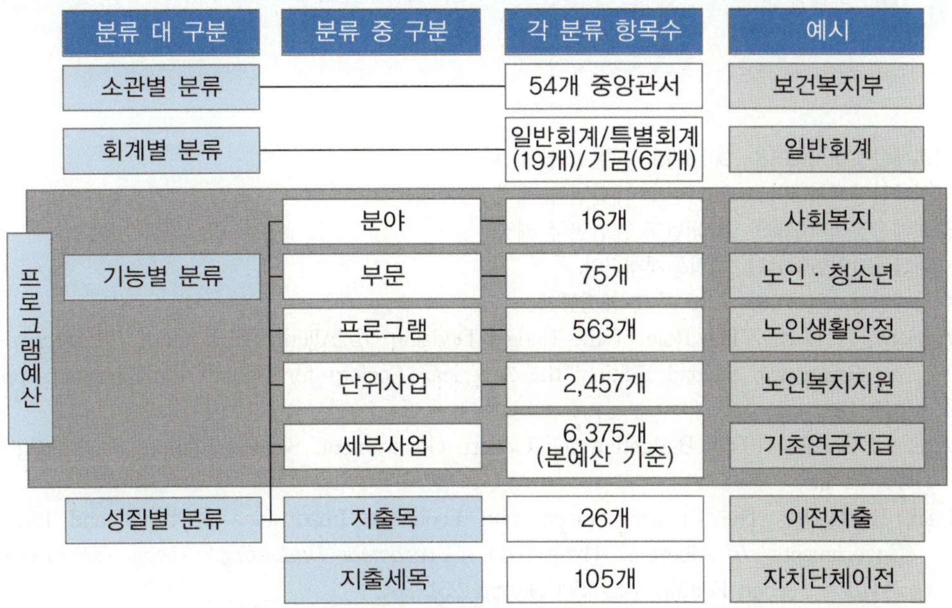

자료: 한국재정정보원, 2019 주요 재정통계(2019: 109).

2019년도 프로그램 예산체계에 따른 분야별 현황은 다음과 같다.

표 3-7 | 2019 프로그램 예산체계 분야별 현황

구분	합계예산	부문 수	프로그램 수	단위사업 수	세부사업 수
일반 · 지방행정	765,597	6	96	358	956
공공질서 및 안전	201,317	5	40	157	547
통일외교	50,648	2	31	95	280
국방	453,437	4	25	101	442
교육	706,490	4	21	77	200
문화 및 관광	72,495	5	53	155	491
환경	73,972	6	14	97	327
사회복지	1,477,769	12	68	324	745
보건	121,203	3	29	167	371
농림 수산	200,303	4	44	289	673
산업중소기업 및 에너지	187,641	8	43	196	671
교통 및 물류	156,546	5	39	193	736
과학기술	73,029	4	32	111	382
국토 및 지역개발	40,985	3	12	57	223
통신	73,319	3	15	79	214
예비비	30,000				
합계(16대)	4,695,752	75	563	2,457	6,375

자료: 한국재정정보원(2019). 2019 주요 재정통계 & 디지털예산회계시스템.

참고문헌

국회예산정책처(2018). 2018년도 대한민국 재정.

국회예산정책처(2011). 2011년도 대한민국 재정

국회예산정책처(2009). 2009년도 대한민국 재정.

민관합동작업반(2011). 재정통계개편안.

한국재정정보원(2019). 2019 주요 재정통계.

Appleby, P. (1987). The Role of the Budget Division. *In* Allen Schick (ed.), *Perspectives on Budgeting*, Second Edition, the American Society for Public Administration, pp. 119-123.

Axelrod, Donald (1995). Budgeting for Modern Government, Second Edition, St. Martin's Press, Inc.

Bahl, R. (1992). The Growing Fiscal and Economic Importance of State and Local Governments. *In* Albert C. Hyde (ed.), *Government Budgeting: Theory · Process · Politics*, Second Edition, Brooks/Cole, pp. 251-264.

Baily, Martin Neil and Philip Friedman (1995). Macroeconomics, Financial Markets, and the International Sector, Second Edition, Irwin.

Berman, L. (1987). OMB and the Hazards of Presidential Staff Work. *In* Allen Schick (ed.), *Perspectives on Budgeting*, Second Edition, the American Society for Public Administration, pp. 162-170.

Biller, R. P. (1987). Leadership Tactics for Retrenchment. *In* Allen Schick (ed.), *Perspectives on Budgeting*, Second Edition, the American Society for Public Administration, pp. 251-257.

Bowsher, C. (1988). Sound Financial Management: A Federal Manager's Perspective, *Public Administration Review*, vol. 45(January/February 1985), pp. 176-184.

Bozeman, B. and J. D. Straussman (1987). Shrinking Budgets and the Shrinkage of Budget Theory. *In* Allen Schick (ed.), *Perspectives on Budgeting*, Second Edition, the American Society for Public Administration, pp. 299-310.

Brecher, C. and R. D., Horton (1987). Retrenchment and Recovery: American Cities and the New York Experience. *In* Allen Schick (ed.), *Perspectives on Budgeting*, Second Edition, the American Society for Public Administration, pp. 258-270.

Breton, Albert (1996). *Competitive Governments: An Economic Theory of Politics and Public Finance*, Cambridge University Press.

Brown, C. V. and P. M. Jackson (1990). Public Sector Economics, Fourth Edition, Basil Blackwell Ltd.

Burda, Michael and Charles Wyplosz (1997). Macroeconomics, Second Edition, Oxford University Press.

Caiden, N. (1987a). Patterns of Budgeting. *In* Allen Schick (ed.), *Perspectives on Budgeting*, Second Edition, the American Society for Public Administration, pp. 15-26.

Caiden, N. (1987b). The Myth of the Annual Budget. *In* Allen Schick (ed.), *Perspectives on Budgeting*, Second Edition, the American Society for Public Administration, pp. 311-327.

Carey, W. D. (1987). Reorganization Plan No. 2. *In* Allen Schick (ed.), *Perspectives on Budgeting*, Second Edition, the American Society for Public Administration, pp. 156-161.

Collender, S. (1992). The Federal Budget as a Second Language, *In* Albert C. Hyde (ed.), *Government Budgeting: Theory · Process · Politics*, Second Edition, Brooks/Cole, pp. 441-455.

Connolly, Sara and Alistair Munro (1999). Economics of the Public Sector, Prentice Hall Europe.

Coombs, H. M. and D. E. Jenkins (1994). Public Sector Financial Management, Second Edition, Chapman & Hall.

Cooper, Phillip, Linda P. Brady, Olivia Hidalgo-Hardeman, Albert Hyde, Katherine C. Naff, J. Steven Ott and Harvey White (1998). *Public Administration for the Twenty-First Century*, Harcourt Brace College Publishers.

Curro, Michael J. and Carolyn L. Yocom (1998). Federal Budget Practices in the 1990s, *In* Fred Thompson and Mark T. Green (eds.), *Handbook of Public Finance*, Marcel Dekker, Inc.

Downs, A. (1992). Why the Government Budget Is Too Small in a Democracy. In Albert C. Hyde (ed.), *Government Budgeting: Theory · Process · Politics*, Second Edition, Brooks/Cole, pp. 217-230.

Duncombe, Herbert Sydney and Florence Heffron (1983). Legislative Budgeting, In Jack Rabin and Thomas D. Lynch (eds.), *Handbook on Public Budgeting and Financial Management*, Marcel Dekker, Inc, pp. 417-456.

Fisher, L. (1992). Ten Years of the Budget Act: Still Searching for Controls, In Albert C. Hyde (ed.), *Government Budgeting: Theory · Process · Politics*, Second Edition, Brooks/ Cole, pp. 135-153.

Forsythe, Dall W. (1997). Memos to the Governor, Georgetown University Press.

Gianakis, Gerasimos A. (1996). Integrating Performance Measurement and Budgeting. *In* Arie Halachmi and Geert Bouckaert (eds.), *Organizational Performance and Measurement in the Public Sector: Toward Service, Effort and Accomplishment Reporting*, Quorum Books.

Grafton, Carl and Anne Permaloff (1983). Budgeting Reforms in Perspective. *In* Jack Rabin and Thomas D. Lynch (eds.), *Handbook on Public Budgeting and Financial Managment*, Marcel Dekker, Inc., pp. 89-124.

Grizzle, Gloria A. (1998). Budgeting and Financial Management: Propositions for Theory and Practice. *In* Jack Rabin et al. (eds.), *Handbook of Public Administration*, Second Edition, Marcel Dekker, Inc.

Hyde, Albert C. (ed.) (1992). *Government Budgeting: Theory · Process · Politics*, Second Edition, Brooks/Cole.

Ippolito, D. S. (1992). The Power of the Purse: Congressional Participation, *In* Albert C. Hyde (ed.), *Government Budgeting: Theory · Process · Politics*, Second Edition,

Brooks/ Cole, pp. 101-118.

Johnson, B. (1989). The OMB Budget Examiner and The Congressional Budget Process, *Public Budgeting & Finance*, Spring, pp. 5-14.

Kamlet, M. S. (1992). The First Decade of the Congressional Budget Act: Legislative Imitation and Adaptation in Budgeting, *In* Albert C. Hyde (ed.), *Government Budgeting: Theory · Process · Politics*, Second Edition, Brooks/Cole, pp. 119-134.

LeLoup, L. T. and W. B. Moreland (1987). Agency Strategies and Executive Review: The Hidden Politics of Budgeting. *In* Allen Schick (ed.), *Perspectives on Budgeting*, Second Edition, the American Society for Public Administration, pp. 201-214.

Lewis, Carol W. (1998). The Field of Public Budgeting and Financial Management, 1989~1995, *In* Jack Rabin et al.(eds.), *Handbook of Public Administration*, Second Edition, Marcel Dekker, Inc.

McCaffery, J. (1983). Analyzing the Pedagogic Deficit in Budgeting. *In* Jack Rabin and Thomas D. Lynch (eds.), *Handbook on Public Budgeting and Financial Managment*, Marcel Dekker, Inc., pp. 193-207.

Mosher, Frederick C. (1984). A Tale of Two Agencies: A Comparative Analysis of the General Accounting Office and the Office of Management and Budget, Louisiana State University Press.

OECD (1997). Modern Budgeting, OECD.

Parker, Steven (1983). Budgeting as an Experession of Power. *In* Jack Rabin and Thomas D. Lynch (eds.), *Handbook on Public Budgeting and Financial Managment*, Marcel Dekker, Inc., pp. 61-87.

Pearson, N. M. (1987). The Budget Bureau: From Routine Business to General Staff. *In* Allen Schick (ed.), *Perspectives on Budgeting*, Second Edition, the American Society for Public Administration, pp. 124-155.

Pitsvada, B. T. (1992). The Executive Budget - An Idea Whose Time Has Passed. *In* Albert C. Hyde (ed.), *Government Budgeting: Theory · Process · Politics*, Second Edition, Brooks/Cole, pp. 184-190.

Pitsvada, B. T. and F. D. Draper (1984). Making Sense of the Federal Budget the Old Fashioned Way-Incrementally, *Public Administration Review*, September/October pp. 401-407.

Points, Ron (1990). Recent Developments in Accounting and Financial Management in the United States, *In* A. Premchand (ed.), *Government Financial Management: Issues and Country Studies*, International Monetary Fund.

Poterba, James M. (1997). Do Budget Rules Work? *In* Alan J. Auerbach (ed.), *Fiscal Policy: Lessons from Economic Research*, The MIT Press.

Premchand, A. (1993). Public Expenditure Management, International Monetary Fund.

Premchand, A. (1995). Effective Government Accounting, International Monetary Fund.

Rosen, Harvey S. (1992). Public Finance, Third Edition, Irwin.

Rubin, I. (1987). Preventing or Eliminating Planned Deficits: Restructuring Political Incentives. *In* Allen Schick (ed.), *Perspectives on Budgeting*, Second Edition, the American Society for Public Administration, pp. 239-250.

Rubin, I. S. (1992). Budget Theory and Budget Practice: How Good the Fit? *Public*

Administration Review (March/April 1990), pp. 179-189.

Schick, A. (ed.) (1987a). Perspectives on Budgeting, Second Edition, the American Society for Public Administration, pp. 218-238.

Schick, A. (1987b). Budgeting as an Administrative Process. *In* Allen Schick (ed.), *Perspectives on Budgeting*, Second Edition, the American Society for Public Administration, pp. 1-12.

Schick, A. (1987c). Macro-Budgetary Adaptations to Fiscal Stress in Industrialized Democracies. *In* Allen Schick (ed.), *Perspectives on Budgeting*, Second Edition, the American Society for Public Administration, pp. 218-238.

Schick, A. (1992). Incremental Budgeting in a Decremental Age. *In* Albert C. Hyde (ed.), *Government Budgeting: Theory · Process · Politics*, Second Edition, Brooks/ Cole, pp. 410-425.

Schick, A. (1995). The Federal Budget: Politics, Policy, Process, The Brookings Institution, Washington D. C.

Staats, E. B. (1992). The Continuing Need for Budget Reform. *In* Albert C. Hyde (ed.), *Government Budgeting: Theory · Process · Politics*, Second Edition, Brooks/Cole, pp. 61-67.

Starling, Grover (1993). *Managing the Public Sector*, Wadsworth, Inc.

Stiglitz, Joseph E. (1988). *The Economics of the Public Sector*, Second Edition, Norton.

Swan, Wallace K. (1983). Theoretical Debates Applicable to Budgeting. *In* Jack Rabin and Thomas D. Lynch (eds.), *Handbook on Public Budgeting and Financial Managment*, Marcel Dekker, Inc., pp. 3-59.

Toulmin, Llewellyn M., and Glendal E. Wright (1983). Expenditure Forecasting. In Jack Rabin and Thomas D. Lynch (eds.), *Handbook on Public Budgeting and Financial Managment*, Marcel Dekker, Inc., pp. 209-286.

White, J. (1985). Much Ado About Everything: Making Sense of Fedral Budgeting, *Public Administration Review*, September/October, pp. 623-630.

Wildavsky, A. (1992a). The New Politics of the Budgetary Process, Second Edition, Harper Collins Publishers Inc.

Wildavsky, A. (1992b). Political Implications of Budgetary Reform, *In* Albert C. Hyde (ed.), *Government Budgeting: Theory · Process · Politics*, Second Edition, Brooks/Cole, pp. 39-45.

CHAPTER

04

정책분석: 예산편성과 예산심의

CHAPTER 04

정책분석: 예산편성과 예산심의

4.1 예산편성의 이해

1. 예산편성의 개념

행정부가 회계연도 내에 수행하고자 하는 사업과 업무를 기획하여 필요한 재원의 조달과 사용에 대해 구체적인 내용을 결정하는 행위이고 국민의 의사를 반영하는 의회의 심의를 위해 의회에 상정하기 이전까지의 단계를 말하며 의사결정(예: 예산총액의 결정, 한정된 자원의 최적배분, 우선순위의 결정)으로서의 예산의 중요성이 가장 두드러지는 단계이다. 행정부편성예산은 효율성의 측면에서 주장되었는데 집행의 책임자가 편성을 할 수 있도록 하는 취지이다.

예산편성에서 중앙예산기관보다 예산신청기관이 예산과정에서 결정적인 역할을 한다. 몇 가지 핵심항목을 제외하고는 대부분의 지출항목은 예산신청부서에 의해 결정된다(Schick, 1987). 더구나 점증주의적 예산편성시에는 이러한 현상이 강화될 것이다. 미국의 경우 각 부처가 관리예산실(OMB)의 결정에 대해 이의가 있으면 먼저 관리예산실에 호소하는데 합의에 실패하면 대통령에게 호소할 수 있다(Schick, 1995).

Clinton 대통령은 각 부처가 예산을 신청하기 이전에 편성절차와 지침을 관리예산실(OMB)을 통해 하달했는데 Bush 대통령은 각 부처가 예산신청안을 관리예산실로 제출하기 전까지 관여하지 않았다. 예산이 증가할 수 있을 경우에는 각 부처가 예산을 신청한 후에 대통령이 개입하여도 늦지 않지만 예산을 삭감하면서 자신의 주요 정책을 예산에 반영하고 싶은 대통령은 각 부처가 예산을 신청하기 전에 예산과정에 개입해야 할 것이다. Bush 대통령은 하의상달식 예산편성의 가장 전형적인 사례이고 Clinton 대통령은 상의하달식 예산편성의 가장 전형적 사례이다. 미국행정개혁을 담당하고 있는 NPR(National Performance Review)은 대통령이 행정부예산편성과정의 초반부에 적극적으로 개입하고 후반부에는 최소한 개입할 것을 제안하였고 Clinton 대통령은 1995회계연도 예산편성에 NPR의 제안을 따랐다(Schick, 1995).

미국에서 연방정부의 각 부처는 중앙예산기관보다는 의회가 예산에 더 많은 영향을 미치기 때문에 의회가 선호하는 사업과 중앙예산기관이 선호하는 사업 중 택일을 해야 한다면 의회가 선호하는 사업을 선택한다고 한다. 중앙예산기관도 예산사정시 의회가 해당 부처에 대해 어떤 관점을 가지고 있는가를 많이 고려하기 때문에 부처와 의회와의 관계는 매우 중요하다(Wildavsky, 1992).

2. 예산편성단계

예산은 국회에서 의결하기 전까지는 확정되지 않으며 예산안이라고 하기 때문에 예산편성이란 결국 예산안편성이다. 한국의 예산편성과정은 현재 하향식 예산편성제도(총액배분 자율편성 예산제도, Top-down)로 바뀌었으며, 과거 상향식 예산편성제도(Bottom-up)와는 많은 차이를 두고 있다. 상향식 예산편성제도(Bottom-up)는 예산편성 과정에서 예산당국과 집행부처 간에 비합리적 관행이 상존하였고, 이런 상황에서 국가우선순위를 전략적으로 추진해 나가기 어려워졌다(Kamlet, Mowery, and Su, 1998; 권오성 외, 2008: 24 재인용). 하향식 예산편성제도(총액배분 자율편성 예산제도, Top-down)는 국가적 정책우선순위에 입각하여 분야별·부처별 지출한도 등을 미리 설정하고 부처별로 자율 편성하는 방식으로, 편성시 각 부처와 재정당국간의 역할분담이 중요하다(정무경, 2011).

표 4-1 | 상향식 예산편성제도(Bottom-up)와 하향식 예산편성제도(총액배분 자율편성 예산제도, Top-down)의 비교

<table>
<tr><th></th><th>상향식 예산편성제도(Bottom-up)</th><th>하향식 예산편성제도
(총액배분 자율편성 예산제도, Top-down)</th></tr>
<tr><td>재원배분 순서</td><td>지출총액
↑
분야별 · 부처별 예산규모
↑
사업별 예산규모</td><td>지출총액
↓
분야별 · 부처별 예산규모
↓
사업별 예산규모</td></tr>
<tr><td rowspan="2">편성기간 및 특징</td><td>4개월(6~9월)</td><td>9개월(1~9월)</td></tr>
<tr><td>- 비교적 단기에 예산편성이 추진
- 충분한 논의가 이루어지기 어렵고,
- 다양한 의견의 반영과 충실한 예산검토를 위한 시간이 부족</td><td>- 재정당국의 사전준비 및 지출총액과 지출한도에 대한 충분한 논의 · 협의 실시
- 편성기준 및 지출한도 범위 내의 편성으로 반복/조정 횟수가 줄어들어 예산편성 소요시간 적음(1개월 단축)
- 부처의 예산요구서 작성 기간은 확대</td></tr>
<tr><td>주요 특징</td><td>- 개별사업 위주 분석
- 단년도 재정운용
- 예산편성을 통하여 재정지출을 통제
- 재정당국 중심의 예산편성</td><td>- 거시적이고 전략적인 재원분석
- 중기적 재정운용
- 예산편성과정에서 각 부처 사업 우선순위 존중(자율성) 및 책임성 강화
- 사후 성과관리를 강화
- 각 행정기관과 재정당국이 합동편성</td></tr>
<tr><td rowspan="2">전략과의 연계성</td><td>상대적으로 미약함</td><td>보다 강화된</td></tr>
<tr><td colspan="2">- 예산편성제도(총액배분 자율편성 예산제도, Top-down 제도)로 예산을 편성하는 과정은 철저히 전략적 목표를 하달하는 과정임
- 상향식 예산편성제도(Bottom-up 제도)의 경우, 예산편성의 결과를 가지고 전략과의 연관성을 사후적으로 점검해야 하는 필요가 있음</td></tr>
<tr><td rowspan="2">output의 성격</td><td>보수적 예산</td><td>신출적인 목표</td></tr>
<tr><td colspan="2">일반적으로 상향식 예산편성제도(Bottom-up 제도)의 예산편성은 각 부문의 현실 인식에 기초하여 여유가 있는 보수적 예산으로 편성되고 이는 예측의 부정확성을 낳음</td></tr>
<tr><td rowspan="2">적용의 용이성</td><td>상대적으로 쉬움</td><td>다소난이</td></tr>
<tr><td colspan="2">예산편성제도(총액배분 자율편성 예산제도, Top-down 제도)의 경우, 전략에서 하달된 목표의 구체성의 여부에 따라, 예산편성과정이 명확한 목표를 가지고 편성되느냐 그렇지 못한가의 기본전제가 됨</td></tr>
</table>

자료: 기획예산처(2007). 한국의 재정 어제 오늘 그리고 내일 & 정민근(2006); 권오성 외(2008: 26) 재구성.

한국 중앙정부의 예산안편성단계는 [그림 4-1]과 같다.

(1) 주요변동사항의 보고

각 부처는 매년 1월 31일까지 당해 회계연도부터 5회계연도 이상의 기간 동안의

그림 4-1 | 정부의 예산안편성 절차

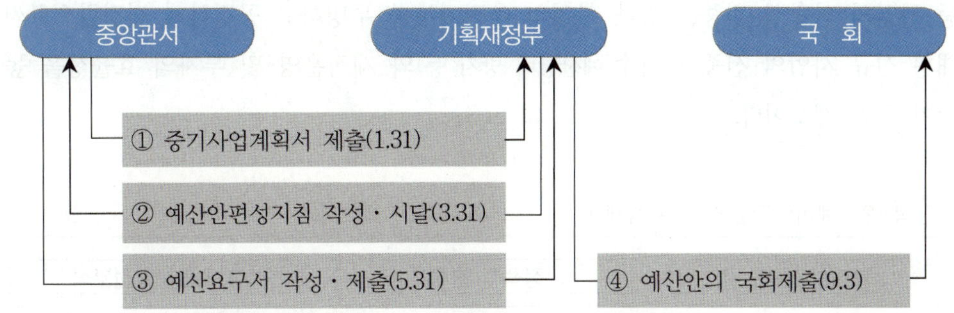

자료: 국회예산정책처(2018), 대한민국 재정, p.80.

신규사업 및 기획재정부장관이 정하는 주요 계속사업에 대한 중기사업계획서를 기획재정부장관에게 제출하여야 한다(국가재정법 제28조). 중기사업계획서 제출은 예산편성지침을 하달하기 전에 각 부처로부터 주요사항에 대한 계획을 보고받는 것으로서, 국가재정운용계획 수립과 예산안 편성 및 기금운용계획안 작성을 위한 지출한도 설정의 기초자료로 활용된다. 각 부처의 중기사업계획서 작성은 성과계획서와 재정사업 자율평가 보고서 작성과 직간접적으로 연계되어 있다. 그 이유는 성과계획서에는 각 부처의 임무-비전-전략목표-성과목표 등이 포함되어 있고 재정사업 자율평가에는 각 부처가 수행하는 재정사업을 '사업계획과 성과계획-사업관리-성과 및 환류'측면에서 평가하기 때문이다. 따라서 중기사업계획서 준비과정에서 이러한 정보들은 매우 중요한 역할을 하게 된다.

(2) 예산편성 지침의 하달

기획재정부장관은 국무회의의 심의를 거쳐 대통령의 승인을 얻은 다음 국가재정운용계획과 예산편성을 연계하기 위하여 중앙부처별 지출한도를 포함한 연도의 예산안편성지침을 매년 3월 31일까지 각 중앙관서의 장에게 통보하고(국가재정법 제29조). 각 부처에 통보한 예산편성지침을 국회 예산결산특별위원회에 보고한다(국가재정법 제30조).

(3) 예비타당성조사

예비타당성조사(preliminary feasibility study)는 1998년 2월 IMF 경제위기 극복이라는 현안과제를 안고 출범한 '국민의 정부'가 추진한 공공부문 개혁의 일환으로 검토되어 1999년에 도입되었다. 예비타당성조사는 대규모 개발사업에 대한 개괄적인 조사를 통하여 경제성 분석, 정책적 분석, 투자우선순위, 적정투자시기, 재원조달방법 등 사업의 타당성 검증을 통해 사업의 추진여부를 투명하고 공정하게 결정함으로써 대형 신규 사업의 신중한 착수(예산낭비 방지 등)와 재정운영 및 투자의 효율성을 높이기 위한 제도이다.

그림 4-2 | 예비타당성조사 분석체계

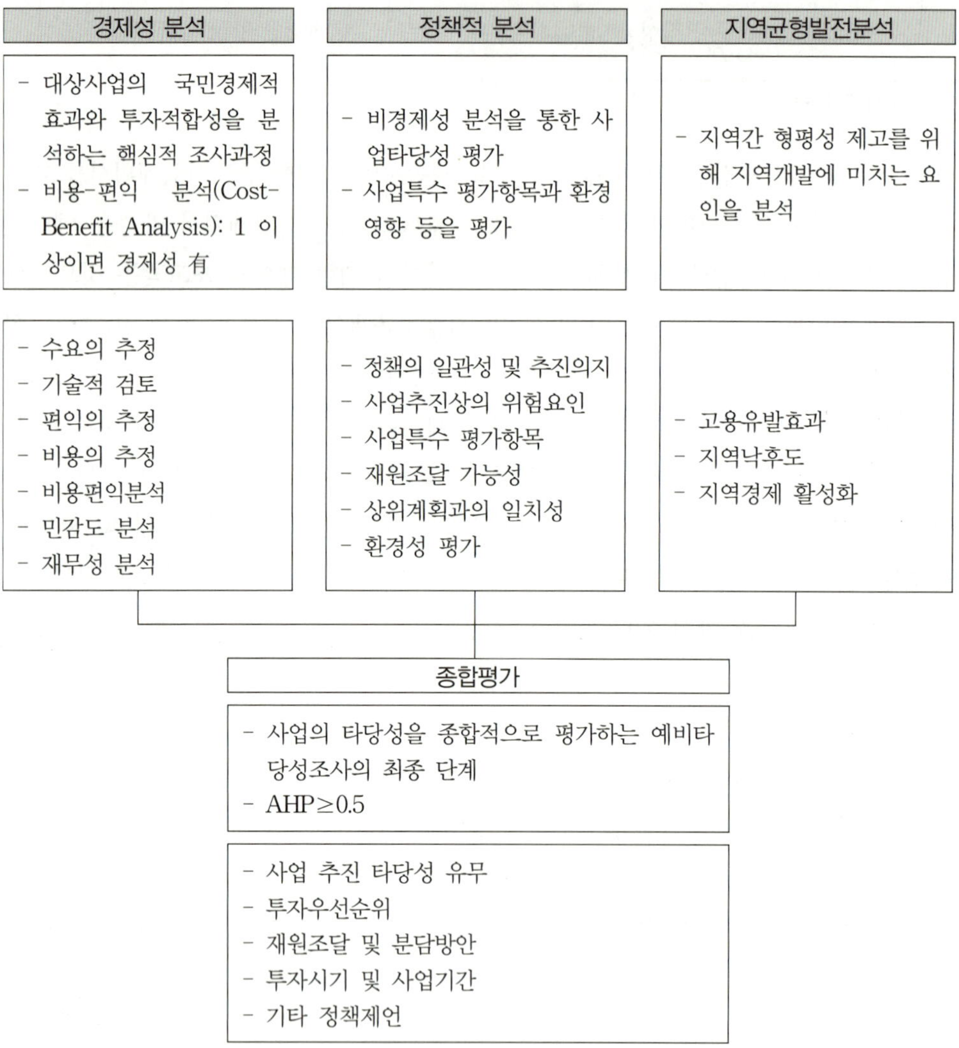

자료: 국회예산정책처(2018: 111).

예비타당성조사를 실시하는 대규모 사업은 총사업비 500억원 이상이고, 국가의 재정지원규모가 300억원 이상인 신규사업으로서, ① 건설공사가 포함된 사업, ② 국가정보화 기본법에 따른 정보화 사업, ③ 과학기술기본법에 따른 국가연구개발사업, ④ 그 밖에 사회복지, 보건, 교육, 노동, 문화 및 관광, 환경 보호, 농림해양수산, 산업·중소기업 분야의 사업[1] 등이 포함된다. 예비타당성조사의 절차는 다음과 같다.

그림 4-3 | 예비타당성조사 절차

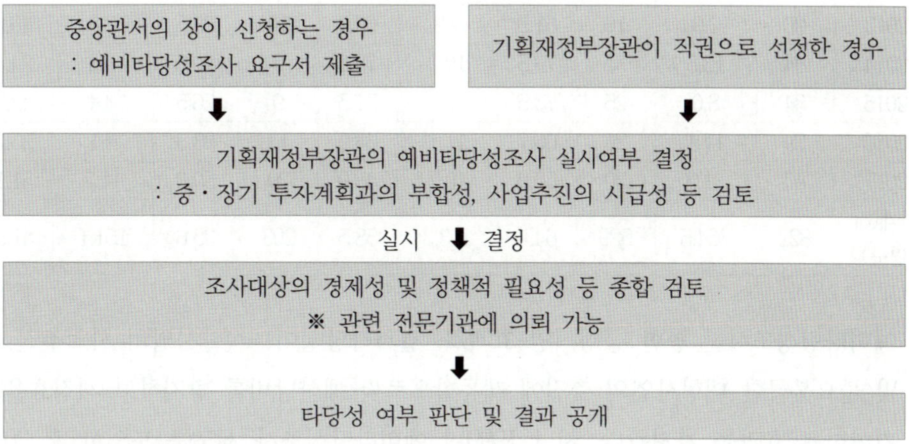

자료: 국회예산정책처(2011: 26).

예비타당성조사는 사업의 경제적 타당성을 주된 조사대상으로 종합적 검토 및 결과를 공개하고 있고, 조사의 주관부처는 기획재정부이고, 실시기관은 한국개발연구원(KDI) 공공투자관리센터이다. 한국개발연구원(KDI) 내의 공공투자관리센터에 의뢰하여 실시하고 있는 이유는 예비타당성조사의 전문성과 객관성을 확보하기 위함이다.

표 4-2 | 예비타당성조사 수행 현황(1999~2017, 단위: 건, 조원, %)

연도	조사대상		타당성 있음				중장기적으로 검토 필요			
	건수	사업비	건수	비율	사업비	비율	건수	비율	사업비	비율
1999	19	27.2	12	63.2	7.4	27.2	7	36.8	19.8	72.8
2000	30	14.0	15	50.0	6.1	43.6	15	50.0	7.9	56.4
2001	41	19.8	14	34.1	6.5	32.8	27	65.9	13.4	67.7
2002	31	20.1	14	45.2	10.0	49.8	17	54.8	10.0	49.8
2003	32	17.6	19	59.4	13.6	77.3	13	40.6	4.0	22.7
2004	55	18.7	41	74.5	13.3	71.1	14	25.5	5.3	28.3
2005	30	12.4	19	63.3	8.4	67.7	11	36.7	4.0	32.3
2006	52	21.5	28	53.8	9.3	43.3	24	46.2	12.2	56.7

1) 국가재정법 제28조에 따라 중기사업계획서에 의한 재정지출이 500억원 이상 수반되는 신규사업만으로 한정한다.

2007	45	16.7	26	57.8	10.5	62.9	19	42.2	6.2	37.1
2008	43	11.0	28	65.1	5.2	47.3	15	34.9	5.8	52.7
2009	72	35.3	48	66.7	24.9	70.5	24	33.3	10.4	29.5
2010	77	35.2	59	76.6	23.0	65.3	18	23.4	12.2	34.7
2011	61	23.0	45	73.8	16.3	70.9	16	26.2	6.6	28.7
2012	51	24.5	39	76.5	18.0	73.5	12	23.5	6.5	26.5
2013	26	7.0	16	61.5	4.2	60.0	10	38.5	2.8	40.0
2014	44	13.5	35	79.5	10.2	75.6	9	20.5	3.3	24.4
2015	34	8.0	25	73.5	4.6	57.5	9	26.5	3.4	42.5
2016	39	17.1	26	66.7	11.1	64.9	13	33.3	6.1	35.7
2017	40	21.9	20	50.0	10.7	48.9	20	50.0	11.2	51.1
합계(or 평균)	822	364.5	529	64.4	213.3	58.5	293	35.6	151.1	41.5

예비타당성조사를 통한 긍정적인 효과로, 결과타당성이 낮은 사업의 사업추진 보류 및 불요불급한 대형사업의 추진에 제동함으로써 예산낭비를 방지하고 재정효율화에 기여하는 효과를 가져왔다. 지난 1999년 예비타당성조사 제도를 도입한 후 2017년까지 총 822개 사업(사업비 364.4조원)에 대해 예비타당성조사를 실시하여 213.3조원 529건의 사업은 타당성이 있고, 151.1조원에 해당하는 293개 사업은 중·장기적 검토의 필요성 있는 것으로 평가되었다.

우리나라는 예비타당성조사 실시와 함께 면제 대상을 국가재정법 제38조에 규정하고 있는데, 이는 2014년 이전까지 국가재정법 시행령에서 규정함으로써 일어났거나 향후 발생할 수 있는 행정부의 자의적인 집행을 방지하고 투명성과 실효성의 제고 등 제도의 개선·보완을 위한 것으로, 예비타당성조사 실시대상 및 면제 대상을 직접 법률에 규정하여 그 근거를 명확히 하였다.

사례 4대강 사업 관련

4대강 예비타당성조사 면제

이명박 정부의 4대강 사업과 관련하여 89%가 예비타당성조사에서 면제가 되고 약 11%정도만이 예비타당성조사가 되었다는 논란이 있었다. 이는 국가재정법 시행령의 사업면제 대상에 해당하는 사항들이 2009년 3월 25일에 개정이 되었고, 기획재정부가 4대강 관련 주요사업들이 면제가 된 이유의 근거이기도 하다. 다음은 기획재정부의 4대강 관련 예비타당성조사 해명자료를 정리한 것이다.

국가재정법 시행령 제13조에 근거하여 4대강 사업의 경우, 준설 · 제방보강 등 '재해예방'사업에 한해 예비타당성조사를 미실시하였다. '재해예방'은 국민의 생명과 재산을 보호하기 위한 국가의 최우선적 사업으로서 사업시행여부를 가리기 위한 예비타당성조사가 부적절하여 예비타당성조사 제외사업으로 규정하고 있기 때문이고, 헌법도 재해예방을 위한 노력을 국가의무로 규정하고 있다(헌법 제34조 제6항).2) 또한 '재해예방'을 제외하고, 그 밖의 500억원이 넘는 생태하천, 자전거도로, 댐 사업 등은 예외없이 예비타당성조사 실시하고 있는데, 이것은 예비타당성조사는 사업의 지리적 위치, 사업효과 등을 기준으로 구별된 개별사업별로 시행하는 것이 원칙으로 하고 있기 때문이다.

4대강 사업 관련 사법의 판결

4대강 사업과 관련하여 사법부의 판결은 지난 2012년 2월 10일 첫 판결을 내렸고, 2015년 12월 10일에 대법원 판결이 나왔다.

1) 4대강 관련 법원의 첫 판결은 "낙동강 살리기 사업이 '총사업비 500억원 이상의 예산이 투입되는 국책사업의 경우 경제성에 대한 예비타당성 조사를 거쳐야 한다'는 국가재정법 제38조와 시행령을 위반해 위법하다"고 판결하였으나 하천공사 시행계획취소는 사업이 상당히 진행되어 취소할 경우 엄청난 혼란이 가중될 우려가 있어서 기각하였다(부산지방법원 2010. 12. 10 선고 2009구합5672 판결 【하천공사시행계획취소】 [각공2011상, 135]).

2) 대법원은 예비타당성조사는 행정계획인 예산편성을 위한 절차일 뿐 4대강 살리기 사업 중 한강 부분에 관한 각 하천공사시행계획 및 실시계획승인처분에 앞서 거쳐야 하거나 근거 법규 자체에서 규정한 절차가 아니기 때문에 원칙적으로 예비타당성조사의 미실시는 예산편성에 절차상의 하자일뿐 취소사유에는 해당하지 않는다고 판결하여 하천공사시행계획취소 청구등에 대하여 기각하였다(대법원 2015.12.10. 선고 2011두 32515 판결 【하천공사시행계획취소청구등】 [공2016상, 123]).

이 밖에도 기획재정부는 '예비타당성조사 운용지침'을 두고 있는데, 운용지침 제23조에 사업계획의 적정성 검토(간이예비타당성 제도)를 두어 기획재정부 장관이 필요한 경우 예비타당성조사 면제사업에 대하여 예비타당성 조사 방식에 준하여 적정 사업규모, 총사업비, 효율적 대안 등을 검토하고 그 결과를 예산편성 및 기금운용계획 수립에 반영할 수 있도록 하고 있고, 예비타당성조사 면제요건 및 절차, 결과 공개규정, 민간투자와의 연계강화, 예비타당성조사 신청 횟수, 사회적 할인율, 평가항목의 가중치 조정 등의 법령개정 혹은 사회여건변화 반영에 따른 지침 개정 등을 통한 제도 보완을 하고 있다.

이상에서 보는 바와 같이 예비타당성조사는 정부의 대규모 개발사업에 대한 개략

---

2) 헌법 제34조 제6항: 국가는 재해를 예방하고 그 위험으로부터 국민을 보호하기 위하여 노력하여야 한다.

적인 조사를 통한 국가재정의 낭비를 줄이고, 신중한 검토를 통한 재정투자의 효율성을 높이기 위한 것이다. 따라서 예산편성과정에서 예비타당성조사결과에 탈락되면, 예산편성이 어렵게 된다. 하지만 국회예산정책처의 자료(2011)에 따르면, 국회의 심의과정에서 국가의 신규재정사업 중 정부가 지출한 예산안을 기준으로 증액되거나 감액되는 사업이 있기도 하지만, 새롭게 신규로 예산이 반영되는 사업도 존재하기도 한다.

(4) 예산신청

각 중앙관서의 장은 4월 말에 예산안 작성지침이 시달되면 5~6월 동안 지방자치단체 등 재정을 지원받는 기관 및 이해 관계자로부터 수요 조사를 받아 예산안 편성을 준비하고, 이러한 과정을 거쳐 각 중앙행정기관은 예산요구서라는 예산양식을 작성하여 6월말까지 기획재정부에 제출한다. 예산집행의 성과를 어떻게 측정할 것인가에 대한 예산신청기관의 의견도 포함하여야 한다. 특히 2009년부터는 개정된 국가재정법에 따라 각 부처는 예산요구서 및 기금운용계획안을 기획재정부 장관에게 제출할 때에 성과계획서 제출을 의무화하고 있기 때문에 예산안 요구서와 성과계획서 등 성과정보 생산 및 활용과정이 동시에 이루어진다(정무경, 2011).

각 중앙관서의 장은 예산안편성지침에 따라 예산요구서를 매년 5월31일까지 기획재정부 장관에게 제출하는데, 예산요구서는 그 소관에 속하는 다음 연도의 세입세출예산・계속비・명시이월비 및 국고채무부담행위 요구서를 말한다(국가재정법 제31조). 제출된 예산요구서에는 예산의 편성 및 예산관리기법의 적용에 필요한 서류를 첨부하도록 하고 있는데, 관련 첨부서류는 국가재정법시행령 제10조 제5항[3]에서 규정하고 있다.

세입세출예산의 사항별 설명서는 세입의 추정금액 및 그 산출기초를, 세출의 단위사업별 개요와 그 예산소요의 산출기초 및 예상되는 성과를 명백히 표시하고(국가재정법시행령 제10조 제6항), 세입세출예산의 각목 명세서는 전전년도 결산액을 병기하

---

3) 국가재정법시행령 제10조 제5항은 예산요구서에 첨부할 서류를 규정하고 있는데, ① 세입세출예산 사업별설명서 및 각목명세서, ② 국고채무부담행위설명서, ③ 계속비설명서, ④ 세입의 근거가 되는 법령의 내용에 관한 서류, ⑤ 사업계획서, ⑥ 직종별 정원표 및 전년도 정원과의 대비표, ⑦ 국유재산의 관리운용보고서 및 전년도와의 대비표, ⑧ 법 제28조에 따라 기획재정부장관이 정하는 주요 계속사업에 해당하는 사업에 있어서는 사업계획 및 세부내역, 사업규모의 산출내역을 명백히 함에 필요한 서류. 다만, 법 제31조 제2항에 따른 예산관리기법의 적용대상사업에 있어서는 사업계획 및 공정관리의 분석에 필요한 서류, ⑨ 소관분야 기본정책의 변경과 예산요구와의 관계에 관한 총괄설명서, ⑩ 성인지 예산서, ⑪ 그 밖에 예산요구의 내용을 명백히 함에 필요한 서류 등이 해당된다.

고 예산요구액과 전년도 예산액을 비교하여 그 증감액 및 증감률을 표시하여야 한다(국가재정법시행령 제10조 제7항).

별도로 기획재정부 장관은 제출된 예산요구서가 예산안편성지침에 부합하지 아니하는 때에 예산요구서를 수정 또는 보완하도록 요구할 수 있다(국가재정법 제31조 제3항). 이처럼 예산요구서는 전년도 예산액에 비하여 얼마가 증가한 예산을 요구하고 있는가를 보고하도록 요구하고 있는데, 이러한 예산신청방법은 점증주의적 예산편성을 부추기는 또 하나의 요인이 될 수도 있을 것이다.

(5) 예산사정

중앙예산기관은 예산신청을 검토하고 분석하여 예산을 결정한다. 즉 각 부처는 예산 편성 지침과 부처별 지출한도에 따라 예산요구서를 작성・제출하고, 기획재정부는 재정규율, 공통기준 등 편성 지침과 지출한도 준수 여부, 분야별 재원배분 방향, 성과정보 등을 기준으로 각 부처가 작성한 예산요구서를 협의・보완하여 정부 예산안을 마련한다.[4] 예산신청기관은 예산사정기관에 비해 소관 사업에 대해 더 많은 정보와 지식을 가지고 있기 때문에 예산신청기관은 신청사업의 필요성과 효율성을 자신이 직접 입증하여야 한다. 예산신청기관은 수입은 고려하지 않고 지출에 대한 고려에 기초하여 예산을 신청하지만 중앙예산기관은 모든 기관의 총수입과 총지출을 동시에 고려하여야 한다. 정부는 재정운용의 효율성과 건전성을 고려하여 국가재정운영계획을 수립하고 있다. 국가재정운용계획은 국가정책방향과 재원배분 계획을 제시하는데 5년 단위계획으로 단년도 예산편성의 기본 틀이 되며, 경제・사회적 여건 변화와 연동・보완된다(국회예산정책처, 2018: 94). 국가재정운용계획은 포함되어야 하는 사항은 사항은재정운용의 기본방향과 목표, 중・장기 재정전망 및 그 근거, 분야별 재원배분계획 및 투자방향, 재정규모증가율 및 그 근거, 조세부담률 및 국민부담률 전망, 통합재정수지에 대한 전망과 근거 및 관리계획 등이며, 첨부해야 하는 서류는전년 계획 대비 변동사항 등에 대한 평가・분석보고서, 중장기 기금재정관리계획, 국가채무관리계획, 중장기 조세정책운용계획이다(국가재정법 제7조).

---

4) 예산의 협의・보완은 여러 절차를 거치는데, 기획재정부 예산실의 각 소관 담당자가 개별 사업을 검토하는 것에서 시작하며 재정사업 자율평가와 성과계획서에서 제시된 성과정보를 활용하여 예산요구서를 검토하고, 평가과정에서 제기된 사업별 제도개선 권고 사항이 있을 경우 각 부처에 통보하여 평가결과가 환류되어 필요한 조치가 취해지도록 하고 있다(정무경, 2011).

이처럼 국가재정운용계획을 수립하여 예산안과 함께 국회에 제출토록 하는 것은 중기적 시계에서 재정을 운용함으로써 단년도 예산운용의 단점을 보완하고, 국가재원배분의 효율성을 제고하기 위함이다(국회예산정책처, 2009: 69).

기획재정부 장관은 국가재정운용계획과 예산편성을 연계하기 위하여 예산안 편성지침에 중앙관서별 지출한도를 포함하여 통보하고, 이러한 예산안편성지침을 국회예산결산특별위원회에 보고하도록 하고 있다(국가재정법 제29조 & 제30조). 하지만, 중앙관서별 지출한도는 국회에 보고되고 있지 않다(국회예산정책처, 2009: 69). 이와 관련하여 최근 사전적으로 부처별 지출한도를 심의할 수 있는 방안으로 사전예산제도의 도입 필요성이 논의되고 있다.

(6) 예산사정의 종료

중앙예산기관에서 예산을 결정하고 국무회의와 대통령의 승인을 거쳐 행정부의 예산을 확정한다. 기획재정부 장관은 예산요구서에 따라 예산안을 편성하여 국무회의의 심의를 거친 후 대통령의 승인을 얻어야 하는데, 독립기관[5]의 예산안을 편성함에 있어서 제약이 있다(국가재정법 제32조). 독립기관의 예산을 편성함에 있어서 당해 기관장의 의견을 최대한 존중하고, 예산의 조정이 필요한 경우에는 미리 기관장과 협의하도록 하고 있다. 독립기관의 세출예산요구액을 감액하고자 경우 국무회의에서 당해 독립기관의 장의 의견을 구하고, 정부가 독립기관의 세출예산요구액을 감액한 경우에 그 규모 및 이유, 감액에 대한 독립기관의 장의 의견을 국회에 제출하여야 한다(국가재정법 제40조). 특히 정부가 감사원의 세출예산요구액을 감액하고자 할 경우에, 국무회의에서 감사원장의 의견을 구하도록 하고 있다(국가재정법 제41조). 이들 독립기관은 행정부가 아닌 입법부와 사법부이거나 행정부 소속이더라도 사실상 독립적인 성격을 지닌 기관이기 때문에 세출예산을 삭감할 때도 해당 기관장의 의견을 구하고 감액한 이유를 밝히도록 요구하는 것이다.

(7) 예산안의 의회에의 상정

국무회의의 심의를 거쳐 대통령의 승인을 얻은 예산안은 회계연도 개시 120일 전

---

5) 국가재정법 제6조에서는 독립기관 및 중앙관서를 규정하고 있다. ① 이 법에서 "독립기관"이라 함은 국회·대법원·헌법재판소 및 중앙선거관리위원회를 말하고, "중앙관서"라 함은 「헌법」 또는 「정부조직법」 그 밖의 법률에 따라 설치된 중앙행정기관을 말하고, ③ 국회의 사무총장, 법원행정처장, 헌법재판소의 사무처장 및 중앙선거관리위원회의 사무총장은 이 법의 적용에 있어 중앙관서의 장으로 본다.

까지 국회에 제출하여야 하고, 정부는 성과계획서를 비롯한 국가재정법 제34조(예산안의 첨부서류)에 규정한 서류를 첨부하여 예산안 국회제출시 함께 제출한다. 예산안에는 대통령의 예산메시지가 포함되는 것이 일반적인데 미국의 경우 대통령이 의회에 제출하는 예산안에 포함된 대통령의 예산메시지는 의회와의 협상에서 우위를 점하기 위한 방향으로 작성된다(Wildavsky, 1992). 우리나라는 대통령의 국회 시정연설 등을 통하여 정부의 예산안에 담겨있는 메시지를 전달하기도 한다.[6)]

3. 예산편성시 고려사항(예산편성기준)

예산편성시 고려사항은 결국 중앙예산기관이 예산신청을 사정할 때도 기준의 역할을 할 것이다. 예산편성지침, 조직이 처한 환경, 예산이 조직과 사회에 미치는 영향, 다른 부서와 국가에 미치는 부정적・긍정적 영향을 고려하면서 관련정보를 충분히 감안하여 다음의 원칙에 의해 예산을 편성한다. 공공의사결정에서는 비용, 편익, 도덕적이고 정치적인 가치가 의사결정의 주요한 기준이 된다(Reed & Swain, 1997).

① 대응성: 국민이 원하는 것

② 민주성: 예산집행기관의 참여, 이해관계자의 의견수렴, 정보의 공개

③ 합리성: 정치적 합리성(국민이 원하는 것과 이해관계자의 의견수렴과정을 통해 해결되어야 함), 경제적 합리성(목표를 달성하는 최적대안을 비용과 편익의 관점에서 선정하는 비용편익분석이 대표적 사례)

④ 합법성: 관련법규의 준수, 헌법의 준수, 기타

⑤ 형평성: 국민이 원하는 것과 이해관계자의 의견수렴과정을 통해 해결되어야 함. 세대간의 형평, 소득, 지역, 성별에 따른 형평

⑥ 효과성: 예산이 조직과 정책의 목표를 달성하는가?

⑦ 효율성: 선택된 대안이 효율적인가?

4. 예산사정기준

위에 설명한 사항 이외에도 다음 기준에 근거하여 예산신청서를 분석하고 검토하는 예산사정을 실시한다.

---

6) 2018년 11월 1일에 문재인 대통령은 2019년 새해 예산안 대통령 국회 시정연설을 통하여 정부의 예산안의 방향 및 메시지를 전달하였다.

① 객관성과 공정성을 가지고 사정해야 한다.
② 정보의 비대칭감소, 예산정보의 공개를 위해 노력해야 한다.
③ 체계적 분석(예: 원가분석, 생산성분석, 비용편익분석, 비용효과분석, 세입세출예측분석)이 필요하다.
④ 정직과 겸손이 필요하다.
⑤ 집중검토항목을 선정하여야 한다.
⑥ 부정적 영향의 고려해야 한다.
⑦ 제약조건 내에서의 합리적 결정을 추구한다.
⑧ 조직의 목표를 염두에 둔 사정(예: 목표를 달성하는 대안의 선정 그리고 대안과 원하는 결과의 연계)이 필요하다.
⑨ 중요예산항목의 별도설정이 필요하다.
⑩ 설정된 절차와 규정에 따른 단계적 사정을 해야 한다.
⑪ 사업의 내용을 이해해야 한다.

5. 예산편성과 커뮤니케이션

상하커뮤니케이션이 예산편성과정에서의 커뮤니케이션의 특징이다. 예를 들어 중앙예산기관에서 예산편성지침을 하달하고, 예산신청부서에서 예산요구서를 제출한다. 각 부처 내에서도 상하커뮤니케이션이 이루어진다. 예산신청기관은 중앙예산기관에게 얼마의 정보를 제공하려고 할까? 요구되는 정보만을 제공할 것인가 그렇지 않으면 요청받지 않는 정보까지 제공할까? Wildavsky는 점점 요구받지 않는 정보까지 제공하는 경향이 있는데 세 가지 장점이 있다고 한다. 첫째, 중앙예산기관의 사정담당자가 중앙예산기관의 내부회합 때 담당예산신청기관을 보다 잘 변호할 수 있다. 둘째, 정보를 충분히 제공받은 사정담당자는 예산신청기관의 옹호자로 변화될 수 있다. 셋째, 사정담당자가 충분한 정보를 가지고 있으면 어떤 문제를 해결하는 데 행정적인 도움을 확보할 수 있게 해준다. 무엇보다 사실을 감추려고 하는 것은 오래 지속되지 못하기 때문에 정보를 충분히 제공하는 것이 선택적으로 제공하는 것보다 장점이 더 많다는 것이다(Wildavsky, 1992).

미국의 OMB를 비롯한 많은 각국의 중앙예산기관은 예산편성지침을 작성하기 전에 예산집행기관과 주요사항에 대해 협의한다. 이 과정에서 선거공약, 대국민약속, 지출상한선이나 부채상한선을 설정하고 있는 규정, 향후 경제전망, 의회의 예산심의 방향과 기준 등의 제약조건을 충분히 감안하여야 한다(Axelrod, 1995).

예산신청기관은 중앙예산기관에게 예산신청서를 제출하기 이전에 부처 내의 모든 부서 책임자와, 예산담당부서의 최고책임자, 참모부서의 최고책임자, 기타 조직 내의 핵심관리자, 경우에 따라서는 외부전문가가 참석하는 공청회(hearing)를 갖는 것이 바람직하다. 예산심의시만이 아니라 예산편성시에도 공청회를 가져야 한다(Sokolow & Hondale, 1987). 중앙예산기관의 장은 예산사정단계에서 예산신청부서의 최고책임자, 핵심관리자들과 함께 공청회를 갖는 것이 일반적이지만 이러한 공식적인 공청회보다는 비공식적인 접촉을 통해 의견교환이 주로 이루어진다. 미국의 경우 이러한 공식적인 공청회에 의회의원이 참석하게 되면 형식적인 공청회에서 벗어나 실질적인 토의가 이루어질 수 있으며 상황에 따라서는 전혀 예측하지 못한 방향으로 논의가 전개될 수도 있다(Axelrod, 1995).

Stene은 예산신청부서와 중앙예산기관 사이의 커뮤니케이션이 어렵다는 것을 보여주는 좋은 사례연구를 하였는데 서로 원하는 정보를 제공하는 것이 매우 어렵거나 오해가 있거나 아니면 의도적으로 정보제공을 기피하는 경향이 있다고 한다. 예를 들어 예산신청부서에서는 새로 인원을 추가하면 연장근무비용이 줄어드는 장점이 있다고 보고하는데 중앙예산기관에서는 이것은 너무나 당연하며 별로 중요한 정보가 아니라고 생각하고 새로 인원을 채용하는 데 어떤 이득이 있는가를 집요하게 알고자 한다(Stene, 1987).

우리나라는 국가재정운용계획을 수립하는데 있어서 1~4월간에 거시경제전망과 중장기 소요 등을 기초로 지역별, 분야별 공개토론회를 시행하고 있다. 국가재정운용계획의 수립을 위해서 관련부처 전문가, 학계, 언론 및 국민 등이 참여한 토론회를 거쳐 그 내용을 반영한 국가재정운용계획의 분야별 사업비 규모를 결정한다. 또한 각 중앙관서와 지방자치단체 공무원 및 민간전문가로 구성된 재정정책자문회의를 운영을 통하여 재정운영에 관한 다양한 의견을 수렴하고 있다(국가재정법 제10조).

이때 설정된 연차별 재정규모 내에서 국가적 우선순위, 주요사업 투자계획 등을 감안하여 전략적으로 배분하며 이를 지출한도로 활용하게 되고, 기획재정부가 마련한 국가재정운용계획을 확정하고 이에 따라 전 국무위원 등이 참석하는 비공개 재원배분회의를 통해 각 행정기관별 지출총액 한도 등을 논의한다(정무경, 2011). 이런 과정을 거쳐 결정된 지출한도를 3월 말까지 각 행정기관에 통보하고, 4~5월간에 각 행정기관들은 이를 감안하여 이해관계의 의견, 정책의 우선순위 등을 고려한 예산요구서를 자율적으로 편성하여 작성·제출하고, 6~8월 사이에 기획재정부의 예산편성에 있어 협의·점검·보완하여 정부(안)을 확정한다. 확정된 정부예산안은 9월에 국회에 제출한다.

표 4-3 | 거시적 · 미시적 예산편성과정 절차

절 차	거시적 예산편성절차	미시적 예산편성절차
예산안 편성과정	- 국가재정운용계획 수립지침 통보 (전년도 12월말, 기재부 → 행정기관) - 중기사업계획서 제출 (1월 말, 각 행정기관 → 기재부) - 국가재정운용계획 시안 작성(2~3월) - 예산안편성지침 및 지출한도 통보 (3월 말, 기재부 → 행정기관) - 국무위원 재정전략회의(4월~5월)	- 각 부처 예산요구서 작성(4~5월) - 각 부처 예산요구서 제출(5월 말) - 정부 예산안 마련(6~8월) - 재정정책자문회의 및 당정협의(8월) - 정부예산안 국회제출(9.3일)

자료: 정무경(2011), 재구성.

6. 예산신청전략

예산의사결정이 경제적인 원칙에 의해 수행된다면 투입된 재원으로 가장 최대의 효과를 거둘 수 있는 항목에 우선적으로 예산이 배분되어야 하지만 정치적 이유, 불확실성, 정보의 부족, 예산편성기관의 능력부족, 기타의 이유 등으로 경제적인 원칙에서 유리되는 것이 일반적이다. 주로 삭감대상이 되는 항목은 최초로 상정된 사업, 변경된 사업, 힘 없는 부서의 사업, 강력한 관련 이익단체가 없는 사업, 인기 없는 사업 등이 되기 쉽다. 투자계획이나 건설계획을 연기하고 공무원의 신규채용계획을 동결하며, 이런 방안들이 여의치 않을 때는 제출된 모든 예산을 일률적으로 일정비율 삭감하기도 한다. 때로는 지방정부에 대한 중앙정부의 재정지원이 일률적으로 삭감되기도 하며, 선거를 의식하고 정책사업의 우선순위가 순수하게 정치적인 이유만으로 변경되기도 하고, 득표율을 감안하여 여러 이익집단들에 관련된 예산들이 무원칙적으로 수정되기도 한다.

이런 상황에서 각 예산신청기관은 최대의 예산을 획득하기 위해 다양한 전략을 구사한다. 예산의 신청시에 예산신청기관에 의해 사용되는 전략은 여러 가지가 있는데 Wildavsky에 의하여 제시된 전략과 기타 전략은 다음과 같다(Wildavsky, 1992; Axelrod, 1995). 원래 이 전략은 행정부가 의회에 대해 사용하는 전략이지만 예산신청기관이 중앙예산기관에 대해 사용할 수 있는 전략이기도 하다.

① 삭감에 대비하여 증액신청

② 사정기관은 일회성 예산지출에 대해서는 다소 관대한 경향이 있으므로 예기치 못한 이번만의 일이라고 주장

③ 대통령이나 지방자치단체장이 약속한 것이라고 주장

④ 심각한 반발이 예상된다고 위협

⑤ 업무담당자인 예산신청기관이 신청항목에 대해서 더 잘 알고 있다고 주장

⑥ 다수에 의해 중요하다고 인정받고 있으며 실제로 많은 사람들에 의해 지지받고 있는 사업을 삭감하여 신청하면서 동시에 자기가 목표로 한 사업을 더 중요한 것처럼 이것만은 삭감하지 말아달라고 요청

⑦ 중요하고 지지받는 사업과 결합하여 신청

⑧ 위기를 이용해서 새로운 사업을 신청

⑨ 미래에 절약이 된다고 주장하면서 신청

⑩ 자체 수입으로 지출을 충당할 수 있으므로 추가예산이 소요되지 않는다고 주장(만약 사후에 적자가 나거나 전혀 수입이 발생하지 않으면 예측오류나 예상하지 못한 사태의 발생 때문이라고 변명한다. 사업의 초기에 상당한 예산이 소요된 경우 예상과는 달리 적자가 발생했다고 해도 사업을 중단할 수는 없고 사업의 유지를 위한 예산은 계속 승인될 수밖에 없다)

⑪ 소액의 예산으로 사업을 시작한 후에 예산을 계속 증액하면서 신청(과거 투자한 액수의 크기를 무시하지 못하는 예산사정기관은 계속 승인하기 쉬우며 특히 몇 년간 지속적으로 투자가 이루어진 경우는 그 예산에 관련된 이익집단이 이미 형성되어 있을 경우가 많아 사업을 중단하거나 삭감하는 것이 매우 어렵다)

⑫ 이미 기각된 예산항목을 새로운 사업으로 위장하여 요청

⑬ 신청액수가 아니면 차라리 예산을 전혀 편성하지 말아 달라고 요청

⑭ 어떤 특정기준(국제적인 표준 혹은 다른 지역의 평균)에 부합하기 위해서 필요하다고 주장

⑮ 예산액수 이상으로 미래세입이 증가한다고 주장

⑯ 기각이나 삭감으로 심각한 사태가 발생하면 모두 예산사정기관의 책임이라고 위협

⑰ 예산을 신속하게 집행하고 추가예산을 신청(예산이 원하는 액수 이하에서 승인되었을 때 예산을 예정보다 빠르게 집행하여 회계년도가 끝나기 전에 추가예산을 신청하여 잔여 회계연도의 업무나 사업을 처리한다. 예산배정과 예산집행의 감독을 통하여 조직을 통제하는 경우는 사용할 수 없는 전략이지만 실제로 예산배정이 예산집행의 속도에 따라 조정되지

못하는 것이 한국의 현실이므로 이 전략은 많이 사용될 우려가 있다)

한국에서는 무엇이 가장 중요한 예산신청전략일까? 한 연구에 의하면 예산신청전략 중 가장 중요한 전략은 인간관계라고 한다. 한국에서 중앙예산기구와 각 부처의 관계의 80%는 퍼스낼리티에 좌우된다고 유훈 교수가 예산관계자의 말을 인용하고 있다(배득종, 1996). 그리고 비우호적인 현재의 중앙예산기관의 사정관을 상대하는 것이 새로운 사정관으로 교체되는 것보다 낫다. 새 사정관과 처음부터 다시 인간관계를 수립하는 데 많은 노력이 들기 때문이다.

현대국가는 정교하고 잘 구축된 예산사정체계를 가지고 있기 때문에 위의 예산전략은 효과가 없다고 Axelrod, LeLoup 같은 학자들은 비판하고 있다. Axelrod가 주장하는 가장 좋은 전략은 다음과 같다(Axelrod, 1995).

① 객관성(objectivity)

② 포괄적인 예산의사결정체계를 갖추어 소요인력의 과학적 측정, 필요시설에 대한 명료한 조달계획, 정책집행수단의 개발, 업무능률성 향상을 위한 조치, 비용과 지출에 대한 추세파악, 외부분석가의 전문적인 자문활용

가장 효과적인 전략은 앞에서 설명한 대응성, 민주성, 합리성 등 예산편성시 고려사항(예산편성기준)을 활용하는 것이다. 무엇보다도 비용편익분석활용, 국민의 요구사항, 소득격차해소 등의 이유가 좋은 전략이 될 것이다.

7. 기금운용계획

기금의 경우 기금운용계획의 수립은 일반회계와 특별회계의 예산편성에 해당된다. 기금관리주체는 회계연도마다 기금운용계획을 수립해야 하는데 기획재정부장관은 제출된 기금운용계획안에 대하여 기금관리주체와 협의・조정하여 기금운용계획안을 마련한 후 국무회의의 심의를 거쳐 대통령의 승인을 얻음으로써 확정된다(국가재정법 제66조 제6항). 기금운용계획이 확정되면, 기금관리주체는 기금의 월별 수입 및 지출계획서를 작성하여 회계연도 개시 전까지 기획재정부장관에게 제출하고(국가재정법 제68조 제2항). 기획재정부장관은 다음 회계연도의 기금운용계획안의 작성지침을 마련하여 자문회의의 자문과 국무회의의 심의를 거쳐 대통령의 승인을 얻은 다음 매년 3월 31일까지 기금관리주체에게 통보하여야 한다(국가재정법 제66조 제2항).

기금운용계획의 내용은 운용총칙, 자금운용계획으로 구성되며, 운용총칙에는 기금

의 사업목표, 자금의 조달과 운용(주식 및 부동산취득한도를 포함) 및 자산취득에 관한 총괄적 사항을 규정한다(국가재정법 제67조 제1항~제2항). 자금운용계획은 수입계획과 지출계획으로 구분하되, 수입계획은 성질별로 구분하고 지출계획은 성질별 또는 사업별로 주요항목, 세부항목으로 구분한다(국가재정법 제67조 제3항).[7]

기금운용계획안 등과 관련하여 제출하는 첨부서류는 ① 기금조성계획, ② 추정재정상태표 및 추정재정운영표, ③ 수입지출계획의 총계표·순계표 및 주요항목별 내역서, ④ 성과계획서, ⑤ 기금과 회계 간 또는 기금 상호 간 여유재원의 전입·전출 명세서 그 밖에 기금운용계획안 등의 내용을 명백히 할 수 있는 서류, ⑥ 성인지 기금운용계획서가 있다. 특히 성인지 기금운용계획서는 성평등 기대효과, 성과목표, 성별 수혜분석 등 기금이 여성과 남성에게 미칠 영향에 관한 내용을 포함하여야 한다(국가재정법 제68조의2).

비록 기금이 예산에 포함되지 않지만 많은 사람들의 생각과는 달리 아예 국회에 보고되지 않는 것은 아니며 국가재정법 제68조에서는 국회와 기금의 관계에 대해 다음과 같이 규정하고 있다. 정부는 자금운용계획(국가재정법 제67조 제3항)의 규정에 따른 주요항목 단위로 마련된 기금운용계획안을 회계연도 개시 120일 전까지 국회에 제출하여야 한다. 그리고 일부항목에 대해서는 국회의 의결까지 요구하고 있다. 즉 중앙관서의 장이 관리하는 기금의 기금운용계획안에 계상된 국채발행 및 차입금의 한도액은 국가재정법 제20조의 규정에 따른 예산총칙에 규정하여 국회에 보고해야 한다. 기금관리주체는 기금운용계획에 대하여 국회의 소관상임위원회에 보고하고, 기금의 운용에 있어 국회의 의견을 반영하도록 노력하여야 한다. 그러므로 기금이 국회의 통제를 전혀 벗어나는 것은 아니며 국회의원이 기금운용계획에 대해 얼마든지 이의를 제기할 수 있고 언론이 이를 보도할 경우 국민의 관심사가 될 수도 있다.

기금은 일반회계나 특별회계에 비해 훨씬 운영이 신축적인데, 기금관리주체는 지출계획의 주요항목 지출금액의 범위 안에서 대통령령이 정하는 바에 따라 세부항목 지출금액을 변경할 수 있고,[8] 기획재정부 장관과 협의·조정하여 마련한 기금운용계

---

7) 자금운용계획 중 수입계획은 정부세입예산과 같이 관·항·목으로 구분하여 작성하고, 기금운용계획에 첨부되는 기금조성계획은 정부세입예산의 목으로 구분하여 작성한다(국가재정법시행령 제28조 제1항). 지출계획은 정부세출예산과 같이 장·관·항·세항·목으로 구분하여 작성하되, 장·관·항을 주요항목으로 하고, 세항·목을 세부항목으로 하여 작성한다(국가재정법시행령 제28조 제2항).

8) 기금관리주체는 ① 예측할 수 없는 소요가 발생한 경우, ② 긴급한 소요가 발생한 경우, ③ 기존사업을 보완하는 경우에는 세부항목의 지출금액을 변경할 수 있도록 규정하고 있다(국가재정법 시행령 제29조 제1항).

획변경안은 국무회의의 심의를 거쳐 대통령 승인을 얻은 후 국회에 제출한다(국가재정법 제70조). 외적으로 기금계획변경안을 국회에 제출하지 않고, 국회에서 확정된 기금운영계획에 반영된 주요 항목 지출금액을 기준으로 변경(국가재정법시행령 제29조 제2항)하기도 한다(국가재정법 제70조 제3항).

이처럼, 주요항목지출금액의 변경에 대하여 국회에 제출하지 않기 때문에 기금운용계획의 변경은 기금관리주체의 자율에 맡겨지고 있다고 볼 수 있다. 하지만, 각 기금관리주체는 세부항목 또는 주요항목의 지출금액을 변경한 때에는 해당 변경 내역을 국회 소관 상임위원회와 예산결산특별위원회에 제출하도록 하고 있고, 정부는 국회에 제출하는 결산보고서에 변경명세서의 내용과 사유를 명시하도록 하고 있기 때문에 국회가 변경사항에 대해 완전히 속수무책인 것은 아니다(국가재정법 제70조 제4~5항). 비록 사후이기는 하지만 기금결산에 보고된 변경사항에 대해 국회의원이 충분히 이의를 제기할 수 있기 때문이다.

4.2 세입 · 세출예측

1. 세입예측의 이해

예산은 미래에 대한 추정이며 예산편성은 세입예측과 세출예측을 중심으로 미래를 예측한다. 세입은 대부분 법규에 의해 징수하는 조세수입이기 때문에 변경하기 어렵다. 세입은 경제상황에 따라 세금액수가 변경되므로 예측이 용이하지 않다. 이에 반하여 세출은 정부의 의지로서 액수가 통제가능하기 때문에 세입예측이 세출예측보다 더 어렵다. 세입예측기관은 세입징수기관과 밀접한 관계를 유지하면서 세입의 흐름을 감시하고 유용한 자료를 개발하여야 한다. 미국의 경우 주나 연방정부에 대한 경제예측은 많은 데 비하여 지방정부에 대한 자료는 충분하지 않고 중앙으로부터의 재정지원으로 인하여 지방정부의 세입예측은 상대적으로 더 어렵다(Klay, 1983). 한국의 경우도 중앙으로부터 재정지원을 받는 지방자치단체의 세입예측은 이러한 측면이 있다.

세입예측은 과소예측과 과대예측이 있는데 과소예측보다는 과대예측이 문제를 더 야기한다. 왜냐하면 세입이 과대예측될 경우 실제로 세출이 부족하게 되는 현상이 발생하기 때문이다. 그러므로 예측과정에서 선택이 필요하면 과대예측보다는 과소예측이 되도록 수치를 선택하고 가정을 선택해야 할 것이다. 보수적인 예측은 최악의 사태에 대비하는 기능이 있기 때문에 불확실성에 대처하는 하나의 방안일 수 있다. 이러한 보수적인 태도는 다루기 쉬운 예측오류를 의도적으로 만드는 것이다. 이러한 의도적인 예측오류의 크기는 예측오류에 대비하여 어떤 방책이 있는가의 여부에 달려 있다. 예를 들어 예비비가 충분하면 이러한 의도적인 예측오류의 크기는 작아도 무방할 것이다(Reed & Swain, 1997).

실제로 세입예측은 과소추정하는 경우가 많은데 불확실성에 대처하는 방안의 하나이며 예산증액요구를 피하기 위한 목적이 많다. 세입예측은 비밀로 수행되는 경우는 근본가정, 불확실성, 의도적인 과소예측을 감추고 싶어하기 때문이다. 그러나 근본가정은 공개하여 많은 사람들의 검증을 받고, 과소예측보다는 예비비를 설정하여 예산이 부족한 사태에 대비하는 것이 더 좋은 방법이다. 무엇보다도 불확실성에 대한 가장 좋은 대처는 다양한 가정과 기법을 사용하여 시뮬레이션을 충분히 활용하는데 있다. 예측기법이 주관적 요소가 많고 공식적인 구조내에서 개발되지 않을수록 압력에 취약한데, 미국의 경우 정치적 압력은 주로 세입예측을 상향조정하라는 것이 대부분이다. 특히 부채를 더 많이 조달하기 위해 세입예측치를 상향조정하여 사실상 재정을 더 악화시킨 뉴욕시의 사례가 있다. 정치적 압력으로부터 중립을 지키기 위해서는 세입예측기관이 독립성을 유지할 수 있어야 한다(Klay, 1983).

2. 세입예측기법

Klay는 세입예측기법에 대하여 다음 세 가지 방법을 중심으로 설명하고 있는데 인과관계기법이 가장 많이 사용된다. 그러나 두 가지 이상의 방법을 사용하기도 한다(Klay, 1983).

(1) 비계량기법

인간판단에 의존하는 방법인데 전적으로 비계량기법을 사용하는 경우는 매우 드물고, 부분적으로 인간판단에 의존하는 것이 보다 일반적이다. 개인의 판단보다 집단의 판단이 더 우수하기 때문에 부처간의 위원회, 회의, 패널 등을 이용한다.

(2) 계량기법

1) 시계열기법

과거의 세입자료를 기초로 예측하는 방법인데 변화가 거의 없거나 변화가 작을 경우 좋은 예측방법이다.

2) 인과관계기법

시계열기법은 독립변수도 세입수치, 종속변수도 세입수치이므로 하나의 변수에 기초한 방법인 데 반하여, 이 방법은 두 개 이상의 변수를 역사적 관계에 근거하여 분석하는 것이며 시계열분석에 비해 비용이 더 많이 소요된다. Klay는 다음과 같은 사례를 소개하고 있다(Klay, 1983).

〈모델〉 Y=f(X)
Y=종속변수
X=독립변수

〈사례〉 시계열기법의 경우 X와 Y는 모두 세입수치이다. 인과관계기법의 사례는 다음과 같다.
Y=판매세
X=인구, 1인당 소득, 소비자물가지수

이 사례는 판매세의 규모를 예측하는 모델인데 판매세가 인구, 1인당 소득, 소비자물가지수에 의해 결정된다고 가정하고 있다. 인구, 1인당 소득, 소비자물가지수 등의 독립변수가 변화함에 따라 종속변수인 판매세가 얼마로 결정되는가를 예측할 수 있다. 만약 시계열기법을 사용한다면 Y는 예측년도의 판매세이고 X는 과거의 판매세이다.

3. 세출예측의 이해

세출예측은 실제지출을 예측하는 것이므로 명시이월, 사고이월, 불용액, 순세계잉여금도 추정해야 한다. 세출은 어느 정도 정부의 의지로서 조정할 수 있기 때문에 세입예측과는 달리 액수가 통제 가능하다. 예를 들어 세입이 감소할 것으로 예측될 때 총세출을 일률적으로 삭감할 수 있다. 그러나 대부분의 국가에서 경직성 경비가 예산의 과반수를 넘어서는 것이 일반적이기 때문에 모든 세출항목이 통제 가능한 것은 아니며 그만큼 추정이 어려워진다. 세입만이 아니라 세출도 경제지표에 의해 영향을 받는다. 예를 들어 경제가 불황기에 접어들어 실업률이 증가하면 경직성 경비인 실업수당지출이 증가하기 때문에 세출이 예상하지 못한 수준으로 증가할 수 있다. 그러므로 세출예측은 경직성경비와 비경직성경비로 구분하여 실시한 후에 통합하는 것이 좋다.

세출예측은 과거자료에 근거하여 미래를 예측하게 되기 때문에 세출예측시 과거의 행태에 대한 분석은 저절로 이루어진다. 세출예측은 정치적인 의미와 경제적인 의미를 갖는다. 예를 들어 대통령이 재선을 위해 예산을 증액한 사실을 발견할 때는 정치적 의미를 갖는다. 잘못된 세출예측으로 지출일부가 집행되지 못하여 경제성장을 저해했다는 주장은 경제적 의미를 갖는 사례이다. Toulmin & Wright은 정치적, 경제적 의미만이 아니라 세출예측이 갖는 다양한 의미와 영향을 다음과 같이 설명하고 있다(Toulmin & Wright, 1983).

세출예측은 노사관계에 영향을 미친다. 1975년 Massachusettes주의 공무원노조와 주의 노사협상에서의 핵심쟁점은 세출추정치에 대한 의견차이였다. 양측은 각각 계량경제학자들을 동원하여 자신의 추정이 맞다는 것을 주장하였고, 노조의 봉급은 노조의 추정치가 맞을 경우에 인상된다는 조건부인상을 타결하였는데, 실제로 나중에 노조의 주장이 맞지 않아 봉급은 인상되지 않았다.

세출예측은 관리시스템에도 영향을 미친다. 미국 오하이오주의 Dayton시에서는 어떤 부서의 과거 연장근무로 인한 지출이 다른 부서보다 많고 다음 연도도 더 많이 예측된 것을 분석한 결과, 그 부서는 여름에 직원들이 집중적으로 휴가를 간다는 사실을 발견하였다. 그 부서에게 미리 일정을 확정한 순환휴가를 실시하도록 함으로써 비용을 줄일 수 있었다.

법규에 적자예산과 흑자예산을 금지하고 균형예산을 편성하도록 강제되어 있으면, 세출예측도 성격이 달라질 수밖에 없다. 계속비처럼 한번 예산이 승인되면 몇 년간 예산을 편성하지 않아도 되는 지출을 허용하면 세출예측도 달라질 것이다. 정보기관의 예산처럼 비밀로 사용하고 의회의 승인이 없이도 사용할 수 있는 예산이 존재할 경우와 그렇지 않은 경우의 세출예측이 차이가 날 것이다.

미국연방정부의 경우 세출은 재정정책에 이용하기 위한 목적이 가장 크다. 반면 주와 지방정부는 정확한 세출을 측정하여 균형예산이 가능한가를 알기 위한 것이므로, 경제가 불경기일 경우 지출을 증가하여 경제를 활성화하려는 연방정부와는 반대로 세출을 줄임으로써 세입감소에 대처한다. 그러므로 재정목적에 따라 불경기에 처해서도 세출을 감소하려는 경향과 세출을 증가하려는 경향이 존재하며 이러한 경향은 세출예측에도 영향을 미칠 것이다.

세출예측도 과소예측과 과대예측이 있는데 세입예측과는 반대로 과대예측보다는 과소예측이 더 문제를 야기한다. 왜냐하면 세출이 과소예측될 경우 실제로 더 필요한 지출을 어떻게 충당해야 하는 문제가 발생하기 때문이다(Reed & Swain, 1997).

영국은 향후 4년간의 지출총액과 각 부처에 대한 지출예산의 배분에 대한 예측을 수행하는 데 미래의 지출에 심각한 영향을 미치는 결정을 반드시 고려하여야 하며 이것을 공공지출서베이시스템(public expenditure survey system)이라고 한다. 고위공무원들로 구성된 공공지출서베이위원회(Public Expenditure Survey Committee)는 각종 거시경제지표 예측치를 고려하고 인플레를 고려한 불변가격(constant prices)에 기초하여 세출을 예측하며 현재의 정책이 지속된다고 가정하는데 각 부처는 미래지출의 변동사항에 대해 제안한다. 공공지출서베이위원회의 제안을 내각이 검토하고 최종적으로 확정한다. 특히 GNP의 증가보다 공공지출의 증가가 앞지르지 않도록 유의한다(Henry et al., 1989).

4. 세출예측기법

(1) 비계량기법

수리적 방법을 사용하기에 충분한 정보와 자료가 없을 때 사용하며 주관적으로 예측하는 기법인데 계량화하기 어려운 요인을 고려할 수 있는 능력이 있어야 한다. 새로운 사업의 경우 혹은 급격한 변화가 있는 항목에 사용하는데, 예를 들어 경제적, 정치적인 변화처럼 과거행동유형을 완전히 변화시키는 요인이 발생할 때 사용한다. 전문가들의 합의를 도출하는 델피(Delphi)기법을 사용할 수 있다. 브레인스토밍기법(brainstorming methods)도 이에 해당하며 가장 전형적인 방법은 협상접근법이다. 협상접근법이란 전문가집단이 일련의 예산공청회나 조직의 계층별 회의를 통해 예측치에 관한 합의에 도달하는 것을 말한다(Toulmin & Wright, 1983; Reed & Swain, 1997).

(2) 계량기법

계량기법을 사용하기 위해서는 수리적 모델의 대상이 되는 자료가 충분하여야 한다. 계량기법은 주로 과거의 패턴에 의존하기 때문에 과거추세가 계속될 것으로 가정될 때 사용할 수 있는데 그런 경우에도 주관적 판단을 피할 수는 없다. Toulmin & Wright은 다음과 같은 계량기법을 소개하고 있다(Toulmin & Wright, 1983).

1) 시계열기법(time series method)

시계열기법은 과거의 자료에 근거해서 미래를 예측하는 것이다. 보다 자세한 내용은 통계학과 계량경제학 문헌을 참고하기 바란다. 예를 들어 이동평균법(moving average techniques)은 자료의 계절성(seasonality)과 무작위성(randomness)을 제거하는데 몇 개의 자료를 합산하여 평균을 계산하며 시간을 따라 이동하면서 평균을 낸다.

2) 인과관계기법(causal method)

회귀분석(regression analysis)과 계량경제학모델(econometric models: simultaneous equations model)이 있는데 계량경제학모델은 몇 개의 회귀방정식으로 구성된다. 보다 자세한 내용은 통계학과 계량경제학 문헌을 참조하기 바란다.

5. 세입, 세출예측오류와 문제점

① 대통령이나 지방자치단체의 장은 자신에게 제출된 세입과 세출예측치를 단순히 수용해서는 안 되며 오류가 포함되어 있다는 것을 명심해야 한다. 과거에 제시된 세입과 세출예측오류의 정도를 조사함으로써 자신에게 제출된 세입과 세출예측치를 어느 정도 신뢰할 것인가를 판단할 수 있을 것이다.

② 세입예측오류와 세출예측오류에 대처하는 한 가지 방법은 다양한 시나리오에 근거하여 예측하는 방법이다. 예를 들어 경제가 고속 성장한다고 가정하는 예측과 경제가 저속 성장한다고 가정하는 예측의 두 가지 시나리오에 근거하여 세입과 세출을 추정하는 방법이다. 또 한가지 방법은 다양한 전문가들의 경제전망에 대한 가정을 통일한 후 예측하는 방법이다. 이 방법은 먼저 공통가정에 기초하여 예측이 이루어지기 때문에 의견차이가 발생하더라도 해소 가능한 이점이 있다(Axelrod, 1995).

③ 세입예측이 세출예측보다 더 어렵지만 세입예측에 대한 오류보다 세출예측에 대한 오류가 일반적으로 규모가 더 큰데 그 이유는 예산담당자들이 지출지향적인 태도를 가지고 자신의 소망에 반대되는 사실이나 자료를 외면하고 미래에 대해 지나치게 낙관적이기 때문이다(Premchand, 1995).

④ 예측에 관한 좋은 기법이 사실상 시간제약 때문에 사용되지 못하는 경우도 많다(Toulmin & Wright, 1983). 그러므로 시간과 예산의 제약이 세입, 세출예측오류의 원인이 되기도 한다.

⑤ 세입예측기관과 세출예측기관이 분리되어 있을 때 각각 다른 가정과 기법을 사용하게 되며 경쟁과 갈등이 야기되고 이것은 외부의 정치세력에 의해 이용되기 쉽

다. 그러므로 세입예측기관과 세출예측기관을 하나의 부서로 통합하는 것이 좋으며 예산부서 내에 통합하는 것이 바람직할 것이다(Toulmin & Wright, 1983).

⑥ 사용자가격처럼 수입이 증가하면 지출도 증가하는 경우가 있다. 수입과 지출이 서로 연결되어 있을 경우 세입예측과 세출예측시 주의를 기울여야 한다. 서로 연결된 수입과 지출의 예측은 같은 가정과 기법을 사용하도록 연결되는 항목의 목록을 작성하고 수입과 지출예측을 모두 확인하는 것이 필요하다(Toulmin & Wright, 1983).

⑦ 민간기업의 재정위기는 대부분 조기에 징후가 나타나지만 공공부문에서는 재정위기가 갑자기 닥치는데 그 이유는 회계방법 때문이다. 이것은 결국 예측에도 심각한 문제를 야기할 수밖에 없다. 회계방법의 첫 번째 문제는 현금주의회계의 사용이다. 1980년 말 뉴욕시의 현금계정 잔액은 $3억이라는 거액이었는데 재정위기에 처했으며 그 원인은 현금주의회계의 사용이었다. 뉴욕시는 장기부채를 자본예산에 사용하지 않고 봉급 등의 운영예산에 사용하였고, 이자비용을 매년 계산하지 않았다. 그러므로 현금주의회계에 의한 자료에 의존하는 세출예측은 문제가 있다. 현금주의회계를 채택하면 세출을 과소예측할 가능성이 있다. 미국의 많은 시정부의 회계시스템은 회계연도가 종료한 후에도 현금계정을 마감하지 않고 현금유입을 계속하여 받아들여 액수가 균형을 이루거나 잉여가 발생하도록 컴퓨터 프로그램을 설정하는 경우가 있는데 이것은 바람직하지 않은 것이다. 또한 연금부채를 과소인식하기 때문에 미래연금지출액수의 추정에도 오차가 발생하기 쉽다. 회계방법의 두 번째 문제는 펀드회계이다. 특히 복잡성과 펀드간의 자금이채가 문제이다. 공공부문회계의 문제점을 피하기 위해 Oregon주의 Portland시는 기업회계에 기초한 재무제표를 작성하고 있는데 성공적이라는 평을 받고 있다(Toulmin & Wright, 1983).

⑧ 통합재무관리시스템의 구축으로 세입, 세출예측의 오류를 축소하고 문제점을 개선할 수 있다.

통합재무관리시스템(integrated financial management system)＝
세입예측시스템＋세출예측시스템＋회계시스템＋감사시스템＋성과측정시스템

통합재무관리시스템은 근본가정과 외부상황의 변화에 따라 정부정책의 효과와 세입 세출예측이 어떻게 변화하는가를 파악할 수 있는 민감도 분석이 정보시스템에 내장되어 있는 시스템이어야 한다(Toulmin & Wright, 1983).

⑨ 세입예측과 세출예측은 예측치와 함께 사용된 예측기법과 근본가정을 반드시

보고하여야 한다. 예측기법과 근본가정의 공개는 세입예측과 세출예측의 오류를 축소하는 데 기여할 것이다.

⑩ 예산을 편성하는 시점에서의 예측과 예산을 의회에서 심의할 시점에서의 예측이 다르다. 그러므로 세입과 세출예측은 끊임없이 수정해야 할 필요가 있다.

⑪ 임시직 직원보다는 영구직 직원에 의한 예측이 보다 정확한 예측을 가능하게 할 것이다. 왜냐하면 책임의 측면에서 임시직원이나 외부전문가보다 낫기 때문이다(Klay, 1983).

⑫ 여러 가정을 가지고 시뮬레이션을 해보거나 여러 가정에 근거하여 복수의 예측치를 개발하거나 신뢰구간을 구성하는 것도 예측의 문제점을 극복하는 좋은 방법이다(Klay, 1983).

⑬ 바람직한 세입예측과 세출예측은 꼭 기법의 문제만은 아니다. 담당부서의 독립성, 경쟁하는 예측기관의 존재, 예측에 대한 평가와 책임추궁 등도 세입과 세출의 예측오류의 축소에 기여한다.

⑭ 예측오류를 줄이는 또 하나의 방법은 두 개 이상의 예측기관으로 하여금 경쟁하도록 하는 방법이다. 일정기간이 지나면 어떤 기관의 예측이 더 정확한가를 판단할 수 있기 때문이며 이것을 의식하고 기관사이에 경쟁이 발생할 것이기 때문이다. 미국의 경우 중앙예산기관인 관리예산실(OMB)과 의회예산처(CBO)의 예측 중 CBO의 예측이 더 정확하여 국민의 신뢰를 획득하고 있다고 한다. 특히 CBO가 창설된 후 처음 몇 년간은 개별부처와 사업에 대한 추정치에서 OMB보다 정확하였다. 그 결과 OMB와 각 부처의 예측치도 자신들의 예측치가 CBO와 크게 차이가 나는 것이 불리하였기 때문에 사전에 협의하여 자신들의 예측치를 CBO의 예측치에 접근시켰다. 그럼에도 불구하고 두 기관의 예측치는 예측오류에 있어서는 비슷해졌지만 OMB의 예측이 CBO의 예측보다 훨씬 더 낙관적이라고 한다(Wildavsky, 1992). 세입예측과 세출예측에서 정부예측기관이 복수이어서 서로 경쟁할 수 있을 경우가 아니면 정부기관의 독점을 배제할 수 있도록 민간기관을 활용하는 것이 좋을 것이다. 미국의 주와 지방정부는 점점 더 경제적·정치적 가정에 대한 판단을 정부기관보다는 민간으로부터 구하는 경향이 있다. 민간기관의 경쟁을 유도하고 정부기관의 독점에서 오는 오류와 조작가능성을 배제할 수 있다(Klay, 1983).

⑮ 미국의 일부 주에서는 합의에 의한 예측(consensus forecasting)을 하고 있는데 의회와 행정부가 서로 합의하여 예측하는 제도이며 경우에 따라서는 학계와 산업계가 참여하기도 한다(Reed & Swain, 1997).

⑯ 예측오류에 대비하는 또 하나의 방법은 예측오류를 피할 수 없다고 생각하고 예비비를 비축하고 신축적인 지출조절을 위한 제도적인 장치를 갖추거나 언제든지 일정액수의 부채를 조달할 수 있는 조치를 미리 강구하는 것이다(Reed & Swain, 1997).

⑰ 예측오류를 줄이는 또 하나의 방법은 과거의 예측과 실제발생수치를 비교하는 것이다. 만약 일관되게 과거의 예측이 2%의 오류율을 보여주고 있다면 매번 예측한 후에 2%에 해당하는 수치만큼 조정하면 될 것이다(Reed & Swain, 1997).

⑱ Clinton 대통령의 의료개혁사업에 대한 OMB와 CBO의 예측은 얼마나 예측오류가 심각할 수 있는가를 보여주는 좋은 사례이다. OMB는 의료개혁사업이 재정적자를 1995년부터 2000년 사이에 $600억 감소한다고 예측한 데 반하여 CBO는 $700억 증가하는 효과를 가진다고 예측하였다(Schick, 1995).

4.3 예산심의의 기본개념

1. 예산심의

예산심의는 의회가 재원제공자의 대리인으로서 예산이 통일되고 일관되며 한정된 자원의 효율성을 극대화하고 있는가를 조사, 검토하고 예산편성시에 드러난 정책을 수정·보완하는 의사결정이다. 예산심의는 정부가 처한 문제의 해결을 위해 가장 효과적이고 효율적인 대안을 모색하여 예산안을 편성하였는가를 의회가 검토, 분석, 조사하여 국민의 세금을 최적배분하도록 행정부를 견제하고 감시하는 행위이다. 행정부의 예산안이 의회에 상정되면 의회는 예산을 심의한다.

예산안은 확정되어 의회에 상정되기 이전에 언론에 보도되는데 미국의 경우 언론의 반응은 주로 예산안에 대한 불평에 초점이 맞추어지며 예산안은 대부분 부정적인 평가를 받는다(Forsythe, 1997). 한국도 예산안이 확정되어 의회에 제출되면 대개 부정적인 비판이 언론에 집중 보도된다. 대통령과 지방자치단체의 장은 예산집행의 책임자로서 예산을 편성하며, 예산편성의 최고책임자로서 의회에 대하여 필요한 재원의 정당성을 입증해야 한다. 비록 언론의 시각이 부정적이라 하더라도 행정부는 국민에 비해 전문지식과 정보를 가지고 있기 때문에 대통령과 지방자치단체의 장은 국민을 설득할 수 있어야 한다.

미국연방정부의 경우 경직성지출항목, 전년도 예산에 기초하는 점증주의적 예산편성, 기준예산(base budget), 준경직성지출항목(예: 국방비), 다년도예산(예: 2년에 한 번 예산편성, 계속비), 예산과정 외의 예산(off-budget budget; 예: 공기업예산), 특별펀드(special funds)와 수탁펀드(trust funds) 등으로 인하여 예산심의영역이 축소되고 있다. 대부분의 예산게임이 일반펀드에 국한되기 때문에 특별펀드와 수탁펀드는 이러한 게임에서 제외되며 특별한 목적을 위한 수입과 지출로서 특정집단의 이익을 정치적인 요인과 예산과정의 영향으로부터 보호하고 일종의 경직성경비처럼 취급된다. 예산과정 외의 예산으로 운영되는 공기업의 예산은 신축성과 자율성을 부여받는 이점이 있지만 미국의 공기업인 Federal Savings and Loan Insurance Corporation(FSLIC)의 붕괴에서 보듯이 통제의 부재는 심각한 문제를 야기할 수 있다(Axelrod, 1995).

2. 기준예산

모든 예산은 과거의 의사결정을 상속받아 반영하고 있다. 기준예산(base budget)은 baseline budget, current services budget, continuing services budget, core budget, recurrent budget과 동일한 개념이라고 볼 수 있으며, 업무량의 변동, 인플레, 경제상황을 반영하지 않고 계산한 수치이며 기존사업과 정책을 계속 시행하는 원가로 정의할 수 있다. 기준예산이 인플레를 감안하여 조정될 때는 소비자물가지수(Consumer Price Index), 도매물가지수(Wholesale Price Index), GNP deflator 등에 기준한다. 많은 국가에서 사회보장지출 같은 경직성경비는 인플레를 100% 감안하여 자동적으로 조정되는 데 반하여 기준예산은 인플레의 일부만을 반영하여 조정된다. 만약 인플레가 10%인데 7%만 반영된다면 사실상 3%의 예산삭감이 이루어진다고 볼 수 있다. 미국 연방정부에서는 기준예산을 전년도 예산이 아닌 기존사업을 지속하는 원가로 정의하는 데 반하여 대부분의 주와 지방정부는 기준예산을 업무량변화와 인플레를 감안하여 조정한 전년도 예산으로 정의하지만 어떤 주와 지방정부는 전년도예산의 80~90%의 범위 내에서 기준예산을 결정하기도 한다(Axelrod, 1995). 과거에는 대통령이 제출한 예산안이 의회예산심의의 출발점이 되었는데 이제는 의회예산처(CBO)가 작성한 현재수준예산(current-services budget), 예산합의(budget resolution),9) 혹은 이 둘을 혼합한 것이 예산심의의 출발점이 된다(Wildavsky, 1992).

행정부의 관리예산실(OMB) 혹은 의회의 의회예산처(CBO)에 의해 작성되는 기준예산은 경제와 기타사항에 관한 일련의 가정하에 현재의 정책이 계속될 때의 향후 5년간의 미래 수입과 지출을 추정하는 것이다. 의회나 행정부의 정책변화는 이러한 기준예산으로부터의 괴리를 의미하며 새로운 정책이 제안되면 이러한 괴리를 분석하여 정책변화의 효과를 논의한다. OMB와 CBO가 상이한 가정을 사용하거나 현재의 정책이 무엇인가에 대해 견해가 다르면, 혹은 원가추정이 어려울 때 기준예산추정치가 차이가 나고 논란이 야기되는데 특히 국방비와 의료비의 경우에 이러한 충돌이 많았다. 예산과 경제는 상호영향을 미치기 때문에 주요경제변수의 예측과 예측오류에 대한 사후판단이 어려울 수밖에 없다. 의회는 대통령이 요구한 예산안과는 독립적으로 기준예산에 기초하여 의사결정을 할 수 있기 때문에 기준예산은 예산에 관한 대통령의 권한을 약화시킨다. 의회는 주요예산관련변수에 대한 대통령의 가정을 따를 필요는 없으며 보통 의회예산처(CBO)의 예측에 의존한다(Schick, 1995).

3. 총액승인예산과 내용승인예산

예산심의기관이 예산을 의결로써 확정할 때 확정되는 예산의 구체성의 정도에 따라 총액승인예산과 내용승인예산으로 분류할 수 있는데 예산항목(자유재량이 많이 필요한 항목, 중요한 항목에만 총액승인 예산을 적용)에 따라 혹은 부서에 따라(신뢰할 수 있는 부서는 총액승인예산제도를 허용) 달리 적용할 수 있다. 총액승인예산제도와 내용승인예산제도는 상대적인 개념이며 총액과 세부항목이라는 개념도 상대적이다. 특정 예산항목에 대해 동시에 비교함으로써만 구별이 의미가 있다.

총액승인예산도 내용승인예산처럼 예산의 총액과 아울러 세부항목에 대한 정보가 함께 제출되어 예산심의를 거치는 제도이다. 예산심의는 세부항목까지 검토하고 분석하지만 내용승인예산과는 달리 총액에 대해서만 의결하여 총액의 범위 내에서 자유롭게 사용하도록 한다. 총액승인예산은 예산심의시에 예산총액을 구성하는 개별항목에 대해서 심도 있는 조사와 검토가 가능하므로 통제가 전혀 배제된 예산제도는 아니며, 예산심의시에는 품목별 예산이지만 예산이 확정된 후에는 총액만이 결정되어 집행기관에게 제약요건이 되는 예산제도이다. 품목별 예산은 예산심의시에만 참고되어야 하며 실제로 예산이 확정된 후에는 예산총액의 범위 내에서 자유롭게 지출

9) budget resolution에 대해서는 본 교재의 '미국 연방정부의 예산제도'를 참조하기 바란다.

할 수 있는 총액승인예산이 효율적 예산집행을 위해 더 적절한 제도이다(Rubin, 1992).

내용승인예산은 예산심의기관이 총액만이 아니라 세부항목에 대한 검토와 분석을 통하여 예산을 심의한 후 의결시에도 총액과 아울러 총액의 구성요소에 대해서도 확정함으로써 예산집행기관이 총액과 세부항목에 대해 의결된 액수와 내용대로 예산을 집행하여야 하는 제도이다. 총액승인예산의 가장 대표적인 사례는 미국연방정부의 총액예산(lump sum appropriation)이며 현재 대부분 품목별 예산의 형태로 편성되는 통제지향적인 예산은 내용승인예산이다. 그러나 총액예산의 경우도 구체적인 세부항목의 검토를 위해 품목별 예산의 형태로 제출될 수 있기 때문에 품목별 예산을 무조건 내용승인예산으로 간주해서는 안 된다.

미국의 경우 과거에는 세출법안의 내용이 매우 구체적이었는데 정부규모가 팽창함에 따라 일괄총액의 형태로 세출법안이 제정되기 시작했으며 이제는 많은 부처가 봉급과 부처 운영에 대해 총액예산을 부여받는다. 그럼에도 불구하고 미국행정개혁을 연구하고 있는 NPR(National Performance Review)에 의하면 예산에 관한 각종 제약과 법규 때문에 예산의 효율성이 현저하게 저해되고 있다고 한다. NPR은 회계년도 말까지 지출의무가 발생하지 않은 금액의 50%를 다음 연도로 이월할 수 있도록 허용하고, 인적자원관리에 관한 제약을 제거하고, 세출법안의 계정을 재구성하여 지나친 품목별 예산의 편성을 축소하여 사업과 계정을 유지하도록 하며, 세출법안의 구체적인 지침과 제약을 완화하도록 제안하고 있다(Schick, 1995; Wildavsky, 1992).

미국 연방정부의 세출법안은 계정(account)을 단위로 구성되는데 계정 하나에 포함되는 모든 활동이나 프로젝트에 대하여 총액예산의 형태로 제정된다. 그러므로 어떤 부처는 오로지 하나의 계정만이 해당하며 어떤 부처는 부처운영에 하나의 계정이 부여되고 건축이나 구매에 대해 또 하나의 계정이 부여되기도 한다. 1995년 현재 약 1000개의 계정이 있는데 이 중 200개의 계정이 총지출액의 90%를 점유하고 있다. 특별 프로젝트나 특정목적에 일정액의 예산을 할당하는 경우를 제외하고는 대부분 총액만이 제약조건이 되기 때문에 상당한 자유재량이 예산집행부서에 부여되는 것이다. 비록 일괄총액의 형태로 세출예산이 통과되지만 세출위원회는 예산집행이 예산안에 포함된 예산신청정당성입증자료 내의 집행계획들과 괴리가 크면 안 된다고 생각하므로 예산집행부서는 예산의 정당성을 입증하는 자료내용대로 가급적 집행하려고 한다(Schick, 1995).

미국 의회의 세출위원회는 예산집행에 대한 상세한 지시사항을 세출위원회보고서에 포함하기 때문에 예산집행기관은 이를 준수해야 한다. 보고서에 포함된 지시사항의 구체성의 정도에 따라 예산집행기관에게 부여되는 자유재량의 범위가 달라지는데 세출위원회는 지시사항을 준수하지 않는 부처에 대해서는 다음 회계연도에 보다 많은 제약조건을 부과함으로써 예산집행부서를 응징할 수 있다. 예산집행시 지시사항 준수에 문제가 발생할 때 세출위원회와 협의하고 세출위원회와 긴밀한 관계를 유지하는 부처는 보다 많은 자유재량이 부여된다(Wildavsky, 1992).

미국은 이처럼 총액예산을 사용하는 부처에 대해서도 의회가 추가로 많은 제약조건을 부과할 수 있기 때문에 원하기만 하면 얼마든지 내용승인예산과 같이 세부사항에 대한 엄격한 통제를 가할 수 있다. 의회가 지나치게 예산집행의 세부사항에 관여하면 헌법이 보장하고 있는 행정권을 침해할 우려가 있다. 삼권분립의 기본정신에 비추어볼 때 의회가 행정부의 예산집행의 세부사항에 과도하게 관여해서는 안 되며 변화와 불확실성에 대처할 수 있도록 행정부의 예산집행에 상당한 자유재량을 부여해야 한다. 이런 관점에서 본다면 총액승인예산이 내용승인예산보다 효율적이며 삼권분립의 정신에 부합하는 제도라고 볼 수 있지만 총액예산제도가 성공할 수 있는 여건이 구비되지 않은 상황에서 무조건적인 총액승인예산제도의 도입은 그에 못지않은 부작용을 낳을 우려가 있다. 그러므로 총액승인예산제도의 시행은 오랜 기간 동안 준비와 연구에 기초한 실험적인 실행을 통해서 점차 확대해야 한다.

4. 의회감독수단으로서의 예산심의

예산심의는 의회감독수단의 하나인데 의회감독은 삼권분립에 입각하여 입법부가 행정부를 견제하고 감시하는 활동이다. 미국의 경우 의회의 감독(oversight)은 세출위원회, 상임위원회, 감사원(GAO)이 주로 관여한다. 감사원은 사업평가를 실시하는데 여기에 대해서는 반대의견도 있다. Alen Schick은 감사원이 보다 근본적인 임무를 소홀히 하고 너무나 지나치게 다른 방향으로 갔다고 비판한다(Parker, 1983). Kearney가 제시하는 의회감독수단은 다음과 같다(Kearney, 1990b).

- 행정규정과 절차를 검토
- 사후감사(예: 한국의 국정감사)
- 예산심의
- 예산집행감시
- 특별위원회를 통한 정부활동의 조사
- 선셋조항(sunset provision): 몇 년을 주기로 사업을 검토하여 사업을 계속해도

좋다는 의회의 승인이 없는 한 정부의 사업은 일정한 기간이 지나면 자동적으로 소멸된다는 조항을 예산에 첨가하는 것

- 선셋검토(sunset review): 검토대상이 되는 사업, 부서, 위원회 등에 대해 계속 존속시킬 필요가 있는지 조사하여 폐지여부를 결정하는 의회의 활동
- 선라이스검토(sunrise review): 새로 설정되는 사업이나 부서가 존재해야 할 정당성이 있는지를 검토하는 의회의 감독활동

5. 정책 대토론회로서의 예산심의

예산심의가 제 역할을 다하기 위해서는 예산심의가 정책 대토론회의 역할을 수행해야 한다. 예산이란 정책문서이다. 행정부가 제출한 예산은 대통령의 정책을 담은 미래에 대한 구상이다. 의회는 국민의 대리인으로서 대통령의 정책에 대하여 수정하고 보완함으로써 국민의 의사를 반영하고 국민을 위한 정책을 행정부가 실현할 수 있도록 감시하는 것이다. 의회가 예산안을 심의할 때는 행정부가 제안한 정책에 대해 대토론회를 가져야 하는데 정부가 제안한 정책의 범위 내에 국한되어서는 안 된다.

시장에서의 규율에 의해 효율성이 낮은 기업이 퇴출되는 민간부문과는 달리 공공부문의 효율성은 국민의 감시가 없이는 달성 불가능하다. 국민은 국회라는 대리인을 통하여 공공부문의 재원배분을 감시함으로써 시장기능을 대신한다. 그러므로 민주적인 예산과정과 정책 대토론회로서의 예산심의는 재원제공자의 감시가 효율성달성의 가장 중요한 요건이라는 의미가 있다. 정책대토론회로서의 예산심의는 단순히 행정부와 입법부만의 잔치가 아니라 국민, 언론, 시민단체, 각종 이익집단 등이 참여하는 국가비전과 전략을 위한 정책대토론회인 것이다.

많은 사람들은 예산과정에서의 민주성은 효율성을 저해하지만 민주주의를 위해서 추구해야 할 가치라고 생각한다. 그러나 이러한 생각은 잘못된 것이다. 예산과정에서의 민주성은 일견 시간이 많이 소요되고 불필요한 논쟁을 유발하여 잘못된 정책이 채택되게 할 가능성이 있는 것처럼 보이지만 장기적으로 그리고 총체적으로 보다 현명한 정책을 채택하여 바람직한 재원배분을 통한 공공부문의 효율성 달성에 기여 한다.

6. 예산신청전략

Wildavsky는 행정부가 의회의 예산심의에 대응하여 구사하는 예산신청전략을

설명하고 있는데, 이 전략들은 의회에 대해 행정부가 구사하는 전략이지만 예산신청기관이 중앙예산기관에 대해서도 사용할 수 있는 전략이다(Wildavsky, 1992; Axelrod, 1995). 보다 구체적인 내용은 앞의 예산편성전략을 참조하기 바란다.

이러한 전략은 예산팽창시절에는 어느 정도 효과적이었지만 긴축재정시절에는 효과성에 대해 의문의 여지가 있다고 한다. 많은 예산신청부처의 경험에 의하면 객관적인 자료에 의해 입증되는 솔직하고 직설적인 예산신청전략이 보다 효과적이라는 것이다(Axelrod, 1995). 가장 좋은 예산확보전략은 예산으로 달성한 성과를 제시하는 것인데 신규사업의 경우에는 달성할 성과를 예측하여 보여주는 것이다(Wildavsky, 1992).

오랜 기간에 걸쳐 집행함으로써 매년 작은 액수의 예산으로 시행 가능하도록 하면 일시적으로 많은 지출이 필요한 경우보다 채택될 가능성이 높아진다. 또한 예산신청기관이 수행하는 사업의 혜택을 받는 고객을 발견하고 고객을 잘 관리하며 고객을 확대하여 예산확보를 위해 지역구 의원에게 압력을 행사하고 여론을 조성하는 역할을 담당하게 할 수도 있다. 해당 세출소위원회의 신뢰를 획득하는 것도 매우 좋은 예산확보전략이다. 의원들이 바람직한 관료가 가져야 한다고 생각하는 자질을 소유하는 것이 신뢰를 획득하는 하나의 방법이다. 예를 들어 솔직하다는 인상을 주고 정확한 정보를 제공하며 잔꾀를 부리지 않는 것도 매우 중요하다. 의원들은 시간제약과 방대한 정보 때문에 예산심의 시에 부처의 예산담당관료에게 의존할 수밖에 없는데 심지어 관료들의 답변시 태도, 음성, 표정 등에서까지 정보를 획득한다. 평소에 수시로 비공식적인 접촉을 통해 의원과 유대관계를 맺는 것도 물론 중요하다. 537명의 의원 중 450명을 의원사무실로 방문하여 의원과 유대관계를 맺고 의회의 신뢰를 획득한 어느 부처의 최고책임자는 누구보다도 쉽게 예산을 확보할 수 있었다고 한다. 세출위원회의원만이 아니라 세출위원회보좌직원과도 좋은 관계를 형성하고 신뢰를 획득하여야 한다(Wildavsky, 1992).

4.4 예산심의제도와 주요쟁점

1. 거시적 예산심의와 미시적 예산심의

Axelrod는 미시적 예산심의와 거시적 예산심의라는 개념을 제시하고 있다. 즉 미국연방의회의 예산위원회(budget committees)는 거시적인 예산의사결정(macro-budgeting)을 담당하고 세출위원회(appropriations committees)는 미시적인 예산의사결정(microbudgeting)을 담당한다는 것이다(Axelrod, 1995). 예산심의과정에서의 가장 큰 문제점은 방대한 규모의 예산을 어떻게 효과적으로 심의하느냐이다. 예산을 전문분야별로 분리하여 각각 해당분야에 전문지식과 경험이 있는 의원들에게 할당하여 심의하도록 하는 방안으로는 전체적인 시각을 가질 수 없다. 또한 예산을 심의하는 전담위원회를 구성하여 모든 예산을 심의하도록 하는 방안은 예산의 구성항목에 관해 심도 있고 구체적인 심의를 할 수 없게 만든다. 미국의 예산심의제도가 매우 복잡한 이유는 이 두 가지 차원의 방법이 같이 사용되어 거시적인 관점에서의 예산심의와 미시적인 관점에서의 예산심의를 결합하려 하기 때문이다. 미국의 제도는 우리에게 예산심의에 대한 좋은 교훈을 제공하고 있으며 이상적인 모형은 아니지만 오랜 경험에 의한 대통령제하의 예산제도이므로 좋은 참고가 될 수 있다고 생각한다.

거시적 차원은 국가경제고려, 예산규모의 결정, 정책의 방향결정, 예산의 총체적 분석의 차원이며 미시적 차원은 개별사업에 대한 심의차원이다(배득종, 1996). 거시적인 예산심의와 미시적인 예산심의가 조화를 이루기 위해서는 먼저 총체적인 시각으로 예산을 파악하고 통합조정업무를 담당하는 미국의 예산위원회 같은 위원회를 구성하여야 한다. 예산위원회가 충분한 시간을 가지고 제출된 예산안을 검토한 후 모든 예산항목의 검토와 분석에 적용될 예산심의기준을 결정한다. 예산위원회는 예산심의기준을 결정한 후 예산안을 전문분야별로 적절히 구분하여 해당 상임위원회의 심의에 맡긴다. 상임위원회는 소관예산을 심도 있고 상세하게 심의할 수 있는 전문지식과 경험을 가진 의원들에 의해 구성된다. 상임위원회가 해당 예산을 심의한 다음 예산위원회에 상정하여 다시 전체적인 시각에서 검토하고 조정하는 것이 좋다.

예산위원회가 조정한 예산을 다시 상임위원회에 회부하여 예산심의를 실시하고 예산위원회에 두 번째 조정을 위해 재상정할 수 있지만 시간이 많이 소요되고 복잡하기 때문에 적절하다고 생각되는 경우에만 이 방법을 택해야 한다. 상임위원회의 예산심의는 일차 조정된 예산안을 토대로 실시되기 때문에 변경된 사항을 다시 고려하는 장점이 있으나 절차상 복잡하고 많은 시간이 소요되는 단점이 있다. 예산위원회의 최종적인 조정이 끝나면 본회의에 상정하여 전체의원들의 토론과 표결에 의해 예산이 확정된다.

2. 의회의 예산의결에 대한 행정부의 거부권

과거에 미국의 대통령은 헌법에 의해 의회를 통과한 법에 대해 거부권을 행사할 수 있지만 법의 일부에 대해서만 행사하는 것은 불가능하고 전체에 대해 행사해야만 했었다. 대통령은 예산 전체에 대한 거부만이 가능하고 항목별로는 거부권이 불가하여 대통령의 거부권 행사는 심각한 부담을 안고 행해졌다. 예산편성권자인 대통령은 예산안 전체가 아닌 특정 항목만을 거부할 수 있는 방안을 선호했지만 주 정부와는 달리 그 동안 연방정부의 예산은 항목별 거부권을 인정하지 않았다. 대통령에게 부분거부권(line-item veto)을 행사할 수 있는 권한을 부여하자는 헌법수정안이 그동안 지속적으로 거론되어 왔었다. 연방정부와는 달리 주 정부차원에서는 40개 이상의 주에서 주지사가 부분거부권을 행사할 수 있다(Schick, 1995). 대통령은 세출법안의 일부를 거절하고 싶지만 거부권을 행사하여 예산심의가 지체되면 연방정부의 운영에 막대한 지장을 초래하기 때문에 어쩔 수 없이 세출법안에 서명하는 경우가 많았다.

대통령은 법안에 대해서는 거부권을 행사할 수 있지만 세출위원회의 보고서에 대해서는 거부권을 행사할 수 없기 때문에 대통령이 원하지 않는 내용을 세출위원회가 세출법안에 포함시키지 않고 보고서에 포함시킬 경우 부분거부권은 별다른 효력을 발휘하지 못할 것이다. 부분거부권은 예산과정에 별다른 영향을 미치지 못하면서도 대통령과 의회의 권력관계에는 심각한 영향을 미친다는 이유로 Schick은 부분거부권에 대해 반대하였다(Schick, 1995).

부분거부권은 예산의 특정항목에 대해 대통령이 거부권을 행사하는 것을 말한다. 부분거부권은 행정부가 제출한 예산을 상한선으로 설정하는 효과를 갖는다. 의회가 행정부가 제출한 예산을 증액하면 대통령이 그 항목에 대해 거부권을 행사할 수 있기 때문이다. 부분거부권이 불가능하면 의회는 행정부예산안을 의회가 바라는 데로 완전히 다시 편성할 수 있으며 대통령에게 "받으려면 받고 싫으면 그만 두라"는 식(a take-it-or-leave-it basis)으로 회부할 수 있다. 부분거부권은 의회와 대통령의 협상과정을 재구성하는 효과를 갖는다. 대통령은 부분거부권으로 의회에 비해 훨씬 강한 권한을 갖게 된다(Cooper et al., 1998).

규칙적인 그러나 계산된 거부권 행사는 의회와의 관계에서 우위를 점하게 하는 효과가 있기 때문에 프랭클린 D. 루스벨트 대통령은 보좌관들에게 "거부권을 행사할 것이 없나?"라고 자주 말하곤 했다. 부분거부권이 가능하면 보다 효과적으로 거부권을 행사할 수 있다. 1983년 플로리다 주지사인 Graham은 교육비증가를 위한 세금인상을 예산안에서 요구했으나 의회에 의해 묵살되자 교육비항목과 의원들의 지역구 선심행정을 위한 항목에 대해 동시에 거부권을 행사했다. 그는 곧이어 플로리다주를 돌면서 자신에 대한 지지를 호소했고 의회는 결국 그의 요구를 수용할 수밖에 없었다(Forsythe, 1997). 대부분의 주지사가 부분거부권을 행사할 수 있지만 부분거부권은 재정정책을 위해서가 아니라 정치적이고 정당의 이익을 위한 목적으로 주로 행사되었다고 한다(Axelrod, 1995).

미국 대통령은 부분거부권(line item veto)의 권한을 1997년 1월 1일부터 부여받았으며 이 권한은 선셋조항에 의해 2005년 1월 1일에 종료한다. 대통령은 드디어 예산의 일부에 대해 거부권을 행사할 수 있게 된 것이다. 대통령이 거부권을 행사하면 의회가 2/3의 의결로 반대하지 않는 한 해당항목은 취소된다(Curro & Yocom, 1998). 그러나 대통령의 부분거부권을 법원에서 위헌이라고 판결함으로써 대통령의 부분거부권은 다시 부인된 상태이다.

3. 예산집행취소(recission)와 예산집행연기(deferral)

대통령이 원하지 않는 사업이 세출법안에 포함되어 있을 경우 대통령이 사업을 집행하지 않는다면(rescission) 부분거부권과 동일한 효력을 가질 것이다(Stiglitz, 1988). 그러나 예산집행취소(rescission) 혹은 사업집행취소는 1974년 예산법에 의해 의회의 승인을 요하기 때문에 대통령이 행사하기에는 제약이 있다. 대통령이 예산집행취소를 의회에 제안할 때 의회가 45일 이내에 취소요구를 승인하지 않으면 대통령은 사업을 집행해야 한다. 의회는 아무일도 하지 않음으로써 이길 수 있는 강력한 조항이다. Clinton 대통령은 부분거부권을 선거캠페인으로 내걸었지만 당선된 후에는 예산집행취소에 대해 대통령이 보다 강한 권한을 갖는 대안을 선호했다. 대통령이 예산집행취소를 의회에 요청하고 의회가 일정기간 내에 취소요청을 부결하지 않으면 자동적으로 대통령이 예산집행을 취소할 수 있도록 허용한다면 대통령에게 매우 유리하겠지만 의회는 이러한 법규로의 수정을 결코 허용하지 않을 것이다. 이 두 가지 양극단의 중간안으로서 대통령이 예산집행취소를 의회에 요청하면 의회가 일정기간 내에 투표하도록 하는 조항이 있는데 투표에서 승인되면 사업집행이 취소되고 부결되면 집행해야 될 것이다. 사업집행취소는 부분거부권이 세출법안이 통과된 직후에만 행사해야 하는 것과는 달리 회계연도 내에 언제든지 가능하기 때문에 부분거부권보다 더 위력을 발휘할 수 있으며 급변하는 상황에 보다 잘 대응할 수 있게 하는 장점이 있다(Schick, 1995).

대통령은 예산집행취소(rescission)[10] 대신 예산집행연기(deferral)를 선택할 수도 있는데 1974년 예산법은 상원이나 하원이 집행연기에 대해 거부권을 행사하지 않는 한 연말까지 집행을 연기할 수 있다고 규정하고 있다. 그러나 1983년 연방최고재판소는 이러한 의회의 거부권은 헌법의 권력분립원칙에 위배된다는 위헌판결을 내렸다. 의회가 집행연기에 대항하려면 법을 제정해야 하게 된 것이다. 예산집행연기와 정책변화의 구별은 사실상 사업에 대한 대통령의 선호에 달려 있다. 그러므로 의회가 정책을 결정하고 행정부가 정책을 집행한다는 정치행정이원론은 잘못된 것이라 할 수 있다(Wildavsky, 1992).

4. 기타 쟁점

Duncombe 등의 연구에 의하면 의회는 예산을 증액하고 감소할 수 있는 권한을 가지고 있기 때문에 예산편성권을 행정부에 넘겨준다고 해도 권력이 약화된다고 생각하지 않고 1921년 예산회계법을 제정하였는데 이것은 잘못된 생각이었다고 한다. 행정부는 1921년의 예산회계법으로 예산에 관하여 주도권을 행사하게 된다. 1921년의 예산회계법은 의회와 연방최고재판소를 제외하고는 예산편성권을 새로 창설하는 재무부의 예산실(BoB)에게 부여하였다. 감사원(GAO)은 재무부내에 창설하였으나 의회소속으로 간주되었다. 의회개편법(Legislative Reorganization Act, 1946년)은 감사원이 의회의 일부분임을 명시하였다. 감사원은 의회소속이지만 업무를 위해 행정부처에 일부직원을 파견하여 근무시키고 있다. 의회는 행정부와 독자적으로 국가의 정책우선순위에 대해 토론하고 행정부에 의해 결정된 정책우선순위를 변경할 수 있어야

10) 의회를 통과한 세출법안의 특정항목의 집행을 취소하는 법안이나 의회의 의결을 말하는데 이와 비슷한 개념으로 sequestration이 있다. 이것은 재정적자를 감축하기 위해서 미리 설정된 공식에 의해 수권예산(budget authority)을 보류(withhold)하는 것을 말한다(Wildavsky, 1992).

하는데 그러기 위해서는 무엇보다도 의회 내에 토론의 기회를 공식화하여야 할 것이다. 예산심의는 이러한 공식토론의 기회이다.

의회의 예산심의를 이해하기 위해서는 수권위원회를 반드시 이해해야 한다. 수권위원회(authorizing committees)는 정책분야를 중심으로 구성되는데 행정부가 집행할 법규를 제정하고 행정부의 활동에 대해 의회의 승인을 부여하고, 사업지출의 상한선을 수립한다(Duncombe et al., 1983).

미국에서는 대통령 보좌관과 관리예산실 관료가 의회에 나가 증언할 수 있지만 대통령의 예산을 옹호하는 것은 예산신청부서의 책임이다. 예산신청부서는 예산신청부서의 요구와 대통령의 결정이 다르다고 해도 대통령의 예산을 변호해야 하며 관리예산실(OMB)은 이것을 감시 확인하지만 각 부서가 비공식적으로 의회의원들에게 다른 정보를 유출하기 때문에 문제가 야기되기도 한다. 예산신청부서의 요구와 대통령의 결정이 차이가 날 때 예산신청부서의 요구를 예산신청부서가 의회에서 자발적으로 밝힐 수는 없지만 의원의 질문에 답변할 수는 있기 때문에 세출소위원회와 관련 행정부서가 미리 짜고 질문하고 답변하는 경우도 많다. 물론 처음 질문 받을 때는 대통령에 대한 충성을 보이기 위해 강력하게 답변할 수 없다고 거부하지만 의원의 위협과 의회가 그 사실을 알 권한이 있다는 것을 상기시키면서 다시 질문하면 답변하기 마련이다. 또한 대통령의 예산안을 부처가 지지하느냐고 의원이 질문하였을 때 그렇다고 답변하지만 누구나 들었을 때 사실은 그렇지 않다고 느낄 수 있게 교묘하게 답변함으로써 자신의 불만을 세출소위원회에서 표출하기도 한다. 그러나 의회의 세출위원회는 공식 공청회 이외에도 예산신청부서와의 비공식논의를 통해 예산에 대해 파악하기 때문에 예산신청부서의 요구를 파악하는 것은 매우 쉬운 일이다(Wildavsky, 1992).

Jeffrey Pressman의 연구에 의하면 예산과정에서 의원들과 행정부서의 공무원들은 비공식적 업무관계가 형성되어 있어서 권력을 공유하고 있다고 한다. Arnold Kanter의 연구에 의하면 국방부예산의 총액을 분석할 때, 의회의 역할은 미미한 것처럼 보였으나, 국방예산을 세부항목으로 분석하니, 의회에 의한 예산변동은 가장 중요한 두 개의 정책 항목에 집중되었다. 즉 구매와 연구·개발·테스트·평가이다. 결국 의회가 상당한 영향력을 행사한 것임을 알 수 있다(Parker, 1983).

미국 연방정부에서는 대통령이 예산안을 확정하여 발표하기 이전에는 각 부처의 예산신청은 비밀로 유지하는 것이 원칙이기 때문에 언론기관, 의회, 국민, 기타 외부조직이나 집단에게 예산신청안을 유출하는 것은 금지되어 있다. 미숙한 단계에서 선부른 토론이 오히려 대통령이 신중하게 시간을 가지고 총체적 관점에서 정책대안을 검토할 수 있는 신축성과 통일성을 제약한다는 주장에 근거한다. 그러나 의회가 요청할 경우에는 예산신청기관은 예산신청안내용을 제출할 수 있다. 뉴욕, 콜로라도, 캘리포니아, 텍사스에서는 예산신청기관의 예산신청안내용이 주 의회에 제출된다. 고등교육을 담당하는 위원회는 자율성을 주장하면서 중앙예산기관에 예산신청을 제출하기 이전에 외부에 발표하기도 한다(Axelrod, 1995).

행정부가 업무수행을 위해 필요한 자금을 획득하기 위해 의회에 의지해야 한다는 점이 의회가 행정부를 견제할 수 있게 만드는 가장 큰 권력이라고 할 수 있다. 의회는 납세자의 돈을 보호한다는 관점에서 삭감 지향적일 수밖에 없고 그것을 자랑스럽게 생각하기도 한다. 예산심의는 납세자를 위하여 얼마를 삭감할까 하고 피의자를 심문하는 것과도 같다는 것이다. 하원세출위원회는 의도적으로 주로 낙선위험이 거의 없는 안정된 선거구의 위원들로 구성하기 때문에 보다 과감하게 삭감할 수 있다. 세출위원회를 제외하고는 미국의원들은 거의 대부분 팽창 지향적이다. 아무도 예산삭감에서 주도적 역할을 하려 하지 않는다. 우선순위를 획기적으로 변화하거나 사업을 과감하게 재구성하려면 갈등을 잠재울 수 있는 추가예산이 필요하게 된다. 그러므로 정책변화의 대가는 예산팽창인 것이다(Wildavsky, 1992).

OMB는 의회와 행정부로 분리된 권력으로 인한 예산문제를 비공식 메커니즘을 이용하여 어느 정도 해결하였다. 레이건 대통령이 야당의원들을 수시로 백악관으로 불러 좋은 관계를 유지함으로써 민주당이 통제하던 하원의 지지를 많이 이끌어냈다(Stockman, 1992). 레이건 대통령뿐만이 아니라 클린턴 대통령도 예산안심의에서 승리하기 위해 주로 중도적 보수적 민주당의원들과 일대일로 만나 예산안 통과에 대한 협조를 구했다(Schick, 1995).

4.5 선셋검토(Sunset Review)

위에서 선셋검토와 유사한 선셋조항과 선라이스검토에 대해 설명하였다. 여기서는 의회의 감독수단으로 가장 많이 사용된 제도인 선셋검토를 Kearney와 Curry의 논문을 중심으로 다시 자세하게 설명한다(Kearney, 1990a). 선셋조항도 결국은 의사결정을 뒷받침하기 위해서 정책평가가 필요했다(Grafton & Permaloff, 1983).

1. 선셋검토의 개념

선셋검토는 미국의 주의회에서 광범위하게 사용되어온 제도로서 정부의 불필요한 규제행위와 활동을 폐지하고 정부조직의 비효율을 방지하여 작고 효율적인 정부를 달성하려는 노력이다. 선셋검토는 의회가 행정부의 비효율과 조직팽창을 방지하려는 활동이며 의회의 감독수단의 하나이다. 선셋검토는 초기에는 주로 인·허가 업무를 담당하는 부서나 자문위원회 등을 주 대상으로 시작하였으나 나중에는 모든 주정부의 조직으로 검토대상을 확대하였다. 선셋검토는 검토대상이 되는 조직이나 활동을 조사하여 계속 존속시킬 타당성이 없다고 판명되면 자동적으로 조직이나 활동을 폐지하는 제도이다.

2. 선셋검토의 연혁

1976년부터 1982년 사이에 미국의 36개주에서 선셋검토를 채택하였을 정도로 초기에는 많은 환영과 관심을 야기했다. 그러나 1989년에는 24개주에서 선셋검토를 채택할 정도로 점차 감소하였으며 선셋검토가 존속하는 주의 경우도 선셋검토의 내용이 많이 변경되었다. 아직도 미국의 일부 주에서는 선셋검토가 시행되고 있으나 과거의 성황에 비하면 현저하게 퇴조한 상태라고 할 수 있다. 1978년에서 1981년 사이에 미국의 주정부에서 선셋검토에 의해 폐지된 부서는 검토대상의 16%에서 23%였으며 1984년에서 1988년 사이는 평균 13%를 기록했다.

3. 선셋검토의 내용

선셋검토에 의해 조직이나 활동은 폐지되거나, 존속되거나, 수정되어 존속되는 세 가지 결과 중 하나가 선택되었다. 선셋검토가 어떤 내용을 갖고 있는가를 살펴보는 가장 좋은 방법의 하나는 실제로 선셋검토위원회가 어떻게 구성되는가를 조사하는 것이다. 미국의 텍사스 주에서는 8명의 의원이 위원회를 구성했는데 주하원의장이 지명하는 4명의 하원의원과 부주지사가 지명하는 4명의 상원의원이었다. 텍사스 주의 선셋검토위원회는 23명의 전문보좌관을 거느리고 있었는데 법률, 정치, 행정, 교육, 경영, 회계, 경제학, 사회복지 등의 배경을 가진 사람들로 구성되어 있었다. 선셋검토는 정부조직의 활동이나 사업을 구조, 절차, 성과의 측면에서 평가함으로써 정부의 규모를 축소하고 효율적인 행정을 달성하고자 했다.

4. 선셋검토의 장·단점

선셋검토가 초기의 관심에 비추어 퇴조한 가장 큰 이유는 의회의 활동이 부실하여 심도 있는 검토가 불가능했다는 데 있다. 선셋검토는 의회의원들로 하여금 많은 시간과 비용을 투입하도록 요구하는 활동인데 의회의원들의 시간과 능력이 이를 뒷받침하지 못하였다. 또한 로비능력이 강한 부서는 선셋검토시에 강력한 로비활동을 전개하여 생존하는 비율이 높았으며 특히 텍사스주에 대한 연구결과가 이를 뒷받침한다. 선셋검토는 시민참여가 중요한데 대부분의 공청회에서는 일반시민보다는 이익단체들이 공청회를 압도하는 경우가 많았으며 선셋검토가 왜곡되는 결과를 초래했다. 선셋검토는 부서의 구조, 활동, 성과를 평가하지만 적절한 평가기준이 존재하지 않았으며 전체적인 관점에서 평가하지 못함으로써 선셋검토가 내실 있는 의회감독행위가 되지 못했다는 비판도 있다.

이러한 단점에도 불구하고 선셋검토는 긍정적인 측면을 갖고 있었는데 체계적이고 지속적인 의회감독이 가능했다는 점을 우선 들 수 있다. 다음으로 선셋검토를 의식한 행정부서가 스스로 변화를 시도했다는 점이다. 행정부서는 보다 효율적 관리에 대한 관심이 고조되었으며 부서가 폐지되지 않도록 노력하는 와중에서 업무와 조직이 현저하게 개선되었다. 마지막 장점은 선셋검토를 통과한 조직은 정치적으로 조직존립에 정당성을 부여받게 되어 조직이 안정되고 자신감 있는 조직으로 탄생하였다는 것이다.

4.6 한국의 예산심의

1. 예산심의절차

감사원은 감사원의 검사를 거친 매년도 세입·세출의 결산을 회계연도마다 국회에 제출하고 있어 결산에 대해서도 국회가 최종적인 심의를 거쳐 확정하고 있다. 국회는 행정부에서 제출한 예산안과 감사원의 검사를 거친 결산서를 종합적으로 심사하기 위해 예산결산특별위원회를 두고 있다. 예산안과 결산이 동 위원회에서 심의·의결된 대로 본회의에서 의결되는 경우가 대부분이므로 예산결산특별위원회는 국회의 예산안과 결산 심의에 있어서 결정적인 역할을 수행하고 있다고 볼 수 있다. 국회에는 상임위원회와 특별위원회의 두 가지 종류의 위원회가 있는데 예산결산특별위원회는 원래 상설기구가 아니었으나 이제는 상설기구로 전환되었다. 국가의 경제활동에 있어서 재정의 역할이 증대되고 이에 따라 국회의 예산안 및 결산에 대한 심사기능을 한층 더 전문화하고 효율화시킬 필요성이 높아짐에 따라 제15대 국회 말 국회법을 개정(2000. 2. 16)하여 제16대 국회(2000. 5. 30)부터 예산결산특별위원회를 연중 운영되는 상설특별위원회로 전환한 것이다.

2. 국회예산정책처의 사전 검토

국회는 정부 예산안에 대한 심층적 심사를 위해 2004년에 '국회예산정책처'를 신설하였다. 국회법 제22조의2에서 '국가의 예산결산·기금 및 재정운용과 관련된 사항을 연구·분석·평가하고 의정활동을 지원하고자 국회예산정책처를 둔다'라고 규정하고 있으며, 국회의장 소속 기관이다. 국회예산정책처는 예산안 및 결산, 기금운용계획안 및 기금 결산에 대해 정기적으로 보고서를 발간하고, 법률안 등 의안에 대한 비용 추계, 국가재정 운용 및 거시 경제 동향 분석, 중장기적 재정소요 분석 등의 업무를 담당하고 있다.

3. 예산결산특별위원회

예산안과 결산을 심사하기 위해 국회는 예산결산특별위원회를 두고 있다. 한국은 미국과 달리 예산결산특별위원회가 특별위원회의 성격을 가진다(주용식 · 이승현, 2017). 예산결산특별위원회의 위원의 임기는 1년이며 위원장은 예산결산특별위원회의 위원 중에서 임시의장선거의 예에 준하여 본회의에서 선거한다. 예산결산특별의원회의 위원수는 50인이다(국회법 제45조 제1-4항). 예산결산특별위원회는 예산안, 기금운용계획안 및 결산 관련 사항을 분담 · 심사하기 위하여 상설소위원회를 둘 수 있고, 필요한

표 4-4 | 한국과 미국의 예산결정 구조 비교

구분	한국	미국
예산 관련 위원회	○ 예산결산특별위원회 - 특별위원회의 성격 - 예산과 결산 모두 담당	○ 예산위원회 - '총량심사' 수행 - 예산결의안 제출 ○ 세출위원회 - 재량지출인 세출법안 담당 - 예산결의안의 지출한도를 배분 ○ 세입위원회/재정위원회: 세입법안, 국가채무 한도 등의 입법담당 ○ 수권위원회 - 의무지출인 세출법안 담당 - '검토 및 추계 보고서' 제출
예산심사 방식	○ 2단계 상향식(Bottom-up) 방식 - 상임위원회의 예비심사 - 예산결산특별위원회의 종합심사	○ 5단계 하향식(Top-down) 방식 - 양원의 예산위원회가 총량을 결정하고, 세출위원회 및 수권위원회가 예산을 편성(하원 · 상원 모두 진행) - 양원간의 이견은 양원협의회에서 조정
지출방식에 대한 심사	○ 심사과정에 구분없음	○ 의무지출과 재량지출로 구분하여 별도의 과정에서 심사
예산수정 권한	○ 예산의 증액 또는 신규 비목설치를 위하여 정부동의 필요	○ 헌법상 의회에 예산편성과 예산심의에 대한 권한 인정
예산심사 기간	○ 정부 예산안 제출 이후 90일	○ 대통령 예산서 제출 이후 8개월 간의 심사기간 보유
예산법률주의 여부	○ 미채택	○ 채택
결산	○ 국회의 결산과정	○ 회계감사원(GAO)에 의한 회계감사와 평가

자료: 주용식 · 이승현(2017: 130~131).

경우에는 특정한 안건의 심사를 위하여 소위원회를 둘 수 있다(국회법 제57조 제1항). 예산결산특별위원회는 소위원회 외에 그 심사의 필요성에 의하여 이를 수 개 분과위원회로 나눌 수 있다(국회법 제57조 제9항).

4. 상임위원회와 예산결산특별위원회의 예산심의

예산안의 심의는 정부가 예산안을 제출하고, 상임위원회의 예비심사를 거친 후 예산결산특별위원회에 회부하고, 예산결산특별위원회의 종합심사를 거쳐 본회의에 상정하여 의결한다. 예산안과 결산은 소관상임위원회에 회부하고 소관상임위원회는 예비심사를 하여[11] 그 결과를 의장에게 보고하며 이 경우 예산안에 대해서는 본회의에서 정부의 시정연설을 듣는다(국회법 제84조 제1항). 예비심사과정에서 각 부처가 국회에 제출한 성과보고서와 성과계획서, 재정사업 자율평가 결과 등은 국회심사과정에서 중요한 기초자료로 활용되며, 예산안 종합심사과정에서는 예산안 증감 판단을 위한 중요한 기초자료로 활용된다.

의장은 예산안과 결산을 소관상임위원회에 회부할 때에는 심사기간을 정할 수 있으며 상임위원회가 이유 없이 그 기간 내에 심사를 마치지 아니한 때에는 이를 바로 예산결산특별위원회에 회부할 수 있다(국회법 제84조 제6항). 국회의장은 예산안과 결산에 상임위원회의 예비심사보고서를 첨부하여 이를 예산결산특별위원회에 회부하고 그 심사가 끝난 후 본회의에 부의한다(국회법 제84조 제2항).

상임위원회의 예비심사는 예산결산특별위원회의 심사에 앞선 예비적 성격을 가지며 예비심사결과는 예산결산특별위원회를 구속하지 못한다. 다만, 국회법은 예산결산특별위원회로 하여금 상임위원회의 예비심사 내용을 존중하고, 상임위원회에서 삭감한 세출 예산금액을 증가시킬 때에는 상임위원회의 동의를 받도록 하고 있다(국회법 제84조 제5항).

예산결산특별위원회의 예산안 및 결산의 심사는 제안설명과 전문위원의 검토보고를 듣고 종합정책질의, 부별 심사 또는 분과위원회심사 및 찬반토론을 거쳐 표결한다. 이 경우 위원장은 종합정책질의를 함에 있어서 간사와 협의하여 각 교섭단체별 대표질의 또는 교섭단체별 질의시간할당 등의 방법으로 그 기간을 정한다(국회법 제84조 제3항). 정부예산안은 예산결산특별위원회에서 심의・의결한 대로 본회의에서

11) 상임위원회의 예비심사 단계는 ① 전문위원의 검토보고 및 대체토론, ② 예산안심사 소위원회 회부 및 심사, ③ 상임위원회 전체회의의 보고 및 의결을 거친다.

그림 4-4 | 국회의 예산안 심의 절차

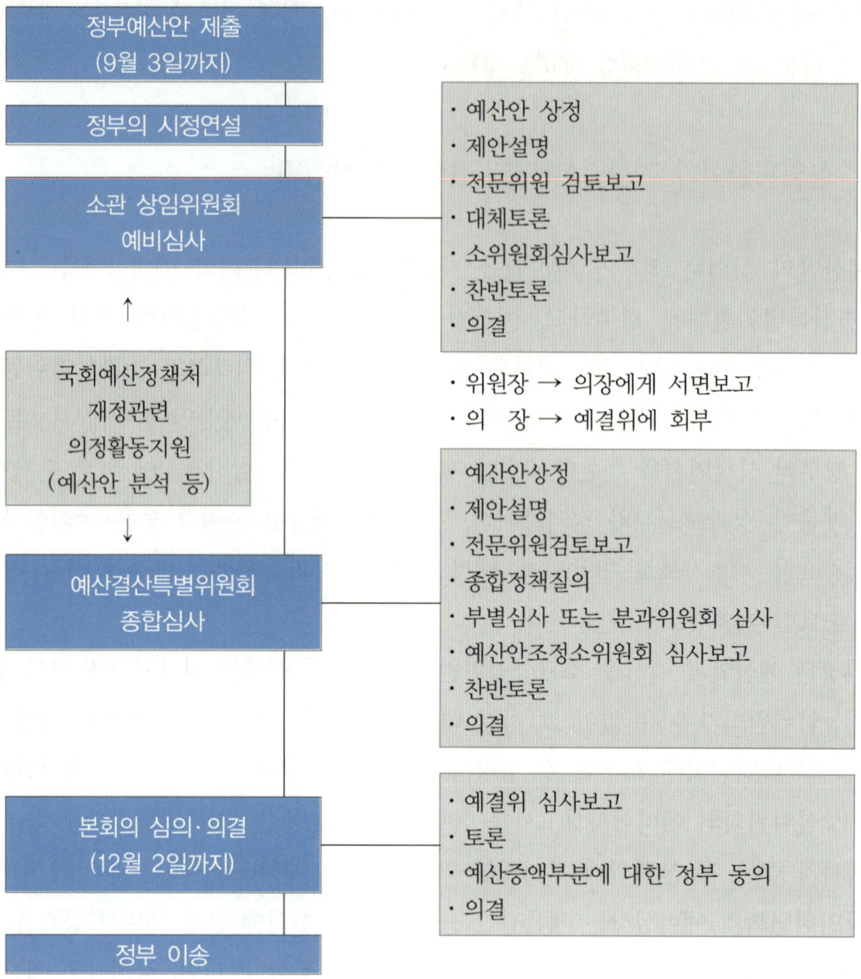

자료: 국회예산정책처(2019), 2019 대한민국 재정, p.159.

의결되는 것이 오랜 관행으로 정착되어 있기 때문에 사실상 예산결산특별위원회 심사결과는 국회전체의 예산심의결과라 할 수 있다(양경숙, 2009).

정보위원회는 국가정보원소관 예산안과 결산, 정보 및 보안업무의 기획·조정, 대상부처소관(對象部處所管)의 정보예산안과 결산에 대한 심사를 하여 그 결과를 해당부처별 총액으로 하여 의장에게 보고하고 의장은 정보위원회에서 심사한 예산안과 결산에 대하여 총액으로 예산결산특별위원회에 통보한다. 이 경우 정보위원회의 심사는 예산결산특별위원회의 심사로 본다(국회법 제84조 제4항). 국가정보원소관 예산은 국가기밀이기 때문에 예산결산특별위원회에 오직 총액으로만 회부하고 심사를 생략하는 것이다.

◎ 참고 국회 예산심의권의 제약

대한민국 헌법 제57조 "국회는 정부의 동의없이 정부가 제출한 지출예산 각 항의 금액을 증가하거나 새 비목을 설치할 수 없다." ☞ 국회의 적극적 수정권을 인정하지 않음	장점	국회의 예산심의권 제약이유는 무분별한 예산증액의 폐단을 방지할 수 있기 때문임
	단점	국회 예산심의권의 제약은 재정민주주의를 저해할 우려가 있음

〈예산안에 대한 외국 의회의 수정 권한〉
미국: 지출한도 내에서 자유롭게 증액 및 삭감
일본: 수입증액이나 지출삭감만 가능
영국: 삭감만 가능

자료: 국회예산정책처(2019).「2019 대한민국 재정」 재구성.

5. 예산안 등의 자동부의 제도

예산안 등의 자동부의 제도는 위원회가 예산안 등(예산안 · 기금운용계획안 · 임대형 민자사업 한도액안)과 세입예산안 부수 법률안의 심사를 11월 30일까지 마치지 못한 경우, 그 다음 날에 위원회의 심사를 마치고 바로 본회의에 부의된 것으로 보는 제도로서, 매년 예산안 심사 기한인 12월 2일을 넘겨 예산안이 처리되던 관행을 개선하기 위하여 도입된 제도이다(국회법 제85조의3). 단, 의장이 각 교섭단체 대표의원과 합의한 경우에는 예산안 등의 자동부의 제도의 예외를 인정하여 예산안 등과 세입예산안 부수 법률안이 본회의에 자동으로 부의되지 않을 수 있다(국회예산정책처, 2019: 167). 예산안 등의 자동부의 제도는 2014년 5월 30일부터 시행되어, 2015년도 예산안 심사부터 적용되어 현재에 이르고 있다.

예산안 등과 세입예산안 부수 법률안이 본회의에 자동 부의되는 경우에는 위원회에서 논의된 사항을 반영하기 위하여 본회의의 수정안이 제안될 수 있고, 실제로 예산안 등의 자동부의 제도가 실시된 이후, 2016년 · 2017년 · 2018년 · 2019년 예산 안 모두 본회의 수정안이 제안되어 가결되기도 하였다(국회예산정책처, 2019: 168).

6. 본회의 의결

예산결산위원회의 종합심사를 거쳐 상정된 예산안은 본회의 의결을 통해 다음 연도 예산으로 확정된다. 예산안을 의결하는 과정에서 국회위원회 또는 본회의의 공식적인 의결에 덧붙여 의견을 제시하는 경우도 있다(정무경, 2011). 우리나라는 예산법률주의를 채택하고 있지 않기 때문에 국회가 특정 예산사업의 집행과 관련된 의지를 표명하는 별도의 수단으로 부대 의견이 활용되고 있지만, 법률에 명시된 근거가 없고, 예산의 일부를 구성하지 않기 때문에 정부에 대한 구속력 여부에 관하여 논란이 있다. 그럼에도 불구하고 부대 의견을 관례적으로 채택하는 것은 부대 의견이 예산결산특별위원회의 수정안에 포함되어 국회 본회에서 심의·의결된다는 점과 헌법 제54조에서 국회가 국가 예산안 심의·의결, 확정하도록 하고 있기 때문이다.

정부는 회계연도 90일 전까지 예산안을 편성하여 국회에 제출하고, 정부가 제출한 예산안을 국회는 회계연도 개시 30일 전인 12월 2일까지 의결하도록 규정(헌법 제54조 제2항)하고 있다. 그 이유는 예산이 확정된 후 예산 배정, 계약·공고 등 지출원인행위, 자금배정 등 집행 준비에 통상 30일 정도가 필요하기 때문이다(정무경, 2011). 우리나라는 새로운 회계연도가 시작되기 전까지 예산안이 의결되지 않으면, 정부는 국회에서 예산안이 의결될 때까지 헌법이나 법률에 의하여 설치된 기관이나 시설을 유지·운영하고 법률상 지출의무를 이행하는 데 드는 경비를 전년도 예산에 준하여 집행할 수 있도록 하고 있다(헌법 제54조 제3항).

4.7 한국의 국민참여예산제도

1. 국민참여예산제의 도입배경: 재정민주주의에 대한 요구

예산이란, 미래에 대한 체계적인 사고를 할 수 있는 수단으로, 한정된 자원을 배분하고자 하는 정책의사결정과정이며 조직의 목표달성을 위한 계획을 화폐단위로 표시한 것이라고 할 수 있다. 결국 조직의 업무를 효과적이고 효율적으로 수행하는 데 필요한 자금을 조달하고 사용하는 것에 관한 의사결정과정이다.

이런 예산에 대해서 그동안 우리나라는 조직 내의 폐쇄주의적인 형태의 의사결정이 이루어지는 경우가 일반적이었다. 하지만 1970년 이후 민주화가 이루어지고, 1990년대 지방분권화가 이루어지면서 정부의 예산에 대한 관심이 높아져 갔다. 더 이상 예산은 특정 조직에 의해서만 관리·감독이 이루어지는 것이 아니라, 국민들의 관심과 참여 속에서 예산이 편성되어 재정민주주의가 실현되도록 하는 것이다.

최근 행정환경의 변화(행정개혁, 신공공관리: NPM, 성과관리), 정치환경의 변화(SNS를 통한 정치활동 등)는 더욱 국민들의 참여의식을 고취시키고 있다. 제도적으로 보장된 참여수단인 주민소송, 주민소환, 주민투표 등이 있고, 2003년 광주광역시 북구에서 주민참여예산제도를 최초 도입·시행 이후, 2011년 지방재정법 개정을 통해 참여예산제도의 실시를 의무화하면서 전국 지방자치단체로 제도의 도입 및 확산이 이루어졌으며, 정부도 2018년에 국민참여예산제도를 도입·시행하고 있다.

우리나라 정부 예산에 대한 참여는 예산감시 운동으로부터 시작하였다. 우리나라의 시민단체는 1980년대 중반 이후부터 국민의 세금을 관리하고 체계적인 계획을 통하여 운영하는 정부의 예산에 대해서 감시를 하기 시작하였다. 그동안 주민을 대표하는 의회가 폐쇄주의적인 행태 속에서 지역예산에 대한 의사결정을 하게 되면서 과연 주민들을 대표할 수 있는가에 대한 의문을 가지게 되었다. 또한 한 신문기사에 따르면, 국민들의 대다수가 현재의 국회의원들에 대한 대표성에 대해서 의문이 있음을 지적하고 있다. 이것은 바로 현재의 대의민주주의가 가지는 한계를 지적하고 있는 것으로, 개선의 노력이 필요하다고 볼 수 있다. 특히 재정 및 예산분야에 대한 국민의 관심을 제고하고, 재정민주주의, 효율성, 그리고 건전성을 제고하기 위한 주민들의 직접적인 참여의 기회를 가질 수 있는 제도적 보완의 필요성이 있는데, 그것이 바로 국민(또는 주민)참여예산제도이다.

주민참여예산제도는 1989년 브라질 포르투 알레그레시에서 시작되었으며, 매우 성공적인 주민참여의 모델로 평가받고 있으며, 참여예산제는 브라질을 넘어서 미국 뉴욕, 시카고, 스페인 세비야, 독립 리히텐베르크 등 많은 도시로 확산되었고, 우리나라도 2003년에 광주 광역시 북구에서 최초 도입·시행 이후, 현재는 전국의 지방자치단체가 의무적으로 실시하고 있다. 우리나라는 중앙정부보다 지방자치단체에서 우선 도입·시행하였다.

정부는 2005년 국가재정법 제정을 통하여 예산과정의 투명성과 예산과정에의 국민참여가 이루어질 수 있도록 규정하였다(국가재정법 제16조 제4항). 정부재정에 대한 국민 참여의 틀은 마련하였으나, 예산과정에의 국민참여에 대한 구체성은 미흡하였다. 정부는 2017년 12월 29일 국가재정법 시행령 개정을 통하여 제7조의2의 신설은 정부 예산과정의 국민참여에 대한 법적 근거를 마련하였고, 국민참여예산제도의 도입·시행을 통하여 국민이 예산사업의 제안, 심사, 우선순위 결정 과정에 참여하여 정부재정의 민주성과 투명성을 제고하고, 국가예산 편성에도 국민의 의사와 목소리가 직접 반영될 수 있도록 했다는 점에서 의의가 있다.

2. 국민참여예산제도

참여예산제는 1989년 세계 최초로 포르투 알레그레 시에서 시행되었는데, 과거 통치시대의 예산결정 형태에서 협력적인 네트워크를 기반으로 하는 정책결정 형태인 거버넌스 시대로의 변화 속에서 나타난 제도로서, 재정민주주의의 모습을 가장 잘 보여주는 제도이다. 참여예산제의 개념은 광의와 협의의 개념으로 살펴볼 수 있는데, 광의의 참여예산제는 예산과정 전반에 걸쳐서 시민들의 참여를 의미하는 제도를 말하고, 협의의 참여예산제는 예산과정 중 예산편성 단계에서 시민들의 참여를 의미한다.

우리나라는 국가재정법 제16조, 국가재정법시행령 제7조의2에서 정부의 예산과정에 국민의 참여가 이루어질 수 있도록 하고, 의견수렴의 결과가 예산편성시에 반영할 수 있도록 하고 있다. 또한 지방재정법 제39조와 지방재정법 시행령 제46조에서 지방예산 편성 등 예산과정에 주민이 참여할 수 있는 제도를 시행하지만, 지방예산 편성과정에의 주민참여를 규정하고 있다. 이상의 규정의 내용을 토대로 볼 때, 우리나라는 협의의 참여예산제를 채택하고 있다고 볼 수 있다.

주민참여는 정부의 정책결정과정에 영향을 미칠 수 있는 지역주민들의 행위로 정의할 수 있다(이승종, 2005: 156-157). 예산에 대한 참여는 정부(또는 지방자치단체)의 발전과 더불어 국민(또는 주민)들의 삶의 질과 밀접한 관계가 있다는 점에서 중요한데, 예산은 일정기간 내에 정부(또는 지방자치단체)의 수입과 지출에 관한 예측·잠정적 수치이면서 동시에 정부(또는 지방자치단체)가 발전 및 국민(또는 주민)을 위한 정책과 사업이 담겨 있기 때문이다.

국민참여예산제도는 정부의 예산과정에서 국민이 직접 참여하여 예산사업에 대한 국민제안, 예산사업의 선호와 우선순위에 대한 국민의 의사와 목소리를 반영되도록 함으로써, 재정민주주의를 구현하기 위한 예산참여제도이다. 현재 국민참여예산제도는 제안 및 심사에 대한 참여대상이 중앙정부인지 지방자치단체인 차이를 제외하고,

주민참여예산제도12)의 특징, 의의, 목적 등은 같다고 볼 수 있다.

3. 국민참여예산제도의 목적

국민참여예산제도의 목적은 재정민주주의의 구현, 재정운영의 투명성과 민주성 제고, 대의민주주의 보완 및 사회협력체계 구축 등이 있다.

첫째, 재정민주주의는 주권자인 국민이 직접 내손으로 나라살림을 꾸리거나 꾸리려고 하는 정치제도나 그 사상을 의미한다(조규상, 2009: 14). 즉 재정주권이 납세자인 국민에게 있음을 의미하는 것으로서, 중앙정부의 경우 2005년 국가재정법 제정(국가재정법 제16조)하고, 2017년 국가재정법시행령 개정(국가재정법시행령 제7조의2)을 통한 예산과정에의 주민참여를 규정하고, 지방정부의 경우 2005년 8월에 지방재정법의 개정(지방재정법 제39조)을 통한 지방예산편성과정에 주민참여를 명문화하는 등 재정민주주의에서 의미하고 있는 국민(또는 주민)들의 의사가 반영되고, 예산을 감시하고, 잘못된 부분을 시정할 수 있는 능동주체로서의 재정참여가 이루어질 수 있는 토대가 마련되었다.

둘째, 국민참여예산제도는 국가의 재정역량, 재정운영의 투명성, 민주성 등을 향상시키는데 중요한 역할을 한다. 국민들이 국가의 예산편성에 직접 의사를 표현함으로써 전시행정으로 인한 예산 낭비를 사전에 예방할 뿐만 아니라, 예산에의 직접적인 국민의 참여와 적극적인 의견수렴은 정부예산을 국민과 함께 만들어 가는 본질적인 민주주의를 실현을 가능하게 할 수 있다.

셋째, 대의민주주의의 보완적 의미로서의 특징을 가지고 있다. 폐쇄적으로 운영되어 온 예산과정에 대해서 국민들이 보다 쉽게 참여(국민의 제도 접근의 용이성)하고, 국민-정부 간 토론 및 정보공유를 통한 소통기반에 의한 국민-정부 상호 간 협의의

---

12) 나중식(2004), 곽채기(2005), 윤영진(2005)은 주민참여예산제도가 지향하는 목적과 이념을 다음과 같이 정리하고 있다(나중식, 2004: 462; 곽채기, 2005: 249-250; 윤영진 2005: 452). 첫째, 주민참여예산제도는 지방자치단체장과 지방의회의 인기성, 선심성, 분배성 위주의 비효율적인 재정운영을 방지하기 위한 사전적 시민통제장치의 성격을 가진다. 둘째, 주민참여예산제도는 예산편성권의 분권화·분산화·공유화를 통해 지방재정의 민주적이고 투명하고 효율적인 운영을 위한 지방자치단체와 지역주민의 협력모델의 일종이다. 셋째, 과정적 측면에서 개방성, 공동체성, 평등성, 민주성, 투명성, 담론지향성 등을 지향한다. 넷째, 결과적인 측면에서 주민참여예산제도가 지향하는 가치는 대응성, 효율성, 형평성 등이. 이것은 주민의 요구가 반영된 효율적이고 공평한 예산이 편성되어야 함을 의미하는 것으로 여기서 말하는 효율성은 배분적 효율성과 기술적 효율성이 모두 포함된 것을 의미하고, 형평성은 계층간, 지역간 성별 등등의 공평한 예산배분을 의미한다.

결과반영 등은 국민의 의사와 선호, 국가 예산사업의 우선순위에 대하여 능동적으로 의사가 반영될 수 있는 통로(path)를 열어주는 계기가 될 수 있다.

4. 국민참여예산제도의 운영절차

국민참여예산제도는 6단계의 운영절차를 통하여 시행하고 있다. 1단계 사업제안 및 관리, 2단계 부처 예산안 요구, 3단계 제안사업 논의, 4단계 사업 선호도 조사, 5단계 정부 예산안 반영, 6단계 국회의 예산안 심의·확정으로 구분할 수 있다.

1단계는 사업제안 및 관리이다. 온라인(국민참여예산 홈페이지)와 오프라인(우편 등)으로 국민들의 사업제안을 받고, 제안받은 사업에 대하여 적격성 점검(예비타당성 조사 등 선행절차 필요 사업, 법 개정 선행 필요 사업, 특정 지역·단체지원 사업 등은 후보사업에서 제외)을 하고, 민간전문가와 각 부처는 국민 제안사업을 숙성하여 예산사업으로 구체화한다.

2단계는 부처 예산안 요구이다. 각 부처는 예산요구안에 국민의 사업제안 중에서 적격성 점검을 통과하고, 예산 사업화된 후보 사업을 포함하여 기획재정부에 제출한다.

3단계는 제안사업 논의이다. 예산국민참여단은 국민들이 제안한 참여예산사업을

그림 4-5 | 국민참여예산제도의 운영절차

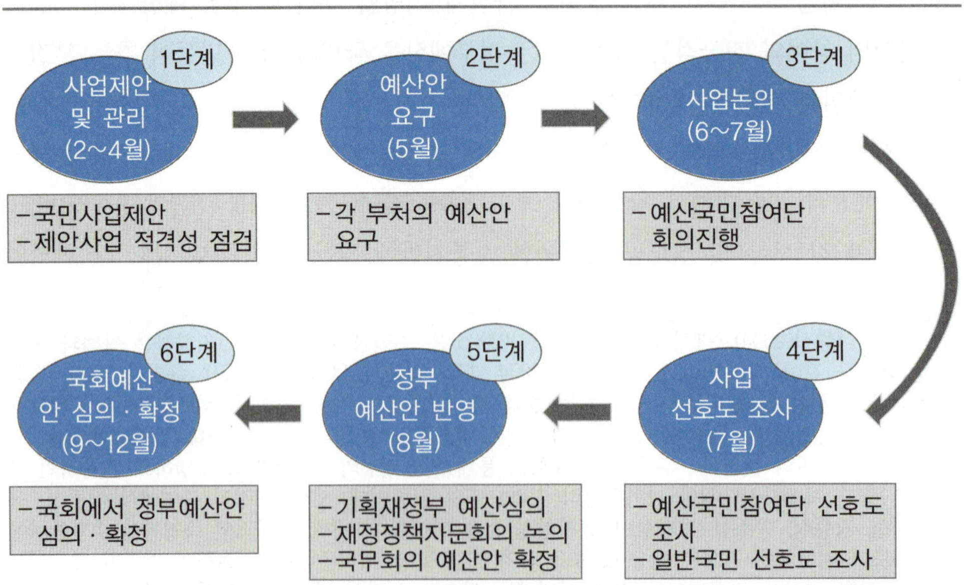

자료: 국민참여예산제도 홈페이지.

논의하는데, 각 부처가 요구한 참여예산 후보사업을 논의하여 압축한다.

4단계는 사업 선호도 조사이다. 제안사업 논의를 거쳐 압축된 후보사업에 대하여 일반 국민조사와 참여단 투표를 실시한다. 일반국민은 성별・연령별・지역별 대표성이 확보되도록 표본을 추출하여 설문 조사를 실시하고, 예산국민참여단은 오프라인으로 투표를 실시한다.

5단계는 정부 예산안 반영이다. 기획재정부(예산실)의 예산심의와 재정정책자문회의 논의를 거치고, 차관・국무회의에서 참여예산사업을 포함한 정부예산안을 확정한다.

6단계는 국회의 예산안 심의・확정이다.

5. 참여예산제도에 대한 평가와 방향

우리나라의 참여예산제도는 그 역사가 오래되지 않았을 뿐만 아니라 정부의 국민참여예산제도는 2018년에 시행되었기 때문에 체계적이고 총체적인 평가를 내리기는 어렵다. 종합적인 평가의 어려움에도 불구하고, 최상한(2010)의 연구는 기존연구(김도희・정준금, 2006; 박광우, 2006; 김배원, 2006; 전주상, 2008; 김철, 2008; 박민정・최성락, 2009; 안성민・최윤주, 2009)들이 제시한 연구결과를 바탕으로 주민참여예산제도에 대하여 종합적으로 평가하였다.

표 4-5 | 주민참여예산제도의 효과와 한계

주민참여예산제도의 효과	주민참여예산제도의 한계
① 재정민주주의 확대, ② 예산운영의 투명성, ③ 주민의 권리의식 신장, ④ 지방정부의 민주적이고 협의적 의사결정 문화형성, ⑤ 지역현안 해결 등	① 참여자의 예산에 대한 이해와 전문성 부족, ② 집단이기주의 혹은 소수 개인 및 단체의 참여 독점, ③ 절차적 합리성 결여, ④ 의회기능과의 충돌, ⑤ 중앙정부 표준조례안에 따른 주민참여예산제도의 형식화 등

이처럼 참여예산제도는 긍정적 효과와 부정적 한계가 동시에 나타난다. 분명한 것은 참여예산제도를 통하여 정부의 예산과정에 대한 국민의 의사와 목소리가 직접 반영될 수 있도록 함으로써 정부 재정의 투명성과 민주성에 기여할 수 있다는 점이다. 예산과정에 대한 국민의 적극적 참여(의견제시, 사업제안 등)를 통하여 진정한 재정민주주의를 실현할 수 있도록 정부는 지속적인 관심과 노력을 바탕으로 제도를 보

완 · 개선해 나가야 한다.[13)]

13) 첫째, 정부의 예산과정은 복잡하고 전문적이기 때문에 비전문가인 국민의 참여가 장기적 안목이 아닌 자기 중심적 판단을 가져와 예산의 효율성이라는 목적을 살리지 못할 수 있기 때문에 지속적인 예산학교 운영 등을 통하여 참여예산에 대한 올바른 인식과 체계성을 갖추도록 교육과 학습이 연계되어야 한다. 둘째, 국민이면 누구나 참여할 수 있고, 적극적인 의견을 개진할 수 있도록 개방적이어야 하고, 주민의 자율적 · 능동적 참여가 활성화되도록 해야 한다. 셋째, 예산과정에 국민참여 및 그 절차가 형식적이지 않아야 하고, 올바른 국민의 참여를 위하여 충분한 정보의 제공도 이루어져야 한다.

참고문헌

곽채기(2007). 광주광역시 북구의 주민참여예산 제도화 과정과 운영 성과. 한국지방재정논집 12(3): 175-211.

곽채기(2005). “주민참여예산제도의 기본모형과 운영시스템 설계 방안.” 한국지방재정논집 10(1): 247-276.

국회예산정책처(2019). 2019 대한민국 재정.

국회예산정책처(2009). 대한민국재정.

권오성 · 오시영(2008). Top-down 예산제도에 의한 예산자원 배분방식의 효율화 방안. 한국행정연구원. 기획재정부 보도자료. (2006).

기획예산처(2007). 한국의 재정 어제 오늘 그리고 내일

김도희·정준금(2006). 울산지역 로컬 거버넌스(Local Governance)의 성과와 한계: 주민참여제와 주민배심원제의 정책 사례를 중심으로. 한국정책학회보, 15(3): 131-158.

김배원(2006). 지방재정운영과 주민참가제도: 지방재정정보공개제도와 주민참여예산제도를 중심으로. 공법학연구, 7(4): 121-150.

김 철(2008). 표준조례제도의 법정책학적 분석: ‘주민참여예산제 운영조례 표준안’을 중심으로. 한국정책학회, 춘계학술대회.

나중식(2004). 브라질 알래그레시의 주민참여예산제도. 한국행정논집 16(3): 457-482.

남기헌(1987). 지방자치실시와 주민참여의 활성화에 관한 연구. 청주대학교 사회과학논총 6(0): 387-416.

박광우(2006). 주민참여예산제도의 모형에 관한 연구. 전남대학교 대학원 석사학위논문.

박민정·최성락(2009). 주민참여 예산제도의 절차적 합리성 분석. 한국정책과학학회보, 13(1): 123-143.

박영희 · 김종희(2008). 신재무행정론. 다산출판사.

배득종(1996). 신 재무행정: 좋은 예산을 찾아서, 박영사.

안성민·최윤주(2009). 주민참여예산제도의 경험과 성과: 5개 자치구를 중심으로. 한국행정논집, 21(4): 1369-1397.

윤영진(2005). 재무행정학. 대영문화사.

이승종(2005). 지방자치론: 정치와 정책. 박영사.

전주상(2008). 예산과정상의 주민참여제도에 관한 연구: 주민참여예산제도의 국내외 사례 비교분석. 한국정당학회보, 7(2): 189-216.

정무경(2011). 예산결정과 재정성과정보의 영향분석-한국의 재정사업자율평가 결과를 중심으로-. 고려대학교 일반대학원. 박사학위논문.

조규상(2009). 재정민주주의: 재정주권과 나라살림의 진일보, 리북.

주용식 · 이승현(2017). 한국과 미국 예산결정과정 비교 분석. 대한정치학회보 25(3): 111-136

최상한(2010). 지방정부 주민참여예산제도의 확산과 영향요인. 한국행정학보, 44(3): 87-113.

Axelrod, Donald (1995). Budgeting for Modern Government, Second Edition, St. Martin's Press, Inc.

Cooper, Phillip, Linda P. Brady, Olivia Hidalgo-Hardeman, Albert Hyde, Katherine C. Naff, J. Steven Ott and Harvey White (1998). Public Administration for the Twenty-First

Century, Harcourt Brace College Publishers.

Curro, Michael J. and Carolyn L. Yocom (1998). Federal Budget Practices in the 1990s. *In* Fred Thompson and Mark T. Green (eds.), *Handbook of Public Finance*, Marcel Dekker, Inc.

Duncombe, Herbert Sydney and Florence Heffron (1983). Legislative Budgeting. *In* Jack Rabin and Thomas D. Lynch (eds.), *Handbook on Public Budgeting and Financial Managment*, Marcel Dekker, Inc., pp. 417-456.

Forsythe, Dall W. (1997). Memos to the Governor, Georgetown University Press.

Grafton, Carl and Anne Permaloff (1983). Budgeting Reforms in Perspective. *In* Jack Rabin and Thomas D. Lynch (eds.), *Handbook on Public Budgeting and Financial Managment*, Marcel Dekker, Inc., pp. 89-124.

Henry, Douglas, Clive Holtham, Andrew Likierman and John Perrin (1989). Public Sector Accounting and Financial Control, 3rd ed., Van Nostrand Reinhold (International).

Kearney, R. C. (1990a). Curry, L., Politics of Sunset Review in Texas, *Public Administration Review*, January/February, pp. 58-63.

Kearney, R. C. (1990b). Sunset: A Survey and Analysis of the State Experience, *Public Administration Review*, January/February, pp. 49-57.

Klay, William Earle (1983). Revenue Forecasting: An Administrative Perspective. In Jack Rabin and Thomas D. Lynch (eds.), *Handbook on Public Budgeting and Financial Managment*, Marcel Dekker, Inc., pp. 287-315.

Mosher, Frederick C. (1984). A Tale of Two Agencies: A Comparative Analysis of the General Accounting Office and the Office of Management and Budget, Louisiana State University Press.

Parker, Steven (1983). Budgeting as an Experession of Power. In Jack Rabin and Thomas D. Lynch (eds.), *Handbook on Public Budgeting and Financial Managment*, Marcel Dekker, Inc., pp. 61-87.

Premchand, A. (1995). Effective Government Accounting, International Monetary Fund.

Reed, B. J. and John W. Swain (1997). Public Finance Administration, Second Edition, Sage.

Rubin, I. S. (1992). Budget Theory and Budget Practice: How Good the Fit? In Albert C. Hyde (ed.), *Government Budgeting: Theory·Process·Politics*, Second Edition, Brooks/Cole, pp. 81-94.

Schick, A. (ed.) (1987). Perspectives on Budgeting, Second Edition, the American Society for Public Administration, pp. 218-238.

Schick, A. (1995). The Federal Budget: Politics, Policy, Process, The Brookings Institution, Washington D. C.

Sokolow, A. D. and B. W. Hondale (1987). How Rural Local Governments Budget: The Alternatives to Executive Preparation. *In* Allen Schick (ed.), *Perspectives on Budgeting*, Second Edition, the American Society for Public Administration, pp. 171-186.

Stene, E. O. (1987). Seven Letters: A Case in Public Management. *In* Allen Schick (ed.), *Perspectives on Budgeting*, Second Edition, the American Society for Public Administration, pp. 187-200.

Sutton, Jim (1989). Financial Management Reform and the Management of Public Resources. *In* New Zealand Society of Accountants, *Managing Resources in the New Public Sector*, 1989 Public Sector Convention, New Zealand Society of Accountants.

Swan, Wallace K. (1983). Theoretical Debates Applicable to Budgeting. *In* Jack Rabin and Thomas D. Lynch (eds.), *Handbook on Public Budgeting and Financial Managment*, Marcel Dekker, Inc., pp. 3-59.

Toulmin, Llewellyn M., and Glendal E. Wright (1983). Expenditure Forecasting. In Jack Rabin and Thomas D. Lynch (eds.), *Handbook on Public Budgeting and Financial Managment*, Marcel Dekker, Inc., pp. 209-286.

Wildavsky, A. (1992). The New Politics of the Budgetary Process, Second Edition, Harper Collins Publishers Inc.

CHAPTER 05

정책집행: 예산집행

CHAPTER 05

정책집행: 예산집행

5.1 예산집행의 이해

1. 예산집행의 정의

예산집행=예산의 배정+자금의 공급+사업수행

예산심의가 종료되고 예산이 확정되면 계획대로 예산을 배정하고 자금을 공급하여 사업을 수행하고 조직의 유지를 위한 지출이 행해지는데 이를 예산집행이라 한다. 단순히 예산으로 정해진 금액을 수납하고 지출하는 것만이 아니라 수입의 조정, 예산 및 자금의 배정, 지출원인행위의 실행, 국채의 발행, 일시 차임금의 차입, 세출예산의 이용·전용·이체, 계약의 체결 등을 모두 포함하는 활동으로 행정부 뿐만 아니라 입법부와 사업부에서도 이루어진다(국회예산정책처, 2019: 170). 예산이 의회를 통과하면 예산배정과 적절한 규모의 예비비를 설정하여 집행계획을 수립해야 한다(Pearson, 1987).

예산집행 과정의 통제수단은 신축성 유지수단이라고 볼 수 있으며 예산배정, 예산의 이용과 전용, 추가경정예산을 들 수 있다. 일반적으로 예산의 이용과 전용, 추가

그림 5-1 | 예산의 집행과정

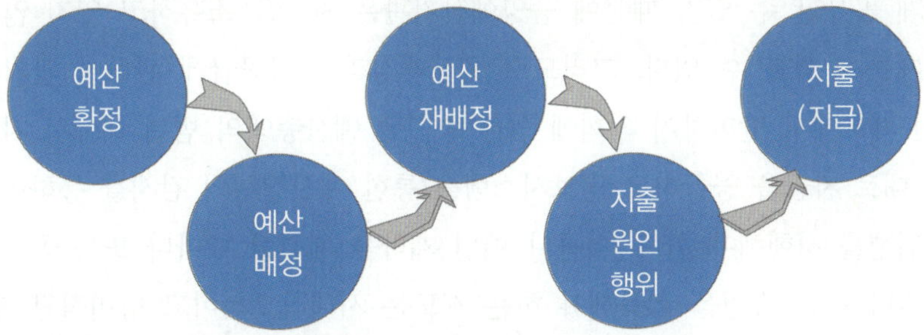

자료: 국회예산정책처(2019), 2019 대한민국 재정, p.171.

경정예산은 예산의 신축성을 유지하는 수단이라고 생각한다. 하지만 예산의 이용과 전용, 추가경정예산의 편성을 통하여 상급기관이 하급기관을 관리하므로 통제수단도 된다. 예산의 집행단계에서의 통제는 상황이 변화하는 데 맞추어서 행하여지므로 결국 상황에 맞춰 신축성 있게 적응하도록 상급기관이 하급기관을 관리한다고 볼 수 있다. 이러한 통제수단이 신축성 유지의 수단이라는 양면성은 예산배정의 경우 두드러진다.

2. 예산배정과 자금공급

예산집행은 예산배정과 자금공급이라는 선행조건이 충족되어야 집행될 수 있다. 예산배정은 확정된 예산을 계획대로 집행할 수 있도록 허용하는 일종의 승인이며, 일반적으로 회계연도를 일정한 단위로 구분하여 매 시간단위마다 적정한 액수를 할당하는데 할당속도의 완급에 따라 거시경제에 미치는 효과가 발생하기 때문에 경기부양을 위해 조기배정하기도 한다(배득종, 1996). 예산배정은 예산의 증액과 삭감, 예비비로서의 예산배정(일정금액을 배정하지 않고 별도로 설정하여 불확실성에 대비), 사전통제역할(예산집행의 선행조건의 충족을 점검가능)을 한다.

정부는 회계연도 초에 1년 동안의 지출예산에 해당하는 모든 자금을 확보하고 있는 것이 아니고 시간이 경과하면서 수입이 발생하기 때문에 주기적으로 자금을 배분할 필요가 있다. 그러나 정부가 이미 확보한 자금을 전액 예산집행기관에 이전하지 않고 일부분만 이전하는 것은 분권화의 시대에 적합한 제도는 아니다. 중앙예산기관은 배정과 자금공급을 통하여 예산집행의 완급을 조절함으로써 예산을 거시경제정책의 도구로 사용하지만 세계화된 경제체제하에서 정부의 재정정책은 과거와는 달리

한계가 많다. 정보통신기술의 발달로 인하여 예산집행기관의 집행내역에 대한 정보를 손쉽게 공유할 수 있기 때문에 중앙예산기관은 자금을 소유하고 있지 않아도 원하는 통제를 수행할 수 있다. 그러므로 예산배정과 자금공급에 관하여 과거의 통제지향적인 제도에서 탈피하여 의회에 의해 승인된 예산총액의 범위 내에서 자금이 확보 되는 대로 자금을 공급하고 정보시스템을 통한 예산집행의 감시를 통하여 분권화된 예산집행을 시행해야 한다. 더구나 매번 계약을 체결할 때마다 또는 공무원을 채용할 때마다 사전 승인을 획득해야 하는 제도는 시대착오적이고 낭비적인 제도이다(Premchand, 1995).

미국에서는 예산안이 의회를 통과하여 확정되더라도 각 항목별로 확정된 예산액을 모두 배정하는 것이 아니라 예산액수의 일부(예를 들어 5%)를 예비비로 설정하고 나머지 금액에 대해 예산배정을 하는 것이 일반적이다. 예산집행부서는 가급적 일찍 배정을 받고 싶어하지만 중앙예산기관은 가급적 배정을 늦추어서 통제와 신축성을 확보하고 싶어한다는 주장도 있다. 예산집행부서가 원하는 예산은 가급적 빨리 집행하기를 원하고 정치적으로 인기가 있는 예산은 가급적 늦게 집행하기를 원한다고 한다(Reed & Swain, 1997).

예산배정은 1개월, 3개월, 혹은 6개월마다 경우에 따라서는 필요할 때마다 이루어진다. 미국연방정부의 경우 일반적으로 관리예산실이 각 부처에 배정하는 것은 apportionment라고 하고, 각 부처 내에서 산하부서에 배정하는 것을 allotment라고 하여 구별한다(Axelrod, 1995). 미국연방정부의 예산집행은 재무장관이 재무부의 중앙계정으로부터 인출가능한 자금을 승인함으로써 시작된다.[1] 재무부의 자금인출승인이 이루어지면 관리예산실은 예산을 배정(apportion)하는데 최근에는 회계연도 초에 모든 금액을 배정하여 부처의 예산집행신축성의 증진을 도모하고 있다. 부처는 예산을 배정 받으면 예산을 재배정(allotments)하고 예산을 배분(allocations)한다. 예산의 재배정은 산하부서에 예산을 배정하는 것이고 예산의 배분이란 예산을 보다 세부항목으로 구분하여 할당하는 것으로서 이미 사업운영계획이나 재무계획에 반영되어 있다(Curro & Yocom, 1998). 한국에서도 각 중앙관서의 장이 각 사업부서에게 예산을 지출할 수 있도록 권한을 부여하는데, 이를 예산의 재배정이라고 한다. 이에 관해서는 국가재정법시행령에서 설명하고 있다(국가재정법시행령 제17조).

제17조 ① 각 중앙관서의 장은 「국고금관리법」 제22조 제1항에 따른 재무관으로

1) 이것을 warrant라고 한다(Curro & Yocom, 1998).

하여금 지출원인행위를 하게 할 때에는 배정된 세출예산의 범위 안에서 재무관별로 세출예산재배정계획서를 작성하고 이에 따라 세출예산을 재배정하여야 한다.
② 각 중앙관서의 장은 제1항에 따라 세출예산을 재배정한 때에는 이를 지출관과 기획재정부장관에게 통지하여야 한다.
③ 각 중앙관서의 장은 예산집행상 필요하다고 인정할 때에는 제1항에 따라 작성한 세출예산재배정계획서를 변경할 수 있다.
④ 각 중앙관서의 장은 필요하다고 인정할 때에는 상급관서의 재무관으로 하여금 재배정받은 세출예산의 범위 안에서 그 하급관서의 재무관에게 이를 재배정하게 할 수 있다.

예산집행시에 상당한 자유재량이 부여되기 때문에 각 부처는 스스로 수많은 의사결정을 하는데 경우에 따라서는 감사원(GAO), 관리예산실(OMB)과 협의하기도 한다. 각 부처는 예산집행의 불확실성에 대비하여 회계연도 말까지 지출속도를 늦추다가 회계연도 말에 접근할 때까지 자금부족사태가 발생하지 않으면 연말에 집중 지출하는데 이러한 관행은 낭비적인 요소도 있지만 불확실성에 대처하는 요소도 있다. 관리예산실이 세출법안이나 계정에 대해 총액만을 배정하면 각 부처는 자신에게 할당된 총액을 세분하여 내부부서에 재배정한다. 내부부서는 규정의 한도 내에서 자유롭게 사람을 채용하고 구매하며 기타 항목에 지출한다. 재배정된 예산으로 구매주문을 하거나, 계약을 체결하며, 실제지출이 발생할 때는 지출에 관한 상세한 내역을 기록한 지출증빙서(voucher)를 작성한다. 각 부처는 내부부서가 작성한 지출증빙서를 사전감사하며 정기적으로 지출의무액수와 실제지출액수를 보고한다(Schick, 1995). 연말에 미집행예산항목을 집중 집행하는 관행을 방지하기 위해서는 예산배정과정을 강화하고 지출패턴을 보다 잘 감시하여야 할 것이다(Staats, 1992).

지출예산이 총액예산으로 확정되면 배정도 총액예산의 형태로 이루어지는데 최근 미국의회는 총액예산(lump sum appropriation)의 비중이 증가하는 경향을 보이고 있다. 예산배정제도는 지출을 통제하여 추가경정예산의 필요성을 사전에 방지하고, 예산의결 후에 변화된 상황을 반영하며, 예산집행보고에 기초하여 보다 바람직한 예산집행을 위한 수단이 된다. 미국연방정부의 경우 각 부처는 매달 예산집행내역을 보고하고 예산배정은 일반적으로 3개월에 한 번씩 이루어진다. 관리예산실이 예산배정제도를 통하여 의회를 통과한 예산을 수정할 때는 의회의 승인을 획득하는 경우와 그렇지 않아도 되는 경우가 있다. 경제가 예상한 것보다 더 침체될 경우 혹은 실제세입이 세입예산에서 추정한 것보다 감소될 것이 확실할 때 예산배정을 통해 예산의 일률적인 삭감을 시도할 수도 있다. 예산배정으로 변화된 상황에 적응하기 어려울 때 추가경정예산을 편성한다. 추가경정예산은 의회와 국민의 관심을 끌지 않는 특징으로 인하여 이를 악용할 수도 있기 때문에 주의를 요한다(Axelrod, 1995).

의회를 통과한 예산이 지출상한선을 결정하는 것이라면 예산집행시 중앙예산기관에서 의회를 통과한 지출액수를 예산배정을 통해 삭감할 수 있고 심지어 불필요한 예산이라면 집행하지 않을 수도 있을 것이다. 다만 법규에 의해 예산을 집행하지 않을 경우 거쳐야 할 절차가 있다면 준수해야 한다. 중앙예산기관이 의회를 통과한 지출액수 중 일정액을 예비비로 설정하게 하거나 배정을 통해서 지출액을 삭감하는 것은 의회의 예산의결에 대한 일종의 거부권의 행사로 볼 수 있다(Pearson, 1987).

미국은 두 가지 형태의 예비비가 있다. 의회가 세출법안을 제정할 때 별도로 설정하는 예비비(allowances)가 있고, 예산이 의회를 통과한 후 관리예산실이 예산배정을 실시할 때 Antideficient Act에 의하여 설정하는 예비비(budgetary reserves)가 있다(Schick, 1995).

3. 정보시스템과 예산집행

예산집행의 감시를 위해서는 집행내용의 상세한 추적이 필요한데 신경망같이 정교한 정보시스템이 요구되며 현재의 추세는 통합재무관리시스템[2]으로 나아가고 있다.

통합재무관리시스템＝세입예측시스템＋세출예측시스템＋회계시스템＋감사시스템＋성과측정시스템

바람직한 시스템이란 우수한 시스템인데 신축성, 신뢰성(정확성과 적정성), 신속성, 대응성(정보요구충족, 관련성을 포함)을 가져야 하며 조기경보시스템의 역할도 수행해야 한다. 예산집행과정에서 필요한 정보는 예산집행기관의 분개장과 원장에서 획득한 정보를 재구성하여 제공한다. 예산집행과정에서 필요한 정보는 반드시 수입과 지출에 국한되지 않기 때문에 대차대조표에 관한 정보도 제공 가능하여야 한다(Premchand, 1995). 그러나 전산화된 시스템을 공유하면 집행과정에 대한 정보를 수

2) 흔히 integrated financial management system이라고 한다.

시로 예산집행기관의 협조 없이 중앙예산기관이 단독으로 획득할 수 있을 것이다.

예산집행에서 중요한 것은 주기적으로 집행내역에 대한 중간보고가 필요하다는 점인데 사업이나 관리상의 문제보다 기계적인 수치보고에 치우친 보고서는 오히려 예산집행에 장애가 된다. 대통령이 자신의 정책목표가 달성되고 있는가를 점검하는 수단이 예산배정과 예산보고서이기 때문에 예산보고서는 정책집행에서 매우 중요한 역할을 수행한다(Pearson, 1987). 정보시스템의 문제로 인하여 정책집행이 바람직하게 수행되지 못하고 있다는 점은 그동안 수 없이 지적되어왔다.

4. 기타 예산집행의 주요한 내용

예산의결 후에 예산집행은 행정부의 소관이고 의회는 최소한의 관여에 그쳐야 한다는 것이 원칙이다. 그러나 실제로 예산집행과정에서 예산의 진정한 모습이 형성되기 때문에 예산편성은 예산집행과정을 통해서 완성된다고 볼 수 있다. 그러므로 의회가 예산집행과정에 개입하지 않는다면 예산편성의 최종결정자로서의 권한을 포기하는 것이라고 볼 수 있다. 다만 문제가 되는 것은 의회가 어느 정도의 범위로 예산집행에 개입하느냐이다. 지나친 개입은 집행의 효율성과 집행기관의 신축성을 저해하기 때문이다(Axelrod, 1995).

예산배정, 예산의 이용과 전용, 추가경정예산은 예산집행과정에서의 통제수단이지만 불확실성에 대비하고 집행기관에게 자율을 부여하는 신축성 유지수단이기도 하기 때문에 통제와 신축성의 조화가 필요하다. 불확실성의 대두 원인은 관리의 필요, 환경변화, 정치적 이유, 예측오류 등을 들 수 있다. 예산은 궁극적으로 집행과정에서 끊임없는 수정을 필요로 하는데 만약 예산이 경직되면 불확실성에 대처할 수 있는 능력을 상실한다. 예산의사결정은 준수하기 위해 수행하는 것이 아니라 조직의 목표를 효율적으로 달성하기 위해 필요하다(Davey & Vos, 1997).

의회는 예산심의와 기타 예산관련업무를 한정된 기간동안만 수행하지 않고 연중 계속하여 수행하는 것이 필요하다. 특히 예산심의만이 아니라 집행의 감시를 위해서 더욱 이러한 태도가 필요하다. 예산편성과 심의에 비해 예산집행에 대한 통제가 매우 소홀하기 때문에 사후감사만이 아니라 사전감사와 중간감사 등 집행과정에 대한 지속적 감시가 필요하다.

미국 의회는 과거에는 매우 구체적 품목별예산을 통과시켰는데 그때에도 백악관의 예산 즉 대통령부(the Executive Office of the President: EOP)의 예산은 일괄총액예산으로 통과시킴으로서 대통령의 예산집행에 자유재량을 부여했는데 이 전통은 오늘날까지 이어지고 있다. 의회가 대통령부의 예산에 대해 관여하지 않으려고 하는 것처럼 대통령의 예산안도 의회의 지출에 대해 관여하지 않음으로서 충돌을 피하고 있다. 1978년에 White House Personnel Authorization-Employment Act가 제정될 때까지는 백악관의 보좌진에 대한 자금은 수권 없이 세출법안에 포함되었다. 그러나 이러한 전통은 백악관의 지출도 심의해야 한다는 주장과 백악관과 관리예산실의 봉급과 비용을 삭감한 사례가 발생함으로써 도전받기 시작했다(Wildavsky, 1992).

5.2 예산집행과 보고에 관한 규정

1. 기획재정부의 배정계획과 자금계획

예산이 성립되면 각 중앙관서의 장은 사업운영계획 및 이에 의한 세입세출예산, 계속비와 국고채무부담행위를 포함한 예산배정요구서를 3개월에 한 번씩, 즉 분기별로 구분·작성하여 기획재정부장관에게 제출하여야 한다(국가재정법 제42조, 국가재정법시행령 제15조). 각 중앙관서의 장이 이와 같이 사업운영계획 및 예산배정요구서를 기획재정부장관에게 제출하면 기획재정부장관은 예산배정요구서와 국가재정법시행령 제16조 의거하여 예산배정계획을 작성한다. 또한 기획재정부장관이 작성한 분기별 예산배정계획은 국무회의의 심의를 거쳐 대통령의 승인을 얻어야 한다(국가재정법 제43조 제1항). 기획재정부 장관은 각 중앙관서의 장에게 예산을 배정한 때에는 감사원에 통지하여야 하고(국가재정법 제43조 제2항), 회계연도 개시 전에 예산을 배정할 수 있는 경비는 ① 외국에서 지급하는 경비, ② 선박의 운영·수리 등에 소요되는 경비, ③ 교통이나 통신이 불편한 지역에서 지급하는 경비, ④ 각 관서에서 필요한 부식물의 매입경비, ⑤ 범죄수사 등 특수 활동에 소요되는 경비, ⑥ 여비, ⑦ 경제정책상 조기집행을 필요로 하는 공공사업비, ⑧ 재해복구사업에 소요되는 경비가 있다(국가재정법시행령 제16조 제5항).

기획재정부 장관은 예산의 효율적인 집행관리를 위하여 필요한 때에는 분기별 예산배정계획에도 불구하고 개별사업계획을 검토하여 그 결과에 따라 예산을 배정할 수 있고, 재정수지의 적정한 관리 및 예산사업의 효율적인 집행관리 등을 위하여 필요한 때에는 분기별 예산배정계획을 조정하거나 예산배정을 유보할 수 있으며, 배정된 예산의 집행을 보류하도록 조치할 수 있다(국가재정법 제43조 제4항~제5항).

각 중앙관서의 장은 국가재정법 제43조 제1항의 규정에 의하여 대통령의 승인을 얻은 예산배정계획을 불가피한 사유로 인하여 변경하여야 할 때에는 사업운영계획과 예산배정계획변경요구서에 그 이유를 명확히 하여 기획재정부장관에게 제출하고(국가재정법시행령 제16조 제2항), 기획재정부장관은 필요한 조정을 한 후 예산배정변경계획을 작성하여 국무회의의 심의를 거쳐 대통령의 승인을 얻어야 한다(국가재정법시행령 제16조 제3항). 예산배정계획의 변경에 관하여 대통령의 승인을 얻은 후에는 기획재정부 장관이 당해 중앙관서의 장에게 예산을 배정하고 감사원에 통지하여야 한다(국가재정법시행령 제16조 제4항).

이 밖에 기획재정부 장관은 예산집행의 효율성과 기금운용계획 집행의 효율성 및 공공성을 높이기 위해서 다음과 같은 사항을 포함한 예산집행에 관한 지침과 기금운용계획의 집행에 관한 지침을 작성하고 매년 1월 말까지 각 중앙관서의 장에게 통보한다.

표 5-1 | 예산집행의 효율성과 기금운용계획 집행의 효율성 및 공공성 제고를 위한 사항

구분	예산집행의 효율성 관련	기금운용계획 집행의 효율성 및 공공성 관련
사항	① 경비유형 및 비목별 예산집행에 관한 사항 ② 전용 및 이용권 위임범위에 관한 사항 ③ 그 밖에 기획재정부장관이 필요하다고 인정하는 사항	① 경비유형 및 비목별 기금집행에 관한 사항 ② 기금관리주체가 변경하고자 할 때, 기획재정부 장관과 협의를 하여야 하는 지출항목 ③ 그 밖에 기획재정부장관이 필요하다고 인정하는 사항
근거	국가재정법 제44조 국가재정법시행령 제18조	국가재정법 제80조 국가재정법시행령 제36조

2. 예산과 회계에 대한 보고

각 중앙관서의 장은 재정지출을 수반하는 중·장기계획을 수립하는 때에는 미리 기획재정부장관과 협의하여야 하고(국가재정법 제7조 제6항), 예산요구서를 제출할 때에 다음 연도 예산의 성과계획서 및 전년도 예산의 성과보고서(「국가회계법」 제14조 제4호에 따른 성과보고서를 말한다. 이하 이 조에서 같다)를 기획재정부장관에게 함께 제출하여야 하며, 기금관리주체는 기금운용계획안을 제출할 때에 다음 연도 기금의 성

과계획서 및 전년도 기금의 성과보고서를 기획재정부장관에게 함께 제출하여야 한다(국가재정법 제8조 제2항).

한편, 사업집행보고서와 예산 및 기금운용계획에 관한 집행보고서에 ① 예산 및 기금운용계획의 월별 집행실적, ② 예산 및 기금 등의 집행부진 사유 및 향후 개선계획, ③ 각 부처 및 기관별 예산낭비신고실적 및 대응실적, ④ 그 밖에 기획재정부장관이 예산 및 기금운용계획의 효율적 집행을 위하여 정하는 사항의 내용이 포함된 경우는 매월 경과 후(「외국환거래법」 제13조에 따른 외국환평형기금은 분기 종료 후) 다음 달 20일 이내에 보고서를 기획재정부장관에게 제출하여야 한다(국가재정법 제97조 제1항, 국가재정법시행령 제48조 제1항).

기획재정부장관은 예산 및 기금의 효율적인 운용을 위하여 제1항의 규정에 따른 보고서의 내용을 분석하고 예산 및 기금의 집행상황과 낭비 실태를 확인·점검한 후 필요한 때에는 집행 애로요인의 해소와 낭비 방지를 위하여 필요한 조치를 각 중앙관서의 장과 기금관리주체에게 요구할 수 있는 권한이 있다(국가재정법 제97조 제2항).

이처럼 기획재정부는 예산과 회계에 관한 보고를 통하여 예산 및 기금운용계획의 집행의 적정을 기하기 위하여 소속 공무원으로 하여금 확인 및 점검토록 하고 있고, 필요한 경우에는 각 중앙관서의 장에게 관련 제도의 개선을 요구하거나 국무회의의 심의를 거친 후 대통령의 승인을 얻어 예산 및 기금운용계획의 집행과 관련하여 지시할 수 있다(국가재정법 제99조).

3. 예산집행심의회

각 중앙관서의 장은 내부통제의 적정을 기하기 위하여 소속관계 공무원 및 예산회계에 관한 학식과 경험이 풍부한 인물로 구성되는 예산집행심의회를 설치·운영하여야 하고, 예산집행심의회의 설치·운영에 관하여 필요한 사항은 기획재정부장관이 정하도록 규정하고 있다(국가재정법시행령 제49조 제1항, 제2항). 각 중앙관서의 장은 유효한 재정관리·재원사용의 적정여부와 집행과정에서 보고된 자료의 신빙성을 분석·평가하기 위하여 소속 공무원으로 하여금 필요한 사항에 관하여 내부통제를 하게 하여야 한다(국가재정법 제98조).

5.3 예산의 이용과 전용

1. 이용과 전용의 개념과 취지

예산이 의회에서 의결된 대로 집행되지 못하고 다른 목적으로 사용될 때는 예산심의기관의 동의를 얻어야 되는 경우와 집행기관의 자유재량에 위임하는 경우가 있다. 한국의 경우 입법과목의 변경은 예산의 이용(移用)이며 예산의 이용은 국회의 동의를 필요로 하나, 행정과목의 변경인 예산의 전용은 국회의 동의를 필요로 하지 않는다. 장, 관, 항까지는 의회에서 의결하나 세항, 세세항, 목은 행정부의 자유재량으로 두고 있는데 장, 관, 항에 해당하는 예산항목의 액수나 내용을 변경하기 위해서는 의회의 의결을 거쳐야 하며 장, 관, 항을 입법과목이라고 한다. 세항 이하의 예산항목은 행정부의 자유재량으로 액수와 내용을 변경할 수 있도록 하는데 세항 이하의 항목을 행정과목이라고 한다. 지나치게 엄격한 예산심의와 구체적 항목까지 규정되는 예산의 확정이 갖는 단점을 해소하고 예산집행의 신축성을 유지하기 위해서 예산의 이・전용(移・轉用)제도를 두고 있는 것이다.

2. 예산의 전용과 이용

각 중앙관서의 장은 세출예산이 정한 목적 외에 경비를 사용할 수 없다(국가재정법 제45조). 다만 다음과 같은 사항에서는 예산의 전용과 이용이 가능하다.

(1) 예산의 전용과 조정

각 중앙관서의 장은 예산의 목적범위 안에서 재원의 효율적 활용을 위하여 국가재정법시행령 제19조[3]가 정하는 바에 따라 기획재정부장관의 승인을 얻어 각 세항

---

3) 국가재정법시행령 제19조 ① 각 중앙관서의 장은 법 제46조 제1항 또는 법 제47조 제1항 단서에 따른 전용 또는 이용에 관하여 기획재정부장관의 승인을 얻고자 하거나 법 제47조 제2항에 따른 이용요구를 할 때에는 전용 또는 이용을 필요로 하는 과목 및 금액과 그 이유를 명백히 한 서류를 기획재정부장관에게 제출하여야 한다.
② 법 제47조 제2항에 따라 예산을 이체받고자 하는 중앙관서의 장은 이체하여야 할 중앙관서의 장과 협의하여 이체의 대상이 되는 예산의 과목과 금액을 명백히 한 서류를 기획재정부장관에게 제출하여야 한다.

또는 목의 금액을 전용할 수 있고, 다른 한편으로는 기획재정부장관이 위임하는 범위 안에서도 세항 또는 목을 자체적으로 전용할 수 있다(국가재정법 제46조). 전용의 승인이 이루어진 후에는 사안에 따라 그 중앙관서의 장 또는 기획재정부 장관, 감사원에 전용명세서를 송부하고, 전용 내역을 국회 소관 상임위원회와 예산결산특별위원회에 제출하여야 한다.

예산의 전용과 유사한 개념으로 예산의 조정이 있는데, 예산의 전용보다 한 단계 낮은 예산 단위 사이에서 금액을 상호 융통하는 것을 의미하며, 예산 집행지침에서는 이를 세목간 조정, 내역변경 등의 용어로 표현한다(국회예산정책처, 2019: 174).

(2) 예산의 이용

각 중앙관서의 장은 예산이 정한 각 기관(機關)간, 각 장(章)·관(款)·항(項)간에 상호 이용할 수 없지만 예산집행상 필요에 의해 미리 예산으로써 국회의 의결을 얻었을 때에는 기획재정부장관의 승인을 얻어 이용하거나 기획재정부장관이 위임하는 범위 안에서 자체적으로 이용할 수 있다(국가재정법 제47조 제1항). 또한 정부조직 등에 관한 법령의 제정·개정 또는 폐지로 인하여 중앙관서의 직무와 권한에 변동이 있는 경우에는 그 중앙관서의 장의 요구에 따라 그 예산을 상호 이용하거나 이체(移替)할 수 있다(국가재정법 제47조 제2항). 예산을 이용 또는 이체한 경우에는 그 중앙관서의 장 및 감사원에 각각 통지하여야 하고, 해당 내역을 국회 소관 상임위원회와 예산결산특별위원회에 제출하여야 한다(국가재정법 제47조 제3-4항).

제46조와 제47조의 차이는 기획재정부장관이 미리 정한 범위 내에서 전용할 경우에는 기획재정부장관의 승인이 필요없지만 그렇지 않은 경우에는 반드시 기획재정부장관의 승인을 얻어야 한다는 의미이다.

(3) 미국의 예산이용과 전용

미국연방정부의 예산집행은 집행과정에서 신축성을 부여하기 위하여 몇 가지 제도적인 장치를 하고 있다. 계정(account)간의 자금이동[4]은 세출법안의 변경을 필요로 한다. 그러나 경우에 따라서는 세출법안에 계정간의 이동을 총지출금액의 일정비율 내에서 허용하는 경우가 있으며 집행부서는 자금이동을 의회에 보고하여야 하지만 법규변경은 필요하지 않다. 계정 내에서 미리 용도가 지정되지 않은 항목간의 자금이동[5]은 법규변경이 필요 없으며 관리자의 자유재량에 속하지만 의회는 부처가

4) 이것을 transfer authority라고 한다(Curro & Yocom, 1998).

이를 보고할 것을 기대한다. 추가경정예산은 최근에는 재정적자를 감축하기 위한 지출상한선으로 인하여 예산집행취소(rescission)요청과 결합하여 제출되거나 지출상한선의 적용을 받지 않는 비상사태로 인한 경우에만 주로 사용되고 있다(Curro & Yocom, 1998).

예산의 이용에 있어서 의회의 승인을 필요로 하지 않는 범위를 설정할 수도 있다. 예를 들어 특정항목간에, 일정액수 이내 혹은 예산항목액수의 일정 % 내에 한하여 의회의 승인 없이 이용을 허용하는 것이다. 예산의 전용도 마찬가지로 자체전용을 허용하는 범위를 특정항목간에, 일정액수 이내 혹은 예산항목액수의 일정 % 내로 제한할 수 있다(Reed & Swain, 1997). 그러나 이러한 사전 규정들은 악용되기 쉽다. 예를 들어 큰 금액을 작은 규모로 분할하여 상부의 승인 없이 이용 혹은 전용할 수 있다.

미국연방정부의 경우 계정간의 지출항목의 이동을 이용(transfer)이라고 하고 계정 내의 활동(activity)간의 지출항목의 이동을 전용(reprogramming)이라고 할 수 있을 것이다. 이용은 쉽게 발견할 수 있지만 자유재량이 부여된 예산집행으로 인하여 전용과 신축적인 예산집행의 차이가 모호하기 때문에 전용의 발견은 쉽지 않다. 그러나 하나의 활동이나 프로젝트로부터 자금을 다른 곳으로 이동하는 것은 명백하게 전용일 것이다. 각 부처는 세출법안에 포함된 규정에 따라 전용을 세출위원회에 사전보고 해야 하며 어떤 전용은 의회의 사전승인을 획득해야 한다. 보통 전용이 필요할 때 각 부처는 세출위원회와 협의하는 것이 일반적이다. 연방최고재판소는 의회가 전용을 거부하는 것은 위헌이라고 판결했지만 의회의 전용거부는 계속되고 있다. 만약 의회가 전용에 대한 거부권을 행사하지 못하게 된다면 의회는 부처에게 자유재량을 부여하지 않고 엄격하게 집행내역을 지시할 것이며 예산집행부서의 신축성은 박탈당할 것이다. 전용에 대한 의회의 거부권행사야말로 예산집행부서의 신축성을 확보하는 담보인 셈이다(Schick, 1995; Wildavsky, 1992). 의회에 사전통보를 해야 할 의무가 없는 전용의 경우에도 집행부서에게 지출품목(line-items)의 구체적인 변화까지 의회에 보고하도록 함으로써 의회감독기능을 수행하고 있다(Wildavsky, 1992).

3. 예산의 이체(移替)와 이월(移越)

(1) 예산의 이체

예산의 이용·전용과 비슷한 제도로서 예산의 이체가 있다. 정부조직 등에 관한

5) 이것을 reprogramming이라고 한다(Curro & Yocom, 1998).

법령의 제・개정 또는 폐지로 인하여 중앙관서의 소관업무와 권한에 변동이 있을 때에 그에 따라 예산의 소속이 변경되는데 이를 예산의 이체라 하며 예산의 이용과 전용을 수반한다. 국가재정법 제47조 제2항에서는 '기획재정부장관은 정부조직 등에 관한 법령의 제정・개정 또는 폐지로 인하여 중앙관서의 직무와 권한에 변동이 있는 때에는 그 중앙관서의 장의 요구에 따라 그 예산을 상호 이용하거나 이체(移替)할 수 있다'고 규정하고 있다.

예산의 이체는 예산의 이용・전용, 그리고 기금운용계획 변경과 마찬가지로 그 내역을 분기별로 국회 소관 상임위원회와 예산결산특별위원회에 제출해야 한다(국회예산정책처, 2009: 73).

(2) 예산의 이월

매 회계연도의 세출예산은 원칙적으로 다음 연도에 이월하여 사용할 수 없으나 국가재정법 제48조에 따라 명시이월비, 연도 내에 지출원인행위를 하고 불가피한 사유로 인하여 연도 내에 지출하지 못한 경비와 지출원인행위를 하지 아니한 그 부대경비 등은 다음 회계연도에 집행을 연기하는 것을 이월이라고 한다. 예산의 이월을 허용하지 않으면 미집행된 예산은 몰수되기 때문에 다시 예산편성에 포함되지 않으면 해당사업은 집행될 수 없다. 이월이 허용되면 해당사업은 집행될 기회를 다시 부여받는 것이다.

각 중앙관서의 장은 예산을 이월하는 때에는 이월명세서를 작성하여 다음 연도 1월 31일까지 기획재정부장관 및 감사원에 각각 송부하여야 하고, 기획재정부장관은 세입징수상황 등을 감안하여 미리 세출예산의 이월사용을 제한하기 위한 조치를 취할 수 있다(국가재정법 제48조 제4항, 제7항).

5.4 추가경정예산

추가경정예산은 원래의 계획에서 예산이 수정되고 변경될 때 회계연도 도중에 편성하여 국회에 상정하는 예산인데, 배정과 예산의 이・전용으로써 해결 불가능한 불확실성에 대처하기 위하여 추가경정예산을 편성한다. 추가경정예산은 여론의 감시와 비판을 덜 받고 의회 역시 소홀하게 대처할 우려가 있다.

미국에서 추가경정예산에 대한 시정부의 사례연구에 의하면 추가경정예산은 상당한 장점을 가지고 있으며 악용될 가능성에도 불구하고 예산집행의 신축성에 기여하고 있다. Forrester는 추가경정예산에 대해 다음과 같이 주장하고 있다(Forrester, 1992). 추가경정예산은 지방의회가 아닌 시정부의 공무원에 의해 주도되었으며 정치적인 이유에 의해 야기되는 대규모의 변화에 비하여 대부분 사소한 변화에 그쳤다. 추가경정예산의 가장 큰 목적은 불확실성에 대처하기 위한 것이다. 불확실성은 관리의 필요에 의해 야기되기도 하고 환경변화에 의해 야기되기도 하며 정치적 관심사로 인하여 대두되기도 한다. 의회 주도의 추가경정예산의 대부분은 정치적인 이유이며 시정부가 주도한 추가경정예산은 예측오류로 인한 필요가 대부분이었다.

추가경정예산의 효과에 대한 의견을 묻는 설문에 대부분의 응답자들이 추가경정예산에 의해 통제가 강화되었고 관리도 개선되었으며 기획도 양호해졌다고 답하였다. 그러나 추가경정예산은 다음과 같은 연유로 인하여 악용될 가능성도 있다. 첫째, 원래 예산편성시에 불가능한 일이 나중에 가능해질 수 있다. 둘째, 예산질의가 생략될 수 있어 주민이나 여론의 감시가 약화될 우려가 있다. 셋째, 지방의회나 이익단체 등 관련된 사람들이 추가경정예산의 편성시에 훨씬 소극적으로 행동한다. 넷째, 잘못하면 예전의 정치적 논쟁과 갈등을 재연할 우려가 있다.

5.5 국민, 입법부, 사법부와 예산집행기관과의 관계

1. 예산집행기관과 국민과의 갈등

미국에서는 국민의 의사에 반하여 예산사정기관이나 예산심의기관이 예산을 삭감하거나 예산항목을 폐지하는 경우 국민에 의해 법적 소송의 제기가 가능하다. 의회가 확정한 예산을 정부가 집행하지 않는 데도 불구하고 의회가 적절한 조치를 취하지 않을 때 국민에게 가능한 유일한 수단은 법원을 통한 해결과 여론의 조성이나 기타 압력을 통한 방법뿐이다. 국민의 의사가 예산심의단계에서도 반영되지 못하거나 반영된 예산이 집행단계에서 집행되지 못한다 하여 국민이 모든 경우에 법원에 제소할 수는 없을 것이다.

미국에서는 헌법이나 법규에 구체적으로 명시된 국민의 권리가 보장되고 있지 못할 때 국민은 정부가 예산을 편성하여 국민의 권리를 실현할 수 있는 사업을 집행하도록 요구할 수 있다. 헌법에 인간다운 삶을 누릴 권한이 있다는 조항을 근거로 특정 사업의 집행을 요구할 수 있는가에 대해서는 의문의 여지가 있지만 보다 구체적인 조항이 있을 때는 법적인 해결이 가능하다고 볼 수 있다.

헌법이나 법규에 구체적으로 명시되지 않고 포괄적으로 규정된 권리에 근거하여 법적 소송을 제기할 수 있는가에 대해서는 논란의 여지가 있을 수 있다. 헌법에 교육을 받을 권리가 명시되어 있다고 대학진학자들의 숫자만큼 대학을 설립하라고 요구하여 예산에 대학설립을 위한 사업의 반영을 촉구할 수 있는가가 좋은 사례이다. 그러나 교육법에 구체적으로 보장된 특정 서비스가 정부에 의해 제공되지 못하고 있을 경우에는 법규에 근거하여 소송을 제기할 수 있을 것이다.

국민들이 명백한 피해를 입었거나 정부의 적절한 조치가 없으면 심각한 위기에 처할 우려가 있는 경우에는 헌법이나 법규에 구체적인 조항이 없다고 하여도 포괄적으로 규정하고 있는 관련조항이 있을 때 법적 해결이 가능하다고 생각한다. 국민이 인간답게 살 권리가 침해되었거나 위협받고 있는 명백하고도 구체적인 상황이기 때문에 구체적이 아닌 포괄적인 조항에 의해서도 구제받을 수 있어야 한다. 우리의 헌법도 행복추구권을 명시하고 있기 때문에 국민의 행복추구권에 근거하여 특정사항은 법적 소송을 제기할 수 있을 것이다.

과반수 이상의 국민들이 원하는 서비스를 정부가 제공하지 않을 때는 연대청원으로 사업의 시행을 요구할 수 있는 권리가 국민들에게 있다고 보아야 한다. 예를 들어, 법적 근거가 없더라도 특정 도시의 주민 중 과반수 이상의 연대청원으로 원하는 서비스의 제공을 지방정부에게 요청할 수 있으며 지방정부가 예산이 부족하면 기존 사업의 예산을 삭감하거나 우선순위를 조정하여 실시하여야 한다. 만약, 지방정부가 예산부족이나 기타 이유로 이를 거절하면 법원에 제소할 수 있다고 보아야 한다. 과반수가 넘는 국민은 대통령이나 지방정부의 장을 선거에 의해 선출할 수 있으며 민주주의는 국민의 의사에 의해 정치를 해야 한다. 선거에 의해 선출된 대통령이나 지방정부의 장이 과반수가 넘는 국민들의 요구사항을 법적 근거가 없다는 이유로 거절한다면 선거시에 국민에게 암묵적으로 약속한 것을 파기하는 것이나 다름 없다.

미국에서는 헌법에 보장된 권리를 국가가 보장해주지 못할 때 국민이 직접 소송을 제기하여 예산으로 반영해 줄 것을 요구한 적이 있으며 사법부는 이에 대한 구체적인 판결을 내려 실제로 국민의 권리를 보장해 주었다. 사회보장 단체에 수용된 수혜자들이 예산부족으로 극심한 고통을 겪고 있을 때 극도의 인권침해가 없도록 정부가 책임을 져야 한다는 헌법조항을 근거로 소송이 제기되었으며 법원은 예산의 증액을 지시했다.

미국의 일부 주에서는 주민들이 원하는 대로 모든 학생들이 대학을 진학할 수 있도록 대학을 설립하는 것이 주정부의 의무라고 하여 주립대학을 주민의 대학진학 요구를 모두 수용할 수 있을 만큼 설립하기도 한다. 그러한 주에서는 고등학교만 졸업하면 성적에 관계 없이 진학할 수 있는 주립대학이 존재한다. 한국은 헌법에 보장된 교육을 받을 권리라는 이유로 대학설립을 요구하는 법적 소송을 제기할 수는 없다라는 것이 학자들의 시각이고 법정의 태도일 것으로 생각한다. 그렇지 않다면 현재의 교육정책의 수정을 요구하는 국민의 소송이 가능할 것이며 획기적인 정책의 변화가 초래될 것이다.

만약 특정 공단의 공해로 인한 주변 어민들의 피해가 극심하여 어민들이 기업에게 호소하였으나 기업은 자신들의 책임이 아니고 공해처리 시설을 갖추어야 하는 공단의 기본 설계가 잘못되었다고 변명하며, 대신 정부가 자신의 잘못을 인정하고 시정할 것을 약속했다고 가정하자. 그러나 예산이 부족하여 정부가 차일피일 미루는 사이에 어민들의 피해가 점점 더 누적되어 가면 어민들에게 공해는 매우 절박하며 생존을 위협하는 심각한 사건이 된다. 어민들이 사법부에 소송을 제기하여 정부가 즉각 공해처리 시설을 갖출 것을 요구할 수 있다.

미국의 경우 법원의 판결내용은 매우 구체적이며 예산이 부족하다고 실시를 더 이상 미루어서는 안 된다 라고 명시하고 있어 긴급비로 해결을 하든지 예비비를 사용하든지 어떤 수단을 써서라도 정부는 사업을 이행하여야 한다. 집행시기에 대해서도 "즉각 실시하여야 한다" 같은 애매한 표현 대신 언제라고 구체적으로 명시하고 있으며 사업의 책임부서와 최고책임자가 언제 중간보고를 하고 언제까지 사업을 완성해야 한다고 밝히기 때문에 엄격한 책임추궁이 가능하다.

2. 행정부와 의회의 갈등

행정부가 의회를 통과한 세출법안의 일부항목에 대한 자금공급을 하지 않으면 예산집행이 정지되는데 이러한 행위는 의회에게는 편리한 점도 있었다. 의회가 통과시킨 후 사정에 의해 의회가 집행을 원하지 않는 사업을 다시 투표에 의해 취소하는 것보다 행정부에서 대통령이 관리예산실과 재무부를 통하여 자금을 공급하지 않음으로써 집행을 취소하는 것이 정치적으로 더 편리했던 것이다. 대통령의 보좌진이 관련의회위원회와 접촉하여 집행취소필요성을 설득하거나 의회위원회가 집행취소에 대해 개의치 않는다는 의사표시를 함으로써 이루어졌다. 그러나 Nixon 대통령은 이러한 정도를 넘어서 자신이 원하는 정책만을 집행하고 국가정책을 다시 수립하는 차원에서 광범위하게 예산집행취소를 실시함으로써 의회의 권위에 정면으로 도전하였다. 전쟁중이 아니면 그 어떤 대통령도 그러한 행위를 하지 않았기 때문에 정치적 파장이 클 수밖에 없었다. 미국은 1960년대 후반부터 1970년대 초반까지 사이에 의회와 대통령과의 대결로 인하여 대통령의 거부권이 증가했고 의회가 2/3 이상의 찬성으로 승인하는 재가결(override)도 늘었다. 대통령은 의결된 예산을 집행할 때 예산의 집행을 연기하거나 집행을 정지하는 관행으로 의회의 권한에 대항하였는데 의회는 속수무책이었으며 이는 재가결에 대한 일종의 거부권으로 사용되었다(Wildavsky, 1992).

1974년 예산법이 탄생하는 직접적인 계기가 된 사건은 1973년 닉슨대통령이 의회를 통과한 세출법안을 집행하지 않고 대대적으로 예산집행을 취소하거나 연기한 행위였다. 닉슨 대통령 이전에도 거의 모든 대통령이 의회를 통과한 일부 세출법안을 몰수하였지만 닉슨 대통령의 몰수행위는 범위, 규모, 심각성, 의회와의 대립적인 스타일에 있어서 전례가 없을 정도로 지나친 것이었다. 닉슨 대통령이 취소하거나 연기한 세출법안은 주로 행정부의 의사에 반하여 의회가 추가한 새로운 사업들이었다. 의회는 대통령의 행위가 헌법위반이며 예산집행취소와 연기가 위법이라는 수많은 소송을 법원을 통해 제기했다. 의회는 100건이 넘는 소송을 최고재판소에 제기하였고 이 중 60개 정도에 대해 판결이 이루어졌는데 압도적으로 의회가 승소하였다(Axelrod, 1995).

닉슨 대통령의 잦은 예산집행취소와 연기에 자극을 받아 의회는 1974년 예산법(The Congressional Budget and Impound Control Act)을 제정한다. 1966년부터 1973년까지는 Schick에 의해 7년간의 예산전쟁이라고 불리울 정도로 행정부와 의회의 갈등이 심각한 시기였다. 이 법규는 의회의 예산심의과정을 개선하고 의회의 승인없이는 대통령의 예산집행취소와 집행연기를 사실상 불가능하도록 만들었다. 행정부에 대한 감시업무는 감사원(GAO)의 원장(Controller General)이 담당하였다. 만약, 대통령이 의회에서 통과된 예산을 집행하지 않으면 감사원(GAO)의 장은 행정부를 법정에 고소하여 법의 준수를 명하는 법원의 명령을 받아 낼 수 있다(Wildavsky, 1992). 닉슨 대통령은 워터게이트스캔들로 인하여 대통령직위에서 축출되기 전 1달도 안 되는 시점에서 이 법에 서명함으로써 거부권을 행사하지 않았다(Schick, 1955). 이 법에 의해 의회의 권한은 매우 강화되었으며 의회 내에 의회예산처(CBO: Congressional Budget Office)가 설립되었다(Swan, 1983).

의회예산처(CBO)는 의회에 정보와 분석을 제공하지만 예산대안에 대한 추천은 하지 않았다. 행정부의 관리예산실(OMB)은 의사결정을 하는 곳인 데 반하여 의회예산처는 중립적 분석을 하는 곳이기 때문에 관리예산실보다 약한 역할을 수행할 수밖에 없다. 1974년의 예산법에 대한 평가는 엇갈린다. 성공이라는 연구와 그렇지 않다는 연구가 있으며 이 법에 의하여 행정부 주도의 예산이 의회 주도로 변화하기 시작했다고 하는 연구도 있다. 그러나 현재 대다수의 의견은 이 법에 의해 의회가 예산에 관하여 실질적 권력을 갖게 되었다는 것이다(Parker, 1983).

1975년 4월 15일 포드(Ford) 대통령, 관리예산실(OMB)의 실장, 주택도시계획(Housing and Urban Development)장관이었던 힐스(Carla Hills), 이상 3명이 예산을 집행하지 않았다는 이유로 감사원(GAO)의 원장에 의해 워싱턴(Washington D. C.)의 법정에 피고로 고소되었다. 언론의 지대한 관심 속에 행정부와 의회의 대결은 몇 개월 동안 계속되었으나 1975년 10월 17일 힐스가 예산집행을 실시함으로써 일단락되었으며 의회는 이 대결에서 승리했다.

3. 법원의 결정과 예산집행

미국에서는 법원이 의회를 통과한 예산을 대폭 변경하는 판결을 내리는 사례가 많다. 예를 들어 뉴욕에서는 공무원들의 연금기금에 의해 사용되는 보험산정방법을 변경하고, 30억 달러를 연금에 지불하도록 요구하는 판결을 내렸다. 미국의 몇 개 주에서는 학교재원조달에 사용되는 공식을 뒤집는 판결과 의료비용 같은 분야에서 예산에 중요한 영향을 미치는 판결을 내렸다. 법원의 이러한 판결이 경우에 따라서는 법원예산에 대한 법원과 행정부간의 갈등의 결과라는 주장도 있지만 이러한 사실을 증명하는 것은 불가능할 것이다. 다만 뉴욕주지사인 Cuomo가 법원의 예산삭감을 놓고 법원과 갈등을 겪었고 갈등을 겪은 직후에 뉴욕시의 공무원연금에 대한 법원판결이 있었다. 뉴욕주에서 법원의 예산은 법원에 의해 제출된 대로 행정부예산에 포함되며 의회는 이를 증액하거나 삭감할 수 있다(Forsythe, 1997).

참고문헌

국회예산정책처(2019). 2019 대한민국 재정.

국회예산정책처(2009). 대한민국 재정.

배득종(1996). 신 재무행정: 좋은 예산을 찾아서, 박영사.

정무경(2011). 예산결정과 재정성과정보의 영향분석－한국의 재정사업자율평가 결과를 중심으로－. 고려대학교 일반대학원. 박사학위논문.

Axelrod, Donald (1995). Budgeting for Modern Government, Second Edition, St. Martin's Press, Inc.

Curro, Michael J. and Carolyn L. Yocom (1998). Federal Budget Practices in the 1990s. In Fred Thompson and Mark T. Green (eds.), Handbook of Public Finance, Marcel Dekker, Inc.

Forrester, J. P. (1992). Rebudgeting: The Serial Nature of Municipal Budgetary Process, Public Administration Review, September/October 1992, Vol. 52, No. 5, pp. 467-473.

Forsythe, Dall W. (1997). Memos to the Governor, Georgetown University Press.

Parker, Steven(1983). Budgeting as an Experession of Power. In Jack Rabin and Thomas D. Lynch (eds.), Handbook on Public Budgeting and Financial Managment, Marcel Dekker, Inc., pp. 61-87.

Pearson, N. M. (1987). The Budget Bureau: From Routine Business to General Staff. In Allen Schick (ed.), Perspectives on Budgeting, Second Edition, the American Society for Public Administration, 1987, pp. 124-155.

Premchand, A. (1995). Effective Government Accounting, International Monetary Fund.

Reed, B. J. and John W. Swain (1997). Public Finance Administration, Second Edition, Sage.

Schick, A. (1995). The Federal Budget: Politics, Policy, Process, The Brookings Institution, Washington D. C.

Staats, E. B. (1992). The Continuing Need for Budget Reform. In Albert C. Hyde (ed.), Government Budgeting: Theory · Process · Politics, Second Edition, Brooks/Cole, 1992, pp. 61-67.

Swan, Wallace K. (1983). Theoretical Debates Applicable to Budgeting. In Jack Rabin and Thomas D. Lynch (eds.), Handbook on Public Budgeting and Financial Managment, Marcel Dekker, Inc., pp. 3-59.

Wildavsky, A. (1992). The New Politics of the Budgetary Process, Second Edition, Harper Collins Publishers Inc.

CHAPTER

06

정책평가: 결산과 감사

CHAPTER 06

정책평가: 결산과 감사

6.1 결 산

1. 결산보고

결산이란 회계연도가 끝나고 예산집행이 종료되면 1년 동안의 세입과 세출을 실제 발생한 대로 계수를 조정하여 요약, 합산하고 기록하는 행위를 말한다. 예산은 회계연도가 시작하기 전에 어떤 수입으로 어떤 지출이 이루어질 것인가를 보여주는 사전계획인 데 비하여 결산은 회계연도가 경과하면서 실제로 발생한 수입과 지출을 요약, 합산, 정리하는 사후 행위이다.

정부의 결산절차는 국가재정법, 국가회계법, 국고금관리법 등에서 규정하고 있는데, 출납사무완결, 각 부처의 결산보고서 등의 작성 및 제출, 기획재정부의 국가결산서보고서 작성 및 국무회의의 심의, 감사원의 결산검사, 국가결산보고서의 국회제출 등으로 이루어진다(국회예산정책처, 2019: 186).

각 중앙관서의 장은 「국가회계법」에서 정하는 바에 따라 회계연도마다 작성한 결산보고서(이하 "중앙관서결산보고서"라 한다)를 다음 연도 2월 말일까지 기획재정부장관에게 제출하여야 한다(국가재정법 제58조). 결산보고서에는 「국가회계법」이 정하는

그림 6-1 | 정부의 결산 절차

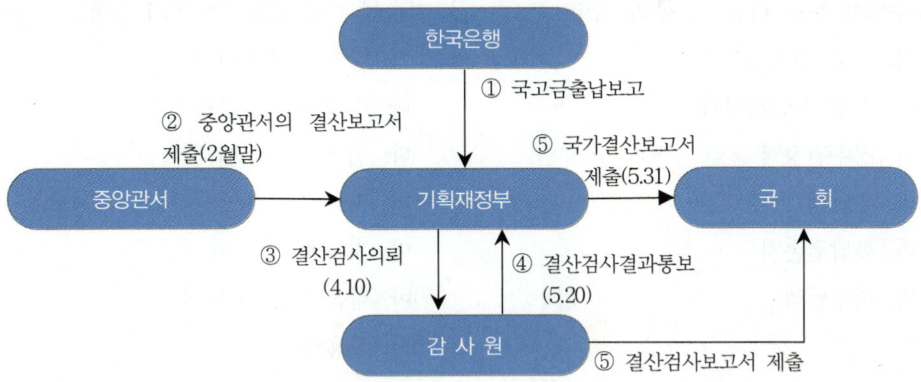

자료: 국회예산정책처(2019), 2019 대한민국 재정, p.187.

바에 의하여 결산개요, 세입세출결산, 재무제표(재정상태표, 재정운영표, 순자산변동표), 성과보고서로 구성된다(국가회계법 제14조).

결산개요는 결산의 내용을 요약하여 예산 및 기금의 집행 결과, 재정의 운영 내용과 재무상태를 분명하게 파악할 수 있도록 작성하여야 한다(국가회계법시행령 제15조 제1항).

세입세출결산은 세입세출예산 또는 기금운용계획과 같은 구분에 따라 그 집행 결과를 종합하여 작성하여야 한다. 이 경우 구체적인 작성사항은 다음의 국가회계법시행령 제14조를 따른다(국가회계법 제15조 제2항).

※ 세입세출결산의 경우

1. 세입에 관한 다음 각 목의 사항
   가. 세입예산액
   나. 이체 등 증감액
   다. 세입예산 현액
   라. 징수결정액
   마. 수납액
   바. 불납결손액
   사. 미수납액

2. 세출에 관한 다음 각 목의 사항
   가. 세출예산액
   나. 전년도 이월액
   다. 예비비 사용액
   라. 전용 등 증감액
   마. 「국가재정법」 제53조에 따른 초과 지출액
   바. 세출예산 현액
   사. 지출액
   아. 다음 연도 이월액
   자. 불용액

※ 기금의 수입지출결산의 경우

1. 수입에 관한 다음 각 목의 사항
   가. 당초 수입계획액
   나. 수정 수입계획액
   다. 징수결정액
   라. 수납액
   마. 불납결손액
   바. 미수납액

2. 지출에 관한 다음 각 목의 사항
   가. 당초 지출계획액
   나. 수정 지출계획액
   다. 전년도 이월액
   라. 지출계획 현액
   마. 지출액
   바. 다음 연도 이월액
   사. 불용액

재무제표는 국가회계기준에 따라 작성하여야 하고(국가회계법 제15조 제3항), 성과보고서는 성과계획서 작성 시 설정된 성과목표와 그에 대한 실적을 대비하여 작성하여야 한다(국가회계법 제15조 제4항). 성과보고서에 제시된 임무, 비전, 전략목표, 성과목표 및 그 주요 내용은 성과계획서와 동일하게 작성하여야 한다. 성과지표에 대한 실적 및 성과달성도를 산정하고, 목표달성 기여도, 목표달성과정 및 성과 미달성 원인분석, 향후 성과이행방안을 제시하도록 하고 있다. 성과보고서와 결산과정과의 연계를 보면 다음과 같다.

그림 6-2 | 성과보고서와 결산과정과의 연계

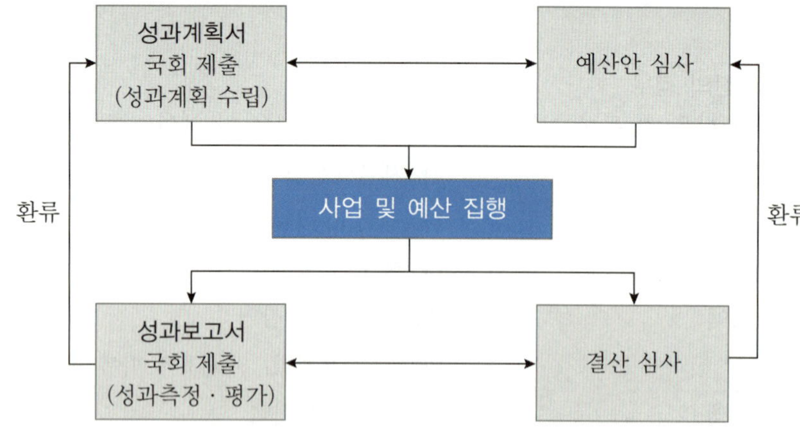

자료: 박노욱 외(2008) 재구성; 정무경(2011) 재인용.

기획재정부장관은 회계연도마다 중앙관서결산보고서를 통합하여 국가의 결산보고서(이하 "국가결산보고서"라 한다)를 작성한 후 국무회의의 심의를 거쳐 대통령의 승인을 받아야 한다(국가회계법 제13조 제3항). 기획재정부장관은 「국가회계법」에서 정하는 바에 따라 회계연도마다 작성하여 대통령의 승인을 받은 국가결산보고서를 다음 연도 4월 10일까지 감사원에 제출하여야 한다(국가재정법 제59조). 감사원은 수입과 지출, 재산의 취득·보관·관리 및 처분 등에 대한 검사를 포함하는 회계 검사를 실시하여 결산의 합법성과 정확성을 확인한다(국회예산정책처, 2019: 186). 감사원은 결산보고서를 5월 20일까지 기획재정부장관에게 다시 송부한 후, 이러한 절차가 완료되면 정부는 감사원의 검사를 거친 국가결산보고서를 다음 연도 5월 31일까지 국회에 제출하여야 한다(국가재정법 제61조).

2. 세계잉여금

국고금 관리법 제4조의2에 따르면, 한 회계연도에 속하는 세입세출의 출납에 관한 사무는 다음 연도 2월 10일까지 완결되어야 한다. 이 때 총세입액과 총세출액이 확정되면 세입세출 결산상의 잉여금이 도출되는데, 매 회계연도 세입세출의 결산상 잉여금 중 다른 법률에 따른 것과 국가재정법 제48조의 규정에 따른 이월액을 공제한 금액을 세계잉여금(歲計剩餘金)이라고 한다(국가재정법 제90조 제2항).

세계잉여금의 규모를 보면, 2012년~2014년에 걸친 3년간 경제여건 악화에 따 세입 실적이 저조하고 재정집행 증가의 원인으로 세계잉여금이 음의 값을 가졌으나, 2015년 이후 세계잉여금은 흑자로 전환하여 지속적으로 증가추세 속에서 2018년 세계잉여금 규모는 13조 1,547억원을 보였다.

표 6-1 | 연도별 세계잉여금 규모(단위: 억원)

구분	2011	2012	2013	2014	2015	2016	2017	2018
합계	64,725	▲1,484	▲7,607	▲7,618	28,138	80,316	112,855	131,547
일반회계	51,285	8,533	812	964	25,276	60,920	100,422	106,575
특별회계	13,440	▲10,017	▲8,419	▲8,582	2,862	19,396	12,433	24,972

자료: 기획재정부 & 국회예산정책처(2019: 205)

세계잉여금은 일반회계 예산의 세입 부족을 보전(補塡)하기 위한 목적으로 해당 연도에 이미 발행한 국채의 금액 범위에서는 해당 연도에 예상되는 초과 조세수입을 이용하여 국채를 우선 상환할 수 있고, 이 경우 세입·세출 외로 처리할 수 있다(국가재정법 제90조 제1항). 또한 「지방교부세법」 제5조 제2항의 규정에 따른 교부세의 정산 및 「지방교육재정교부금법」 제9조 제3항의 규정에 따른 교부금의 정산에 사용할 수 있고(국가재정법 제90조 제2항), 이를 제외한 세계잉여금은 100분의 30 이상을 「공적자금상환기금법」에 따른 공적자금상환기금에 우선적으로 출연하도록 하고 있다(국가재정법 제90조 제3항). 이 밖에 세계잉여금은 100분의 30 이상을 국채 또는 차입금의 원리금, 「국가배상법」에 따라 확정된 국가배상금, 「공공자금관리기금법」에 따른 공공자금관리기금의 융자계정의 차입금(예수금을 포함한다)의 원리금, 그 밖에 다른 법률에 따라 정부가 부담하는 채무 등의 채무를 상환하는데 사용하도록 하고 있다(국가재정법 제90조 제4항).

출연하거나 사용한 금액(국가재정법 제90조 제2항~제4항)을 제외한 세계잉여금은 추가경정예산안의 편성에 사용할 수 있고(국가재정법 제90조 제5항), 제2항부터 제4항에 해당하는 세계잉여금의 사용 또는 출연은 그 세계잉여금이 발생한 다음 연도까지 그 회계의 세출예산에 관계없이 이를 하되, 국무회의의 심의를 거쳐 대통령의 승인을 얻어야 한다(국가재정법 제90조 제6항).

이상의 세계잉여금의 사용 또는 출연은 다른 법률의 규정에 불구하고 「국가회계법」 제13조 제3항에 따라 국가결산보고서에 대한 대통령의 승인을 얻은 때부터 이를 할 수 있다(국가재정법 제90조 제7항). 마지막으로 세계잉여금 중에서 규정에 따라 출연한 금액을 공제한 나머지 잔액은 다음 연도의 세입으로 이입하여야 한다(국가재정법 제90조 제8항).[1)]

그림 6-3 | 국가재정법 제90조에 따른 일반회계 세계잉여금 처리 순서

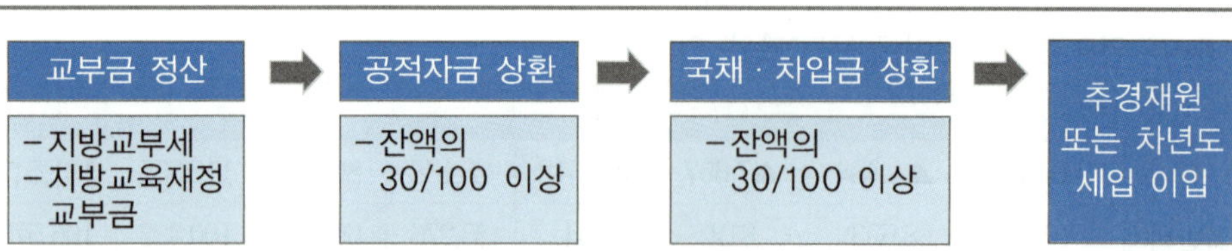

자료: 국회예산정책처(2019: 2016) & 국가재정법 제90조.

3. 기금의 결산

흔히 기금은 일반회계와 특별회계와는 달리 예산에 포함되지 않기 때문에 예산에

1) 일반회계 세계잉여금은 국가재정법 제90조에서 정한 순서에 따라 처리하도록 규정되어 있고, 특별회계 세계잉여금은 개별 법률 규정에 따라 특별회계의 세입으로 이입한다.

서 제외되어 국회의 통제를 받지 않는다고 하지만 이는 정확한 설명이 아니다. 국회의 통제가 미약할 뿐이지 국회는 기금에 대해 제한된 범위 내이긴 하지만 통제할 수 있다. 국가재정법 제58조 제1항과 제73조에서는 다음과 같이 기금의 결산과 감사에 대해서 규정하고 있다. 각 중앙관서의 장은 「국가회계법」에서 정하는 바에 따라 회계연도마다 소관 기금의 결산보고서를 중앙관서결산보고서에 통합하여 작성한 후 다음연도 2월 말까지 기획재정부장관에게 제출하여야 한다. 기획재정부장관은 「국가회계법」에서 정하는 바에 따라 회계연도마다 작성하여 대통령의 승인을 받은 국가결산보고서를 다음 연도 4월 10일까지 감사원에 제출하여야 한다(국가재정법 제59조).

감사원은 이렇게 제출된 국가결산보고서를 검사하고 그 보고서를 다음 연도 5월 20일까지 기획재정부장관에게 송부하여야 한다(국가재정법 제60조). 그리고 정부는 감사원의 검사를 거친 국가결산보고서를 다음 연도 5월 31일까지 국회에 제출하여야 한다(국가재정법 제61조). 이처럼 기금결산에 대하여 기금의 결산보고서를 중앙관서결산보고서에 통하여 국회에 제출하는 것은 물론, 기금의 자산운용이 투명하고 효율적으로 이루어지도록 하기 위해서 기금운용심의회를 거쳐 국회의 소관상임위원회에 자산운용지침을 제출하도록 하고 있다(국가재정법 제79조). 또한 기금운용의 평가에 대하여 기금운용평가단을 두어 기금의 존치 여부를 판단하고, 평가결과를 국회에 제출하고 있다(국가재정법 제82조 제1항~제3항). 그러므로 기금은 감사원의 검사를 받고 국회에 자료가 제출되기 때문에 기금운용계획과 비교하여 국회가 어느 정도 평가를 하고 통제를 할 수 있다. 기금관리주체는 기금운용계획의 집행실적을 기획재정부장관에게 제출하여야 하므로 예산집행이 끝난 후에 기금결산보고서와 기금운용실적보고서의 두 가지 보고서가 작성되는 셈인데 다음에서 알 수 있듯이 양자의 차이는 크지 않다. 기금결산보고서는 궁극적으로 국회에 제출되고 운용실적보고서는 기획재정부장관에게 보고되는 점도 차이점이다.

기금결산보고서는 기금의 수입지출결산을 말하며(국가회계법 제14조 2호), ① 재원조성실적표, ② 성인지 기금결산서, ③ 그 밖에 대통령령으로 정하는 서류 를 포함한다(국가회계법 제15의2 제2항, 국가회계법시행령 제5조 제3항).

4. 결산심의

국회의 결산심의 과정은 「국회법」에 규정되어 있으며, 상임위원회의 예비심사, 예산결산 특별위원회의 종합심사, 본회의 심의·의결 등으로 이루어지는데, 국회 결산심의 의결은 행정부의 재정집행에 대한 승인이라는 성격을 가지며, 예산집행에 대한 사후적 심의를 통하여 행정부의 예산집행의 적법·타당성을 확인하는 절차로서, 다음과 같은 2가지 기능을 가지고 있다(국회예산정책처, 2019: 187-188).

첫째, 위법·부당한 지출여부 및 국회의 의도대로 집행되었는지 여부에 대한 심의를 통한 재정통제기능이다.

둘째, 재정운용결과를 파악하고 그에 대한 분석평가 결과를 다음 연도의 예산편성 및 재정운영에 반영하는 환류기능이다.

이와 같은 국회의 결산심의 절차는 [그림 6-4]와 같다.

그림 6-4 | 국회의 결산심의 절차

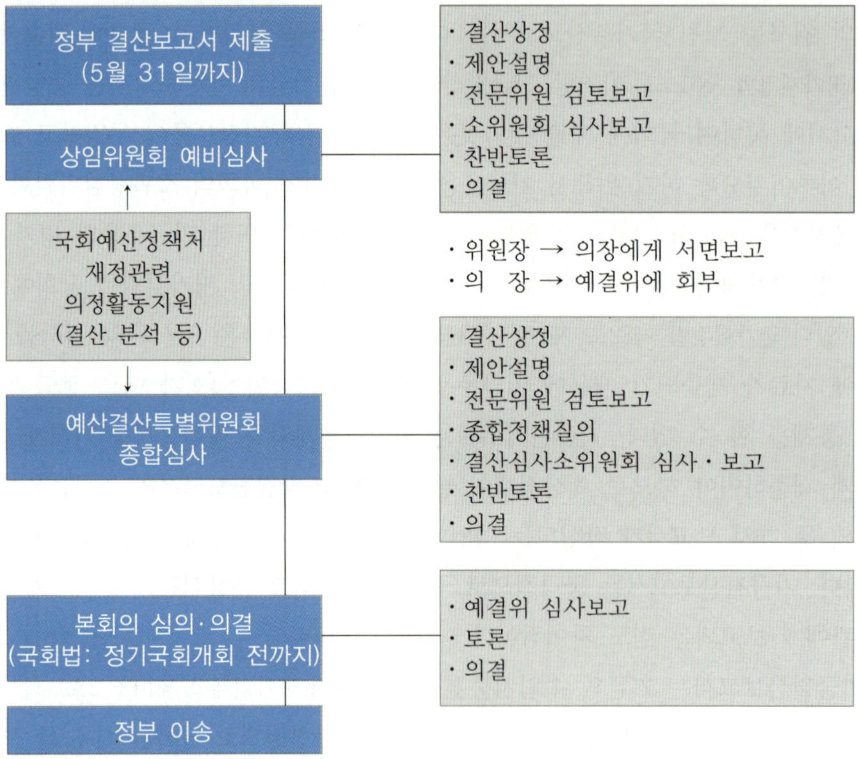

자료: 국회예산정책처(2019), 대한민국재정, p.188.

국회법 제84조 제3항은 결산심사 결과 위법 또는 부당한 사항이 있는 때에 국회는 본회의 의결 후 정부 또는 해당 기관에 변상 또는 징계조치 등 그 시정을 요구하고 정부 또는 해당기관은 시정요구를 받은 사항을 지체 없이 처리하여 그 결과를 국회에 보고하도록 하고 있다. 결산 결과 문제가 있는 특정사안에 대하여 국회가 의결로 감사원에 감사를 요구할 수 있다(국회법 제127조의2).

6.2 감사의 개념

감사는 자료, 정보, 주장, 진술을 조사, 확인, 평가하여 신뢰성을 부여하는 체계적인 과정이며, 또 하나의 신뢰할 수 있는 정보를 창출하는 생산행위이고, 가치를 부여하는 행위이며, 입증행위이다. 감사는 감사대상을 진실이라고 입증하는 것이 아니라 진실이면 진실, 거짓이면 거짓, 모르겠으면 모르겠다고 밝히는 행위이다. 감사에 의해 기존 정보에 가치가 부여되기 때문에 이러한 정보가 수행하는 역할도 증대된다.

효과성과 효율성을 평가하는 현대적 의미의 감사인 성과감사(performance auditing)는 성과평가(performance evaluation)와 사실상 동일하며 감사인(auditor) 대신 평가인(evaluator)이라는 용어를 사용하는 경향이 있다. 성과감사는 사업평가(program evaluation)와 동일하다고 볼 수 있으며, 사업평가를 정책평가(policy evaluation)와 동일시하기 때문에 그런 의미에서 성과감사는 정책평가와 사실상 동일하다. 여기서 정책평가란 효과성을 평가하는 좁은 의미의 정책평가가 아니라 효과성과 효율성을 평가하는 넓은 의미의 정책평가를 말한다. 현대적 의미의 감사는 현대적 의미의 통제기능을 수행한다. 전통적 의미의 통제는 중앙집권적이며 감독지향적이고 규제지향적인 데 반하여 현대적 의미의 통제는 자율을 부여하고 성과에 대해 책임을 지는 분권적 개념이다(Reed & Swain, 1997).

현대적 의미의 감사는 평가와 사실상 구별할 수 없지만 감사는 아직도 평가에 비해 부정적인 의미를 갖고 있는 것이 사실이다. 감사는 정부회계기준, 성과감사기준 같은 일정한 기준을 준수하며 엄격한 직업윤리를 지닌 감사인에 의해 수행되며 평가는 평가기법과 해당분야에 대한 사회과학적 지식을 가진 전문가에 의해 수행된다. 감사는 주로 공인회계사에 의해 이루어지지만 평가는 공인회계사 이외의 전문가에 의해 주로 이루어진다. 그러나 오늘날에는 감사도 공인회계사 이외의 전문가에 의해 많이 수행되고 있다. 미국의 감사원(GAO)은 공식명칭이 General Accounting Office임에도 불구하고 70%의 전문직원은 평가자(evaluators)로 분류되고 있으며 회계사(accountants)로 분류되고 있는 사람은 소수이다(Rist, 1995).

공공부문감사의 범위가 민간부문감사의 범위보다 넓다(Henry et al., 1989). 정부의 사업과 정책은 민간기업업무에 비해 훨씬 복잡하기 때문이다. 정부는 민간기업처럼 목표달성도의 측정이 용이하지도 않고 목표가 하나 이상인 경우가 일반적이다. 사회와 국민에 미치는 영향도 크고 복잡하며 많은 요인들을 중심으로 서로 얽혀 있다. 공공부문에 대한 감사는 민간부문감사에 필요한 전문지식보다 훨씬 더 높은 수준의 지식과 기술을 요하지만 공공부문의 감사가 민간부문의 감사에 비해 훨씬 낙후되어 있다.

6.3 감사의 가치

감사는 전문성과 독립성이 필요하다. 전문성과 독립성은 감사의 가치를 유지하고 감사에 신뢰성을 부여한다.

1. 전 문 성

전문성은 전문가를 선발하거나 감사인을 교육하고 훈련함으로써 확보할 수 있는데, 외부전문가를 이용하는 것도 하나의 방법이다. 공공부문의 감사인이 전문성이 결여되어 있는 것은 심각한 문제이다. 감사원은 공인회계사나 변호사 기타 전문가를 특채하는 방법으로 전문성확보에 노력하고 있지만 이런 방법은 여러 가지 한계와 문제점을 노출하고 있다. 감사원보다 더욱 심각한 것은 각 부처의 감사부서이다. 감사인으로서의 전문성을 갖지 못한 일반공무원이 감사를 실시하기 때문에 전문성의 결여로 피감사인을 올바르게 감사할 수 없음은 물론이다.

2. 독 립 성

독립성은 피감사인의 영향을 배제하고 치우치지 않으며 객관적으로 감사를 실시할 때 유지된다. 감사인의 독립성을 확보하기 위해 법적 책임을 지우거나 윤리규정을 제정한다. 감사기관의 위치, 감사기관책임자의 선출과 임기 등도 독립성의 확보에 매우 중요한 요건이다.

감사인이 독립성을 유지하면 감사인에 대한 신뢰성이 증가한다. 고대 그리스인들은 회계담당자로서 자유인보다 노예를 선호했다. 고문을 할 수 있는 노예가 선서(oath)만 하는 자유인보다 더 신뢰할 수 있다고 믿었기 때문이다(Sawyer & Vinten, 1996).

외부감사인, 즉 감사원은 누구에게 책임을 지는가 하는 문제가 독립성과 관련된 문제이다. 감사원은 궁극적으로 국민에게 책임을 져야 한다. 그러므로 국민에게 책임을 진다는 취지를 생각하여 누구에게 일차적으로 직접적인 책임을 지는가가 결정되어야 할 것이다. 대부분 의회가 국민을 대표하므로 의회에 책임을 진다고 보고 있다. 미국과 영국은 바로 이러한 입장을 취하는 대표적인 국가이다(Henry et al., 1989).

(1) 외적 독립성

외적 독립성은 인적, 재정적 독립성을 말한다. 감사인과 피감사인이 인적으로 재정적으로 독립성을 유지할 수 있다고 판단되는 상황이다. 예를 들어 감사인이 피감사인으로부터 돈을 빌렸다면 감사인의 외적 독립성이 손상되었다고 본다. 또한 감사인과 피감사인이 인척관계이거나, 동창이거나 기타 가까운 인적 관계에 있을 때 외적 독립성이 손상되었다고 볼 수 있다.

(2) 내적 독립성

감사인이 실질적으로 독립성을 갖추었는가를 말하며 내적 독립성을 확인하는 것은 사실상 불가능하기 때문에 외적 독립성에 치중하게 된다.

6.4 감사의 종류

1. 감사의 내용을 기준으로

(1) 회계감사(재무제표감사: Audit of Financial Statements)

경제적 활동과 사건에 관련된 정보에 신뢰성을 부여하는 과정이며, 경제정보가 부정과 오류가 없으며(정확성) 회계기준에 의해 기록 · 보고 되었는가(적정성)를 감사한다. 경제정보에 부정과 오류가 없는 것을 정확성이라고 하고, 회계기준에 의해 기록·보고되는 것을 적정성이라고 할 수 있다. 회계감사는 미국에서는 재무감사(financial audit)라고 하며 재무회계정보를 주 감사대상으로 하고 있는데 재무시스템, 거래내역, 계정을 조사하며 정부회계기준과 의회의 의결을 거친 예산을 준수했는가에 대한 의견을 표명한다. 재무감사는 또한 자금의 흐름을 추적하여 자원이 적절하게 사용되었는가를 평가하는데, 재무감사에서 가장 중요한 것은 내부통제제도에 대한 평가와 발생한 경제적 사건이 최종 재무보고서로 요약될 때까지의 과정을 추적하는 감사인의 능력이다(Reed & Swain, 1997).

회계감사 즉 재무감사의 목적은 다음과 같다. 계정이 모든 거래를 적절하게 기록하고 있는가? 의회가 승인한 목적에 지출되었는가? 지출이 관련규정을 준수하였는가? 지출이 관련규정을 준수하였는가를 감사하는 것은 규정이 공정하고 정확하게 적용되었는가를 확인하는 것이기 때문에 어느 정도 주관적인 판단이 필요하다(Henry et al., 1989).

정부회계기준이 존재하지 않을 경우 회계감사는 정확성에 대한 감사만을 실시할 수 있을 뿐 적정성에 대한 감사를 할 수 없다. 한국은 헌법과 감사원법에서 회계감사라는 용어 대신 회계검사(會計檢查)라는 용어를 여전히 사용하고 있지만, 복식부기 채택과 아울러 국가재정법과 국가회계법을 근거로 2009년 「국가회계기준에 관한 규칙」을 제정하는 등 본격적인 회계감사가 시행될 수 있을 것으로 예측된다.

(2) 준거감사(遵據監查: compliance auditing)

준거감사는 합법성 감사(Audit of Compliance with Laws and Regulations)라고도 말하는데, 법규, 규정, 계약의 준수여부를 감사한다. 회계감사와 준거감사를 합쳐서 전통적 의미의 감사라고 한다.

(3) 성과감사(performance auditing)

성과감사는 효과성과 효율성을 판단하는 감사이다. 미국 감사원은 성과감사가 효과성, 효율성, 경제성을 평가하는 감사라고 설명하고 있는데 경제성은 효율성에 포함되는 개념이기 때문에 성과감사는 효과성과 효율성을 평가한다고 보아야 한다. 성과감사를 효과성평가로 이해하고, 경영감사(management audit)를 효율성감사로 이해하는 경우도 있어 개념상의 혼란이 있다(Brown & Pethtel, 1988). 효과와 효율은 신뢰할 수 있는 정보를 사용하여 평가해야 하므로 성과감사는 전통적인 감사인 회계감사,

준거감사와 유리될 수 없으며 근본적으로 예산회계정보(재무정보)가 필요하다. 그러므로 성과감사[2]는 재무감사와 준거감사를 포함한다고 보아야 한다(Duncombe et al., 1983). Verne B. Lewis에 의하면 효과와 효율을 논한다는 것은 정확한 숫자(precise numbers)를 획득가능하다는 것이므로 성과감사는 당연히 회계감사인 재무감사를 부정하는 것이 아니라 포함하는 보다 넓은 개념이다(Lewis, 1992). 성과감사는 연방정부뿐만 아니라 주와 지방정부에 의해서도 점점 사용이 증가하고 있으며 미국의 캔사스주 같은 곳에서는 교육특별구에서 학교기관에 대한 성과감사를 실시하기도 하였다(Deck & Levy, 1984).

부정, 오류의 적발과 합법성을 확인하는 전통적인 감사에서 효과성과 효율성의 평가가 추가되어 현대적인 의미의 감사로 전환함으로써 감사가 관리개선의 도구가 된다. 즉 목표와 목표를 달성하는 수단인 활동과 과정에 대해 평가하여 효과성과 효율성을 평가하고 보고함으로써 환류(feedback)를 제공하고 대안을 제시하여 미래의 기획에 기여하는 것이다. 효과성과 효율성에 대해 평가한다는 것은 기획과 통제기능을 평가하고 결과적으로 관리전반에 대해 평가한다는 것을 의미한다(Reed & Swain, 1997).

만약 성과감사가 의미를 갖는다면 그것은 정책우선순위변경에 영향을 미쳐야 한다. 정책우선순위변경은 정치적 논쟁과 갈등을 초래할 것이다. 결국 성과감사의 실효성은 정치적 논쟁의 유무에 의해 판단될 수 있다. 한국도 성과감사를 진정 실시한다면 그것의 성공을 판가름하는 중요한 단서의 하나는 감사에 의해 정책우선순위가 영향을 받는가의 여부이다. 성과감사의 결과 정책우선순위가 바뀌지 않는다면 성과감사는 아직도 상징적인 역할만을 수행하는 것이 될 것이기 때문이다.

(4) VFM감사(Value for Money Auditing: VFM Auditing)

성과감사와 동일하게 효과성, 효율성, 경제성[3]을 평가하는 개념으로 영국에서 수행되는 감사이며, 효율을 평가하는 업무감사(operational audit)와 효과를 평가하는 사업평가(program evaluation)의 두 개의 부분으로 구성되어 있다고 한다. 사업평가를 효과성만 평가하는 좁은 개념으로 이해할 때 가능한 설명이지만 사업평가를 효과성과 효율성을 평가하는 넓은 의미로 이해하면 성과감사는 사업평가와 동일하다(Bovaird & Gregory, 1996). VFM감사란 국민이 납부하는 세금에 대해 정부가 국민에

2) 성과감사에 대한 보다 상세한 내용은 다음 문헌을 참조하기 바란다. Sheldon, D. R. (1996). Achieving Accountability in Business and Government, Quorom Books.

3) 이것을 3E라고 한다. 즉 effectiveness, efficiency, economy의 세 가지이다.

게 가치(value)를 제공하고 있는가를 감사하는 것이다(Diamond, 1990). 예산의 가치를 제공하기 위하여 필요한 요인들에게 정당한 관심과 주의(due regard)를 기울였는가, 즉 정당한 고려를 했는가를 평가하는 감사라고 할 수 있다(Dye, 1990).

VFM감사를 효율성감사(efficiency auditing)라고도 하는 것을 보면 value for money를 효율성으로 이해하고 있다고 생각할 수 있지만 효과성과 효율성을 평가하는 감사로 간주해야 한다. 이러한 혼란은 아직도 명확한 개념이 존재하지 않기 때문에 유래하는 것이다. 그러나 영국의회는 1982년에 감사원이 효과성에 대해서도 감사해야 한다고 명시함으로써 미국, 스웨덴, 네덜란드처럼 효과성과 효율성에 대한 감사를 공공부문에서 실시하고 있기 때문에 VFM감사는 효과성과 효율성을 평가하는 감사로 보아야 한다(Henry et al., 1989).

1982년의 영국의 지방정부재정법(The Local Government Finance Act)은 정부의 감사인은 효과성과 효율성을 감사해야 한다고 규정하고 있다. VFM감사는 긴축재정하에서 한정된 재원의 가치를 최대한 높일 수 있도록 예산을 집행하며 생산성을 향상하려는 노력에 의해 대두되었다. 1983년 영국에서 창설된 감사위원회(The Audit Commission)는 자신의 소관하에 있는 총 475개의 지방정부감사 중 30%를 민간회계법인에게 위임하였으며 나머지는 위원회소속 해당지역 감사인에게 일임하였다. 민간회계법인은 VFM감사에 필요한 전문지식이 있는가를 먼저 평가받은 후에 감사업무를 위임받았다(Butt, 1985).

재무감사와 VFM감사는 다른 감사기법을 사용한다. 그러나 VFM감사는 재무감사를 부정하는 것이 아니라 보완하고 연장하는 감사로 이해해야 한다. 유능한 재무감사인이 VFM감사에 있어서도 유능하지만 회계와 감사에 대한 전문지식이 없는 사람들도 적절한 능력과 접근방법을 택한다면 성공적으로 VFM감사를 수행할 수 있다(Henry et al., 1989).

(5) 업무감사(operational audit)

업무감사는 운영감사라고도 하는데 효율성을 평가하는 감사이며 주로 기업에서 수행되는데 경우에 따라서는 효과성, 효율성, 경제성을 평가하는 의미로 사용되기도 하기 때문에 다소 혼동을 야기한다(Gary, 1988). 재무감사가 주로 재무정보에 관하여 감사를 수행하는 데 반하여 업무감사는 조직의 운영에 대한 감사이다. 재무감사가 과거의 사실에 대한 감사인 데 반하여 업무감사는 업무개선에 대해 조언을 제공한다. 재무감사에서 발전되고 확장된 개념이 업무감사이고 업무감사가 발전되고 확장된 개념이 경영감사(management audit)라고 한다(Fonorow, 1989; Pickett, 1997). 어떤 의미로 사용하고 있는지는 명확하지 않지만 생산성감사(productivity audit)라는 용어를 사용하는 사람도 있다(Gary, 1988).

업무감사는 채용시스템, 구매시스템, 제품원가시스템, 작업주문시스템 등 조직의 운영시스템을 감사한다. 업무감사는 절차나 과정상의 약점을 발견하고 실패를 교정함으로써 효과성, 효율성, 경제성을 향상한다(Sheldon, 1996). 또한 업무감사는 조직의 목표, 운영환경, 조직구조, 운영계획과 정책, 인적·물적 시설을 운영효율성과 원가절감에 공헌하는 정도에 비추어 검토한다(Gary, 1988).

(6) 경영감사(management audit)

경영감사는 민간기업에서 사용하고 있는 감사의 일종인데 관리의사결정(management decisions)과 조직의 활동에 대해 감사하며 조직업무가 수행되는 방법과 조직업무가 결과달성에 어떻게 기여하는가를 감사한다. 업무감사와 경영감사는 둘 다 효율성을 감사하지만 경영감사는 조직관리의 모든 측면을 감사하며 업무감사보다 더 넓고 발전된 개념이라고 한다(Fonorow, 1989). 경영감사는 전략목표의 달성, 기획, 통제에 있어서 관리의 효과성을 평가하는 감사를 지칭하며 내부감사인보다는 경영컨설턴트나 관리자에 의해 수행되는 감사이다. 경영감사는 조직의 생존과 경쟁력에 초점을 맞추며 효과성, 효율성, 경제성의 달성도 평가한다(Sheldon, 1996). 업무감사와 경영감사는 효율성을 평가하는 감사로 이해되기도 하고 효과성, 효율성을 모두 평가하는 감사로 이해되기도 한다.

(7) 효율성감사

효율성감사는 경제성과 효율성감사(economy and efficiency audits)라고 부르고 있는데 업무감사(operational audit)라고도 한다. 자원을 경제적이고 효율적으로 사용했는가를 평가하는 감사이며 자금의 흐름에 관심을 갖는 것이 아니라 조직이 수행해야 하는 업무를 최소의 비용으로 수행했는가에 관심을 갖는 감사이고 어떻게 업무를 수행하였는가에 초점을 맞추는 감사이다. 효율성감사는 원가분석(cost analysis), 업무흐름(work flow) 등의 기법을 사용하기도 한다. 감사원(GAO)은 효율성감사는 다음을 조사해야 한다고 규정하고 있다(Reed & Swain, 1997).

- 정당화 될 수 있는 비용 이상의 비용이 소요되었는가의 여부
- 노력의 중복여부

- 목표에 거의 기여하지 않거나, 전혀 기여하지 않는 행위의 존재여부
- 장비의 비효율적이고 비경제적인 사용여부
- 과다한 인원책정여부
- 잘못된 구매관행
- 불필요하거나 과다한 자재나 물품 등의 자산축적
- 자원의 낭비

(8) 효과성감사

효과성감사는 산출(outputs)을 측정하거나 결과(outcomes)를 측정하거나 둘 다 측정하거나 하는 감사이다. 산출보다는 결과를 측정하는 것이 더 바람직하지만 결과의 측정이 어려울 경우 산출의 측정으로 결과의 측정을 대신한다. 명료하게 목표를 정의하고 결과지향적 예산이 시행되지 않으면 감사인이 조직의 목표를 파악하여 감사해야 하기 때문에 어려움을 겪을 수 있다(Reed & Swain, 1997). 사업평가를 효과성과 효율성의 평가로 정의한다면 효과성감사는 사업평가와 틀리지만 사업목표의 달성여부를 평가하는 좁은 의미의 정책평가로 해석한다면 효과성감사와 동일하다.

효과성감사는 다음을 감사한다. 첫째, 정책목표가 설정되었는가? 둘째, 피감사기관이 스스로 정책목표의 효과성을 평가할 과정과 기준을 수립하였는가? 셋째, 정책달성을 위한 원가가 파악되었는가? 넷째, 실제로 설정된 정책목표가 달성되었는가? 다섯째, 목표달성을 위한 다른 유효한 방법이 존재하는가? 미국의 감사원은 다섯 번째 단계까지 감사하지만 호주나 캐나다는 세 번째 단계에서 중단할 것이다. 영국은 네 번째 단계까지 수행하고 다섯 번째 단계는 감사하지 않을 것이다(Henry et al., 1989).

2. 감사인을 기준으로

(1) 내부감사(Internal Audit)

조직의 장이 조직을 관리 즉 통제하는 수단이다. 현대적인 내부감사는 경영컨설팅을 하는 역할을 수행하고 있다. 내부감사는 조직의 운영에 대한 감사에 있어서 외부감사보다 유리한 위치에 있으며, 기획기능과 통제기능을 향상함으로써 관리개선에 기여할 수 있다. 내부감사는 조직이 직면한 특별한 개별문제를 규명하고, 내부통제제도를 점검하는 역할도 수행한다(Reed & Swain, 1997).

한국의 내부감사는 각 부처의 자체 감사기구가 담당하고 있는데 감사원의 소속이 아니고 감사원의 지휘를 받지도 않는다(배득종, 1996). 내부감사부서를 신설하고 내부감사를 활성화하는 것은 조직의 효과성과 효율성의 증진에 절대적으로 필요함은 물론 외부감사가 제 기능을 수행할 수 있도록 보완하는 역할도 담당하기 때문에 매우 중요한 의미가 있다(Henry et al., 1989).

내부감사인과 외부감사인 모두 다음 임무를 수행해야 한다(Coombs & Jenkins, 1994).

- 내부통제제도의 적절성과 내부통제제도의 준수여부
- 부정, 오류, 낭비, 비효율로부터 자산과 조직의 이익이 보호되는가의 여부
- 재무와 관리자료의 적절성과 신뢰성의 검토와 평가
- 효과성과 효율성의 평가

(2) 외부감사(External Audit)

외부감사는 감사원감사가 가장 대표적인데, 재정경제부도 국고 및 채무관리를 위해 전 국가기관에 대하여 외부감사를 실시하고, 행정자치부도 인사 · 조직에 대해 외부감사를 실시하고, 조달청은 물자에 대해 외부감사를 실시하고, 행정자치부와 교육부는 지방자치단체의 관련업무에 대해 외부감사를 실시하고 있다(배득종, 1996). 외부감사란 상대적인 개념이다. 각 부처의 입장에서는 재정경제부의 감사가 외부감사이지만 행정부의 입장에서 보면 내부감사이다. 미국의 경우 행정부의 입장에서는 의회산하 감사원(GAO)이 감사하는 것이 외부감사일 것이다.

내부감사인을 외부감사인이 활용하는 경우가 점점 증가하고 있다(Brown, 1988b). 외부감사인이 감사시에 한정된 시간과 자원으로 인한 제약 때문에 내부감사인을 활용하는 것이다. 내부감사인은 피감사조직 소속이기 때문에 피감사조직을 충분히 이해하고 피감사조직에 대한 정보가 많다는 장점이 있지만 독립성이 결여될 수 있다는 문제점이 있다.

3. 감사시점을 기준으로

(1) 사전감사(pre-audit)

사전감사는 사업이나 정책이 집행되기 이전이나 집행되는 과정에서 수행되는 감사이다. 사전감사는 내부통제제도의 일환으로 사용되는 것이 일반적이다(Reed &

Swain, 1997). 예를 들어 특정예산항목에 대한 지출이 이루어지기 이전에 선행요건을 구비했는가를 점검하는 것은 대표적인 사전감사이다. 지출액수가 일정규모를 초과하는 경우에만 사전감사를 실시하기도 한다.

(2) 사후감사(post-audit)

사후감사는 사업이나 정책이 집행된 이후에 수행하는 감사이다. 사후감사는 효과성과 효율성의 평가로 전환되고 있다(Reed & Swain, 1997). 사후감사의 가장 대표적인 사례가 성과감사라고 볼 수 있다. 미국에서는 정부는 사전감사를 담당하지만 감사원(GAO)은 사후감사를 담당하여야 한다는 일부주장도 있다. 왜냐하면 입법기관이 행정기능을 담당해서는 안 되기 때문이라는 것이다(Ellis, 1988).

4. 기 타

(1) 심사분석

한국은 행정부 내에서 심사분석이라는 제도가 있는데 예산집행에 대한 관리와 성과에 대한 두 가지 평가를 한다(배득종, 1996). 심사분석은 내부감사의 성격이 짙으며 예산과정의 일부분으로 인식할 수 있다.

(2) 정책감사

정책이 적합하고 정책목표가 달성되었으며 효율적인가를 평가하는 감사를 정책감사(policy audit)라고 한다(Bowerman, 1996). 한국에서는 정책의 효과성, 효율성, 민주성, 합법성, 합목적성 등을 평가하는 감사라고 정의하며 감사원이 성과감사를 추구하기 이전에 집중적으로 추구하였던 감사이다. 정책감사를 성과감사와 구별하는 것은 무의미하며 정책평가와 동일하다고 해석할 수 있다. 정책감사라는 용어는 선진국에서는 잘 사용하지 않는 용어이다.

(3) 직무감찰(職務監察)

직무감찰은 애매한 개념이다. 만약 직무감찰이 비위적발, 규정의 준수를 감사한다면 준거감사와 비슷한 개념이라고 볼 수 있다.

(4) 사회감사(social audit)

사회감사라는 개념을 주장하는 사람들도 있는데 공공기관과 대기업이 사회 혹은 공동체의 목표에 얼마나 기여했는가를 감사하는 것을 말한다(Henry et al., 1989).

6.5 내부감사

1. 내부감사의 중요성과 변화

내부감사는 조직내부에서 조직의 목표를 효율적으로 달성하는 중요한 수단이다. 내부감사는 조직의 장을 보좌해야 하며 조직의 장에 직속하는 기관이어야 독립성을 유지할 수 있다. 내부감사기구는 경우에 따라서는 상부조직의 장에 직속하기도 한다.

내부감사도 전통적 감사에서 탈피하여 현대적 감사로 변화하고 있다. 그러나 내부감사는 효과성과 효율성을 평가하는 기능보다는 조직의 효과성과 효율성을 증진하기 위한 평가와 조언을 제공하는 방향으로 발전하고 있다. 내부감사는 조직내부에서 효과성과 효율성을 증진하기 위한 컨설팅의 역할을 수행하는 것이다.

내부감사가 내부통제시스템을 개선하면 외부감사의 감사범위가 축소되며, 외부감사인의 감사에 협조함으로써 외부감사비용을 절약할 수 있다(Wallace, 1996). 또한 외부감사인이 감사시에 내부감사인을 활용하고 내부감사인의 업무결과를 참고하는 사례가 증가하고 있다. 외부감사인은 내부감사인의 자질과 독립성을 평가하여 내부감사인과 내부감사결과를 외부감사시에 어느 정도 활용할 것인가를 결정한다. 내부감사는 외부감사비용을 절약하는 역할도 수행한다.

감사는 고객의 요구에 부응해야 한다. 이것은 조직내부의 피감사인의 문제해결에 도움이 되어야 한다는 것을 의미한다. 또한 경영혁신에 주도적 역할을 해야 하고 경영혁신을 지원하는 역할을 해야 한다. 현대조직은 정보통신기술을 경영에 접목하고 있다. 내부감사는 정보통신기술에 기초하여 이루어져야 한다. 감사는 결과만이 아니라 시스템과 과정도 평가해야 한다. 감사는 예산을 통해 관리기능을 수행해야 하며 내부감사부서는 전문인들의 부서가 되어야 한다.

TQM에 의해 지속적 개선이 가능해지면 내부감사기능이 불필요하다는 주장도 있다. 실제로 미국기업인 Xerox는 내부감사부서를 폐지하는 장기계획을 수립하였다(Lynch, 1996). 그러나 성과감사가 TQM의 성공여부를 감사하면 성과감사결과가 TQM시스템의 투입으로서 환류의 역할을 수행할 수 있다. 이런 관점에서는 내부감사가 폐지되기보다는 오히려 TQM에 기여하는 역할을 수행하도록 TQM과 결합해야 할 것이다(Sheldon, 1996).

2. 내부감사의 정의

내부감사는 다른 통제시스템의 효과성과 적절성을 평가하기 위한 또 하나의 통제시스템이다. 내부감사는 다음과 같은 목적을 추구한다.

- 조직의 활동을 조사하고 평가하여 조직목표의 효율적 달성에 기여한다.
- 조직의 구성원이 책임을 다하도록 구성원들의 활동에 대한 분석, 평가, 조언, 자문, 정보제공을 통하여 도움을 제공한다.

영국의 감사실무위원회(Auditing Practices Board: APB)의 정의와 회계사회(Institute of Auditors: IIA)의 정의에 기초하여 내부감사의 개념을 정리하면 다음과 같다(Buttery & Simpson 1986; Fonorow 1989; Pickett 1997).

- 조직내의 독립적 평가기능이다.
- 경제적, 효율적, 효과적 자원의 사용을 평가한다.
- 규정, 절차, 법규의 준수를 확인한다.
- 부정과 오류를 방지, 적발하고 조직의 자산과 이익을 보호한다.
- 내부통제시스템, 경영정보시스템, 품질통제시스템 등을 포함한 조직내의 모든 경영통제시스템의 적절성에 대해 객관적으로 조사, 평가, 보고한다.
- 문제의 적발보다 문제를 만들어내는 시스템에 대해 평가하는 시스템에 기초한 감사(system based auditing)를 실시한다.

내부감사의 비용은 내부감사로 인한 편익을 초과해서는 안 된다. 완벽한 시스템을 이상적 시스템으로 간주해서는 안 된다.

3. 현대적 내부감사

내부감사는 사실상 조직의 과거, 현재, 미래의 모든 활동을 조사, 평가, 보고하고 도움을 제공한다고 보아야 하며 단순히 내부통제만이 아니라 조직의 모든 통제시스템을 조사하고 평가한다고 해석해야 한다. 이러한 개념은 과거의 내부감사개념에 비해 현저하게 확장되고 발전한 개념이다. 한마디로 내부감사는 조직의 모든 문제에 대한 컨설턴트의 역할, 경찰의 역할, 평가인의 역할을 하기 때문에 내부감사부서는 조직의 모든 면에 대한 고도의 전문성을 갖춘 인재들로 구성되어야 하며 끊임없는 재교육과 훈련을 통해 각 분야의 새로운 기법을 체득하여야 한다. 내부감사는 회계영역에만 머물지 않고 조직의 모든 영역에 개입하고 있으며 내부감사부서도 회계전문가 위주에서 탈피하여 각 분야의 전문가를 채용하고 있다(Pickett, 1997).

이제 내부감사는 조직의 문제를 관리자와 공동으로 해결하는 문제해결 파트너의 역할을 수행하고 있다. 또한 내부감사인은 컨설턴트와 선생(teacher)의 역할도 수행하고 있다(Sawyer & Vinten, 1996). 이러한 개념은 민간기업의 내부감사에 해당하는 개념이지만 공공부문에도 적용될 수 있다. 내부감사에 관한 한 공공부문과 민간부문의 차이가 점점 좁혀지고 있기 때문이다. 그러나 공공부문과 민간부문의 내부감사는 아직도 차이가 존재한다. 예를 들어 영국정부의 내부감사인은 민간부문의 내부감사인 협회에 소속되지 않고 실제로는 감사기준의 역할을 하는 재무부에서 제정한 정부 내부 감사지침(Government Internal Auditing Manual: GIAM)에 따라 업무를 수행해야 한다(Pickett, 1997).

Pickett에 의하면 내부감사의 범위가 이렇게 확대됨에 따라 내부감사인은 과거의 경찰이미지에서 벗어나 컨설턴트의 이미지를 갖게 되고 조직의 모든 부서를 조사하고 감시하는 것을 벗어나 상호교류하는 커뮤니케이션기능을 강조하게 되었다. 내부감사인은 과거 감사인에게 전통적으로 요구된 자질인 지적 능력, 전문성, 도덕성, 신뢰성만이 아니라 사람을 다루는 능력, 설득능력, 감정적 성숙(emotional maturity), 열정과 적극성 등의 자질도 요구된다. 무엇보다 중요한 능력은 마찰과 오해를 유발하지 않으면서 사람들과 커뮤니케이션 할 수 있는 능력이다(Pickett, 1997).

이제 내부감사부서는 조직 내에서 관리자의 고민과 문제를 해결하고 조언을 하며 궁금한 사항에 대해 정보를 제공하는 역할을 수행해야 한다. 내부감사인은 외부감사인 못지않게 높은 수준의 윤리의식이 요구되며 대부분의 경우 내부감사인에게 적용되는 윤리규정이 존재한다. 내부감사인이 신뢰할 수 있고 객관적이며 독립적이고 전문성을 구비하고 있을 때 내부감사인은 조직의 경영에 가치 있는 조언과 협력을 제공할 수 있다.

비록 내부감사인이 과거처럼 경찰의 이미지를 벗어나고 있는 것은 사실이지만 조직의 경영에 대해 컨설턴트의 역할을 수행한다는 것은 여전히 조직의 결함에 대해 조언하고 비판하는 것이기 때문에 고객과의 관계가 우호적으로 형성되기는 어렵다. 내부감사인은 결국 끊임없이 조직의 개혁을 주장하는 사람이어야 하는데 개혁이야말로 마키아벨리의 표현을 빌리면 가장 어려운 일이다. 조직의 지속적 변화와 개혁을 주장하는 것이 내부감사인의 가장 중요한 임무라면 반발을 최소화하고 현명하게 조언하는 지혜가 필요하다. 아무리 옳은 주장이라 하더라도 관리자들을 자극하고 마찰을 초래한다면 내부감사인의 임무는 실패한 것이다. 언제 어떻게 조언하고 비판할 것인가는 매우 중요한 이슈이다.

무엇보다도 중요한 것은 끊임없이 관리자들의 의견을 수용하고 커뮤니케이션하는 일이다. 감사보고서가 작성되어 불쑥 제출될 때까지 아무런 커뮤니케이션이 이루어지지 않는 것이야말로 가장 경계해야 할 일 중의 하나이다. 감사과정에서 관리자들과의 대화, 설득, 교육 등을 통해 해결책이 결정되면 감사보고서에 관리자에게 공을 돌리는 칭찬을 포함하는 기법도 좋은 방법이다(Sawyer & Vinten, 1996).

내부감사인의 업무가 컨설턴트로서 조직문제 해결의 파트너 역할로 바뀌었지만 부정과 오류를 발견하고 방지하며 내부통제시스템을 평가하는 전통적 내부감사인의 역할도 여전히 수행해야 한다. 부정과 오류의 발견을 위해 내부감사인이 가상의 잘못된 거래(false or fictitious transactions)를 주입하여 조직의 내부통제시스템이 이를 적발하고 시정하는가를 실험하는 것은 여전히 중요한 내부감사기법이다. 그러나 이러한 기법을 컴퓨터에 적용할 때와는 달리 사람에게 적용하면 심각한 반대가 제기된다(Sawyer & Vinten, 1996).

민간부문은 물론 공공부문에서도 내부감사기능을 아웃소싱하는 경향이 증가하고 있다. 특히 영국의 경우 공공부문은 경쟁입찰을 강제하는 규정으로 인하여 많은 경우 회계법인에게 내부감사기능을 아웃소싱하고 있다. 내부감사기능이 과거와는 달리 현저하게 확대되고 전문성이 요구됨에 따라 적절한 인재를 유치하지 못하는 경우 아웃소싱이 보다 나은 대안일 수 있다. 혹은 내부감사기능의 일부를 아웃소싱하여 내부감사기능은 존재하되 전문성을 외부로부터 확보하는 것도 하나의 방안이다(Pickett, 1997). 아웃소싱서비스를 제공하는 민간기업은 주로 회계법인과 컨설팅회사들이다(Fonorow, 1989).

4. 내부감사기능의 감독

기업의 경우 내부감사기능은 궁극적으로 최고경영자(chief executive officer: CEO)의 감독 하에 있는 것이 일반적이지만, 이사회내의 감사위원회(Audit Committee)의 감독을 받을 수도 있다. 최고경영자의 감독을 받는 경우에도 감사위원회에 보고하고 지시를 수행하며 감사위원회의 감시를 받는 경우가 많다. 감사위원회가 가장 활성화된 미국의 경우, 감사위원회는 주로 외부감사인의 업무에 주된 관심을 기울이지만 내부감사인의 역할에 대한 관심도 증가하고 있다. 기업지배구조에 관한 영국의 Cadbury보고서는 내부감사가 독립성을 확보하기 위해 감사위원회 위원장에게 언제든지 접근할 수 있어야 하며 감사위원회가 내부감사를 감독해야 한다고 주장하고 있다(Sawyer & Vinten, 1996; Pickett, 1997).

내부감사기능은 부사장의 직책으로 최고경영자에게 직접 보고하거나, 재무담당부사장소속으로 재무담당부사장에게 직접 보고하거나 하는 형태를 취한다. 혹은 재무담당부사장 소속의 통제관(controller)소속으로 통제관에게 보고하는 형태를 취하기도 한다. 내부감사의 위치가 높을수록 내부감사가 중요한 역할을 할 수 있지만 내부감사의 위치보다 더 중요한 것은 최고경영자의 관심과 지지이다.[4] 미국의 경우 내부감사책임자 직위에 대한 내부승진이 적절하지 않을 때는 기업의 외부감사를 담당한 회계법인의 관리자 중에서 내부감사책임자를 채용하는 사례도 많다.

내부감사인은 외부에서 채용하여 내부감사부서에서 근무하는 것이 원칙이지만 타부서에서 내부감사부서로 이동하기도 한다. 내부감사부서와 타부서 사이에 구별 없이 순환인사가 이루어지면 내부감사의 독립성과 전문성이 훼손될 가능성이 있기 때문에 유의해야 한다. 그러나 내부감사의 임무가 과거의 경찰기능에서 컨설팅기능으로 변화하였기 때문에 순환인사로 인한 문제점보다는 오히려 이점이 더 많을 수도 있다. 내부감사부서에서 근무하게 되면 조직운영에 대해 짧은 기간 내에 가장 효과적으로 이해할 수 있기 때문에 내부감사부서는 유능한 관리자의 양성장소로 적합하다(Fonorow, 1989).

공공조직도 성격은 다르지만 민간기업처럼 감사위원회를 구성하여 감사에 관련된

---

4) 다음과 같은 속담은 음미할 만하다. The best fertilizer for the soil is the shadow of the owner(Sawyer & Vinten, 1996).

사항을 다루는 경우도 있다. 뉴질랜드가 바로 대표적 사례이다. 또한 내부감사를 원활하게 수행하기 위한 팀을 구성하기도 하는데 예를 들어 뉴질랜드의 법무부(Department of Justice)는 내부감사부서직원 중 한 명을 팀장으로 임명하고 피감사부서의 직원과(필요한 경우) 외부전문가로 팀을 구성하였다. 또한 피감사부서의 책임자, 피감사부서와 무관한 두 부서의 책임자, 외부전문가로 협의위원회(consultative panel)를 구성하여 내부감사에 대해 이의를 제기하고 내부감사를 조사하고 내부감사팀에게 정보를 제공하는 임무를 담당하였다. 이러한 팀과 협의위원회는 내부감사가 야기하기 쉬운 갈등과 반발을 최소화하는데 매우 효과적이었다(Matheson, 1996).

6.6 감사와 평가

1. 감사와 평가의 비교

평가(evaluation)는 가치(worth), 장점(merit), 질(quality), 효용(utility), 효과성(effectiveness), 중요성(significance)을 판단하기 위하여 방어할 수 있는 기준(defensible criteria)을 식별하고 명료화하고 적용(identification, clarification and application)하는 것으로 정의한다. 그러므로 평가는 ① 기준을 설정하고, ② 정보를 수집하고, ③ 기준을 적용하여 가치, 장점, 질, 효용, 효과성, 중요성을 결정한다(Worthen et al., 1997).

정치책임성(political accountability)은 선거에 의해 책임을 추궁함으로써 실현할 수 있다. 권한을 위임받아 업무를 수행하는 경우 책임을 추궁하는 관리책임성은 오로지 중립적이고 공정한 전문가에 의해 평가받음으로써 확보할 수 있다. Day와 Klein은 관리책임성을 다시 재정책임성(fiscal/regularity accountability), 과정 혹은 효율책임성(process/efficiency accountability), 사업 혹은 효과책임성(program/effectiveness accountability)으로 구분한다. 효과성, 효율성, 재정책임성의 세 가지로 분류하는 것이다.

감사와 평가는 세 가지 종류의 관리책임성을 위하여 수행될 수 있지만 평가가 감사보다 광범위한 역할을 담당할 수 있다. 미국의 감사원이 감사와 평가의 두 기능으로 분리되는 것은 바로 이러한 역할차이를 반영하는 것이다. 미국은 의회가 정책과 사업에 대한 평가정보를 광범위하게 사용함에 따라 정책평가 즉 사업평가가 활성화되었다. 의회는 정책평가, 정책분석 등을 통해 행정과 정책의 책임성을 추구함으로써 의회감독기능을 법규의 준수와 재무감사의 강조로부터 변화시켰다. 미국의 감사원은 의회의 이러한 변화에 대응하여 이미 1980년대 초에 업무의 50%를 사업평가에 할당하였다(Rist, 1995).

Rist에 의하면 감사는 설정된 기준(예: 법규 회계기준)과 현실과의 일치정도를 확인하는데 반하여 사업평가는 서술적 정보, 규범적 문제에 관한 정보, 인과관계에 관한 정보를 제공한다. 서술적 정보란 정책의 의도, 사업의 수혜자가 수령하는 편익의 내용, 과거의 성과지표의 변화패턴, 사업원가의 증가경향 같은 정보로서 사업에 대한 모든 서술적 내용을 말한다. 규범적 정보는 감사에서 제공하는 정보와 유사하다. 즉 실제 상태와 기준을 비교하는 것이다. 다만 감사와는 달리 비교에서 더 나아가서 기준의 타당성을 경험적으로 입증하고 현실상태의 측정을 강조한다. 인과관계정보란 현실의 결과가 사업에 기인하는 정도를 알려주는 정보이며 정부의 개입이 실제 발생한 결과의 원인이라는 것을 증명하는 정보이다. 관리책임성의 첫 번째 구성요소인 재정책임성은 감사에 의해 실현 가능하다. 둘째 요소인 과정책임성과 셋째 요소인 사업책임성은 감사보다는 평가에 의해 보다 잘 실현될 수 있다(Rist, 1995).

이런 관점에서의 평가는 사실상 성과감사를 말하며 감사란 재무감사와 준거감사를 의미한다고 보아야 한다. 감사를 평가와 구별할 때는 감사를 준거감사와 재무감사를 지칭하는 것으로 해석하는 것이며, 감사와 평가를 동일시할 때는 감사에 성과감사까지 포함하는 것이다. 그러나 오늘날에는 감사를 평가와 사실상 동의어로 간주하는 경향이 점점 증가하고 있다.

2. 정책평가와 성과감사

Davis의 논문제목 "Do You Want a Performance Audit or a Program Evaluation?"에 의해서도 알 수 있듯이 사업평가 즉 정책평가는 성과감사와 사실상 동일하다. 정책평가를 사업평가와 구별하는 경우는 거의 없으며 이럴 경우 정책은 사업으로 정의하기도 한다. 성과감사와 사업평가는 동일한 기능을 수행하지만 성과감사는 감사인에 의해 수행되며 사업평가는 사회과학자에 의해 수행된다(Palfrey et al., 1992).

감사원에서는 성과감사를 정부의 업무가 법규를 준수함은 물론 효과적이고 효율적인가를 평가하는 것이라고 정의하고 있다. 성과감사는 사업평가를 포함하는 개념이지만 성과감사와 정책평가는 각각 다른 전통을 가지고 있다. 다른 전통이 각각 다른 가치를 강조하게 만들었으며 어느 것이 더 우월하다고 말할 수가 없다. 사업평가는 정책조언에 적합하며 특히 사업의 효과성에 주된 관심을 기울이는데 반하여, 성과감사는 행정책임을 위한 관리통제를 강조하므로 정보요구에 적합하다. 감사인은 사업평가 담당자보다 독립성을 유지하고 감사의 질을 유지하는데 더 많은 노력을 기울이며 이에 대한 규제의 강도도 높다. 그런 이유로 감사인의 보고가 사업평가의 보고보다 더 많이 채택되며 협상과 타협에 있어 더 유리하게 된다. 그러나 감사인은 규정에 얽매여 혁신과 변화를 회피하기 쉽기 때문에, 경우에 따라 평가에 수반하는 위험을 감수하려는 사업평가가 더 유리할 수 있다(Davis, 1990).

성과평가는 개인, 팀, 집단, 사업, 조직에 대해 수행될 수 있으며 사업에 대해 수행될 때 즉 사업의 효과성과 효율성을 평가할 때 정책평가와 구별하기 어렵다. 성과평가는 성과감사와 사실상 동일하지만 감사의 관점이 아니라 평가의 관점에서 효과성과 효율성을 평가할 때 성과감사라는 용어보다 성과평가라는 용어를 사용한다.

3. 정책평가의 정의

정책평가는 넓은 의미로 사용할 때 효과성과 효율성을 평가하지만 좁은 의미로 사용할 때는 주로 효과성을 평가하는 것으로 이해한다. 정책평가는 일반적으로 좁은 의미의 개념으로 사용하며 사업평가라고도 하는데 정책이 생산한 산출이 원래 의도한 결과를 달성하였는가를 측정한다. 결국 사업평가는 사업목표의 달성을 평가하는 것이다. 사업목표는 집행이전에 설정하기 어려운 경우가 많다. 실제 사업목표는 집행초기에 혹은 사업의 실험단계에서 나타나는 경우가 많다(Posavac & Carey, 1997).

예를 들어 빈곤퇴치를 위하여 직업훈련을 실시하는 사업을 평가할 때 직업훈련과 빈곤퇴치라는 개념은 각각 산출과 결과를 지칭하는데 산출과 결과가 측정되지 않고서는 사업평가를 실시할 수가 없다. 개념을 측정하기 위해서는 조작적 정의(操作的 定義: Operational Definition)가 필요하며 직업훈련소의 졸업생 수가 산출변수의 조작적 정의에 의한 변수측정의 예이고 저소득층의 숫자는 결과변수의 조작적 정의에 의한 변수측정의 예이다. 사업평가에서 산출은 독립변수가 되므로 이 예에서 직업훈련의 졸업생 수가 독립변수가 된다. 사업평가에서 결과는 종속변수가 되므로 저소득층의 숫자가 종속변수가 된다.

산출(독립변수)	⇨	결과(종속변수)
개념: 직업훈련		개념: 빈곤퇴치
조작적 정의: 직업훈련소의 졸업생숫자		조작적 정의: 저소득층의 숫자

사업평가는 독립변수인 직업훈련의 졸업생 수와 저소득층의 숫자가 어떤 관계가 있는가를 평가하게 된다. 다시 말하면 직업교육을 받는 숫자가 증가함에 따라 저소득층이 얼마나 감소하는가를 조사함으로써 저소득층을 위한 직업훈련사업이 빈곤퇴치에 얼마나 기여했는가를 평가한다. 만약 빈곤퇴치에 기여했으면 이 사업은 효과적이라고 하며 그렇지 않으면 비효과적이라고 한다. 사업평가는 시계열분석이나 준실험설계(Quasi-Experimental Design)에 의해 주로 실시되고 있다. 시계열분석은 시간의 추이에 따라 변수가 어떻게 변화하는가를 보는 분석이고 준실험설계는 자연과학의 실험실을 구성한 설계가 불가능할 때 사용하는 분석방법이다.

4. 정책과 사업

정책평가를 사업평가와 사실상 동일한 의미로 해석하고 있지만 정책과 사업을 구별하는 것이 일반적이다. 사업평가는 정부의 특정사업을 검토하는 것이라고 단순히 정의할 수 있다(Busson & Coulter, 1987). 사업평가(program evaluation)를 단순히 평가(evaluation)로 지칭하기도 한다. 사업은 하나 혹은 그 이상의 공동목표를 위한 자원과 활동의 집합이라고 정의한다(Wholey et al., 1994). 또한 사업은 식별가능한 대상에게 설정된 변화를 시도하기 위한 계획된 활동의 집합이라고 정의하기도 한다. 사업의 활동과 의도한 결과사이에 인과관계가 있어야 하며 이것을 사업논리(program logic) 혹은 사업이론이라고 한다. 사업은 부처차원(mega level), 부처 산하의 부서차원(macro level), 작업단위 혹은 개인차원(micro level)의 3단계의 계층이 있다. 사업은 구체적 행위에 대한 계획이 존재하지만 정책은 행위의 방향만을 제시할 뿐이며 이런 의미에서 정책은 사업보다 일반적이다. 사업은 정책방향과 일관되게 개발되며 대부분 정책은 여러 사업에 의해 시행된다(Posavac & Carey, 1997).

5. 사업평가의 기능

사업평가는 사회시스템에 적시의 피드백을 제공하는 것을 목표로 삼는다. 사람이

외부자극을 받으면 환경에 적응하듯이 사회시스템인 조직도 사업평가라는 피드백을 받고 변화해야 사업평가가 제 역할을 수행하는 것이다. 사업평가는 다음의 기능을 수행한다(Posavac & Carey, 1997; Worthen et al., 1997).

- 기존사업의 구조와 집행 등을 개선
- 사업의 가치와 중요성에 대한 판단
- 사업의 의도하지 않았던 효과를 발견
- 의사결정에 유용한 정보, 특히 예산의사결정시에 사업의 우선순위에 대한 유용한 정보를 제공
- 자금의 사용이 의도한 목표를 달성했는가를 보여줌으로서 책임성을 확보
- 정치적 기능의 수행

6. 정책평가와 예산

정부서비스원가는 그 이상의 혜택을 제공해야 한다는 사실 때문에 정책평가 즉 사업평가는 예산과 불가분의 관계에 있다. 미국 의회는 연방정부예산에 의해 제공되는 정부서비스는 반드시 평가받아야 한다고 규정하고 있다. 정부사업은 결함이 있다 하더라도 종료되기보다는 기존사업의 문제점에 새로운 접근방법을 도입하여 계속 지속된다. 이러한 경향을 피하기 위하여 사업을 승인할 때 일정기간동안만 사업을 존속시키고 사업평가에 의해 효과성과 효율성이 입증된 후 재 승인하는 선셋조항을 도입할 수 있지만 거의 사용되지 않고 있다(Posavac & Carey, 1997).

정책평가를 사용하는 중요한 이유는 예산과정을 개선하고 합리화하려는 것이다. 많은 사람들은 예산게임참여자들의 타협에 의해 자원이 배분되는 점증주의적 예산편성이 비효율적 정책결정의 원인이라고 생각한다. 정책평가는 이러한 비효율적 자원배분을 시정할 수 있는 도구로 간주되었지만 실제로 PPBS, ZBB, MBO 등 합리적 예산제도는 성공하지 못했고 정책평가도 예산의사결정에 기여하지 못했다. 더구나 1980년대부터 시작된 각국의 긴축재정은 지출액수에 관심을 기울이게 되어 정책평가가 더욱 더 제 역할을 수행하지 못하게 되었다. 오히려 엄격한 책임과 통제를 추구하는 감사가 활성화되었다.

예산은 정책에 의해서라기보다는 재정적 측면에 의해서 편성되었다. 1960년대와 1970년대처럼 팽창예산의 시기에는 비록 점증주의적으로 예산이 편성되었지만 정책적 측면이 고려된 정치적 예산편성이었다. 긴축재정시에는 오히려 예산우선순위의

조정이 더 어려워지며 사업간의 예산액수 재배분과 사업간의 예산이동도 더 어려워진다. 이런 상황에서는 오로지 특정 사업평가기법만이 사용되며 사업평가의 개념이 재구축 된다고도 볼 수 있다(Gray & Jenkins, 1992).

7. 성과평가, 정책평가, 성과감사

성과평가도 효과성과 효율성을 평가하며, 정책평가도 효과성과 효율성을 평가한다. 성과평가는 개인이나, 집단, 부서, 부처가 평가대상이 되지만, 정책평가는 정책이 평가대상이 된다. 예를 들어 개인에게 성과급을 지불하기 위한 평가는 정책평가라기보다는 성과평가의 성격을 갖는다. 부서의 성과평가는 부서가 수행하는 정책에 대한 평가와 피할 수 없기 때문에 중복되는 부분이 발생한다. 부서의 상급조직단위인 행정부의 각 부처를 평가할 경우는 정책평가와 중복되는 부분이 더욱 증가한다.

성과감사는 주로 사업의 효과성과 효율성을 평가하는 사업평가의 성격을 지니고 있지만 성과감사가 개인이나 부서의 성과를 평가해서는 안 된다는 법칙은 없다. 성과감사는 조직목표의 효과성과 효율성을 평가한다고 볼 수도 있기 때문에 매우 다양한 용도로 사용될 수 있다. 성과감사가 사업의 효과성과 효율성을 평가한다면 정책평가와 사실상 동일하지만 개인, 집단, 부서, 부처의 성과를 평가한다면 성과평가와 동일하다. 그러나 성과감사는 주로 사업이나 기능을 평가한다. 이럴 경우 성과평가와 성과감사는 동일한 개념이지만 성과평가는 평가의 관점에서 수행되고, 성과감사는 감사의 관점에서 수행된다.

성과감사는 감사기준을 준수해야 하지만 성과평가는 감사기준처럼 엄격한 규정은 존재하지 않으며 그런 의미에서 보다 신축적이다. 성과감사에도 다양한 전문가들이 참여하지만 회계전문가의 역할이 가장 중요하며, 성과평가는 평가전문가들의 역할이 가장 중요하다. 이 둘을 구별하는 것이 별다른 의미가 없지만 성과평가는 평가기법의 측면이 강조되며 성과감사는 감사의 측면이 강조된다. 공식적 명칭이 무엇인가에 따라 같은 내용의 행위가 성과감사가 되기도 하고 성과평가가 되기도 하는 것이다.

6.7 성과감사

1. 성과감사의 개념

성과감사는 효과성과 효율성을 평가하는 감사로서 성과평가, 정책평가와 유사한 개념이지만 아직도 셋은 다른 맥락에서 이해되고 다른 환경과 절차를 통해 수행되고 있다. 성과감사는 영국의 VFM감사와 동일하며 전통적 감사인 재무감사와 준거감사를 포함하는 현대적 의미의 감사이다. 성과감사는 실제운영과 성과기준을 비교하고, 효과성과 효율성을 평가하며, 효과적 예산도구가 된다.

성과감사는 조직사명의 사회, 경제, 정치적 환경에 비추어 현재정책과 예산의 적절성에 대해 검토한다. 감사인은 사업전문가의 기술적 의사결정은 분석하지 않지만 그들이 적절한 정보를 최대한 사용하여 결정했는가를 조사한다. Franklin C. Pinkleman은 성과감사는 조직의 목표에 따라 사업이 효과적이고 효율적으로 집행될 수 있도록 자금이 사용되는가를 조사하는 것이라고 말한다. Lennis M. Knighton은 성과감사 목적을 효과성(effectiveness), 효율성(efficiency), 성실성(faithfulness)이라고 정의하는데 성실성이란 법제정의 의도에 부합하게 사업이 집행되는가를 말하기 때문에 사업목표달성을 의미하는 효과성에 포함될 수 있을 것이다. 성과감사의 대상은 교육, 복지, 경찰 등의 기능이 될 수도 있고 예산, 인사, 자재 등의 기능이 될 수도 있다(Dittenhofer, 1988).

의회의 감독수단으로 인식되는 사후평가는 성과감사의 형태로 행해지며 다른 주체에 의한 평가와는 달리 독립성과 소환능력(subpoena power)이 있기 때문에 성격이 다르다. 독립성을 위해서는 정치적 과정으로부터 영향을 받지 않아야 하며 이를 위해 여러 가지 제도적 장치를 하고 있다. 이미 독립성이 갖추어진 재무감사를 담당하는 의회 감사인에게 성과감사를 추가함으로써 독립성을 갖추도록 하는 것이 가장 전형적 방법이다. 또한 의회에 의한 사후평가는 변화의 필요성을 전달하기 때문에 행동지향적이다. 성과감사의 결과 특정 사업의 예산을 감소하거나 사업을 폐지하기도 한다(Brown & Pethtel, 1988).

민간부문에서는 시장이 책임을 가장 적절하게 테스트할 수 있는 수단을 제공한다. 시장테스트(market testing), 내부시장(internal market), 규제된 시장(regulated market－예: 독점공기업이 활동하는 시장)은 결국 효과성과 효율성을 증진하기 위한 수단이다. 시장이 효과성과 효율성을 보증하는 가장 바람직한 수단이라면 성과감사는 불필요하게 된다. 시장이 한계를 가지고 있을 때 시장의 역할을 대신하여 효과성과 효율성을 평가할 수단이 필요하다. 성과감사는 시장을 대리하여 효율성과 효과성의 달성을 위해 압력을 가하는 역할을 해야 한다(Hepworth, 1995).

성과감사는 공공부문에서 집중적으로 사용되었지만 민간부문에서도 많은 기여를 할 수 있는 기법이다. 민간부문은 이익의 추구로 인하여 측정에 차이가 발생할 뿐 성과감사의 많은 부분은 기업에 유용한 정보를 제공할 수 있다(Sheldon, 1996). 감사인은 효과성을 감사하지만 정책자체에 대해 의문을 제기할 권한은 없고 정책의 효과와 효율에 대해 평가하는 것이다. 정책의 적절성에 대한 평가권한은 없다고 할지라도 정책 결정시에 관련정보와 이해당사자의 의견이 충분히 고려되었으며 정책목표가 명확하게 설정되었고 정책목표간에 충돌이 없는가에 대해서는 감사할 수 있다고 보아야 한다(Coombs & Jenkins, 1994).

2. 성과감사의 역사와 최근동향

성과감사는 학자나 감사인이 아닌 선거에 의해 당선된 정치인의 촉구에 의해 추진되었다. 성과감사와 사업평가 사이에 차이는 거의 없는데, 사업평가는 보다 장기적 관점에서의 검토이기 쉬우며, 사회과학분야와 기법에 보다 밀접하게 관련되어 있고, 독립성은 그다지 중요한 이슈가 아니다. 성과감사의 변형으로 내부감사인에 의한 운영감사가 있는데 미국의 경우 내부감사인협회(Institute of Internal Auditors)에 의해 수립된 감사기준에 의해 수행된다(Brown, 1988a). 영국에서는 법규에 의해 내부감사가 VFM감사를 수행하도록 규정하고 있다(Bowerman, 1996).

성과감사는 공공부문의 낮은 성과의 원인을 찾으려는 노력에서 촉발되었다. 1981년부터 캐나다의 감사원장(Auditor General of Canada)이었던 Dye는 정부가 결과의 달성에 매우 실망스러운 상태인데도 불구하고 고위관료들의 능력과 열성이 매우 뛰어난다는 모순을 발견하고 성과감사가 이러한 모순을 분석하여 낮은 성과의 원인을 규명해야 한다고 생각하게 되었다(Dye, 1990).

Dye에 의하면 공공부문의 낮은 성과의 원인은 공무원에게 잘못이 있는 것이 아니라 환경에 잘못이 있다는 것이다.

첫째, 정치적 요인이 가장 우선순위를 점유한다.

둘째, 관리에 지나친 부담을 주는 규정과 규제가 존재한다. 어떤 규정들은 상호 모순되고 어떤 규정들은 지나치게 엄격하여 비효율적이다.

사례

캐나다 몬트리올에서 미국 보스턴으로 출장을 가야하는 공무원이 있는데, 그는 월요일 점심회의에 참석해야 하기 때문에 월요일 아침 비행기는 일등석밖에 없었다. 그래서 하루 전날인 일요일 오후에 출발하는 비행기를 알아보니 오직 17 달러가 저렴할 뿐이었다. 그러나 일요일에 출발하면 호텔에서 하루 밤을 자야하고 저녁식사도 해야 하니까 호텔비용 85 달러, 저녁식사를 포함하면 17 달러보다 훨씬 비싸기 때문에 오히려 손해이지만 공무원은 일등석을 탈 수 없다는 규정 때문에 더 많은 비용이 소요되는 일요일 오후 비행기를 타야만 했다. 그에게 여행담당공무원은 "일등석은 안 된다는 규정이 있지만 호텔에 머물지 말라는 규정은 없기 때문"이라고 말했는데 우리는 사실 그 여행담당공무원을 비난할 처지가 못 된다.

예를 들어 일등석을 타고 여행한 것을 기자가 알아 보고했다고 하자. 하루 전날 출발하면 호텔비용이 더 소요된다고 하는 변명은 얼마나 궁색하게 들릴까? 그리고 국민은 세금이 더 소요되더라도 공무원이 일등석을 타는 것을 싫어할지도 모른다.

셋째, 성과향상을 위한 정(正)의 인센티브(예: 승진)는 적고 부(否)의 인센티브(예: 징계)가 더 많다.

넷째, 기타 공공부문의 환경, 예를 들어 실패하면 위험하지만 가만히 소극적으로 있으면 안전한 환경과 풍토 즉 무사안일이 유리한 환경은 성과향상에 장애가 된다(Dye, 1990).

영국에서는 많은 공공부문에서 외부감사와 내부감사의 40~50%의 업무를 VFM 감사, 즉 성과감사를 위해 수행하도록 요구하고 있다(Henry et al., 1989). Bowerman은 영국에서 VFM 감사는 감소할 것으로 예측하는데 이는 감사가 조사(inspection)로부터 인증 혹은 확인(certification)으로 방향이 전환되기 때문이라는 것이다. 조사하는 감사는 독립적이며, 산출지향적이고, 전문가업무이며, 피감사인과 대립적이고 비용이 많이 소요되는 데 반하여 인증하는 감사는 의존적이고, 시스템지향적이고, 일반적 업무이며, 피감사인과 상대적으로 편안한 관계이고, 비용이 적게 소요된다. 감사가 피감사인을 위한 것인지 국민을 위한 것인지에 따라 감사의 성격도 달라질 것이다. 피감사인을 위한 것이라면 컨설턴트의 역할에 초점을 맞출 것이고 국민을 위한다면 책임규명과 성과를 강조할 것이다. 감사는 국민을 위해 먼저 수행되어야 하며 피감사인에게 혜택이 따른다면 그것은 어디까지나 부수적인 것에 그쳐야 한다고 주장한다(Bowerman, 1996).

미국에서는 정부의 성과감사에 공인회계사가 참여하는 기회가 점점 증가하고 있다. 정부의 재무감사에 대한 경험이 있는 CPA는 성과감사수행에 적합하다. 원래 성과감사는 정부소속 감사인에 의해 주로 수행되었으나 1970년대 이후로 정부예산이 긴축재정을 실시함으로써 내부감사인에 대한 예산이 감축되었고, 정부는 외부감사인에게 성과감사를 의뢰하게 되었다. 연방정부만이 아니라 주와 지방정부도 정부회계기준위원회(GASB)가 서비스노력과 성취(Service Efforts and Accomplishments: SEA) 정보를 보고하는 방향으로 미래의 재무보고의 초점을 맞추자 CPA들이 과거처럼 소극적 자세에서 벗어나 성과감사에 대한 관심과 적극적 참여 쪽으로 기울고 있다(Blessing, 1991).

3. 성과감사의 내용

성과감사를 위해서는 회계에 대한 이해가 필수적이며, 예산, 기획, 예측, 조직, 인사, 통제, 비용편익분석, 현금흐름 할인법, 원가개념, 의사결정 등에 대해 지식이 있어야 하고, 주도적이고 독립적이며 호기심이 많고 상상력이 풍부한 성격이 필요하다. 성과감사인은 내부감사인과 동일한 업무를 수행하기 때문에 내부감사인에 대한 사항이 동일하게 적용될 수 있다. 내부감사인은 재무기록을 조사하는 폭이 좁은 기술자로서의 역할을 버리고 관리자로서의 넓은 관점을 소유해야 한다고 한다(Dittenhofer, 1988).

Dittenhofer는 성과감사의 구체적 내용에 대해 다음과 같이 상세하게 설명하고 있다. 성과감사는 모든 부분에 대해 매년 수행하는 것이 아니고 어떤 부분에 대해 선택적으로 2년에 한 번, 3년에 한 번 수행할 수 있다. 성과감사는 관찰, 사용된 절차의 검토, 관리자와 담당자와의 토론, 재무와 비재무기록의 검토, 실제운영과 성과기준의 차이분석 등을 통해 실시한다. 감사는 왜 그렇게 집행되었는가를 끊임없이 질문해야 한다. 성과감사는 기획과 통제가 올바르게 작동하는가를 확인하기 위해 재무거래를 조사해야 한다. 조직구조, 기획과 의사결정방법, 커뮤니케이션기법, 동기부여, 인적자원관리, 통제방법 등을 조사해야 한다. 성과감사는 무엇보다도 발견된 잘못의 목록이 아닌 운영개선방법을 제안하는 처방의 성격을 지닌 보고서를 작성해야 하고, 관리자를 위한 감사이므로 단순하고 비전문용어로 작성되어야 한다(Dittenhofer, 1988).

성과감사는 결국 사업이 무엇을 어떻게 달성했는가를 조사하는 것이다. 공공부문에서 사업이 무엇을 달성했는가에 대한 증명의 상당부분은 한심한 경우가 많다. 증명이 희망, 소망적 사고, 사실에 대한 검증되지 않은 주장에 지나지 않는 경우가 많기 때문이다. 하와이에서는 외부에서 하와이로 들어오는 모든 개를 120일 동안 격리하는데 광견병을 막기 위한 것이다. 하와이에서는 그동안 광견병이 전혀 없었기 때문에 사업 담당자는 이 사업이 매우 효과적이었다고 주장했다. 그러나 의회에서 사업을 평가한 결과 지난 60년 동안 격리사업에 의해 광견병을 발견한 경우는 한 번도 없었다(Brown & Pethtel, 1988).

의회가 법규를 제정할 때 혹은 행정부에서 법규를 의회에 상정할 때 목표를 명확하게 설정하지 않아 사업의도가 모호한 경우가 많다. 하나의 법규에 여러 개의 목표가 있을 수 있으며, 시간이 지남에 따라 새로운 의미를 갖게 되는 경우도 있다. 이런 경우 성과감사인은 의회의 의도를 파악해서 사업집행자의 동의를 얻어 목표를 확정한다(Brown & Pethtel, 1988).

Bowerman은 6가지 유형의 VFM 감사를 소개하고 있다.

첫째 유형은 관리시스템을 검토하는 감사이다. 가장 전형적 VFM감사는 낭비, 비효율, 비효과의 사례를 발견하여 관리시스템의 문제점을 추적하는 방법이다. 혹은 의사결정과정, 기획과 예산과정, 내부통제과정, 구매과정, 입찰과정 등을 집중적으로 검토하는 방법도 있다.

둘째 유형은 내부 VFM감사과정을 검토하는 감사이다.

셋째 유형은 정책은 적합하고 정책목표가 달성되었으며 효율적인가를 평가하는 감사인데 정책감사(policy audit)라고 한다. 대부분의 감사기관은 포괄적이며 중요한 정책에 대한 평가는 스스로 삼가는 경향이 있지만 이스라엘의 감사원장처럼 정부가 특정정책을 시행하지 않았다고 혹은 정책의 강도가 약하다고 비판하는 사례도 있다. 1992년 캐나다의 감사원장은 정부가 인사정책의 시행을 3년 간이나 연기하고 있다고 비판하였다. 영국의 Westminster시의 감사관은 시 정부의 주택정책을 불법이라고 선언하였다. 감사기관은 감사가 아닌 연구를 통해서도 정부의 정책에 대해 비판을 할 수 있다. 1980년 후반에 성행하던 정책감사는 관리시스템감사, 성과보고서감사, 서비스질에 대한 감사를 선호하면서 퇴조하였다.

넷째 유형은 관리자가 작성한 효과성과 효율성에 대한 정보를 검토하는 감사이다. 최근 정부개혁의 결과 관리자가 연말보고서에 성과정보를 보고하기 때문에 이러한 유형의 감사가 증가하고 있다.

다섯째는 조직간의 원가 혹은 성과를 비교하고 개선책을 제시하는 감사인데 효과성보다는 지나치게 효율성과 원가절감을 강조하는 문제점이 있다. 가장 바람직한 사례를 제시하기 때문에 벤치마킹 접근방법이라고도 한다.

여섯째는 고객만족도나 조직의 품질관리프로그램을 조사하여 서비스의 질을 중심으로 성과를 평가하는 감사이다(Bowerman, 1996).

4. 성과감사의 장점과 한계

체계적 자료의 부족, 적절한 계량 비계량지표와 성과기준의 결여 등이 성과감사의 문제점이다. 미국 펜실베니아주처럼 재무감사와 경영감사를 성과감사인에게 수행하도록 함으로써 성과감사가 재무와 관리로부터 유리될 수 없음을 보여주는 사례도 있다. 성과감사의 결과를 비디오테이프로 보고하는 사례도 있었다. 미국의 경우 감사원(GAO)과 많은 주에서는 더 이상 의회감사 최고책임자를 공인회계사로 요구하지 않고 있다. 전통적으로 법률가, 회계담당자, 사업전문가 등에 의해 수행되었던 성과감사는 행정학을 포함한 다양한 사회과학전공자들에 의해 수행되고 있다. 성과감사의 한계를 극복할 수 있는 방법의 하나는 3년이나 5년에 한 번 성과감사에 대한 재감사를 실시하는 것인데 이렇게 함으로써 정확한 행동과 추가감시가 가능하다(Brown & Pethtel, 1988).

Bowerman에 의하면 영국의 성과감사인 VFM감사는 기원전 5세기부터 시작되었다는 주장도 있지만 본격적으로 시작된 것은 20세기 후반부터이다. VFM감사는 최근 선진국 정부개혁에서 중요한 역할을 한다는 견해도 있지만, 관리자가 스스로 성과에 대해 책임을 지는 환경에서는 오히려 방해가 되며 문제를 발견하여 해결하기보다는 더 악화시키는 측면도 있다는 극단적 반대견해도 있다. 감사시에 문제점을 발견하지 못했는데 나중에 부정이나 낭비사례가 발견되면 감사를 담당했던 감사인이 무능하고 소임을 다하지 못했다는 비난을 받게 되므로 부정적 측면의 발견에 더 치중하게 된다(Bowerman, 1996). 성과감사도 감사의 일종이기 때문에 이러한 부정적 측면의 발견에 치우치는 문제가 있다.

6.8 감사기준

1. 감사기준의 개념

감사는 재무관리에 속하며 정부의 감사는 일반적으로 인정된 정부감사기준(generally accepted governmental auditing standards: GAGAS)에 의해 이루어진다. 감사는 민간공인회계사, 선거에 의해 선출된 감사인, 공무원, 기타 정부에 의해 임명된 감사인에 의해 이루어진다. 적정감사의견은 재무보고가 일반적으로 인정된 회계원칙(Generally Accepted Accounting Principles: GAAP)에 의해 작성되었다는 것을 합리적 확신에 의해 확인하는 것이다(Brown, 1988a).

2. 미국의 감사기준

미국민간공인회계사들의 연합체인 미국공인회계사회(American Institute of Certified Public Accountants: AICPA)의 감사기준인 일반적으로 인정된 감사기준(Generally Accepted Auditing Standards: GAAS)[5]은 공인회계사가 공공부문을 감사할 때 반드시 적용해야 하는 기준이다. 연방정부조직의 감사시에 적용되는 감사기준은 일반적으로 인정되는 정부감사기준(Generally Acceptable Governmental Auditing Standards: GAGAS)인데 감사원(GAO)에 의해 제정되었다. 미국정부조직을 감사하는 감사인은 감사기준 이외에 단일감사법(The Single Audit Act of 1984), 관리예산실(OMB)의 규정(The U.S. Office of Management and Budget Circular A-128) 등도 고려해야 한다(Reed & Swain, 1997).

미국의 감사원은 1996년 20명의 위원으로 자문위원회를 구성하여 감사원의 정부감사기준(Government Auditing Standards)[6]의 개정과 해석 그리고 지침에 관해 자문한다. 과거에는 상설기구가 아니었으며 필요한 시점에 결성되어 임무가 끝나면 해체되었는데 이제는 임기 3년의 위원으로 상설위원회를 구성하였다.[7]

5) GAAP와 GAAS의 구별에 유의할 것.
6) 이것을 일명 the yellow book이라고 한다.
7) 보다 구체적인 내용은 다음 문헌을 참조. Journal of Accountancy, 1996 Vol. 182 No. 6.

연방정부의 지원을 받는 주와 지방정부 그리고 기타 비영리조직은 조직전체에 대한 감사가 아닌 해당사업에 대해서만 감사를 받을 수 있다. 그러나 연방정부로부터 여러 사업에 대한 지원을 받는 조직은 오히려 조직전체에 대한 감사를 받는 것이 수월할 수 있다. 사업단위에 대한 수입, 지출, 펀드잔액의 단일보고서와 주석을 포함한 사업재무보고서를 정부감사기준(Government Auditing Standards)에 의해 작성한다. 또한 사업에 대한 내부통제보고서와 연방사업에 대한 요구사항에 관한 보고서도 작성하기 때문에 총 3개의 감사보고서가 작성된다(Chait, 1995).

6.9 감사과정

1. 재무감사과정

감사는 일정한 단계를 거쳐 진행되는 체계적 과정이다. Tierney는 재무감사과정을 다음과 같이 설명하고 있다.

1단계: 감사승인

감사원(GAO)은 외부감사의 경우 감사의 설계, 감사인의 선정, 기타 감사에 관한 사항을 감독하는 감사위원회를 구성하여 운영할 것을 주장하고 있다. 미국의 조사에 의하면 연방, 주, 지방정부조직의 절반이 감사위원회를 운영하고 있다(Reed & Swain, 1997). 감사위원회가 존재하면 감사는 감사위원회의 승인으로 시작된다고 볼 수 있다.

2단계: 감사기획

수행할 감사절차, 감사의 범위, 감사의 성격과 유형, 일정표, 필요한 정보 혹은 자료, 필요한 인적 자원파악에 대한 내용을 결정하는 단계이다. 하나의 펀드에 여러 행정조직이 관련되어 있을 수 있기 때문에 감사의 범위를 확정할 때 주의하여야 한다. 감사기획단계에 관련되는 모든 이해관계자들이 참여하여야 한다. 과거에 감사가 어떻게 수행되었는가를 조사하고 과거감사에 대한 정보를 수집하는 것도 반드시 포함되어야 한다. 감사조서(working papers)를 최대한 활용하는 것이 필요하다. 감사조서는 감사수행에 관한 구체적 사항과 증빙서류 등을 첨부한 문서로서 어떻게 감사가 수행되었는가를 파악할 수 있는 가장 좋은 정보이다(Reed & Swain, 1997).

3단계: 감사서베이

피감사기관에 대한 정보를 수집하고 피감사기관과 피감사기관의 환경을 이해하는 것을 목표로 하는 단계이다(Reed & Swain, 1997).

4단계: 검토와 테스트

검토와 테스트를 위한 기준을 결정하고 검토와 테스트를 실시하는 단계이다(Reed & Swain, 1997). 주 내용은 다음과 같다(Reed & Swain, 1997).

- 내부통제제도의 평가
- 정보시스템의 검토
- 내부통제제도의 준수여부 테스트
- 경제성과 효율성의 점검
- 검토와 테스트결과의 분석

5단계: 감사실시

감사 본연의 활동이 이루어지는 단계이다. 확인(verification), 대조점검(cross-checks), 구체적 표본추출, 직접관찰, 조사, 감사과정에서 발생한 내용의 문서화 등이 이루어진다(Reed & Swain, 1997).

6단계: 감사보고서의 작성

감사가 완료되면 감사에 대한 의견을 포명하는 감사보고서를 작성한다. 재무감사보고에는 감사인이 감사기준을 준수했으며, 재무보고서가 일반적으로 인정된 회계원칙(GAAP)을 준수했는가에 대한 의견을 표명한다. 감사인의 제안을 담고 있는 경영제안서(management letter)를 작성하기도 한다(Reed & Swain, 1997).

2. 성과감사과정

Dittenhofer는 성과감사과정을 다음과 같이 설명하고 있다(Dittenhofer, 1988). 비록 성과감사과정과 재무감사과정을 구별하여 설명하고 있지만 기획, 실시, 보고서작성 등의 세 가지 주요부분이 있는 것은 동일하며, 모든 감사에 통용될 수 있는 모범답안 같은 감사과정이 설정되어 있는 것도 아니다. 여기에 제시하는 재무감사과정과 성과감사과정은 하나의 예시로서 제시하는 것이다.

1단계: 계획표작성

무엇을 감사할 것인가의 감사내용을 결정하고 감사일정표를 작성한다.

2단계: 프로그램설계

무엇을 할 것인가를 결정하는 것이다. 감사인이 준수해야 할 표준화된 하나의 프로그램이 있는 것보다는 성과감사가 생산해야 되는 감사산출물을 질문의 형식으로 제시하고 질문에 답할 수 있는 감사프로그램을 감사인이 자유롭게 설계하도록 하는 것이 바람직하다.

3단계: 감사의 실시

계획표와 프로그램에 따라 감사를 실시하는 단계이다.

4단계: 감사보고서의 작성

감사가 종료되고 감사보고서를 작성한다.

6.10 감사의 변화와 최근동향

1. 성과감사

회계의 중요성을 최근에 다시 인식하게 되면서 먼저 감사분야에서 변화가 있었다. 전통적인 재무감사에서 효과성과 효율성을 평가하는 성과감사로 전환한 것이 세계적인 감사의 추세이다(Premchand, 1995). 성과감사로 변화한 가장 큰 이유는 선거에 의해 당선된 정치인관료들의 주장 때문이다(Brown, 1988b). 성과감사를 제약하는 문제점의 하나는 성과감사를 실시할 수 있는 전문성을 구비한 인적자원의 확보문제이다(Adams, 1986). 감사가 전통적인 감사에서 한 걸음 더 나아가서 효과성과 효율성을 평가하게 되자 공무원들의 반발이 심해졌다. 감사가 지나치게 영역을 확대했다고 생각하는 것이다.

2. 표본감사와 시스템감사

감사는 과거의 전통적인 거래위주의 정밀감사에서 벗어나 시스템감사(system-based audit)와 표본감사로 발전하였으며 최근에는 전산화된 회계와 감사소프트웨어를 사용하고 있다(Henry et al., 1989). 정밀감사는 모든 서류와 자료를 빠짐 없이 검토하는 감사이며 표본감사는 표본을 추출하여 감사를 실시하는 방법이다. 정밀감사를 실시하면 부정과 오류 등이 누락되지 않지만 현대행정처럼 수많은 자료와 서류가 존재할 경우에는 사실상 정밀감사는 불가능하며 오히려 표본감사가 더 바람직하다. 표본감사에 의해 이상징후가 감지되면 보다 정밀한 감사를 실시할 수 있기 때문에 비용효과측면에서 표본감사가 더 나은 방법이다.

기존의 감사는 시스템의 산물인 문서, 결과, 자료에 치중하였는데 그러한 최종산출물을 생산한 시스템을 감사함으로써 동일한 문제점의 재생산과 반복을 방지하고자 하는 감사가 시스템감사이다. 시스템의 결함을 시정하지 않고 그 산출물에만 치중하여 감사하는 것은 원인을 치유하지 않고 결과만을 치유하는 것에 불과하다. 최근의 전산화된 시스템을 감사할 때는 전산화된 프로그램을 이용하여 전산감사를 실시하기도 한다.

3. 감사의 축소

최근 선진국의 정부개혁에서 중앙부처가 축소되고 많은 조직이 민영화되거나 별도의 공기업으로 독립하고 독자적인 정책집행기구로 전환하고 있어 상당수의 공공부문이 중앙감사기구의 감사대상에서 제외되고 있다. 이러한 조직들은 민간감사인의 감사를 받아 의회나 국민에게 보고하지 않고 이사회나 감독기관에 보고하기 때문에 책임규명의 측면에서 문제가 발생하며 효과성과 효율성의 감시효과가 약화될 우려가 있다(Bowerman, 1996).

4. 민간감사인과 공공부문감사

뉴질랜드에서는 정부의 감사업무 중 40%가 민간감사인과의 경쟁에 의해 결정된다. 미국의 캘리포니아주에서는 감사기구(Auditor General's Office)를 폐지하였다. 민간감사기구와의 경쟁이 심화되면서 중앙감사기구의 비용편익도 관심의 대상이 되고 있는데 영국의 감사원은 1994년 1파운드의 감사비용으로 7파운드의 절약이 달성되었다고 보고하였다. 그러나 이러한 비용편익에만 치중하면 연구활동처럼 즉각적인 절약이나 편익이 측정 불가능한 업무는 위축될 우려가 있고 감사의 영역 또한 제한될 위험이 있다(Bowerman, 1996).

5. 대안을 제시하는 감사

적발위주의 감사에서 대안을 제시하는 감사로 감사의 초점이 옮겨지고 있다. 대안을 제시할 수 없는 경우에는 문제가 발생해도 해결방안이 없기 때문에 피감사인에게 책임을 물으면 불합리하다. 감사는 점점 피감사인의 문제점을 해결하고 컨설팅을 하는 입장에서 피감사인의 효과성과 효율성을 평가하는 방향으로 전환되고 있다. 감사인은 피감사인을 조사하고 수사하는 감시인의 입장에서 탈피하여 피감사인을 돕고 문제를 해결해주는 컨설턴트의 역할을 수행해야 한다. 특히 이러한 관점은 내부감사의 경우 더욱 두드러진다. 내부감사인이야말로 조직내부의 문제해결사이며 경영컨설턴트가 되어야 한다.

6.11 재무상태평가

1. 재무상태평가의 개념

재무상태평가는 조직의 부채를 상환할 수 있는 능력, 세입을 창출하는 능력, 서비스를 제공하는 능력을 평가한다. 재무비율분석도 재무상태평가라고 볼 수 있다. 외부

관점에서 본 재무상태와 내부관점에서 본 재무상태가 있다. 외부관점은 채권자, 투자자, 주민, 행정조직과 계약을 체결한 민간기업, 상위 행정조직의 정책분석가의 관점을 말한다. 가장 대표적인 사례인 채권자의 관점에서 본 재무상태란 부채를 상환할 수 있는가를 평가하는 신용평가의 관점을 말한다. 예를 들어 신용평가기관의 등급은 재정위기를 미리 알려주는 조기경보의 역할을 할 수 있다. 내부관점에서 본 재무상태란 예산과 재무관리에 관한 의사결정에 필요한 정보를 제공하는 것을 말한다. 예를 들어 인플레이션을 감안한 1인당 세입액, 세출액, 부채액수를 계산하여 추세를 파악하면 서비스제공능력을 파악할 수 있다(Reed & Swain, 1997).

2. 재무상태평가방법

등급을 이용하여 신용평가의 결과를 전달하듯이(예를 들어 Aaa, AAA) 재무상태도 등급으로 표시할 수 있다. 등급을 사용하면 많은 특징을 정확하고 쉽게 이해할 수 있는 상징으로 표시할 수 있다. 다음의 개념들을 이용하여 재무상태를 평가한다. 다음 정보들은 정보시스템에서 창출되는데 정보시스템의 신뢰성과 우수성이 정보의 신뢰성과 우수성을 결정한다(Reed & Swain, 1997).

표 6-2 | 재무상태를 평가하기 위한 개념들

구분	내용
자산	예를 들어 유동자산, 즉 단기자산의 증가는 단기지출능력의 증가를 의미한다.
부채	예를 들어 유동부채, 즉 단기부채의 증가는 즉시 서비스를 제공하는 능력의 감소를 의미한다.
세입	-
세출	-
운영결과 (results of operations)	세입과 세출의 차액을 말하며, 재정적자와 재정흑자로 보고된다.
부채상환능력(solvency)	자산이 부채를 초과할수록 부채상환능력도 증가한다.
유동성	자산이 현금으로 전환될 수 있는 정도를 말한다. 현금은 유동성이 가장 높은 자산이며 부동산은 유동성이 매우 낮은 자산이다.
재무신축성 (financial flexibility)	예를 들어 세입과 세출에 제약이 많을 때 새로운 상황에 쉽게 대응하지 못한다.
기록의 적정성과 정확성(adequacy and accuracy of records)	주로 예산과 회계기록의 정확성과 적정성을 말한다.

구분	내용
재무관리의 수준(quality of financial administration)	재무관리실무를 분석하여 파악할 수 있다.
리더십자질 (leadership qualities)	유능한 리더는 재무상태 개선에 기여하고 공공조직에 대한 신뢰성을 높여 부채의 조달 등에 있어 유리하다.
경제사회환경(economic and environments)	예를 들어 경제가 활성화되면 세입증가를 의미한다. 취학아동이 증가하면 교육비지출증가가 예상된다.
생산성	생산성하락은 미래재정악화를 암시할 수 있다.

6.12 성과관리와 성과주의예산

1. 성과관리의 개념

21세기 이후 현대사회는 공공부문과 민간부문의 구분없이 성과를 강조하고 있다. 1970년대 말부터 전 세계적으로 정부의 비효율성을 비판하는 목소리가 높아지기 시작했고, 1980년대 초부터 정부개혁이 전 세계적인 현상으로 확산되기 시작하였다(한부영 · 최은석, 2000; 오을임 외, 2002: 208). 성과에 대한 관심은 1990년 이후 다시 증가되었고, 뉴질랜드, 캐나다, 호주 그리고 영국을 비롯하여 성과지향적 개혁은 1980년대부터 등장하기 시작하였다(Schick, 1990; Cothran, 1993). 1993년에는 미국의 연방정부에서 7개년 계획으로 GPRA를 추진하면서 성과주의 개혁의 이론과 실천기반이 정비되었다(Lee, 1997; Rubin, 1996; Melkers and Wiloughby, 1998; 이재원, 2002: 216 재인용). 우리나라도 1990년대 후반 이후 신공공관리의 흐름 속에서 정부부분에 민간부문의 다양한 기법들이 활용되었고, 2000년 이후 정부 전반에 걸친 업무 및 활동에 대한 성과관리를 강조하게 되었다. 그렇다면 성과관리란 무엇일까? 성과관리는 학자들마다 다양하게 정의를 내리고 있다.

하미승(2004)은 정부의 조직과 구성원들로 하여금 투입(input)과 과정(process) 그리고 수단(means) 위주의 행정관리로부터 산출(output)과 결과(result)를 지향하는 행정으로 패러다임을 전환하게 함으로써 행정의 생산성과 성과를 제고하고 정부의 경쟁력을 확보할 뿐만 아니라 희소한 국가자원의 효율적 배분을 도모하려는 것이며,

궁극적으로 국민에게 보다 적은 세금으로 보다 높은 정책성과와 행정서비스를 제공하려는데 의미를 두고 있고, 고영선 등은 성과관리란 전략목표와 성과목표를 설정하고, 사업을 시행하고 목표했던 산출과 결과가 달성되었는지를 점검하고 이를 의사결정에 환류시키는 것(고영선 외, 2004: 39)이라고 보고 있다. 이외에도 다양한 학자들에 의해서 성과관리가 정의되고 있지만 이러한 개념들을 종합해 보면 성과관리의 정의는 조직의 목표설정, 성과 지표개발, 성과측정 및 평가, 결과의 환류 등의 핵심적 개념을 포함하고 있다(고경훈 · 박해육, 2005). 즉 성과관리는 공공기관이 임무나 목적달성을 위하여 전략적 관점에서 계획을 수립하고, 한정된 자원을 효율적으로 활용하여 업무를 추진한 후, 조직의 역량과 성과를 정확히 측정하여 그 결과를 정책의 개선이나 자원배분, 개인의 성과보상에 환류시킴으로써 조직의 전반적인 효율성을 높이고자 추구하는 과정을 의미한다(기획재정부 · 한국채권연구원, 2013: 17).[8]

그림 6-5 | 성과관리의 일반적인 절차

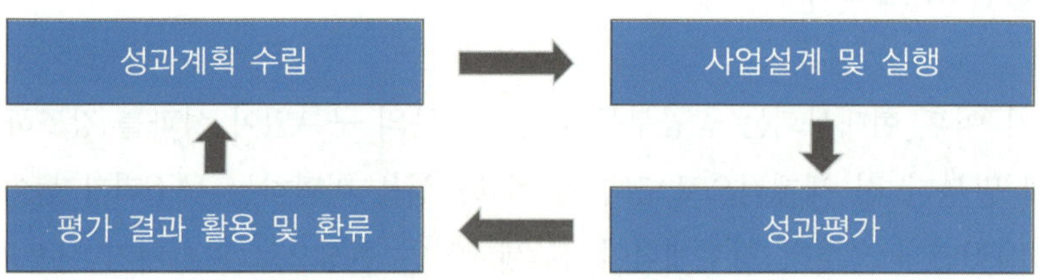

자료: 기획재정부 · 한국채권연구원(2013: 18).

우리나라는 성과와 예산의 연계를 통하여 국가재원의 배분을 효율화하고, 국가재정의 투명성을 고려하여 위하여 1999년 김대중 정부 때 성과주의 예산제도를 시범적으로 도입 · 실시하였다. 공공부문의 성과측정의 어려움으로 인하여 정부부문의 특수성을 고려하여 단계적으로 재정성과평가제도를 도입 · 실시 · 보완하였다. 2003년에 재정성과목표관리제도를 도입하였고, 2005년 재정사업자율평가제도의 도입을 통하여 재정성과목표관리제도를 보완하였고, 2006년에 국가재정법의 제정으로 재정사업심층

8) 구체적으로 성과관리는 3가지로 구분할 수 있는데, ① 전통적 성과관리(traditional performance management)는 별다른 근거도 없이 투입이나 절차가 적절하게 이루어지면 바람직한 산출과 결과를 낳을 것이라는 지나치게 낙관적인 기대를 전제하고, 정책순환 단계에서 산출이나 결과보다는 투입이나 과정을 중심으로 주어진 규칙과 절차의 준수에만 관심을 기울인 나머지 과거의 관행을 답습하는 등의 관리 및 통제 체제를 의미하고, ② 결과 지향적 성과관리(result-oriented performance management)는 산출과 결과, 즉 성과를 중심으로 공공부문의 조직과 사업을 관리하는 것을 의미하며, ③ 통합적 성과관리(integrated performance management)는 투입, 과정, 산출 및 결과 등 정책순환의 전 과정에 걸쳐 계획 또는 목표에 대비하여 이행 및 달성한 정도를 관리하는 것을 의미한다.

평가제도를 도입하는 등 점차 재정성과평가제도의 기틀을 마련하고 확대해 나갔다. 성과관리제도 및 재정성과평가제도의 도입은 투입과 절차보다 정부활동의 최종효과에 초점을 둠으로써, 정책결정에 대한 책무성을 강화하고, 재정활동의 효과성과 능률성을 향상시키기 위한 것이다.

2. 성과관리의 법적 근거와 체계

우리나라의 성과관리체계는 전체적인 성과관리를 담당하고 있는 국무총리실(정부업무평가기본법에 근거)과 재정분야의 성과중심예산에 중점을 둔 기획재정부(국가재정법 및 국가회계법에 근거)로 이원화 되어 있다.9)

그림 6-6 | 우리나라의 성과관리체계

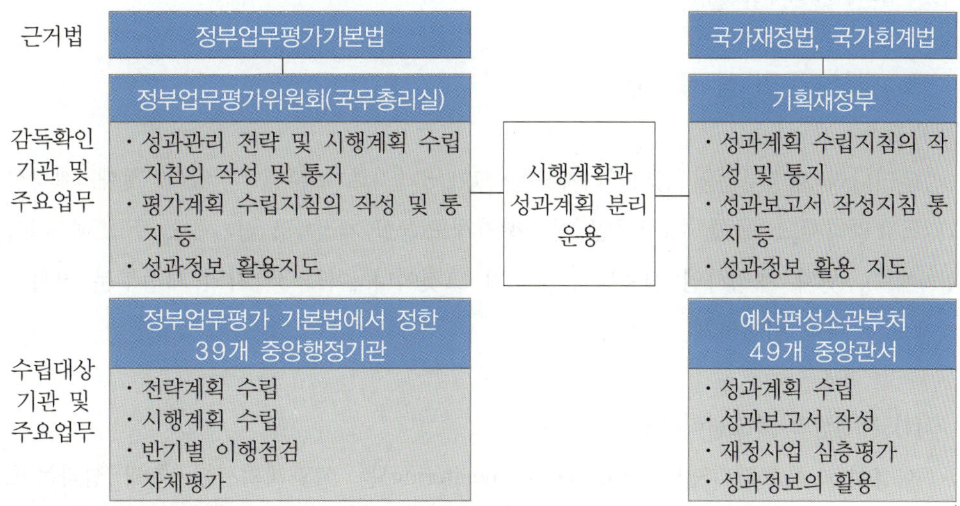

자료: 국회예산정책처(2009), 2010년도 성과계획서 평가.

국가재정법은 기존의 법체계 속에서의 예산회계법과 기금관리기본법을 통합하여 우리나라의 재정운용에 있어서 성과지향적이고, 투명하고, 건전성의 기틀을 확립하기 위한 목적으로 2006년에 제정되어 현재 시행되고 있다. 국가재정법에는 국가의 예산・기금・성과관리 및 국가채무 등에 관한 사항을 규정하고 있고, 최근 성과관리와 관련하여 2011 회계연도부터 예산안과 그에 따라 작성된 성과계획서의 사업내용 및

9) 정부업무평가기본법에 근거한 성과관리는 본 교재에서 다루지 않고 재정분야의 성과관리에 대해서만 다루기로 한다.

사업비 등이 일치하도록 노력할 것으로 의무화함으로써 예산과 성과의 연계성을 강화하도록 하였다(정무경, 2011). 또한 국가회계법에서는 성과관리와 관련하여 제14조(결산보고서의 구성), 제15조(결산보고서의 작성) 등을 규정하고 있다.

표 6-3 | 국가재정법 및 국가회계법상의 성과관리 관련 규정

제 도	관련 법 조문 및 내용
성과계획서	- 국가재정법 제34조, 제71조: 예산안 및 기금운용계획안의 첨부서류로서 성과계획서 규정
성과보고서	- 국가회계법 제14조 내지 15조: 결산보고서의 구성요소로서 성과보고서 규정, 성과계획서에서 정한 성과목표와 그에 대한 실적을 대비하여 작성하도록 규정
재정사업 자율평가	- 국가재정법 시행령 제3조 전단: 재정사업 자율평가 실시 규정
재정사업 심층평가	- 국가재정법 시행령 제3조 후단 및 각 호: 재정사업심층 평가의 실시 및 대상사업 규정

자료: 국회예산정책처(2010), 2009년도 정부 성과보고서 평가.

3. 재정부문의 성과관리제도

우리나라 재정부문의 성과관리제도는 크게 3가지로 구분될 수 있다. 첫째, 재정성과 목표관리제도, 둘째, 재정사업 자율평가제도(통합 재정사업 평가제도, 주요 핵심사업 평가제도), 셋째, 재정사업 심층평가 제도가 그것이다. 이들 3가지의 재정부분 성과관리제도는 서로 밀접하게 연관되어 있다.

(1) 재정성과 목표관리제도

재정성과 목표관리제도(performance monitoring)는 성과계획서를 통해 성과목표, 성과지표를 사전에 설정하고, 재정운용 후 성과보고서를 통해 성과목표의 달성여부를 점검하는 제도로써, 재정운용의 효율성 제고와 밀접한 관련성을 갖고 있다(국회예산정책처, 2019: 195). 즉, 각 부처의 임무, 전략목표, 성과목표, 성과지표, 목표치를 중심으로 부처 전체예산사업의 계획과 성과를 모니터링 하는 것을 말한다(박홍엽, 2009; 박노욱, 2008). 각 부처는 회계연도 1년 전에 기관의 임무, 비전, 전략목표를 결정하고, 그에 따라 성과목표와 성과지표를 설정한 후 성과계획서를 작성하고 성과계획서에 명시한 성과 목표와 지표의 달성도를 평가(성과보고서를 작성)하여 그 결과를 다음 연도 재정운용 과정에 반영하기 위한 제도이다(정무경, 2011).

재정성과 목표관리제도는 성과계획서와 성과보고서를 통하여 각 부처 예산사업의

성과관리를 위한 기본적인 정보를 제공하는 역할을 한다(국회예산정책처, 2018: 142).

그림 6-7 | 재정성과 목표관리제도의 기본 운용체계

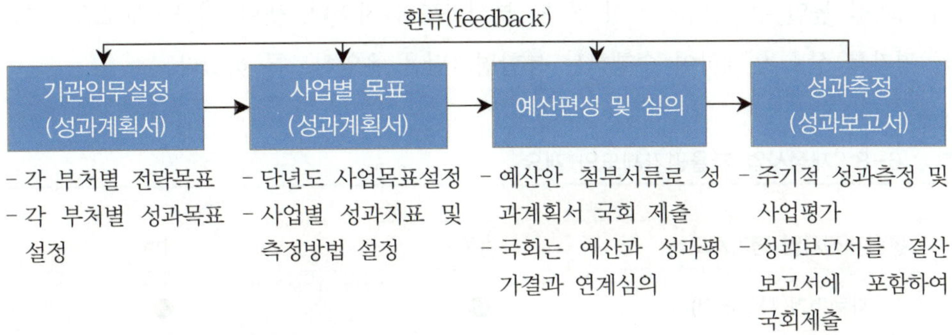

자료: 국회예산정책처. 「2019 대한민국 재정」.

(2) 재정사업 자율평가제도

재정사업 자율평가제도란 사업 수행부처가 소관 재정사업을 자율적으로 평가하고, 평가결과를 재정운용에 활용하는 평가제도이다(강희우 외3인, 2018: 52). 당초 도입 당시에는 체크리스트 검토 방식으로 중앙행정기관이 소관 재정사업을 매년 1/3씩 자체적으로 평가하였는데, 2015년 기획재정부의 사업별 전수확인·점검방식에서 탈피하여 부처 자체평가 과정의 충실도, 평가결과의 적정성, 사업별 환류방안의 합리성을 종합적으로 고려하는 메타평가 방식으로 전편개편되었다.

2016년에는 일반재정, R&D, 지역사업 등 분야별 칸막이식으로 운영되던 성과평가제도를 통합 재정사업평가로 단일화했으며, 사업부처가 자율적으로 분야별로 부처 전체의 사업성과를 평가하고, 이 평가결과를 상위평가기관[메타평가협의회: 기재부, 미래부(현 과기부), 지역위]이 확인·점검하여 재정운용에 활용하였다. 하지만, 통합 재정사업평가제도는 다음의 몇 가지 문제점이 제기되었다(기획재정부 보도자료, 2017.09.28).

◆ 첫째, 자율평가는 지침에 따라 일률적인 평가기준이 적용되고 평가결과가 예산과 기계적으로 연계되어 부처의 자율성과 책임성을 확보하기 어려웠다.
◆ 둘째, 메타평가는 각 부처 지출구조조정 계획에 대한 확인·점검 중심으로 평가가 이루어져 개별사업의 실질적인 성과를 높이는 데 한계가 있었다.
◆ 셋째, 평가제도가 분절적으로 운영되고, 제도운영과정에서 국민과의 소통이 부족하다.

위와 같은 문제점을 보완하고, 부처의 자율성·책임성을 제고하기 위하여 정부는 재정사업 자율평가제도를 전면 개편하였다. 우선, 최소한의 가이드라인 내에서 부처의 자율평가를 유지하되, 메타평가는 폐지하였다. 둘째, 기획재정부는 메타평가를 폐지하는 대신에 핵심사업에 대해서 별도로 선정하여 주기적인 모니터링을 통해 사업의 성과를 높일 수 있도록 직접 평가·분석하도록 하였다. 셋째, 기금·보조금·부담금 평가를 상호 연계하여 수행하는 통합평가단을 운영하도록 하였다.

그림 6-8 | 재정사업 자율평가제도의 개요

통합재정사업 평가제도	기존	개편
자체평가(사업부처)	●	●
메타평가(기재부)	●	×(폐지)
주요 핵심사업 평가제도		(도입)신설

※ 통합평가단 운영과 평가정보 공개

자료: 국회예산정책처(2019). 「2019 대한민국 재정」 & 기획재정부 보도자료(2017.09.28.) 재구성.

주요 핵심사업 평가제도(국가재정법 제8조 제6항~제8항 및 국가재정법시행령 제3조)는 사업의 성과 제고와 재정지출 효율화를 목적으로 평가기간(3년) 중 당초 제시한 성과목표가 달성되었는지를 확인하고, 핵심 재정사업과 관련된 제도개선 및 적정 예산규모 권고를 통해 재정지출 효율화를 추진하고자 도입한 제도이다.

재정사업 자율평가제도의 개편에 따라 2018년에 80개 사업을 핵심사업으로 선별하여 집행과정·결과를 중심으로 중점 관리·평가를 수행하고 있는데, 평가대상 80대 사업은 일자리, 성장동력확충, 소득기반확충, 안심국가, 인적자원개발 등으로 분류되고, 그 내용은 다음과 같다.

표 6-4 | 핵심사업 평가대상 개괄

구분	일자리	성장동력확충	소득기반확충	안심국가	일적자원개발
평가대상수 (80개)	15개	18개	10개	23개	14개
예산규모 (23.1조원)	7.8조원	4.2조원	3.5조원	5.8조원	1.8조원
관련부처 (26개)	고용노동부 등 6개	중소벤처기업부 등 10개	보건복지부 등 6개	국방부 등 14개	교육부 등 7개

자료: 국회예산정책처(2019: 199). 「2019 대한민국 재정」

(3) 재정사업 심층평가제도

재정사업자율평가 결과 추가적인 검토가 필요하다고 판단되는 사업에 대해 계량분석기법 등을 활용하여 심층적으로 분석·평가하는 제도로서 재정사업의 적절성, 효과성, 효율성 등을 주요 평가요소로 하고 있다(국회예산정책처, 2019). 즉, 재정사업 심층평가제도는 재정사업 자율평가 결과 성과가 미흡한 사업 중 심층분석이 필요한 사업을 깊이 있게 평가하여 개선방안을 도출하는 제도로서 객관적이고 독립적인 외부기관을 활용하여 실시하고 있다(정무경, 2011).

제도의 도입 초기에는 시범평가를 시작으로 2006년부터 개별 정책사업을 대상으로 진행되었고, 2010년부터 개별사업보다는 사업군 평가방식을 도입하였으며, 2011년에는 다양한 연구기관을 활용하고, 내실있는 평가제도의 운영을 위하여 심층평가 사전예고제도, 대규모 신규사업에 대한 심층평가 의무화, 예비조사 제도 등을 도입하였다(국회예산정책처, 2018).

재정사업 심층평가제도의 목적은 주요 재정사업의 추진 과정과 성과를 객관적으로 점검하고 성과에 영향을 미치는 원인을 분석하여 원활한 사업목적의 달성과 효율적인 사업 추진을 위한 방안을 도출함으로써 향후 예산편성 및 기금운용계획의 수립, 재정사업의 집행 및 성과관리 등 재정운용의 성과를 높이도록 하는 것으로 대상 사업의 선정기준은 다음과 같다.

〈대상사업 선정기준〉

◈ 정책적 기준: 대상사업의 재정운용상 중요성, 국민·사회의 관심도, 국가정책 추진 시 중요성 등 평가의 실익과 필요성

◈ 기술적 기준: 대상사업 관련 자료의 확보 가능성, 타 사업 및 세부사업간 비교가능성, 평가 소요기간 및 정책대안의 적절성 등 평가수행의 가능성과 용이성

평가 주요내용은 ① 사업 및 사업군에 대한 개요 및 현황 분석, ② 국내외 사례를 통한 시사점, ③ 사업목적 달성을 위한 사업 추진체계·절차, 전달체계 및 재원배분의 적절성, ④ 사업간·부처간 유사중복 여부 및 역할분담의 적절성, ⑤ 사업 및 사업군에 대한 종합적인 성과분석, ⑥ 종합적 지출효율화 및 제도개선 방안 등을 포함한다. 심층평가는 사업의 성과와 적절성을 기준으로 사업(군)의 효과를 분석하는데, 사업의 성과는 효과성, 효율성, 형평성, 지속가능성으로 분석하고, 사업의 적절성은 사업설계의 적절성과 사업운영방식의 적절성으로 구분하여 평가한다.

심층평가 결과에 따라 지출성과 제고방안을 마련하여 관련 부처에 통보하고, 지출성과 제고방안 또는 제도개선 사항을 제대로 이행하지 않은 사업에 대해서 예산편성시 사업을 폐지하거나 감액조치를 할 수 있다.

4. 성과계획서와 성과보고서

국가재정법의 시행(2007.01)으로 기존에 예산안 편성지침 등에 따라 이루어지던 성과중의 재정운용이 법제화되었고, 각 중앙행정기관의 장 및 기금관리주체가 예산요구서 및 기금운용계획안을 기획재정부 장관에게 제출할 때에 성과계획서 제출을 의무화하였다(국가재정법 제8조 제2항). 또한 2009년 국가재정법의 개정으로 '11회계연도부터 예산안과 그에 따라 작성된 성과계획서의 사업내용 및 사업비 등이 일치하도록 노력할 것을 의무화하였다(국가재정법 제8조 제9항).

그림 6-9 | 성과계획서의 목표관리체계

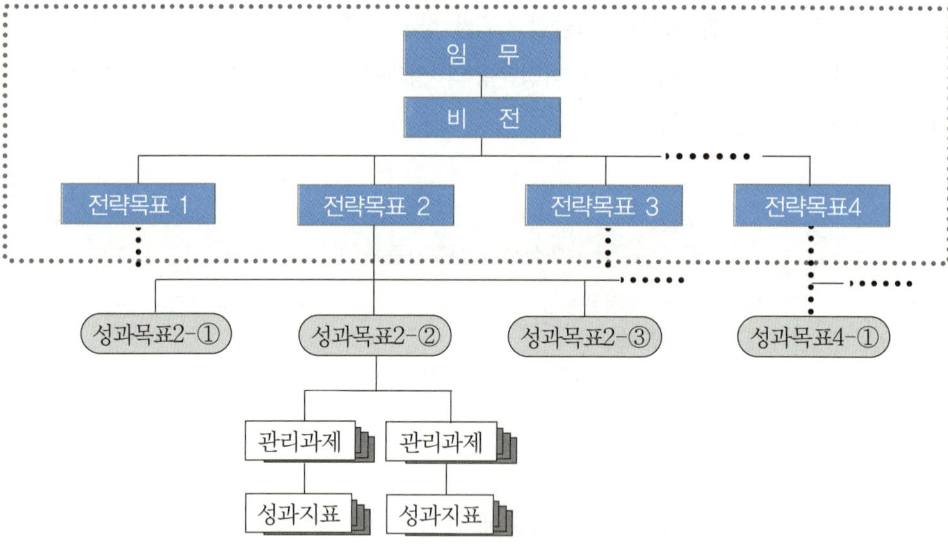

자료: 국무조정실(2008). 정부업무 성과관리 및 평가; 정부 업무평가위원회 홈페이지 참조.

성과계획서는 정부가 기관의 장기적 임무와 비전 등을 고려하여 사업별로 성과목표와 이를 측정할 수 있는 성과지표를 설정하도록 구성된 보고서(국회예산정책처, 2011b: 8)[10)]로서 당해연도의 성과목표·성과지표 및 과거 3년간의 성과결과 등을 포

10) 성과계획서는 중앙행정기관의 장이 기관의 전략목표 및 당해연도 성과목표 달성을 위해

함하여 중앙행정기관은 회계연도 1년전에 각 기관의 "임무, 비전, 전략목표, 성과목표, 성과지표"를 중심으로 성과계획서를 작성하도록 의무화되어 있다. 성과계획서 작성의 대상기관은 중앙관서의 49개이고, 이들 기관은 국가재정법 제34조에 의거하여 국회에 예산안 제출시 성과계획서를 제출하도록 하고 있다. 성과계획서의 구체적인 내용은 우선 정책성과, 해당 연도의 정책추진 방향, 해당기관의 조직 및 인원 등에 대한 일반현황과 재정현황을 포함하고 있고, 조직의 임무, 지번, 전략목표, 성과목표를 논리적으로 작성 및 제시하며, 성과지표와 목표치를 설정하고, 성과목표와 관리과제의 주요 내용 및 관련 예산 내역 등을 포함한다.

성과보고서는 국가회계법 제14조 내지 15조에서 결산보고서의 구성요소를 성과보고서로 규정하고 있으며, 성과계획서에서 정한 성과목표와 그에 대한 실적을 대비하여 작성하도록 규정하고 있다. 정부는 성과계획서에 의거하여 예산을 집행하고 성과계획서 작성단계에서 구축된 목표체계와 성과지표를 기준으로 생산된 성과정보를 가지고 성과보고서를 작성한다. 성과보고서에 나타난 성과달성도, 성과정보 등을 파악하고 그에 따른 재정사업의 문제점(예산집행과정과 성과달성과정 등에서 발생하는 문제점)을 분석·확인하고, 향후 성과계획 수립, 예산안 편성 및 심사과정에 활용하고 있다. 이처럼 성과계획서와 성과보고서는 성과목표관리제도의 중요한 부분으로서 성과의 평가 및 환류가 가능해져 중앙관서의 업무 효율성과 동시에 성과정보와 예산과정의 연계를 통한 효율적인 재원배분, 그리고 성과정보에 따른 보상과 제재 등 유인기제를 제공 등 다양한 측면에서의 성과관리에 따른 성과정보의 활용이 제고될 수 있다.

하지만 우리나라의 재정부문의 성과에 중요한 정보로 활용될 수 있음에도 불구하고 성과계획서와 성과보고서는 다음과 같은 문제점을 노출하고 있다.[11]

첫째, 성과정보의 관리 및 공개문제이다. 체계적으로 관리되지 못한 성과정보는 활용하기 어려울 뿐 아니라 공개된 정보도 알기 쉽게 되어 있지 않아서 성과관리의 투명성 및 책임성이 저조할 수 있다. 둘째, 성과계획서 및 성과보고서의 완비성·신뢰성 문제이다. 아직까지 성과관리를 위한 예산관련 정보, 과서 성과 실적 등 성과정보의 양이 상세히 제시되지 않아서 예산과정에 활용되기에 부족한 실정이기 때문이다. 셋째, 아직까지 우리나라는 국가의 장기적인 비전과 전략을 제시하는 범정부 차원의 중장기 성과관리체계가 미흡하다. 넷째, 성과관리 관련 법체계 및 추진체계의

수립하는 연도별 시행계획으로서 기관의 임무·전략목표 등을 설정하고 '국가재정법'에 의한 중·장기 재정운용계획을 반영하며 관련 법령에 의한 중·장기 계획도 포함 가능하다(정무경, 2011).

11) 정무경(2011)의 논문에 제시된 문제점을 요약정리함.

문제이다. 현재 이원화되어 있는 성과관리 관련 법체계 및 추진체계로 인하여 일선 부처 입장에서 업무의 중복에 따른 행정비효율이 발생하고 있다. 다섯째, 성과계획서와 성과보고서에 포함된 정보 수준이 모니터링수준의 정보이기 때문에 예산당국이 이를 의사결정에 활용하기에 쉽지가 않아 예산결정과정에서의 활용도는 낮다는 것이 일반적 평가이다(박노욱 외, 2008).

5. 우리나라의 정부성과관리 현황

우리나라의 성과관리제도의 발전과정은 김대중 정부 시기인 1999년 성과주의예산제도의 도입 계획을 발표하고 2000년에 시범실시하면서 2003년에 성과관리제도로 시작되었다. 그리고 2005년에 재정사업 자율평가가 실시되면서 본격화되었다. 이런 변화과정을 요약하면 다음과 같다.

표 6-5 | 성과관리제도 추진 현황

일자	내용
1999.1~2.	· 성과주의예산제도 도입 및 추진계획 마련(16개 기관 선정을 선정하여 시범사업 실시) · 부처별 성과지표 개발(정부조직 경영진단)
2000.3~4.	· 16개 시범사업기관의 성과계획서를 기획예산처 홈페이지를 통해 일반 국민에게 공개 · 2001년도 예산과 관련한 시범사업 추진방침을 예산안 편성지침을 통하여 통보(기존의 16개 시범기관 외 12개 기관을 추가로 선정, 총 28개 기관)
2001.6	· 2002년도 성과계획서 및 2000년도 성과보고서 작성지침 통보 (11개 기관을 시범사업 대상기관으로 추가 선정, 총 39개 기관)
2003.5	· 성과중심의 재정운용으로 전환하기 위해 재정성과목표관리제도를 도입
2004.5~11	· 2004년도 성과관리제도 시행지침 시달 · 정책 · 성과 중심의 프로그램 예산체계 도입
2005	· 성과관리제도의 보완을 목적으로 재정사업자율평가제도 도입
2006	· 「국가재정법」 제정으로 재정사업심층평가제도 도입
2008	· 성과계획서 최초로 국회 제출
2010	· 성과보고서 최초로 국회 제출
2016	· 재정사업자율평가제도를 개선하여 통합재정사업평가방식 도입
2018	· 자체평가 결과를 확인 · 점검하는 메타평가 폐지 · 핵심사업의 성과관리에 집중하는 방향으로 재정사업 자율평가제도 개선

자료: 국회예산정책처. 「2019 대한민국 재정」.

2016~2017년도 각 부처별 성과목표 및 성과지표 현황을 보면, 평가대상은 53개 부처로서, 전략목표 180개, 프로그램 목표 513개(2016년: 514개), 단위사업 2,133개(2016년: 2,151개), 성과지표(단위사업) 5,168개(2016년: 5,201개)로 구성되어 있고, 연도 간 비교하면, 전략목표 수는 증감이 없고, 프로그램 목표는 1개 감소, 단위사업은 18개 감소, 성과지표(단위사업)은 33개 감소하였다.

표 6-6 | 2016~2017년 부처별 성과목표 및 성과지표 현황(단위: 개)

부처	전략목표		프로그램목표		단위사업		성과지표(단위사업)	
	2016	2017	2016	2017	2016	2017	2016	2017
합계	181	180	514	513	2,151	2,133	5,201	5,168
대통령비서실 및 국가안보실	1	1	1	1	1	1	1	1
대통령경호실	1	1	1	1	1	1	2	2
국회	2	2	5	5	22	21	45	44
대법원	2	2	3	3	17	17	40	43
헌법재판소	1	1	1	1	7	7	16	18
중앙선거관리위원회	1	1	2	2	8	7	26	23
민주평화통일 자문회의	1	1	1	1	3	3	12	13
감사원	1	1	1	1	5	5	10	9
국무조정실 및 국무총리비서실	2	2	2	2	29	29	73	70
기획재정부	4	4	17	17	43	41	97	97
미래창조과학부	6	6	37	37	165	165	431	431
교육부	4	4	18	19	78	81	194	191
외교부	6	6	13	14	41	40	123	110
통일부	2	2	10	10	23	24	62	64
법무부	5	5	9	9	36	35	79	80
국방부	5	5	12	13	59	58	158	156
행정자치부	4	4	16	16	84	85	172	179
문화체육관광부	6	6	34	34	105	105	265	272
농림축산식품부	5	5	21	21	90	92	207	209
산업통상자원부	6	6	25	25	124	122	300	304
보건복지부	4	4	36	36	169	171	385	395
환경부	6	6	9	9	78	80	201	213
고용노동부	5	5	10	10	94	97	263	266
여성가족부	4	4	6	6	33	32	81	75
국토교통부	7	7	40	41	152	156	377	373

부처	전략목표		프로그램목표		단위사업		성과지표 (단위사업)	
	2016	2017	2016	2017	2016	2017	2016	2017
해양수산부	3	3	22	19	123	117	272	266
국민안전처	5	5	10	10	59	59	131	137
인사혁신처	1	1	5	5	22	23	40	44
법제처	2	2	2	2	4	4	11	11
국가보훈처	5	5	9	9	38	39	75	77
식품의약품안전처	10	10	10	10	21	20	68	62
국가인권위원회	1	1	1	1	6	6	16	16
방송통신위원회	2	2	5	4	10	9	32	34
공정거래위원회	3	3	4	4	12	12	33	35
금융위원회	4	4	10	9	19	17	38	35
국민권익위원회	1	1	1	1	7	7	21	21
원자력안전위원회	2	2	5	5	5	5	17	14
국세청	4	4	5	5	20	19	35	37
관세청	4	4	5	6	13	13	31	29
조달청	2	2	3	3	9	8	16	16
통계청	3	3	5	5	21	21	44	42
병무청	4	4	4	4	8	7	14	12
방위사업청	3	3	11	11	45	40	126	87
경찰청	4	4	11	11	34	33	65	65
문화재청	4	4	9	9	28	28	65	66
농촌진흥청	3	3	7	7	31	31	85	86
산림청	4	4	7	7	39	42	95	96
중소기업청	6	6	15	15	50	48	109	110
특허청	2	2	5	5	16	14	48	44
기상청	4	4	8	8	23	22	59	61
행정중심복합도시건설청	1	1	2	2	10	10	18	19
새만금개발청	2	2	2	2	4	4	8	8
4·16세월호참사 특별조사위원회	1	-	1	-	7	-	9	-

자료: 기획재정부 보도자료(2016.09.01.) 참조

우리나라의 정부성과관리 현황은 그동안의 많은 노력에도 불구하고 예산사업에 대한 성과관리가 미흡하여 국회의 시정요구권 마련 등 「국가재정법」의 개정이 계속해서 요구되는 실정이다(국회예산정책처 보도자료). 2016년도 정부 성과계획 평가에서 13개 주요 부처별 모든 재정사업을 대상으로 성과계획에 대한 분석 및 평가를 실시

하였는데, 재정사업의 성격을 지니고 있음에도 성과관리 대상에서 배제되는 경우, 성과목표 간 연계가 미흡한 경우, 성과지표의 대표성이 부족한 경우, 성과지표 산출근거의 타당성이 부족한 경우, 성과목표 상향조정이 필요한 경우, 성과지표의 결과지향성이 부족한 경우, 신규 성과지표 설정이 필요한 경우 등 다양한 유형의 문제점이 지적되었다.

표 6-7 | 2016년 성과계획의 문제 유형 현황

구분	문제점	사례
성과관리 대상 포함 필요	재정사업의 성격을 지니고 있음에도 성과관리 대상에서 배제됨	국민체육기금운영비(문화체육관광부), 지적관리(국토교통부) 등
성과목표 간 연계 미흡	전략목표 - 프로그램 목표, 또는 프로그램 목표 - 단위사업 간 연계성이 부족함.	인문정신문화진흥 및 문화기반육성(문화체육관광부), 보건의료서비스 지원(보건복지부) 등
성과지표의 대표성 부족	성과지표가 사업의 핵심 내용을 대표하지 못함	해외관광객 유치활동(문화체육관광부), 국가기간·전략산업직종(고용노동부) 등
성과지표 산출근거의 타당성 부족	성과지표의 산출근거가 비합리적인 근거에 의하여 산출됨.	피복비(국방부), 장애인일자리지원(보건복지부) 등
성과목표 상향조정 필요	달성이 용이하도록 성과목표치를 낮게 설정함.	연구개발특구육성(미래창조과학부), 수리시설 개보수(농림축산식품부), 수산물유통자금지원(해양수산부) 등
성과지표의 결과지향성 부족	성과지표가 실질적인 사업효과를 측정하지 못하고, 투입 위주 또는 단기적 성과 위주로 설정됨	방송통신산업원천기술개발(미래창조과학부), 중소기업수출촉진지원(중소기업청), 어업경영자금(해양수산부) 등
신규 성과지표 설정 필요	사업의 성과를 평가하기 위하여 신규 성과지표 설정이 필요함.	생활안정자금대여(교육부), 급식비(국방부) 등
기타	사실관계 오류, 성과 실적치 누락, 성과지표의 연속성 부족, R&D 사업의 미구분 등	기동전력사업(방위사업청), 민간육종연구단지조성(농림축산식품부), 산업융합진흥(산업통상자원부), 환경보건정책추진(환경부) 등

자료: 국회예산정책처(2015). 「2016년 정부 성과계획 평가」.

성과미흡 및 예산과의 연계부족의 경우

부처	사업명	2016년 예산안 (단위: 백만원)	평가내용
문화체육관광부	의료 관광육성	4,973	국고보조사업 운용평가 결과 민간 수혜자 사업비용 분담비용 확대 등 연 10% 예산감액을 권고하였으나, 예산안 1.7% 증액편성
보건복지부	어린이집기능보강 (단위사업)	36,681	재정사업자율평가 결과 매년 실집행률이 낮다는 지적을 받았으나, 지자체의 예산확보 상황, 건물신축에 따른 시간 소요 등을 고려하지 않고 대규모 예산을 편성하여 실집행률이 재차 낮을 것으로 예상 －2016 예산안은 전년 대비 일부 감액편성하였으나, 추가적인 예산조정의 여지 존재

자료: 국회예산정책처(2015).「2016년 정부 성과계획 평가」.

정부 내 성과평가의 일관성 부족의 경우

부처	사업명	2016년 예산안 (단위: 백만원)	평가내용
미래창조과학부	방사선기술개발	42,421	2013년 국가 R&D 사업 중간평가 결과 미흡 등급을 받아 예산이 삭감되었으나 2014년 수정평가를 통하여 예산 증액 － 수정평가 결과 등급을 상향한 명확한 이유를 확인하기 어렵고, 두 평가 간 지적이 상반되는 사례가 있음.
농림축산식품부	농업 · 농촌교육훈련지원 (후계농업인경영육성)	34,300	국고보조사업운용평가에서 행사성 사업의 문제점을 지적하고 50% 규모 감축을 권고하였으나, 재정사업 자율평가는 매우 우수 판정을 내림.

자료: 국회예산정책처(2015).「2016년 정부 성과계획 평가」.

정부 성과평가 결과와 외부 평가결과 간 괴리가 있는 경우

부처	사업명	2016년 예산안 (단위: 백만원)	평가내용
국방부	물자획득	214,096	감사원에서 사업 성과지표의 대표성이 부족하다는 지적이 있었으나, 정부 재정사업 자율평가에서는 성과지표가 사업목적과 명확한 연계성을 가지고 있다고 평가
고용 노동부	국가기간 · 전략산업 직종	374,055	감사원 및 국회에서 훈련비용 지급관리가 부적절하게 이루어지고 있음을 지적하였으나, 정부 국고보조사업운용평가에서는 사업에 대한 모니터링이 적절히 이루어지는 것으로 평가

자료: 국회예산정책처(2015). 「2016년 정부 성과계획 평가」.

성과평가체계의 개선이 필요한 경우

제도	문제점	개선방안
재정사업 자율평가	사업평가 실시여부(15점)에 대한 평가항목은 평가주체의 객관성, 방법론의 적절성, 평가대상 사업의 종합성 등을 고려하여 배점을 부여하나, 평가자의 특성과 주관적인 판단이 개입될 여지가 있음.	일관성 있는 평가가 이루어질 수 있도록 객관적인 배점 기준을 확립할 필요
재정성과 목표관리제도	계속사업임에도 성과지표가 신규로 설정되는 사례가 다수 발견되어 사업의 누적성과를 파악하기 곤란	사업의 누적성과를 파악할 수 있도록 성과지표의 연속성을 유지하기 위한 노력 필요

자료: 국회예산정책처(2015). 「2016년 정부 성과계획 평가」.

6. 성과와 예산의 연계

우리나라는 2011년에 이어서 2012년에 대한 성과계획서에서 성과와 예산의 연계를 위하여 성과목표체계와 예산체계(예산과목구조)의 일치를 확대·추진하였다. 성과목표체계와 예산체계의 일치는 성과목표와 프로그램, 관리과제와 단위사업 간의 1대 1로 대응되도록 하여 성과와 예산의 연계성을 강화하는데 중요한 시사점을 주고 있다.

2015년에는 성과관리 작성체계를 개선하여 성과관리 목표체계와 예산프로그램체계를 일치시켜 성과계획서를 작성하도록 하고 있다.

성과와 예산의 연계에 대한 지속적인 국가적 노력은 불필요한 예산의 낭비를 사전적으로 점검을 할 수 있도록 하고, 국가의 주요사업에 대한 체계적인 관리를 할 수 있도록 함으로써 국가재정 관리의 실효성을 높이는 데 기여한다.

그림 6-10 | 성과계획서와 성과보고서 작성체계 개편

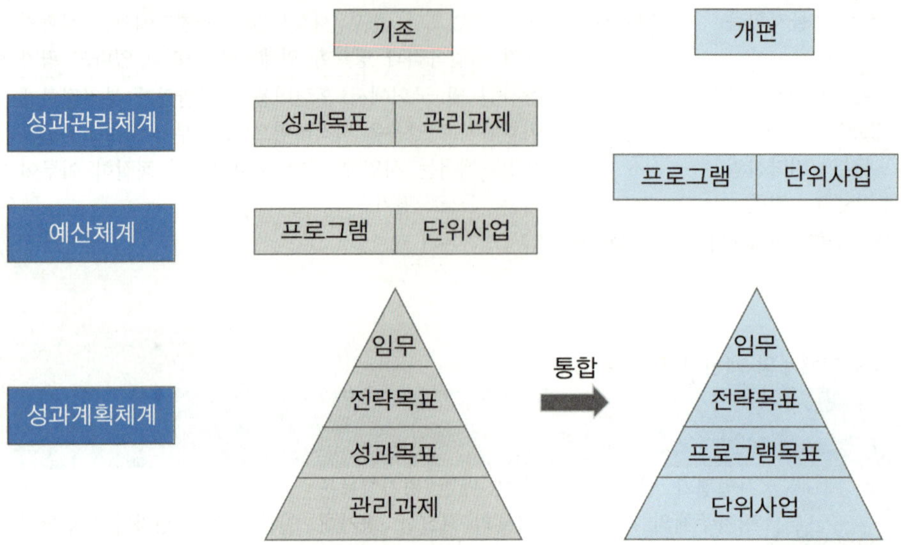

자료: 국회예산정책처(2019: 199). 「2019 대한민국 재정」

참고 2018년 행정안전부 성과계획 목표 체계

Mission 〈임무〉: 열린정부, 지방자치분권, 국민안전 구현

Vision 〈비전〉: "국민이 주인 되는 정부, 사회 대통합, 안전한 나라 실현"

프로그램 목표	성과지표	측정방법 (또는 측정산식)	'18년 목표치	지표종류		비고
				정량/정성	성격	
전략목표 Ⅰ. 국민주도의 사회적 문제해결 확산과 지능형 정부 구현을 통해 열린혁신을 선도한다						
Ⅰ-1. 국민주도의 사회적 문제해결을 확산하고 데이터 공유를 활성화한다. (정부혁신조직)	열린혁신 우수핵심과제 발굴건수	열린혁신 우수핵심과제 선정 (내·외부점검단)	300	정량	산출	
Ⅰ-2. 열린혁신 기반을 조성하는 지능형 정부를 구현한다. (전자정부)	전자정부 수출실적	한국형 전자정부 수출실적 합계	1.7	정량	산출	

전략목표 Ⅱ. 지자체의 경쟁력을 제고하고 사회통합과 공동체 발전을 증진한다.						
Ⅱ-1. 지자체 역량을 강화하고, 시민사회 활성화를 지원한다. (지방자치분권)	①생활자치 및 지자체 역량강화 추진사항에 대한 현장 실무자 만족도	-지자체 조직 및 인사 등 주요업무 담당자 100명 대상 설문조사 -설문문항 당 5점 척도(매우 그렇다 ~ 매우 그렇지 않다)를 기준으로 100점 만점으로 산출	76.2	정성	결과	
Ⅱ-1. 지자체 역량을 강화하고, 시민사회 활성화를 지원한다. (지방자치분권)	②자원봉사활동 연인원	1365자원봉사 포털을 통해 1년간 봉사활동에 참여한 횟수로 측정	38,000	정량	산출	
Ⅱ-2. 지방재정 건전성을 확보하고 세정업무를 지원하며, 지역경제 활성화를 추진한다. (지방재정경제)	지방재정 효율화 우수사례 발굴 건수	세출절감, 세입증대, 기타 재정분야에 대한 우수사례 발굴 건수	40	정량	산출	
Ⅱ-3. 지방공무원의 역량을 함양한다. (지방자치인재개발)	교육이수자 종합 만족도	5점 척도로 조사한 후 100점 만점으로 환산	95.4	정성	결과	
Ⅱ-4. 북한이탈주민과 이북도민 후계세대를 지원한다. (이북5도)	①북한이탈주민의 지역사회 정착을 위한 가족결연 실적	북한 이탈주민과 이북도민 간 가족결연 실적(누적)	1,681	정량	산출	
Ⅱ-4. 북한이탈주민과 이북도민 후계세대를 지원한다. (이북5도)	②가족결연 만족도	북한이탈주민 기존 결연가족 대상 만족도 조사하여 5점 척도로 조사한 후 100점 기준으로 환산	80	정성	결과	
Ⅱ-5. 과거사 및 민주화운동 관련 희생자 지원과 명예회복을 추진한다. (민주화지원 및 과거사 정리)	과거사 및 민주화운동 관련자 지원 만족도	(과거사관련 서비스 만족도+민주화운동 관련 서비스 만족도)/2	85.2	정성	결과	
전략목표 Ⅲ. 지역특화 발전을 통해 주민행복 향상에 기여한다.						
Ⅲ-1. 맞춤형 지역개발을 추진하고 주민생활환경을 개선한다. (지역발전)	특수상황 지역주민 만족도	5단계(1~5점)으로 만족도를 측정한 후 100점 만점으로 환산한 점수(지역주민 대상)	83.8	정성	결과	
Ⅲ-2. 지역 일자리를 창출한다. (일자리 지원)	①마을기업 고용인원	전국 마을기업 평균 고용 인원	10	정량	결과	

	②공동체 일자리 참여자 만족도	Σ (일자리 참여자 만족도	71	정성	결과	
Ⅲ-3. 서해5도 정주환경을 개선하고 CCTV관제센터 구축을 지원한다. (재난안전)	①서해5도 노후 주택개량 실적	(당해년도 사업비) / (호당 지원한도×0.9	80	정량	산출	
	②통합관제센터 구축률	중장기 목표에 따른 전체 설치 목적 개수 대비 누적 설치 개소수(누적)	0.89	정량	산출	
Ⅲ-4. 지방도로 구조개선을 지원한다. (지방도구조개선)	①제2차 위험도로 구조개선사업 추진실적	위험도로 구조개선 예산 투입 누계액 /10개년 중장기 예산 확보 목표액	24	정량	산출	
	②지역교통 안전환경개선 사업 추진실적	교통사고 잦은 곳 개선실적(65개소)x33%+어린이보호구역 개선실적(196개소)x33%+안전한보행환경조성실적(8개소)x34%	100	정량	산출	
전략목표 Ⅳ. 정부자원을 효율적으로 관리하고 과학수사의 신뢰를 제고한다.						
Ⅳ-1. 공공기록물을 체계적으로 수집·보존·관리한다. (기록물 관리)	①국가기록원 전시관(전시실) 견학자 수	- 국가기록원 전시관(전시실) 견학자수* * 본원 국가기록전시관, 대전 기록관기획전시실, 부산기록관 기록문화전시실, 서울기록관 국가기록 전시관, 대통령기록관	140	정량	결과	
	②국가기록원 전시관(전시실) 만족도	- 항목별 만족도 5점 척도로 측정 후 100점 만점으로 환산(리커트 척도 활용)	75	정성	결과	
Ⅳ-2. 효과적인 정부청사 관리로 업무 편의를 높인다. (청사관리)	청사시설 및 후생복지 서비스 종합만족도	설문조사 - 조사항목 : 시설관리, 어린이집, 구내식당, 건강지원시설 등 청사시설 및 후생복지 서비스 - 조사대상 : 10개 청사 입주부처 공무원 - 표본추출 : 부처별 인원 수 비율(임의추출) - 점수부여방식 : 5점 척도로 조사후 100점 만점으로 환산	80	정성	결과	
Ⅳ-3. 신속하고 정확한 과학수사를 지원한다. (과학수사)	감정업무 고객만족지수	2018년도 책임운영기관 고객만족도 조사결과	90.4	정성	결과	

전략목표Ⅴ. 국민안전시스템을 구축하여 안전한 사회를 구현한다.						
Ⅴ-1. 국가안전정책수립 및 국민생활안전체계 구축, 비상대피태세를 강화한다. (안전정책)	①안전정책협의체를 통한 각 부처 정책 조정건수	관계부처 합동안전대책, 제도개선, 재난안전점검 추진등부처 간 안전정책협의·조정실적	17	정량	산출	
	②초중고 학교 민방위훈련 참여도	초·중·고 학교 참여율 (참여 학교수/전체 학교수) × 100	93.7	정량	산출	
Ⅴ-2. 현장맞춤 재난관리를 위해 국민안전기술을 과학화한다. (국민안전기술개발)	재난안전 기술개발 외부전문가 평가점수	연구과제 진도평가 및 연차·단계·최종 평가시 평가점수의 평균(평가점수합/평가건수)	83.8	정량	결과	
전략목표Ⅵ. 재난대응·안전역량을 강화하여 재난피해를 최소화 한다.						
Ⅵ-1. 현장중심의 재난관리정책 추진으로 재난피해를 최소화 한다. (재난관리)	①재해예방사업 우기전 조기추진율	6월말 완공 건수/사업건수 × 100	65	정량	산출	
Ⅵ-1. 현장중심의 재난관리정책 추진으로 재난피해를 최소화 한다. (재난관리)	②재난관리책임기관 초기 대응태세 구축 실적	{초기대응계획 수립 여부(30점)+교육 훈련 2회 이상(50점)+평가·환류여부(20)}	96	정량	결과	
	③재난지원금 지원시기 단축률	(복구계획 확정후 3일 이내 교부결정건수/복구계획 확정 후 재난지원금교부결정건수)×100	100	정량	산출	
Ⅵ-2. 재난관리 환경변화에 대응하는 재난정보화를 수행한다. (재난안전정보화)	재난안전 정보시스템 사용자 만족도	Σ(정보화사업 평균 사용자만족도) / 시스템수	79.5	정성	결과	
Ⅵ-3. 재난안전 기관내부역량을 강화한다. (재난안전행정지원)	신속한 재난상황 관리 역량 강화(1)	주요 재난사고 유형에 대한 상황담당관실(4개과) 훈련실적(총 20회)	20	정량	산출	

자료: 행정안전부(2018). 2018년도 성과계획서.

7. 공공부문 성과관리제도로서의 BSC

BSC(Balanced Scorecard)는 실제 의사결정을 하는데 있어서 특정 지표(재정적 지표)에만 의존하는 것이 아니라 다양한 정보에 의존하여 결정을 내린다는 점에 착안하여, 고객적 관점, 재정적 관점, 내부과정적 관점, 학습성장의 관점 등 네 가지 관점에서 영리추구를 목적으로 하는 민간기업을 대상으로 개발한 성과관리 시스템을 말한다(Kaplan and Norton, 1992). BSC(Balanced Scorecard)는 민간기업에서 출발하였으며 현재 공공부문에서 활발하게 활용되고 있다. 공공부문에서 BSC가 적극적으로 활용되는 이유는 재무적 관점 뿐 아니라 비재무적 관점을 함께 고려할 수 있기 때문이다. 공공부문의 성과는 재무적 관점으로만 평가하기 힘들고, 효율성 이외에 공공성이나 형평성 등 다양한 목적을 가지고 있기 때문에 BSC가 공공부문에 많이 활용되고 있는 것이다(조연숙 외, 2010).

우리나라는 지난 2003년 참여정부가 시작되면서 중앙정부를 중심으로 BSC(Balanced Scorecard)를 기반으로 하는 성과관리제도가 확산되었고, 이후 지방자치단체에도 BSC(Balanced Scorecard)를 기반으로 하는 성과관리제도가 도입・확산되었다.[12] 이렇듯 공공기관에서 BSC(Balanced Scorecard)를 도입하게 되는 것은 그 원인 혹은 동기가 다양하게 나타날 수 있고, 그로 인하여 조직의 최종목표인 성과에도 중요한 영향을 미칠 수 있다(조연숙 외, 2010: 304-305). 하지만 어떤 동기에 의해서 BSC(Balanced Scorecard)가 적용되던 간에 BSC(Balanced Scorecard) 적용은 조직 내에서 점진적인 평가모형의 발전으로 나타나고 있는 것을 볼 수 있다(Niven, 2003; 조연숙 외, 2010: 305, 재인용)[13] 우리나라의 BSC(Balanced Scorecard)의 모형은 시범 도입이후 환경변화와 조직의 특성에 따라 변화하여 현재는 BSC(Balanced Scorecard)의 구체적인 모습이 보다 포괄적이면서도 다양화되고 있다(하미승・우은정, 2008: 258).

이처럼 BSC(Balanced Scorecard) 모형의 다양화에도 불구하고 중요한 것이 있는데, 그것은 바로 BSC(Balanced Scorecard)가 공공부분의 성과관리제도로서의 적용가능성이다. BSC(Balanced Scorecard)는 성과관리라기보다는 성과평가의 하나로서 성과평가는 성과관리에 포함된다. 현재 공공부문의 평가에 BSC(Balanced Scorecard)가 많이 활용되고 있고, 그 활용에 있어서도 조직의 특성과 환경에 적합하게 설계를 함으로써 긍정적인 영향을 미치고 있다. 이런 점에서 바로 BSC(Balanced Scorecard)가

12) 지방자치단체의 경우, 2005년도에 부천시에서 12개의 시범부서를 선정하여 시범실시와 평가를 거쳤고, 2006년도부터 전 부서를 대상으로 본격적인 BSC평가를 확대・실시하였다.

13) BSC 도입과정 측면에서의 진화발전

구 분	특 징	강조점
제1기 BSC	재무적 측정치+비재무적 측정치, 다면적 성과측정, 범주화, 집중	측정치의 균형
제2기 BSC	제1기 BSC + 인과관계 전략의 기술(전략지도 구축)	측정치의 연계
제3기 BSC	제2기 BSC + 커뮤니케이션 + 보상 전략의 실행 및 관리	전략의 실행

자료: 남창우(2008); 김경구(2005); 조연숙 외(2010: 308).

공공부문의 성과관리에 포함됨으로써, 공공부문 성과관리제도로서 활용되고 있다고 볼 수 있다.

미국의 각 정부조직에서의 BSC(Balanced Scorecard) 도입 경험을 토대로 공공부문 도입 시 고려해야 할 사항을 살펴보면, 첫째 조직 특성에 맞는 지표체계 설계, 둘째 다양한 이해관계자들 참여, 셋째 조직구조와 업무배분에 대한 유연성 확보, 넷째 운영전략 차원에서 단순한 기술 중심적 성과측정을 넘어서 BSC(Balanced Scorecard)를 통하여 폭넓은 조직내외에 대한 정보공개와 이해관계자의 참여를 통한 원활한 의사소통과 바람직한 환류가 이루어져야 하고, 공무원에 대한 자발적 참여와 수용성 확보를 위한 적극적인 지원 서비스가 이루어져야 한다는 것 등이 있다(강황선, 2005: 15-31).

우리나라의 경험을 토대로 살펴보면, 2005년 부천시의 시범 사례를 통하여 지방정부 BSC(Balanced Scorecard) 구축과정에서 유의할 사항으로, 첫째 조직관리 및 추진 차원에서 최고책임자의 지원과 관심, 시의회와의 협조 및 동의, 구성원들의 자발적 참여, 장기간의 몰입과 인내, 성과관리 철학에 대한 이해, 둘째 시민에 대한 책임성 확보차원에서 시민주도형 정부성과, 운영성과의 인터넷 공개, 네 가지 관점의 유지, 셋째 지표개발 및 관리차원에서 외부전문가의 역할, 지표간 인과관계, 과제관리, 우선순위 분석, 연두 업무보고와의 연계, 넷째 평가기준 설정 및 관리차원에서 BSC(Balanced Scorecard) 분석과 시범부서의 운영, 평가기준의 공정성과 형평성 유지 등을 제시하였다(이석환, 2006b).

하미승 · 우은정(2008: 264)은 BSC(Balanced Scorecard)를 공공부분에 적용하기 위해서는 다음 사항을 우선적으로 고려할 것을 제안하였다. 첫째, 시민주도형 정부성과관리 중요성 측면에서 정부가 제시하는 비전, 미션 및 목표와 그 성과지표는 시민의 의견을 반영, 둘째 정치적 참여자와 관계성 고려, 셋째 국민 선택 고려로 지표설정이 사회적 선택으로서의 의미를 가지므로 다양한 이해관계자들과 행정의 최종적 수요자인 국민 또는 시민들의 선택에 의해 핵심성공요소(Critical Success Factor) 및 핵심성과지표(Key Performance Indicator) 등의 선정, 넷째 복잡다양한 정부의 정책성과를 측정하기 위하여 다양한 비계량적 요소를 반영한 질적 평가의 비중이 높아질 필요성 등이다.

BSC(Balanced Scorecard)를 경험적으로 연구하고 실제 설계에 참여한 전문가들의 공통된 의견에 따르면(Niven, 2006; 이석환, 2006a, 2006b; Eagle, 2006; Schumacher, 2007) 비전관리가 핵심인 BSC(Balanced Scorecard)를 공공부문에 적합하도록 설계하

고 성공적으로 운영하기 위해서는 적어도 다음의 네 가지 측면이 고려되어져야 한다(이석환, 2008).14)

첫째, 목표의 투명성

둘째, 비전과 미션에 입각한 지표설정과 이러한 지표를 달성하기 위한 과제의 체계적인 선정

셋째, 공공부문에서 지표간의 인과관계는 지나친 인과관계를 피해 단순하려는 작업이 필요

넷째, 전략회의와의 연계를 통하여 결과지표들의 관리방향과 미래 정책기획에 중요한 자료로 활용

이처럼 미국과 한국의 경험적 사례, 그리고 관련 연구자들의 공통적인 사항들을 바탕으로 볼 때, BSC(Balanced Scorecard)의 공공부문 도입에서 무엇보다 중요한 것은 공공부문의 운영환경과 목적이 민간부문과는 상이한 점을 감안하여 민간부문과는 다른 형태로 유연하게 적용하여야 한다(홍형득 외, 2010: 61).

8. 공공부문에서 성공적인 성과관리를 위한 고려요인

성과관리제도는 성과와 책임중심의 재정운영을 뒷받침할 수 있는 제도로서, 성공적인 성과관리제도를 위해서는 다음과 같은 사항에 대하여 주의를 할 필요성이 있다.

Poister(2003)는 전 세계 정부가 처한 환경 및 효과적인 성과관리를 위해 다음의 6가지 과제를 제시하고 있다. 첫째, 외부 환경과 재정상의 불확실성을 감안한 장기적 관점의 전략 계획 및 모니터링, 둘째, 최종 성과에 대한 책임 보고, 셋째, 고객(다양한 이해관계자) 지향적인 정부 업무 수행, 넷째, 전략과 구성원의 일체화, 다섯째, e-정부 형태의 효율적 프로세스 수행, 여섯째, 지속적인 (특히 전략적) 학습의 중요성 등이 그것이다(홍형득 외, 2010: 60). 하미승(2004)의 연구에 따르면, 성공적인 성과관리를 위해서는 첫째, 기관장의 관심과 지원이 필요하고, 둘째, 전문인력의 확보가 중요하고, 셋째, 제도의 재설계를 통한 보완이 필요하고, 넷째, 전략적 마인드와 리더십의 강화가 필요하다고 주장하였다. 이석환(2006)의 연구는 기초자치단체의 바람직한 성과관리시스템 구축을 위해서 첫째, 최고책임자의 지원과 관심, 둘째, 구성원의 자발적 참여, 셋째, 장시간의 몰입과 인내, 넷째, 성과관리의 철학에 대한 이해, 다섯째, 내부주

14) 보다 자세한 내용은 이석환(2008)의 연구 '공공부문 BSC의 성공적 운영방안에 관한 연구: 조달청의 사례를 중심으로'를 참고하기 바란다.

도형 학습조직의 형성 등이 있어야 한다고 주장하였다. 황성원 외(2007)의 연구는 성공적인 성과관리 및 바람직한 제도의 수용을 위해서 첫째, 절차의 공정성, 둘째, 결과적 공정성, 셋째, 성과관리에 대한 신뢰성, 넷째, 제도 유지 및 적응에 필요한 비용, 다섯째, 인센티브의 적절성, 여섯째, 인사제도와의 연계성, 일곱째, 주관적 규범성, 여덟째, 정보시스템의 유용성 및 용이성 등을 주장하였다.

이상의 연구들을 종합해 보면, 성공적인 성과관리제도를 위해서는 ① 최고책임자(또는 기관장)의 관심과 지원, ② 전문인력의 확보, ③ 성과관리제도의 재설계를 통한 절차 및 결과의 공정성, ④ 조직구성원의 자발적 참여와 제도의 수용성, ⑤ 성과관리에 대한 충분한 이해, ⑥ 인센티브 및 인사제도와의 연계성, ⑦ 성과정보시스템의 유용성 및 용이성, ⑧ 지속적인 전략적 학습의 중요성 등을 복합적으로 고려하여야 한다. 이상의 중요한 고려요인 이외에도 공공부문에서의 성공적인 성과관리를 위해서는 성과관리에 대한 명확한 개념 정립과 중요성을 인식해야 한다.

참고문헌

강희우 · 박한준 · 권남호 · 오영민(2018). 재정성과평가제도 환류방안에 관한 연구. 한국조세연구원.

공동성 · 방문규 · 윤기웅(2007). 재정사업 평가결과에 영향을 미치는 요인에 관한 연구, 정책분석평가학회보 17(4), pp. 27-56.

국무조정실(2008). 정부업무 성과관리 및 평가.

국회예산정책처(2009). 대한민국 재정.

국회예산정책처(2009). 2010년도 성과계획서 평가.

국회예산정책처(2010). 2010년도 정부 성과보고서 평가.

국회예산정책처(2011a). 대한민국 재정.

국회예산정책처(2011b). 2012년도 정부 성과계획서 평가 [중점분석 및 총괄평가].

국회예산정책처(2015). 2016년 정부 성과계획 평가.

국회예산정책처(2018). 대한민국 재정

국회예산정책처(2019). 2019 대한민국 재정

기획재정부(2010). 미국 · 캐나다 재정성과관리제도의 최근 동향.

기획재정부 · 한국채권연구원(2013). 2012 경제발전경험모듈화사업: 한국의 재정사업 성과관리제도.

김경구(2006). 균형성과표가 기업성과에 미치는 영향: 커뮤니케이션, 역할갈등, 보상을 중심으로. 홍익대학교 대학원 박사학위논문.

남창우(2008). 공공부문의 조직형태별 BSC 구축사례의 특성분석 및 시사점 연구. 한국도시행정학회 도시행정학보 21(1): 309-335.

박노욱(2008). 성과관리 예산제도와 예결산 분석: 우리나라 성과관리예산제도와 프로그램 예산체계의 연계문제를 중심으로, 재정포럼(2008. 9), pp. 6-18.

박노욱 · 원종학 · 김진 · 박명호(2008). 재정성과관리제도의 현황과 정책과제. 한국조세연구원.

박홍엽(2009). 재정사업 자율평가 현황과 정책과제, 사업평가현안분석 제24호, 국회예산정책처.

배득종(1996). 신 재무행정: 좋은 예산을 찾아서. 박영사.

이석환(2008). 공공부문 BSC의 성공적 운영방안에 관한 연구: 조달청의 사례를 중심으로. 한국행정학보, 42(1): 253-272.

이석환(2006a), 지방정부의 성과관리역량진단에 관한 경험적 연구: BSC의 관점을 중심으로, 지방정부연구, 10(1): 135-152.

이석환(2006b). 공공부문 BSC 적용사례분석: 부천시의 사례를 중심으로, 한국행정학보, 40(1): 127-149.

이재원(2002). 지방정부의성과관리시스템개발에관한연구. 『한국행정학보』, 36(1): 215-230.

오을임 · 김구 · 배용태(2002). 지방행정기관에 있어서 조직학습과 조직변화가 조직성과에 미치는 영향. 『한국사회와행정연구』, 13(3): 207-237.

정무경(2011). 예산결정과 재정성과정보의 영향분석 — 한국의 재정사업자율평가 결과를 중심으로—. 고려대학교 일반대학원. 박사학위논문.

조연숙 · 최성락 · 이혜영(2010). BSC평가모델 도입 및 적용에 관한 사례 연구. 한국사회와 행정연구 21(3): 301-324.

하미승 · 우은정(2008). 정부기관 BSC의 성과에 대한 진단 · 평가 연구: 공무원인식을 중심으로. 정책분석평가학회보, 18(2): 257-292.

한부영 · 최은석(2000). 정책과정상 조직학습형태에 관한 연구. 한국지방자치학회보, 12(2): 67-85.

한국개발연구원(2006). 재정사업 심층평가.

홍형득 · 오수길 · 남승하(2010). 공공기관 성과관리제도의 쟁점과 시사점 분석: 8개 중앙행정기관의 추진사례 비교를 중심으로, 경기개발연구원. GRI 연구논총.

행정안전부(2011). 2011년도 성과관리 시행계획.

행정안전부(2018). 2018년도 성과계획서.

Adams, Neil (1986). Efficiency Auditing in the Australian Audit Office, *Australian Journal of Public Administration*, Vol. XLV, No. 3, September 1986.

Bovaird, Tony and David Gregory (1996). Performance Indicators: The British Experience. In Arie Halachmi and Geert Bouckaert (eds.), *Organizational Performance and Measurement in the Public Sector: Toward Service, Effort and Accomplishment Reporting*, Quorum Books.

Bowerman, Mary (1996). The Rise and Fall of Value for Money Auditing, *The Public Sector*, pp. 193-211.

Brown, Richard E. (ed.) (1988a). Accounting and Accountability in Public Administration, The American Society for Public Administration.

Brown, Richard E. (1988b). Public Administration Welcomes Accounting With Closed Arms. In Richard E. Brown (ed.), *Accounting and Accountability in Public Administration*, The American Society for Public Administration, 1988, pp. 1-18.

Brown, Richard and Ray D. Pethtel (1988). A Matter of Facts: State Legislative Performance Auditing. In Richard E. Brown (ed.), *Accounting and Accountability in Public Administration*, The American Society for Public Administration, 1988, pp. 182-202.

Butt, H. A. (1985). Value for Money Auditing in Local Administration, *Public Budgeting & Finance*, Summer 1985, pp. 63-74.

Chait, Edward P. (1995). Understanding Program Specific Audits, *Journal of Accountancy*, 1995, Vol. 180 No. 6, pp. 69-72.

Coombs, H. M. and D. E. Jenkins (1994). Public Sector Financial Management, Second Edition, Chapman & Hall.

Cothran, D. A. (1993). Entrepreneurial Budgeting: An Emerging Reform, Public Administration Review, 52(5).

Deck, G. E. and M. Levy (1984). School District Performance Audits, *Public Budgeting & Finance*, Spring 1984, pp. 55-63.

Diamond, Jack (1990). Measuring Efficiency in Government: Techniques and Experience. *In* A. Premchand (ed.), Government Financial Management: Issues and Country Studies, International Monetary Fund.

Dittenhofer, Mortimer A. (1988). Performance Auditing Simplified, In Richard E. Brown (ed.), Accounting and Accountability in Public Administration, The American Society for Public Administration, 1988, pp. 173-181.

Duncombe, Herbert Sydney and Florence Heffron (1983). Legislative Budgeting. *In* Jack Rabin and Thomas D. Lynch (eds.), *Handbook on Public Budgeting and Financial Managment*, Marcel Dekker, Inc., pp. 417-456.

Dye, Kenneth M. (1990). Value for Money: Toward Improved Organizational Functioning.

In A. Premchand (ed.), *Government Financial Management: Issues and Country Studies*, International Monetary Fund.

Eagle, Kim (2006). Document of Interview at the City Hall in Charlotte, July 14, 2006.

Ellis, George P. (1988). Two Books on Federal Accounting. *In* Richard E. Brown (ed.), *Accounting and Accountability in Public Administration*, The American Society for Public Administration, 1988, pp. 110-118.

Fonorow, Milton Stevens (1989). Internal Auditor's Manual and Guide, Prentice Hall.

Gary, T. Jack, Jr. (1988). A Single Audit of Federally Assisted Programs? *In* Richard E. Brown (ed.), *Accounting and Accountability in Public Administration*, The American Society for Public Administration, 1988, pp. 160-172.

Henry, Douglas, Clive Holtham, Andrew Likierman and John Perrin (1989). Public Sector Accounting and Financial Control, 3rd ed., Van Nostrand Reinhold (International).

Hepworth, Noel P. (1995). The Role of Performance Audit, Public Money & Management, October-December 1995, pp. 39-42.

Lee, R. D.(1997). A Quarter Century of State Budgeting Practice, Public Administration Review, 57(2).

Lewis, V. B. (1992). Toward a Theory of Budgeting. *In* Albert C. Hyde (ed.), *Government Budgeting: Theory · Process · Politics*, Second Edition, Brooks/Cole, 1992, pp. 27-38.

Melkers and Wiloughby(1998). The State of The States: Performance-Based Budgeting Requirements in 47 out of 50. Public Administration Review, 58(1): 66-73.

Niven, Paul R. (2005). Balanced Scorecard Diagnostics: Maintaining Maximum Performance, Hoboken, NJ: John Wiley & Sons.

Pickett, K. H. Spencer (1997). The Internal Auditing Handbook, John Wiley & Sons.

Poister, Theodore H. and Gregory Streib(1999). Performance Measurement in Municipal Government: Assessing the State of the Practice, Public Administration Review, 59(4): 325-335.

Premchand, A. (1995). Effective Government Accounting, International Monetary Fund.

Reed, B. J. and John W. Swain (1997). Public Finance Administration, Second Edition, Sage.

Rist, Ray C. (1995). Management Accountability: The Signals Sent by Auditing and Evaluation. *In* Ray C. Rist (ed.), *Policy Evaluation*, Edward Elgar Publishing Limited.

Rubin, I. (1996). Budgeting for Accountability: Municipal Budgeting for the 1990s, Public Budgeting and Finance, 16(2).

Sawyer, Lawrence B. and Gerald Vinten (1996). The Manager and the Internal Auditor, John Wiley and Sons.

Sheldon, D. R. (1996). Achieving Accountability in Business and Government, Quorom Books.

Schick, A. (1990). Budgeting for Results: Recent Development in five Industrialized Countries, Public Administration Review, 50(1).

Schumacher, Lisa (2007) Document of Interview at the City Hall in Charlotte, August 13, 2007.

CHAPTER

07

예산개혁

CHAPTER 07

예산개혁

7.1 초기의 예산개혁

1. 예산의 탄생

미국의 20세기 초의 예산개혁은 최초의 예산개혁으로서 미국 역사상 가장 성공한 예산개혁이라고 볼 수 있다. 미국에서는 20세기 전에 예산제도가 존재하지 않았다. 1900년부터 1928년 사이에 개혁가들은 예산이라는 새로운 시스템을 지방정부에 소개했고 주 정부를 거쳐 연방정부에까지 영향을 미치게 된다. Frederick A. Cleveland는 보다 넓은 비전인 과학적 예산(scientific budgeting)을 통치의 세계에 주입함으로써 회계를 공공조직에 적응시켰다. 예산은 기업회계(corporate accounting)와 유럽국가들의 예산시스템에 기초하여 탄생된 미국적 제도였으며 한두 사람의 머리에서 나왔다기보다는 뉴욕시의 Bureau of Municipal Research의 주장이 정부와 국민에 의해 받아들여지면서 형성된 것이다. 예산개념을 탄생시킨 가장 중요한 인물인 Cleveland는 예산을 다음과 같이 정의하고 있다. "예산은 집행되기 이전에 승인을 받아야 되는 대표기구에게, 책임 있는 집행기구가 작성하여 제출하는 일정 기간 동안의 재원조달 계획이다(Kahn, 1997)."

1921년에 예산이라는 개념이 비로소 정부부문에 정립되었다고 보아야 한다. 그 이전에는 '예산(budget)'이라는 단어조차 생소한 것이었다. 어떤 의미에서는 예산을 당시의 개혁가들이 발명하였다고 보아야 한다(Mosher, 1984). 이러한 개혁은 당시의 많은 도시의 재정 스캔들에 자극받은 개혁가들이 추진한 결과였다. 특히 뉴욕시는 개혁의 선두에서 수많은 도시들에게 영향을 미쳤다. 뉴욕시는 회계담당자인 Herman A. Metz가 Bureau of Municipal Research를 수립하여 과학적 회계기법의 채택을 중심으로 예산과 재무관리의 개혁을 추진하였다(Rose, 1998).

물론 정부가 세금은 징수하고 있었지만 예산은 생소한 제도였기 때문에 개혁가들은 자신들이 발명한 예산의 의미를 구성할 필요가 있었다. 예산은 정부활동을 체계적으로 분석함으로써 사람들로 하여금 일관성이 있고 상호 연결된 통합국가를 상상할 수 있게 하였고 정부에 대한 인식과 행정관행을 변화시켰다. 그러나 예산제도로 인하여 적극적 정치참여 대신 수동적 감독(oversight)에 근거한 책임과 대표(representation)의 좁은 개념이 대두되었다. 예산에 의해 대의민주주의는 활성화되었지만 국민은 이제 정보와 서비스의 수동적 소비자가 된 것이다. Kahn에 의하면 예산은 자원배분을 위한 기술적 도구에 그치지 않고 정치문화와 통치제도(governing institutions)를 재구성할 정도로 큰 영향을 미쳤다고 한다. Kahn은 어떻게 뉴욕시에서 시작된 예산개혁이 미국 연방정부에까지 영향을 미치면서 미국의 정치와 행정을 변화시켰는가를 다음과 같이 상세하게 설명하고 있다(Kahn, 1997).

미국 최초의 예산개혁은 20세기 초에 뉴욕시에서 시작하여 1921년 미국연방정부의 예산회계법 제정으로 절정에 달했다. 품목별 예산과 행정부 편성예산의 도입은 개혁의 대표적 산물이다. 그동안 정부는 규모가 확대되고 복잡해졌으며 국민의 일상생활에 깊숙이 관여하게 되었지만 국민들은 정부와 거리를 느끼게 되었고 무책임하고 부패하고 낭비적 정치인들을 혐오하게 되었다. 개혁가들은 예산을 통해 책임 있는 대의정부를 구현하고 정부의 정당성을 강화할 수 있는 가능성을 보았던 것이다. 예산은 정부의 의무와 기능을 명시하기 때문에 정부와 국민을 연결하고 정부에 대한 이해를 증진하였다.

20세기 초 뉴욕시의 개혁가들은 기업의 재무제표처럼 시의 재무상황을 공개하여 정부를 통제하는 것이 정치적 책임을 위해서 무엇보다도 중요하다고 생각하였다. 개혁가들은 회계제도의 개혁을 통하여 부패와 비효율을 방지하면 시민과 투자자들의 지지를 획득하고 주 정부로부터 더 많은 권한을 위임받을 수 있다고 생각하였다. 통일된 회계기준에 의해 작성된 재무제표에 포함된 정보는 올바른 여론을 형성하고 이를 반영함으로써 참여민주주의를 실현하고 시 정부간의 성과를 비교할 수 있어 효율성을 증진할 수 있다고 생각하였다. 재무정보의 제공을 통하여 시민을 교육하고 시민이 관료를 현명하게 통제할 수 있다고 생각하였다. 예산개혁은 이러한 정치적 측면을 가지고 있었으며 소수의 열정적 개혁가들은 예산개혁을 민주주의와 효율성에 연계함으로써 예산에 대한 새로운 아이디어를 창안하였고 짧은 시일 내에 예산에 대한 미국 국민의 사고와 관점을 변화시켰다.

1905년에 회계전문가들과 시 정부의 부패와 투쟁하던 사회개혁가들이 연대하여 역사상 가장 성공한 민간개혁가집단이라고 볼 수 있는 정치 중립적 Bureau of Municipal Research를 탄생시켰다. 단순히 사람들의 연대와는 달리 봉급을 주고 회계사, 경제학자, 행정가, 엔지니어들을 정규직원으로 고용하고 오로지 시민교육과 공무원교육 등 개혁연구에만 몰두한 조직이었으며 앤드류 카네기와 존 록펠러 같은 기업가들의 기부금에 의해 운영되었다. 기업운영기법을 시 정부에 도입하겠다는 목표는 많은 기업인들의 공감을 불러일으켰다. 기자회견, 우편, 공청회, 예산전시회 등을 통하여 새로운 아이디어로서의 예산에 대해 광범위하게 홍보하였다. 1911년 10월에 뉴욕시가 후원하여 개최된 예산전시회는 백만 명이 넘는 시민이 관람하였다. 전시회는 도표, 그림, 사진, 모델, 기계 등을 이용하여 뉴욕시의 활동에 대해 예산의 측면에서 소개하였다.

회계와 예산개혁이 시 정부개혁의 핵심이었으며 개혁이 성공하면서 회계전문가가 정부에 깊숙이 자리잡게 되었고 새로운 예산제도가 구축되었다. 기존의 회계전문가는 자문에 응하는 일시적 자격으로 정부에 관여했으나 이제 회계전문가는 항구적 위치를 차지하게 되었고 기존의 지출에 관한 의사결정이 보다 체계적이고 통합적 예산제도로 대체되었다. 과학적 회계(scientific accounting)는 공통언어로 시 정부의 행정을 통합하며 회계의 정확성은 정직하고 효율적 행정을 보장한다고 주장하였다. Bureau of Municipal Research가 뉴욕시의 회계시스템을 개혁한 것은 미국의 예산회계발전에 가장 중요한 사건이라고 주장되기도 한다. 회계는 효율성을 증진하는 객관적이고 중립적 도구로서 순수하게 행정의 측면을 갖는 반면 예산은 정치와 행정의 측면을 모두 갖게 되었다.

뉴욕시의 예산개혁의 성공은 다른 시 정부와 주 정부로 확산되었고 마치 뉴욕에 소재했던 Bureau of Municipal Research가 뉴욕시의 개혁에서 주도적 역할을 했던 것처럼 워싱턴에 소재했던 Institute of Governmental Research가 William Willoughby의 주도하에 과학적 예산시스템을 주장하면서 연방정부의 예산개혁에 주도적 역할을 했다. Bureau of Municipal Research의 사례를 모방하면서 Institute of Governmental Research는 예산개혁에 대한 국가적 캠페인을 전개했다. 드디어 1921년 예산회계법에 의해 예산시스템이 연방정부에 구축된다. 예산은 다양하고 독자적 연방부처를 일관성 있게 통합하고 조정하는 역할도 수행할 수 있었다. 국가예산제도를 통해서 행정부는 강력한 권력을 가지고 새롭게 구축되었으며 정부는 단순히 부처의 집합이었던 상태를 벗어나 사람들에게 강력한 중앙집권적 실체를 상상할 수 있게 했다. 새롭게 탄생한 예산실(BoB)은 중앙예산기관으로서 새로운 단일 회계시스템과 보고시스템을 구축하였으며 각 부처에 예산담당책임자를 임명하도록 지시하고 주기적으로 예산실과 부처의 예산담당책임자들이 회합하여 정부전체의 문제, 대통령과 예산실의 관점을 파악하는 기회로 삼았다. Kahn의 이상과 같은 논의를 음미해보면 결국 예산은 중앙집권적 도구의 성격을 가지고 있다는 것을 알 수 있다.

2. 품목별 예산(line-item budgets)

오늘날에는 예산개혁하면 품목별 예산으로 특징지을 수 있는 낡은 예산제도를 개혁하는 것으로 인식되고 있지만 품목별 예산도 사실상 예산개혁의 일환으로 대두되었다. 20세기 초 미국의 뉴욕시에서 예산이 최초로 발명되었는데 품목별 예산은 이 시기에 탄생한 것이다. 뉴욕시 공무원들이 정치적 파벌집단의 영향을 받는 상황에서 뉴욕시가 1906년 통제의 필요성을 절감하고 방안을 강구한 결과 품목별 예산을 실시하게 되었고 연방정부가 이를 채택하게 된다(Schick, 1987a). 뉴욕시의 품목별 예산은 조직단위별 분류, 기능별 분류, 지출대상별 분류의 세 가지 경비분류체계를 갖게 되었는데 지출대상별 분류가 바로 품목별예산이라는 명칭을 낳게 된 용어이다(배득종, 1996).

투입요소(예: 인건비, 출장비, 차량유지비 등)인 지출의 구체적 항목, 즉 지출대상을 기준으로 편성하는 예산인데 우리가 흔히 생각하는 가장 전형적 예산이다. 지출의 정확성과 합법성을 통제하며 부정, 낭비, 오류를 방지하려는 전통적 의미의 통제를 위한 가장 오래된 예산개혁의 하나로서 다른 예산제도와 쉽게 결합하는 장점으로 인하여 오늘날까지 존속하고 있다. 품목별 예산이란 비용의 목적(objects of expense)을 기준으로 분류하는 예산제도인데 비용의 목적이란 지출대상이라고도 하며, 지출대상이란 인건비, 소모품비, 출장비 등으로 투입(input)에 관련된 분류를 말한다. 품목별 예산은 비용편익분석에서 비용에 해당하는 투입요소를 중심으로 한 예산제도이다.

미국 연방정부는 인건비, 여행경비, 교통비, 인쇄 및 복사비 등의 항목[1]으로 품목별 예산을 분류하는데 다시 세부항목으로 재분류된다(Axelrod, 1995).

품목별 예산은 조직의 활동이 달성하는 성과가 아닌 조직의 활동을 위한 투입요소를 기준으로 편성되는 예산제도이기 때문에 조직이나 사업의 성과가 아닌 지출항목에 관한 정보만이 사용된다. 품목별 예산은 특히 지출의 정확성과 합법성을 통제하는 가장 유효한 예산제도로서 오랫동안 사용되었을 뿐 아니라 지난 수십 년 동안의 예산개혁에도 불구하고 여전히 예산의 가장 대표적 형태로 남아 운영되고 있다.

품목별 예산은 아직도 광범위하게 사용되는 제도이며 품목별 예산의 가장 큰 장점은 통제지향적 성격이다. 품목별 예산은 지출의 구체적 항목이 화폐가치로 표현되어 있기 때문에 지출의 상한선을 의미하는 예산액수는 낭비와 횡령 등을 방지하는데 매우 유용하다.

품목별 예산은 우리가 흔히 주변에서 가장 많이 목격하며 사람들이 상식적으로 생각하는 예산제도이다. 품목별 예산은 조직을 단위로 편성될 수도 있지만 기능을 단위로 편성될 수도 있고 사업을 단위로 편성될 수도 있으며 심지어는 사업의 하부단

사례

품목별 예산이 만약 조직을 단위로 편성된다면 다음과 같을 것이다.

부서 A의 예산(2019년)		부서 B의 예산(2019년)	
항 목	액 수(원)	항 목	액 수(원)
인건비	8,000만	인건비	2,000만
건물유지비	1,000만	임대료	2,500만
소모품비	5,000만	재료비	1,600만
연료비	3,500만	장비 구입비	3,200만
기계 및 설비유지비	3,000만	장비유지비	1,400만
운영비	2,600만	소모품비	2,600만
교육 및 훈련비	7,000만	출장비	7,200만
기타 비용	8,900만	기타 비용	5,800만
합 계	39,000만	합 계	26,300만

1) 미국연방정부는 다음과 같은 항목으로 품목별예산을 분류하고 있다. Personnel compensation and benefits; Travel; Transportation of things; Rent, communications, and utilities; Printing and reproduction; Other services; Supplies and materials; Equipment; Land and structures; Investments and loans; Grants, subsidies, and contributions; Insurance claims and indemnities; Interest and dividends; Refunds; Undistributed(Axelrod, 1995).

위인 활동(Activity), 즉 최소 업무단위를 기준으로 편성될 수도 있다. 심지어 품목별 예산은 예산개혁으로 등장한 새로운 예산제도와도 결합하여 사용될 수 있다. 품목별 예산은 다른 예산제도와 쉽게 결합할 수 있는 특성이 있으며 어떤 규모나 특성을 가진 조직이나 사업단위에 대해서도 편성이 용이한 예산제도이다. 수많은 예산개혁에도 불구하고 아직도 거의 대부분의 예산제도가 품목별 예산의 성격을 지니는 가장 큰 이유는 새로운 예산제도와 결합하여 품목별 예산의 장점인 지출의 통제를 새로운 예산제도의 특성과 연결시킬 수 있기 때문이다.

예산 삭감시 이익집단의 저항을 덜 야기시키는 정치적 장점으로 사회갈등을 최소화하지만, 예산의 성과, 정책이 미래에 미치는 영향, 정책분석, 정책평가(총칭하여 효과성과 효율성이라고 할 수 있을 것)를 소홀히 취급하는 단점이 있어 많은 비판을 받았다. 무엇보다도 품목별 예산은 구체적 지출항목으로 예산이 통제되고 있어 신축적 예산집행에 장애가 되는데 경직성을 완화하기 위해 품목의 숫자를 감소할 수 있지만, 여전히 경직적 예산구성으로 인한 기능 및 사업파악(① 사업의 성과와 정부생산성 평가 곤란, ② 투입 또는 계획 중심의 예산편성에 따른 재정지출의 목표 의식 결여, ③ 환경변화에 대한 재정 대응성 취약)이 곤란하다는 한계가 있다.

그럼에도 불구하고 품목별예산은 정치적으로 선호되는 제도이고 모든 사람들에게 특히 의원들에게 가장 익숙하고 이해하기 쉬운 제도이다. 의원들은 자신들이 이해하기 어려운 새로운 제도의 도입으로 말미암아 기존의 세력균형이 붕괴되는 데에 저항하는 속성이 있다. 품목별 예산제도의 단점에는 수긍하면서도 실제로 품목별 예산을 대체할 새로운 예산제도를 의회에서 적극 수용하지 않는 경향은 선진국은 말할 것도 없고 한국에서도 가능한 일이다.

3. 행정부편성예산(executive budget)

원래 미국에서는 행정부의 각 부처가 예산을 의회의 소관위원회에 신청하면 의회가 예산을 편성하였는데, 1912년 태프트위원회(Taft Commission)가 행정부 편성예산의 필요성을 주장했으나 의회에 의해 묵살된다(Schick, 1995). 그러나 1921년 예산회계법(the Budget and Accounting Act)에 의해 재무부 내에 예산실(Bureau of the Budget: BoB)이 설치되고, 행정부 편성예산이 시작되며, 감사원(GAO)이 신설된다(Cooper et al., 1998). 행정부 편성예산은 예산을 집행하는 최고책임자인 대통령의 책임하에 행정부가 예산을 편성해야 효율적이라는 주장에 근거한 예산개혁이며 가장 오래된 예산개혁의 하나이다(Schick, 1987a).

미국은 1921년 예산회계법을 제정할 때 의회와 대통령의 의견일치를 낙관했고 예산문제에 있어 의회의 권한을 약화시키고 행정부의 권한을 강화한다고 생각하지 않았다(Pitsvada, 1992). 행정부 편성예산은 행정부가 예산과정에서 의회보다 강한 힘을 발휘함으로써 의회예산과정을 압도하였지만 의회는 중요한 이슈를 선택하여 집중 검토하고 예산안을 수정함으로써 이에 대응하였다(Hyde, 1992a). 내각책임제와는 달리 대통령제에서는 누가 예산을 편성하는가가 매우 중요한 의미를 갖는다. 1921년에 예산회계법(The Budget and Accounting Act)이 제정되었지만 1920년대 말에 가서야 행정부가 예산을 편성하고 의회에 대해 책임을 지는 제도가 정착한다. 감사원이 신설될 때까지는 재무부가 감사업무를 수행했다. 이때까지 각 중앙관서는 예산을 편성하여 재무부로 제출하면 재무부는 이것을 수집하여 의회에 상정하기만 했고 대통령은 예산과정에 관여하지도 않았으며, 현재의 관리예산실(OMB)처럼 각 중앙관서의 예산을 조정하고 통합하여 제출하는 기능도 행정부 내에 존재하지 않았고 이러한 기능은 의회에 속하였다(Wildavsky, 1992a).

BoB의 초대 책임자였던 Charles G. Dawes는 BoB가 재무부 건물 내에 있어서는 안 되고 백악관 가까이 있어야 한다고 주장하였다(Wildavsky, 1992a). 이는 예산기능이 대통령의 주요한 관리도구의 하나라는 것을 인식한 주장이라고 생각된다. 1921년 예산회계법의 제정으로 의회의 권한이 크게 약화되었지만 의회는 효율성을 실현하기 위한 일종의 예산개혁으로 생각했기 때문에 찬성했다. 즉 효율성과 책임의 관점에서 책임질 사람이 예산을 편성하며 행정수반은 강력한 권한을 행정부 내에서 행사할 수 있어야 하고 예산이 중요한 역할을 할 수 있다고 본 것이다. 효율성의 관점에서 예산을 집행할 사람이 예산을 편성하며 예산을 가장 잘 아는 사람이 편성해야 하는데 의회보다는 대통령이 더 적절하다고 생각한 것이다.

행정부 편성예산에 대한 대안은 두 가지가 있다. 첫째, 1921년 이전의 미국 연방정부처럼 각 부서가 의회에 예산을 신청하면 의회가 예산을 편성하는 제도이다. 둘째, 예산이 편성되고 의회에 제출되기 전에 의회와 행정부가 공동위원회 등을 통하여 합의하고 이에 근거하여 예산을 편성하는 것이다. 이러한 대안은 구조적으로 주지사의 권력이 약한 사우스 캐롤라이나주와 미시시피주의 의회정부라고 하는 사례에서 찾을 수 있다. 사우스 캐롤라이나주는 State Budget and Control Board에서 예산을 편성하는데, 주지사가 의장이고 주재무관, 주 통제관, 상원 재무위원회의장, 하원 세입위원회의장의 네 명으로 구성된 위원회이다. 미시시피 주는 주의 상하의원과 부지사로 구성되는 Joint Legislative Budget Committee에 의해 운영되는 Legislative Budget Office가 주 정부 산하 각부서의 예산신청을 받아서 예산을 편성한다(Pitsvada, 1992).

미국 의회는 1912년 Taft위원회가 행정부 편성예산을 제안했을 때 반대했지만 1차 대전으로 정부규모가 팽창되고 중앙집권적 예산통제만이 지출과 조세삭감을 달성할 수 있다고 생각하여 행정부 편성예산에 동의한다. 또한 1차대전 중에 대규모 재정적자가 발생하고 의회가 모든 공채발행을 승인하는 것이 사실상 불가능해지자 재무부에게 부채조달권한을 이양하였다(Grizzle, 1998).

국민의 요구를 반영하고 조직의 업무수행의 궁극적 책임을 지는 한 사람의 최고책임자가 조직전체의 관점에서 세입추정과 세출추정을 취합하여 예산의 최종내용을 결정하여야 한다는 것이 행정부 편성예산의 논리인데 이러한 방법은 내각책임제국가인 영국, 유럽, 일본 등에서 1921년 이전에 이미 사용되었다. 만약 권력이 지나치게 분산되면 책임을 묻는 것이 적절하지 않기 때문에 대통령의 권력에 예산편성권도 통합되어 대통령에게 행정책임을 추궁해야 한다는 것이다. 미국의 주정부 중에는 예산과 회계를 책임지는 최고통제관(controller)이 예산을 편성하여 주 의회에 제출하도록 주 헌법에 규정된 메릴랜드 주 같은 경우도 있고, 주지사가 예산을 편성하고 제출하도록 헌법에 규정된 주도 있었다. 행정부 편성예산은 중앙예산기관의 최고책임자가 아닌 행정부의 최고책임자인 대통령이 예산을 편성하여 의회에 제출하고 의회가 의결한 예산을 집행하여 책임을 지는 예산제도인 것이다(Mosher, 1984; Cleveland, 1992).

만약 한국의 대통령이 예산과정에 전혀 개입하지 않고 중앙예산기관에게 위임한다면 혹은 대통령이 예산편성에서 사실상 허수아비라면 미국의 메릴랜드 주와 같다고 보아야 할 것이다. 미국의 레이건 대통령은 예산에 대해서는 거의 무지하였지만 중앙예산기구의 장인 관리예산실장 David Stockman은 대통령의 의사결정을 돕기 위하여 객관식 시험문제까지 만들었다. 중앙예산기관이 대통령의 직속기관이기 때문에 이러한 개입이 용이하기도 하지만 대통령의 가장 중요한 업무를 소홀하지 않으려는 태도에서도 기인한다.

4. 미국의 예산회계절차법(1950, Budgeting and Accounting Procedures Act)

1950년에 제정된 미국연방정부의 예산회계절차법은 예산개혁에 있어 중대한 기념비적 사건이다. 예산회계절차법은 다음과 같은 요구를 하고 있다(Points, 1990).

① 성과에 기초하여 예산을 편성해야 한다.

② 조직의 활동과 기능에 대한 재무정보를 제공해야 한다.

③ 감사원(GAO)은 행정부가 준수해야 할 회계원칙, 기준, 기타 관련된 필수사항을 공표해야 한다.

④ 조직의 장이 감사원이 제정한 기준에 맞추어 회계와 내부통제시스템의 수립과 유지에 책임이 있다.

⑤ 각 부처는 감사원과 함께 회계시스템을 개발하여야 한다.

⑥ 부처의 회계시스템은 감사원이 검토하고 승인하여야 한다.

7.2 성과주의예산

1. 성과주의예산의 정의

품목별 예산이 투입요소(inputs)를 중심으로 예산을 편성하는 데 반하여 성과주의 예산은 산출(output)을 중심으로 예산을 편성하는 제도이며 트루만 대통령시대에 도입하였다(배득종, 1996). 성과주의예산은 사업을 단위로 예산을 편성하고 성과를 측정하는데, 사업예산의 총액만이 승인되어 집행기관의 자유재량에 맡겨지고 구체적인 지출에 대한 간섭을 배제하고 집행기관은 목표달성의 책임을 지는 것이 성과주의 예산의 기본정신이다. 사업이 제공하는 서비스의 양은 업무측정단위를 기준으로 측정되며, 업무측정단위당 원가가 계산되고, 단위원가와 예상업무측정단위를 곱하여 예산을 편성한다. 예산이 집행된 후에 실제발생원가를 예산과 비교하여 사업의 성과를 측정할 수 있기 때문에 성과주의예산이라고 한다. 최근 선진국의 예산개혁(예: 뉴질랜드)은 성과주의 예산이라고 부르기 때문에 사실상 성과주의예산이 새로운 내용을 가지고 재등장했다고 볼 수 있다. 미국의 The National Performance Review(NPR)의 사명지향적, 결과지향적 예산(mission-driven, results-oriented budgeting)은 성과주의 예산과 유사하지만 절약한 예산의 50%를 다음 회계연도로 이월할 수 있도록 허용하는 것을 제안하고 있는 것이 매우 큰 차이점이다. 또한 분권화와 자율을 강조하지만 보고와 책임을 동시에 강조하며 상부의 강한 통제가 존재한다(Cooper et al., 1998).

사업예산은 같은 목표를 수행하는 정부의 활동을 논리적으로 집합하여 예산을 편성하는 것으로서 사업이 무엇을 의도하는가 의미를 알 수 있도록 한 것이다. 성과주의예산은 사업예산에서 진일보한 것으로 사업을 단위로 성과를 측정하는 예산인데 사업예산(program budget)과 동일하게 간주하기도 한다. 후버위원회(Hoover Commission)는 사업예산과 성과주의예산을 구별하지 않았다(Eghtedari & Sherwood, 1987). 계획예산(PPBS)도 사업을 단위로 예산을 편성하므로 사업예산의 범위 내에서 새로운 예산제도가 형성된 것이다. 그러므로 사업예산을 계획예산에 포함되는 것으로 간주하고 서로 구별하지 않기도 한다(Lynch, 1990). 사업은 서비스전달단위이며 원가산정단위이며 비용편익분석단위이며 계획예산은 사업예산의 정신을 가장 잘 이용하고 있는 제도라 할 수 있다(Lewis, 1988).

성과주의예산은 1907년부터 부분적으로 사용되기 시작하였지만 성과주의예산이라는 명칭을 사용하지 않았을 뿐이며 그것을 강조하지 않았을 뿐이다. 1950년의 예산회계절차법(Budget and Accounting Procedures Act)은 각 부처의 장이 예산실(BoB: OMB의 전신)과 협의하여 조직단위로 성과정보와 사업원가에 근거하여 예산을 신청하도록 요구하고 있다(Axelrod, 1995). 그러므로 예산회계절차법은 성과주의예산요소를 채택하였다고 볼 수 있다. 또한 성과주의예산은 총액예산(lump-sum appropriations), 발생주의회계, 원가회계를 강조하였다(Mosher, 1984).

2. 사　　례

보건사업의 수행을 위해서 세 가지의 활동(Activity)이 필요하다고 가정하자. 세 가지 업무활동은 주민들의 여론조사, 불량지구의 세균조사, 소독실시의 업무이며 각각 다음과 같은 업무측정단위와 단위원가가 결정되었다고 하자.

업무활동	업무측정단위	단위원가
여론조사	가구수	가구당 2만원
세균조사	조사횟수	조사당 10만원
소독실시	소독횟수	소독당 50만원

업무측정량은 각 업무의 목표량인데 단위원가와 곱하면 예산액수가 되며 다음과 같다고 하자.

업무활동	업무측정량×단위원가	예산액수
여론조사	1,000가구×2만원	2,000만원
세균조사	100회×10만원	1,000만원
소독실시	120회×50만원	6,000만원
		합계 9,000만원

만약 실제로 회계연도가 종료된 후 다음과 같은 집행결과가 발생했다고 하자.

업무활동	실제업무측정량×실제단위원가	실제소요액
여론조사	800가구×3만원	2,400만원
세균조사	110회×9만원	990만원
소독실시	100회×50만원	5,000만원
		합계 8,390만원

이상과 같이 예산과 실제발생결과를 비교하여 원인을 규명하고 책임을 지우는 것이 성과주의예산이다.

3. 성과주의 예산의 문제점과 교훈

① 업무측정단위결정이 어려웠기 때문에 계량화가 어려운 사업에는 부적합하였다.

② 단위원가계산이 어려웠는데 특히 간접원가, 공통원가의 배분이 문제였다.

③ 방대한 자료가 필요하다(Cooper et al., 1998).

④ 조직이 클수록 원가계산이 복잡하기 때문에 소규모조직에 적합하다. 미국의 경우 시 정부의 대부분이 성과주의예산을 사용하고 있거나 성과주의예산요소를 가미하고 있다.

⑤ 의회는 엄격한 통제위주의 품목별 예산을 선호하며 품목별 예산에 더 익숙하므로 성과주의예산에 반대하거나 겉으로는 찬성하지만 실제로는 비협조적일 수가 있다.

⑥ 우수한 예산회계정보시스템에 의해 사업별 원가계산이 가능해야 한다.

⑦ 유능하고 적극적인 예산담당자가 필요하며 회계수준이 높아야 하며 관리능력과 성과를 측정하는 감사가 필요하다.

7.3 계획예산(PPBS: Planning-Programming-Budgeting System)

1. 계획예산의 정의

계획예산은 중장기예산계획과 사업의 성과 및 원가를 결합한 예산제도이므로 기획과 예산이 연계된 예산제도이다. 계획예산은 미국의 케네디 행정부하에서 처음 도입되었다. 1961년 맥나마라(McNamara) 국방장관에 의해 포드자동차(Ford Motors)회사에서 사용하고 있던 제도를 국방부에 도입함으로 시작되었다. 계획예산이 미국 국방부에 성공적으로 정착되었다는 주장에 대해 감사원(GAO)은 의문을 표시하고 있다(Wildavsky, 1992a).

계획예산은 정책분석(비용편익분석)에 의해 목표달성을 위한 최적대안을 선정하며 정책분석(policy analysis)은 PPBS에 의해 탄생하였다(Lewis, 1988). 정책평가로서 예산의 집행을 평가하는데, 합리적 · 포괄적(rational comprehensive) 예산의사결정으로서의 성격이 가장 두드러지는 제도이다. 즉, 계획예산은 사업예산, 정책분석, 정책평가, 기타 분석적 기법을 종합한 제도(Grafton & Permaloff, 1983)로써 이론적으로 가장 완벽한 예산제도이다.

성과주의예산이 산출(outputs)중심인 데 반하여, 계획예산은 결과(results) 중심적 예산이라고 볼 수 있다(Schick, 1987a). 성과주의예산이 투입과 산출을 비교함으로써 효율성에 초점을 맞추는 데 반하여 계획예산은 의도한 결과를 달성하였는가의 효과성에 초점을 맞추는 제도이다(Reed & Swain, 1997).

2. 사　　례

계획예산의 간단한 예를 들어보면 다음과 같다. 이 예는 매우 단순한 예에 불과하며 많은 내용이 생략된 계획예산의 일부분이다.

(1) 정책분석과 PPBS

PPBS는 가장 먼저 최적정책대안을 선정하는데 정책분석, 즉 비용편익분석에 의한다. 다음과 같은 세 가지 정책대안, 즉 세 가지 사업이 고려되고 있다고 하자.

대안A: 고속도로건설
대안B: 고속전철건설
대안C: 기존하천을 연결하는 운하의 건설

위의 세 가지 사업대안의 비용과 편익을 계산하여 순편익을 구하면 다음과 같다. 대안C의 순편익은 마이너스이기 때문에 아예 고려대상에서 제외된다. 대안A의 순편익이 대안B의 순편익보다 크기 때문에 대안A를 선정한다.

대안A의 순편익=대안A의 편익-대안A의 비용=9,000억-5,000억=4,000억
대안B의 순편익=대안B의 편익-대안B의 비용=12,000억-11,000억=1,000억
대안C의 순편익=대안C의 편익-대안C의 비용=11,000억-13,000억=-2,000억

(2) 중장기기획과 PPBS

대안A라는 사업은 통일고속도로라는 신규고속도로의 건설이다. PPBS는 중장기기획과 연계된 예산제도이다. 단순히 다음 회계연도의 예산인 2002년의 예산만이 아니라 2006년까지의 예산을 중장기기획의 관점에서 편성함으로 장기적으로 어떤 재정영향을 미치는가 분석한다.

통일고속도로건설사업의 산출, 2002~2006

	2002	2003	2004	2005	2006
1. 도로의 신설					
도로기반조성	100킬로	150킬로	120킬로	20킬로	
도로의 포장	50킬로	160킬로	100킬로	40킬로	40킬로
2. 도로주변조경					
________					
________					

통일고속도로건설사업의 원가, 2002~2006

	2002	2003	2004	2005	2006
1. 도로의 신설					
도로기반조성	210억원	190억원	200억원	50억원	
도로의 포장	150억원	360억원	290억원	140억원	160억원
2. 도로주변조경					
________					
________					

(3) 정책평가와 PPBS

만약 2006년에 통일고속도로가 완공되면 정책평가에 의해 소기의 목표를 달성했는가를 평가한다. PPBS는 계량적인 방법에 의해 정책을 평가하는데 정책이 의도한 결과를 달성했는가를 평가한다. 그러나 결과의 평가가 용이하지 않을 경우 산출을 평가하기도 한다. 여기서 원래의 정책목표가 고려되어야 한다. 정책대안 A, B, C는 어떤 정책목표 하에 고려되었을 것이다. 만약 남북교류에 따른 교통문제해결을 위해 고려되었다면 통일고속도로의 완공 후 교통문제해결에 얼마나 기여했는가를 평가해야 한다. 예를 들어 고속도로 건설 이전과 이후의 교통량을 비교한다든가, 기타 다른 방법에 의해 교통문제의 해결에 얼마나 기여했는가를 측정할 수 있을 것이다. 교통문제해결은 정책이 추구하는 바람직한 결과이지만 산출은 아니다. 대안A의 산출은 고속도로의 건설일 것이다. 원래 의도한 고속도로의 건설, 즉 390킬로의 완공된 고속도로가 의도한 산출이다. 만약 2006년에 원래 의도한 390킬로의 고속도로가 완공되었다면 산출을 달성한 것이다. 그러나 이러한 산출목표의 달성이 과연 원하는 결과를 달성했는가는 별개의 문제가 될 것이다.

통일고속도로사업은 2002년부터 시작되어 2006년에 완공되고 소요되는 재원은 통일고속도로사업의 원가라는 항목으로 보고되어 있다. 통일고속도로사업은 매년 집행되어 결과가 발생되는데 산출은 조성된 도로의 기반과 도로의 포장에서는 모두 킬로미터로 측정할 수 있다. 위의 사례에서 볼 수 있듯이 계획예산은 고속도로의 몇 킬로미터가 포장되는데 얼마의 재원이 소요된다 라고 하는 것을 보여준다. 실제로 고속도로가 포장되면 포장된 길이를 계획된 산출목표와 비교할 수도 있고 실제 소요된 재원을 예산과 비교하여 예산집행을 평가한다.

3. 계획예산의 문제점과 교훈

① 대규모의 인력과 시간이 소요되며 복잡한 계산과 방대한 정보가 필요하다.

② 계획예산제도가 난해하여 아무도 이해하지 못하고 시행했다는 비판을 받는다.

③ 분석의 결과나 기타 계량화된 정보 때문에 갈등과 타협이 오히려 더 어려워졌다(Wildavsky, 1992a).

④ 주관적 요소의 고려에 실패한 계량적 방법이다. 예산은 정치적 합리성과 경제적 합리성을 동시에 추구해야 함에도 불구하고 정치적 요인을 고려하지 못했기 때문에 한계를 가질 수밖에 없었다(Harper et al., 1987).

⑤ 성과주의예산과 마찬가지로 의회의 비협조가 문제였다.

⑥ 비용편익분석(정책분석)과 정책평가는 우수한 정보시스템을 필요로 한다.

⑦ 유능한 예산담당자가 필요하다.

⑧ 합리적 의사결정의 한계로 인하여 의도했던 바를 거두지 못했다. 특히 불확실성하에서는 계획예산이 추구하는 합리적인 의사결정이 오히려 비합리적이 되는 경우가 많았기 때문에 합리성에 대한 인식도 변화되었다. 예산의사결정과정에서 개입할 수 있는 주관, 갈등, 타협 등을 배제하는 것이 불가능할 뿐더러 바람직하지도 않다는 사실을 깨닫게 되었다.

7.4 목표에 의한 관리(MBO: management by objectives)

1. 정　　의

경영학자인 Peter Drucker에 의해 유래되었으며 닉슨 대통령은 예산실(BoB)에 관리기능을 추가하여 관리예산실(OMB)로 개편하고 MBO를 추진하였다(배득종, 1996). 목표에 의한 관리(MBO)는 예산제도가 아니고 관리기법2)이지만 예산에 대한 접근방법, 혹은 예산운영방법을 변경함으로써 효율적인 조직경영을 달성하려는 시도이기 때문에 예산제도로 간주되며 다른 예산제도와의 결합이 용이하다. MBO를 채택한 조직들 중에는 이미 영기준예산을 사용하고 있던 조직이 많았다.

MBO는 상하의 대화를 통한 합의에 의해 목표수준과 목표달성방법을 결정하는데 계량화된 목표설정이 일반적이고, 이러한 사항들이 결정되면 업무의 수행자인 하급자에게 많은 자유재량을 부여한다. 달성해야 할 목표를 성취하는 데 필요한 원가계산을 하고, 목표달성수단이 결정되면 필요한 인적자원, 물적자원, 기타 서비스에 근거한 원가계산에 의해 예산이 편성된다.

MBO는 업무수행과정에서 목표 달성도를 주기적으로 측정하는데, 목표에 미달하는 성과가 발생하면 업무담당자와 감독자, 관련자들이 공동으로 원인을 규명하고 필

2) MBO는 관리기법으로서 생산성 향상을 위한 수단이며 생산성 측정과 사업평가 등의 기법들을 조직의 운영체제에 결합한 것이다.

요한 조치를 취하고, 업무가 수행된 다음에 업무의 결과에 대한 성과를 측정한다.

1976년 미국의 404개의 도시를 조사한 결과를 보면 41%가 목표에 의한 관리(MBO)를 사용하고 있었고 1982년은 460개의 조사대상도시 중 59%가 사용하고 있었으며 1987년은 451개의 조사대상도시 중 62%가 사용하고 있어 계속 증가추세를 나타내고 있다(Rodgers & Hunter, 1992).

즉, 목표에 의한 관리(MBO)는 원가보다는 정부행위와 행위의 결과에 관심을 갖는 제도이며, 결과는 비계량적·계량적으로 표현된다. MBO의 진정한 의도는 대통령의 정책목표에 대해 합의를 형성하고 이러한 목표에 대한 진척도를 측정하고자 하는 것이었다. 관리예산실은 부처의 목표를 합계하면 정부의 전반적인 목표가 된다고 가정하였는데 관리예산실은 목표를 결정하지 않고 각 부처가 목표를 선택했다. 각 부처의 목표는 대통령이 중요하다고 생각하는 분야에 속하기만 하면 대통령의 정책목표에 일치하는 것으로 생각되었다(Grafton & Permaloff, 1983).

MBO와 관련된 관리개선노력은 생산성측정, 사업평가, 사회지표(social indicators) 등이다. 사회지표를 개발하려는 노력은 계량적 설명과 일반적인 사회상황과 경향의 분석으로 정보에 기초한 정책결정을 촉진하려는 데 있었다(Newland, 1988).

2. 사 례

기생충퇴치사업을 이용하여 목표에 의한 관리의 예를 들어 보자. 기생충감염률의 20% 감소를 2002년의 목표로 담당자가 상급자와 의논하여 결정하였다고 하자. 다음의 양식을 작성하여 목표에 의한 관리를 수행한다. 이 양식은 물론 전형적인 예에 불과하며 어떤 예산제도와 결합되었느냐 혹은 조직의 예산담당자가 자신의 조직에 맞게 목표에 의한 관리를 어떻게 변형시켰느냐에 따라 달라진다.

목표: 기생충감염률감소 2002년

예상되는 비용: 15억원

예상되는 달성시기: 2002. 12. 31.

실제발생비용:

실제달성시기:

목표달성을 위한 구체적인 수단

1. 계몽－식생활 개선, 정기검사의 필요성
2. 실제 주민들의 기생충 감염여부 검사

3. 구충작업－투약과 수술
4. 환경개선

목표달성 측정방법－전국을 모집단으로 하여 표본을 선정 측정한다.

목표달성진도점검

중간점검	조사담당자	목표달성정도
2002. 3. 31.		
2002. 6. 30.		
2002. 9. 30.		

예산의 구체내역
인건비
－
－

기생충감염률감소라는 목표가 설정되고 목표를 달성하기 위한 수단으로서 계몽, 실제주민들의 기생충감염여부검사, 구충작업, 환경개선의 네 가지가 협의하여 결정된다. 예상되는 비용이란 설정된 예산을 말하며 15억원의 구체적인 내역은 별도로 제시된다. 실제발생비용은 예산보다 초과되거나 아니면 미달될 수 있는데 결산시의 액수가 실제발생비용이 된다.

예상되는 달성시기보다 실제달성시기가 앞당겨진다면 담당자의 성과가 매우 두드러지는 경우이며 실제달성시기가 그보다 더 늦춰지거나 아니면 예상일자와 일치하거나 할 것이다. 목표달성의 구체적인 수단도 매분기별로 3월 31일, 6월 30일, 9월 30일에 목표달성도를 중간점검하고 12월 31일에 최종적으로 성과를 측정하여 목표달성도를 평가한다. 목표달성도는 정책평가, 즉 사업평가에 의해 측정하는데 모집단 중에서 표본을 추출하여 기생충감염률이 얼마나 감소했는지를 측정함으로써 성과를 평가한다.

3. MBO의 문제점과 교훈

① 자신의 목표달성만 염두에 두기 때문에 배타적 업무수행이 초래되었다.
② 군대, 경찰 같은 상하의 의사소통이 어려운 조직에 부적합하다.
③ 계량화가 어려운 업무에 부적합하다.

④ 주관적 요소를 배제하는 문제점이 있다.

⑤ 달성 용이한 목표가 설정될 가능성이 크다.

⑥ 조직의 최고책임자가 목표에 의한 관리를 이해하고 적극적으로 참여할 때 본래의 의도를 거둘 수 있는 제도이다.

7.5 영기준예산(ZBB: zero-based budgeting) 혹은 영본위예산

1. 영기준예산의 정의

텍사스인스트루먼트회사(Texas Instrument)에서 성공적으로 사용되고 있던 영기준예산(영본위예산이라고도 함)을 조지아주 주지사였던 카터(Carter)가 조지아주에 도입하여 실시하였는데, 카터가 대통령에 당선됨으로써 연방정부에 도입하였다.

영기준예산(ZBB)는 예산의 편성시에 기존사업을 근본적으로 재검토하여 예산의 삭감은 물론 사업의 중단이나 폐지도 고려할 수 있는 예산의사결정제도이다. 사업의 제공수준을 0수준부터 대폭 증액된 수준까지 다양하게 검토 분석함으로써 사업의 우선순위를 결정하는 예산제도이다. 근본적 검토는 한정된 자원을 합리적으로 배분하여 예산을 편성하고자 하는 노력의 일환이며 사업의 우선순위를 결정할 때 영기준예산의 합리적 특성이 두드러진다.

영기준예산은 의사결정단위(decision unit)를 중심으로 하여 활동수준에 따라 각각 의사결정패키지(decision package)를 작성한다. 의사결정패키지에는 목표가 의사결정단위의 산출(output)과 연결되고 효과와 효율을 측정할 수 있는 지표가 설정되며 필요한 지출액수가 결정되어 보고된다. 영기준예산은 의사결정패키지에 우선순위를 부여하고 조직의 다음 상층부로 전달되면서 우선순위 결정과정이 되풀이된다. 의사결정패키지가 우선순위대로 다른 의사결정단위의 의사결정패키지와 결합되어 상위 의사결정패키지를 구성한다. 조직의 상층부로 의사결정패키지가 이동함에 따라서 의사결정패키지는 다른 의사결정패키지와 결합하므로 점점 더 복잡하여지며 특히 여러 수준의 예산을 고려하는 경우는 복잡성의 정도가 극심하였다. 영기준예산은 조직의 하층부로부터 의사결정패키지가 구성되어 상층부로 보고되므로 하부부서가 예산의 편성과정에 참여하지 않을 수가 없으며 이 점에 있어서 목표에 의한 관리와 유사하다고 볼 수 있다.

영기준예산은 기존의 예산제도와 쉽게 결합할 수 있는 신축성이 있었으며 조직의 환경에 맞게 변형이 용이했기 때문에 기존 예산담당자들의 저항이 적었다(Draper & Pitsvada, 1987). 영기준예산은 성과측정을 강조했는데 성과측정은 주로 계량적인 방법에 이루어졌다(Draper & Pitsvada, 1987).

2. 사　례

다음은 영기준예산을 실시하고 있는 조직의 구성도이다.

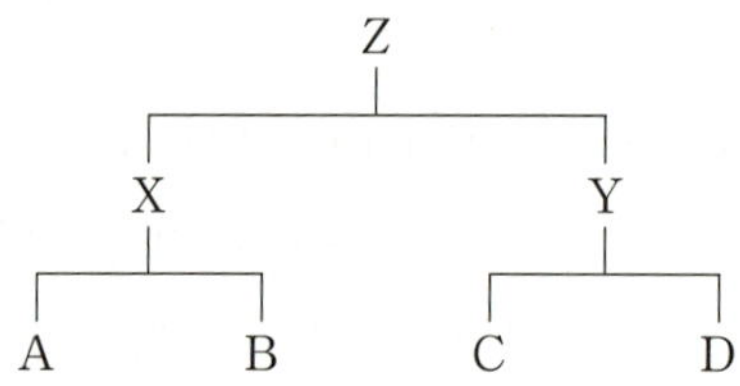

A부서와 B부서라는 의사결정단위는 의사결정패키지를 작성하여 X부서에 보고한다. X는 A의 의사결정패키지와 B의 의사결정패키지를 결합하여 X부서의 의사결정패키지를 작성하고 Z부서에 제출한다. Z부서는 X부서의 의사결정패키지와 Y부서의 의사결정패키지를 결합하여 Z부서의 의사결정패키지를 작성하며 Z부서가 조직의 최상위 부서이면 Z부서의 의사결정패키지가 조직 전체를 위한 의사결정패키지가 된다. 조직의 의사결정패키지는 중앙예산기관에 제출되어 예산사정을 받는다.

의사결정패키지를 작성할 때 필연적으로 활동수준을 결정하는데 활동수준은 감소된 수준, 현수준, 증가된 수준의 세 가지라고 하자. A부서가 수돗물을 공급하는 부서이고 현재 연 5,000톤의 수돗물을 공급하고 있다고 가정한다. 내년에도 현재수준만큼 공급하려 생각하고 있다면 현수준 연 5,000톤이 예산의 활동수준이 될 것이다. 최악의 상태에서도 연 4,000톤 이하로 수돗물을 공급하는 것은 생각해 볼 수도 없다라고 하면 감소된 수준은 연 4,000톤이 될 수 있다. 수돗물에 대한 수요가 증가하고 있어서 공급의 증가가 바람직한데, 그 수준이 연 6,500톤이라면 연 6,500톤이 증가된 수준의 예가 될 수 있다.

(1) A부서 의사결정패키지의 구성

A부서는 다음과 같은 의사결정패키지를 구성하였다.

활동수준	예 산
A1	100
A2	150
A3	220

A1은 감소된 활동수준을 말하고 A2는 현 활동수준, A3는 증가된 활동수준을 나타낸다. A부서의 책임자는 최소한 A1을 원할 것이고 다음으로 가능하다면 A2가 승인되기를 원할 것이다. 물론 A3의 활동수준까지 예산이 승인되면 그 이상 바랄 것이 없다. 우선순위가 결정된 의사결정패키지는 다음과 같다.

활동수준	증가액	예 산
A1	100	100
A2	50	150
A3	70	220

(2) B부서 의사결정패키지의 구성

B부서의 의사결정패키지가 다음과 같이 결정되었다고 하자.

활동수준	증가액	예 산
B1	160	160
B2	10	170
B3	40	210

(3) X부서 의사결정패키지의 구성

X부서의 책임자는 이 두 가지 의사결정패키지를 다음과 같이 하나로 결합하였다고 하자.

활동수준	증가액	예 산
A1	100	100
A2	50	150
B1	160	310
B2	10	320
B3	40	360
A3	70	430

(4) Y부서 의사결정패키지의 구성

Y부서의 의사결정패키지는 C부서의 의사결정패키지와 D부서의 의사결정패키지를 결합하여 우선순위를 정한 다음 결정되는데 다음과 같다고 가정한다.

활동수준	증가액	예 산
D1	50	50
C1	105	155
C2	15	170
D2	10	180
D3	30	210
C3	25	235

(5) Z부서 의사결정패키지의 구성

Z부서의 책임자는 X부서의 의사결정패키지와 Y부서의 의사결정패키지를 통합하여 우선순위를 정하는데 다음과 같다고 하자.

활동수준	증가액	예 산
A1	100	100
A2	50	150
D1	50	200
B1	160	360
B2	10	370
C1	105	475
B3	40	515
C2	15	530
A3	70	600
D2	10	610
D3	30	640
C3	25	665

만약 부서 Z의 예산총액이 475로 결정되었다고 하자. 그러면 A부서는 A2수준의 활동이 가능한 예산이 할당되고 B부서는 B2수준, C부서는 C1수준, D부서는 D1수준의 활동이 가능한 예산이 할당된다. 만약 530이라는 예산이 배분되었다면 A부서는 A2수준, B부서는 B3수준, C부서는 C2수준, D부서는 D1수준이 선택된다.

3. 영기준예산의 문제점과 교훈

① 의사결정패키지의 문제점이 있는데 목표설정의 어려움, 우선순위결정의 어려움, 성과측정정보의 부적합과 부정확 등이다.

② 객관적이고 신뢰할 수 있는 자료의 결여가 문제점의 하나였으며 이는 성과주의예산, 계획예산, 목표에 의한 관리에도 공통된 사항이었다.

③ 점증주의를 극복하기보다는 오히려 점증주의로 전락했다. 사업의 제공수준을 0수준부터 대폭 증액된 수준까지 다양하게 검토분석하지 못하고 현 수준에서 크게 벗어나지 않는 범위로 국한되어 점증주의로 변질되었다(Wildavsky, 1992a).

④ 많은 인력과 자원을 필요로 하였다. 조직의 규모가 커질수록 업무가 엄청나게 증가하였다. 조직의 위쪽으로 의사결정패키지가 이동함에 따라 서류작업이 증가하였다.

⑤ 삭감이 어려운 경직성경비보다 삭감이 쉬운 예산항목에 적용하는 것이 더 용이했다. 각 부서에서 우선순위를 어떻게 결정하건 의회는 지역구민과 인기도를 고려하였기 때문에 예산심의에서 무시되기 쉬웠다(Draper & Pitsvada, 1987).

⑥ 하부에서 의사결정패키지를 작성하여 상층부로 이동하기 때문에 전체를 조망하지 못하고 자신의 프로그램만을 보는 관리자로 인하여 조각난 시스템이었다(Draper & Pitsvada, 1987).

⑦ 조직의 일부 부서 혹은 주기적으로 몇 년에 한 번 시행하는 것이 적합한 예산제도로서 부분적 실시가 적절하다(Hyde, 1992b).

⑧ 바람직하게 시행되면 예산삭감의 유효한 수단이 될 수 있었다.

⑨ 성과주의예산과 계획예산처럼 유능한 분석담당자가 필요했다.

⑩ 영기준예산은 지출삭감에는 실패했지만, 예산의사결정에 관리자의 참여를 증진했다(Schick, 1987a).

⑪ 영기준예산은 시정부의 경우 예산감소에 어느 정도 기여했으나 연방정부에서는 예산감소에 실패했는데 예산증가는 예산과정에 기인하는 정도보다 정치적이고 경

제적인 요인에 기인하는 정도가 더 컸기 때문이다(Draper & Pitsvada, 1987).

7.6 최근 선진국의 예산개혁

최근 선진국의 예산개혁이란 1970년대 후반과 1980년대 전반에 시작된 OECD 국가 중심의 예산개혁을 말한다. 영국에서 대처수상이 이끄는 보수당이 1979년에 집권하여 시작한 정부개혁이 그 이후 전개된 정부개혁의 시발점이 되었다고 생각한다. 이어 뉴질랜드와 호주 등 영연방 국가를 중심으로 전개된 정부개혁은 미국에도 영향을 미치고 비교적 보수적이었던 프랑스와 독일에도 전파되고 급기야는 전 세계에 영향을 미치게 된다. 최근 선진국의 정부개혁에서 가장 두드러진 점은 신공공관리(New Public Management)에 기초한 정부개혁과 신공공관리 범주에 이루어졌다고 볼 수 있는 예산개혁이다.

1. 미 국

(1) 미국의 소규모 지방정부

미국은 인구 25,000명 이하의 소규모 지방정부가 인구의 41%를 포함하고 있다. 1987년 미국 뉴욕주의 122개 소규모 지방정부를 대상으로 예산개혁에 대해 수행된 조사결과는 다음과 같다(Ekstrom, 1989).

표 7-1 | 뉴욕주 지방정부의 개혁조치 채택비율

개혁 조치	채택 비율
컴퓨터의 사용	27.3%
중장기계획	47.3%
성과측정	34.5%
별도의 자본예산편성	41.8%
영본위예산	12.7%
사업예산	36.4%
기 타	7.3%

위의 표는 개혁조치를 사용하는 도시의 비율을 나타내고 있다. 예를 들어, 컴퓨터의 사용이라는 개혁은 27.3%의 도시가 사용하고 있다.

(2) 미국의 대도시

1) 예산개혁의 형태

미국의 인구 10만 명 이상의 모든 도시를 조사한 결과 이들 도시들이 채택하고 있는 다양한 예산개혁의 형태는 다음과 같다(Botner, 1989).

표 7-2 | 미국의 10만명 이상 도시의 개혁조치 채택비율

개혁 조치	채택 비율
사업예산(Program Budgeting)	74%
영기준예산(ZBB)	16%
목표에 의한 관리(MBO)	43%
전산화된 정보시스템	74%
성과측정	69%
생산성향상 프로그램	26%
사업분석	72%
사업평가	52%
중장기계획	86%
중장기예산	45%

2) 예산개혁과 행정책임

미국의 대도시인 Dayton, Phoenix, Rochester, Tampa, Boston, St. Louis의 예산개혁을 조사한 결과 Robin은 다음과 같은 흥미로운 결론을 도출하고 있다. 6개의 도시에는 개혁된 도시와 상대적으로 개혁의 정도가 미흡한 도시가 존재하는데 각각 정치적 형태와 연관지어진 특징이 있다. 개혁된 도시는 중앙예산기관의 권한이 강력하고 각 부서의 권한이 약하며 행정책임은 행정절차와 문서의 공개를 통해서 달성되고 성과측정은 효율성을 위해 사용된다. 상대적으로 개혁되지 않은 도시는 중앙예산기관의 권한이 약하며 매우 분권화되어 각 부서의 권한이 상대적으로 강하다. 행정책임은 선거와 시장에 의해 달성되고 성과측정은 부서와 정치적 목적을 위해 사용되고 항상 100% 달성되도록 설정된다.

분권화된 예산운영은 바람직하지만 성과측정이 행정통제로 연결되지 않으면 오히려 집권화된 예산운영보다 못하게 된다. 또한, 선거는 예산운영이라는 전문적 영역에

있어서는 행정책임을 달성하게 하는 역할을 수행하는 데 적절하지 않다. 전문지식을 가진 중앙예산기관이 분권화와 성과측정으로 각 부서의 행정책임을 달성하도록 하는 것이 가장 바람직한 것이다(Rubin, 1992b).

3) 예산변화의 요인

예산개혁은 예산변화와 함께 이루어진다. 예산변화가 성공하면 예산개혁이 성공하는 것이다. 예산변화를 초래하는 요인에 대해 Rubin과 Stein은 세인트 루이스시의 사례를 들어 다음과 같이 보고하고 있다. 예산의 변화는 장기적 재정압박, 컴퓨터로 인한 기술력의 향상, 회계시스템의 개선, 전문성을 가진 예산담당자의 확보, 시장의 지원에 의해 야기되었으며 예산변화의 결과, 시장은 시정부를 보다 강력하게 통제할 수 있고 한정된 자원 내에서 보다 효율적으로 자원을 배분할 수 있게 되었다(Rubin & Stein, 1990).

(3) LA의 성과주의예산

LA는 성과주의예산을 채택하여 실시하였는데 Eghtedari & Sherwood는 LA의 성과주의예산을 다음과 같이 사례분석하고 있다(Eghtedari & Sherwood, 1987). LA의 성과주의예산은 시장과 시의회 사이의 계약이고 시장과 부서 사이의 계약이었다. 행정부서의 최고책임자(CAO: city administrative officer)는 계약의 준수를 감독했는데 시장과 시의회에 보고한다. CAO는 시의회의 승인을 얻어 시장이 임명하고 해고하며 시의회가 단독으로 2/3의 찬성으로 해고할 수 있다. CAO는 성과주의예산의 집행과 감시를 통하여 지출시점, 규모, 성격에 대해 알기 때문에 보다 강력한 중앙집권적 관리와 통제를 실시할 수 있었다. 품목별 예산은 점증주의와 결합하면 일반적으로 분권적 예산이 되지만 성과주의예산도 분권적 예산이라고 생각하였다. 그러나 LA성과주의예산은 관리자에게 보다 많은 정보를 제공함으로써 중앙집권적 기획과 통제가 가능한 예산이었다. 모든 부서가 계약 지향적 시각을 가진 CAO하에 통합되어 성과주의예산은 중앙집권을 훌륭하게 달성하였다. LA의 성과주의예산은 시의회의 예산에 관한 권력을 약화시켰으며 CAO의 권한을 강화하였다.

성과주의예산은 분권화를 촉진하고 참여를 증진한다고 생각했는데 LA에서는 반대 현상이 나타났다. 성과주의예산은 사실자료가 필요한데도 불구하고 조직의 일선에서 정보가 상층부로 전달되는 것을 원하지 않았다. 자신의 권한이 약화되기 때문이었다. 일선관리자들은 사실이 상층부로 전달되기를 원하는 것이 아니라 자신의 판단이 전달되기를 원했던 것이다.

성과주의예산으로 인하여 의회의 의사결정이 향상되었다는 증거는 나오지 않았다. 제출된 예산은 그대로 통과되었으며 특히 시의원들은 성과주의예산을 이해하지 못했고 성과주의예산으로 변경되었다는 사실도 대부분 알지 못했다. 그러나 LA는 시의회, CAO, 언론, 이익집단이 1년 내내 서로 토론하고 만나기 때문에 예산이 의회에 상정될 때에는 이미 비공식적으로 정책에 관하여 합의가 이루어진 뒤였고, 이런 이유로 인하여 오히려 예산심의가 소홀하다는 측면도 있다.

성과주의예산은 회계시스템의 도움을 필요로 하는데 LA 성과주의예산은 업무측정단위당 원가를 계산하는 대신 작업시간을 계산함으로써 회계시스템의 도움 없이 성과주의예산을 운영하였다. 또한 성과주의예산이 수량에 치중하다 보니 서비스의 질이 소홀해졌다. 또한 계량적 수치가 증가하고 감소하는 것만으로는 진정한 성과평가가 불가능해지므로 판단할 수 있는 기준이 필요한데 이러한 기준은 예산기준이며 기준설정을 위해서는 많은 경험과 자료가 필요하다.

(4) 미국의 주정부

미국의 주정부에서 채택하고 있는 예산개혁의 여러 가지 형태는 다음과 같다 (Botner, 1985).

표 7-3 | 미국주정부의 예산개혁형태와 채택비율

개혁 조치	채택 비율
사업예산(Program Budgeting)	74%
영본위예산(ZBB)	40%
목표에 의한 관리(MBO)	20%
전산화된 정보시스템	60%
성과측정	62%
생산성향상 프로그램	18%
사업분석	80%
사업평가	68%
중장기계획	84%

서비스노력과 성취(SEA)에 대한 규정은 주와 지방정부의 성과보고에 대한 중요한 진전이다(Sandberg, 1996).

(5) 펜실베니아주의 계획예산(PPBS)

펜실베이니아의 계획예산은 1972년에 시작되었는데 행정능력과 정보시스템의 낙후로 인하여 원래의 의도에서 크게 변질되어 왔다. 사업이 달성하려고 했던 의도인 결과(results or impacts)를 측정하려는 노력에서 산출(output)이나 생산성을 측정하려는 제도로 변경되었다. 통일된 하나의 정보시스템을 구축하여 각 부서의 경계선을 뛰어넘는 사업을 단위로 예산을 운영하는 계획예산의 원래 취지는 실패하였으며 각 부서가 특정 사업에 관련된 정보를 창출하고 이용하는 것으로 만족할 수밖에 없었다(Sallack & Allen, 1987).

(6) 재정적자, 정부팽창과 예산개혁

정부가 팽창하면 보통 재정적자와 국가부채가 동반하여 증가한다. 정부팽창은 정부비효율의 상징처럼 최근에 비판을 받아왔다. 예산개혁은 정부팽창, 재정적자, 국가부채의 증가에 대한 일종의 반응으로서의 성격도 지니고 있다. 정부팽창에 대한 일차적 대응은 긴축재정이다. 그러나 예산개혁에 의한 지출감소와 긴축재정은 어느 정도 차이가 있는 것은 사실이다. 긴축재정은 모든 정부분야의 지출을 일률적으로 삭감하는 방법을 주로 선택하지만 예산개혁은 효과성과 효율성을 추구하기 때문에 일률적 삭감을 추구하지는 않는다.

행정부 편성예산으로부터 영기준예산(ZBB)에 이르는 과거의 예산개혁은 모두 예산과정을 개선하려는 노력이었다. ZBB 이후의 예산개혁은 외부에서 생각하는 좋은 예산이라는 개념에 의해 추진되는 것이 아니라 변화된 상황에 기존실무가 적응하는 변화였다(Schick, 1987b). 긴축재정도 일종의 이러한 개혁이다. 예산에 가장 큰 영향을 미치는 요인은 의회나 행정부 예산과정의 변화가 아니라 긴축재정 즉 재정삭감이다(Bozeman & Straussman, 1987). 가장 바람직한 예산절감은 할당되는 자금의 축소 즉 예산의 일률적 삭감보다 예산을 사용하는 활동을 관리하여 지출이 감소되도록 유도하는 것이다(King, 1994).

예산삭감은 서비스감소로 이어지기도 했지만 서비스 효율성의 증가로 이어지기도 했다. 투입이 감소한 만큼 산출이 감소하지 않기 때문에 효율성이 증가한 것이다(Schick, 1987a). 긴축재정을 실시할 때는 하나의 사업을 삭감하는 것보다 동시에 모든 사업을 삭감하는 것이 반발을 최소화할 수 있어 일률적 삭감이 더 자주 사용된다(Wildavsky, 1992a). 그러나 지출예산의 삭감이 효율성의 증진으로 이어지지 않고 사업규모의 축소나 사업내용의 변경으로 이어진다는 연구결과도 있다. 예를 들어 국방예산이 삭감되자 폭탄이 더 필요한데도 폭격기구입에 치중했다. 또한 지출삭감은 궁극적으로 미래의 효율성을 저하시키는 장비구입의 연기나 포기, 유지비의 감소 등을 초래하기 쉽다(Grizzle, 1998).

점증주의와 경직성 경비는 긴축재정 시에 점감주의(decremental)적 예산삭감인 균등한(across the board) 삭감을 낳는다는 이론과는 달리, 뉴욕시의 경우에는 전 부문에 걸친 균등삭감 대신 다른 변수가 지출우선순위에 영향을 미쳤다. 또한 뉴욕시는 긴축재정결과 효율성이 증진했는데 조직혁신이 있었던 부서의 효율성 증진이 두드러졌다. 예를 들어 시내 청소인력은 69% 감소했는데 반하여 쓰레기 수거양은 7%만 감소했으며 새로운 쓰레기 트럭은 세 사람 대신 두 사람이 일하면 되었다. 무엇보다도 정보시스템을 현저하게 개선했으며 장기적 관점에서 기획과 연계하였다. 고객변화도 효율성 증진의 중요한 이유가 되었는데 예를 들어 쓰레기의 양이 감소했다(Brecher & Horton, 1987).

Bozeman은 상의하달적(bottom-up) 예산과 하의상달적(top-down) 예산을 다음과 같이 구별하여 설명하고 있다. 예산은 두 가지 관점이 있는데, 첫째 분권적이고 분열되어 게임, 타협, 연합의 정치에 의해 설명되는 하의상달적 예산이며 작은 변화와 예산팽창을 의미한다. 또 하나의 관점은 외부조건과 정치적 재정적 목적에 의해 제약되는 중앙집권적 분배시스템을 의미하는 상의하달적 예산이다. 하의상달적 예산개념은 점증주의가 좋은 사례이며 상의하달적 예산개념은 긴축재정시의 예산삭감이 잘 설명해주고 있으며 PPBS 같은 합리모형도 이에 해당한다. 경제불황, 긴축재정의 필요, 재정적자, 인플레이션, 정부의 비효율 등이 상의하달식 예산을 촉진한다.

그러나 모든 예산은 정도의 차이가 있지만 이 두 가지 요소가 동시에 존재하며 점점 상의하달식 예산요소가 증가하고 있다. 1974년 미국의 의회 예산법은 의회에서도 상의하달식 예산요소의 증가를 목표로 했다. 의회의 예산조정(reconciliation)이 예산감축의 도구로서의 역할을 하며 의회예산처(CBO)의 도움으로 예산위원회(budget committee)가 경제에 미치는 예산의 영향과 재정정책을 고려하게 되어 상의하달식 예산요소가 도입되었다. 상의하달식 요소와 하의상달식 요소가 모두 존재할 때 상의하달식 과정은 예산의 범위를 정하고 하의상달식 과정은 범위 내에서 협상을 수반한다(Bozeman & Straussman, 1987).

(7) 미국의 최근 예산개혁

미국은 클린턴 정부 하에서 엘 고어 부통령이 지휘하는 National Performance

Review(NPR)가 재무부와 관리예산실(OMB)의 대표를 포함하는 정부재구축팀(reinvention teams)과 함께 1995회계연도부터 1999회계연도까지 1,080억 달러의 절약과 연방정부인력의 12%에 해당하는 25만2천 공무원의 감축을 약속하는 보고서를 작성하였다. 그러나 의회예산처(CBO)는 이러한 절약주장에 대해 의문을 표시하였다(Axelrod, 1995).

미국의 성과주의예산은 원가를 측정하고 투입 대신 산출에 관심을 기울였는데 동시에 정부의 생산성을 측정하려는 노력이기도 했다. 업무량 측정치(workload measures)는 생산성 측정의 대리지표의 역할을 하였다(Premchand, 1993). 최근 호주, 캐나다, 뉴질랜드, 영국의 예산개혁에 영향을 받아 관리예산실이 성과주의예산을 추진하고 있는데 감사원(GAO)이 이를 지지하고 있다. 그러나 성과측정치를 예산과정에 접목하려는 시도는 이러한 정보가 부처의 예산을 삭감하는 데 사용될 것을 두려워하는 부처가 성과정보를 정직하게 보고하지 않아 실패하고 있다고 감사원이 보고하였다. 또한 상원의 Committee on Governmental Affairs와 상하 양원의 세출위원회(appropriation committee)는 자신의 자유재량을 침해당할까 두려워하여 성과주의예산에 반대하고 있다. 의회는 성과정보를 거의 사용하지 않으며 성과정보를 예산의사결정에 반영하는 것은 투입보다는 결과를 강조하는 조직문화와 관리자들에 대한 다른 인센티브를 필요로 한다. 성과정보가 사용되기 위해서는 무엇보다도 의회와 행정부가 사업의 목표와 측정치에 대해 합의해야 하고, 사업이 결과에 영향을 미칠 수 있어야 하고, 자료수집과정을 감사하여 신뢰성을 부여하여야 하고, 성과측정치가 예산삭감의 도구로 사용되어서는 안 되며, 성과측정은 관리통제시스템의 한 구성요소가 되어야 한다(Grizzle, 1998).

미국 연방정부는 정부성과관리법(Government Performance and Results Act: GPRA)을 중심으로 결과 지향적 관리를 추구하는 데 목표를 설정하고 성과를 측정하며 보고하는 것이 중심 내용이다(Sandberg, 1996). 이 법에 의하면 각 부처는 법에 의해 장기목표, 단기성과목표를 설정하고 실제성과와 성과목표를 매년 비교하여야 한다. 1993년부터 8년간 성과계획과 보고, 관리책임과 신축성, 성과주의예산의 세 가지에 대한 모의실험을 실시한다. 1993년과 1994년에 걸쳐 모의실험을 실시할 연방부처를 선정하고 2001년에 OMB가 성과주의예산의 모의실험에 대해 의회에 보고함으로써 모의실험이 종료되도록 설정되어 있다. 모의실험이 종료된 후 OMB는 성과주의예산을 연방정부에 시행하는 문제에 대해 의회에 제안을 하기로 되어 있다. 이 법에 의해서 각 부처는 5년 단위 전략기획을 1997년까지 수립하여야 한다. 각 부처를 돕기 위하여 감사원은 호주, 캐나다, 뉴질랜드, 영국의 결과지향적 관리개혁의 경험을 검토하였다. 이 법의 준비기간이 매우 길기 때문에 많은 관료들이 과거의 PPBS, MBO, ZBB처럼 시간을 두고 기다리면 스스로 사라질 것으로 생각하는 문제점이 있다(Schick, 1995; Grizzle, 1998; Epstein, 1996).

이 법은 그 어떤 법규보다도 공공부문에 미치는 영향이 큰 법규라는 평가를 받고 있다. 투입보다도 사업의 결과에 초점을 맞추며, 공공조직의 내부관리를 개선하고, 사업의 효과성과 효율성을 증진하며, 의회의 행정부감시에 유용한 정보를 제공하고, 부처가 사업의 의도한 결과를 달성함으로써 책임을 다하고 국민과 의회의 신뢰를 얻고자 하는 법이다. 전략계획(strategic plans), 연간 성과계획(annual performance plans), 연간 성과보고(annual performance reporting)가 GPRA의 중요한 내용을 구성한다. 만약 성과계획에 설정된 목표를 달성하지 못하면 부처는 달성하지 못한 이유와 미래행동방향에 대해 설명해야 한다. 목표가 달성 불가능하면 목표수정이 필요한 이유를 밝혀야 한다. GPRA에 의해 보다 성과지향적 사업활동이 가능하게 될 것으로 기대되고 있다. 가장 중요한 변화는 대통령이 의회에 제출하는 예산안에 성과목표와 성과지표를 포함하는 성과계획을 작성하여야 한다는 것이다. GPRA는 부처에 많은 변화를 가져오고 있는데 예를 들어 National Aeronautical and Space Administration은 과거에 과정지향적 예산계정(예: research and development)을 사업 지향적 예산계정(예: human space flight)으로 재구성하였다. OMB는 각 부처의 예산신청이 성과정보에 연계하여 작성되어야 한다고 요구하고 있고 또한 앞으로 원가에 기초한 예산편성과 성과평가를 강조할 것으로 기대되고 있다(Curro & Yocom, 1998).

미국 연방정부는 회계, 감사, 내부통제에 대한 개혁을 꾸준히 단행했다. 1978년에 연방감사관법(Inspectors General Act)이 제정되어 정부조직에 감사관(Inspectors General)을 신설하고 감사기능을 담당하도록 하였다. 1982년에 연방재무청렴법(Federal Manager's Financial Integrity Act)이 제정되어 정부조직의 최고책임자가 내부통제시스템을 매년 평가하여 대통령과 의회에 보고하도록 요구하였다. 또한 회계시스템이 감사원에서 제정한 회계원칙, 회계기준, 기타 준수사항에 부합하는지 대통령과 의회에 보고해야 한다(Points, 1990).

2. 호 주

(1) 개혁의 성격

호주의 정부개혁은 뉴질랜드의 정부개혁만큼 급진적 정부개혁을 추진하지는 않았지만 최근 정부개혁을 추진한 영국, 뉴질랜드, 캐나다 등의 영연방국가와 함께 정부개혁을 성공시킨 대표적 사례로 간주되고 있다. 호주의 정부개혁은 다른 국가들에 비해 몇 가지 특징을 가지고 있다. 그러나 자율을 부여하고 책임을 추궁하며 결과를 강조하고 인센티브를 제공하는 정부개혁의 큰 흐름을 거스르지는 않았다.

1984년부터 호주의 공공부문개혁이 시작되었는데 경제가 심한 어려움을 겪던 시기였다. 호주의 경제위기는 1970년 후반부터 시작되었다. 그러나 경제위기가 개혁을 요구한 것은 아니고 공공부문의 성과에 대한 비판이 직접적 원인이 되었다. 호주의 정부개혁은 작은 정부를 지향하기보다는 보다 효과적·효율적으로 예산을 사용하고자 하는 시도였다고 볼 수 있다. 개혁은 과도한 규제와 중앙집권적 통제에서 부서에게 자유재량을 부여하고 결과의 달성에 대해 책임을 추궁하는 방향으로 전환하였다. 공공부문개혁은 1983년부터 1996년까지 정권을 잡은 노동당정부에 의해 주도적으로 수행되었다. 노동당정부는 정부개혁을 강조한 것에 힘입어 선거에서 승리할 수 있었기 때문에 정권을 잡자 특별위원회(task force)를 출범하여 정부개혁에 관한 연구를 시작하였다(McDonald, 1990; OECD, 1997).

(2) 개혁의 방법

호주의 공공부문개혁은 뉴질랜드와는 달리 점진적으로 진행되었다. 재무부는 관리자의 책임의식고양, 훈련, 관리정보시스템의 구축을 도와주는 역할을 수행하였다. 비록 많은 부처들이 아직도 지출총액의 범위 내에서 엄격하게 예산을 집행해야 하는 사실에 반발하고 있지만 아무도 과거의 제도로 회귀하고 싶어하지 않고 있다(Keating & Holmes, 1990). 과거의 관리는 규정과 절차의 준수를 강조하고 엄격한 지출통제와 결과에 대한 무관심이 특징이었으며 예산이란 목표달성보다는 소비하는 것으로 간주되었다. 노동당정부는 재무부의 주도하에 Financial Management Improvement Program(FMIP)과 Program Management and Budgeting(PMB)이라는 예산개혁을 통해 공공부문의 개혁을 시도하였다. 1984년부터 시작된 FMIP의 가장 큰 목적은 정부의 효과성과 효율성의 증진이었다. 미사용 예산을 이월할 수 있고 미래의 예산에서 차용하여 미리 사용할 수 있는 신축성, 효율성배당, 분권화, 성과지표, 발생주의회계, 사용자가격, 사업예산(program budgeting), 사업평가, 내각의 정책과 예산결정, 포트폴리오 예산과 메가부서(megadepartments)가 특징이었다. 뉴질랜드와는 달리 호주는 정책집행기능과 정책수립기능을 분리하지 않고 장관과 사무차관이 함께 정책에 기여하도록 하였다. 부처운영비의 예산집행에 관하여 상당한 자유재량을 허용하였는데 항목총액의 0.5%~1%의 범위 내에서 자유롭게 조정하도록 했다. 부처운영비는 매년 1.25%씩 효율성의 증가(efficiency gains)를 기대하여 감축하였는데 부처는 이를 과거의 일괄예산삭감(across-the-board cut)으로 받아들였고 재무부는 이러한 삭감을 생산성 향상을 위한 약한 압력으로 간주했다. 부처에게 예산집행의 자유재량을 허용하여 충분히 효율성이 증가했기 때문에 이러한 삭감은 비효율적 예산절감방법이라며 부처가 강력하게 반발하여 결국 1%로 삭감비율을 낮추었다(McDonald, 1990; OECD, 1997).

재무부는 개혁에 필요한 관리기법을 공무원들에게 습득시키기 위해 수백 개의 훈련 프로그램을 시행하였고 이 중에는 각 부처의 고위관료들이 개혁에 관한 자신의 경험을 토로하는 세미나도 포함되었다. 정부회계기준을 제정하기 위하여 두 개의 민간회계기구인 Australian Society of Accountants와 Institute of Chartered Accountants가 공공부문 회계기준위원회(Public Sector Accounting Standards Board: PSASB)를 1983년 설립하였다. PSASB는 매우 활발하게 회계기준제정, 재무보고, 공공부문감사에 대해 연구하고 보고서를 작성하고 규정을 마련하였다. PSASB는 발생주의회계에 대해 지속적 관심을 가졌고 발생주의회계를 기업적 성격의 정부조직만이 아니라 모든 정부조직에 도입하려고 노력하였다(McDonald, 1990).

호주는 평가(evaluation)를 사후 성과측정만이 아니라 사전에 사업대안을 분석하는 것으로도 사용했다. 호주에서의 평가란 결과를 평가하는 것을 말하며 부처는 매년 부처의 평가계획에 관하여 보고(portfolio evaluation plan: PEP)해야 한다. 재무부는 평가를 촉진하기 위하여, 관리자들을 훈련시키고, 평가하는 방법에 대한 안내책자를 출간했다. 재무부는 각 부처가 평가의 방법과 평가자의 최종결정자가 되어야 한다는 입장을 견지했는데 이러한 접근방법은 평가문화가 정착하는 데 도움이 될 것이다. 재무부의 이러한 입장은 감사원이 각 부처에서 수행하는 평가의 질을 검토해야 한다는 감사원(National Audit Office)의 주장과 상반된다. 현재 재무부는 많은 부처의 동의를 얻어 부처의 평가활동에 참여하고 있다. 그러나 평가정보는 예산편성시나 정책대안 검토시에 반영되는 정도가 아직은 미약하다. 호주의 공공부문개혁의 특징은 효율성보다 효과성에 더 많은 관심을 기울였다는 점이며 정책평가를 통해 정책결정을 개선하려는 노력이 가장 대표적 혁신사례라고 할 수 있다. 1996년 새 정부가 들어선 후 감사위원회(National Commission of Audit)가 설립되어 예산, 재정, 회계, 기타 재무관리에 대해 정부에 개혁안을 추천하였다. 감사위원회는 1984년부터 노동당정부에 의해 추진되어온 공공부문 개혁에 대해 혹평하면서 구조적이고 문화적 변화가 필요하다고 주장하였다. Allen Schick은 민간경영기법이 호주의 공공부문에 더 많이 적용될 것이라고 예측하고 있다(OECD, 1997).

(3) 개혁의 내용

정부는 각 부서에게 상당한 자유재량을 허용하고 효율적 관리의 결과 절약된 예산 중 3.75%는 정부가 회수하고 나머지는 각 부서가 자유롭게 소유할 수 있도록 허용했다. 정부가 회수하는 3.75%의 액수는 효율성 배당(efficiency dividend)이라고 했다(Schick, 1990).

개혁의 성과로는 정부서비스질의 향상과 예산절약으로 인한 효율성 증가를 거론할 수 있다. 그러나 개혁은 몇 가지 문제점을 드러냈다. 바람직한 결과측정치를 개발하지 못했으며 많은 평가가 있었지만 예산과 정책의사결정에 반영되지 못했다. 성과지향적 문화는 모든 부서에 정착하지 못했다. 많은 관리자들이 예산개혁을 재무관리에만 국한되는 것으로 좁게 해석하고 공공부문전체의 개혁에 어떻게 연계되는가를 이해하지 못했다. 1988년 FMIP 서베이는 중앙과 부처간에 그리고 부처내부에서도 권한이 하부로 이양되었다고 보고하고 있지만, 중앙에서 자유재량을 부여받은 부처가 막상 부처 내에서는 분권화를 달성하지 못하고 부처본부에서 상당한 권한을 가지고 있는 경우가 많았다. 하부부서에 권한을 이양한 후 하부부서가 관리능력과 경험부족으로 낮은 성과가 발생할 때 부처가 일차적으로 책임을 져야 하기 때문이다. 규모가 작은 부처는 하부부서로 분권화하는 것이 바람직하지도 않고 현실적이지도 못하다고 부처내의 분권화에 반대입장을 취하는 경우도 있었다. 조세와 사회복지 업무처럼 오랫동안 표준화된 업무를 담당해온 부처들은 부처내의 분권화에 성공적이었다. 또한 부처내의 하부부서는 주로 행정서비스를 제공하기 때문에 정책결정과 정책집행이 분리된 뉴질랜드와는 달리 부처본부와 하부부서의 관계가 애매한 경우가 많았다(McDonald, 1990; OECD, 1997).

OECD의 연구에 의하면 사업예산은 예산편성의 기준으로 사용되지 않고 다른 관점을 제공하는 참고자료로 활용되었기 때문에 자원의 배분이 아니라 성과에 대한 정보를 체계화하는 용도로 사용되었다. 그러나 사업예산자료는 행정부나 의회에서 전혀 사용되지 않았기 때문에 사업예산은 중지되었다. 또한 장기적 관점에서 재정을 관리하고자 예산을 신청할 때 향후 3년간의 예산예측을 함께 보고하도록 하였다. 즉 3년 단위예산계획을 시행하였는데 초기에 작은 예산으로 시작하여 승인을 획득한 후 나중에 과다한 신청을 하는 관행을 포착하는 부수효과도 있었다. 그러나 단순히 미래에 대한 예측치로서 참고에 그치는 것이 아니라 예산심의의 출발점이 되고 재무부와 부처의 예산협상의 기본이 되었기 때문에 단순한 중장기재정계획과는 차이가 있었다.

예산과정에 접목된 미래예산의 추정은 안정과 규율을 가져왔다고 평가되고 있다. 여러 부처와 기능을 통합하여 하나의 장관과 여러 명의 하위장관(junior ministers)들로 구성된 메가부처(megadepartments)를 구성하였는데 이것을 포트폴리오(portfolio)라고 하며 동일 목적을 수행하는 사업과 기능을 집합하고 우선순위와 자원배분에 집중하기 위해서였다. 포트폴리오에 부여되는 목표액수 내에서 선임장관은 자유롭게 우선순위를 결정하는데 정부의 정책과 다를 경우를 제외하고는 대개 소속 장관의 의견에 따른다. 재무부는 지출내역보다는 정책이슈와 거시예산문제에 대해서만 관여했다(OECD, 1997).

장관은 계획한 산출과 결과, 실제 발생한 산출과 결과에 대해 보고하였는데 과거에는 의회에 제출하는 예산안에 수천 페이지에 해당하는 성과정보를 작성하였으나 1994~95회계연도부터는 대폭 축소되었다. 재무부는 성과정보가 부처에 반하여 사용되기보다는 부처를 위하여 사용되어야 한다고 주장하였다. 정부는 쉽게 계량화할 수 있는 성과정보를 강요하지 않고 각 부처의 장관에게 자신의 성과에 대해 원하는 형태(예: 설명과 서술정보 같은 비계량정보를 허용)로 보고하도록 허용하였다. 이런 연유로 인하여 예산안에 포함된 성과정보는 주로 서술적이고 초점이 잘못 맞추어지고 예산과 애매하게 관련된 정보가 대부분이었고 매년 정기적으로 측정되는 정보가 아니었으며 산출과 결과의 구별도 애매했고 부처의 약점을 감추기 위한 변명이 많았으며 일부정보만을 선택적으로 보고하였고 효과성보다는 효율성에 치우친 정보들이 대부분이었다. 나중에는 예산안에 포함되는 성과정보보다는 재무보고서에 계획과 실제발생한 성과를 비교하는 정보를 더 강조하였다. 일부국가에서 성과정보가 산출에만 국한되었던 것과는 달리 호주는 성과정보를 결과지표에까지 확대하였다. 장관은 결과를 책임지고 공무원은 산출만을 책임지게 할 경우 공무원의 시각이 목표에 맞추어지지 않고 내부로 향하는 것을 피하기 위하여 장관과 공무원의 임무를 구별하지 않았다. 사업목표와 성과정보는 의회에서 위원회의 심의에 점점 더 많이 사용되었으며 위원회가 사업의 목표와 효과성에 대해 추가정보를 요구하는 경우도 있었다(McDonald, 1990; OECD, 1997).

호주의 성과평가는 효과성 평가보다는 측정이 상대적으로 용이한 효율성과 업무량에 치중하였다(Sandberg, 1996). 또한 부처간의 재화와 서비스의 제공에 대해서는 사용자가격을 부과함으로써 정확한 수요를 창출하고 완전원가를 사용하도록 유도하고 효율적 자원관리를 시도했다. 호주의 결과지향적 관리(managing for results)는 민간경영기법의 도입이 가장 큰 특징 중의 하나이다. 사명(mission), 목적(goals), 목표, 전략을 결정하고 여기에 근거하여 정책과 사업을 수립하고 사업의 우선순위를 결정하고 자원을 배분하며 조직을 설계한다. 이것을 corporate management라고 정의하는데 민간기업의 관리를 그대로 반영하는 것이었다. 다만 공공조직은 형평(equity), 평등(equality), 접근(access), 정의(justice), 성실(probity), 안전(security)을 추가로 강조하지만 대부분의 기법은 민간기업의 경영기법을 그대로 도입하였다. 정책목표를 정의한 후 정책목표에 따라 사업을 구성하고 적절한 성과지표를 결정하는 것은 부처로 하여금 무엇을 달성하고자하며 어떻게 달성해야 하는가에 대해 사고하도록 하는 장점이 있다. FMIP 서베이에 의하면 많은 부처가 사업에 따라 조직을 재구성하지 않고 사업구조와 조직구조가 일치하지 않는 괴리현상이 존재하였다(McDonald, 1990).

3. 덴 마 크

1983년부터 덴마크정부는 정부지출의 실질성장을 0으로 고정하는 정책을 채택하였다. 정부는 각 부서에게 자유재량을 허용하고 그에 상응하는 생산성의 향상을 요구했다. 정부는 인플레를 감안한 2% 운영예산의 삭감을 단행하여 강제적으로 효율적인 관리를 요구했다. 운영예산 중 인적자원에 관한 지출은 생산성목표를 설정하여 기대되는 생산성 향상치를 계산하여 그만큼 예산을 미리 삭감함으로써 생산성향상을 강제하도록 했다(Schick, 1990).

생산성목표 이상의 성과가 있을 경우 절약된 예산은 조직이 사용할 수 있도록 허용하였다. 각 부서는 절약된 예산을 소속직원들에게 분배할 수 있었으며 특히 노사협약 시 보너스로 사용하도록 허용되었다. 재무부는 생산성 향상을 위해 각 부서가 필요한 지원을 했는데 새로운 기술의 획득을 위한 자금이 부족할 때 부채를 제공했으며 미래의 예산에서 상환하도록 하였다. 또한, 예산의 일부를 미래의 회계연도로 이월하여 생산성향상업무에 사용할 수 있도록 허용하였다(Schick, 1990).

4. 스 웨 덴

(1) 개혁의 성격

스웨덴은 과거에도 다른 선진국에 비해 가장 분권적이고 작은 규모의 부처를 유지하고 있었고 정책수립부서와 정책집행부서가 분리되어 있었으며 결과와 성과에 대해 관심을 갖고 있었기 때문에 1980년 중반에 전 세계적으로 선진국을 중심으로 시작된 최근 예산개혁을 가장 효과적으로 수용할 수 있었다. 1980년대 초에 스웨덴경제는 성장률이 저하되고 무역불균형이 심화되었으며, 공공지출과 조세부담이 증가하고, 환율의 문제점도 심각하였다. 1980년대 후반에 경제는 다시 회복되었지만 이러한 환경하에서 사회민주당정부는 재무관리개혁을 추진하였다. 스웨덴은 모의실험을 통해 점진적으로 공공부문을 개혁하였으며 전면적으로 과감한 개혁을 시도한 뉴질랜드와 대조적이라고 할 수 있다. 1990년에 진입하자마자 경제대공황 이후의 최대경제위기가 초래되었고, 1991년 중도우파정부가 등장하여 모의실험위주의 개혁에서 전면적인 개혁으로 전환하였다. 이러한 개혁은 1994년 사회민주당정권이 들어선 후에도 계속되었으며 경제상황이나 정치이념의 결과가 아니라 국가차원의 공감대에 의해 추진되었다고 볼 수 있다(OECD, 1997).

(2) 개혁의 방법

스웨덴의 개혁은 경쟁과 계약보다는 토론(discussion)과 안내(guidance), 시장보다는 공공조직, 인센티브보다는 기회가 주어지면 관료들이 잘 할 수 있다는 신념에 기초하고 있다. 스웨덴은 획일적인 정부개혁을 추진하기보다는 부처의 특성을 감안하는 분권적 정부개혁을 추진하였다. 성과지표의 설정과 측정에 관해서는 집행기관의 자유재량에 상당부분 위임되어 있으며 정부는 감사원의 감사, 일반적인 규정과 원칙, 정책목표의 제시 등으로 간접적인 압력을 가하는 데 그치고 있다. 스웨덴의 개혁은 일상화되어 있다고 할 만큼 오래 전부터 의회와 행정부에 의해 주로 위원회를 구성하여 지속적으로 추진되었다. 특히 정부예산이 팽창하고 있었던 시기에는 수백 개의 위원회가 활동하고 있었는데 위원회는 합의를 도출하고 점진적으로 미세조정(fine-tuning)지향적인 개혁을 추진하는 도구이며 정부의 사회개선능력에 대한 신뢰에 기초하고 있다. 1985~95년 사이에 정부부처의 1/3 이상의 조직이 광범위하게 재구성되었다(OECD, 1997).

(3) 개혁의 내용

1) 정책결정과 정책집행의 분리

OECD와 Sandberg는 정책결정과 정책집행의 분리에 대해 다음과 같이 설명하고 있다(OECD, 1997; Sandberg, 1996). 정책수립기관인 정부부처는 정책집행기관의 운영과 세부사항에 대해서는 간섭하지 않으며 오로지 정책지침만을 설정하고 집행기관은 이 테두리 내에서 집행하며 정부에서 설정한 규정과 원칙 내에서 기관을 운영한다. 부처는 보통 평균 100명을 약간 상회하는 작은 규모이고 오직 12개 정도의 부처만이 존재하는 데 반하여 정책집행기관은 330개 정도이며 작은 규모도 있지만 수천 명의 직원과 다양한 사업을 운영하는 기관도 있다. 정치행정이원론에 근거하여 정책수립과 정책집행을 분리하였지만 구별이 모호하기 때문에 정책집행기관이 정책수립에 영향을 미치고 정책수립기관이 정책집행기관의 운영에 대해 관여하게 된다. 그러므로 스웨덴에서는 정책수립기관과 정책집행기관의 관계를 공식협상과 의사결정보다는 토론과 합의에 의해 설정하고 있다.

이러한 이유 등으로 부처가 정책집행기관에 대한 과거의 통제를 포기하는 데는 성공적이었으나 정책집행기관에게 목표를 제시하고 집행을 감시하는 결과지향적 통제는 아직도 성공적으로 정착하지 못했다. 부처는 산하 서비스제공기관의 운영보다는 정치적 문제에 더 많은 관심을 가지며 서비스제공기관의 운영을 담당하는 책임자가 없다는 것도 결과지향적 개혁이 시행되지 못하는 이유 중의 하나이다.

1995년에 서비스제공기관의 운영책임자를 임명하도록 하는 방안이 건의되었다. 교통통신부는 8명의 직원(staff)이 일하고 있는데 산하 서비스제공기관은 12만 명을 고용하고 있어 사실상 목표를 설정하고 정책지침을 제시하며 결과달성을 감시・평가할 수 없는 상황이다. 정책수립기관과 정책집행기관은 성과, 목표, 예산 등에 관하여 동등한 입장에서 토론하고 양보와 주장을 하나씩 주고받으며 신뢰에 기초하여 합의를 이끌어낸다. 정책집행기관은 인적 자원이 더 풍부하고 정보와 경험이 많기 때문에 토론에서 우위를 차지하게 되어 사실상 동등한 입장에서 합의에 도달하는 것은 아니라고 보아야 한다. 스웨덴의 개혁은 집행기관에 대한 내용이지 정책수립기관인 부처에 대한 내용은 아니라고 생각된다. 왜냐하면 부처는 규모가 작고 집행기관을 감독하기 때문이다. 이러한 설정은 내각책임제이기 때문에 가능했을 수도 있다. 스웨덴의 개혁은 경쟁과 계약보다는 토론(discussion)과 안내(guidance), 시장보다는 공공조직, 인센티브보다는 기회가 주어지면 관료들이 잘 할 수 있다는 신념에 기초하고 있다. 또한 예산절감보다는 주어진 자원으로 목표를 더 효율적으로 달성하는 것에 더 많은 관심을 기울였다. 스웨덴은 이미 정책결정을 책임지는 부처와 정책집행을 담당하는 기관으로 분리되어 있었기 때문에 성공적 개혁에 도움이 되었다(OECD, 1997).

집행부서는 예산집행에 있어 상당한 자유재량이 허용되는 대신 예산집행결과에 대한 치밀한 감시를 받음으로써 생산성을 향상하도록 요구되었다. 집행기관의 과거 5년간의 성과와 현재의 목표와 상황을 감안하여 미래 3년간에 성취해야 할 목표를 측정가능한 지표의 형태로 설정한다. 과거에는 매년 2%의 강제적 예산삭감으로 생산성향상을 시도하던 스웨덴 정부는 3년 기간을 단위로 예산을 편성하면서(Triannual Budgeting) 3년 동안 5%의 삭감을 원칙으로 정하였다. 초기에는 조직의 경상비에만 적용되었지만 추후 사업예산에도 적용될 방침이다. 스웨덴의 경험에 의하면 생산성은 예산이 충분했을 때는 오히려 감소하고 긴축재정시에는 증가하였다. 예산이 감축되어도 특정수준을 유지하는 것이 예산을 증가시켜 산출을 증가시키는 것보다 쉽다는 것을 깨닫게 되었다. 3년에 한번씩 1/3에 해당하는 정부조직이 예산신청서를 제출하고 2년과 3년째에는 간단한 예산신청서를 제출하는데 첫해에 제출한 계획에 큰 변화가 없으면 정부는 심층조사를 하지 않는다. 매년 제출하는 연말보고는 예산집행이 계획대로 수행되는가를 감시할 수 있는 수단이 된다(Schick, 1990; Sandberg, 1996).

효율적 예산집행으로부터 획득한 예산절약분은 반납하지 않고 집행기관이 보유할 수 있고 일정비율 내에서 다음 회계연도의 예산을 미리 사용할 수 있도록 허용하였다. 예산집행기관은 별도의 이자수익을 얻을 수 있는 금융구좌를 유지할 수 있고, 승인 받은 비율 내에서 고정자산의 취득을 위해 국가채무국(National Debt Office)으로부터 부채를 조달할 수 있다. 예산집행속도가 예산에 명시된 것보다 빠르면 이자를 지불하고 늦으면 이자를 획득한다. 새로운 예산제도하에서는 지출예산액수를 초과한 경우 과거처럼 부족분을 보충해주지 않는다(Jonsson, 1990; OECD, 1997).

스웨덴의 중앙부처는 공무원이 100명에서 150명 정도 되는 매우 작은 규모이다. 중앙부처 이외에 330개에 이르는 많은 집행기관(agency)이 존재하며 집행기관이 정부조직의 대부분을 차지하고 있다. 중앙정부는 집행기관에 대해 문서지시(written directives)에 의해 통제하지만 집행기관의 구체적 개별사항에 대해서는 의사결정할 권한이 없으며 집행기관은 각자 회계와 재무관리에 관한 자율을 부여받고 있다. 회계와 재무관리에 관하여 중앙정부는 기본규정을 결정하고 감사원은 회계원칙과 방법, 재무관리시스템을 개발하고, 이러한 테두리 내에서 각 집행기관의 장은 회계와 재무관리에 대해 책임을 진다. 1960년대 후반 이후로 감사원은 전산화된 회계시스템인 'System S'를 개발하여 공급하고 있어 대부분의 집행기관이 사용하고 있다. 단일회계규정과 단일재무관리시스템은 조직의 특성과 환경을 무시하는 경직성은 있지만 자료와 정보를 종합하고 연결하기 쉬우며 기관간의 비교와 조직의 통제가 용이하다는 이점이 있다(Jonsson, 1990).

2) 회계와 감사

스웨덴은 경제위기로 인하여 운영예산을 감축했지만 산출양은 그대로 유지하게 되어 효율성의 증가로 이어졌다. 스웨덴의 개혁도 다른 국가들과 마찬가지로 조직에 자유재량을 부여하는 대신 성과목표를 설정하고 성과평가를 통해 더 많은 책임을 묻는 것이다. 재무관리개혁만이 아니라 사업평가, 감사, 연말보고 등을 강조하는 것이 스웨덴 공공부문개혁의 특징이다. 정책집행기관이 작성하는 연말보고는 재무상태와 운영결과에 대해 보고하는데 감사원에 의해 감사를 받으며 결과 지향적 관리를 구현하는 역할을 수행하고 있다. 재무제표는 일반적으로 인정된 회계기준(generally accepted accounting practice)에 의하여 작성된 대차대조표, 수입지출보고서, 재무상태변동표(statement of changes in financial position)로 구성된다. 연말보고는 산출과 산출이 미치는 영향에 대해 보고하고, 산출계획과 실제산출을 비교하며 당해 년도의 실제산출을 과거 3년간의 실제산출과 비교한다. 집행부서는 발생주의회계에 의해 재무제표를 작성하는 데 많은 진보를 이루었다고 감사원이 보고하고 있다(OECD, 1997; Sandberg, 1996).

정부의 재무보고는 기업에 요구하는 재무보고와 동일하며 무엇보다도 완전발생주의회계에 의해 작성되어야 한다. 감사원은 정부조직의 새로운 재무보고작성에 필요한 훈련을 제공한다. 재무보고에 포함하는 성과보고는 사용료에 의존하는 정부조직에게 요구되는데 주로 수익과 비용, 수량과 품질, 단위원가당 생산성, 측정가능한 효과 혹은 사건(measurable effects or events)에 대해 보고한다. 성과보고는 조직의 활동결과를 몇 개의 운영영역(operational area)을 기준으로 구분하여 각 영역에 성과목표를 설정하고 달성정도를 측정하여 보고한다. 1994년부터는 정부조직이 재무보고서를 작성해야 하는데 1993년 시험기간 이후로 재무보고에 대한 관심과 중요성의 인식이 현저하게 증가하였다. 그러나 모든 정부조직이 새로운 회계규정의 적용을 받는 것은 아니며 1/3에 해당하는 조직은 제외되었다(Sandberg, 1996).

감사원의 성과감사는 다른 국가의 성과감사보다 훨씬 강력하다고 볼 수 있다. 감사원의 적극적 역할은 20년 동안 축적되어온 사업평가경험이 누적된 결과이다. 감사원은 재무부에 대해 책임을 지기 때문에 재무부의 지시에 따라 재무관리개혁과 성과보고에 대해 감사하지만 전문기관으로서의 원칙과 관례에 의해 독자적으로 업무를 수행한다. 과거에는 감사원의 평가와 보고는 중요하게 간주되었지만 예산과 정책과정에 반영되지 않았으며 스톡홀름외곽에 위치하고 있었다. 감사원은 1990년 초에 스톡홀름 중앙으로 이전하여 중앙부처의 근처에 위치하면서 연말보고서 감사임무를 부여받았고 감사원의 업무는 정부의사결정에 연계되었다(OECD, 1997).

감사원은 1994년에 정부조직의 10%에 해당하는 29기관의 연말보고서에 대해 한정의견(qualified opinion)을 제시하여 연말보고서가 부적정하다고 결론지었다. 예를 들어 어떤 기관의 연말보고서에 대해서는 성과정보가 불충분하고 목표에 연계하여 결과를 분석하지 않았다고 지적하였다. 부적정한 의견을 받은 기관은 결함을 시정하기 위한 조치를 취해야 한다. 오로지 10%만이 부적정하다고 지적되었지만 감사원이 연말보고서가 시행되는 초기라는 상황을 감안하였기 때문에 이 정도에 그친 것이며 실제로는 더 많은 보고서가 적정하지 않았다. 감사원은 재무감사를 담당하는 감사인 이외에 성과감사만을 담당하는 감사인이 거의 100명에 달함에도 불구하고 성과감사에 많은 어려움을 겪고 있다. 연말보고서와 감사원의 감사보고서는 책임장관과 재무부의 기관운영과 자원배분에 아직 반영되지 않고 있다. 예산과정은 시간제약과 방대한 자료 때문에 근본적 검토보다는 점진적 조정에 국한될 수밖에 없었다(OECD, 1997).

3) 예산제도의 개혁

OECD는 스웨덴 예산제도의 개혁에 대해 다음과 같이 설명하고 있다(OECD 1997). 정책과 사업에 대한 개혁이 점진적이었던 것과는 달리 재무관리에 대한 개혁은 다소 근본적이었으며 위원회에 의해 추진되지 않고 예산과정에 제도화되었다. 3년 단위예산은 전략적 관점과 방향제시, 점진주의적 예산관행의 탈피, 결과지향적 예산과정을 추구했다. 개혁의 결과는 기대에 못 미쳤으며 보다 거시적 목표를 포함하는데 한계가 있었고, 매년 되풀이되는 기계적 행위와 전략적 관점은 과거처럼 갈등을 초래했다. 점증주의적 예산관행은 계속되었고 결과의 평가는 용이하지 않았다. 3년이라는 기간은 전략기획을 위한 조직의 심층분석과 평가를 위해서는 지나치게 짧은 기간이었기 때문에 정부는 6년의 기한을 넘지 않는 범위에서 기간을 명시하지 않고 조직에 대한 심층분석과 평가를 수행하도록 규정하였다.

예산으로 달성하고자 하는 결과와 예산과의 연계가 적합하지 않은 조직이 많다고 행정개발청(Agency for Administrative Development)은 결론짓고 있다. 또한 예산신청에 포함된 정보는 너무나 방대하고 불투명하기 때문에 기획과 정책의사결정에 유용하지 못하다. 품목별 예산과 통제지향적 예산에서 탈피하여 자유재량을 부여하는 예산제도로 이행하면 의회의 예산심의가 거시 예산항목에 초점이 맞추어져야 하는데도 과거처럼 지출의 구체적 내역에 대한 방대한 예산신청자료가 예산안에 첨부되어 있었기 때문에 품목에 대해 초점을 맞추었으므로 정부는 결과지향적 예산을 위하여 이러한 관행을 시정하려고 하였다. 예산승인서는 지출액수와 집행을 제약하는 조건에 대해 규정하고 있는데 개혁 이후에는 훨씬 양이 줄어들고 투입에 대한 통제는 사라졌지만 아직도 산출에 초점이 맞추어져 있지는 않다. 예산승인서는 목표, 달성하고자 하는 성과와 기타 예산에 대하여 부처와 예산집행기관 사이의 공식 커뮤니케이션이라고 할 수 있다. 예산승인서에 포함된 성과요구사항은 아직도 지나치게 일반적이며 집행부서가 경험을 쌓아가면서 발전이 있을 것이라고 기대하고 있다(OECD, 1997).

3년 단위예산은 3년 동안 생산할 산출과 결과에 맞추어 편성되었으며 1980년대 중반에 몇 년간의 모의실험을 거쳐 각 부처에 적합한 시간단위의 예산으로 정착되었다. 모든 기관이 동시에 3년 단위예산을 편성하는 문제점을 피하기 위하여 정부조직을 3개 집단으로 분리하여 각각 1년에 한 집단씩 3년 단위예산을 시작하도록 했다. 그러나 3년 단위예산을 시행하더라도 지출예산은 매년 편성되는데 다만 목표와 목표수행을 위해 필요한 자원에 변경이 없는 한 간단한 예산신청만을 제출하면 된다. 매년 성과보고를 하고 3년 뒤에는 심층검토가 행해진다. 감사원은 성과측정치를 검토하고 자료의 신뢰성과 부처운영의 효과성에 대해 보고한다(OECD, 1997).

1980년 이전까지 스웨덴은 운영예산(operating budget)과 재무예산(financial budget)의 두 가지를 사용하고 있었다. 운영예산은 세금에 의해 재원이 조달되는 예산이고 재무예산은 부채에 의해 조달되는 예산이다. 목표관리(MBO)와 사업예산(program budgeting)이 스웨덴에서 시행되었지만 성공했다고 보기에는 어렵다. 가장 큰 이유는 적절한 성과측정방법과 시스템의 결여로 인하여 결과의 분석과 평가가 이루어지지 못하였기 때문이다. 스웨덴의 정부기관은 세 그룹으로 분류하여 3년에 한 번씩 조직의 활동과 달성한 결과에 대한 심층보고와 분석을 준비하고 정부는 이를 검토한다. 점증주의적 예산심의에서 벗어나 조직의 활동을 근본적으로 재검토할 기회를 갖게 되는데 이와는 별도로 매년 성과정보와 원가정보를 보고해야 하며 감사를 받아야 한다. 스웨덴은 자산회계개선에 많은 노력을 기울였다. 무엇보다도 대차대조표에 해당하는 보고서를 작성하고 고정자산을 포함하여 보고하도록 하며 자산의 사용과 원가에 관심을 기울이고 효율적 자산운영이 가능하도록 하였다(Jonsson, 1990).

5. 영 국

(1) 개혁의 성격

영국의 정부개혁은 한국의 김대중 대통령 정부가 추구한 정부개혁의 모델이었다. 우리 정부는 영국형 정부개혁을 추구한다는 것을 완곡하게 그러나 명시적으로 표명하였다. 영국은 뉴질랜드, 호주, 캐나다와 더불어 최근 선진국 정부개혁을 주도한 국가였으며 다른 국가에 많은 영향을 미쳤다. 영국은 대처 수상이 집권하면서 정부개혁을 추진하였고 신자유주의적인 영국의 정부개혁은 전 세계에 많은 영향을 미쳤다. 영국의 정부개혁은 종료된 것이 아니며 지금도 계속하여 추진되고 있다.

영국의 개혁도 뉴질랜드와 마찬가지로 외환위기에서 촉발되었다는 점이 흥미롭다. 한국도 IMF 외환위기가 김대중 정부 하의 정부개혁을 낳았기 때문이다. 영국은 1976년 3월 4일 파운드화가 영국은행(Bank of England)의 정책과 상관없이 평가절하되기 시작했고 9월 30일 IMF에 지원요청을 함으로써 외환위기가 일단락되었다. 환율위기에 대해서는 정부의 과도지출 혹은 과소지출의 부작용이라는 주장, 정책실패라는 주장, 무지의 결과라는 주장, 심지어 독일이나 미국의 음모라는 주장까지 제기되었다. 그러나 결국 이러한 외환위기로 상징되는 경제위기는 1979년 대처수상의 출범을 낳게 되었다(박우서 외, 2000).

(2) 개혁의 방법

1982년부터 시작된 Financial Management Initiative(FMI)개혁에 의해 재무부가 목표를 설정하고 성과를 측정하며, 책임을 규명하고, 적절한 정보와 훈련 그리고 전문가의 조언을 확보하도록 부처를 돕고 부처를 감시하는 역할을 수행하였다. FMI는 회계시스템의 발전과 성과, 산출의 측정에 기여했지만 이러한 개선이 관리행위의 변화로 이어지지는 않았으며 별다른 성공을 거두지 못했다. FMI에 실망하여 Next Steps개혁이 시작되었는데 〈Improving Management in Government: The Next Steps〉 라는 보고서에서 유래한다. 이 보고서는 중앙집권적이고 규정에 얽매이는 관리를 제거하기 위해서는 심도 깊은 진화적(evolutionary) 제도변화가 필요하다고 주장하였다. 집행부서 즉 행정서비스 제공부서는 다음과 같은 사고단계를 거쳐 창설된다. ① 특정한 활동이 필요한가? ② 필요하다면 민영화될 수 있는가 아니면 정부세금에 의해 수행되어야 하는가? ③ 공공책임이라면 민간에게 계약에 의해 위임될 수 있는가? ④ 민간에게 계약에 의해 위임될 수 없다면 별도 집행부서로 창설되는 것이 바람직한가? 등이다.

Likierman과 OECD는 재무부가 주도적으로 추진한 개혁을 다음과 같이 설명하고 있다(Likierman, 1990; OECD, 1997).

재무부는 개혁추진과정에서 개혁에 적극적으로 기여하는 역할도 했지만 보류된 사항을 제외하고는 인사와 예산에 대해 모든 것을 분권화하는 방안에 대해서는 경험과 능력부족 등을 이유로 반대를 표명해 왔다. 재무부는 과거의 통제지향적 예산을 원하는 것은 아니지만 개혁이 진행되면서 대두된 불확실성 하에서 어떤 역할을 수행해야 하는가에 대한 불안이 있었던 것도 사실이다. 그러나 재무부는 공공부문개혁의 강력한 추진자였으며 공공부문개혁에서 가장 중요한 역할을 담당했고 개혁과정에서 놀라운 변신을 보여주었다. 재무부는 Fundamental Expenditure Review(FER)를 통해 스스로를 검토하고 매우 심도 깊은 조직변화를 단행하였다. 재무부의 FER는 25%의 예산감축을 제안하였으며 그동안 추진된 분권화에도 불구하고 아직도 예산의 많은 부분에서 불필요한 통제를 부처와 집행기관에게 부과하고 있다고 스스로 비판하고 부처와의 관계는 목표와 의무를 설정하는 계약관계이어야 한다고 제안하였다. 재무부가 아무리 분권화를 철저하게 시행한다고 하더라도 재무부가 강력한 부처로 존속하는 한 부처와 재무부와의 갈등은 필연적이며 부처와 재무부의 권한과 책임관계는 명확하게 설정되기 어려울 것이다.

1979년 대처수상에 의해 시작된 개혁은 1982년 FMI의 시행으로 본격화되는데 아직도 공공부문개혁은 미완성인 채로 진행되고 있다. 그동안 계속하여 공무원이 축소되었는데 수많은 제도와 개혁조치들은 공무원들에게 지나친 부담과 불안감을 안겨주었으며 끊임없이 반복되는 개혁의 퍼레이드는 공무원들을 지치고 휴식을 갈구하게 만들었다. 그럼에도 불구하고 개혁이 상당한 결실을 거두었다는 광범위한 공감대가 형성되었다. 무엇보다도 중앙집권적 통제에서 분권적 관리로 전환한 것은 공무원들의 많은 환영을 받았으며 분권화 된 관리는 제도적으로 확고히 정착하여 관리문화를 변화시켰다고 평가된다. 15년 넘게 집권한 보수당의 안정된 통치와 대처의 비전이 지속적 개혁의 가장 큰 이유라고 할 수 있다. 정부는 하나의 개혁이 성공하지 못하면 보다 과감하고 심도 깊은 개혁을 추진하였다.

다른 국가와 마찬가지로 조직의 책임자에게 보다 많은 자유재량을 부여하고 설정된 성과목표를 최소의 비용으로 달성하여 효율성을 증진하는 것이 개혁의 핵심내용이다. 1979년 시작된 효율성 조사(efficiency scrutiny)는 조사팀을 구성하여 보통 90일 동안 하나의 기관을 대상으로 정책이슈보다는 운영문제를 조사하여 업무개선을 통한 예산절감방법을 찾고자 하는 것이었다. 하나의 기관에 대한 조사가 끝나면 다른 기관으로 대상을 변경하여 조사하는 방법으로 17년 동안 350기관을 조사하였다. 효율성조사는 제도변화보다는 과정을 변화하고 효과성보다는 효율성을 증진하고자 하였으며 거시적이고 정책적 이슈는 조사대상에 포함하지 않았다. Next Steps라는 개혁도 효율성조사의 한 사례에서 개발되었다.

(3) 개혁의 내용

1) 성과평가: 자율과 책임

계량화된 성과측정치를 개발하고 적용하여 정부의 사업이 재원을 사용하는 것만큼의 가치(value for money)를 제공하도록 촉진하는 것이 영국예산개혁의 가장 중요한 내용이다. 목표에 관련된 산출이나 결과를 측정함으로써 예산과 성과를 연계하였고 효율적 예산집행을 추구했다. 초기에 영국정부는 책임을 추궁할 수 있는 새로운 시스템이 구축되기 이전에는 기존의 강한 통제를 포기할 수 없다고 주장했으나 결국 먼저 권한을 이양하고 통제를 약화했다. 기존의 강한 통제는 1세기 이상동안 시행된 재무부의 통제를 말한다. 중앙의 통제가 약화된 이후에도 각 부서에서는 여전히 중앙집권적 통제가 존재했으며 예산집행의 최하급 담당자에게 자유재량을 부여해야 함에도 불구하고 계속하여 권한의 이양을 거부하는 현상도 발생했다. 영국의 예산개혁은 상부의 지속적 지원과 대처내각의 장기집권으로 인해 계속될 수 있었다(Schick, 1990).

OECD가 영국에서 추진해온 개혁의 내용을 다음과 같이 요약하고 있다(OECD, 1997). 발생주의회계와 발생주의예산에 대한 개혁, 예산집행에 관한 자유재량부여, 시민헌장(Citizen's Charter), 시장성 테스트(market test), 성과목표치의 설정, 연말보고서의 작성, 결과측정, 부서책임의 강화, 부서운영비의 축소, 공무원 감축, 민영화, 민간위임 등이다. 1979년 대처 수상정부가 출발했을 때 공무원은 70만 명(지방정부와 일부 중앙정부기관의 공무원을 제외한 수치)이었는데 1990년대 중반까지 20만 명을 감축했다. 인사와 예산에 관해서는 보다 많은 자유재량을 부여하는 방향으로 개혁이 계속 진척되고 있다.

집행부서는 6만5천 명의 공무원을 가진 대규모 조직부터 30명에 불과한 소규모 조직이 있다. 집행부서를 하나의 목표만을 가진 조직으로 구성함으로써 성과측정이

용이하도록 했다. 이것은 뉴질랜드의 개혁과 유사하다. 1994년까지 최고책임자의 2/3는 공개채용을 통해서 임명되었으며 1/3은 외부에서 채용되었다. 집행부서의 최고책임자는 운영에 대해 권한을 위임받지만 자신이 소속한 부처의 장관에게 합의한 성과목표치에 대해 책임을 지며 최고책임자의 보수는 성과달성에 연계되어 있다. 비록 집행부서의 최고책임자가 목표와 결과에 대해 장관에게 책임을 지지만 집행부서의 최고책임자와 장관이 모두 집행부서의 운영과 성과에 대해 의회에 책임을 진다. 비록 감독부처는 전략이슈와 방향만을 제시하고 집행에 자유재량을 부여해야 하지만 Next Steps가 시작된 수년 후에도 여전히 중앙집권적 요인이 존속하고 있었으며 집행부서와 감독부처의 갈등은 여전했다.

그럼에도 불구하고 과거에 비해 집행부서에게 많은 권한이 위임되었고 독립과 새출발에 따른 보람을 느꼈으며 효율성이 증가한 집행부서도 많이 생겼다. 그런 의미에서 Next Steps는 상당한 진보를 이룩하였다고 평가되며 재무부와 의회의 Civil Service Committee는 Next Steps를 20세기의 가장 위대한 공공부문개혁이라고 칭송하였다. 그러나 전략적 사고를 촉진하고 미래의 방향에 대해 검토할 수 있는 기회를 제공하기 위한 3년 단위의 기획은 별다른 성공을 거두지 못했다. 집행부서의 관리개선은 주로 성과목표치와 성과계약 때문이었으며 재무상태와 실제성과를 보고하는 연말보고서는 별다른 기여를 하지 못했고 감사를 받지도 않았다(OECD, 1997).

집행기관에 더 많은 자율을 부여하고 책임을 강조하는 영국의 정부개혁은 적어도 고위관료들에 대한 여론조사에 의하면 성공적으로 보인다. 즉 운영효과(operational effectiveness)와 서비스의 질이 향상되었으며 자율이 증가했다고 응답하고 있다. 1996년 현재 70%의 공무원들이 집행기관(agency)에서 근무하고 있다(Pendlebury & Karbhari, 1997).

집행기관과 책임부처는 재무부의 감시하에 합의된 문서인 FD(framework document)를 작성하는데 집행기관의 목표, 집행기관장의 책임, 예산과 인사에 대한 권한위임, 회계와 감사에 대한 사항, 책임부서와 재무부와의 관계, 재무상태에 대해 서술하며 공식계약이라기보다는 비공식합의라고 보아야 한다. 이러한 문서보다도 더 중요한 것은 합의에 이르는 과정이며 실제로 집행과정에서 문제가 생긴다고 매번 FD를 참고하지 않으며 다시 새롭게 의논하여 합의에 도달하는 것이 관행이다. FD는 공식적 형식이 없으며 당사자가 자유롭게 작성하기 때문에 경우에 따라서는 매우 일반적이고 또 어떤 경우에는 매우 구체적이다. 책임부처가 권한위임에 대해 소극적 경우가 많았으나 1991년 개혁을 평가한 Fraser 보고서는 명시된 사항만 제외하고는 모든 권한을 위임하는 형태가 바람직하다고 제안하였다. 재무부와 책임부처의 완전한 권한위임에 대한 반대에도 불구하고 시간이 지남에 따라 집행부서는 사실상 독립적이 되었으며 책임부처도 압력에 굴복하여 보류된 사항만을 제외하고 완전히 권한을 위임하는 것이 보편화되었다. 정부는 권한위임이 집행부서에 대한 것만 아니고 집행부서 내부에서도 이루어져야 한다고 요구하고 있다(OECD, 1997).

집행부서가 달성해야 할 성과목표는 집행기관장과의 협의 후에 책임장관에 의해 설정되고 주기적으로 측정되는데 결과가 아닌 산출과 효율성에 대한 내용이며 재무성과(예: 사용자가격에 의해 회수해야 하는 원가비율)와 서비스 질도 포함한다. 성과목표치의 숫자는 소수의 핵심지표로 국한되어 성과에 대한 판단이 용이하도록 하였다. 1992~93년에 77%의 집행부서가 성과목표치를 달성하였고 다음 연도에는 80%에 달했다. FMI는 효율성만이 아니라 사업효과 즉 정책목표의 달성을 측정하는 노력을 기울였지만 Next Steps는 그러한 야심에서 후퇴하여 감독부처가 정책에 책임을 지고 집행기관은 서비스공급에 책임을 지도록 함으로써 감독부처에 대해서는 효과성을 강조하고 집행기관에 대해서는 산출과 효율성을 측정하였다. 감독부처는 정책, 전략이슈, 결과, 효과성과 관련되며 집행기관은 산출, 운영, 효율성과 관련되게 된 것이다. 재무부와 의회의 Civil Service Committee는 1994년에 장관이 설정하는 성과목표 대신 장관과 집행기관장이 협의하여 매년 체결하는 성과협약(performance agreements)을 시행하도록 제안하였다. 성과평가에만 국한되지 않고 FD보다 부처와 집행기관의 관계를 명확히 하며 집행기관의 운영에 대한 충분한 지침을 제공함으로써 FD의 성과목표설정과 정보가 폭넓은 관점을 제공하도록 요구한 것이다(OECD, 1997).

2) Next Steps

앞에서 산발적으로 Next Steps에 대해 설명하였지만 여기서는 보다 구체적으로 설명한다. 1979년부터 대처수상하에서 시작된 공공부문의 개혁을 추진해온 영국은 1988년 Next Steps라는 이름하에 또 다른 공공부문개혁을 추진하였다. 행정서비스를 제공하는 부서(agency)가 독립하고, 성과계약을 체결하는 계약직 최고책임자가 행정서비스 제공부서를 운영하는 것이 개혁의 핵심내용이다. 전체 공무원의 10%에 해당하는 중앙부처와 Next Steps의 성격에 부합하지 않는다고 생각되는 나머지 10%를 제외하고는 거의 대부분의 조직이 개혁대상이 되었다(Likierman, 1990; OECD, 1997).

Nest Steps는 집행기관이라는 조직에 대한 제도인데 집행기관을 이해하기 위해 350명의 직원으로 구성된 Medicines Control Agency를 사례로 들어보자. 이 기관은 제약회사로부터 받는 요금에 의해 운영되는데 지출에 대한 현금상한선(cash limit)이 설정되지 않고 수입에 따라 지출이 조정된다. 수입으로부터 자본지출을 위한 재원을 조달할 수 있으며 예비기금을 설정할 수 있다. Next Steps에 대한 평가는 호의적 평가도 있지만 부정적 견해도 있으나 집행기관에 자율과 신축성을 부여함으로써 활력을 제공하고 주도적으로 업무를 수행하게 하는 장점이 있는 것은 사실이다. 영국의 행정개혁은 민간부문경영기법을 도입하고 있는데 일부 지방정부조직의 경우 자본의 대체원가에 대해 5%의 수익을 요구하였으며 이에 미달하는 조직은 폐쇄하였다. 자본의 대체원가란 자산의 현행원가(current cost of assets)를 의미한다. 대체원가란 과거에 구입한 원가가 아니라 현 시점에서 해당자산을 새롭게 구입하려고 할 때 소요되는 원가를 말한다. 예를 들어 Haringey에 있는 DLO(direct labour organization)가 5%의 수익을 올리지 못하여 폐쇄되었다(Coombs & Jenkins, 1994).

Next Steps는 집행기관에만 적용되며 중앙부처에는 적용되지 않는데 그동안 개혁이 시작된 후 지속적으로 제기된 문제는 중앙부처에 대한 개혁이 부진하다는 것이었다. 정부는 대신 집행기관의 규제를 담당해온 중간관리자와 상위관리자를 축소함으로서 중앙부처의 규모를 축소하고 정책문제에 집중하도록 했다. 중앙부처에 대한 Fundamental Expenditure Review(FER)를 통해서 기존업무와 구조를 당연시하지 않고 정책담당조직으로서 무엇이 필요한지 근본적으로 검토하였다. FER은 외부에서 수행하지 않고 부처에서 스스로 수행하도록 허용함으로써 FER의 검토내용을 쉽게 수용하도록 하였다(OECD, 1997).

3) 시민헌장

시민헌장(Citizen's Charter)은 행정서비스의 질에 대한 표준을 제정하는데 표준은 절대적 기준에 의해 설정되어 서비스수령자가 무엇을 기대할 것인가에 대한 정보역할을 해야 한다. 시민헌장에 명시된 내용을 정부가 준수하지 못하여 피해가 발생하면 시민이 보상을 청구할 수 있게 하는 것이 시민헌장의 가장 중요한 정신이다. 언론과 국민의 행정서비스의 질에 대한 관심에서 탄생된 시민헌장은 비판에도 불구하고 고객의 요구와 이익에 민감하게 반응하고 서비스개선에 많은 성과를 거두었다는 평가를 받는다. 집행기관은 시민헌장을 공개하고 우수한 집행기관은 Charter Mark상을 수상한다. 공공부문의 서비스를 민간부문의 서비스와 비교하여 공개입찰을 실시함으로써 경쟁하게 하는 시장성테스트(market test)도 시민헌장의 중요한 부분이다. 부처가 집행기관이 제공하는 행정서비스를 민간에게 계약에 의해 위임할 수 있는지 검토하는 것이 시장성테스트이다. 시장성테스트의 취지는 집행기관과 민간기업의 경쟁에 의해 행정서비스를 제공하는 주체를 선정하는 것인데 부처가 아예 처음부터 경쟁에 의하지 않고 집행기관을 배제하기도 한다. 정부가 시장성테스트(market-testing)를 정부규모의 축소수단으로 사용하기 때문이라고 보여진다. OECD와 Coombs & Jenkins는 시민헌장에 대해 다음과 같이 보다 구체적으로 설명하고 있다(OECD, 1997; Coombs & Jenkins, 1994).

시민헌장은 1991년 수상 John Major에 의해 선언되었다. 시민헌장은 행정서비스의 질을 향상하고 국민의 요구에 보다 잘 부응하기 위한 것이었다. 시민헌장은 시민의 권리를 선언하고 조직이 준수해야 할 표준을 설정한다. 예를 들어 의료부문에서 환자의 권리(the Patient's Charter)는 다음과 같은 내용을 가지고 있다.

① receive health care on the basis of clinical need, regardless of the ability to pay;

② enjoy respect for privacy, dignity and religious and cultural beliefs;

③ to be given a clear explanation of any treatment proposed, including any risks and alternatives, before agreeing to the treatment;

④ have access to personal health records, and to know that those working for the Health Service will, by law, keep those records confidential;

⑤ be given information on local Health Service quality standards and maximum wating times;

⑥ be guaranteed admission to hospital for virtually all treatments by a specific date;

⑦ specific times for out-patient appointments and a maximum waiting time of 30 minutes;

⑧ a named qualified nurse, midwife or health visitor responsible for the patient's care.

또한 각 기관들은 행정서비스의 질을 향상하고 고객의 요구에 부응하기 위해 표준을 설정하는데, 예를 들어 British Gas는 문의편지에 대해 5일 내에 응답하는 것을 목표로 삼고 있다.

감사위원회(Audit Commission)는 지방정부재정법(Local Government Finance Act)에 의해서 지방정부의 성과를 측정하는 지표의 설정을 책임지고 있는데 1992년에 교육, 사회서비스, 도서, 주택 등의 분야에서 사용할 성과지표의 목록을 발표하였다. 성과지표는 다음과 같은 기준에 의해 설정되었다.

① the ability of the public to comprehend them without over simplification and without creating incentives for authorities to distort them;

② making comparability between authorities possible;

③ enabling the measurement of how effectively services meet the needs of different groups of local citizens;

④ the ability to compare the service for one authority over a period of time.

한국에서도 시민헌장이 제정되어 실시되고 있다. 예를 들어 민원실에서 전화벨이 울리면 몇 번 내에 받겠다 라는 기준이 제시되는 등 매우 구체적 행정서비스의 질에 대한 내용이 포함되어 있다. 시민헌장을 읽으면 어떤 종류의 서비스가 제공되겠는가를 연상할 수 있어야 한다. 고객이나 국민은 시민헌장에 의해 행정서비스를 평가할 수 있는 기준을 갖는 것이다.

4) 회계와 감사

1994년에 Green Paper보고서는 정부회계는 민간회계기법에 기초해야 한다는 주장에 근거하여 현금주의회계에서 발생주의회계로 전환할 것을 제안하였다. 현금은 여전히 중요한 항목이기 때문에 발생주의회계가 채택된다고 해도 현금에 대한 지출통제가 병행되었다. 발생주의회계를 채택하면 별도의 자본예산을 편성할 필요가 없어진다. 운영예산은 발생주의회계에 의해 감가상각의 형태로 배분되는 자본원가가 부가된다. 보고서는 회계와 아울러 예산도 발생주의에 기초하여 편성되어야 한다고 제안하였다. 발생주의예산은 자원의 완전원가와 산출의 단위원가를 계산하고 자본예산과 운영예산의 의사결정을 통합하며 필요할 경우 사용자가격에 의해 완전원가를 회수할 수 있다. 발생주의회계가 완전히 구축되기 위해서는 오랜 전환기가 필요할 것으로 정부는 예측하고 있다. 영국은 처음에 재무관리개혁을 시작하였으나, 관리시스템의 개혁이 없이는 재무관리개혁이 성공할 수 없다는 것을 깨닫고, Next Steps를 통해 관리환경의 변화를 시도했다. 그러나 관리자가 자신이 사용하는 자원의 원가에 대해 정보가 없으면 결코 생산적일 수 없다는 것을 인식하고 이제 개혁의 초점은 다시 초기의 재무관리로 되돌아갔다. 발생주의회계와 발생주의예산은 성과보고와 함께 단위원가측정을 발전시키며 산출과 아울러 원가에 관심을 기울이게 함으로써 민간기업처럼 공공부문을 운영하도록 할 것이다. 지난 10여 년 동안 성과측정에 많은 노력을 기울였지만 아직도 이룩된 것이 없는데 발생주의회계와 발생주의예산은 성과측정에 결정적 기여를 할 수 있을 것이다(OECD, 1997).

재무부가 회계와 재무관리에 대한 주관부서이며 Government Accounting Service가 소속부서이다. 각 부처에는 수석재무관(principal finance officer: PFO)이 재무관리와 회계를 책임지며 재무부와 밀접한 관련을 유지하고 내부감사인은 PFO에게 보고한다. 감사원(National Audit Office: NAO)은 의회소속이며 전통적 재무감사이외에도 효과성과 효율성에 대한 감사를 수행한다. 영국의 정부조직은 지출총액에 대한 현금상한선이 설정되는 조직이 있고, 행정서비스에 대한 수요에 따라 지출예산이 결정되는 조직이 있다. 현금상한선은 회계연도 도중에 변경될 수 있으며 상한선이 지켜지지 못할 때 다음연도의 예산이 감소되는 경우도 있지만 대부분 도덕적 벌칙만이 가해진다(Likierman, 1990).

5) 자본비용

중앙정부에 자본비용을 부과(capital charging)하는 계획은 1988년부터 2002년까지 진행된 Resource Accounting and Budgeting(RAB)개혁의 핵심요소이며 1991년부터 UK National Health Service(NHS)에 자본비용의 부과가 시작되었다. 자본비용의 부과는 자본을 무상(free good)으로 간주하는 사고를 탈피하고 효율성을 증진하기 위하여 내부시장(internal markets)메커니즘 혹은 유사시장시스템(quasi-market system)을 도입하는 개혁이다. 자본비용의 부과는 산출의 구매자와 공급자 관계로 정부를 파악하는 개념에서 유래한다. 공급자의 자산은 3년에서 5년에 한번 전문가에 의해 감가상각된 대체원가(depreciated replacement cost)로 평가한다. 뉴질랜드에 도입된 자본비용부과에 대한 조사에 의하면 자본비용부과로 인하여 관리자들이 자산을 소유하는 비용을 의식하게 되었지만 자본비용부과의 인센티브효과를 이해하지 못한 결과 제도가 의도한 만큼의 결실을 거두지 못하였다고 한다. 즉 제3자에게 자본비용을 다시 부과할 수 있는 경우가 아니면 자본비용을 예산에 추가되는 단순한 문서상의 연습정도로 간주하는 경향이 있다는 것이다. 영국의 자본비용부과에 대한 조사에 의하면 관리자들은 자본비용부과에 대해 호의적 반응을 보고하고 있으며 대부분이 가치 있는 재무개혁이라고 응답하였다(Heald & Scott, 1996).

자본비용은 예산에 포함되고 부처가 다시 지불하기 때문에 동일한 액수가 수입과 지출에 포함되므로 재정에 아무런 영향을 미치지 않는다고 생각하기 쉽지만 자산이 감소한다면 그만큼 자본비용이 감소하지만 이미 예산에 포함된 액수는 그대로 일 수 밖에 없으므로 차액에 대한 인센티브가 생긴다. 결국 불필요한 자산을 감소하고자

하는 동기가 부여된다(Lally, 1992; Pratt, 1991).

자본비용의 부과는 단기적 관점에서 자원을 운영할 위험을 낳는다. 자산을 급격하게 감소하는 것은 단기적으로는 자산매각으로 인한 현금유입과 자본비용의 감소라는 이득이 있지만 미래에 해당자산이 필요할 때 훨씬 더 높은 가격에 구입해야 하는 문제를 낳는다. 관리자는 자신의 임기 내에 해당자산을 구입할 필요가 없을 때는 단기적 관점에서 자산을 매각하는 것을 선호할 우려가 있다. 그럼에도 불구하고 자본비용의 부과는 긍정적 측면이 있다. 민간기업과 경쟁하는 부처의 경우, 민간기업으로부터 구입하는 산출가격에는 자본비용이 포함되어 있는데 부처로부터 구입하는 산출가격에 자본비용이 포함되지 않다면 정부가 산출을 어디서 구입할 것인가를 결정할 때 잘못된 정보에 의존하게 된다. 또한 시장에서 민간기업과 경쟁하는 정부조직의 경우 제공하는 서비스가격에 자본비용이 포함되지 않는다면 부당한 경쟁으로 인하여 사회의 자원배분이 왜곡되고 정부조직의 비효율이 발생할 가능성도 있다(Dixon, 1990).

6. 프 랑 스

프랑스 공공부문의 개혁은 1984년부터 시작되었는데 아주 세부적 재무통제의 전통을 가지고 있던 프랑스도 자유재량을 부여하는 방향으로 개혁이 진행되었다. 그러나 다른 선진국에 비하여 프랑스는 분권화가 많이 지체되었는데 오래 전부터 내려온 중앙집권적 현상을 극복하기가 쉽지 않았기 때문이었다. 프랑스에는 각 부처에 재무통제관이 있는데 모두 재무부의 소속이며 각 부처의 예산집행에 대한 강력한 사전통제를 하였다. 자율은 책임 없이 존재할 수 없으며 책임은 평가 없이 존재할 수 없고 평가는 결과 없이 존재할 수 없다는 것이 분권화의 중요한 선언이었다(OECD, 1997).

각 부처의 산하 부서 혹은 지방사무소는 책임중심점이 되어 자율을 부여받는 대신 부처본부와 성과목표를 기준으로 계약을 체결하는데 중앙예산기구와 중앙인사기구가 일반적으로 계약에 관여한다. 각 부처는 실험적으로 책임중심점을 설정할 수 있고 원한다면 인건비를 제외하고 완전한 자율을 책임중심점에 부여할 수 있도록 허용되었다. 부처는 책임중심점의 운영에는 관여하지 않고 오로지 전략이슈에만 관심을 기울였다. 부처와 책임중심점과의 성과계약은 3년 단위가 일반적이며 매년 부처와 책임중심점이 함께 중간성과를 평가하며 계약이 종료될 때에도 함께 3년간의 성과를 평가하여 사업을 계속할 것인지 수정할 것인지를 결정하였다. 정부는 각 부처에 대해 개혁의 진행과 선택에 대해 상당한 자유재량을 부여하였기 때문에 예를 들어 선정된 책임중심점의 숫자에 있어서도 부처간에 많은 차이가 있었다. 예산에도 상당한 자유재량이 부여되었는데 미집행된 예산 중 일부는 이월할 수 있었으며 다음 회계연도의 예산의 일부를 미리 집행할 수 있도록 허용하였다(OECD, 1997).

의회의 개입은 행정부를 비효과적으로 만들 수 있는 가능성이 크며, 정책결정관료들은 자의적이고 권력지향적이 되는 경향이 있다는 견해가 프랑스의 행정학을 과학적으로 발전시킨 원인이 되었다. 1800년대 초반의 나폴레옹에 의한 행정개혁으로 인하여 프랑스의 행정학은 매우 앞서 있었으며 1937년까지 미국에 존재하고 있었던 중요한 모든 행정개념은 1859년까지 프랑스에서 이미 발표된 내용들이었다. 프랑스의 행정개혁에서 다음의 두 기관은 매우 중요한 역할을 수행하였다. 감사원에 해당된다고 볼 수 있는 Cour des Comptes (National Audit Office), 원가와 효율성을 다루는 위원회인 Comite central d'enquete sur le cout et le rendement des services publics(Central Committee of Inquiry on the cost and efficiency of public services)가 바로 이 두 기관이다(Bouckaert, 1996).

감사원은 1807년 나폴레옹에 의해 현재와 같은 형태로 창설되었으며 효과성과 효율성에 대한 감사는 아직 시행하지 않고 있다. 그러나 매우 정교하고 높은 수준의 내부통제시스템(internal control system)이 성공적으로 시행되고 있어 시스템감사(system-based audit)가 가능하다. 모든 것이 표준화되어 있기 때문에 작은 노력으로 시스템을 조사하고 평가할 수 있다. 라틴전통의 프랑스행정은 규정과 시스템의 강조가 가장 큰 특징이며 앵글로색슨전통의 행정은 효과성과 효율성의 강조가 가장 큰 특징이라고 할 수 있다. 프랑스의 관료들은 정확하고 구체적 지시의 필요성을 강조하는데 반하여 앵글로색슨국가들은 이러한 필요성에 회의를 가지며 오히려 이러한 지시에 대해 적대적 태도를 갖는다. 앵글로색슨국가들은 신축성 있는 투입, 수단, 규정, 절차가 결과달성에 기여한다고 생각하여 결과에 치중하는 반면 프랑스는 원하는 결과를 보장할 수 있는 투입, 수단, 규정, 절차를 엄격하게 준수하는 것이 필요하다고 믿고 투입, 수단, 규정, 절차에 치중한다(Bouckaert, 1996).

7. 캐 나 다

(1) 개혁의 기본내용

캐나다 행정개혁의 초점은 생산성 향상이다. 공공부문의 생산성은 효율성개념인 투입과 산출의 비율에 질의 개념이 추가된 개념이다. 생산성을 정확하게 측정하기 위해서는 투입의 계산 시에 직접비용만이 아니라 간접비용도 포함되어야 가장 정확한 계산이 가능하다. 사업과 산출의 원가산정이 어려운 과제인데 특히 공통비의 배분이 문제였다. 명료하게 구별되고 원가산정이 용이하며 명확한 성과평가가 가능한 산출물은 민간에게 위임할 수 있는 분야이다. 그러나 민영화 같은 조직의 재구축은 정치적 위험부담이 적은 분야가 아니면 시도하기 어렵기 때문에 특정분야로 한정될 수밖에 없었다(MacDonald, 1989). 캐나다정부는 1983년 감사원의 보고서 'Constraints to Productive Management in the Public Service'에 부응하여 정부의 효과성과 효율성을 증진하기 위한 프로그램을 시도하였다. 정부는 Canadian Center for Management Development를 설립하고 정부개혁을 위한 연구와 개발활동을 수행했다. 재무부와 개별부처들은 달성해야 할 결과에 합의하고 관리자들에게 보다 많은 자율을 부여하였다(Dye, 1990).

개혁 이전의 캐나다는 중앙집권적 통제가 특징이었지만 개혁 이후에는 권한위임이 특징이고 사전통제에서 사후통제로 변화되었다. 부처가 원하면 권한을 위임하고 대신 성과목표와 실제성과의 보고에 대해 합의한 후 3년간의 기간 동안 자율을 부여하는데 매년 관리에 대한 보고를 한다. 이러한 합의를 원하는 부처가 점점 증가하였으며 권한을 위임받은 부처가 상당한 혜택을 거두기 시작했다. 개혁시행의 가장 어려운 문제는 사업결과를 식별해내고 사업집행을 보고하는 것인데 창의력과 끊임없는 노력이 요구되는 사항이다. 사업이 다양하고 쉽게 집약하기 어려운 산출들로 구성되어 있으면 좋은 지표를 찾기가 어렵다. 1980년대에 들어 추진된 개혁은 결과지향적 기획과 통제, 작은 정부, 분권화, 권한위임이었다. 근본적 정부의 서비스를 제외하고는 대부분의 정부역할은 서비스의 제공자라기보다는 사회·경제혜택의 재분배역할을 담당하는 것이었기 때문에 사용자가격을 광범위하게 사용했다. 의회에 대한 보고서도 개혁되었는데 사업목표, 서비스제공을 위한 사업구성, 계획된 산출과 예산액수, 사업의 효과성에 대해 평이한 언어로 설명한 보고서가 작성되었다. 책임구현을 위한 적절한 성과지표를 개발하는 것이 어려웠는데, 지나치게 넓고 포괄적으로 정의된 산출은 외부변수가 개입되어 책임규명이 용이하지 않았고, 지나치게 세부적이고 구체적 산출은 사업차원으로 종합하여 사업전체를 평가하기가 용이하지 않았다(MacDonald, 1989).

(2) 예산제도

개혁 이후에는 사업을 단위로 예산이 운영되며 투입중심에서 성과가 목표에 연계되는 목표지향적 예산제도로 변모하였다. 그러나 서류상으로는 목표지향적 예산이었지만 실제로는 투입지향적 과거예산에 의해 부처가 운영되고 있었기 때문에 예산개혁은 현실에 뿌리를 내리지 못하였다. 보고 또한 실제와 괴리가 있었고 의회에 대한 책임도 약화될 수밖에 없었다. 캐나다의 감사원장은 이러한 상황을 변화시키는데 매우 중요한 촉매역할을 했다. 정부의 각 부처는 사무차관이 지휘하여 사업을 집행하지만, 의회에 대하여 부처의 성과와 활동에 관한 책임을 지는 사람은 장관이다. 사무차관도 의회에 대해 일부 책임을 지며 의회에 대하여 정책과 효과에 대해 답변하고 정보를 제공할 의무가 있다. 장관과 사무차관의 책임은 상호의존적 시스템 하에서 서로 연계되어 있다. 공기업은 사장과 이사회가 공기업관할부처장관을 통하여 의회에 보고함으로써 책임을 진다. 예산제도는 정책과 재정을 연결하는 고리인데 캐나다의 감사원은 다음과 같이 캐나다의 예산개혁에 대해 설명하고 있다(MacDonald, 1989; Office of Auditor General of Canada, 1990).

1979년 시작된 엔벨로프 중심의 예산제도는 공식적으로 Policy and Expenditure Management System(PEMS)으로 불렸는데 총지출이 엔벨로프를 기준으로 구성되었으며 엔벨로프는 예산의 기능별 분류와 유사하다. 예를 들어 사회개발, 경제와 지역개발, 국방, 의회, 공공부채 등의 엔벨로프가 있었다. Priorities and Planning Committee는 개별 엔벨로프의 규모를 재무부장관과 재무위원회 위원장과 협의하여 결정한다. Policy Committee는 개별 엔벨로프의 액수범위 내에서 정부가 수립한 정책목표에 따라 어떤 사업을 신설하고 어떤 사업을 축소하며 제거할 것인가를 결정한다. 비록 PEMS는 1990년 중단되었지만 그 이후에도 PEMS의 여러 특징이 정부예산제도 내에 존속하였다.

캐나다는 재무부(Department of Finance)에서 경제에 관한 수입과 지출계획에 대한 문서인 예산서(Budget Paper)를 작성하고, 재무위원회(Treasury Board)에서는 의회에 대한 예산신청서인 예산안을 작성하며, Supply and Services Canada (SSC)[3]는 회계기록과 은행계정기록을 담당하고 수표를 발행하며 예산과 비교하여 실제 발생한 지출을 보고하는 Public Accounts를 작성하여 보고한다. Financial Administration Act(FAA)는 예산과 재무관리에 관한 기본원칙을 규정하는 법규이다. 재무위원회는 재무관리를 담당하는데 Secretariat와 Office of the Comptroller General의 두 개의 기관이 있다. Secretariat는 재무위원회가 결정한 정책을 집행하는 기관이며 Office of the Comptroller는 재무관리, 사업평가, 내부감사에 관한 정책과 실무를 책

3) 정부부처로서 장관이 관할한다.

임지는 조직이다. 모든 수입과 지출이 이루어지는 단일통합펀드인 CRF(Consolidated Revenue Fund)는 재무부가 관할하며 재정정책과 기타 재무위원회와 다른 부처가 담당하지 않는 재무관련 사항은 모두 재무부의 소관이다. 감사원(Office of Auditor General of Canada)은 정부에 대한 외부감사기관으로서 감사원장은 선거에 의해 선출되지 않으며 의회에 보고하고 정부로부터 독립된 기관이다. 감사원은 전통적 재무감사만이 아니라 효과성과 효율성에 대해서도 감사한다.

캐나다의 예산개혁역사도 결코 짧지는 않다. 1962년 설립된 Royal Commission on Government Organization(Glassco Commission으로 불리기도 함)은 여러 가지 예산개혁을 제안하였다. 1969년 정부는 PPBS를 채택하여 투입에서 산출(outputs)을 강조하였으며 재무통제에 관한 책임을 분권화하였다. 각 부처는 재무부에서 마련한 공통정책가이드라인에 따라 운영되었고 각 부처는 자신의 고유의 재무시스템을 개발하는 책임을 부담하였다. 감사원장은 1975년과 1976년에 재무관리와 통제에 대한 연구(Financial Management and Control Study)를 수행하고 보고서를 작성하였는데 각 부처의 재무관리와 통제시스템과 절차가 수준이하라는 우려할 만한 의견을 제시하였다. 1979년 설립된 Royal Commission on Financial Management and Accountability (Lambert Commission으로 불리기도 함)는 감사원장의 보고서의 내용에 일치하는 의견을 제시하였으며 각 부처가 명확한 목표, 목표에 대한 성과측정이 결여되어 있다고 보고하였다.

(3) 정부회계의 개혁

정부회계는 수입은 현금주의회계에 의해 기록하고 지출은 발생주의회계에 의해 기록하고 있는데 수정현금주의(modified cash based)라는 용어를 사용하고 있으나 수정발생주의라고 해도 무방할 것이다. 고정자산과 재고자산은 구입시점에서 비용으로 기록되기 때문에 자산으로 설정되지 않고 감가상각이 이루어지지 않는다. 그러므로 오직 재무자산(financial assets)4)만이 재무제표에 보고된다. 회계연도에 발생하는 거래는 현금주의회계에 의해 기록되지만 비용은 연말에 발생주의회계에 의해 수정된다. 자산의 실현가능가치를 보고하기 위하여 총 자산의 가치감소를 측정하는 충당금계정(overall asset valuation allowance account)이 설정되고 유지되지만 충당금계정은 개별자산에 배분되지 않고 충당금계정의 구성요소는 비밀로 유지된다. 재무부장관과 재무위원회위원장(President of the Treasury Board)은 공동으로 회계정책을 책임진다.

4) cash, loans, investments, advances를 말함.

1981년 캐나다공인회계사회(Canadian Institute of Chartered Accountants)는 공공부문 회계와 감사위원회(Public Sector Accounting and Auditing Committee: PSAAC)를 설립하였다. PSAAC는 고위관료, 회계사, 학자들로 구성되었으며 연방정부, 주 정부와 지방정부의 회계기준(GAAP: generally accepted accounting principles)과 감사기준(GAAS: generally accepted auditing standards)을 제정하는 업무를 담당하고 있다. 연방정부는 PSAAC가 제정한 회계기준과 감사기준 중 일부를 채택하였다. 1986년에는 캐나다감사원(Office of the Auditor General of Canada)과 미국감사원(U.S. General Accounting Office)이 공동으로 연방정부재무보고에 관한 연구(Federal Government Report- ing Study: FGRS)를 수행하였다. FGRS는 정부도 민간기업처럼 포괄적이지만 요약된 재무보고서를 작성하여 방대한 구체적 자료에 묻히지 않고 전반적인 재무상황을 파악하고 보다 구체적인 정보로 안내하는 열쇠역할을 하도록 해야 한다고 주장하고 있다(Office of Auditor General of Canada, 1990).

(4) 성과평가: 자율과 책임

정부의 각 부처는 과거에는 상부의 통제하에 있던 여러 행정사항에 대해 자유재량을 허용 받았으며 승인된 예산 내에서 자유롭게 재원을 재분배하여 사용할 수 있게 되었다. 각 부처는 자본예산의 일부를 다음 회계연도로 이양하여 사용할 수 있게 허용되었고 이러한 자유재량에 적합한 행정책임을 요구받았다. 예산이 집행된 이후에는 목표로 설정된 성과가 달성되었는가를 중앙예산기관과 해당 부처가 공동으로 측정하였다. 성과측정은 규정의 준수보다는 사업목표가 달성되었는가에 더 많은 관심을 가졌다. 성과측정은 계량지표 위주이지만 필요한 경우 비계량지표와 대리측정치(proxy measures)를 사용한다(Schick, 1990).

1981년 이전에는 의회에 제출하는 예산안은 지출에 대한 정보만이 포함되어 있었지만 1981년부터는 계획된 지출과 실제성과를 동시에 예산안에 포함하였다. 1986년 재무부에 의해 새로운 관리철학과 문화를 지향하는 Increased Ministerial Authority and Accountability(IMAA)개혁이 시작되었다. 장관과 고위관료는 보다 많은 권한과 신축성을 부여받는 대신 재무위원회가 설정한 정책을 준수하고 성과에 대하여 책임을 진다. 과거의 관리가 절차와 규정의 준수에 얽매였다면 이제 정책목표와 결과의 달성을 강조하는 것이다. 장관, 사무차관, 재무위원회가 협의하여 부처와 재무위원회 사이의 권한과 책임에 대하여 3년 단위 계약(agreement)을 문서화한다. 재무위원회는 계약이 종료되면 성과보고서에 대해 검토한다(Office of Auditor General of Canada,

1990).

Dye는 캐나다 감사원의 성공사례연구를 다음과 같이 보고하고 있다(Dye, 1990). 감사원은 캐나다정부의 일부 부처와 일부 관리자의 성과가 매우 뛰어남을 발견하고 그 이유를 조사한 결과, ① 리더십, ② 목표의 명확성, ③ 고객의 강한 요구, ④ 정치적 지지, ⑤ 충분한 자원 등의 이유가 제시되었지만 그 이유에 대해 의견일치를 보지는 못했다.

성과가 뛰어난 조직의 선정은 고위관료들의 의견을 구하여 결정하였다. 112개의 추천된 조직 중에서 자발적으로 조직을 공개하고 우수한 성과의 비밀을 찾는 작업에 협조할 수 있다고 생각되는 8개의 조직을 최종적으로 선정하여 연구대상으로 삼았다. 우수한 조직의 분석에서 다음과 같은 두 가지 사항을 발견하였다.

첫째, 가장 두드러진 특징은 통제에 기초한 관리가 아니라 몰입에 기초한 관리(management based on commitment)라는 점이다. 업무가 정형화되고 반복적이고 예측 가능하면 통제에 기초한 관리가 적절하지만 업무가 불확실성이 높고, 복잡하고, 급변하고, 다른 요인과 상호의존적이면 몰입에 기초한 관리가 적절하다.

둘째, 사람에 대한 강조와 권한위임(empowering)이다. 사람들은 비판받기보다는 도전받고 격려받을 때 능력을 발휘한다.

셋째, 고객 지향적이며 구성원을 보살피는 조직은 헌신, 열정, 조직에 대한 충정이 넘친다.

넷째, 참여를 장려하는 리더십과 명확한 목표가 존재하며, 리더가 비전을 제시하고 끊임없이 비전을 추구하며, 커뮤니케이션이 활성화된 조직이다.

다섯째, 스스로 환경을 조사하고 실제 성과를 분석하고 대안을 발견해나가는 학습하는 조직이다. 문제를 식별하고 해결하는데 열심인 조직이며 외부에 의존하지 않고 검토, 의논, 협조, 피드백을 통해 스스로 통제할 수 있는 지적 조직(intelligent organization)이다.

여섯째, 장관이나 이사회의 강한 지지를 받는 조직이다. 정치적 목표와 행정목표가 일치하는 조직이어야 강한 지지가 가능하다.

일곱째, 구성원과 리더가 추상적이고 애매한 대화가 아닌 구체적이고 실질적 대화를 전개할 수 있는 조직이다. 비전과 사명도 간단하고 현실적 용어로 쓰여지고, 우수한 성과에 대해 구체적 혜택이 주어지며, 관념적 사항도 구체적으로 표현할 수 있는 조직이다. 이러한 조직이 화폐가치를 달성하는 조직 즉 효과적이고 효율적인 조직이다(Dye, 1990).

(5) 감 사

감사는 의회 소관이기 때문에 행정부에 대해 독립된 감사가 가능했다. 효과성 측정은 금지되었지만 감사원은 효과성을 평가하는 대신 절차의 적절성에 대해 평가할 수 있었기 때문에, 사업평가를 연습할 수 있었다. 때로는 감사로 위장한 사실상의 효과성 평가가 있었다. 정부회계에 대해 감사원이 상당한 역할을 수행하였는데 정부재무제표의 특정이슈에 대해 감사원이 승인하지 않고 그 문제를 해결하면 또 다른 이슈가 대두되고 이런 일련의 문제들을 해결하는 과정에서 회계기준이 개발되었다. 각 부처 내에 내부감사를 담당하는 부서와 사업평가를 담당하는 부서를 창설했는데 감사원장의 감독을 받으며 각 부처의 관리에 대해 서비스를 제공했다. 내부감사부서는 효율성, 법규준수, 감사기능을 담당했으며 사업평가부서는 효과성을 평가했다. 이 두 부서에 대한 공무원들의 반발에도 불구하고 사업성과와 규정준수에 대한 객관적 정보의 필요성 때문에 매우 활발한 활동을 했다(MacDonald, 1989).

1970년 후반부터 효과성과 효율성을 평가하는 VFM(Value for Money Auditing) 감사가 시작되었는데 1988년 캐나다 공인회계사회(CICA)의 공공회계감사위원회(Public Sector Accounting and Auditing Committee: PSAAC)에 의해 공공부문 감사기준 No.4-VFM감사기준(Public Sector Auditing Statement 4, Value-for-Money Auditing Standards)이 제정되었다. 1990년에 다음과 같은 두 개의 가이드라인이 발표되었다(Barnes, 1991).

- Public Sector Auditing Guidelines on Planning Value-for-Money Audits
- Public Sector Auditing Guidelines on Knowledge of the Audit Entity in Planning Value-for-Money Audits

8. 네덜란드

네덜란드는 1976년 성과주의예산을 중앙정부의 각 부처에 도입하였다. 1992년 Government Accounts Act를 개정하면서 성과주의예산을 더욱 강조하였으며 예산에 정부활동의 수량, 산출, 정책의 효과에 대한 정보를 포함하도록 요구하였다. 이러한 정보는 전년도, 현재 연도, 다음 연도의 3년의 시간단위로 제시되었고 예측된 성과와 실제 달성된 성과를 비교하였다. 재무부는 예산지출의 50%는 계량성과자료에 의해서 설명될 수 있다고 결론지었다. 그러나 계량성과자료에 의해 설명될 수 있는 범위는 부처에 따라 상이했는데 교육부와 법무부는 80%가 설명될 수 있었는 데 반하여 외무부는 오직 4%만이 설명 가능했다(Sorber, 1996).

1990년부터 성과평가에 대한 모의실험이 재무부의 주도하에 시작되었다. 모의실험은 몇 개의 부처를 시작으로 1991년에는 모든 부처에 확대되었다. 1992~93 회계연도에는 정책사업(policy programs)의 집행효율성에 대한 모의실험을 실시하였는데 거의 모든 부처가 이에 참여하였다. 집행효율성에 대한 실험은 주로 사업원가와 사업산출의 관계를 기관끼리 비교하고 과거의 자료와 비교하고 정치적 기준과 비교하는 것이었다(Sorber, 1996).

9. 대 만

대만은 1969년 Research, Development and Evaluation Commission(RDEC)을 설립하여 성과측정시스템의 개발을 연구하였다. 사업의 질(program quality)과 사업결과(program outcomes)에 대한 정보를 제공하도록 연말성과평가(annual performance evaluation)의 기준과 방법을 개발하였다. 현재 행정부산하의 모든 31개 부처는 매년 성과평가를 받는다. 성과평가는 첫째, 사업이 집행되었는가 둘째, 예산이 적절하게 집행되었는가 셋째, 효율성이 증가되었고 적절한 인력관리시스템이 수립되고 관리는 적합한가를 조사한다. 성과평가의 첫 단계는 각 부처가 스스로 RDEC가 설정한 형식과 기준에 의해 수행하는 자체평가이다. 자체평가는 중앙의 검토를 거쳐서 다시 각 부처로 회송되고 대통령, 총통에게도 보내지지만 국민에게 공개되지는 않는다(Chang, 1996).

10. 뉴질랜드

(1) 개혁의 배경

뉴질랜드는 전 세계적으로 가장 급진적이라는 평을 들을 정도로 포괄적이며 획기적 정부개혁을 단행하였다. 뉴질랜드의 정부개혁이 전 세계에 미친 영향은 매우 크다고 볼 수 있다. 오늘날에도 뉴질랜드에는 전 세계에서 정부개혁을 배우기 위해 끊임없이 방문객이 줄을 잇고 있다. 미국의 엘 고어 부통령도 뉴질랜드를 방문하여 정부개혁의 현황을 파악하기도 했다. 한국은 비록 공식적으로는 영국의 정부개혁모델을 추구한다고 했지만 뉴질랜드의 정부개혁의 영향을 상당히 많이 받았는데, 그것은 김대중 대통령 정부가 출범하면서 신설된 정부개혁실의 성향이기도 했다. 영국의 정부개혁 또한 뉴질랜드의 영향을 많이 받았기 때문에 결국 영국의 정부개혁을 모델로 설정한다면 뉴질랜드의 정부개혁도 모델의 일부로 설정하는 셈이 된다.

뉴질랜드의 정부개혁은 여러 가지로 모험적이고 최초로 시도하는 내용이 많기 때문에 한국에는 부적합한 측면이 있다. 한국은 영국의 정부개혁도 뉴질랜드의 정부개혁도 아닌 한국에 맞는 정부개혁을 추구해야 하며 어느 한 국가를 모델로 집중 연구하기보다는 모든 국가의 사례를 참조하여 한국에 적합하다면 어떤 국가의 개혁도 받아들이겠다는 태도가 필요하다. 영국의 정부개혁이 한국에 맞는다면 뉴질랜드의 정부개혁의 많은 부분이 한국에 적합하며 뉴질랜드의 정부개혁이 한국에 부합한다면 영국의 정부개혁의 많은 부분이 한국에 적합한 것이다. 마치 영국과 뉴질랜드 모델이 크게 차이가 있다고 생각하는 것은 잘못된 것이다. 현재 전 세계적으로 영국, 뉴질랜드, 호주, 캐나다, 미국의 정부개혁은 영미형 국가라는 공통점으로 인하여 비슷한 내용으로 진행되고 있다. 비록 국가별로 상당한 차이가 있는 것은 사실이지만 총체적 시각으로 파악할 때 유사점이 차이점보다 더 많다.

뉴질랜드는 한국 상황에 부적합한 점이 많지만 대부분의 사람들이 언급하듯 국가규모 때문인 것만은 아니다. 뉴질랜드는 인구가 400만이 채 안되기 때문에 한국에 부적합하다는 논리는 틀린 것은 아니지만, 그렇다면 뉴질랜드의 개혁은 인구가 400만 정도 되는 우리의 지방자치단체에 적합한 모델일까? 저자는 아니라고 생각한다. 뉴질랜드의 국가규모가 작은 것은 사실이지만 우리와 뉴질랜드와의 근본적 차이점은 문화와 정치, 경제, 사회 시스템의 차이이다. 국가규모는 그 보다는 사소한 요인이다.

한국의 IMF사태와 비슷한 경제위기를 겪은 뉴질랜드는 1984년 노동당정부를 탄생시켰는데, 마치 IMF로 인하여 김대중 정부가 들어선 것과 매우 유사하다고 할 수 있다. 경제위기가 없었다면 결코 노동당이 집권하지 못했을 것이기 때문이다. 1984년 노동당이 집권하게 된 외환위기는 뉴질랜드를 채무불이행 직전으로 몰아넣은 외환보유고의 고갈이었다. 경제위기 직전의 뉴질랜드의 국가예산은 점점 증가하고 재정적자 또한 증가하여 1984년 IMF는 재정적자가 경제에 미치는 심각한 문제를 지적하게 되었다. 국가신용도는 AAA에서 AA로 추락하였고 더 추락할 것 같이 보였다. 여러 가지 면에서 한국의 IMF사태와 무척 흡사하다(Norman, 1997; Quigley, 1989).

뉴질랜드개혁의 기수였고 로저노믹스(Rogernomics)[5]의 추진자 Roger Douglas는 1989년에 다음과 같이 회고하고 있다.

내가 1984년 처음 재무장관이 되었을 때 첫 업무는 어떤 공군장교가 피지를 방문

5) 재무장관이었던 Roger Douglas가 추진한 개혁을 로저노믹스라고 한다.

했는데 발생한 400달러의 비용을 승인할 것인가의 여부를 결정하는 것이었다. 나에게 제출된 서류는 6계층의 결재단계를 거쳐서 올라온 서류였다. 아마 이 과정에서 관련된 모든 사람의 시간비용은 400달러의 몇 배에 해당할 것이다. 나는 솔직하게 400달러가 적절하게 사용되었는지 부적절하게 사용되었는지 전혀 알 수가 없었다. 장관은 너무나 바쁘기 때문에 하는 일이라곤 그저 제출된 서류에 서명함으로써 의사결정하는 것뿐이었다. 장관들은 이미 발생한 일에 대한 책임을 지기 위해 있을 뿐이었다. 그리고 이것은 장관만이 아니라 각 부처의 사무차관들에게도 동일하게 해당되는 현실이었다. 그러나 이러한 구조하에서는 달리 어떻게 할 수 없기 때문에 새로운 구조가 필요했다. 개혁 이후의 장관의 주요관심사는 적절한 목표를 설정하고, 성과를 감시하며, 국민에게 부처의 사업, 중요사항, 성과를 제공하는 것이다(Douglas, 1989).

뉴질랜드의 재무장관이었던 Robert Muldon은 "정부예산이 너무 복잡해서 오직 그와 또 다른 한 사람만이 이해할 수 있다"고 말했다 한다. 예산개혁 이전의 뉴질랜드의 예산을 알 수 있는 좋은 말이 아닐 수 없다. 1988년 초까지 세 명의 재무장관인 Roger Douglas, David Caygill, Richard Prebble은 뉴질랜드의 재무관리시스템을 변화시켜야 한다고 내각을 설득하는 데 성공했다. 1984년 노동당정부가 정권을 잡은 뒤 경제부문의 개혁에서 보여주었듯이 예산개혁에서도 전 세계 어느 모델에도 의존하지 않고 최초의 과감한 실험을 하기로 결정하였다(Norman, 1997). 개혁을 추진하면서 외국의 사례를 집중 연구했는데 최종적으로 1988년 외국사례로부터 배울 것이 없으며 독자적 사고에 기초해 뉴질랜드 모델을 개발해야 한다는 결론에 도달했다(Weeks, 1989).

1988년 Ian Ball과 재무부 동료였던 Lesley Adcock은 전 세계 명문대학(예: 하버드대학)과 권위 있는 기관(예: 미국의 감사원, 관리예산실)들을 찾아다니면서 자신들이 생각하는 예산개혁에 대해 의견을 구했는데 대부분 성공의 가능성에 대해 회의하고 불신하는 반응을 보였다. 모두들 개혁내용의 타당성에는 의문을 표시하지 않았고 위대한 아이디어라고 극찬하기까지 했으나 정치적으로 이러한 예산개혁이 가능할 수 있다고 생각하지 않았다. 뉴질랜드의 예산개혁이 성공할 수 있었던 것은 강력한 정치적 뒷받침이 있었기 때문에 가능했다. 또한 노동당정부와 오랫동안 집권했던 보수적 국민당정부의 가장 큰 차이점은 노동당 내각의 젊음이었는데 국민당 내각이 50, 60대였던 것에 비하면 1세대가 젊은 평균연령 41세였다는 점도 무시할 수 없는 요인이다(Norman, 1997).

비록 뉴질랜드의 예산개혁이 혁명적일 만큼 짧은 시일 내에 이루어졌지만, 재무보고와 정부회계에 대한 연구와 준비는 오래 전부터 이루어졌다. 예를 들어 1982년부터 정부의 재무보고는 의회에서 중요한 이슈였으며 1982년 의회는 소위원회를 수립하여 예산과 회계에 대한 개혁을 조사하였다. 소위원회는 정부의 재무보고를 개선할 수 있는 여러 가지 제안을 하고 있는데 투입중심에서 산출중심으로의 전환, 발생주의회계의 채택이 포함되어 있다. 발생주의회계를 채택하여 원가와 자원사용에 대한 책임을 확보해야 한다는 감사원의 보고서도 이미 1978년에 작성되었다. 뉴질랜드의 예산과 회계의 개혁은 오래 전부터 준비되어왔다고 볼 수 있다(Pallot, 1994).

(2) 뉴질랜드 정부개혁의 이해

1) 개혁의 방향과 성격

뉴질랜드의 개혁은 3단계를 통해 시행되었는데 1단계는 경제규제완화이고, 2단계는 공기업을 민간기업처럼 운영하는 것이고, 3단계는 공공관리의 개혁이었다. 뉴질랜드의 개혁은 시장메커니즘을 공공부문에 도입하는 것이 가장 큰 특징 중의 하나이다. 뉴질랜드는 다른 국가와는 달리 행정행위가 아닌 법규에 의해 개혁을 추진하였다. 우수하고 통합적이며 일관성 있는 개념과 이론에 기초했다는 점에서 다른 국가들의 개혁과 차이가 난다. 이러한 이론과 개념에 기초했기 때문에 뉴질랜드 공공부문의 개혁은 모의실험을 거치지 않고 급진적이다 못해 혁명적이라고 할 정도로 신속하고 과감하게 추진되었다(Scott et al., 1997; OECD, 1997; Quigley, 1989). 뉴질랜드의 행정개혁은 매우 급격했기 때문에 혁명이라고까지 불렸다(Quigley, 1989). Roger Douglas는 뉴질랜드의 개혁목적의 하나가 정부의 생산성을 향상시키기 위한 것임을 밝히고 있다. 정부생산성 향상이 경제성장으로 이어진다는 것을 염두에 두고 있다. 행정개혁은 한마디로 생산성과 책임성의 개선이라고 할 수 있다(Douglas, 1989).

법규에 의한 예산개혁은 행정행위에 의해 보충되어야 하고 법규의 미비점을 보완하고 법규의 착오를 시정하기 위한 조치가 꾸준히 필요함을 의미한다. 뉴질랜드는 1990년대까지 공공부문개혁을 계속하였는데 기존법규를 보완, 수정하고 세부지침과 절차를 마련하기 위한 것이었다. 수많은 부처간 팀과 특별위원회(task force)가 뉴질랜드모델에 대해 연구하여 보고서를 작성했으며 정부는 이를 상당부분 반영하였다(OECD, 1997).

뉴질랜드가 정부규모를 대폭 축소할 수 있었던 또 하나의 이유는 뉴질랜드가 어느 국가보다도 공공부문이 비대하였다는데 있다. 노동당정부가 들어서서 개혁을 시작하기 이전의 뉴질랜드의 공공부문은 OECD국가 중에서 가장 비대하다고 할 만큼 정부가 모든 분야에 개입하고 있었다. 1984년 정부지출은 GNP의 거의 40%를 차지했다. 예를 들어 석탄, 통신, 우편, 전기 등의 산업이 공기업이 아닌 정부부처에 의해 직접 공급되었다. 뉴질랜드는 정부조직에서 기업성을 가진 업무를 공기업으로 독립(corporatization)하여 대폭적 중앙부처의 축소를 단행하였다. 1986년에는 공기업법(State-Owned Enterprises Act)이 제정되고 1987년에 9개의 공기업(SOEs)이 중앙부처로부터 설립되었고 그 이후에도 계속하여 공기업이 설립되었다. 뉴질랜드는 나중에 많은 공기업을 정부개혁의 일환으로 민영화하였다(Scott et al., 1990; Scott et al., 1997).

뉴질랜드는 경쟁에 있어 모든 불리한 점과 유리한 점을 공기업으로부터 제거하는 원칙[6])을 시행하였다. 예를 들어 공기업도 세금을 부담해야 하며 정부의 보증 없이 자본시장에서 부채를 조달해야 한다. 또한 공기업이 활동하는 산업에 적절한 자본구조를 유지하며 사업의 위험도를 감안한 자본수익을 획득해야 한다. 공기업으로 전환한 후에 노동생산성이 현저하게 증가하고, 인플레를 감안한 가격은 동일하거나 하락하였고, 오랫동안 적자였던 부문에서 이익이 발생하였다(Scott et al., 1990).

노동당정부의 경제부문개혁은 규제완화에 주로 치중했는데 가장 보호주의적 성향이 강한 국가였던 뉴질랜드의 경제를 1997년에는 홍콩, 싱가포르 다음의 세 번째 경제자유도가 높은 국가로 평가받을 정도로 혁명적 개혁을 시도하였다. 뉴질랜드는 처음에는 민간경제부문의 개혁에 전념하였으나 공공부문의 비효율이 높은 세금과 높은 수출품단가의 원인이라는 비판에 직면하여 1987년부터 공공부문의 개혁을 시도하게 되었다. 공공부문의 개혁 중 가장 중요한 부분을 차지한 것은 예산개혁이었다. 뉴질랜드의 예산개혁은 전 세계적으로 성공했다고 평가를 받게 되었고 1996년에는 1주일에 평균 한번 꼴로 해외의 사절단이 뉴질랜드 실험사례를 연구하기 위해 재무부를 방문했다. Allen Schick은 뉴질랜드정부 요청으로 뉴질랜드 예산개혁에 대한 외부관점에서 평가를 했는데 많은 뉴질랜드 관료들이 자신들의 예산개혁업적에 자부심을 가지고 있다는 것을 발견하였다(McCulloch & Ball, 1992; Norman, 1997).

노동당정부가 추진한 공공부문의 개혁은 관리주의(managerialism)[7]) 혹은 신공공관리(New Public Management)라는 이념이었는데 민간부문관리기법의 도입이 특징이었다(Norman, 1997). 뉴질랜드 정부부처(예: 국방부, 법무부, 재무부, 경찰부)에 대한 컨설팅경험이 풍부한 Quigley는 자원관리는 재화를 공급하느냐 서비스를 공급하느냐

6) 이것을 competitive neutrality라고 함(Scott et al., 1990).

7) managerialism은 민간부문경영을 공공부문에 도입하는 것이다. 대표적 사례는 Next Steps 개혁의 corporate management이다(Lapsley & Pettigrew, 1994).

의 여부나 민간부문이냐 공공부문이냐의 여부에 관계없이 일정한 원칙이 있음을 발견했다고 말하고 있다(Quigley, 1989). 자원관리가 다른 분야에 비해 특히 민간부문 관리기법의 도입이 용이하였기 때문에 예산개혁이 중심이 된 뉴질랜드의 정부개혁이 민간부문 관리기법과 밀접한 관련을 가질 수밖에 없었다.

2) 이론적 배경

재무부의 관리들은 Oliver Williamson의 거래비용 경제학(transaction cost economics)과 대리인 이론(principal-agent theory)의 영향을 매우 강력하게 받았다. 재무부만이 아니라 감사원도 재무관리의 개혁에 관해서 적극적 역할을 했다(McCulloch & Ball, 1992; Norman, 1997). 신공공관리(New Public Management: NPM)라고 불리는 뉴질랜드 개혁의 이론적 토대는 신제도경제학(new institutional economics)과 민간경영기법(business-type managerialism)이라고 Hood는 주장했다. 개혁의 근본가정은 시장이 배분적 효율(allocative efficiency)의 최적수단이며 개인은 합리적으로 효용극대화를 추구한다는 것이다(Jacobs & Barnett, 1996). 신공공관리가 근거한 신자유주의는 공공선택론에 입각하였으며, 케인스주의자에 반대하는 통화주의자(monetarists)의 주장을 수용하였다(박우서 외, 2000).

뉴질랜드 정부개혁이 기초하는 제도주의경제학(institutional economics)은 거래비용(transaction costs)의 관점에서 경제시스템을 분석한다. 거래비용은 공공선택의 문제점과 대리인 문제점의 두 가지 문제점을 규명하고 있다. 공공선택의 문제점이란 정보수집과 정책결정자에 대한 로비의 거래비용으로 인하여 특정이익집단이 보다 잘 조직화되고 보다 많은 정보를 가지고 있기 때문에 공익을 희생하고 자신들에게 유리한 공공정책을 선택하게 하는데 성공한다는 것이다. 국민은 혹은 보다 큰 집단은 조직화하고 정보수집하기 어려우며, 전체적으로는 특정이익집단보다 더 큰 이해관계가 걸려 있지만 개인의 이익은 사소하기 때문에 소극적일 수밖에 없다. 대리인문제도 위임자의 정책목표와 대리인의 정책집행의 인센티브를 일치시키는 거래비용으로 인하여 비효율이 발생한다는 것이다. 대리인문제의 거래비용은 대리비용(agency costs)이라고 하는데 감시와 계약이행을 위해 소요되는 비용과 계약의 불완전성으로 인한 비효율을 말한다(Scott et al., 1997).

제도주의경제학의 관점에서 대리인문제와 공공선택의 문제점을 최소화하기 위하여 뉴질랜드가 채택한 개혁의 근본원칙은 다음과 같다. ① 공공부문에서 소유와 통제의 분리, ② 자산의 소유자로서의 정부의 이익과 서비스의 구매자로서의 정부의 이익을 구별, ③ 공공서비스를 위한 재원제공, 공공서비스의 구매, 서비스의 제공을 분리

(separation of funding, purchasing, and provision of public services), ④ 성과목표와 산출의 설정, ⑤ 결과(outcomes)와 산출(outputs)의 구별, ⑥ 서비스제공자들의 경쟁 도입, ⑦ 민영화(privatization) 등이 그것이다(McCulloch & Ball, 1992; Scott et al., 1997).

(3) 산출의 구입과 결과의 달성

영국 예산개혁의 가장 큰 특징은 민영화(privatisation)와 민간위임(contracting out)을 통한 민간부문의 확대라고 볼 수 있으며 뉴질랜드 예산개혁의 가장 큰 특징은 계약에 의해 산출을 구입하는 예산제도라고 할 수 있다(OECD, 1997). 각 부처는 전략기획과정에서 정부의 전략목표의 달성을 위해 어떤 산출을 생산해야 하는가를 결정한 다음 사무차관은 정부가 구매할 서비스에 대한 구매계약과 산출생산에 필요한 예산의 초안을 작성한다. 사회보장예산, 보조금, 자본지출은 산출이 정의되지 않고 예산이 편성되었다.

예산은 산출에 기초하고 발생주의회계에 의해 완전원가를 계산한다. 과거에는 예산은 사업의 투입에 기초하고 현금주의회계에 의해 편성되었다. 완전원가는 자본의 기회비용(a charge for the opportunity cost of capital employed by the department)을 포함한다. 부처는 대개 6개에서 10개에 이르는 산출을 생산하는데 의회는 개별산출에 대해 지출예산을 확정한다. 부처내의 책임중심점(responsibility center)에 대한 월말원가보고서가 작성되는데 산출을 책임지는 관리자는 하나 이상의 책임중심점을 관할할 수도 있으며 산출에 대한 원가보고서도 작성된다. 그러므로 산출의 생산은 여러 개의 책임중심점으로 운영될 수도 있다. 부처가 새로운 자산을 필요로 할 때는 기존자산을 매각하고 매각대금으로 자산을 구입할 수도 있지만 자본지출예산을 신청할 수도 있다(McCulloch & Ball, 1992; Scott et al., 1997; OECD, 1997). 정부의 개별부처는 이외에도 산출의 양, 질, 적시성을 보고하고 비재무정보까지 포함하는 목표보고서(statement of objectives)와 서비스 성과보고서(statement of service performance)를 작성해야 한다(Pallot, 1994).

정책조언(policy advice)은 달성하기를 원하는 바람직한 결과(outcomes)를 선택하고 이러한 결과를 달성하기 위하여 어떤 산출이 생산되어야 하는가를 밝히고 어떻게 산출과 결과의 달성을 측정할 것인가에 대해 장관에게 조언하는 행위이다. 장관은 원하는 산출을 부처로부터 직접 구입할 수도 있지만 민간기업으로부터 구입할 수도 있다. 정부는 자산의 소유자이면서, 의회가 산출을 구입하는 구매자의 역할을 동시에 수행한다. 의회는 내각을 통해서 각료가 사무차관으로부터 산출을 구매하도록 한다.

사무차관은 성과계약(performance agreements)과 구매계약(purchase agreements)을 장관과 체결한다. 성과계약, 구매계약, 예산에 포함된 내용은 재무보고에 포함된 실제 서비스제공에 대한 정보와 비교되어 부처를 평가하는 데 사용된다. 정부는 결과를 목표로 설정하고 각 부처는 이러한 결과를 달성하기 위하여 산출을 중심으로 사업을 구상한다(McCulloch & Ball, 1992; Scott et al., 1997; Tyler, 1989; Sandberg, 1996).

예산은 산출을 중심으로 편성되며 부처는 순자산(net assets)에 대해 자본비용(capital charge)을 지불하고 자신의 은행구좌를 유지한다. 장관은 결과에 대해 책임지고 부처의 사무차관은 산출에 대해 책임지며 계약에 의해 장관이 산출을 부처로부터 구입한다. 예산은 계획된 결과수치를 포함하지만 산출을 기준으로 편성된다. 정부는 부처가 생산하는 산출의 구매자이며 자산의 소유자로 파악된다. 구매자로서는 구입하는 서비스에 대해 최저가격을 지불하고자 하며 소유자로서는 자산의 건전성과 장기성과능력에 관심을 기울인다. 구매자로서의 이해관계는 부처와 정부의 계약으로 나타나고 소유자로서의 이해관계는 감사받은 재무제표와 부처에 대한 기타 평가로 나타난다. 지출예산은 장관에게 부여되며 장관은 예산으로 필요한 산출을 구입한다. 구매자와 소유자로서의 장관의 역할은 서로 상충되는데 구매자로서의 역할이 우선되기 쉽다. 예를 들어 구매자로서의 장관이 산출에 대해 낮은 가격을 지불할수록 미래의 성과를 위해 필요한 자산에 대한 투자를 억제하는 것과 같은 효과를 갖는다(McCulloch & Ball, 1992; Scott et al., 1990; OECD, 1997).

OECD는 뉴질랜드의 기획과 예산의 연계에 대해 다음과 같이 설명하고 있다(OECD 1997). 장관과 사무차관이 매년 체결하는 성과계약에는 부처가 제공하는 산출과 부처의 핵심 결과영역(key result area)이 명시되어 있다. 부처의 주요 결과영역은 정부의 전략결과영역(strategic result area)에 맞추어 설정된다. 성과계약은 사무차관에게 기준과 이정표의 역할을 하지만 성과계약에 명시되지 않은 사항에 대해서는 무관심하다는 문제점을 안고 있다. 사무차관은 성과계약내용이 충족되었다는 것을 입증할 책임을 진다. 계약의 검토는 사무차관의 자기평가와 다른 관련 장관, 중앙인사기관, 재무부, 총리부(Department of Prime Minister and Cabinet), 외부인사의 평가에 의해 수행된다. 계약내용에 대한 평가는 상당한 스트레스를 사무차관에게 유발하기 때문에 어떤 사무차관은 스스로 임기가 종료되기 전에 사임하기도 한다. 평가과정자체도 스트레스를 유발하지만 사무차관이 막중한 권한을 부여받는 대신 무능한 공무원의 해고 같은 기존 관료사회문화와 갈등을 초래하는 일을 해야 한다는 것도 스트레스를 유발하며 사실상 부처의 모든 운영에 대해 책임을 져야하고 동료와 언론 등에 의해 끊임없이 관찰당하고 비판당하는 것도 엄청난 부담을 주는 것이다. 뉴질랜드는 개혁 이후에 공공부문과 민간부문간의 인사교류가 용이해졌고, 민간인의 채용이 증가하고, 계약직공무원, 파트타임공무원, 계절계약공무원 등으로 관료사회가 기업과 유사해졌다. 이런 추세가 계속된다면 미래에는 공공부문의 서비스는 시장에서 구입할 수 있는 상품으로 인식될지도 모른다.

뉴질랜드 정부개혁의 특징은 전략기획과 성과관리시스템을 연계하는 것인데 장관에 의해 전략결과영역(strategic result areas: SRAs)과 핵심결과영역(key result areas: KRAs)이 규정되고 이것들을 사무차관과 체결하는 성과계약에 통합한다. 정부가 공동으로 달성해야 하는 집단이익의 소홀, 결과측정의 한계, 정책의 단기지향경향을 극복하기 위하여 전략결과영역(strategic result area: SRA)과 핵심결과영역(key result area: KRA)을 개발하여 정부가 나아갈 방향과 우선순위를 강조하였다. SRA는 중기목표이며 정부의 장기목표와 부처의 예산, 성과계약, 운영계획 같은 단기계획을 연계한다. 부처는 SRA에 따라 성과계약의 기초가 되는 KRA를 수립한다. SRA는 목표를 정의하고 KRA는 일반적으로 산출측정치와 유사하다. 장관, 사무차관, 고위관료들은 이구동성으로 SRA와 KRA에 대해 긍정적으로 평가했는데 정부의 목표와 자신의 목표를 일치시킬 수 있으며 정부가 자신들에게 무엇을 기대하는가를 명확하게 알 수 있기 때문이었다(OECD, 1997).

뉴질랜드는 〈2010년으로 가는 길〉(Path to 2010)이라는 보고서에 포함된 국가비전에서 전략결과영역(SRAs)이 도출되고 매년 사무차관과의 성과계약에 포함되는 핵심결과영역(KRAs)은 3년 기간을 단위로 설정되는데 전략결과영역으로부터 도출된다. KRAs는 매년 성과계약서에 포함되지만 앞으로 정부가 3~5년 동안 무엇을 달성하려고 하는가에 대한 정보를 제공하기 때문에 3~5년 동안에 주요한 내용은 변화하지 않는다. 예를 들어 1994년부터 1997년 기간 동안의 9개의 SRAs는 다음과 같다(Boston et al., 1996).

① Maintaining and Accerlating Economic Growth
② Enterprise and Innovation
③ External Linkages
④ Education and Training
⑤ Community Security
⑥ Social Assistance
⑦ Health and Disability Services

⑧ Treasury Settlement Claims

⑨ Protecting and Enhancing the Environment

개별 SRA에 대해서는 관련된 결과지표를 기준으로 SRA가 달성하려는 목적을 서술하고 앞으로 3~5년 동안 어떤 활동을 강조할 것인가를 나열한다. SRA는 KRA를 통해서 각 부처의 운영과 연계되는데 KRA는 SRA를 위해서 각 부처가 생산하는 재화와 서비스, 부처의 성과에 가장 중요한 관리측면, 부처활동의 우선순위에 대한 내용을 서술한다.

성과계약에 의해 추정재무성과(예: 대차대조표의 연말잔액), 제공할 산출의 양, 산출의 생산에 필요한 추정예산, 서비스의 질과 적시성 등을 합의하면 실제 발생한 수치를 이러한 추정수치와 비교하여 성과를 평가하고 책임을 규명한다. 지출예산은 유사한 산출의 집합인 산출유형(output class)을 기준으로 편성된다. 산출유형의 숫자가 많으면 예산집행의 신축성이 저해되고 간접원가의 배분이 어려워진다. 성과계약에는 주기적으로 감시하고 평가하여 보고하는 내용과 일정표에 대한 조항을 포함하고 있다. 감사받은 연말보고서(annual report)는 재무성과와 서비스성과에 대한 보고를 포함하며 유일하게 객관적 정보이외의 정보가 포함되어 있는 보고서인데 서술정보는 부처의 운영에 대해 설명한다(McCulloch & Ball, 1992; Scott et al., 1997; OECD, 1997).

산출과 결과는 인과관계로 연결되기 때문에 산출이 결과를 창출해야 한다. 그러나 이러한 인과관계가 결여되는 경우가 존재하는 경우보다 더 많다. 결과에 영향을 미치는 변수 중 장관의 능력범위 내에 존재하는 요인이 소수이거나 거의 없을 경우 장관은 자신이 원하는 결과지표를 진정한 결과지표에 비해 선호하기 마련이고 결과지표의 왜곡이 발생할 가능성이 크다. 또한 경우에 따라서는 다른 장관의 산출과 결합하여 결과에 영향을 미칠 경우 결과에 영향을 미친 정도를 측정하는 것도 쉬운 일이 아니다. 산출과 결과의 구별은 정치와 관리의 구별에 근거하는데 공공부문에서 이러한 구별이 용이하지 않다는 것은 오래 전부터 알려진 사실이다. 장관도 관리에 기여할 뿐만 아니라 부처의 사무차관과 고위관료, 서비스공급자 등도 오로지 산출에 관해서만 기여하는 것이 아니라 끊임없이 정책에 대해 대화하고 조언하며 기여하게 된다. 결국 결과에 영향을 미치는 것은 장관만이 아니라 정부의 모든 역량과 능력인 것이다. 그렇다고 해도 결과를 지속적으로 측정하여 결과에 얼마나 근접하는가의 추세를 보면 장관과 부처의 노력을 알 수 있을 것이다. 단순히 결과를 얼마나 달성했는가를 측정하는 것이 아니고 매년 결과목표수치에 근접하는 정도를 측정하는 것이 정책의 효과성을 위해서 그리고 바람직한 정부를 위해서 필요하다(McCulloch & Ball, 1992; Scott et al., 1997; OECD, 1997).

장관은 어떤 산출을 부처가 생산해야 하는가를 결정하고 궁극적으로 어떤 결과를 달성했는가에 대해 책임을 진다. 산출을 정의하기 어려운 부처의 경우도 산출을 정의하려는 노력의 와중에서 부처가 하는 일과 방향을 보다 명료하게 파악할 수 있게 되고, 부처의 운영에 현저하게 기여하는 장점이 있었다. 지출예산은 산출을 생산하기 위해 필요한 원가를 발생주의회계에 의해 계산한 후 결정된다. 원가에는 당연히 감가상각비용도 포함된다. 사무차관은 부처가 생산하는 산출과 부처 운영에 대해 책임을 지지만 장관도 부처의 운영에 대해 책임이 면제되는 것은 아니다(McCulloch & Ball, 1992; Scott et al., 1990). 장관에 대해 책임을 묻는다는 것은 한계가 있기 때문에 장관이 보다 전략적이고 장기적 관점을 가지면 부처의 운영도 그에 상응할 것이며 그렇지 못하면 개혁도 한계를 가질 수밖에 없다. 또한 장관과 사무차관 그리고 부처의 공무원들이 개혁에 대해 저항한다면 개혁도 한계를 가질 수밖에 없다. 결국 다른 문화가 정착될 수 있도록 해야 한다(Scott et al., 1990).

뉴질랜드에서는 산출을 규정하고 정의하는 능력은 개혁 이후에 현저하게 증가하였지만 산출의 정의가 쉽지 않은 영역에서는 측정 용이한 성과지표가 지나치게 많은 비중으로 사용된다는 문제점이 있다. 산출의 양보다 산출의 질을 측정하는 것이 어려웠으며 산출이 결과달성에 기여한 정도를 판단하는 것이 가장 어려웠다. 산출원가를 계산하는 것은 산출의 양을 측정하는 것보다 더 쉽다고 생각되었지만 실제로 부처의 산출원가산정은 매우 어려웠다. 간접원가의 배분이 가장 문제였는데 간접원가의 배분 문제로 인하여 감사의견에서 한정의견(qualified opinion) 즉 정보의 보고가 적절하지 않다는 의견을 받는 경우가 많았다. 장관에게 산출이 아닌 결과에 대해 책임을 묻는 것은 현실적이지도 않고 정치적으로 가능하지도 않다는 비판도 있다. 결과가 설정되고 산출이 결정되기보다는 오히려 산출이 먼저 정의되고 산출의 목적을 설명하기 위해 결과가 정의되는 현상이 발생하기도 했다. 부처의 전략기획은 비밀로 성급하게 수행되는 경우가 많았기 때문에 예산과정보다 먼저 시작되어 우선 순위에 대해 충분한 합의가 이루어지고 내각에서 상호관심이 있는 이슈를 토론할 수 있어야 한다는 주장도 제기되었다(Boston et al., 1996).

성과관리에서 민간과 공공부문의 차이가 생각보다는 적다. 공공부문이 결과지표의 측정이 어렵지만 민간부문도 역시 그러하다. 정부가 어떤 정책을 시행할 때 그것의 산출이 사회에 어떤 영향을 미칠까를 파악하는 것이 어려운 것처럼, 기업도 어떤 제품을 생산할 때 소비자들이 원하는 것을 과연 제공할 수 있을까(그렇게 하여 기업의 목표인 이익을 창출할 수 있을까) 파악하기 어렵다. 경영자문회사가 기업에게 어떤 제품이 어떤 결과를 달성할 것인가에 대해 자문을 주듯이 뉴질랜드의 경우 정책자문이 어떤 산출이 어떤 결과를 달성할 것인가에 대한 자문을 제공한다(Scott et al., 1997).

(4) 산출 중심적 예산

1) 산출의 정의

Ian Ball이 제안한 산출정의의 기준은 "당신의 부서가 더 이상 존재하지 않는다고 생각하고 정부가 시장에서 계약에 의해 서비스를 구입하려고 할 때 무엇을 계약에 명시하겠는가를 생각하라"였다.

산출의 사례: 수술, 예방접종사업, 건강교육캠페인.

결과의 사례: 질병발생의 감소.

산출이 결과보다 훨씬 정의하기가 쉽고 계량화가 용이하다는 이점이 있지만 정부가 진정으로 추구해야 하는 것은 결과의 달성이다(Scott et al., 1990; McCulloch & Ball, 1992).

각 부처는 여러 목표를 수행하고 있었기 때문에 사무차관들은 자신의 조직이 무엇을 해야 하는지를 알기 어려웠다. 가장 중요한 역할이 재화와 서비스의 효율적 생산인가 아니면 효율성에 관계없이 필요한 재화와 서비스를 공급하는 것인가를 판단하는 것도 쉽지 않았다(Douglas, 1989).

재무부는 산출의 분류가 장관들에게 구입하기를 원하는 산출과 구입비용에 관한 진정한 의사결정권한을 부여할 수 있도록 충분히 좁고 구별되도록 정의되어야 한다고 요구했다. 지나치게 넓게 정의된 산출은 투입에 의해 예산을 편성하거나 아예 조직단위로 예산을 편성하는 기존제도와 다를 게 없다고 생각한 것이다. 반면에 각 부처는 산출을 가급적 넓게 정의함으로써 자신들의 자유재량을 충분히 확보하기를 원했다. 사무차관에게 산출이 넓게 정의되는지 좁게 정의되는지는 매우 중요한 의미를 가지고 있었다. 왜냐하면 예산이 결정되면 오직 5%의 예산만이 다른 산출로 이동할 수 있었기 때문이다. 산출이 넓게 정의되면 사무차관은 자금을 보다 쉽게 산출 내에서 또한 산출간에 이동할 수 있기 때문이다(Norman, 1997).

Bushnell은 산출을 정의하는 일반적 기준을 다음과 같이 주장했다(Bushnell, 1989).

① 재화나 서비스이다.

② 산출은 부처내부에서 소비되는 재화나 서비스에 미치는 영향을 제외하여야 하며 조직외부에 제공되는 것이라야 한다.

③ 산출의 제공은 부처의 통제하에 있어서 사무차관에게 효율적 생산에 대해 책임을 물을 수 있어야 한다.

④ 산출은 수량에 비추어 혹은 법적 역할에 비추어 중요도를 지닌 것이라야 한다.

⑤ 부처의 모든 산출은 부처가 생산하는 모든 재화와 서비스를 대표하여야 한다.

Caygill은 산출정의의 일반적 문제점을 다음과 같이 지적하고 있다(Caygill, 1989).

① 부처는 산출보다 결과를 선택하고 싶어한다.

② 어떤 부처는 관리상의 자유재량을 확보하기 위하여 산출들을 집약하여 넓게 정의하고 싶어한다. 법에 의해 추가경정예산 편성시에 특정 산출예산의 5% 한도내에서 예산을 조정할 수 있기 때문이다.

③ 어떤 부처는 외부에 제공되지 않고 산출을 생산하는데 사용되는 재화나 서비스를 산출에 포함하기도 한다. 예를 들어 R&D는 부처의 정책조언이나 다른 산출에 사용되는 투입이다.

④ 산출이 부처내의 현재조직구조를 반영해야 한다고 생각하는 경향이 있다.

2) 산출, 결과와 책임

Ian Ball에 의하면 산출을 사용하도록 설득하는 것이 발생주의회계시스템을 채택하는 것보다 어려웠다고 한다. 개별산출은 사무차관이 장관에게 계약에 의해 제공하는 정책조언(policy advice)으로 간주되었다. 대부분의 정부부처는 산출보다는 결과에 의해 평가받기를 원했는데, 결과에 의해 평가받으면 책임을 명확하게 규명하기가 더 어렵기 때문이다. 산출은 각 부처의 책임이 명확하게 드러나는데 반하여 결과는 다른 변수가 개입하기 때문에 부처에게 모든 책임을 지우기가 어렵게 된다(Scott et al., 1990; McCulloch & Ball, 1992; Norman, 1997).

민간기업이건 정부조직이건 효과성과 효율성을 위해서는 명료한 역할과 목표가 필수불가결하다. 결과를 명료하게 정의함으로써 운영상의 산출로 재표현할 수 있다(Quigley, 1989). 그렇지만 어느 국가에서나 정치인들은 국가목표나 성과를 측정 가능한 수치로 구체화하는 것을 주저한다. 예를 들어 인플레를 몇 퍼센트 이하로 잡겠다고 하는 표현보다는 인플레를 억제하겠다는 목표를 더 좋아한다. 그러나 뉴질랜드에서는 인플레율은 중앙은행의 산출로 간주되었다(Pallot, 1991).

궁극적으로 정부개입의 성공기준은 결과지표이어야 하며 정책조언도 바람직한 결과를 달성하기 위하여 필요한 산출이 무엇인가를 결정하는 것이다. 그러나 사무차관에게 결과지표에 대한 책임을 지우는 것은 현실적으로 어려울 것으로 생각하고 산출에 대한 책임만을 요구했다. 부처는 정책조언에 대해서도 책임을 지기 때문에 결국 완전히 결과지표에 대한 책임에서 면제되는 것은 아니다. 결과지표를 기준으로 평가하는 가장 큰 문제점은 결과의 달성은 여러 가지 외부변수가 개입되며 하나 이상의 부처가 개입된다는데 있다. 뉴질랜드의 경험은 결과지표에 대한 책임을 추궁하는 것보다 산출에 대한 책임을 추궁하는 것이 훨씬 더 효과적이고 궁극적으로 바람직한 결과의 달성에 더 기여한다는 것이다(McCulloch & Ball, 1992; Scott et al., 1997).

정부는 결과에 의해 우선순위를 수립하고, 결과의 달성을 위해 구입해야 할 산출을 결정한다. 결과를 선택하는 것은 항상 정부에 대한 정책조언의 역할이었다. 정부는 각 부처에 투자한 것이기 때문에 사무차관은 자신의 부서의 재무성과에 대해 책임을 져야 한다. 정부가 구입하는데 지불하는 산출가격은 부처운영의 재무결과를 결정한다. 각 부처가 정부가 구매하는 가격보다 낮은 가격에 산출을 제공할 수 있었을 때는 이러한 잉여를 인식하여야 하는데 부처가 소유하도록 허용하는 방법과 정부에 반납하도록 하는 방법이 있을 것이다. 또한 부처가 제공하는 정책조언을 비용으로 처리하는 방법과 자산으로 인식하여 대차대조표에 보고하는 방법이 있다(McCulloch & Ball, 1992; Caygill, 1989).

과거에는 예산편성시에 입증책임은 중앙예산기구에 있었다. 중앙예산기구는 투입을 중심으로 예산을 편성하기 때문에 각 부처의 예산을 결정하는 것은 부처업무수행을 위해 필요한 투입이 얼마라는 것을 입증하는 것이나 다름없었다. 그러나 산출중심 예산은 입증책임을 각 부처의 사무차관과 장관에게 부여하였으며 각 부처에게 "왜 우리가 이 일을 하고 있나"하는 의문을 스스로 제기하게 만들었다. 결과지표에 대한 책임을 지우는 것보다 산출에 대한 책임을 지우는 것이 책임소재를 분명히 밝힐 수 있고 효율성의 증진을 통하여 궁극적으로는 결과지표를 기준으로 평가하는 것보다 결과달성에 기여한다고 생각한 것이다(McCulloch & Ball, 1992; Scott et al., 1997).

재정책임법(Fiscal Responsibility Act, 1994년)은 예산이 의회에 제출되기 몇 달 이전에 예산정책선언서(Budget Policy Statement)에 중기재정전략(fiscal strategy)을 공표 하도록 요구하고 있다. 예산정책선언서는 향후 3년 동안의 정부의 재정의도를 발표하는데 예산의 거시항목총액과 거시경제정책에 관한 내용이다(OECD, 1997).

〈산출중심예산의 사례: Norman, 1997〉

관세업무를 담당하는 부처는 개혁 이전(1989년 3월 31일에 종료하는 회계연도)에 다음과 같은 세 개의 사업이 있었다.

표 7-4 | 뉴질랜드 예산개혁 이전 관세업무 부처의 사업

사 업	금액(단위: 뉴질랜드 달러)
corporate service	41,701
compliance	26,572
technical services	5,719
합 계	73,992

개혁 이후(1997년 6월 30일에 종료하는 회계연도 - 회계연도가 개혁이후에 변경됨)에는 8개의 부처산출이 있는데 각각 다음과 같다.

표 7-5 | 뉴질랜드 예산개혁 이후 부처산출

사 업	금액(단위: 뉴질랜드 달러)
check and clear passengers and craft	9,523
check and clear import and export entries	9,067
surveillance and search for prohibited items	17,946
processing of crown receipts	2,343
commercial audit	10,217
investigation of customs offenses and related legislation	9,066
dispute resolution and prosecution	793
trade and business facilitation and advisory services	4,606
합 계	63,561

정부부처의 정책제공역할과 정책을 집행하는 부서 운영역할을 구별함으로써 산출을 전달하는 담당자의 이익이 미래의 산출과 결과를 정의하는 과정에 영향을 미치지 못하도록 하였다. 책임의 핵심은 목표에 대한 성과의 평가이며 납세자들이 세금에 대해 충분한 가치를 국가로부터 획득하고 있느냐를 판단하는 것이다. 정부의 모든 활동은 계량적 혹은 비계량적으로 측정될 수 있는데, 효과·효율달성의 유일한 방법은 이러한 성과평가를 목표를 중시하는 시스템 내에 내재화시키는 것이다. 인센티브와 징벌이 없이는 목표는 무용지물이 되기 때문에 개인과 집단의 성과에 의해 구성

원의 이익이 좌우되어야 한다. 내각제하에서 책임은 궁극적으로 의회에 대한 것이기 때문에 의회의 토론, 질의, 비판이 효과성과 효율성을 밝히는 것이 되어야 한다. 책임의 실현은 기업이나 정부나 동일한데 성과가 부진한 관리자를 과감하게 제거하는데 결정적으로 달려 있다. 내각책임제하에서 장관은 사무차관이 잘못하면(감사원이 이런 과정에서 잘못여부에 대해 의견을 제시) 파면할 수 있어야 하며 그렇지 못할 경우 의회와 내각은 그렇게 하도록 장관을 설득하여야 한다(Quigley, 1989).

재무부와 각 부처는 공개되지 않고 비밀이 유지되는 관계서신(relationship letter)을 작성하는데 재무부가 초안을 마련하여 각 부처와 협의하여 결정된다. 관계서신은 재무부가 특별히 관심을 기울여 평가할 부처의 성과에 대한 내용을 포함하고 있다(OECD, 1997).

장관에 대해 완전한 책임을 추궁하려면 산출에 대한 보고만이 아니라 결과에 대한 보고도 필요한데 재정법안(Public Finance Bill)에는 장관의 결과에 대한 보고를 누락하고 있어 문제가 있다고 지적되었다. 관료들이 장관에 지는 책임을 관리책임(managerial accountability)이라고 하고, 장관이 의회에 대해 지는 책임을 공공책임(public accountability)이라고 한다. 사무차관은 관리통제권한은 없으면서도 자신의 부처에 의해 자금이 공급되는 기관에 대해 책임을 지는 것을 원하지 않는데, 의회가 직접 통제하는 것이 타당할 것이다(Pallot, 1991).

크라운조직(Crown entities)이란 정부핵심부처를 제외한 모든 정부부처를 지칭하는데 분리된 정책집행기능은 일반적으로 크라운조직이 된다. 개별 크라운조직은 관련된 장관의 관할 하에 속하는데 보통 이사회에 의해 최고책임자가 임명되며 책임과 투명성에 있어서 다른 정부부처보다 취약하다. 중앙정부의 부처는 40개가 넘는데 어떤 부처는 정책수립, 감독, 보고의무를 수행하기에는 지나치게 소규모인 조직도 있으며 이런 부처는 소속 크라운조직의 감독에 소홀할 수밖에 없다. 장관은 각 부처, 크라운조직, 민간기업으로부터 산출을 구입할 수 있다. 부처는 둘 이상의 장관에게 산출을 공급할 수도 있는데 그럴 경우 더 많은 산출을 구매하는 장관이 책임장관이 된다(OECD, 1997).

장관은 의회에 대해 책임지고 부처의 최고책임자인 사무차관은 장관에게 책임지며, 장관은 정책을 책임지고 사무차관은 운영을 책임지며, 장관은 결과를 책임지고 사무차관은 산출을 책임진다. 그러나 많은 경우에 이러한 책임구분이 명확하지 않아 혼란이 발생한다. 부처의 책임자인 사무차관은 중앙인사기구에 의해 임명되고 장관은 사무차관의 임명에 대해 공식적 거부권은 없지만 장관의 의사에 반하여 사무차관을 임명하지 않고 장관의 신임을 잃은 사무차관을 유임시키지 않는다는 원칙이 시행되고 있다(McCulloch & Ball, 1992; OECD, 1997).

3) 산출의 원가산정을 위한 발생주의회계

예산과 회계가 완전원가에 기초하는 것이 뉴질랜드개혁의 중요한 내용 중의 하나인데 완전원가는 발생주의회계를 사용하여야 가능하다. 이것은 정부의 주요 산출물, 즉 주요활동 혹은 서비스에 대한 원가를 산정하는 것을 의미하며 이에 기초하여 예산을 편성하는 것을 의미한다(McCulloch & Ball, 1992; Pallot, 1994). 정책결정과 정책집행이 분리되면 정책집행에 대해 계약을 체결하게 되고 결국 가장 중요한 것은 원가회계(cost accounting)이다(Douglas, 1989).

엄격한 원가산정이 없다면 산출에 근거한 예산제도는 기존의 예산제도와 크게 다를 것이 없다. 기존의 예산제도를 산출이라는 분류에 맞추어 재구성한 것에 불과하기 때문이다. 그러나 원가산정은 어려움이 많았다. 만약 여러 가지 업무를 수행하는 공무원이 자기가 사용한 노력과 시간을 어느 업무에 얼마 사용했는가를 보고하고 이를 집약할 수 있다면 그렇지 않았을 때보다 매우 정확한 원가정보가 추출될 수 있을 것이다. 실제로 원가산정은 이렇게 이상적으로 수행되지 않았고 계획된 원가 즉 예산이 실제 발생한 원가와 비교되는 통제기능을 수행하지도 못한 채로 원가는 사후에 배분되었다. 또 다른 문제점은 기존에 부처 전체에 관련되었던 비용을 개별산출원가에 나누어서 계산함으로써 부처전체에 관련되는 비용을 감추는 것이었다(Norman, 1997).

자원배분을 위해 우수한 재무정보가 필요하며 특히 정확하고 적절한 원가정보는 산출중심적 예산에 필수불가결하다. 역사적 원가에 의해 감가상각을 하면 현재 사용하고 있는 자원의 가치를 반영하지 못한다. 성과평가를 위해 유용한 재무정보시스템은 예산우선순위결정시 사용하는 개념, 즉 비용편익분석에서 사용하는 개념과 일치하는 원가개념을 활용해야 한다. 그러므로 재무제표상의 원가(cost)는 비용편익분석의 비용(cost)이어야 한다는 말이며 Ball은 이것을 사회기회비용(social opportunity cost)을 반영하는 것이라고 말하고 있다(한국에서는 원가편익분석이라는 정확한 용어대신 비용편익분석이라는 부정확한 용어를 사용하고 있어 혼란이 초래되었다. 여기서는 더 이상의 혼란을 초래하지 않기 위하여 비용편익분석이라는 용어를 사용하기로 한다). 그러나 사회기회비용은 경제학적으로 이상적 비용개념일 뿐 실제로 계산하는 것이 불가능하기 때문에 회계학에 의해 추정하는 방법밖에 없다(Ball, 1981; Scott et al., 1997).

정부의 서비스에 대해서는 경제학적 관점에서 오직 하나의 진정한 원가만이 존재하지만 이러한 원가에 대해서는 수많은 추정치가 가능하다. 원가추정시의 가정과 회계기준에 따라 원가산정결과가 달라진다(Keef, 1989). 바람직한 원가정보의 제공을 위해서는 원가배분의 기초와 범위를 재무제표의 주석에 설명해야 하며 원가배분은 일관성이 있어야 한다. 예를 들어 자산의 가치평가를 위해서는 감가상각이 필요한데 뉴질랜드에서 감가상각은 공동체자산이 아닌 모든 자산에 대해 행해진다. 공동체자산은 가치를 쉽게 부여할 수 없는 사회간접자본의 일부분을 구성하는 자본항목을 말한다. 감가상각에 의하여 자본자산을 사용하는 원가와 특정서비스를 제공하는 원가가 재무제표에 반영된다(New Zealand Society of Accountants Continuing Education, 1988). 원가산정의 문제점이 많은 것은 사실이지만 한 번에 모든 것을 달성하는 개혁은 불가능하며 원가산정에 있어서도 점진적으로 원가측정의 질을 개선해나가야 할 것이다(Ball, 1981).

(5) 정책집행과 정책결정의 분리

OECD는 정책결정과 정책집행의 분리에 대해 다음과 같이 설명하고 있다(OECD, 1997). 정책조언, 즉 정책결정과 서비스제공, 즉 정책집행기능을 동시에 수행하는 부처는 복수의 목표를 가질 수밖에 없으며 그렇지 않은 경우에 비해서 필연적으로 비효율적일 수밖에 없다. 정책수립자는 서비스제공자에 의해 포획될 가능성이 대단히 크다. 그러므로 뉴질랜드는 정책수립기능과 정책집행기능을 분리하여 장관들이 행정서비스제공자의 이익에 의해 왜곡되지 않는 정책조언을 받을 수 있도록 하였다. 정책결정부서는 정책수립기능과 서비스제공의 감시만을 담당하게 되었다. 8천 명을 고용하던 교통부는 도로, 고속도로안전, 공항 기타 서비스를 분리하여 이제는 100명의 공무원으로 구성된 정책결정부서로 남게 되었다. 그러나 일부 부서는 정책결정기능과 정책집행기능을 분리하는 것이 바람직하지 않다고 생각되어 거대부처로 남아 있으며 다만 각 목표별로 별도의 성과목표치를 설정하고 예산을 운영한다.

호주와 스웨덴은 기존조직의 체계 내에서 공공부문개혁을 시도하였다. 호주는 새로운 부서를 창설하지는 않았지만 일부 부서를 통합하여 거대부서를 만들었다. 만약 조직개편이 기존책임을 부서간에 이동하여 재구성하는 것에 불과하다면 별 의미가 없으며 예상하지 못한 역효과가 의도하는 효과를 상쇄할 우려가 크다. 반면 책임관계를 재구성하는 조직개편이라면 조직성과에 근본적 영향을 미칠 것이다. 정책집행과 정책수립의 분리, 명확한 책임규명을 위해 다수의 단일목표조직으로 재구성하는 것 등이 이에 해당한다. 정책집행과 정책수립기능이 분리되면 3단계의 구조가 이룩된다. 정치적 책임과 결과에 대한 책임을 지는 장관, 정책조언을 통해 결과를 달성할 수 있는 산출을 책임지는 부처, 서비스의 제공을 담당하는 정책집행부서의 3계층이다(OECD, 1997).

(6) 자율과 책임

뉴질랜드는 최초로 산출중심예산을 성공시키고, 최초로 발생주의예산과 회계를 구축하였으며, 최초로 관리자에게 투입을 사용하는 데 완전한 자유재량을 부여하였고, 최초로 포괄적 책임구현시스템을 정착시킨 국가이다. 뉴질랜드는 다른 국가에 비해 부처에게 훨씬 더 많은 자유재량을 부여하고 있다. 각 부처는 별도의 은행계정을 유지할 수 있으며 여유자금으로부터 이자수익을 얻을 수 있다. 공공부문법(State Sector Act)은 재무, 구매, 인사에 관하여 모든 권한을 부처에 위임하고 있다. 사무차관은 부처공무원을 고용하며 보수, 고용조건, 기타 인적 자원관리에 관한 모든 사항을 결정한다. 고위관료들은 5년 기간의 계약으로 중앙인사기관인 State Services Commission에 의해 임용되며 5년 뒤에 성과가 우수할 경우 임기를 3년 연장가능하며 8년 뒤에 성과가 우수할 경우 다시 5년 동안 임용 가능하다(Scott et al., 1997; Pallot, 1994; OECD, 1997; McCulloch & Ball, 1992).

재무관리개혁은 모든 부처에 동시에 강제적으로 적용되는 것이 아니라 먼저 참여하는 부서가 있고 나중에 참여하는 부서가 있었다. 예산개혁은 각 부서의 장이 책임지고 수행할 수 있도록 재무부에서는 개입을 최소화하였으며 각 부서는 이것이 일시적 것이 아니라는 것을 알고 받아 들였으며 다른 부서에 비해 부진하다는 인상을 피하기 위해 자발적이고 적극적으로 개혁을 추진하였기 때문에 개혁이 상대적으로 쉽게 성공할 수 있었다(Weeks, 1989).

Norman은 각 부서와 재무부와의 관계에 대해 다음과 같이 설명하고 있다(Norman, 1997). 각부서는 자신에게 맞는 발생주의회계시스템을 선택하며 재무부는 특정시스템을 추천하지 않았다. 새로운 회계시스템이 항해하는 선박의 방향조정메커니즘으로 소개된 비디오와 책자가 제작되어 개혁의 이점에 대해 광범위하게 홍보했다. 그러나 각 부처가 개혁을 추진할 능력과 준비가 되어 있지 않는 상황에서 재무부가 각 부처의 자율에 맡기는 것은 문제를 야기했다. 뉴질랜드의 예산개혁은 수동적으로 상부의 지시를 순응하던 것에서 자율적으로 의사결정하는 방향으로 전환하는 것을 의미했다. 산출, 구매, 소유권 등의 용어들은 고위관리들에게 정부의 이익, 장관과 부처간의 관계에 대해 생각하게 만들었다. 이러한 계약접근법은 의사결정자로 하여금 산출의 구매자와 판매자 사이의 관계와 계약에 관련된 위험 그리고 위험을 관리하는 최선의 방법에 대해 깊이 사고하게 만들었다. 또한 양질의 재무정보를 제공함으로써 의회의 재정상태조사를 돕고 공적 토론의 내용을 알리는데 기여하였다.

Norman에 의하면 이전의 재무부규정은 두께가 5센티미터에 달하는 방대한 양이었으나, 개혁 이후에 재정법(Public Finance Act)을 위한 지침은 25페이지의 가이드라인에 불과했으며, 각 부처에게 재무관리에 관해 광범위한 자유재량이 부여되었다. 그러나 각 부처는 다음과 같은 조건이 충족되었음을 재무부에 확신시켜야 되는 의무가 있었다.

- 발생주의예산의 기초가 되는 산출에 관한 합의와 산출분류에 대한 설명
- 장관과 재무부에 보고하는 월별보고와 의회에 보고하는 연말보고의 기초가 되는 발생주의회계시스템의 개발
- 산출에 배분되는 모든 투입원가(간접비, 감가상각, 자본비용 포함)의 산정을 위한 원가회계시스템의 개발
- 현금관리시스템의 개발
- 장관과 재무부에 제공하는 정보의 신뢰성을 포함하는 모든 재무관리에 대한 책임을 사무차관에게 위임하는 것

산출의 정의와 분류에 대한 강력한 중앙통제에 반하여 각 부처는 투입원가의 기록, 정보시스템의 소프트웨어선택, 회계시스템의 선택에 관해서 광범위한 자율을 부여받았다(Norman, 1997).

(7) 회계중심적 예산개혁

1) 개 요

뉴질랜드 경제위기의 문제점인 재정적자와 공공부채를 감소하기 위해서는 신뢰할 수 있는 재무정보가 절박하게 필요했는데 예산회계시스템은 이러한 정보를 전혀 제공하지 못했다(Norman, 1997). 회계에 대한 관심은 회계전문가들의 주도적 연구와 맞물려 전 세계적으로 유래가 없는 회계가 중심이 되는 예산개혁으로 이어졌다. 그럼에도 불구하고 뉴질랜드의 예산개혁은 1981년에 시작한 영국의 Financial Management Initiative(FMI)와 1984년에 시작한 호주의 Financial Management Improvement Program(FMIP)과 유사한 점이 많다(Scott et al., 1990).

행정개혁의 법안들은 뉴질랜드 회계학회의 주도에 따랐다(Tyler, 1989). 뉴질랜드의 예산개혁은 1980년대에 회계전문가집단에 의해 이루어진 기초작업이 없이는 불가

능했을 것이다. 또한 1987년 미국 월 스트리트 주식폭락의 여파로 뉴질랜드 주식시장이 붕괴하여 많은 기업들이 위기에 처했고 회계사들에게도 일자리가 줄어들게 되어 정부가 필요한 회계사를 쉽게 채용할 수 있었던 것도 회계 중심적 예산개혁이 가능했던 요인의 하나이다(Norman, 1997). 뉴질랜드는 2차 대전 이전에는 발생주의회계를 사용하였는데 2차 대전 중에 회계사의 부족으로 현금주의회계로 전환하였다는 주장도 있다(Scott et al., 1990).

뉴질랜드의 회계전문가집단은 비재무성과 측정 등에서 다른 국가보다 매우 앞서 갔다. 고위관료들과 재무관료들은 정부의 기존회계시스템의 부적절성에 관심을 갖고 여러 그룹들(Financial Officers Advisory Group-FOAG, the Users' Consultative Committee on reforms to SIGMA, and the University Financial Management Programme, Audit Office)과 공감대를 형성하며 1982년에 뉴질랜드 공인회계사회[8]내에 공공부문특별연구팀(Public Sector Study Group)을 만들어 정부회계기준의 개발을 연구하였다. 이러한 움직임은 미국 정부회계기준위원회(Governmental Accounting Standards Board: GASB)의 수립과 비슷한 시기에 이루어졌다(Pallot, 1991; New Zealand Society of Accountants Continuing Education, 1988).

뉴질랜드 공인회계사회의 연구는 외국의 연구결과를 무시하지 않았지만 외국과는 독자적으로 공공부문의 경험이 있는 사람들에 의해 이루어졌다. 특히 비재무정보를 개발하여 재무정보를 보완하려고 하였으며, 발생주의회계에 의해 완전원가를 산정하여 효율성을 증진하고자 하였다. 현금주의회계는 자산이 구입되면 자산이 무료라고 생각하게 만들기 때문에 발생주의회계에 의해 자산가치를 인식하게 하고 낭비를 방지하고 자원을 보존하도록 하였다. 재정법(Public Finance Act: 1989)의 규정은 뉴질랜드 공인회계사회의 연구결과와 거의 동일하다(Pallot, 1991; Pallot, 1994).

공공부문특별연구팀(Public Sector Study Group)은 1984년 정부회계기준에 관한 초안을 발표하기 시작하였고 1985년에는 중앙정부, 지방정부, 재무부, 감사원, 대학의 회계전문가들로 구성되어 회계기준을 제정하는 공식기구로 발족하였다. 1987년 7월에 뉴질랜드 공인회계사회는 최초의 정부회계기준을 제정하여 발표하였다. 뉴질랜드의 예산개혁은 이처럼 뉴질랜드 공인회계사회의 연구에 많이 의존하였는데 1984년 노동당정부가 들어선 후 예산개혁이 즉시 이루어지지 않고 1987년부터 예산개혁이 시작된 것도 정부회계에 대한 연구가 1987년에야 비로소 공식적으로 결과물을 내기

---

8) the New Zealand Society of Accountants에서 Institute of Chartered Accountants of New Zealand(ICANZ)로 명칭이 변경되었다(Pallot, 1997).

시작했기 때문이 아닐까 추측될 정도이다(Pallot, 1991).

노동당이 집권하기 이전부터 정부부문에서도 개혁의 청사진이 마련되고 있었다. 1982년 재무부의 공공지출위원회(Public Expenditure Committee)는 Peter Neilson을 위원장으로 하는 소위원회를 구성하여 예산에 관한 개혁을 연구하도록 했다. 공인회계사회의 연구에 자문을 제공했던 사람들과 동일한 사람들이 자문을 제공했기 때문에 1983년에 발표되고 1984년 5월 16일 공공지출위원회(Public Expenditure Committee)에 의해 승인된 소위원회의 결론은 뉴질랜드 공인회계사회의 연구결과와 유사할 수밖에 없었다. 공공지출위원회와 뉴질랜드 공인회계사회의 연구와 더불어 1987년 정부관리위원회(Government Administration Committee)가 각 부처의 재무보고와 재무보고기준에 대한 조사를 수행했다(Pallot, 1991).

1984년부터 새로운 재무관리시스템의 필요성을 설득하기 시작하여 1987년 공공부문의 개혁이 시작되었고 1991년에 최초로 새로운 제도에 의한 예산이 편성되었다. 1988년 발생주의회계를 채택하는 일정표는 지나치게 야심적으로 보였지만 1990년 7월 1일까지 4개의 부처를 제외하고 모든 부처가 발생주의회계로 전환하였다. 1991년 12월 31일까지는 6개의 부처를 제외한 모든 부처가 평가와 보고서에 대해 적정하다는 감사보고를 받았다(Pallot, 1994; Norman, 1997).

예산은 현금주의회계에 의해 편성되고 재무보고는 발생주의회계에 의해 작성되면 예산과 회계가 연계되기 어려울뿐더러 관리자가 무엇에 기초하여 의사결정을 할 것인가를 알기가 어렵다. 오로지 사후재무보고에만 사용되는 회계정보는 관리성과의 증진에 기여하기 어렵다(Scott et al., 1997).

부처의 소유자로서의 국가는 민간기업과 동일한 유형의 정보를 요구하는데, 자본지출과 경상비를 구별하고, 자본유지의 개념이 필요하며, 완전발생주의회계의 사용을 요구한다. 부처로부터 산출을 구입하는 구매자로서의 국가는 산출에 대한 정보를 필요로 한다. 그러나 산출을 강조한다고 해서 투입과 과정에 대한 정보가 중요하지 않다는 오해를 해서는 안 된다. 투입과 과정에 대한 정보는 부처의 관리자에게 매우 유용한 정보를 제공한다. 다만 부처에게 산출을 생산하는 데 관한 자유재량을 부여했기 때문에 투입과 과정에 대해서는 국가가 관여하지 않을 뿐이다(Ball, 1992).

산출을 부처로부터 구입할 수도 있지만 민간부문으로부터 구입할 수도 있다. 그렇다면 산출에 대한 지출예산은 시장가격에 기초하여 편성되어야 한다. 시장가격은 발생주의회계에 의한 완전원가에 기초하여야 한다. 즉 감가상각과 자본의 기회비용을 포함한 가격이어야 한다. 보조금처럼 부처가 사용하지 않고 단순히 지불기관역할만 하는 지출은 부처의 재무보고서에 포함되지 않고 별도로 보고된다(Ball, 1992; Pallot, 1997). 구매자 공급자관계는 의료서비스영역에서 가장 명료하게 드러난다. 모든 병원은 공기업이 되고 지역의료당국과 경쟁적으로 계약을 맺는데, 지역의료당국은 지역인구 숫자에 기초한 예산을 할당받으며 지역을 위해 의료서비스를 구입한다 (Jacobs, 1995).

부처의 재무보고는 부처와 관련되는 사건과 거래만을 기록한다. 예를 들어 국립공원을 관리하는 Department of Conservation의 재무보고서에는 국립공원은 포함되지 않지만 부처가 임의대로 처분가능한 여유토지(reserve land)는 보고서에 포함된다(McCulloch & Ball, 1992). 과거에는 정부의 재무담당직위는 명석한 사람에게는 맞지 않는 기계적이고 세속적 임무였지만 이제 재무관리담당자는 장관들에게 핵심참모가 되었으며 장관들의 성과계약에 필요한 중요한 정보를 제공하는 사람이 되었다 (Norman, 1997).

1986년 재무장관에 임명된 43세의 Graham Scott은 재무관리시스템의 변화에 핵심역할을 했다. 1986년 경제학자들에 의해 운영되었던 재무부에 회계학 관점을 도입하기 위해 호주와 뉴질랜드대학에서 오랫동안 교수생활을 했던 Ian Ball이라는 회계학 전공교수를 재무관리정책국장(Director of Financial Management Policy)으로 임명했는데 이것은 매우 획기적인 것이었다. 재무관리국은 개혁과정에서 발생하는 회계와 재무에 대한 기술적 문제를 해결하고 재무부내의 모든 부서에 자문을 제공하기 위해 창설된 부서이다. Ball은 발생주의회계의 공공부문에의 도입에 대해 깊이 연구하고 주장했던 학자였는데 비록 공인회계사였지만 박사학위는 경제이슈에 초점을 맞추어 연구한 학자였다고 한다(Norman, 1997; Weeks, 1989).

뉴질랜드 예산개혁에서 가장 두드러진 특징은 경제학과 회계학의 결합이다. 재무장관이었던 Graham Scott와 Ian Ball은 경제학자이며 공인회계사라는 공통점을 가지고 있었다. 경제학자들의 독점영역이었던 재무부에 회계학자의 진입은 경제학자들의 냉소적 반발을 초래했는데 회계학을 멸시하는 경제학자들의 비판에 대해 Graham Scott가 적절히 견제함으로써 회계학이 예산개혁에 기여할 수 있는 결정적 역할을 했다. 한국에서도 예산은 경제학의 영역이라고 생각하지 회계학과는 무관하며 뉴질랜드에서 있었던 것처럼 회계학을 멸시하는 분위기가 많은데 뉴질랜드 예산개혁에서 회계학은 경제학보다 더 중요한 역할을 수행했다(Norman, 1997). 대부분이 경제학자인 재무부의 예산담당자들은 새로운 예산제도를 위해 회계와 재무기법을 습득해야 했다. 재무부 내에 훈련프로그램이 개설되었으며 재무부 내의 회계전문가들은 이러한 프로그램의 과목을 통하여 다른 분야의 전문가들에게 회계학의 유용성을 보여줄 수 있었다(McCulloch & Ball, 1992; Weeks, 1989).

부처내의 발생주의회계의 필요성을 인식시키는 것보다 국가전체의 발생주의회계 보고서 작성의 필요성을 사람들에게(주로 각료들) 인식시키는 것이 더 어려웠다(Norman, 1997). 그러나 발생주의회계는 줄기차게 추진되었다. 예산개혁의 주요내용을 담은 재정법안은 1989년에 의회에 제출되었는데 매우 강력한 반대가 제기되었던 공공부문법(State Sector Act)에 비해 반대가 없었으며 오로지 발생주의회계의 도입에 얼마의 시간을 주어야 하는가의 문제만이 제기되었을 뿐이다. 정부의 각 부서는 2년 내에, 교육, 의료부문은 3년 내에 발생주의회계를 시행하도록 요구하는 야심찬 일정표가 법안에 포함되어 있었다. 공기업이 짧은 시일 내에 성공적으로 발생주의회계를 도입한 것에 고무되어 이러한 일정표를 만들었다. 야당인 국민당도 법안을 지지했기 때문에 별다른 어려움이 없이 1989년 7월에 통과되었다(Norman, 1997; Scott et al., 1990).

1990년 10월에는 모든 정부부처가 발생주의회계를 채택하였는데 노동당정부가 새로운 제도의 효과성을 테스트해볼 기회도 없이 정권을 국민당에게 빼앗겼다. 국민당 내각의 많은 각료들은 노동당정부의 개혁이 지나치다고 생각하고 있었지만 새 정부는 독립적 위원회에 의해 개혁을 평가하도록 했는데 위원회는 1991년 11월 노동당정부의 개혁방향은 적절하며 재무관리개혁의 혜택이 이미 나타나기 시작하고 있다고 보고하면서 몇 가지 수정사항을 제안했을 뿐이다. 노동당의 예산개혁은 국민당 정부에 의해 지속되었고 1991/1992 예산은 산출에 근거하여 편성되었다(Norman, 1997).

발생주의회계를 사용하더라도 현금흐름은 매우 중요한데 현금주의회계하에서 도리어 현금흐름에 대한 관리가 매우 소홀했다. 오히려 발생주의회계하에서 현금관리가 더 효율적으로 이루어졌다. 재무부는 정부부처의 은행역할을 했는데 1990년에는 재무부의 은행역할을 민간은행인 Westpac Banking Corporation에 계약으로 이양하여 정부계정관리를 담당하도록 했다. 재무부의 현금관리임무는 정부부처의 현금흐름을 조정하는 것이었다. 모든 부처는 다음달의 현금흐름을 추정하고 이 범위 내에서 현금유입과 현금유출의 시점을 관리했다(Norman, 1997).

1993년에 재무보고법(Financial Reporting Act)이 통과되고 1994년에 재정책임법(Fiscal Responsibility Act)이 통과되었다. 1994년에는 발생주의회계와 산출예산이 완전히 정착하였으며 1994년에 재정법(Public Finance Act)의 수정법이 통과됨으로써 예산과 회계정보의 통합이 완료되고 예산개혁도 성공적으로 막을 내리게 되었다. 재정책임법으로 인하여 1994년 최초로 발생주의회계에 의하여 보고하고 예측한 발생주의예산(accruals budgeting)을 편성하였다. 발생주의회계의 채택으로 인한 급격한 변화의 문제점을 완화하기 위해 현금주의회계에 기초한 예측치를 병행하여 보고하였으나 6개월 이내에 모든 사람들이 현금주의회계에 기초한 예측치에는 관심을 기울이지 않고 모두 발생주의회계에 기초한 예측치를 사용하였다(Scott et al., 1997; Norman, 1997).

뉴질랜드 공인회계사회의 연구결과는 재정법(Public Finance Act 1989) 규정의 기초가 되었다. 재정법은 재무제표는 2개월 이내에 감사원에 제출되어야 하며, 의회의 경우는 의회에 의해 지명된 감사인에게 제출되어야 한다고 요구하고 있다. 재무제표는 재무제표의 신뢰성에 대해 책임지는 사무차관과 재무담당최고책임자의 서명이 포함된 관리자에 관한 내용을 동반하여야 한다(Pallot, 1991).

1986년 공기업법(State-Owned Enterprise Act)의 제정으로 시작된 뉴질랜드 개혁은 다른 국가에 비해 매우 빠르게 진행되었다. 앞에서 설명했듯이 1988년에 공공부문법(State Sector Act)이 제정되고 1989년에 재정법(Public Finance Act)이 제정되었다. 1994년에 재정책임법(Fiscal Responsibility Act)과 수정재정법(Public Finance Amendment Act)이 제정됨으로써 정부관리를 발생주의회계에 의해 완전히 전환하였다. 1989년 발생주의회계를 채택하는 법안이 통과되고 발생주의회계로 이행하는데는 18개월밖에 걸리지 않았다. 그러나 발생주의회계로의 방향전환이 사전에 공고되었기 때문에 실제로 소요된 시간은 2년에서 2년 반이라고 보아야 한다. 1989년부터 1994년까지 5년 동안 예산과 회계가 모두 발생주의로 전환하였다. 발생주의회계에 의한 최초의 재무보고는 1992년 6월에 종료하는 회계연도에 대해 작성되었고, 발생주의회계에 의한 최초의 예산은 1994~1995년에 대해 편성되었다(McCulloch & Ball, 1992; Scott et al., 1997).

2) 자산과 부채의 인식

자산운영에 대한 책임을 명확하게 하기 위하여 각 부처의 업무에 사용되는 부처자산과 국가전체에 관련되어 국가에 소속되는 자산을 구별하였다. 예산증액이 필요하지 않는 한도 내에서 사무차관은 외부승인 없이 5백만 달러에 해당하는 자본적 지출을 할 수 있었다. 규모가 작은 부처의 사무차관은 이 규정에 의해 소속부처의 전체 유형자산을 새로운 것으로 대체할 수 있다는 것을 의미한다. 그러나 이 과정에서 이익이 발생하면 정부에게 환원해야 한다(McCulloch & Ball, 1992; Norman, 1997).

자산을 기록하는 이유는 활용 가능한 자산목록과 규모를 확인하고 완전원가를 측정하며 미래대체필요성을 파악하기 위해서이다(New Zealand Society of Accountants Continuing Education, 1988). 뉴질랜드는 정부의 모든 자산을 2년에 걸쳐 평가함으로서 인플레를 감안하여 조정한 대차대조표를 작성할 수 있었다. 대부분의 자산은 순현행가치(net current value)로 평가되었는데 가치변화가 사소하거나 재평가로 인한 비용이 재평가로 인한 이득을 초과하는 경우를 제외하고는 3년에 한 번씩 재평가하도록 요구되었다. 각 부처는 전혀 인식하지 못했던 새로운 자산과 부채를 인식하게 됨으로써 관심을 기울이게 되고 효율적 자산운용을 위한 새로운 방법을 고안하게 되었다. 예를 들어 농수산부는 정육검사업무에서 받을 외상대금(accounts receivable)이 가장 큰 자산이라는 것을 알게 되어 보다 많은 주의를 기울이게 되었다. 또한 각 부처는 벌금의 경우 새로운 징수방법을 고안하였다(Norman, 1997).

Norman은 발생주의회계의 이점을 다음과 같이 설명하고 있다. 예산개혁에 의해서 현금주의회계를 사용할 때 흔히 발생하는 관행이었던 회계연도말 잔여예산의 낭비적 집행을 어느 정도 방지할 수 있었다. 예를 들어 회계연도말에 일단 공사를 신청하고 현금을 지불하는 경우 현금주의회계하에서는 공사의 집행이 되지만 발생주의회계 하에서는 선급금의 지불에 불과할 뿐 예산집행은 공사가 완료되는 다음 회계연도에 종료된다. 현금주의회계의 또 하나의 관행이었던 다음 회계연도로 대금지불을 이전하는 방법도 방지할 수 있게 되었다. 예를 들어 정부가 물품이나 서비스를 구매한 뒤 대금을 다음 회계연도에 지불하면 다음 회계연도에서 예산이 집행한 것이 된다. 그러나 발생주의하에서는 구매가 발생한 회계연도에 예산이 집행한 것이 되며 미지급 대금이라는 부채가 발생한다. 또한 현금주의회계하에서는 보고되지 않았던 연금비용은 발생주의회계에서 상당한 부분을 차지하는 부채항목으로 보고되었다. 찾아가지 않은 휴가로 인한 비용이 부채로 기록되자 인사관리규정이 변경되었다. 휴가는 1년 이내에 받아야 되며 오직 특별승인을 거쳐서만 다음 연도로 이월할 수 있도록 엄격해졌다(Norman, 1997).

채용, 훈련, 기타 인사에 관한 활동을 비용으로 처리하면 성과평가가 왜곡되며 투자나 자산으로 처리하면 성과평가를 개선한다. 재무보고가 장기간에 걸쳐 작성되면 인적 자원이 유지되는지, 고갈되는지, 증가되는지 파악할 수 있으며 인적 자원에 대한 투자수준은 생산성의 유용한 지표가 될 수 있다. 재무부는 현재 인적 자본(human capital)의 보고가능성에 대해 검토하고 있다(Pallot, 1991).

3) 크라운의 자산과 부채의 평가

정부는 각 부서와 크라운(Crown)으로 구성되는데 크라운은 특정부서가 아닌 국가부분이며 준정부기관(quasi-government agencies), 공기업(State Owned Enterprises), 공원, 토지, 도로, 도서관 등을 소유한다. 크라운은 한 마디로 정부부처를 제외한 모든 정부기관을 총칭하는 개념이라 할 수 있다. 공원의 가치는 인근토지의 가격을 고려하여 평가되었으며 사용에 제한이 따르는 것을 감안하여 가치를 그만큼 감소 조정하였다. 도서관은 궁극적으로 마모되는 자산과 영원히 보관되는 자산을 소유하고 있는데 마모되는 자산은 감가상각된 대체원가(depreciated replacement cost)로 평가하였고, 영원히 보관되는 자산은 소더비(Sothebys) 등의 국제적 경매기관의 도움을 얻어 시장가격을 추정하여 평가하였다. 도로의 평가는 별 어려움이 없었으며 준공공기관이나 공기업은 자산과 부채를 파악하는 대신 자본을 기준으로 평가하였다(Pallot, 1994; Norman, 1997).

국가에 세금을 납부해야 되는 개인이나 기업의 소득이 발생하는 시점에서 세금을 인식하여 기록하였기 때문에 실제로 납부되는 시점과는 최고 22개월의 시차가 있었다. 세금은 아직 수령하지 않았을지라도 발생주의에 의해 인식하는 것이므로 자산으로 기록된다. 실제 세금이 수령될 때는 자산이 소멸되고 세입으로 기록된다. 자산에 비해 정부의 부채를 평가하는 것은 상대적으로 쉬운 일이었다. 가장 중요한 부채항목은 재원을 조달하지 않은 연금부채(unfunded pension liability)였다(Norman, 1997).

4) 자본비용의 부과

1985년 재무부는 식별가능한 사용자에게 재화나 서비스를 제공하는 모든 부처는 완전원가에 기초하여 사용자가격을 부과해야 한다고 선언하였다. 사용자가격에는 자본에 대한 기회비용(return on capital)도 포함되어야 한다. 1992년 7월 1일 자산가치 평가가 거의 끝나자, 자산에 자본비용을 부과하는 규정이 수립되었다. 민간기업은 필요한 자산을 주주나 채권자로부터의 자금에 의존하는데 정부조직은 그러한 기능이 결여되어 있기 때문에 자산운용의 효율성이 저하된다. 따라서 자산의 사용에 대해 사용료와 같은 비용을 부과함으로써 자산운용의 효율성을 제고하고자 하는 것이었다(Norman, 1997; Scott et al., 1990).

민간부문 관리기법을 활용하기 위해서는 정부를 자본의 장기비용(long-run cost of capital)을 회수하기 위하여 산출을 생산하고 인적 자원과 자본을 관리하는 사업으로 파악하는 것이 필요하다(Scott et al., 1997). 각 부처는 자신이 제공하는 서비스에 대해 가격을 부과하기 때문에 이전가격이 부처간에 사용되는 것이다(Pallot, 1991). 정부부처가 청소서비스를 받는 데 돈을 지불해야 한다면(즉, 이것은 예산이 할당되는 형태를 지닐 것) 청소서비스에 대한 수요가 달라질 것이고 무조건 청소를 해달라고 요청하는 일도 줄어들 것이며 청소서비스에 대한 불평 혹은 만족도 표출될 것이다(Ball, 1981).

자본비용은 정부의 부채비용에 근거하여 자산의 전년도 평균가치에 부과되었다. 처음에는 13%가 부과되었으나 1996년에는 10.5%가 부과되었다. 자본비용을 지불하기 위하여 산출예산이 증액되었으나 외부에 서비스를 제공하는 조직의 경우 서비스 수령자로부터 자본비용을 회수해야 했다. 자산운용의 효율성은 여러 가지 현상으로 나타났다. 예를 들어 어떤 부서는 자본비용의 부담을 줄이기 위해 불필요한 자산을 처분하고, 어떤 부서는 자산의 구매보다 임대를 선호하기도 했다. 어떤 부서는 자본비용이 부과되니까 사용자요금으로 인한 수지가 적자가 되기도 했다. 각 부처는 초기자산평가액수결정에 관하여 딜레마에 봉착했다. 초기자산의 가치를 높게 평가하면 자본비용이 증가하지만 감가상각비용이 높아지기 때문에 자산의 대체를 위한 현금적립에는 더 유리하다(Norman, 1997).

다른 부처를 위해 서비스를 제공하는데 사용하는 자산은 자산의 최종사용시점에서 원가를 부담하도록 원가가 배분되어야 한다. 내부서비스를 위해 사용되는 자산은 자본자산펀드를 구성하여 자산사용에 대해서는 요금을 부담하도록 원가를 배분한다. 요금은 '감가상각+재원조달비용'이 될 것이며, 유지비를 자본자산펀드에서 부담할 경우 요금은 '감가상각+재원조달비용+유지비'가 된다. 민간에서 자원을 사용하는 대신 공공부문에서 사용하는 기회비용을 반영하기 위하여 요금에 민간에서 자산을 구입하였으면 납부해야 하는 세금을 포함할 수 있다. 정부의 부처가 외부에서 서비스를 구입하거나 내부 서비스를 구입할 수 있는 선택권이 있다면 이전가격(transfer price)은 시장가격에 기초하거나 서비스제공자의 완전원가 혹은 변동원가에 기초하여 가격을 결정하는데 가장 바람직한 것은 시장가격에 기초하는 것이다. 그러나 외부서비스 선택권이 없거나 외부의 서비스가 없을 경우는 서비스를 제공하는 부처와 받는 부처 사이의 원가배분문제가 발생한다. 이전가격이 시장가격에 기초하면 시장가격의 변동문제, 변동폭의 크기 등의 문제가 발생한다. 이전가격이 서비스제공자의 원가에 기초하면 서비스제공자의 비효율이 서비스 수령자에게 전가되는 문제가 발생한다(Ball, 1981).

5) 국가계정 전체에 대한 재무보고

미국의 펀드회계는 정부전체에 대한 재무보고를 고려할 때는 적합하지 않다. 왜냐하면 펀드의 합계가 정부전체의 활동을 보고하는 재무보고는 아니기 때문이다. 펀드개념에 반대되는 개념은 Holder가 주장하는 권한이론(command theory)이다. 이 개념에 따르면 펀드의 합계가 정부전체를 보고하는 것이 아니고 정부가 소유하고 있는 기관은 물론 실제적으로 영향을 행사하는 모든 기관과 활동이 정부전체에 포함되어야 한다(Ball, 1981).

국가의 통합재무보고는 수많은 자료를 조사할 필요가 없도록 주요 요약정보를 정책결정자와 국민 그리고 기타 정보이용자에게 제공하는 이점이 있다. 국가의 통합재무보고는 만약 정보이용자들이 구체적 정보를 원할 때 사용할 수 있는 좋은 출발점과 지침이 된다. 캐나다와 미국의 공동연구에 의하면 공공부문의 다양한 정보이용자들이 이구동성으로 국가차원의 요약재무보고서의 필요성을 표명했다. 또한 많은 경제학자들도 국가차원의 재무보고의 필요성을 주장했다(Pallot, 1994). 국가차원의 재무보고만이 아니라 지방정부도 통합 재무보고가 필요하다. 사기업에서 30년간 일하다가 시장에 당선된 Belich는 Wellington시장으로서의 처음 느낌에 대해 다음과 같이 설명하고 있다. 엄청난 양의 구체적 정보가 각 부처마다 있었지만 주요지표의 예산과 실제발생액수의 통합된 결과수치가 없었다(Belich, 1989).

국가전체를 단위로 하는 재무제표가 1991년 12월 31일 처음으로 작성되었다. 국가전체의 재무보고서는 행정부의 모든 부처는 물론 의회와 공기업까지 포함한다. 자산은 420억 달러, 부채는 560억 달러였다. 민간기업이라면 파산을 의미하는 재무상태였다. 이 보고서의 결과 정부는 예산을 상당히 삭감할 수 있었다. 이 보고서는 미래 정부수입의 가장 큰 원천인 세금부과권한을 포함하지 않았기 때문에 재무제표를 그대로 받아들이기에는 문제가 있었지만 그럼에도 불구하고 이러한 보고서에 대한 언론의 야단법석 같은 것은 없었다. 자산이 부채보다 작다고 하더라도 세금징수권한(power to tax)을 감안하면 즉 미래세입의 현재가치를 자산에 포함한 후 자산이 부채보다 크다면 문제가 없을 것이다. 그러므로 단순히 자산과 부채의 차이를 지나치게 의미 있게 해석해서는 안 된다. 재무제표의 결함에도 불구하고 정보의 투명성이라는 장점으로 인해 국제신용평가기관의 호의적 평가를 받았으며 재무제표가 잘못 해석될지 모른다는 우려는 급격하게 사라졌다(Scott et al., 1990; Norman, 1997; Ball, 1992). 1992년 6월 1일부터 시작하는 회계연도부터는 발생주의회계에 의해 국가전체의 재무보고서가 작성되었다(Pallot, 1994).

재정법(Public Finance Act)은 국가재무보고는 정부회계기준(generally accepted accounting practice: GAAP)을 준수해야 한다고 규정하고 있지만, 정부회계기준이 제정되지 않았다. 뉴질랜드 공인회계사회는 재정법이 의회를 통과했을 때 공공부문회계기준(public sector accounting statements and Technical Guidance Bulletins)을 제정하여 공포하였지만 국가전체의 재무보고를 염두에 두고 제정된 기준이 아니며 조직의 재무제표를 어떻게 결합할 것인가에 대해서 언급하지 않고 있다. 미국의 정부회계기준위원회(GASB)에서 제정한 회계기준은 주와 지방정부에 적용되며 국가전체의 재무보고를 대상으로 하고 있지 않다. 국제회계사회(International Federation of Accountants)는 국가차원의 정부회계기준에 대해 일반적 수준의 연구결과만을 발표했을 뿐 재무보고서를 작성할 만큼 구체적 기준은 아직 제정하지 않았다. 국가재무보고서를 작성하기 위한 정부회계기준이 존재하지 않기 때문에 적절한 영역에서는 민간부문의 회계기준을 준용하고 그렇지 않은 영역에서는 재무부가 문제를 해결해야 할 것이다. 무엇보다도 민간부문의 회계전문가, 정부의 회계전문가, 경제학자 사이의 협조가 정부회계의 많은 쟁점을 해결하는 데 기여할 것이다(Pallot, 1994).

정부회계개념(PSAC: Public Sector Accounting Concepts)과 정부회계기준(PSAS: Public Sector Accounting Standards)은 두 가지 기능을 한다. 외부적으로 책임 증진을 도모하며 내부적으로 내부보고와 내부관리시스템과 절차를 개선하는 기능을 한다. 정부회계개념은 선택사항인데 반하여 정부회계기준은 각 부처가 지켜야 하는 강제규정이다. 정부회계기준은 기존민간부문에 적용되는 회계기준(SSAPs: Standard Statements of Accounting Practice)을 보완하기 때문에 새로 제정되는 SSAP를 검토하여 공공부문에 적용될 수 있는가를 검토하며 과거에 제정된 SSAP도 검토하여 공공부문에 적용하기 어려운 부분의 수정을 제안하였다. 새로운 정부회계개념과 정부회계기준은 1989년 3월 31일에 종료되는 회계연도의 재무제표부터 적용되지만 처음 2, 3년 동안은 보고주체가 최선의 노력을 다한 결과 개념과 기준에 미치지 못하면 용납하기로 결정되었다(New Zealand Society of Accountants Continuing Education, 1988).

정부회계개념(PSAC: Public Sector Accounting Concepts 1987)은 그 이후에 제정된 법규들(예: 1989년의 재정법)에 의해 일부규정이 무효화되었다. 예를 들어 자원보고서는 작성될 필요가 없다. 또한 공동체자산(community assets)개념도 제외되었다. 이제 뉴질랜드의 공공부문은 민간기업과 동일한 보고서를 작성하고 추가로 다른 보고서도 작성하여야 한다. PSAC의 일부규정이 법에 의해 수정되었음에도 불구하고 이 책에서 PSAC의 내용은 참고사항으로 제시하였다(Hay, 1992).

국가전체에 발생주의회계를 적용하는데 이론적 장애는 없었으며, 의사결정자에 의해 사용되는 정보를 제공하는 회계는 중요하고 흥미롭다는 사실을 사람들이 발견하게 되었다. 물론 국가의 자산과 부채의 평가는 공원, 도로, 경관 좋은 지역 등에 대한 평가를 수반하기 때문에 민간부문과는 달리 어려움이 많았다. 어떤 한국기자가 뉴질랜드의 정부계정이 가짜라고 주장하자 David Caygill은 다음과 같이 반박했다. "중요한 것은 우리가 최선의 평가방법을 채택해서 가장 정확하게 기록했는가의 여부가 아니라, 조작하거나 바꾸지 않고 계속하여 일관성 있게 재무상태를 보고하는데 있다"(Norman, 1997).

국가의 모든 계정을 통합(consolidation of Crown accounts)하기 위해서는 민간부문의 회계방법인 완전통합법(full consolidation)과 지분법(equity method)중 하나를 선택해야 한다. 지분법에 의하면 공기업의 경우 공기업에 대한 정부의 순투자액수만이 재무제표에 반영된다. 완전통합(full consolidation)방법하에서는 각 부처와 크라운의 자산, 부채, 수입, 지출을 하나의 재무제표에 통합하여 보고하는데, 부처간, 의회사무국간, 크라운기관간의 모든 거래를 식별하여 이중계산이 되지 않도록 제거해야 한다는 것이 가장 큰 문제였다(Scott et al., 1990; Pallot, 1991).

Pallot은 국가전체의 통합재무보고를 작성하는데 관련된 주요쟁점을 다음과 같이 설명하고 있다(Pallot, 1991; Pallot, 1994). 국가전체의 계정을 통합하는 것은 단순히 회계기법상의 문제만은 아니었다. 정부의 경계에 대한 의문을 제기했는데 어떤 조직들은 정부가 관여하고 있었지만 민간부문의 성격을 지니고 있었기 때문이다. 이러한 조직들이 어디에 포함되느냐 하는 것은 책임의 문제에도 관련되었다. 정부가 소유권이 없어도 구매자로서 권한을 행사할 수도 있고, 강제력을 가지고 있기 때문에 권한을 행사할 수도 있으며, 최고책임자를 임명할 수 있기 때문에 권한을 행사할 수도 있다. 이럴 경우 이런 조직들을 모두 정부(Crown)에 포함하느냐의 문제가 발생한다. 여기에서 알 수 있듯이 회계는 단순히 기술상의 문제에 국한되지 않는다. 법적, 사회적, 헌법적 차원의 이슈와 유리되어 회계문제가 결정될 수 없다. 더구나 회계는 모든 것을 기록할 수 없기 때문에 선택된 이슈와 관점들을 부각하게 되며 정책의제와 의미에 영향을 미칠 수밖에 없다. 공동체자산의 취득, 대체, 처분은 의회의 통제하에 있는 정책의 문제이다. 고정자산의 경우는 이런 결정은 관리에 위임되어 있다. 감가상각이라는 메커니즘은 자유재량이 부여되는 자금(discretionary pool of funds)을 적립하는데 공동체자산을 감가상각하지 않으면 이러한 기회가 없다는 것을 의미한다(Pallot, 1991).

공동체자산을 고정자산과 구별하는 것은 행정부에 대한 통제와 책임을 증진하는 기능을 한다. 공동체자산의 사용에 대해 관리자에게 책임을 지운다는 것은 공평하지 않다. 관리자에게 자산의 운영에 대해 책임을 묻기 위해서는 자산의 처분과 획득에 관하여 권한을 부여해야 하는데, 공동체자산의 취득과 처분은 관리자의 권한밖에 있기 때문이며, 공동체자산은 부처의 고정자산과는 달리 관리자가 아닌 국민이 사용하기 때문이다. 공동체자산에 대한 관리성과는 각 부처의 고정자산에 적용되는 기준과는 다른 기준에 의해 평가되어야 한다. 예를 들어 각 부처소속의 차량은 투입이지만, 도로나 경관 좋은 지역의 공급이나 유지는 커뮤니케이션 향상이나 미적 즐거움 같은 결과에 기여하는 산출인 것이다(Pallot, 1991).

공인회계사회가 제정한 정부회계기준(Statement of Public Sector Accounting Concepts-SPSAC and Technical Guidance Bulletin-TGB)은 공동체자산(community assets)을 정의하고 고정자산과 별도로 보고하도록 규정하고 있지만 앞에서 보았듯이 재정법은 이 규정을 무효화했으며 자원보고서(Statement of Resources)도 보고대상에서 제외하였다. 고속도로, 교량, 토지, 교통시설은 정부의 엔지니어에 의해 감가상각된 대체원가(depreciated replacement cost)로 보고되었다. 대체원가는 가장 적절한 현대적 건축방법에 의해 새롭게 건설하는 원가를 추정하여 결정한다. 군사장비는 국방부의 전문가에 의해 감가상각된 대체원가로 보고된다. 이러한 자산들을 제외하고는 정부의 자산은 민간회계기준을 적용하여 평가하였다. 부채의 경우도 상응하는 부채항목이 민간회계기준에 존재할 때는 그 기준을 준용하였다. 정부의 많은 자산은 정확하게 평가하는데 어려움이 많으며 매각을 염두에 두지 않기 때문에 화폐가치의 의미가 거의 없다. 더구나 역사적 원가, 시장가격, 대체원가 등 다양한 평가방법이 사용되었기 때문에 자산의 합계는 한계를 가지고 있다. W. H. Buiter가 제안한 이상적 대차대조표는 미래세입의 현재가치(present value of future tax revenue) 같은 자산과, 사회보험과 기타 복지사업의 현재가치(present value of social insurance and other welfare programs) 같은 부채항목을 포함하고 있지만 뉴질랜드의 대차대조표는 이러한 이상과는 괴리가 있다(Pallot, 1994).

만약 대차대조표가 재정능력을 염두에 두고 작성된다면 비록 부정확하더라도 미래세입의 현재가치가 자산에 포함되어야 할 것이다. 대차대조표가 물리적 역량(physical capacity)을 염두에 두고 있다면 감가상각도 구입원가의 배분이 아닌 실제자원사용을 반영하여 계산되어야 하고, 사회간접자본의 수량, 질, 능력(capacity)을 보고하는데 초점이 맞추어져야 할 것이다. 그러므로 대차대조표가 진정 무엇을 보고하고자 하는가에 대한 추가연구와 합의가 필요하다. 자산과 부채의 차이가 갖는 의미도 민간부문과는 다르게 취급되어야 한다. 또한 민간기업의 자산이 증가하는 것은 바람직하지만 작은 정부를 선호할 때는 정부의 통제하에 놓이는 자산의 규모가 감소하기를 바랄 것이다(Pallot, 1994).

기업은 보고주체의 이익을 증가하는 것이 목표이지만, 국가재무보고의 주체인 국가는 정부조직전체의 복지가 아닌 국가전체의 복지를 증진하는 것을 목표로 삼아야 한다. 그러므로 국가재무보고서는 민간기업의 재무보고서와는 달리 해석되어야 한다. 그러나 국가재무보고는 국가가 직접 통제할 수 있는 공공조직에 대한 보고이기 때문에 국가의 성과를 측정하는 보고서라고 볼 수는 없다. 국가재무보고서가 반드시 제공해야 하는 정보의 하나는 미래세대가 부당하게 과거의 서비스제공에 대한 부담을 져야 하는가의 여부를 판별하는 정보이다. 발생주의회계는 현금주의회계보다 세대간의 재정부담형평성에 대하여 보다 유용한 정보를 제공할 수 있기 때문에 궁극적으로 발생주의회계가 미래의 현금흐름을 예측하는데 현금주의회계보다 우수하다고 볼 수 있다(Pallot, 1994).

계약채무보고서(statement of commitment)는 토지, 건물, 군사장비, 투자 같은 자본계약채무(capital commitments)와 리스, 물품과 서비스공급을 위한 취소불가능한 계약 같은 운영계약채무(operating commitments)를 구별한다. 화폐가치로 환산하기 어려운 우발부채(contingent liabilities)는 우발부채보고서 주석에 설명형식(narrative form)으로 보고한다. 수익과 비용은 완전발생주의하에서 보고되는데 수익과 비용의 차이는 운영잔액(operating balance)이라고 한다. 수익은 국가에 대한 부채가 발생하는 시점에 기록한다. Goods and Services Tax(GST)는 판매추정시점(estimated time of sales)에서 인식한다. 현금흐름표는 민간회계기준에 의해 운영(operating)활동, 투자(investing)활동, 재원조달(financing)활동으로 구분된다. 세금수입은 대부분 운영목적을 위해 사용하기 때문에 운영활동으로부터의 현금흐름으로 보고한다(Pallot, 1994).

6) 재무보고서

정부회계개념(PSAC)은 8개의 보고서를 요구하고 있는데 다음의 8개의 보고서는 별도로 보고되어야 한다는 조건이 없기 때문에 하나로 통합하여 보고될 수 있을 것이다. 재무제표는 예산액수, 실제발생액수, 전년도액수를 보고해야 한다. 실제지출은 예산액수와 비교하여 보고하는데 예산액수는 회계연도도중에 수정된 액수가 아니라 원래 확정된 예산을 말한다. 예산액수와 실제액수가 크게 차이가 나면 책임을 밝히는 관점에서 차이에 대해 설명해야 한다(New Zealand Society of Accountants Continuing Education 1988; Audit Office-New Zealand, 1988). 재무제표 중 가장 중요한 것은 대차대조표(혹은 채무상태보고서), 수입지출보고서(혹은 운영보고서), 현금흐름표(cash flow statement)이다. 여기에 서비스성과보고서(Statement of Service Performance)를 포함하는데 실제 달성한 산출을 보고하며 구매계약(purchase agreement)과 비교하여 성과를 평가한다(McCulloch & Ball, 1992; Scott et al., 1997).

여기에 소개하는 8개의 보고서에 관한 내용의 일부는 나중에 재정법이 제정되면서 무효화되었지만 우리가 음미할 가치가 있기 때문에 과거의 제도라는 차원에서 소개한다. 비록 뉴질랜드에서 현재 사용하는 제도는 아니라고 할지라도 오히려 한국의 현실에는 적합할 수도 있기 때문이다.

① **목표보고서**(statement of objectives)

조직의 존재이유 혹은 사명, 목표를 보고한다(New Zealand Society of Accountants Continuing Education 1988). 목표는 정부의 목표이어야 하고 정부의 관점에서 정의되어야 하며 단순히 법제정을 담당하는 부처의 현재의무에 비추어 정의되어서는 안 된다. 목표는 달성할 산출만이 아니라 결과까지 설명하여야 한다. 상위목표와 일관성이 있어야 하고 수단이나 눈앞의 목표가 아니라 최종목표이어야 한다. 목표는 사업관리와 자원배분을 위한 기준이 될 수 있도록 충분히 구체적이어야 한다.
〈Source: Programme Budgeting Issues No.4 Australian Department of Finance〉
(New Zealand Society of Accountants Continuing Education, 1988; Miah, 1991).

사명선언은 조직을 전체로 파악하여 작성하는데 조직의 존재근거와 의도를 전달한다.

사례 사명선언

〈시정부〉

To further develop a vital, caring and efficient city which provides the environment, facilities and services needed to satisfy residents, ratepayers and visitors(New Zealand Society of Accountants Continuing Education 1988).

사례 전체목표(*overall objectives*)의 사례

〈공원 · 레크리에이션 부서〉

To plan, provide and improve City parks. To ensure that active events and facilities are planned, provided and promoted to create the greatest possible public use of the facilities and programmes supported by the Committee. To review the zoo's entertainment, recreational, conservation and educational roles with a view to satisfying professional and public expectations. To highlight places of special cultural and historical significance using Maori place names where ever possible (New Zealand Society of Accountants Continuing Education 1988).

사례 **효율과 원가목표(*efficiency and cost objectives*)**

To implement management and promotional measures which will maximize revenue at Western Springs Stadium consistent with Council Policy. To increase revenue progressively at Chamberlain Park by a minimum of 10% per annum. To investigate and, where appropriate, develop sponsorship for Council's recreational facilities. To investigate the future needs, current use and dispersement of school and community pools within the Auckland City Council area(New Zealand Society of Accountants Continuing Education 1988).

② **회계정책보고서**(statement of accounting policies)

어떤 회계기준과 방법을 선택하였는가에 대한 보고서라고 볼 수 있다(New Zealand Society of Accountants Continuing Education, 1988; Miah, 1991).

③ **서비스성과보고서**(statement of service performance)

주요활동에 대한 성과목표와 실제달성한 성과를 보고한다(New Zealand Society of Accountants Continuing Education, 1988: Miah, 1991). 목표보고서에서는 산출목표를 설정하여 보고하고 서비스성과보고서에서는 달성한 실제산출량을 보고한다(Jacobs, 1995).

④ **원가서비스보고서**(statement of cost services)

주요활동이나 서비스의 실제발생원가를 보고하는데 추정원가와 실제 결과가 크게 차이가 나지 않을 때는 현금주의에 의거하여 원가보고가 가능한데 차이가 거의 없다는 입증책임은 보고기관에게 있다. 사용자가격처럼 정부활동으로 인한 수입은 관련되는 정부활동과 함께 보고해야 한다. 수입을 원가에 대해 차감하여 순원가만을 보고해서는 안 되고 반드시 별도로 보고하여야 한다(New Zealand Society of Accountants Continuing Education, 1988; Miah, 1991).

⑤ **현금흐름표**(statement of cash flows)

운영활동, 투자활동, 재원조달활동에 관련된 현금흐름을 보고한다(New Zealand Society of Accountants Continuing Education, 1988; Miah, 1991).

⑥ **재정상태보고서**(statement of financial position)

기업의 대차대조표에 해당하며 우발부채를 포함한 자산과 부채를 보고하는 데 공동체자산(community assets)은 제외한다. 재정상태보고서는 대차대조표라기보다는 자산과 부채의 보고서이며 반드시 자산에서 부채를 차감한 잔액을 보고할 필요가 없다. 왜냐하면 모든 부채가 보고되는 데 반하여 공동체자산(community assets)은 자산에서 제외되기 때문이다. 만약 잔액이 보고되면 납세자나 국민들에게 잘못된 정보를 제공할 우려가 있기 때문이다(New Zealand Society of Accountants Continuing Education, 1988; Miah, 1991).

⑦ **자원보고서**(statement of resources)

화폐가치로 보고되지 않고 물리적 단위로 보고되는 공동체자산 같은 자산도 화폐가치로 보고되는 다른 자산과 함께 보고한다. 물리적 단위는 수량이나 범위에 그치지 않고 자산의 역량이나 특징을 보고하는 것이어야 한다(New Zealand Society of Accountants Continuing Education, 1988; Miah, 1991).

⑧ **계약채무보고서**(statement of commitments)

부채가 아닌 승인되고 계약이 체결된 자본프로젝트같은 미래활동의 액수를 보고한다. 궁극적으로는 계약이 체결되지 않았으나 승인된 미래활동의 액수를 보고해야 할 것이다. 예를 들어 승인을 획득한 미래에 5백만 달러가 소요될 것으로 추정되는 사업을 보고한다(New Zealand Society of Accountants Continuing Education, 1988; Miah, 1991).

앞에서 설명한대로 여기서 설명하는 정부회계개념과 정부회계기준은 일부항목이 재정법에 의해 무효화되었다. 예를 들어 자원보고서는 작성될 필요가 없다. 그럼에도 불구하고 여기에 소개하는 이유는 공공회계개념과 기준의 모습을 제시하기 위해서이다. 현재 뉴질랜드의 공공부문은 민간기업과 동일한 보고서를 작성하고 추가로 다른 보고서도 작성하여야 한다(Hay, 1992).

1989년의 재정법(Public Finance Act)은 공공조직이 다음의 보고서를 작성해야 한다고 요구하고 있다. 그리고 이러한 보고서는 모두 전년도의 수치와 비교하여 보고되어야 한다.

① 재정상태보고서(statement of financial position)

② 운영보고서(operating statement)

③ 현금흐름표(statement of cash flows)

④ 채무보고서(statement of borrowings)

⑤ 계약채무보고서(statement of commitments)

⑥ 우발부채보고서(statement of contingent liabilities)

⑦ 미지출비용 혹은 발생원가보고서(statement of unappropriated expenditure or costs incurred)

⑧ 비상지출 혹은 발생원가보고서(statement of emergency expenditure or costs incurred)

⑨ 회계정책보고서(statement of accounting policies)

⑩ 크라운현금수탁보고서(statement of trust money held by the Crown)

⑪ 기타 크라운의 재무운영과 상태를 반영하는 데 필요하다고 생각되는 보고서

(8) 개혁의 비판과 교훈

1990년 국민당정부가 등장하여 정부개혁을 검토하였는데 정부개혁에 대한 장관과 관료들의 반응은 호의적이었으며 고위관료들은 특히 매우 강력한 지지를 표시하였다. 1994년에 개혁에 대한 검토가 다시 이루어졌는데 많은 사무차관들은 새로운 정부하에서 과도한 보고의무에 시달리고 있다고 응답하였다. 그러나 조사를 담당한 위원회는 불필요한 보고의무는 없었으며 정보의 제공은 새로운 시스템에 필요하다고 결론지었다(Scott et al., 1997).

국민당 정부는 노동당 정부로부터 정권을 넘겨받았는데 선거기간 중에 정부개혁을 재검토하겠다고 공약으로 내세웠다. 그러나 선거 후에 구성된 위원회가 기존의 정부개혁을 계속해야 한다는 의견을 제시하였고 국민당 정부는 계속하여 노동당 정부가 추진했던 정부개혁을 추진하였다. 비록 이로 인하여 국민당 정부도 국민의 지지를 일부 잃게 되었지만 정부개혁에 관해서는 신자유주의적 신공공관리가 거스를 수 없는 대세로 간주되고 있었다(OECD, 1997).

1996년에 공개된 뉴질랜드개혁에 대한 몇 개의 평가보고서는 이구동성으로 개혁의 긍정적 기여를 칭찬하고 있지만 몇 가지 문제점을 지적하고 있다. 민간부문에서 산출을 구입하는 경우는 거의 없으며 과거처럼 여전히 정부부처로부터 산출구입을 위한 계약을 체결하고 결과의 평가에 대한 관심과 투자가 적으며 부처와 장관 사이의 계약이 민간부문의 계약처럼 바람직하게 이루어지지 않았다고 지적한다. 만약 과거에 장관들이 행정서비스제공자에 의해 포획되었다면 개혁 이후에도 쉽게 벗어날 수 없으리라는 지적도 타당성이 있다(Scott et al., 1997; OECD, 1997).

장관은 부처의 소유자와 고객으로 간주된다. 소유자의 관점에서의 성과는 자본의 유지에 관한 것이며 투자에 대해 바람직한 수익을 거두어야 되는 것을 의미한다. 고객이란 부처로부터 서비스를 구입하는 구매자의 입장을 말한다. 소유자로서의 관점과 구매자로서의 관점은 서로 상충될 수 있기 때문에 성과평가시에 문제가 발생할 수 있다(McCulloch & Ball, 1992; Scott et al., 1997).

공무원과 외부의 시각도 이구동성으로 공공부문개혁의 긍정적 측면을 칭찬하고

있으며 과거제도로 돌아가는 것을 원하는 정서는 전혀 발견되지 않았다. 그러나 인플레와 업무증가를 반영하지 않고 예산이 일률적이고 자의적이며 삭감 지향적으로 편성되어 충분한 자원이 제공되지 못한다고 불평하고 있다. 원가회계시스템이 충분히 개발되지 않았기 때문에 산출원가에 근거하여 지출예산을 편성하는 데 아직도 어려움이 있다(OECD, 1997).

예산개혁이 투입, 산출, 결과 등 지나치게 과정에 치우칠 위험이 있다는 비판이 제기되었다. 산출과 결과의 구별로 인하여 많은 에너지를 소모할 위험이 크고, 사무차관이 책임을 지는 산출과 장관이 책임지는 결과 사이에 인과관계가 있다는 것을 입증하지 않으면 사무차관을 징계하기 어려우며, 새로운 재무관리시스템은 성공을 위해서 굉장한 문화변화가 필요하다는 비판도 제기되었다(Richardson, 1989). 장관에게 결과에 대한 책임을 물었지만 정책과 사업의 효과성이 증진되었다는 징후가 없었다(OECD, 1997). 또한 산출, 결과에 통제가 강화되면서 투입에 대한 통제가 약화되는 경향이 있는데 균형이 필요하다는 의견도 제시되었다(Weeks, 1989). 의회가 과다한 입법과 선거구업무로 인하여 개혁 이후 증가한 정보를 활용하지 못한다는 것도 큰 문제였다(Tyler, 1989).

(9) 개혁의 성과와 교훈

민간기업에 적용되던 일반적으로 인정되는 회계원칙(GAAP)의 사용으로 인해 민간부문의 소프트웨어와 전문지식이 개혁과정에서 많은 도움을 주었다. 예산개혁의 비용은 1987년부터 1992년까지 6년 동안 1억6천~8천만 달러가 될 것으로 1990년 감사원에 의해 추정되었으나 정부예산규모에 비하면 매우 작은 규모의 투자라고 생각되었다. 예산개혁을 위해 새로운 재원이 제공되지 않았는데 부서의 예산을 절약(예: 인원감축, 여행비용절감 등)하여 개혁비용을 충당하였다(Norman, 1997).

예산개혁의 결과 2천 6백만 달러에 해당하는 구매비용을 절감할 수 있었으며 새로운 현금관리시스템으로 인하여 이자수입이 1,140만 달러가 증가했고 어떤 부서는 4년 동안 10~20% 비용을 절감했으며 운영예산을 약간 증가하여 현저하게 작업량을 증가하는 사례도 있었다. 무엇보다도 풍부한 관리정보로 인하여 관리자들은 자신들의 성과를 증진하기 위해 투입사용을 변경할 수 있었다(Scott et al., 1997; Norman, 1997). 철도사업은 2만 1천 명의 직원 중 9천 명을 감축했고 실질화물수송가격은 43%나 하락했다. 전기사업은 원가가 25% 절감되었다(Douglas, 1989).

관리자를 조사한 결과 만약 공공부문이 전문가에 의해 관리된다고 주장하기 위해서는 회계변화가 필요하며 시스템은 매우 우수하지만 효율적으로 사용되기 위해서는 수동적으로 정보를 제공받는 데 그쳐서는 안 되고 두뇌를 활용해야 한다는 의견이 도출되었다. 담당공무원들에 대한 조사에서도 새로운 재무관리시스템이 의사결정을 향상하고 자본지출과 경상비를 구별하게 하고 진정한 원가에 대해 생각하게 하고 산출성과에 재정책임을 연계하며 자산운용의 개선에 기여했다고 답변하였다. 개선이 필요하다고 지적한 분야는 산출가격결정, 비재무정보의 개발, 전략기획, 성과보상과 인센티브, 산출의 분류 등이었다(Scott et al., 1997; Norman, 1997).

자본예산을 운영예산과 구별하는 것이 정부지출통제에 더 유리하고, 각 부처에 속하는 자산과 부채를 결정해야 하며, 처음 대차대조표를 정확하게 시작해야 하고, 산출과 결과를 명확하게 규정해야 하며, 산출의 질에 대한 객관적 기준을 수립해야 하고, 발생주의회계를 포함하는 통합된 성과관리시스템이 필요하며, 가능한 한 시스템을 단순하게 유지하고, 변화가 용이한 신축적 인사제도가 구축되어야 하며, 보상과 징벌이 적절한가에 대한 주의를 기울여야 하고, 일반적으로 인정된 회계원칙(GAAP)을 수용하라고 외국에 대해 조언하고 있다(Norman, 1997).

각 부처가 자유롭게 구축한 새로운 재무관리시스템에 대해서는 1994년의 한 조사에 의하면 사무차관과 고위관리들은 환영의 의사표시를 했다. 고위관리들은 발생주의회계와 산출예산제도의 소개에 대해 부정적 의견보다 긍정적 의견을 더 많이 표명했으며 새로운 제도가 조직과 정부차원에서 재무보고를 개선했고, 자본예산과 운영예산의 구별이 합리적 재무의사결정을 촉진했으며, 정부의 성과와 재무상태에 대한 국민의 평가가 개선되었고, 불필요한 활동을 억제하고 보다 엄격한 재정운영이 가능했다는 장점을 지적했다. 기본정보로 인하여 공정한 취급을 받을 기회가 증가하고 자의적 삭감이 줄어들어 관료들이 더 편안하게 느끼게 되었다고 한다(McCulloch & Ball, 1992; Scott et al., 1997; Norman, 1997). 또한 산출에 기초한 예산편성은 우선순위결정에 매우 유용한 정보를 제공한다고 1990년부터 1993년 사이에 재무장관을 역임한 Ruth Richardson이 주장하고 있다(Scott et al., 1997).

국립도서관의 경험에 의하면 관리자들은 사업의 우선순위와 책임을 위해 원가의식과 재무결과에 의한 보상과 징벌이 필요하고, 발생주의회계가 중요할 뿐만 아니라 조직의 생존에 결정적이라는 사실을 깨닫게 되었다(Scott, 1989). 정부가 산출이나 결과를 중시하는 것은 당연하지만 새로운 재무관리시스템으로 인한 비용이 편익을 초과하지 않는지 주기적으로 조사해야 한다(Tyler, 1989). 발생주의회계가 성과평가를 위해서 중요하지만 자금관리를 위해서는 미래에도 현금예산은 여전히 중요하기 때문에 관리자는 발생주의회계에 의한 예산과 현금예산을 병행하여 사용해야 할 것이다(McNally, 1989).

뉴질랜드가 다른 국가에 비해 빠르게 개혁을 수행할 수 있었던 몇 가지 이유가 있다. ① 뉴질랜드의 국가규모가 작다는 것, ② 핵심장관과 관료들의 리더십, ③ 매우 강력한 행정부, ④ 사무차관에게 많은 자유재량이 허용된 것 등이다. 특히 네 번째 이유가 매우 중요한데 사무차관은 자신에게 부여된 강력한 권한으로 인하여 급격한 변화에 필요한 행동을 취할 수 있었다(McCulloch & Ball, 1992; Scott et al., 1997). OECD의 견해에 의하면 뉴질랜드가 개혁에 성공적일 수 있었던 중요한 이유는 작은 국가규모, 깨끗한 공공윤리 등이다(OECD, 1997).

1995년의 Center for Corporate Change의 연구에 의하면 고위관료들의 정부개혁에 대한 반응은 전반적으로 호의적이었으며 특히 재무관리개혁에 대해서 가장 호의적 반응을 나타냈다. 1996년 재무부와 State Service Commission의 주도하에 Allen Schick에 의해 수행된 연구에 의하면 정부 내외에서 압도적으로 정부개혁에 대한 찬성의견이 표명되었으며 어느 누구도 과거로 돌아가자고 하거나 새로운 시스템을 거부하는 의견을 표시하지 않았다. 1996년 Brumby, Edmonds, Honeyfield에 의해 수행된 연구에 의하면 정부개혁은 지출통제를 용이하게 하였으며, 단위원가를 조사한 결과 부처의 생산성이 현저하게 향상되었다고 결론지었다. 1996년 Marco Cangiano에 의해 수행된 IMF의 연구도 뉴질랜드의 정부개혁이 긍정적 효과를 거두었다고 결론지었다. OECD, 캐나다의 감사원(Office of the Auditor General of Canada), 미국 감사원(U.S. GAO), 세계은행(World Bank)은 모두 뉴질랜드의 정부개혁에 대해 긍정적 평가를 내렸다. 정부는 이제 정부서비스를 감소하지 않고서도 세금인하를 단행할 수 있었고 재정도 현금주의회계와 발생주의회계기준 모두에 의해서도 흑자를 달성하였다(Scott et al., 1997).

뉴질랜드는 다른 국가들과 달리 절약된 예산을 다음 회계연도에 이월하여 자유롭게 사용하는 것을 허용하지 않는다. 재무부와 책임장관이 명시적으로 사전 합의하지 않는 한 절약된 예산은 잉여로 간주되어 정부가 회수한다. 정부가 회수하는 잉여금은 효율적 집행으로 인하여 절약한 예산인지 아니면 목표를 달성하지 못한 미집행 예산인지 구별하는 것이 용이하지 않다. 재무부는 잉여가 발생했을 때 다음 회계연도의 예산편성에 이를 반영하지 않고 마치 모든 금액이 지출된 것처럼 원래 수준으로 예산을 편성하기 때문에 절약으로 인한 불리한 점은 없다(OECD, 1997).

앞에서 설명했던 교통부(Ministry of Transport)는 3,500명의 직원이 있었는데 독립집행기관을 설립하고 교통통제공무원을 경찰로 이동시킨 후 오로지 교통정책자문 기능만을 담당하는 50명도 안되는 공무원으로 교통부를 구성하였다. 각 부처의 현금관리도 현저하게 개선되었는데 회계시스템의 개선과 보다 나은 정보, 자본비용의 부과 등에 기인한다. 산출의 양과 질이 감소하지 않았는데도 한 조사에 의하면 1990년부터 1995년까지 5년 동안 지출예산은 계속 감소하였다. 부처는 정부가 강제로 할당하는 건물 대신 스스로 저렴하면서도 높은 수준의 건물을 임대할 수 있었으며 구매에 대해 자유재량이 주어지자 최신 정보통신시스템과 사무장비를 도입하고 임시직과 파트타임직원을 업무량에 따라 사용하고 민간노동시장의 여건에 맞추어 봉급을 결정하였다. 각 부처의 인적자원관리도 긍정적 방향으로 변화하였는데 부처는 리더십과 관리기법을 개발하고, 성과급을 시행하며, 성과가 열등한 공무원의 관리를 개선하였으며 인원을 축소하였지만 서비스제공수준은 감소하지 않았다(Scott et al., 1997).

인원감축과 아울러 지방행정계층에서도 개혁을 단행하였다. 이 점에서는 영국도 유사한 개혁을 시행하였는데 개혁 후에는 대부분의 지역에서 지방행정계층구조가 단층제로 변화했다. 뉴질랜드는 882개에 달하던 지방정부의 숫자를 92개로 축소하여 비용절감을 시도했다(박우서 외, 2000).

7.7 예산개혁의 내용

행정개혁의 전 세계적인 조류가 형성되고 있다. 특히 선진국의 경우 최근 행정개혁은 범위와 강도에 있어 과거 어느 때보다도 두드러지는데 유럽공동체(EC)의 경우도 공공부문에서 다음과 같은 공통현상이 대두되고 있다.

첫째, 행정서비스제공과 고객만족의 강조

둘째, 결과지향적 예산의 추구

셋째, 인적자원이 핵심자원임을 인식

넷째, 정보통신기술을 관리개선에 집중 사용

다섯째, 결과의 측정 같은 성과평가의 강조

현대화란 경제, 정치, 행정의 3가지 차원이 있다고 본다면 이러한 행정의 새로운 조류는 후진국의 현대화에 중요한 시사점을 제공하는 것이며 실제로 전 세계적인 행정의 조류는 선진국의 이러한 조류와 일치한다. 행정은 정부의 단독행위에 의해 수행된다기보다는 정부, 민간부문, 시민의 공동생산에 의한다는 것을 인식해야 하며 이것이 새로운 행정의 조류를 구성하고 있다(Bouckaert, 1996).

예산개혁은 행정개혁의 가장 중요한 부분을 차지하면서 행정개혁의 큰 틀 속에서 이루어지고 있다. 최근 선진국 예산개혁의 내용을 한 마디로 요약하자면 자율과 책임을 근간으로 하는 인센티브제도이고, 기업형 예산제도이며, 결과지향적 예산제도라고 할 수 있다. 기업형 예산제도란 고객중심적이며, 시장과 경쟁하고, 신축적이며, 발생주의회계를 채택하고 성과평가를 강조한다는 의미이다.

예산은 여러 가지 기능을 수행하기 때문에 하나의 기준으로 개혁을 추진하기 어렵다. 예산개혁이 성공했다면 적어도 예산의사결정에 변화가 발생해야 할 것이다(Wildavsky, 1992a). Axelrod는 예산개혁의 성공여부를 판단할 수 있는 기준으로 다음을 제시하고 있다(Axelrod, 1992).

- 지출통제
- 적절한 사업에 자금을 배분
- 사업의 효과성과 효율성의 증진
- 책임강화
- 개혁이 예산의사결정의 기초를 변경했는가의 여부

예산개혁에 대한 비판은 지나치게 성급한 성과를 기대하거나, 예산의사결정을 이루는 복잡한 요인들을 무시하고 예산개혁과 예산의사결정간의 인과관계를 탐색하는 등의 오류에 근거한다. 예산개혁은 궁극적으로 예산에는 정치적 요인과 분석적 과정이 필요하다는 사실을 인식하고 정보에 기초한 정치적 의사결정을 촉진하는 것을 목표로 해야 할 것이다(Axelrod, 1992). 정부의 예산개혁은 상당한 시간이 소요되는데 즉시 효과가 나타나지 않는다고 실패했다고 단정해서는 안 되며 원래형태와는 다른 형태로 정착할 수도 있기 때문에 원래 의도한 예산개혁의 내용과 다르다고 해서 실패로 단정해서는 안 된다. 예산개혁의 주창자들은 채택되기 위해서 과장하기 때문에 과장된 수준에 근거하게 되면 예산개혁을 실패로 단정하기 쉽다(Rubin, 1992a).

최근 선진국의 예산개혁이 이러한 기준을 달성했는지는 의문이지만 영국, 뉴질랜드, 호주, 캐나다, 미국 등 영미기준을 따르는 국가들을 중심으로 주도된 일련의 행정개혁은 전 세계적으로 많은 국가에게 영향을 미쳤다. 최근 선진국의 행정개혁에서 예산개혁은 핵심적인 역할을 하고 있는데 신공공관리(New Public Management)를 회계와 재무가 주도하는 변화(accounting and financeled changes)로 간주하기도

한다.9)

예산개혁이 행정개혁의 핵심역할을 하는 이유를 Willoughby는 다음과 같이 설명하고 있다. 과거정부행위, 현재 상황, 미래에 고려되고 있는 정부사업에 대해 알지 못하면 국민의 의사는 결코 지적으로 형성되거나 표현될 수 없다. 예산이야말로 국민에게 이러한 역할을 할 수 있는 가장 적절한 수단이다. 예산은 민주주의의 가장 위력있는 도구인데 과학적인 예산제도는 국민의 지적인 통제대상이 될 수 있으며 예산이 실패하면 효율성과 아울러 국민에 대한 책임도 실패한다는 것이다. 국민은 의회를 통해 행정부를 통제하는데 예산에 관한 통제는 두 가지 방법이 있다. 첫째는, 미리 모든 내용을 결정하여 준수하도록 하는 통제이다. 둘째는, 자유재량을 부여하고 위임한 내용의 집행에 대한 정보를 획득할 수 있는 회계와 보고시스템을 통한 통제가 있다. 정부행위의 과거, 현재, 미래에 대한 정보가 회계시스템을 통해 제공되면 모든 것을 사전에 규정하지 않고서도 간접적으로 의회의 통제를 통하여 국민의 의사를 형성하여 반영할 수 있다. 민주주의는 국민의 의사에 따라 정부가 행동하는 것이고, 국민이 정부행위의 과거, 현재, 미래에 대해서 알아야 하며, 과거, 현재, 미래를 알 수 있는 가장 효과적이고 완전한 수단이 예산이다. 예산이 제 기능을 다하지 못하면 민주주의가 실종하게 된다. 거의 대부분의 행정개혁이 예산과 재무관리에 초점을 맞추고 있는 이유도 바로 여기에 있다(Willoughby, 1992). 예산제도를 개선하는 것은 정부의 전반적인 효과성을 증가하는 유일한 방법이라고 미국감사원장을 역임한 Staats는 주장한다(Staats, 1992).

스웨덴은 공공부문의 개혁을 추진하면서 먼저 모의실험(pilot test)을 통한 점진적인 개혁을 추진하였지만 뉴질랜드는 전면적으로 모든 부서에 대해 개혁을 시행하였는데 각각 장단점이 있다. 모의실험은 개혁에 대한 관심과 지지를 잃어버릴 우려가 있고 실험과 실제적용과의 괴리라는 문제점이 있다. 전면적인 실시는 처음에 예상하지 못한 장애물을 극복하기 위해 자주 수정해야 한다는 문제점이 있다. 그러나 어떤 방법을 택하더라도 오랜 기간이 소요되는 공공부문개혁은 어차피 수정과 보완이 끊임없이 이루어져야 한다. Allen Schick이 보고서를 작성할 때 많은 국가에서 개혁을 시도한지 이미 10년 이상이 지났지만 아직도 개혁이 진행되고 있었으며 결과가 완전히 드러나기 위해서는 더 많은 시간이 필요하다고 말하고 있다(OECD, 1997).

공공부문개혁은 상의하달식 지침(top-down guidance)과 하의상달식 집행(bottom-up

9) Accounting, Auditing & Accountability Journal, Vol. 11 No. 4, 1998, p. 368, Abstracts & keywords를 참조.

implementation)의 두 가지 요소가 있다. 개혁이 성공하기 위해서는 공무원들의 이해와 공감 그리고 협조가 반드시 필요하다. 프랑스는 장관에게 각자가 적합하다고 생각하는 방법으로 개혁을 추진하도록 허용함으로써 분권화 된 개혁을 시행하였다. 어떤 장관은 적극적으로 개혁을 추진하였지만 어떤 장관은 개혁시늉만 내고 진정한 변화는 거의 이루어지지 않았다. 이에 반하여 뉴질랜드는 획일적이고 강력한 중앙집권적 개혁을 추진하였다(OECD, 1997).

1. 예산은 성과를 위한 계약(contract for performance)의 형태로 관리

최근 선진국예산개혁은 한 마디로 예산과 성과의 연계, 즉 성과정보에 의한 자원배분을 시도하는 것이라고 요약할 수 있다. 성과는 효과성과 효율성을 말한다. 긴축재정, 작은 정부에 대한 열망, 공공부문의 비효율성에 대한 국민의 비판 등이 이러한 개혁의 이유라고 할 수 있다.

생산성 향상을 위한 관리문화의 변화가 최근 선진국예산개혁의 특징이다. 미국 NPR(National Performance Review)은 성과목표(performance goals)와 정책구조(policy framework)에 맞추어서 사업이 기획되고 예산이 편성되어야 한다고 보고하고 있다. 대통령과 각 부처의 최고책임자가 성과계약을 맺어야 한다고 제안한다. 정부성과관리법(Government Performance and Results Act, 1993년)는 각 부처가 결과를 측정하고 성과에 기초한 예산으로 나아가야 한다고 요구하고 있다(Schick, 1995). 뉴질랜드는 장관과 부처가 계약을 체결하며 프랑스는 책임중심점(responsibility centers)과 장관이 계약을 체결한다(OECD, 1997).

Reagan 대통령정부에 의해 시작된 PIP(Productivity Improvement Program)는 매년 3%의 생산성향상을 목표로 했으나 첫 해에만 1.6%를 달성하고 나중에는 생산성이 하락하였다. PIP가 예산과정에 연계되지 않았기 때문에 각 부처가 심각하게 수용하지 않았던 것이 이유라고 Axelrod는 주장하고 있다(Axelrod, 1995).

성과와 예산을 연계한다는 의미는 서비스의 완전원가를 산출에 배분하는 원가회계제도를 필요로 하는데 뉴질랜드를 제외하고는 아직 시행되지 못하고 있으며 각국의 정부부문이 원가회계에 취약하기 때문에 당분간은 실현되기 어려울 것으로 생각된다(OECD, 1997). 정부부문은 민간부문에 비해서 통제불가능한 원가가 더 많을 가능성이 있는데 통제불가능한 원가가 지나치게 많이 산출에 배분될 때 예산과 성과평가와의 연계는 오히려 바람직하지 않을 수도 있다.

덴마크에서는 생산성목표를 설정하여 기대되는 생산성 향상치를 계산하여 그만큼 예산을 미리 삭감함으로써 생산성향상을 강제하고 있다. 예산을 감축하고 특정 서비스수준을 유지하는 것이 예산을 증가시켜 산출을 증가시키는 것보다 쉽다는 경험에서 근거한다(Greiner, 1996). 덴마크의 경우는 협의하여 예산을 결정한다기보다는 생산성 향상을 위하여 산출수준을 고정한 채로 투입을 감소하는 방법이다. 그러나 많은 국가에서 목표를 설정하고 목표달성을 위하여 부처의 예산신청에 근거하여 예산을 편성하면서 결과의 측정에 대해서도 합의한다.

2. 권한의 이양과 분권화

사업을 집행할 수 있는 실제적인 권한을 부여(empowerment)하는 것도 최근 선진국 예산개혁의 특징이다. 사명감과 책임감을 불러일으키기 위해서는 성과평가도 아울러 필요하다. 인간을 존중하고 인간에게 자율이 주어질 때 가장 성과를 증진할 수 있다는 신념은 담당자에게 자신감을 부여하고 유능하게 만드는 역할을 한다(배득종, 1996). 초기에 영국정부는 책임을 추궁할 수 있는 새로운 시스템이 구축되기 이전에는 기존의 강한 통제를 포기할 수 없다고 주장했으나 결국 먼저 권한을 이양하고 통제를 약화했다(Schick, 1995). 분권화는 업무담당자가 최적대안을 알고 있다고 가정하기 때문에 업무추진방법에 대해 자율을 보장하는데 이러한 자율이 성과를 증진하며, 고객과 시민의 요구에 대응적이 되고, 담당자의 업무만족도를 증가시킨다.

중앙집권적 모델은 더 이상 새로운 시대에 적합하지 않다. 규정을 제정하고 규정의 준수를 감독하는 과거의 중앙집권적인 관리는 사실상 책임규명에는 오히려 소홀하였는데 이제 자유재량을 부여함과 아울러 결과에 대한 책임을 강조한다. 중앙에서 원하는 결과는 전략기획에서 수립된 장기목표가 달성하고자 하는 결과이다. 중앙에서 상세한 통제를 포기하였음에도 불구하고 중요한 사항에 대해서는 중앙이 통제한다. 이에 대해 하부조직에서 여전히 반발하고 있는데 중앙과 하부조직의 책임구분이 쉽지 않다는 것을 알 수 있다. 이미 오래 전부터 분권화를 실시하고 있었던 스웨덴은 장관과 부처의 경계가 과거부터 명확하였기 때문에 이러한 문제점이 거의 없었다. 뉴질랜드와 영국에서는 많은 고위공직자들이 신공공관리주의를 견디지 못하고 이직하였으며 민간부문에서 고위공직자를 영입하였는데 프랑스, 스웨덴, 호주는 그렇지 않았다. 자유재량의 부여는 자유방임을 의미하는 것은 아니며 일정한 범위 내에서 자유재량을 부여하고 결과에 대한 책임을 요구하는 것임을 명심해야 하는데 이에 대해 하부조직의 이해가 부족하여 반발이 초래되기도 하며 중앙이 과거의 관행대로 통제를 포기하지 않으려는 습성 때문에 반발이 초래되기도 한다. 비록 OECD의 많은 국가들이 분권화를 추구하고 있지만 아직도 독일과 일본 같은 국가들은 중앙집권적 행정을 고수하고 있다(OECD, 1997).

예산개혁으로 부처에게 자율을 부여하면 중앙예산기관은 전략과 정책이슈, 지출과 수입의 총액, 사업의 혁신 등에 관한 보다 거시적이고 중요한 사항만을 관할하게 된다. 중앙예산기관은 통제기구에서 리더십을 발휘하는 기구, 자문을 제공하는 기구, 돕고 격려하는 컨설팅기관으로 전환되어야 한다. 호주, 뉴질랜드, 영국의 재무부는 공공부문의 개혁을 주도하는 부처로 역할이 변경되었다. 특히 영국의 재무부는 개혁 이후에 작고 계층단계가 축소된 기구로 재탄생하였다. 미래의 중앙예산기관은 두 가지 방향으로 발전할 것이라고 Allen Schick은 예측하고 있다. 하나의 방향은 회계·감사와의 연계, 원가와 산출측정, 정보시스템 등을 통해 재무관리와 예산이 통합되는 것이다. 또 하나의 방향은 사업개발과 전략적 사고를 통해 중앙예산기관이 정부 정책결정의 중심지가 되는 것이다. 호주는 이 두 가지 역할을 통합하려고 노력하였다. 예산은 재무관리의 훌륭한 도구이며 전략선택의 좋은 기회를 제공하는 과정이기 때문에 이 두 가지 방향의 통합은 이상적이기는 하지만 현실적으로 쉽게 실현되기 어렵다(OECD, 1997).

개혁이 하나의 가시적인 성과(예: 예산절감)를 보여준다고 해도 사실 다른 부문에서 그에 상응하는 혹은 그 이상의 부정적인 결과를 야기하기 때문에 사실상 더 악화되는 경우도 많다. 통제를 강화하여 책임을 추궁하면서 보다 많은 자율을 부여하는 것이 가능하다고 믿는 사람도 있지만 부정적인 사람도 있다. 통제의 강화는 결국 자율을 저해할 수밖에 없다고 보는 것이다. 물론 성과지표만을 이용하여 평가하고 나머지는 자유를 준다면 가능하지만 실제로 성과지표에만 의존하고 완전히 자유를 부여할 수 있는 업무는 드물기 때문에 문제가 발생한다. 여러 개의 성과지표를 선정하면서 자꾸 성과지표의 한계를 인식하여 보완하다 보면 어느새 자율을 저해할 수밖에 없다(Pollitt & Bouckaert, 2000).

3. 예산총액의 한도 내에서 편성과 집행의 자율부여

총액의 한도 내에서 편성과 집행의 자율을 부여하면 예산의 신축성이 증가되며 변화하는 상황에 즉각 대응할 수 있다. 대부분의 국가에서 회계연도 내에 사용하지 않은 예산을 다음 회계연도로 이월할 수 있고 다음 회계연도의 예산의 일부분을 당겨 사용할 수 있도록 허용하였는데 예산총액의 일정비율 내에서만 허용되었다. 다음 회계연도로 이월하는 자금에 대해서는 이자를 획득하고 미리 당겨 사용하는 자금에 대해서는 이자를 부과하는 국가도 있었다(OECD, 1997).

프랑스를 제외한 호주, 스웨덴, 영국, 뉴질랜드는 예산집행에 있어 고위공직자의 숫자 이외에는 거의 모든 사항을 부서의 자유재량에 위임하고 있다. 예산총액만을 설정하고 세부예산집행에 관해서는 자유재량을 부여하는 제도를 악용하는 사례는 거의 없다고 한다. 중앙정부는 각 부처에게 부처내부에서도 완전한 자유재량을 부여하라고 요구하지만 각 부처의 본부는 관리능력과 경험부족을 이유로 하부부서에게 제한된 자유재량을 부여하는 경우가 많았다. 하부부서로 내려갈수록 관리능력과 경험부족이 자유재량을 부여하는 데 장애가 되는 것은 사실이었으며 프랑스는 처음부터 예산장관이 평가에 의해 규정을 준수하고 자원을 현명하게 관리할 능력을 보여주는 책임중심점부터 자유재량을 부여했다(OECD, 1997).

4. 정보시스템의 강조

바람직한 정보시스템의 구축과 활용, 사업관리자와 정책결정자에게 유용한 정보를 제공할 수 있는 정보시스템의 구축과 활용, 정부부문에 대한 재무제표의 작성은 최근 선진국 예산개혁의 또 하나의 특징이다. 미국은 예산, 회계, 사업에 관한 통합된 정보시스템의 구축을 NPR이 건의하고 있다(배득종, 1996). 뉴질랜드는 발생주의회계를 사용하여 보다 나은 정보를 제공하고 있다. 예를 들어 감가상각은 자산의 소멸에 대한 보다 나은 정보를 제공하고 보다 정확한 비용을 측정할 수 있게 한다. 최근 선진국들은 신경망처럼 예민한 정보시스템을 구축하여 예산의 편성, 심의, 집행과정에서 필요한 정보를 즉각적으로 제공하려고 노력하고 있다. 예를 들어 이러한 정보시스템은 매일 현금유입과 현금유출에 대한 보고를 한다.

5. 절약과 효과성, 효율성의 달성에 대한 인센티브 부여

호주에서는 절약한 예산의 일부를 각 부서가 자유롭게 사용하도록 허용하고 있는데 이것을 효율성배당이라고 한다. 캐나다는 예산절약분을 반납하지 않고 다음 기간에 사용할 수 있도록 허용한다. 덴마크는 절약분을 보너스로 지급가능하도록 허용하거나 노사협약시에 보너스로 사용가능하도록 허용하고 있다. 절약한 예산의 일부 혹은 전부를 집행부서가 자유롭게 사용하도록 하면 가격이 이미 하락했는데도 더 높은 가격을 지불하는 것과 똑같은 사태가 발생할 우려가 있다. 또한 진정 필요한 사업이 아닌 절약이 용이한 사업을 채택할 가능성도 있다(Schick, 1990; OECD, 1997).

예산의 효율성을 증진한 예산집행부서는 다음 회계년도에서 더 많은 예산을 확보한다는 연구가 있는 반면 그렇지 않고 예산을 삭감당한다는 상반된 연구결과가 있다. 만약 예산절약으로 인하여 미래의 예산을 삭감당한다면 효율성에 대해 정보를 공개하지 않거나 정보를 왜곡할 우려가 크다. 이것은 결국 효율성의 증진에 대해 불이익을 주는 것이다(Grizzle, 1998).

6. 결과지향적 예산

목표달성여부는 산출(outputs)보다 결과(results)지향적 관리를 추구해야 한다. 그러나 성과지표를 이용한 평가로서 책임을 추궁해야 하지만 실제로 결과를 측정하기가 어렵기 때문에 산출을 측정하게 되며 정부의 입장에서도 산출의 달성이 결과의 달성보다 용이하다. 뉴질랜드에서도 산출을 중심으로 성과를 측정한다. 그러므로 엄밀하게 말하면 결과지향적이기보다는 산출지향적이다. 가장 큰 문제점은 성과측정의 어려움보다도 존재하는 성과측정치를 예산과 관리의사결정에 사용할 수 있는 능력이 관리자에게 결여되어 있다는 점이다.

영국은 시민헌장제도 등을 제정함으로써 고객지향적 정부를 추구하고 있다. 고객을 직접고객(direct customers)과 간접고객(indirect customers)으로 구별하여 간접고객은 일반국민을 지칭하는 의미로 사용하기도 한다(Greiner, 1996). 시민은 사회계약(social contract)의 참여자이고 고객은 시장계약(market contract)의 참여자이다. 시민은 헌법과 법의 테두리 내에서 권한과 의무를 갖는 존재이고, 고객은 시장의 수요와 공급에서 필요와 만족을 추구하는 존재이며 시민의 일부분이다. 고객에게 서비스의 질과 만족을 제공하는 것보다 법을 준수하고 시민을 보호하는 것이 더 중요하다는 주장도 있는 반면(프랑스가 대표적인 국가) 신공공관리(new managerialism, new public management)는 고객을 중시한다. 고객을 중시하는 관점은 시민은 고객으로 취급되어야만 서비스의 질과 만족, 효과성과 효율성을 보장받을 수 있다는 것이다(Bouckaert, 1996).

고객은 산출의 수혜자이고 국민은 결과의 수혜자이기 때문에 고객지향적 정부는 산출을 무시하고 결과만을 추구할 수도 없다. 산출과 예산을 연계하여 효율성을 증진하는 것은 어려운 일이 아니지만 결과와 예산을 연계하는 것은 기타 변수의 개입으로 인하여 현실적이지 못하다. 대부분의 국가에서 예산은 산출이나 결과와 연계되지 못하고 편성되었지만 뉴질랜드는 산출을 중심으로 지출예산이 편성되었다. 그러나 뉴질랜드의 경우도 각 산출유형은 대부분 여러 성과지표로 구성되어 있기 때문에 개별산출지표에 얼마의 예산이 할당되는가를 결정하는 것은 어려운 일이었다(OECD, 1997). 비록 많은 국가에서 결과지향적 예산을 추구하고 있지만 결과와 예산의 연계가 어렵기 때문에 산출지향적 예산에 그치고 있다.

성과정보가 관리자의 평가를 위해 사용된다면 관리자는 자신에게 불리한 정보를 제공하지 않고 정보를 왜곡하려고 할 것인데, 중앙예산기관은 자원의 배분을 위하여 정확한 성과정보를 필요로 하며, 성과정보를 가지고 관리자에게 책임을 묻고 효과성과 효율성을 증진하려고 한다. 그러나 현재의 성과측정기술이 예산과 결과를 연계하여 책임을 규명할 수 있을 만큼 진보되지 않았다는 것을 알기 때문에 대부분의 국가에서 성과정보는 관리행동을 변화시키는 데 국한되어 사용되고 있을 뿐 성과에 의해 책임을 묻고 예산을 편성하는 단계에는 이르지 못하고 있다. 결국 측정과 공개를 통하여 자극함으로써 효과성과 효율성을 증진하는 정도로만 사용되고 있다고 보아야 할 것이다. 성과는 관리의사결정에 반영되지도 않고 예산편성의 기준이 되는 것도 아니며 책임규명의 역할을 충분히 수행하고 있지도 않다. 결과와 예산의 관계는 상대적으로 느슨한 관계에 불과하다고 보아야 한다(OECD, 1997).

7. 정책수립과 정책집행기능의 분리

영국과 뉴질랜드는 정책결정기능과 정책집행기능을 분리하거나 정책집행은 민간을 이용하거나 별도의 집행기관을 설립하는 방법을 채택하고 있다. 정책집행기관에게 자유재량을 부여하되 임무를 좁게 정의하여 부과함으로써 정책목표의 달성을 위한 통제에 유리한데 대리인이론에 근거한 것이다. 뉴질랜드의 정책집행기관은 별도기관으로 독립된 해방감에 대해 고무되어 있었으며 많은 기관들이 새롭게 사명과 전략을 구축하고 업무절차를 리엔지니어링 하는 등의 활력을 보여주고 있다고 하는데 이러한 새로운 기풍이 계속 지속되어야 정책집행과 정책수립기능의 분리가 성공적이었다고 할 수 있다. 영국보다 뉴질랜드가 이 점에 있어 더 성공한 것은 작은 국가규모 때문이라고 보는 견해도 있다. 그러나 기대한 것과 달리 정책수립기관과 정책집행기관의 관계가 구매자와 판매자의 관계처럼 이익을 추구하는 기업 사이의 관계가 되지는 않았다. 정책집행기능이 결정기능과 분리되면 정책집행기관에 예산을 배분하는 것은 정책집행기관의 서비스를 구매하는 것이기 때문이다. 정책집행기관은 정책의 방향에 대해 관심이 있고 정책수립기관은 정책집행 시에 획득한 정보와 통찰력을 필요로 하기 때문에 상호의존적인 행태를 보여주었다. 정책수립과 정책집행기능의 분리는 필연적으로 다수의 단일목표부처를 필요로 하는데 총체적인 정책시각이 결여되고 정책조정이 어렵다는 문제점이 있다(OECD, 1997).

8. 다년도 예산

다년도 예산은 중장기예산이라고도 할 수 있는데 예를 들어 오스본 게블러의 저서 "정부재구축(Reinventing Government)"의 사례인 Sunnyvale시는 10년 단위의 다년도 예산을 편성한다. 향후 10년간의 모든 세입과 세출을 고려한 운영예산과 자본예산을 편성하는 것이다(배득종, 1996). 이미 많은 정부가 단년도 예산에서 탈피하여 부분적 혹은 전적으로 다년도 예산을 편성하고 있다. 미국의 행정개혁자문기구였던 National Performance Review(NPR)도 연방정부에게 2년 단위 예산편성을 제안하였다.

9. 시장메커니즘과 경쟁도입, 민영화와 민간이양

미국의 NPR은 봉급관리, 전산시스템관리 등의 업무를 민간에 이양하라고 제안하고 있다. 영국은 시장성 테스트를 실시하여 민간기업에 행정서비스의 공급을 위임하고 있다. 특히 호주와 스웨덴은 사용자가격(user charges)을 광범위하게 사용하였다. 뉴질랜드는 정부의 투자에 대해 자본비용을 부과한다. 자유재량의 부여가 관리자에게 위임하는 것임에 반하여 시장메커니즘의 활용은 관리자에게 강제하는 효과를 갖는다. 성과계약의 체결과 성과평가는 시장메커니즘의 도입이라고 할 수 있다. 민간부문과는 달리 시장메커니즘의 도입은 한계가 있기 때문에 관리인센티브로 보완하는 것이 필요하다(OECD, 1997; Norman, 1997).

민간부문 경영기법의 도입에는 두 가지가 있다. 하나는 상업화(commercialization)라고 하며 상업적인 관리원칙, 실무, 책임을 도입하는 것이고 또 하나는 기업화(corporatization)라고 하며 공공부문의 사업적 성격의 활동(public sector business activities)에 대한 것이고 법, 관리, 지배구조, 회계와 책임에 기업형태(corporate form)를 도입한다(Broadbent & Guthrie, 1992). 민간부문 경영기법의 도입으로 인하여 공공부문과 민간부문과의 차이가 점점 좁혀지고 있다. 민간기업에 보다 많은 사회적 책임을 요구하는 풍조도 민간부문과 공공부문의 접근을 촉진하는 요인 중의 하나이다(Lapsley & Pettigrew, 1994).

동일한 서비스를 민간이 생산하는 경우와 정부가 직접 생산하는 경우를 비교한 연구에 의하면 대체로 민간부문의 생산원가가 낮다는 것을 보여주고 있다. 그러나 모든 분야에서 그런 것은 아니고 주로 공항관리, 금융, 부채회수, 소방, 의료, 쓰레기수거, 전력사업 등의 분야에서 그러하다. 원가차이를 야기한 가장 큰 이유는 공공관리자의 인센티브, 규모의 경제 등이다. 예를 들어 지방정부는 여러 지역에 서비스를 제공하는 민간기업에 비해 규모가 작기 때문에 원가에 있어 불리하다는 것이다. 또한 독점사기업에 의한 쓰레기수거원가가 정부가 직접 수거하는 경우보다 낮았다. 그러나 대부분의 쓰레기수거에 대한 연구가 민간부문의 원가가 낮다는 보고를 하고 있는데도 그러한 이유를 발견하지 못한 연구도 있었으며 모든 비교연구들이 민간부문과 공공부문을 동일한 조건하에 놓고 비교하지 못한 한계가 있다. 민간부문에 의한 서비스원가가 낮은 분야에서는 민영화가 의미가 있다(Khursheed & Borcherding, 1998).

사례

노인과 장애인에 대한 서비스를 공급할 때 서비스공급과 구매를 이원화하여 시장메커니즘을 공공부문에 도입하는데 계약은 무려 700페이지에 해당하고 제공되는 서비스의 질이나 양은 이전과 별로 변하지 않았다. 그렇다면 계약체결과 감시비용을 감안한다면 과연 개혁이 효과성과 효율성을 증진하였다고 볼 수 있는지 의문이다(Pollitt & Bouckaert, 2000).

10. 새로운 회계기준과 재무보고의 강조

최근 예산개혁을 시도한 모든 국가에서 부서에게 성과에 대한 강력한 책임을 요구하고 있는데 성과평가는 결국 회계정보를 상당부분 활용하려고 한다. 국가가 총액만을 보고하는 기존관행에서 벗어나 각 부처도 별도의 재무제표를 작성하여 보고하도록 요구하는 것이며 발생주의회계채택과 원가회수(cost recovery) 등이 가장 대표적인 개혁내용이다. 총액의 한도 내에서 자유재량을 부여하면 집행부서는 집행내역을 회계시스템으로 기록하고 회계기준에 의해 재무제표를 작성하며 계획과 실제 발생내용이 비교되고 감사를 거쳐 공개된다. 영국과 뉴질랜드는 회계개혁을 예산부문에 연장하여 적용하였는데 호주도 이러한 움직임이 있다. 특히 뉴질랜드는 발생주의회계를 예산제도에 적용하였는데 영국과 호주도 발생주의회계의 채택을 시도하고 있다. 발생주의회계에 기초한 예산제도는 과거 예산제도와는 다른 관점을 요구하며 획기적으로 예산제도를 변화시킬 것이다(OECD, 1997).

외부에 보고하는 재무보고서의 작성은 결과인 재무보고서보다 그 결과에 도달하는 과정이 더 의미 있다. 재무제표를 작성하기 위해서는 정확하고 적시의 회계기록을 유지해야 하고 자산과 부채의 정확한 액수를 파악해야 한다. 재무보고서의 작성과 발생주의회계는 별다른 어려움이 없이 채택되었다고 보고되고 있다. 재무보고에 포함되는 성과정보는 계속 증가하고 있는데 대부분 서술적이며 스웨덴 같은 국가는 재무제표와 아울러 성과정보까지 감사의 대상에 포함하고 있다. 스웨덴은 재무부소속의 감사원(National Audit Office)이 감사를 담당하기 때문에 다른 국가의 의회소속 감사원에 비해 피감사기구와 갈등을 초래할 가능성이 적다. 그러나 감사기구가 성과정보에 대해 엄격한 감사를 실시하면 아직도 성과측정기법이 불완전한 상황에서 오히려 역기능이 초래될 가능성도 있다. 그럼에도 불구하고 성과정보까지 감사하는 것이 추세가 되어가고 있다(OECD, 1997).

11. 평가와 감사의 강조

예산집행기관이 예산을 남용하면 의회의 통제와 회계와 감사를 통한 통제를 강화하고 예산이 적절하게 집행되면 예산집행기관에게 더 많은 자유재량을 부여해야 한다고 사람들이 생각해 왔고 여태까지의 제도도 이러한 관점에 기초하여 변화해 왔다. 그러나 최근 선진국예산개혁의 결과인 결과지향적 예산은 자율을 보장하고 대신 회계와 감사를 통해 책임을 추궁한다고 보아야 한다(Swan, 1983). 자율을 부여하려는 노력은 이전에도 있었다. 다만 최근 선진국예산개혁은 이전과는 달리 예산과 감사의 강화를 자율부여의 전제조건으로 간주하는 것이다.

평가와 감사를 담당하는 기관이 복수로 존재하면 이러한 기관들의 경쟁을 통하여 유용한 정보가 획득가능하다. 이러한 기관은 외부의 정치적 영향을 받지 않도록 독립적이어야 하며 각 부처의 효율성을 증진하기 위하여 부처의 기록에 접근하여 조사하고 부처의 효율성을 증진을 지원할 수 있어야 한다. 국민은 성과에 관한 정보가 제공된다고 하더라도 평가와 감시 능력이 없기 때문에 이러한 전문기관이 평가와 감시를 담당하고 결과를 국민에게 공개하면 국민이 비효율적인 조직에게 제재를 가해야 한다는 것이다. 이러한 기관을 하나 이상 설립하여 경쟁하도록 하고 국민이 가장 바람직하다고 생각되는 기관으로부터 정보를 획득하며 이에 따라 재원이 제공된다면 경쟁에 의해 평가와 감시의 질이 향상될 것이다(Grizzle, 1998).

12. 기획과 예산의 연계

전략기획을 예산과 연계하려는 노력이 최근 선진국예산개혁의 특징 중 하나이다(OECD, 1997). 뉴질랜드의 경우도 국가전략기획을 예산과 연계하고 있다. 기획과 예산의 연계는 결과지향적 예산이 목표와 전략을 고려한다는 것을 의미한다. 과거의 계획예산(PPBS)도 사회지표(social indicators)를 추적하고 감시함으로써 예산의 효과를 측정하였다(Swan, 1983). 예산의 효과란 궁극적으로 목표, 국가전략과 연계되어야 한다.

7.8 예산개혁의 공통적 교훈

개혁에 더 성공적인 공공조직의 특성을 연구한 한 조사에 의하면 변화에 대한 외부압력, 개혁목표와 전략의 질과 명료성, 조직문화와 외부조직과의 관계, 핵심개혁그룹의 존재, 관리자와 외부개혁주도자와의 관계, 개혁을 관리할 수 있는 능력 등이 주요 성공요인이었다(Lapsley & Pettigrew, 1994).

1. 문화, 가치, 규범, 신념, 이념의 중요성

예산은 우리 사회의 문화, 가치, 규범, 신념, 이념에 의하여 진화한다(Swan, 1983). 조직의 건물이나 설비가 변화하는 것이 아니라 가치, 신념, 문화가 변해야 조직이 변화하는 것이다. 조직이 외부에서 가해지는 변화압력에 가장 효과적으로 저항하는 방법은 조직 내에 작은 규모의 특별집단을 구성하여 변화의 영향을 흡수하는 것이다(Jacobs, 1995). 정부조직은 개혁노력에 대해 효과적으로 저항할 수 있기 때문에 개혁은 반발을 최소화할 수 있는 방안을 강구해야 한다.

Charles Beard는 예산개혁은 당시의 시대상을 반영한다고 주장하였는데 Schick에 의하면 계획예산은 1960년대의 정치적 낙관주의의 산물이고, 영기준예산은 1970년 후반의 긴축재정의 정치에 대한 반응이라는 것이다(Draper & Pitsvada, 1987). 또한 예산에 관한 법과 규정은 인간의 본성을 변화하지 못한다(Hyde, 1992a). 최근 선진국 예산개혁도 이런 관점에서 볼 수 있다. 도덕적 하부기반(moral infrastructure)이 취약하면 예산개혁도 성공적이기 어렵다(배득종, 1996). 예산개혁을 위해서는 무엇보다도 행정문화가 중요한데 민주주의를 위한 문화가 필요하고, 경쟁을 용인하는 문화가 필요하며, 합리주의적 문화가 필요하다. 고발하고 비판하며 적극적으로 참여하고 시정하려는 시민정신도 필요하다.

최근 선진국예산개혁은 자유재량의 부여와 결과에 대한 책임을 강조하는 성과계약인데 관리행위를 변화시키고 새로운 조직문화를 창조하려는 것이다. 그러나 시장메커니즘이 부재한 환경하에서 오직 공직자윤리와 상부의 평가에 의해서 얼마나 이러한 문화와 행위를 정착시킬 수 있으며 개혁을 제도화할 수 있을지에 대해서는 많은 의문이 있다. 새로운 행정문화의 정착에 오랜 시간이 소요되기 때문에 정부는 주기적으로 강력한 의지를 표명하고 정착을 위한 단계적인 노력을 지속하여야 한다. 개혁을 추진하는 국가들은 시행착오를 겪으면서도 과거보다 나은 새로운 접근방법을 실험하려고 부단히 노력하고 있다. 새로운 행정문화를 구축하려는 개혁은 한 번으로 성공할 수 없기 때문에 여러 차례에 걸친 개혁의 물결을 일으켜야 한다. 새로운 제도는 새로운 환경과 반응에 따라 부단히 수정되어야 하며 정부는 미세조정(fine-tuning)을 통하여 궁극적으로 제도화를 이루어야 한다(OECD, 1997).

예산이 예산제도, 정치시스템, 행위자의 세 가지 요인에 의해 결정되는 행위라면 예산제도만을 고치려는 제도는 한계를 가질 수밖에 없다. 여기서 행위자란 사실상 조직, 인사 등과도 관련될 수밖에 없다. 예를 들어 과거 품목별 예산이 가정하는 인간형은 전통적 통제지향적인 인사제도를 구축할 수밖에 없었고 채용 평가 등에 있어서도 최근 선진국 인사제도와는 다르다. 최근 예산개혁은 예산제도와 아울러 과거에는 관심을 갖지 않았던 사람에 대한 변화도 동시에 시도한다. 예를 들어 인센티브의 부여, 자율의 부여, 성과측정 등은 바로 사람에 대한 인식의 변화를 의미하며 품목별 예산이 가정하는 행위자와는 다른 행위자를 상정하고 있다. 최근 선진국의 인사개혁은 중앙인사기관이 아닌 각 부서에서 채용하고 성과평가가 중심이 되며 공개경쟁 및 개방형 채용이 특징이고, 담당 부서 책임자에게 인사에 관한 광범위한 권한이 부여되는 제도인데, 이러한 제도는 예산과정에 있어 다른 행위자를 가정하고 있다.

조직의 변화를 원한다면 조직의 언어를 먼저 바꾸어야 한다. 조직에 관해 우리가 이야기하는 방식을 바꾸어야 한다(Battram, 1998). 예산개혁도 조직의 변화를 추구하는 행위이기 때문에 우리가 예산에 대해 이야기하는 방식을 바꾸는 개혁이어야 성공할 수 있을 것이다. 예산에 대해 이야기하는 방식을 바꾸기 위해서는 문화, 가치, 규범, 신념, 이념을 바꾸어야 한다. 예산은 우리의 사고에 영향을 미치는 제도이다. 계획예산의 가장 큰 장점은 산출, 결과, 원가, 대안, 목표 등의 관점에서 자원을 배분하도록 하는 점이다. 최근 선진국예산개혁에서도 산출, 결과, 원가를 측정하지만 이러한 측정치보다 더 중요한 것은 사람들로 하여금 산출, 결과, 원가의 관점에서 사고하도록 강제하는 점이다(Grafton & Permaloff, 1983).

2. 제도적 개혁조류

예산개혁은 합리적 개혁조류와 제도적 개혁조류의 두 가지 조류가 있다고 Grafton & Permaloff는 주장하고 있다. 합리적 개혁조류는 분석적 기법을 주로 추진하였기 때문에 분석적 개혁이라고도 하는데 흔히 예산개혁이라고 할 때는 합리적 개혁을 지칭하며 성과주의예산, 계획예산, 목표에 의한 관리, 영기준예산 등이 이에 속한다. 이들은 기존예산이 서로 연계되지 않고 관리가 불가능한 제도라고 비판하면서, 예산의 사결정은 충분한 정보, 우선순위가 확립된 명료한 목표의 집합, 분석적 기법에 의해 모든 정책대안을 평가하여 최적대안을 선정해야 한다고 주장한다(Grafton & Permaloff, 1983). 한정된 자원의 배분을 위한 예산의사결정과정을 자의적이고 비합리적인 근거가 아닌 합리적인 경제원칙에 의거하는 제도로 개선하려는 노력이다.

제도적 개혁을 주장하는 보수주의자들은 기존예산의 비판에는 동조하지만 합리적 개혁은 예산의 정치적 측면을 무시하고, 비용이 크고, 비효과적이고, 경우에 따라서는 비생산적이라고 하면서 선셋검토, 조세상한선설정, 지출상한선설정 등 주로 작은 정부에 초점을 맞춘다. 이들은 보다 현실적이었기 때문에 합리적 개혁에 비해 상대적으로 더 성공적이었다. 합리적 개혁조류가 선택한 예산모델은 정부와 유사성이 거의 없는 상대적으로 간단한 조직에서 유래하였기 때문에 실패할 수밖에 없었다. 예산과정은 합리적이기보다는 급한 추정작업, 미묘한 게임, 정치적 압력에 의해 특징지을 수 있는 과정이다(Grafton & Permaloff, 1983). 합리적 개혁조류는 분명 음미할 만한 가치가 있지만 그동안 많은 문제점과 한계를 노출하였기 때문에 제도적 개혁조류에 대한 공감대가 확산되어 왔다.

3. 상층부의 지지와 관심

예산개혁이 성공하기 위해서는 상부의 전적인 지원이 필요하고 제도가 정착될 때까지는 중앙예산기관이 적극적 역할을 수행해야 한다(Schick, 1990). 예산개혁은 기존 제도를 변경하거나 포기하고, 절차가 더 복잡해지는 것이 일반적이므로, 예산개혁은 자금흐름을 방해하며, 따라서 예산개혁이 유지되려면 상층부의 끊임없는 지지와 관심이 필요하다(Schick, 1987a). 여기서 상층부란, 청와대, 관련 장관을 의미할 수 있지만 무엇보다도 대통령의 끊임없는 관심과 지지가 필수적이다.

제도변화만이 개혁이 아니다. 예산개혁이 자꾸 제도변화만 추구하는데 조직의 최고책임자가 관심을 기울이는 것도 예산개혁이다. 가장 오래된 예산개혁사례라고 생각되는 행정부편성예산도 대통령이 예산과정을 지배할 수 있도록 허용함으로써 정부의 효율성을 증진하고자 하는 것이었다.

4. 정치적 측면의 중요성: 정치시스템과 정권의 안정

예산개혁이 성공하기 위해서는 오랜 시간이 필요하므로 정권의 안정이 절대적으로 요구된다(Schick, 1990). 또한 정부와 국민과의 관계가 중요하며 따라서 정치시스템이 중요하다. 예산개혁은 정치적 환경하에서 이루어지지만 정치적 환경에 영향을 미치기도 한다. 예산개혁에 대한 의회의 지지도 중요하지만 국민의 지지도 중요하다.

미국에서의 여태까지의 예산개혁은 두 가지 성격으로 분류할 수 있는데 첫째 유형은 예산분류와 기법의 변화를 추구한 개혁이고 둘째 유형은 의회예산과정에 대한 개혁이다. 여태까지의 예산개혁은 특정질환에 대한 특정처방의 성격을 지니고 있다. 그럼에도 불구하고 이러한 단편적인 처방들은 종합적으로 보다 대응적이고 신뢰할 수 있으며 일관성 있고 신축적이며 영향력 있는 통합예산을 지향하고 있는데 이러한 특성들은 동시에 수용되기 어려우며 정치적・제도적 의미를 내포하고 있다는 어려움이 있다(Caiden, 1992).

예산개혁은 정치시스템의 개혁이므로 예산의 정치적 측면을 무시한 예산개혁은 실패한다. 점증주의자들은 예산이 개혁되려면 예산이 사실상 반영하고 있는 정치시스템을 개혁해야 한다고 주장한다. 점증주의에 반대하는 예산제도는 실패할 수밖에 없다고 주장한다. 주관적 요소와 가치를 고려하지 못하는 합리적·계량적 예산의사결정과정은 비합리적일 수도 있으며 현실적으로 실패가 가능하고 경제적·합리성 못지않게 정치적 합리성도 중요하다는 것이다. 계획예산은 의회상임위원회위원, 이익집단, 관료가 이른바 철의 삼각형의 구도를 형성하고 있었던 준자치적인(semiautonomous) 행정부서에 대해 정책통제를 부과하는 수단의 역할을 했는데 이는 계획예산의 분석적이고 합리적인 기법과 계량화된 정보에 기인했다고 볼 수 있다(Harper et al., 1987). 그러나 이러한 계획예산의 노력은 결국 실패하고 만다.

예산은 누가 무엇을 획득하느냐의 과정이고, 누구의 선호가 채택되어야 하는가에 대한 논쟁이며 갈등이기 때문에 예산개혁은 정치적 의미가 있다고 한다. 결국 예산과정에서 사람들 사이의 갈등은 예산항목에 관한 사람들 간의 비교를 의미하고 이것은 경제적인 문제가 아니라 정치적인 문제이다. 예산개혁은 정치시스템을 개혁하지 않으면 성공할 수 없으며 어떤 예산개혁이든지 이익을 보는 주체와 손해를 보는 주체가 발생한다. 그러나 예산과정에는 완전정보결여 등의 이유로 변화와 혁신이 가능한 무관심과 정체된 영역이 존재하므로 정치적 어려움에 봉착하지 않고 대규모의 시스템변화를 수반하지 않는 예산개혁이 가능하다고 주장한다(Wildavsky, 1992b). 일부 점증주의자들은 예산은 개혁되어서는 안 된다고 주장했다. 많은 사업들이 서로 비교되기 어려우며 지출이 명확해지면 갈등이 고조된다고 생각했으며, 상충하는 요구가 증가할 것을 두려워하여 국민이 예산과정에 참여하는 것을 반대했다(Rubin, 1992a).

비용편익분석 같은 규범적인 예산이론은 정치적 투쟁의 결과인 예산을 비판하고 예산에서 정치를 종식시키는 유토피아적이고 비현실적인 이론이다. 반대의 목소리를 억압할 수 있는 독재국가에서나 실현 가능한 이론이다. 예산에 관해서 모든 사람이 합의할 수 있는 유일한 기준은 불가능하며 어떤 한 사람이나 집단의 선호를 다른 집단에게 강요해서는 안 되기 때문에 다양한 의견차이를 해소하기 위해서는 민주주의라는 정치적인 방법을 택해야 한다. 그러므로 예산개혁은 정치시스템을 변경하지 않고서는 불가능하다(Wildavsky, 1992a).

OECD국가의 대부분은 경상비가 국가예산에서 차지하는 비중이 20%가 채 안 되기 때문에 부서 운영의 효율성만 증가하고 사업의 선택, 집행이 개선되지 않는다면 정부의 효과성이 증진되지 못할 것이다. 많은 국가들이 사업원가와 성과를 연계하려고 노력하고 있지만 아직 별다른 진전을 보지 못하고 있다. 무엇보다도 정부의 목표, 정책, 사업의 우선순위는 결국 관리문제라기보다는 정치문제이기 때문이다. 전략기획, 성과평가, 완전원가추정 같은 예산개혁의 다양한 기법들이 정책과 사업에 영향을 미칠 수 있지만 정치적 요인이 개입하기 때문에 한계가 있다. 최근 선진국의 예산개혁은 부처운영, 즉 경상비를 대상으로 하기 때문에 사회보장지출, 보조금, 교부금 같은 사업예산에도 긍정적인 영향을 미칠지는 미지수이다(OECD, 1997).

최근 선진국 예산개혁은 정치논리에 의해서가 아니라 예산의 축소압력과 공공부문이 낡고 비효율적이라는 비판에서 시작된 것이다. 뉴질랜드, 스웨덴, 프랑스에서는 과감한 공공개혁을 추진한 정부가 정권을 잃었으며 공공개혁으로 인한 관리개선은 선거에 별 도움이 되지 않았기 때문에 정치인들이 선택하기에는 위험한 도박이었다. 그러나 개혁을 추진하던 정부가 정권을 잃은 뒤 등장한 정부가 개혁을 계속하여 추진한 것도 공통되는 현상이었다. 뉴질랜드, 영국, 호주, 스웨덴, 프랑스에서 다시 과거로 돌아가야 한다는 개혁에 대한 비판의 목소리는 전혀 들리지 않았다(OECD, 1997).

행정개혁은 따로 구분될 수 있는 기술적인 노력이라기보다는 모든 정책성과의 부분집합에 불과하다. 그러므로 정책을 개혁하는 것과 유리될 수 없다. 또한 행정개혁은 정치개혁과 유리될 수 없다. 정책의 개혁과 정치개혁을 수반하지 않고 행정개혁만이 성과를 거두기 기대한다는 것은 어리석은 것이며 행정이 다양한 것과 연계되어 있다는 것을 망각하는 것이다. 예를 들어 뉴질랜드의 행정개혁은 뉴질랜드의 정치분야의 개혁과 결합하여 인식해야 한다. 뉴질랜드는 MMP라는 선거제도(1인 2표제)를 통해 전혀 다른 정치시스템을 구축하였다. 즉 양당제에서 다당제로 변화한 것이다. 또한 규제완화 민영화 그리고 보조금의 폐지 등의 경제정책을 통해 국가를 변모시켰다(Pollitt & Bouckaert, 2000).

5. 성과측정치의 한계를 인식

사업의 성과를 측정하여 각 부서를 평가할 때는 엄격하게 적용하기보다는 성과측정치의 한계를 인정하여 관리개선을 시도하고 관리문화의 변화를 추구하는 데 그쳐야 한다. 성과측정치의 사용은 예산삭감도구가 아닌 관리개선 도구이어야 하며 자유재량을 부여하고 예산집행과 재정운영의 신축성을 성과측정과 병행함으로써 행정책임을 달성하도록 해야 한다. 지나치게 성과측정치에 의존하여 예산집행의 결과를 평가하면 반발과 논란을 야기하고 성과측정치의 수준이 저하되며 정보가 왜곡될 우려가 있다. 성과측정에서 효과성의 측정보다는 생산성의 측정이 더 용이하므로 생산성 지표를 먼저 사용한다. 성과측정치는 계량지표와 비계량지표를 보완하여 사용하고 필요하면 대리측정치(proxy measures)를 사용한다. 성과측정치의 선정에는 중앙예산기관과 각 부서가 공동으로 참여한다(Schick, 1990).

정보시스템에 의해 학습하지 않으면 자율의 부여가 의미를 상실한다. 성과평가는 일종의 정보시스템의 역할을 수행하는 것이다. 성과평가는 처음에는 단순하게 시작하되 성과평가와 생산성향상이 함께 발전하도록 하는 것이 가장 바람직하다. 성과평가의 한계를 인식하고 성과평가를 발전시켜가는 과정은 생산적인 토론과정이며 문제해결방법이다. 성과평가를 징계를 위해 사용하면 오히려 역기능을 초래하므로 의사결정과 긍정적 인센티브로 사용하여야 한다(Harvey, 1996).

6. 관리와 연계한 개혁

예산은 관리(Management)와 밀접한 연관을 맺고 있으며 관리가 예산과 유리될 수 없듯이 예산 또한 관리와 유리된 단순한 재정기술만은 아니다. 최근의 선진국예산개혁은 집행부서의 자유재량을 현저하게 증가하고 그에 대한 대가로 사업의 성과에 대한 책임을 요구하고 있다. 조직의 업무개선은 예산이라는 수단을 통해 구현되며 예산은 사업이 수행될 때 이용되는 보조수단이 아니라 관리의 기술적 측면이라고 볼 수 있다. 관리와 예산의 연계는 한국은 물론 선진국의 경우에도 아직 요원한 현실이며 미국의 경우도 관리예산실(OMB)의 관리기능과 예산기능이 연계되지 못하고 있는 현실을 비판하고 있는 실정이다. 예산개혁이 관리와 연계하여 추진되지 않으면 실패하기 쉽고 관리에 영향을 미치지 않는 예산개혁이란 의미도 없다. 한 마디로 관리개선으로서의 예산개혁이 필요하다.

미국에서는 연방정부, 주 정부, 지방정부를 막론하고 중앙예산기관이 관리개선프로그램을 추진하는 선봉역할을 수행하였다. 예산이 개혁의 가장 강력한 수단임에도 불구하고 예산은 지나치게 복잡하고 일정이 촉박하기 때문에 관리이슈에 관심을 가질 여유가 없다. OMB에서도 관리기능과 예산기능은 서로 유리되어 있으며 예산기능은 관리기능에 관심을 갖지 못하고 있다(Axelrod, 1995).

자유재량의 부여와 결과에 대한 책임의 추궁은 관리개선으로 이어지지 못하고 인원감축, 비용절감 등의 감축관리로 귀결되는 경향이 있다. 재무보고 등의 형태로 성과평가를 위한 정보를 생산하지만 실제로 부처의 의사결정은 목표와 결과를 무시하고 이루어지고 있다는 것도 문제의 하나이다. 그러나 예산감축은 그만큼의 행정서비스감축으로 이어지지 않았기 때문에 사실상 효율성의 증가가 발생했다고 보아야 한다. 산출과 결과를 공개적으로 보고하는 새로운 제도 때문에 행정서비스를 감축하기 어려웠으며 책임을 집행담당부서에 이관하여 효율성을 증가하게 되었지만 효과성에 대해서는 개선되었다고 보기도, 후퇴했다고 보기도 어려울 만큼 명백한 이유나 근거가 아직 부족하다(OECD, 1997).

관리와 연계한 개혁은 쉽지 않다. 예를 들어 사명지향적 예산을 시행하는 문제점은 조직이 모두 사명에 맞추어 재설계되어야 한다는 점이다. 또한 지원활동(support activities)을 위한 예산[10])을 어떻게 사명에 연계할 것인지도 문제이다(Wildavsky, 1992a). 그러나 사명지향적 예산을 시행하면서 조직의 재설계가 따르지 않는다면 예산개혁은 실패할 것이다.

7. 우수하고 신뢰할 수 있는 정보시스템의 필요

성과평가를 통하여 책임을 추궁함으로써 효과성과 효율성을 증진하려는 예산개혁은 무엇보다도 성과평가를 위한 정보를 필요로 한다. 조직의 정보시스템이 성과평가를 위한 정보를 제공하지 못하면 성과평가는 한계에 봉착한다. 우수하고 신뢰할 수 있는 정보시스템이야말로 예산개혁을 성공시킬 수 있는 가장 중요한 요인이다. 최근 선진국에서 발생주의회계의 도입을 적극 추진하고 있는 이유가 바로 여기에 있다. 발생주의회계를 채택한 회계정보시스템은 성과평가에 필요한 정보를 제공할 수 있기 때문이다. 그러나 아직도 성과평가에 필요한 객관적인 정보의 창출은 요원하며 발생주의회계의 도입 등은 성과평가에 부분적으로 기여할 뿐이다.

8. 품목별 예산의 보완

예산개혁은 품목별 예산으로부터의 탈피가 아니라 품목별 예산을 보완하는 측면에서 진행되었다. 품목별 예산은 지출에 대한 통제와 다른 예산제도를 쉽게 결합할 수 있는 장점으로 인하여 계속하여 존속할 것이다(Lewis, 1988). 품목별 예산은 가계예산(household budget)에 불과하지만 품목별 예산은 매우 중요한 의미를 갖는 예산개혁이었다. 지출규정을 법 체계화하고 기관 사이의 지출항목을 비교할 수 있게 하며 무엇보다도 회계차원을 공공지출에 영구히 주입했다는 장점을 가지고 있다. 한

---

10) 미국 국방부의 경우 다음 항목들이 여기에 해당한다. recruiting; medical care, housing, food, repairs, provisions.

조직의 사업이나 활동이 하나뿐이면 품목별 예산은 사업이나 활동의 원가이고, 효율성과 효과성의 평가가 쉬워지므로, 조직을 사업별 혹은 활동별로 구성하는 것이 좋다. 또한 모든 지출항목마다 품목별 예산에 의해 강제되는 법과 규정이 있기 때문에 품목별 예산은 사라지지 않고 영구히 존속할 것이다(Hyde, 1992b; Grafton & Permaloff, 1983).

9. 기업예산제도의 실패

오랜 기간 동안 민간기업의 예산제도와 관리기법이 정부에 도입되었다. 1882년(1982년이 아님) Civil Service Reform Association of New York은 시 행정은 계정, 부기, 기록을 가지고 수입과 지출을 다루기 때문에 기업경영과 같으며, 공무원은 기업인처럼 능력, 정직, 경험이 필요하다고 주장하고 있다(Kahn, 1997). 1893년의 경제불황이 종료하자 미국도시정부의 부패와 무능이 심각해졌으며 개혁가들은 민간부문의 경영인을 공공부문에 도입해야 한다고 주장하였다. 비록 선거에 의해 선출된 기업인들이 공공부문의 문제를 해결하지는 못했지만 기업처럼 정부를 운영해야 한다는 주장은 그 이후로 끊임없이 제기되어왔다(Grizzle, 1998). 예산회계절차법(1950년)은 회계와 구매에 관하여 보다 기업적인 절차를 도입하였다(Swan, 1983). Cleveland는 1915년 상원의원 Aldrich를 인용하면서 다음과 같이 주장하고 있다. 만약 대통령이 마치 기업을 운영하듯이 정부를 운영한다면 1년에 300,000,000달러를 절약할 수 있을 것이다(Cleveland, 1992).

정부를 기업처럼 운영하려는 노력이 1921년 예산회계법에 의해 행정부편성예산으로 구체화되었다. 행정부편성예산은 대통령은 부분이 아닌 행정부 전체를 고려하는 입장에서 예산편성을 해야 한다고 믿었으며, 대통령하에 권력과 책임을 통합하여 효율성과 책임성을 달성하려는 것이다(Pitsvada, 1992). 대통령이 각 부처를 통합하고 조정하는 피라미드의 정점으로 간주하는 행정부편성예산은 기업내부의 계층제로부터 아이디어를 빌려온 것이다. 경영을 담당하는 경영자와 소유권을 가진 주주가 분리되듯이 행정부와 의회도 경영자와 주주의 관계로 간주하였다(Wildavsky, 1992a). 기업경영처럼 정부를 운영해야 한다는 주장은 매우 오래된 것이다. 이러한 기업예산제도를 정부에 도입하려는 노력은 그러나 많은 한계를 가지고 있었다.

계획예산(PPBS)은 포드 자동차회사에서 사용하고 있었으며, 영기준예산은 TI(Texas Instruments)에서 시작되었고, 목표에 의한 관리는 경영학자인 Peter Drucker

에 의해 주창되었다. 미국은 중앙예산기관인 예산실(BoB)이 관리예산실(OMB)이 되면서 경영대학 출신이 임용되었다(Newland, 1988). 전자회사인 TI (Texas Instruments)에 근무하고 있던 통제담당관리자인 Peter Pyhrr는 Harvard Business Review에 자신의 회사에서 사용하고 있던 체계적이고 공식적인 새로운 예산방법을 소개했는데 조지아주지사 카터는 이 논문을 읽고 저자를 초대해서 조지아주에 이 제도를 시행한다. 카터는 대통령에 당선된 후 연방정부에 이 제도를 도입하는데 이것이 영기준예산이다(Draper & Pitsvada, 1987).

10. 예산이론의 필요

개혁을 위한 바람직한 이론구조와 개념체계가 필요하다. 그렇지 않으면 원인보다는 증상에 치중한 개혁을 하기 쉬우며 일관성 있고 체계적인 개혁이 어려워진다(Scott et al., 1997). 무조건적인 선진제도의 도입은 실패한다. 예산이론이 존재한다면 성공적인 예산개혁을 위해 무엇이 필요한가를 파악할 수 있을 것이며 선진제도의 도입시에 이를 고려할 수 있을 것이다. 어떻게, 그리고 왜 예산의사결정이 이루어지는가에 대한 서술적 이론(descriptive theory)이 거의 없다는 사실이 예산개혁 의 장애가 되고 있다. 현상에 대한 이해가 필요하기 때문에 예산개혁을 위해서는 규범적 이론과 아울러 서술적 이론도 필요하다(Wildavsky, 1992b).

11. 조직의 특성과 환경에 적합(customized)한 제도의 필요성

역사적으로 예산개혁은 정치적 성격으로 인하여 관련주체들의 반발이 불가피하기 때문에 기존제도를 폐기하고 수정하기보다는 새로운 제도가 기존제도에 추가되는 경향이 있다. 예산제도는 절대적 기준이 없고 서로 상충되는 목표를 추구하고 가치의 개입이 불가피하며 끊임없이 변화해야 하므로, 예산항목에 따라 다른 예산과정과 절차를 적용하고, 자율을 부여하는 대신 구체적 사항의 통제가 아닌 회계, 재무관리, 감사시스템에 의한 사업통제를 추구하는 것이 바람직하다(Caiden, 1992).

비록 과거의 모든 예산개혁이 실패로 평가되고 있지만 새로운 제도의 영향은 그 후에도 오늘날까지 존속하고 있다(Rubin, 1992a; Schick, 1995). 예산개혁에 대한 비판에도 불구하고 예산실무 분야에는 그 동안의 모든 예산개혁요소들을 통합하여 예산제도에 반영해오는 모순이 발생했다(Axelrod, 1992). 과거예산개혁의 다양한 제도(성과주의예산, 계획예산, 목표에 의한 관리, 영기준예산 등)들이 부분적으로 수용되어 각 조직에 적합한 새로운 예산제도를 구성한 것이다. 최근 선진국예산개혁도 여기에서 크게 벗어나지 않는다. 조직이 처한 상황에 가장 적합한 예산제도를 구축하기 위한 계획예산, 목표에 의한 관리, 영기준예산, 성과주의예산 같은 기존예산제도의 조합이 이루어졌다. 이러한 조합에 의해 예산제도가 무척 복잡해지고 기술적인 측면이 중요해지기 때문에 행정부의 예산통제는 강화되는 데 반하여 입법부가 예산을 이해하고 통제하는 것은 상대적으로 더 어렵게 된다. Wildavsky는 성과주의예산, 계획예산, 영기준예산 등 여러 예산모델을 혼합해서는 안 된다고 했지만 실제로는 혼합되어 조직의 상황에 가장 적합한 관리통제시스템으로서의 예산모델을 구축하는 데 사용되고 있다(Swan, 1983).

이러한 기존예산제도의 혼합으로 모든 조직에 적합한 포괄적이고 표준화된 예산제도가 구축되고 있지만 앞으로는 각 조직의 환경과 특성에 부합하는 맞춤형 예산제도를 추구해야 한다. 미래에는 작은 규모의 정책분석연구가 예산과정의 투입으로 사용되는 방법이 광범위하게 사용될 것으로 추측된다. 한정된 정보만이 의사결정자에게 주어지는 특정정책이슈를 해결하기 위하여 다양한 소규모의 주문형(tailor-made) 정책분석을 사용하여 연구한 결과에 따라 예산을 편성하게 된다는 의미이다. 그러나 이 두 가지는 서로 상충된다기보다는 포괄적이고 표준화된 예산제도 내에서 소규모 정책분석으로서 특정 정책이슈를 해결한다고 보아야 한다(Swan, 1983).

예산의 가장 중요한 기능은 통제인데 기존예산이건 예산개혁이건 모두 통제에 실패하고 있다고 Schick은 주장한다. 통제는 예산의 가장 중요한 요소이며 다른 모든 것은 부차적이다. 개혁은 공통적으로 지나치게 법규에 억매이고 경직된 관료를 비난하지만 그러한 비난의 결과로 탄생하는 개혁은 또 하나의 규정과 보고서의 추가에 불과할 때가 많다. 개혁이 진행될 때마다 통제는 강화되지만 통제는 여전히 제 역할을 다하지 못하고 있다는 것이다(Schick, 1995). 경직성경비, 예산과정 밖에서 이루어지는 예산의사결정, 예산을 초과하는 지출 등이 통제가 실패한 증거라고 제시한다. Schick은 예산개혁의 시대는 지나갔다고 말하고 있다(Axelrod, 1992). 이제 과거의 성과주의예산, 계획예산, 영기준예산처럼 거대한 시스템을 추구하는 예산개혁의 시대는 지나갔다는 것이다(Schick, 1992). 어쩌면 이러한 주장은 앞으로의 예산개혁에 시사하는 바가 크다. 앞으로의 예산개혁은 거대한 시스템을 추구하기보다 개별 조직이나 사업에 적합한 예산시스템을 구축하는 방향으로 전개되어야 할 것이다.

공공부문의 하부시스템은 서로 연계되어 있기 때문에 개혁이 성과를 거두기 위해서는 하나의 시스템을 별도로 분리하여 개혁하기보다는 모두 총체적으로 포괄적으로 개혁하여야 한다는 주장이 있다. 이것은 모두 뉴질랜드공직경험이 있는(장관과 고위관료로서) 세 명의 경험에서 나온 것이다(Scott et al., 1997). 그러나 이러한 주장은 개별 조직이나 사업에 적합한 예산시스템을 구축하려는 노력과 상충되는 것은 아니다. 비록 총체적이고 포괄적인 시각으로 개혁을 하더라도 개별 조직과 사업에는 분권적인 개혁이 시도되어야 한다.

12. 외부의 전문가와 내부담당자의 균형이 필요

예산개혁은 공무원들과 외부의 전문가가 적당히 균형을 이룬 예산개혁의 주체세력에 의해 추진되어야 한다. 그렇지 않을 경우 예산개혁은 여러 가지 한계를 지닌다. 미국의 최근 행정개혁도 바로 이런 철학에서 추진되고 있다.

관료들의 과거경험은 현재개혁을 위해서는 부적합함에도 불구하고 막대한 영향을 미치는 횡포(tyranny of experience)를 부리고 있다고 한다(Murray, 1999). 그러나 공무원들의 저항에 대처하기 위해 공무원들을 철저하게 배제하고 외부의 전문가만으로 개혁을 추진하면 개혁은 좌초되고 만다. 아무리 어렵다고 해도 공무원들이 참여하는 개혁이 추진되어야 한다.

13. 동일한 주제의 반복

1900년대 초에도 예산은 효과성과 효율성을 추구하려고 노력했다(Swan, 1983). 과거의 예산개혁주제가 반복되어 등장하는 현상은 목표에 의한 관리(MBO)의 사례에서도 알 수 있다. MBO의 핵심내용은 목표설정, 목표 달성도측정, 결과평가인데 무엇보다도 최근 선진국예산개혁과 동일한 결과지향적인 접근방법이다. 결국 결과를 측정하고자 하는 노력은 과거에도 시도되었으며 다시 등장할 때마다 다른 기법으로 개선되어 나타난다는 차이일 뿐이다(Newland, 1988).

미국에서 예산개혁은 성과주의예산, 계획예산(PPBS), 목표에 의한 관리(MBO), 영기준예산(ZBB)의 순서로 새로운 예산제도를 도입하여 예산의사결정과정을 합리화하고 자원배분의 효율성을 달성하려는 시도였다. 비록 과거의 모든 예산개혁이 실패로 평가되고 있지만 새로운 제도의 영향은 후속 예산개혁으로 대체된 뒤에도 계속되고 있다. 예산개혁의 주도적 역할을 했던 미국에서는 성과주의예산, 계획예산, 목표에 의한 관리, 영기준예산의 원래 의도나 취지를 도입하여 이러한 예산제도의 특성을 품목별 예산과 결합한 형태로 사용하고 있는 조직이 상당수 존재한다. 오늘날의 예산제도는 과거의 수 없이 실패한 예산제도가 나름대로 남긴 영향의 집합체로서의 성격을 지니고 있기 때문에 과거의 예산제도가 완전히 실패했다고 단정하기에는 무리가 있다.

생산성분석과 측정, TQM은 성과주의예산의 초기주장과 매우 흡사하다(Hyde, 1992b). 목표에 의한 관리(MBO)는 사명선언서(mission statement)를 개발하고 측정가능한 목표를 설정하는 점에서 오늘날의 예산에 전략기획을 접목하려는 노력과 유사하다(Swan, 1983). 성과주의예산은 사업평가의 한 부분으로서 부활하였지만 최근 선진국의 예산개혁을 통하여 또다시 부활하고 있다. 품목별 예산은 거의 대부분 기획과 무관심하였으며 기획을 추구하더라도 단기적이고 전술적 기획(tactical planning)을 지향하는 데 반하여 계획예산은 산출, 결과, 원가에 집중함으로써 장기적인 관점의 전략기획을 촉진하였다. 산출, 결과, 원가에 관심을 기울이는 최근 선진국예산개혁은 결국 과거의 계획예산과 성과주의예산의 잔재에서 다시 소생하는 것이다(Grafton & Permaloff, 1983).

총액만 규제하고 구체적인 것은 자유재량에 위임하는 것은 최근의 경향만은 아니다. 19세기 말과 20세기 초 뉴욕시는 각 부처의 예산신청이 무척 구체적이었음에도 불구하고 대부분의 지출예산은 일괄총액예산의 형태로 확정되었으며 특정 기능과 활동에 배분되는 액수는 명시되지 않았다. 품목별로 예산이 분류되지도 않았기 때문에 오히려 이러한 자유재량이 예산관리와 예산집행의 감독에 장애가 되었다(Kahn, 1997). 결국 총액예산은 품목별 예산을 개혁하기 위해 최근에 등장한 것이 아니라 과거에 있었다가 사라진 후에 다시 등장한 것이라고 보아야 한다. 그리고 이러한 반복은 앞으로도 계속될지 모른다. 우리의 인식과는 달리 과거에는 항상 경직된 통제만이 있었던 것이 아니고 오히려 광범위한 자율이 부여된 적도 있었지만 다시 강력한 통제로 회귀했다가 최근에 이르러 다시 자율을 강조하고 있는 것이다.

미국은 몇 번에 걸쳐 예산을 포함한 정부의 운영에 대한 연구가 있었다. 1930년대의 브라운로우위원회(the Brownlow committee), 1940년대의 1차 후버위원회(the first Hoover commission), 1950년대의 2차 후버위원회(the second Hoover commission), 1967년의 예산개념에 관한 대통령위원회(the President's Commission on Budget Concepts). 이러한 연구 후에 예산개혁이 뒤따랐는데 매번 예산개혁 후에 새로운 이슈가 등장하고, 이전 이슈도 재등장하며, 해결책에 대한 연구가 다시 시작되었다. 예산개혁에 합의한 후 실행 이후에 합의가 쇠퇴하고 다시 새로운 이슈나 과거이슈가 등장하는 순환과정은 필연적이다. 예산은 정치과정의 한복판에 존재하고 있으며 변화하는 사회와 정치적 압력하에 놓일 수밖에 없기 때문이라고 감사원장을 역임한 Staats는 주장하고 있다(Staats, 1992).

그러나 이런 이유 외에도 예산의 필연적인 한계에 기인하는 부분도 있다. 품목별 예산은 의회가 고안한 통제이다. 1915년의 한 논문은 뉴욕시의 지나친 품목별 예산이 얼마나 부작용을 일으키는가에 대해 보고하고 있다. 이러한 비판은 품목별 예산 대신 일괄총액예산을 선호하는 개혁가들에 의해 이루어졌다. 대통령은 구체적인 예산을 편성하여 의회에 제출하지만 의회는 총액만으로 예산을 승인한다. 이들은 공공책임은 오직 예산정보의 질을 개선하고 예산정보를 공개함으로써만 달성할 수 있다고 주장했다. 기획과 예산의 연계, 합리적 선택에 의한 최적예산의사결정을 강조하고 원가회계, 성과주의 예산을 주창했으며 주민이 무엇을 원하는지 파악하는 수단을 제공하는 법을 제정해야 한다고 생각했다. 무엇보다도 그들은 기업처럼 운영되는 정부를 강조했다. 사업예산, 성과주의예산, 계획예산, MBO, ZBB 등의 내용도 사실 이 시대에 개혁가들이 주장한 내용과 유사하다. 심지어 현재의 결과지향적인 예산도 이들 개혁가들이 주장하던 효율성, 책임성 등의 범위에서 크게 벗어나지 않는다(Rubin, 1992a).

이들 개혁가들의 주장은 한 마디로 규범적 이론이라고 할 수 있는데 결국 모든 규범적 이론은 1915년 개혁주의자들이 부르짖은 내용을 벗어나지 못한다(Rubin, 1992a). 성과주의예산은 1949년 Hoover위원회에 의해 추천되고 1950년대에 연방정부에 의해 시행되었는데 최근 정부성과관리법(Government Performance and Results Act)에 의해 다시 부활되었다. 이 법은 투입에서 산출과 결과로 정부관리의 초점을 이동하고, 과정보다 결과를, 규정의 준수보다 성과를 강조한다(Schick, 1995; Grizzle, 1998; Epstein, 1996).

개혁이 반복되면서 기존제도를 대체한다기보다 새롭게 추가되는 경향이 있기 때문에 보다 많은 규제, 절차, 과정을 의미하는 이러한 개혁은 과연 개혁이 성공했는가에 대한 의문을 제기한다(Wildavsky, 1992a). 이러한 동일한 주제들이 계속 반복된다는 것은 이러한 근본적인 주제가 쉽게 해결될 수 없다는 점을 보여준다. 가치관의 차이, 견해의 차이, 예산의 정치적 성격, 정치제도, 이익단체의 압력, 정보의 비대칭 등으로 야기되는 문제점은 근본적으로 완전해결이 불가능한 문제들이다(Caiden, 1992). 예산개혁은 결코 문제점을 모두 해결할 수 있는 만병통치약이 될 수는 없다. 그러므로 예산개혁은 주기적으로 이루어지면서 꾸준한 개선을 시도할 수밖에 없다.

영국은 FMI가 보다 나은 정보의 창출에는 성공했지만 관리자들에게 자유재량을 부여하는 데는 실패했으며 Next Steps도 중앙부서를 변화시키지는 못했다는 것을 깨달았다. 뉴질랜드는 결과(outcomes)의 측정에서 더 이상의 진보를 이룩하지 못하고 있으며 장관과 부처의 관계도 충분히 명료하게 구축되지 못했다. 스웨덴도 다년도 예산구조가 실패한 것에 실망하고 있으며 프랑스도 일부 중앙부서에서 권한위임을 주저하고 있다. 비록 이러한 실망과 비판에도 불구하고 상당한 발전을 이룩한 것은 사실이며 개혁의 지향점이 워낙 야심찬 것이기 때문에 오히려 어느 정도의 실패와 좌절은 예견되었다고 볼 수 있다. 그리고 최근 개혁이 과거와 다른 점은 담당자들(주로 장관과 상위관료)에 의하여 업무를 향상하고 만족도를 증진하는 개혁으로 환영받고 있다는 점이다(OECD, 1997). 동일한 주제가 반복되고 있지만 조금씩 개선되고 있으며 무엇보다도 최근 개혁은 예산과정의 행위자들에 의해서 환영받고 있는 제도라는 점이 과거와는 다른 점이다.

14. 개혁실행을 위한 인센티브 필요

개혁에 대한 반발을 최소화하는 방법은 개혁을 시행하는 부서들에게도 이익을 주는 방법이다. 계획예산이 중앙예산기관이 아닌 부서를 위한 것이라고 생각하는 부서가 계획예산에 더 성공적이었는데 이것은 결국 예산개혁이 성공하기 위해서는 예산개혁이 중앙예산기관보다는 부서에게 더 많은 이득이 있음을 보여주어야 한다는 것을 의미한다(Harper et al., 1987).

15. 조직규모의 중요성

규모가 작은 조직의 예산개혁이 훨씬 쉽다. 미국의 경우 주와 지방정부에서 예산혁신이 먼저 시작되었으며, 연방정부와는 달리 예산혁신이 광범위하게 채택되고 실행되었기 때문에 상당히 성공적이라고 볼 수도 있다. 연방정부에서 예산개혁이 실패한 이유는 무엇보다도 규모와 복잡성 때문이다(Rubin, 1992a). 미국의 주 정부는 새로운 아이디어의 실험실이라고 할 만큼 연방정부보다 개혁적이었다(Pitsvada, 1992). 미국도 건국 후 1세기가 지난 후 유럽으로부터 예산이라는 제도를 도입했는데 그 이전에는 예산제도 없이도 균형예산을 달성했으며 정부규모가 작기 때문에 가능했다고 볼 수 있다(Schick, 1995). 뉴질랜드의 개혁도 작은 국가였기 때문에 그렇게 급진적인 개혁이 가능했다고 하는 주장도 있다. 그렇다면 예산개혁은 중앙정부보다는 지방정부에서 그리고 모든 조직에 시도하기보다는 일부 소규모 조직에 먼저 시행해보는 것이 좋은 방법일 것이다.

대규모의 조직은 필연적으로 관료적 병폐를 겪을 수밖에 없다면 공공조직의 문제는 대규모의 조직에 공통되는 현상일지 모른다. 대규모의 조직을 작은 조직의 연대로 재구성하는 것이 필요할지 모르며 구태여 별도의 조직을 구성하지 않더라도 사실상 별개의 조직으로 운영되는 자율부서를 구축할 수도 있다. 별개의 조직은 성과목표치 같은 기준에 따라 스스로 자신의 성과에 대해 판단할 수 있어야 한다(Sheldrake, 1996). 성과평가가 한계가 있기 때문에 작은 조직의 관리에도 한계가 있을지 모르지만, 성과평가가 한계가 있기 때문에 작은 조직이 필요한지도 모른다. 성과평가가 완벽하다면 대규모의 조직을 관리하는 것이 어렵지 않기 때문이다. 성과평가가 제 역할을 다하지 못해도 작은 조직은 대규모 조직에 비해 관리가 상대적으로 용이하다.

16. 열정적이고 개혁적인 예산전문가가 필요

예산개혁이 성공하기 위해서는 열정적이고 목표가 뚜렷하며 비전이 있는 개혁가들이 필요하며 새로운 설득력 있는 아이디어가 필요하다. 자신의 직업을 가진 사람들의 연대가 아니라 개혁에만 전념할 수 있는 전문가집단이 필요하다. 미국의 20세기 초반 예산개혁을 성공시킨 뉴욕의 Bureau of Municipal Research처럼 소명을 가진 전문가집단이 존재해야 한다.

17. 효과성증진의 상대적 어려움: 결과측정의 어려움

산출과 결과를 모두 측정해야 하지만 산출보다 결과의 측정이 무척 어렵다. 결과의 측정은 각 부처가 얼마나 목표에 접근했는가를 알려줄 뿐 부처의 책임과 연계할 수는 없다. 결과는 산출 이외에 많은 외부변수들이 개입되기 때문이다. 비록 뉴질랜드에서도 장관이 결과에 책임을 지지만 아직 정책과 사업의 효과성에 진전이 없다. 결과는 부처에게 방향을 제시하여야 하며 결국 전략기획에서 고려해야 한다. 최근의 선진국 공공부문의 개혁은 효율성은 증가했는데(공무원과 예산의 감축에 비해 행정서비스는 그만큼 축소하지 않았음) 효과성이 증진되었다고 결론지을 증거는 아직 나타나지 않고 있다(OECD, 1997).

18. 개혁의 상징적 역할

개혁은 수단이지 그 자체가 목적은 아니다. 개혁이 지향하는 것은 효과성(서비스의 질도 고려), 효율성(절약을 의미하는 경제성 포함)의 증진 즉 성과의 향상이다. 이것을 달성하기 위하여 관료에 자율을 부여하는 대신 더 많은 책임을 요구한다. 책임의 강화는 정치인의 관료에 대한 통제강화, 관료의 의회와 국민에 대한 책임강화로 나타난다. 그러나 개혁의 상징적이고 정당성을 확보하는 혜택(symbolic and legitimacy benefits)도 무시할 수 없다. 개혁을 선언하고 관료를 비판하고 새로운 모델을 제시하고 개선을 약속하고 조직을 개편함으로써 정치가들은 무엇인가를 했다는 것을 과시한다(Pollitt & Bouckaert, 2000). 어떤 개혁도 모든 사람이 동의하는 성공을 거두었다고 평가를 받는 것은 불가능하다. 어쩌면 우리는 무엇이 개선되었는지 확실하게 모르면서도 끊임없이 개혁하고 수차에 걸친 개혁들이 누적되고 일정한 시간이 지난 뒤에는 이구동성으로 과거에 비해 개선되었다고 일치하는 시점에 도달하게 되는지도 모른다.

현대는 불확실하고 급변하며 복잡성으로 특징지을 수 있는 시대이다. 비록 공공부문의 많은 문제점은 결코 해결될 수 없지만 오늘날 정부가 변화하고 노력하는 모습을 보이지 않는다면 국민이 결코 용납하지 않을 것이다. 그러므로 개혁은 무엇을 달성했는가 보다 달성하기 위한 과정과 과정에 참여하는 국민의 희망이 중요하다. 개혁 그 자체가 우리 사회에 가져오는 안정감은 개혁의 상징적 역할이 할 수 있는 가장 큰 기여인 것이다.

19. 국민교육의 필요성

개혁이 성공적이기 위해서는 정부에 대해 국민을 교육해야 한다. 국민이 정부를 어떻게 이해하고 인식하는가는 정부의 효과성과 효율성에 막대한 영향을 미친다. 정치가들이 관료들을 비난하고 여론과 국민이 여기에 즉각 영향을 받는 현상은 개혁에 도움이 되지 않는다. 개혁이 얼마나 모호하고 성공여부를 쉽게 판단할 수 없으며 개혁의 결실은 오래 기다려야 한다는 것을 국민이 깨달아야 한다. 개혁은 또한 결코 해결할 수 없는 문제를 끊임없이 개선하려는 노력일 수밖에 없다는 점도 인식해야 한다.

개혁에 대한 기대가 고조되면 곧이어 더 큰 실망이 따르고 개혁에 대한 비판이 봇물처럼 쏟아진다. 일정시간이 지나면 다시 새로운 개혁에 대한 희망이 결집되고 열렬한 지지자들에 의해 또 다른 개혁이 추진된다. 비록 이러한 노력이 결코 해결할 수 없는 문제에 매달리는 것이라 할지라도 문제를 그대로 놓아두지 않고 노력하는 모습을 보임으로써 불확실성의 시대에 국민에게 안정감을 주는 상징적인 역할을 하는 것이다. 개혁의 성공을 판단하기 어려운 현실에서 개혁의 상징적 역할은 상당한 의미가 있고 그런 의미에서 개혁에 대한 국민교육은 매우 중요한 역할을 할 수 있다.

7.9 우리나라 예산개혁 변화의 흐름

행정개혁에 대한 국민의 요구는 김대중 정부 이전부터 형성되기 시작했으며 김영삼 정부가 탄생하면서 행정개혁이 본격화했다. 영국의 대처 수상과 미국 레이건 대통령의 신자유주의가 전 세계에 많은 영향을 미쳤으며 영국, 미국, 캐나다, 호주, 뉴질랜드 등 주로 영미국가를 중심으로 이루어진 최근의 행정개혁은 한국에도 지대한 영향을 미쳤다. 신자유주의에 기초한 신공공관리(New Public Management: NPM)는 이들 영미국가들이 채택한 행정개혁의 도구였는데 국민의 정부하에서 이루어진 행정개혁도 신공공관리의 영향에서 크게 벗어나지 않았다(OECD, 1997).

김영삼 정부하에서 행정개혁은 정부출범 초기에 이루어진 조직개편과 행정쇄신위원회를 중심으로 한 개혁조치들로 구성되었다고 볼 수 있다. 김영삼 정부의 행정개혁은 조직개편을 제외하고는 심도 깊은 개혁은 아니었으며 공공부문의 작동원리나 근본이념을 변화시키는 개혁이라기보다는 큰 틀의 범위 내에서 문제점을 수정하는 미시적 개선의 성격을 지니고 있었다.

김대중 정부하에서의 행정개혁은 최근 선진국에서 이루어진 행정개혁을 모방하는 측면에서 주로 이루어지기도 하였지만, 행정개혁의 범위와 심도는 훨씬 넓고 깊게 이루어졌다. 성과급, 인원감축, 성과주의 예산제도, 책임기관경영제도, 예산성과금제도 등은 바로 대표적인 사례이다. 김대중 정부가 추진한 행정개혁은 주로 정부개혁실의 주도에 의해 이루어졌는데 초대 정부개혁실이 영국의 행정개혁을 한국 행정개혁의 모델로 선택한다는 사실이 언론을 통해 알려지기도 했다. 초대 정부개혁실장은 뉴질랜드 행정개혁에 찬사를 보낸 인물이어서 영국, 뉴질랜드의 행정개혁이 한국행정개혁의 모델이 될 수밖에 없었을 것이다.[11)]

노무현 정부에서의 행정개혁은 참여를 통한 혁신과 분권을 강조하였으며, 특히 예산과 관련해서는 종합적 · 체계적인 예산제도의 개혁을 추진하였다. 국가재정운용계획, 예산총액배분자율편성제도, 성과관리제도, 디지털 예산회계 시스템 구축 등이 대표적인 사례이다. 특히 디지털 예산회계 시스템은 4대 재정개혁과제의 하나로 다른 예산제도개혁 과제들의 인프라를 구축하여 예산편성 · 집행 · 회계결산 · 성과관리 등 재정활동 전 과정이 수행되고, 그 결과 생성된 정보가 관리될 수 있도록 하는데 의의가 있다(디지털예산회계시스템 홈페이지). 디지털 예산회계시스템은 품목별 예산체계를 성과관리가 가능한 프로그램 예산체계의 도입을 통한 예산서 체계 및 사업관리의 틀 정비, 복식주기와 발생주의 회계도입을 통한 예산과 회계의 연계 추진, 재정정보에 대한 통합적 관리구축, 재정프로세스들이 선순환 고리로 피드백(feed-back) 될 수 있도록 성과평가 · 감사체계의 마련이라는 과제가 포함되어 있다. 결국 재정에 대한 계획, 자율 및 책임, 효율성, 성과관리, 투명성 등의 패러다임 변화를 통하여 혁신적인 재정개혁을 유인하였다(정부혁신 지방분권 혁신백서 05, 2008).

이명박 정부는 구체적인 대안을 제시하고 있지는 않지만, 재정운용의 합리적 의사결정체계 구축을 위하여 거시적으로 재정총량 및 분야별 재정규모에 대한 재정준칙을 엄격하게 규율하고, 단위사업에 대한 회계정보를 상세히 제공하고, 미시적으로 대부처주의의 전면적 정부조직 개편, 민영화 · 통폐합을 통한 공공기관 개혁, 감세를 위한 세제개편 등을 추진하였고, 특히 '예산 10%절감'과 '계약심사제'를 실시하였다(옥동석, 2010).

박근혜 정부[12)]는 규제개혁 및 합리화, 공공기관 정상화를 위한 공공기관 개혁, 공직사회의 불합리한 관행 타파, 연금개혁 등을 실시하였고 소프트웨어적 개혁중심, 자율 및 책임을 강조하고, 조직관리와 인사관리를 기반으로 하는 공공기관 개혁을 추진하였다.

선진국의 행정개혁이 모델로 추구한 신공공관리(New Public Management: NPM)

---

11) 김대중 정부하에서의 행정개혁이 과거에 비해 진일보하고 행정개혁다운 행정개혁이었다는 측면이 없는 것은 아니지만 과연 바람직한 행정개혁이었는가에 대해서는 의문의 여지가 있다. 특히 예산과 회계부문의 행정개혁은 다른 분야의 행정개혁과는 상이하기 때문에 개혁의 성과를 평가하는 기준도 다르다.

12) 박근혜 정부는 '경제부흥', '국민행복', '문화융성', '평화통일 기반구축'의 4개 국정기조 기반 속에서 추진기반 1대 전략(신뢰받는 정부), 8개 과제(정부 3.0: 1개, 깨끗 · 유능한 정부: 7개)를 목표로 추진하였다.

는 예산과 회계가 주도한 개혁이라는 평을 받을 정도로 예산과 회계가 행정개혁의 핵심내용을 구성하고 있다.[13] 내각제 국가에서는 재무부가, 대통령제 국가에서는 중앙예산기구가 행정개혁을 추진하기 때문에 예산과 회계개혁이 행정개혁의 중심역할을 하게 되는 것이 당연하게 생각될지도 모른다. 그러나 이런 이유보다도 신공공관리는 민간경영기법의 도입이라는 요소가 있으며 공공부문과 민간부문과의 차이 중 가장 두드러지는 차이의 하나가 예산과 회계부분이기 때문에 예산과 회계가 선진국의 행정개혁에서 핵심역할을 하게 되는 것이다(Jacobs & Barnett, 1996).

선진국에서는 예산과 회계부문의 개혁이 행정개혁의 가장 중요한 부분을 차지하고 있는데 한국에서는 오히려 가장 소홀히 취급된 부문이다. 최근 노무현 정부에서 예산과 회계에 대한 혁신을 강조하면서 다소 변화를 가져왔다. 성과주의예산제도의 도입 및 적극적인 활용, 그리고 디지털 예산회계 시스템 구축 등을 통하여 중요한 재정개혁(예산과 회계부문의 개혁주제를 포함)을 하였다. 정부조직의 효율적 개편, 재정성과 관리제도 개선(재정성과 목표관리제도, 통합재정 사업평가제도, 핵심사업평가제도, 재정사업심층평가제도 등)을 통한 재정의 효율성·효과성, 재정건전성 제고, 예산-회계의 연계를 통한 평가제도 정비 및 내실화, 국가 감사체계 제고 등 많은 변화를 계속해서 추진하고 있다. 무엇보다도 예산과 회계부문의 개혁에 가장 역점을 두어야 하며 예산과 회계부문에서 한국적 개혁모델을 설정하고 지속적인 개혁을 추진해가야 할 것이다. 즉, 예산과 회계부문이 정부의 작동과 정책에 미치는 영향이 크기 때문에 예산과 회계부문의 개혁을 통하여 진정한 정부 개혁이 실현되도록 해야 할 것이다.

---

13) Accounting, *Auditing & Accountability Journal*, Vol.11 No.4, 1998, p.368, Abstracts & keywords를 참조.

참고문헌

기획예산처(2000). 2000년도 예산개요.

박우서 · 이종수 · 김태진(2000). 정부개혁의 과제와 전략: 영국과 뉴질랜드의 사례를 중심으로, 집문당.

배득종(1996). 신 재무행정: 좋은 예산을 찾아서, 박영사.

옥동석(2010). CFE Report 이명박 정부의 재정개혁: 평가와 과제, 자유기업원.

정부혁신지방분권위원회(2008). 정부혁신지방분권 종합백서 05. 참여정부의 재정세제개혁.

Axelrod, Donald (1990). The Judicial Power of the Purse: How the Courts Interpret Budget Laws. In A. Premchand (ed.), *Government Financial Management: Issues and Country Studies*, International Monetary Fund.

Axelrod, Donald (1992). Do Budgeting Reforms Make a Difference? Some Conclusions. In Albert C. Hyde (ed.), *Government Budgeting: Theory · Process · Politics*, Second Edition, Brooks/Cole, 1992, pp. 405-408.

Axelrod, Donald (1995). Budgeting for Modern Government, Second Edition, St. Martin's Press, Inc.

Ball, Ian (1981). Measuring the Cost of Government Services, New Zealand Planning Council.

Ball, Ian (1992). Accrual Accounting in the Public Sector: A Case Study, *Conference of the Accounting Association of Australia and New Zealand*, 1992.

Barnes, D. M. (1991). Value-for-Money Audit Evidence, The Canadian Institute of Chartered Accountants.

Battram, Arthur (1998). Navigating Complexity, The Industrial Society.

Belich, Jim (1989). The New Accountability Regime for Local Government. In New Zealand Society of Accountants, *Managing Resources in the New Public Sector*, 1989 Public Sector Convention, New Zealand Society of Accountants.

Boston, Jonathan, John Martin, June Pallot, and Pat Walsh (1996). *Public Management - The New Zealand Model*, Oxford University Press, 1996.

Botner, S. B. (1989). Trends and Developments in Budgeting and Financial Management in Large Cities of the United States, *Public Budgeting & Finance*, Autumn 1989, pp. 37-42.

Bouckaert, Geert (1996). Measurement of Public Sector Performance: Some European Perspectives. In Arie Halachmi and Geert Bouckaert (eds.), *Organizational Performance and Measurement in the Public Sector: Toward Service, Effort and Accomplishment Reporting*, Quorum Books.

Bozeman, B. and J. D. Straussman (1987). Shrinking Budgets and the Shrinkage of Budget Theory, In Allen Schick (ed.), *Perspectives on Budgeting*, Second Edition, the American Society for Public Administration, 1987, pp. 299-310.

Broadbent, Jane and James Guthrie (1992). Changes in the Public Sector: A Review of

Recent "Alternative" Accounting Research, *Accounting Auditing & Accountability Journal*, Vol. 5 No. 2, 1992, pp. 3-31.

Bushnell, Peter (1989). Specifying Organizational Outputs, In New Zealand Society of Accountants, *Managing Resources in the New Public Sector*, 1989 Public Sector Convention, New Zealand Society of Accountants.

Caygill, David (1989). State Sector Reform: The Future Direction, In New Zealand Society of Accountants, *Managing Resources in the New Public Sector*, 1989 Public Sector Convention, New Zealand Society of Accountants.

Chang, Shih-Hsien (1996). Performance Monitoring in Taiwan: Issues and Observations. In Arie Halachmi and Geert Bouckaert (eds.), *Organizational Performance and Measurement in the Public Sector: Toward Service, Effort and Accomplishment Reporting*, Quorum Books.

Caiden, N. (1992). Guidelines to Federal Budget Reform. In Albert C. Hyde (ed.), *Government Budgeting: Theory·Process·Politics*, Second Edition, Brooks/Cole, 1992, pp. 68-80.

Coombs, H. M. and D. E. Jenkins (1994). Public Sector Financial Management, Second Edition, Chapman & Hall.

Cleveland, F. A. (1992). Evolution of the Budget Idea in the United States. In Albert C. Hyde (ed.), *Government Budgeting: Theory·Process·Politics*, Second Edition, Brooks/Cole, 1992, pp. 7-17.

Cooper, Phillip, Linda P. Brady, Olivia Hidalgo-Hardeman, Albert Hyde, Katherine C. Naff, J. Steven Ott and Harvey White (1998). Public Administration for the Twenty-First Century, Harcourt Brace College Publishers, 1998.

Curro, Michael J. and Carolyn L. Yocom (1998). Federal Budget Practices in the 1990s. *In* Fred Thompson and Mark T. Green (eds.), *Handbook of Public Finance*, Marcel Dekker, Inc.

Dixon, R. (1990). Capital Charges in the NHS, *Management Accounting*, July/August 1990, pp. 38-41.

Douglas, Roger (1989). Evolution or Revolution: the Last 5 Years. *In* New Zealand Society of Accountants, *Managing Resources in the New Public Sector*, 1989 Public Sector Convention, New Zealand Society of Accountants.

Draper, F. D. and B. T. Pitsvada (1987). ZBB-Looking Back after Ten Years. In Allen Schick (ed.), *Perspectives on Budgeting*, Second Edition, the American Society for Public Administration, 1987, pp. 101-115.

Eghtedari, A. and F. Sherwood (1987). Performance Budgeting in Los Angeles. In Allen Schick (ed.), *Perspectives on Budgeting*, Second Edition, the American Society for Public Administration, 1987, pp. 79-89.

Ekstrom, C. D. (1989). Budgetary Practices in Smaller Units of Government, *Public Budgeting & Finance*, Summer 1989, pp. 76-82.

Epstein, Paul D. (1996). Redeeming the Promise of Performance Measurement: Issues and Obstacles for Governments in the United States. *In* Arie Halachmi and Geert Bouckaert (eds.), *Organizational Performance and Measurement in the Public Sector: Toward Service, Effort and Accomplishment Reporting*, Quorum Books.

Grafton, Carl and Anne Permaloff (1983). Budgeting Reforms in Perspective. In Jack Rabin and Thomas D. Lynch (eds.), *Handbook on Public Budgeting and Financial Managment*, Marcel Dekker, Inc., pp. 89-124.

Greiner, John M. (1996). Positioning Performance Measurement for the Twenty-First Century. *In* Arie Halachmi and Geert Bouckaert (eds.), *Organizational Performance and Measurement in the Public Sector: Toward Service, Effort and Accomplishment Reporting*, Quorum Books.

Grizzle, Gloria A. (1998). Budgeting and Financial Management: Propositions for Theory and Practice. In Jack Rabin et al (eds.), *Handbook of Public Administration*, Second Edition, Marcel Dekker, Inc.

Harper, E. L., F. A. Kramer and A. M. Rouse (1987). Implementation and Use of PPB in Sixteen Federal Agencies. In Allen Schick (ed.), *Perspectives on Budgeting*, Second Edition, the American Society for Public Administration, 1987, pp. 90-100.

Hay, David (1992). Public Sector Accounting in New Zealand: An Update and Clarification, *Financial Accountability & Management*, 8(1), Spring 1992, pp. 1-6.

Harvey, Jean (1996). Productivity in Professional Services: To Measure or Not to Measure. *In* Arie Halachmi and Geert Bouckaert (eds.), *Organizational Performance and Measurement in the Public Sector: Toward Service, Effort and Accomplishment Reporting*, Quorum Books.

Heald, David and David A. Scott (1996). Assessing Capital Charging in the National Health Service, *Financial Accountability & Management*, 12(3), August 1996.

Hyde, Albert C. (1992a). Budgeting and Intragovernmental Relations: An Instrument for Correlating Legislative and Executive Action. *In* Albert C. Hyde (ed.), *Government Budgeting: Theory · Process · Politics*, Second Edition, Brooks/Cole, 1992, pp. 95-100.

Hyde, Albert C. (1992b). Budgeting Systems and Management: An Instrument for Securing Administrative Efficiency and Economy. *In* Albert C. Hyde (ed.), *Government Budgeting: Theory · Process · Politics*, Second Edition, Brooks/Cole, 1992, pp. 323-330.

Jacobs, Kerry (1995) Budgets: A Medium of Organizational Transformation, Management Accounting Research, 1995, 6, pp. 59-75.

Jacobs, Kerry and Pauline Barnett (1996). A Budgetholding Experiment in New Zealand, *Financial Accountability & Management*, 12(2), May 1996, pp. 107-123.

Jonsson, Gert (1990). Government Accounting in Sweden. In A. Premchand (ed.), *Government Financial Management: Issues and Country Studies*, International Monetary Fund.

Kahn, Jonathan (1997). Budgeting Democracy, Cornell University Press.

Keating, Michael and Malcolm Holmes (1990). Australia's Budgetary and Financial Management Reforms, *Governance: An International Journal of Policy and Administration*, Vol.3, No.2 April 1990, pp. 168-185.

Keef, Stephen (1989). Strategies, Techniques and Practices for the Pricing of Public Sector Products, In New Zealand Society of Accountants, *Managing Resources in the New Public Sector*, 1989 Public Sector Convention, New Zealand Society of Accountants.

Khursheed, Aaiysha F. and Thomas E. Borcherding (1998). Organizing Government Supply: The Role of Bureaucracy. In Fred Thompson and Mark T. Green (eds.), *Handbook of Public Finance*, Marcel Dekker, Inc.

King, Alfred M. (1994). *Total Cash Management*, McGraw-Hill, Inc.

Lally, Martin (1992). Capital Charge Regime - Economic Rhetoric or Rationality? *Accountants' Journal*, February 1992.

Lapsley, I and A. Pettigrew (1994). Meeting the Challenge: Accounting for Change, *Financial Accountability & Management*, 10(2), May 1994.

Lewis, V. B. (1988). Reflections on Budgeting Systems, *Public Budgeting & Finance*, Spring 1988, pp. 4-19.

Likierman, Andrew (1990). Government Accounting in the United Kingdom. *In* A. Premchand (ed.), *Government Financial Management: Issues and Country Studies*, International Monetary Fund.

Lynch, T. D. (1990). Public Budgeting in America, 3rd ed., Prentice Hall, 1990.

MacDonald, Andrew (1989). Public Sector Management: Principles and Evidence. In New Zealand Society of Accountants, *Managing Resources in the New Public Sector*, 1989 Public Sector Convention, New Zealand Society of Accountants.

McCullogh, Brian W. and Ian Ball (1992). Accounting in the Context of Public Sector Management Reform, *Financial Accountability & Management*, 8(1), Spring 1992, pp. 7-12.

McDonald, Paul W. (1990). Results-Oriented Management: Australian Public Sector Financial Management, Accounting, and Budgeting Reform in the 1980s. *In* A. Premchand (ed.), *Government Financial Management: Issues and Country Studies*, International Monetary Fund.

McNally, Graeme (1989). Accrual Based Accounting Statements: Issues to Consider. In New Zealand Society of Accountants, *Managing Resources in the New Public Sector*, 1989 Public Sector Convention, New Zealand Society of Accountants.

Metcalfe, Les (1997). Redesigning Administration for Responsiveness, Accountability and Risk-taking, Third International Conference of Administrative Sciences, International Institute of Administrative Science (IIAS).

Miah, Nuruz Zaman (1991). Attempts at Developing a Conceptual Framework for Public Sector Accounting in New Zealand, *Financial Accountability & Management*, 7(2), Summer 1991, pp. 83-97.

Mosher, Frederick C. (1984). A Tale of Two Agencies: A Comparative Analysis of the General Accounting Office and the Office of Management and Budget, Louisiana State University Press.

Murray, J. Gordon (1999). Local Government Demands More from Purchasing, European Journal of Purchasing & Supply Management 5 (1999), pp. 33-42.

Newland, Chester A. (1988). Policy/Program Objectives and Federal Management: The Search for Government Effectiveness. In Richard E. Brown (ed.), *Accounting and Accountability in Public Administration*, The American Society for Public Administration, 1988, pp. 63-78.

New Zealand Society of Accountants Continuing Education: A Team of Public Sector

Members (1988). Public Sector Accounting Workshop, April 1988.

Norman, Richard (1997). Accounting for Government, Victoria University of Wellington, 1997.

OECD (1997). Modern Budgeting, OECD.

Office of Auditor General of Canada (1990). The Canadian Experience. In A. Premchand (ed.), *Government Financial Management: Issues and Country Studies*, International Monetary Fund.

Ormond, Derry (1997). General Report: New Challenges for Public Administration in the Twenty-First Century, Third International Conference of Administrative Sciences, International Institute of Administrative Science (IIAS).

Pallot, June (1991). Accounting, Auditing, and Accountability. *In* Boston, Jonathan, John Martin, June Pallot and Pat Walsh (ed.), *Reshaping the State: New Zealand's Bureaucratic Revolution*, Oxford University Press, 1991.

Pallot, June (1994). The Development of Accrual-Based Accounts for the Government of New Zealand, *Advances in International Accounting*, Vol. 7, pp. 289-310.

Pallot, June (1997). Infrastructure Accounting for Local Authorities: Technical Management and Political Context, *Financial Accountability & Management*, 13(3), August 1997, pp. 225-242.

Pendlebury, Maurice and Yusuf Karbhari (1997). Management and Accounting Developments in Executive Agencies, *Financial Accountability & Management*, 13(2), May 1997, pp. 117-138.

Pitsvada, B. T. (1992). The Executive Budget-An Idea Whose Time Has Passed. In Albert C. Hyde (ed.), *Government Budgeting: Theory · Process · Politics*, Second Edition, Brooks/Cole, 1992, pp. 184-190.

Points, Ron (1990). Recent Developments in Accounting and Financial Management in the United States. *In* A. Premchand (ed.), *Government Financial Management: Issues and Country Studies*, International Monetary Fund.

Pollitt, Christopher and Geert Bouckaert (2000). Public Management Reform, Oxford University Press.

Pratt, Michael (1991). Capital Charge Regime – Economic Rhetoric and the Accounting Problematic, *Accountants' Journal*, November 1991.

Premchand, A. (1993). Public Expenditure Management, International Monetary Fund.

Quigley, Derek (1989). Public Sector Management in the Year 2000, *Managing Resources in the New Public Sector*, 1989 Public Sector Convention, New Zealand Society of Accountants.

Reed, B. J. and John W. Swain (1997). Public Finance Administration, Second Edition, Sage.

Richardson, Ruth (1989). Financial Management Reform and the Management of Public Resources. In New Zealand Society of Accountants, *Managing Resources in the New Public Sector*, 1989 Public Sector Convention, New Zealand Society of Accountants.

Rodgers, R. and J. E. Hunter (1992). A Foundation of Good Management Practice in Government: Management by Objectives, *Public Administration Review*, January/February 1992, Vol. 52, No. 1, pp. 27-39.

Rubin, I. S. and L. Stein (1990). Budget Reform in St. Louis: Why Does Budgeting Change?, *Public Administration Review*, July/August 1990, pp. 420-426.

Rubin, I. S. (1992a). Budget Theory and Budget Practice: How Good the Fit? *In* Albert C. Hyde (ed.), *Government Budgeting: Theory · Process · Politics*, Second Edition, Brooks/Cole, 1992, pp. 81-94.

Rubin, I. S. (1992b). Budget Reform and Political Reform: Conclusions from Six Cities, *Public Administration Review*, September/October 1992, Vol.52, No.5, pp. 454-466.

Sallack, D. and D. N. Allen (1987). "From Impact to Output : Pennsylvania's Planning-Programming Budgeting System in Transition, *Public Budgeting & Finance*, Spring 1987, pp. 38-49.

Sandberg, Bo (1996). Annual Performance Accounting and Auditing: Is It Possible? *In* Arie Halachmi and Geert Bouckaert (eds.), *Organizational Performance and Measurement in the Public Sector: Toward Service, Effort and Accomplishment Reporting*, Quorum Books.

Schick, A. (ed.) (1987a). Perspectives on Budgeting, Second Edition, the American Society for Public Administration, 1987, pp. 218-238.

Schick, A. (1987b). "Macro-Budgetary Adaptations to Fiscal Stress in Industrialized Democracies", In Allen Schick (ed.), *Perspectives on Budgeting*, Second Edition, the American Society for Public Administration, 1987, pp. 218-238.

Schick, A. (1990). Budgeting for Results: Recent Developments in Five Industrialized Countries, *Public Administration Review*, January/February 1990.

Schick, A. (1995). The Federal Budget: Politics, Policy, Process, The Brookings Institution, Washington D. C.

Scott, Graham, Ian Ball and Tony Dale (1997). New Zealand's Public Sector Management Reform: Implications for the United States, Journal of Policy Analysis and Management, Vol. 16, No. 3, pp. 357-381 (1997).

Scott, Graham, Peter Bushnell and Nikitin Sallee (1990). Reform of the Core Public Sector: New Zealand Experience, Governance: An International Journal of Policy and Administration, Vol. 3, No. 2 April 1990, pp. 138-167.

Scott, Peter (1989). Managing Government Departments under the Financial Management Reforms. *In* New Zealand Society of Accountants, *Managing Resources in the New Public Sector*, 1989 Public Sector Convention, New Zealand Society of Accountants.

Sheldrake, John (1996). Management Theory, International Thomson Business Press.

Sorber, Bram (1996). Experiences with Performance Measurement in the Central Government: The Case of the Netherlands. *In* Arie Halachmi and Geert Bouckaert (eds.), *Organizational Performance and Measurement in the Public Sector: Toward Service, Effort and Accomplishment Reporting*, Quorum Books.

Staats, E. B. (1992). The Continuing Need for Budget Reform. *In* Albert C. Hyde (ed.), *Government Budgeting: Theory · Process · Politics*, Second Edition, Brooks/Cole, 1992, pp. 61-67.

Swan, Wallace K. (1983). Theoretical Debates Applicable to Budgeting. *In* Jack Rabin and Thomas D. Lynch (eds.), *Handbook on Public Budgeting and Financial Managment*, Marcel Dekker, Inc., pp. 3-59.

Tyler, Brian (1989). Accountability in the New Public Sector. *In* New Zealand Society of Accountants, *Managing Resources in the New Public Sector*, 1989 Public Sector Convention, New Zealand Society of Accountants.

Weeks, Andrew (1989). Managing Government Departments under the Financial Management Reforms. *In* New Zealand Society of Accountants, *Managing Resources in the New Public Sector*, 1989 Public Sector Convention, New Zealand Society of Accountants.

Wildavsky, A. (1992a). The New Politics of the Budgetary Process, Second Edition, Harper Collins Publishers Inc.

Wildavsky, A. (1992b). Political Implications of Budgetary Reform. *In* Albert C. Hyde (ed.), *Government Budgeting: Theory · Process · Politics*, Second Edition, Brooks/Cole, 1992, pp. 39-45.

Willoughby, W. F. (1992). The Movement for Budgetary Reform in the States. *In* Albert C. Hyde (ed.), *Government Budgeting: Theory · Process · Politics*, Second Edition, Brooks/Cole, 1992, pp. 18-21.

CHAPTER

08

투자: 비용편익분석과 자본예산

CHAPTER 08

투자: 비용편익분석과 자본예산

8.1 투자의 이해

1. 투자의 개념

투자는 유형무형의 자산을 획득하여 원가를 상회하는 편익을 추구하는 행위이자, 미래에 효용을 제공할 수 있는 용도에 자금을 사용하는 것이다. 자금조달활동은 궁극적으로 투자를 위한 행위이다.

예산의사결정
=자금조달에 관한 의사결정+자금사용과 관리에 관한 의사결정(투자의사결정)

민간부문에서 원가란 현금유출이고 편익이란 현금유입이며, 공공부문에서 원가란 사회비용이고 편익이란 사회편익이다(원래 비용과 원가는 개념상 차이가 있으나 한국에서는 처음부터 혼동을 일으켜 동일한 의미로 사용되었기 때문에 여기서는 구별하지 않고 동일한 개념으로 사용한다.). 민간부문은 현금유출보다 현금유입이 더 커야 하고 공공부문은 사회비용보다 사회편익이 더 커야 한다.

표 8-1 | 공공부문과 민간부문의 원가와 편익 개념

	원가(=비용)	편 익
민간부문	현금유출	현금유입
공공부문	사회비용	사회편익

민간기업의 경우에는 부동산의 구입, 주식이나 채권의 매입, 은행에 예입, 공장의 건설, 연구개발에 사용, 사무실의 신축, 가구의 구입, 컴퓨터시설의 확장, 새로운 상품의 개발, 기존제품의 디자인변경, 공장시설의 자동화, 매장의 확장, 건물의 임대, 기계의 임대, 고장난 기계의 수선, 생산시설의 현대화 등 우리가 투자라고 생각하지 않았던 것까지도 투자에 포함된다. 투자는 유형자산은 물론 무형자산에도 관련되는데 종업원의 교육, 연구활동, 홍보활동, 광고, 선전 등도 투자행위이다. 종업원의 교육도 원가 이상의 편익을 올리기 위한 행위이기 때문에 투자이고 공장시설의 자동화도 원가 이상의 편익을 올리기 위한 노력이므로 투자이다. 경상비의 지출은 운영예산이므로 투자로 간주하지 않는다.

자금관리는 조달된 자금이 사용될 때까지의 과정을 지칭한다. 자금관리는 최대의 순편익을 제공하는 방향으로 수행되어야 하며 결국 투자의 일종이다. 대부분의 자금은 현금으로 구성되어 있기 때문에 자금관리를 현금관리와 동일하게 간주하기로 한다.

2. 투자의사결정의 기본원칙

기업이건 정부이건 최적투자대안은 현가분석(present value analysis)과 순현재가치법(net present value analysis: NPV analysis)에 의해 선택한다. 순현재가치법은 현가분석을 당연히 포함하고 있기 때문에 현가분석을 별도로 설명하지 않고 순현재가치법만을 설명한다. 현가분석과 순현재가치법을 구별하지 않고 동의어로 사용하기도 한다. 투자대안은 투자대안의 순현재가치에 의해 우선순위를 평가하는 데 모든 투자대안은 각각 다른 시점에서 비용과 편익의 발생이 가능하기 때문에 동일한 척도로 평가하기 위해 현재시점의 비용과 편익으로 전환한다.

먼저 매 시점에서 편익과 비용의 차이를 구한 다음 할인율에 의해 현재가치로 전환하는 데 현재가치로 전환하는 기법은 현가분석이다. 순현재가치란 모든 시점의 편익과 비용의 차이인 순편익을 현재가치로 전환하여 합계한 수치로서 순현재가치가 양수이며 클수록 투자대안으로서의 가치가 있다. 결국 순현재가치법이란 매 시점의 순가치라고 할 수 있는 순편익을 현가분석에 의해 현재가치로 전환하여 합계함으로써 순현재가치를 구하고 순현재가치에 의해 투자대안을 평가하는 방법이다. 이상은 설명은 개념상으로 쉽게 이해되지 않기 때문에 뒤의 사례를 중심으로 이해하기 바란다.

현금흐름할인법(discounted cash flow method)과 비용편익분석(cost benefit analysis)은 각각 민간부문과 공공부문에서 사용하는 순현재가치법의 또 다른 명칭이다. 민간부문에서의 순현재가치법은 현금흐름할인법이며 공공부문에서의 순현재가치법은 비용편익분석이다. 그러나 실제로 순현재가치법을 현금흐름할인법과 동의어로 사용하는 경우가 많기 때문에 주의를 요한다. 현금흐름할인법은 민간부문에서 사용하기 때문에 비용과 편익이 각각 현금유출(cash outflows)과 현금유입(cash inflows)이다. 비용편익분석은 공공부문에서 사용하기 때문에 비용과 편익은 각각 사회비용(social costs)과 사회편익(social benefits)이다. 기업이 현금흐름할인법에 의해 투자의사결정을 하면 기업의 이익을 극대화하며, 공공부문이 비용편익분석에 의해 투자의사결정을 하면 사회의 순편익이 극대화된다.

표 8-2 | 공공부문과 민간부문의 개념 비교

민간부문	공공부문
현금유입=편익 현금유출=비용 현금유입-현금유출=순현금흐름= 순가치 혹은 순편익	사회편익=편익 사회비용=비용 사회편익-사회비용=순사회편익= 순가치 혹은 순편익

현금유입에서 현금유출을 빼면 순현금흐름을 구할 수 있는데 민간부문에서의 순가치 혹은 순편익은 순현금흐름이다. 마찬가지로 사회편익에서 사회비용을 빼면 순사회편익을 구할 수 있는데 공공부문에서의 순가치 혹은 순편익은 순사회편익이다. 매 시점의 순편익(혹은 순가치)을 현가분석에 의해 현재가치로 전환하여 합계한 것이 순현재가치이다. 순현재가치를 구하기 위해서는 당연히 현가분석을 해야 하므로 순현재가치법이 현가분석을 포함하고 있다고 말할 수 있다. 현가분석은 미래의 가치를 현재가치로 전환하는 방법을 말한다.

현재가치로 전환하기 위해서는 할인율이 필요한데 할인율이 상승하면 순현재가치는 감소하고 할인율이 하강하면 순현재가치는 증가한다. 할인율이 변경되면 투자대안의 우선순위가 변경될 수 있는데 순현재가치의 크기가 달라지기 때문이다. 예를 들어 A, B, C의 세 가지 투자대안이 있을 때 10%의 할인율에서 B, C, A의 순서로 순현재가치의 크기가 계산되었다면 12%의 할인율에서는 C, A, B의 순서로 순현재가치의 크기가 계산될 수 있다.

현재가치로 전환할 때 사용하는 할인율은 기회비용으로서의 성격을 가지고 있다. 투자를 위해서 사용하는 자금을 다른 최적대안에 사용하지 못함으로써 포기해야 되는 수익이 바로 자본의 기회비용이며 할인율이다. 투자자의 입장에서는 현재 고려하는 투자대안으로 인해 포기하는 최적투자대안에서 획득하는 수익을 달성하지 못한다면 고려하는 투자대안을 기각해야 할 것이다. 예를 들어 A라는 사업을 고려하고 있는 투자자가 A라는 사업을 포기하고 다른 곳에 투자하여 얻을 수 있는 최대수익률이 10%이라면 A에서 적어도 10%의 투자수익은 얻을 수 있어야 A를 선택할 것이다. 그러므로 A사업의 순현재가치를 구할 때 사용하는 할인율은 10%가 되어야 한다.

3. 순현재가치법의 사례(민간부문사례)

투자대안 A에서 발생하는 현금유입과 현금유출은 다음과 같다.

표 8-3 | 투자대안 A의 시점별 현금유입과 현금유출

시 점	현금유입	현금유출	순현금흐름
1년 후	300만원	200만원	100만원
2년 후	900만원	500만원	400만원

현재가치로 전환하기 위한 할인율이 10%라면 투자대안의 현재가치는 다음과 같다. 계산의 간편을 위해 현금흐름은 정확하게 1년 후, 2년 후에 발생한다고 가정한다.

$$421 = \frac{100}{1.1^1} + \frac{400}{1.1^2}$$

매년 현금유입과 현금유출의 차이를 순현금흐름이라고 하는데 이것을 순가치(혹은 순편익)라고도 한다. 즉 1년 뒤에 발생하는 순현금흐름 즉 순가치는 100이고 2년 뒤에 발생하는 순현금흐름 즉 순가치는 400이다. 100과 400은 순편익이라고도 할 수 있지만 순가치라고도 할 수 있고 순현금흐름이라고도 할 수 있다. 100과 400은 현재가치가 아니기 때문에 현재가치로 전환하기 위하여 할인율로 할인하여 합산하면 순현재가치가 구해진다.

이런 방식으로 계산된 투자대안 A, B, C의 순현재가치가 다음과 같다고 하자.

표 8-4 | 투자대안별 순현재가치

투자대안	순현재가치
A	421
B	570
C	-200

여기서 가장 바람직한 투자대안은 B이다. 왜냐하면 B를 투자하면 순수한 편익의 현재가치가 570으로서 투자대안 A보다 크기 때문이다. 투자대안 C는 0보다 작기 때문에 투자대상에서 제외한다. 예산총액에 제한이 없다면 양수의 순현재가치를 가진 A와 B를 모두 선택한다. A와 B 모두 순현재가치가 양수이므로 투자가치가 있는 것이다.

위의 사례는 민간부문의 사례라고 했지만 공공부문의 사례로 볼 수도 있다. 만약 공공부문의 사례라면 수치가 현금유입과 현금유출이 아닌 사회비용과 사회편익일 것이다.

8.2 비용편익분석(cost benefit analysis)

1. 비용편익분석의 이해

(1) 비용편익분석의 정의

비용편익분석은 투자대안의 비용과 편익을 경제학적으로 분석하여 투자대안을 평가하고 투자대안의 우선순위를 결정하는 공공부문의 투자의사결정방법이다. 비용편익분석은 공공부문에 적용하는 순현재가치법이라고 할 수 있다. 민간부문에 적용하는 순현재가치법은 현금흐름할인법이라고 한다.

공공부문에서는 사회전체의 입장에서 투자대안이 유발하는 사회편익과 사회비용을 계산하여 투자대안을 평가하는데 결국 투자대안의 평가란 정책대안의 선정을 의미한다. 비용효과분석이나 비용편익분석에서 하나의 대안만이 존재하는 것처럼 보일 때도 그 대안과 그 대안을 수행하지 않는 것과 암묵적으로 비교하는 것이므로 항상 두 개 이상의 대안이 존재한다.

비용편익분석은 기업의 이익과 손실의 측정에 관한 회계 즉 손익회계(profit and loss accounting)와 유사하며 비용편익분석기법은 민간부문에서 사용하던 투자분석기법에서 유래하였다. 비용편익분석은 과거에는 국가차원에서만 주로 수행되었으나 점점 지방정부로 확대되었다(Zerbe & Dively, 1994).

사회편익에서 사회비용을 차감한 순사회편익을 적절한 할인율에 의해 현재가치로 전환하고 현재가치로 전환된 순사회편익을 기준으로 투자대안을 평가한다. 현금유입 대신 사회편익, 현금유출 대신 사회비용이라는 차이점과 할인율의 결정방법만 제외하고 민간투자의사결정과 동일하다.

관료들은 공식적으로 비용편익분석을 사용하지 않을 경우에도 의사결정시, 즉 정책결정시 무의식적으로 혹은 암묵적으로 비용편익분석을 하는 경우가 많다(Sinden & Thampapillai, 1995; Reed & Swain, 1997). 수리적인 계산을 하지 않더라도 투자대안을 선정할 때는 비용과 편익을 고려하지 않을 수 없을 것이다.

사업의 가치를 평가하는 것은 사회후생함수(social welfare function)의 관점에서 사업 이전과 이후를 비교하여 사회후생이 증가하면 가치가 있는 것이다. 비용편익분석은 사회후생의 관점에서 비용보다 편익이 더 큰지, 즉 사업의 결과 사회후생이 증가하는지를 판단하는 것이다(Rosen, 1992).

(2) 후생경제학의 관점

후생경제학에서는 모든 사람의 후생(welfare)이 동일하거나 개선되어야만 바람직한 사업이라고 정의하며 이것을 파레토효율성(Pareto efficiency)이라고 한다. 그러나 이러한 원칙을 유지한다면 사실상 바람직한 사업은 이 세상에 거의 존재하지 않을 것이다. 그러므로 사업으로부터 이득을 얻는 사람들이 사업으로부터 손실을 입는 사람들을 보상할 수 있다면 바람직한 사업이라는 정의를 선택할 수밖에 없다. 또한 손실의 보상은 사람들의 효용에 근거할 경우 비교가 불가능하기 때문에 소득에 기초한 변동으로 손실과 이득을 측정한다[1](Connolly & Munro, 1999).

---

1) 이런 기준을 potential Pareto improvement(PPI)라고 하며 Kaldor criterion, 혹은 Hicks-Kaldor criterion(Kaldor-Hicks criterion)이라고도 한다(Rosen, 1992; Connolly & Munro, 1999). 파레토비효율에서 파레토효율적인 상태로 이동하는 것을 Pareto improvement라고 하며 potential Pareto improvement와 구별한다. 비용편익분석에서 순편익이 0보다 크면 Hicks-Kaldor criterion이 충족되었다고 보아야 한다(Lesser & Zerbe, 1998).

(3) 시장실패와 비용편익분석

한계사적편익(marginal private benefits)과 한계사회편익(marginal social benefits), 혹은 한계사적비용(marginal private costs)과 한계사회비용(marginal social costs)간의 괴리가 없다면 정부의 개입이 바람직한 개선을 달성할 수 없다. 정부개입으로 개선이 가능하다면 민간의사결정자에 의해 고려되지 못하는 편익과 비용이 있다는 것을 의미한다. 한계사적편익과 한계사회편익, 혹은 한계사적비용과 한계사회비용간의 괴리는 정부개입의 바람직성의 필요조건이지만 충분조건은 아니다. 정부개입은 비용을 유발하기 때문에 정부개입의 편익보다 비용이 작을 경우에만 이러한 괴리가 개선으로 이어질 수 있는 것이다. 비용편익분석은 이러한 괴리가 있을 때 정부개입이 바람직한 개선을 달성할 수 있는지 사회비용과 사회편익의 관점에서 분석하는 방법이다(Zerbe & Dively, 1994). 한계사적편익과 한계사회편익 사이에 괴리가 있다면 혹은 한계사적비용과 한계사회비용에 괴리가 있다면 시장실패가 존재하는 상황이라고 보아야 할 것이다. 시장실패가 존재할 때는 정부의 정책이 기여할 수 있는 여지가 있지만 비용과 편익을 분석해서 비용보다 편익이 클 때 개입해야 할 것이다.

2. 공공조직과 현금흐름할인법

민간투자의사결정방법인 현금흐름할인법은 공공부문에서도 유용하다. 공공조직도 비용편익분석과 현금흐름할인법을 병행해서 사용하거나 비용편익분석 대신 현금흐름할인법을 사용해야 하는 상황도 있다. 예를 들어, 공공조직에서 컴퓨터의 도입으로 인건비를 절약하고자 하는 내부투자의사결정은 사회편익과 사회비용보다는 현금유입과 현금유출을 이용하여 투자의사결정을 해야 한다. 현금유출은 컴퓨터의 구매가격, 컴퓨터의 유지비, 담당공무원의 훈련비 등이고 현금유입은 컴퓨터의 도입으로 인한 인건비의 절약 등이다.

공공조직과 민간기업의 중간형태에 속한다고 볼 수 있는 조직(예: 공기업)의 경우에는 현금흐름할인법과 비용편익분석을 병행하는 것이 적절하다. 사용료 등의 자체수입으로 비용의 상당부분 혹은 대부분을 충당하는 공공조직의 경우에는 엄격한 의미에서 공공재를 생산하는 조직이라고 할 수 없다. 공공주차장, 공용버스터미널, 응급환자수송서비스, 공공의료서비스, 스포츠경기시설, 박물관, 공공도서관, 상하수도 등의 서비스는 상당부분 공기업에 의해 제공되기도 하고 정부부처의 형태를 지닌 공공조직에 의해 제공되더라도 세금에 의해 운영되는 조직과는 다른 특성을 가진다.

이러한 조직의 경우 조직내부의 재정적인 관점에서 현금흐름할인법으로 먼저 수지타산을 분석하고 비용편익분석을 통해 사회후생의 관점에서 특정 투자대안이 공공가치가 있는가를 결정한다. 사회편익은 사회비용보다 측정이 어렵지만 상황에 따라서는 현금유입액수를 이용하여 사회편익을 추정할 수도 있다. 만약 소비자가 자발적으로 지불하려는 액수를 정확하게 측정할 수 있고 외부효과가 없는 완전경쟁시장을 가정할 수 있다면 현금사용료는 사회편익으로 간주될 수 있으며 사용료는 특별세의 일종으로 생각될 수 있다(Harlow & Windsor, 1988). 여기에 관해서는 비용과 편익의 측정부분에서 보다 자세하게 설명한다.

3. 비용편익분석의 할인율

할인율의 중요성에 대해서는 민간투자의사결정에서 자세하게 설명하였다. 어떤 할인율을 선택하는가에 따라 투자대안의 우선순위가 달라질 수 있다. 예를 들어 공공사업 P, Q, R을 평가하는데 5%의 할인율을 사용하면 사업 R이 선정되는데 7%의 할인율을 사용하면 P가 선정될 수 있다. 경우에 따라서는 특정 투자대안이 선정될 수 있도록 할인율을 자의적으로 선택하기도 한다.

민간투자의사결정과는 달리 공공투자의사결정에서는 사회에 미치는 투자대안의 영향을 고려하여 비용과 편익을 계산해야 하므로 할인율의 결정도 달라질 수밖에 없다. 공공부문의 할인율에 대해서는 사회시간선호율(社會時間選好率: social time preference rate), 민간부문투자수익률(rate of return on private investment), 시장이자율(market interest rate), 동종의 사기업 혹은 비슷한 성격의 사기업에 적용되는 할인율, 정부의 장기공채이자율 등 여러 가지 대안이 제시되는데 실제로 민간부문의 부채에 적용되는 이자율과 정부의 부채에 적용되는 이자율 사이에서 할인율이 설정된다(Reed & Swain, 1997).

만약 어떤 개인이 1년 뒤의 110원을 현재의 100원과 동일하게 간주한다면 개인시간선호율(individual time preference)은 10%이다. 사회시간선호율(social time preference)은 개인시간선호율과 마찬가지 개념인데 사회가 미래의 결과와 동일한 현재가치로 환산하기 위한 할인율을 말한다. 사회시간선호율을 계산하는 방법의 하나는 정부공채의 완전경쟁시장에서 균형가격을 구하는 것이다. 균형가격이란 공채율인데 공채율을 인플레와 세금을 감안하여 조정하면 사회시간선호율로 사용할 수 있다(Sinden & Thampapillai, 1995).

공공부문의 할인율은 공공부문의 투자가 민간투자에 사용될 자금을 사용해버린다는 시각에서 계산할 수 있다. 민간부문에 투입되어 발생하는 수익이 바로 공공부문 투자의 기회비용이며 사회기회비용(social opportunity cost)이라고 한다. 사회기회비용은 모든 민간부문프로젝트의 수익률을 가중평균한 수익률을 세금, 보조금, 민간프로젝트의 위험 등을 감안하여 조정한 수치이다. 왜냐하면 공공사업으로 인하여 어떤 민간부문의 프로젝트가 박탈되는지 알 수 없기 때문이다. 만약 완전경쟁시장에서 파레토최적조건이 적용된다면 시장이자율은 이 두 가지 할인율을 의미하기 때문에 사회시간선호율과 사회기회비용은 동일하다. 그러나 시장이 불완전하기 때문에 사회기회비용과 사회시간선호율은 동일하지 않다(Cullis & Jones, 1998). 일반적으로 사회기회비용은 사회시간선호율보다 높기 때문에 비용편익분석시에 두 가지 할인율을 사용하여 두 개의 순현재가치를 고려하기도 한다(Rosen, 1992; Sinden & Thampapillai, 1995).

환경보호사업, 산림자원개발, 수자원개발, 토양보존사업 등의 비용편익분석에는 환경과 자연으로 인한 특성 때문에 낮은 할인율을 적용해야 한다는 주장도 있다. 그러나 모든 편익과 비용을 계산할 수 있고 진정한 사회할인율을 구할 수 있을 때는 이러한 특별할인율을 사용해서는 안 되며, 또한 경제적 타당성을 평가하기 위해서는 이러한 특별할인율을 사용해서는 안 된다는 반론도 있다(Sinden & Thampapillai, 1995). 가능한 모든 할인율개념을 이용하여 비용편익분석을 수행하는 것도 한 가지 방법이다(Rosen, 1992).

할인율의 추정은 여러 가지 문제를 안고 있다. 모든 기간에 대해 단일할인율을 적용하는 것도 문제이다. 각각 다른 할인율이 존재하는 문제 이외에도 어떤 기간은 다른 기간보다 중요하고 한계효용의 감소도 시간경과에 따라 일정하게 감소하지 않고 소득도 일정비율로 증가하지 않으며 박탈된 기회도 어떤 기간에 더 클 수 있고 어떤 산출물은 심리적으로 더 중요할 수 있다(Cullis & Jones, 1998). 할인율의 구체적인 방법은 경제학자들에게 맡긴다. 그러나 우리가 명심해야 할 것은 할인율을 기회비용의 개념으로 이해해야 하며 민간부문에서 사용할 자금을 빼앗는다는 의미이다.

미국의 관리예산실(OMB)은 1992년까지는 10%의 할인율을 사용하였는데 1992년 이후에 7%로 하향조정했지만 아직도 높다는 비판을 받고 있다. 관리예산실(OMB)의 할인율은 민간부문의 수익률이다. 의회의 의회예산처(CBO)는 2%의 할인율을 사용하고 있다(Lesser & Zerbe, 1998).

비용과 편익이 인플레를 감안하여 조정된 금액이면 할인율도 인플레를 감안하여 조정된 실질 할인율(real discount rate)을 사용해야 한다. 만약 비용과 편익이 인플레를 감안하기 이전의 금액이면 명목할인율(nominal discount rate)을 사용해야 한다(Lesser & Zerbe, 1998). 할인율에 대한 보다 구체적인 내용은 공공경제학(혹은 재정학) 교과서를 참조하기 바란다.

4. 정책분석으로서의 비용편익분석

1960년대 미국의 포드자동차 회사에서 사용되었던 순현재가치법이 케네디 대통령 정부하에서 맥나마라 국방장관에 의해 국방부에서 처음 사용됨으로써 합리적인 의사결정방법으로서의 비용편익분석이 정부의 예산의사결정과정에 도입되었다. 비용편익분석은 계획예산(PPBS)의 분석도구였으나 정책분석의 시작이기도 했다. 정책분석이 정책대안의 평가로서 최적 정책대안을 선택하는 분석이라면 정책대안의 사회편익과 사회비용을 계산하여 대안을 평가하는 비용편익분석은 정책분석과 사실상 동일한 것이다. 비용편익분석이 정책분석의 전부는 아니지만 정책분석의 시작은 비용편익분석에 의해서였으며 비용편익분석은 현재에도 정책분석의 가장 중요한 부분을 차지하고 있다. 어떤 사람들은 '정책분석은 비용편익분석이다'라고 말하기도 한다.

비용편익분석이 예산의사결정에 광범위하게 도입된 것은 PPBS에 의해서지만 이미 미국 연방정부의 일부예산의사결정에서 비용편익분석을 사용하고 있었다. 연방정부에서 비용편익분석은 1936년 홍수통제법(Flood Control Act)이 비용편익분석을 수자원프로젝트에 적용할 것을 요구함으로써 시작되었다. 카터 대통령은 1978~1979 예산에서 편익이 비용에 못 미치는 19개 수자원프로젝트를 제외하였다(Axelrod, 1995).

비용편익분석은 처음 미국에서 주로 사용되었는데 국방부에서 시작되었으나 1970년 후반 카터 대통령 때 모든 연방정부의 사업대안은 비용편익분석을 사용해야 한다는 방침이 채택되었다(Zerba & Dively, 1994). 이러한 방침은 레이건, 부시 대통령에 이어 클린턴 대통령에 의해서도 재확인되었다. 클린턴 대통령은 규제분야에 비용편익분석의 사용을 의무화하는 행정명령을 내렸다. 1995년 의회도 압도적으로 위험평가와 비용편익법(The Risk Assessment and Cost Benefit Act of 1995)을 통과시켜 비용편익분석에 대한 지지를 보여주고 있다. 그러나 주 정부와 지방정부는 비용편익분석을 사용하는 정도가 훨씬 약하며 아직도 많은 주와 지방정부가 비용편익분석을 전혀 사용하지 않고 있다(Lesser & Zerbe, 1998).

비용편익분석의 시행과 비용편익분석결과의 사용은 별개의 문제이다. 미국은

1936년부터 수자원사업에 비용편익분석을 사용하여왔지만 의회는 비용편익분석이 가장 바람직하다고 계산한 수자원프로젝트를 항상 선정한 것은 아니다. 비용편익분석은 우선순위의 결정을 위해서 사용했다기보다는 몇 개의 대안으로 선택폭을 좁히는데 사용되어 왔다. 세계은행(World Bank)은 차관을 제공할 때 비용편익분석을 하지만 자금제공과 비용편익분석과는 유의미한 관계가 없었다. 만약 의사결정자가 비용편익분석에 전적으로 의존한다면 의사결정자들의 임무는 비용편익분석담당자들에게 넘어가는 것이다. 정치인들과 고위의사결정자들은 자신의 의사결정이 명백하고 객관적인 분석의 대상이 되는 것을 선호하지 않는다. 비용편익분석을 전적으로 신뢰하기에는 비용과 편익의 계산이 아직도 많이 불완전하다. 그렇다면 우리는 비용편익분석의 비용과 편익에도 관심을 기울여서 과연 비용편익분석을 수행할 가치가 있는 것인지 생각해봐야 할 것이다(Schmid, 1989).

8.3 비용편익분석의 장 · 단점

1. 비용편익분석의 장점

① 이론의 우수성

② 계량적인 방법에 의한 체계적인 사고와 사고과정의 명료화를 가능하게 한다. 인간의 불완전성을 보완하며 언어와 직관에만 의존하는 한계를 극복한다. 정보를 조직화하는 방법이기도 하다. 비용과 편익을 식별해내면 문제가 명료해지며 이해가 용이해진다.

③ 복잡한 문제를 단순화하는 장점이 있다. 다차원적인 문제를 화폐가치라는 하나의 차원으로 단순화한다. 그러나 이 점은 장점이자 단점도 될 수 있다(Sinden & Thampapillai, 1995).

④ 객관적인 기준에 의한 대안의 선택이라는 점도 장점이다(Zerbe & Dively, 1994). 주관이 최소화되기 때문에 다른 방법에 비해 투자대안의 결정시에 논란과 갈등이 줄어든다. 그러나 실제로는 주관이 상당부분 개입되며 특히 비용과 편익의 측정시에 주관이 개입될 소지가 많다.

⑤ 화폐가치로 자원을 측정하는 이점이 있다. 화폐가치는 가격을 통해 정보를 전달하고 교환을 촉진하며 자원을 배분하는 수단이고 객관적인 가치를 전달하기 때문에 의사소통에 유리하다. 예를 들어 무형자산이 화폐단위로 측정되고 합당한 수준에서의 합의가 도출될 때 경제적 거래가 발생할 수 있으며 무형자산을 담보로 대출이 가능하게 되는 등의 이점이 있다. 정부는 사람의 행동에 화폐가치를 부여함으로써 행동에 영향을 미치기도 한다. 예를 들어 바람직한 행동에 금전적 보상(예: 세금감면)을 부여하고 바람직하지 않은 행동에 금전적 불이익을 부여하는 것은 그러한 행동을 화폐가치로 평가하는 것이다. 즉 금전적보상은 바람직한 행동을 유발하기 위해 얼마를 지불할 의사가 있는 것으로 가격을 제시하는 것이며, 벌금이란 바람직하지 않은 행동을 하려면 얼마를 지불해야 한다고 밝히는 것이다(Reed & Swain, 1997).

2. 비용편익분석의 단점

① 비용과 편익계산의 어려움이 가장 큰 장애이다. 주관적 요소, 정치적 요인, 질적 요소는 계량화가 어려우며, 비용보다 편익의 계산이 더 어렵다. 비용의 계산이 편익보다 상대적으로 용이하다고 하지만 민간부문의 비용계산에 비하면 더 어렵다. 공공부문의 경우 공통원가와 무형의 가치감소를 평가해야 하는 등의 이유 때문에 그렇다. 그러나 앞으로 인적자산의 가치 등 무형자산의 가치에 대한 평가기법이 증진되면 화폐가치로 평가하는 범위와 대상이 확대될 것이며 비용과 편익의 측정도 아울러 용이해질 것이다(Reed & Swain, 1997). 화폐가치로 환산되기 어려운 편익이나 비용은 부당하게 무시되거나 소홀하게 취급될 우려가 있다. 그래서 사회간접자본의 건설이나 무기도입 같은 사업에 비용편익분석을 집중 적용하고 사회정책이나 교육정책 같은 분야에는 적용이 소홀하다. 생명가치처럼 인간의 존엄성과 관련된 항목을 화폐가치로 환산한다는 것은 계산의 부정확성이라는 문제 이외에도 도덕적인 차원에서 과연 생명의 가치를 측정해야 하는가의 문제를 야기한다. 선진국에 비해 개발도상국의 시장은 훨씬 더 불완전하기 때문에 시장가격을 이용하여 비용과 편익을 계산할 수 있는 범위가 상대적으로 협소하다(Kirkpatrick & Weiss, 1996).

② 기계적 사고의 가능성이 있다.

③ 분석결과가 전제조건과 가정의 변화에 의존한다. 예를 들어 경제지표나 할인율이 변화되면 분석결과도 달라진다. 이러한 문제점은 민감도 분석으로 어느 정도

극복가능한데, 민감도분석이란 비용편익분석에서 사용되는 추정치와 가정이 변경되면 비용편익분석의 결과가 어떻게 변화(What if)하는가를 조사하는 방법이다. 무엇보다도 할인율에 대한 민감도 분석이 필요한데 상중하의 세 단계 할인율을 가정하고 각각의 할인율하에서의 비용편익분석을 실시하는 것이 자주 채택되는 민감도 분석의 하나이다(Reed & Swain, 1997).

④ 악용가능성이 있다. 특정투자대안에게 불리한 할인율을 사용하여 배제하거나 편익과 비용을 의도적으로 과다 혹은 과소 계상할 수 있다.

⑤ 한정된 시간단위만을 고려한다. 대부분의 정부사업의 비용편익분석은 20년~30년의 시간범위를 넘지 않기 때문에 그 이후에 발생하는 편익과 비용은 무시한다는 비판을 받는다. 그러나 30년 이후에 발생하는 편익과 비용의 현재가치는 매우 작으며 측정오류가 크기 때문에 무시해도 좋다는 반론도 있다(Zerbe & Dively, 1994).

⑥ 불확실성과 위험에 대한 대처가 미흡하다. 대부분의 공공사업은 매우 복잡하며 시간범위가 장기적이며 영향평가에 어려움이 많아 불확실성이 높다. 민감도 분석(sensitivity analysis)이나 시뮬레이션(simulation)을 이용하여 어느 정도 문제점을 극복할 수 있지만 한계가 있다(Zerbe & Dively, 1994; Kirkpatrick & Weiss, 1996).

⑦ 주관적 요소를 배제하기 때문에 무엇보다도 정치적 요인을 배제하는 문제점이 있다. 그러나 투자대안은 거의 대부분 정치적인 의미를 가지고 있기 때문에 정치적 요인을 배제하고 비용편익분석을 시행하면 비용편익분석이 수용되기 어려울 경우가 많다. 투자대안의 선정에는 경제적 합리성 못지않게 정치적 합리성도 중요하기 때문에 결코 정치적 요인을 배제해서는 안 되며 이 점에서 비용편익분석의 한계가 있다.

다음의 사례는 비용편익분석의 문제점을 보여주는 매우 좋은 사례라고 볼 수 있다.

사례

이집트의 영웅이며 국부(國父)로서 존경을 받고 있는 나세르 대통령은 재임시에 나일강의 기적을 부르짖으며 나일강에 아스완 댐을 건설하여 경제부흥을 이루자고 외쳤다. 아스완 댐으로서 이집트가 얼마나 발전할 수 있는가가 대대적인 선전을 통하여 국민들에게 알려졌고 국민들은 아스완 댐에 대해 많은 기대를 걸었다. 당시로서는 무모할 만큼 어마어마한 예산이 소요되는 댐 건설이었기 때문에 전 세계의 관심을 모았다.

아스완 댐의 가장 큰 목적은 댐의 건설로서 만년 홍수에 시달리는 나일강 유역의 범람을 막아 농업을 증진하고, 수력발전으로 전기를 공급하고, 상류의 물은 사막에 공급한다는 것이었다. 그러나 막상 엄청난 비용과 대가를 치르고 댐이 완성된지 몇 십년이 흘렀어도 나일강의 기적은 생기지 않았고 이집트는 아직도 전 세계의 최빈국의 하나이며 댐 건설의 계획시에 예측하지 못했던 여러 가지 사건이 발생했다.

가장 큰 문제점은 농업에 있었다. 홍수의 방지는 가능했으나 나일강 유역의 범람이 가져오는 비옥한 흙의 유입이 중단되자 농업 생산성은 쇠퇴하였다. 오히려 주산업이었던 면화농업이 낙후되는 기현상을 가져오게 되었다. 나일강이 지중해로 흘러 들어가는 지역은 거대한 삼각주를 이루고 있으며 바닷물과 강물이 합쳐지는 곳에서 예로부터 어업이 흥했었다. 그러나 아스완 댐의 건설 후에 나일강의 유량과 수질이 변경되어 어족이 모이지 않아 어업이 급격히 쇠퇴하였다.

아스완 댐이 가져올 수 있는 환경의 변화에 대해 미리 예측하지 못한 결과 일부 편익을 과다 계산하였고 일부비용은 과소 계산하였거나 누락되었다는 사실이 드러난다. 환경 문제는 단순히 맑은 공기와 깨끗한 물이라는 차원이 아니라 우리의 경제에 큰 영향을 미치며 생존에 관련된 중대한 사항이다. 환경파괴에 대한 비용의 계산이 어렵다는 사실에서 유추할 수 있듯이 비용편익분석은 비용과 편익의 계산에서 가장 심각한 한계점을 가지고 있다.

3. 결　　론

① 비용편익분석의 한계를 극복하기 위해서는 상상력, 자료, 정보, 지식, 경험, 직관, 이론을 이용해야 한다.

② 비용편익분석의 결과보다도 비용편익분석의 과정을 공개하고 과정을 검토함으로써 비용편익분석의 한계를 극복할 수 있다. 그러기 위해서는 무엇보다도 민주주의가 활성화되어야 하며 토론사회가 정착되어야 한다.

③ 의사결정에 추가정보를 제공하는 수단, 즉 의사결정의 보조수단으로 사용해야 하며 비용편익분석이 판단을 대체해서는 안 된다. 비용편익분석이 비록 한계를 가지고 있지만 정보부족상태에서의 추측(implicit and uninformed guesses)보다 낫다(Reed & Swain, 1997). 비용편익분석의 목적은 의사결정이 아니라 의사결정에 관련된 정보를 제공하는 것이다.

④ 비용편익분석은 명백하게 바람직하지 않은 대안, 극단적으로 나쁜 대안을 제외하는 데 유용하다(Reed & Swain, 1997).

⑤ 비용편익분석이 적용되기 쉬운 정책분야에 주로 적용하는 것이 좋다.

⑥ 비용편익분석을 사용할 수 있다면 성과평가도 문제없이 사용할 수 있는 상황일 것이다. 적절한 성과평가가 가능할 때 비용편익분석이나 비용효과분석을 사용할 수 있다(Greiner, 1996). 결국 비용편익분석이 가능하다는 것은 성과평가가 가능하다

는 것과 동일하다.

⑦ 엄격한 비용편익분석모델이 사용되기 어려울 때는 비용편익분석은 여러 가지 변형된 형태로 사용된다. 첫째, 설정된 하나의 목표를 달성하는 여러 대안의 비용을 비교하는 모델이다. 이것을 비용효과분석이라고 하며 뒤에 별도로 자세하게 설명한다. 둘째, 비용을 고려하지 않고 편익만을 고려하여 의사결정을 한다.[2] 공해방지사업, 건강보호사업이 대표적인 적용사례이다. 도덕적이거나 정치적인 판단이 개입되는 경우가 많으며 비용이 얼마나 소요되더라도 시행해야 할 가치가 있는 사업에 관한 의사결정에 사용된다. 셋째, 엄격한 비용편익분석을 요구하지 않고 비용 중에서 화폐가치로 쉽게 환산할 수 있는 비용만을 계산하고 나머지 비용들은 화폐가치로 전환하지 않고 고려하는 의사결정이다. 화폐가치로 전환하지 않는 비용들은 주관적인 판단이 필요하다. 비용만이 아니라 편익 중에서도 쉽게 화폐가치로 환산하기 어려운 편익은 별도로 주관적인 판단을 한다. 결국 화폐가치로 환산한 편익, 비용을 화폐가치로 환산하지 않은 편익, 비용과 함께 고려하여 의사결정을 하는데 주관적인 판단을 피할 수 없다(Zerbe & Dively, 1994).

⑧ 정부사업은 비용과 편익에 의해 평가하기 어려운 사업이 존재한다. 예를 들어 소득재분배를 위한 정부의 예산지출은 비용편익분석에 의해 평가하는 것이 적절하지 않다. 형평성이라는 화폐가치로 환산하기 어려운 목표를 추구하기 때문이다(Brown & Jackson, 1990).

⑨ 우리는 구체적으로 형태가 있는 거대한 사업의 비용과 편익에 대해서는 관심을 갖지만 법규의 문자 하나를 변경함으로써 사회가 치러야 되는 엄청난 비용이나 혹은 사회가 누리게 되는 편익에 대해서는 무관심할 경우가 많다. 정부규제는 설정에 소요되는 직접비용이 작을지 몰라도 규제를 준수하기 위해서 사회가 치러야 되는 대가는 막대할 수 있다. 규제로 인해 사회가 부담해야 하는 비용을 정부예산에 포함시키자는 주장도 있지만 비용의 계산이 용이하지 않기 때문에 어려운 일이다(Rosen, 1992).

⑩ 비용과 산출에 대한 정보가 있을 경우는 서비스수요와 단위원가에 기초하여 의사결정을 할 수 있지만 비용편익분석의 사용은 어렵다. 왜냐하면 편익은 산출이 아니라 결과를 의미하기 때문이다. 만약 비용, 산출, 결과에 대한 정보가 있다면 기준예산과 공정한 지분의 개념에 기초한 점증주의적 예산편성을 따르지 말아야 한다. 이러한 정보가 결여될 경우는 단순한 순위선정기준 혹은 협상과 타협에 의해 사업의

2) 이것을 Cost-Oblivious Model이라고 한다(Zerbe & Dively, 1994).

우선순위를 결정하게 될 것이다(Grizzle, 1998).

⑪ 비용과 편익을 계산하는 데 여러 가지 방법이 있을 때는 모두 포함하여 각각 별도의 비용편익분석을 해야 하며 의사결정자는 여러 가지 방법으로 계산된 비용과 편익을 놓고 선택해야 할 것이다(Zerbe & Dively, 1994).

8.4 비용과 편익의 계산

1. 원　　칙

(1) 가치평가

비용편익분석의 가장 큰 장애는 비용과 편익의 계산이다. 만약 우리가 비용과 편익을 정확하게 모든 사람이 동의하는 방식으로 계산할 수 있다면 예산과정에서 발생하는 수많은 문제를 해결할 수 있다. 그러나 대부분의 경우 비용과 편익 계산이 용이하지 않으며 특히 편익의 계산이 매우 어렵다. 비용과 편익의 계산은 결국 재화나 서비스의 가치를 평가하는 문제이며 정책으로 인한 영향을 평가하는 문제이다.

어떤 재화의 개인에 대한 가치는 개인의 지불의사(willingness to pay)와 수용의사(willingness to accept)에 의해 계산할 수 있다. 지불의사는 재화나 서비스의 획득에 대한 대가로 얼마를 지불하겠는가를 의미하고 수용의사는 재화나 서비스의 포기로 얼마를 받고자 하는가를 의미한다(Lesser & Zerbe, 1998). 획득으로 인한 가치변동은 지불의사를 기준으로 평가하지만 상실로 인한 가치변동은 수용의사를 기준으로 평가한다. 비용과 편익은 사업에 의해 영향을 받는 모든 사람들의 지불의사와 수용의사를 합계하여 계산한다(Vining & Weimer, 1998).

만약 A의 자동차가 1천만원에 B에게 매각되었다면 B의 지불의사는 1천만원이고 A가 자동차를 포기하는 대가로 수용하는 금액은 1천만원이므로 수용의사 역시 1천만원이다. 그러므로 비용과 편익의 계산은 지불의사나 수용의사의 둘 중 하나를 선택해서 할 수 있는데 둘의 차이가 크지 않다면 지불의사를 측정하는 것이 쉽기 때문에 지불의사에 의해 편익이나 비용을 계산하는 것이 편리하다. 많은 경우에 지불의사와 수용의사는 비슷하며 시장가격이 존재하는 경우에는 시장가격이 지불의사와 수용의사에 근접한다. 그러므로 비용편익분석에서는 지불의사와 수용의사가 동일하다고 가정하고 지불의사만으로 비용과 편익을 측정하는 것이 일반적이다. 이 책에서도 별도의 언급이 없으면 지불의사와 수용의사를 동일하게 간주하고 지불의사를 비용과 편익의 평가기준으로 사용한다. 그러나 지불의사와 수용의사의 차이가 큰 경우도 있으며 일반적으로 수용의사가 지불의사보다 크다. 지불의사와 수용의사의 차이가 클 경우에는 비용과 편익의 계산시에 무엇을 기준으로 평가하는가에 따라 비용편익분석의 결과가 달라질 것이다. 예를 들어 어떤 도로의 건설이 소음을 유발한다면 소음을 피하기 위해 얼마를 지불하겠는가(지불의사) 라고 조사할 수도 있지만, 소음에 대한 대가로 적어도 얼마를 보상받겠는가(수용의사) 라고 조사할 수도 있다. 소음의 유발은 도로건설사업의 비용이다(Lesser & Zerbe, 1998; Vining & Weimer, 1998).

지불의사는 실제 지불할 수 있는 능력에 의해 뒷받침되어야 하기 때문에 개인이 소유한 부에 의해 제약된다. 2천만원의 재산밖에 소유하지 못한 사람이 5억원을 지불하겠다는 의사를 표명하였다면 그것은 여기서 말하는 가치를 측정하는 지불의사가 아니라 개인의 소망에 불과한 것이다(Schmid, 1989).

(2) 편익과 비용의 계산원칙

편익과 비용을 측정할 때는 사회의 모든 관련주체들의 편익과 비용을 남김없이 포함하여야 한다. 예를 들어 외부효과는 반드시 비용과 편익의 계산시에 포함하여야 한다. 모든 편익과 비용을 남김없이 고려하기 위해서는 다음과 같은 분류를 참고하는 것도 좋은 방법이다. 비용과 편익의 계산에는 총 8가지의 편익이나 비용의 분류가 가능하다. 편익에는 근본효과와 부수효과가 있으며 각각 시장가격에 의해 측정가능한 경우와 시장가격이 존재하지 않기 때문에 추정해야 하는 경우가 있다. 그러므로 편익에는 총 4가지의 가능성이 존재한다. 시장가격에 의해 측정가능한 근본편익, 시장가격이 존재하지 않는 근본편익, 시장가격에 의해 측정가능한 부수편익, 시장가격이 존재하지 않는 부수편익. 마찬가지로 비용에도 4가지 가능성이 존재한다. 시장가격에 의해 측정가능한 근본비용, 시장가격이 존재하지 않는 근본비용, 시장가격에 의해 측정가능한 부수비용, 시장가격이 존재하지 않는 부수비용. 이상의 8가지 항목하에 모든 가능한 편익과 비용을 나열한다(Sinden & Thampapillai, 1995).

비용편익분석은 모든 자원이 활용되고 있다고 가정하기 때문에 실업률이 제로라고 간주한다. 실업률이 제로인 완전경쟁시장에서는 부수적인 효과(secondary outcomes)는 사회전체의 입장에서는 상쇄되기 때문에 편익이나 비용의 계산시에 포함하지 않는다. 예를 들어 댐을 건설하여 농산물수확이 증가하면 농부들의 소득증가는 근본적인 효과(primary outcomes)이지만 여기에는 여러 가지 부수적인 효과가 동반한다. 농기구를 판매하는 회사의 매출이 증가하고, 농산물을 가공하는 회사의 매출도 역시 증가한다. 그러나 완전고용이 이루어진 완전경쟁시장에서는 하나의 산업에서의 순이익의 증가는 다른 산업의 순이익의 감소로 상쇄된다. 다른 산업으로부터 노동과 자원을 이동하여야 하기 때문이다. 반면 실업자나 여유자원이 존재하는 불완전시장에서는 부수적인 효과로 인한 편익과 비용을 포함하여 계산해야 한다(Rosen, 1992; Sinden & Thampapillai, 1995).

편익이 비용계산보다 더 어려운 이유는 대부분의 편익이 무형편익이고 비용에 비해 더 오랜 기간에 걸쳐 발생하며 대부분의 경우 시장가격이 존재하지 않기 때문이다. 또한 비용은 일정규모로 발생하는 경향이 있지만 편익은 시간이 흐를수록 커지는 경향이 있다. 그리고 일반적으로 미래의 편익은 미래의 인간행위에 달려 있으므로 측정이 어렵다. 편익의 계산이 어려워서 비용편익분석이 적합하지 않으면 정책대안에 대한 비용만을 계산하여 정책결정에 참고할 수 있으며 사실상 비용만을 계산하는 것이 더 유용한 경우가 많다. 비용효과분석은 물론 비용편익분석에 있어서도, 비용과 편익을 화폐단위로 계산하기 매우 어렵거나 사실상 불가능할 경우에도 대안의 평가시에 비계량적 요인으로 포함하여 고려하는 것이 좋다. 화폐가치로 환산하기 어려운 비용이나 편익이 포함된 대안을 평가할 때는 여론조사를 실시하여 반영하기도 한다(Reed & Swain, 1997).

(3) 편익과 비용의 실제계산

만약 정부가 새로운 재화나 서비스를 공급할 때 개인에 대한 사업의 가치는 소비자잉여에 의해 측정되므로 모든 사람에 대한 가치는 소비자잉여의 합계이다. 시장가격이 존재하면 소비자잉여를 쉽게 측정할 수 있다. 사업의 순편익은 소비자잉여와 생산자잉여의 합으로 계산한다(Stiglitz, 1988; Sinden & Thampapillai, 1995).

비용(costs)이란 가치의 감소이고, 편익이란 가치의 증가이다(Reed & Swain, 1997). 예를 들어 댐의 건설로 인하여 아름다운 경치가 생겨난다면 그것은 가치의 증가이므로 편익이지만 댐의 건설로 아름다운 문화재가 파괴된다면 그것은 가치의 감소이므로 비용이다. 시장가격이 존재한다면 이러한 지불의사를 쉽게 추정할 수 있는데 시장가격이 존재하지 않을 경우 다른 방법에 의존해야 한다.

가장 합리적인 비용계산은 기회비용에 근거하는 것인데 의사결정의 기회비용이란 다른 대안의 포기로 인한 손실을 말한다.[3] 예를 들어 대학진학의 기회비용은 4년간 취업하지 못해 포기하는 소득이다. 시장가격은 기회비용이기 때문에 시장가격이 존재할 때는 시장가격을 사용할 수 있지만 시장가격이 존재하지 않으면 추정해야 한다. 결국 대부분의 경우 "시장가격=기회비용=지불의사"의 공식이 성립한다. 개인이나 기업의 경우는 기회비용이란 대부분 지불하는 현금을 말한다.

상당수의 공공요금처럼 정부가 부과하는 사용자가격이 기회비용과 동일하지 않으면 기회비용으로 환산하여 계산하여야 한다. 기회비용은 다른 최적대안으로부터 획득할 수 있는 수익을 말한다. 예를 들어 나무가 울창한 숲을 환경보호지역으로 지정한다면 환경보호의 기회비용은 목재의 생산이나 목축으로 인한 수익이 될 것이다. 완전경쟁시장에서는 가격이 다른 최적대안으로부터의 수익에 근접하도록 형성되기 때문에 시장가격은 기회비용과 동일하다(Sinden & Thampapillai, 1995). 기회비용도 가치의 감소이기 때문에 시장가격이 존재하지 않을 때는 지불의사에 의해 측정할 수 있다. 기회비용의 개념은 선택한 것이 적어도 포기한 것만큼 가치가 있어야 한다는 의미이다(Lesser & Zerbe, 1998).

비용은 평생원가계산(life-cycle costing)에 근거하여야 한다. 구매가격만이 아니고 연구개발, 사전기획, 부채조달비용, 유지보수비용, 수명이 종료되었을 때 처리비용, 잔존가격(salvage value) 등을 모두 고려하는 원가계산을 말한다. Florida, California, Washington주는 평생원가계산을 채택하였으며, 미국연방정부도 OMB가 연방정부부처에게 평생원가계산의 사용을 요구하고 있다(Axelrod, 1995).

확률을 이용하여 비용이나 편익을 계산하는 경우도 있다. 예를 들어 댐의 건설로 인하여 8%의 발생가능성이 있는 100억원의 홍수피해를 방지할 수 있다면 사회편익은 8억원이 된다.

2. 시장가격이 존재할 경우 편익과 비용의 추정

(1) 완전경쟁시장가격

시장가격이 존재하면 시장가격을 사용하여 편익과 비용을 계산한다. 시장가격은

---

3) 비용은 cost이지 expense가 아니기 때문에 원가로 번역되어야 하지만 실제로 비용이라는 용어를 사용하고 있기 때문에 혼동을 피하기 위하여 여기서도 원가 대신 비용이라는 용어를 사용한다. 지출(expenditure)과 비용(cost)도 구별해야 하는데, 예를 들어 어떤 일을 하는데 지출이란 단순히 현금의 지불을 의미하지만 비용(cost)은 부담해야 하는 유형・무형의 모든 대가를 의미한다.

지불의사에 근접하고 기회비용이기 때문이다. 시장가격이 존재하지 않거나, 시장실패로 인하여 시장가격이 사회한계비용과 사회한계편익을 반영하지 못할 때는 투입과 산출의 계산에 시장가격을 사용할 수 없으므로 다른 방법을 사용한다(Stiglitz, 1988). 또한 시장가격이 사회한계비용과 사회한계편익을 반영한다고 하더라도 대규모의 정부사업은 시장가격을 변화하고, 정부가 사업을 위해 대규모의 부채를 조달할 경우 민간부문의 자본비용을 증가시킬 수 있기 때문에 시장가격을 그대로 사용할 수는 없다(Lesser & Zerbe, 1998).

완전경쟁시장에서의 균형가격은 지불의사에 근접하기 때문에 사회편익을 반영하며 아울러 생산에 소요되는 기회비용을 의미한다. 사회순편익은 사회의 지불의사(willingness to pay)에서 기회비용을 차감하여 계산한다. 지불의사는 수요곡선에서 도출할 수 있고 기회비용은 공급곡선에서 도출할 수 있으며 사회순편익은 결국 소비자잉여와 생산자잉여의 합이 된다. 예를 들어 어떤 재화의 수요곡선이 다음과 같다고 가정하자.

표 8-5 | 재화가격별 수요량

가격	200	150	110	100	50
수량	1	2	3	4	5

소비자는 첫째 단위에 대해 200원을 지불할 의사가 있으며 두 번째 단위에 대해서는 150원을 지불할 의사가 있다. 만약 시장 가격이 100원이라면 시장가격을 초과하는 각각 100원, 50원, 10원의 소비자잉여가 발생한다. 공급곡선은 생산수량과 가격의 관계를 나타내며 결국 생산수량과 기회비용의 관계이다. 완전경쟁시장에서의 균형점은 사회순편익이 극대화되는 가격, 즉 소비자잉여와 생산자잉여의 합이 극대화되는 가격이다(Sinden & Thampapillai, 1995).

(2) 시장가격이 존재하지만 잠재가격을 추정하는 경우

시장가격이 존재하지만 시장실패로 인하여 진정한 사회한계편익과 사회한계비용을 반영하지 못할 때 진정한 사회한계편익과 사회한계비용을 반영하는 가격을 추정하며 잠재가격(shadow prices) 혹은 사회가격(social prices)이라고 한다(Stiglitz, 1988). 물품이나 서비스의 잠재가격은 사회의 진정한 지불의사(willingness of society to pay)이며 투입의 잠재가격은 사회의 진정한 기회비용 따라서 생산된 산출의 기회비용을 반영한다(Dreze and Stern, 1994; Sinden & Thampapillai, 1995).

한 사람의 비숙련노동자를 고용할 때 진정한 사회한계비용과 사회한계편익의 계산이 어렵다면 시장에서의 비숙련노동자의 임금수준의 80%를 일률적으로 잠재가격으로 사용하기도 한다(Stiglitz, 1988). 국제시장은 국내시장보다 더 경쟁적이기 때문에 국제시장에서 거래되는 물품이나 서비스의 가격이 잠재가격으로 사용될 수 있다(Sinden & Thampapillai, 1995).

3. 시장가격이 존재하지 않을 경우 편익과 비용의 추정

(1) 개 요

시장가격이 존재하지 않을 경우에도 순편익을 추정하는 원칙은 완전경쟁시장가격이 존재하는 경우처럼 "순편익=지불의사-기회비용"이다(Sinden & Thampapillai, 1995). 시장가격이 존재하지 않을 경우에 편익과 비용을 추정하는 것도 시장가격처럼 진정한 가치를 계산하는 것이므로 잠재가격결정이라고 볼 수 있다. 즉, 시간가치와 생명가치는 시간과 생명에 대한 잠재가격의 계산인 것이다. 그러므로 잠재가격결정은 불완전한 시장가격을 수정하여 진정한 가치를 발견하는 것과 시장가격을 창조하는 것의 두 가지가 있다고 볼 수 있다(Cullis & Jones, 1998).

여기서는 시장가격을 창조하는 방법을 논의한다. 가장 대표적인 사례가 시간가치와 생명가치의 추정이다. 예를 들어 시간가치의 경우 투자대안으로 인하여 시간이 절약되면 편익이고 시간이 증가하면 비용인데 다음에 별도로 자세하게 설명한다.

시장가격이 존재하지 않을 때 비용과 편익을 추정하는 세 가지 대표적인 방법이 있다. 첫째, 자산가치의 변동에 의해 편익과 비용을 추정하기도 한다. 자산가치의 변동은 자산의 특징을 반영하는 두 개의 시장가격을 이용하여 측정할 수 있다.[4] 공원을 건설한 결과 공원주변 주택의 전망이 좋아졌다면 전망이 좋아진 것에 대한 가치는 주택가격의 변동으로 측정한다. 공해로 인하여 주택가격이 하락했다면 하락한 만큼을 공해비용으로 계산할 수 있을 것이다(Zerbe & Dively, 1994; Reed & Swain, 1997; Sinden & Thampapillai, 1995).

둘째, 지불의사(willingness to pay) 혹은 수용의사(willingness to accept)를 서베이를 통해서 조사함으로써 비용과 편익을 조사할 수 있다.[5] 예를 들어 아름다운 경관

---

4) 이러한 방법을 Hedonic Pricing Approach라고 한다(Lesser & Zerbe, 1998).

5) 이러한 조사에 기초하여 측정하는 방법을 Contingent Valuation Approach라고 한다

에 대해 얼마를 지불할 의사가 있는가를 질문할 수도 있고 공원이 없어지는 데 대해 적어도 어느 정도의 보상을 받아야 한다고 생각하느냐의 질문을 할 수도 있다. 당신은 얼마를 지불할 의사가 있습니까 라는 설문, 인터뷰, 서베이(survey)를 통해 지불의사를 측정할 수도 있지만 몇 가지 화폐수량 중 하나를 선택하도록 하여 지불의사를 측정할 수도 있다. 시민들의 여론조사에 기초하여 미술관의 가치를 추정한 경우도 있으며, 국립공원의 입장료로 화재 이전과 이후에 각각 얼마를 지불하겠는가를 조사하여 화재보호의 편익을 추정한 연구사례도 있다(Zerbe & Dively, 1994; Sinden & Thampapillai, 1995). 이러한 지불의사는 주로 사회전체의 관점에서 얼마를 지불할 의사가 있는가를 조사하는 것이며 이러한 재화를 가치재(merit goods)라고 한다(Reed & Swain, 1997).

셋째, 사람들이 재화나 서비스의 사용을 위해 얼마의 시간을 사용하려고 하는가를 파악하여 재화나 서비스에 대한 사람들의 가치를 알 수 있는데 이러한 방법으로 비용과 편익을 추정하는 방법이 있다.[6] 예를 들어 박물관을 방문하는 비용은 박물관의 입장료만이 아니라 박물관의 방문을 위해 사용하는 모든 시간의 기회비용을 합산한 것이다(Connolly & Munro, 1999).

국가의 자존심의 고양, 아름다운 경치로 인한 즐거움 같은 무형가치를 평가하는 것은 비용편익분석의 결과를 송두리째 변경할 수 있다. 예를 들어 이러한 것들로부터의 가치가 엄청나다고 주장하면 어떤 사업도 가치 있는 사업으로 계산될 것이다. 무형가치의 평가는 고려하는 대안의 평가에 최종적으로 개입할 수도 있다. 예를 들어 A와 B의 사업대안을 비교하는데 A의 순편익이 100억이고 B의 순편익이 150억인데 A는 무형가치를 수반한다고 하자. 결국 A의 무형가치가 50억 이상이면 A가 선택되어야 하며 50억 이하이면 B가 선택되어야 한다. 이런 상황에서는 사람들은 오히려 쉽게 A의 무형가치에 대한 대강의 판단을 할 수 있다. 무조건 A의 무형가치가 얼마인가 라는 질문에 비해 이런 상황에서의 A의 무형가치의 판단이 훨씬 용이할 것이다(Rosen, 1992).

사업대안의 평가에서 자칫 저지르기 쉬운 오류는 부수편익을 자꾸 나열하고 부수비용의 식별에 소홀하는 것이다. 부수편익의 나열이 시작되면 어떤 사업이든지 비용을 초과하는 편익이 계산되기 마련이다. 예를 들어 고속도로의 건설은 교통소통이 주된 목적이지만 지역개발, 관광수입의 증가, 지역산업발전 등의 부수편익을 유발하

(Lesser & Zerbe, 1998).

6) 이 방법을 Travel Cost Methods라고 한다(Lesser & Zerbe, 1998).

는 것도 사실이다. 그러나 그에 못지않게 부수비용도 유발한다는 것을 잊지 말아야 한다. 부수편익이 많다고 해서 다른 사업에 비해 순편익이 크다고 생각하기보다는 모든 사업이 부수편익과 부수비용이 많다는 사실을 알아야 한다(Rosen, 1992).

(2) 시간가치를 추정하는 방법

시간가치와 생명가치를 추정하는 방법은 시장가격이 존재하지 않을 때 추정하는 가장 대표적인 사례이기 때문에 여기에 별도로 소개한다. 시간가치는 절약된 시간에 대한 개인의 지불의사에서 추정할 수 있는데 설문에 의해 조사한 사례들이 있다. 개인의 시간당 임금을 시간가치에 대한 평가로 사용할 수도 있는데 이것이 시간가치를 추정하는 가장 보편적인 방법이다. 시간가치는 상황에 따라 다르기 때문에 시간가치를 추정하는 최적방법이 존재하는 것은 아니다. 휴가를 가는 사람이 경치 좋은 기차 정거장에서 한 시간 연착하는 기차를 기다리는 것과 첫 데이트에 가는 도중 교통체증에 한 시간 늦게 도착하는 것과는 엄청난 차이가 있다. 데이트에 늦을까봐 단 몇 분에 대해서도 엄청난 지불의사를 표명할 것이다. 회사일로 출장을 가는 직원은 기차가 늦어도 별로 상관하지 않을지도 모른다. 왜냐하면 낭비되는 시간은 회사의 시간이기 때문이다(Mishan, 1988).

사람은 여가시간과 근로시간을 놓고 선택하는데 균형점에서는 여가를 한 시간 증가하고 근로시간을 한 시간 감소하는 데 효용에 있어 차이가 없다. 혹은 여가를 한 시간 감소하고 근로시간을 한 시간 증가하는 데 효용에 있어 차이가 없다. 그러므로 시간당 임금은 시간의 가치에 대한 평가라고 할 수 있다(Stiglitz, 1988). 예를 들어 지하철의 개통으로 어떤 개인이 시간을 20분 절약할 수 있게 되었고 그 사람의 시간당 임금이 6만원이라면 절약된 시간의 가치는 2만원이다(Mishan, 1988). 이것은 우리가 흔히 시간의 가치를 나름대로 측정하는 방법과 매우 유사하다. 예를 들어 어떤 사람이 시간을 2시간 낭비하게 했을 때 대부분의 사람들은 "내가 한 시간에 10만원을 버는데 어떻게 된거야? 벌써 20만원이야"라고 말하며 2시간의 가치를 기회비용의 개념으로 파악한다.

시간당 임금을 시간가치의 추정에 사용하는 것을 반대하는 두 가지 의견이 있다. 첫째, 많은 사람들이 더 일을 하고 싶어하지만 추가로 일을 찾지 못하기 때문에 시간당 임금을 사용하면 시간가치를 과대평가하는 결과가 된다고 주장한다. 즉, 퇴근 후에 자기의 현재봉급보다 덜 받고 일하려고 하는 경우가 대표적 사례인데 이 경우 퇴근 후 하는 일의 임금수준은 더 낮을 것이다. 둘째, 임금에 의해 시간가치를 평가하면 비금전적인 편익 때문에 상대적으로 낮은 임금을 감수하는 교수 같은 사람들의 시간가치를 과소평가하는 것이 되며, 사람들이 기피하고 인정받지 못하는 직업인 광부나 청소부 같은 경우 시간가치를 과대평가하는 것이 된다고 주장한다(Stiglitz, 1988).

(3) 생명가치를 추정하는 방법

생명가치도 시간가치의 추정처럼 시장가격이 존재하지 않을 때 추정하는 가장 대표적인 사례이므로 위의 논의와 별도로 다시 자세하게 소개한다. 생명가치의 추정은 인간의 존엄성을 훼손하고 사람을 화폐가치로 환산한다는 점에서 논란의 소지가 많다. 그러나 정부의 많은 사업이 사람의 생명에 영향을 미치기 때문에 생명가치를 추정하지 않는다면 정확한 비용과 편익을 계산할 수 없다. 예를 들어 모든 공공장소에서 금연을 실시하면 사람들의 생명을 연장하는 효과를 갖는다.

사람에게 당신의 생명가치는 얼마인가 라고 단순하게 묻는다면 아마 누구든지 무한하다고 말할 것이다. 그러므로 두 가지 방법을 주로 사용하고 있다(Rosen, 1992). 첫째, 생명가치는 생명을 연장하는 데 개인이 최대한 얼마나 지불할 의사가 있는가를 조사하여 편익을 추정할 수 있다. 그러나 특정 개인이 사회의 다른 사람에게 편익을 제공할 수 있기 때문에 생명의 사회편익은 생명의 개인에 대한 가치와 다를 수 있으며 지불의사는 개인의 부에 따라 달라지는 문제가 있다. 또한 사고위험을 감소하는 데 개인이 최대한 얼마를 지불할 의사가 있는가를 조사하여 사고위험을 감소하기 위한 정부사업의 편익을 추정할 수 있다. 사고위험이 있는 직업을 선택하면서 얼마의 추가봉급을 요구하는가에 따라 위험을 평가하기도 한다(Zerbe & Dively, 1994; Sinden & Thampapillai, 1995). 이러한 방법의 가장 큰 문제점은 응답자가 합리적인 판단을 할 수 있을 만큼 충분한 정보와 지식을 가지고 있지 못하다는 데 있다(Jha, 1998).

둘째, 평생 개인이 획득하는 소득을 현재가치로 할인하여 사용하는 방법이다. 이 방법은 법정에서 많이 사용하는 방법이다. 이 방법은 사회에 많은 기여를 하는 인재의 가치를 측정하지 못하는 문제점이 있다(Rosen, 1992). 또한 이 방법에 대해서는 다음과 같은 반론이 있다. 사람은 훈련이나 교육을 받기 때문에 소득을 획득한다는 것이다. 이러한 비용을 소득에서 차감하지 않으면 소득은 인간생명가치를 과대평가하게 된다고 주장한다. 이 방법은 생명가치와 생계를 혼동하고 있기 때문에, 정년퇴임 후는 소득을 창출하지 못한다고 해서 생명가치가 0이 된다고 가정할 수밖에 없는데 사람의 생명은 죽는 순간까지 가치가 있으므로 문제가 있다(Stiglitz, 1988).

8.5 비용편익분석의 사례

1. 전형적인 사례

다음 사례는 Reed & Swain의 사례에서 달러를 한국화폐로 변형한 것이다(Reed & Swain, 1997). 쓰레기 수거를 뒤뜰에서 하는지(대안 1), 길가에서 하는지(대안 2)에 대한 두 개의 대안을 분석하는 사례이다.

대안 1의 비용:

① 200명×1분×52주×100원=1,040,000원(해당지역의 주민은 200명이고 1년은 52주인데 매주 1번씩 쓰레기를 수거한다. 뒤뜰에 가서 쓰레기를 수거하기 위해서는 1분이 더 소요되는데 쓰레기 수거 인건비는 분당 100원이라고 가정하자.)

② 2,000리터×0.2×1,000원=400,000원(뒤뜰에서 쓰레기를 수거하기 위해서는 연료는 20%가 더 증가하며 1년 연료소비량은 2,000리터이며 리터당 가격은 1,000원이라고 하자. 여기서 대안 2에 비교해서 증가분만을 계산하기 때문에 대안 2의 비용을 계산할 때 연료비는 가산할 필요가 없다.)

③ 50,000원(쓰레기수거인이 개를 쫓는데 사용하는 도구의 비용)

④ 2,000,000원(쓰레기수거인이 개한테 물렸을 때 보상해주는 보험가입료)

합계=3,490,000원

대안 2의 비용:

① 200명×2분×52주×80원=1,664,000원(200명의 주민이 직접 길가로 쓰레기를 운반하는 데 2분이 더 소요되는데 주민들의 평균임금은 분당 80원이라고 하자. 대안1과 마찬가지로 매주 쓰레기를 수거하기 때문에 1년에 52번 수거한다.)

② 700,000원(뒤뜰에서 수거하지 않고 길가에서 수거하기 때문에 쓰레기통을 길로 운반하면서 쓰레기통이 더 필요한데 이로 인한 비용이 소요된다. 예를 들어 길가에서 수거하면 3년에 한 번씩 쓰레기를 교체해야 하는데 뒤뜰에서 수거하면 5년에 한 번씩 교체한다.)

합계=2,364,000원

대안 1의 편익:

① 길가에서 수거하는 비용 2,364,000원을 피할 수 있다.

② 200명×52주×1,000원=10,400,000원(200명의 주민이 1년에 52번 편리한데 한 번 편리한 것이 1,000원으로 평가되었다고 하자.)

③ 200명×900원=180,000원(뒤뜰에서 수거하기 때문에 쓰레기를 길가에 놓은 것을 잊어버리는 문제를 피할 수 있다. 길가에 놓을 때보다 1년에 세대당 한 번 잊어버리는 것을 피할 수 있다고 가정하며 주민들이 1회의 쓰레기수거에 지불하는 요금이 900원이라고 가정하자. 쓰레기를 한 번 수거하는 것을 잊어버리면 900원에 해당하는 불편이 초래된다고 가정하는 것이다.)

④ 길가에 놓으면 쓰레기를 흘리게 되고 바람에 날려 길에 흐트러지게 되는데 이것을 피할 수 있으며 이것은 화폐가치로 측정하기 어렵고 1주에 10번 가량 발생한다고 예상됨. 10×52=520건

합계=12,944,000원과 520건의 쓰레기 흘림을 피할 수 있다.

대안 2의 편익:

뒤뜰에서 수거하는 비용 3,490,000원을 피할 수 있다.

대안 1의 편익−비용=12,944,000원−3,490,000원=9,454,000원과 520건의 쓰레기 흘림을 피할 수 있다.

대안 2의 편익−비용=3,490,000원−2,364,000원=1,126,000원

압도적으로 대안 1이 우세하다. 화폐가치로 인한 측정 이외에도 청결에 있어서도 유리하다. 그러므로 대안 1을 선택한다.

2. 사회순편익과 민간부문의 순편익은 다르다는 사례

이 사례는 Sinden & Thampapillai의 사례를 달러에서 한국화폐로 변형한 것이다(Sinden & Thampapillai, 1995).

택배전문회사인 A기업은 새로운 속달배달서비스를 고려하고 있다. 새로운 배달서비스는 매년 150억원의 새로운 수입을 창출하는 대신 100억원의 비용이 소요되며 국세청에 납부하는 세율은 20%라고 하자.

A기업의 입장에서 순편익: 150－100＝50억원

A기업의 입장에서 세후순편익: 40억원(＝50×0.8)

그런데 A기업의 이러한 서비스로 인하여 인터넷판매회사인 B기업이 보다 신속하게 고객에게 배달할 수 있게 되어 매년 수입이 115억원 증가하고 비용은 40억원 증가한다.

B기업의 입장에서 순편익: 115－40＝75억원

B기업의 입장에서 세후순편익: 60억원(＝75×0.8)

민간부문의 순편익: A기업의 순편익＋B기업의 순편익＝40억＋60억＝100억원

그러나 새로운 속달배달서비스로 인하여 사회가 감당해야 할 비용이 있다. 만약 새로운 속달배달서비스가 교통체증을 유발하는 문제가 있어 경찰서비스의 증가를 위해 매년 50억원이 소요되고 추가 도로건설을 위해 95억원이 소요된다고 가정하자. 세금은 사회에 대한 속달배달서비스의 가치를 의미하기 때문에 사회전체의 입장에서 본 순편익은 세금을 제외하고 계산하여야 한다. 사회순편익은 모든 편익에서 모든 비용을 제외하여 계산한다.

사회순편익: (150＋115)－(100＋40＋50＋95)＝－20억원

즉, 사회전체의 입장에서 본다면 새로운 속달배달서비스의 제공은 바람직하지 않다고 볼 수 있다. A기업의 입장에서도 바람직했고, B기업의 입장에서도 바람직했으며, 모든 민간부문의 입장에서도 바람직했지만 사회전체의 입장에서는 바람직하지 않은 것이다.

3. 비용편익분석의 불완전성을 감안한 선택의 사례

만약 정부가 고려하고 있는 7군데의 수력발전소의 순편익, 즉 순현재가치가 다음과 같이 계산되었다고 하자.

표 8-6 | 수력발전소별 순편익(순현재가치)

수력발전소	순편익
A	-500억
B	20억
C	2,600억
D	1,200억
E	-30억
F	-56억
G	-1,100억

순편익이 0을 상회하는 사업은 모두 사회적인 가치가 있는 사업이며, 여기서는 B, C, D가 해당한다. 예산에 여유가 있어 모든 사업을 시행할 수 있다고 하면 당연히 B, C, D의 세 사업을 선택할 것이다. 그러나 C, D는 명백하게 순편익이 0보다 크지만 B의 경우는 겨우 20억원이기 때문에 충분한 확신이 어렵다. 비용편익분석이 한계가 있다는 것을 감안한다면 다른 평가자나 다른 가정에 의해 B사업의 순편익은 마이너스로 계산될 가능성도 있다. 이런 경우 정부는 C와 D를 선택하고 나머지 사업은 제외할 수 있다.

4. 비용과 편익이 장기간에 걸쳐 발생하는 사례

사업 A와 사업 B의 편익과 비용은 매년 한 번씩 다음과 같이 발생한다고 가정하자. 할인율은 10%라고 하자.

표 8-7 | A사업의 편익, 비용, 순편익 (단위: 억원)

연 도	0	1	2	3	4	5
편 익	0	0	0	120	110	140
비 용	60	30	10	10	10	10
순편익	-60	-30	-10	110	100	130

표 8-8 | B사업의 편익, 비용, 순편익 (단위: 억원)

연 도	0	1	2	3
편 익	100	150	0	0
비 용	30	20	20	30
순편익	70	130	−20	−30

사업 A의 순편익의 현재가치:

$$-60-\frac{30}{1.1}-\frac{10}{1.1}+\frac{110}{1.1^2}+\frac{100}{1.1^3}+\frac{130}{1.1^4}=136\text{억원}$$

사업 B의 순편익의 현재가치:

$$70+\frac{130}{1.1}-\frac{20}{1.1^2}-\frac{30}{1.1^3}=149\text{억원}$$

두 사업 모두 순편익, 즉 순현재가치가 0보다 크지만 사업 B의 순편익이 더 크기 때문에 사업 B를 선택한다.

5. 환경보호사례

Sinden & Thampapillai의 사례를 달러에서 한국화폐로 변형하여 소개한다 (Sinden & Thampapillai, 1995). 환경보호의 차원에서 습지보존의 편익과 비용에 대한 분석이다. 습지를 보존할 것인가의 여부에 대한 의사결정이다. 다음의 편익과 비용은 습지면적 1평방미터당 액수이다. 일부편익이 매년 발생하기 때문에 현재가치로 환산해야 하는데 할인율은 10%로 가정하자.

습지보존의 편익:

① 습지가 인근지역의 홍수를 방지하는 이점이 있다. 습지가 보존되면 부동산 가격이 상대적으로 높기 때문에 차액을 편익으로 계산한다. 편익 5,000원은 단 한 번 발생한다.

② 습지보존은 인근지역이 쾌적함을 유지하게 하는 편익을 제공한다. 습지보존으로 인해 주택가격이 상대적으로 높기 때문에 그 차액만큼을 편익으로 계산한다. 편익 380원은 단 한 번 발생한다.

③ 습지보존은 물공급을 원활하게 하는 편익이 있다. 습지가 개발되면 보다 비싼 물공급방법을 선택해야 하며 매년 15,000원씩의 추가비용이 발생하기 때문에 편익은 매년 15,000원이다.

④ 습지는 생물학적으로 물을 정화하는 편익이 있다. 습지가 개발되면 수질오염을 방지하기 위해 처리시설을 해야 하는데 처리시설의 건축은 200원으로 단 한 번 발생하며, 매년 처리시설의 운영과 유지를 위해 3,700원이 필요하다. 그러므로 편익은 매년 3,700원과 단 한 번의 200원이다. 비용의 회피가 편익이다.

⑤ 습지는 주민들의 레크리에이션에 사용될 수 있는 편익이 있다. 주민들에 대한 서베이 결과 매년 8,500원에 해당하는 편익이 발생한다고 추정하였다.

습지보존의 비용:

도시지역으로 개발하라는 압력이 있기 때문에 도시로 개발할 경우 발생하는 수입 2,500원이 습지보존의 기회비용이다. 수입 2,500원은 매년 발생하는 것이 아니고 단 한 번 발생한다.

이상을 요약하면 다음과 같다.

표 8-9 | 습지보존의 편익과 비용

연 도	0	1	2	3	4	5	…
편익							
홍수방지	5,000						
쾌적함	380						
물공급		15,000	15,000	15,000	15,000	15,000	…
물정화	200	3,700	3,700	3,700	3,700	3,700	…
레크리에이션		8,500	8,500	8,500	8,500	8,500	…
비용	2,500						
순편익	3,080	27,200	27,200	27,200	27,200	27,200	…

습지의 편익이 무한대로 발생한다고 가정하면 매년 발생하는 순편익 27,200도 무한대로 계속 발생할 것이다. 만약 20년 정도의 기간을 두고 발생한다면 20년의 편익과 비용을 할인율 10%를 이용하여 현재가치로 전환하면 된다. 계산방법은 비용과 편익이 장기간에 걸쳐 발생하는 사례를 참조하면 된다. 20년 동안 발생하는 순편익 27,200의 현재가치는 다음과 같이 계산할 수 있다.

$$3{,}080 + \frac{27{,}200}{1.1} + \frac{27{,}200}{1.1^2} + \cdots + \frac{27{,}200}{1.1^{20}} = 234{,}649$$

무한대로 발생하는 편익을 현재가치로 환산하는 방법은 수학적으로 매우 간단하다.

$$\frac{27{,}200}{0.1} = 272{,}000$$

그러므로 편익이 무한대로 발생한다면 순편익의 현재가치는 3,080+272,000=275,080이다. 편익이 20년 동안만 발생한다면 순편익은 234,649이다. 순편익이 0보다 상당히 크기 때문에 투자가치가 매우 높은 사업이라고 할 수 있다. 특히 비용과 비교할 때 투자편익이 매우 크다는 것을 알 수 있다.

8.6 비용효과분석(cost-effectiveness analysis)

1. 비용효과분석의 개념

비용편익분석이 여의치 않을 때는 비용효과분석을 실시할 수도 있는데, 사회편익이 계량화하기에 너무 모호하거나, 편익이 변화하지 않거나, 의사결정이 주로 비용의 효과성에 집중될 때 비용효과분석을 사용한다. 예를 들어 건물의 난방시스템을 교체하려고 할 때는 여러 난방시스템의 가격, 수명, 연료비, 유지비 등을 고려하여 의사결정을 할 것이다. 비용효과분석은 생명가치추정, 절약된 시간가치의 추정, 환경보존으로 인한 혜택 등 계산이 어려운 편익이나 비용의 추정문제를 피할 수 있다(Henry et al., 1989). 대안의 성격이 유사하며 정책대안이 아니고 조직운영에 관한 의사결정(operational decision)이며 하나의 편익만이 발생할 때 비용효과분석을 사용한다. 만약 둘 이상의 편익이 발생할 경우에도 각 효과를 단순 합계하여도 무방하거나 각 효과에 가중치를 부여하여 합계할 방법이 있을 경우에는 하나의 효과수량을 계산할 수 있기 때문에 비용효과분석을 사용할 수 있다(Reed & Swain, 1997).

■ 비용효과분석이 사용되는 사례(Axelrod, 1995)

- 기존도로를 재포장할 것인지 혹은 새로운 도로를 신설할 것인지 여부
- 가스로 작동되는 공장을 석탄으로 작동되는 공장으로 대체할 것인지 여부
- 건물을 임대할 것인지 아니면 신축할 것인지 여부

비용효과분석은 정책목표가 이미 결정되고 정책수단을 결정할 단계에서 주로 사용하고(Lesser & Zerbe, 1998), 특히 보건, 환경, 안전에 관한 정책분야에서 많이 사용하는데 사람의 생명이나 환경은 가치평가가 어렵기 때문이라는 가정에 근거한다(Connolly & Munro, 1999).

비용효과분석은 사실상 산출/투입 대신 투입/산출을 구하는 것이므로 효율성과 관련되며 이런 의미에서 효과라는 단어는 오해를 불러일으킬 우려가 있다. 예상되는 효과의 수량은 산출량이라고 할 수 있다. 만약 비용이 시간차이를 두고 발생한다면 할인율을 사용하여 현재가치로 계산하여야 한다(Reed & Swain, 1997).

비용효과분석은 두 가지 유형이 있다. 첫째 유형의 비용효과분석은 주어진 예산수준에서 특정 가치를 극대화하거나 극소화하려는 목표를 가진다. 정부가 일정액수의 예산을 특정문제해결에 사용하려고 할 때, 주어진 예산으로 최대의 산출을 생산할 수 있는 대안을 선택하는 경우가 많은데 바로 이에 해당한다. 둘째 유형은 특정산출수량을 생산할 수 있는 많은 대안 중 최소비용의 대안을 선택하는 비용효과분석이다. 일정액수의 예산이나 특정산출수량은 정치적으로 결정되는 것이 가장 일반적이다(Grafton & Permaloff, 1983; Schmid, 1989).

비용효과분석은 단위원가(unit cost, a cost per unit of the effect)를 계산하는 것이라고도 볼 수 있다. 편익의 측면에서 보면 비용효과분석은 하나의 편익만을 화폐가치가 아닌 수량으로 측정(사례: 쓰레기 수거톤당 비용)하는 데 반하여 비용편익분석은 관련되는 모든 편익을 화폐가치로 측정하여 합계하는 것이다(Reed & Swain, 1997).

비용효과분석은 비용편익분석과는 달리 서로 다른 분야에 속하는 투자대안의 비교를 위해서는 사용할 수 없다. 예를 들어 비용편익분석은 댐을 건설하는 투자대안과 저소득층 교육훈련프로그램을 서로 비교할 수 있지만, 비용효과분석은 그렇지 못하다.

비용효과분석과 비용편익분석이 적절하지 않을 경우에는(예를 들어 화폐가치로 환산할 수 없는 비용이 지나치게 큰 비중을 차지할 때 혹은 예상되는 효과의 수량을 계산하기 어려울 때) 단순비용분석으로 대신해야 할 것이다. 단순비용분석은 "대안의 수행에 직

접 소요되는 비용+대안으로 인해 사회가 부담해야 하는 비용"을 계산하여 대안을 평가하고 선정하는 것을 말한다(Reed & Swain, 1997).

2. 비용편익분석과 비용효과분석의 비교

비용편익분석은 운영예산의사결정에 사용하기 어려운 측면이 있지만 비용효과분석은 자본예산과 운영예산의사결정 모두에 상대적으로 용이하게 적용될 수 있다(Axelrod, 1995). 미국의 170개 도시를 조사한 연구에 의하면 30%가 운영예산에서 비용효과분석을 사용하고 있었다(Grizzle, 1998). 비용편익분석은 이론적으로 규범적 이론(normative theory)의 역할을 할 수 있지만, 측정시에 비계량적・주관적 요인으로 인하여 필연적으로 사람들의 선호가 개입되지 않을 수 없다. 비용편익분석은 실제예산의사결정에서 사용되지도 않고 모든 사람을 만족시킬 수도 없기 때문에 이론의 역할을 수행하지 못하고 있으며 학문적인 연습에 불과하다는 주장도 있다(Wildavsky, 1992b). 이에 비하여 비용효과분석은 편익을 화폐가치로 환산할 필요가 없기 때문에 실제 예산의사결정에 사용되기가 훨씬 용이하다(Grizzle, 1998).

〈비용효과분석〉	〈비용편익분석〉
(대안의 수행에 직접 소요되는 비용+대안으로 인해 사회가 부담해야 하는 비용)/예상되는 효과의 수량=단위원가	대안으로 인한 편익−(대안의 수행에 직접 소요되는 비용+대안으로 인해 사회가 부담해야 하는 비용)

3. 비용효과분석의 사례

(1) 사례 1

비용편익분석에서 편익의 측정은 비용의 측정보다 어렵다. 만약 편익의 측정이 어려울 경우 비용편익분석의 대안으로서 비용효과분석을 사용한다. 비용효과분석은 목표를 주어진 것으로 간주하고 목표를 달성하는 가장 효과적인 방법이 무엇인가를 비용을 기준으로 평가한다. 비용효과분석도 여러 가지 성격의 종류가 있는데, 다음은 미국의 The Occupational Safety and Health Administration에서 사용한 방법으로서 가장 전형적인 사례라고 할 수 있다(Stiglitz, 1988).

근무장소에서의 소음을 줄여 소음으로 인한 청각손실을 방지하는 여러 가지 대안

중 각 대안이 한 사람의 청각손실을 방지하기 위하여 얼마의 추가비용이 소용되는가를(즉 한계비용) 계산한 다음 비용을 기준으로 각 대안을 비교한다. 여러 가지 대안 중 공장시설에 급격한 변화를 필요로 하는 방안보다는 귀에 플러그(ear plugs)를 사용하는 방법이 가장 바람직하다고 결정되었다. 비용효과분석은 한계비용을 비교하는 방법을 사용하지 않고 매우 단순하게 각 대안의 비용을 계산하여 비교하는 방법도 있다.

(2) 사례 2

다음의 사례는 Reed & Swain의 사례를 변형한 것이다(Reed & Swain, 1997). 컴퓨터시스템 중 어떤 것을 선택하느냐에 대한 의사결정이라고 하자. 대안의 성격이 유사하며 정책대안이 아니고 조직운영에 관한 의사결정이고 하나의 편익만이 발생하므로 비용효과분석에 적절하다.

첫째 대안의 비용과 효과:
비용=컴퓨터가격, 컴퓨터의 유지비용, 시스템의 운영에 필요한 세 명의 인건비, 기타
효과=컴퓨터 수명 5년
둘째 대안의 비용과 효과:
비용=컴퓨터가격, 컴퓨터의 유지비용, 시스템의 운영에 필요한 세 명의 인건비, 기타
효과=컴퓨터 수명 8년

첫째 대안은 5년간 비용이 발생하며, 둘째 대안은 8년간 비용이 발생하므로 두 대안 모두 비용을 현재가치로 할인해서 비교해야 한다. 현재가치로 할인하는 것은 동일한 기준에 의해 평가하려는 것이다.

첫째 대안의 비용의 현재가치=2억 5천만원
둘째 대안의 비용의 현재가치=4억 8천만원
첫째 대안의 단위비용=2억 5천만원/5년=5천만원
둘째 대안의 단위비용=4억 8천만원/8년=6천만원

단위비용이 첫째 대안이 더 낮기 때문에 첫째 대안을 선정한다.

8.7 자본예산

1. 자본예산과 운영예산

(1) 운영예산(operating budget)

운영예산은 주로 1년의 시간범위 내에서 조직의 운영에 소요되는 기본적인 인적·물적자원과 서비스를 위해 필요한 지출을 말한다. 즉, 조직의 존속에 필요한 경비의 지출을 위한 예산으로써, 보통 경상비라고 부른다.

예산을 운영예산과 자본예산으로 구별하기도 하지만 사회보장 같은 이전지출예산(transfer payments budget)을 포함하여 세 가지로 구별하기도 한다(Axelrod, 1995).

(2) 자본예산

① 넓은 의미의 자본예산

넓은 의미의 자본예산은 모든 투자를 의미하며 교육, 훈련 같은 무형자산의 취득에 관련되는 투자도 자본예산에 포함한다.

② 좁은 의미의 자본예산

좁은 의미로서의 자본예산은 거액의 사업, 중요한 사업, 장기간의 지출, 장기간의 재원조달, 차입금이나 공채에 의한 재원조달(세대간의 형평을 위해 필요함), 반복되지 않는 예외적 지출을 의미한다. 미국의 경우 주 정부는 연구개발, 교육훈련 등 인적·지적자본에 관련된 사업은 자본예산에 포함하지 않는다(Reed & Swain, 1997; Schick, 1995). 미국의 감사원(GAO)은 자본항목(capital item)을 자산수명이 2년 이상이고 원가가 $25,000 이상이며 서비스와 혜택을 제공하고 반복되지 않는 지출의 성격을 지닌다고 정의하고 있다. 관리예산실(OMB)은 장기적 혜택을 수반하는 지출을 자본지출로 정의하며, 교육, 훈련, 연구, 개발 등의 무형적인 활동과 심지어 융자금(loan)까지도 포함하고 있다. 1991년의 경우 미국의 연방정부, 주정부, 지방정부예산을 합계한 예산의 42%가 자본예산이었으며, 주와 지방정부예산의 58%가 자본예산이었다

(Axelrod, 1995).

(3) 구별의 상대성

자본예산과 운영예산의 구별은 상대적이다. 예를 들어, 미국의 뉴저지주에서는 건물유지비라 하더라도 50,000달러를 초과하면 자본예산에 포함시키고 있다. 건물유지비의 경우도 액수가 클 경우는 건물의 수명을 연장하고 서비스능력을 향상시키기 때문에 사실상의 개축이나 신축으로 생각될 수 있을 것이다. 미국의 주 정부 중 3개의 주에서는 자동차의 구입을 자본예산에 포함시키고 있다(Hush & Peroff, 1988).

2. 자본예산과 비용편익분석, 비용효과분석

자본성지출은 일반적으로 다른 모든 투자와 마찬가지로 비용편익분석이나 비용효과분석을 사용하여 의사결정을 해야 하지만 특히 금액의 규모가 크기 때문에 이러한 분석을 생략해서는 안 된다. 그러므로 자본예산은 비용편익분석 혹은 비용효과분석과 매우 밀접한 관련을 갖게 된다.

3. 자본예산과 재원조달

자본예산의 특징은 여러 가지가 있지만 가장 큰 특징의 하나가 재원조달이다. 자본예산은 대체로 거액의 예산을 요구하기 때문에 장기에 걸쳐 조달하며 이는 세대간의 형평성 차원에서 바람직하다. 자본예산은 보통 장기부채의 형태로 조달하는 경우가 많다. 여기서는 Axelrod와 Forsythe가 설명하는 미국의 자본예산제도를 중심으로 소개하는데 우리에게 시사하는 바가 크다(Axelrod, 1995; Forsythe, 1997).

자본예산을 별도로 편성하는 미국의 주 정부들 중 Iowa는 거의 모든 자본예산을 운영예산으로부터의 전입금에 의해 충당하는 데 반하여 어떤 주는 거의 모든 자본예산을 부채에 의해 조달하고 있으며 대부분의 주는 이 두 극단의 가운데 속한다. 부채의 증가는 신용평가기관의 평가에 영향을 미치기 때문에 이를 고려하여 부채를 조달하여야 한다.

미국의 경우 주와 지방정부의 자본예산은 상당부분 주와 지방정부가 발행하는 비과세공채(tax-exempt bonds)에 의존한다. 이자율이 10%를 상회했던 1980년대와 달리 1990년 상반기에 비과세공채이자율이 6%로 하락하자 많은 주와 지방정부가 부채를 통한 자본예산증가를 시도했다. 그러나 1920년부터 1969년 사이에 5,440건에 해당하는 지불불능사태가 발생하였기 때문에 비과세공채는 안전한 투자수단이라고 볼 수는 없다. 투자자들이 투자한 1달러당 50센트도 회수하지 못한 사례가 있었기 때문에 지불불능사태가 비록 전체 부채금액에서 차지하는 비율은 낮지만 사회에 미치는 파장은 매우 컸다.

미국의 대부분의 주에서는 주 헌법이나 법규에 의해 부채조달에 여러 가지 제약요건을 부과하고 있다. 19개주에서는 부채조달이나 부채상한선의 초과에 대해 주민의 직접투표에 의한 승인을 요구하고 있고, 11개주에서는 주민투표는 아니지만 매우 엄격한 부채조달상한선을 설정하고 있으며, 10개주에서는 특별한 비상상황을 제외하고는 부채조달을 원칙적으로 금지하고 있고, 나머지 10개주에서는 주민투표에서 2/3 이상의 찬성을 요구하거나 기타 다른 제약요건을 부과하고 있다. 대부분의 지방정부는 부채총액이 조세대상이 되는 자산의 평가가치의 일정비율을 초과하지 못하도록 요구하는 규정이 있으며, 부채총액이 가장 최근 세입의 2.25배를 초과하지 못하도록 요구하는 Connecticut주와 같은 사례도 있다. 1960년대부터 1970년대 사이에 주민투표의 승인율은 29%～63%이다.

주와 지방정부는 헌법과 법규에 의해 명시된 부채에 대한 제약요건을 우회하는 이른바 창의적인 재원조달을 추구하기 시작했는데 주민승인 대신 의회승인으로 대신하였다. 지불보장을 수반하지 않는 이러한 부채조달방법에 의한 부채금액은 1949년 주 정부부채의 15%에 불과했지만 1991년에는 70%에 달할 정도로 급격하게 증가했다. 가장 많이 사용하는 창의적인 재정조달방법은 다음과 같다. 첫째, 공기업이나 특별구(special district), 기타 공공조직을 설립하여 비보장공채를 발행하도록 하는 방법이다. 경우에 따라서는 서류상의 공공조직(paper authorities)을 설립하기도 한다. 둘째, 사용료와 요금에 의해 지불되는 공채의 발행이다. 셋째, 의회승인에 의해 발행하는 도덕적인 의무를 지닌 공채(moral obligation bonds)인데 법적으로 원금과 이자지불을 보장하는 것은 아니지만 정부의 신용에 관련되기 때문에 지불이 기대되는 공채이다. 넷째, 리스구매방법인데 예를 들어 주 정부가 건물을 신축하게 하되 신축된 건물을 임대형식으로 매년 임대료(운영예산에 포함)를 지불하면서 일정기간(대부분 2, 30년)이 종료하면 건물의 소유권을 확보하는 방법이다. 이런 경우 민간기업이 신축할 수도 있지만 공기업을 신설하여 이런 임무를 담당하게 할 수도 있다. 민간기업이 임대인(lessor)이 되고 정부가 임차인(lessee)이 될 때는 은행이 중간에 개입하여 투자금액을 일정금액의 소액단위(예: $5,000)로 분리하여 일반투자자에게 매각하는데(certificates of participation: COP) 투자자들은 세금이 면제되는 임대료를 은행으로부터 수령하는 셈이다. 이러한 방법은 California에서 주민들의 조세저항인 Proposition 13을 우회하기 위해 시작된 후 다른 주로 급격하게 파급되고 있다.

주 헌법에 명시된 부채에 관한 제약요건을 충족한 공채(general obligation bonds, full faith and credit bonds, 혹은 guaranteed bonds라고 함)는 주정부가 징수권한을 이용하여 원금과 이자를 지불하는 것을 보장하기 때문에 다른 공채보다 안전하며 따라서 상대적으로 낮은 이자를 지불한다. 이에 반하여 사용료나 요금수입으로부터 원금과 이자를 지불하는 공채(revenue bonds)는 주 정부가 원금과 이자지불을 보장하는 것이 아니기 때문에 상대적으로 이자가 높다. 1970년에 후자유형의 공채는 34%에 불과했지만 이후 급격하게 증가하여 1990년대 전반기에는 장기부채의 무려 70%를 점유했다. 만약 사용료나 요금수입에 의존하는 공채를 주민투표에 의해 승인하면 주정부가 원금과 이자지불을 보장하는 것이기 때문에 전자와 똑같은 성격의 공채이며 이자율도 상대적으로 낮다.

주와 지방정부가 발행하는 모든 공채는 어떤 유형이건, 즉 주민투표를 획득했든, 그렇지 않든 모두 신용평가기관에 의해 공채의 신용등급이 부여된다. 미국의 경우 가장 대표적인 신용평가기관은 Moody's Investment Service, Standard & Poor's Inc., Fitch Investment Service이다. 정부는 신용평가기관에 비용을 지불하고 신용평가를 요청하며 공채의 신용등급은 만기시점까지 주기적인 평가에 의해 계속 갱신된다. 투자자들이 객관적인 제3자의 신용평가가 없으면 공채에 대한 투자를 망설이기 때문에 정부는 신용평가를 요청하지 않을 수가 없다. 법규나 규제는 민간은행, 보험회사, 연금기금이 오직 일정 신용등급 이상의 공채에만 투자할 수 있도록 허용하기 때문에 신용평가는 매우 중요하다. 신용평가기관의 막대한 영향력으로 인해 많은 주와 지방정부들이 균형예산의 시행, 적시의 예산의결, 재무보고의 개선, 재정에 대한 엄격한 통제, 감사제도와 시스템의 개선을 추구하고 있다.

4. 자본예산의 별도 편성

자본예산을 별도 편성할 때는 자본예산을 다년도(multiyear)예산으로 운영예산과는 별도의 과정을 거쳐 편성하기도 한다(Reed & Swain, 1997). 자본예산이 별도로 편성될 때 다년도 예산으로 편성되지 않는다면 별도 편성의 필요성이 그다지 크지 않을 것이다. 왜냐하면 자본예산을 별도로 편성하지 않더라도 운영예산에 자본적 지출을 별도 계정으로 포함할 수 있기 때문이다. 민간부문과 대부분의 주와 지방정부는 예산편성시에 각 기능(function) 내에서 운영지출부문(operating component)과 자본지출부문(capital component)으로 구분함으로써 자본예산을 별도 편성하고 있다(Bowsher, 1992).

자본예산을 별도로 편성하면 재정적자의 계산시 자본예산은 운영예산과 분리하여 취급할 수 있는 장점이 있다. 자본예산은 적자를 유발하더라도 미래세대가 부담하는 것이 세대간의 형평을 위해 바람직하기 때문에 원칙적으로 재정적자의 계산시 제외되어야 할 것이다. 운영예산과 자본예산이 구별되면 운영예산에 대해 감가상각과 부채상환액수만큼을 부과할 수 있을 것이다(Schick, 1995). 일부 개발도상국가에서는 재무부가 운영예산을 편성하고 경제기획을 담당하는 부서가 자본예산을 편성한다. 긴축재정시에는 운영예산보다 자본예산삭감이 더 보편적인 현상이다(Axelrod, 1995).

비록 미국연방정부는 별도의 자본예산을 편성하지 않지만 1993년에 National Performance Review는 자본예산의 별도편성을 제안했다. 연방정부는 자본예산을 별도 편성하지는 않지만 자본적 지출을 예산추가자료로서 별도로 보고하고 있다(Schick, 1995).

(1) 찬성의견

자본예산은 운영예산과는 다른 특징이 있으므로 별도로 분리함으로써 체계적이고 지속적인 분석과 고려가 가능하다(Wildavsky, 1992a). 예를 들어 자본예산을 별도로 편성할 때 사회간접자본의 대체나 추가에 있어서 기획기능이 향상된다면 이러한 논리가 성립할 것이다. 또한 정책담당자가 교체되더라도 자본자산에 대한 계획이 쉽게 변하지 않아 지속적인 분석과 고려가 가능하다(Reed & Swain, 1997).

자본예산과 운영예산을 분리함으로써 예산에 대한 정보를 정확하게 획득할 수 있다. 예를 들어 자본예산이 운영예산과 결합되어 있을 때는 자본예산의 비연속적·일시적 성격과 거액의 예산액수 때문에 현금예측이 어려워진다. 또한 자본예산의 별도 편성으로 일시에 거액을 지출하는 것을 최소화할 수 있어 지출의 변화를 완만(smooth out)하게 하는 역할을 한다(Reed & Swain, 1997).

자본예산을 별도로 분리되면 역시 사업별로 자본예산을 분리할 수 있으므로 비용편익분석이 용이하다.

운영예산과 구별된 자본예산은 사회의 관심을 집중시켜 자본투자를 촉진시킬 수가 있다(Reed & Swain, 1997). 일본은 1985년부터 1988년 사이에 GDP의 33%를 자본투자에 사용하였으며, 프랑스, 독일, 캐나다는 21%를 사용하였는데, 미국은 16%에 불과하였다. 사회간접자본의 낙후는 별도의 자본예산편성으로 사회의 관심을 집중시켜 해결할 수 있다는 주장이 끊임없이 제기되었다. 미국 교량의 42%는 구조적으로 결함이 있으며 기능적으로 노후화되었다고 한다. 성수대교의 붕괴와 같은 교량붕괴의 위험을 경고하는 목소리도 끊임없이 제기되고 있다(Axelrod, 1995). 미국의 감사원장이었던 Bowsher는 자본예산의 별도편성을 주장하고 있는데 특히 별도편성으로 인하여 생산성을 향상하는 자본투자를 촉진할 수 있다고 주장한다(Bowsher, 1988).

대형공사나 거액의 구매에 대한 지출의 통제에 유리하며 특히 부채로서 재원이 조달될 때 부채의 관리가 용이하다. 예를 들어 사회간접자본으로 인한 부채와 조직운영으로 인한 부채를 구별할 수 있다. 또한 부채의 조달에 의한 자본자산의 형성은 세대간의 형평을 위해 필요하다. 자본예산을 별도로 편성하면 자본자산의 수명과 부채의 상환 사이의 관계를 파악할 수 있기 때문에 세대 간의 형평에 대한 정보를 획득할 수 있다(Axelrod, 1995).

자본예산이 분리되어 있으면 불경기에 경제개발과 성장의 중요한 촉진제가 되는 재정정책의 도구로 사용하는 것이 용이할 뿐 아니라 정책의 분석이나 평가도 상대적으로 쉬워진다(Axelrod, 1995).

매년 운영예산편성시에 발생하는 압력이나 문제점에서 벗어날 수 있다는 것이 자본예산을 별도 편성하는 장점이기도 하다(Reed & Swain, 1997).

자본예산을 별도로 편성하면 중장기기획의 관점에서, 소유 자본자산을 파악하고 자본자산에 대한 요구와 필요를 검토하고 자본자산을 추가하고 대체하는 것이 더 용이해진다. 즉 기획과 예산이 연계될 수 있는 가능성이 증가하는 것이다. 미국에서는 자본예산을 별도로 편성할 경우 자본자산의 추가와 대체에 관한 5년에서 10년까지의 일정표를 포함하는 것이 일반적이다. 그러나 실제로 미국에서도 자본예산이 다년도 예산으로 확정되지 않고 매년 해당되는 연도의 예산만이 확정되는 경우 자본예산과정의 시늉만 내고 매년 예산과정에서는 자본예산을 무시하기도 한다. 주나 연방정부의 규정에 의해 자본예산을 편성하도록 요구받고 있는 지방정부에서 이런 일이 주로 발생한다. 선거에 의해 당선된 지방정부의 장이 자본예산과정의 필요성에 공감하지 않아 자본예산과정에 참여하지 않기 때문이다(Reed & Swain, 1997).

(2) 반대의견

부채는 자본예산뿐 아니라 필요하면 운영예산의 집행에도 필요하므로 부채를 이유로 자본예산을 별도 편성하는 것은 설득력이 약하다.

자본예산을 다른 예산과 분리함으로써 경제를 통합적인 시각에서 보지 못하므로 모든 예산을 통합·편성하여 경제에 미치는 종합적인 영향을 파악해야 한다.

자본예산은 일반적으로 장기부채에 의존하는 것이 당연시되므로 부채의 증가가 경제에 초래하는 위험성을 사회가 망각하기 쉽다.

자본예산을 별도로 편성하지 않아도 자본성 지출을 별도의 항목으로 설정하면 동일한 목적을 달성할 수 있다. 자본예산을 편성하지 않는 미국연방정부도 자본지출을 별도 항목으로 보고하고 있다.

자본예산이 별도로 편성되면 예산지출항목의 우선순위를 정할 때 용이하지 않다. 우선순위를 설정할 때는 운영예산과 자본예산을 모두 함께 고려해야 한다.

자본예산이 운영예산에 비해 더 중요한 것 같은 분위기를 조성하며 주로 유형자산의 건설이나 구매인 경우 무형자산을 위한 자본예산보다 중요한 것 같은 인상을 준다.

자본예산과 운영예산을 구별하기가 어렵기 때문에 별도편성을 악용할 우려가 있다. 예를 들어 교육에 투입되는 비용은 인적자본에 대한 투자로 간주할 수 있으며 그럴 경우 자본예산으로 분류될 것이다. 그러므로 정치적 목적에 따라 구별할 가능성이 있다(Wildavsky, 1992a).

균형예산을 달성해야 한다는 법규는 주로 운영예산에 국한되기 때문에 운영예산을 줄여서 세입부족 같은 문제를 회피하는 수단으로 남용될 가능성이 있다. 1975년에 뉴욕시의 자본예산은 운영예산에 해당하는 항목이 50%나 차지하였다(Axelrod, 1995). 재정적자의 계산시에 자본예산이 제외된다고 하더라도 자본예산의 크기는 분명 재정적자의 구성요소이므로 자본예산에 대한 관심이 필요하다.

장기적 관점에서 예산이 편성된다면 운영예산과 자본예산의 구별이 무의미해지기 때문에 자본예산과 운영예산은 종합적이고 합리적인 관점에서 통합되어야 한다. 예를 들어 컴퓨터시설 구축 같은 자본적 지출로서 미래의 인건비 같은 운영예산을 절약할 수 있기 때문이다. 결국 예산은 장기예산계획과 매년 실행되는 예산으로 구별될 뿐이며 관리의 효율성과 혁신이 가능하도록 예산을 편성하는 것만이 목표가 되어야 한다(Bozeman, 1984).

두 개의 예산에 대해 동일한 예산편성과 심의를 요구하기 때문에 예산과정이 더 복잡해지고 갈등이 더 첨예화될 우려가 있다(Wildavsky, 1992a).

(3) 선진국의 사례

Hush와 Peroff의 연구에 의하면 미국의 50개 주 중에서 42개의 주는 자본예산을 별도로 편성하며 37개의 주에서는 일부사업의 경우에만 부채에 의해 자본예산의 재원을 조달한다. 비록 별도의 자본예산을 편성하지 않는다고 조사된 8개의 주에서도 4개 주는 부채를 조달하여 자본적 지출에 충당한다. 비록 일부사업이 부채에 의해 재원이 조달되지만 주정부와 지방정부의 자본적 지출의 대부분은 연방정부의 재정보조에 의해 충당되고 있다. 별도의 자본예산을 편성한다고 조사된 42개의 주중에서 25개의 주에서는 주의 예산과정에서 완전히 제외되는 자본지출이 가능한 기관을 허용하고 있다. 주정부에 의해 허용된 이들 기관은 사용료를 부과하고 부채를 조달할 수 있는 권한을 부여받고 있는데 주정부의 기관임에도 불구하고 그들의 예산은 주 정부의 예산범위 내에 포함되지 않기 때문에 주 의회의 통제를 벗어날 수 있다. 유료다리 관리기관, 유료고속도로 관리기관, 주립대학, 상수도 관리기관 등이 대표적인 예라 할 수 있다(Hush & Peroff, 1988).

덴마크는 1927년 채택하였던 자본예산을 1970년대에 와서 포기하였다. 스웨덴과 핀란드도 자본예산을 포기함으로써 별도편성하지 않고 있다. 그러나 대부분의 국가에서는 자본예산을 별도로 편성하지 않고 있다 하더라도 자본적 지출에 대한 정보를 보고하고 있으며 예산문서에 이것을 대단히 강조하고 있다. 미국의 연방정부는 자본예산을 별도로 편성하고 있지 않지만 예산문서에 자본적 지출을 별도로 보고하는데 교육투자, 연구개발 같은 무형자본자산까지도 포함하고 있다(Goldman, 1987).

(4) 사회간접자본의 낙후와 자본예산

한국의 성수대교붕괴사건에서 보듯이 사회간접자본의 건설 못지않게 중요한 것이 사회간접자본의 낙후를 방지하고 계속하여 개선하려는 노력이다. 선진국도 한국과 마찬가지로 기존의 시설을 유지보수하기보다는 새로운 사회간접자본의 건설을 보다 중시하는 경향이 있다. 미국의 한 조사에 의하면 카운티(county)정부 산하 교량의 거의 절반가량이 위험한 것으로 파악되었다고 한다(Reed & Swain, 1997).

Doss와 Pagano는 다음과 같은 해결방안을 제시하고 있다(Doss, 1987; Pagano, 1984).

① 자본개선사업(Capital Improvement Program: CIP)의 별도편성 한다.

② 운영예산 내에 사회간접자본의 유지보수와 개축을 위하여 일정금액의 예산항목을 자동적으로 설정한다.

③ 자본예산에 별도의 예비비를 설정하는 방안인데, 예를 들어 건설비용만이 아니라 미래에 다리의 유지보수와 개축에 필요한 비용도 가산하여 예비비의 형태로 편성한다.

④ 감가상각을 역사적 원가가 아닌 대체원가에 기초하는 방법인데 비용이 대체원가에 기초할 수 있고 역사적 원가와의 차이는 적립금이 된다. 예를 들어 200억원을 투입하여 1990년에 교량을 건설하였는데 현재 같은 교량을 건설하려면 250억원이 소요된다면 역사적 원가는 200억원이고 대체원가는 250억원이다. 감가상각은 원래 200억원에 기초하여 이루어지는데 만약 250억원에 기초하여 감가상각이 이루어진다면 50억원으로 인한 감가상각비용의 차액은 적립금으로 적립하여 다리의 유지보수와 개축에 사용할 수 있다.

참고문헌

Axelrod, Donald (1995). Budgeting for Modern Government, Second Edition, St. Martin's Press, Inc.

Bowsher, C. (1988). Sound Financial Management: A Federal Manager's Perspective. In Richard E. Brown (ed.), *Accounting and Accountability in Public Administration*, The American Society for Public Administration, 1988, pp. 44-62.

Bowsher, C. A. (1992). Governmental Financial Management at the Crossroads: The Choice is Between Reactive and Proactive Financial Management. *In* Albert C. Hyde (ed.), *Government Budgeting: Theory · Process · Politics*, Second Edition, Brooks/Cole, 1992, pp. 389-397.

Bozeman, J. L. (1984). The Capital Budget: History and Future Directions, *Public Budgeting &Finance*, Autumn 1984, pp. 18-30.

Brown, C. V. and P. M. Jackson (1990). Public Sector Economics, Fourth Edition, Basil Blackwell Ltd.

Connolly, Sara and Alistair Munro (1999). Economics of the Public Sector, Prentice Hall Europe.

Cullis, John and Philip Jones (1998). Public Finance and Public Choice, Second Edition, Oxford University Press.

Doss Jr., C. B. (1987). The Use of Capital Budgeting Procedures in U.S. Cities, *Public Budgeting & Finance*, Autumn 1987, pp. 57-69.

Dreze, Jean and Nicholas Stern (1994). Shadow Prices and Markets. *In* Richard Layard and Stephen Glaister (eds.), *Cost-Benefit Analysis*, Second Edition, Cambridge University Press.

Forsythe, Dall W. (1997). Memos to the Governor, Georgetown University Press.

Goldman, S. (ed.) (1987). AABPA Symposium: Capital Budgets-Expanded Use in Federal Sector, *Public Budgeting & Finance*, Autumn 1987, pp. 4-13.

Grafton, Carl and Anne Permaloff (1983). Budgeting Reforms in Perspective. *In* Jack Rabin and Thomas D. Lynch (eds.), *Handbook on Public Budgeting and Financial Managment*, Marcel Dekker, Inc., pp. 89-124.

Greiner, John M. (1996). Positioning Performance Measurement for the Twenty-First Century. *In* Arie Halachmi and Geert Bouckaert (eds.), *Organizational Performance and Measurement in the Public Sector: Toward Service, Effort and Accomplishment Reporting*, Quorum Books.

Grizzle, Gloria A. (1998). Budgeting and Financial Management: Propositions for Theory and Practice. In Jack Rabin et al. (eds.), *Handbook of Public Administra-tion*, Second Edition, Marcel Dekker, Inc.

Harlow, K. C. and D. Windsor (1988). Integration of Cost-Benefit and Financial Analysis in Project Evaluation, *Public Administration Review*, September/October 1988, pp.

918-928.

Henry, Douglas, Clive Holtham, Andrew Likierman and John Perrin (1989). Public Sector Accounting and Financial Control, 3rd ed., Van Nostrand Reinhold (International).

Hush, L. W. and K. Peroff (1988). The Variety of State Capital Budgets: A Survey, *Public Budgeting & Finance*, Summer 1988, pp. 67-79.

Jha, Raghbendra (1998). Modern Public Economics, Routledge.

Kirkpatrick, Colin and John Weiss (eds.) (1996). Cost-Benefit Analysis and Project Appraisal in Developing Countries, Edward Elgar Publishing Limited.

Lesser, Jonathan, Richard O. Zerbe, Jr. (1998). A Practitioner's Guide to Benefit-Cost Analysis. *In* Fred Thompson and Mark T. Green (eds.), *Handbook of Public Finance*, Marcel Dekker, Inc.

Mishan, E. J. (1988). Cost-Benefit Analysis, 4th ed., Unwin Hyman Ltd.

Pagano, M. A. (1984). Notes on Capital Budgeting, *Public Budgeting & Finance*, Autumn 1984, pp. 31-40.

Reed, B. J. and John W. Swain (1997). Public Finance Administration, Second Edition, Sage.

Rosen, Harvey S. (1992). Public Finance, Third Edition, Irwin.

Schick, A. (1995). The Federal Budget: Politics, Policy, Process, The Brookings Institution, Washington D. C.

Schmid, A. Allan (1989). Benefit-Cost Analysis: A Political Economy Approach, Westview Press.

Sinden, J. A. and D. J. Thampapillai (1995). Introduction to Benefit-Cost Analysis, Longman.

Stiglitz, Joseph E. (1988). The Economics of the Public Sector, Second Edition, Norton, 1988.

Zerbe, Richard O. Jr. and Dwight D. Dively (1994). Benefit-Cost Analysis in Theory and Practice, HarperCollins College Publishers.

Vining, Aidan R. and David L. Weimer (1998). Passive Use Benefits: Existence, Option, and Quasi-Option Value. In Fred Thompson and Mark T. Green (eds.), *Handbook of Public Finance*, Marcel Dekker, Inc.

Wildavsky, A. (1992a). The New Politics of the Budgetary Process, Second Edition, Harper Collins Publishers Inc.

Wildavsky, A. (1992b). Political Implications of Budgetary Reform. *In* Albert C. Hyde (ed.), *Government Budgeting: Theory · Process · Politics*, Second Edition, Brooks/Cole, 1992, pp. 39-45.

CHAPTER 09

현금관리

CHAPTER 09

현금관리

9.1 현금관리의 이해

1. 현금관리의 성격

조직은 하루에도 수 없이 현금이 유입되고 현금이 유출된다. 현금관리는 상식으로는 쉽게 판단하기 어려운 현상이다. 대부분의 사람들은 현금은 화폐단위로 측정되고 표시되기 때문에 부정과 오류가 없다면 조직의 현금정보를 일정 시점에서 정확하게 획득할 수 있다고 생각한다. 그러나 현금은 우리가 영원히 파악할 수 없는 현상의 하나이다. 현금은 발견되어야 할 실체로서 존재하는 것이 아니다. 아무도 조직의 정확한 현금액수를 파악할 수는 없다. 오로지 진정한 현금액수를 추정할 뿐이다. 공인회계사들도 현금계정잔액과 실제현금액수가 정확하게 일치하면 오히려 인위적이라고 생각하여 의문을 갖는다. 현금정보시스템이 우수하고 신뢰할 수 있으며, 현금관리과정에서 부정과 오류가 없다면 추정오류를 축소할 수 있지만 많은 국가에서 공공부문의 현금관리는 심각한 난맥상을 보이는 것이 일반적이다. 다음의 사례는 현금관리를 이해하는 데 많은 도움이 될 것이다.

사례

미국 감사원이 미국관세청(U.S. Customs Service)의 한 펀드에서 작성한 재무제표를 감사한 결과 실제 현금잔액이 장부에 기록된 금액보다 640만 달러 초과하는 것을 밝혀냈다. 그러나 차액의 원인은 끝내 규명하지 못하였다. 또한 관세청은 현금흐름표의 잔액을 맞추기 위하여 기타현금순증가(miscellaneous net increase to cash)라는 계정을 사용하여 1,060만 달러에 해당하는 금액의 현금잔액을 인위적으로 증가시켰다. 원인을 알 수 없는 도합 1,700만 달러에 해당하는 차액이 발생한 것이다. 이러한 현상은 비단 정부에만 국한되지 않는다. 기업들도 재무제표작성시에 수많은 추정을 해야 하고 금액을 인위적으로 조정해야 하는 경우도 발생한다. 현금추적은 모든 개별거래에 대해 개별구좌를 유지하지 않는 한 현실적으로 불가능하다(King, 1994).

사례

뉴욕시의 재정위기사례에서 보듯이 뉴욕주는 뉴욕시의 부채를 파악하는 데 1년이 걸렸다. 이보다 더 한심한 일은 예산부서와 감사부서에서 계산한 현금계정액수가 일치하지 않았다. 1929년의 증권시장붕괴가 민간부문회계에 미친 영향과 1975년 뉴욕시의 재정위기가 미국의 공공부문회계에 미친 영향이 비슷하다. 1984년 단일감사법(The Single Audit Act)이 제정되었으며 1984년 주와 지방정부의 회계기준제정을 담당하는 정부회계기준위원회(GASB)가 설립되었다(Bowsher, 1992).

현금관리는 현금유입과 현금유출의 불일치로 인한 단기변동, 계절적인 변화, 기타 이유 등으로 필요하다(Zoysa, 1990; Lally, 1989). 세입과 세출의 예측보다 현금유입과 현금유출을 예측하는 일이 더 어렵기 때문에 현금관리는 항상 정부 재무관리의 가장 중요한 관심사가 되어왔다. 세금을 직접 징수하지 않거나 사용료를 수령하지 않는 조직은 지출기능만이 있고 현금수입기능은 없지만, 정부로부터 자금을 공급받으면 현금수입이나 마찬가지이므로 현금관리에 대해서는 동일한 원칙이 적용된다. Alexander에 의하면 미국의 예산제도는 대부분 품목별 예산에서 벗어나지 못하고 있으며 예산의 가장 큰 문제점은 현금흐름을 관리하는 문제라고 한다. 실제로 예산과정은 정치적인 고려에 의해 좌우되고 있으며 계속되는 세입부족으로 인하여 끊임없는 현금관리의 필요성이 대두되고 있다(Alexander, 1984). 미국의 경우 현금관리의 중요성은 계속 강조되고 있으며 앞으로 당분간은 현금관리가 재무행정의 가장 중요한 문제점으로 계속 부각될 것이라고 한다(Boddie, 1989). 한국은 현금관리에 대해서 상대적으로 무관심하며 대학의 교과과정에서도 현금관리는 소홀히 취급되고 있다.

2. 현금관리의 개념

현금관리는 현금수입부터 보관을 거쳐 지출까지의 과정에 관한 것으로서, 예산집행과정에서 주로 발생하는 현상이다. 필요한 현금의 공급을 통하여 조직을 유지하고 조직의 목표를 원활하게 달성할 수 있도록 지원하는 활동이자, 관리기법의 하나로서 최소의 비용으로 최대의 효과를 획득하기 위한 조직의 합리적 경제활동이다.

현금관리는 부정, 오류, 낭비를 방지하고자 노력하고, 현금수입의 극대화와 현금지출의 극소화를 통하여 자금효율의 증진을 목표로 하는 경제적 활동이다. 이렇듯 부정과 오류의 방지, 현금수입의 극대화와 현금지출의 극소화는 세입증대의 효과가 있다. 또한 현금관리는 여유현금의 투자를 통해 현금수입을 극대화한다. 여유현금의 투자는 투자원칙에 근거하여 이루어져야 하며, 여유현금의 투자로서 발생하는 수익은 세입증대의 효과가 있다.

현금관리는 현금부족과 현금과잉을 방지할 수 있는 적정현금보유량을 결정하고 최적현금흐름을 창출하는 관리행위이다. 적정현금보유량을 결정하기 위해서는 현금예산을 편성해야 하며, 현금흐름에 대한 정보를 제공하는 현금관리정보시스템이 필요하다. 현금흐름(cash flow)이란 현금유출(cash outflow)과 현금유입(cash inflow)을 의미한다. 공공부문에서 현금유입 즉 현금수입은 대부분 세금징수에 의해 발생한다. 현금유출 즉 현금지출은 예산집행으로 인해 발생한다. 직접적인 자금조달의 방법으로는 세금, 부채조달, 리스, 사용자가격, 수수료, 벌금부과, 복권발행, 기부금, 자산의 매각 등이 있는데 세금저항과 재정적자에 대한 거부반응으로 인하여 창의적인 자금조달(creative financing)기법이 관심을 모으고 있다.

3. 자금과 운영자본

현금관리를 이해하기 위해서는 우선 자금과 현금의 구별이 필요하다. 정부수입과 지출은 대부분 현금으로 구성되어 있지만, 예를 들어 주식이나 토지로 세금을 납부할 수도 있기 때문에 수입은 현금 이외의 항목을 포함한다. 자금이란 현금, 주식, 채권, 재고자산 등 현금이나 현금으로 쉽게 전환이 가능한 유동자산을 말한다(Lally, 1989). 그러므로 자금은 현금을 포함하는 보다 넓은 개념으로 이해해야 한다. 그러나 대부분의 자금은 현금의 형태로 공급되기 때문에 실제로 현금과 자금을 서로 구별하지 않고 혼용하여 사용하는 것이 일반적이며 이 책에서도 엄격하게 구별하지 않기로 한다.

단기자산에서 단기부채를 차감하면 운영자본(working capital)이 되는데 민간부문에서 운영자본은 현금관리의 중요한 지표가 된다. 공공부문에서도 운영자본이 민간부문만큼 중요한 의미를 갖지는 않지만 여전히 현금관리에 있어 고려해야 할 지표의 하나이다. 만약 운영자본이 부족하면 단기적으로 현금부족사태에 직면할 가능성이 크고 단기부채가 필요할 것이다(Premchand, 1995).

4. 현금예산

현금예산이란 현금수입과 현금지출에 대한 계획서이다. 예산은 회계연도 내에 얼마의 수입과 지출이 발생할까를 추정하는 것이지만 현금예산은 현금수입과 지출을 시간과 연계하여 추정한 것이다. 예를 들어 예산의 출장비항목이 총 2억원이면 회계연도 내에 지출할 총출장비가 2억원이라는 말이며 언제 2억원이 지출될 것인가에 대해서는 추정하지 않는다. 이에 반하여 현금예산은 총출장비 2억원에 대하여 어느 시점에서 얼마가 지출될 것인가를 추정한다. 그러므로 시간단위에 의해 여러 가지 현금예산이 작성가능하다.[1)]

현금예산은 과거의 현금유입과 현금유출에 대한 정보를 기초로 현금흐름을 결정하는 변수를 고려하여 미래의 현금유입과 유출의 액수와 시기를 추정한다. 현금유입과 현금유출이 파악되면 현금잔액은 쉽게 파악할 수 있으며 현금잔액에 주식과 채권처럼 손쉽게 현금화할 수 있는 유동자산을 포함하면 일정시점에서 단기유동성에 대한 정보를 제공할 수 있다(Zoysa, 1990; Reed & Swain, 1997).

현금관리목적을 위해서는 적어도 1달을 단위로 현금예산이 편성되어야 하는데 심지어 매일 현금예산이 편성되기도 한다. 정보통신기술이 눈부시게 발전하고 있기 때문에 신경망처럼 예민한 정보시스템은 매순간 현금유입과 현금유출에 관한 정보를 제공한다. 현금예산은 장기적 관점에서도 편성되어야 하는데, 1년 이상의 기간을 단위로 편성되면 장기자금계획이 된다.

현금예산의 편성은 현금예측에 의해 이루어진다. 현금예측을 위해서는 주요변수가 현금에 미치는 영향을 측정할 수 있는 좋은 모델이 존재해야 한다. 단순히 과거의

---

1) 예를 들어 현금예산을 분기 기준, 한 달 기준, 1주일 기준, 심지어 1일을 기준으로 편성할 수 있다. 민간부문의 경우에는 현금예산을 편성하는 컴퓨터 소프트웨어가 있어 경우에 따라서는 1년을 단위로 하는 현금예산은 물론 1개월 단위, 1주 단위로 현금예산이 편성되며 심지어 매일 현금예산이 편성되기도 한다(Lynch, 1990). 민간기업에서는 현금예산의 편성이 보편화되어 있다.

추적만으로는 부족하지만 과거를 분석하면 현재 혹은 미래의 의사결정이 현금흐름에 미칠 영향을 분석하는 데 많은 도움이 된다. 예를 들어 세금유형에 따라 현금유입의 유형이 다르며 대부분의 현금수입은 세금 마감일에 박두해서 대량 유입될 것이다. 그러므로 과거를 분석하면 상당히 정확한 현금흐름유형을 포착할 수 있다.[2] 미래에 대한 예측은 중요한 가정에 많이 의존한다. 단순히 예측과 실제가 일치했다고 좋은 예측은 아니다. 잘못된 가정과 분석에 의해서도 우연히 예측과 실제가 일치할 수 있기 때문이다. 차이가 나더라도 올바른 가정, 올바른 분석에 의존했다면 장기적으로 예측과 실제의 일치도가 더 높을 것이다.

현금예산의 편성은 일반예산의 편성보다 여러 가지 어려움이 있다(Axelrod, 1995). 현금예산의 편성을 위해서는 바람직한 현금관리정보시스템이 필요하고, 현금예산은 그 자체가 조기경보시스템의 역할을 하는 것이 아니며 현금예산을 읽는 담당자가 조기에 문제점을 발견해야 한다.

사례

다음은 전형적인 현금예산의 사례인데 Samuels 등의 사례를 달러에서 한국화폐로 변형하여 소개한다(Samuels et al., 1999).

	1월	2월	3월
현금유입			
–			
–			
–			
현금유입합계	400	400	300
현금유출			
–			
–			
–			
현금유출합계	300	400	400
월초잔액	150	200	200
현금유입합계	+400	+400	+300
현금유출합계	-300	-400	-400
월말잔액	250	200	100
투자	-50		
부채조달 혹은 투자회수			100
목표현금보유량	200	200	200

2) 궁극적으로 현금흐름에 대한 정보는 회계정보에 기초할 수밖에 없다.

5. 현금관리의 내용

(1) 내부통제제도와 현금관리

현금관리과정에서의 부정, 오류, 낭비의 방지는 세입증가효과가 있으며, 부정, 오류, 낭비의 방지를 위해서는 내부통제제도의 하부구조로서의 현금관리규정이 필요하고 현금관리규정을 준수할 인센티브가 부여되어야 한다. 내부통제제도란 조직 내의 자산을 보호하고 정보의 정확성과 신뢰성을 높이며 조직의 목표를 효율적으로 수행할 수 있도록 조직 내에 수립된 계획, 규정, 절차, 수단 등을 말한다.

내부통제제도의 일부분으로서의 현금관리규정의 성격은 현금지불사례에서 두드러진다. 현금지불과정에서 부정을 방지하는 방법은 현금지불과정에서 여러 번에 걸친 점검을 하는 방법이다. 이러한 방법은 지나치게 많은 비용이 소요될 우려가 있다. 또한 현금을 지불할 때 가능하면 여러 명의 담당자가 승인하도록 하여 현금부정을 방지하는 기법도 오랜 역사를 지닌 대표적인 내부통제 방법이다. 현금지불의 최종결재를 위해 조직의 최고책임자의 서명을 받거나, 각 부처에 파견된 재무부공무원의 승인을 얻어야 하거나, 각 부처의 승인담당공무원의 허락을 받도록 하는 제도도 모두 현금부정을 방지하려는 제도이다(Premchand, 1995). 내부통제제도에 대한 보다 상세한 내용은 이 책의 "정부회계" 부분을 참조하기 바란다.

(2) 현금수입극대화의 구체적 내용

현금수입의 극대화란 현금의 조기수령(예: 조기납부자에게 할인혜택부여), 연체의 방지(예: 기한경과납부자에게 연체료부과, 행방불명자의 주민등록추적), 현금보유기간의 확대(예: 현금수령 후 즉시 입금을 위해 담당자에게 지연된 시간만큼 벌금을 부과)를 통해 세금의 징수실현율을 높여 세입증가효과를 거두는 노력이다. 우수한 예산회계정보시스템은 징수불가능액수, 조기납부예상액수, 연체액수 등을 비교적 정확하게 추정함으로써 현금수입의 극대화에 기여할 수 있다(Zoysa, 1990; Reed & Swain, 1997).

(3) 현금지출극소화의 구체적 내용

현금지출의 극소화란 불필요한 현금조기지불의 방지, 지불지연으로 인한 연체료 부담사태의 방지, 조기지불시 현금할인혜택활용 등의 현명한 현금지불정책을 의미하며 세입증가효과가 있다(Zoysa, 1990; Reed & Swain, 1997).

사례

현금관리의 목표는 현금유입에서 현금유출을 차감한 순현금흐름의 현재가치를 극대화하는 것이라고 정의할 수 있다. 모토롤라(Motorola)는 주문서와 함께 대금지불을 위한 수표를 동봉한다. 이렇게 일찍 대금을 지불하는 이유는 모토롤라가 공급자와 합의하여 7~15%의 조기납부할인혜택을 받기로 했기 때문이다. 미국에서 이 정도의 할인은 상당한 폭의 할인이다. 구매자는 언제든지 공급자와 사적으로 협의하여 조기납부에 대한 할인혜택을 받을 수 있음을 명심하고 정부도 이런 측면을 최대한 활용해야 한다(Hill & Sartoris, 1995).

(4) 조직의 의사결정과 현금관리

조직의 모든 의사결정은 현금흐름을 변화시킨다. 그럼에도 불구하고 일부의사결정만이 현금흐름에 미치는 영향을 고려하여 통제되고 있을 뿐 대부분의 의사결정이 현금에 미치는 영향을 고려하지 않고 이루어진다. 예를 들어 청구서를 받으면 마감일이 많이 남았는데도 대부분의 경우 청구서를 받자마자 현금을 지불한다. 또 다른 예를 들자면 별다른 이유 없이 사업을 조기에 착수하여 현금흐름에 부담을 주는 경우도 있다. 혹은 조기 착수하여 착수금을 지불한 후에는 막상 사업집행에 무관심하여 사업이 지연되기도 한다. 그러므로 바람직한 현금관리는 조직의 모든 구성원이 자신의 의사결정과 행위가 현금흐름에 미치는 영향을 인식하고 조직전체의 관점에서 최적의사결정과 행동을 추구할 때 실현될 수 있다. 이런 관점에서 현금관리는 과거의 부정이나 오류를 적발하고 시정하는 과거지향적 현금관리가 아니라 조직의 전략수립과 기획단계에서 중대한 역할을 수행하는 미래지향적 현금관리이다. 회계와 재무부서는 현금관리가 조직의 모든 구성원이 참여하는 미래지향적 관리행위가 될 수 있도록 주도적 역할을 수행해야 한다(King, 1994; Sagner, 1997). 조직의 구성원이 자신의 모든 의사결정이 현금관리에 영향을 미친다는 중요성을 인식하도록 하기 위해서 적어도 1주일에 한 번 가능하면 매일 현금흐름에 대한 보고서를 작성하는 것이 좋다(King, 1994).

(5) 유동성포트폴리오(liquidity portfolio)

현금유입과 현금유출은 동시에 동일금액으로 이루어지지 않기 때문에 일종의 임시 창고 같은 장소가 필요한데 이것을 유동성포트폴리오라고 할 수 있다. 유동성포트폴리오란 현금유입과 현금유출의 시차로 인한 현금관리를 위해 일정액수의 현금과 단기자산을 소유하면서 필요에 따라 단기자산을 구입하고 매각하여 보유현금액수를 조정한다. 지나치게 많은 현금도 불필요하지만 지나치게 적은 현금은 지급불능사태를 야기하므로 적정현금을 보유하여야 한다. 여유현금의 투자는 미래현금수요에 따라 장기자산과 단기자산에 투자하여야 하는데 단기자산에 투자한 현금은 항상 현금화할 수 있기 때문에 현금이나 마찬가지이며 현금과 단기자산을 합쳐서 현금관리를 위한 유동성포트폴리오라고 하는 것이다(Hill & Sartoris, 1995).

(6) 구매관리와 현금관리

구매관리와 현금관리는 서로 연관되어 있다. 재고자산의 규모는 현금의 사용이기 때문에 재고자산을 감소할 수 있다면 그만큼 여유현금이 증가한다. 크라이슬러자동차는 전자문서교환(electronic data interchange: EDI)을 통하여 주문과 물품의 공급 사이에 소요되는 시간을 대폭 단축함으로써 재고자산의 규모를 현저하게 감소할 수 있었다. 또한 EDI는 시간과 장소에 구애되지 않고 구매과정이 진행되도록 하기 때문에 인건비를 절약하고, 오류가 감소하며, 우편실종으로 인한 문제도 해결할 수 있다(Hill & Sartoris, 1995). EDI에 의해 전자상거래가 가능하게 되었으며 무엇보다도 JIT (Just-in-time purchasing)구매 즉 최소재고구매가 용이해졌다. 구매자와 공급자의 컴퓨터가 네트워크에 의해 연결되고 EDI에 의해서 주문서의 발송에서부터 대금청구서의 수령까지 모든 구매관리과정이 문서 없이 컴퓨터를 통해서 이루어지게 되었다. 만약 EDI가 전자화폐이체기능과 결합하면 대금의 지불까지 모두 네트워크상에서 이루어진다(Jessop, 1995). JIT구매에 대해서는 이 책의 “구매관리”에서 구체적으로 설명한다.

(7) 현금관리와 회계연도

현금관리는 회계연도를 단위로 이루어지는데 회계연도가 인위적인 구분이라는 것을 염두에 두어야 한다. 이러한 인위성의 문제점을 극복하기 위해서는 장기적인 시간단위를 기준으로 현금유출과 현금유입을 분석해야 한다. 예를 들어 회계연도를 잘못 설정하면 현금수입이 회계연도말에 집중되어 회계연도 내내 현금부족에 시달리게 된다.

(8) 발생주의회계와 현금관리

발생주의회계는 미래의 모든 부채를 파악하기 때문에 현금관리에 기여한다 (Premchand, 1995). 발생주의회계는 현금유입과 현금유출에 근거하지 않고 실제 부채의 발생을 측정하는 이점이 있기 때문에 정확한 부채를 산정할 수 있다. 예를 들어 서울시가 현대건설에게 의뢰하여 시청건물의 개보수작업을 실시했는데 아직 현금을 지불하지 않았다고 하자. 비록 은행이나 기타 금융기관으로부터 부채를 조달하여 현금이 증가한 적은 없지만 사실상 서울시는 현대건설로부터 부채를 조달한 것이나 다름없다. 왜냐하면 시청건물의 개보수작업은 종료되었는데 아직 현금을 지불하지 않았기 때문에 현금지불의무를 지고 있으며 이것은 부채이다. 발생주의회계에 대한 보다 자세한 내용은 이 책의 "정부회계"부분을 참조하기 바란다.

(9) 세입분석, 세출분석과 현금관리

세금징수율을 높이기 위해 또한 현금예측정확도를 높이기 위해 미수세금 같은 세입항목을 분석해야 한다. 납부기한이 얼마나 지났는가에 따라 징수불가능세금일 수도 있다. 부채도 마찬가지이다. 정부의 대여금, 보증채무 등의 현금지출에 관련된 세출항목을 성격에 따라 분석해야 한다. 미수세금의 경우 채권추심전문기관에 채권회수업무를 아웃소싱하거나 미수세금이나 회수가 지체된 대여금을 금융기관에 매각하는 방법도 있다.

6. 현금관리모델

현금관리는 제약조건하에서 목적함수를 극대화하는 최적화모델로 설정할 수 있다. 비록 대부분은 계량화할 수 없는 항목들이기 때문에 이러한 최적화모델로 실제 계산하는 것은 불가능하지만 최적화모델을 설정함으로써 현금관리를 보다 잘 이해할 수 있다. Hill과 Sartoris는 다음과 같이 현금관리모델을 설정하고 있다(Hill & Sartoris, 1995).

Max (+) 현금의 시간가치(time value of money)
(−) 현금지출
(−) 거래비용
(−) 거래파트너와의 관계로 인한 가치(value of trading partner relationships)
(+) 현금수입
(−) 징수불능세금

(－) 현금관리비용

ST 만기이전에 대금을 지불해야 한다.
지불은 A은행과 B은행을 통해서만 수행한다.
2년 동안 컴퓨터시스템을 현재상태로 유지한다.

목적함수에서 (＋) 표시는 극대화한다는 의미이고 (－) 표시는 극소화한다는 의미이다. 현금의 시간가치를 극대화한다는 의미는 현금수령은 가급적 빨리하고 지출은 최대한 늦춘다는 의미이다. 거래비용, 징수불능세금, 현금관리비용은 당연히 최소화하여야 할 것이다. 현금수입은 당연히 극대화하며 현금지출은 당연히 극소화한다. 거래파트너와는 좋은 관계를 유지하여야 하며 관계를 항상 개선하도록 노력해야 한다는 의미이다. 어떤 의사결정은 거래비용은 감소하지만 현금수입도 감소하는 서로 상충된 영향을 미칠 수도 있으며 이럴 경우에는 거래비용감소액과 현금수입감소액을 비교하여 결정해야 할 것이다. 결국 목적함수가 의미하는 바는 현금유입을 극대화하고 현금유출을 극소화하여 순현금흐름의 현재가치를 극대화하는 현금관리의 목표와 동일하다. 위의 모델에서 제시한 제약조건은 하나의 사례에 불과하며 조직에 따라 여러 가지 제약조건이 추가될 수 있다. 만기이전에 대금을 지불해야 한다는 제약조건은 어느 조직에도 해당되는 조건이지만 두번째 제약조건이나 세번째 제약조건은 특별한 사례에 불과하다. 예를 들어 위의 사례에서는 지불은 A은행과 B은행을 통해서만 하도록 사전에 설정되었거나 사전에 유리한 계약조항으로 인하여 그렇게 규정한 것일 수도 있다. 컴퓨터시스템은 앞으로 2년 동안 개선되지 않고 현 상태를 유지할 것이므로 목적함수에서 이러한 사실을 고려하여 의사결정을 하는 것이다.

사례

다음은 Hill & Sartoris의 사례를 달러에서 원화로 전환하여 재구성한 것이다(Hill & Sartoris, 1995). A시는 100억원에 해당하는 컴퓨터를 구입하였는데 판매자로부터 다음과 같은 제안을 받았다. 30일 이내에 대금을 지불하든지 10일 이내에 지불하고 2%의 할인을 받든지 선택하라는 것이다. 현재가치는 다음과 같이 계산할 수 있다. A시는 여유자금을 1년에 5%의 수익을 거두는 투자상품에 투자하고 있어 기회비용은 연 5%라고 가정하자.

$$\text{현재가치(30일 이내에 지불)} = \frac{100}{1+0.05(\frac{30}{365})} = 99.590$$

$$현재가치(10일\ 이내에\ 지불) = \frac{98}{1+0.05(\frac{10}{365})} = 97.865$$

30일 이내에 지불하는 대안의 현재가치가 더 크기 때문에 지불하는 입장에서는 10일 이내에 지불하는 대안이 더 유리하며 A시는 현금할인혜택을 받는 것이 더 좋다.

9.2 현금관리시스템

1. 현금관리시스템(cash management system)

(1) 현금관리시스템의 정의

현금관리시스템은 현금흐름의 예측과 실제현금흐름에 심각한 괴리가 발생하면 현금흐름을 조정하고 기타 적절한 행동을 취하는 시스템으로써, 오류가 발생하면 수정하고 적신호가 나타나면 필요한 예방조치를 취하는 기획과 통제의 수단이다.

현금관리시스템 = 현금관리정보시스템 + 현금관리규정 + 현금관리기법

(2) 현금관리의 분권화

현금관리는 집권화 된 형태와 분권화 된 형태의 두 가지가 있다. 조직의 관리가 분권화 된 정도에 따라 현금관리가 분권화 되는 것이 일반적이다. 다른 모든 업무가 분권화 되었는데 현금관리업무만이 중앙에서 수행되는 경우는 매우 드물다. Hill과 Sartoris는 분권화된 현금관리의 장점과 단점을 다음과 같이 설명하고 있다(Hill & Sartoris, 1995).

① 분권화 된 현금관리의 장점 = 집권화 된 현금관리의 단점

- 담당부서의 자율에 위임되기 때문에 현금관리에 대한 동기부여가 가능하다.
- 부서의 상황에 부합하는 현금관리가 가능하다.
- 신축성 있게 변화하는 상황에 대응가능하다.

• 세금수령시 납세자와의 관계가 상대적으로 개선될 수 있으며, 비용지불시 거래상대와의 관계도 개선될 수 있다.

② 분권화 된 현금관리의 단점=집권화 된 현금관리의 장점

• 현금이 여러 곳에 분산되기 때문에 이자수익이 상대적으로 감소한다.
• 상대적으로 더 많은 여유현금이 필요하다.
• 현금관리의 부정과 오류가 증가할 가능성이 크다.
• 조직전체의 관점에서 현금관리를 파악하는 시각이 결여될 가능성이 있다.
• 전문성이 확보되지 못할 우려가 있다. 전문인력의 채용도 집권화에 비해 불리하다.

③ 추 세

금융기관과 금융기법이 발달하지 않았던 시대에는 재무부처의 감독하에 중앙은행이나 혹은 하나의 금융기관을 통해서 정부의 모든 지출이 이루어졌다. 현재에도 일부국가에서는 재무부가 지출을 하고 해당부처의 예산에서 지출액수만큼 차감하는 방법을 사용하고 있다. 금융이 발달하고 정보통신기술이 금융기법과 결합한 요즈음은 각 부처가 자신의 금융기관을 유지하고 현금의 수입과 지출을 관리하는 것이 적절하다. 재무부처는 예산집행에 관하여 즉각적인 정보를 제공하여주는 정보시스템을 통하여 예산집행을 감시하고 필요할 경우 안내와 조언을 하는 역할을 담당해야 한다. 공무원의 봉급처럼 표준화되고 정기적으로 발생하는 지불은 오히려 중앙에서 일률적으로 지출하는 것이 비용을 절약할 수 있을 것이다. 또한 지출에 대한 서류를 작성하고 필요한 업무를 수행하는 주체가 현금을 지불하는 주체가 되어야 한다. 각 부처에 재무부공무원을 파견하여 지불을 담당하도록 하거나 각 부처의 예산집행에 대해 재무부가 지불하는 것은 바람직하지 못하다(Premchand, 1995).

현재 전 세계적인 추세는 현금관리에 대해 자율을 부여하는 분권화된 현금관리이다. 분권화 된 현금관리추세에도 불구하고 중앙에서 통합적인 관점에서 현금관리를 효율화하려는 노력도 병행되어야 한다. 예를 들어 각 부처가 별도의 계정을 유지하는 것이 자율의 관점에서 필요하다고 하더라도 통합하여 관리할 때 이득이 있다면 하나의 계정에서 각 부처의 자금을 구분하여 자율을 부여하면서 총체적인 관리를 동시에 도모할 수 있다(Zoysa, 1990).

2. 현금관리정보시스템

현금관리정보시스템은 현금흐름을 기록하여 보고하고 미래의 현금흐름을 예측하는 정보시스템이다. 바람직한 현금관리정보시스템은 현금예산 편성을 포함한다. 미국 연방정부의 경우 재무부가 운영하는 현금관리정보시스템(CMIS: Cash Management Information System)이 있다(Reed & Swain, 1997).

현금관리정보시스템은 재무회계정보시스템의 하부시스템이고, 재무회계정보시스템은 회계정보시스템의 하부시스템이며, 회계정보시스템은 예산회계정보시스템의 하부시스템이라고 할 수 있고, 예산회계정보시스템은 정보시스템의 하부시스템이다. 현금관리정보시스템은 재무회계정보시스템의 자산계정의 하나인 현금계정에 초점을 맞춰 설계된 시스템이다.

사례

미국 연방정부의 재무부는 매일 모든 펀드의 잔액을 보여주는 현금보고서를 작성하고 있다. 1991년 현금관리개선법(Cash Management Improvement Act)에 의해서 낡은 현금관리시스템을 획기적으로 개선하여 관리비용을 절감하고 현금부족시 조달하는 부채금액을 축소할 수 있었다. 미국 연방정부부처의 모든 징수시스템(collection system)은 재무부의 현금링크(Cash-Link)라는 네트워크에 의해 하나로 연결되어 있다(Axelrod, 1995).

그림 9-1 | 정보시스템-예산회계정보시스템-회계정보시스템-재무회계정보시스템-현금관리정보시스템

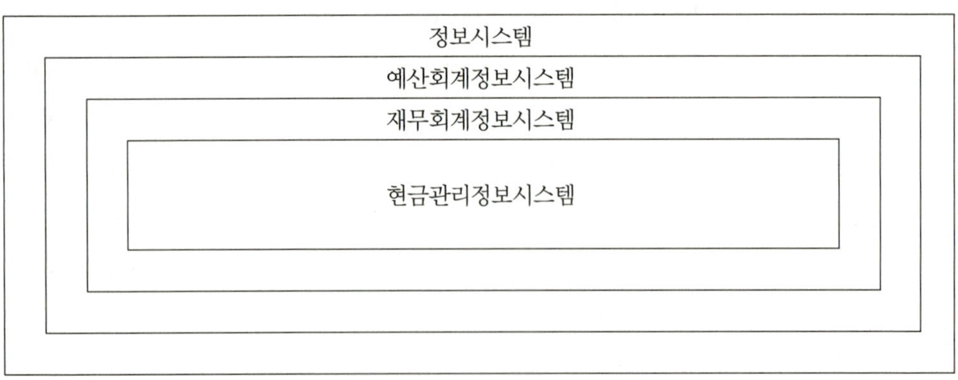

현금유입과 현금유출은 현금에 관한 정보를 창출하기도 하지만 다른 정보에 관련

되기도 한다. 현금관리에서는 현금관리정보시스템의 역할이 가장 중요하다. 현금관리정보시스템은 단순히 현금유입과 현금유출에 대한 정보만을 제공하는 데 그쳐서는 안 되고 현금수령업무의 효율성에 관한 정보, 예를 들어 세금고지서가 발부된 후 현금수령시점까지의 기간을 비교 분석하는 정보, 미납기간별로 분석한 정보 등도 제공되어야 한다(Celi & Rutizer, 1991).

정보통신의 발달과 금융산업의 급격한 변화로 현금관리가 획기적으로 변화하고 있는데 순식간에 전 세계적으로 금융거래가 이루어지고, 금융기관의 네트워킹으로 인하여 전 세계적인 차원에서 현금의 전자이체(electronic transfer)가 가능하게 되었으며 전자화폐와 신용카드의 광범위한 사용으로 현금소지가 불필요하게 되었다.

세계화로 인한 국제금융환경의 변화로 인하여 현금관리도 급격하게 변화하고 있다. 국제금융시장의 규제철폐와 국가 간의 금융장벽제거로 금융의 세계화가 촉진되면서 금융기관의 경쟁으로 금융비용이 하락하고 현금관리가 훨씬 용이해졌다. 정보통신기술과 컴퓨터의 발달은 새로운 현금관리정보와 서비스를 창출하고 있으며 보다 효율적인 현금관리가 가능하게 되었다(Celi & Rutizer, 1991).

현재 세계의 금융시장은 서로 연계되어 있기 때문에 국제금융질서와 금융시장의 구조를 이해하지 못한다면 유능한 재무관리자가 될 수 없다. 1995년 영국을 뒤흔들었던 베아링증권회사의 파산은 전 세계의 증권시장의 폭락을 야기했고 한국의 증권시장도 예외는 아니었다. 멕시코의 페소화의 하락 또한 전 세계의 증권시장에 같은 종류의 악영향을 미쳤다. 전 세계의 증권시장은, 특히 선진국의 증권시장은 서로 밀접하게 연계되어 있기 때문에 앞으로 정부의 금융정책수단 또한 제한될 수밖에 없고 금융정책수단의 효과도 약화될 것이다. 정부는 금융시장에의 개입도 최소화하여 자율적인 시장기능이 작동하도록 조치하여야 한다. 한국도 IMF경제위기를 극복하는 과정에서 외국자본이 국내에 대폭 유입되었고, 이미 자본시장에서 거래되는 주식의 1/3은 외국인이 소유하고 있다. 미국 뉴욕의 증시변동은 한국의 자본시장에 즉각적인 영향을 미치고 있으며 국내에 투자한 외국인들의 투자동향에 따라 주가와 경제가 춤추는 현상이 벌어지고 있다.

현금관리정보시스템과 인터넷의 연계는 현금관리에 획기적인 변화를 초래할 것이다. 예를 들어 지불방법은 현금의 형태로 지불하는 방법, 수표의 형태로 지불하는 방법이 전통적인 방법인데 전자이체가 가장 거래비용이 최소화되는 지불방법이며 최근에는 신용카드를 이용하여 지불하는 방법도 보편화되고 있다. 인터넷이 광범위하게 사용되면 정부의 모든 지출도 인터넷망을 이용할 수 있다. 현재 예정중인 초고속인터넷망 구축과 전자정부가 2002년까지 완성된다면 정부의 대부분의 지출은 인터넷망을 통해서 수행할 수 있다(Premchand, 1995).

3. 현금관리규정

(1) 현금관리규정의 정의

현금관리규정은 현금관리가 소기의 목적을 달성할 수 있도록 하는 조직 내의 제도·절차·규칙으로서, 내부통제제도의 일부분으로 파악되어야 한다(Reed & Swain, 1997). 지나치게 상세한 규정과 지나치게 포괄적이고 애매한 규정도 바람직하지 않으며, 현금관리규정으로 인한 비용보다 편익이 커야 하고 자율과 책임의 측면에서 어느 정도 상세한 규정이 필요한가 결정해야 한다.

현금관리규정은 현금관리담당자의 능력에 의존하는 정도를 축소하고 자의적이고 주관적인 현금관리를 방지하며 잘못된 현금관리를 예방하고 최소수준의 객관적이고 합리적인 현금관리를 추구한다. 예를 들어 투자손실이 일정액수 이상이 되면 자동적으로 추가투자를 금지하는 전산프로그램은 현금관리담당자에게 모든 것을 위임하지 않고 현금관리담당자의 자의적인 현금관리를 방지하는 데 목적이 있다.

(2) 현금관리규정의 내용

현금관리규정에 일반적으로 포함되어야 하는 내용은 다음과 같다.

① 미래 현금의 수입(유입)과 지출(유출)액수의 추정에 관한 규정

② 성과측정에 대한 규정: 주기적으로 현금의 수입과 지출에 대한 추정액과 실제 발생액수를 비교·대비하여 원인을 규명한다. 최소한 국공채 수익률을 확보해야 한다는 규정 같은 성과측정의 기준을 설정해야 한다(King, 1994).

③ 현금관리에 관한 기록, 자료, 정보의 보관과 사용에 관한 규정

④ 현금관리의사결정에 관한 규정

⑤ 현금관리업무의 담당자와 담당자의 책임과 권한의 한계를 명백히 규정: 투자의사결정을 감독하는 위원회를 두는 것이 일반적이다. 그러나 이런 경우에도 조직내부의 최고투자책임자나 아웃소싱에 의해 계약을 맺은 외부투자전문가가 투자를 담당하는 것이 일반적이다(Reed & Swain, 1997).

⑥ 현금관리담당자의 신원보증과 재정보증에 관한 규정

⑦ 현금관리담당자의 윤리규정

⑧ 업무처리의 문서화와 정확한 기록에 관한 규정

⑨ 현금의 수령, 보관, 지불에 관련된 제반 규칙과 준수사항

⑩ 투자상품에 관한 규정: 투자상품선정에 관한 내용(금지투자상품 등), (1인당) 투자한도액과 투자손실한도액, 장단기투자액비율의 결정, 해외투자허용여부 등에 관한 내용이다. 만기에 대한 내용 즉 허용되는 최대기간(maximum maturity)이 얼마인가 또한 만기가 동시가 아닌 시간별로 도래하도록 설정할 것인가의 여부를 명시한다. 금융상품별로 최대투자금액이나 투자비율을 설정한다. 신용평가기관의 평가에 의해 일정신용수준 이상의 판정을 받은 금융상품에만 투자를 허용할 것인가의 여부, 즉 Moody's 혹은 Standard & Poor's의 투자적격판정을 받은 금융상품에 한정할 것인가의 여부를 결정한다(King, 1994).

⑪ 금융기관선정에 관한 내용: 객관적인 선정기준, 공개입찰요구여부 등을 결정한다.

⑫ 감사에 관한 규정: 예를 들어 주기적으로 독립적인 제3자에 의한 감사, 현금관리규정자체에 대한 평가 등에 관한 내용을 규정한다.

⑬ 현금관리의 목표에 관한 내용: 예를 들어 여유현금의 단기투자는 연 5%, 장기투자는 연 7%의 수익률을 올린다는 목표를 설정할 수 있다.

⑭ 현금관리담당자와 현금관리를 감시하고 감독하는 자의 구별(Coombs & Jenkins, 1994)

⑮ 현금관리보고에 대한 내용: 어떤 내용의 보고서를 누가 작성하여 얼마나 자주 누구에게 보고할 것인가를 규정한다.

⑯ 예외사항에 대한 규정: 필요한 경우 예외를 허용하되 어떤 상황이 예외가 필요한 상황이며 어떤 예외를 허용할 것인가를 규정한다(King, 1994).

⑰ 주기적으로 현금관리규정을 검토하는 조항(Celi & Rutizer, 1991)

4. 현금관리기법

(1) 민간금융기관의 이용

민간금융기관의 이용이 가장 중요한 기법 중의 하나이다. 거의 모든 미국의 주와 지방정부는 민간은행이 대신하여 현금을 수령하고 지출하는데 금융기관은 이러한 서비스 대신 이자를 지불하지 않는 최소한의 잔액을 은행에 유지하도록 요구하고 있다(Axelrod, 1995).

정부의 수입을 중앙은행에만 예치하는 국가도 있지만 민간금융기관에 예치할 수 있도록 허용하는 국가도 있는데 오늘날처럼 금융기관과 금융기관간의 거래가 발달한 상황에서는 민간금융기관에 예치할 수도 있도록 허용해야 한다. 중앙은행은 정부의 자금부족시 부채를 제공하는 역할을 하는데 민간금융기관의 이자보다 낮은 이자와 유리한 조건하에서 제공하는 것이 일반적이다(Premchand, 1995).

미국의 경우 연방정부와 일부 주 정부에서는 납세자들이 지역은행의 우편물함에 세금을 투입하는 자물쇠함(lockbox)시스템을 사용하고 있는데 자물쇠함시스템은 민간기업에서 광범위하게 사용하는 현금관리시스템이다. 정부의 연체된 융자금을 민간기업에 넘겨 대신 융자금을 회수하도록 하는 제도도 사용하고 있다(Axelrod, 1995). 한국에서도 공과금을 은행에서 납부할 수 있도록 허용하고 있는데 동일한 제도라고 할 수 있다.

(2) 구좌관리

여러 개의 구좌가 개설되었어도 자동이체에 의해 중앙계좌로 현금을 집합시켜 이자수익을 극대화하고 효율적인 현금관리가 가능하도록 해야 한다(Celi & Rutizer, 1991).

통제구좌와 지불구좌의 설정하는 것이 좋다. 모든 현금유입과 유출은 일단 통제구좌를 통하여 지불구좌(예: 봉급지불구좌, 공채이자지불구좌)로 이동시킨다. 하나의 구좌로 현금이 집합하면, 현금관리의 관점에서 유리(예: 거액의 투자는 높은 이자가능)하다(Zoysa, 1990; Reed & Swain, 1997).

펀드간에 자금이체를 원칙적으로 금지하고 있기 때문에 현금관리목적으로 모든 여유현금을 하나로 통합할 필요가 있을 때 문제가 발생한다. 미국의 Wisconsin주는 모든 펀드의 현금잔액과 주퇴직금시스템의 자산을 Wisconsin Investment Board에 통합하여 투자를 일원화하고 있으며 Wisconsin주 내의 지방정부는 이러한 통합투자기금(investment pool)에 참여할 수 있다. Wisconsin주만이 아니라 다른 주도 이러한 통합투자기금을 운영하고 있는데 여기에 참여하는 지방정부는 마치 은행과 거래하듯이 매일 입출금할 수 있다(Axelrod, 1995).

조직은 관리자의 책임을 확보하기 위해 여러 개의 개별구좌를 관리자에게 할당하는 것이 일반적이다. 예를 들어 봉급이 지불되는 구좌는 별도로 설정된다. 그러나 자금이 여러 개의 구좌에 분산되면 현금관리의 측면에서 지나치게 많은 여유현금이 필요하게 된다. 각 구좌에 적절한 여유현금을 유지하는 것보다 하나의 통제계정에서 지불한다면 여유현금의 액수가 훨씬 줄어들게 된다. 만약 개별구좌가 제로잔액구좌

(zero-balance accounts)제도를 사용하면 모든 개별구좌의 잔액은 매일 금융기관의 업무가 종료하면서 통제구좌로 이체되며 잔액은 항상 0으로 유지된다. 만약 개별구좌에서 대금을 지불해야 하면 금융기관은 통제구좌(master account or control account)에서 필요한 액수만큼만 이체하여 지불하기 때문에 불필요한 여유현금을 개별구좌에 유지할 필요가 없이 오로지 통제구좌에만 여유현금을 유지하면 된다. 만약 금융기관이 자동으로 필요한 액수를 이체하지 않고 구좌의 관리자에게 통보하면(주로 이른 아침) 구좌관리자는 즉시 필요한 액수를 이체하는(전자이체로 가능할 것) 방법도 있다. 통제구좌가 동일은행에 존재하지 않더라도 은행간의 자동이체에 의해 이러한 서비스가 가능하다. 개별구좌는 분권화된 지방부처가 관리하고 본부에서 통제구좌를 관리할 때 이 방법을 사용할 수도 있다. 미국에서는 이러한 제로잔액구좌가 매우 광범위하게 사용되고 있다(Hill & Sartoris, 1995).

(3) 현금관리업무의 아웃소싱

현금지출업무의 아웃소싱 중 가장 전형적인 것이 봉급지불업무를 아웃소싱하는 것이다. 그러나 이제는 정보통신기술과 컴퓨터의 발달 등에 의해 봉급지불 이외의 현금지출업무도 아웃소싱하고 있다.

현금수령시스템, 현금지출시스템, 현금보관시스템은 현금관리에서 가장 중요한 부분을 차지하는데 모두 아웃소싱이 가능하다. 또한 리엔지니어링기법을 이용하여 이러한 절차를 재구축함으로써 현금관리를 개선할 수 있다. 기업의 경우 지출업무를 은행에 아웃소싱하여 비용을 절약한 사례가 많다. 그러나 전자이체를 광범위하게 사용하게 되면 아웃소싱의 이점이 사라질지도 모른다(Sagner, 1997; Hill & Sartoris, 1995).

현금보관업무의 아웃소싱사례로서는 다음의 두 가지를 들 수 있다. 첫째, 은행시간이 종료되면 은행이 고객의 구좌에 있는 잔액을 밤사이에 투자하여 다음날 아침 이자와 함께 되돌려주며 이자는 일 단위로 계산한다. 미국의 경우 현재 이러한 계정(sweep accounts)에 매년 약 300억 달러의 자금이 투자되고 있다. 만약 낮 시간에 투자된다면 최소잔액이 구좌에 남아 있어야 할 것이다. 둘째, 주로 뮤추얼펀드(한국의 뮤추얼펀드와는 달리 언제든지 입출금이 가능)를 아웃소싱으로 이용하여 단기여유자금을 투자하는 투자관리자문서비스이다. 그러나 경우에 따라서는 투자전문가의 투자자문서비스를 아웃소싱하기도 한다(Sagner, 1997).

5. 바람직한 현금관리시스템을 위한 조건

정부의 현금관리가 체계적이고 높은 수준일 것으로 생각하지만 GDP의 몇 십 퍼센트에 해당하는 현금관리는 생각보다 엉망인 경우가 많으며 행정학에서도 매우 소홀히 취급되는 분야이고 선진국인 미국도 여기에 관해서는 예외가 아니다. 미국에서도 수백만 달러의 자금을 이자가 전혀 발생하지 않는 금융구좌에 예입하여 운영한 정부조직을 1970년대까지 쉽게 발견할 수 있었다(Reed & Swain, 1997).

정부는 재원조달과 지출에만 관심을 기울이지 현금관리에 대해서는 무관심하다. 관리자들이 현금관리를 잘못한다고 해도 책임을 지지 않으며 현금관리를 잘한다고 해도 그에 따른 이익이 발생하지 않기 때문에 현금관리에 대한 인센티브가 결여되어 있다. 예를 들어 현금관리를 잘못하여 부당하게 많은 이자비용을 부담하게 되어도 거기에 대해 징계를 받는 사람이 없다. 또한 현금관리를 총체적으로 책임지는 최고 담당자가 존재하지 않기 때문에 아무도 관심을 갖지 않는 분야가 되기 쉽다(Zoysa, 1990).

최근 선진국의 예산개혁은 현금관리에도 많은 관심을 기울이고 있다. 무엇보다도 모든 수입은 가능하면 신속하게 공공계정에 편입되어야 하고 모든 지출은 불필요하게 일찍 이루어질 필요가 없다는 근본원칙 하에서 현금관리를 위한 여러 가지 제도적인 개혁이 시도되었다(McDonald, 1990). 바람직한 현금관리시스템을 위한 조건이란 두 가지 측면을 내포하고 있다. 현금관리정보시스템, 현금관리규정, 현금관리기법이 바람직해야 하지만, 즉 신뢰할 수 있고 우수해야 하지만 이러한 제도적인 장치가 잘 운영되고 준수되어야 한다.

(1) 현금관리원칙과 현금관리시스템의 이해

조직의 모든 구성원이 현금관리원칙과 현금관리시스템을 이해하는 것이 선행되어야 한다. 바람직한 현금관리시스템을 위해 무엇이 필요한가를 구성원이 이해하고 있지 않으면 무슨 행동을 해야 할지 알지 못하기 때문이다. 예를 들어 바람직한 현금관리를 위해서는 무엇보다도 "정부의 여유자금도 이자수입을 획득해야 하고, 정부가 받는 금융서비스에 대해서는 대가를 지불해야 한다"는 원칙이 우선 수립되고 모든 사람들에게 이해되어야 한다(Zoysa, 1990).

(2) 현금의 시간가치를 사용

바람직한 현금관리를 위해서는 인센티브가 필요한데 현금의 시간가치를 사용하는 것은 가장 대표적인 인센티브가 될 수 있다. 예를 들어 현금수입담당부서에 현금의 시간가치를 고려할 인센티브가 제공되지 않으면 잘못된 현금관리로 인한 추가비용(포기하는 이자수익)은 재무담당부처가 부담하게 된다(Boddie, 1989).

만약 시간가치를 고려해야 한다는 사실이 규정에 포함되어 있다면, 현금관리규정을 준수할 인센티브가 주어져야 할 것이다. 예를 들어 현금을 수령한 후 당장 은행에 예입해야 한다는 규정만으로는 불충분하고 당장 예입하지 않으면 경과된 시간에 비례하여 잃어버린 이자에 해당하는 벌금을 부과하도록 하면 당장 예입할 것이다. 또한 여유자금의 투자에 있어서 평균 이상의 수익을 올릴 경우에는 차액의 일정비율을 보너스로 지불하면 상당한 인센티브가 된다.

펀드간에 자금을 빌려줄 때 이자를 지불하도록 하면 펀드의 현금관리를 향상할 수 있다. 예를 들어 무이자로 다른 펀드에서 손쉽게 자금을 빌릴 수 있다면 현금관리에 노력할 이유가 없다. 이자의 지불은 조직전체의 관점에서 보면 하나의 펀드에서 다른 펀드로 자금을 이동하게 하는 것일 뿐 총액에는 영향을 미치지 않는다(Reed & Swain, 1997).

(3) 규정과 감독

바람직한 현금관리시스템을 위해서는 조직의 구성원이 현금관리규정을 준수하도록 감시하고 평가하여야 한다. 현금관리규정은 현금관리시스템의 일부분이지만 현금관리의 전반에 관해 가장 중요한 내용을 포함하고 있기 때문에 현금관리규정의 준수는 바람직한 현금관리의 필요조건이라 할 수 있다. 현금관리규정의 존재만으로는 충분하지 않으며 현금관리규정을 구성원들이 준수해야 한다.

사례

최근 미국 캘리포니아의 오렌지카운티는 위험부담이 매우 큰 파생금융상품(derivatives)인 선물(futures)에 투자하여 17억 달러의 투자손실을 기록하여 사람들을 놀라게 했고, 텍사스의 Odessa College도 2천 8백만 달러의 투자손실을 기록하였다. 자율의 부여가 얼마나 위험한가를 보여주는 좋은 사례이다. 바람직한 현금관리규정이 우선 제정되어야 하고 이러한 규정이 준수되어야 하며 준수되고 있는가를 감시하는 체계가 구축되어야 한다. 공공조직에서는 일반적으로 투자할 수 있는 금융상품을 제한하는 등 투자안전을 위하여 여러 가지 법적 제약을 가하고 있다. 그러나 최근에는 이러한 제약이 많이 완화되고 있다. 또한 지방정부의 경우 해당지역 내의 금융기관에만 투자하도록 요구하는 법적 조항도 있으며 이러한 조항이 없더라도 해당지역 내의 금융기관에만 투자하도록 요구하는 정치적 압력이 존재한다(Reed & Swain, 1997).

(4) 윤리기준과 윤리의식

높은 윤리의식이 존재하는 조직은 부정, 오류, 낭비가 작으며 현금의 시간가치에 대한 인식이 높을 수밖에 없다. 윤리의식이 높은 조직은 현금관리규정을 준수하는 정도가 높은 조직일 것이다. 현금은 특히 부정의 가능성이 크기 때문에 윤리의식의 정도에 따라 현금관리가 크게 영향을 받는다.

윤리기준의 존재가 바람직한 현금관리로 직결되는 것은 아니지만 윤리기준은 구성원에게 명확한 지침을 제공하고 주기적으로 윤리의식을 고양하는 효과를 갖기 때문에 바람직한 현금관리의 필요조건이라 할 수 있다. 윤리기준의 존재만으로는 부족하며 윤리기준의 준수가 필요함은 물론이다. 무엇보다도 최고책임자의 솔선수범과 윤리기준에 대한 관심이 절대적으로 필요하다.

(5) 인센티브의 부여와 문화에 기초한 통제

바람직한 현금관리시스템을 위해 무엇이 필요한가를 구성원이 이해하고 있다고 해도 적절한 인센티브가 주어지지 않으면 소용이 없다. 인센티브는 처벌 같은 불이익을 제공하는 부의 인센티브(negative incentive)와, 승진, 봉급인상, 보너스 등의 이익을 제공하는 정의 인센티브(positive incentive)가 있다. 위에서 설명한 현금의 시간가치를 현금관리에 도입하는 것도 일종의 인센티브를 현금관리에 결합하는 방법이다. 또한 규정의 준수를 확인하는 감시, 감독도 일종의 인센티브 역할을 한다. 인센티브의 부여와 아울러 공유된 가치, 신용, 전통, 믿음 등을 이용하는 문화에 기초한 통제(clan control)로서 보완해야 한다. 현금관리는 규정과 인센티브만으로는 한계가 있기 때문에 문화에 기초한 통제가 절대적으로 필요하다.

9.3 여유현금의 투자원칙

1. 투자시 고려사항

다음 요인들을 고려하여 포트폴리오(portfolio)를 구성한다. 포트폴리오란 투자자산의 집합체를 의미한다.

(1) 만 기

금융상품은 만기에 따라 수익률이 달라지며 만기 이전에 현금화가 어려운 금융상품에 투자할 경우 현금이 필요한 시점을 고려하여 투자해야 한다. 주식은 매각하는 시점이 만기이며, 채권은 만기 이전에도 채권시장에서 매각 가능하다.

(2) 유동성

투자상품의 환금성, 즉 쉽게 현금화 될 수 있는 정도를 말한다. 모든 여유현금을 유동성이 낮은 투자자산에 투자하면 현금이 필요한 시점에서 부채를 조달해야 하는 사태가 발생한다.

(3) 위 험

위험은 투자의 결과가 확정되지 않고 불확실하여 변경되는 정도이고, 추정손실가능성이라고도 하며, 실제수익이 기대수익과 차이가 날 수 있는 확률이고, 가능한 수익률의 범위가 넓어 불안정성이 높은 것이라고 정의하기도 한다. 위험이 높으면 수익률이 높고 위험이 낮으면 수익률이 낮다. 수익률과 위험은 서로 상반된 성격을 가지고 있으므로 투자시에는 위험과 수익률을 동시에 고려하여야 한다. 분산투자 함으로써 위험의 일부를 감소할 수 있다. 위험을 피하는 또 하나의 방법은 옵션(options), 선물(futures) 같은 파생상품(derivatives) 등에 투자하는 헷징(hedging)이다. 파생상품이란 증권이나 지수에 기초하는 금융상품을 말한다.

(4) 수익률

유동성이 증가하면 수익률은 감소한다. 예를 들어 언제든지 찾을 수 있는 예금의 이자는 그렇지 않은 예금에 비해 낮다. 또한 위험이 높으면 수익률도 그만큼 높으며, 이것을 위험 프리미엄이라고 한다. 동일한 위험수준에서 가장 높은 이자율을 제시하는 금융기관을 선정하는 것이 매우 중요하며 이를 위해 공개경쟁입찰을 실시하기도 한다.

(5) 투자규모

투자규모가 크면 동일한 조건하에서 수익률이 더 높다. 예를 들어 일정규모 이상의 예금에는 더 높은 이자를 지불한다. 투자규모가 클수록 거래비용이 차지하는 비중이 줄어들기 때문이다.

(6) 원금의 안정성

원금을 보전하지 못하면 공공조직은 법에 의해 수행하도록 결정된 업무를 수행하지 못하는 심각한 위험에 처하게 된다. 원금의 일부분이 손실되었다면 이유를 불문하고 비난을 받기 때문에 공공조직은 투자에 있어서 보수적이 될 수밖에 없으며 아무리 좋은 투자대상이라 하더라도 원금의 일부를 상실할 우려가 있는 투자에는 신중하게 된다.

2. 위험(risk)과 수익률(return)

투자의 목적은 쉽게 말해서 주어진 위험하에서 수익률을 극대화하는 것 혹은 특정수익률을 위해서 최소한의 위험을 부담하는 것이다. 위험과 수익률은 상관관계가 있는데 위험이 증가하면 수익률이 증가하며 위험이 감소하면 수익률도 감소한다. 수익률은 다음과 같은 방법으로 구한다.

$$\text{일정기간의 수익률}=\frac{\text{일정기간 내의 현금유입액}+\text{가격변동액}}{\text{구입가}}$$

$$\text{가격변동액}=\text{현재가}-\text{구입가}$$

$$\text{채권의 수익률}=\frac{\text{이자}+\text{가격변동액}}{\text{구입가}}$$

$$\text{주식의 수익률}=\frac{\text{배당금}+\text{가격변동액}}{\text{구입가}}$$

$$\text{인플레를 감안한 수익률}=\frac{1+\text{수익률}}{1+\text{인플레율}}-1$$

인플레율=소비자물가지수(Consumer Price Index: CPI)

위험은 예상하지 못한 사건이 발생할 가능성을 말한다. 사람들이 위험을 회피하기 때문에 위험은 수익률과 양의 상관관계에 있다. 높은 위험에 대해서는 높은 수익률을 요구한다는 의미이다. 예를 들어 삼성전자에 돈을 빌려주는 경우와 잘 모르는 사람에게 돈을 빌려주는 경우를 비교해보라. 삼성전자에게는 상대적으로 낮은 이자율을 요구할 것이다. 사람들은 위험을 회피하지만 대부분의 경우 위험을 완전히 제거하기는 불가능하다. 위험을 분산하기 위해 투자상품을 다양하게 선택한다. 포트폴리오란 자산의 집합을 말하는데 사람들은 위험을 분산하기 위해 다양한 자산에 투자한 포트폴리오를 구성한다.

9.4 부채관리, 위기관리, 연금관리

1. 기본개념

채무관리=부채관리+위기관리+연금관리

채무와 부채는 동의어지만 부채관리에 위기관리와 연금관리를 포함하는 보다 넓은 개념으로 채무관리개념을 사용하기로 약속하자. 현금관리는 여유현금의 투자와 채무관리를 포함한다. 투자원칙에 의한 여유현금의 투자로 투자수익의 극대화를 도모해야 하며 투자수익은 세입증가효과가 있다. 현금부족 때문에 부채를 조달할 수도 있지만, 부채도 일종의 투자대안이기 때문에 자금이 부족하지 않아도 투자로 인한 수익이 부채비용보다 크면 부채를 조달하는 것이 바람직하며, 부채조달비용을 최소화하는 것도 현금관리에 포함된다. 부채는 어느 한 시점에 필요한 현금을 그 시점의 현금수입으로 충당하지 않고 다른 시점의 현금수입으로 충당하는 것이므로 현금관리에 포함된다고 볼 수 있다.

위기관리 또한 조직에 손실이 발생할 때 기존예산의 범위에서 해결할 수도 있지만 부채조달 같은 추가재원조달이 필요하므로 채무관리에 포함할 수 있다. 연금관리 또한 채무와 관련되어 있다. 연금수혜자의 권리액수에 해당하는 현금이 적립되지 않으면 차액은 부채에 해당하기 때문이다. 연금으로 인한 부채에 대해서는 뒤에 자세하게 설명한다. 결국 위기관리와 연금관리 모두 부채와 관련될 수 있기 때문에 부채관리와 함께 채무관리를 구성한다.

2. 부채관리의 내용

부채관리, 위기관리, 연금관리를 총칭하여 채무관리라 하였는데 채무관리에서 가장 중요한 것은 부채관리이다. 부채를 조달하기 위해 채권을 발행할 경우, 상환방법,

만기, 조기상환가능성여부 등에 의해 현금흐름이 달라지기 때문에 다양한 가능성을 고려하여 부채관리를 해야 한다. 예를 들어 만기까지는 이자만 지불하고 원금은 만기 때 상환하는 채권이 있고, 만기까지 주기적으로 이자와 원금의 일부분을 지불하는 채권이 있다. 채권자 측에서 조기상환을 요구할 수 있는 채권은 이자율이 그만큼 상대적으로 낮은 반면 채무자 측에서 조기상환을 요구할 수 있는 채권은 이자율이 그만큼 상대적으로 높다(Reed & Swain, 1997).

부채에 대한 무조건적인 부정적 견해는 잘못된 것이다. 창업자의 위치에서 가장 이상적인 기업은 100% 부채기업이다. 금융시장이 효율적일 때, 즉 시장이 모든 정보를 반영하고 시장에서 각자의 이익을 추구할 때 부채조달은 기업의 미래에 대한 신뢰를 반영한다. 경쟁기업에 비해 상대적으로 낮은 이자율로 부채를 조달할 수 있다는 것은 그만큼 시장이 신뢰하고 있다는 의미이다. 다만 부채가 증가하면 위험이 증가하기 때문에 나쁜 것이다. 만약 경기가 매우 호황이고 기업의 미래전망이 매우 좋다면 100%부채기업이 50%부채기업보다 성장한다. 예를 들어 투자시 20%의 수익이 가능할 때 20% 이하의 이자율로 부채조달이 가능하면 부채를 조달할수록 총이익은 커진다. 반면 불경기에는 이자율 이하의 투자수익이 발생할 것이므로 부채는 기업에 압박요인이 된다. 주주와는 달리 채권자는 항상 약속된 이자를 요구하기 때문이다.

정부조직에 있어서 부채는 미래세입으로 유입되는 현금을 미리 사용하는 것을 의미하며 현금을 여러 기간에 걸쳐 적절히 배분하는 것을 의미한다. 정부의 경우도 기업의 경우와 마찬가지로 지나치게 높은 부채는 문제가 되지만 부채가 전혀 없는 상태가 바람직하다고 결코 일률적으로 판단해서는 안 된다. 예를 들어 다음 사례에서 보듯이 부채의 조달은 서비스 제공시점을 앞당기는 효과가 있다.

어떤 사업에 대해 A와 B의 두 대안이 있다고 하자. A 대안은 부채를 조달하여 사업을 추진하고, B 대안은 세입을 적립하여 예산이 확보되면 사업을 시작한다고 하자. A 대안을 선택하면 2001년에 부채를 조달하여 2001년에 서비스를 제공할 수 있지만 B 대안을 사용하면 2001년에 500억원을 적립하고 2002년에 500억원을 적립하여 2003년에 가서야 서비스를 시작할 수 있다. 물론 A 대안을 선택하면 부채에 대한 이자를 지불해야 하는 부담은 있지만 그 이상의 장점이 있을 수 있다.

사례

A	B
2001 부채조달 서비스제공시작	세금 500억
2002 550억 상환	세금 500억
2003 550억 상환	서비스제공시작

정부가 부채를 조달할 때는 금융기관으로부터 직접 차입할 수도 있지만 채권을 발행하는 것이 일반적이다. 채권을 발행할 경우 정부가 채권을 발행하여 투자자들에게 직접 매각하는 방법도 있지만, 주선금융기관에게 매각하고 금융기관이 다시 투자자들에게 매각하는 방법도 있다. 대부분의 미국 지방정부는 금융기관에게 매각하는 방법을 사용하고 있다. 금융기관에게 매각할 때는 공개입찰에 의하거나 수의계약에 의하는 두 가지 방법을 사용한다. 수의계약에 의할 때는 금융기관이 매각이전부터 채권의 유형선택, 매각시기 등 채권의 발행에 관한 도움을 제공하는 장점이 있다 (Reed & Swain, 1997).

정부가 발행하는 채권은 자본시장에서 거래된다. 미국에서는 Moody's나 Standard & Poor's 같은 신용평가기관이 채권을 발행하는 지방정부에 대해 신용도를 평가하는데 채권을 발행하는 정부는 신용평가기관에게 수수료를 지불하고 평가에 필요한 모든 정보를 제공한다. 평가되지 않거나 평가가 낮은 채권은 자본시장에서 높은 이자를 지불해야 하는 불리함을 감수해야 한다. 그러므로 거액의 채권을 발행하는 경우 발행자가 신용평가기관에게 로비를 하기도 한다. 신용평가기관이 신용평가에 오류를 범하기도 하는데 1975년 뉴욕시가 우량채권으로 평가받은 단기채권을 지불하지 못한 경우는 가장 대표적인 사례에 속한다(Reed & Swain, 1997).

미국에서는 정부가 발행하는 채권에 투자하여 획득한 이자소득에 대해서는 세금 혜택을 부여하고 있어 동일한 이자를 지불하는 채권이라면 정부가 발행하는 채권이 투자자의 관점에서 더 유리하다. 공공부문이 부채를 조달할 경우 부동산 혹은 설비 등의 전통적인 담보 이외에 공공부문 특유의 담보가 있다. 즉 사용료, 미래의 세금, 주민의 보장이 담보의 역할을 한다. 주민의 보장이 담보역할을 할 경우는 사전에 주민투표를 통한 찬성이 필요하다.

3. 부채관리기법

(1) 선수어음

미국의 주와 지방정부가 세입이 수령되거나, 공채매각대금이 유입될 때까지 일시적인 현금부족사태를 해결하기 위하여 단기차입을 할 때 조세선수어음(tax anticipation note: TAN), 수익선수어음(revenue anticipation note: RAN), 공채선수어음(bond anticipation note: BAN)의 세 가지 형식을 취하는 것이 일반적이다(Axelrod, 1995). 조세선수어음이란 세금이 수령될 것을 미리 예상하고 차입하기 위해 발행하는 어음이다. 수익선수어음은 세금 이외의 사용료 등의 수입을 미리 예상할 때 발행하는 어음이다. 공채선수어음은 공채발행으로 공채매각대금이 유입될 것을 미리 예상하고 이에 기초하여 차입하는 어음이다.

(2) 이자율교환(interest rate swaps)

한 조직이 고정이자율에 의해 부채를 조달하고 다른 조직이 변동이자율에 의해 부채를 조달할 때 이자율교환에 의해 부채포트폴리오의 균형을 도모할 수 있다. 또한 한 조직이 특정국가의 자본시장으로부터 부채를 지나치게 많이 조달했을 때 다른 국가의 자본시장으로부터 부채를 조달함으로써 부채포트폴리오의 균형을 도모할 수도 있다. 예를 들어 안양시가 고정이자율에 의해 부채를 조달하고 수원시가 변동이자율에 의해 부채를 조달했을 때 수원시가 이자율이 미래에 상승할 것으로 생각하고 고정이자율을 원할 경우 서로 합의에 의해 부채의 교환이 가능하다. 선진국의 경우 변동금리는 기준금리에 일정한 가산금리가 추가되는데 기준금리는 리보(LIBOR), 우량고객에게 적용하는 금리인 우대금리(prime rate), 혹은 CD금리 등이 사용된다. 리보(LIBOR: London Interbank Offered Rate)는 런던에서 매일 주요 국제금융기관 사이에서 이루어지는 부채의 이자율로 유로달러시장에서 형성되는 이자율이다. 때로는 금융기관이 이자율교환을 주선할 수 있으며 이럴 경우 일정한 수수료를 받는다. 또한 안양시는 미국에서 낮은 이자율로 부채를 조달할 수 있고 수원시는 유럽에서 낮은 이자율로 부채를 조달할 수 있을 때도 이자율교환은 모두에게 이득이 된다(Samuels et al., 1999; Sharpe et al., 1995; Bodie et al., 1996).

사례 **부채조달**

이자율교환은 현금흐름을 교환하는 것이나 마찬가지이다. 만약 안양시가 매년 8%를 지불해야 하는 100억원의 고정금리부채를 소유하고 있으면 수원시와의 이자율교환에 의해 변동이자율로 전환할 수 있다. 안양시가 이자율하락을 예상하고 변동금리부채를 소유하고 있는 수원시와 이자율교환을 실현했다고 하자. 만약 변동금리가 예상대로 하락하여 수원시에 적용되는 부채의 이자율이 7%가 되었다면 수원시가 대신 지불해주는 8억원을 수령하고 변동이자율에 의해 수원시가 지불해야 하는 이자 7억원을 지불하면 된다. 이자율교환은 물론 위험도 있다. 안양시는 이러한 위험을 감수할 각오가 있기 때문에 고정금리부채를 변동금리부채로 교환한 것이다. 만약 변동금리가 예상과는 달리 상승하여 수원시에 적용되는 부채의 이자율이 10%가 되었다면 수원시가 지불해주는 8억원을 수령하고 대신 변동이자율에 의해 수원시가 지불해야 하는 이자 10억원을 지불해야 한다.

이자율교환 대신 기존부채를 조기상환하고 새로운 부채를 조달할 수도 있지만 이자율교환이 더 신속하고 비용이 적게 소요된다. 이자율교환은 옵션이나 선물에 비해 훨씬 유연하다. 교환당사자는 협상에 의해 만기, 이자율, 지급조건 등 모든 것을 합의에 의해 결정할 수 있는 데 반하여 옵션이나 선물은 표준화되어 있기 때문에 신축성이 결여되어 있다. 이자율교환은 부채조달의 경우에 적용되지만 부채제공의 경우에도 적용된다. 채권에 투자하였거나 자금을 대여하였을 때도 적용할 수 있다. 예를 들어 안양시가 채권에 투자하였거나 다른 조직에 자금을 대여했을 때 이자율교환에 의해 유리한 투자로 전환할 수 있다.

사례 **부채제공**

만약 안양시가 100억원의 투자자산을 소유하고 있으며 매년 9%의 고정이자를 수령한다고 하자. 수원시는 변동이자에 의해 지불되는 투자자산에 투자했다고 하자. 안양시가 이자율상승을 예상하고 수원시와의 이자율교환에 의해 고정금리를 변동금리와 교환했다고 하자. 만약 변동금리가 10%였다면 안양시는 수령한 9억원을 수원시에게 주고 수원시로부터 10억원을 수령한다. 만약 변동금리가 8%였다면 안양시는 수령한 9억원을 수원시에게 주고 수원시로부터 8억원을 수령한다. 결국 고정현금흐름(매년 9억원)을 변동현금흐름과 교환한 것이며 포트폴리오를 재구성한 것이다. 안양시가 소유하고 있는 투자자산을 매각하고 이자율의 상승에 따라 더 높은 이자를 지불하는 투자자산을 구입하거나 변동이자를 지불하는 곳에 투자할 수도 있지만 이자율교환이 훨씬 비용이 저렴한 방법이다. 결국 예상대로 이자율이 상승하여 예를 들어 10%로 상승했다면 단순히 이자율교환에 의해 기존 투자자산을 매각하고 10%이자를 지불하는 투자자산을 구입한 것과 동일한 이자수익을 거둘 수 있게 된 것이다. 안양시는 수원시와 직접 이자율교환을 할 수도 있지만 주선금융기관을 사이에 두고 교환할 수도 있다.

(3) 외환교환(foreign exchange swaps)

외환교환도 공공조직이 자주 사용할 수 있는 기법 중의 하나이다. 예를 들어 부천시가 국내에서는 높은 이자율을 부담해야 하지만 미국에서 낮은 이자율로 부채를 조달할 수 있을 때 미국에서 부채를 조달하기를 원할 것이다. 그러나 미국에서 부채를 조달하면 달러화의 변동위험에 노출된다. 이럴 경우 미국에서 부채를 조달하되 달러로 상환해야 하는 부담에서 벗어나고 싶을 때 국내부채로 교환하는 방법을 택할 수 있다. 외환교환은 선매계약(forward contract)과 동일한데 일정액수의 달러를 지불하고 원화를 구입하는 선매계약이라고 볼 수 있다(Bodie et al., 1996).

(4) 이자상한선과 이자하한선

변동금리는 이자율이 무작정 상승하는 시기에는 채무자에게 큰 부담을 준다. 변동금리의 문제점을 해결하는 방법은 변동이자율을 선택할 때 상한선을 정하는 것이다. 만약 서울시가 변동금리에 의해 금융기관으로부터 부채를 조달하기로 하였으며 "우대금리+2%"로 결정했다고 하자. 그리고 이자상한선은 15%라고 하자. 만약 우대금리가 14%로 치솟아도 16%(=14+2)가 아닌 15%만을 지불하면 된다. 그러나 이자상한선을 요구하는 대가를 지불해야 한다. 일반적으로 이자상한선에 대한 대가는 가산금리를 좀 더 높게 적용하는 형태로 나타난다.

이자상한선과 동시에 이자하한선을 설정하는 계약을 체결하면 가산금리를 낮출 수도 있다. 예를 들어 이자하한선을 10%로 결정하고 상한선은 15%로 하였다면 우대금리가 7%로 하락하여도 서울시는 9%가 아닌 10%의 이자를 지불해야 하기 때문에 이런 경우에는 금융기관이 유리하다. 금융기관에게 유리한 이자하한선과 서울시에게 유리한 이자상한선을 동시에 설정하여 이자지불의 불확실성을 감소할 수 있을 것이다. 가산금리는 이자상한선만을 설정하는 경우는 상승하겠지만 이자하한선도 동시에 설정하면 그만큼 하락한다. 얼마만큼의 가산금리가 추가되는가는 전적으로 금융기관과 부채조달기관의 협상에 달려 있는데 물론 시장에서의 자금수요와 공급에 의해 영향을 받는다.

(5) 리스와 구매

리스냐 구매냐의 선택은 현금흐름에 영향을 미친다. 구매관리에서 리스와 구매에 대해 상세하게 비교하지만 여기서는 간단하게 사례를 중심으로 리스와 구매를 소개한다.

사례

수명 5년인 기계의 구매가는 100억원인데, 100억원이라는 예산이 일시에 확보되지 않을 때 리스와 구매를 비교하기로 한다. 구매를 위해서는 은행에서 100억원을 차입해야 하며 이자는 매년 5%에 해당하는 5억원을 지불한다고 하자. 대신 5년 뒤에 100억원을 일시상환하기 위해 매년 20억원씩 추가로 적립해야 한다. 그러면 매년 25억원의 현금을 기계구매를 위해 준비해야 한다. 만약 리스를 할 경우 리스회사에서 매년 25억원의 사용료를 요구한다고 하자. 이 경우에 현금흐름은 리스와 구매 중 어떤 대안을 선택하건 동일할 것이다.

사례

위의 사례에서 100억원을 예산에서 확보할 수 있을 때 리스와 구매를 비교하기로 하자. 만약 100억원을 일시에 예산에 확보할 수 있다면 100억원을 지불하고 기계를 구입할 수 있다. 리스회사는 매년 25억원의 사용료를 요구하기 때문에 리스를 선택하면 매년 25억원의 사용료가 지불될 것이다. 리스와 구매로 인한 현금흐름은 다음과 같은 차이가 있다.

	리스	구매
연도 1	-25	-100
연도 2	-25	
연도 3	-25	
연도 4	-25	
연도 5	-25	

리스와 구매의 두 가지 대안 중 하나를 선택할 때는 현금흐름만을 염두에 두어서는 안 된다. 리스와 구매의 두 가지 대안 중 하나를 선택하는 구체적인 방법은 이 책의 “구매관리” 부분을 참조하기 바란다.

4. 위기관리(risk management)

위기관리는 부채관리, 연금관리와 함께 조직의 채무(liabilities)와 밀접한 관련이 있다. 위기관리는 보험의 구입과 동일한 개념으로 이해하고 있지만 보험의 구입보다는 넓은 개념이다. 위기관리는 조직과 관련하여 인명이나 자산이 피해를 입는 우발적인 사고를 방지하거나 감소함으로써 조직이 부담해야 하는 손실을 분산하고 최소화하려는 체계적이고 조직적인 노력이다. 조직에 손실이 발생할 때 기존예산의 범위에서 해결할 수도 있지만 부채조달 같은 추가재원조달이 필요하게 된다. Reed와

Swain은 위기관리에 대해 다음과 같이 설명하고 있다(Reed & Swain, 1997). 바람직한 위기관리를 위해서는 위기관리의 권한과 책임이 명확하게 규정되어야 하고 위기관리정책과 위기관리에 대한 정보시스템이 존재하며 주기적으로 위기관리프로그램이 평가되고 수정되어야 한다.

첫째, 위기관리를 위해서는 먼저 인명이나 자산에 피해를 끼치는 모든 잠재적인 위험을 파악해야 한다. 업무수행시 고객이 피해를 당할 수도 있지만 공무원이 손상을 입을 수도 있다. 정부의 잘못된 정책으로 특정 주민이나 집단이 피해를 입어 소송을 제기할 수도 있다. 환경오염으로 기형아를 출산한 산모가 정부의 환경정책실패를 이유로 소송을 제기할 수 있다. 도로의 균열에 의해 발생한 교통사고의 피해자가 정부를 상대로 소송을 제기할 수도 있으며, 시청 앞에서 쓰레기 오물에 미끄러져 허리를 다친 시민이 시청을 상대로 소송을 제기할 수도 있다. 지방자치단체와 계약에 의해 쓰레기 수거를 담당하고 있는 민간기업이 주민에게 피해를 가했을 때 피해주민이 민간기업과 지방자치단체에 대해 소송을 제기할 수 있다. 또한 정부가 소유하거나 관리하고 있는 건물이나 기계가 화재, 천재지변, 범죄에 의해 파손되거나 기타 손실이 발생할 가능성도 있으며 이러한 위험도 위기관리의 대상이다. 차량의 파손으로 인하여 행정서비스가 제공되지 못하는 상황도 위기관리의 대상이다. 중앙컴퓨터의 고장으로 관련 행정서비스가 일시적으로 중단되는 것도 위기관리의 대상이다. 전 세계적으로 정부조직이 이러한 위험에 노출되는 범위와 가능성이 증가하고 있다. 모든 잠재적인 위험을 파악하는 방법은 과거기록의 조사, 다른 조직의 정보참조, 현장조사, 설문조사, 업무담당자 인터뷰 등이 있다.

둘째, 위험이 파악되면 위험의 규모와 확률을 측정해야 한다. 확률은 발생빈도로 측정하는 것이 일반적이다. 지진이나 화산폭발 등은 확률 즉 빈도가 매우 낮지만 손실의 규모는 엄청나기 때문에 확률만을 고려해서는 안 되고 손실과 확률을 동시에 고려해야 한다.

셋째, 위험에 대한 최적대처방안을 비용과 편익을 기준으로 선택하여야 한다. 위험에 대한 대처방안은 위험을 제거하거나, 감소하거나, 위험을 다른 행정조직이나 민간에 이양하거나, 심지어 행정서비스를 중단하는 방법 등이 있다. 예를 들어 고속도로 건설시 건설회사에 건설과 관련한 위험을 건설회사가 부담한다는 계약을 체결할 경우 고속도로 건설에 관한 모든 위험을 건설회사에 이양할 수 있다. 별도의 자금을 설정하여 손실의 발생이나 예상하지 못한 사태에 대비하는 것도 위험에 대처하는 방법이다. 또한 보험에 가입하는 것도 위험에 대처하는 좋은 방법이다. 유사한 행정서비스를 여러 지방정부가 공동으로 제공하는 것도 위험을 분산하기 때문에 위험에 대한 대처방안의 하나라고 할 수 있다. 공무원의 정책에 의해 혹은 무정책에 의해 피해가 발생하였을 때 보상해주는 보험(D&O: directors and officers liability insurance)에 가입하는 방법도 있다.

5. 연금관리(pension management)

많은 사람들이 연금과 부채를 연결시키지 못하지만 기업의 경우 연금으로 인한 부채가 엄청날 수 있다. 연금제도에 따라 부채문제가 심각한데 연금제도는 보통 두 가지 제도가 있다. 보다 자세한 내용은 중급회계학책이나 보험에 관한 문헌을 참조하기 바란다. 연금제도에 관한 두 가지 제도 중 연금채무를 발생하게 하는 제도는 보장금기준제도라고 하는데 일정한 공식과 계산방법에 의해 퇴직시에 연금을 받도록 하는 제도이다.

연금채무가 발생하는 이유는 공무원이 수령할 권한이 있는 연금액수는 근무기간이 경과함에 따라 증가하는데 정부가 이에 해당하는 금액전부를 적립하지 못하기 때문이다. 이 제도는 비록 퇴직시에 혜택이 지급되지만 퇴직이전에도 혜택에 대한 종업원의 권리가 발생하는 제도이다. 이러한 혜택의 규모는 전문가에 의해 추정될 수 있으며 퇴직시까지 계속 증가할 것이다. 퇴직시에 일시의 거액을 지불하기 때문에 미리 주기적으로 연금지급에 대비하여 기금을 적립하는 것이 좋다. 그러나 정부가 공무원이 수령할 권한이 있는 금액 전액을 적립하지 못할 경우 공무원이 수령할 권한이 있는 금액과 적립하는 금액의 차이는 연금채무가 된다. 물론 정부가 공무원이 수령할 권한이 있는 금액 전부를 매년 적립하면 연금채무는 발생하지 않는다.

이 제도를 채택할 경우 정부가 연금채무를 보고하지 않으면 재무보고의 사용자는 부채를 과소평가하게 된다. 물론 정부의 부채가 축소 보고되는 것은 물론이다. 또한 적정 금액을 적립하지 않을 경우 미래에 퇴직자들이 퇴직할 때에 당시 예산에서 충당해야 하기 때문에 세대간의 형평성 문제도 있다. 즉 미래 세대에게 과도한 부담을 지우는 것이다. 충분한 적립금이 없고 미래 예산에서 거액을 충당할 수도 없을 경우 연금은 파산하게 된다.

2000년 4월 국회의원선거에서 최대의 쟁점의 하나였던 국가채무논쟁에는 국가보증채무와 아울러 국가의 연금으로 인한 부채문제가 포함되었다. 한나라당의 주장에 의하면 국가연금으로 인한 부채도 천문학적 숫자이며 부채이기 때문에 국가채무에 포함되어야 한다는 것이다. 한국의 연금제도가 보장금기준제도를 채택하고 연금수혜자의 권리에 해당하는 액수에 미달하는 금액이 매년 적립될 경우 필연적으로 미적립부채가 발생할 것이다. 이러한 미적립부채는 국가의 채무라는 주장은 타당하지만 미적립부채는 미래가치로 평가되어서는 안 되고 보험수학에 의해 엄격하게 계산되어야 하며 부채의 액수는 현재가치로 평가되어 보고되어야 한다. 물론 현재가치로 환산할 경우 할인율을 어떻게 결정하느냐에 따라 현재가치의 크기가 현격하게 차이가 나기 때문에 정치적으로 할인율 선정에 대한 논쟁이 야기될 우려가 크다. 그러나 한국에서 발생한 논쟁은 어떻게 연금채무가 계산되었는가에 대한 논쟁은 아니었으며 연금미적립금액이 부채인가 아닌가에 대한 논쟁이었다.

9.5 적정현금보유량결정모델

여유현금은 예산집행과정에서 필연적으로 발생한다. 여유현금이 없다는 것은 예산이 집행될 수 있는 현금이 없다는 말과 같으며 조직을 기계에 비유하자면 윤활유가 없는 기계와 같다. 현금유입과 현금유출이 매순간마다 한 치의 오차도 없이 일치하여 여유현금도 발생하지 않고 현금부족도 발생하지 않는 경우란 불가능하다. 지나치게 많은 여유현금은 투자기회를 상실하는 낭비이지만 지나치게 부족한 현금보유량은 현금부족을 야기하기 때문에 적정현금을 보유하여야 한다.

적정현금보유량을 결정하기 위해서는 먼저 현금의 유입과 유출에 관한 추정이 정확하여야 한다. 과거 현금흐름에 관한 기록을 참고하고 현금의 유입과 유출에 영향을 미치는 여러 가지 요인들을 고려하여 현금예산을 편성하는 것이 좋은 방안이다. 적정수준의 현금보유량의 결정은 주관적인 판단이나 경험에 의하거나 수리적인 모델을 사용한다. 수리적인 모델을 사용하더라도 수리모델의 한계로 인하여 전적으로 주관적인 판단이나 직관을 배제할 수는 없으며 구체적인 내용의 소개는 재무관리교과서에 맡기기로 한다.

최적현금보유량을 결정하기 위한 수리모델로는 민간기업에서 사용하는 Miller-Orr모델, Baumol모델, Stone모델이 가장 대표적인데 공공부문에 응용 가능한 모델이다.

1. Miller-Orr 모델

$$Z = \text{목표현금보유량} = \sqrt[3]{\frac{3FV}{4r}} + L$$

F=단기투자상품을 사고파는 데 소요되는 거래비용(거래수수료라고 볼 수 있음)
V=일일순현금유입의 분산(variance of net daily cash flows)
r=단기투자상품으로부터의 하루 수익률
L=최소현금보유량(여러 요인을 고려하여 미리 설정한 액수)

만약 최소현금보유량 L을 0으로 설정하면 목표현금보유량은 다음과 같을 것이다.

$$Z = \text{목표현금보유량} = \sqrt[3]{\frac{3FV}{4r}}$$

결국 매일의 현금보유량은 단기투자상품에 투자하거나 회수하는 활동과 밀접하게 관련되어 있음을 알 수 있다. 이 모델은 현금보유상한선인 U를 구하는데 "U=3Z−2L"이다. 만약 최소현금보유량 L을 0으로 설정하면 "U=3Z"이다. 현금수준은 현금보유상한선(U)과 현금보유하한선(L) 사이에 유지되어야 한다고 가정한다. 만약 현금수준이 U에 도달하면 현금수준을 목표수준인 Z로 환원하고, 현금수준이 L에 도달하면 현금수준을 목표수준인 Z로 환원한다.

사례

만약 어떤 부서의 F가 25원이고 단기투자상품으로부터 획득할 수 있는 수익률이 연 15%라고 하자. r을 구하기 위해서는 15%를 365일로 나누면 될 것이다.[3] 매일 현금흐름의 분산이 1,000,000원이고 L=100,000으로 설정되었다고 하자.

$$Z = \sqrt[3]{\frac{(3)(25)(1{,}000{,}000)}{4(0.15/365)}} + 100{,}000 = 116{,}585$$

3) 하루 이자율을 계산할 때 어떨 경우에는 365로 나누고 어떨 경우에는 360으로 나누는 경우가 있는데 사소한 차이밖에 야기하지 않기 때문에 큰 문제는 아니라고 생각한다.

U=3×116,585−2×100,000=149,755. 결국 149,755원이 현금보유상한선이고 100,000원이 현금보유하한선이다. 만약 현금수준이 149,755원에 도달하면 현금수준을 목표수준인 116,585원으로 환원하고(여유현금을 투자해야 할 것), 현금수준이 100,000원에 도달하면 역시 목표수준인 116,585원으로 환원(투자회수, 부채조달 등을 통해)한다(Gallagher & Andrew, 1997; Kolb & Rodriguez, 1992).

2. Baumol모델

Baumol모델은 현금을 다른 재고자산과 동일하게 취급하기 때문에 적정재고자산 모델인 EOQ모델과 동일하다. EOQ모델에 대해서는 이 책의 "구매"에서 구체적으로 설명한다. 현금지출이 일정한 속도로 이루어지지 않고 불확실성이 높다면 Baumol모델보다 Miller-Orr모델이 더 적합하다.

$$\text{최대현금보유량} = C^* = \sqrt{\frac{2FT}{v}}$$

F=단기투자상품을 사고 파는 데 소요되는 거래비용(거래수수료라고 볼 수 있음)

T=1년 동안에 필요한 현금액수(annual cash needs)

v=단기투자상품으로부터의 연 수익률(Miller-Orr의 모델에서는 하루수익률을 사용했는데 여기서는 연 수익률임)

사례

만약 A부서가 1년 동안 필요한 현금액수가 500,000원이라고 하자. F=25원, v=15%이면

$$\text{최대현금보유량} = C^* = Z = \sqrt[2]{\frac{(2)(25)(500,000)}{0.15}} = 12,909\text{원}$$

이 모델은 현금을 일정한 속도로 사용하므로 주기적으로 현금을 확보한다고 가정한다. 현금은 단기자산, 주로 유가증권을 매각하여 확보한다고 가정하며 매번 거래비용을 수반한다. 위에서 최대현금보유량은 매번 보충해야 하는 현금액수이며 동시에 최대현금보유량이다. 현금잔액이 점점 감소하여 0이 되는 순간 현금을 12,909만큼 보충하고 다시 현금사용으로 잔액이 감소하여 0이 되면 현금 12,909를 보충한다(Kolb & Rodriguez, 1992). 만약 최저현금보유량을 0이 아닌 일정금액으로 유지하고자 하면 이 모델을 약간 수정하여 응용하면 된다.

3. Stone모델

Stone모델은 두 개의 현금상한선과 두 개의 현금하한선을 설정한다. Stone모델은 현금상한선과 현금하한선 내에 또 다른 내부상한선과 내부하한선을 설정하는데 추정에 따른 오류로 인해 현금상한선을 보다 보수적으로 설정한 것이 내부상한선이고 현금하한선을 보다 보수적으로 설정한 것이 내부하한선이다. Stone 모델은 현금잔액이 내부현금상한선과 내부현금하한선 내에서 변동할 때는 유가증권 같은 단기자산을 매각하거나 매입하지 않는다. 현금상한선을 결정하는 데 Miller-Orr의 모델을 사용할 수도 있고 과거의 경험에 비추어 직관적으로 결정할 수도 있으며 과거의 자료를 통계적으로 회귀분석하여 구할 수도 있다.

사례

예를 들어 현금상한선과 현금하한선이 각각 2,500억원과 1,200억원이고 200억원의 차이로 내부범위가 설정된다면 내부상한선은 2,300억원이고 내부하한선은 1,400억원이다. 현금잔액이 상한선을 넘어 상승하면, 즉 현금과잉사태가 발생하면 며칠 후의(이것은 조직이 임의로 설정) 현금잔액을 추정하여 내부상한선과 내부하한선범위 내에 있으면 아무 조치도 취하지 않고 만약 그 범위를 넘어서면 단기자산을 매입하여 현금을 목표수준(조직의 과거경험, 미래전망, 기타 사항을 고려하여 설정)까지 감소한다. 여기서는 목표수준을 1,900억원이라고 하자. 마찬가지로 현금잔액이 현금하한선 밑으로 하락하면, 즉 현금부족사태가 발생하면 며칠 후의 현금잔액을 추정하여 내부상한선과 내부하한선 내에 있으면 아무 조치도 취하지 않고 여전히 내부하한선 밑에 있으면 단기자산을 매각하여 현금을 목표수준까지 증가한다. 만약 A시의 2000년 5월 1일의 현금잔액(5월 1일의 마감잔액이며 5월 2일의 시작잔액)이 2,500억원을 벗어나고 3일 후의 잔액인 5월 5일의 현금잔액이 2,200억원으로 추정되었다면 아무런 조치도 취하지 않는다. 즉 현금잔액이 현금상한선에서 훨씬 더 안정된 범위인 내부상한선 2,300억원보다 작아 내부범위 내에 들어 있기 때문이다. 만약 5월 10일의 현금잔액이 1,200억원을 벗어나서 900억원이었기 때문에 3일 후의 잔액을 추정한 결과 5월 14일의 현금잔액이 1,300억원으로 추정되었다면 이는 현금하한선인 1,200억원보다는 크지만 내부범위하한선인 1,400억원을 벗어난 것이므로 안심할 수 없는 수준이며 600억원에 해당하는 단기자산을 매각하여 3일 후의 잔액을 목표수준인 1,900(=1,300+600)억원으로 상승시켜야 한다(Hill & Sartoris, 1995).

9.6 투자금융상품: 주식, 채권, 옵션, 선물

1. 채 권

(1) 채권의 종류

정부는 여유현금을 투자할 때 주식보다는 채권을 선호한다. 채권은 주식에 비해 상대적으로 안전하기 때문이다. 채권은 여러 가지 종류가 있지만 가장 대표적인 것은 다음과 같다.

1) 회사채(社債)

기업이 발행하는데 私債가 아닌 社債임에 유의해야 한다. 회사채는 국공채만큼 안정적인 투자자산은 아니지만 우량기업의 회사채는 매우 안정적이다. 예를 들어 삼성전자가 발생하는 회사채는 국공채 못지않게 안정적인 투자자산이기 때문에 이자율이 매우 낮다.

2) 국공채

중앙정부와 지방자치단체가 발행하는 채권이다. 매우 안정적인 채권이다.

3) 전환사채(convertible bonds)

주식으로 전환가능한 특별한 유형의 채권이다. 전환사채는 채권의 소유자가 원하면 채권을 일정수량의 사채발행기업의 주식으로 전환할 수 있도록 허용한 채권이다. 만약 채권소지자가 채권을 주식으로 전환하지 않는다면 기업은 원금과 이자를 지불한다.

4) 투기등급채권 혹은 정크본드(junk bond)

특정신용수준 이하의 채권을 말한다. 예를 들어 Moody's의 신용평가에서 BB+ 혹은 그 이하의 신용평가를 받은 채권이다. 정크본드는 어감이 좋지 않기 때문에 고수익채권 혹은 투기등급채권이라고도 한다. 우수한 기업의 채권이 기업위기로 인하여 정크본드가 되기도 하며 이것을 추락한 천사(fallen angels)라고 한다. 예를 들어 1996년 1월에 K-Mart의 채권이 정크본드가 되었다. 또한 기업인수 재원조달을 위한 채권은 일반적으로 정크본드가 많다(Gallagher & Andrew, 1997). 정크본드는 위험은 크지만 수익률도 그만큼 크다. 발행 후 몇 년 동안 이자를 지불하지 않는 채권도 있는데 초기에 막대한 투자가 필요하고 이익을 거둘 때까지 몇 년이 소요될 것으로 추정되는 신규사업에 적합하다. Cable TV 사업이 대표적인 사례이다(Samuels et al., 1999).

(2) 채권의 수익률

채권에 명시된 이자율(명목이자율)은 고정되어 있기 때문에 시장이자율의 변동에 따라 채권가격이 변동한다. 채권가격이 변동하기 때문에 채권을 소유하고 있는 중앙정부나 지방정부는 두 가지 종류의 수익이 발생한다는 사실을 인식해야 한다. 채권의 이자로부터 발생하는 수익과 채권의 가격변동으로 인한 수익이다. 채권가격과 시장이자율은 반대관계를 갖는다. 시장이자율이 상승하면 채권가격은 하락하고 시장이자율이 하락하면 채권가격은 상승한다.

사례

액면가 100만원, 연 10% 이자를 지불하는 채권이 있다고 하자. 그러나 실제 시장이자율이 10%이면 100만원에 시장에서 거래되지만 12%로 상승하면 100만원 이하가격에 거래되고 9%로 하락하면 100만원 이상가격에 거래된다. 예를 들어 실제 시장이자율이 하락하여 채권이 시장에서 105만원에 거래되고 있다면 채권의 시가는 105만원이다. 채권소지자는 연 10%의 비율로 지불되는 이자도 수령하지만 채권을 매각할 경우 5만원의 이익을 거둘 수 있다. 그러므로 채권의 시가도 채권의 명목이자율 못지않게 중요하다.

2. 주　　식

공공조직은 일반적으로 여유현금을 주식에 투자하지는 않는다. 그러나 선진국의 경우는 주식에 투자하는 것은 물론 선물, 옵션 같은 파생금융상품에도 투자하는 공공조직이 있다. 최근 선진국의 추세가 자율의 부여이기 때문에 투자담당자의 자율에 투자를 위임하는 경우가 많은데 미국 캘리포니아의 오렌지카운티가 파생금융상품에 투자하여 엄청난 손실을 입은 사례가 대표적이다. 비록 이러한 부정적인 측면도 있지만 점점 공공조직도 주식과 파생금융상품에 투자하는 사례가 증가할 것이다. 특히 파생금융상품은 매우 위험한 투자자산이기도 하지만 위험을 축소하고 제거할 수 있는 헷징의 역할을 하기 때문에 공공조직에서 관심을 갖고 고려해야 할 투자자산이다.

주식은 크게 보아 보통주와 우선주의 두 가지가 있다. 보통주는 우선주에 비해서 열등한 느낌을 준다. 우선주는 무엇인가 우선한다는 의미인 데 반하여 보통주는 우선하지 않고 평범하다는 뜻인 것 같아서 그렇다. 그러나 우리의 상식과는 정반대로 우선주는 보통주보다 더 열등한 주라고 볼 수 있다. 의심이 가면 신문을 펴고 주식시세를 보기 바란다. 우선주를 발행하는 상장기업에 대해 보통주의 주식시세와 아울러 우선주의 주식시세가 나타나 있다. 우선주는 일반적으로 "우"라는 약자로 표시되어 있고 보통주는 별도의 명칭이 없다. 특별한 언급이 없으면 보통주이고 "우"라고 표시되어 있으면 우선주이다.

모든 기업이 우선주를 발행하지는 않지만 우선주를 발행한 기업은 우선주의 주식시세가 보통주의 주식시세보다 낮은 것을 알 수 있다. 우선주가 보통주보다 열등하다는 증거이다. 그러면 우선주는 왜 우선이라는 단어가 붙었는가? 우선주와 보통주의 가장 큰 차이는 우선주의 주주는 주주총회에서의 투표권이 없는, 주주가 아닌 단순한 우선주의 소유자에 불과하다는 점이다. 우선주의 소유자는 사실상 주주가 아니다. 그러므로 기업의 소유주가 아니다. 보통주는 단 1주를 가지고 있더라도 엄연히 1주에 해당되는 지분만큼은 기업의 소유주라고 말할 수 있다.

우선주는 보통주보다 우선해서 일정한 액수의 배당을 받으므로 우선주라고 부른다. 그러면 왜 우선주를 발행하는가? 우선주는 부채와 보통주의 중간형태의 성격을 가지고 있다. 채권자에게 일정한 이자를 지불하듯이 일정 액수의 배당금을 지불하고, 채권자는 주주와 달리 기업의 소유자가 아닌 것처럼 우선주의 소유자도 주주와는 달리 기업의 소유자는 아니다. 다만 부채는 기업의 이익이 발생하건 안하건 항상 이자를 지불해야 하는 시기가 오면 이자를 지불하지만 우선주는 기업의 이익이 발생하는 경우에만 배당금을 이자처럼 지불한다.

기업이 이익을 남길 것이 확실치 않으면 필요한 재원조달을 위해 부채를 발행하려고 하지 않는다. 왜냐하면 적자가 발생할 때는 이자를 지불하기가 용이하지 않기 때문이다. 이럴 때는 오히려 배당금을 지불하지 않아도 되는 우선주가 좋다. 우선주는 또한 보통주와는 달리 기업의 소유주가 아니기 때문에 기존의 주주들에게는 위협이 되지 않는 존재이며 기존주주들의 소유권을 희석시키지 않는다. 새로운 주주를 편입하고 싶지는 않고 재원조달을 위해 부채를 동원하고 싶지는 않을 때 우선주는 좋은 절충안이 될 수도 있다.

3. 뮤추얼펀드(mutual funds)

뮤추얼펀드는 가입자들의 돈을 모아 여러 가지 종류의 투자상품에 투자하는 회사이다. 가입자들은 일종의 주주처럼 투자수익을 배분 받는다. 가입자들이 뮤추얼펀드에 돈을 납부하면 투자를 위한 회사를 결성하는 것이다(Gallagher & Andrew, 1997). 투자회사는 펀드가 존속하는 한 포트폴리오가 변동하지 않는 경우와 끊임없이 자산의 구입과 매도로 포트폴리오가 변동하는 두 가지 종류가 있다. 후자의 경우는 포트폴리오의 결성을 주관한 회사가 포트폴리오를 관리하는데 여기에도 투자자들이 언제든지 자신의 지분을 현금으로 회수할 수 있는 경우(open-end funds)[4]와 자신의 지분을 회수하기 위해서는 시장에서 다른 투자자에게 지분을 매각해야 하는 경우(closed-end funds)의 두 가지 종류가 있다. 뮤추얼펀드는 전자(open-end funds)의 경우를 지칭하는데 한국에서는 후자의 경우도 뮤추얼펀드로 지칭하고 있다. 뮤추얼펀드는 다양한 자산에 투자하는데 국공채에만 투자하는 펀드도 있고 회사채에만 투자하는 펀드도 있다(Sharpe et al., 1995).

4. 파생금융상품(derivative financial instrument)

파생금융상품의 가치는 근거가 되는 자산에서 유래한다. 선물과 옵션은 위험관리 기법인 헷징(hedging)을 위해 사용된다. 헷징이란 미래의 불확실한 사건으로 인한 손실로부터 보호하는 보험과 같은 기능을 한다(Hutchinson, 1995). 옵션과 선물에 대한 투자는 순수하게 이익을 획득하려는 목적으로 하는 투자와 위험을 피하기 위한 헷징을 위한 투자의 두 가지 종류의 투자가 있다.

공공조직은 위험부담이 큰 주식에 투자하는 것을 원칙적으로 금지하고 있다. 그러나 헷징을 잘 이용하면 주식투자에 따른 위험을 회피할 수 있는 이점이 있다. 옵션과 선물을 이익을 남기기 위한 목적으로 사용하기에는 공공조직에겐 위험부담이 너무 크다. 그러나 헷징의 목적으로는 매우 훌륭한 투자수단이 된다. 헷징으로 불확실성을 제거할 수 있기 때문에 안정된 수익을 거둘 수 있게 된다.

미국 캘리포니아의 오렌지카운티는 오로지 이익을 목적으로 파생금융상품에 투자하여 $20억의 손실을 기록하였다. 파생금융상품은 주식이나 채권에 직접 투자하는 것보다 훨씬 민감하게 시장변화에 반응한다. 아주 큰 이익을 거둘 수 있지만 아주 큰 손실을 입을 수도 있다. 공공조직의 파생금융상품 투자는 이익이나 투기를 위한 목적이 아니라 위험에 대비하는 헷징 차원에서 이루어져야 한다(Shim & Spiegel, 1997).

---

4) 미국의 경우 대부분의 투자회사(investment companies)가 이에 해당한다. 약 90%가 뮤추얼펀드라고 한다(Bodie et al., 1996).

5. 옵션(options)

(1) 옵션의 이해

옵션에 대한 이해는 사례를 접해야 명확해질 수 있지만 우선 개념을 먼저 소개하고 뒤에 사례를 소개한다. 개념이 이해가 되지 않는 독자는 개념을 읽은 후 사례에 접하면 개념이 이해될 것이다. 옵션은 특정자산을 특정가격에 사고 팔 수 있는 권한을 계약에 의해 거래하는 금융상품으로서 만기일이 지나면 권한의 행사가 불가능하다. 옵션은 만기일에만 권한을 행사할 수 있는 유럽형 옵션과 만기이전 계약기간 내에 언제든지 권한을 행사할 수 있는 미국형 옵션이 있다. 옵션은 주식, 부채, 선물(futures), 금속(metals), 외환, 주가지수 등을 거래한다. 옵션은 시장에서 거래되는데 기간이 길수록 가격변화가능성이 크기 때문에 옵션의 가치도 크다. 옵션은 콜옵션(call options)과 풋옵션(put options)이 있다. 콜옵션은 옵션의 소지자에게 특정자산을 특정가격에 구입하거나 구입하지 않을 권한을 일정기간 동안 부여한다. 옵션 소지자가 구입하지 않을 수도 있지만 구입한다면 계약의 상대자는 반드시 판매해야 한다. 풋옵션은 옵션의 소지자에게 특정자산을 특정가격에 매각하거나 매각하지 않을 권한을 일정기간동안 부여한다. 풋옵션도 콜옵션과 마찬가지로 풋옵션의 소지자가 매각 권한을 행사하지 않을 수도 있지만 행사한다면 계약의 상대자는 반드시 그 자산을 행사가격에 구입해야 할 의무가 있다(Hutchinson, 1995).

콜옵션의 판매자는 옵션의 구매자에게 대금을 받고 옵션을 판매한다. 옵션 구입 대금을 프리미엄이라고 하며 구매자는 구매할 권리를 갖게 된다. 마찬가지로 풋옵션의 판매자도 옵션의 구매자에게 대금을 받고 옵션을 판매하며 구매자는 매각할 권리를 갖는다(Kolb & Rodriguez, 1992). 풋옵션과 콜옵션은 동일한데 차이점은 풋옵션의 구입자는 매입대신 매각할 권한을 갖는다는 점이다. 옵션의 소지자는 행사하여 이득을 얻을 수도 있지만 대부분 옵션을 시장에서 판매하여 이득을 얻는다. 동일한 자금으로 A기업의 주식을 구입하는 것과 A기업주식의 콜옵션을 구입하는 것은 어떤 차이가 있을까? 콜옵션에 투자하는 것이 주식가격의 변화에 훨씬 민감하게 반응한다. 그러므로 위험부담도 훨씬 커진다(Bodie et al., 1996). 옵션은 주식보다도 가격변화에 민감하게 반응한다. 그러므로 내부자 정보 등을 통해 어떤 기업의 주식가격이 틀림없이 상승할 것을 안다면 콜옵션을 구매하는 것이 단순히 주식을 구매하는 것보다 좋은 방법이다(Jones, 1998).

(2) 옵션의 성격

옵션은 옵션의 판매자에 의해 만들어진다. 옵션의 구매자와 판매자는 미래에 대한 상반된 예측을 할 때 계약이 성사된다. 예를 들어 콜옵션의 구매자는 미래가격이 상승할 것으로 생각하고 판매자는 하락할 것으로 생각한다. 옵션은 만기이전에 제3자에게 매각 가능하다. 풋옵션의 구입자가 가격하락으로 인해 풋옵션을 행사하려면 주선증권회사에게 하락한 가격으로 자산을 구입하여 행사가격에 풋옵션의 매각자에게 팔도록 지시함으로써 옵션을 행사할 수 있다. 혹은 주식가격하락으로 옵션의 가치가 상승했기 때문에 차액을 남기고 옵션을 제3자에게 매각할 수도 있다(Jones, 1998).

오늘날 대부분의 옵션은 시장에서 거래되며 사적으로 거래되는 옵션은 소수에 불과하다. 옵션시장은 옵션거래를 촉진하기 위해 옵션거래에 관하여 표준화된 규정을 제정한다. 예를 들어 거래단위규모, 만기일, 행사가격의 간격 등을 표준화하여 거래를 용이하게 하고 무엇보다도 거래의 이행을 보장한다. 시장은 옵션계약의 이행을 보장하기 위해 옵션계약의 작성자, 즉 콜옵션과 풋옵션의 매각자에게 일정금액을 선납하도록 요구한다. 현금대신 주식을 맡겨도 된다(Bodie et al., 1996).

(3) 콜옵션의 사례

사례

만약 1만원을 주고 A기업의 주식 1주를 5만원에 살 수 있는 콜옵션을 구매하면, 기간 내에 언제든지 5만원을 주고 A기업의 주식을 구매할 수 있다. 옵션이 미국형이 아닌 유럽형일 경우는 만기일에만 주식을 구입할 수 있다. 1만원은 프리미엄이라고 하며 5만원은 행사가격이다. 콜옵션의 구매자에게는 주식가격이 6만원이 되면 손익분기점이며 6만 5천원이 되면 5천원의 이익이 발생한다. 만약 주식가격이 5만 6천원이면 4천원의 손실이 발생하지만 옵션을 행사하는 것이 이득일 것이다. 왜냐하면 행사하지 않으면 1만원의 프리미엄으로 인한 손실을 보지만 행사하면 프리미엄으로 지불한 1만원 중 6천원은 회복할 수 있기 때문이다. 그러므로 주식가격이 행사가격보다 크면 콜옵션소지자는 옵션을 행사할 것이다.

사례

2000년 1월 1일 A는 B로부터 1,000주의 X기업주식을 만기(2000년 9월 30일)이전에 주당 6만원에 구입할 수 있는 콜옵션을 매입하였다. 현재 가격은 주당 5만원이다. A는 앞으로 X기업주식이 상승할 것으로 예상하였지만 B는 하락할 것으로 예상하고 계약을 체결하였다. 그러나 A는 B에게 이러한 권한을 구입하는 대가로 프리미엄으로 주당 4,000원을 지불하였다(총 4,000×1,000=4,000,000원). 만약 2월 1일에 주식가격이 주당 7만원일 때 A가 권한을 행사하면 A는 총 6,000,000원의 이득을 얻는다[(70,000×1,000)−(60,000×1,000)−(4,000×1,000)=6,000,000]. 그러나 A는 권한을 행사하기보다는 이 계약을 시장을 통해 다른 사람에게 매각할 수 있으며 B도 시장을 통해 대가를 지불하고 다른 사람이 대신 B의 의무를 지도록 할 수 있다. 시장을 통해 옵션계약을 체결하거나 옵션을 매각할 때는 수수료를 지불해야 하는데 수수료는 일반적으로 주식거래수수료보다 낮으며 무시해도 좋을 만큼 작은 금액이다(Sharpe et al., 1995).

(4) 풋옵션의 사례

사례

만약 A기업의 주식 1주를 5만원에 팔 수 있는 풋옵션을 1만원을 주고 구입하면, 기간 내에 주식가격이 4만원 이하로 하락할 때 옵션의 구매자인 A는 이익을 볼 수 있다. 4만원이면 손익분기점이며, 3만 5천원이면 5천원의 이익을 볼 수 있다. 주식가격이 하락하면 옵션시장에서 옵션가격이 상승한다. 왜냐하면 이익을 낼 수 있기 때문이다. 그러므로 실제로는 옵션을 행사하기보다는 가격이 상승하는 옵션을 시장에서 매도하는 것이 일반적이다(Samuels et al., 1999). 풋옵션을 행사하기 위해서는 A기업의 주식을 소유할 필요는 없다. 풋옵션의 소유자가 옵션을 행사하면 행사가격과 시장가격의 차이를 이익으로 수령된다.

사례

서울시가 삼성전자의 주식 1,000주를 주당 25만원에 구입함과 동시에 만기 60일짜리 행사가격 30만원의 풋옵션을 구입하였다고 하자.[5] 이 방법은 손실의 범위를 한정함으로써 가격하락에 대한 보험역할을 한다. 즉 주식의 최저판매가를 보장하는 역할을 하며 주식가격상승으로 인한 이익은 무한대로 획득할 수 있다. 어떤 경우에도 서울시는 30만원의 수입이 가능하다. 예를 들어 주식이 30만원 이상으로 상승하면 풋옵션을 행사하지 않겠지만 주식이 30만원 이상으로 상승하므로 30만원 이상의 수입이 가능하다. 주식이 30만원 이하로 하락하면 풋옵션을 행사하여 가지고 있는 주식을 30만원에 매각할 수 있으므로 30만원의 수입이 발생한다. 어떤 경우에도 30만원의 수입이 보장되는 것이다. 단 프리미엄을 제외하면 일정규모의 손실이 발생하는 경우도 있지만 그 이하로는 내려가지 않는다. 즉 어떤 경우에도 손실은 일정규모를 넘지 않으며 주가가 상승하면 그 이상의 수익을 거둘 수 있다. 서울시가 기업의 주식을 구입하는 것이 금지되어 있다고 해도 만약 세금미납자로부터 현금대신 주식을 대납 받았을 때 주식을 즉시 매각하여 현금화할 수도 있지만 수령 즉시 풋옵션을 구입함으로써 수익을 확정지을 수 있다. 이 방법은 풋옵션의 구입으로 주가변동에 따른 불확실성을 제거하는 것이다. 이 방법은 풋옵션 구입으로 인한 비용, 즉 프리미엄으로 지불하는 비용만큼 주식구입에 투자하는 액수가 감소하는 대신 손실의 범위를 한정하는 효과가 있다. 전액 주식을 구입했을 경우는 주식가격이 추락할 경우 속수무책인 데 반하여 이 방법은 풋옵션의 행사가격만큼의 수입은 항상 보장하기 때문이다(Jones, 1998).

만약 이 사례에서 삼성전자의 주식 1,000주를 주당 25만원에 구입함과 동시에 풋옵션대신 60일짜리 행사가격 35만원의 콜옵션을 매각했다고 가정하자.6) 이 방법은 프리미엄수령액수만큼의 수입을 당장 거둘 수 있는 효과가 있다. 서울시는 콜옵션을 매각함과 동시에 콜옵션의 프리미엄을 수령하게 된다. 만약 주가가 35만원 이하에서 머물면 콜옵션은 행사되지 않을 것이고 주식을 여전히 보유하면서 프리미엄만큼 이익을 거두게 된다. 만약 주가가 35만원 이상으로 상승하면 콜옵션이 행사될 것이고 삼성전자의 주식을 콜옵션의 소지자에게 시가보다 손해를 보고 넘겨야 된다. 그러나 여전히 25만원에서 35만원으로 가격이 상승한 것이기 때문에 손실이 발생한 것은 아니다. 게다가 프리미엄수입액도 있다. 이 방법은 주가가 일정수준 이상으로 상승하기 어렵다고 판단할 때 일정 수준의 수입을 확보하는 데 사용된다. 그러나 이 방법은 주가가 하락하는 데 따른 손실을 방지하지 못하기 때문에 위의 방법에 비하면 그 점에 있어서는 불리하다(Bodie et al., 1996).

(5) 기타 옵션의 사례

사례 외환옵션(foreign currency options)

만약 외국에서 부채를 조달하였는데 $당 환율이 800원일 때 1년 뒤에 부채상환시 달러를 $당 800원에 구입할 수 있는 콜옵션을 구입했다면 $당 환율이 800원 이상으로 상승해도 원래 계획대로 $당 800원에 상환가능할 것이다. 다만 옵션구입비용은 부담해야 한다. 옵션구입비용은 시장에서의 수요와 공급에 의해 결정된다(Samuels et al., 1999).

사례 주가지수옵션(index options)

주가지수옵션으로는 미국의 경우 신용평가회사인 S&P가 선정하는 100대 기업의 주식가격을 가중평균한 S&P100와 500대 기업의 주식가격을 가중평균한 S&P500이 가장 대표적인 주가지수옵션이다. 만약 S&P100 콜옵션의 행사가격이 800이고 행사시점의 주가지수가 900이었다면 콜옵션의 소지자는 마치 주식가격이 900일 때 행사가격 800인 콜옵션을 행사한 것처럼 이익을 얻는다. 주가지수옵션은 콜옵션의 경우 행사시점에서 "행사시점의 주가지수－행사가격"에 해당하는 현금을 수령한다. 풋옵션은 "행사가격－행사시점의 주가지수"에 해당하는 현금을 수령하며 실제로 주가지수를 구입하고 전달하는 것은 아니다(Bodie et al., 1996). 잘 분산된 포트폴리오를 소유하고 있는 경우 주가지수풋옵션을 구입하면 시장의 하락에 대비할 수 있다. 시장이 상승하면 풋옵션구입시 지불한 프리미엄을 포기하지만 가격상승으로 포트폴리오의 가치가 상승하기 때문에 이익이 발생한다(Jones, 1998).

---

5) 이 방법을 protective put이라고 한다(Jones, 1998).

6) 이 방법을 covered call이라고 한다(Bodie et al., 1996).

사례 **이자율옵션(interest options)**

국공채옵션은 이자율옵션의 역할을 한다. 국공채옵션을 구입하거나 매도함으로써 이자율의 변동위험에 대처할 수 있다. 변동금리에 의해 부채를 조달할 경우 이자율상승위험을 상쇄하기 위해 국공채옵션을 이용할 수 있는 것이다. 보다 구체적인 내용은 투자론이나 재무관리 문헌을 참고하기 바란다.

사례 **주가지수콜옵션-한국사례**

한국에서 주가지수옵션은 KOSPI200이라는 주가지수에 의해 운영된다. 예를 들어 주가지수콜옵션 107을 매입했을 때 만기에 KOSP200지수가 110이 되면 차액인 3만큼의 이익을 올릴 수 있다는 의미이다.

6. 선물(futures)

(1) 선물의 이해

선물도 옵션과 마찬가지로 사례를 통해서만 명확하게 이해할 수 있다. 그러나 먼저 개념을 소개하고 뒤에 사례를 소개한다. 선물은 한 주체가 다른 주체와 특정자산을 특정미래시점에서 특정가격에 사고 파는 표준화된 계약을 체결하여 시장에서 거래할 수 있도록 한 금융상품을 말한다.[7] 선물계약(future contracts)은 선매계약(forward contracts)과 동일한데 표준화된 계약으로 시장에서 공식적으로 거래할 수 있도록 한 것만 차이가 난다. 선물계약에 의해 거래되는 자산은 광물(minerals), 원유, 농산물, 금속, 외화, 단기이자율, 장기이자율, 주식, 주가지수 등이다(Gallagher & Andrew, 1997; Hutchinson, 1995). 선물은 선물계약가격이 높을수록 높은 가격에 판매하므로 파는 사람은 이익을 얻고, 높은 가격에 구매해야 하므로 사는 사람은 손해를 본다. 옵션은 옵션의 구매자가 옵션을 구매하는 대가를

7) 선물계약에서 매입하는 사람을 long position을 취한다고 하고 매각하는 사람을 short position을 취한다고 한다. 또한 자산의 매입자는 계약의 매입자라고 하며 자산의 매각자는 계약의 매각자라고 한다. short sale이란 증권회사로부터 이자를 지불하지 않고 주식을 빌려 매각하고 나중에 증권회사에게 동일한 주식을 반환하는 것이다. 반환시에는 이자를 지불하지 않는다. 부채를 조달하는 것도 일종의 short position을 취하는 것이다. short sale은 예를 들어 주식을 소유하고 있지 않지만 주식가격하락을 예상하고 주식가격하락에 따른 이익을 얻고자 할 때 사용한다. 주식을 빌려서 short sale로 매각한 후 예상대로 가격이 하락하면 낮은 가격에 주식을 구입하여 빌린 주식을 반환할 수 있으며 차액은 이익이 된다. 그러나 물론 주식을 빌려주고 반환하는 일을 하는 증권회사에 수수료를 지불해야 함은 물론이다(Kolb, 1997; Sharpe et al., 1995; Jones, 1998).

지불하는 데 반하여 선물은 어느 쪽도 다른 쪽에 대하여 대가를 지불하지 않는다(Samuels et al., 1999). 선물의 특징 중의 하나는 거래비용이 매우 낮다는 점이다. 예를 들어 $100,000의 계약을 위한 수수료가 보통 $1~50정도이다(Malliaris, 1999).

선물가격은 수요와 공급에 의해 형성된다. 구매자와 판매자는 원하는 선물가격, 수량, 만기 등을 제시하고 조건이 서로 부합하면 거래가 성립한다. 현물시장가격은 선물가격형성에 영향을 미치지만 선물가격도 현물시장가격에 영향을 미친다(Malliaris, 1999).

(2) 선물과 선매계약

선매계약(forward contracts)과 선물계약(futures contracts)은 차이가 있음에도 불구하고 동일하게 취급하는 경우가 많다. 선매계약은 주로 은행과 증권회사 등의 금융기관이 선물시장 같은 공식화된 기구를 통하지 않고 사적으로 계약을 체결한다. 선물시장은 계약의 단위규모, 계약만기일 등이 표준화 되어 있고 시장이 계약의 이행을 보장하기 때문에 계약상대방의 신용을 조사할 필요가 없다. 중앙정부나 지방자치단체는 금융기관과 선매계약을 체결할 수도 있지만 선물시장을 통해 선물을 매입하고 매각할 수 있다. 선물시장은 자본시장이 발달한 선진국을 제외하고는 개설되어 있지 않으며 선물시장이 개설되더라도 초기에는 극히 일부의 한정된 자산만을 거래하기 때문에 그만큼 제약이 있다. 물론 선매계약도 사고 팔 수 있지만 일반적으로 선매계약은 만기이전에는 거래되지 않는다. 이에 반하여 선물계약의 경우에는 만기이전에도 언제든지 선물을 시장에서 거래할 수 있다. 선물의 구매자와 판매자는 계약의 이행을 보증하는 의미에서 일정 규모의 보증금을 납부해야 한다. 주선금융기관이 매일 선물가격의 변동으로 인한 이득과 손실을 평가하여 계약당사자에게 보증금 일부를 반환하기도 하고 추가로 보증금을 더 요구하기도 한다. 선매계약에 의해서는 거의 모든 종류의 자산에 대한 거래를 할 수 있기 때문에 선물시장이 존재하지 않는 경우에도 공공조직이 선매계약을 활용하면 공공부문의 특유한 요구를 충족할 수 있을 것이다(Malliaris, 1999; Bernstein, 1995).

(3) 옵션과 선물의 차이

옵션은 만기까지 아무 일도 일어나지 않을 수 있다. 예를 들어 콜옵션을 구매한 사람이 매입권한을 행사하지 않는다면 아무 일도 일어나지 않는다. 이에 반하여 선물은 반드시 후속거래를 수반한다. 그러므로 옵션의 소지자는 선물구매자에 비해 훨씬 더 자유롭지만 프리미엄이라는 대가를 지불해야 한다. 선물은 반드시 누군가 거래에서 손해를 보고 누군가 그만큼의 이익을 보게 되어 있다(Sharpe et al., 1995). 결국 선물과 옵션은 매우 유사하지만 선물은 반드시 계약에 명시된 거래를 이행해야 할 의무가 있으며 옵션은 그렇지 않다는 점이 가장 큰 차이점이다. 선물은 사는 사람과 파는 사람의 손실과 이익의 합이 0이 되는 제로섬게임이다(Bodie et al., 1996).

(4) 선물의 작동과 기능

대부분의 사람들이 선물계약에서 거래하는 물건이나 금융상품을 실제로 전달하고 수령하려는 목적으로 선물을 거래하지 않는다. 대부분 선물가격의 변동으로 인한 이득을 획득할 목적으로 선물을 사고 팔기 때문에 만기까지 기다리지 않고 주선금융기관을 통해 계약을 취소하기 위한 반대거래(reversing trades or offset)8)를 한 후 이익이나 손실을 정리한다. 예를 들어 2000년 10월 1일에 A가 원유를 배럴당 $30에 B로부터 2000년 12월 31일에 인도 받는 선물계약을 체결했다고 하자. A는 만기까지 기다려 원유를 인도 받고 배럴당 $30를 지불할 수도 있지만 만기이전인 10월 20일에 소유한 선물을 적정가격에 C에게 매각할 수 있다. 이것이 반대거래의 사례이다(Kolb, 1997).

선물시장은 만기일까지 기다리지 않고 매일 선물가격의 변동에 따라 선물구매자와 판매자의 이익과 손실을 계산하여 처음 납부한 보증금에 반영한다. 만약 손실이 일정규모 이상으로 커지면 추가로 대금을 납부해야 한다. 이익이 발생하면 납부한 보증금을 회수할 수도 있다. 선물은 초기보증금(initial margin)이 5~15%에 불과하기 때문에 실제로 거래로부터 발생하는 이익에 대한 수익률은 그만큼 크다. 예를 들어 5,000만원의 농산물을 구매하는 선물계약으로 인해 보증금 500만원을 납부하고 100만원의 이득이 발생하였다면 수익률은 100/5,000이 아니라 100/500인 것이다. 보증금은 현금만이 아니라 이자가 발생하는 채권으로도 납부 가능하다(Bodie et al., 1996; Kolb, 1997).

선물가격이 상승하면 선물계약의 구매자에게는 이익이 되고, 판매자에게는 손실이 된다. 마치 콜옵션처럼 행사가격(원래의 선물가격, 즉 계약에 명시한 행사가격)보다 만기시점의 선물가격이 크면 구매자는 차액만큼의 이익을 거둔다. 그러나 주선금융기관에게 지불하는 수수료만큼 이익이 줄어들 것이다. 계약만기시점에서의 선물가격

8) 반대거래란 행사가격에 구매할 권리(선물구매자의 경우), 행사가격에 판매할 권리(선물판매자의 경우)를 파는 것이다.

은 현물시장에서의 시장가격과 동일하므로[9] 선물의 구매자는 "현물시장가격(spot price at maturity)－행사가격"의 이익을 거두고, 판매자는 "행사가격－현물시장가격"의 이익을 거둔다. 행사가격이란 계약이 체결되는 시점에서 거래되는 선물가격[10]이다(Malliaris, 1999). 여기서 유의해야 할 것은 선물에서의 행사가격이란 옵션과는 달리 만기시점의 선물가격이 아니라 계약이 체결되는 시점에서 거래되는 선물가격이다. 만기시점에서는 만기시점의 선물가격과 행사가격과의 차이로 이익과 손실이 발생한다.

선물은 현물시장(spot market)보다 더 많은 가격정보를 제공하므로 선물시장에서의 가격형성을 가격발견(price discovery)이라고도 한다. 예를 들어 한 달 후에 전달할 원유가격보다 6개월 뒤에 전달하는 원유가격이 훨씬 더 높을 경우 단기적으로는 소비를 촉진하고 장기적으로는 원유생산을 증가하는 효과가 있다. IMF외환위기가 발생하기 이전에 원화는 외국의 선물시장에서 $당 800원이 아닌 (IMF이전시세) 2000원에 육박하는 환율로 거래되고 있었다. 가격불확실성이 클수록 선물시장의 존재가능성이 크다. 선물시장은 위험을 분산하고 관리하기 위해 존재한다. 자동차선물시장은 없지만 농산물 선물시장은 존재하는데 농산물은 기후에 따라 수확이 달라지고 가격의 폭등과 폭락이 자주 발생하기 때문이다(Malliaris, 1999).

(5) 사 례

사례 선매계약

농부 A가 쌀 농사수확을 앞두고 수확기에 쌀 한 가마를 전달하는 계약을 체결할 수도 있고 수확시기까지 기다려서 시장에 팔 수도 있다. 그러나 수확기에 가마당 5만원에 팔 수 있는 선매계약을 체결하면 수확시기에 가마당 5만원 이하로 가격이 하락할 위험에 대비할 수 있다. 쌀가게 주인 B는 지금 농부 A와 가마당 5만원에 구입할 수 있는 선매계약을 체결할 수도 있고 수확기까지 기다려서 구입할 수도 있지만 수확기에 가마당 6만원이 될 위험이 있다. A가 수확시기에 쌀 한 가마당 5만원에 매각하는 선매계약을 B와 체결하면 A는 5만원 이하로 하락할 위험에 대비할 수 있고 B는 5만원 이상으로 상승할 위험에 대비할 수 있다. 쌀의 선물시장이 없으면 위와 같이 개인적으로 선매계약을 체결해야 하지만, 선물시장이 존재한다면 계약의 체결과 이행이 훨씬 수월해지며 여러 가지 다른 장점도 있다. 쌀에 대한 선물시장이 존재한다면 일정수량의 쌀을 단위로 하여 표준화된 문서형태로 시장에서 거래하며 만기이전에도 언제든지 선물을 사고 팔 수 있다. 선물시장이 존재하면 농부인 A와 쌀가게 주인 B는 직접 거래

---

9) 계약만기시점에서 선물계약을 구매한다는 것은 현물을 구매하는 것과 마찬가지이기 때문에 선물가격이 현물가격과 일치해야 할 것이다. 그렇지 않으면 누군가가 이 사실을 이용하여 돈을 벌 수 있을 것이며 가격차이는 결국 사라질 것이다(Bodie et al., 1996).

10) 일반적으로 선물의 행사가격은 futures price 혹은 original futures price라고 한다(Bodie et al., 1996).

를 할 필요가 없이 필요한 수량만큼의 선물을 선물시장에서 각각 구매하고 매도하는 계약을 체결하면 된다. 농부 A는 매도선물을 구입하고 쌀가게 주인 B는 매입선물을 구입하면 된다(Sharpe et al., 1995).

사례 외환선물(foreign currency futures)

외환선물은 농산물 같은 물품선물(commodity futures)과는 다르게 운영된다. 대구시가 미국으로부터 2001년 1월 1일에 차관을 도입하여 2001년 12월 31일에 $200,000을 상환해야 한다고 가정하자. 1월 1일 현재 환율은 $당 1,200원이다. 12월 31일 $당 1,200원 환율로 $200,000를 구입할 수 있는 선물을 1월 1일에 매입한다면 환율이 $당 1,200원 이상으로 변동할 위험에 대비할 수 있다. 실제로는 만기시에 달러를 수령하는 대신 선물가격의 변동으로 인한 이득을 수령하는 것이 일반적이다(Sharpe et al., 1995). 외환옵션과 외환선물의 차이는 외환옵션은 옵션행사가격(exercise price)과 행사시의 환율(exchange rate)의 차이에 의해 이익이 결정되는데 외환선물은 선물행사가격(exercise price)과 만기일의 환율선물가격(exchange rate futures price)의 차이에 의해 이익이 결정된다는 점이다[11](Bodie et al., 1996).

만약 서울시가 3개월 후에 $5백만을 수령한다고 하자. 만약 3개월 후에 환율변동으로 인하여 $5백만의 가치가 하락하는 위험에 대비하고자 한다면 외환매도선물을 현재환율로 구입하면 3개월 뒤에도 현재환율에 의한 $5백만을 보장받을 수 있다. 예를 들어 1달러당 현재 1,200원인데 3개월 뒤에 1달러당 1,000원이 되었다면 달러당 1,200원에 $5백만을 매도할 수 있기 때문에 매도선물로 인한 이익이 달러당 1,200원에서 1,000원으로 변동한 손실을 보상할 수 있다.

만약 서울시가 6개월 후에 미국에서 관광진흥행사를 개최할 예정인데 약 2백만 달러가 소요될 예정이라고 가정하자. 환율변동에 대비하기 위해 달러당 1,100원에 달러를 구입할 수 있는 매입선물을 구입하면 6개월 후에 22억원이 소요된다(2,000,000×1,100=2200,000,000). 만약 6개월 후 환율이 1,200으로 변동하였는데 선물을 구입하지 않았다면 24억원이 소요될 것이다(2,000,000×1,200=2,400,000,000). 선물의 구입으로 22억원을 주고 2백만 달러를 전달받을 수 있다. 그러나 실제로는 달러를 전달받지 않고 환율변동으로 인한 이익을 수령할 것이며 이 이익(2,000,000×100=200,000,000)을 의회를 통과한 예산인 22억원에 가산하여 24억원으로 2백만 달러를 구입하는 것이다. 결국 선물로 인한 이익이 환율변동으로 인한 손실을 상쇄한다. 이런 사례와 똑같은 사례가 다음과 같은 사례이다. 서울시는 6개월 후에 예산이 배정되면 특수청소차를 미국으로부터 구입할 예정이다. 특수청소차를 구입하기 위해 달러를 지불해야 하는데 환율변동으로 인한 위험을 피하기 위해서는 위의 사례처럼 매입선물을 구입하면 된다. 매입선물은 일정가격에 매입할 수 있는 선물이며 이것을 흔히 매수포지션 혹은 매수입장을 취한다고 한다. 매도선물은 일정가격에 매도할 수 있는 선물이며 이것을 흔히 매도포지션 혹은 매도입장을 취한다고 한다. 서울시가 달러를 받는 입장에서 환율변동위험에 대처하기 위해서는 매수입장을 취해야 하고, 달러를 지불하는 입장에서 환율변동위험에 대처하기 위해서는 매도입장을 취해야 한다(Kolb, 1997).

---

11) 환율과 환율선물가격은 일반적으로 차이가 나기 때문에 동일한 행사가격과 만기일을 가진 옵션과 선물계약이 동일한 이득과 손실을 발생하는 것은 아니다.

사례 이자율변동에 대한 대비

공공조직이 6개월 뒤에 거액의 현금이 유입될 것으로 예측하고 있는데 현금이 유입되면 상당기간 동안 사용하지 않고 보유할 계획이라고 하자. 규정상으로 오로지 안전한 금융상품에만 투자할 수 있도록 허용되어 있기 때문에 국공채의 매입을 고려하고 있다고 하자. 그러나 6개월 뒤에 국공채의 가격이 상승할 것으로 예상된다면(이자율 하락을 의미) 선물을 구입하여 국공채의 가격상승에 대비할 수 있다. 예를 들어 현재 선물가격이 112일 때 국공채매입선물을 구입하였는데 6개월 후 114로 상승했다면 매입선물로 인한 이익이 발생하기 때문에 6개월 후에도 현재가격에 구입할 수 있게 된다. 만약 예상과 반대로 선물가격이 111로 하락했다면 매입선물로 인한 손실이 발생하지만 국공채가격도 그만큼 하락하기 때문에 6개월 후에도 현재가격에 구입할 수 있게 된다. 매입선물은 마치 콜옵션처럼 가격이 상승하면 이익이 되고 하락하면 손실이 된다.

결국 국공채선물로 이자율상승과 하락에 대비할 수 있다. 이자율상승은 국공채가격하락을 의미하므로 이자율상승에 대비하기 위해서는 매도선물을 구입해야 하며 이자율하락은 국공채가격상승을 의미하므로 이자율 하락에 대비하기 위해서는 매입선물을 구입해야 한다. 매도선물을 구입하면 국공채의 매각자가 되는 것이고 매입선물을 구입하면 국공채의 매수자가 되는 것이다.

사례 보유하고 있는 국공채의 가격하락에 대한 대비

공공조직이 안전하다고 생각하여 구입한 국공채라고 해도 가격하락의 위험성이 있다. 만약 이자율이 상승하면 국공채의 가격도 하락하게 되는데 국공채가격하락으로 인한 손실 때문에 의회의 비난을 받을 수 있다. 한국정부가 2001년부터 기금이 보유한 유가증권을 시가로 평가하기로 결정하였다. 유가증권의 수익률을 평가함으로써 자산의 가치나 부실화정도를 밝히겠다는 것이다. 특히 기금들이 투자수익안정을 위해 채권투자에 무게를 두어왔기 때문에 상당한 영향을 미칠 것이라고 한다. 만약 이런 상황에서 대량의 국공채를 보유하고 있는 공공조직이 국공채가격하락에 대처하려고 하면 국공채매도선물을 구입하면 된다.

예를 들어 공공조직이 보유하고 있는 국공채를 6개월 뒤에 매각할 예정인데 그 사이에 국공채가격이 하락할까 두렵다면 국공채매도선물을 구입하면 된다. 만약 현재시세가 123인 국공채선물이 6달 뒤에 122로 하락한다면 보유하고 있는 국공채의 값은 하락하지만 매도선물은 동일한 액수의 이익을 보기 때문에 합계하면 현재시세인 123에 매각하는 것이 된다. 만약 국공채가격이 예상과는 달리 124로 상승한다면 보유하고 있는 국공채를 높은 가격에 매각할 수 있지만 매도선물로 인하여 그만큼 손해를 보기 때문에 현재가격에 매각하는 것이나 마찬가지일 것이다. 매도선물의 구입자는 마치 풋옵션의 구입자처럼 가격이 하락하면 이익을 보고 가격이 상승하면 손해를 본다.

사례 **부채를 조달한 공공조직이 이자율상승에 대비하는 방법**

부채의 상환을 앞두고 이자율의 상승을 두려워한다면 매도선물을 구입하여 헷징하면 된다. 물론 이 경우는 부채를 변동이자율에 의해 조달한 경우일 것이다. 이자율상승으로 국공채가격이 하락하므로 국공채가격이 하락할 때 이익을 거두기 위해서는 매도선물을 구입하면 된다. 이 헷징 방법은 부채를 조달해야 하는 공공조직에 중대한 의미를 갖는다. 공공조직이 부채를 조달했는데 변동이자율일 경우 이자율상승에 대비할 수 있다. 만약 이자율이 상승하면 그만큼 조달한 부채에 대해 높은 이자를 지불해야 하지만, 이자율상승으로 인한 선물가격하락으로 인하여 구입한 매도선물로부터 이익이 발생하기 때문에 이자율상승을 상쇄할 수 있다. 이자율상승은 채권의 가격을 하락시키고 차액은 매도선물의 구입자에게 이익이 된다. 실제로는 채권가격이 하락함에 따라 선물가격도 하락하기 때문에(만기일에는 채권가격과 선물가격이 동일) 더 저렴한 가격에 동일한 선물을 구입하여 원래의 높은 선물가격에 파는 것이다.

사례 **변동이자율을 고정이자율로 전환하는 방법**

이자율변동이 심할 때 금융기관은 고정이자율에 의해 부채를 제공하지 않으려고 한다. 반대로 부채를 조달하는 입장에서는 변동이자율보다는 고정이자율을 선호한다. 만약 고정이자율에 의해 부채를 조달하기 어렵다면 변동금리에 의해 부채를 조달하되 선물을 이용하여 변동금리부채를 고정금리부채로 전환할 수 있다. 변동금리는 채무자가 이자율의 변동으로 인한 위험을 부담하는데 선물시장은 이러한 위험을 제거할 수 있다. 유로달러선물시장 같은 선물시장에서 매도선물을 구입하여 이자율을 고정시킬 수 있다.

선물을 이용하여 변동금리를 고정금리로 전환하는 데는 선물을 구입하는 수수료를 부담해야 한다. 그렇지만 예산편성이라는 불확실성에 직면하는 공공조직으로서는 변동금리보다는 미래 이자비용을 정확하게 예측할 수 있는 고정금리를 선호한다. 또한 이자율이 상승하는 국면에서는 변동금리보다 고정금리가 더 바람직하다. 고정금리를 선호하는 공공조직에게 선물은 매우 유용한 수단이 될 것이다.

9.7 재정위기

1. 재정위기의 정의

재정위기는 자금조달의 문제이므로 사실상 현금관리의 문제이다. 가장 전형적인 재정위기는 부채가 계속 증가하여 위험수위를 넘어설 때 시작된다. 결국 채무관리의 문제이며 부채를 상환하지 못하는 현금관리문제이기도 하다.

기업의 경우 파산이란 부채의 만기가 도래했는데도 지불하지 못하는 사태인 지불불능사태에 의해 초래되며 파산에 의해 기업의 생명이 종료된다. 매출상황이 양호하며 이익이 계속 발생하고 있는데도 불구하고 현금의 일시적 부족으로 인하여 야기되는 지불불능사태는 외부로부터의 단기재정지원으로 해결이 가능하다. 그러나 매출이 감소하고 적자가 누적되고 부채가 증가하는 상황에서 금융기관으로부터의 추가차입이 어려우면 지불불능사태는 파산으로 이어질 수밖에 없으며 다른 기업에 의한 인수나 기업의 해체로 기업이 종료된다.

기업처럼 정부조직도 지불불능사태에 빠질 우려가 있으며 이는 중앙정부와 지방정부 양자 모두에 해당되는 상황이다. 그럼에도 불구하고 정부가 파산할 수 있다고 보아야 하는가에는 의문의 여지가 있다. 기업과는 달리 중앙정부는 화폐의 발행이라는 최종수단 이외에도 해외로부터의 차관이나 국내금융기관으로부터의 차입이라는 비상수단이 있기 때문이다. 그러므로 중앙정부의 경우는 부채의 계속적인 증가가 가능할 뿐 지불불능사태가 초래될 확률은 매우 낮다. 중앙정부는 파산하지 않는다는 확신이 있기 때문에 금융기관은 정부의 누적된 부채에도 불구하고 상대적으로 낮은 이자율에 부채를 제공한다. 다만 해외에서 부채를 조달할 때 지불불능사태가 되면 사실상 기업처럼 파산하지만 기업과는 달리 존재가 없어지는 것은 아니다.

중앙정부와는 달리 지방정부의 지불불능사태는 파산으로 이어질 수 있으며 실제로 다른 나라에서 이러한 현상을 목격할 수 있다. 그러나 지방정부가 파산한다고 해도 기업과는 달리 조직이 완전히 분해되고 소멸되지는 않는다. 중앙정부의 재정지원을 대가로 지방정부의 행정기능이 정지되거나 중앙정부가 지방정부를 직접 운영하거나, 경우에 따라서는 다른 비상대책기구가 지방정부의 행정을 담당한다.

2. 지불불능사태의 판단

지방정부의 세출이 세입을 능가할 때 일반적으로 정부는 부채를 조달하여 부족분을 해결하는데 부채가 추후 세입에 의해 상환되지 않고 다른 부채에 의해 상환될 때 이자의 존재로 인하여 부채는 증가하기 마련이다. 지방정부가 무분별한 지역개발을 위해 무리한 부채조달을 감행하거나 지역경제의 세금부담능력을 고려하지 않고 세출을 증가하면 재정위기가 도래할 수밖에 없다. 만약, 부채가 적정선이라고 생각되는 수준을 상회할 때 지방정부에게 부채를 제공하는 금융기관은 더 높은 수준의 이자를 요구하게 된다. 또한 지역경제가 취약하여 미래의 부채상환능력이 의심될 때도 금융기관은 상대적으로 더 높은 이자를 통해 위험에 대한 보상을 받으려 한다.

지방정부의 재정위기는 다른 지방정부보다 상대적으로 높은 이자와 부채액수의 증가, 세입의 상대적 감소 등에 의해 특징지을 수 있다. 재정위기가 장기적으로 계속되면 명백한 지불불능사태가 초래되기 이전에도 사실상 파산이나 다름없는 사태에 이르게 된다. 지불불능사태는 추가로 부채를 제공할 수 있는 금융기관이 존재하면 연기될 수 있는데 이러한 금융기관의 존재는 이자율에 따라 매우 상대적이다. 기업과는 달리, 파산가능한 지방정부라고 해도 중앙정부의 재정지원이 있을 것을 기대하고 높은 이자율에 부채를 제공할 금융기관을 찾는 것은 그리 어렵지 않을 것이다. 기업은 부채가 일정액수를 상회할 때 부채의 추가조달은 불가능하게 되지만 정부의 경우는 사실상 무한정으로 부채가 증가할 수도 있기 때문에 지불불능사태에 대한 판단도 다른 기준에 의거해야 한다.

만약 금융기관이 중앙정부의 지원을 예상하고 무한정으로 지방정부에게 부채를 제공할 경우는 지불불능사태는 영원히 발생하지 않고 부채가 계속하여 증가하는 현상만이 발생할 것이다. 물론 이런 경우는 사실상 현실적으로 불가능하지만 기업과는 달리 정부조직은 지불불능사태의 판단이 쉽지 않다는 것이다. 그러므로 시장에서 지불불능사태가 객관적으로 판단되는 기업과는 달리 공공부문에서는 인위적으로 사실상의 지불불능사태를 판단해야 하는 경우도 있다. 공공부문에서는 지불불능사태가 명백하게 발생하지 않더라도 과다한 부채로 인하여 인위적으로 지불불능사태로 판단해야 하는 경우가 있는 것이다.

재정위기에 관해서는 보통 위의 논의와 관련하여 두 개의 개념이 제시된다. 실질적 지급능력(actual solvency)과 기술적 지급능력(technical solvency)이다. 실질적 지급능력은 자산의 시장가격이 부채보다 큰 상태인데 자산의 시장가격은 매각이전에는 추정치에 불과하므로 기술적 지급능력이 더 의미 있는 개념이다. 실질적 지급능력은 지불불능사태를 인위적으로 판단하는 방법이다. 자산의 시장가격이 부채보다 작으면 사실상 지불불능사태가 발생하였다고 인위적으로 판단하는 것이다. 기술적 지급능력은 부채의 만기가 도래할 때 현금을 지불할 수 있으면 바로 기술적으로 지급능력이 있다고 하며 법원에서 파산을 판단하는 기준도 바로 이 개념이다(Celi & Rutizer, 1991).

3. 재무관리개선

미국의 한 연구에 의하면 재정위기는 부적절한 재무관리에 의해 초래되기 때문에 재무관리현황을 검토함으로써 재정위기를 어느 정도 피할 수 있다고 한다(Reed & Swain, 1997). 1920년부터 1969년 사이에 주와 지방정부의 지불불능사태는 5,440건이나 발생하였다(Axelrod, 1995). 1975년의 뉴욕시의 파산직전의 재정위기는 가장 역사적인 사례에 속하며 지방정부의 재무관리에 획기적인 변화를 가져왔다. 첫째, 뉴욕시의 재정파탄 이후 지방정부에 대한 이자율이 전반적으로 상승하였다. 두번째 변화는 재무보고를 통한 주요재무정보의 발표에 대한 요구가 증가했다는 사실이다. 예산회계정보시스템을 개선하고 정부회계기준의 준수 등에 의해 특징지어지는 두번째 변화는 지방정부의 재무관리를 개혁하는 효과를 동반했다. 예를 들어 무디(Moody's)나 스탠다드와 푸어(Standard and Poor's) 같은 신용평가기관은 지방정부의 신용평가시에 정부회계기준(Generally Accepted Accounting Principles: GAAP)의 준수여부를 고려하므로 좋은 신용평가를 원하는 지방정부들의 정부회계기준을 준수하는 비율이 점점 증가하고 있다.

4. 지방정부의 지불불능에 대한 대안

지방정부의 지불불능사태가 발생할 때 다음과 같은 여러 가지 해결방안이 제시된다(Lynch, 1990).

① 중앙정부의 재정지원을 대가로 지방정부의 행정기능이 정지되고 중앙정부가 지방정부를 직접 운영한다.

② 인근지방정부와 통합한다.

③ 비상대책기구가 지방정부의 행정을 담당한다. 미국의 일부 주에서는 재정위기에 빠진 지방정부를 지원하는 행정부서가 존재한다.

④ 법원이 유명금융기관을 컨설턴트로 고용하여 문제의 해결을 시도하거나 채권자와 직접 협의하여 재정위기의 타개책을 모색한다.

⑤ 주 정부, 연방정부, 법원이 지방정부의 재정위기에 개입하기 전에 지방정부가 자발적으로 연방파산법에 의해 파산을 신청한다. 파산을 신청하면 법원은 지방정부에 긴축재정 등 재정위기를 탈출할 방안을 강구하도록 지시하고 대신 금융기관에 대해 부채 상환연기 등의 조치를 취하게 한다.

참고문헌

Axelrod, Donald (1995). Budgeting for Modern Government, Second Edition, St. Martin's Press, Inc.

Alexander, J. R. (1984). Curriculum Reform in Budgeting and Financial Management: Preliminary Thoughts on the Dimensions of the Field, *Public Budgeting & Finance*, Autumn 1984, p. 92.

Bernstein, Peter L. (ed.) (1995). The Portable MBA in Investment, John Wiley & Sons, Inc.

Boddie, J. W. (1989). Federal Financial Management, *Public Budgeting & Finance*, Summer 1989, pp. 99-103.

Bodie, Zvi, Alex Kane and Alan J. Marcus (1996). Investments, Fourth Edition, Irwin/McGraw-Hill.

Bowsher, C. A. (1992). Governmental Financial Management at the Crossroads: The Choice is Between Reactive and Proactive Financial Management. *In* Albert C. Hyde (ed.), *Government Budgeting: Theory · Process · Politics*, Second Edition, Brooks/Cole, 1992, pp. 389-397.

Campsey, B. J. and Eugene F. Brigham (1991). Introductin to Financial Management, The Dryden Press.

Celi, Louis J. and Barry Rutizer (1991). Global Cash Management, Business International Corporation.

Coombs, H. M. and D. E. Jenkins (1994). Public Sector Financial Management, Second Edition, Chapman & Hall.

Gallagher, Timothy J. and Joseph D. Andrew, Jr. (1997). Financial Management, Prentice Hall.

Hill, Ned C. and William L. Sartoris (1995). Short-Term Financial Management, Third Edition, Prentice Hall.

Hutchinson, Robert (1995). Corporate Finance, Stanley Thornes.

Jessop, David (1995). Purchasing Systems and Procedures. *In* David Farmer and Arjan van Weele (ed.), *Handbook of Purchasing Management*, Second Edition, Gower Publishing Company Limited.

Jones, Charles P. (1998). Investments, Sixth Edition, John Wiley & Sons, Inc.

King, Alfred M. (1994). Total Cash Management, McGraw-Hill, Inc.

Kolb, Robert W. (1997). Understanding Futures Markets, Fifth Edition, Blackwell Publishers Inc.

Kolb, Robert W. and Ricardo J. Rodriguez (1992). Financial Management, D. C. Heath and Company.

Lally, Martin (1989). Cash and Funds Management. *In Managing Resources in the New Public Sector*, 1989 Public Sector Convention, New Zealand Society of Accountants.

Lynch, T. D. (1990). Public Budgeting in America, 3rd ed., Prentice Hall, 1990.

Malliaris, A. G. (1999). Foundations of Futures Markets, Edward Elgar Publishing Limited.

McDonald, Paul W. (1990). Results-Oriented Management: Australian Public Sector Financial Management, Accounting, and Budgeting Reform in the 1980s. In A. Premchand (ed.), *Government Financial Management: Issues and Country Studies*, International Monetary Fund.

Premchand, A. (1995). Effective Government Accounting, International Monetary Fund.

Reed, B. J. and John W. Swain (1997). Public Finance Administration, Second Edition, Sage.

Sagner, James (1997). Cashflow Reengineering, AMACOM American Management Association.

Samuels, J. M., F. M. Wilkes and R. E. Brayshaw (1999). Financial Management and Decision Making, International Thomson Business Press.

Sharpe, William F., Gordon J. Alexander and Jeffery V. Bailey (1995). Investments, Fifth Edition, Prentice Hall, Inc.

Shim, Jae K. and Joel G. Siegel (1997). Financial Management for Nonprofits, McGraw-Hill.

Zoysa, Hema R. (1990). Cash Management. In A. Premchand (ed.), *Government Financial Management*: Issues and Country Studies, International Monetary Fund.

CHAPTER

10

구매관리

CHAPTER 10 구매관리

10.1 구매관리의 이해

1. 구매관리의 개념

구매관리는 조직의 유지를 위한 경상비(운영예산)와 선정된 투자대안의 실행을 위한 예산(사업예산)의 집행을 위해 필요한 인적, 물적자원과 서비스의 조달행위와 관련이 있다. 넓은 의미의 구매관리는 물품과 서비스의 구매, 건설이나 제조를 위한 계약까지 포함하는데, 보통 좁은 의미로 물자의 구매 즉 유형자산의 구매를 의미하며 서비스의 구매와 건설토목공사의 발주는 제외한다.

구매담당자는 구매에 관한 전문지식은 물론 정보시스템, 재무회계, 원가회계, 운송, 물류관리, 인사, 구매의 법적 측면, 조직전반에 대한 이해도 필요하다.

정부의 구매와 기업의 구매간에는 현저한 차이는 존재하지 않는다. 기업에 적용될 수 있는 내용이 정부조직에 상당부분 그대로 적용될 수 있다. 대부분의 차이는 법규나 절차의 존재로 인해 야기된다(Leenders & Fearon, 1993; Heinritz et al., 1991). 그러나 A. Cox는 공공부문구매와 민간부문구매 사이에는 구매목표와 전략에 있어서 중대한 차이가 있다고 주장한다. 그는 성공적인 공공부문구매에 대한 개념적 이론을 제시하고 경험적으로 공공조직의 구매관리를 분석해야 한다고 주장하고 있다(Cox, 1997a: 1997b).

2. 구매의 중요성

구매관련예산은 인건비와 함께 예산에서 가장 큰 비중을 차지한다. 구매예산의 상당부분은 물품의 구입만이 아니라 서비스의 구입에 소요된다. 미국의 경우 기업과 정부 모두 구매예산의 절반이상이 서비스의 구입에 사용되고 있다는 조사가 있다(Reed & Swain, 1997).

한국에서 구매의 가장 큰 부분을 차지하는 항목이 국방예산이다. 미국의 경우 국방관련구매가 총 구매예산의 80% 정도를 점유한다(Leenders & Fearon, 1993).

제조업에 종사하는 기업의 경우 구매가 매출액에서 차지하는 비중은 매우 높다. 애플컴퓨터는 65%, 포드자동차는 60%, GE는 46%, Texas Instruments는 50%를 점유하고 있다. 대부분의 제조회사는 구매가 매출액의 40~60%를 점유한다. 정부예산에서 구매가 차지하는 비중도 매우 높다. 미국의 경우 GNP의 20%가 공공부문의 재화와 서비스의 구매에 사용되고 있다고 한다(Heinritz et al., 1991).

3. 구매와 기획

구매관리에서 소홀하기 쉬운 것이 미래의 수요를 예측하고 구매계획을 수립하는 것이다. 사용자부서가 필요하다고 요구하는 물품을 구입하는 데 국한되어서는 안 되고 미래 지향적이고 능동적인 구매가 필요하다. 구매의 기획은 전략의 관점에서 수행되어야 한다. 조직의 장기적인 목표 달성을 위해 무엇을 구매해야 하는가를 결정한다는 의미이다.

정부는 재화와 서비스를 고객에게 전달하여 삶의 질을 향상한다. 그러나 지방정부는 물론 중앙정부도 추가로 경제개발과 환경이라는 목표를 추구해야 한다는 주장도 있다. 이러한 개념은 지속가능한 환경(sustainable environment)이라는 개념과도 연결된다. 이 모든 것은 총체적으로 공공가치(public value)의 창조라는 목표로 요약할 수 있다. 영국의 지방정부는 과거에는 보수당에 의해 제정된 민간기업과 공개 경쟁하도록 하는 강제입찰규정을 준수해야 했으나 1997년 노동당정부가 들어서면서 최고가치(best value)를 추구하도록 방향이 전환되었다. 최고가치의 추구는 정부는 주민에게 봉사하기 위해 존재한다는 인식이다. 또한 주민의 요구를 반영하여 최상의 서비스를 최저가격에 전달하고 지속적인 개선을 추구해야 한다는 의미를 내포한다. 바람직한 정부란 효과성, 효율성, 형평성, 합법성, 민주성, 대응성, 책임성을 달성하고 부패와 낭비가 없으며 삶의 질을 향상하는 정부이고 이런 기준이 성공적인 정부를 평가하는 척도가 되어야 한다. 구매관리도 이러한 기준을 염두에 두고 수행되어야 하며 공공가치의 창조가 궁극적인 목표가 되어야 한다(Murray, 1999).

고객지향적 행정은 고객의 다양한 요구에 부응해야 함을 의미하며 이는 다품종소량생산으로 고객의 요구에 신속하게 대응하고 있는 민간기업처럼 정부의 행정서비스도 획일적인 생산자위주 대량생산체제에서 탈피하여 다양한 고객위주의 소량생산체제로 변신해야 한다는 것을 의미한다. 고객의 요구에 부응하는 것은 단순히 고객이 원하는 산출물을 생산한다는 것만을 의미하지는 않으며 적시에 가능하면 신속하게 고객에게 전달한다는 것도 의미한다. 구매관리도 이러한 고객지향적 행정을 염두에 두어야 한다. 고객지향적 행정은 국민에 대한 개념이지만 구매관리에서 고객지향적 행정이란 행정조직내부에 적용되는 개념이다. 사용자부서의 요구에 부응한다는 개념인 것이다.

전략기획의 단계에서 구매를 고려함으로써 구매가 전략적인 관점을 갖도록 해야 한다. 구매에 의해 조직의 전략도 달라지는데, 예를 들어 전투기 구입에 하나의 공급자만이 존재한다면 국방부의 비전과 전략이 달라질 것이다. 이처럼 구매는 조직의 전략과 상호영향을 미치는 중대한 요인이 된 것이다. 공공조직은 하나의 공급자에 의존해야 하는 경우가 많기 때문에 이러한 장기적인 관점을 고려하여 가능하면 복수의 공급자를 확보하도록 공공조직의 전략수립단계부터 이러한 측면을 고려해야 할 것이다. 막대한 예산이 소요되는 무기의 경우는 특히 복수의 공급자와 단수의 공급자 중 어느 대안이 더 유리한지 장기적인 전략적 관점에서 판단해야 한다(Weele, 1995b).

4. 구매의 효과성과 효율성

구매관리의 효과성은 구매관리의 일반적 목표를 달성하는 것이다. 구매관리의 일반적 목표는 구매시에 고려해야 할 사항이며 다음과 같다.

① 가격 ② 품질
③ 수량 ④ 장소

⑤ 시간 ⑥ 판매자의 기술과 명성
⑦ 사후서비스 ⑧ 공급의 지속성
⑨ 기타

품질은 어느 정도의 수준을 갖춘 제품이어야 한다는 것을 의미하며 수량은 원하는 수량을 구입하는 것이며 판매자란 가장 유리한 구매를 가능케 해주는 판매자를 선정하는 것을 말한다. 판매자의 기술과 명성 이외에 사후서비스와 공급의 지속성도 중요하다. 품질과 수량, 그리고 기타 구매조건이 동일하다면 가장 저렴한 가격에 구입하여야 하며 원하는 장소에 배달되어야 한다. 가격과 품질 못지않게 중요한 것은 원하는 시간에 배달되는 것이다. 적시에 배달되지 않아 사용할 수 없다면 품질과 가격면에서 아무리 유리해도 별다른 의미가 없다. 이 중 가장 중요한 것이 가격이다. 집중구매는 다른 어떤 장점이 있다고 해도 분산구매보다 가격에 있어 유리하지 않다면 집중구매의 의미가 상실된다(Leenders & Fearon, 1993; Heinritz et al., 1991; Weele, 1995a).

구매에 대한 주기적인 평가가 필요하다. 특히 사용자의 요구에 얼마나 부응하는지 조사해야 한다. 구매관리에서 평가도 기획 못지않게 소홀한 분야이다. 구매목표달성의 효과성과 효율성을 측정하여 문제를 발견하고 해결책을 강구함으로써 효과성과 효율성을 증진할 수 있다.

구매성과의 측정은 구매목표를 달성했는가를 기준으로 효과성을 측정하고 예산이나 표준원가를 기준으로 효율성을 측정할 수 있다. 구매관리의 효율성은 구매관리의 목표달성을 위해 사용한 자원과 비교함으로써 측정한다(Weele, 1995a). 또한 구매부서와 타부서와의 관계, 공급자와의 관계, 구매절차와 규정의 준수여부, 목표의 타당성, 절차와 규정의 적합성, 사용자부서의 만족도, 재고자산관리상태, 공급자의 만족도와 의견 등을 당연히 평가하여야 한다. 평가는 내부감사인에 의해 수행될 수도 있지만 외부전문가에게 의뢰할 수도 있다(Leenders & Fearon, 1993).

구매관리의 효과성을 평가하기 위하여 구매관리의 일반적 목표를 개별적으로 평가할 수 있다. 예를 들어 가격효과성(price effectiveness)은 다음과 같은 지표에 의해 측정할 수 있다. 예: 실제 구매가격과 계획한 구매가격과의 비교, 부서간의 실제 구매가격의 비교, 개별구매가격과 대량구매가격의 비교, 실제가격을 도매가격지수(Wholesale Price Index)와 비교. 구매성과평가에 대한 보다 자세한 내용은 "Monczke et al., 1998"을 참조하기 바란다(Monczke et al., 1998).

10.2 집중구매와 분산구매

1. 개 념

(1) 집중구매

조달청 같은 중앙구매기관에서 일괄적으로 구매를 담당하는 제도이다. 미국의 General Services Administration(GSA)은 구매담당부처인데 어떤 경우에는 정부의 소매상 역할을 수행하기도 한다. 어떤 연방정부의 구매자도 GSA에 가서 사무실용품과 비품을 구입할 수 있다(Leenders & Fearon, 1993).

(2) 분산구매

사용자가 직접 구매하도록 허용하는 제도로써, 사용자가 구매행정의 주요한 의사결정을 직접 수행하기 때문에 그에 상응하는 책임을 지는 구매제도이다.

2. 집중구매와 분산구매의 선택

서비스의 구매는 물품의 구매보다 상대적으로 분산구매에 더 많이 의존한다(Reed & Swain, 1997). 한 연구에 의하면 기업의 경우 대부분이 집중구매를 선택하였으며 기업의 규모가 클수록 집중구매를 채택하는 비율이 증가했다고 한다(Leenders & Fearon, 1993). 그러나 미국 기업의 경우 집중구매와 분산구매는 시대에 따라 변화하는 양상을 보여주고 있다. 2차대전 후에는 집중구매가 압도적이었으나 1950년대 후반과 1960년대 전반에 걸쳐 분산구매가 증가했다가 다시 1960년대 후반에서 1970년대까지 집중구매로 되돌아가는 경향을 보였다. 1980년대에는 다시 분권화경향을 보이고 있는데 과거와는 다른 두드러진 특징이 나타나고 있다. 수평적인 조직구축으로 인하여 중앙구매부서의 규모를 축소하면서 정보시스템의 도움으로 각 부서의 구매를 조정하고 통제할 수 있게 되어 각 부서는 별도의 구매담당관리자를 두지 않고 집중구매와 분산구매가 조화를 이루게 되었다. 이러한 혼합형 구매관리는 분권화 된 의사결정과 집중구매의 장점이 결합한 형태인 것이다(Heinritz et al., 1991).

미국기업에 대한 연구에 의하면 집중구매와 분산구매를 사용하는 정도는 집중구매 28%, 분산구매와 집중구매를 혼합한 형태 59%, 분산구매 13%로 나타났는데, 규모가 작은 기업들은 집중구매와 혼합형을 선택하는 비율이 거의 비슷했지만, 규모가 큰 기업들은 73%가 혼합형을 선택하고 있었다. 규모가 큰 기업들은 오히려 규모로 인하여 집중구매를 채택하기 어려웠으며 작은 규모의 기업들이 집중구매를 선택하는 경향이 강했다. 순수하게 분산구매를 채택하는 경우는 매우 작았으며 대부분 집중구매나 혼합형태를 채택하고 있었다. 최근 조직의 분권화 경향과 맞불려 분산구매의 채택이 증가하고 있지만 순수한 분산구매의 채택이라기보다는 과거의 집중구매에 분산구매의 요소를 가미하여 혼합형으로 변화하는 경우가 많다. 구매의사결정은 분권화하되 중앙에서 통제하고 조정하는 형태를 취하는 것이다(Monczka et al., 1998).

구매관리는 최근의 분권화 경향과 맞물려 집행담당자에게 구매권한을 위임하는 분권화의 경향을 보이고 있다(Heinritz et al., 1991). 구매의사결정은 분권화되지만 각 부서가 준수해야 할 통일된 규정과 절차를 중앙에서 수립하고, 각 부서의 구매에 대한 지속적인 평가를 하며, 일부 항목(예: 모든 부서에서 동일하게 사용하는 품목)은 여전히 중앙구매부서에서 구매한다. 그러므로 현재의 추세는 집중구매와 분산구매를 혼합하는 형태이며 구입품목에 따라 집중구매와 분산구매의 배합을 달리한다고 보아야 한다(Heinritz et al., 1991).

특정조건이 충족되거나 일정범위 내에서 사용부서의 자유재량에 구매를 위임하는 경우는 분산구매의 장점과 집중구매의 장점을 모두 취할 수 있는 이점이 있다. 미국 국방부의 구매는 집중구매와 분산구매를 혼합하고 있다. 국방부 산하 모든 조직에서 공동으로 사용하는 물품은 중앙에서 구매하고 각 조직에 특유한 물품은 해당조직이 구매한다. 기업의 경우 특정 시기에 대기업의 집중구매 경향이 강했지만, 공공부문의 경우 연방정부보다 주와 지방정부가 집권화의 경향이 더 강했다. 이러한 경향은 미국의 주 정부위원회(Council of State Governments)가 집권화된 구매관리를 추천한 데 기인하는 바가 크다(Heinritz et al., 1991).

3. 집중구매의 장·단점=분산구매의 단·장점

집중구매의 장점은 ① 규모의 경제가 가능하고, ② 업무의 조정과 통일이 용이하고, ③ 구매부서의 성과측정이 용이하고 책임이 명확하게 규명되는 등 구매관리의 통제가능성이 증가하고, ④ 업무의 전문화와 전문가의 확보가 용이하고, ⑤ 체계적이며 표준화된 절차의 구축이 가능하고, ⑥ 분산구매에 비해 구매에 관한 내부통제가 강화될 가능성이 크고(Reed & Swain, 1997), ⑦ 구매의사결정이 예산과 회계에 연계될 가능성이 크고(Reed & Swain, 1997), ⑧ 업무중복을 방지할 수 있고(Leenders & Fearon, 1993), ⑨ 장기적인 구매전략수립의 용이하다(Monczka et al., 1998).

반면, 집중구매의 단점은 ① 전문성 결여, 시간소요 등으로 인하여 사용자의 요구에 부응하기 어렵고, ② 업무의 중복 등 행정비용이 증가하고,[1] ③ 책임회피수단으로서의 집중구매를 선택하는 경향이 존재하고,[2] ④ 잘못된 구매에 대한 비난을 모면하기 위해 혹은 부패에 대한 국민들의 불신 때문에 무조건 조달청에 의뢰해 버리는 비합리적인 관행이 존재하고,[3] ⑤ 중앙구매기관의 관료화가 이루어질 수 있다.

10.3 공급자와 가격의 결정

1. 공급자결정방법

(1) 경쟁확정입찰(competitive sealed bids)

액수가 크고 응찰자가 많을 때 사용하는 제도인데 Reed & Swain은 다음과 같이 설명하고 있다. 경쟁확정입찰은 제품사양(specification)을 확정하고 이에 대하여 응찰자들이 최저가격을 제시하도록 경쟁시키는 것이다. 입찰시 내부에서 추정하여 결정한 액수를 상한선으로 제시하고 그 액수를 넘지 않는 입찰금액 중 최저액수를 선택하는 방법을 사용하기도 한다. 이러한 상한선을 제시하지 않고 무조건 최저액수를 제시하는 응찰자를 선택하는 방법도 사용한다. 건설 및 제조에 있어 만약 공급자가 계약대로 이행하지 않을 경우에 대비하여 성과보증금(performance bonds)을 요구하는 경우도 있다. 그러나 이러한 성과보증금은 응찰자의 숫자를 줄여 경쟁을 줄일 우려가 있으며 성과보증금으로 인한 비용은 궁극적으로 프로젝트의 가격에 반영된다(Reed & Swain, 1997).

---

1) 집중구매는 대량구매로 인한 비용절약의 측면이 있으나 중앙구매기관과 사용자부서가 이중으로 구매에 관계되므로 구매행정절차와 의사결정체계가 복잡해지고 행정비용이 증가할 수 있다.

2) 책임회피의 수단으로서 집중구매에 의존하는 문제점은 집중구매와 분산구매 중 하나를 선택하여 사용할 수 있도록 허용될 때만 해당된다.

3) 한국에서 많이 존재하는 집중구매의 문제점 중 하나이다.

(2) 경쟁제안입찰(competitive sealed proposals)

응찰자가 많지 않거나 제한된 종류의 제품이나 서비스를 구매할 때 사용한다. 제품사양(specification)을 제시하지 않고 응찰자로 하여금 제품이나 서비스에 대한 내용이나 특성을 제시하고 아울러 액수를 제안하도록 하는 경쟁입찰방법이다(Reed & Swain, 1997). 구매자는 제품의 내용과 가격 기타 사항을 고려하여 가장 적절한 응찰자를 선정한다.

(3) 협상경쟁입찰(negotiated bids)

전문서비스의 구매에 주로 사용한다. 몇 개의 공급자를 선정하여 경쟁을 하도록 하지만 조정과 수정을 통해 최종결정에 도달한다. 최저가를 제시한 공급자와 보다 구체적인 사항에 대해 합의하는데, 합의에 도달하지 못하면 다음 최저가를 제시한 공급자와 합의하는 방법이 가장 전형적인 사례이다(Reed & Swain, 1997).

(4) 수의계약(noncompetitive negotiations)

특별한 기술 등의 이유로 하나의 공급자만이 존재하거나, 경쟁입찰을 위한 충분한 시간적 여유가 없는 비상사태일 때, 경쟁입찰이 실패하였을 경우에 사용한다. 경쟁입찰은 경쟁을 유도하기 위해서 모든 응찰자에게 적용되는 요구사항을 미리 결정하여야 하는데 전문지식이 부족한 경우에는 표준화된 내용을 미리 마련하는 것이 어려울 수 있다. 수의계약의 경우에는 전문기술이 있는 공급자의 도움을 받아 협의하고 조정하면서 계약을 확정할 수 있는 이점이 있다.

수의계약은 여러 공급자가 존재하는 경우에도 공급자 사이의 경쟁을 유도하면서 구매협상을 추진할 수도 있다. 여러 공급자 중에서 하나의 공급자를 선정하여 최종적으로 구매협상을 타결하는 것이 경쟁입찰보다 더 유리하다고 주장하기도 한다. 경쟁입찰에 의해 단순히 가격만을 제시하도록 하는 것보다 구매의 모든 측면에 대해 하나 하나 검토하고 협상하는 과정에서 구매자가 더 좋은 가격에 구매할 수 있게 된다는 주장도 있다(Heinritz et al., 1991).

수의계약과 경쟁입찰 중 어떤 것이 더 바람직한가의 논의는 쉽게 결론짓기 어려운 문제이다. 한 연구에 의하면 1983년 미국정부의 구매 중 65%가 수의계약에 의해 이루어졌고 오직 12~16%만이 공개광고를 통한 경쟁입찰에 의해 이루어졌다고 한다. 특히 미국연방정부는 무기구입에서 수의계약을 많이 사용하였으나 1984년 제정된 경쟁계약법(Competition in Contracting Act: CICA)이 수의계약을 할 수 있는 예외조건을 축소함으로써 경쟁입찰이 증가하고 있다. 그러나 CICA는 공급자 선정시 공급자의 경쟁을 추구하지만 과거처럼 공개광고와 비밀경쟁입찰(sealed bidding)만이 공급자의 경쟁을 보장한다는 입장에서는 후퇴하여 보다 유연한 자세를 취하고 있다(Heinritz et al., 1991).

2. 공급자결정시의 유의사항

① 최저가 매입이 결코 최저가 아닐 수 있다. 예를 들어 중고판매가격(resale value), 애프터서비스(A/S), 유지비용(maintenance cost), 부품가격 등을 고려하지 않는 최저가는 결코 최저가가 아니다(Reed & Swain, 1997).

② 입찰을 실시하려면 입찰에 응하는 공급자의 숫자가 적어도 둘 이상이어야 하며 신뢰할 수 있어야 하고 입찰자들 사이에 담합이 없어야 하며 제품사양(specification)이 명료하여야 한다. 그렇지 않으면 수의계약을 선택할 수밖에 없다(Leenders & Fearon, 1993).

③ 입찰과정의 공정성을 보장하기 위하여 미국에서는 어떤 시민이든지 원하면 입찰현장에 참석하여 입찰내용을 조사할 수 있도록 허용하고 있다(Leenders & Fearon, 1993).

④ 기업의 경우 경쟁입찰보다 수의계약으로 가격과 품질 등에 관하여 협상하는 방법을 택하는 경향이 점점 증가하고 있다(Heinritz et al., 1991). 대량생산의 시대에서 다품종소량생산의 시대로 전환함에 따라 경쟁입찰을 실시할 수 있는 분야가 점점 줄어들고 있는 것도 한 요인이다.

⑤ 1981년 The National Association of State Purchasing Officials (NASPO)의 연구에 의하면 미국의 45개 주가 가격이 아닌 다른 기준에 의해 공급자를 선정할 수 있도록 허용하고 있다고 한다(Heinritz et al., 1991).

⑥ 건설계약의 경우 하도급을 원칙적으로 금지하되 승인을 얻은 경우에만 허용하는 것이 좋다(Farington & Waters, 1994).

3. 구매가격의 결정

구매가격은 다음 여러 가지 방법에 의해 결정된다.

① 시장가격

② 감정가격

③ 유사제품의 가격

④ 원가에 이익을 가산하는 방법

주로 건설, 토목공사 계약시에 사용하는 방법이며 계약금액을 어떻게 결정하는가에 관련된다.

(1) **고정가격계약**(fixed price contract)

- 원가를 추정하여 결정하는 방법이라고 볼 수 있다.
- 계약가격을 고정시켜 공사 혹은 제조를 시작한 후에 비용에 변동이 발생하더라도 공급자가 모든 책임을 지는 계약이다.
- 공급자는 모든 불확실성을 부담해야 하기 때문에 그렇지 않은 경우에 비해 같은 조건하에서 더 높은 가격을 요구할 것이다(Rosen, 1992; Leenders & Fearon, 1993).
- 미국의 미국연방정부의 구매는 대부분 변동가격계약일 것이라는 사람들의 인식과는 달리 1983년도에 81.2%가 고정가격계약을 선택하고 있다고 한다(Heinritz et al., 1991).

(2) **변동가격계약**(cost plus contract)

- 발생원가에 기초하여 가격을 결정하는 방법이라고 볼 수 있다.
- 가격을 고정하지 않고 실제 발생하는 모든 비용을 구매자가 부담하는데 대부분 고정가격에 추가비용이 가산되는 계약형태를 지닌다(Rosen, 1992; Leenders & Fearon, 1993).
- 공급자의 비효율이 모두 구매자에게 전가되며, 공급자가 부당하게 높은 비용이 발생했다고 주장할 수 있으며 다른 비용을 전가할 수 있다.

(3) **인센티브계약**(incentive contract)

- 고정가격계약과 변동가격계약의 절충형태라고 할 수 있다.
- 사전에 원가를 추정하여 고정가격을 결정하고 사후에 발생원가에 기초하여 다시 조정하는 방법이라고 볼 수 있다.
- 구매자가 지불하는 금액은 다음의 공식에 의해 결정된다.

$$TC=F+rC$$

여기서 F는 고정된 일정금액을 말하며 C는 실제로 발생한 비용을 말한다. r은 실제로 발생한 비용 중 구매자가 부담하는 비율을 말한다. TC는 총비용이다. 예를 들어 어떤 기업이 무기를 공급하는 계약을 국방부와 체결했다고 하자. 만약 F가 5억이고 실제 무기를 생산하는 데 10억이 소요되었고 r이 0.2라면 7억의 대금을 국방부가 기업에게 지불하게 된다. 구매자의 입장에서 TC를 최소화할 수 있는 r을 구하기 위해서는 여러 가지 요인을 고려해야 하며 공급자의 위험회피정도도 파악해야 하기 때문에 절대적으로 타당한 하나의 수치가 존재하는 것은 아니며 추정할 수밖에 없다 (Rosen, 1992; Leenders & Fearon, 1993).

4. 공급자와의 관계

구매자와 공급자의 관계가 갖는 중요성에 대한 인식이 점점 증가하고 있다. 공급자를 구매자와 구분된 별도의 조직으로 파악하고 대립적이고 적대적으로 보기보다는 구매자조직의 연장으로 파악하고 협력하는 파트너로 이해한다. 가치사슬의 하나인 공급사슬이란 바로 이러한 협력적인 시각을 필요로 한다. 가장 대표적인 사례가 바로 JIT구매이다. JIT구매에 대해서는 뒤에 자세하게 설명한다. 가치사슬이란 가치를 창조하는 서로 연결된 주요활동을 말하는데 기업의 사례를 들면 다음과 같다.

구매 → 운영(생산) → 완제품이나 서비스의 공급, 배달(물류) → 판매와 마케팅 → 사후서비스 → 이익(profit margin)

가치사슬의 하나인 구매활동을 공급사슬로 파악하는 것이 바람직한 구매관리이다.

구매자와 공급자관계의 핵심은 높은 품질의 물품을 저렴한 가격에 공급하는 공급자와 함께 지속적인 관계를 유지하고 구매자의 이익을 공유하는 것을 목표로 한다는 점이다. 공급자는 구매자의 전략계획의 일부분이 되는 것이다. 공급자는 단순히 제품만 공급하는 주체가 아니라 구매자의 전략을 이해하고 구매자의 장기적인 요구에 대응하는 파트너가 된다. 구매자는 공급자의 제품만을 평가하는 데 그치지 않고 공급자의 기술, 제품의 원가구조, 생산과정, 장기전망 등도 평가한다(Heinritz et al., 1991).

제조업의 경우 제품설계단계에서 공급자를 참여시키면 공급자의 능력을 충분히 활용할 수 있으며 공급자의 제안에 따라 보다 나은 설계가 가능하다. 또한 동일한 성능을 가진 더 나은 부품대안을 채택할 수 있어 비용절감의 효과가 있다(Monczka et al., 1998). 특히 이러한 시각이 절대적으로 필요한 분야는 국방무기분야일 것이다.

전략적 파트너로서의 공급자개념은 소수의 우수한 공급자와 장기적인 관계하에서 우수한 품질의 제품을 공동으로 생산한다는 의미이다. 우수한 공급자와 지속적인 관계를 유지하기 위하여 단순히 구매하는 물품의 품질만을 평가하는 것이 아니라 공급자를 전략적 파트너로서 총체적·주기적으로 평가하고 때로는 우수한 제품을 공급받기 위해 공급자의 기술과 경영에 대해 조언하고 협조하고 교육을 시키기도 한다. 공급자는 기업이 지속가능한 경쟁우위를 확보하기 위한 품질경영의 공동관리자인 것이다. 기업의 가치사슬은 이익을 창조하는데 구매는 기업의 가치사슬에서 사용하는 투입을 확보하는 활동이라고 Porter는 정의했다(Weele, 1995b). 공공부문에서도 공급자를 공공조직의 전략적 파트너이고 공공서비스의 공동생산자로 간주해야 한다. 국방무기분야에서는 이러한 관계가 상당히 보편화되어 있지만 다른 분야에서도 이러한 관점의 중요성을 인식해야 한다.

구매자와 공급자의 협력적 관계에는 경쟁입찰이 적절하지 않으며 구매자가 공급자를 충분히 파악하고 평가하는 수의계약이 적절할 수 있다(Heinritz et al., 1991).

구매자는 낮은 가격에 제품을 구입하기 위하여 무조건 공급자의 이익을 축소하는 가격협상을 시도할 것이 아니라 공급자의 원가구조를 이해하고 공급자의 원가에 가장 중요한 영향을 미치는 활동을 식별하여 공급자의 원가절감에 기여함으로써 공급가격도 인하되도록 유도해야 한다. 구매자는 공급사슬에서 부가가치를 향상하는 활동과 그렇지 않은 활동을 구분하여 관리함으로써 공급자를 포함하는 총체적인 관점에서 구매를 관리하여야 한다(Saunders, 1995).

구매자는 공급자만을 파트너로 생각하는 것이 아니라 사용자도 파트너로 간주한다. 사용자의 요구에 의해 물품을 공급하는 것은 결국 사용자가 물품의 내용과 성격을 결정하는 것이다(Lamming, 1995).

공급자와 구매자는 대부분 장기간의 거래관계를 유지하며 이는 공공부문은 물론 민간기업에서도 일반화된 현상이다. 예를 들어 유럽에서는 대부분의 공급자기업과 구매자기업이 평균 13년간의 거래관계를 유지하며 영국에서는 20년간의 거래관계를 유지한다(Ford, 1995).

10.4 아웃소싱(outsourcing)

1. 아웃소싱의 개념

조직 내의 반복되는 활동과 의사결정권한을 계약에 의해 외부공급자에게 이양하는 행위를 아웃소싱이라고 한다(Greaver II, 1998). 제조업의 자체제조와 외부구입(make or buy)에 관한 의사결정은 서비스업에 있어서는 자체수행이냐 외부구입(buy or do)이냐의 문제이며 결국 자체수행이냐 아웃소싱이냐의 문제가 될 것이다. 자체수행이냐 외부구입이냐의 선택은 기업이건 정부이건 모두 외부구입의 방향으로 나아가고 있다(Heinritz et al., 1991). 즉 아웃소싱은 공공조직에서도 대세가 되고 있다.

2. 아웃소싱의 대상

아웃소싱은 개인의 활동, 기능, 과정의 세 가지를 주요 대상으로 삼는다. 개인의 활동이 아웃소싱되는 경우는 예를 들어 회계담당자를 아웃소싱하거나 비서를 아웃소싱하는 경우이다. 대부분의 아웃소싱은 조직의 기능(function)을 주 대상으로 삼는다. 예를 들어 봉급관리, 연금관리, 전산업무, 통신업무, 우편업무, 복사업무, 회계업무, 내부감사, 재고관리와 배분, 시설관리와 유지보수, 청소업무, 경비업무, 구내식당업무 등이 아웃소싱의 대상이 되는 조직의 기능이다. 운송업무처럼 과정(process)을 아웃소싱하는 경우도 있다. 트럭회사가 운송업무의 주요공급자이다. 과거의 아웃소싱은 조직이 수행불가능한 업무에 국한되었는데 지금은 본연의 핵심업무에 치중하기 위한 장기적인 전략에 관련되어 있다(Greaver II, 1998).

회계와 재무업무분야의 아웃소싱이 민간기업에서 급증하고 있는데 공공조직에게도 중대한 의미를 갖는다. 전산업무와 마케팅업무에 대한 아웃소싱도 급증하고 있다. 아웃소싱 전문가에게 아웃소싱에 따른 위험을 분석하고 아웃소싱에 대한 기획과 통제에 대한 자문을 구하는 것도 좋은 방법이다. 물류의 아웃소싱으로는 운송과 보관업무가 가장 대표적으로 아웃소싱 되고 있지만 재고관리와 공급사슬관리(supply chain management)까지도 아웃소싱 되고 있다(Berglund et al., 1999).

3. 공공부문과 아웃소싱

아웃소싱은 공무원조직을 정예화하기 위한 방편이기도 하다. 핵심업무만 남기고 나머지는 아웃소싱함으로써 아웃소싱한 업무도 결국 우수인력에 의해 수행되도록 하는 것이다. 아웃소싱, 파트타임공무원고용, 고객의 참여와 자원봉사는 예산절감, 효율성증진, 고객의 공공조직 감시를 가능하게 한다. 정부조직의 일부업무는 민간기업에서 수행할 수 있는 성격을 지닌 업무가 많다. 정부조직의 전체업무는 민간에 위임하기 어렵다고 해도 일부기능이나 과정을 민간기업이 수행할 수 있을 때 순수 공공부문만 남기고 아웃소싱할 수 있다. 아웃소싱은 순수한 공공부문을 분리해내는 방법이기도 하다.

아웃소싱의 가장 큰 문제는 아웃소싱의 대상업무를 담당하고 있는 기존공무원의 반발이다. 기존공무원을 해고하는 것이 어려울 때는 다음의 방법으로 반발을 최소화할 수 있다(Greaver Ⅱ, 1998).

첫째, 해당업무를 독립시켜 공무원들이 퇴직하여 직접 관리하는 독자기업을 탄생시키는 것[4]이다.

둘째, 해당 부서를 공급자 혹은 제3자에게 매각하거나 인수시키는 방법이다. 이 경우 인수기업이 몇 년 동안 인수한 공무원의 고용을 보장하기도 한다.

셋째, 공급자 혹은 제3자와 공무원이 합작기업을 설립하는 방법도 있다. 이런 방법으로 독립시키되 처음 몇 해 동안 아웃소싱계약을 보장하면 반발이 최소화될 것이다.

4. 아웃소싱선택기준

아웃소싱의사결정은 단순히 단기적인 원가절감에 초점을 맞추어서는 안 되고 장기적인 전략적 관점에서 가치사슬(value chain)을 고려하여 결정되어야 한다. 정부 행정서비스의 제공은 여러 단계의 행위에 의해 구성되는데 각 단계에서 가치가 부가되어 최종산출물이 고객에게 전달된다. 각 단계에서는 가치가 부가되는 행위와 가치가 부가되지 않는 행위가 발생한다. 가치가 부가되면서 원가가 발생하지만 가치가 부가되지 않는 행위에 의해서도 원가가 발생한다. 가치가 빨리 부가될수록 가치사슬은 효율적이라고 볼 수 있다. Lamming은 아웃소싱선택기준을 다음과 같이 설명하고

4) 이것을 spin off 라고 한다(Greaver Ⅱ, 1998).

있다(Lamming, 1995).

공헌이익 혹은 여유생산능력 등의 기준에 의해 자체제조냐 외부구입이냐의 의사결정을 하던 시기는 지나갔다. 최적가치사슬에서는 각 단계에서 최소의 비용으로 의도한 가치가 부가되므로 자체수행이냐 아웃소싱이냐의 문제는 결국 가치사슬의 관점에서 결정해야 한다. 각 단계에서 최고의 전문성을 가진 주체가 최대의 가치를 최소의 원가에 의해 부가할 수 있기 때문에 자신이 가장 잘 할 수 있는 업무만을 제외하고는 아웃소싱하는 것이 최근의 경향이다. 그러므로 각 단계에서 다음과 같은 질문을 해야 한다. "이 활동을 내가 시장에서 가장 잘 할 수 있기 위해서는 얼마의 원가가 소요될까? 누가 나의 원가보다 낮은 원가에 나보다 더 잘할 수 있을까?"

자체수행원가와 아웃소싱가격을 비교하여 의사결정을 하는 것은 잘못이다. 왜냐하면 아웃소싱에 의해 품질이 향상되었을 경우 동일한 서비스를 생산하는 두 개의 원가를 비교하는 것이 아니라 다른 서비스를 생산하는 원가를 비교하는 것이기 때문이다. 아웃소싱에 의한 고객만족과 조직축소로 인한 유연성 등은 원가에 반영되지 않기 때문에 원가와 아웃소싱가격을 비교하는 것은 비합리적이다.

5. 아웃소싱의 장점과 단점

아웃소싱은 다음과 같은 장점과 단점이 있다(Greaver II, 1998).

(1) 장 점

① 가장 잘 할 수 있는 주체에게 업무를 이양함으로써 가장 잘 할 수 있는 업무에만 집중할 수 있다.

② 변화하는 환경과 고객의 요구에 잘 대응할 수 있다.

③ 조직을 변화시킨다. 그 자체만으로 의미 있다.

④ 효율성을 증진한다. 비용절감이 가능하다. 관리와 통제가 개선된다.

⑤ 전문기술확보가 용이하다.

⑥ 혁신적인 아이디어를 획득 가능하다.

⑦ 우수한 공급자와 관계를 맺음으로써 이미지와 신뢰성이 증진된다. 예: IBM에게 아웃소싱

⑧ 공급자가 위험을 부담하기 때문에 위험관리의 측면에서 장점이 있다. 예: 컴퓨터의 신기종 등장

⑨ 자산에 대한 투자가 감소하므로 여유자원이 증가한다. 고정비를 변동비로 변화시킬 수 있다.

⑩ 공급자의 네트워크, 능력, 시스템을 활용할 수 있다.

⑪ 해당 업무담당자의 사기, 열정, 조직에 대한 헌신을 고양할 수 있다. 정부조직의 전산실 부서 직원보다 IBM의 직원이 더욱 업무에 열정적일 것이고 조직에 대해 헌신적일 것이다. 한 가지 이유를 들자면 서울시의 전산실 직원의 승진은 한계가 있으나 IBM직원은 사장까지 승진이 가능하기 때문이다.

(2) 단 점

① 지속적 서비스나 제품공급이 불가능할 우려가 있다. 계약기간이 만료되어 계약이 갱신되지 않으면 서비스가 중단될 가능성도 있고 다른 대안을 찾아야 하는 문제도 발생한다.

② 비밀유지가 어렵다. 조직의 핵심 업무의 경우 아웃소싱 하지 않는 이유가 바로 여기에 있다.

③ 기술개발과 전문성 축적이 어렵다.

10.5 구매와 리스

1. 리스의 개념

리스란 제품이나 부동산 등을 구입하지 않고 일정기간 동안 임대하여 사용하고 정기적으로 사용료를 지불하는 제도이다. 리스는 구매관리기법의 하나로 간주할 수도 있는데, 그 이유는 원하는 제품을 획득하는 것이 구매라면 리스도 동일한 목적을 달성하기 때문이다.

구입항목이 고가의 기계, 설비, 건물, 토지 등일 때 리스에 의해 필요한 제품이나 부동산을 획득할 수 있다. 구매는 일시에 거액의 예산이 필요한데 리스는 구매와 같은 효과를 거두면서 필요한 물품이나 부동산 등을 소액의 분할지급으로 확보할 수 있다. 즉, 리스는 구매비용을 장기간에 걸쳐 분산하는 기능이 있다.

두 가지 성격의 리스가 존재하는데 임대로서의 리스와 사실상 구매로서의 리스가 있다. 임대로서의 리스는 우리가 상식적으로 생각하는 리스를 지칭한다. 구매의 성격을 지니는 리스는 사실상 매매가 이루어지는데도 대금지불방법이 리스의 형태를 지녀 리스라고 간주되는 것이다. 예를 들어 수명이 5년인 컴퓨터를 5년 동안 리스하면 사실상 구매나 다름 없다.

장기리스의 경우 마치 은행으로부터 부채를 조달하여 구매하고, 사용료에 해당하는 금액을 은행에 정기적으로 지불하여 부채를 상환하는 것과 동일하기 때문에 부채로서의 성격을 가지고 있음에도 불구하고 부채로 표시되지 않는 장점이 있다. 부채조달로 인한 구매는 부채조달과 관리에 소요되는 비용 때문에 오히려 리스보다 비용이 더 소요될 가능성이 있으므로 리스가 부채조달에 의한 구매보다 더 좋은 대안일 수 있다(Reed & Swain, 1997).

사용기간이 제품의 수명인 내용연수보다 짧을 때 리스를 하면 사용 후 중고시장에 판매해야 하거나 처음부터 중고품을 구입해야 하는 불편과 문제점을 피할 수 있기 때문에 중고시장이 발달되어 있지 않은 제품은 구매보다 리스가 더 유리하다(Reed & Swain, 1997).

2. 비용편익분석을 이용한 의사결정사례

자체제조인가, 외부구입인가에 대한 의사결정과 마찬가지로 구매와 리스에 관한 의사결정도 일정한 의사결정기준에 따른다. 비용편익분석 같은 합리적·경제학적 모델을 사용할 수도 있고 비계량적인 방법에 의해 의사결정을 할 수도 있다. 비용편익분석에는 리스와 구매를 별도의 대안으로 비교한다. 예를 들어, 컴퓨터를 구입하느냐(대안 A) 혹은 리스하느냐(대안 B)의 대안을 놓고 결정한다고 하자.

컴퓨터의 구입은 초기에 1,600만원이 소요되고 매년 유지비가 100만원씩 소요되며 기간은 5년이라고 하자. 비용편익분석에 대한 이해가 부족한 독자는 이 책의 "비용편익분석"을 참고하기 바란다. 편익은 컴퓨터의 구입으로 인해 발생하는 매년 700만원에 해당하는 운영비의 절감이라고 하자. 그러면 다음과 같은 분석이 가능하다. 할인율은 10%라고 가정한다.

컴퓨터를 리스하면 초기의 과다한 지출은 피할 수 있지만 매년 사용료를 지불하고 유지비도 컴퓨터구입과는 달라진다고 하자. 사용료와 유지비를 합하여 매년 다음과 같은 비용이 발생한다고 하자.

표 10-1 | 컴퓨터 구입에 따른 편익, 비용, 순편익(=순가치)

연 도	대안A의 편익	비 용	순편익=순가치
0		1,600	-1,600
1	700	100	600
2	700	100	600
3	700	100	600
4	700	100	600
5	700	100	600

표 10-2 | 컴퓨터 리스에 따른 편익, 비용, 순편익(=순가치)

연 도	대안B의 편익	비 용	순편익=순가치
1	700	600	100
2	700	600	100
3	700	500	200
4	700	400	300
5	700	600	100

A와 B의 순현재가치는 다음과 같이 계산된다. 이 사례는 조직 내부의 의사결정이기 때문에 비용편익분석은 민간부문투자의사결정인 현금흐름할인법과 사실상 동일하다.

A의 순현재가치=674

B의 순현재가치=591

비용편익분석에 의존하여 분석을 하면 대안 B보다는 대안 A를 택하는 것이 유리하므로 리스를 하지 않고 구입을 하게 된다. 그러나 만약 구입을 한다면 예산상으로 1,600만원의 지출이 일시적으로 필요한데 이것은 불가능할 때가 많고 예산은 오히려 매년 균등하게 할당되기가 쉽다. 그렇다면 더 좋은 대안인 구입보다는 리스를 택할 수밖에 없게 된다. 이것이 리스의 가장 큰 장점이라고 할 수 있다.

3. 리스의 장점

(1) 일시에 거액의 예산이 불필요

리스는 일시에 거액의 자금이 없이도 필요한 자산의 사용을 가능케 해준다. 또한 이것은 특정 자산에 많은 금액의 예산을 일시에 지출할 필요가 없다는 것을 의미하기도 한다.

(2) 부채액수를 축소하는 기능

예산이 확보되지 않았을 때 구매를 위해서는 부채를 조달해야 한다. 리스는 부채가 아니기 때문에 부채가 과다한 정부조직이 부채를 조달해야 하는 부담에서 벗어날 수 있다. 사실상 구매로서의 리스를 도입할 경우 부채를 증가하지 않고 원하는 자산을 획득할 수 있다.

(3) 불확실성에 대한 좋은 대처방법

리스는 구입에 비해 불확실성에 대한 보다 더 좋은 대처방법이라는 장점이 있다. 불확실성은 여러 가지의 형태로 나타날 수가 있는데 예를 들어, 기술진보를 들 수 있다. 리스는 판매와는 달리 리스한 물품이 기술의 진보에 의해 낡은 모델이 될 때는 새로운 모델을 리스함으로써 기술의 진보라는 불확실성에 대처할 수 있다. 구입을 했을 때는 기술진보에 의해 구입물품이 구형제품으로 전락하면 그로 인한 손실을 구매측이 감수해야 하는 데 반하여 리스는 제품을 새 제품으로 교환하거나, 기존 제품을 반납하거나, 계약을 해지하거나, 계약을 파기하고 다른 제품을 임대할 수 있는 장점이 있다.

10.6 구매관리의 내용과 구매관리기법

1. 구매과정

구매과정은 ① 구매신청 → ② 구매신청의 승인과 사전감사[5] → ③ 주문서의 발송 → ④ 물품의 수령과 검사 → ⑤ 대금의 지불과 공급 → ⑥ 사후평가(구매관리의 효과성과 효율성을 평가) 등 6단계를 거친다.

---

5) 구매에 앞서 예산배정, 자금공급, 기타 조건을 사전감사에서 확인하며, 입찰방법도 결정한다.

2. 물류관리(logistics management)

최근의 구매관리는 물품의 수령, 보관에서 사용자에게 전달하기까지의 흐름을 기획, 조정, 통제하는 효율적인 물류(logistics)기능을 강조한다(Leenders & Fearon, 1993). 구매관리는 물류관리와 불가분의 관계에 있으며 최근의 구매관리는 과거보다 더욱더 물류관리의 측면을 강조하고 있다. 현대적인 구매개념은 구매와 물류를 통합하는 의미를 가지고 있다. 또한 컴퓨터와 정보통신기술의 발달은 물류기능을 획기적으로 변화시키고 있다(Weele, 1995b).

물류는 재화, 서비스, 혹은 사람의 조직화된 이동을 의미하며 원래 군대의 병참에서 유래하였다. 조직에 최대의 혜택을 제공하도록 물품의 이동, 저장을 통제하는 시스템을 설계하고 관리하는 것을 말한다(Wood et al., 1995).

물류 기능 중 가장 중요한 부분은 운송, 재고관리, 정보관리인데 물류관리는 이러한 다양한 활동을 유기적으로 연결하여 최종산출물을 가장 낮은 원가에 제공하는 것을 목표로 삼는다(Schary & Skjott-Larsen, 1995).

물류는 조직의 거의 모든 부서와 관련되기 때문에 조직 전체차원의 협조와 참여가 필요하며 물품과 정보의 이동을 통하여 조직 내의 다양한 활동을 연결한다.

공급사슬(supply chain)은 물류를 포함하는 보다 넓은 개념이다. 공급사슬은 고객과 공급자를 조직내부의 운영과 연계하여 총체적인 하나의 시스템으로 파악하므로 마케팅, 구매, 생산, 판매를 모두 통합하는 개념이다. 가치사슬은 조직이 고객, 공급자와 함께 협력적 관계를 통하여 가치를 창조하여 총체적인 성공을 추구해야 한다고 인식한다. 그러므로 물류는 조직내부에 국한되는 개념인 데 반하여 공급사슬은 조직의 경계를 넘어서 공급자와 고객에까지 확대되는 개념이다. 가치사슬은 공급자로부터 고객에 이르기까지 모든 관련 당사자와 활동을 포함하는 전 과정을 지칭하며 정보시스템을 통해 연결하고 조정하며 피라미드형 개념이 아니라 수평적 네트워크 개념이다. 공급사슬은 가치사슬의 하나이다(Schary & Skjott-Larsen, 1995). 공급사슬개념이 가장 중요한 정부업무는 국방, 농수산, 조달업무 등이다. 구매를 공급사슬개념의 관점에서 파악한다면 공급자와 사용자를 구매에 연계하여 총체적인 하나의 구매시스템으로 파악하는 것이다. 공급사슬개념은 공급자와 사용자가 유리된 개념이 아니라 공급자와 사용자가 모두 포함된 포괄적인 구매시스템을 의미한다.

3. JIT구매(Just-in-time Purchasing)

JIT(Just-in-time Purchasing)는 물품의 사용과 물품의 공급 사이에 시간간격이 거의 없는 구매제도로써, 최소재고구매라고도 한다. JIT는 필요한 물품이 재고의 상태를 거치지 않고 사용자에게 즉시 전달된다.

사례

자동차제조회사의 완성단계에서 타이어를 장착하는데 기존에는 창고에 대량의 타이어를 보관하여 매일 필요한 수량을 창고에서 운반하여 사용하였다. JIT구매에 의하면 창고에는 소량의 재고만을 유지하고, 매일 하루에 한 번 혹은 여러 번 필요한 만큼의 타이어를 타이어제조회사에서 배달 받아 제조라인에서 대기하고 있는 조립중인 자동차에 장착할 수 있게 되었다. 창고에 보관된 소량의 재고는 사고에 의하여 타이어를 적시에 공급받지 못할 경우에 사용한다.

JIT구매가 성공하기 위해서는 공급자와 구매자 사이에 신뢰할 수 있고 협조적이며 장기적이고 안정적인 관계가 설정되어야 한다. 공급자, 즉 판매자를 별도의 조직으로 파악하지 않고 조직네트워크의 구성요소로 간주한다.

소수의 우수한 공급자들을 구매자로부터 가까운 거리에 확보해야 하는데 한국의 경우 국토가 좁고 전국 어느 장소든지 5시간 이내의 배달을 보장하는 택배서비스까지 등장하였기 때문에 거리문제는 비교적 사소하다고 볼 수 있다.

현대는 조직 대 조직의 경쟁이 아니라 공급사슬 대 공급사슬의 경쟁시대이다. JIT는 고객의 수요로부터 시작되어 공급사슬의 전 과정에 역방향으로 영향을 미친다(Claycomb et al., 1999). 공공부문도 공급사슬의 관점에서 최종사용자로부터 공급사슬을 역으로 거슬러 올라가서 공급자를 파악하고 선정하고 포함하는 총체적 시스템을 구축해야 한다.

보통 JIT는 부품을 공급자로부터 구입하는 단계에만 적용하지만 고객에게 전달할 때도 적용가능하며 공급사슬의 전 과정에 걸쳐 불필요한 재고유지를 피할 목적으로 적용할 수 있다. 매달 한 번 대량의 부품을 공급받아 매달 한 번 최종사용자에게 전달하던 조직이 JIT구매의 채택으로 하루에 한 번 혹은 여러 번 소량의 물품을 수령하여 매일 필요한 양을 최종사용자에게 전달하는 획기적 변화가 가능하게 되었다(Claycomb et al., 1999).

4. 재고관리

재고관리는 구매와 불가분의 관계에 있다. 소량의 재고만을 유지할 때는 자주 소량을 구매해야 한다. 다량의 재고를 유지하면 한두 번의 대량구매로 충분할 수 있다. 적정재고량의 결정은 원가회계시스템에 의해 해결될 수 있는데 적절한 원가회계시스템이 존재하지 않을 경우 재고관리를 위한 경영정보시스템을 구축해야 한다(Reed & Swain, 1997).

경제적 주문량(Economic Order Quantity: EOQ)은 원하는 수량을 최저비용에 공급하는 최적주문수량을 결정하는 수리적 모델이다. 구매비용을 최소화하기 위해서는 매번 몇 개의 물품을 얼마나 자주 주문해야 하는가를 결정하는 모델이다. 경제적 주문량은 원가회계시스템에 의한 대표적인 재고관리방법이지만, 정확하게 과거의 사용내용을 파악하고 미래사용량을 예측하여 재고관리를 하는 것이 경제적 주문량보다 더 좋은 방법이다.

재고관리에 관련된 비용은 세 가지가 있는데 주문비용(작은 수량을 주문하면 자주 주문하므로 주문비용이 증가), 공급불능비용(소량의 재고를 유지하면 재고유지비용은 감소하지만 재고가 부족하게 되는 공급불능사태 발생가능), 재고유지비용(재고가 많으면 재고유지비용은 많이 소요되지만 공급불능사태는 방지가능)이다. 재고관리를 위해서는 주문비용, 공급불능비용, 재고유지비용을 최소화하는 것이 필요한데 이 세 가지 비용이 서로 상충한다. 즉 하나의 비용이 증가하면 다른 비용이 감소한다. 그러므로 세 비용의 합이 최소가 되는 재고관리가 필요하다. 재고관리비용이 높을 때는 대량구매로 인한 할인의 장점을 상쇄하기 때문에 소량구매나 JIT구매를 고려해야 할 것이다.

영국은 정부의 모든 행정서비스를 민간기업에 위임할 수 있는지 공개입찰을 통해 결정하는 시장성테스트 제도를 실시하였다. 시장성테스트를 통해 민간기업과 경쟁해야 하는 경우는 재고관리비용도 행정서비스의 원가계산에 포함되기 때문에 적정재고관리를 위한 인센티브가 생기게 된다(Coombs & Jenkins, 1994).

5. 경제적 주문량(Economic Order Quantity: EOQ)

JIT구매로 인하여 구매에 관한 의사결정은 획기적 변화를 겪고 있지만 아직도 전통적인 방법에 의해 구매관리가 이루어지는 경우가 많을 것이다. 전통적인 방법에 의한 구매관리에서는 재고관리가 상대적으로 더 중요한 위치를 차지한다. 경제적 주문량은 오랫동안 재고관리에 있어서 가장 중요한 이론의 역할을 하여왔다. 경제적 주문량이란 물품의 주문시에 얼마의 수량을 주문해야 가장 경제적인가, 다시 말하면 비용이 가장 절약되고 원하는 수량의 원활한 공급을 기할 수 있는가를 결정하는 수리적 모델이다.

상식적으로 생각해 보더라도 많은 양을 한꺼번에 주문하면 가끔 주문을 하게 되고, 한 번 주문할 때 소량을 주문하면 자주 주문해야 한다. 경제적 주문량이란 한 번 주문할 때의 주문수량을 결정해주므로 자동적으로 얼마나 자주 주문이 이루어져야 되는가도 저절로 결정된다. 기계적이고 반복적으로 주문이 행해질 때 매번 동일한 수량을 주문하기 마련인데 최적 주문수량을 결정하는 모델이다.

주문을 하는 데는 비용이 소요된다. 자주 주문을 하면 자주 서류작업을 해야하고 주문에 소요되는 경비도 증가한다. 주문경비를 줄이는 측면에서는 재고를 많이 유지하되 가끔 주문하면 좋다. 그러나 너무 많은 재고를 소유하고 있으면 재고를 유지하는 비용(창고관리, 보험)이 많이 든다. 이런 면으로는 재고수준이 작을수록 좋으므로 주문이 자주 이루어지는 것이 유지비측면에서는 좋다. 그러나 재고수준이 지나치게 낮으면 갑자기 물품에 대한 수요가 증가할 때 물품이 부족하여 공급하지 못할 우려도 있다. 이처럼 서로 상충되는 요구조건을 충족시켜야 하므로 주문량의 결정은 여러 요인을 고려해야 한다.

6. 구매정보시스템(information system for purchasing)

정보통신기술의 발달을 활용하고 구매관리에 접목시켜야 한다. 특히 집중구매과정은 분산구매과정에 비해 현저하게 복잡하기 때문에 정보통신기술이 상당한 기여를 할 수 있다. 우수한 구매정보시스템의 존재는 오류를 감소하고 신속한 구매가 가능하고 보다 많은 정보로 인하여 기획과 통제가 획기적으로 개선되며 무엇보다도 구매관리비용을 절감할 수 있다. 공급자와 구매자의 정보시스템이 직접 연결되면 서류없는 전자상거래가 가능하며 공급사슬이 구축되는 것이다. 또한 바코드의 이용은 재고관리와 주문의 처리, 물품의 수령 등 구매과정에서 효율성을 극대화할 수 있다(Leenders & Fearon, 1993).

세계 곳곳에 공장이 있는 다국적기업의 경우 분권화 된 구매를 허용하지 않을 수가 없는데 정보통신기술의 발달로 인하여 분권화된 구매의사결정을 조정하고 통제할 수 있게 되었으며 여러 공장이 공동으로 구매하는 것도 가능하다(Heinritz et al., 1991; Weele, 1995b). 공공조직도 분권화된 구매를 허용하면서 동시에 중앙에서 구매를 조정하고 통제할 수 있다는 것을 의미한다. 이제 정보통신기술의 발달로 인하여 구매정보시스템은 분권화 된 구매와 집권화 된 구매를 결합할 수 있게 된 것이다.

수많은 자료를 처리하고 반복적인 업무를 효율적으로 처리하는 데 그치지 않고 타부서와 연계되고 사용자 부서와의 커뮤니케이션이 이루어지는 시스템을 구축해야 한다. 또한 이 공급자와 사용자를 연결하는 시스템을 구축해야 한다(Minkema, 1995). 공급사슬은 공급자, 타 부서, 사용자를 모두 포함하는 총체적 체계로서 정보통신기술이 필수적이라 할 수 있다.

7. 자본시장과 구매[6)]

(1) 선매계약(forward contract)을 이용한 구매사례

정부가 구매하려는 물품가격의 불확실성이 높다면 선매계약을 이용하여 불확실성을 제거할 수 있다. 예를 들어 앞으로 6개월 후에 정부가 특정 품목 A를 구입해야 하는데 현재보다 가격이 현저하게 상승될 것이 예측될 때 선매계약을 통해 현재가격에 6개월 후에 인도 받는 조건으로 계약을 체결할 수 있다면 미래가격의 변동에 영향받지 않고 고정가격에 A를 구입할 수 있다. 그러나 이 방법은 6개월 뒤에 현재가격보다 하락할 것을 예측하는 공급자가 존재하지 않으면 계약이 성사될 수 없다는 단점이 있다. 공급자는 현재보다 가격이 하락할 것으로 생각하고 현재가에 계약을 체결하고 구매자는 현재보다 가격이 상승할 것으로 생각하고 현재가에 계약을 체결할 때 선매계약이 성립된다. 또한 현재가가 아니더라도 적절한 가격에 공급자와 구매자가 합의하면 선매계약을 체결할 수 있다.

선매계약은 미래의 수요에 대비하여 구매계약을 체결하고 물품은 나중에 전달하는 것을 말한다. 주로 가격상승이나 공급부족에 대비하기 위한 것이다. 구매담당자는 선매계약에 관하여 예산 혹은 재무담당자와 합의함으로써 선매계약에 따른 위험과 수익을 분석해야 한다.

---

6) 선매계약, 선물시장, 옵션에 대한 보다 구체적인 내용은 이 책의 투자금융상품에 관한 부분을 참조하기 바란다.

(2) 선물시장을 이용한 구매사례

만약 위의 사례에서 A품목이 선물시장에서 거래된다면 구매자는 훨씬 용이하게 불확실성을 제거할 수 있다. 6개월 후에 일정가격에 A를 인도하는 선물을 구입하면 되기 때문이다. 선물시장이 존재하면 표준화된 선물이 거래되기 때문에 거래비용도 낮고 만기이전에도 구입한 선물을 매각할 수 있는 이점이 있으며 계약상대자를 직접 찾을 필요가 없이 시장에서 쉽게 구입할 수 있는 이점도 있다. 그러나 선물시장이 존재하지 않는다면 선매계약을 이용해야 한다.

(3) 옵션을 이용한 구매

만약 위의 사례에서 A품목에 대한 옵션이 존재한다면 콜옵션을 구입하여 가격불확실성을 제거할 수 있다. 그러나 옵션에 의해 거래되는 품목이 아니라면 옵션을 이용한 헷징은 불가능하다. 6개월 이내에 현재가격 혹은 일정가격에 행사할 수 있는 콜옵션을 구입하면 6개월 후에 가격이 상승해도 현재가격 혹은 일정가격에 구입할 수 있는 권리가 주어진다. 그러나 옵션은 선물과 달리 프리미엄을 지불해야 하기 때문에 그만큼 비싸다고 볼 수 있다. 실제로 옵션에 의해 거래되는 자산은 한정되어 있기 때문에 구매담당자가 옵션을 통해 헷징을 할 수 있는 기회는 거의 없다고 해도 과언이 아니다. 그러나 A품목이 옵션에서 거래되는 B자산과 상당한 상관관계가 있다면 B자산의 옵션을 구입함으로써 A품목의 가격변동으로 인한 불확실성에 대처할 수 있다. 예를 들어 A가격이 귀금속 가격과 동일하게 변화한다면 귀금속의 옵션을 구입하여 A품목의 가격불확실성을 제거할 수 있다. 귀금속은 옵션시장에서 거래되는 대표적인 품목이다.

8. 공동구매

둘 이상의 행정조직이 공동으로 구매하면 보다 나은 조건에 구매할 수 있을 것이다. 예를 들어 몇 개의 지방자치단체가 공동으로 비품을 구매한다면 독자적으로 구매하는 것보다 유리할 것이다(Leenders & Fearon, 1993).

1979년의 조사에 의하면 미국의 42개 주가 정도의 차이는 있지만 이러한 공동구매에 참여하고 있다. 1989년 NIGP의 조사에 의하면 응답자의 2/3가 공동구매에 참여하고 있다. 특히 컴퓨터는 공동구매를 촉진하는 중요한 수단이다. 예를 들어 캐나다의 브리티시콜롬비아는 Supplynet이라는 정보시스템을 개발하여 소속 지방정부의 공동구매를 연결하고 있다(Heinritz et al., 1991).

10.7 구매관리의 변화와 개혁

1. 세계화차원의 구매(global purchasing)

(1) 정의와 의미

구매는 단순히 국내의 시각에만 국한되어서는 안 된다. 국외로 시각을 확장하더라도 한국에 진출한 외국기업으로부터 외국제품을 구입하는 것으로 만족해서는 안 된다. 전 세계적인 차원에서 가장 양질의 제품을 최소가격에 구매하겠다는 것을 새로운 목표로 삼아야 한다. 이것이 세계화차원의 구매라고 볼 수 있다. 한국도 조달시장을 이미 외국에 개방하였기 때문에 세계화와 개방화의 시대에 세계화차원의 구매를 피할 수 없다. 조달청이 구매시에 외국기업을 차별하면 불공정무역관행에 해당된다.

세계화차원의 구매는 선택사항이 아니라 피할 수 없는 도도한 변화이다. 이 흐름에 저항하면서 길을 모색하는 것보다는 수용하면서 국제사회에서 생존의 길을 찾는 것이 더 현명하다. 세계화차원의 구매는 인터넷 등 정보통신기술의 발달, 교통발달, 금융시장의 국제화, 시장개방 등에 의해 촉진되고 있다. 유럽, 미국, 일본은 세계 GNP의 70%를 점유하면서 세계화에 참여하고 있다(Pooler, 1992; Locke, 1996).

국제간의 단일거래규정을 목적으로 International Chamber of Commerce는 International Commercial Terms(INCOTERMS)를 제정하였다. INCOTERMS는 어느 시점이 물건을 법적으로 구매자에게 전달하는 시점이고 따라서 공급자가 의무를 다한 시점인지를 결정한다. 또한 구매에 관련된 여러 관련규정을 포함하고 있다 (Farrington & Waters, 1994).

외국제품구매에 대한 고정관념을 제거해야 외국제품에 대한 거부감이 사라질 것이다. 최소비용으로 양질의 제품을 구매하는 것이 국민의 혈세를 절약하는 방법이고 국내기업의 경쟁력을 강화하는 방법이다. 많은 국내기업이 정부의 구매에 의존하여 편히 사업하고 있으며 경우에 따라 정부에게 다른 제품의 생산비용을 일부 전가하기도 한다. 부품의 90%를 외국에서 수입한 국내기업제품과 한국에서 수입한 부품이

30%를 점유하고 있는 외국기업 제품 중 어느 것을 구매하는 것이 애국일까? 외국에서 조립한 한국기업제품과 한국에서 조립한 외국기업제품은 어느 것이 국산품일까? 사장만 한국 사람이고 모두 외국인인 한국기업과 사장만 외국인이고 모두 한국사람인 외국기업 중 어느 기업이 한국에 더 유익할까? 우리는 고정관념을 버리고 시각을 달리할 필요가 있다.

국제적인 경험적 연구에 의하면 개방정책을 취한 국가의 경제가 더 빠르게 발전했다고 한다. 세계화된 구매는 국가경쟁력을 강화할 수 있다. 비효율적인 분야에서 일하는 한국인은 효율적인 분야로 이동할 수 있도록 비효율적 기업은 문을 닫고 새로운 기업이 탄생해야 한다. 구매예산이 정부예산에서 차지하는 비중을 고려해 볼 때 구매를 산업정책의 차원에서 운영할 필요가 있다.

기업은 이익을 위하여 세계화차원의 구매를 지향하고 있지만 정부는 다소 다른 태도를 보이는 경우가 많다. 미국은 미국기업의 제품구매를 장려하기 위하여 Buy American Act를 제정하였다. 일정분야의 구매에서 미국기업의 제품가격이 외국기업 제품가격보다 일정비율을 상회하지 않는 한 미국기업제품을 우선적으로 구매하도록 한 법규이다. 미국의 주와 지방정부도 해당지역의 기업에게 일정 구매액을 할당하는 혜택을 부여하는 법규를 제정하는 경우가 많다. 해당지역 기업가격이 타지역 기업가격보다 일정비율을 상회하지 않으면 우선권을 주는 제도이다. 그러나 The National Association of State Purchasing Officials(NASPO)와 NIGP(National Institute of Governmental Purchasing)는 이러한 법에 강력하게 반대하고 있다(Leenders & Fearon, 1993; Heinritz et al., 1991).

(2) 내 용

세계화차원의 구매를 위해서는 범세계적인 정보시스템이 필요하다. 세계화차원의 구매는 적절한 공급자발견이 가장 어려운 과제이다. 인터넷을 통한 조사가 도움을 주겠지만, 모든 제품이 인터넷을 통해 소개된다고 볼 수 없고 또한 너무나 많은 공급자가 존재하는 문제도 있다. 한 가지 방법은 구입하려는 제품을 가장 경쟁력 있게 생산한다고 추정되는 국가들을 먼저 선택한 다음 공급자를 발견하는 것이 현명하다. 예를 들어 구입하려는 물건이 매우 노동집약적인 제품이라면 인건비가 저렴한 중국, 멕시코 등이 적합한 공급자를 발견할 수 있는 후보국가가 될 것이다(Locke, 1996). 구매시에 국제적인 구매컨설턴트의 도움을 받을 수도 있다.

외국의 공급자로부터의 구매는 비용 계산시 유의해야 한다. 구매를 성사시키기 위해서 사용한 모든 비용(예: 여행비용, 현지답사비용, 전문가 상담비용 등)이 고려되어야 한다. 이러한 비용이 국내구매에 비해 추가되기 때문에 공급자교체에 따른 손실이 해외구매의 경우 국내구매보다 더 클 수밖에 없다. 그러므로 한 번 구축한 공급관계를 지속시킬 필요가 있으며 공급자 교체시는 초기투자비용(공급자 선정을 위한)이 반드시 고려되어야 한다(Ashley, 1998).

세계화된 구매는 대금지불시 외환으로 지불해야 하는 경우가 대부분이기 때문에 환율변동으로 인한 위험을 헷징하는 것이 필요하다. 헷징은 여러 가지 방법이 있다. 첫번째 선매계약(forward contract)이나 선물을 고려할 수 있다. 선매계약은 주요금융기관에 의해 판매되고 있기 때문에 헷징의 목적으로 구입할 수 있다. 예를 들어 서울시가 미국기업과 구매계약을 체결하고 한 달 후에 대금을 달러로 지불하기로 했다면 한 달 후에 달러를 구입할 수 있는 선매계약을 직접 금융기관과 사적으로 체결하거나 만약 선물시장이 존재하면 선물을 구입하면 될 것이다. 둘째 외환 콜옵션을 구매하여 한 달 후의 환율이 행사가격보다 높으면 행사하여 손실을 보전할 수도 있다. 그러나 옵션은 프리미엄을 지불해야 하기 때문에 선물이나 선매계약보다는 비싼 헷징 방법이다. 다만 옵션은 만기이전에 언제든지 행사하여 이익을 남길 수 있다는 장점이 있다. 보다 구체적인 내용은 이 책의 "옵션과 선물"에 대한 내용을 참조하기 바란다(Locke, 1996).

2. 구매관리개혁의 사례

(1) 미국의 사례

미국에서 정부구매를 개혁하려는 노력은 1775년부터 시작되었지만 그동안 구매관리를 개혁하려는 수많은 노력들은 오히려 구매관리의 목표를 달성하는 데 저해요인이 되어왔다. 그때그때 드러난 문제점을 단편적으로 해결하기 위한 법규의 제정은 오히려 공무원들에게 또 하나의 제약조건을 안겨주는 결과를 낳았다. 과거의 수많은 구매관리개혁은 무려 4,000개가 넘는 구매관리 관련법규를 탄생시켰다. 과다한 규제는 궁극적으로 구매관리비용의 증가를 수반하며 공무원들로 하여금 절차와 규정의 준수에 억매이게 한다. 수많은 법규들은 서로 상충되는 규정으로 인하여 혼란을 야기하게 되었고 모든 연방정부의 구매에 적용될 수 있는 단일구매절차가 필요하다는 주장이 제기되었다(Heinritz et al., 1991).

최근 국방부구매관리의 중요한 개혁의 하나는 국방부의 모든 구매를 총체적으로 책임지는 구매담당차관(undersecretary of defense for acquisition)의 신설이다. 이 밖에도 최근 개혁이 추구하는 특징은 중앙집권적 구매과정, 구매담당자의 능력향상 등이다. 구매관리의 목표달성은 우수한 공급자그룹의 존재가 필수적이다. 특히 무기구매처럼 독점기업에 의존해야 할 때 우수한 복수의 공급자를 양성하는 것이 매우 중요하다. 우수한 제품을 생산하는 기업이 존재하지 않으면 아무리 좋은 구매과정과 절차라고 해도 결코 좋은 제품을 저렴한 비용에 구입할 수 없기 때문이다. 그러므로 정부는 구매자의 입장에서 공급자를 양성하고 발전시켜야 한다(Heinritz et al., 1991).

(2) 영국의 사례

영국정부는 1986년 우수 민간기업경영인의 책임하에 일부 정부영역의 운영(예: 구매, 회계)에 대한 효율성을 조사하기 위하여 효율성 검사팀(Efficiency Scrutiny Unit)을 설립하였다. 예를 들어 이 기구의 제안에 의해 모든 부처가 재화와 서비스의 구입시 가능하면 신용카드를 사용하도록 요구되었다(McDonald, 1990).

(3) 호주의 사례

호주에서는 정부개혁의 일환으로 구매관리에 대해 집중 분석하였는데 집중구매를 감소하고 분산구매를 확대하는 방향으로 개선되고 있다. 각 부처가 구매에 관하여 적합한 절차를 수립하고 가장 비용을 절감할 수 있도록 구매를 책임지는 것이 더 바람직하다고 생각한 것이다. 기존의 제도는 과정에 얽매이고 위험 회피적인 제도였기 때문에 신축적, 혁신적, 성과지향적 제도로 전환하기 위한 노력이다(McDonald, 1990).

10.8 바람직한 구매관리를 위한 조건

1. 구매관리원칙과 구매관리시스템의 이해

구매관리원칙과 바람직한 구매관리시스템에 대한 이해가 선행되지 않고서는 바람직한 구매관리가 불가능하다. 원칙과 시스템에 대한 이해가 없는 상태에서는 자발적인 규정의 준수가 불가능하며 예상하지 못한 상황의 발생시에 대처하기 어렵다. 예를 들어 구매의사결정시 가격에만 의존하는 의사결정은 비경제적일 수 있으며 초기 비용, 평생원가를 고려해야 한다는 구매관리원칙을 이해해야 바람직한 구매관리가 가능하다.

구매의사결정시는 제품의 운송, 설치, 조사 등에 소요되는 초기비용도 포함하여 가격결정시 고려해야 한다. 또한 제품의 수명기간 내의 소유, 운영, 유지를 위한 비용, 제품수명의 종료시 매각할 때 획득할 수 있는 매각대금을 포함하는 모든 제반비용도 고려하여 구매의사결정을 하는 것이 훨씬 더 경제적일 것이다. 이러한 비용을 평생원가(life cycle costs)라고 부르자. 평생원가에 관한 정보는 공급자로부터 획득할 수 있고, 조직의 과거정보로부터 획득할 수 있으며, 타 조직으로부터도 획득할 수도 있다(Leenders & Fearon, 1993; Reed & Swain, 1997).

미국의 국방부는 자본투자에 관한 의사결정에는 평생원가계산의 사용을 강력히 권장하고 있다(Leenders & Fearon, 1993). 이러한 구매의사결정은 장기적 관점의 기획과 예산이라는 장점 등 많은 장점이 있다. 제품의 평생원가는 현재 발생하는 비용이 아니기 때문에 적절한 할인율로 할인하여 현재가치로 전환하여 구매가격에 가산하여야 한다. 평생원가의 문제점은 평생원가를 파악하는 데 관리비용이 소요된다는 점이다(Reed & Swain, 1997).

2. 구매대상의 구체적 내용에 관한 정보의 적절성, 명료성, 투명성

정부가 구매해야 할 물품, 기계, 가구, 기타 대상이 점점 복잡하고 첨단기술이 결합된 경우가 많기 때문에 명확하게 무엇을 구매하고자 하는가에 대한 제품사양(specifications)이 정부에 의해 결정되지 않으면 기업에 의해 결정되며 구매관리의 효과성과 효율성이 훼손될 가능성이 커진다. 이것은 결국 어떤 품질을 원하는가에 대한 내용이다. 원하는 제품이나 서비스의 가장 중요한 내용과 특성에 대해 계약서가 모호하고 잘못 작성되는 것이 공급자와 구매자 사이에서 발생하는 문제의 대부분을 차지한다. 제품사양은 지나치게 구체적이어서도 안 되며 지나치게 포괄적이어서도 안 되고 모호해서도 안 되기 때문에 구매하고자 하는 제품이나 서비스의 내용과 특성을 적절하게 문서화하는 것이 구매관리에서 가장 어렵고 중요한 일이며 필요할 경우 표준화하는 것도 필요하다(Reed & Swain, 1997).

3. 규정과 감독

구매에 관한 전반적인 규정이 존재하고 이를 감독하고 감시하는 체계가 필요하다. 구매에 관한 규정은 내부통제제도의 일부분으로 존재하는 것이 좋다. 구매에 관한 규정은 결국 구매관리의 내용과 구매관리기법에 관한 내용일 것이다. 구매절차에 대한 규정은 사회가 정부에 대해 가지고 있는 불신이 클수록 복잡하고 통제 지향적이 된다. 규정이 복잡하고 통제 지향적이 될수록 구매관리에 관한 한 자유재량이 좁아지고 관료적인 병폐의 가능성이 커진다.

우수하고 신뢰할 수 있는 공급자에게만 제품과 서비스의 구매에 응할 수 있는 자격을 부여함으로써 구매관리의 효과성과 효율성을 높이는 것도 중요하다. 그러기 위해서는 공급자에 대한 기준을 제정하고 공급자를 제한하는 것이 필요할 것이다. 이럴 경우 경쟁은 자격을 갖춘 공급자 사이에서만 일어난다. 공급자가 계약 성사시 일정비율의 커미션을 제공한다는 조건으로 대리인을 고용할 경우 대리인은 계약을 성사하기 위해 비윤리적인 행동을 할 가능성이 크다. 정부가 이러한 공급자를 배제하는 규정을 제정하기도 한다. 구매과정은 구매목표를 효과적이고 효율적으로 달성하도록 설계되어야 한다. 구매과정은 투명하고, 명료해야 하며, 일관성이 있어야 하고, 공정하고, 경쟁을 최대한 허용해야 하고, 사회의 신뢰를 얻을 수 있어야 한다(Reed & Swain, 1997).

4. 윤리규정과 윤리의식

(1) 윤리와 구매

구매과정은 부정과 낭비가 많이 개입되는 분야이므로 구매담당자들이 준수해야 할 윤리규정의 제정이 필요하다. 구매관리에 성공적인 조직은 수립된 윤리규정을 잘 준수하는 조직이라고 한다. 윤리규정은 일견 전혀 효과가 없는 것 같지만 사람들의 잠재의식 속에 파고들며 처벌과 평가의 기준이 되기 때문에 생각보다는 상당한 역할을 할 수 있다. 법에 처벌규정이 없다고 하더라도 윤리기준에 의해 징벌할 수 있기 때문이다. 한국은 법규를 지키지 않고 윤리의식이 추락한 상황이기 때문에 윤리기준이 소용없을 것으로 생각하지만 꼭 그렇지만은 않다.

공식적인 윤리기준의 존재는 구매관리에 있어 매우 중요하다. 미국의 경우 윤리규정이 존재한 기업이 그렇지 않은 기업에 비해 비윤리적인 구매활동의 빈도가 작았다는 보고는 이를 뒷받침한다(Monczka et al., 1998).

엄격한 윤리규정의 적용을 받지 않는 비구매부서공무원의 행위가 더 심각할 수 있다. 비구매부서공무원의 비윤리적 행위 중 가장 대표적인 것은 특정 기업에 유리하도록 작성된 사용자요구조건을 구매부서에 제출하는 것이다. 미국의 경우 한 연구에 의하면 판매기업의 68%가 선물을 구매자에게 제공하며, 97%에 해당하는 구매자가 선물을 받는다고 한다. 또한 대기업보다 소규모기업의 구매가 더 비윤리적인 경우가 많다고 한다. 그럼에도 불구하고 미국의 구매는 적어도 기업에 관한 한 매우 윤리적이라고 결론짓고 있다. 즉 구매담당자가 공급자로부터 선전샘플, 점심, 공연티켓, 저녁식사, 골프, 음식과 술, 휴가선물(holiday gifts)을 받고서도 윤리적으로 행동할 수 있다고 믿는다면 미국기업의 94%에 해당하는 구매담당자는 윤리적이라고 볼 수 있다는 것이다(Heinritz et al., 1991).

판매나 구매처럼 경쟁적인 업무를 수행하는 사람들은 비윤리적인 행위를 할 가능성이 상대적으로 더 높다고 한다. 연구에 의하면 문서화된 윤리규정이 도움이 된다고 한다. 윤리규정을 문서화하여 공포하고 준수를 강요하며 주기적으로 구매담당자의 행위를 감사하는 것은 높은 윤리수준의 유지에 효과적이었다고 한다. 한 조사에 의하면 미국기업의 80%가 문서화된 윤리규정이 있었다고 한다(Farmer, 1995).

International Federation of Purchasing and Material Manage-ment (IFPMM)에서 제정한 윤리규정은 윤리규정을 제정하고자 하는 공공조직에게 좋은 안내가 될 것이다(Farmer, 1995). 미국의 National Association of Purchasing Management (NAPM)에서 제정한 윤리기준[7]도 좋은 참고가 될 것이다. NAPM은 구매담당자가

---

7) 다음의 10개 기준을 제시하고 있다(Monczka et al., 1998).

1. To consider, first, the interest of your company in all transactions and to carry out and believe in its established policies.
2. To be receptive to competent counsel from your colleagues and to be guided by such counsel without impairing the dignity and responsibility of your office.
3. To buy without prejudice, seeking to obtain the maximum value for each dollar of expenditure.
4. To strive consistently for knowledge of the materials and processes of manufacture, and to establish practical methods for the conduct of your office.
5. To subscribe to and work for honesty and truth in buying and selling, and to denounce all forms and manifestations of commercial bribery.
6. To accord a prompt and courteous reception, so far as conditions will permit, to all who call on a legitimate business mission.
7. To respect your obligations and to require that obligations to you and to your concern be respected, consistent with good business practice.

일반인보다도 높은 수준의 윤리의식을 가져야 한다고 주장하고 있다(Monczka et al., 1998).

(2) 윤리규정의 내용

구매관리담당자가 공급자와 인적·재정적인 관계가 없어야 한다. 예를 들어 친척관계이거나 돈을 빌려준 사이가 아니어야 한다.

구매담당공무원이 퇴직하여 공급자에 고용될 경우 비윤리적인 계약의 성사가능성이 증가한다. 첫째, 전직공무원을 고용한 기업이 전직공무원의 업무에 관련된 계약에 참여하지 못하도록 하는 방법이 있다. 둘째, 일정기간 동안 혹은 영원히 전직공무원이 자신의 전직 부서와 거래를 하지 못하도록 하거나, 자신의 구매업무와 관련된 기업에 취업하는 것을 금지하는 방법이 있다(Reed & Swain, 1997).

구매담당공무원들이 내부정보를 이용하여 개인의 이익을 취하는 것을 금지하는 것도 필요하다. 자본시장에서는 내부정보를 이용하여 주식거래를 하면 범죄행위로 간주한다.

대부분의 윤리규정은 작은 선물이나 호의를 베푸는 행위에 대해서도 규정하고 있다. 작은 선물이나 호의를 베푸는 행위(예: 담배선물, 술 선물, 점심대접, 골프대접, 휴양지에서의 세미나 등)는 의사결정에 큰 영향을 미치지 않는다고 볼 수도 있지만 우호적인 관계를 유지함으로써 궁극적으로는 구매의사결정에 영향을 미칠 수 있다고 보기 때문에 성행하고 있다. 대부분의 구매담당자는 작은 선물을 받고 신고하지 않는다고 한다. 대부분의 기업이 윤리규정이 있기 때문에 신고를 한다면 아무리 작은 금액이라 하더라도 왜 수령하였는가에 대해 정당화된 이유를 제시해야 하기 때문이라고 한다(Farmer, 1995).

미국의 National Association of Purchasing Management(NAPM)는 구매자가 판단할 때 도덕적인 구매관계를 저해하지 않는다고 판단되는 한 작은 선물, 점심식사, 저녁식사, 기타 향응을 허용하고 있는데 그럼에도 불구하고 비용을 같이 부담하는 것을 권고하고 있다. 한 조사에 의하면 응답자의 97%가 공급자로부터 $3에서 $5,000범위 내의 선물이나 대접을 한 번 이상 받은 적이 있다고 대답하였다. 50% 이

---

8. To avoid sharp practice.
9. To counsel and assist fellow purchasing managers in the performance of their duties, whenever occasion permits.
10. To cooperate with all organizatins and individuals engaged in activities designed to enhance the development and standing of purchasing.

상의 응답자들이 홍보용기념품이나 점심대접은 윤리적으로 용납할 수 있다고 대답하였다. 1975년에는 아무리 작은 선물이라도 절대 받지 않았다고 대답한 구매담당자가 17%였는데 반하여 최근 조사인 이 연구에서는 오직 3%만이 그렇다고 응답하였기 때문에 윤리의식이 느슨해지고 있음을 알 수 있다(Monczka et al., 1998).

(3) 윤리규정의 준수를 위한 조건

① 윤리규정이야말로 비용이 전혀 소요되지 않는 예산절감방법이라고 볼 수 있다. 무기구매 로비스트인 재미교포 린다김과 전국방장관 이양호 사이의 로맨스가 법적으로 처벌 대상이 되지 않는다고 했지만 윤리규정이 존재했다면 이양호 장관은 반드시 처벌될 수 있었을 것이다.

② 구매부서의 직원에게는 윤리규정을 제정하여 엄격하게 적용해야 한다. 비록 윤리규정이 한계를 지닌 것은 사실이지만 한국적인 상황에서도 적절히 그리고 현명하게 적용하면 매우 강력한 힘을 발휘할 수 있다. 무엇보다 윤리규정이 단순한 장식용에 그치지는 않는다는 것을 인식시키는 것이 급선무일 것이다(Farrington & Waters, 1994).

③ 윤리규정의 준수를 위해서는 교육과 훈련이 절대적으로 중요하다. 특히 사례를 중심으로 한 교육이 효과적이다.

④ 윤리규정은 준수되고 사람들에게 이용되지 않으면 효과가 없다. 업무담당자가 수시로 윤리규정을 참조하지 않는다면 윤리규정이 제 역할을 다하지 못하고 있다고 볼 수 있다. 그러므로 윤리규정은 주기적으로 검토되고 개정되어야 한다(Farmer, 1995).

⑤ 최고경영자와 상위관리자들의 솔선수범과 윤리에 대한 관심, 비윤리적인 행위가 발생했을 때 시정하는 모습을 보여주는 것도 중요하다(Farmer, 1995).

⑥ 윤리규정의 준수를 위해서는 누군가 경찰처럼 감시하는 것보다는 최고경영자를 포함한 모든 사람이 윤리규정을 준수한다고 느낄 수 있는 조직의 분위기가 필요하다. 그렇다고 해서 주기적인 감사가 불필요하다는 것을 의미하지는 않는다(Farmer, 1995).

⑦ 구매담당자들에게 주기적으로 윤리규정이 존재함을 환기시켜야 한다(Farmer, 1995).

⑧ 비윤리적인 행위를 감시하고 비윤리적인 행위를 보고하는 것을 장려해야 한다(Monczka et al., 1998).

⑨ 조직 내의 일관된 기준과 관행이 존재해야 한다. 예를 들어 영업부서에게는 저녁식사를 허용하는데 구매부서에게 금지해서는 안 된다(Monczka et al., 1998).

⑩ 단독구매담당자가 아닌 여러 명으로 구성된 팀에 의한 구매는 윤리규정을 더 잘 준수한다. 예를 들어 사용자부서의 담당자가 참여하는 팀을 구성하는 것도 좋은 방안이다(Monczka et al., 1998).

5. 인센티브의 부여와 문화에 기초한 통제

바람직한 구매관리를 위해서 첫째, 구매원칙을 준수하고 바람직한 구매관리시스템을 운영할 인센티브가 존재해야 한다. 감독과 처벌도 인센티브의 역할을 할 수 있겠지만 이러한 부정적인 인센티브 이외에 동기부여가 될 수 있는 긍정적인 인센티브가 존재해야 한다.

둘째, 문화에 기초한 구매관리의 통제가 필요하다. ① 무엇보다도 조직내부에 구매원칙을 준수하고 바람직한 구매관리시스템을 운영하려는 문화가 구축되어야 하고, ② 정직을 소중하게 생각하고 부패를 범죄로 간주하는 문화가 필요하고, ③ 조직 내의 비윤리적인 행위를 감시하고 고발하는 것을 장려하고 그러한 행동을 비겁한 행동으로 폄하하지 않는 문화가 존재해야 하고, ④ 무엇보다도 윤리적인 구매가 조직에 기여한다고 믿는 인식을 모든 구성원이 공유하는 문화가 필요하다.

참고문헌

Ashley, James M. (1998). International Purchasing Handbook, Prentice Hall.

Berglund, Magnus, Peter van Laarhoven, Graham Sharman and Sten Wandel (1999). Third-Party Logistics: Is There a Future? The International Journal of Logistics Management, Vol. 10 No. 1, 1999, pp. 59-70.

Claycomb, Cindy, Cornelia Droge and Richard Germain (1999). The Effects of Just-in-Time with Customers on Organizational Design and Performance, The International Journal of Logistics Management, Vol. 10 No. 1, 1999, pp. 37-58.

Coombs, H. M. and D. E. Jenkins (1994). Public Sector Financial Management, Second Edition, Chapman & Hall.

Cox, A (1997a). Business Success and Critical Supply Chain Assets: A Way of Thinking About Strategy. Critical Supply Chain Assets and Operational Best Practice, Earlsgate, Boston, UK.

Cox, A (1997b). Business Success and Critical Supply Chain Assets: A Theoretical Framework for Analyzing Business Strategy and Operational Best Practice. In Cox, A. Hines, P (Eds.), Advanced Supply Management, Earlsgate, Boston, UK.

Farmer, David (1995). Ethical Issues in Purchasing. *In* David Farmer and Arjan van Weele (ed.), *Handbook of Purchasing Management*, Second Edition, Gower Publishing Company Limited.

Farrington, Brian and Derek W. F. Waters (1994). Managing Purchasing, Chapman & Hall.

Ford, David (1995). Purchasing and Marketing. *In* David Farmer and Arjan van Weele (ed.), *Handbook of Purchasing Management*, Second Edition, Gower Publishing Company Limited.

Greaver II, Maurice F. (1998). Strategic Outsourcing, AMACOM American Managment Association.

Heinritz, Stuart, Paul V. Farrell, Larry Giunipero and Michael Kolchin (1991). Purchasing, EE.

Lamming, Richard (1995). Buy or Make? *In* David Farmer and Arjan van Weele (ed.), *Handbook of Purchasing Management*, Second Edition, Gower Publishing Company Limited.

Leenders, Michael R. and Harold E. Fearon (1993). Purchasing and Materials Management, Tenth Edition, Irwin.

Locke, Dick (1996). Global Supply Management, Irwin Professional Publishing.

McDonald, Paul W. (1990). Results-Oriented Management: Australian Public Sector Financial Management, Accounting, and Budgeting Reform in the 1980s. *In* A. Premchand (ed.), *Government Financial Management: Issues and Country Studies*, International Monetary Fund.

Minkema, Dick (1995). Information Systems for Purchasing. *In* David Farmer and Arjan van Weele (ed.), *Handbook of Purchasing Management*, Second Edition, Gower Publishing Company Limited.

Monczka, Robert, Robert Trent and Robert Handfield (1998). Purchasing and Supply Chain Management, South-Western College Publishing.

Murray, J. Gordon (1999). Local Government Demands More from Purchasing, European Journal of Purchasing & Supply Management 5 (1999), pp. 33-42.

Pooler, Victor H. (1992). Global Purchasing, Van Nostrand Reinhold.

Reed, B. J. and John W. Swain (1997). Public Finance Administration, Second Edition, Sage.

Rosen, Harvey S. (1992). Public Finance, Third Edition, Irwin.

Saunders, Malcolm J. (1995). Purchasing and Costing. *In* David Farmer and Arjan van Weele (ed.), *Handbook of Purchasing Management*, Second Edition, Gower Publishing Company Limited.

Schary, Philip B. and Tage Skjott-Larsen (1995). Managing the Global Supply Chain, Handelshojskolens Forlag.

Weele, Arjan van (1995a). Measuring Purchasing Performance. *In* David Farmer and Arjan van Weele (ed.), *Handbook of Purchasing Management*, Second Edition, Gower Publishing Company Limited.

Weele, Arjan van (1995b). The Nature of Purchasing. *In* David Farmer and Arjan van Weele (ed.), *Handbook of Purchasing Management*, Second Edition, Gower Publishing Company Limited.

Wood, Donald F., Anthony Barone, Paul Murphy and Daniel L. Wardlow (1995). International Logistics, Chapman & Hall.

CHAPTER 11

정부회계

CHAPTER 11

정부회계

11.1 정부회계의 기본개념

1. 회계의 이해

(1) 정부회계의 역사

인류 최초의 회계에 관한 기록은 정부회계이다. 최초의 문명으로 일컬어지는 수메르 문명의 유적에서 점토에 기록된 정부회계기록이 발견되었다고 한다. 역사적으로 보면 시장이 먼저 탄생하고 시장 실패를 교정하기 위해 정부가 탄생한 것이 아니라 시장은 정부가 적극적으로 육성하고 발전시킨 것이라고 볼 수 있다. 따라서 회계도 기업회계보다 정부회계의 역사가 훨씬 길 수밖에 없다. 기업의 체계적인 모습을 갖추고 기록을 유지한 것은 정부의 탄생보다 훨씬 후의 일이기 때문이다.

많은 사람들이 오해하듯이 기업회계에서 정부회계가 발생한 것이 아니라 정부회계에서 기업회계가 발생했다고 보아야 한다. 다만 세계최초의 복식부기는 개성상인들이 사용하였고 서양에서는 개성상인들보다 훨씬 뒤에 베니스의 상인들이 사용하였을 뿐이지만 회계의 역사는 정부회계의 역사가 훨씬 길다고 볼 수 있다. 복식부기의 발명으로 기업회계는 획기적으로 발전해 왔고 최근에 정부회계가 복식부기와 발생주의 회계를 도입함으로써 정부회계 또한 도약을 하게 되었다.

(2) 정부회계에 대한 관심

기업회계가 획기적으로 발달하게 된 원인의 하나로 경영과 소유의 분리를 들 수 있다. 경영진이 기업을 어떻게 경영하였는가를 판단하기 위해서 소유주는 회계정보를 사용하였고 기업회계도 이에 부응하여 발전하였다. 정부회계가 최근 관심을 모으고 있는 이유는 국민이 정부에 대해서 불만을 갖게 되고 정부의 비효율에 대해 회계정보를 이용하여 평가하려는 전문가들의 노력이 결합된 것이다. 국민이 세금을 납부하는 대신 그에 상응하는 효과성과 효율성을 요구할수록 정부회계정보를 이용하여 성과를 평가하고 책임성을 구현하는 경향은 가속화될 것이다.

공공부문은 국민이 주인의식을 갖기 어렵다. 기업의 투자자들은 기업에 대해 주인의식을 갖지 않는 것이 어려울 것이다. 국민이 세금을 납부한다고 해서 국민이 국가의 주인이라고 생각하게 되기는 어렵다. 그러나 민주주의가 발달하고 점점 많은 국민들이 정부에 대해 불만을 가지게 되고 정부혁신을 요구하게 됨으로써 전문가와 정부가 스스로 혁신의 일환으로서 정부회계개혁을 추진해온 경향이 있다. 정부회계에 대한 사람들의 관심은 이런 역사적 맥락에서 진행되어왔다.

선진국의 정부개혁에서 정부회계개혁이 차지하는 비중은 매우 크다. 과거에 추진되었던 성과주의 예산이 1980년대부터 다시 추진되었는데 과거의 성과주의 예산과 가장 큰 차이는 성과를 측정하는 기법의 발달과 다양화에 있다. 정부회계개혁을 통하여 성과측정에 유용한 정보를 제공하고자 하는 노력은 뉴질랜드를 시작으로 호주, 영국, 미국 등 주로 영미계열 국가를 중심으로 전개되어왔다.

(3) 정부회계와 IT 기술

정부회계의 발전은 IT 기술과 밀접한 관련을 가지고 있다. 국가를 능가하는 대규모 기업이 있는 것은 사실이지만 아직도 많은 국가에서 정부는 민간부문을 압도하는 규모를 차지하고 있다. 국가의 규모가 크다보니 IT 기술의 발전 혜택을 기업보다 더 많이 받을 수 있는 영역이 공공부문이다. 예를 들어 전국에서 교통경찰들이 PDA를 이용하여 교통법칙금을 부과하고 있는데 PDA를 통해서 부과된 법칙금은 예산회계정보시스템에 실시간으로 연결될 수 있으며 매순간마다 전국에서 진행되고 있는 법칙금 현황도 실시간으로 파악 집계할 수 있다.

IT 기술은 국가를 하나로 연결하여 모든 부처와 지방정부까지 중앙정부의 예산회계정보시스템과 연결할 수 있기 때문에 과거에는 생각해볼 수도 없었던 국가 차원의 복잡한 예산과 회계 업무가 획기적으로 처리될 수 있게 되었다. 기업과는 달리 예산의 집행내역도 몇 개월에 걸쳐 겨우 보고되던 관행에서 벗어나 원하기만 한다면 매일 매 순간 예산의 집행내역을 추적할 수 있다. IT 기술의 발전이야말로 정부회계에 있어서 새로운 시대를 개막하는 획기적 사건인 것이다.

(4) 예산에서 회계로

20세기 초 회계가 예산에 도입되어 예산의 근본 구조를 구성한 사건 이후로 1980년 초까지 지난 80년 동안은 예산개혁이 재정개혁의 핵심을 이루었다. 20세기 초 품목별 예산이라는 형태로 회계의 계정을 중심으로 한 예산이 탄생한 뒤로 회계는 별다른 역할을 하지 못하고 매번 개혁 때마다 예산제도가 개혁의 주된 대상이었다. 그러나 1980년부터 시작된 재정개혁은 정부회계개혁을 주된 대상으로 삼았다. 특히 뉴질랜드의 획기적인 정부회계개혁은 전 세계에 지대한 영향을 미쳤으며 영국, 호주, 미국은 사실상 뉴질랜드에서 시작된 정부회계개혁의 뒤를 이었다고 볼 수 있다.

그동안 예산제도의 개혁이 대부분 실패였다는 평가를 받지만 예산제도의 개혁을 통해서 예산에 대한 이해가 끊임없이 증진되어왔고 개별 제도는 실패했지만 그 제도는 각각 예산제도에 많은 교훈과 변화를 가져왔다. 따라서 오늘날 현대적인 예산제도는 과거 몇 십년동안의 실패한 예산제도 개혁의 교훈이 유물처럼 존재하고 있다. 예산이 동전의 앞면이라면 회계는 동전의 뒷면이기 때문에 예산제도의 개혁이 끊임없이 실패한 이후에 회계로 관심이 이동하는 것은 어쩌면 자연스럽다고 볼 수 있다.

정부회계에 대한 관심은 정부회계개혁이 예산제도개혁의 가장 핵심이라고 할 수 있는 성과측정에 기여할 수 있다는 점을 알았기 때문이다. 발생주의회계는 성과측정에 매우 유용한 정보를 제공한다는 뉴질랜드 정부회계개혁의 많은 사례들이 사람들에게 신선한 자극을 준 것도 사실이다. 그러나 정부회계개혁이 사람의 관심을 모은 또 다른 이유는 정부회계제도의 개혁이 사람들에게 가시적인 개혁의 노력을 과시할 수 있는 좋은 이벤트이고 상징적인 사건이 될 수 있다는 것이다. 다른 개혁과는 달리 눈에 분명히 보이는 제도적 변화를 가져오며 사람들에게 신뢰를 주는 시스템을 구축하는데 기여하기 때문이다. 예를 들어 복식부기와 발생주의회계를 사용한다면 원래 소기의 목적을 달성하지 못한다고 하더라도 국민들은 무언가 혁신이 이루어진 느낌을 갖게 되기 때문이다.

회계제도의 개혁은 예산제도의 개혁과 달리 기존제도에 쉽게 정착할 수 있다. 예산제도는 실패할 경우 기존 제도에 교훈과 약간의 변화만 남기고 대부분의 내용은 사라졌는데 회계제도개혁은 예산제도와는 달리 기존 제도에 추가되고 원래 소기의 목적을 달성하지 못한다고 할지라도 실패하거나 해를 끼치는 경우는 거의 없다. 복잡한 제도와 더 많은 정보를 제공하는 향상된 시스템은 국민들에게 안도감을 주고 신뢰를 갖게 만든다.

(5) 회계의 개념

회계는 조직의 경제적 사건을 분석, 기록, 요약, 평가, 해석하고 그 결과를 이용자에게 보고하는 기술로서, 회계는 단순히 자원의 획득, 사용 및 배분에 대한 기록과정(bookkeeping process)이라는 과거의 개념에서 발전되어 현재는 의사결정에 유용한 정보의 산출이라는 부가가치가 부여된 체계로 인식되는 것이 일반적이다.

예산이 미래의 조직활동에 대한 계획서라면 회계는 과거의 조직활동인 예산집행 결과에 관한 기록이다. 회계는 과거의 예산집행에 대한 기록이기 때문에 예산편성과 심의시에 회계정보를 많이 참고한다. 가장 간편하고 쉬운 예산편성 방법은 과거의 예산집행기록인 회계정보를 참고하여 편성하는 것이다. 또한, 회계는 통제와 관련되어 있기 때문에 평가를 통한 책임성의 확보와도 밀접한 관련이 있다. 따라서 회계는 통제, 평가, 책임과 관련이 있다.

회계는 부기를 이용하지만 부기와 구별되어야 한다.

〈부기(bookkeeping)와 회계(accounting)〉

일반적으로 부기(bookkeeping)와 회계(accounting)가 혼용해서 사용되는 경우가 많은데, 부기가 수치로 표현되는 자료를 생산하는 과정이라고 한다면, 회계는 그 자료 중 유용하고 목적에 적합한 자료를 정보로 승화시키는 하나의 시스템이라고 볼 수 있다. 부기와 회계는 경제적 자원을 측정하고 기록하여 산출한다는 측면에서는 동일한 개념일 수 있으나, 회계는 여기에 정보이용자의 의사결정에 유용하다는 부가가치 개념이 포함된 것으로 볼 수 있다.

회계는 관리의 언어(language of management), 사업의 언어(language of business), 예산의 언어이다(Herzlinger & Nitterhouse, 1994). 그리고 회계(accounting)는 재무관리(financial management)와 구별되지 않고 사용되는 경우가 많다(Gary, 1988).

(6) 회계연도

회계연도는 관리의 시간단위, 보다 구체적으로 기획과 통제의 시간단위이며 자율과 책임의 시간단위이다. 재무보고서는 회계연도를 단위로 작성된다.

회계연도는 반드시 1월 1일에 시작하여 12월 31일에 종료할 필요는 없으며, 중앙정부와 모든 지방정부가 동시에 시작하고 종료할 필요도 없다. 또한 1년 단위일 필요도 없기 때문에 2년을 단위로 할 수도 있으며, 6개월을 단위로 할 수도 있지만 보통 1년을 단위로 한다.

회계연도는 현금흐름을 고려하여 설정되어야 한다. 회계연도의 초기에 충분한 현금이 존재하는 것이 바람직하기 때문에 현금흐름과 회계연도가 잘 부합하지 않을 때는 현금흐름에 맞추어 회계연도를 변경하거나 회계연도에 맞추어 세금납부 마감일을 설정하는 것이 필요할 것이다. 예를 들어 미국의 경우 교육사업은 9월에 시작되기 때문에 교육특별구(school district)의 회계연도는 9월에 시작한다(Axelrod, 1995).

지방정부의 세입이 중앙정부에 많이 의존할 경우 지방정부의 회계연도는 중앙정부의 회계연도가 개시된 후 몇 개월 후에 개시되는 방안을 강구해볼만 하다. 중앙정부가 지방정부에 대한 재정지원을 확정한 뒤에 지방정부가 예산을 편성하는 것이 지방정부의 예산편성에 관한 불확실성을 최소화할 수 있다. 다만 재정지원여부만을 고려하여 회계연도를 결정할 일은 아니기 때문에 신중을 요하지만 다른 장애요인이 없다면 회계연도의 개시를 시차를 두고 설정하는 것도 고려할 수 있다.

(7) 회계의 기록방법과 인식방법에 의한 분류

회계는 기록방법에 따라 단식부기(single-entry bookkeeping)와 복식부기(double-entry bookkeeping)로 구분된다. 회계사건의 인식방법에 따라 현금주의(cash basis)와 발생주의(accrual basis)로 구분된다. 이들에 대한 구분은 독립적이므로 이론적으로는 어떠한 조합도 가능하지만 일반적으로 단식부기 · 현금주의 회계와 복식부기 · 발생주의 회계로 조합이 이루어진다.

단식부기는 회계사건의 결과만을 표기하는 방법이다. 현금주의는 현금의 수입과 지출 시점에만 회계처리 하므로 현금거래가 없는 회계사건은 회계처리를 하지 않는다. 즉, 단식부기 · 현금주의 회계는 현금흐름이 발생하는 회계사건만을 기록하며, 현금의 증감만을 회계사건의 결과로 보는 방식을 말한다. 단식부기 · 현금주의 회계는 회계에 대한 전문적인 지식이 없더라도 이해가 쉽고, 무엇보다도 확실한 측정이 가능하며, 현금의 흐름에 대한 통제가 명확하다는 장점이 있다.

그러나 단식부기·현금주의 회계는 현금흐름 및 잔액에 대한 정보를 제외하고 경제적 실체의 경제적 자원 배분에 대한 정보의 산출에는 한계를 가지고 있다. 즉, 이론적으로 현금을 제외한 자산, 각종 부채 및 순자산에 대한 회계정보의 유기적인 산출이 어렵다. 또한, 현금흐름이 없는 권리·의무의 변동 및 실질적 경제적 가치의 변동 등에 대해서도 측정이 곤란하다. 이로 인하여 다수의 정보이용자가 존재하는 경제적 실체에 적용하는데 한계를 가질 수밖에 없어 영리기업에서는 오래전부터 이 회계제도를 사용하지 않고 있다. 정부부문에서도 현금흐름 위주의 예산통제의 특성으로 인하여 대다수의 국가에서 많이 사용하여 왔으나, 다양한 회계정보 산출의 제한으로 인해 최근에는 제한적·보충적으로만 사용하는 국가가 증가하고 있는 현실이다.

복식부기는 회계사건의 원인과 결과를 차변(debit entry)과 대변(credit entry)에 동시에 기록하는 방식을 말한다. 이중기록 방식은 현금외 다른 자산의 기록 및 미래 경제적 자원의 유출을 의미하는 부채에 대한 관리가 가능하도록 하는 기본 틀을 마련하게 한다. 또한, 저량정보와 유량정보가 밀접하게 연계되는 과정을 나타낼 수 있게 하기 때문에 다양한 회계정보의 산출이 가능하도록 한다. 무엇보다도 항상 대차평균원리에 따라 차변과 대변이 동일하므로 거래기록 및 관리의 정확성을 높일 수 있다.

〈단식부기 표시방법과 복식부기 표시방법의 비교〉

단식부기 표시	
국세수익 수납	1,000원
직원급여 지출	(-)600원

복식부기 표시					
차변)	현금	1,000	대변)	국세수익	1,000
차변)	인건비	600		현금	600

발생주의는 현금의 변동 외에 권리·의무의 변동을 포함한 경제적 실질이 변동하는 시점부터 회계사건으로 인식하여 회계처리를 하는 방식을 말한다. 이에 따라 현금의 유·출입이 없더라도 미래 경제적 자원의 변동이 예상된다면 회계처리가 이루어진다. 발생주의 회계는 경제적 자원의 변동을 수익의 발생, 비용의 발생, 자산의 증가·감소, 부채의 증가·감소 및 자본(순자산)의 증가·감소를 기본으로 한다. 현금주의 회계보다 복잡하지만 그만큼 많은 회계정보를 산출할 수 있는 장점을 가지고 있으며, 복식부기 방식과 조합되어 최적 효과가 나타나게 된다.

복식부기·발생주의 회계는 단식부기·현금주의 회계에 비하여 복잡한 회계처리 과정으로 인한 제반 비용이 많이 소요되며, 정교한 회계정보시스템 및 숙련된 전문가가 필요하고, 복잡한 회계처리를 규정할 수 있는 회계기준(GAAP: Generally Accepted Accounting Principles)이 요구된다는 단점이 있다. 그럼에도 불구하고 이를 적용하는 이유는 다수 정보이용자들에 대한 충분한 회계정보의 제공 및 복잡한 거래환경 하에서 경제적 실질의 반영이라는 장점 때문이라 할 수 있다. 복식부기 · 발생주의에 의한 다양한 회계정보는 기본적으로 재무상태표(정부회계에서는 재정상태표(보고서))와 손익계산서(정부회계에서는 재정운영표(보고서)라고 함) 등의 재무제표를 통해 산출된다.

표 11-1 | 단식 · 복식부기와 현금 · 발생주의

단식부기	복식부기
• 수입지출 사실만을 기록 - 자산 · 부채는 별도로 기록 - 연계정보 불일치 가능성 존재	• 수입지출을 자산 · 부채 · 수익 · 비용과 연계 - 자산 · 부채의 변동을 동시 기록 - 대차평균원리에 따라 자동검증 - 재무제표(명세서)간 연계정보의 일치
현금주의	**발생주의**
• 현금출납시점에 기록 - 현금의 출납이 있어야 기록 - 취득원가로 기록 후 가액불변	• 거래 또는 사건의 발생시점에 기록 - 현금출납이 없어도 거래발생시 기록 - 경제적 실질 가치로 자산 · 부채 표시

(8) 각국의 회계연도

미국연방정부의 회계연도는 10월 1일에 시작하여 다음 연도 9월 30일에 종료한다(Schick, 1995). 미국의 거의 대부분의 주 정부는 7월 1일에 회계연도가 시작한다. 브라질, 이집트, 프랑스, 인도네시아, 러시아는 1월 1일에 회계연도가 시작하며, 일본과 영국은 4월 1일, 호주와 케냐는 7월 1일에 시작한다. 2년 단위로 예산이 편성(biennial budgeting)되는 경우에도 1년에 한 번씩 예산을 조정하지만 회계연도는 예산과 동일하게 2년 단위로 유지된다. 미국의 경우 1995년 현재 10개의 주 정부가 2년 단위 회계연도를 채택하고 있으며 1930년대에는 거의 모든 주정부가 2년 단위로 예산을 편성하였다. 미국연방의회의원은 11월에 당선되고 연방의회는 1월 1일에 회기가 시작하는데 7월 1일에 회계연도가 시작하도록 예산심의를 그 이전에 종료하는 것이 매우 어려웠기 때문에 1974년 의회예산법이 제정될 때부터 10월 1일로 회계연도 시작시점을 변경하였다. 그러나 아직도 대부분의 주 정부는 7월 1일에 회계연도가 시작한다(Axelrod, 1995).

(9) 자산, 부채, 그리고 자본

자산=부채+자본(또는 순자산)

자산은 미래에 효용을 제공하여주는 유형・무형의 실체를 말한다. 현금, 주식, 받을어음, 채권, 재고자산, 토지, 자산, 건물, 기계, 소모품, 가구, 설비, 특허권, 미수세금 등은 모두 자산이다. 자산은 미래에 우리에게 효용을 제공하는 실체이다.

부채는 조직이 미래에 재화나 서비스를 제공해야 하는 의무이다.

자본(혹은 순자산)은 자산에서 부채를 제외한 나머지 금액인데 소유자의 지분이라고 간접적으로 정의한다. 정부부문에서는 자본이라는 용어가 적합하지 않기 때문에 다른 용어를 사용하는데 한국에서는 현재 정부회계기준에서 순자산이라는 용어를 사용하고 있다. 순자산은 자산에서 부채를 제외한 금액이다.

2. 정부회계의 이해

(1) 정부회계의 정의

정부회계는 정부조직의 경제적 사건을 정부회계기준에 의해서 분석, 기록, 요약, 평가, 해석하고 그 결과를 보고하는 기술이다. 정부조직의 경제적 사건은 예산에 추정되고 예산의 집행을 통하여 구체화되면 분석하여 기록할 수 있는 사건은 회계시스템에 의해 기록된다. 기록된 정부회계정보는 요약되고 재무보고의 형태로 보고된다. 재무보고의 형태로 보고된 정부회계정보는 정보이용자의 평가를 통하여 해석된다.

(2) 정부회계의 특징

① 기업과는 달리 이익개념이 부적절하다.

② 기업에 비하여 산출과 결과의 측정이 어렵다.

③ 소유권의 개념이 없기 때문에 자본개념이 부적절하다.

④ 기업과는 달리 재무정보에 한계가 있기 때문에 비재무정보를 재무보고에 추가하는 경향이 있다.

⑤ 기업회계와는 달리 예산과의 연계가 더 강하게 요구된다. 무엇보다도 정부회계의 가장 큰 특징은 정부의 예산은 회계정보시스템에 입력된다는 사실이다. 미국의 경우 의회의 의결을 거친 지출예산은 예산계정(budgetary accounts)에 기록되지만 의

회의결을 필요로 하지 않는 펀드의 예산은 예산계정에 기록되지 않는다(Shim & Spiegel, 1997).

⑥ 법규에 의해 집행되거나 법규나 규정의 제약을 받는다.

⑦ 기업의 경제적 사건에 비해 공공부문의 경제적 사건은 발생주의회계를 사용하기 어렵다.

⑧ 기업은 하나의 목표만을 추구하기 때문에 하나의 재무보고만으로 충분하지만 공공조직은 여러 개의 목표를 추구하기 때문에 하나의 재무보고만으로는 부족하다. 미국의 경우 목표에 따라 자금을 펀드단위로 구별하여 재무보고를 하도록 하는데 이를 펀드회계라고 한다. 여러 개의 재무보고서를 작성하더라도 통합재무보고서를 반드시 작성하여야 한다.

⑨ 현재의 회계는 인적자본(human capital)을 인식하지 않기 때문에 인건비의 비중이 높은 공공부문의 회계가 민간부문회계에 비해 더 많은 결함을 가질 수밖에 없다(Sheldon, 1996).

⑩ 기업의 성과는 이익이라는 회계정보에 의해 평가되므로 일차원적이지만 정부의 성과는 다양한 지표에 의해 평가되므로 다양한 회계정보가 사용되는 다차원적인 개념이다. 기업은 펀드회계를 사용하지 않고 오직 하나의 실체로 간주되지만, 정부는 펀드회계를 사용하며 펀드가 각각 별도의 자금의 집합이고 별도의 실체로 간주된다. 펀드마다 고유의 목표를 추구하고 별도의 지표에 의해 평가된다.

(3) 정부회계와 기업회계의 비교

역사적으로 정부회계가 기업회계보다 앞섰지만 기업회계는 경제의 발전과 더불어 복식부기를 발명하게 되어 정부회계보다 훨씬 더 앞서게 되었다. 그러나 정부회계가 다시 복식부기를 도입함으로써 새롭게 발전할 계기를 맞게 되었다. 정부회계와 기업회계는 회계의 근본원칙의 면에서는 동일한 방법을 사용하지만 상당한 차이가 있다.

정부회계가 기업회계에서 발전해 왔다고 보는 것은 잘못된 견해이다. 정부회계가 기업회계로부터 복식부기를 도입했을 뿐인 것이다. 정부회계는 기업회계와 매우 다른 환경에서 작동하기 때문에 전혀 다른 이론과 해석을 통해서 이해되어야 한다. 정부회계와 기업회계의 비교에서 가장 중요한 점은 정부회계의 영역이 훨씬 더 복잡하고 규모가 크다는 점이다. 정부회계는 기업회계의 거의 모든 내용을 다 포함하면서 공공부문의 특성으로 인한 정부회계 고유의 내용을 가지고 있다. 비록 근대에 와서 정부회계보다 기업회계가 앞섰던 것은 사실이지만 기업회계가 발전하여 정부회계가 되었다고 보는 것은 잘못된 것이며 기업회계가 더 복잡하고 다양하다고 생각하는 것도 잘못된 견해이다. 정부회계가 훨씬 더 복잡하고 다양하며 규모가 더 크다.

정부회계와 기업회계의 가장 큰 차이는 예산과의 관계이다. 기업회계는 예산을 편성하더라도 계정에 기록하지 않는다. 그러나 정부회계는 예산의 편성을 회계계정에 기록하고 편성된 금액이 집행될 때까지의 단계도 기록한다. 공공부문에서 예산과 회계는 1대1로 긴밀하게 결합되어 기록되고 유지된다. 기업에서는 예산은 기록되더라도 회계기록으로 기록되는 것이 아니라 예산자료로 기록될 뿐이다.

정부회계와 기업회계의 차이점이 여럿 있지만 예산과의 관계 이외에 펀드회계를 사용한다는 점도 정부회계의 매우 중요한 특징이다. 기업은 아무리 규모가 커도 펀드가 하나이지만 정부는 규모가 아무리 작아도 보통 수십 개의 펀드를 운영한다. 30만 명의 종업원을 거느린 회사도 펀드가 하나이지만 인구 3만 명에 500명의 공무원밖에 거느리지 못한 지방정부의 펀드 수가 수십 개에 달할 수 있다. 기업회계는 하나의 펀드만을 사용하기 때문에 펀드회계를 사용하지 않지만 정부회계는 반드시 펀드회계를 사용한다.

정부회계를 단순히 기업회계와 비슷한 점이 많다고 해서 기업회계의 연장 정도로 생각해서는 안 된다. 비슷한 점이 많다고 한다면 기업회계야말로 정부회계의 일부와 아주 비슷한 점이 많다. 기업회계의 관점에서 보면 정부회계가 기업회계의 일부분을 차용한 것으로 보이지만 정부회계의 관점에서 보면 기업회계가 정부회계의 일부분으로 보일만큼 정부회계는 기업회계의 내용을 거의 다 포함하는 내용으로 구성되어 있다.

(4) 정부회계기준

정부가 경제적 사건을 측정하고 기록, 분석, 요약, 보고하는 절차와 제반사항에 대한 규정을 정부회계기준이라고 한다. 어떤 종류의 재무제표를 보고하고 재무제표의 양식은 어떻게 구성하며 어떤 항목을 어떻게 측정하여 보고할 것인가를 규정한다. 예를 들어 발생주의회계를 사용할 때는 감가상각의 방법, 부채의 인식방법, 자산의 인식, 수익과 비용의 인식방법 등에 대해 규정한다.

재무보고를 통일된 정부회계기준에 의해 작성함으로써 자의적인 재무제표를 배제하고 정보의 왜곡을 방지한다. 동일하거나 유사한 조직 간의 비교와 감사를 용이하게 하고 동일한 조직의 과거정보와도 비교할 수 있다. 정부회계기준이 지나치게 엄격하게 규정되어 자유재량의 여지가 적으면 재무보고시에 보고 주체의 특성을 반영하지 못하는 문제점이 있으며 지나치게 신축적이면 보고 주체마다 자신에게 가장 유리한 방법을 선택하기 때문에 비교가 어려워지며 정보왜곡의 가능성도 증가한다.

미국은 1948년에 감사원, 중앙예산기관인 예산실(현재의 OMB 전신), 재무부가 합동으로 합동재무관리개선프로그램(Joint Financial Management Improvement Program)을 구축하여 회계와 감사실무를 현대화하고 개선을 위해 노력하였는데 매우 성공적이었다(Morse, 1988). 미국에서는 연방정부의 경우 감사원(GAO), 재무부, 관리예산실(OMB)이 연방회계기준자문위원회(Federal Accounting Standards Advisory Board: FASAB)라는 협의체를 구성하여 연방정부회계기준을 제정하고 수정 보완한다.

미국의 주와 지방정부의 경우 정부회계기준위원회(Governmental Accounting Standards Board: GASB)에서 정부회계기준을 제정한다. 미국의 경우 주와 지방정부 회계가 연방정부의 회계보다 진보되었으며 연방정부의 회계는 주와 지방정부의 회계로부터 영향을 받아왔다(Thai, 1983). 한국도 중앙정부의 정부회계기준은 기획재정부 소관이며 "국가회계기준에 관한 규칙"이라고 하며, 지방자치단체의 정부회계기준은 행정안전부의 소관으로서 "지방자치단체 회계기준에 관한 규칙"이라고 한다.

미국의 주와 지방정부는 정부회계기준위원회의 회계기준을 선택할 수 있으나 이는 권장사항이기 때문에 아직도 이를 채택하지 않는 정부도 있다. 연방정부가 감사원(GAO), 재무부, 관리예산실(OMB)에 의해 제정된 정부회계기준을 반드시 준수해야 하는 것과는 달리 GASB의 회계기준은 주와 지방정부의 자유의사에 따라 선택할 수 있는 기준이다. 그러나 점점 더 많은 주와 지방정부가 GASB의 통일된 정부회계기준을 따르고 있으며 신용평가기관에서도 이것을 요구하고 있다. 신용평가기관은 GASB의 정부회계기준을 준수하지 않는 지방정부의 신용을 낮게 평가함으로써 부채 조달 시 이자비용을 상승시킨다. 점점 더 많은 숫자의 지방정부가 정부회계기준을 준수하지 않음으로써 초래되는 재정상의 불이익을 피하기 위해서 자발적으로 GASB의 회계기준을 준수하고 있다.

그럼에도 불구하고 주와 지방정부의 재무보고를 감시하고 규제하기 위한 연방정부의 조치가 필요하다. 자발적인 회계기준의 제정과 채택은 한계가 있기 때문이다. 실제로 지방정부채권을 취급하는 금융기관들은 연방정부가 충분한 정보를 제공하도록 요구하는 법 제정을 촉구한 적도 있다(Mansfield, 1988).

(5) 미국의 펀드회계

정부회계와 기업회계의 가장 큰 차이점의 하나가 예산을 계정에 기록하는가의 여부와 펀드회계를 사용하는가의 여부이다. 정부회계는 예산을 회계계정으로 기록하고 기업과는 달리 펀드회계를 사용한다. 펀드란 별도로 구분된 자금의 단위이고, 회계의 주체로서 재무보고를 하는 실체이다. 미국의 주와 지방정부는 물론 연방정부에서도 펀드회계가 사용되고 있다(Points, 1990). 펀드는 자금의 목적을 수행하기 위해 다른 자금과 구분되어 설정되며 관리(management)의 단위이고 통제와 책임의 단위이다. 한국의 일반회계는 미국의 펀드회계에서 일반펀드(general fund)와 비슷한 것이고 미국의 일반펀드 이외의 펀드는 한국의 특별회계와 기금에 유사하기 때문에 fund accounting을 기금회계로 번역해서는 안 되며 적절한 용어가 나올 때까지 펀드회계라고 사용하기로 한다. 대부분의 미국연방정부펀드는 수입과 지출만으로 예산을 편성하지만 일부펀드와 공기업은 기업의 대차대조표와 손익계산서에 해당하는 보고서의 형태로 예산을 편성하는데, 예를 들어 자산의 과거실제액수와 미래추정액수를 같이 보고한다(Schick, 1995).

기업은 이익추구라는 하나의 목표만이 존재하지만, 정부는 여러 가지 목표를 수행하기 때문에 별도의 펀드를 설정할 필요가 있다. 펀드의 숫자는 너무 많아서도 안 되고 너무 적어서도 안 된다. 미국의 일부 조직은 두 개의 펀드만을 운영하기도 하는데 조직의 규모나 성격 그리고 법규에 따라 다양하게 펀드를 설정하여 운영할 수 있다. 두 개의 펀드만을 운영할 때는 제한된 목적을 가지고 운영되는 펀드인 제한펀드(Restricted Fund)와 그렇지 않은 무제한펀드(Unrestricted Fund)를 유지한다. 무제한펀드는 일반펀드(general fund)이며 아무리 유지하는 펀드의 숫자가 작다고 해도 일반펀드는 존재한다. 일반펀드는 운영펀드(Operating Fund)라고도 하며 흔히 운영예산(Operating Budget)이라고 한다. 일반펀드는, 즉 무제한펀드는 특별한 목적이 아닌 조직의 일반목적에 수입을 사용할 수 있는 펀드를 말한다.

펀드의 설정과 운영은 자유롭게 허용되어야 한다. 예를 들면 두 개의 펀드를 별도로 설정할 수도 있지만 하나의 펀드를 설정하고 두 개의 계정집단을 유지할 수도 있다. 혹은 기업과 유사한 펀드로서, 규모가 작거나, 조직의 일반적인 다른 활동과 구별하기 어려울 정도로 관련되어 있고, 일반펀드에서 일부 자금 지원을 받으면 일반펀드 내에 별도의 계정집단을 유지함으로 펀드의 역할을 대신 할 수 있다(Garner, 1991).

미국 주 정부의 경우 펀드의 숫자는 주에 따라서 큰 차이가 있는데 Delaware주는 두 개의 펀드를 운영하는 데 반하여 Hawaii는 거의 4,000개의 펀드를 운영하며 Illinois는 200개, California는 254개, Massachusetts는 46개, Texas는 328개의 펀드를 운영한다. 미국에 비해 다른 국가들은 펀드의 숫자가 훨씬 작은데 특히 영국, 프랑스 등이 대표적인 사례이다. 프랑스는 사회보장, 의료보험, 퇴직금을 위한 수탁 펀드 이외에 오로지 하나의 펀드만이 존재하며, 영국은 오직 통합펀드(consolidated fund), 예비펀드(contingency fund), 공공펀드(public fund)의 세 가지 펀드만을 운영한다(Axelrod, 1995).

(6) 재무회계와 관리회계

정부회계는 성격과 기능에 따라 재무회계와 관리회계로 양분할 수 있다. 기업은 세무회계라는 영역이 존재하지만 공공부문은 세금을 납부하지 않고 오히려 세금을 징수하기 때문에 세무회계라는 영역은 존재하지 않는다. 기업은 기업회계에서 회계감사까지 담당하지만 정부회계에서는 감사의 성격과 역할이 정부회계에 포함되기에는 너무나 포괄적이고 다양하기 때문에 독립적인 재무행정 분야로 연구해야 한다.

1) 재무회계

재무회계정보는 예산과 재정에 대한 정보이며, 국민을 포함한 외부이용자를 위한 정보이기 때문에 재정통제(fiscal control)와 책임을 위한 정보이다. 재무회계정보는 우리가 흔히 생각하고 있는 회계정보이며 정부조직의 경우에는 예산과 재정에 관한 정보이다. 예를 들어 다음의 정보들은 전형적으로 재무회계정보시스템에 의해 제공된다.

- 작년도의 부채액수는 얼마인가?
- 현재의 부채액수는 얼마인가?
- 조직의 재무상태로 보아 부채의 액수가 과다한가 아니면 작은 편인가?
- 만약 내년도의 예산이 확정된 대로 집행된다면 내후년도에는 부채의 액수가 주민 일인당 얼마에 달할까?
- 현재 현금의 액수는 얼마인가?
- 현재 현금을 가지고 미래에 부채를 상환하는데 어려움은 없을까?
- 작년도 예산 중 인건비가 차지하는 비중은 얼마인가?
- 작년도 예산 중 공채의 발행으로 조달한 액수는 얼마인가?
- 작년도 예산 중 부채로 인한 이자 지불은 얼마인가?
- 작년도 예산 중 도로 확충에 소요된 액수는 얼마인가?
- 현재까지 징수된 재산세 액수는 얼마인가?

이상의 정보들은 재무회계정보에 의해 제공될 수 있거나 재무회계정보를 이용하여 획득할 수 있는 정보인데 대부분은 조직의 외부이용자들이 지대한 관심을 가지는 사항들이다. 예를 들어 정부조직이 은행으로부터 자금을 조달하려고 하면 은행은 당연히 현재 이 조직이 조달한 부채의 총액이 얼마인가에 관심을 가질 수밖에 없다. 공채를 구입하려는 투자자 또한 부채와 자산의 상태에 관심을 가질 것이다. 주민들은 부채의 액수나 세금의 징수에 관한 정보를 원할 것이고 상급조직의 책임자는 하부조직의 예산과 재정에 관한 정보를 필요로 한다.

2) 관리회계

관리회계정보는 원가와 효율성에 대한 정보이고, 내부의사결정을 위한 정보이며, 조직의 기획과 통제에 관한 정보이다. 관리회계는 원가회계에 관리(management)의 개념이 추가된 보다 넓은 개념이다. 원가회계정보는 어떤 행정서비스를 정부가 직접 제공할 것인가, 아니면 민간에게 위임할 것인가를 결정하는 데 매우 중요한 정보를 제공한다. 미국의 경우 국방비의 60%는 민간과의 계약에 의해 집행되는데 원가회계정보는 민간기업의 선정과 민간기업과의 계약 시에 가장 중요한 역할을 한다(Staats, 1990).

관리회계를 구체적인 차원으로 설명하지 않으면 여전히 모호할 것이며 기획과 통제라는 개념도 언어로 설명하기에는 쉽지 않다. 다음에 거론하는 여러 개의 질문들은 관리회계정보에 의해 흔히 답할 수 있는 것으로서 관리회계가 무엇인가를 이해하는 데 많은 도움이 될 것이다.

- X사업의 예산이 원래 계획한 것보다 더 많이 소요된 이유는 무엇인가?
- Y사업의 성과를 과연 효율적이라고 말할 수 있는가?
- 조직에서 필요한 Z자재를 언제, 얼마를 구입하는 것이 가장 좋을까?
- 보너스를 지불할 때 무엇을 기준으로 해야 조직의 성과가 증진될 수 있는가?
- C사업을 달성하는 대안 중 어떤 대안이 가장 효율적인 대안인가?
- 구내식당을 자체에서 직접 운영하는 것이 좋은가, 아니면 외부 민간기업에게 위임하는 것이 좋은가?
- 쓰레기 수거사업을 공개입찰을 통해 민간기업에게 위임하는 것이 좋은가, 아니면 직접 수행하는 것이 좋은가?
- 유료도로의 사용료는 얼마를 받아야 하는가?
- 새로운 전산시스템의 도입으로 몇 명의 인원이 줄었으며, 비용은 얼마나 절감되었는가?
- A도로사업과 B도로사업의 1Km당 건설비는 얼마이며, 그 차이는 무엇 때문에

야기되었는가?

• 총무과는 왜 전산과와 인원이 똑같은 데도 불구하고 더 많은 인건비가 소요되었는가?

3. 정부회계의 목적과 기능

정부회계의 목적과 기능은 한 마디로 표현하기 어려울 정도로 다양하다. 정부회계의 목적과 기능을 설명할 때 명심해야 할 가장 중요한 사항은 정부회계를 잘 활용하기 위해서는 정부회계에 대한 이해와 정부회계의 수준이 높아야 한다는 것이다. 만약 정부회계에 대한 이해와 정부회계수준이 낮다면 정부회계의 목적과 기능은 실현될 수 없는 교과서적 이상에 불과하다. 정부회계는 다음과 같은 역할을 수행하는데 이들은 서로 중복될 수 있으며 구별이 애매한 부분도 있다.

(1) 정보이용자의 요구에 부합하는 정보제공

회계시스템은 정보이용자의 요구에 부응해야 한다. 정보이용자는 외부 정보이용자와 내부 정보이용자가 있다. 외부 정보이용자는 국민, 의회의원, 학자, 시민단체, 이익단체, 언론, 금융기관 등이고 내부 이용자는 조직의 구성원, 타 부처의 공무원 등이다. 정보이용자의 요구사항이 변화하면 회계시스템도 변화되어 해당정보를 제공할 수 있어야 한다. 그러므로 회계시스템은 신축적으로 설계되어야 한다.

좋은 회계시스템은 개별 책임중심점 내에서 관리자에게 유용한 의미를 가질 수 있도록 비용을 분류하여야 한다. 분류방법은 먼저 최고책임자와 상위관리자, 의회, 주민 등이 요구하는 정보를 제공할 수 있는 계정을 결정하고, 내부의 필요에 의해 이 계정을 토대로 계정을 재분류하여 보다 상세한 계정을 결정한다. 그러므로 계정은 외부 정보이용자의 요구와 내부 이용자의 요구를 모두 반영하여 분류하여야 한다 (Anthony, 1988).

〈기업회계와 정부회계에서의 내부정보이용자와 외부정보이용자〉

기업회계에서의 내부정보이용자는 경영진이며, 외부정보이용자는 주주·채권자·세무당국이 이에 해당한다. 이에 비하여 정부회계에서의 내부정보이용자는 정책의사결정자라고 할 수 있으며, 외부정보이용자는 국민(주민)과 이를 대변하는 의회이다. 내부정보이용자의 정보수요를 충족시키는 회계의 분야를 관리회계(managerial accounting)라 하며, 외부정보이용자의 정보수요를 충족시키는 회계를 재무회계(financial accounting)라 한다.

정보시스템이 바람직하게 설계되면 정보의 공급은 정보시스템의 부산물로 자연스럽게 제공되지 별개의 노력이 필요한 것은 아니다. 공공부문의 정보시스템은 내부의 관리를 위해 사용되는 측면보다도 상위조직이나 중앙의 통제에 더 많이 기여하고 있다. 정보시스템이 조직내부의 필요와 관심에 직접 관련이 없는 정보를 외부의 통제기관에 제공해야 한다면 정보조작의 가능성이 크고 정보의 적시성이 저하되며 정보제공에 비협조적일 우려가 있기 때문에 내부에 유용하고 필요한 정보를 연장, 활용, 변형하여 외부통제기관이 사용하는 것이 좋을 것이다. 이를 위해서는 정보제공자와 정보사용자의 공동관심사와 요구를 도출하여 합의에 도달하는 것이 중요하다 (Premchand, 1995).

(2) 의사결정에 필요한 정보의 제공

정책형성, 정책집행, 정책평가단계에서 의사결정에 유용한 정보를 제공한다. 조직의 운영과 정책에 필요한 정보를 제공하는 역할을 한다. 이 외에도 조직의 운영과 평가에 대한 정보도 제공한다. 자원배분과 투자에 관한 의사결정에도 기여한다.

(3) 조직의 사건과 행위를 추정

조직내부와 조직외부에 있는 어떤 사람도 조직에서 발생하는 모든 사건을 파악할 수 없다. 직접 관찰하는 것이 가장 좋은 방법이지만 조직의 규모와 지역적인 문제 등으로 인하여 사실상 불가능하다. 회계가 중요한 역할을 수행하는 것은 바로 이 점 때문이다. 회계는 조직의 과거 사건에 대한 기록인데 다른 기록이 존재하지 않기 때문에 회계정보가 조직의 과거 사건과 행위에 대한 유일한 기록일 경우가 대부분이다. 공무원들은 자신의 행위에 대해 상세하게 기록하지 않지만 회계기록에 의해 어떤 행위를 했는가를 간접적으로 추정할 수 있다. 공공조직은 조직 내에서 발생한 사건을 모두 기록하지 않지만 회계기록에 의해 발생한 사건을 간접적으로 추정할 수 있다. 회계정보는 조직 내에서 발생한 사건과 조직 내에서 이루어진 행위에 대해 화폐가치라는 꼬리표를 붙이는 역할을 한다. 이러한 꼬리표를 통하여 조직 내에서 발생한 사건과 행위를 간접적으로 추정할 수 있으며 평가할 수 있다. 회계는 관찰가능한 사건과 행동을 기록하는 다른 수단이 존재하지 않을 때 추정할 수 있도록 만드는 기법이지만 관찰 불가능한 사건과 행위도 부분적으로 보이도록 만든다. 이에 대해서는 다음에 별도로 설명한다.

(4) 관찰 불가능한 사건과 행위의 측정

조직의 현재와 미래는 회계에 의해 부분적으로 창조된다고 할 수 있다. 회계는 과거의 경제적 사건을 기록하지만 사진처럼 있는 것을 그대로 전달하지는 않는다. 예를 들어 조직 내에서 권력을 가진 사람은 자신들의 가치와 관심을 강조하고 유포하기 위하여 무엇을 계정에 의해 기록할 것인가를 결정할 수 있으며 무슨 행동을 관찰하고 규제할 것인가를 결정할 수 있다. 경제적 사건 중에서 객관적으로 평가할 수 있는 사건만 기록하고 과거의 경제적 사건만이 아니라 미래의 경제적 사건도 추정하여 기록하기도 한다. 회계는 관리를 중앙집권화하는 수단이 되며 조직 내에서 조직 간에 새로운 연결을 창조할 수 있다(Hopwood, 1984).

회계는 관찰할 수 없는 행동을 부분적으로 보이도록 만든다(Broadbent & Guthrie, 1992). 회계는 조직 내에서 무엇을 보이도록 할 것인가를 결정하는 힘을 가졌기 때문에 외부의 가치를 조직내부에 구축하는 중요한 역할을 할 수 있다. 회계는 과거의 의사결정과 행위를 기록하며 의사결정과 정책형성을 촉진하는 것 이상의 역할을 수행한다. 즉 회계는 예산과 회계정보를 통하여 조직의 의사결정과 행위를 드러나게 한다. 과거에 알려지지 않았던 사실을 밝힘으로써 조직이 여러 영역에서 조사하고 토론하도록 한다. 회계는 관찰이 불가능한 행위와 사건들을 보이도록 함으로써 책임을 규명한다. 회계는 전혀 다른 의사결정을 가능하도록 하는 힘이 있다. 회계는 특정 행동과 결과를 선택적으로 강조하기 때문에 무엇이 문제이고, 무엇이 바람직하며, 무엇이 중요한가를 결정하는 데 가장 중요한 역할을 한다. 회계는 결국 무엇을 보이도록(visible) 할 것인가를 결정한다. 회계는 원가, 이익 같은 보이지 않는 개념이나 가치를 보이도록 한다. 회계는 과거와 미래의 불확실한 세계에서 사실을 창조하는 능력이 있다. 회계는 외부의 사회적 가치와 조직의 내부가치를 연결한다. 회계는 이러한 역할로 인해 뉴질랜드공공부문개혁에서 가장 핵심적인 역할을 했다. 정부회계는 개혁의 관심사가 조직내부에 스며들어 영향을 발휘할 수 있도록 하며 변화를 촉진하고 변화를 조정하는 방향키의 기능을 수행한다(Jacobs, 1995).

(5) 조기경보시스템의 역할

재무제표를 통해 정부의 전반적인 재정건전도, 국가자원에 대한 의사결정의 재무효과, 조기경보정보를 획득할 수 있다(Bowsher, 1988). 예를 들어 단기부채가 계속 증가한다면 재정건전도에 심각한 문제가 있다. 회계정보시스템은 조기경보시스템의 역할을 수행하는 것이다.

(6) 조직의 관리에 기여

회계는 조직의 파악에 가장 중요한 수단이다. 조직의 파악에 회계정보가 가장 결정적으로 기여하기 때문이다. 전 세계적으로 매출을 기준으로 가장 큰 컨설팅회사의 상위 3개 중 2개가 회계법인의 컨설팅부문이다. 즉 Anderson Consulting, Coopers & Librand가 상위 3개에 포함되어 있다. 컨설팅에서 회계법인이 그 어떤 조직보다도 유리한 입장에 있기 때문이다. 회계야말로 조직을 이해하고 파악하는 데 가장 중요한 정보라고 Frank와 Cook은 주장하고 있다(Frank and Cook, 1995).

회계담당자들은 정부에서 관리자들이 업무를 효과적이고 효율적으로 수행할 수 있도록 돕는다. 자산과 다른 자원에 대한 수탁책임을 다하도록 하며 전통적인 감사를 뛰어넘어 효과성과 효율성을 평가한다. 정부의 규제에 관여하여 재무정보와 기타 정보를 개발, 규정, 감사하는 역할을 한다. 예를 들어 감사원(GAO)의 가장 중요한 임무는 사업과 활동을 감사하고 평가하는 일이다(Morse, 1988). 회계는 관리와 전략문제보다는 절차와 정형(the routine)에 치중하는 단기적 성향이 있는데 이러한 문제를 개선하기 위해 민간부문회계가 노력하고 있다(Hopwood, 1984). 좋은 회계시스템은 자원의 효율적 사용에 대한 동기를 부여하고, 의사결정에 유용한 정보를 제공한다(Anthony, 1988). 예를 들어 만약 절약이 이루어지지 않고 있다면 회계정보시스템이 문제인 것이다. 정부회계도 과정과 규정 그리고 회계기법보다는 관리에 더 많은 관심을 가져야 한다.

(7) 정책의 효과성과 효율성에 기여

정부에 대해 생각할 때는 정책이나 사업을 연상하지 재무관리이슈를 연상하지 않는다. 정책은 모두에게 중요하고 흥분하게 만드는 주제이지만 예산, 회계, 기타 재무관리주제는 담당자에게만 중요한 것으로 생각한다. 그러나 정책의 효과성은 대부분 재무관리정보와 절차에 달려 있으나 위기가 닥친 후가 아니면 이러한 사실을 깨닫지 못하기 때문에 능동적으로 재무관리에 임하지 않고 수동적으로 반응할 뿐이라고 미국 감사원장을 역임한 Bowsher는 주장하고 있다(Bowsher, 1992).

정책의 효율성 또한 회계정보와 연계되어 있다. 효율성이란 산출과 투입의 비율로서 측정한다. 투입에 관한 정보는 회계정보에 의해 획득할 수 있다. 최근의 재무보고는 산출에 관한 정보도 제공하는 추세로 나아가고 있다. 기업과는 달리 정부의 재무보고는 산출과 결과에 대한 정보를 제공하지 못하고 있기 때문에 기존의 회계정보에 산출과 결과에 대한 정보를 추가하여 보고하도록 요구하고 있는 것이다.

(8) 정치적 측면

과거는 아무도 정확하게 파악하는 사람이 없기 때문에 어떻게 과거를 기록할 것인가를 결정하는 회계는 사실상 불확실성하에서 새로운 사실을 창조하는 것이라 할 수 있다. 논란과 불확실성의 세계에서 회계는 정확하고 특정하고 계량적인 세계를 창조한다. 회계가 창조하는 이러한 객관성은 정치적인 토론을 압도할 수 있으며 정치분야에서 중대한 영향을 행사할 수 있다(Hopwood, 1984). 이런 의미에서 회계는 결코 가치 중립적이고 객관적인 기법이 아니다(Broadbent & Guthrie, 1992).

회계는 정치적 기능을 수행한다. 회계는 사회의 정치적 투쟁으로부터 유래하기 때문에 정치적일 수밖에 없지만, 회계정책의 결과가 사회의 특정집단에게는 유리하고 특정집단에게는 불리하기 때문에 정치적일 수밖에 없다(Davey & Vos, 1997). IMF 외환위기 이후 한국에서는 회계의 중요성을 인식하기 시작하였는데 무엇보다도 IMF, 세계은행 등이 한국에 구제금융을 제공하면서 회계의 투명성을 요구한 결과이기도 하다. 외환위기 이후에 기업의 회계부문에도 획기적인 변화가 시작되었다. 재무제표를 어떻게 작성하도록 요구하느냐에 따라 재벌들이 좋아하기도 하고 싫어하기도 하는데 결합재무제표는 기업들이 싫어하는 대표적인 회계제도이다. 회계규정의 수정 보완은 경우에 따라 대기업에게 유리하기도 하고 중소기업에 유리한 방향으로 전개될 수도 있다.

(9) 회계의 통제기능과 책임

재무관리의 회계와 통제차원은 바로 책임에 관심을 갖는 것이다. 책임, 통제는 매우 중요한 개념이다. 그럼에도 불구하고 대부분의 사람들은 회계를 중요시하지 않는다(Brown, 1988b). 그 이유는 회계를 책임, 통제와 연계하지 못하기 때문이다. 선진국 기업에서는 회계의 최고담당자를 controller라고 한다. 책임이라는 영어 단어는 responsibility가 아닌 accountability를 사용하는데 accountability가 회계와 연계가 된다는 것을 영어단어의 어근에서 쉽게 확인할 수 있다. 미국의 감사원은 General Accounting Office로서 Accounting이라는 단어가 명백하게 포함되어 있었는데 최근에 Government Accountability Office로 명칭을 바꾸었고 감사원장은 최고통제관(Controller General of the United States)이라고 부른다.

회계의 가장 주요한 기능은 통제이며 통제를 통한 책임의 확보이다. 사람이 모든 업무를 자신이 수행할 수 없을 때 타인에게 업무를 위임한다. 타인이 대신하여 업무를 수행할 때 어떤 기준을 마련하고 그 기준에 따라서 대리행동을 판단하고 대리행동의 결과를 정당화할 수 있는지 없는지도 조사하여 책임을 묻지 않으면 업무의 위임이 소기의 목적을 달성하지 못한다. 책임을 묻는 행위는 책임을 추궁함으로써 소기의 목표를 달성하도록 통제하는 데 있기 때문에 통제와 책임은 서로 분리할 수 없는 개념이다.

조직외부에서 조직을 통제할 때와 조직의 내부에서 상급자가 하급자를 통제할 때 회계정보가 가장 중요한 역할을 한다. 경영자는 재무보고를 통하여 주주에 대해 자신의 성과에 대한 책임을 지며 행정부도 재무보고를 통하여 행정부의 성과에 대한 책임을 진다. Henry는 예산은 행정통제의 기법이라고 주장하고 있다(Henry, 1989).

회계시스템은 책임규명과 내부관리를 위해 필요한 정보를 제공하는 역할을 한다. 과거에는 세금이 어떻게 사용되었는가를 보여줌으로써 책임성을 보여주었지만 이제는 성과의 달성을 측정함으로써 책임을 추궁하고 있다. 책임(accountability)이란 행동을 설명할(explain one's actions) 의무 혹은 행동을 정당화(justify what one does)하는 것을 말한다. 재무보고의 목표의 하나는 책임성을 제공하는 것이다(Premchand, 1995).

책임이란 정부가 국민에게 조세를 징수하고 세금을 사용한 목적을 정당화하는 행위이다. 책임은 자신의 행위를 설명할 의무를 말한다. 그러므로 잘못이 발생했을 때 설명도 없이 죄송하다는 말과 함께 스스로 자리에서 사퇴하는 것은 책임을 다하는 것이 아니라 책임회피이다. 해명하고 설명해서 국민이 납득해야 한다. 책임은 그런 의미에서 외부통제의 관점에서 이해되어야 한다(Staats, 1990).

영국에서 회계는 경제적으로 어려운 시기에 더 번창하는 경향이 있다. 감사는 19세기 후반 경제불황시기에 파산관리를 개선하기 위해 대두되었다. 1930년대 경제대공황기에 회계전문가들의 역할과 지위가 현저하게 상승하였다. 결국 긴축재정시에 효율성을 추구하게 되고 기획과 통제를 통해 효율성의 증진에 기여하는 회계가 중요한 역할을 할 수밖에 없다. 회계는 성과를 보여주고 성과증진을 촉진하기 때문에 책임을 추궁하고 실현하는 기능을 한다. 재무성과만이 아니라 보다 넓은 개념의 성과정보를 필요로 함에 따라 회계가 그러한 정보를 제공하기를 사회가 요구하게 되었다. 전통적인 재무제표가 상대적으로 더 많은 한계를 갖는 공공부문에서 회계의 활동범위가 확대되고 있다(Hopwood, 1984). 민간기업에서는 문화에 기초한 통제(clan control)로 변화하고 있는데 공공부문은 오히려 민간기업에서 포기한 평가에 기초한 통제로 이동하고 있다(Broadbent & Guthrie, 1992).

(10) 정당성을 고양하는 수단

회계는 조직의 정당성(legitimacy)을 고양하는 직접적인 방법이 된다. 회계가 조직의 효과성과 효율성을 입증하면 조직은 역설적으로 책임을 지지 않아도 되는 자유를 얻게 된다. 외견상으로 합리적인 관리를 상징적으로 과시하면서 실제로는 전혀 다른 행동을 취할 수도 있기 때문이다(Hopwood, 1984).

회계의 이러한 기능으로 인하여 정부개혁시에 정부회계의 개혁을 추진하려는 유혹을 받게 된다. 예를 들어 복식부기나 발생주의회계제도의 도입은 조직의 효과성과 효율성을 과시할 수 있는 제도적인 장치가 된다. 실제로 조직의 효과성과 효율성이 증진되지 않았어도 회계정보에 의해 효과성과 효율성의 증진을 설득할 수도 있기 때문이다. 복식부기와 발생주의회계제도는 현명하게 사용하면 조직의 진정한 성과를 측정하는 기법이 되지만 교묘하게 사용하면 정당성을 확보하는 도구의 역할만 하면서 사람들에게 무언가 개혁, 발전, 변화가 이루어졌다는 느낌을 주는 데 그칠 우려가 있다.

(11) 부정, 오류의 방지 및 적발

회계는 부정과 오류의 방지 및 적발기능을 수행한다. 조직의 규모가 커짐에 따라 회계는 부정과 오류의 방지에서 의사결정과 성과로 강조하는 방향이 변화하고 있다(Jonsson, 1990). 1900년 초에 부패와 비효율을 해결할 수 있는 가장 유효한 방법으로 예산과 회계의 개선을 생각하였다(Brown, 1988b). 품목별 예산은 부패와 비효율을 축소하기 위한 통제수단으로 채택되었고 예산개혁의 일환으로 도입된 제도이다. 품목별 예산은 회계에 근거한 예산제도이다.

(12) 기획과 통제

회계는 기획과 통제를 통해서 조직의 관리에 기여하고 결국 효과성과 효율성을 증진한다. 회계정보의 부재는 원가와 자원에 대한 무관심을 야기하고 조직의 비효율로 이어진다(Jacobs, 1995).

(13) 성과에 관한 정보를 제공

회계는 성과에 관한 정보를 제공하여 성과평가역할을 수행하며 궁극적으로 효과성과 효율성의 증진에 기여한다. 성과감사는 효과성과 효율성을 평가한다. 우수한 회계시스템은 효과성과 효율성을 평가할 수 있도록 한다(Brown, 1988b). 성과지표의 대부분은 회계정보에서 유래하기 때문에 회계시스템과 성과평가를 연계하여야 한다(Premchand, 1995). 회계의 가장 중요한 두 가지 기능은 의사결정에 유용한 정보의 제공과 성과평가기능이라고 할 수 있다.

일상적인 관리, 정책, 예산의사결정을 위해서는 투입뿐만이 아니라 투입으로 무엇을 생산하는지에 관한 정보를 제공하여 공무원과 사업의 성과를 측정할 수 있는 시스템이 필요하다. 어린이에 대한 예방접종사업을 예로 들자면 좋은 시스템은 투입한 자원과 노력, 대상어린이의 숫자, 예방접종실시 횟수에 대한 정보를 제공하는 시스템이다(Bowsher, 1988). 최근의 예산회계정보시스템은 과거의 전통적인 재무정보만이 아니라 비재무정보도 함께 제공하여 성과평가에 필요한 모든 정보를 제공하려고 노력하고 있다.

(14) 시장기능의 도입을 위해 필요

최근 선진국의 개혁은 시장지향적인 개혁인데 시장의 가장 큰 특징은 계약에 기초한 경제활동이다. 계약은 원가를 산정해야 하고 원가정보는 회계시스템에서 도출된다. 그러므로 과거의 관료적인 통제에서 전환하여 시장기능을 도입하려고 하면 회계의 역할이 중요해진다. 회계가 최근 선진국 행정개혁에서 중요한 위치를 차지하고 있지만 공공부문의 변화를 유도할 수 있는가에 대해서는 상반된 입장이 존재한다. 회계는 변화를 위한 강력한 수단이 될 수 있으며 환경적 요인은 별로 중요하지 않다고 보는 견해와 환경적 요인이 중요하다고 보는 견해이다. 물론 이 두 가지 견해를 절충하는 입장도 존재한다(Broadbent & Guthrie, 1992). 환경적 요인이 중요하다면 복식부기와 발생주의회계의 도입만으로는 소기의 목적을 달성하지 못할 것이다.

(15) 국민소득산정에 기여

정부회계는 국민소득산정에 기여하지만 국민소득계정(National Income Accounts)과 정부예산과는 괴리가 있다. 미국의 경우 소프트웨어와 장비의 리스는 예산의 경상비로 분류하는데 국민소득계정은 자본계정에 포함한다. 대부분의 국가에서 국민소득계정은 유엔에서 개발한 방법에 의해 유지된다(Premchand, 1995).

(16) 비용과 편익의 계산에 필요한 정보를 제공

정부회계는 사업의 성과측정을 위해 필수 불가결한 요소인 비용과 편익을 기록하고 예측하는 임무를 담당한다. 모두들 비용편익분석을 논하면서도 정부회계가 비용과 편익에 관한 정보를 제공할 수 있다는 사실을 망각한다. 정책평가에서 효과성과 효율성을 평가하기 위해서는 얼마의 예산이 어느 곳에 투입되었는가를 파악해야 하는데 이는 회계정보에 의해 가능하다(Thai, 1983).

(17) 투자비용과 운영비용의 계산

좋은 회계시스템은 투자비용과 운영비용을 구별할 수 있어야 한다. 투자비용이란 장기자산의 구입을 의미하며 운영비용이란 일정기간 동안의 집행활동으로 인하여 소비한 자원을 말한다. 경상비는 운영비용을 말한다. 자본예산을 별도로 편성한다면 자본예산 항목은 투자비용에 해당한다. 감가상각은 투자비용을 운영비용으로 전환하는 방법이다. 투자비용과 운영비용을 구별하는 것은 쉽지 않으며 관리자는 가급적 운영비용이 작게 측정되기를 원하는데 운영비용이 크면 자신의 평가에 부정적인 영향을 미치기 때문이다. 그러나 비용편익분석에서는 모두 비용이기 때문에 구별에 관심을 기울이지 않는다(Anthony, 1988). 투자비용과 운영비용의 구별은 결국 자본예산과 운영예산, 즉 경상비의 구분과 동일하다고 보아야 할 것이다.

운영비용을 계산할 때는 직접운영비용만을 계산할 것인지, 간접운영비용도 계산하여 완전원가를 계산할 것인지 결정해야 하는데 원가배분으로 인한 가치가 있다고 생각되면 완전원가를 계산해야 한다. 원가정보가 가격결정에 사용될 경우에는 반드시 완전원가를 사용해야 한다. 사소한 비용은 책임중심점에 부과되지 않도록 해야 하는데 서류작업이 편익을 초과할 것이기 때문이다. 책임중심점에 운영비용을 배분해야 하는데 통제가능한 간접운영비용만을 배분해야 하는가 아니면 통제불가능한 간접운영비용도 배분해야 하는가의 문제가 발생한다. Anthony는 통제가능성은 정도의 문제이기 때문에 모든 간접운영비용을 배분하고 성과를 측정할 때 통제가능성의 문제를 고려하는 것이 좋다고 주장하고 있다(Anthony, 1988).

4. 정부회계정보의 해석과 정부회계의 기타 내용

(1) 정부회계정보의 해석

정부회계정보는 민간기업의 회계정보와는 성격이 다르기 때문에 기업회계의 관점을 사용해서는 안 된다. 민간기업의 회계정보를 분석할 때 사용하는 가정과 기법은 정부회계정보에 그대로 적용될 수 없다. 민간기업의 회계정보도 산업별로 차이가 있기 때문에 해석시에 주의를 요하는데 하물며 정부회계정보는 민간부문의 산업별 차이와는 비교도 안 될 정도로 기업회계정보와 상이하다.

정부예산은 여러 가지 공공부문의 특성을 보여주는데 단기부채가 연말에 계속 증가하는 경향을 보이면 재정적자의 징후가 있는 것이다. 연금채무가 정확하게 인식되지 않기 때문에 겉으로는 흑자인 것처럼 보이는 예산도 실은 엄청난 적자예산일 수 있다. 예산수입과 실제수입을 비교하여 실제수입이 예산수입보다 작을 경우 몇 해 계속하여 예산수입보다 작은지 확인해야 한다. 과다하게 수입을 추정하여 예산을 지출하는 것은 재정적자를 만드는 행위이다(Rubin, 1987).

(2) 책임회계(responsibility accounting)

선진국의 예산과 재무에 관한 개혁에서 책임회계가 차지하는 비중은 매우 크다. 선진국의 정부개혁이 자율을 부여하고 성과를 측정하여 책임을 규명하는 것을 핵심 내용으로 추구하고 있기 때문이다. 예를 들어 프랑스는 책임중심점(responsibility centers)을 강조하면서 정부서비스의 질을 향상하려고 노력하고 있다(OECD, 1997). 캐나다의 재무정보시스템(Financial Information System)은 책임중심점, 펀드, 위치(location)를 기준으로 거래를 인식한다(Guess, 1983).

예산에 대해 책임을 묻는 것은 지출에 대해 책임을 묻는 것이며 지출에 대해 책임을 묻는 것이 관리자의 원가의식을 확보할 수 있는 가장 효과적인 수단이라고 한다. 예산의 효율성을 증진하고 싶다면 예산에 대한 책임을 추궁하여야 한다는 의미이다. 책임중심점이라는 단위를 기준으로 지출과 성과에 대한 책임을 묻는 제도가 책임회계이다. 과거의 책임추궁은 의회의 승인범위 내에서 지출이 이루어졌는가를 엄격하게 추적하고 법규와 관련규정이 준수되었는가를 확인하는 좁은 의미였다. 최근의 현대적인 책임개념은 지출에 대해 광범위한 자유재량을 부여하고 대신 효과성과 효율성을 입증하도록 요구한다.

조직 내에서 권한을 위임받은 사람은 권한을 위임한 사람에게 책임을 지기 때문에 상급자에게 책임을 지면 되지만 책임중심점의 최고책임자는 단순히 상급기관에 대한 책임만으로는 부족할 경우가 있다. 그러나 중앙정부의 부처에 여러 책임중심점이 존재할 경우 부처가 대통령에 대해 일차적으로 책임을 지고 이차적으로 의회에 대해 책임을 지며 궁극적으로 국민에 대해 책임을 져야 할 것이다. 부처 또한 책임중심점이 되는 것이다. 책임을 추궁하기 위해서는 정보가 필요하다. 원래 의도한 목표가 달성되었는지 확인하기 위한 성과정보가 필요하며 이 과정에서 예산과 회계정보가 결정적인 기여를 한다.

회계정보시스템은 사업과 책임중심점을 중심으로 원가를 집계하고 사업과 책임중심점 사이에 대응관계를 수립해야 한다. 실제지출에 책임이 있는 사람을 확인하는 시스템이어야 하며 만약 하나의 책임중심점 내에 둘 이상의 사업요소가 있을 경우에는 개별사업요소에 대해 독립적인 계정집합이 필요하다. 각 책임중심점의 사업요소는 모두 합쳐져서 책임중심점의 합계를 계산하고, 여러 책임중심점에 소재한 개별사업요소를 합계하여 해당 사업의 총액을 계산할 수 있어야 한다(Anthony, 1988). 그러므로 하나의 책임중심점 내에 여러 개의 사업이 존재할 수도 있지만 하나의 사업에 여러 개의 책임중심점이 연관될 수 있다.

책임중심점은 책임자가 의사결정의 권한을 가지고 운영하는 단위인데, 예상되는 성과가 추정되고 실제성과가 측정되어 추정치와 결과의 차이에 대한 원인이 규명된다. 책임중심점은 조직이 단위가 될 수도 있지만 조직 내의 부서가 단위가 될 수도 있다. 책임중심점은 책임을 규명할 수 있는 의미 있는 단위이며 의사결정단위이고 관리의 단위이어야 한다. 책임중심점의 책임자는 무조건 차이에 대해서 책임을 지는 것이 아니라 가장 먼저 이에 대해 해명할 수 있고 진상을 규명하는 위치에 있을 뿐이다. 책임부문 즉 책임중심점을 단위로 하여 원가를 계산하고 다른 유용한 관리회계정보를 포함하여 성과를 평가하고 책임을 규명하는 것을 책임회계라고 한다. 책임회계는 책임부문의 활동을 원가라는 매개체를 통해 측정하고 예산, 산출, 편익, 효과 등의 다른 관리회계정보와 결합하고 비교하여 성과를 측정한다.

구매자와 공급자 관계를 이용한 내부시장(internal market)의 도입이라는 공공부문 개혁으로 책임회계시스템이 제 기능을 발휘할 여건이 조성되었다. 무엇보다도 구매자와 공급자의 관계가 설정되면서 자율이 부여되어 책임회계가 성공적으로 정착할 수 있는 환경이 구비되었다. 뉴질랜드와 영국이 이러한 개혁을 추진한 대표적인 국가인데 발생주의회계의 도입과 성과평가를 통하여 책임을 규명하려고 노력하고 있다. 책임회계는 비록 성공하지는 못한 제도였지만 정부회계에 대한 관심을 증가시키고 미래 정부회계의 발전을 위한 기회가 될 수 있는 제도였다. Lapsley는 영국의 책임회계제도에 대해 다음과 같이 설명하고 있다(Lapsley, 1994).

영국에서는 그동안 책임회계시스템(responsibility accounting system)을 공공부문에 적용하려는 많은 노력이 있었으나 의도한 대로 작동하지는 않았다. 미국의 컨설팅회사인 McKinsey의 도움으로 1974년 영국의 NHS(National Health Service)에 책임회계시스템이 도입되었다. 책임회계는 관리자에게 예산책임을 위임하는 분권화 된 예산통제(budgetary control)시스템의 하나로서 20세기초 미국의 대기업이 채택하기 시작한 관리시스템이며 1950년대에 광범위하게 사용되었다. 책임중심점의 최고관리자의 참여하에 합의된 예산의 범위 내에서 목표를 달성하는 지출이 이루어지도록 통제하는 것이 책임회계이다. 그러나 책임회계는 내부통제의 역할을 수행하지 못하고 조직의 정당성을 확보하는 역할에 그쳤다. 기업으로부터 수입한 책임회계는 공공조직에 적합하지 않았고, 책임회계는 서비스제공의 복잡한 과정을 포착하지 못했으며, 핵심관리자들이 사용하지 않아 의사결정과 평가로부터 제외되었다. 회계는 신화(myth), 의식(ritual), 행사(ceremony)에 불과했다.

영국의 NHS에 도입된 책임회계는 사실상 여러 가지 제약으로 인하여 책임회계의 근본요소를 실현하지 못하였기 때문에 진정한 책임회계를 도입했다고 보기에는 무리가 있다. 예를 들어 상당수의 관리자들이 지출억제를 위해 인력, 물품, 근무시간 등을 감축할 수 없었다고 보고하고 있다. 오로지 12%의 관리자만이 절약할 인센티브가 존재하였으며 절약하지 않았을 때 징계가 있었다고 보고하였다. 책임회계를 위해 필요한 분권화의 정도가 약하였고 여전히 중앙집권적인 관리가 존재하였다. 책임회계는 가장 중요한 활동인 의료활동과 유리되었다. 공공조직의 의료활동은 인과관계가 모호하고, 목표의 설정이 어렵기 때문에 책임회계는 의료보조활동(세탁, 의료기록, 식사제공)에 주로 적용되었다. 이런 상황에서 책임회계는 의식과 신화의 단계를 넘기가 어려웠다.

(3) 정부회계의 기타 내용

미국연방정부의 예산계정(accounts)들은 체계적으로 구성되었다기 보다는 그때그때의 필요에 의해 추가되어 오늘날의 모습으로 나타났다고 보아야 한다. 예를 들어 상무부(Departments of Commerce)와 보건인적서비스부(Department of Health and Human Services)는 예산규모가 각각 $67억, $3,838억으로 차이가 남에도 불구하고 동일한 숫자(44)의 계정을 사용하고 있다. 연방예산의 80%는 5%의 계정에 포함되며, 85%에 이르는 계정이 오로지 6%의 연방예산만을 포함하고 있다. 예산계정은 목적(object),[1] 조직, 과정, 사업이라는 4가지 방향에 의해 정의될 수 있다. 예를 들어 채무보장계정(loan gurantee account)은 정부활동을 나타내기 때문에 과정의 특성을 지닌 계정이라고 볼 수 있다(Curro & Yocom, 1998).

발생주의회계를 사용하지 않는 정부는 기계나 건물을 구입하면 모든 구입가를 구

1) 여기서 object란 items of expense를 강조한다는 의미로 사용되고 있으며 "사업"을 정부활동의 목표를 의미하는 용어로 사용하고 있다(Curro & Yocom, 1998).

입한 연도의 지출로 보고한다. 기계나 건물을 매각할 때 기업은 감가상각 이후의 자산가보다 비싸게 매각했을 경우만 차액을 수입으로 보고하는데, 정부는 모든 매각대금을 수입으로 보고한다. 그러므로 재정적자가 그만큼 축소한다(Stiglitz, 1988).

미국연방정부의 재무부와 감사원(GAO)은 건물, 구조물, 시설물의 수명은 50년, 항공기와 선박은 30년, 기계와 장비는 20년, 기타 자산은 10년으로 가정하고 감가상각비용을 계산한 결과 총지출예산의 3%에 해당한다고 추정하였다. 재무부와 GAO는 감가상각을 지지하고 있다(Axelrod, 1995).

자산이 보고되지 않으면 자산의 매각으로 수입의 증가를 보고할 동기를 유발한다. 왜냐하면 자산의 매각으로 인한 자산의 감소는 보고되지 않지만 자산매각대금은 전액 수입으로 보고되기 때문이다. 인적자산은 측정에 문제가 많기 때문에 아직 자산으로 보고하기에는 시기상조이지만 인적자산에 대한 투자를 자산으로 보고하는 것은 측정에 따른 문제가 없기 때문에 고려할 수 있을 것이다. 정부가 자산과 부채계정을 사용하여 자산과 부채를 보고하지 않으면 수입과 지출로 구성된 예산에만 초점을 맞추게 되고 재정적자가 심한 불경기에 정책을 결정할 때 편견이 가능하다(Stiglitz, 1988). 실제로 한국은 수입과 지출만을 예산서와 결산서에서 보고하고 있기 때문에 자산과 부채는 일부를 제외하고는 보고되지 않고 있다.

11.2 정부회계기준

1. 정부회계기준의 정의

(1) 정부회계기준의 탄생

정부회계기준이 없는 정부회계는 생각할 수도 없다. 정부회계기준이 없는 정부회계는 사실상 기록만 있는 것이라고 볼 수 있다. 만약 기록이외의 회계기능이 필요하다면 정부회계기준에 근거하여 제공되어야 한다. 예를 들어 기록하고 보고할 때 어떤 형식으로 보고할 것인지 규정해야 하고, 어떤 항목을 보고할 것인지 규정해야 한다. 경제적 사건을 기록할 때도 어떻게 측정하여 기록할 것인지 규정해야 한다. 대한민국은 건국 이래로 정부회계기준을 가진 적이 없었으며 산발적으로 정부회계에 대한 일부 규정이 존재했을 뿐이다. 그러나 중앙정부와 지방자치단체에 대한 정부회계기준을 각각 제정하고 이에 따른 재무보고를 의무화하고 있다.

노무현 정부 하에서 대한민국의 예산회계제도는 혁명적인 변화를 겪는다. "장, 관, 항, 세항, 세세항, 목"으로 분류되던 예산구조는 "분야, 부문, 프로그램, 단위사업, 세부사업"으로 재분류되었다. 예산회계법은 국가재정법과 국가회계법으로 대체되었으며 새롭게 정부회계기준이 중앙정부와 지방자치단체를 위해 각각 제정되었다. 중앙정부와 지방자치단체의 정부회계기준을 각각 "국가회계기준"과 "지방자치단체회계기준"이라고 부르고 있다. 해방이래로 점진적 변화만을 추구해 왔던 예산과 회계제도의 개선이 획기적 대변혁을 겪은 것이다. 예산과 회계도 통제를 목적으로 하는 기록 행위에서 성과지표에 의한 성과관리를 지원하는 평가 행위로 변화되었다.

(2) 정부회계기준의 개념

정부회계기준은 자산, 부채, 수익, 비용을 측정하고 보고하는 규정이며 보고서의 종류와 숫자 그리고 내용에 대해서도 규정한다. 복식부기를 채택한다고 해도 정부회계기준이 없으면 어떤 종류의 정보를 제공할 것인가에 대한 기준이 없는 것이나 마찬가지이다. 예를 들어 연금에 대해 어떤 회계기준이 제정되는가에 따라 연금부채의 액수가 천문학적인 차이가 나기도 한다. 정부회계기준은 정보이용자의 요구를 충족하는 바람직한 재무정보의 제공을 위한 제반사항을 규정하는 법규이다. 정부회계기준은 결국 어떤 재무보고를 해야 하는가를 결정하는 기준이기 때문에 재무보고기준이라고 할 수도 있다.

회계원칙[2]은 회계기준[3]을 제정하는 기초가 되며, 회계의 목적, 개념, 기준, 실무를 연결하는 구조를 제공한다. 회계원칙은 회계의 학문적 측면이며 회계기준은 회계의 제도적 측면이다. 그러나 회계원칙과 회계기준을 모두 회계기준으로 총칭하는 경우도 많아 주의를 요한다. 회계원칙은 어떤 이슈에 대해 회계기준이 존재하지 않을 때 문제해결의 기초를 제공한다. 각국의 공인회계사회는 공공부문회계와 감사에 대

---

2) 회계원칙은 accounting principles라고 하지만, 경우에 따라서는 conceptual framework, accounting concepts, concepts statement라고도 한다. 뉴질랜드 공인회계사회가 제정한 공공부문회계원칙은 Statement of Public Sector Accounting Concepts(SPSAC)이다(Miah, 1991). 뉴질랜드 공인회계사회가 제정한 민간부문회계원칙은 Statement of Concepts이다(Pallot, 1997).

3) 회계기준은 일반적으로 accounting standards, accounting statements로 정의한다. 뉴질랜드 공인회계사회가 제정한 공공부문회계기준은 Public Sector Accounting Statements (PSAS)이다(Miah, 1991). 뉴질랜드 공인회계사회가 제정한 민간부문회계기준은 Statement of Standard Accounting Practices(SSAP)이다(Pallot, 1997).

해 최근 많은 관심을 표명하고 회계원칙과 기준을 제정하고 있지만 정부가 이를 수용하지 않는다면 일종의 자문역할과 참고자료를 제시하는 것에 지나지 않을 것이다. 예를 들어 캐나다 공인회계사회는 1981년 공공부문회계와 감사위원회(Committee on Public Sector Accounting and Auditing)를 수립하였는데 여기서 회계원칙과 기준을 제정하였다(Walker, 1990). 뉴질랜드 공인회계사회는 1981년 공공부문회계를 연구하기 위한 연구그룹(Public Sector Study Group)을 설립하였는데 1986년 공공부문회계위원회(Public Sector Accounting Committee: PSAC)로 명칭이 변경되었으며 공공부문 회계원칙(General Accounting Principles)의 초안은 1984년에 작성되었다. 1987년에 공공부문회계원칙(Statement of Public Sector Accounting Concepts: SPSAC)이 공식적으로 제정되었다(Miah, 1991). 1993년에는 정부회계에 대한 공식법안인 재무보고법(Financial Reporting Act)이 정부에 의해 제정되었다(Pallot, 1997).

2. 정부회계기준의 제정

(1) 개　요

미국의 주와 지방정부의 정부회계기준제정 역사는 1930년대로 거슬러 올라간다. 1934년에는 시정부회계에 관한 국가위원회(National Committee on Municipal Accounting: NCMA)가 조직되어 수많은 재무회계와 재무보고의 개선을 위한 보고서를 발간하였다. NCMA는 정부회계국가위원회(National Committee on Govern-mental Accounting)로 명칭을 변경하고 재무회계와 보고에 대한 연구서와 지침을 발행하였다. 1978년에 National Committee on Governmental Accounting을 대체하기 위하여 정부회계국가협의회(National Council on Governmental Accounting: NCGA)가 결성되어 재무회계와 보고기준을 제정하였다. 1983년에 정부회계기준위원회(Governmental Accounting Standards Board: GASB)가 결성되고 NCGA를 대체하였다. 재무회계기준위원회(FASB)를 감독하는 재무회계재단(Financial Accounting Foundation)이 GASB의 재정을 조달하고 있다. 주정부가 60%의 재원을 공급하고 지방정부가 25%의 재원을 공급하며 나머지는 기부, 자체수입에 의존하고 있다. GASB는 정부회계기준제정을 전담하지만 이해관계자들의 의견을 충분히 고려해야 한다. GASB가 회계기준을 확정하기 이전에 거쳐야 할 정당한 절차(due process)가 있는데 예를 들어 공청회(public hearings) 같은 것이다. GASB는 회계원칙과 회계기준 이외에도 연구보고서와 해설서도 발간하고 있다(Rose, 1998).

미국의 연방정부의 정부회계기준은 강제사항이지만 미국의 주와 지방정부의 정부회계기준은 준수하지 않아도 되는 권고사항에 불과하다. 미국의 주와 지방정부의 경우 New York과 Cleveland의 재정위기로 인하여 공무원들은 회계에 대한 자신의 통제권을 포기하고 회계기준(GAAP)의 제정에 관해 정부회계기준위원회(GASB)에 권한을 위임하게 되었다. 물론 GASB에 권한을 위임했다고 하지만 GASB가 제정한 정부회계기준을 준수할 의무는 없다. 회계기준을 준수하도록 하기 위하여 GASB는 설득과 힘의 두 가지 방법을 사용한다(Brown, 1988b).

미국증권국(Securities and Exchange Commission: SEC)은 1934년 제정된 증권법(Securities Exchange Act)에 의해 의회로부터 민간기업의 회계기준에 관한 권한을 부여받았으며 재무회계기준위원회(FASB)에게 기업회계기준제정을 위임하고 FASB가 제정한 회계기준을 승인하는 역할을 담당하고 있다. 그러나 증권국은 민간기업에만 국한하지 않고 주요 지방정부의 회계기준에 관해서도 동일한 권한을 확보하는 데 관심을 가지고 있다. SEC는 지방정부가 발행하는 공채와 이에 관련된 각종 파생금융상품으로 인하여 재무보고와 회계기준에 관심을 갖고 있기 때문이다. 한 가지 가능성은 의회가 SEC에게 지방정부공채와 관련파생금융상품에 관한 회계기준을 제정할 권한을 부여하면 SEC가 이를 다시 GASB에게 위임하여 GASB의 회계기준제정을 감독하는 것이다.[4] 그러면 현재의 정부회계기준제정의 틀 내에서 SEC가 의견을 제시하고 감독할 기회를 갖게 된다.

미국의 정부회계기준위원회(GASB)는 공립대학의 재무보고가 주와 지방정부의 재무보고기준인 회계기준 34번(GASB Statement No. 34)을 준수해야 한다고 회계기준 35번(GASB Statement No. 35)에서 규정하였다. 이로써 주요 지방정부는 소수 공립대학과 아울러 단일 재무보고기준에 의해 재무보고서를 작성해야 한다. 또한 사립대학처럼 감가상각 같은 발생주의회계를 채택하도록 요구하고 있는데 강의, 연구, 기타 서비스의 진정한 원가에 대한 정보를 제공할 수 있을 것으로 기대한다. 새로운 규정은 2001년 7월 1일에 시작하는 회계연도부터 적용한다.[5]

미국 감사원장 Charles A. Bowsher는 주와 지방정부의 회계기준제정이 재무보고사용자의 요구에 부응하지 못하고 있다고 비판하였다. 재무보고는 재무담당자가 작성하는 기술적인 회계보고서에 지나지 않는다면서 일반인이 이해할 수 있도록 재무담당자가 아닌 관리자의 입장에서 책임(accountability)에 관한 보다 유용한 정보를

4) 보다 구체적인 내용은 다음 문헌을 참조. Journal of Accountancy, 1995 Vol. 180 No. 1.
5) 다음 문헌을 참조. Journal of Accountancy, 2000 Vol. 189 No. 3.

제공하는 보고서이어야 한다는 것이다. GASB회계기준 34번(GASB Statement No. 34)은 바로 Bowsher의 이러한 비판을 수용하고 있다.[6)]

감사원(GAO)은 그동안 연방정부의 회계와 감사를 현대화하고 발전시키는데 가장 중요한 역할을 수행했다. 감사원은 GASB가 탄생하기 이전에 주와 지방정부의 회계에도 주도적인 입장을 취하려고 했는데 이에 대하여 FASB, AICPA 등이 반발하였다(Thai, 1983). GAO는 FASAB가 탄생하기 이전에 연방정부의 회계원칙, 회계기준, 회계관련규정을 제정하였다. GAO는 연방정부의 회계시스템을 개선하는 데 기여하고 만족할 수 있는 수준인지 승인하고, 주기적으로 점검한다. 민간회계법인의 기법들이 공인회계사들의 GAO영입으로 GAO에 소개되어 성공을 거두게 되고 GAO를 현대화하는 데 기여하였다. 민간회계사가 정부부문의 감사를 수행할 때 필요한 자격을 구비하도록 하기 위하여 시험을 부과하는 방법을 고려했으나 비용이 많이 들고 공인회계사 시험과 중복된다는 이유로 포기했다(Morse, 1988). 그러나 미국의 경우는 공인회계사시험에 정부회계과목이 포함되어 있기 때문에 추가시험을 부과하지 않는 것이 그다지 큰 문제를 야기하지 않지만 한국의 현실은 그렇지 않기 때문에 공인회계사에게 추가시험을 부과하거나 별도의 공공회계전문가 인증제도를 도입하는 것이 필요하다고 생각한다.

(2) 민간부문과 공공부문의 공통회계기준

미국은 재무회계기준위원회(Financial Accounting Standards Board: FASB)가 민간부문회계기준을 제정하고, 정부회계기준위원회(Government Accounting Standards Board: GASB)가 주와 지방정부의 회계기준을 제정하며, 연방회계기준자문위원회(Federal Accounting Standards Advisory Board: FASAB)가 연방정부의 회계기준을 관할한다. 뉴질랜드는 이에 반하여 오직 하나의 기관인 회계기준검토위원회(Accounting Standards Review Board)가 모든 민간부문과 공공부문에 적용되는 하나의 회계기준을 승인한다(Scott et al., 1997). 물론 공공부문의 특성으로 인하여 민간부문에 적용되는 회계기준 이외의 부가규정이 존재한다. 그러므로 뉴질랜드는 민간부문과 공공부문 모두 일반적으로 인정된 회계원칙(Generally Accepted Accounting Principles: GAAP)을 준수해야 하며 이는 공공부문을 위해 별도의 회계기준을 작성하지 않고 공통회계기준을 적용한다는 것을 의미한다(Westwood, 2000).

공공부문과 민간부문에 동일한 회계기준을 적용해야 한다는 주장과 반대되는 주

---

6) 보다 구체적인 내용은 다음 문헌을 참조. Journal of Accountancy, 1995 Vol. 180 No. 1.

장이 공존하는데 호주의 경우 1974년부터 1988년 사이에 발표된 이에 관한 논문은 100편이 넘으며 공통회계기준에 반대하는 주장이 더 많다. 호주의 양대 공인회계사회인 Australian Society of Accountants와 Institute of Chartered Accountants는 공통회계기준을 주장하며 민간부문회계기준을 제정하는 회계기준검토위원회(Accounting Standards Review Board: ASRB)와 공공부문회계기준을 담당하는 공공부문회계기준위원회(Public Sector Accounting Standards Board: PSASB)의 통합을 제안하였다. 그러나 PSASB는 공통회계기준이 부적절하다는 입장을 취하고 있으며 1985년에 민간회계기준 중 오직 두 개의 기준만이 공공부문에 적용될 수 있다고 결론지었다. 공통회계기준을 주장하는 호주공인회계사의 이러한 입장과는 달리 뉴질랜드를 제외하고는 전 세계의 대부분의 국가들은 공통회계기준에 대한 관심이나 지지 움직임은 거의 없다. 공통회계기준의 장점은 다음과 같다(Walker, 1990).

- 제정에 소요되는 비용과 기준을 준수하는 비용이 모두 절감된다.
- 동일한 성격의 문제에 대해 각각 다른 기준이 제정될 경우의 문제점을 피할 수 있다.
- 민간부문회계의 우수한 기법과 소프트웨어를 사용하기 용이하다.
- 정치인과 관료들이 회계기준제정에 부당한 영향을 행사하는 것을 최소화할 수 있다.
- 정부 내의 회계전문가능력이 뒤떨어진다.
- 정부의 영향으로부터 상대적으로 독립될 수 있다.

공통회계기준의 문제점은 다음과 같다(Walker, 1990).

- 공공부문은 재무정보만으로는 부족하며 비계량정보도 요구하고 기타 성과지표의 측정도 요구한다.
- 다양한 이용자로 인한 특색이 있는데, 예를 들어 의회는 다른 정보를 요구한다.
- 공공부문과 민간부문은 각각 다른 자산개념을 요구하는데, 예를 들어 기념비에서 어떤 미래의 유용한 경제적 혜택을 기대하기는 어렵다.
- 공공부문회계는 예산을 포함하며 예산과 실제액수의 비교가 중요하다.
- 공공부문과 민간부문에서 중요하다고 생각하는 주제가 각각 다른데 정부는 산출과 결과지표에 관심을 갖는다.

역사적으로 볼 때 공인회계사들이 공공부문회계에 관여하게 되는 동기는 공공부문에 자신들의 전문성이 있음을 과시하고 싶은 소망 때문이라고 Walker는 주장하고 있다. 정부의 회계전문가들의 질적 수준이 낮다는 비판도 제기되고 있다. 호주에서는 민간회계법인이 공공부문감사나 공공부문회계와 관련되는 컨설팅을 수행함으로써 업무영역을 확대하고자 로비를 했다는 보고가 있다. 미국과 호주에서는 의회나 정부가 공공부문회계를 위한 별도의 기구를 설립하려고 할 때까지는 공인회계사들이 공공부문에 대해 관심이 없었다는 주장도 있다. 예를 들어 미국에서는 연방정부가 정부회계국(Government Accounting Office)을 설립하려고 하자 이에 자극을 받아 공인회계사회가 정부회계기준위원회(GASB)를 설립했다는 것이다. 공인회계사회와 회계법인들이 정부의 발생주의회계채택에 적극적인 역할을 한 것은 기존의 정부현금회계는 부적절하며, 발생주의회계만이 진정한 원가를 계산할 수 있다는 감정적인 주장(emotive statements)에 근거한다는 의견도 있다. 정부가 설립한 공공부문회계기준제정기구는 정부의 영향하에 있어서 독립성을 유지하기 어렵다는 점도 공인회계사들이 공공부문회계기준에서 주도적인 역할을 해야 한다고 주장하는 근거가 되고 있다(Walker, 1990).

뉴질랜드는 1993년 재무보고법(Financial Reporting Act)을 제정하여 뉴질랜드회계기준의 수립에 대해 규정하였다. 회계기준검토위원회(Accounting Standards Review Board: ASRB)는 정부조직으로서 위원회에 제출된 재무회계기준을 검토하여 승인한다. 누구든지 회계기준검토위원회에 회계기준을 제출하여 승인을 요청할 수 있으나 실제로는 오직 재무보고기준위원회(Financial Reporting Standards Board: FRSB)만이 재무회계기준을 제출하고 있다. 회계기준검토위원회는 상무장관(Minister of Commerce)에 의해 법, 경영, 재무, 경제, 회계의 지식이나 경험에 기초하여 임명된 위원을 중심으로 구성된다. 회계기준검토위원회는 필요하면 호주회계기준위원회(Australian Accounting Standards Board)와 협의하여 호주와 뉴질랜드의 회계기준의 조화를 도모한다. 재무보고기준위원회는 뉴질랜드공인회계사회소속 위원회이며 공인회계사회의 이사회(the Council of the Institute)에 의해 임명된 위원을 중심으로 구성된다. 공인회계사회는 부분적으로 정부의 재정지원을 받기도 하지만 재무보고기준위원회의 운영에 대해 대부분의 재정을 부담하고 있어 재무보고기준위원회는 전적으로 민간기구로서의 성격을 지니고 있다(Westwood, 2000).

뉴질랜드의 재무보고기준위원회는 회계기준을 개발할 때 국제회계기준위원회(International Accounting Standard Committee: ISAC)에 의해 제정된 회계기준과 호주회계기준위원회(Australian Accounting Standards Board)에 의해 제정된 회계기준을 검토 고려하여 최대한 조화를 이룰 수 있도록 노력해야 한다. 회계기준검토위원회에 의해 승인된 회계기준은 민간부문과 공공부문 모두에 적용된다. 이것은 전 세계에 유래가 없는 사례이며 호주도 이 점에 있어서는 차이가 난다. 호주회계기준위원회는 회계기준을 개발하고 공포하기 때문에 뉴질랜드의 회계기준검토위원회와 재무보고기준위원회의 기능을 동시에 수행하는 셈이다. 호주회계기준위원회는 오로지 민간부문의 회계기준만을 담당하며 공공부문회계기준은 공공부문회계기준위원회(Public Sector Accounting Stand-ards Board)에 의해 제정된다. 호주에서는 공공부문과 민간부문의 회계기준을 통합하여 단일회계기준을 제정하는 통합회계기준제정기구가 필요하다는 제안이 제기되어 1997년부터 검토가 진행되고 있다(Westwood, 2000).

1993년부터 뉴질랜드의 재무보고기준위원회는 그 이전에 제정된 모든 회계기준을 개정하여 회계기준검토위원회에 제출한 후 승인을 획득하는 작업을 시작하였다. 회계기준검토위원회에 의해 승인된 회계기준은 재무보고기준(Financial Reporting Standards: FRS)이라고 하며, 이 전에 제정되어 아직 승인을 얻지 않은 회계기준은 표준회계실무원칙(Statements of Standard Accounting Practice: SSAP)이라고 한다. 회계기준검토위원회에 제출되는 회계기준은 회계기준에 의해 영향을 받는 당사자들과 협의하는 정당한 절차(due process)를 반드시 거쳐야 한다(Westwood, 2000).

(3) 정부회계기준의 자유재량

정부사업과 관리자들이 다양하기 때문에 통일된 하나의 회계와 보고기준은 불필요하고, 비용이 많이 소요되며, 비생산적이라는 근거에서 정부회계기준제정에 반대하는 주장도 있다. 이들은 정부회계의 통일성보다는 스스로 사회와 금융시장의 요구에 맞추어나가도록 해야 한다고 주장하는데, 뉴욕시 재정위기 후에 많은 정부조직의 자발적인 보고서와 금융시장의 규율을 예로 들고 있다. 금융시장에서는 재무보고가 만족스럽지 못하면 지방정부채권의 발행을 거부하기 때문에 표준화된 통일 정부회계기준이 없어도 필요한 재무보고가 스스로 이루어질 것이라고 주장한다(Mansfield, 1988). 이 논쟁은 정부회계기준이 필요한가 불필요한가에 대한 논쟁인데 다음과 같이 정부회계기준이 필요하더라도 어느 정도의 자유재량을 허용해야 하는가에 대한 논란도 있다. 회계기준이 신축적일수록 보고주체가 회계기준을 악용할 가능성이 크며 비교가능성과 일관성이 감소한다.

민간기업은 하나의 목표만이 존재하고 책임성을 규명하는 메커니즘도 하나이다. 그러나 공공부문은 다양한 목표가 존재하며 공공조직은 다른 법규와 환경하에서 운영되기 때문에 획일적인 정부회계기준의 제정은 적절하지 않다는 주장도 제기된다(Henry et al., 1989). 그러나 이런 주장에 반대하는 의견도 있다. 공공부문의 회계기준은 민간부문의 회계기준에 비해 보고주체에게 위임하는 자유재량의 폭이 좁아야 한다는 것이다. 정부는 기업과는 달리 조직의 목표와 기획과 통제를 위한 정보요구가 동일하기 때문이라고 한다(Miah, 1991). 실제로는 공공부문의 재무보고와 정부회계기준은 민간부문에 적용되는 것보다 훨씬 더 엄격하다고 한다(Wood, 1989).

정부회계기준은 정부회계원칙을 뒷받침하고 실제로 회계시스템을 운영하고 재무보고서를 작성하는 데 지침이 되어야 한다. 정부회계기준은 기관간의 재무정보를 비교 가능하도록 어느 정도 통일성과 표준화가 필요하지만 다양한 정보요구자의 수요를 반영하기 위해서는 획일적인 하나의 방법 대신 몇 가지 방법을 동시에 허용하는 자유재량의 부여도 필요하다. 하나의 회계기준 내에서 어느 정도의 자율을 부여할 것인가에 대해서도 논란이 있지만 중앙정부, 지방정부, 공기업에 대해 하나의 회계기준만을 허용할 것인가에 대한 논란도 있다. 영국이나 미국에서는 중앙정부와 지방정부의 회계기준은 별도로 제정되었다. 공기업은 기업성과 공공성을 소유한 공공조직이기 때문에 민간부문회계기준을 적용하되 필요한 경우 수정하는 것이 적합하다는 주장도 있다(Premchand, 1995).

뉴질랜드의 공공부문 재무보고서는 신축성을 위하여 보고서에 포함되는 재무제표의 내용을 강조하고 양식에 대해서는 언급하지 않고 있기 때문에 감사원(Audit Office)은 재무제표의 양식과 구체성의 수준을 보고주체의 자유재량에 위임하였다. 재무보고서에 포함된 예산정보를 감사대상에 포함할 것인가에 대해서는 언급이 없지만 예산정보는 감사대상에서 제외된다고 보아야 할 것이다(Miah, 1991).

(4) 세계표준 정부회계기준

회계원칙과 기준은 전 세계적으로 통일되는 경향이 있다. 세계화로 인하여 국가간의 비교와 타국가의 회계정보의 사용 빈도가 더 높아지고 있는 상황에서 자연스러운 경향이라고 볼 수 있다. 국제회계인연합(International Federation of Accountants: IFAC)은 1986년 공공부문의 회계와 감사기준을 위하여 공공부문위원회(Public Sector Committee)를 수립하였으며 이러한 노력은 각국의 정부회계기준을 표준화하기 위한 것이다(Walker, 1990).

세계표준 정부회계기준의 제정은 영미계열 국가들이 주도하고 있다. 뉴질랜드는 호주, 캐나다, 미국, 영국, 그리고 국제회계기준위원회(IASC)와 함께 구성한 “G4+1”

그룹의 구성원으로서 공통회계원칙과 기준의 제정을 위해 노력하고 있다. 뉴질랜드는 뒤늦게 이 그룹에 합류했기 때문에 5개의 국가와 IASC가 구성했음에도 불구하고 아직도 "G4+1"이라는 명칭을 사용하고 있다(Westwood, 2000).

3. 정부회계기준의 내용과 쟁점

(1) 유증자산(heritage assets)

정부회계에서 가장 쟁점이 되는 주제는 공동체자산의 평가문제이다. 유증자산은 공원, 박물관, 고궁 같은 일부 사회간접자본을 지칭하며 매각을 염두에 두지 않고 사용하는 장기자산으로서 감가상각이 필요 없고 정기적인 보수와 유지활동이 제공되어야 사회에 대한 서비스능력이 훼손되지 않는 자산이다. 뉴질랜드의 공공부문회계원칙(Statement of Public Sector Accounting Concepts: SPSAC)은 유증자산을 자원보고서(statement of resources)에 보고해야 한다고 규정하였지만 정부가 제정한 1989년의 재정법(Public Finance Act)에 의해 이 조항은 무효가 된다(Miah, 1991). 유증자산과 기타 사회간접자본을 모두 포함하여 공동체자산(community assets)이라고 정의하기도 한다. 유증자산은 특수한 사회간접자본을 지칭하므로 이런 방식으로 정의한다면 사회간접자본은 공동체자산과 동의어이다.

(2) 사회간접자본

사회간접자본은 다른 고정자산과 마찬가지로 취급하고 감가상각해야 한다는 견해와 사회간접자본은 일반적인 고정자산과는 성격이 다르기 때문에 별도 취급해야 한다는 견해가 공존하고 있다. 여기서 말하는 사회간접자본은 유증자산을 제외한 개념으로 보아야 하지만 다음 논의는 유증자산에도 적용될 수 있는 내용을 담고 있다. 뉴질랜드에서 사회간접자본은 주로 지방정부에서 관리하며, 사회간접자본이 지방정부의 자산에서 차지하는 비중은 대개 70%에 달한다. 사회간접자본은 구입시점이나 건설완료시점에서 자산으로 설정하지 않고 비용으로 처리하였기 때문에 최초로 재무제표를 작성하는 시점에서 가치평가의 문제가 발생하였다. 사회간접자본은 계속 유지와 보수를 통해 서비스를 제공하기 때문에 가치가 감소하여 소멸되는 고정자산과는 다르다. 그러나 매년 노후로 인한 부분을 보완하지 않는다면 가치가 감소하기 때문에 그 만큼 가치하락액수를 감가상각으로 기록해야 할 것이며, 만약 노후로 인한 부분을 보완하고 오히려 사회간접자본의 상태를 향상시키는 지출이 이루어지면 초과액수만큼은 증가하여 보고해야 한다. 최초의 가치평가가 다소 불완전하게 이루어진다고 해도 매년 사회간접자본을 보고하면 액수의 증가와 감소에 따라 사회간접자본의 노후정도와 상태를 평가할 수 있는 이점이 있다. 뉴질랜드는 1994년에 85개의 지방정부 중 84개의 지방정부가 사회간접자본을 재정상태보고서에 보고하고 있으며 대부분이 감가상각된 대체원가를 사용하여 평가하고 있다. 중앙정부는 고속도로에 대하여 정액상각법(straight line depreciation)을 이용한 감가상각된 대체원가(depreciated replacement cost)로 보고하였다. 이처럼 다양한 사회간접자본에 대한 보고를 통일하기 위한 노력이 1993년부터 시작되었다(Pallot, 1997).

대체원가란 과거에 구입한 원가가 아니라 현 시점에서 해당자산을 새롭게 대체하려고 할 때 소요되는 원가를 말한다. 감가상각된 대체원가는 여태까지 사용하여 가치가 하락한 자산을 현 시점에서 새롭게 대체하려고 할 때 얼마를 지불해야 하는가를 기준으로 결정한다. 정부는 민간부문과는 달리 철도, 항만, 도로, 공항, 교량, 댐, 터널 같은 사회간접자본을 소유하고 있는데 사회간접자본의 액수는 규모가 크기 때문에 감가상각의 방법에 따라 회계정보가 심하게 왜곡되므로 감가상각의 방법에 유의하여야 한다. 사회간접자본이 자산에서 차지하는 비중도 크지만 감가상각비용이 전체 비용에서 차지하는 비중도 매우 크다.

사회간접자본에 대한 감가상각은 실제 발생한 노후정도에 근거하여 계산되어야 유용한 정보를 제공할 수 있다. 그리고 개념상의 혼란을 피하기 위하여 감가상각이라는 용어대신 유지보수연체비용(deferred maintenance)이라는 용어를 사용하기도 한다. 만약 유지보수연체비용만큼, 즉 노후된 만큼 지출이 이루어지면 유지보수연체비용은 0이 될 것이다. 유지보수연체비용보다 지출이 작으면 차액은 감가상각처럼 비용으로 보고되어야 하고, 지출이 크면 차액은 자산의 증가로 보고되어야 한다. 유지보수연체비용의 증가는 사회간접자본의 노후화를 의미하며 유지보수연체비용이 0이면 노후된 정도만큼 유지와 보수가 이루어졌다는 것을 의미한다. 그러므로 유지보수연체비용은 사회간접자본의 노후와 상태 그리고 세대간 재정부담의 형평성에 대한 정보도 제공할 수 있게 된다. 만약 사회간접자본의 유지와 보수를 위하여 지출할 액수와 시점에 대한 명료하고 적절한 계획을 수립한다면 사회간접자본의 수명을 무한대로 연장할 수 있다고 간주해도 될 것이다(Currie, 1987).

11.3 발생주의회계

1. 발생주의회계의 이해

(1) 정부개혁과 발생주의회계

1980년대부터 본격화한 정부개혁에서 발생주의회계는 매우 중요한 위치를 차지하고 있다. 최근 선진국 정부개혁의 중요한 특징은 성과평가와 성과관리이다. 성과관리는 성과를 측정해야 하는데 발생주의회계는 성과측정에 매우 유용한 정보를 제공하기 때문에 많은 국가가 발생주의회계를 도입하는 정부회계개혁을 추진하였다.

발생주의회계는 현금을 기준으로 하지 않고 사건의 발생을 기준으로 회계가 이루어지기 때문에 행위를 평가하는 성과측정 시에 행위에 대한 추가 정보를 제공한다. 과거의 성과주의 예산과 1980년대부터 다시 등장한 성과주의 예산의 가장 큰 차이는 아마 발생주의회계의 도입이라고 할 수 있을 것이다. 발생주의회계의 도입으로 성과를 측정함으로써 과거의 성과주의 예산에 비해 성과측정에서 진일보한 것이다.

(2) 발생주의회계의 개념

발생주의회계는 자산, 부채, 수익, 비용을 정확하게 측정하기 위한 회계기법이다. 현금주의회계의 수입, 지출을 발생주의회계에서는 수익, 비용이라고 한다. 발생주의회계는 현금의 수입과 지출에 의해서가 아니라 실제로 발생한 경제적 사건에 기초하여 기록하기 때문에 성과평가에 유용한 정보를 제공한다. 예를 들어 발생주의회계는 실질적으로 부채가 발생하면 명시적인 사건이 없어도 부채로 기록하기 때문에 정확한 부채를 측정할 수 있으며 현금주의회계는 그만큼 부채를 과소 평가하게 된다.

2000년 4월 총선 때 야당인 한나라당은 국가채무 논쟁을 유발하여 상당한 관심을 모았다. 한나라당의 주장은 국가의 보증부채와 연금부채도 부채이기 때문에 국가채무에 포함되어야 한다는 것이었다. 한나라당의 주장을 받아들이면 국가채무의 액수는 엄청나게 증가한다. 한나라당의 주장은 발생주의회계에 의해 국가채무를 평가해야 한다고 주장하는 것이다. 보증부채와 연금부채는 현금주의회계하에서는 부채로 인식되지 않지만 발생주의회계하에서는 부채로 인식되기 때문이다. 발생주의회계를 주장하는 사람들이 발생주의회계의 장점으로 가장 많이 거론하는 것이 바로 보증부채, 연금부채, 우발부채의 인식이다.7)

선진국의 공공부문에서 추구하고 있는 발생주의회계는 완전원가를 산정하려는 제도이다. 발생주의회계를 채택한다고 해도 완전원가계산을 시도하지 않는 발생주의회계제도를 도입할 수도 있는데 뉴질랜드는 완전원가를 산정하기 위해 간접원가를 배분하는 발생주의회계제도를 구축하였다. 우리가 사업, 프로젝트, 활동, 조직, 산출의 진정한 원가를 산정할 수 있다면 성과평가에 매우 유용한 정보를 제공함은 물론 관리에 결정적으로 기여할 수 있다. 진정한 원가를 모르고 효율성을 증진하기는 어려울 것이다. 예를 들어 사용자 가격을 결정하려고 할 때 발생주의회계를 사용하지 않으면 진정한 원가를 산정할 수 없다. 또한 민간에 행정서비스를 위임하려고 할 때에도 완전원가를 산정해야 계약을 체결할 수 있다.

선진국의 정부개혁은 자율을 부여하고 성과를 평가하여 책임을 추궁하는 것을 가장 핵심내용으로 추구하고 있다. 발생주의회계는 성과평가에 필요한 재무정보를 제공하기 때문에 분권화 된 조직의 자율과 책임을 구현하는 매우 중요한 수단이다. 그러나 실제로 성과평가를 위해 제공하는 재무정보들은 관리자에 의해 사용되지 못하고 있으며 기대한 만큼 정책의사결정에 영향을 미치지 못하고 있다는 주장도 제기되고 있어 발생주의회계에 대한 무조건적인 맹신은 삼가야 한다.

(3) 발생주의회계(accrual basis accounting)와 현금주의회계(cash basis accounting)

현금주의회계하에서는 현금을 수령할 때 수입으로 기록하고 현금이 지불되면 지출로 기록한다. 발생주의회계하에서는 수입은 현금이 유입될 때가 아니라 발생할 때 기록되며 기업에서는 수입대신 수익이라는 용어를 사용한다. 지출은 현금이 지불될 때가 아니라 재화를 수령하거나 서비스를 사용하였을 때 기록하는데 기업에서는 지출대신 비용이라는 용어를 사용한다. 예를 들어 A시가 10억원의 세금에 대한 고지서를 발부하였을 때 현금주의회계에 의하면 실제로 시민들이 현금을 납부하기 전까지는 수입으로 간주하지 않지만 발생주의회계는 현금납부 이전이지만 이미 고지서가

7) 엄격하게 말하면 보증부채는 가장 대표적인 우발부채이지만 우발부채에는 보증부채 이외의 부채도 있으며 보증부채는 워낙 액수가 크고 중요하기 때문에 여기서는 별도로 거론하였다. 우발부채는 미래의 부채발생이 미래의 사건에 달려 있는 부채이다. 예를 들어 정부가 소송에 연루되어 패할 경우 보상금을 지불해야 한다면 보상금의 지불은 소송결과에 달려 있기 때문에 보상금액수는 우발부채이다. 보증부채는 가장 대표적인 우발부채의 하나인데 정부가 제3자의 부채를 보증할 때 제3자의 부채불이행사태가 발생하면 보증한 금액을 지불해야 하며 그 금액은 부채가 된다. 연금부채는 "연금관리"를 참조하기 바란다.

발부되어 10억원을 받을 권리가 있으므로 수입으로 기록한다.

발생주의회계에 대한 가장 큰 오해는 발생주의회계를 채택하면 현금주의회계에 의한 정보를 획득하는 것이 불가능하다고 생각하는 것이다. 현금흐름표에 의해 현금에 대한 정보가 제공될 수 있으며 발생주의회계를 사용하더라도 현금예산의 편성은 현금관리를 위해 필요하기 때문에 현금정보가 손실되는 것은 아니다. 그러므로 "현금주의회계" 대 "발생주의회계" 논쟁을 "현금주의회계" 대 "현금에 대한 정보+발생주의회계"로 바꿀 필요가 있다(Ball, 1992).

미국의 연방회계기준자문위원회(FASAB)는 발생주의회계를 거래, 사건, 상황을 현금이 수령되고 지불되는 시점과 관계없이 발생하는 시점에 인식하는 것이라고 정의하고 있다(Axelrod, 1995). 정부를 부처의 소유자 즉 자산의 소유자로 파악한다면 민간부문의 재무보고를 요구하게 되고 발생주의회계의 선택은 자연스러운 결과가 된다. 발생주의회계는 행정개혁의 자연스러운 결과이며 현금주의회계와 발생주의회계 중 어느 것이 더 우수하고 적절한가의 논란과는 무관하다고 주장하기도 한다(McCullogh & Ball, 1992). 즉 자산의 소유자는 당연히 발생주의회계를 선택해야 한다는 것이다.

현금주의회계와 발생주의회계는 역사적 원가, 현행대체원가(current cost, or current replacement cost), 사회기회비용(social opportunity cost) 등의 차원과는 다르다. 발생주의회계는 역사적 원가에 기초한 발생주의회계가 있고 현행대체원가에 기초한 발생주의회계가 있으며 사회기회비용에 기초한 발생주의회계가 있다. 현금주의회계와 발생주의회계의 차이가 심하지 않다고 판단되면 발생주의회계를 채택하지 않아도 무방할 것이다(Ball, 1981). 발생주의회계는 현금주의회계에 비해 조작가능성과 왜곡가능성이 더 크며 투명성의 확보도 상대적으로 어렵다는 특성을 지니고 있다는 점도 간과해서는 안 된다(Henry et al., 1989).

현금주의회계는 부채를 과소평가할 위험이 있다. 예를 들어 연금지출은 영국정부 지출의 10%, 이태리정부지출의 1/4을 차지하는데 현금주의를 사용하면 엄청난 금액의 부채가 누락될 가능성이 있다(Connolly & Munro, 1999). 미국은 연방정부공무원의 퇴직금펀드에 대해 발생주의회계를 적용하고 있다. 그러므로 연방정부는 매년 발생하는 공무원의 퇴직금혜택의 현재가치와 동일한 금액을 퇴직금펀드에 지불해야 한다. 만약 적립하는 금액이 작으면 차액은 부채로 인식하므로 경우에 따라서는 어마어마한 금액의 부채가 설정될 것이다(Curro & Yocom, 1998).

미국연방정부의 1993회계연도 재정적자는 $3,519억으로 추정되었지만, 발생주의회계에 의하면 $5,233억으로 추정되었다. 뉴욕주는 1988~1989회계연도에 균형예산을 달성했지만 발생주의회계에 의하면 $11억의 재정적자를 기록했다(Axelrod, 1995).

(4) 수정발생주의회계(modified accrual basis accounting)

발생주의회계의 어려움으로 인하여 미국에서는 수정발생주의를 많이 사용한다. 발생주의회계는 수입으로 기록한 금액과 실제현금납부액과 차이가 발생하는데 수정발생주의는 측정가능하고 징수 가능할 때 수입으로 기록한다. 네덜란드가 발생주의회계를 포기한 가장 큰 이유는 수입의 기록 때문이었다. 장기부채의 경우도 모든 금액을 부채로 설정하지 않고 당해 연도에 상환해야 하는 부채만을 보고한다(Thai, 1983; Axelrod, 1995).

비용은 부채가 발생하는 기간에 인식하는데 비용인식은 몇 가지 예외가 있다. 지출설정(encumbrances)계정을 사용할 때는 현금지불시 비용을 인식하며, 장기부채의 이자는 지불시점에서 인식하고, 물품이나 소모품(materials and supplies)은 구입시점이나 사용시점에서 비용으로 인식한다. 청구서를 수령했는데 아직 현금을 지불하지 않았을 경우는 발생주의회계에 따르기 때문에 부채로 인식하고 미수세금은 현금주의회계를 따르기 때문에 자산으로 인식하지 않는다(Shim & Spiegel, 1997).

2. 발생주의회계채택의 현황과 전망

(1) 미국의 사례

미국의 정부회계기준위원회(GASB)는 1990년에 수정발생주의에서 발생주의로 전환하는 정부회계기준 11번을 공포했다. 정부회계기준 11번은 사실상 완전발생주의회계(full accrual accounting)를 채택하였다. 발생주의회계에 의해 기록되어야 할 수입항목은 다음과 같다.

- 판매세와 소득세
- 벌금과 기부금

그러나 다음 수입항목은 여전히 현금주의회계에 의해 기록된다(Meyer et al., 1993).

- 자격증과 면허교부수입(licenses and permits)
- 납세자가 납세액을 평가하는 세금으로서 다른 정부가 징수하는 세금

재무부와 감사원(GAO)은 완전발생주의회계를 사용하여 연방정부의 통합된 재무제표를 작성하고, 현행대체가격에 의해 자산을 평가하는 실험을 오래 전에 시작하였

다(Staats, 1992). 미국연방예산은 아직도 발생주의회계를 사용하지 않고 있기 때문에 재정적자가 축소되어 보고되는데, 예산에 포함되지 않고 누락되는 항목은 기금이 적립되지 않은 퇴직금과 의료사업에 관한 부채로 인한 비용, 예금과 민간연금에 대한 보험비용, 미래 사회보장관련비용 등이 있다. 발생주의회계를 채택하여 이러한 금액을 현재가치로 환산하여 예산에 포함하는 방법도 있지만 예산과 별도의 추가정보로 보고하는 방법도 있다. 사회보장에 관한 비용과 부채가 발생주의회계에 의해 적절하게 보고된다면 21세기 초반에 발생할 것으로 예견되는 지급부족사태에 대한 국민들의 경각심을 불러일으킬 수 있을 것이라고 한다(Schick, 1995).

미국은 이미 오래 전부터 법규에 의해 발생주의회계를 사용하도록 규정되어 있지만 실제로 이 규정은 아직도 준수되지 않고 있다. 관리예산실(OMB)은 발생주의회계의 필요성을 인정하지 않고 있으며 의회도 이에 동조하고 있다. 그러나 의회산하기관인 감사원(GAO)은 발생주의회계가 실시되지 않아 재무정보가 불완전하므로 발생주의회계를 채택해야 한다고 주장하고 있다. 감사원은 발생주의회계의 시행을 명령할 권한이 없기 때문에 오로지 발생주의회계가 시행되지 않고 있다는 사실만을 보고할 수 있다. 의회, 관리예산실(OMB), 감사원(GAO)이 합의하지 않는 한 발생주의회계의 시행은 어려울 것이다(Points, 1990).

그러나 최근 미국연방정부의 연방회계기준자문위원회(FASAB)는 발생주의회계를 확대하고 있어 감사원의 주장에 부합하는 방향으로 나아가고 있다. FASAB는 발생주의회계를 확대하여 재무영향을 미치는 모든 거래, 사건, 상황을 기록하도록 요구함으로써 모든 종류의 부채가 포착될 수 있도록 하였다(Premchand, 1995). 미국, 영국, 호주, 캐나다, 뉴질랜드의 5국가는 공동으로 표준회계기준 제정에 대해 노력하고 있는데 전반적인 추세는 발생주의회계의 확대이며 전 세계적으로 영미형 정부회계기준이 표준으로 자리잡고 있다. 미국도 이런 조류에서 벗어나지는 않을 것이다.

(2) 뉴질랜드의 사례

1992년 뉴질랜드는 공공부문과 정부전체의 자산과 부채를 보고하기 위하여 발생주의회계를 채택한 최초의 국가가 되었다. 뉴질랜드는 우발부채, 보증부채까지 인식하는 발생주의회계제도를 도입하여 급진적인 회계개혁을 달성했다는 평가를 받았다(Frater, 1989). 뉴질랜드의 발생주의회계채택은 영국과 호주에게 영향을 미치고 있다. 주식이 공개된 민간기업에 적용되는 동일한 회계원칙이 정부에 적용되어 정부의 성과를 평가하고 있다. 뉴질랜드에서는 1930년대에 발생주의회계를 채택하기 위한 시도가 잠깐 있었지만 2차대전이 발발하여 회계담당자와 종이의 부족으로 인하여 중지되었다고 한다(Norman, 1997; OECD, 1997). 현금주의회계는 소수의 회계담당자가 하급직원들을 감독하여 유지할 수 있는 상대적으로 비용이 저렴한 시스템이다(Pallot, 1994).

뉴질랜드는 발생주의회계 채택 이전에도 지방정부는 감가상각을 하고 있었다. 주요 고정자산은 감가상각을 하였는데 자산대체계정에 감가상각액만큼의 현금을 적립하였다. 결국 감가상각이 종료되면, 즉 자산의 가치가 완전히 상실되면 원래의 원가만큼의 현금이 적립될 것이며 이렇게 적립된 현금은 자산을 다시 획득하는 데 사용될 수 있다. 이 제도는 감가상각을 적립하여 조직의 자본을 보호하는 것이다. 납세자들로부터의 미래 세입징수액을 추정하여 현재가치로 환산하면 자산이 되고 부채조달능력을 수치화하는 것이라고 볼 수 있으며 부채를 조달할 때 담보가 된다(Frater, 1989). 완전한 발생주의회계를 도입한다면 미래 세입징수액도 자산으로 인식해야 한다. 그러나 뉴질랜드는 미래 세입징수액을 자산으로 인식하지 않았으며 자산의 가치가 그만큼 저평가되었다. 최초로 보고한 국가전체의 재정상태보고서에는 자산보다 부채가 더 많았지만 미래 세입징수액을 현재가치로 환산하여 보고하지 않았다는 것을 알고 있었던 탓인지 부채액수가 더 많은 것에 대한 논란은 없었다.

뉴질랜드는 발생주의회계를 단순히 재무보고서의 작성목적을 위해서 채택한 것이 아니라 예산의사결정과 공공관리개선을 위해 채택하였다. 기업의 경우는 재무보고서의 작성이 매우 중요하지만 뉴질랜드의 정부회계제도개혁은 정보이용자에게 필요한 정보를 제공하는 것보다 공공관리시스템의 개혁을 더 소중한 목표로 생각했다. 정보이용자의 정보에 대한 요구는 공공관리시스템을 설계할 때 고려하는 하나의 변수이며 재무보고서는 공공개혁의 하나의 부수적인 산물에 불과했다(Ball, 1992). 조직이 크고 복잡할수록 상위관리자의 감시목적을 위해 발생주의회계가 더 중요한 역할을 한다. 그러므로 연말에 재무제표가 작성될 때 발생주의회계에 의한 수치를 계산하여 보고하고 회계연도 도중에는 현금주의회계를 사용하는 것은 발생주의회계의 장점을 포기하는 것이다(Frater, 1989).

비록 뉴질랜드의 발생주의회계채택은 다소 급진적인 측면이 있지만 다른 영미형 회계제도를 사용하는 영국, 미국, 캐나다, 호주 등도 뉴질랜드에 가까운 방향으로 정부개혁을 추진하고 있다. 이들 국가들은 뉴질랜드의 정부회계개혁에 대해서 비판적이라기보다는 뉴질랜드의 정부회계제도를 언젠가는 채택해야 할 일종의 모델처럼 생각하는 경향이 강하다. 제도개혁이 있을 때마다 뉴질랜드의 정부회계제도에 접근하고 있기 때문이다. 한국은 뉴질랜드 모델을 그대로 도입하는 것이 현실에 비추어 어렵다고 생각한다. 다만 세계의 표준 역할을 하고 있는 영미형 회계제도를 선택하고 있는 국가들이 시행하고 있는 보편적 모델을 참조하는 것이 바람직할 것이다.

(3) 호주의 사례

호주는 1992년부터 발생주의회계를 사용하기 위한 과도기적인 조치를 시작했다. 1995년까지 각 부처는 현금주의회계와 발생주의회계 중 하나를 선택하여 사용할 수 있고 그 이후에는 모두 발생주의회계를 사용하여 부처의 재무제표를 작성해야 한다. 그러나 부처의 재무제표는 발생주의회계에 의해 작성하지만 예산은 과거처럼 현금주의에 의해 편성되었기 때문에 감사위원회(National Commission of Audit)는 예산도 발생주의에 의해 편성되어야 한다고 주장하였다(OECD, 1997).

3. 발생주의회계의 내용과 의미

발생주의회계는 자산의 사용자에게 원가에 대한 책임을 지운다. 발생주의회계를 채택하면 완전원가산정이 가능하며 자산을 효율적으로 사용하고 자원을 보존하게 하는 인센티브를 제공한다. 현금주의회계하에서의 원가산정은 완전원가가 아닌 불완전한 원가산정이 될 수밖에 없다. 현금주의회계는 자산이 구입되면 무료라고 생각하게 되는데 발생주의회계는 자산구입 이후에도 감가상각비용의 인식과 뉴질랜드사례에서 보듯이 자본비용을 부과할 수 있기 때문에 자산운용의 효율성이 현저하게 증가한다. 현금주의회계에서는 자산이 구입된 후에는 자산에 관하여 추가정보가 제공되지 않는데 반하여 발생주의회계에서는 자산의 가치감소와 감소된 가치가 보고되기 때문에 자산현황과 자산운용상태를 평가할 수 있다. 현금주의회계는 자산이 구입된 후에는 자본이 자산에 묶여 있다는 사실을 망각하게 만드는데 발생주의회계하에서는 감가상각과 자본비용부과를 통하여 자산을 예산의 제약하에 둘 수 있기 때문에 매년 자산의 존재와 크기와 잠재력에 대해 인식하지 않을 수 없다(Pallot, 1991).

발생주의회계는 관리자가 완전한 원가를 파악하고 원가를 통제함으로써 원가의식을 갖도록 하는 것이다. 발생주의회계가 소기의 목적을 거두기 위해서는 관리자가 진정한 원가를 축소하기 위하여 여러 가지 대안을 선택할 수 있는 자유재량이 부여되어야 한다. 관리자에게 원가를 배분하여 단순히 받아들일 것을 요구하고 책임만을 강요한다면 발생주의회계는 역효과가 날 것이다. 진정한 원가가 증가한다면 그만큼 다른 예산이 축소되어야 할 것인데 예를 들어 감가상각비가 부과되는 부서는 감가상각액수만큼 예산이 줄어들어야 한다. 감가상각이 부서가 사용하는 건물의 공간 때문에 발생한다면 관리자는 불필요한 공간을 반납함으로써 감가상각비를 줄일 수 있다. 발생주의회계에 의해 예산이 편성된다고 해도 지출은 현금기준으로 통제될 수 있기 때문에 기존시스템에 새로운 정보가 추가되는 것이지 기존의 현금정보가 상실되는 것은 아니다(OECD, 1997).

예를 들어 하나의 조직에 A, B, C의 세 부서가 있다고 하자. C는 컴퓨터 부서인데 오로지 A, B부서에게 서비스를 제공한다. A, B부서가 C부서의 예산을 할당받아 사용료의 형태로 C부서에게 지불하면 C부서는 사용료를 가지고 부서를 운영한다. A, B부서는 절약의 동기를 갖게 되고 C부서는 서비스개선의 동기를 갖게 된다. 만약 A부서에 부과되는 사용료가 지나치게 과다하다면 A부서는 컴퓨터서비스를 민간에게 위임할 수도 있을 것이다. 이처럼 원가를 정확하게 산정하고 원가를 배분하면 관리자가 원가에 대한 관심을 갖게 되고 자원을 효율적으로 사용할 동기가 유발된다.

수정발생주의나 현금주의회계를 사용하면 중요한 경제비용이 보고되지 않아 합리적 정책결정이 불가능하다. 연금비용, 휴가 및 병가발생비용, 장기자산 등이 자주 보고에서 누락되는 항목들이다. 46개의 주요도시를 조사한 한 연구에 의하면 80%의 도시가 연금부채를 보고하지 않고 있으며 캘리포니아주는 $136억, New Jersey는 $53억, 연방정부는 $7,000억에 달하는 연금부채가 누락되어 있었다고 한다. 민간부문의 회계원칙이 적용된다면 이러한 액수는 모두 보고되어야 할 것이다(Mansfield, 1988). 민간보험회사의 경우 연금을 운용할 때 비록 미래에 지불하게 되지만 현재 권리가 발생하는 연금혜택에 대해서도 동일한 액수의 현금을 적립하지 않으면 차액은 부채가 된다. 정부는 보통 권리가 발생하는 연금혜택의 일부만을 적립하기 때문에 대부분의 금액은 부채로 보고되어야 하는데 누락되며 이는 부채를 과소평가하는 것이다(Wildavsky, 1992).

현금주의회계를 사용하면 여러 가지 왜곡과 남용이 발생하고 오히려 진정한 현금흐름을 파악하기 어렵게 된다. 예를 들어 이익을 증가하기 위해 완성된 공사대금지불을 다음 연도로 이월하면 현금흐름이 왜곡된다. 발생주의회계에 의한 회계정보는 미래현금흐름을 추정할 수 있는 매우 유용한 정보이다. 다만 발생주의회계에 의한 회계정보는 여러 가지 한계가 있기 때문에 현금흐름에 대한 별도의 보고서가 필요하다(Celi & Rutizer, 1991).

비록 훈련과 정보시스템에 대한 초기투자가 필요하지만 발생주의회계로의 전환은 그다지 큰 어려움은 없었다고 보고되고 있다. 많은 사람들은 발생주의회계를 관리에 영향을 미칠 수 있는 도구가 아닌 회계기법의 문제로 국한하여 생각하는 경향이 있다. 발생주의회계는 단위원가의 측정, 사용자가격 등을 통하여 완전원가에 기초한 관리행위를 유도하기 때문에 효과성과 효율성의 증진수단인 것이다. 발생주의회계에 의해 평균원가보다는 한계원가에 기초하여 예산의사결정을 할 수 있기 때문에 점증주의적인 예산관행에도 쉽게 적용할 수 있다. 또한 자원배분시 고정원가와 변동원가를 구별하고, 리스와 구매의 두 가지 대안 중 하나를 선택하는 의사결정에 사용되며, 대여금(loan)의 실제원가나 지급보증액수를 계산하고, 표준원가와 실제원가를 비교하며, 계획된 성과와 실제성과를 비교할 수 있다. 발생주의회계를 예산에 접목하면 예산을 과거와는 다른 관점에서 파악하게 된다(OECD, 1997).

발생주의회계는 모든 종류의 부채를 정확하게 포착하고 진정한 수입과 지출을 측정할 수 있기 때문에 정책결정자가 미래에 관한 의사결정을 할 때 필요한 정보를 제공한다. 현재비용과 부채를 정확하게 계산하지 못하면 미래 세대에 과다한 부담을 전가할 수 있는데, 예를 들어 현금주의회계를 사용할 경우 연금비용과 연금부채가 과소계상되며 이는 미래세대에게 과다한 연금비용을 부담시키는 결과가 된다. 발생주의회계에 의해 감가상각을 하면 자산가치의 감소를 확인할 수 있으므로 사회간접자본의 노후를 미연에 방지하고 미래세대에 낙후된 사회간접자본을 물려주는 사태도 피할 수 있게 된다(Premchand, 1995).

세대 간의 형평성을 유지하기 위해서는 정부가 미래에 구입할 재화와 서비스의 현재가치가 미래에 유입될 수입의 현재가치를 초과해서는 안 된다. 현재가치는 적절한 할인율을 사용하여 계산한다. 미국의 경우 1993년 이후에 태어날 세대는 1992년에 태어난 세대에 비해 조세부담이 126% 증가한 액수를 부담하게 되며 노르웨이의 경우는 69%, 이탈리아의 경우는 미국보다 두 배나 세 배에 달할 것으로 추정되었다. 학자들은 세대간의 조세부담형평성에 대한 정보를 제공하기 위하여 세대계정(generation accounts)의 사용을 제안했다. 세대계정은 현재의 정책이 계속된다는 가정하에 미래에 구입할 재화와 서비스의 현재가치에서 현세대가 미래에 지불할 세금의 현재가치와 자산으로부터의 수입을 차감한 금액을 보고한다. 그러나 세대계정은 많은 문제점을 안고 있기 때문에 기존예산을 대체하는 새로운 제도로 사용하기보다는 보완에 국한되어야 할 것이다(Premchand, 1995).

컴퓨터의 발달로 인하여 발생주의회계를 사용하더라도 현금주의회계를 병행하여 현금유입에 관한 정보를 쉽게 창출할 수 있기 때문에 발생주의회계의 채택이 현금정보를 무시하거나 현금주의회계의 사용을 불가능하게 만드는 것은 아니다. 예산과 회계가 연계되는 시스템이 바람직하다면 회계가 발생주의를 채택할 때 예산도 발생주의를 채택해야 할 것이다. 그러나 현금주의에 기초한 예산이 아직도 유용하다면 발생주의와 현금주의를 병행하면 되며 컴퓨터의 발달로 인하여 병행이 어렵지 않다. 발생주의와 현금주의를 병행하여 예산을 편성할 때는 금액의 차이에 대해 설명해야 한다. 호주는 현금주의로 편성한 예산에 발생주의예산을 첨부하고 있으며, 아이슬랜드는 현금주의예산과 발생주의예산을 동시에 의회에 제출한다. 뉴질랜드는 1994년부터 현금주의예산과 발생주의예산을 병행하고 있다. 미국은 회계보고서는 발생주의에 의해 작성되지만 예산은 현금주의에 기초하여 편성된다(Premchand, 1995).

공공부문의 가장 대표적인 우발부채(contingent liabilities)는 정부의 지급보증이다. 지급보증으로 인한 지출은 대부분 회계연도 도중에 아주 짧은 통보 후에 이루어진다. 현금주의에 입각하여 예산을 편성하는 경우에는 지급보증으로 인한 지출은 예산편성 시에는 아직 드러나지 않기 때문에 의회가 관심조차 기울이지 않으며 재정적자를 가중시키는 역할을 한다. 대부분의 국가에서 지급보증은 행정부의 자유재량에 속하기 때문에 의회가 사전 심사할 기회가 없으며 정부가 보증한 사람의 지급불능으로 인하여 대신 지불해야 할 경우에 의회는 승인할 수밖에 없다. 일부국가에서는 지급보증으로 인한 미래의 지출을 지급보증액의 일정비율로 추정하여 우발부채로 보고하기도 한다(Premchand, 1995). 지급보증으로 인한 부채를 계산할 때는 미래의 정부지불추정액수에서 상환추정액수를 차감한 금액을 현재가치로 환산하여 보고하여야 한다.

11.4 내부통제시스템(internal control system)

1. 내부통제제도의 이해

(1) 내부통제제도의 중요성과 의미

내부통제제도는 최근에 그 중요성이 사람들의 관심을 모으게 되었다. 이러한 변화는 민간부문에서 기업들이 분식회계를 자행하다 막대한 손실을 끼치게 된데서 촉발되었지만 공공부문에서도 심심치 않게 횡령 등 각종 사고가 빈발하여 내부통제제도의 중요성은 공공부문과 민간부문을 막론하고 강조되고 있다. 내부통제제도는 일종의 윤리와 같은 기능을 수행한다고 볼 수 있다. 내부통제제도는 조직이 목표를 달성하도록 하기 위한 제도적 장치인데 특히 부정과 오류, 낭비 등을 방지하는데 주요한 역할을 담당한다.

내부통제제도라는 단어는 회계와는 다소 무관한 일반적인 통제를 지칭하는 용어처럼 보이지만 회계에 기초한 통제로서의 성격을 지니고 있다. 내부통제제도는 조직내부에 존재하는 행정통제로서의 내부통제라기 보다는 회계에 기초한 내부통제제도의 근본원칙에 따른 통제제도를 말한다. 내부통제제도는 주로 회계에 관련된 여러가지 통제제도를 지칭하는 용어이지 조직 내부에 존재하는 각종 모든 통제제도를 지칭하는 것은 아니다. 예를 들어 인사에 관한 통제규정이 있을 때 그것은 일반적인 용어로서 내부통제제도라고 말할 수 있겠지만 통상적으로 내부통제제도라면 회계에 기초한 내부통제제도를 말한다. 윤리가 무너지고 사람들이 이익에 더욱 민감해지면서 횡령 등 각종 회계사고가 발생하여 다시 내부통제제도의 중요성을 인식하게 되었다.

(2) 회계에 기초한 통제(accounting-based controls)

회계에 기초한 통제는 조직의 전반적인 통제시스템의 일부분을 구성하는데 조직활동에 영향을 미치고 지시를 내리는 공식규정, 과정, 시스템의 하나이다. 조직 내의 거의 대부분의 의사결정과 행위는 예산과 불가피한 관련이 있기 때문에 회계에 기초한 통제는 매우 중요한 역할을 수행할 수밖에 없다. 내부통제제도는 바로 회계에 기초한 통제의 가장 전형적인 사례이다.

미국에서 현대적인 회계가 처음 사용된 것은 남북전쟁 후 철도산업이었다. 유럽의 투자자들은 투자 전에 재무상황을 검토하고 투자 후에 자신들의 자금을 보호하고 감사하기 위하여 전문회계사들을 미국에 파견하였다. 영국과 스코틀랜드의 회계사들은 발달된 회계기법과 전문가 정신을 미국에 도입하였다. 소유와 경영의 분리로 인하여 소유자가 경영진을 감시하는 수단인 회계의 중요성은 더욱 증대되었다. 미국의 도시들도 남북전쟁 후 규모가 확대되고 복잡해졌는데 뉴욕 같은 대도시는 외부자금을 유치하였으며 채권자들의 요구에 의하여 또한 정부팽창을 정당화하기 위하여 회계는 중요한 역할을 담당하였다. 그래서 개혁가들은 "회계는 민주주의의 하녀(handmaiden of democracy)"라고 주장하기도 했다(Kahn, 1997).

통제는 이중적인 성격을 지닌다. 과도하면 역기능을 초래하고 부족하면 방만하고 비효율적인 관리가 만연한다. 분권화된 조직에 있어서도, 집권화된 조직에 있어서도 통제는 필수불가결한 요소이다. 집권화된 시대의 통제는 모든 것을 사전에 규정하고 엄격한 준수를 감독하는 것이었지만 분권화된 시대의 통제는 자유재량을 부여하고 성과평가를 통해 목표의 달성을 확인하는 현대적 의미의 통제이다. 특히 최근에 각국의 중앙예산기관들은 재정위기와 정부회계기준의 강조로 인해 원가의 측정과 책임을 중요시하는데 지출로서 원래 의도했던 목표를 달성했는가를 추궁하는 것이다.

지출에 대해서 행정부는 항상 신축성을 원하고 의회는 통제를 지향한다. 미국의 19세기는 의회의 구체적인 세출법안과 펀드간의 자금이동에 대한 제약 등으로 매우 통제지향적이었다. 뉴딜(New Deal)정책과 Johnson 대통령의 위대한 사회(The Great Society)정책에 이르는 동안 의회는 일괄총액예산을 부여하는 등 신축적인 지출로 방향을 전환하였다. 그러나 베트남전쟁과 닉슨 대통령의 워터게이트스캔들 이후 의회는 다시 통제지향적으로 변화했다. 최근에 의회가 지나치게 미시적 관리에 치우친 통제를 추구한다는 비난에 직면했는데 클린턴 대통령하에서의 정부개혁으로 인해 다시 통제를 완화했다. 전 세계적인 정부개혁의 조류에 따라 전통적인 의미의 통제는 완화되고 자율부여와 성과평가를 통한 현대적 의미의 통제로 나아갈 것이다(Schick, 1995).

Schick는 통제의 기초와 초보적인 회계시스템이 갖추어지지 않은 상태에선 앞선 예산기법의 도입은 실패한다고 주장하고 있다. 예산수치가 정확하지 않기 때문에 멋진 기획과 분석기법이 소용 없다는 것이다. 예산과 회계수치가 실제거래와 일치하지 않는다면 예산이 효과성과 효율성의 증진 수단이 될 수 없다(Schick, 1988).

2. 예산과 회계의 최고책임자: 통제관

(1) 통제관의 임무

통제기능의 최고책임자는 통제관(controller)인데 예산담당최고책임자, 회계담당최고책임자, 사전감사인, 외부감사인과 계약을 체결하는 주체, 투자자문가, 수입예측가 등의 다양한 임무를 지닌다고 볼 수 있다(Brown, 1988a). 통제관이라는 용어는 한국에서는 사용하지 않기 때문에 매우 생소하지만 외국기업의 경우 거의 모든 기업에 최고통제책임자인 통제관(controller)직책이 있다. 한국기업에서 통제관에 해당하는 직책은 예산과 회계를 총괄하는 최고책임자일 것인데 그러한 직책이 있는지는 의문이다. 한국은 기업만이 아니라 공공부문에서도 통제관이라는 직책은 매우 생소한데 심지어 지방자치단체의 경우에도 통제관이라는 직책은 존재하지 않는다. 통제관은 예산과 회계를 책임지기 때문에 당연히 내부통제제도에 대한 최고책임자이기도 하다.

기업의 경우 통제최고책임자는 예산과 회계업무를 담당하는 데 반하여 공공조직에서는 보통 예산업무와 회계업무가 분리되어 있기 때문에 통제관에게는 회계업무만을 관할하게 하기도 한다. 지방정부의 경우는 통제관이 예산과 회계업무를 모두 관할하기도 하지만 중앙정부의 경우는 통제관이라는 직책도 드물며 통제관이라는 직책이 있다고 하더라도 회계업무만을 담당하는 것이 일반적이다. 오히려 중앙정부의 경우는 통제관 임무는 보통 감사원장이 담당한다. 예를 들어 미국 감사원장의 공식명칭은 Comptroller General of the United States인데 Comptroller와 Controller는 동의어이다.

(2) 사　　례

Van Wagenen은 샌프란시스코 시의 재정통제에 대해 다음과 같이 분석하고 있는데, 통제관의 역할에 대해 알 수 있는 좋은 사례이다(Van Wagenen, 1988). 샌프란시스코 시는 매우 강한 재정통제를 실시하고 있다. 재정통제를 담당하는 공무원은 예산과 회계를 담당하는 통제관인데 시장에 의해 무한임기로 임명되며, 시의회에 의해 인준되고 시의회의 2/3의 의결이나 소환(recall)에 의해 파면될 수 있으며 납세자의 소송에 의해서도 파면될 수 있다. 샌프란시스코 시의 통제관은 기업처럼 예산과 회계업무를 모두 담당하는 통제관인 것이다. 납세자의 소송이 잦으면 비록 소송이 실패하여 통제관이 제거되지 않더라도 보증회사에 의해 높은 보험료를 요구받게 되어 납세자의 소송이 영향을 미치게 된다. 결과적으로 정직하고 합리적이며 유능한 통제관이라면 임기가 보호되고 상당한 자유를 누리게 되어 매우 강력한 권한을 갖게 된다. 통제관 이외에도 재무담당공무원이 있는데 자금을 조달하고 관리하는 재무관(treasurer)과 과세평가인(assessor)은 선거에 의해 선출된다. 통제관은 중앙예산기구의 권한과 감사원장의 권한을 동시에 가지고 있다

샌프란시스코 시는 통제관의 강력한 권한의 결과 상당한 낭비를 방지할 수 있었고, 절차의 규칙성과 질서를 확보할 수 있었다. 재무상태가 양호해졌고 행정은 의회간섭으로부터 보호되었으며 시장의 무책임한 자금조달을 억제할 수 있었고 재정적자, 정치적 지출, 숨은 지출의 방지에 효과적이었다. 그러나 강력한 통제관의 권한은 능동적인 행정을 저해하는 문제를 가지고 있었다.

통제관은 돈에 관해 아무도 넘보지 못할 지식이 있었고 엄격한 회계시스템을 구축하였으며 거의 모든 지출항목에 대한 사전감사권한이 있었기 때문에 매우 강한 권

력을 행사할 수 있었다. 지출승인에 대한 판단기준은 아주 주관적이며 통제관을 제외하고는 모든 계정을 파악하여 이런 결정을 내릴 수 있는 사람이 없었다. 시장이나 시의회가 예산을 전체적으로 파악하지만 구체적인 내용을 이해할 수 있는 능력이 없기 때문에 시장의 참모로서 통제관은 예산편성에 막강한 영향력을 행사한다. 특히 작은 정책은 통제관에 의해 결정되는데, 예를 들어 시장이 절대적으로 필요한 경우가 아니면 새로운 장비의 구입은 없다라고 선언하는 경우 통제관은 절대적으로 필요한 부서가 어떤 부서인가를 결정하며 예산항목의 분류도 통제관에게 달려 있다. 각 부서의 책임자들은 시장의 예산에 관한 최종결정에 통제관이 결정적인 영향을 미친다고 느끼고 있었다.

통제관은 시장의 소망과 관계없이 예산정책에 영향을 미칠 수 있으며 오로지 통제관만이 세입을 추정할 수 있고 현금관리를 위해 필요할 경우 지출을 삭감할 수 있다. 통제관은 배정과 예비비에 관하여 매우 넓은 자유재량을 가지고 있으며 예비비의 금액을 설정하고 예비비지출시점을 결정하며 자금이동을 통제하기 때문에 사실상 의회의 승인 없이 지출을 삭감할 수 있다는 것을 의미했다. 통제관은 각 부서의 운영정책에 자주 관여하게 됨으로써 비재무의사결정에 개입하였으며 각 부서의 책임자와 빈번한 갈등을 빚게 된다. 그는 부서간의 자금이동에 대해 거부할 수 있으며 의회도 충분한 자금의 존재에 대한 그의 확인 없이 추가경정예산을 찬성할 수 없다.

통제관은 합법적인가의 여부에 대한 결정권한이 있으며 시의 변호사가 아닌 그 자신의 변호사와 자신의 연구보좌관이 있기 때문에 독립적인 지위에 있다. 통제관은 의심스러운 항목을 승인하면 위험할 수도 있지만 승인하지 않으면 절대 위험하지 않으므로 보수적인 입장을 취하게 되고 의심이 있을 경우 일단 승인하지 않는 경향이 있다. 통제관은 때로 규정상의 권리인 합법성과 자금의 충분성에 대한 사전감사 이외에도 합당성(reasonableness)에 관한 사후감사를 실시하기 때문에 사실상 매우 강한 권한을 행사하는 셈이다. 비록 공식 사후감사는 시의회가 선정하는 외부감사인이 수행하지만 통제관은 다른 부서를 감사할 권력과 의무가 있다. 샌프란시스코시에서는 통제관이 신축성에 대한 열쇠를 쥐고 있다고 볼 수 있는데 보수적인 입장을 취하기 쉽기 때문에 이로 인한 부서책임자와의 갈등이 심각할 수 있으며 통제관의 권한이 지나치게 강한 사례라고 할 수 있다.

3. 내부통제제도의 이해

(1) 내부통제제도에 대한 오해

사람들은 내부통제제도의 중요성을 전혀 인식하지 못하고 있으며 대부분의 조직이 내부통제제도를 구비하고 있다고 생각한다. 그러나 내부통제제도의 기본요소가 구비되지 않은 조직은 내부에 수많은 규정과 감독이 존재한다고 하더라도 조직 구성원을 피곤하게 하고 비효율적으로 만들 뿐 바람직한 내부통제제도를 가지고 있는 것은 아니다. 다음의 사례는 내부통제제도가 얼마나 중요하며 내부통제제도에 대해 사람들의 오해가 얼마나 큰가를 보여준다.

사례

1994년 발생한 인천 북구청의 세금횡령 사건은 내부통제제도에 대한 이해가 결여된 감사기관에 의해 감사가 수행될 때 감사가 유명무실할 수밖에 없음을 극명하게 시사하고 있다. 인천 북구청은 세금의 수령자와 고지서의 발부자를 동일인이 겸하고 있어 명백하게 내부통제제도의 원칙을 위배하고 있었다(내부통제제도의 원칙에 대해서는 뒤에 자세하게 설명한다). 한국의 감사는 대부분 내부통제제도를 조사하는 감사가 아니라 장부의 형식성과 지출의 적법성 등에만 관심을 두고 있기 때문에 내부통제제도의 이러한 결함을 발견하지 못했다. 설사 발견했다 하더라도 현금의 수령과 고지서의 발부기능을 동일인이 수행하고 있다는 것이 내부통제제도의 위반이라는 사실을 알지 못하기 때문에 내부통제제도의 심각한 결함을 인지하지 못했을 것이다.

만약 감사기관이 인천 북구청의 내부통제제도의 이러한 결함을 인지하였다면 두 가지 조처를 취해야 한다. 첫째, 현금수령과 고지서 발부기능을 분리함으로써 내부통제제도의 원칙을 준수하도록 지시한다. 둘째, 감사시에 내부통제제도의 이러한 결함이 야기할 수 있는 문제점을 예상하여 집중 감사한다. 내부통제제도의 이러한 결함으로 인하여 추출하는 표본의 숫자도 증가하고 감사의 범위도 그만큼 확대되어야 한다. 내부통제제도를 신뢰할 수 없을 때 정보시스템을 신뢰할 수 없으며 그러한 조직의 감사는 신뢰할 수 있는 조직에 비하여 당연히 달라져야 한다.

(2) 내부통제(internal control)제도의 개념

내부통제제도는 조직의 목표를 달성하기 위하여 조직의 활동에 대한 통제를 대상으로 하는데 주로 경제적 활동에 관심을 가진다. 경제적 활동은 통제가 용이하고 객관적으로 기록가능하며 예산 및 재정에 관련된 활동이 경제적 활동의 대표적인 사례이다. 경제적 활동이란 화폐가치로 측정가능하고 조직에 경제적 영향을 미치는 활동이라고 볼 수 있다. 그러나 내부통제제도는 경제적 활동에만 초점을 맞추던 과거의 경향에서 탈피하여 화폐가치로 측정하기 어려운 조직의 활동도 통제하는 방향으로 발전하고 있다. 그러므로 내부통제제도는 조직의 경제적 활동뿐만이 아니라 조직의 모든 활동이 조직의 목표에 부합하는 방향으로 수행되도록 통제하는 제도라고 할 수 있다.

내부통제는 조직 내의 자산을 보호하고 정보의 정확성과 신뢰성을 높이며 조직의 목표를 효율적으로 수행할 수 있도록 조직 내에서 수립된 계획, 규정, 절차, 수단 등을 말한다. 내부통제는 자산의 보호와 정보의 정확성, 신뢰성제고에 국한되고 목표달성의 효과성과 효율성은 구체성, 객관성, 일관성이 결여되기 때문에 일반적으로 내부통제의 목표에서 제외한다. 그러나 넓은 의미의 내부통제는 목표달성의 효과성과 효율성도 포함한다. 좁은 의미의 내부통제를 회계통제로 지칭하기도 한다. 재정통제 혹은 재무통제는 애매한 개념인데 예산과 회계를 도구로 하는 통제라고 해석할 수 있으므로 예산통제와 회계통제를 포괄하는 개념이다. 회계통제는 내부통제의 하부개념으로 파악해야 하며 내부통제는 일부 예산통제와 중복될 수밖에 없다.

(3) 내부통제제도의 목적

내부통제제도는 자산의 보호, 정보의 정확성과 신뢰성의 제고, 조직의 목표달성, 조직의 효율성 증진의 네 가지 목적을 갖는다. 자산의 보호는 현금, 토지, 건물, 기계, 가구, 설비, 소모품, 기타 조직 내에서 사용하는 유형 무형의 모든 실체를 보호한다는 뜻으로 절도나 횡령으로부터의 보호도 의미하지만 오류나 착오에 의한 분실이나 감소 등의 방지도 의미하는 포괄적인 개념이며 낭비를 방지한다는 차원에서는 조직의 효율성 증진과도 관련이 있다.

자산의 보호와 정보의 정확성과 신뢰성은 조직목표달성과 효율성의 증진이라는 목적을 위한 수단이라고 볼 수도 있다. 왜냐하면 조직목표달성과 효율성의 증진에 조직의 거의 모든 활동이 포함될 수 있기 때문이다. 그러나 조직목표달성과 효율성의 증진은 애매한 개념이며 지나치게 일반적이어서 구체성과 객관성을 결여하고 있다. 자산보호나 정보의 정확성과 신뢰성은 시행할 수 있는 구체적이고 객관적인 수단이 존재하며 손쉽게 달성여부를 확인할 수 있다. 그래서 전통적으로 내부통제제도는 조직목표달성과 효율성의 증진보다는 자산보호나 정보의 정확성과 신뢰성에 더 많은 관심을 두어 왔다.

현대의 내부통제제도는 점점 더 수행하기 어렵고 결과를 확인하기 어려운 조직목표달성과 효율성의 증진이라는 목적을 수행하기 위한 제도로 변화해 가고 있다. 비록 어렵기는 하지만 이 두 가지 목적에 많은 비중을 두는 경향을 보이고 있으며 결국 가장 큰 문제점이란 조직목표달성과 효율성의 증진을 어떻게 측정하고 확인하느냐이다. 측정과 평가의 문제가 내부통제제도의 개념을 확장하고 현대적인 의미로 전환하는 데 가장 큰 걸림돌이 되고 있다. 내부통제제도가 조직목표달성과 효율성의 증진방향으로 발전해감에 따라 관리통제와의 구분도 모호해져가며 관리통제와 통합하는 추세라고 보아야 한다.

(4) 내부통제제도와 예산회계정보시스템

내부통제제도는 정보를 기록하고 분류하며 종합하여 보고하는 전 과정과 필연적으로 연관을 맺지 않을 수가 없다. 조직에서 일상적으로 기록하는 많은 정보는 경제적 활동에 관한 예산회계정보이며 예산회계정보시스템은 자금을 조달하고 관리하며 자금을 사용하여 재화와 서비스를 취득하는 활동을 분석하여 기록한다. 자금의 조달과 관리, 그리고 사용의 과정에서 통제를 하지 않는다면 조직의 목표를 효율적으로 수행할 수가 없고 내부통제제도가 예산회계정보의 산출과정에 가장 깊숙이 관여하는 이유가 바로 이것이다.

부정과 오류를 방지하고 조직의 목표를 효율적으로 수행하기 위해서 내부통제제도는 특별한 장치를 고안하고 계획하며 방법을 강구하는데, 이러한 과정에서 예산과 관련된다. 어떤 조직이든지 돈을 다루는 부서와 인사와 구매에 가장 많은 부정이 개입되는데, 내부통제제도는 이러한 과정에서 조직의 목표수행을 효율적으로 수행하기 위하여 여러 가지 조치를 취한다. 조직은 내부통제제도를 통하여 주로 예산회계활동에 관심을 기울였으나 점점 조직의 모든 활동으로 통제범위를 확대해가고 있으며 관리통제개념으로 발전하고 있다.

(5) 내부통제제도와 감사

내부통제제도가 없다면 현대의 감사는 정밀감사에 의존할 수밖에 없다. 내부통제제도가 갖추어지고 내부통제제도가 준수되고 있는 조직은 감사시에 표본을 추출하여 감사를 할 수 있지만 그렇지 못한 조직은 정밀감사에 의존해야 한다.

감사는 정보를 대상으로 행하여지며 정보창출은 내부통제제도에 의해 필연적으로 영향을 받는다. 창출된 정보가 종속변수라면 내부통제제도는 가장 중요한 독립변수의 하나이다. 내부통제제도의 목적 중의 하나가 정확하고 신뢰할 수 있는 정보이므로 내부통제제도에 따라 감사의 대상인 정보의 질이 달라진다. 조직 내의 정보는 내부통제제도의 산물이므로 내부통제제도가 우수하게 구축되어 올바르게 준수되고 있으면 감사인은 일단 많은 신뢰를 가지고 감사에 임한다. 감사의 범위는 그만큼 축소되고 정밀검사의 필요 없이 표본을 추출하는 감사만으로 제 기능을 다할 수 있다. 감사가 전통적인 의미에서 탈피하여 현대적인 의미의 감사로 발전하고 있는 시점에서 감사의 대상인 정보는 예산회계정보뿐만이 아니라 조직의 모든 정보를 포함하며 조직외부에서 생성된 정보도 사용한다. 예산회계정보만을 감사대상으로 하였던 회계감사는 조직의 효과와 효율을 평가하기 위해 모든 정보를 사용하는 성과감사로 전환되어야 한다.

감사의 중요한 첫 단계는 내부통제제도가 존재하는가를 파악하는 단계이다. 그 다음에는 존재하는 내부통제제도가 준수되고 있는가를 조사하는데 아무리 좋은 제도라 하더라도 지켜지지 않으면 유명무실한 제도에 불과하다. 규정대로 준수되고 있으면 감사의 범위라든가 감사의 강도, 그리고 성격 등이 달라진다. 미국의 경우는 정부조직을 감사하는 감사인은 내부통제를 조사하고 보고하도록 감사기준에 의해 요구받고 있다. 내부통제가 신뢰할 수 없을 경우에는 감사의 성격과 범위가 달라지기 때문에 내부통제에 대한 감사가 감사의 선행조건이다(Brown, 1988a). 한국도 감사원이 내부통제에 대한 감사를 부분적으로 실시하고 있지만 바람직한 내부통제제도가 구축되었으며 내부통제제도가 구성원에 의해 준수되고 있는가를 확인하는 감사는 사실상 실시되지 않고 있다고 보아야 한다.

내부통제제도를 평가함으로써 정책이 실제로 집행되기 이전에 정책의 집행과정에서 발생할 수 있는 부정과 오류를 방지할 수 있게 된다. 민간기업의 회계감사에서 내부통제제도의 평가가 중간감사로 불리우는 이유도 바로 여기에 있다. 내부통제제도에 대한 감사를 감사원에서 실시한다면 회계연도가 종료되어 결산보고가 행해질 때까지 기다릴 필요가 없이 회계연도의 중간에 적절한 내부통제제도가 구축되어 있는가 그리고 구축된 내부통제제도가 준수되고 있는가를 점검하면 정책집행과정에서의 부정과 오류가 수정되고 적발될 수 있다. 내부통제제도의 평가도 사전적인 의미를 가지고 있지만 내부통제제도 자체도 사전적인 의미를 가진다. 내부통제제도는 부정과 오류를 방지하고 적발하고자 하는 제도이기 때문에 예방의 목적을 가진 제도로 이해할 수 있다.

(6) 내부통제와 관리통제(management control system, managerial control system)

내부통제, 관리통제, 운영통제, 집행통제, 전략통제, 시장통제, 관료통제, 감독통제, 재정통제, 예산통제, 회계통제 등 다양한 통제개념이 있는데 학자들에 따라 혼동하여 사용하고 민간부문에서 사용하는 개념의 경우 공공부문에서 사용하는 개념과 차이가 있다. 그러므로 이러한 다양한 통제개념을 너무 엄격하게 사용할 필요가 없으며 각 개념의 특성을 파악하고 의미를 음미하는 데 그쳐야 한다.

내부통제와 관리통제는 가장 대표적인 통제개념인데 어떤 학자는 내부통제 내에 관리통제를 포함하기도 하고 어떤 학자는 반대로 관리통제 내에 내부통제를 포함하기도 한다. 어떤 학자는 내부통제와 관리통제를 동일한 개념으로 해석하기도 하는데 Schick가 대표적인 학자이다(Schick, 1995).

Brown은 내부통제를 관리통제와 회계통제로 구분하고 있는데 관리통제와 회계통제의 구별이 쉽지 않다고 주장하고 있다. 관리통제(administrative control)는 거래의 승인으로 이어지는 기획, 의사결정기록과 절차를 포함하며, 재무기록에는 영향을 미치지 않지만 자금의 오용을 방지하는 데는 필수적이라고 말하며 적절한 공개입찰절차를 구축하는 것이 좋은 예라고 지적하고 있다. 회계통제(accounting control)는 자산을 보호하고 재무기록의 신뢰성을 높이기 위한 조직, 절차, 기록에 대한 계획을 의미한다고 주장하고 있는데 흔히 말하는 내부통제를 회계통제로 이해하고 있음을 알 수 있다(Brown, 1988a).

Herzlinger & Nitterhouse는 관리통제를 전략기획에서 선택된 전략을 집행하고 조직 구성원들의 행동이 조직의 목표를 수행하도록 하는 통제라고 정의하고 있다. 관리통제제도는 조직이 달성하고자 하는 결과를 기획하고 계획된 결과와 실제 발생된 결과의 차이점을 측정분석하고 원하는 결과를 달성하도록 조직의 구성원들에게 동기를 부여하는 제도라는 것이다(Herzlinger & Nitterhouse, 1994). 이런 개념은 관리통제를 내부통제보다 상위에 두는 개념이라고 볼 수도 있고 통제를 두 가지로 구분하여 내부통제와 관리통제로 대비하는 것이라고 볼 수도 있다.

내부통제는 관리통제와 대비하여 이해하거나 관리통제라고 하는 보다 보편적인 통제개념의 일부분으로 이해하는 것이 바람직하다고 생각한다. 관리통제를 보다 보편적인 통제개념으로 생각한다면 내부통제가 관리통제의 일부분이라고 간주하는 것이다. 혹은 내부통제가 관리통제차원으로 발전하고 있다고 본다면 내부통제와 관리통제를 구태여 구분할 필요가 없다. 내부통제와 관리통제를 어떻게 분류하건 내부통제와 관리통제의 구별된 성격에 대해서 이해해야 한다. 관리통제는 관리지향적인 통제인 데 반하여 내부통제는 책임(accountability)지향적인 통제라고 볼 수 있다. 내부통제는 예산과 회계에 기초하여 조직의 목표를 달성하려는 통제인 데 반하여 관리통제는 비재무적인 도구와 수단을 통해 조직의 목표를 달성하려는 노력이다.

현금관리와 회계시스템에 관련된 사항을 제외하고는 내부통제에 대해서 대부분의 관리자들이 무지하다. 내부통제라는 용어 자체가 대학의 회계와 감사관련과목에서만 강의될 뿐 대학 이외에서는 아무도 언급도 하지 않는 용어이다. 내부통제는 고사하고 보다 보편적인 개념인 관리통제에 대해서도 대부분의 관리자들은 무관심하다. 조직의 모든 에너지를 조직목표달성을 위해 사용하는 관리통제는 동기부여에 있어 보다 긍정적인 의미를 내포한다는 장점이 있다. 내부통제는 불필요하게 자세한 규정으로 구성되어 있으며 지나치게 잘못된 것을 방지하려는 통제위주의 비효율적인 규제를 연상하게 하므로 부정적인 의미를 내포하고 있다. Tom Peters가 비난한 통제시스템은 바로 이러한 부정적 내부통제시스템을 말한다. 관리통제시스템은 무엇을 방지하는 데 목적을 두는 것이 아니라 성취하는 데 목적을 두어야 한다(Ratliff, 1989).

관리통제는 조직의 목표를 효과적이고 효율적으로 달성하도록 하기 위한 모든 활동을 말하기 때문에 모든 관리활동에 걸쳐 존재한다. 관리통제는 결과를 강조하기 때문에 내부통제와 다르며 내부통제가 재무기록과 보고에 관련되는 데 반하여 관리통제는 계선관리자(line managers)에 의해 수행된다(Riso & Kendig, 1988). 내부통제와 관리통제 모두 조직의 목표를 효율적으로 달성하려고 하는 수단이지만 담당하는 주체가 다르고 통제도구가 다르다.

(7) 내부통제와 행정통제

행정통제는 외부에서 행정조직을 통제하는 외부통제와 행정조직 자체에서 수행되는 내부통제로 구분하는데 회계학에서 말하는 내부통제제도란 행정통제에서 말하는 내부통제와 유사한 면도 있지만 회계학에서 말하는 내부통제제도와는 상당히 차이가 나는 개념이라고 볼 수 있다. 회계학에서 언급하는 내부통제제도는 매우 구체적이며 미시적이고 회계에 기초한 통제인데 반하여 행정통제에서 말하는 내부통제는 거시적이고 일반적인 사항을 제도론적으로 접근하고 있다.

행정통제에서의 내부통제는 상급자의 지휘감독, 목표성취에 대한 심사와 평가제도, 그리고 감사원의 감사제도 등을 언급하고 있으며 구성원 스스로에 의한 통제인 직업윤리를 들고 있다. 내부통제의 목적을 행정의 능률성을 확보하는 데 있다라고 함으로써 관리통제와 비슷한 의미로 사용하고 있다.8)

4. 내부통제제도의 한계

내부통제제도는 완벽한 제도가 아니고 끊임없이 개선되고 변경되어야 하는 제도이므로 언제나 한계가 있기 마련이다. 내부통제제도를 상식적인 제도로 생각하거나 사소한 제도로 인식하는 것도 문제가 되지만 내부통제제도의 한계를 인식하지 못하고 지나치게 과신하는 것도 위험하다. 내부통제제도의 한계는 여러 가지가 있으나 다음의 네 가지로 요약할 수 있다.

(1) 인적 요소의 한계

인적 요소의 한계란 구성원들에 의한 공모, 부주의, 피로 등으로 내부통제절차의 효율성이 감소되는 것을 말한다. 내부통제제도는 제도이지만 그 속에서 활동하는 인간은 부정과 오류의 가능성이 존재하는 이기적이고 부정확한 존재이다. 아무리 우수한 내부통제제도라 하더라도 인간은 내부통제제도를 우회하는 교묘한 방법을 끊임없이 고안해내기 마련이며 의도하지 않은 실수에 의해 내부통제제도가 소기의 목적을 거두지 못할 수도 있다.

(2) 조직의 전 활동을 반영하기 어렵다

내부통제제도가 조직 내에서 발생하는 모든 활동, 특히 내부통제제도의 주요 대상이 되는 모든 경제적 활동에 대비하여 설계되는 것은 불가능하다. 예산회계정보시스템은 전통적으로 화폐단위로 측정할 수 있는 조직의 경제적 활동을 주로 기록하는데, 모든 경제적 활동이 기록되는 것은 아니다. 어떤 경제적 활동은 측정이 불가능하거나 어렵기 때문에 입력되지 못하고 어떤 경제적 활동은 시스템에 입력되었으나 도중의 처리과정에서 반영되기 어려운 내용으로 변경되기도 한다. 주관적인 요인이 개입된 조직의 활동을 내부통제제도가 통제대상으로 포함하는 데는 현재의 기술과 인간의 능력으로는 여러 가지 한계가 있을 수밖에 없다.

(3) 환경변화에 적응이 더디다

내부통제제도는 컴퓨터의 도입 같은 환경변화에 적응이 더딜 수 있다. 조직의 일부에서 컴퓨터를 이미 사용하고 있는 데도 불구하고 전산화되기 이전의 내부통제제

---

8) 백완기, 행정학, 박영사.

도를 그대로 사용하기도 하고 심지어는 조직전체가 전산화되었는데도 내부통제제도가 전혀 변경되지 않아 과거의 제도를 사용하기도 한다. 대부분의 전산전문가는 내부통제제도를 모를 뿐더러 내부통제제도라는 단어가 주는 의미를 상식적으로 받아들여 해석하는 경향이 있다.

(4) 조직의 장은 통제의 대상에서 제외

내부통제제도를 유지, 감독하는 조직의 장은 통제의 대상에서 제외된다. 내부통제제도는 조직의 장의 책임하에 운영되는데 조직의 장에 관련되는 업무 중 내부통제제도가 통제의 영역으로 포함시킬 수 있는 업무가 있고 그렇지 않은 업무가 있는데 그렇지 않을 때 조직의 장은 내부통제제도의 통제범위에서 벗어난다. 조직의 장뿐만이 아니라 상급관리자도 내부통제제도의 범위를 벗어나는 경우가 많은데 가능하면 이런 현상이 발생하지 않도록 내부통제제도를 면밀하게 구축하여야 한다.

5. 내부통제제도의 기본요소

거의 모든 조직에는 계획이 수립되고 규정이 존재하며 조직의 목표 수행을 위한 나름대로의 절차와 수단이 있다. 그러나 규정, 절차, 수단들이 존재한다고 해서 내부통제제도가 존재한다고 할 수는 없으며 내부통제제도의 기본요소가 구비되어야 내부통제제도라고 말할 수 있다. 내부통제제도의 기본요소란 내부통제제도의 기본원칙이라고도 볼 수 있는데 절대적인 것이 아니며 전산화된 조직에서는 일부가 수정될 수 있다. 내부통제제도의 원칙은 조직이 처한 환경과 조직의 성격에 따라서 일부 원칙이 수정될 수도 있고 다른 원칙이 추가될 수도 있으며 일부원칙이 제외될 수도 있다. 다음에 설명하는 8개의 내부통제제도기본요소, 즉 기본원칙은 가장 일반적인 내용으로서 하나의 모델일 뿐 불변의 기준은 아니다.

(1) 권한과 책임의 명확한 구분

권한과 책임이 명확히 구분된 공무원이 내부통제제도가 갖추어야 할 첫째 요소인데 공무원의 업무에 대해 권한과 책임이 명확하게 구분되지 않으면 내부통제제도가 제 기능을 발휘할 수가 없다. 누구든지 조직 내의 누가 무슨 권한을 가지고 있고 어떤 책임을 지고 있는지를 원하기만 하면 파악할 수 있도록 권한과 책임이 명확하여야 한다. 권한은 책임과 동시에 부여되어야 하며 권한이 없다면 책임을 물어서는 안 된다. 특정 업무가 기대되는 성과를 달성하지 못한 경우 책임질 특정인을 가려낼 수 있도록 권한이 할당되어야 한다.

권한과 책임은 과거의 관행이나 암묵적인 묵계에 의해서가 아니라 반드시 문서에 의해 구분되어 있어야 한다. 실제로 어떤 사고가 발생하여 책임자를 찾아내려고 할 때 실제로 책임이 있는 사람은 제외되고 최하급담당자만이 책임을 지는 사태가 흔히 목격된다. 문서화되어 있지 않으면 얼마든지 상황에 따라서 적당한 선에서 책임을 지는 것으로 마무리 지을 수 있기 때문이다.

사무관리규정, 정부투자기관문서규정 등에 의하면 문서화, 문서의 보관 및 보존기간 등에 관한 각종 의무를 부여하고 있다. 이와 관련하여 헌법 제82조에서 대통령의 국법상 행위는 문서로 해야 하며 그 문서에는 국무총리와 관계 국무위원이 부서하도록 규정해 놓은 것도 크게 보면 내부통제제도의 하나라고 볼 수 있다.9)

(2) 유능하고 신뢰할 수 있는 공무원

공무원이 유능하고 신뢰할 수 없으면 내부통제제도가 제 기능을 발휘할 수 없다. 유능한 공무원을 확보하기 위해서는 조직이 끊임없이 조직구성원을 교육하고 훈련하여야 한다. 공무원의 채용에 항상 유능한 사람만을 선발할 수 있는 것은 아니기 때문에 채용 후의 교육과 훈련을 통하여 유능하고 신뢰할 수 있는 공무원을 확보하여야 한다.

만약, 어느 조직에 유능한 공무원을 만들어 내기 위한 교육과 훈련 계획이 결여되어 있다면 유능한 공무원의 확보가 불가능하다고 단정할 수 있다. 채용할 때 유능한 사람을 채용하면 교육과 훈련은 필요 없다고 생각할 수도 있으나 잘못된 생각이다. 행정업무에서 처음부터 유능한 인재는 있을 수가 없으며 학교교육의 한계를 극복하고 변화하는 환경에 적응할 수 있는 인재를 위해서는 채용 후의 교육과 훈련이 필수적이다.

신뢰성을 확보하기 위해서는 두 가지 방법이 있는데 첫째, 주관적인 방법이다. 공무원이 스스로 신뢰할 수 있는 공무원이 되려는 노력을 유도할 수 있다면 가장 바람직할 뿐더러 비용도 최소화될 것이다. 계몽이나 윤리교육 등이 자발적인 신뢰성 확보방안이지만 한계가 있으며 주관적이기 때문에 측정이나 확인의 문제가 존재한다.

9) 이 부분은 다음의 논문에서 발췌한 것이다. 문호승, 공공기관의 내부통제제도 개선방안, 감사, 1996. 11. (제50호), pp. 44-49.

둘째, 객관적인 방법이다. 신뢰할 수 있는 공무원이 되는 것이 자신에게 이익이 되는 제도를 갖추는 방안도 신뢰성을 확보하는 길인데 객관적인 신뢰성을 보장할 수 있다는 측면에서 바람직하다. 객관적인 신뢰성을 보장하는 하나의 예로서는 신원보증을 들 수 있는데 보험회사가 신원보증을 담당하는 제도의 활용이 좋다고 생각한다. 예산회계담당자는 특히, 현금을 취급하기 때문에 신원보증이 필요한데 보험회사가 거액의 신원보증보험을 보장한다면 신뢰성 있는 공무원의 객관적 요소가 갖추어졌다고 볼 수 있다.

그러나 제도로써 신뢰성을 확보하는 수단에는 한계가 있기 때문에 주관적인 신뢰성의 확보에 의존할 수밖에 없다. 내부통제제도는 완벽할 수 없는 제도이므로 신뢰할 수 있는 공무원은 내부통제제도의 불완전성을 보완하는 역할을 한다. 신뢰할 수 없는 공무원으로 내부통제제도의 원활한 유지와 운영을 기대하는 것은 무리이다.

(3) 적절한 업무 혹은 기능의 분리

업무의 분리란 기능의 분리라고 할 수 있는데 승인, 집행, 기록, 보관, 대조확인기능의 분리를 말하며 대조확인기능이란 감사기능을 지칭한다. 한국의 많은 조직들은 이러한 기능이 분리되어 다른 사람에게 위임되지 않고 한 사람에게 집중되고 있는 경우가 많으며 이것을 자랑스럽게 생각하는 조직도 있다. 여러 사람이 하는 일을 한 사람이 맡고 있기 때문에 인건비를 절약한다고 생각하는데 실제로는 인건비가 절약되지도 않으면서 기능이 특정인에게 집중되는 경우가 많다. 승인, 집행, 기록, 보관, 감사기능은 분리되어 각각 다른 사람에게 위임되면 한 사람의 기능이 다른 사람에 의해 상호 견제될 수 있고 부정과 오류를 그만큼 감소시킬 수 있다.

만약 조직의 성격상 혹은 조직의 규모가 작아 이러한 업무들이 한 사람에게 집중될 수밖에 없다면 다른 견제수단을 강구하여야 한다. 전산화된 시스템하에서는 업무의 분리원칙이 변형되는데 어쩔 수 없는 현상이다. 그러나 조직의 규모가 작아 한 사람에게 이러한 모든 업무들이 집중될 때는 조직의 현황과 운영을 파악하기가 쉽기 때문에 업무가 분리되지 않아도 다른 통제의 수단을 강구하기가 쉽고 조직의 책임자가 감독하기도 용이하므로 문제가 심각하지 않다.

승인, 집행, 기록, 보관, 감사업무는 서로 중복되어 수행되어서는 안되는데 몇 가지 전형적인 분리의 예를 들어보면 다음과 같다. 여기에 언급되지 않은 업무의 분리도 있을 수 있다.

1) 기록업무로부터 실물자산보관업무의 분리

자산에 대해 책임을 진 사람이 당해 자산의 기록업무에 관여하지 못하게 함으로써 고의적인 조작을 방지하게 하는데, 예를 들어 현금출납계 직원이 현금기록에 관여 못하도록 한다.

2) 업무에 대한 권한과 자산의 보관업무의 분리

업무의 성립여부에 관하여 권한을 갖는 사람이 가능한 한 자산의 보관 업무를 담당하지 않는 것이 좋다. 예를 들어, 지급권한을 가지고 있는 사람이 수표를 발행할 권한을 갖지 못하도록 해야 한다.

3) 회계기능업무 사이의 분리

회계담당자들간에 업무를 적절히 분리함으로써 업무수행에 대한 오류가 자동적으로 검증되도록 한다. 또한 각 관련되는 계정에의 기록에 대한 책임을 분리하는 것도 좋다. 예를 들어, 업무의 최초기록부터 총계정원장까지의 기록업무가 한 사람에 의해 행해지지 않도록 해야 한다.

4) 장부기록업무와 행정책임의 분리

특정부문의 성과에 책임을 지지 않는 독립부문이 그 특정부문의 기록업무를 담당하도록 설계되어야 한다. 다시 말하면 업무를 집행하는 사람이 기록을 담당해서는 안 된다. 자신의 성과평가에 유리한 거짓기록을 할 우려가 있기 때문이다.

5) 승인, 집행, 기록, 보관업무와 감사업무의 분리

승인, 집행, 기록, 보관의 네 가지 업무는 감사업무와 분리되어야 한다. 감사업무는 이러한 네 가지 업무가 올바르게 수행되고 있는가를 확인하므로 서로 중복되어 한 사람에 의해 수행돼서는 안 된다.

(4) 승인에 대한 적절한 절차

모든 조직의 업무는 적당한 시점에서 상급자와 최고책임자의 승인을 얻도록 하여야 한다. 일반적으로 별도의 허락을 얻기 전까지는 모든 업무는 시작되어 종료될 때까지 상급자와 최고책임자의 승인을 받지 않고 담당자에 의해서만 처리되어서는 안된다. 업무에 대한 승인 외에 실물자산에의 접근에 대한 승인절차도 확립되어야 한다. 즉 자산에의 접근은 승인 받은 자에게만 허용되어야 한다. 조직의 자산은 토지, 기계, 건물, 채권, 주식, 기타 권리 등이 있지만 가장 중요한 자산의 하나는 현금이라고 할 수 있다. 승인에는 일반승인과 특별승인이 있는데 다음과 같이 구별될 수 있다.

1) 일반승인

어떠한 업무가 승인될 수 있는 일정한 상황을 지침으로 미리 정하여 놓고 실제업무가 이루어질 때 승인여부를 그 기준에 맞추어 결정한다. 예를 들어, 재고가 일정수준이 되면 상부의 승인 없이 주문서를 발송하며, 주민의 주택마련에 관한 신용대출의 한도액을 미리 정해놓고 그 한도 내에서는 상급자의 승인 없이 담당자가 주택자금대출을 제공한다.

2) 특별승인

중요한 특정 업무의 구체적 상황에 따라 개별적으로 업무의 승인을 요하는 것이다. 예를 들어, 거액의 투자여부나 일상적으로 수행하는 업무 이외의 예외적 성격의 업무 수행은 반드시 상부의 승인을 얻도록 한다면 특별승인이라 할 수 있다.

(5) 업무처리의 문서화와 정확한 기록

업무처리는 문서로 하여야 하며 문서로 처리하는 것이 불가능한 경우만 구두로 하되 구두로 처리한 업무도 추후 반드시 문서로 기록을 남겨야 한다. 문서화란 문서로 작성하여 일정기간 보관하는 것을 말하며 문서로 작성한 다음 즉시 파기하는 행위를 방지하기 위해 대부분 모든 문서에 대한 보관기간을 규정하고 있다. 문서로 업무를 처리한다는 원칙은 자칫하면 오해를 야기할 소지가 있는데 마치 절차나 규칙에 지나치게 얽매이는 모습을 연상하기 때문이다. 그러나 모든 업무는 문서화되어 있어야만 나중에 문제가 발생할 때 사건을 역으로 추적하여 진상을 규명할 수 있다. 문서화는 대화를 통한 커뮤니케이션의 불완전성과 문제점을 극복할 수 있는 장점도 있다.

문서화와 더불어 정확한 기록도 조직의 목표를 효과적이고 효율적으로 수행하기 위해서는 반드시 필요한 내부통제제도의 요소이다. 요식 행위에 불과한 서류가 작성되거나 정확하지 않은 내용이 기록되면 문서화도 의미가 없다. 정확한 기록을 위해서는 문서를 고의로 잘못 작성한 행위에 대해 강력한 처벌조항을 신설하고 감사시에 엄격하게 조사하여야 한다. 특히, 예산 및 재정활동에 대한 기록은 금전이 관련된 사항으로 부정의 소지가 많으며 재정사항은 조직에 치명적인 해를 가할 우려가 있으므로 예산회계정보의 정확성은 감사시에 중점적으로 조사되어야 한다.

(6) 자산과 기록에 대한 물리적 통제

자산과 기록은 물리적으로 통제함으로써 보호하여야 한다. 그리고 승인받은 사람 이외에는 실물자산이나 기록에의 접근이 통제되어야 한다. 자산은 조직의 활동에 소요되는 유형 무형의 실체로서 조직에 미래의 효용을 제공하는데 자산에 모든 조직의 구성원이 접근할 수 있다면 자산에 관련된 부정이 발생하며 자산의 사용에 대한 효율성을 달성할 수 없다. 예를 들어, 자산의 하나인 현금에 누구든지 접근할 수 있다면 내부통제제도가 갖추어져 있다고 보기는 어렵다. 현금이라는 자산은 현금의 보관담당자만이 접근하여야 한다. 구매담당자도 현금에 접근해서는 안 되며 예산회계에 대한 기록을 담당하는 직원도 현금에 접근하여서는 안 된다. 지출을 승인하는 사람도 현금에 접근해서는 안 된다. 아무리 지위가 높은 사람도 현금에 접근해서는 안 되며 오로지 현금보관 업무를 담당하는 직원만이 접근하도록 허용되어야 한다.

자산뿐만 아니라 조직의 기록에도 아무나 접근해서는 안 된다. 예를 들어, 현금을 보관하고 있는 사람이 현금기록에 접근할 수 있다면 현금을 횡령할 수 있다. 전산화된 조직의 경우 전산실에 아무나 접근해서는 안 되고 반드시 전산실직원과 승인받은 직원들만 출입이 허용되어야 한다. 만약 전산화로 인해 중앙 컴퓨터가 네트워크를 통해 직원들에게 연결되어 있다면 일종의 보안장치와 비밀번호 같은 것을 이용하여 허용받은 사람만 허용된 정보시스템에 접근할 수 있도록 하고 반드시 자신의 업무부분에 대해서만 시스템을 사용하고 접근할 수 있도록 설계되어야 한다.

(7) 업무의 순환

특정업무의 담당자가 오랫동안 교체되지 않으면 부정의 소지가 증가하므로 적절한 시간간격을 두고 교체되어야 한다. 업무의 순환은 가급적 전문직의 범위 내에서 이루어져야 하는데 만약 부서의 규모가 작아 다른 부서와 인사교류가 불가피할 때는 문제가 발생한다. 업무의 순환과 전문가의 양성은 서로 상충되기 쉬운 목표이다. 특히 한국은 업무의 순환이 전문분야의 범위를 벗어나서 이루어지고 인사의 교류가 너무 빈번하여 특정업무의 전문가를 양성하지 못한다. 그러므로 업무의 순환은 가급적 전문분야의 범위 내에서 이루어져야 하며 소규모 전문부서에 대한 통제는 업무의 순환보다는 다른 방법을 강구해야 한다.

정기적으로 담당직원을 휴가 보내고 다른 직원으로 하여금 그 업무를 휴가기간 동안 대행하게 함으로써 구조적인 부정을 밝혀낼 수가 있는데 휴가기간이 길어야 효과를 볼 수 있다. 담당직원이 장기간 자리를 비울 때는 자신의 부정이 다른 사람에 의해 노출되기가 쉽기 때문에 업무의 순환에 의하지 않고서도 동일한 효과를 이룩할 수 있는 통제수단으로 활용될 수 있으며 선진국에서 많이 활용되는 방법이다. 휴가 며칠 후 중요한 업무를 잊어버렸다고 어색해하며 나타나는 업무담당자를 책임감 있는 사람으로 간주하기보다는 의심해 보아야 한다.

휴가는 자칫하면 매우 사소한 사항으로 생각될 수 있으나 전문직의 인원이 적어서 업무의 순환이 불가능할 때 업무의 순환과 동일한 견제 효과를 가질 수 있는 수단이라는 점에서 좋은 제도이다. 담당자를 교체하기가 힘이 들 때에는 다른 적절한 방법이 없는데 주기적으로 의심을 하면서 업무를 정지시키고 조사를 한다면 담당자가 반발할지도 모르고 조직 내에 좋지 않은 영향을 미칠 수 있다. 그러나 휴가라는 수단을 사용하면 아주 자연스럽게 주기적으로 업무를 정지시키고 해당업무에 다른 사람을 투입하여 조사하는 효과를 가진다.

(8) 독립된 내부감사기능의 존재

위에 언급한 내부통제제도의 기본요소들에 대한 끊임없는 재평가의 수단으로서 내부감사가 존재하여야 한다. 내부통제제도의 기본요소를 확인하고 평가하는 것만이 내부감사의 전부는 아니지만 가장 중요한 임무라고 할 수 있다. 내부감사는 조직의 효과와 효율을 평가하기 위해서 내부통제제도도 평가하며 조직의 효과와 효율의 평가에 내부통제제도의 평가가 가장 중요한 내용이다.

내부감사를 담당하는 평가자는 평가대상이 되는 사람이나 절차로부터 독립적이어야 한다. 감사가 유명무실하게 수행되지 않기 위해서는 감사결과를 조직의 책임자에게 직접 보고하고 다른 누구의 지휘 명령도 받지 않아야 하며 조직의 책임자가 감사의 중요성을 인식하고 감사를 적극적인 통제수단으로서 활용하여야 한다. 정기적으로 그러나 예기치 않은 시기에 감사하여야 하며 발견된 문제점은 즉시 경영자에게 보고되어 적절한 조치가 취해질 수 있는 제도가 마련되어야 한다.

6. 한국의 내부통제제도

(1) 내부통제의 필요성

국가재정법에서는 제98조에서 내부통제의 필요성에 대하여 다음과 같이 언급하고 있다. "각 중앙관서의 장은 재정관리, 재원사용의 적정여부와 집행과정에서 보고된 자료의 신뢰성을 분석평가하기 위하여 소속 공무원으로 하여금 필요한 사항에 관하여 내부통제를 하게 하여야 한다."[10] 국가재정법에서 규정하고 있는 내부통제는

10) 국가회계법 제24조 제1항에서는 "중앙관서의 장은 회계처리의 적정 여부와 결산보고서의 신뢰성을 평가하기 위하여 회계책임관으로 하여금 이에 관한 사항을 관리 · 감독하는 등 내부

일반적으로 행정통제에서의 내부통제라기보다는 예산회계정보시스템의 핵심을 이루는 내부통제제도를 말한다고 보여진다. 자산의 보호와 예산회계정보의 정확성과 신뢰성을 강조하는 전통적인 내부통제제도라고 볼 수 있다. 조직의 목표수행과 효율성의 증진이라는 내부통제제도의 목적은 소홀하게 취급되고 있음을 알 수 있다.

(2) 내부통제의 목적

"재정관리, 재원사용의 적정여부"란 자산보호에 가장 많이 관련되며 "보고된 자료의 신뢰성"이란 정보의 정확성과 신뢰성이라는 내부통제제도의 목적에 직결된다. 국가재정법에서 언급하고 있는 내부통제제도는 재정관리와 재원사용에 국한됨으로써 경제적 활동에 관한 정보를 주 대상으로 한다. 조직목표달성과 효율성의 증진이라는 다소 일반적이고 애매한 목적보다는 자산보호와 정보의 정확성과 신뢰성이라는 구체적이고 객관성을 지닌 목적을 염두에 두고 있다고 보여진다.

(3) 예산집행심의회

국가재정법시행령 제49조에서는 내부통제를 위한 구체적인 방안으로 예산집행심의회의 설치를 다음과 같이 규정하고 있다. "각 중앙관서의 장은 법 98조의 규정에 의한 내부통제의 적정을 기하기 위하여 소속 관계 공무원 및 예산회계에 관한 학식과 경험이 풍부한 자로 구성되는 예산집행심의회를 설치·운영하여야 한다. 예산집행심의회의 설치·운영에 관하여 필요한 사항은 기획재정부장관이 정한다." 내부통제제도가 예산의 집행과 관련되어 있음을 여기에서 알 수 있다.

(4) 내부통제제도의 구축

내부통제제도는 조직의 책임자가 구축하여야 한다고 국가재정법과 국가회계법에서 규정함으로써 조직의 책임자는 조직의 상황이나 기타 여건에 비추어 가장 적합한 내부통제제도를 수립하여 설치하고 유지, 감독할 책임이 있음을 명백히 하였다. 이를 위해 계획을 수립하고 규정을 제정, 변경하며 절차를 제정하고 기타 다른 수단을 강구한다. 소속 공무원들을 교육·훈련시키며 업무담당 상황을 감독하고 개선방안을 끊임없이 모색하여 내부통제제도를 강화해 나가야 한다.

이 규정은 조직의 책임자가 바뀔 때마다 매번 내부통제제도를 새로이 구축해야 한다는 뜻은 아니고 새로 조직의 장이 임명되면 자신의 책임하에 기존의 내부통제제

통제를 하게 하여야 한다"라고 규정하고 있다.

도를 검토하여 적절한지를 판단하여야 한다는 뜻이다. 기존의 내부통제제도를 당연하게 받아들여 수동적으로 사용하지 말고 자신의 주도하에 조직을 위해서 가장 적절한 내부통제제도를 설계하면 어떻게 되겠는가를 파악하여 기존의 제도를 변경하여야 함을 의미한다. 과거에 잘못 설정된 내부통제제도를 사용하는 데에 따르는 문제점의 발생은 새로운 조직의 장이 책임져야 하며 이러한 이유 때문에 조직의 장은 새로 임명될 때 기존의 내부통제제도의 적절성에 대한 평가를 해야 한다.

(5) 내부통제제도의 유지

내부통제제도는 수립하고 설치하는 단계뿐만이 아니라 유지 감독하는 단계에서도 조직의 책임자는 관심을 기울이고 책임을 져야 한다. 부하직원이 부정이나 오류에 의해 사고를 저질렀을 때 조직의 책임자는 법적으로 행정행위에 대한 책임을 짐과 동시에 내부통제제도가 적절치 못한 데에 대한 책임을 지거나 적절한 내부통제제도였지만 실제로 준수되지 못한 데에 대한 책임도 져야 한다.

그럼에도 불구하고 국가재정법과 국가회계법 이외에서 별도로 내부통제제도의 구축, 유지에 대하여 규정하고 있지 않기 때문에 조직의 책임자에 대한 이러한 의무규정은 사실상 사문화되고 있다. 국가재정법과 국가회계법에서도 구축과 유지해야 한다고만 규정하고 있을 뿐 평가하고 보고하는 것에 대한 규정은 없기 때문에 내부통제제도가 구축되지 않거나 존재하더라도 준수되지 않는다. 내부통제제도의 평가, 보고의무가 별도로 부여되지 않기 때문에 내부통제제도의 평가가 공식적으로 이루어지지 않고 평가에 대한 공식기록이 존재하지 않고 있는 현실이다.[11]

(6) 내부통제제도에 대한 올바른 이해의 필요성

감사원은 지출증빙회계감사에 내부통제에 대한 평가를 도입함으로써 진정한 의미의 회계감사를 실시할 수 있는 계기를 마련했다.[12] 감사원에서는 지출증빙감사기법에서 제시한 지출분야 내부통제평가요목을 1996년 9월 16일 이후부터 감사조서에 포함시키도록 하고 있으며, 감사교육원에서는 이러한 내부통제제도와 관련된 2개의 과목을 정식으로 채택하여 자체감사요원 및 회계직 공무원들에게도 소개하고 있다.[13]

11) 이 부분은 다음의 논문을 참조하였음. 문호승, 공공기관의 내부통제제도 개선방안, 감사, 1996. 11. (제50호), pp. 44-49.

12) 이 부분은 다음의 논문에서 발췌하였다. 윤성식, 내부통제제도의 의의와 중요성, 감사, 1996. 11. (제50호), pp. 27-31.

13) 이 문장은 다음의 논문을 참조하였다. 강주훈, 내부통제제도 평가의 기본방향, 감사, 1996. 11. (제50호), pp. 50-54.

감사원의 내부통제제도에 대한 평가는 비록 제한적인 범위 내에서 이루어지지만 그 동안 내부통제제도에 대한 오해와 무관심이 행정부의 각 부서에 만연되어 온 현실에 비추어 매우 의미 있다고 볼 수 있다. 다만 내부통제제도에 대한 감사가 이런 소극적인 범위에서 벗어나 적극적으로 회계감사의 중요한 부분이 될 수 있도록 감사원에서 주도적인 역할을 수행해야 할 것이다.

정부의 내부통제제도에 관한 한 논문에 의하면 감사원에서 지난 1994년과 1996년에 실시했던 지방세수납실태에 대한 특별감사나, 1996년에 실시했던 2, 3차 기관예산지출관련회계사무 집행실태에 대한 감사결과에서도, 이들 기관이 적절한 내부통제제도를 갖추지 않고 있거나 설령 내부통제제도는 갖추고 있더라도 이를 제대로 이행치 않는다는 점이 횡령과 같은 문제가 발생한 기관의 공통적인 특징의 하나로 나타났다.[14]

내부통제제도를 통하여 조직의 목표를 효과적이고 효율적으로 수행하기 위해서는 내부통제제도에 대한 이해가 필요하며 내부통제제도의 중요성을 조직의 최고책임자와 구성원이 다같이 인식하여야 한다. 내부통제제도는 조직 내의 자산을 보호하고 정보의 정확성과 신뢰성을 높이며 조직의 목표를 효율적으로 수행할 수 있도록 조직 내에서 수립된 계획, 규정, 절차, 수단 등을 말한다. 내부통제제도는 내부통제제도의 기본요소가 구비된 통제를 염두에 둔 제도를 말하며 사람들이 상식적으로 생각하듯이 통제를 염두에 두고 존재하는 조직의 모든 제도가 내부통제제도는 아니다.

모든 조직은 정도와 성격의 차이는 있더라도 통제를 위한 제도적인 장치를 가지고 있기 마련인데 이러한 제도가 모두 내부통제제도는 아니다. 내부통제제도의 기본조건과 필수적인 요소를 구비하고 있는 제도가 내부통제제도인 것이다. 예를 들어, 어떤 조직에 부하직원을 감독하는 규정과 절차가 존재하더라도 내부통제제도의 기본요소를 구비한 제도가 아니라면 내부통제제도라 할 수 없다. 내부통제제도란 통제의 성격을 지닌 제도적인 장치라고 막연히 생각하는 오해는 우수하고 신뢰할 수 있는 내부통제제도의 구축에 가장 큰 장애가 되고 있다.

한국의 내부통제제도는 일부 극히 제한된 범위를 제외하고는 진정한 의미에서 내부통제제도의 기본요소를 구비한 제도라 할 수 없으며 그런 차원에서 볼 때 내부통제제도는 존재하지 않는다고 보아야 할 것이다. 조직의 최고책임자가 내부통제제도에 대해 이해하고 있으며 내부통제제도의 구축과 유지가 자신의 책임이라는 사실을

14) 이 단락의 내용은 다음의 논문에서 발췌한 것이다. 문호승, 공공기관의 내부통제제도 개선방안, 감사, 1996. 11. (제50호), pp. 44-49.

인식하고 있는지 의문이다. 예산집행심의회가 존재하고 있는지도 의문이고 과연 예산집행심의회가 유명무실하지 않은 내부통제제도의 운영과 유지를 위해 노력하고 있는지도 의문이다. 기획재정부장관이 예산집행심의회의 설치와 운영을 위해 어떤 노력을 기울이고 있으며 어떤 규정과 기준을 제정하였는지도 의문이다.

내부통제제도에 대한 오해와 무관심의 대표적인 사례는 인천북구청의 세금비리사건이다. 인천북구청의 세금비리사건은 내부통제제도의 기본요소 중의 하나인 업무분리의 원칙부터 지켜지지 않았기 때문에 부정은 어느 정도 예견된 사건이었다. 그러나 예산회계의 전문가들조차 세금비리의 원인을 전산화의 미비로 판단함으로써 정확한 사건의 파악과 원인규명에 실패하였다. 언론은 국세가 전산화되었음에 반하여 지방세는 전산화되지 않았기 때문에 세금비리가 발생하였으며 전산화야말로 가장 중요한 필요사항이라는 논조를 유지하였다. 내부통제제도가 모든 부정과 오류를 방지하는 것은 아니지만 내부통제제도가 갖추어지지 않은 조직은 가장 손쉬운 예방책을 포기하는 것이나 마찬가지이다. 인천북구청은 전산화에 앞서서 내부통제제도가 구축되어야만 했다.

(7) 내부통제제도와 한국의 감사현실

여태까지는 정부조직을 감사할 때 내부통제제도를 평가·보고해야 할 공식적 의무는 없었다. 관행적으로 감사계획수립이나 집행과정에서 주관적이고 자의적인 기준에 의해 문제점이 많을 것으로 판단되는 취약기관이나 사업을 선정하여 이를 중점적으로 감사했을 따름이다. 이것은 내부통제제도에 대한 객관적·종합적 이해라기보다는 다분히 주관적·부분적 이해에 기초한 것이었다. 그러므로 감사반장 또는 감사인 개인의 과거경험에 의해 형성된 선입견, 감각 또는 가지고 있는 정보의 양과 질에 따라서 감사대상기관이나 사업을 선정하는 기준이 달라질 수 있다. 그 결과, 같은 감사사항이라도 누가 감사하느냐에 따라서 감사성과가 크게 달라지는 등 감사의 질 관리(quality control)가 제대로 되지 않을 가능성이 크다. 감사원에서는 몇 년 전부터 회계감사시에 필히 수감기관의 회계시스템 전반에 관한 내부통제제도의 평가를 실시하도록 의무화하고, 그 결과를 토대로 감사범위·절차·방법을 달리 선택할 수 있도록 하였으며, 이에 필요한 내부통제 평가항목과 항목별 점검표를 개발하여 실제 감사시 시행하도록 하였다.[15]

---

15) 이 부분은 다음의 논문에서 발췌하였다. 문호승, 공공기관의 내부통제제도 개선방안, 감사, 1996. 11. (제50호), pp. 44-49.

이경섭·홍광표의 논문에 의하면 내부통제제도에 대한 평가가 회계부정의 개연성에 대한 좋은 진단방법이라고 한다.16) 회계부정의 개연성이 거의 없는데도 모든 회계자료를 검사하는 방법은 감사원의 한정된 자원으로 인하여 사실상 불가능하다. 감사원에서 과거에 발생한 회계부정사건 40여 건을 모아 유형별로 정리하고 분석한 결과 회계부정이 발생된 데는 내부통제제도가 취약하거나 준수되지 않는다는 사실을 발견하였다. 감사원은 감사착수와 동시에 빠른 시간 내에 회계시스템의 내부통제제도에 대한 평가를 실시하여 회계부정의 개연성을 진단하고 평가결과에 따라 감사범위의 설정 및 감사절차, 조사기법을 마련하는 방법을 채택하고 있다. 이런 방법으로 모든 회계자료를 정밀조사하지 않고서도 회계부정을 최대한 적발할 수 있는 효과를 거두게 되었다. 실제로 소규모기관이라 하더라고 연간 지출건수가 1,000건에 이르고 조금 큰 기관은 2,000~3,000건이 일반적인데, 지출원인행위부, 지출부, 수표발행부와 지출증빙서를 일일이 대조하는 방법으로 조사할 때 감사원의 한정된 자원으로는 한계가 있다. 내부통제제도의 평가야말로 최소의 비용으로 최대의 회계부정을 적발할 수 있는 방법인 것이다.

7. 미국의 내부통제제도

(1) 미국의 사례

미국의 내부통제제도는 한국의 제도에 비해서는 훨씬 진일보했으며 적어도 내부통제제도가 무엇이라는 것조차 이해하지 못하고 있는 한국의 현실에 비해서는 훨씬 양호하다고 볼 수 있다. 미국의 1950년 제정된 예산회계절차법(The Budget and Accounting Procedures Act)은 모든 기관의 장은 내부통제를 구축하고 유지하며 이에 필요한 내부감사도 포함해야 한다고 규정하고 있다.17)

미국의 감사원장, 즉 일반회계원(GAO)원장인 Chales A. Bowsher는 미국의 내부통제제도에 대한 심각한 우려를 표시하고 있다. 미국의 정부조직은 정책을 효과적으로 수행하고 정부의 자산을 보호하는 데 필요한 내부통제가 구비되어 있지 못하다고 주장하고 있다. 비록 1982년에 통과된 연방재무청렴법(The Financial Integrity

16) 여기에 소개하는 사례는 다음의 논문에서 인용한 것이다. 이경섭·홍광표, 예산집행관련 회계사무집행실태, 감사, 1997. 1. (제51호), pp. 33-37.

17) Adair, J. J. and R. Simmons, From Voucher Auditing to Junkyard Dogs: The Evolution of Federal Inspectors General, Public Budgeting & Finance, Summer 1988, pp. 91-100.

Act) 이후에 내부통제제도와 회계제도는 어느 정도 개선되었으나 아직도 심각한 결함으로 중대한 결과를 초래하고 있다고 말한다.[18]

미국 내무부의 연방감사관은 157명의 내무부공무원이 실업수당과 봉급을 동시에 수령한 사실을 파악했다. GAO가 노동부감사결과 횡령, 자금의 오용, 가짜보고서를 발견하였으며 GAO는 이러한 현상의 원인을 취약한 내부통제라고 지적하였다(Riso & Kendig, 1988).

(2) 미국연방정부의 연방재무청렴법(Federal Manager's Financial Integrity Act: FMFIA, 1982년)

연방재무청렴법은 내부통제제도에 관한 획기적인 법률로서 감사원(GAO)과 관리예산실(OMB)이 내부통제제도의 감독자로서 어떤 임무를 수행해야 하는가를 밝히고 있다. 또 각 부처가 감사원장에 의해 수립된 기준에 의해 내부통제시스템을 구축하고 유지해야 할 구체적인 의무에 대해 명시하고 있다. 재무청렴법은 내부통제제도에 관한 역사적인 법규이지만 집행에 많은 인력과 시간이 소요된다는 문제점이 있다.

1984년말 연방재무청렴법에 의해 300건 이상의 중대한 내부통제취약점이 연방정부의 각 부서에 의해 보고되었다. 1987년 관리예산실(OMB)은 연방정부의 여러 부서들이 자신들의 내부통제제도가 연방재무청렴법의 요구사항에 부합하다는 합리적 확신을 못하고 있다고 확인하였다. 감사원(GAO), 의회, 미국행정학회, 프라이스워터하우스회계법인이 공동으로 조사한 바에 의하면 연방정부의 예산과 재무제도는 심각한 문제점을 내포하고 있다고 한다. 내부통제제도와 정부회계제도는 천문학적인 규모의 예산을 운영하는 정부조직이 필요로 하는 수준에 이르지 못하고 있으며 횡령, 낭비 등에 의해 얼룩져 있다고 주장한다. 정부의 재무관리에 대한 이러한 우려의 공통내용 중의 하나는 현금관리, 부채상환, 신용관리 등에 있어서 민간기업의 재무관리기법을 도입해야 한다는 사실이다.[19]

연방재무청렴법은 감사원장에 의해 제정되는 기준에 부합하는 내부통제를 구축하도록 요구하고 있다. 각 기관의 장은 자신의 내부통제를 평가하고 대통령과 의회에 자신의 내부통제제도가 감사원장의 기준에 부합하다는 사실을 매년 보고하여야 한다. 만약, 기준에 미흡할 경우 내부통제취약점을 식별하고 이를 시정할 계획과 일정표를 보고하여야 한다. 연방정부뿐만 아니라 일부 주정부도 주정부기관이 자신의 내부통

18) Bowsher, C. A., 전게논문.

19) Gilmour R. S. and R. L. Sperry, 전게논문.

제를 평가하고 이를 보고하도록 요구하고 있다. 뿐만 아니라 일부 시정부에서도 시정부 산하의 각 기관이 내부통제제도를 평가하도록 요구하고 있다.[20]

재무청렴법은 재무사항만이 아니라 모든 사업, 조직, 기능에 적용되며 각 부서의 회계통제와 관리통제시스템이 요구사항에 부합하여야 한다고 규정하고 있다. 이 법은 내부통제개념을 관리통제차원까지 확장하고 있음을 알 수 있다. 이법은 OMB와 GAO가 모두 내부통제제도를 감독하는 책임을 갖고 있음을 명시하고 있다. OMB는 내부통제시스템을 개발하고 보고할 때 부처가 준수해야 할 정책과 절차를 규정(circular A-123)하고 있다. 내부통제기준은 감사원장이 수립하지만 OMB는 감사원장과 협의하여 실행지침을 제정한다. 1983년에 감사원장의 회계통제와 관리통제에 관한 요구기준이 제정되었으며 GAO는 법규의 집행에 대하여 감사를 실시하고 있다. Riso & Kendig와 Schick는 재무청렴법에 대해 다음과 같이 설명하고 있다(Riso & Kendig, 1988; Schick, 1995).

각 부처는 부처의 활동이 낭비와 손실에 노출되는 정도를 평가하고 내부통제시스템의 약점을 파악하는 관리통제계획을 개발하여야 한다. 부처는 주기적으로 내부통제시스템을 평가하고 필요할 경우 시정조치를 취해야 한다. OMB는 각 부처의 자체평가와는 별도로 사업을 감시하여 고위험(high risk)목록을 작성하고 시정사항과 개선상황을 평가한다.

이 법은 각 부처가 내부통제시스템과 회계시스템에 대한 자체평가보고서를 매년 GAO에 제출하도록 요구하고 있다. 각 부처는 자체평가보고서에 내부통제시스템과 회계시스템의 주요약점과 감사원장이 제정한 내부통제제도기준과 회계원칙, 기준의 위반사항, 주요약점과 위반사항의 시정행위를 보고하여야 한다.

GAO는 부처의 자체평가보고서와 내부통제시스템을 검토하고 중요한 약점에 대해 보고한다. GAO의 최근보고에 의하면 많은 연방부처가 아직도 신뢰할 수 있는 내부통제시스템과 회계시스템을 구비하지 못하고 있어 수십 억 달러의 낭비를 초래하고 있다고 한다. 예를 들어 1992년 회계연도에 대한 국방부의 자체평가보고서를 GAO가 검토한 후 국방부가 내부통제시스템과 회계시스템이 적절하다고 보고한 데에 대해 GAO가 그렇지 않다고 반박하는 검토보고서를 작성하였다. GAO는 국방부의 재무관리시스템과 운영에 대해 GAO와 기타 기관이 감사한 결과를 평가하고, 국방부의 자체평가보고서의 구체적인 내용에 비추어보아도, 국방부의 내부통제시스템

20) Deck, G. E., Controlling Employee Fraud : Strategies for Managers and Auditors, Public Budgeting & Finance, Summer 1985, pp. 52-62.

과 회계시스템이 적절하다고 말할 수 없다고 국방부장관에게 보내는 검토보고서에서 주장하고 있다.

재무청렴법에 의해 감사원이 제정한 내부통제기준, 각 부처가 내부통제제도를 개발할 때 준수해야 할 정책과 절차를 규정(OMB의 circular A-123) 등 내부통제제도를 강화하기 위한 일련의 조치들은 미국 연방정부의 내부통제제도에 대한 관심을 보여주는 일련의 사건들이다. 그러나 많은 사업관리자들은 이러한 조치들에 포함된 회계용어에 익숙하지 않을 뿐더러 이러한 조치들이 요구하고 있는 통제를 확인하고 평가하는 과정에 접해본 적이 없어서, 연방정부가 이제 모든 사업관리자를 회계사로 만들려고 하는가 보다 라고 느끼게 되었다. 더구나 이러한 조치들은 기존인력으로 수행하도록 되어 있었기 때문에 실제로 수행과정에서 의도한 바대로 집행되지 않았고 상당한 인적, 서류부담이 있었으며 이에 대한 불평이 제기되었다. 이에 미국연방정부는 관리개선을 위한 대통령위원회(Organization and Structure Committee of the President's Council on Management Improvement: PCMI)로 하여금 내부통제개선과정에 대해 검토하고 저렴한 비용으로 내부통제제도를 개선하는 방법을 강구하도록 하였다.

11.5 예산회계정보시스템

1. 예산회계정보시스템의 이해

기업의 경우는 예산회계정보시스템이라고 하는 것은 존재하지 않는다. 회계정보시스템이 예산정보시스템으로서의 역할을 수행하기 때문이다. 그러나 정부는 예산정보시스템과 회계정보시스템이 결합된 예산회계정보시스템이 정보시스템 중에서 가장 중요한 시스템으로서의 기능을 수행한다. 예산이 확정되면 회계계정과목으로서 기록하는 정부와 예산이 확정되더라도 회계계정과목으로 기록되지 않는 기업은 큰 차이가 있다. 기업에 있어서는 예산의 역할이 사소하지만 정부에 있어서는 회계의 역할이 사소하다. 따라서 기업은 회계정보시스템이 예산정보시스템의 기능까지 수행하며 정부는 예산정보시스템이 최근 발달된 회계정보시스템과 함께 예산회계정보시스템을 구성한다.

기업예산은 추정손익계산서로서의 성격을 지니고 있기 때문에 회계정보시스템이 예산정보시스템의 역할을 수행할 수 있다. 기업에 있어서 추정된 수익 즉 정부의 세입에 해당하는 금액이 원래 추정보다 상회한다고 하더라도 크게 문제가 되지 않으며 오히려 바람직하다. 수익은 클수록 좋기 때문이다. 기업에 있어서 추정된 비용 즉 정부의 세출에 해당하는 금액이 원래 추정보다 하회한다고 하더라도 크게 문제가 되지 않으면 오히려 바람직하다. 비용은 작을수록 좋기 때문이다. 그러나 정부의 경우에는 세입이 원래 추정보다 커져도 문제이고 세출이 원래 추정보다 작아도 문제이다. 따라서 세입과 세출은 확정되면 가능한 한 지켜져야 하는 액수이고 따라서 기업처럼 참고사항에 그치는 것이 아니라 회계계정으로서 기록되고 변화내용을 계속 기록하는 것이다. 그러므로 정부의 예산회계정보시스템과 기업의 회계정보시스템은 매우 큰 차이가 존재한다. 그러나 정부의 예산회계정보시스템은 기업의 회계정보시스템 개념을 포함하는 보다 넓은 개념인 것이다.

1) 오늘날의 회계시스템은 모두 전산화된 회계시스템이기 때문에 전산화된 회계시스템을 회계정보시스템이라고 부르기로 한다. 그러므로 회계시스템과 회계정보시스템은 사실상 동의어인 것이다.

2) 예산회계정보시스템은 예산정보시스템과 회계정보시스템이 유기적으로 결합하여 상호 연계된 정보시스템이다.

예산회계정보시스템＝예산정보시스템＋회계정보시스템

3) 정부의 각 부처는 독립된 예산회계정보시스템을 운영할 수 있지만 모든 예산회계정보시스템은 통합되어 하나의 시스템을 구성해야 한다.

4) 회계정보시스템은 예산의 가장 중요한 근본을 이룬다(The cornerstone of any public budget is the accounting system)(Coe, 1989).

5) 회계정보시스템은 통합재무관리시스템으로 발전하고 있기 때문에 현대적 의미의 회계정보시스템은 통합재무관리시스템이다.

통합재무관리시스템(integrated financial management system)＝
세입예측시스템＋세출예측시스템＋회계시스템＋감사시스템＋성과측정시스템

6) 예산회계정보시스템은 어떻게 설계되고 운영되는가에 따라 상당한 차이가 난다. 미국 감사원(GAO)의 한 보고에 의하면 연방공무원 1인의 봉급수표를 작성하는데 소요되는 비용이 시스템에 따라 $2에서 $14까지 차이가 난다(Bowsher, 1988).

7) 신경망처럼 예민한 정보시스템

미국의 경우 The Local Government Amendment Act No. 2(1989)는 언제든지 합당한 수준의 정확도를 가진 재무상태, 수입, 지출, 자산, 부채, 우발채무와 보증액을 결정할 수 있는 회계시스템과 과정을 구축해야 한다고 요구하고 있다(Wood, 1989). 최근의 정보시스템은 수입과 지출을 실시간으로 입력하고 매일 결산이 가능하며 모든 관련된 정보를 빠짐없이 반영하는 신경망처럼 예민한 정보시스템으로 발전하고 있다. 신경망처럼 예민한 정보시스템은 마치 정부의 모든 행위의 일거수일투족을 감시하듯이 회계정보를 통해 예산집행을 추적할 수 있는 정보시스템이다.

8) 회계정보시스템은 회계정보를 창출한다. 정보는 다음의 특성을 구비해야 한다.

- 신뢰성(reliability)
- 이해가능성(understandability)
- 관련성(relevance)
- 비교가능성(comparability)
- 적시성(timeliness)
- 일관성(cosistency)
- 유용성(usefulness)

회계정보도 정보의 일종이기 때문에 이러한 특성을 갖추어야 한다. 이해가능성은 책임성을 제공하기 위해 국민이 쉽게 이해할 수 있는 형태로 재무정보가 제공되어야 한다는 것을 의미한다(Premchand, 1995).

9) 원장을 중심으로 한 통합재무관리시스템

통합재무관리시스템(Integrated Financial Management System: IFMS)은 총계정원장(general ledger)이 핵심구성요소가 되어야 한다. 총계정원장을 통해 자금의 모든 유입과 유출이 기록되기 때문에 지출상황, 계약체결액수 등을 전부 파악할 수 있다. 펀드의 숫자가 많으면 펀드간의 거래가 급속도로 증가하고 담당인원도 증가되어야 하지만 컴퓨터원장시스템이 유지되면 펀드숫자의 증가는 별다른 문제를 초래하지 않는다. 펀드는 총계정원장의 보조시스템이나 특별시스템으로서 원장과 주기적 혹은 특별한 연계를 통하여 하나의 체계를 구성한다. 전산화된 총계정원장시스템은 예산과 회계에 관한 다양한 정보를 즉각적으로 제공하기 때문에 통제개념도 새롭게 정립되어야 한다(Premchand, 1995).

10) 컴퓨터의 발달로 인하여 회계정보시스템은 의회의 예산승인액수, 예산배정, 지출내역을 상세히 기록할 수 있게 되었다(Premchand, 1995). 민간부문회계는 지출내역만을 기록하는 데 반하여 정부회계는 예산이 결정되면 분개를 통하여 이를 기록한다.

11) 예산을 포함하는 회계정보시스템

기업과 정부의 가장 큰 차이점은 정부예산과정의 존재와 정부예산을 회계정보시스템에 포함한다는 점인데, 이 차이점 때문에 정부의 회계시스템은 이중(double-track)회계시스템 혹은 다중(multiple-track)회계시스템으로 설계되어야 한다. 또한 각 부서의 회계시스템은 각각 독특한 환경으로 인하여 고유한 특성을 보유하기 때문에 모든 부서의 회계시스템을 표준화하는 것은 적절하지 않을 수도 있으며 표준화할 경우 부서의 특성을 반영할 수 있는 신축성이 필요하다. 그러므로 표준회계시스템의 설계시에는 모든 부서의 관련자가 참여하여야 한다. 부서의 회계시스템의 설계시 중앙예산기관이 부서를 감시할 목적으로 지나치게 통제지향적 시스템을 설계할 경우 회계시스템에 과도한 설계내역, 규제, 기타 세부요구사항을 부과하게 되어 분권화에 역행하고 비생산적이며 오히려 역효과를 야기한다(Premchand, 1995).

12) 기획, 예산, 회계, 보고가 통합된 시스템의 필요

예산과 회계가 통합된 시스템이 필요한 것은 물론 기획과 보고도 통합되어야 한다. 회계시스템의 개혁은 예산개혁과 별개로 시행하느냐 또한 예산과 회계의 개혁을 다른 행정개혁과 별개로 추진하느냐의 두 가지 문제가 있다. 별도로 추진할 수 있다는 주장과 같이 해야 한다는 두 가지 주장이 공존한다. 개혁은 빅뱅처럼 총체적이고 순간적으로 이루어져야 한다는 주장과 점진적으로 이루어져야 한다는 주장이 있다. 점진적인 개혁은 저항에 대한 대처가 가장 취약점이다. 점진주의적 개혁은 개혁의 성과를 초기에 보여주지 못할 경우 개혁에 대한 지지가 시간이 흐를수록 약화된다는 문제점도 있다. 그러나 어떤 개혁은 성격상 오랜 시간을 필요로 하는 경우가 있다. 예를 들어 미국에서 어떤 기관들은 회계시스템의 표준화를 10년 넘게 추구해 왔지만 아직도 완성되려면 한참을 기다려야 하는데 그동안 기준 자체가 변화했기 때문이기도 하다. 호주와 뉴질랜드의 경험에 의하면 제도적인 변화는 단기간에 불가능하다. 비록 점진적인 개혁을 추구한다고 해도 선진국이 오랜 기간 동안 이룩한 일련의 변화 중 가장 최근 경험만을 도입할 수 있기 때문에 급진적인 개혁으로 보일 수 있다(Premchand, 1995).

13) 지속적인 개선이 필요

정부규모가 확대되고 정부의 재무관리가 복잡해짐에 따라 끊임없이 회계시스템을 수정하고 보완하여 다양한 정보욕구를 충족할 수 있는 바람직한 시스템을 유지해야 한다. 회계시스템은 기존에 제공했던 정보의 범위를 넘어서 다양한 시대적 요구와 외부 정보이용자의 필요를 반영하여 적극적으로 정보를 제공하지 않으면 안 된다. 또한 내부 정보이용자의 요구도 적극 반영하고 내부 정보이용자에게 유용한 정보를 자발적으로 제공함으로써 과거의 회계시스템처럼 일부 부서의 영역에 국한되어서는 안 된다. 회계시스템은 다른 부서와 부단히 상호작용하며 교류하고 대화해야 한다. 그러므로 회계시스템은 회계시스템으로서 설계되기보다는 정보시스템의 하부 시스템이라는 사실을 염두에 두고 전체적인 관점에서 설계되어야 한다. 회계시스템은 장기적 관점하에서 설계되어야 하며 실험과 평가를 부단히 반복하면서 발전해 나가야 한다. 하나의 조직에 가장 적합한 유일한 회계시스템은 결코 존재하지 않는다(Premchand, 1995).

2. 예산과 회계의 연계

1) 예산은 미래에 대한 계획이고 회계는 계획의 집행에 대한 기록이기 때문에 예산과 회계는 서로 밀접하게 연계될 수밖에 없으며, 예산을 회계의 한 형태라고 할 수 있다(Budgeting is a form of accounting)(White, 1985). 예산은 집행되는 순간 이루어지는 모든 기록은 회계기록이다. 예산집행에 대한 기록은 예산기록이 아니라 회계기록인 것이다.

2) 예산의 가장 중요한 기능은 기획과 통제이며 회계의 가장 중요한 기능 또한 통제이므로 통제기능을 통하여 예산과 회계는 서로 연계된다.

3) 미국에는 예산회계법이라는 법령이 존재하는데 예산과 회계가 서로 연계될 수밖에 없음을 법규의 명칭을 통해서도 간접적으로 추정할 수 있다. 미국 연방정부의 예산에 관한 가장 중요한 두 개의 법령인 예산회계법(Budget and Accounting Act, 1921)과 예산회계절차법(Budget and Accounting Procedures Act, 1950)에서 알 수 있듯이 회계와 예산은 불가분의 관계에 있다. 1921년 예산회계법은 첫째, 회계와 예산분류(accounting and budget classifications)의 일관성(consistency), 둘째, 회계분류, 예산분류, 조직구조(organizational structure)의 일치(synchronization), 셋째, 성과와 사업원가정보에 의한 예산신청의 정당성 입증을 규정하고 있다. 예산회계법은 무엇보다

도 발생주의회계와 원가에 기초한 예산편성을 규정하고 있지만 아직도 이러한 규정들은 시행되지 못하고 있다(Staats, 1990).

4) 회계가 예산과 관련을 처음 맺기 시작한 것은 품목별 예산부터라고 할 수 있다. 부패를 방지하기 위하여 지출내역을 통제하는 품목별예산은 정부회계시스템을 예산계정과 연계한 제도였다(Grizzle, 1998).

5) 예산은 회계용어와 회계제도를 도입하여 편성되고 운영되어야 한다. 만약 회계에서 사용하는 항목의 명칭이 예산에서 사용하는 항목의 명칭과 상이하다면 비효율적이고 혼란을 야기할 것이다. 예산과 회계의 연계는 회계라는 언어를 예산에 사용함으로써 시작된다. 만약 예산과 회계가 동일한 언어를 사용하지 않는다면 예산과 회계의 연계는 불가능할 것이다.

6) 예산시스템과 감사시스템은 통합재무관리시스템의 머리와 꼬리에 각각 해당하는데 대부분의 경우 회계시스템과 연계되어 있지 않다고 한다(Ellis, 1988). 많은 사람들이 예산시스템, 감사시스템이 회계시스템과 연계되어야 한다고 말하면 수긍하면서도 실제로는 연계에 적극적이지 못하며 연계의 의미를 이해하지 못한다.

7) 회계와 예산의 괴리로 인한 회계정보의 사장사례가 빈번하다. 유용한 회계정보가 예산과 회계의 괴리로 인하여 의사결정과 성과평가 등에 사용되지 못하는 것은 매우 애석한 일이다. 정보통신기술과 컴퓨터의 놀라운 발전으로 인하여 상대의 자료필요성과 보고목표를 훼손하지 않고 회계시스템과 예산시스템을 통합할 수 있게 되었다. 이제는 예산과 회계의 연계를 가로막는 기술적인 장애는 없다. 현재의 정보시스템은 과거의 기술한계로 인하여 매우 분권화되어 있는데 이제는 통합하여 통합재무관리시스템을 구축해야 한다(Bowsher, 1992).

8) 예산과 회계가 통합되지 않으면 계획된 지출액수와 실제 지출액수를 비교하는 성과평가가 사실상 불가능하거나 매우 어렵다. 또한 예산이 사업이나 활동을 기준으로 편성되고 회계가 이와 다른 기준으로 수행된다면 예산과 회계의 연계가 불가능하다. 예산이 산출을 중심으로 편성되면 회계도 산출에 대한 정보를 제공해야 하며 예산이 사업을 중심으로 편성되면 회계도 사업에 대한 정보를 제공할 수 있어야 한다. 이제 컴퓨터와 정보통신기술의 발달로 인하여 예산과 회계의 연계는 그다지 어려운 일이 아니기 때문에 예산편성단위와 회계기록단위를 연계하여야 한다(Points, 1990).

재정적자와 긴축재정으로 인하여 재무정보가 의사결정에서 한층 더 중요해졌으나 현재의 재무보고는 관련된 정보를 적절한 시점에서 제공하지 못하여 정책과 관리의사결정에 기여하지 못하고 있다. 미국의 경우, 예산은 사업이나 프로젝트를 기준으로 작성되는 데 반하여 재무보고는 지출예산과 비용항목에 초점을 맞추어 작성되고 있어 일관성이 결여되어 있다. 지출예산액수도 중요하지만 산출을 위해 사용한 실제자원액수가 더 중요하며 이것을 예산과 비교하여야 하는데 그렇지 못한 현실이다.

9) 예산은 정치적인 측면이 강하기 때문에 관리적이고 항구적인 재무관리기능과 분리하는 것이 바람직하다. 이런 측면에서는 예산과 회계가 분리되어야 한다. 그러나 연계되어야 하는 측면도 있기 때문에 예산과 회계가 통합되는 통합재무관리시스템도 필요하다. 결국 예산과 회계는 독자적인 기능을 수행하기 위해 분리되어야 하면서도 상호의존적인 성격으로 인하여 연계가 필요한 시스템이다.

10) 예산과 회계가 연계되지 않기 때문에 예산의사결정이 회계정보에 기초하지 않고 이루어진다(Points, 1990). 신뢰할 수 있는 회계정보는 미래의 예산의사결정에 매우 유용한 정보를 제공한다. 예산편성이 과거의 예산집행과 유리되면 안 될 것이다. 그러나 대부분의 경우 예산편성은 주요 예산항목의 집행 총액만을 고려할 뿐 유용한 회계정보를 활용하지 못한다.

11) 미국의 예산회계법(1921년)은 예산과 회계를 상호의존과정으로 파악하였다. 예산은 회계구조의 기초를 제공하고 회계시스템에 의해 수집된 자료는 예산시스템의 기초를 제공한다고 생각하였다. 그러나 예산과 회계업무는 조직 내에서 다른 부서에 속하였고 자료는 서로 일치되지 않았으며 예산시스템과 회계시스템간에 괴리가 발생하였다.

12) 예산과 회계의 연계를 위해서는 통합재무관리시스템을 책임지는 최고담당자가 존재해야 한다. 통합재무관리시스템(integrated financial management system)은 "세입예측시스템+세출예측시스템+회계시스템+감사시스템+성과측정시스템"으로 정의할 수 있다(Toulmin & Wright, 1983). 과거의 회계정보시스템이 오늘날의 통합재무관리시스템으로 발전하였다. 미국은 1990년 제정한 재무관리관법(Chief Financial Officers Act)에 의해 재무담당최고책임자인 재무관리관(Chief Financial Officer: CFO)이 통합재무관리시스템을 책임지도록 규정하고 있다(Schick, 1995; Grizzle, 1998).

13) 원가에 기초한 예산편성

원가에 기초한 예산편성은 회계기준에 의해 예산을 편성하는 것이며 결국 회계와 예산이 연계된 것을 의미한다. 예를 들어 현재의 사업은 사업에 소요되는 모든 원가를 포함하여 편성되지 않는다. 사업에 직접 관련되는 원가만을 산정하고 있기 때문에 완전원가에 의한 예산편성이 아니다. 뉴질랜드는 산출을 중심으로 완전원가에 의해 예산을 편성하는 데 회계와 예산이 완전하게 연계되어 있다.

미국의 관리예산실(OMB), 감사원(GAO), 재무부는 연방회계기준자문위원회(Federal Accounting Standards Advisory Board: FASAB)를 구성하여 새로운 연방정부회계기준을 제정하고 있다. FASAB가 초기에 집중적으로 논의한 것은 회계기준이 예산에도 적용되어야 하는가였다. 민간부문에서 예산은 내부문서이며 회계기준의 영향을 받지 않지만 공공부문에서 예산은 정부의 계획과 결과를 국민에게 전달하는 매우 중요한 수단이다. 비록 당분간 연방정부회계기준은 예산에 적용되지 않기로 결정되었지만 미래에는 원가에 기초하여 예산을 편성하게 될 가능성이 크다. 1956년에 제정된 법에 의하면 원가에 기초한 예산(cost-based budgeting)을 편성해야 하지만 이 규정은 여태까지 사실상 무시되었다. 원가에 기초한 예산은 발생주의회계에 의해 수입과 지출이 결정되는 예산이며 정부의 활동에 대한 완전원가를 측정할 수 있는 이점이 있다(Schick, 1995).

14) 정책이 예산과 회계가 연계된 시스템 내에서 결정, 집행, 평가되는 단일 관리통제시스템이 필요하다. 예산과 회계가 연계된 시스템이란 예산과정에서 정책결정자들이 요구하는 정보와 회계정보를 필요로 하는 사업관리자들이 요구하는 정보를 동시에 제공하는 시스템인데 때로는 이 두 가지 요구가 서로 갈등을 야기할 수 있다. 기획은 성과와 연결되어야 하는데 회계시스템은 기획의사결정의 결과 무엇이 달성되었는가를 보여주어야 하며 이는 정책목표가 달성되었는가를 보고하는 시스템이어야 함을 의미한다(Anthony, 1988).

3. 미국의 재무관리관법(Chief Financial Officers Act)

(1) 재무관리관의 임무

미국 연방정부의 재무관리관법(Chief Financial Officers Act)은 현대적인 회계정보시스템의 개념인 통합재무관리시스템의 최고책임자로서 재무담당최고책임자인 재무관리관(Chief Financial Officer: CFO)제도를 구축하였다. Schick와 Grizzle은 재무관리관법에 대해 다음과 같이 설명하고 있다(Schick, 1995; Grizzle, 1998). 미국 연방정부는 1990년에 재무관리관법을 제정하여 각 부처의 재무관리관에게 다음과 같은 임무를 부여하였다.

① 회계와 내부통제원칙, 기준, 요구사항을 충족하는 통합재무관리시스템[21]을 구

---

21) 재무관리관법은 통합재무관리시스템이라는 용어 대신 통합회계재무관리시스템이라는 명

축·유지

② 부처의 사업과 운영에 관련된 재무관리를 감독

③ 통합재무관리시스템이 원가정보와 성과측정정보를 포함한, 완전하고 신뢰할 수 있으며 일관성 있는 적시의 정보를 제공하도록 감독

④ 예산집행의 재무적 측면을 감시

CFO는 각 부처의 예산과정에 직접 관여하며 OMB는 CFO에게 모든 재무관련사항에 대한 책임을 부여해야 한다고 주장한다. OMB 내에 관리부실장(deputy director for management)직위를 신설하여 각 부처의 CFO가 구성하는 위원회의 최고책임자가 되도록 했다. CFO는 모두 23명인데, 그 중 16명은 대통령이 임명하고 상원의 인준을 받아야 한다. 또한 감사원장 산하에 연방재무관리국(Office of Federal Financial Management)을 신설하였다.

재무관리관법은 다음 보고서를 요구하고 있다.

① 각 부처의 계획된 성과와 달성시점을 포함하는 재무관리전략 5개년 계획

② 연방재무관리를 개선하기 위한 OMB의 단계적 방안

③ 재무제표와 내부통제와 관리통제시스템에 대한 요약보고서를 포함하고 재무관리상태를 분석하는 각 부처의 재무보고서

④ 관련 재무자료와 성과자료를 첨부하고 부처의 연방감사관이나 외부감사인의 감사를 받은 각 부처의 재무제표

각 부처의 재무관리기능은 OMB 내에 위치한 CFO최고책임자에 의해 통합되지만 하나의 시스템을 통해 모든 거래를 중앙집권화하지 않고 각 부처가 자유재량을 갖는 신축적인 통합재무관리시스템을 추구하고 있다. OMB는 각 부처의 CFO에게 재무제표가 효과성과 효율성을 측정하는 성과지표를 포함하도록 지시하였는데 이는 전통적인 재무제표가 효과성과 효율성을 측정할 수 있는 정보의 제공에 취약하기 때문이다.

(2) 재무제표의 감사

1994년에 재무관리관법(Chief Financial Officers Act: CFOA)을 정부관리개혁법(Government Management Reform Act)에 의해 개정하였는데 1996 회계연도부터 CFOA법의 적용을 받는 모든 기관은 재무제표를 작성하고 감사를 받아야 한다고 요구하고 있다(Curro & Yocom, 1998). 수탁펀드, 공기업, 기업적 성격이 있는 계정에 대

칭을 사용하고 있는데 동일한 개념으로 볼 수 있다.

한 재무제표는 감사를 받도록 규정하고 있는데 감사는 재무제표의 정확성과 완전성(accuracy and completeness), 내부통제의 효과성, 관련법과 규제의 준수에 대해 보고하며 적정의견(unqualified opinion), 부적정 의견(qualified opinion), 의견거절(no opinion)의 의사표시를 할 수 있다(Schick, 1995). 적정의견은 정부회계기준을 준수한 재무제표에 대한 감사의견이고 의견거절은 정보나 자료의 부족, 기타 이유로 인하여 감사의견을 제시할 수 없는 상황에서 표명되는 감사의견이다.

(3) 연방재무관리국

1990년 재무관리관법에 의해 생긴 연방재무관리국(Office of Federal Financial Management)의 최고책임자에 1992년 Edward J. Mazur가 임명되었다. Mazur는 정부업무경험이 많은 공인회계사이며 나이는 49세였다. 연방재무관리국은 OMB를 통해서 대통령에게 보고한다. 연방재무관리국의 임무는 다음과 같다.

- 내부통제개선
- 수백 개의 회계시스템을 통합
- 각 부처의 감사받은 재무보고서의 작성
- 연방재무청렴법(Federal Managers' Financial Integrity Act)의 집행을 감독
- 횡령, 남용, 낭비의 적발과 예방

Mazur는 민간회계법인이 정부조직의 감사에 참여할 기회를 갖게 되면 정부의 재무관리에 공인회계사들이 많이 기여할 수 있다고 주장하였다(Miller S., 1992). 공인회계사들이 공공부문의 회계에 대해 충분한 이해가 있을 경우 가능하지만 대부분의 경우 기업회계에 대한 지식과 공인회계사시험 때 준비한 정부회계에 대한 단편적 지식만을 가지고 공공부문의 감사에 임하기 때문에 여러 가지 문제가 발생하고 있다. 공인회계사라고 해서 공공부문의 회계에 적합한 것은 아니다. 공인회계사를 공공부문에 대한 교육과 훈련을 통해 공공부문감사에 관한 자격증을 부여한 뒤에 공공부문에서 활용하는 것이 바람직한 방법 중의 하나이다. 공공부문이 어떻게 작동하며 어떤 원칙과 철학이 중요한가를 이해하지 않고서 감사에 임하면 기업회계를 기계적으로 적용하는 것에 그치고 만다.

11.6 재무보고

1. 재무보고의 이해

(1) 정부회계개혁과 재무보고

정부회계개혁에서 복식부기와 발생주의 회계의 도입과 아울러 재무보고는 가장 중요한 부분을 차지한다. 복식부기와 발생주의 회계는 재무보고를 위한 선행요건의 의미를 갖는다. 정부회계개혁으로서 국민은 과거에는 획득하기 어려웠던 많은 예산과 회계에 관한 정보를 얻게 되었다. 예를 들어 정부가 소유하고 있는 무기의 가치가 얼마나 감소하고 있는가에 대한 정보도 재무보고를 통해서 획득 가능하다.

과거에는 세입과 세출에 대한 정보만이 주로 국민에게 보고되었는데 재무보고가 이루어지면 세입, 세출은 물론이고 자산, 부채, 순자산(기업의 자본에 해당)에 대한 정보도 제공된다. 공공부문의 개혁이 점점 더 정보의 공개를 강조함에 따라 예산과 회계정보도 재무보고와 정보시스템을 통하여 국민에게 개방되고 있다. 최근 정부개혁은 재무보고를 통하여 정부의 효과성과 효율성을 책임지는 재정 민주주의로 나아가고 있다.

(2) 공공부문의 재무보고

기업의 재무보고는 주로 투자자에게 필요한 정보를 제공하는데 이용자가 명확하게 구별되기 때문에 정보이용자의 요구를 충족하는 데 별다른 어려움이 없다. 투자자란 주주와 채권자를 말하며 현재의 투자자와 잠재적인 미래의 투자자를 포함한다. 이에 반하여 공공부문의 재무보고는 납세자, 유권자, 행정서비스의 고객, 정치인, 투자자, 공무원, 의회, 언론, 학자, 시민단체, 이익단체 등 수많은 정보이용자가 존재하기 때문에 정보이용자의 모든 요구를 충족하는 데 어려움이 있다(Rutherford, 1990; Walker, 1990).

민간부문의 재무보고는 주로 투자자(주주와 채권자)의 입장에서 필요한 정보를 제공하는 재무보고서이면 충분하다. 그러나 정부는 다양한 사용자가 있기 때문에 모든 사람들을 고려하여 균형을 유지하여야 한다(Chan, 1992). 또한 기업의 재무보고는 기업의 성과에 대한 충분한 정보를 제공하는 데 반하여 공공부문의 재무보고는 성과에 대한 정보를 충분히 제공하지 못한다. 따라서 전통적인 재무정보 이외에 비재무정보를 포함함으로써 성과평가에 필요한 정보를 제공하려고 노력하고 있다.

통제는 의회에 의해 확정된 액수 이상으로 지출이 발생하지 않도록 확인하는 것이고, 공공자금에 관하여 부정, 오류, 낭비가 없도록 하는 것이며, 정부사업과 활동이 효과적이고 효율적으로 집행되도록 하는 것을 말한다. 재무보고는 이러한 책임이 달성되었음을 모든 사용자에게 보여주는 것이다. 회계법인 아서 앤더슨(Arthur Andersen & Co.)에 의하면 정부재무보고가 불완전하고 이해하기 어려운데 정부회계기준과 감사기준이 법규와 내부통제의 준수에 주로 관심이 있기 때문에 그렇다고 분석하고 있다(Mansfield, 1988).

공공부문의 재무보고는 기업재무보고의 이익개념이 적합하지 않을 뿐더러 조직의 성과에 대해 거의 모든 것을 보고해주는 이익 같은 지표가 없기 때문에 보다 상세한 보고가 이루어지며 기획에 대해서도 보다 상세한 보고를 한다. 기획에 관한 상세한 보고란 결국 예산에 관한 보고로 이어진다. 민간부문의 재무보고는 전문성을 가진 사용자에 의해 철두철미하게 분석되는데 공공부문 재무보고의 사용자는 재무정보를 분석하고 이해할 전문지식이 결여된 경우가 대부분이다. 공공재무보고의 사용자 중 가장 강력한 권한을 소유한 주체는 의회의원인데 대부분 전문지식이 결여되어 있다. 수많은 국민 중 한두 사람의 전문인이 재무보고에 관심을 가진다고 해도 재무보고에 영향을 미칠 수 있는 힘은 한계가 있다. 그러므로 공공부문의 바람직한 재무보고를 촉구하는 힘이 민간부문에 비해 훨씬 약하다고 볼 수 있다. 또한 공공부문의 정부회계기준을 누가 설정해야 하는가에 대해서는 명확한 합의가 도출되지 않은 상태이다(Henry et al., 1989).

정부규모가 커지면서 정부의 활동도 복잡해지고 각각 독특한 보고사항을 요구하게 된다. 사업예산, 영기준예산(ZBB), 목표에 의한 관리(MBO) 등을 사용하면 더 복잡해지며, 재무보고의 통일성과 부패방지를 위한 법적 규정과 충돌하게 된다. 기업은 투자자와 채권자들을 위한 재무보고 이외에도 규제와 규정의 준수를 위한 별도의 보고서를 발행하는 데 반하여 정부는 하나의 보고서만을 발행하려고 하기 때문에 일반 이용자의 요구보다는 법규의 준수에 초점을 맞추기 쉽고, 더 이해하기 어렵게 되는 이유가 여기에 있다. 수입이 $310억이고 734,000의 종업원이 있는 GM의 24페이지의 보고서보다 수입이 $10억이고 공무원이 50,000명인 도시정부의 225페이지의 보고서가 훨씬 더 이해하기 어렵다(Mansfield, 1988).

미국 감사원(GAO)의 감사기준에는 “민주정부와 민주사회의 정부조직은 자원을 제공받고 사용할 권한을 부여받아 수행하는 자신의 활동에 대해 책임을 지는데 이러한 고유한 책임이 의회가 제정하는 법규에 항상 명기되는 것은 아니다"라고 규정되어 있다. 그러므로 법규에 명시되어 있지 않더라도 정부와 정부조직은 국민에 대해 자신의 활동에 대한 보고를 하고 평가받고 잘못에 대해 수정하는 책임을 져야 한다(Thai, 1983). 재무보고는 이러한 기능을 수행하는 가장 중요한 수단이기 때문에 끊임없이 어떤 정보를 제공해야 하는가를 검토하고 연구하여 정부회계기준을 수정 보완해야 한다.

(3) 재무제표와 재무보고

기업의 경우 재무제표는 대차대조표, 손익계산서, 현금흐름표, 이익잉여금변동보고서를 지칭한다. 재무제표에 주석과 추가정보가 첨부된 것을 재무보고라고 한다. 공공부문에서는 대차대조표와 현금흐름표라는 명칭은 그대로 사용하는 것이 일반적이지만 손익계산서는 수입지출보고서, 운영보고서 등으로 다양하게 부른다. 한국은 중앙정부의 경우, 재정상태표, 재정운영표, 순자산변동표 등을 보고하고 지방자치단체는 재정상태보고서, 재정운영보고서, 순자산변동보고서 등을 보고한다. 재정상태표와 재정상태보고서는 대차대조표에 해당하며 재정운영표와 재정운영보고서는 손익계산서에 해당하고 순자산변동표와 순자산변동보고서는 이익잉여금변동보고서에 해당한다.

재무보고＝재무제표＋주석과 추가정보
재무제표＝재정상태보고서＋재정운영보고서＋순자산변동보고서＋현금흐름표＋
기타 보고서

기업의 경우 대차대조표는 자산, 부채, 자본의 액수를 특정시점에서 보고한다. 특정시점에서의 재무상태를 보고하는 대차대조표와는 달리 손익계산서는 일정기간 동안의 조직의 활동을 수익과 비용을 통해 보고한다. 현금흐름표는 대차대조표항목의 하나인 현금의 증감내역을 구체적으로 보고한다. 이익잉여금변동보고서는 자본을 구성하는 이익잉여금계정이 손익계산서의 순이익이나 순손실에 의해 어떻게 변화되었는가를 구체적으로 보고한다.

공공부문은 재정상태보고서에서 자산, 부채, 순자산을 보고하며 재정운영보고서에서는 세입과 세출을 보고한다. 현금흐름표는 기업의 경우와 마찬가지로 대차대조표 현금계정의 증감 내역을 보다 구체적으로 보고한다. 순자산변동보고서는 기업의 이익잉여금변동보고서에 해당하며 재정상태보고서의 순자산이 운영보고서에서 발생한 세입과 세출의 차액에 의해 어떻게 변화되었는가를 보고한다.

2. 공공부문 재무보고의 목적

공공부문 재무보고의 목적은 정부회계의 목적을 달성하는 것이다. 정부회계의 목적과 기능에 대해서는 앞에서 이미 자세하게 설명하였기 때문에 구체적인 내용은 생략하지만 간단히 요약 정리하면 다음과 같다.

- 다양한 정보이용자의 요구에 부합하는 정보의 제공
- 의사결정에 유용한 정보의 제공
- 조기경보시스템의 역할
- 책임추궁을 위한 성과평가정보제공: 효과성과 효율성의 평가
- 기획과 통제: 관리에 유용한 정보의 제공
- 예산과 실제결과의 비교
- 부정과 오류의 방지와 예방
- 재무상태와 운영결과의 평가
- 법, 규정, 지침, 회계기준, 회계실무, 기타 규정의 준수확인
- 미래의 전망에 대한 정보제공

3. 재무보고 사례

미국은 재정상태보고서(statement of financial position), 운영과 순자산변동보고서(statement of operations and changes in net position), 현금흐름표(statement of cash flows)의 세 가지 재무제표를 회계년도 말에 작성하여 보고한다. 미국의 주와 지방정부는 포괄적 재무제표(comprehensive annual financial report: CAFR)를 작성하는데 일반재무제표(general purpose financial statement: GPFS)는 CAFR의 한 구성요소이다. 정부회계기준위원회(GASB)는 CAFR의 내용을 규정하고 있지만, 많은 정부들은 Government Finance Officers Association(GFOA)의 재무보고우수사례인증프로그램(Certificate of Achievement for Excellence in Financial Reporting Program)의 요구사항을 준수하여 GFOA의 인증(certificate)을 받으려고 한다. 이 프로그램의 인증을 받으면 부채의 조달시에 신용평가기관의 유리한 평가를 받기 때문에 많은 주와 지방

정부가 이 프로그램의 인증을 받으려고 한다. 1995년에는 2,369개의 주와 지방정부가 인증을 받았는데 전체 주와 지방정부의 숫자가 약 80,000개임에 비추어보면 3%에도 못 미치는 숫자이다(Rose, 1998).

뉴질랜드에서는 1년에 두 번 재무보고서를 작성하여 의회에 제출한다. 회계연도가 개시되고 6개월 후에 제출되는 첫번째 재무보고서는 감사받지 않은 중간보고서이다. 작성되는 재무제표는 다음과 같다(Premchand, 1995).

- 재정상태보고서(statement of financial position)
- 운영보고서(operating statement)
- 현금흐름표(statement of cash flows)
- 부채보고서(statement of borrowings)
- 계약보고서(statement of commitments)
- 우발채무보고서(statement of contingent liabilities)

뉴질랜드 지방정부의 재무제표는 재정상태보고서, 운영보고서, 활동별 운영보고서, 현금흐름표로 구성되어 있다(Wood, 1989).

미국의 San Diego시는 1951년에 영화로 재무보고를 작성했다. 좋은 제작자를 구하는 것과 저렴한 가격에 제작하는 것이 문제였는데 정치적 요인을 배제하기 위해 영화에 출연하는 사람은 관료가 아닌 취미로 연기하는 지역의 주민배우를 사용하였다. 영화는 그래프, 표, 통계 등을 사용하지 않고 다른 방법에 의해 정보를 전달했는데 시 정부의 활동과 시의 생활에 대해 주로 보고했다. 인쇄물로 재무보고를 작성했을 때는 인쇄한 3,000부 내에서는 신청한 누구에게든지 제공되었다. 또 정부의 업무에 관심을 가지고 있거나 과거에 재무보고서를 신청한 일이 있는 시민에게 자동적으로 배달하였다. 영화로 작성한 재무보고서는 수많은 사람들이 접함으로써 정보전달 효과가 극대화되었다. 필름은 무료로 제공되었는데 시 경계를 벗어난 곳에서의 요청에도 무료로 제공하였으며 시는 배달료를 지불하고 사용자는 반환요금을 지불하였다. New Zealand의 Auckland시에서까지 필름 요청이 있을 정도로 많은 인기가 있었다(Campell, 1988).

4. 미국 연방정부의 재무보고

1993년에 FASAB에 의해 제정된 연방정부재무회계개념 1번은 연방정부재무보고의 목적을 서술하고 있는데, 다음의 네 가지를 언급하고 있다. 첫째, 재무보고는 조세와 기타 방법에 의해 조달된 자금에 대한 공공책임을 완수하고 세출법안에 따라 지출이 이루어지도록 돕는 역할을 수행해야 한다. 둘째, 재무보고는 보고서의 사용자가 보고기관의 서비스노력, 원가, 성취(service efforts, costs, and accomplishments), 재원조달방법, 자산과 부채의 관리에 대한 평가를 돕는 역할을 해야 한다. 셋째, 재무보고는 정부의 운영과 투자가 국가에 미치는 영향, 정부와 국가의 재무상태의 변화와 미래변화의 추정에 대해 보고서의 사용자를 돕는 역할을 해야 한다. 넷째, 재무보고는 재무관리시스템과 내부통제시스템과 관리통제시스템이 다음의 세 가지를 달성하는데, 적절한가를 평가하는 데 도움이 되어야 한다. 모든 거래가 관련법규와 요구사항에 따라 이루어지고 위임받은 목표에 부합하며 재무회계기준에 따라 보고되는가? 자산이 부정, 낭비, 남용을 방지하도록 적절하게 보호되고 있는가? 적절한 성과측정정보가 제공되는가?(Schick, 1995).

5. 미국 주와 지방정부의 재무보고

(1) 개　요

미국의 주와 지방정부의 재무보고는 정부회계기준위원회(Governmental Accounting Standards Board: GASB)에 의해 제정된 정부회계기준에 따라 이루어진다. 정부회계는 그동안 사람들의 관심에서 벗어나 있었지만 이제는 정부개혁의 가장 핵심적인 주제가 되었다. 특히 성과평가에 유용한 정보를 제공하기 위한 노력은 현재에도 중단없이 계속되고 있으며 회계정보의 한계를 극복하려는 노력으로 이어지고 있다.

예산과 재무관리는 정부회계와 재무보고에 서로 밀접하게 연관되어 있으며 다른 한쪽의 도움 없이 한쪽의 문제를 해결하지 못한다. 미국은 지방정부의 재정위기 사례를 통하여 정부회계, 재무보고기준, 실무에 관한 결함이 많이 제기되었지만 아직도 정부회계와 재무보고의 중요성에 대한 인식은 매우 부족한 편이다. 회계는 부기에 기초할 뿐 부기에 국한되지 않고 최적자원배분과 조직목표달성을 위하여 조직의 경제적·사회적 정보를 측정하고 사용자에게 전달하는 시스템이다. 회계의 결함중의 하나는 역사적 원가에 기초하기 때문에 미래지향적 재무정보의 제공에 취약하다는 점이다. 회계의 결함을 보완하기 위해 비재무정보를 재무보고에 포함해야 하는가의 문제는 회계담당자의 비재무정보 보고능력과 관련되어 있다. 현재의 추세는 재무보고서에 비재무정보를 포함하는 것이다(Chan, 1992).

(2) 서비스노력과 성취(SEA: service efforts and accomplishments)보고의 추진과정

미국은 1984년에 정부회계국가협의회(National Council on Governmental Accounting: NCGA)의 후속기관인 정부회계기준위원회(Governmental Accounting Standards Board: GASB)를 설립하여 주와 지방정부의 회계원칙과 기준을 제정하였다. 미국의 주와 지방정부의 회계기준은 오랫동안 NCGA가 담당했는데 GASB가 창설되면서 NCGA의 임무를 흡수하고 승계한 것이다. GASB는 기존의 재무보고서가 재무정보만을 보고하는 데 기인한 한계가 있음을 인식하고 비재무정보를 재무보고서에 포함하려고 시도하였다. 성과평가는 재무정보만으로는 한계가 있기 때문에 이러한 한계를 극복하기 위해서 서비스노력과 성취(SEA: service efforts and accomplishments)의 보고에 대하여 연구했다. Ohio주의 Wooster(인구 20,000명)가 이에 관련된 시범프로젝트를 수행하였는데 교수들을 중심으로 프로젝트팀을 구성하여 연구를 수행했다. GASB의 입장은 서비스노력과 성취에 대한 정보가 진정한 책임(accountability)을 위해 필요하다는 것이다(Brown, 1988; Premchand, 1995).

SEA보고는 정부의 책임을 평가하기 위한 정보를 정보사용자에게 제공하는 것을 목적으로 하며 전통적인 재무정보 이외에 서비스노력과 성취에 관한 정보를 제공한다. GASB는 정보사용자들이 전통적인 재무정보만이 아니라 정부의 서비스노력과 성취에 관한 정보를 요구하고 있다고 주장한다. GASB는 SEA보고를 재무보고의 주요구성요소로 구상하고 실험을 실시하였다(O'Toole & Stipak, 1996).

Wooster시의 실험을 위해서 SEA 정보는 통상적으로 재무보고에 포함되지 않는 통계자료, 경제자료, 재무조건에 관한 동향자료, 서비스나 사업의 효율성을 평가하는 자료, 서비스나 사업의 결과, 즉 효과성을 평가하는 자료를 포함하는 정보로 정의되었다. 비용-편익분석의 편익은 산출로 달성하려는 결과로 보아야 하며 서비스노력(service efforts)은 비용이고 성취(accomplishments)는 편익이라고 보아야 한다. SEA 보고의 시작은 성과감사라고 할 수 있다. SEA 보고는 SEA정보를 생산하는 완전히 통합된 재무관리시스템을 필요로 할 것이다. 통합재무관리시스템은 자동적으로 예산집행을 기록하고 보고함으로써 예산정보시스템과 연계되어 실제지출을 예산액수와 비교할 수 있어야 한다. 감사시스템은 통합재무관리시스템의 하부시스템인데 감사인이 자신의 성과측정치와 자료를 생산할 필요 없이 회계정보시스템에 의존하여 예산집행을 검증해야 한다. 이러한 시스템에서는 단순히 예산이 얼마인데 얼마 사용했다는 것을 보고하는 것만이 아니라 업무수량에 대해 보고함으로써 효과성과 효율성을 평가할 수 있도록 하는 시스템이다(Brown, 1988).

GASB의 SEA보고에 대한 연구는 1980년대 중반에 시작되었다. 1994년에 GASB는 SEA보고에 대한 공식적인 개념선언서(Concepts Statement)를 발표하였다. GASB는 개념선언서를 발표한 후에 회계기준을 제정하는 것이 과거의 관행이었는데 성과평가는 기존의 회계기준과는 너무나 다르기 때문에 성과평가를 시행하는 주와 지방정부의 경험을 충분히 고려하기 위하여 공식기준을 제정하기 전까지 오랜 기간에 걸쳐 연구와 검토를 계속했다(Epstein, 1996).

1990년 정부회계기준위원회(GASB)는 주와 지방정부가 재무보고서에 서비스노력과 성취(SEA)를 평가하는 성과측정치를 포함하도록 요구하였다. 미국행정학회(American Society for Public Administration: ASPA)는 GASB의 입장을 지지하는 결의를 통과시켰지만, 정부재무관리자협회(Government Finance Officers Association: GFOA)는 반대하는 결의를 통과시켰다. GFOA의 반대는 서비스질에 대한 비재무측정치는 회계와 재무보고의 범위를 벗어나기 때문에 GASB의 역량과 관할범위를 벗어난다는 견해에 기초한다. GFOA는 비재무성과측정치를 보고하는 것은 반대하지만 기획, 예산, 관리목적을 위해 성과측정치를 사용하는 것은 장려하고 있다. GFOA의 조사에 의하면 회원의 12%가 성과측정치를 재무보고서에 포함하였으며, 37%가 예산문서에 성과측정치를 보고하였다고 한다(Grizzle, 1998).

GASB는 미국공인회계사회(American Institute of Certified Public Accountants: AICPA)에 의해 주와 지방정부의 회계기준제정기구로 공식 인증 받은 기관이기 때문에 주와 지방정부가 공인회계사들로부터 적정감사의견을 받기 위해서는 GASB의 회계기준을 준수하여야 한다. 회계기준을 준수하지 않는 주와 지방정부는 공인회계사의 감사의견에서 불리하지만 신용평가기관은 공인회계사의 의견만을 반영하는 것이 아니기 때문에 공인회계사의 감사가 회계기준을 준수하도록 강제하는 유일한 압력은 아니다. 오히려 공공부문의 전문가와 고위관료가 회계기준을 받아들이는 것이 회계기준을 준수하도록 만드는 보다 큰 압력요인이며 그렇기 때문에 GASB는 유난히 SEA보고기준제정에 신중을 기하고 있다. 미국의 행정학 연구모임인 American Society for Public Administration(ASPA), National Academy of Public Administration(NAPA)와 정부감사인협회(Association of Government Auditors)는 GASB의 SEA보고를 지지하였다. 그러나 다음의 8개의 조직이 SEA보고에 대한 강력한 반대의사를 표명하였다.

- The Council of State Government(CSG)
- The National Conference of State Legislatures(NCSL)

- The National Governors Association(NGA)
- The International City/County Management Association(ICMA)
- The National League of Cities(NLC)
- The National Association of Counties(NACo)
- The U.S. Conference of Mayors(USCM)
- The Government Finance Officers Association(GFOA)

반대이유는 성과평가는 회계와 재무보고의 일부분이 아니라 정책결정과 예산과정의 영역에 속한다는 것이었다. 또한 성과평가에 반대하지는 않지만 성과평가는 자발적이어야 하며 강제사항이 되어서는 안 된다고 주장한다(Epstein, 1996).

Oregon주의 Portland시는 SEA보고를 1991년부터 광범위하게 사용하고 있는데 한 연구에 의하면 SEA보고를 사용하는 사람들은 대체로 SEA의 유용성에 대해 호의적인 의견을 가지고 있으며 소수의 사람들은 매우 호의적인 반응을 보였다고 한다. Portland시는 SEA보고서에 우편으로 시행한 시민서베이의 결과를 포함하였는데 시민서베이에 대한 호의적인 반응이 많았다. 그러나 전반적으로 호의적인 반응에도 불구하고 SEA보고서가 지나치게 요약된 정보이고 일상 의사결정에 유용한 정보를 구체적으로 제공하지 못하였다는 비판도 많았다. 상위층의 정책결정에 유용한 정보는 제공하였지만 실제 일선 하위업무담당자들의 의사결정에 유용한 구체적인 정보는 제공하지 못하였다는 것이다. SEA보고서는 정책과 목표에 관하여 유용한 정보를 제공하기 때문에 예산과정의 초반부에 기획과 커뮤니케이션도구로 사용되어야 한다는 주장도 제기되었다. 상이한 환경과 특성을 가지고 있는 다른 도시와의 비교는 오히려 정보사용자를 왜곡시킬 수 있다는 문제점도 아울러 제기되었다(O'Toole & Stipak, 1996).

(3) SEA정보의 내용

SEA보고는 투입, 산출, 결과, 효율성측정치와 아울러 설명정보(explanatory information)를 포함한다. 서비스노력은 투입(inputs)이고 성취는 산출(outputs)이라고 볼 수 있으며 SEA 보고는 서술정보를 포함하고 있는데 계량정보와 비계량정보의 두 가지 유형이 모두 보고된다. 결국 효과성과 효율성을 측정한다고 볼 수 있지만 성취는 결과가 아니라 산출에 대해 보고하므로 완전한 효과성을 보고한다고 보기는 어렵다. 정부회계기준위원회(GASB)는 SEA보고제도가 아직 충분히 개발되지 못했다는 것을 인정하고 추가 실험을 고려하고 있으며 2000년대에는 SEA보고를 강제요구조건으로 규정할 예정이다(Greiner, 1996; Rose, 1998).

GASB는 다음과 같은 5단계의 책임을 제시하고 있는데 SEA보고는 첫 단계를 제외하고는 모든 책임의 개선에 기여할 수 있다고 주장한다(Timney, 1996).

- 1단계: 정책책임(policy accountability)－정책의 선정이며 가치와 관련되어 있다.
- 2단계: 사업책임(program accountability)－목표(goals)의 수립과 달성에 연관되며 결과(outcomes)와 효과성을 의미한다.
- 3단계: 성과책임(performance accountability)－사업책임처럼 목표의 수립과 달성에 연관되며 효율성을 의미한다.
- 4단계: 과정책임(process accountability)－목표달성을 위한 행동에 필요한 적절한 절차와 수단의 사용을 의미한다.
- 5단계: 준수책임(probity and legality accountability)－승인된 예산에 의거하여 지출하고 법과 규정을 준수하는 것을 의미한다.

6. 뉴질랜드 지방정부의 재무보고

뉴질랜드는 1989년 지방정부수정법(Local Government Amendment Act)에 의해 지방정부가 재정상태보고서, 운영보고서, 활동별 운영보고서, 현금흐름표를 작성하도록 요구하고 있다. 운영보고서는 모든 수입과 지출을 보고하며, 활동별 운영보고서는 개별활동에 대한 수입과 지출을 보고한다. 지방정부는 산하 모든 조직을 포함하는 통합재무제표를 작성해야 한다. 지방정부는 매년 기획과 예산을 작성하여 공고하고 기획과 예산은 최종적으로 채택되면 주민과 지방정부 사이의 계약 역할을 한다. 매년 회계연도가 종료하면 실제로 달성한 성과정보를 포함하는 연말보고서를 제출해서 감사를 받아야 한다. 지방정부는 재무보고서의 작성시에 일반적으로 인정된 회계원칙(GAAP)을 준수해야 한다고 법에서 규정하고 있기 때문에 뉴질랜드공인회계사회에서 제정한 GAAP를 적용해야 한다. GAAP는 일반적으로 인정된 회계기준이라고 번역해야 적합한데 민간기업에 적용되는 회계기준이며 generally accepted accounting principles라고도 하고 generally accepted accounting practices라고도 한다. 그러나 기업을 대상으로 제정한 GAAP가 공공부문에 적합하지 않을 때는 지방정부관리자협회(Society of Local Government Managers: SOLGM)가 지침을 제공하며, 뉴질랜드공인회계사회도 적절한 대안을 제시하기도 한다. 가장 대표적인 사례가 바로 사회간접자본에 대한 민간회계기준이 적절하지 않아 발생하는 많은 문제점들을 해결하기 위한 SOLGM과 뉴질랜드공인회계사회의 노력이다(Pallot, 1997).

11.7 한국의 정부회계[22)]

1. 한국 정부회계의 개요

(1) 한국 정부회계의 개요와 특성

한국의 정부회계는 참여정부 하에서 비로소 시작되었다. 그 이전에는 예산집행기록만 존재했지 정부회계라고 말할 수 있는 행위와 기록은 없었다. 정부회계활동은 참여정부 하에서 복식부기와 발생주의회계를 근간으로 하는 정부회계기준과 국가회계법 등의 제정으로 시작된 것이다. 자산, 부채, 순자산, 세입과 세출을 어떻게 기록하고 어떻게 집계, 분류하며 어떻게 보고할 것인가를 규정하지 않는다면 회계행위가 있다고 말할 수 없다. 예산집행을 기록만한 것에 불과하기 때문이다.

한국의 정부회계는 중앙정부에서 적용하는 국가회계와 지방정부에서 적용하는 지방자치단체회계로 구분할 수 있다. 중앙정부와 지방정부의 성격의 차이로 인하여 양 회계제도는 다소 차이를 보이고 있기는 하지만, 국민 또는 주민에 대한 행정서비스를 제공한다는 큰 범주의 관점에서 정부회계는 상당 부분 공통점을 가질 수밖에 없다. 한국에서의 정부회계의 특성은 다음과 같이 정리할 수 있다.

① 정부회계는 법령을 근간으로 한다.
② 정부회계는 예산회계(또는 세입세출회계)가 중요한 역할을 차지한다.
③ 정부회계는 거래의 형태, 수익의 특성, 자산·부채평가 등 기업과 다른 정부(재정) 고유의 특성이 반영된다.
④ 한국의 정부회계는 중앙정부에 적용되는 국가회계와 지방정부에 적용되는 지방자치단체회계로 구분되며, 두 제도는 유사하기도 하고 상이하기도 한다.

---

22) 한국의 정부회계 부분은 정부회계학(허웅·윤성식, 2011)의 일부를 발췌한 것으로 정부회계에 대한 개요만을 정리한 것이다. 정부회계는 새로운 행정학의 분야로서 무궁한 발전과 다양한 기회가 기대된다. 정부회계에 대하여 더 심도 있고 자세한 내용을 본 정부회계학을 참고하기 바란다.

〈한국 정부회계의 체계〉

한국의 정부회계는 중앙정부에 적용되는 국가회계와 지방정부에 적용되는 지방자치단체회계로 구분된다.

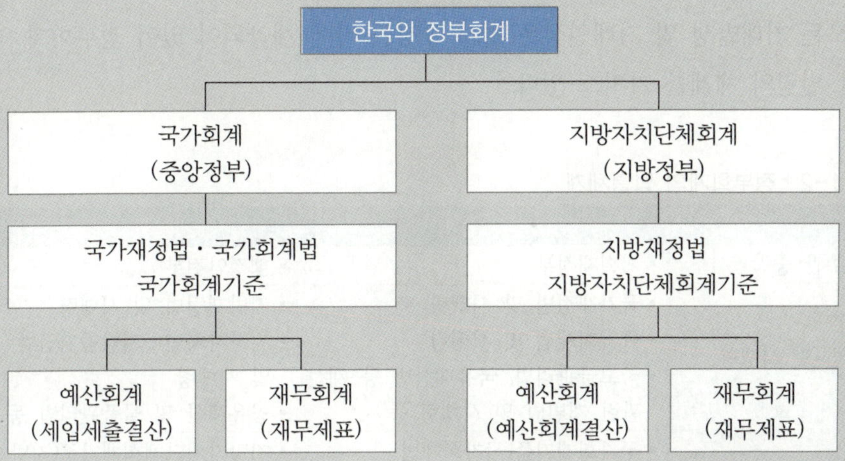

(2) 재정활동이 정부회계의 특성에 미치는 영향

기업은 재화와 용역의 제공이라는 경영활동을 통하여 이윤을 추구한다. 즉, 거래의 기본은 매매를 통한 교환거래(exchange transaction)이며, 당기순이익에 대한 정보가 중요하게 요구된다. 이에 비하여 정부의 재정활동은 조세수입을 기반으로 하여 공공재나 양질의 행정서비스를 제공하는 것인데, 이는 조세수입과 지출이 직접적으로 연결되지 아니한다. 이를 회계적으로 비교환거래(non-exchange transaction)라고 한다. 조세를 부담하지 않는 국민이라고 해서 행정서비스를 받지 못하는 것은 아니며, 반대로 많은 조세를 부담한다고 해서 더 많은 공공재의 효익을 누릴 수 있는 것은 아니다. 비교환거래는 공공서비스의 비배제성과 비경합성의 특성을 알고 있다면 쉽게 이해할 수 있다.

이에 따라 재정활동에서는 손익 정보가 중요한 것이 아니라 세금이 얼마나 효율적으로 행정서비스 제공에 사용되었는가 하는 정보가 더 중요하게 된다. 결국 기업의 경영활동과 정부의 재정활동은 지출의 원천이 되는 재원을 어떻게 확보할 수 있는가에 있어 명백한 차이를 보이고 있으며, 이 차이는 중요한 정부회계만의 특성으로 반영된다.

(3) 정부회계의 이론적 특성

1) 정부회계의 법령체계

정부회계와 비교할 수 있는 기업회계에서의 (기업)회계기준은 법령이 아니며, 소위 '일반적으로 인정된 회계기준'이라고 한다. 이에 비해 국가 및 지방자치단체에서의 모든 거래발생 및 거래인식은 법에 규정된 바에 제약되어 있어 정부회계 역시 일정한 법령의 체계를 가지고 있다.

표 11-2 | 정부회계의 법령체계

구 분	국가회계	지방자치단체회계
1. 주관 중앙관서	• 기획재정부	• 행정안전부
2. 법 및 시행령	• 국가재정법 및 시행령 • 국가회계법 및 시행령 • 국고금관리법, 국유재산법 등 재산관련 개별법 및 시행령 등	• 지방재정법 및 시행령 • 지방자치법 · 지방공기업법 등 법 및 시행령 • 공유재산 및 물품관리법 등
3. 시행규칙	• 국가회계기준(국가회계법) • 국고금관리법시행규칙 등 재산관련 개별법시행규칙 등	• 지방자치단체회계기준(지방재정법) • 공유재산 및 물품관리법 시행규칙 등
4. 훈령, 고시, 해석	• 원가계산준칙 등 각종 준칙(고시) • 각종 회계지침(유권해석)	• 지방자치단체 재무회계 운영규정 • 지방자치단체 원가계산준칙(훈령)

2) 예산회계와 재무회계의 조화 필요

정부회계는 예산 및 예산에 대한 결산(이를 '예산회계' 또는 '세입세출결산'이라 함)을 근간으로 하며, 예산회계와 재무회계의 조화가 절실하게 필요하다. 기업도 예산을 설정하지만, 특별한 외적인 통제가 있는 것은 아니기 때문에 실질적으로 재무회계에 대한 정보만이 중요하다. 이에 비하여 정부회계는 비교환거래를 바탕으로 하므로 사전에 설정된 예산의 통제가 중요한 역할을 하며, 예산회계를 인식하는 기준과 재무회계를 인식하는 기준이 다를 경우 양 기준과의 조화가 무엇보다 중요할 수 있다. 현재 한국에서는 국가회계 및 지방자치단체회계 모두 예산회계는 단식부기 · 현금주의를 바탕으로 하지만, 재무회계는 복식부기 · 발생주의를 바탕으로 한다. 현재 국가회계실체 또는 지방자치단체회계실체가 작성 · 제출하는 결산서에는 세입세출결산서(예산결산)과 재무제표(재무결산) 모두 포함되어 있다.

3) 비교환거래와 손익 정보의 낮은 중요성

기업회계와 비교하여 정부회계의 가장 큰 특성은 거래의 대부분이 비교환거래를 근간으로 하며, 손익 정보가 상대적으로 중요하지 않다는 데 있다. 오히려 국민 또는 주민을 위한 행정서비스의 제공에 자원이 적절하고 효율적으로 배분되었는지와 관련한 회계정보가 더 유용하게 된다.

이 외에도 정부에서의 자산은 미래 경제적 효익을 가져오지 않다고 하더라도 미래 공공서비스를 제공할 수 있는 경우에도 자산으로 인식할 수 있다. 대표적인 사례가 사회기반시설(SOC), 주민편의시설(도서관 등) 및 군사자산 등이 있다. 부채와 관련해서는 기업회계와 정부회계에서의 개념이 크게 다르지 않으나, 기업회계에서는 없는 국민·공무원·군인연금 등에 대한 충당부채 인식 여부가 중요한 이슈로 제기된다.

4) 국가회계와 지방자치단체회계의 운영

한국의 정부회계는 중앙정부에 적용되는 국가회계(National Accounting)와 지방자치단체회계(Local Government Accounting)가 각각 발달하였다. 이는 미국에서도 중앙정부에는 연방정부회계(SFFAS), 주·지방정부에는 정부회계기준(GASB No.34)으로 2원화 되어 있는 등 중앙정부와 지방정부가 다른 회계제도를 운영하고 있는 국가가 많다. 그러나 두 제도간의 차이는 실무적인 관점에서 발생하는 경우가 많으며, 예산의 중요성이나 비교환거래의 특성, 자산·부채의 특수성 등에 대해서는 거의 유사하다고 볼 수 있다.

(2) 한국 정부회계제도개혁의 배경과 과정

1) 한국의 중앙정부 회계제도개혁의 배경과 과정

한국 중앙정부의 국가회계제도 개혁이 본격적으로 공론화된 것은 1997년 외환위기와 이를 극복하기 위한 정부의 재정개혁에서 비롯되었다. 그 핵심은 국가재정법, 국가회계법, 국가회계기준 제정으로 대변되는 제도의 정비와 이를 뒷받침할 수 있는 예산·회계시스템의 구축이었다.

1997년 외환위기 이후 1998년 5월 정부는 복식부기·발생주의 정부회계의 도입방침을 공식적으로 발표하였다. 곧이어 1998년 6월 기획예산위원회에서 복식부기 회계제도 도입을 국정과제로 확정하였고, 이어 '재정관리제도 혁신방안'이 발표되었다. 이후 재정경제부에서 2003년까지 모든 정부회계에 복식부기·발생주의 회계제도를 확대 도입하겠다는 '정부회계제도 개편방향'이 마련되었다. 그러나 행정부 내부에서 제도의 정비 및 관련 시스템의 구축 등에 예상외의 시간이 소요되었다. 2003년에 다시 정부혁신·지방분권위원회가 주도적으로 복식부기·발생주의 정부회계제도의 개혁을 주요 개혁과제의 하나로 삼아 추진하게 되었고, 재정경제부·기획예산처·감사원 등 범(凡)정부가 적극 참여하여 국가재정법(2006년) 및 국가회계법(2007년)의 제정,

국가회계기준의 마련(2009년) 및 디지털예산·회계시스템의 구축(2007년) 성과를 이루게 되었다. 이에 따라 한국의 중앙정부는 2009년부터 복식부기·발생주의 정부회계제도를 전면 도입하기에 이르렀다.

한국의 복식부기·발생주의 국가회계제도의 법적 근간은 국가재정법과 국가회계법이라고 볼 수 있다. 국가재정법은 과거 예산회계법과 기금관리기본법을 통합하여 국가 재정운용의 기본법을 제정함으로써 새로운 재정운용의 틀을 마련하고 국가재정운용계획 수립, 예산총액배분 및 자율편성제도, 성과관리제도 도입 등을 통하여 재정의 효율성을 도모하고 재정정보의 공표 확대, 조세지출예산제도의 도입 등에 의해 재정의 투명성을 제고하며, 추경편성요건의 강화, 국가채무관리계획의 수립 등을 통하여 재정의 건전성을 확보하려는 것을 목적으로 하면서 2006년에 제정되었다. 국가재정법은 예산의 편성 및 집행, 그리고 결산 절차 등 재정 전반에 대한 내용을 담고 있다. 이에 비하여 국가회계법은 국가회계의 투명성과 신뢰성을 높이고 재정에 관한 유용한 정보를 생산·제공하도록 하기 위하여 중앙관서 등에 복식부기 및 발생주의 기반의 회계방식을 도입하는 근거를 마련하고, 이와 관계되는 국가회계처리기준과 재무보고서의 작성 등에 관한 사항을 정하는 것을 목적으로 하며, 2007년에 제정되었다.

국가회계법은 결산보고서의 작성에 관한 내용 등을 규정하고 있고, 국가재정법은 결산보고서의 제출 절차에 관한 내용을 규정함으로써 국가회계에 관한 법체계가 완성되었다고 볼 수 있다. 국가재정법은 현재 예산편성, 집행, 결산절차 등 한국 국가회계제도의 근간이라고 한다면, 국가회계법은 복식부기·발생주의 국가회계제도 도입을 포함한 결산보고서 작성의 근간이라 할 수 있다. 재무제표의 작성 기준이 되는 '국가회계기준에 관한 규칙(일명 국가회계기준)'은 국가회계법의 부령인 체계를 가진다.

2) 한국의 지방정부 회계제도개혁의 배경과 과정

한국에서는 중앙정부보다 지방정부에서 먼저 실질적으로 복식부기·발생주의 회계제도를 도입하는 준비를 진행해 왔다. 경제정의실천연합 등 시민단체들이 지방자치단체에 대해 발생주의 회계제도를 채택하여야 한다는 강력한 요구를 하였고, 이에 따라 행정자치부(現 행정안전부)의 주도하에 몇몇 지방자치단체에서 먼저 시범적으로 도입하여 점차 그 대상을 넓혀 갔다. 최초로 선정된 지방자치단체는 1999년 서울시 강남구와 경기도 부천시였다. 곧이어 행정자치부 주관으로 '지방자치단체회계기준 시안'에 대해 전문가자문 작업이 이루어졌고, 공청회를 거쳐 2000년 7월 시안을 확정하였다(편호범, 2010). 이후 지방재정법의 개정(2005년)을 통해 복식부기·발생주의 회계제도 도입의 법적 근간을 마련하였고, 지방자치단체회계기준이 제정(2006년)되었다.

지방자치단체의 회계제도개혁의 과정에서는 무엇보다 중요한 부분이 행정자치부와 각 지방자치단체 간의 역할의 분담이었다. 우선 행정자치부는 복식부기 관련 각종 제도를 추진하였다. 여기에서는 회계기준, 회계처리지침 및 재무보고서 검토기준의 제정을 포함한다. 또한, 복식부기·발생주의 회계 업무의 원활한 수행을 위한 업무지원이 이루어졌는데, 재정정보관리시스템의 개발, 각 지방자치단체에 대한 실무적인 질의응답, 복식부기담당자·간부공무원·지방의회의원에 대한 교육, 지역별 네트워크를 구성하여 복식부기 업무의 원활한 추진 등을 지원하였다.

이에 비하여 지방자치단체에서는 복식부기 실무업무의 수행을 위하여 기초 자산·부채의 실사 및 평가를 통한 기초재정상태보고서의 작성, 세입부서 및 재산부서와의 연계를 통한 일상적인 회계처리 업무 수행, 결산작업을 통한 재무보고서를 산출하였다. 또한, 소관 지방자치단체의 각 부서 직원에 대한 복식부기 교육과 관련 도서를 발행하는 역할을 담당하였다. 이렇게 행정자치부와 각 지방자치단체간의 원활한 관계를 기반으로 모든 지방자치단체에서 2007회계연도에 대한 재무보고서가 처음 산출되었고, 현재와 같이 정착되기에 이르렀다.

(3) 한국 정부회계실체의 이해

1) 국가회계실체

국가회계실체(national government accounting entity)의 법적 정의는 국가재정법 제4조에 따른 일반회계, 특별회계 및 동법 제5조에 따른 기금으로서 중앙관서별로 구분된 것을 말한다(국가회계기준에 관한 규칙 제2조 제1호). 그러나 이 외에 중앙관서 및 국가(통합) 역시 국가회계실체로 간주한다(국가회계법 제13조). 따라서 국가회계실체는 실질적으로 정보이용자에게 유용한 국가의 재무정보를 산출하는 경제적 실체로서 국가재정법·국가회계법과 국가회계기준의 적용을 받고, 국가(통합)결산보고서에 포함되는 회계단위라고 정의를 내릴 수 있다.

※ 회계단위: 회계·기금단위, 중앙관서단위(=Σ소관 회계·기금),
국가통합단위(=Σ중앙관서)

다음은 2011년말 기준 한국 중앙정부의 국가회계실체 현황 사례이다.

표 11-3 | 한국 중앙정부의 국가회계실체 현황

<table>
<tr><th>중앙관서</th><th>회계·기금</th><th>중앙관서</th><th>회계·기금</th></tr>
<tr><td rowspan="3">국무총리실</td><td>일반회계</td><td rowspan="12">교육과학기술부</td><td rowspan="2">일반회계</td></tr>
<tr><td>에너지및자원사업특별회계</td></tr>
<tr><td>환경개선특별회계</td><td>에너지및자원사업특별회계</td></tr>
<tr><td rowspan="2">외교통상부</td><td>일반회계</td><td>광역·지역발전특별회계</td></tr>
<tr><td>국제교류기금</td><td>혁신도시건설특별회계</td></tr>
<tr><td rowspan="3">법무부</td><td>일반회계</td><td>국립중앙과학관</td></tr>
<tr><td>교도작업특별회계</td><td>국립과천과학관</td></tr>
<tr><td>혁신도시건설특별회계</td><td>과학기술진흥기금</td></tr>
<tr><td rowspan="4">농촌진흥청</td><td>일반회계</td><td>원자력연구개발기금</td></tr>
<tr><td>농어촌구조개선특별회계</td><td>사학진흥기금</td></tr>
<tr><td>광역·지역발전특별회계</td><td>사립학교교직원연금기금</td></tr>
<tr><td>혁신도시건설특별회계</td><td>국가장학기금</td></tr>
</table>

〈국가회계에서의 회계단위 개념의 혼란〉

실제 회계실체 단위에 대해 많이 혼동하고 있는 현실이다. 국가회계에서의 회계(accounts)는 일반회계, 특별회계, 기금으로 구분하는데, 일반적으로 많은 자료에서 일반회계는 1개, 특별회계는 18개, 기금은 65개(2011.3 기준)라고 알려져 있다. 그러나 대한민국의 중앙관서가 51개이고 각 중앙관서는 최소한 1개의 일반회계를 가지고 있기 때문에(단, 조달청과 특허청만 일반회계가 없음) 엄밀히 말하면 49개의 일반회계가 회계실체로서 존재한다고 보는 것이 이해가 빠르다. 이는 특별회계도 마찬가지이다(즉, 2개 이상의 중앙관서에서 회계실체로 존재). 단, 기금의 경우 2개 이상의 중앙관서에 걸쳐 회계실체가 존재하지는 않는다. 이러한 회계실체 관점에서 보면 각 회계·기금 단위와 중앙관서단위 및 국가통합단위 모두 합쳐서 약 200여개의 국가회계실체가 있는 셈이 된다.

2) 지방자치단체회계실체

지방자치단체회계실체(local governmental accounting entity)의 법적 정의는 일반회계, 기타특별회계, 기금회계(지방자치단체기금관리기본법의 적용을 받는 기금) 및 지방공기업특별회계(지방재정법 제9조②)를 말한다(지방자치단체 회계기준에 관한 규칙 제6조①). 여기에 상기 회계를 통합한 지방자치단체 역시 지방자치단체회계실체로 간주한다(동 규칙 제3조 제4호). 따라서 지방자치단체회계실체는 실질적으로 정보이용자에게 유용한 지방자치단체의 재무정보를 산출하는 경제적 실체로서 지방재정법과 지방자치단체회계기준의 적용을 받고, 지방자치단체 결산보고서에 포함되는 회계단위라고 정의를 내릴 수 있다.

다만, 국가회계와 비교하여 회계실체 개념에서 명백히 차이가 나는 부분이 지방공기업특별회계이다. 이는 지방자치단체회계실체이고 해당 지방자치단체 재무제표 작성시 통합 대상이지만, 지방공기업법에서 회계기준을 따로 정한 경우(지방공기업법령 등) 지방자치단체회계기준을 적용하지 않는다는 특성을 가지고 있다. 실제 지방공기업특별회계는 지방공기업법령 및 기업회계기준을 준용하고 있는 실정이다.

국가회계에서는 중앙관서별로 일반회계만 있는 경우도 있고, 일반회계와 특별회계만 있는 경우도 있고, 일반회계 · 특별회계 · 기금 모두 있지만 그 수가 각기 다른 경우도 있다. 이에 비하여 지방자치단체회계에서는 세부적으로 개수의 차이는 있을 수 있겠으나, 일반적으로 다음 사례의 현황을 보이고 있다(실제 A기초지방자치단체의 회계실체 현황 사례임).

표 11-4 | A기초자치단체의 회계실체 현황

구 분	회계실체명	구 분	회계실체명
일반회계	일반회계	기금	문화예술진흥기금
기타특별회계	의료보호기금특별회계		장학회기금
	토지구획정리사업특별회계		시립공원묘지관리기금
	주택관리사업특별회계		노인복지기금
	산업단지조성사업특별회계		여성발전기금
	도시교통사업특별회계		통합관리기금
	도시개발사업특별회계		자활기금
지방공기업특별회계	상수도사업특별회계		중소기업경영안정기금
	공영개발사업특별회계		재난관리기금
	하수도사업특별회계		폐기물처리시설주민지원기금

2. 정부의 결산절차와 정부결산서의 이해

(1) 정부의 결산절차

1) 중앙정부 결산절차(국가회계)의 이해

그림 11-1 | 국가회계 결산절차

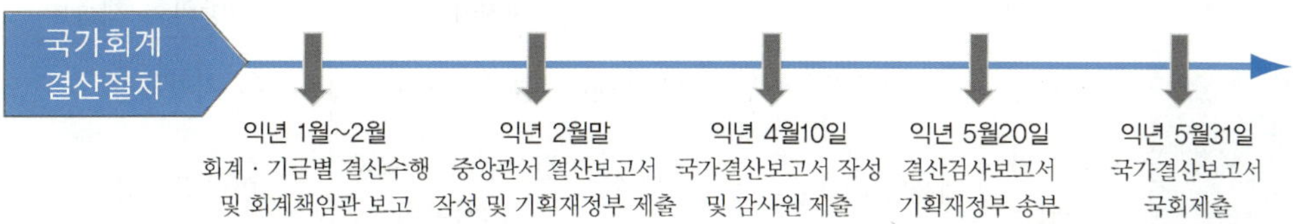

① 회계 · 기금별 결산보고(회계 · 기금별 결산부서 → 중앙관서 회계책임관)

회계 · 기금별 결산부서는 회계 · 기금별 결산서를 작성하여 중앙관서 회계책임관에게 보고한다. 이 때, 중앙관서의 장이 아닌 기금관리주체는 '기금결산보고서'를 작성하여 소관 중앙관서의 장에게 제출한다(국가회계법 제13조 제2항).

② 중앙관서 결산보고서 제출(중앙관서 → 기획재정부; 국가재정법 제58조)

중앙관서 총괄결산부서는 소관 회계 · 기금의 세입세출(수입지출)결산을 통합하여 중앙관서의 세입세출(수입지출)결산을 작성한다. 동시에 중앙관서 총괄결산부서는 소관 회계 · 기금별 재무제표를 통합하고 회계 · 기금간 내부거래제거, 원가계산을 통해 중앙관서 재무제표를 작성한다. 여기에는 예산결산 및 재무결산 결과를 토대로 결산 개요 및 소관 회계 · 기금의 성과보고서를 포함한다. 중앙관서 통합결산이 완료되면 중앙관서의 장은 결산 개요, 세입세출(수입지출)결산, 재무제표, 성과보고서로 이루어진 중앙관서결산보고서를 2월말까지 기획재정부에 제출한다.

③ 국가결산보고서 제출(기획재정부 → 감사원; 국가재정법 제59조)

기획재정부장관은 각 중앙관서의 장이 제출한 결산보고서를 통합하여 국가결산보고서를 작성하고 국무회의 심의 및 대통령의 승인을 얻어 다음연도 4월 10일까지 감사원에 제출한다.

④ 결산검사보고서 송부(감사원 → 기획재정부; 국가재정법 제60조)

감사원은 국가결산보고서를 검사하고 그 보고서를 다음연도 5월 20일까지 기획재정부장관에게 송부한다.

⑤ 국가결산보고서 국회 제출(기획재정부 → 국회; 국가재정법 제61조)

정부는 감사원 결산검사 결과를 반영한 국가결산보고서를 다음 연도 5월 31일까지 국회에 제출한다. 국회는 국가결산보고서를 심사하고 예비비 지출을 승인하면 정부결산 절차가 종료된다.

2) 지방자치단체 결산절차(지방자치단체회계) 결산과정의 개요

표 11-5 | 지방자치단체 결산절차

결산절차	세입세출 출납 완결	결산서 제출	결산검사	결산검사결과 지자체 제출	결산승인 신청 (지방의회 제출)
결산수행 주체	지자체장	지자체장	결산검사위원	결산검사위원	지자체장
일자	익년 2월 10일	폐쇄일+80일	20일~25일	결산검사 종료후 10일이내	익년 5월 31일

비고	2015 회계연도부터 적용	공인회계사의 재무제표 검토 보고서 포함	지방의회가 결산검사위원 선임	검사의견서 첨부	1차 정례회기내 결산승인 처리. 한편, 결산승인일부터 5일 이내에 시·도→행정안전부 시·군·구→시·도 보고

(2) 정부결산서의 이해

국가회계와 지방자치단체회계의 정부결산서는 크게 결산개요(결산총평), 기존 단식부기·현금주의 예결산 방식에 의한 세입세출결산(예산회계결산서), 복식부기·발생주의 재무제표(재무보고서) 및 성과보고서(국가회계만 작성)로 구성되어 있다(괄호 안은 지방자치단체회계 정부결산서임). 즉, 단식부기·현금주의 결산서와 복식부기·발생주의 결산서를 동시에 작성하여 다양한 정부회계정보를 제공하고 있다는 점에서 국가회계와 지방자치단체회계가 거의 유사하다. 또한, 실제 세부 결산서 역시 실질적으로 유사한 기능을 하는 결산서가 작성되고 있다. 그러나 명칭이 상이하여 다소 혼란을 일으키고 있다는 점에서 향후 명칭의 통일성에 대한 범정부적인 노력이 필요한 부분이 있다고 하겠다. 국가회계와 지방자치단체회계의 결산서의 구성은 다음과 같다.

표 11-6 | 국가회계와 지방자치단체회계의 결산서 구성

분류의 기준	국가회계	지방자치단체회계
1. 결산개요	• 일반현황(또는 기금개요) • 세입세출(수입지출) 결산분석 • 재무제표 분석	• 결산총평이라는 명칭으로 재무보고서에 포함됨
2. 세입세출결산(국가) 또는 예산회계결산서(지방)	• 결산서 ① 세입세출결산(일반·특별회계) ② 수입지출결산(기금) • 부속서류 ① 계속비 결산명세서(세입세출) ② 총액계상 사업집행명세서(세입세출) ③ 수입대체경비 사용명세서(세입세출) ④ 이월명세서(세입세출) ...(중략)...	• 결산서: ① 세입·세출결산보고서 ② 기금결산보고서 ③ 채권현재액보고서 ④ 채무결산보고서 ⑤ 공유재산증감 및 현재액보고서 ⑥ 물품증감 및 현재액 총보고서 • 부속서류: ① 결산수지상황 총괄 ② 세입세출결산 총규모 ③ 재원별·경제성질별 결산액 ...(중략)...

3. 재무제표(국가) 또는 재무보고서(지방)	• 재무제표(공통) • 주석(공통) • 필수보충정보(공통) • 부속명세서(공통) • 부속서류(공통) ① 국가채권현재액보고서 ② 국가채무관리보고서 ③ 국유재산관리운용보고서 ④ 물품증감과 현재액의 총계산서 • 첨부서류(기금): 감사보고서 ※ 추가로 자산·부채조정명세서(공통), 회계·기금별재무제표(중앙관서) 첨부	• 결산총평(재무제표 개요, 재정분석, 각종 통계자료 포함) • 재무제표(주석 포함) • 필수보충정보 • 부속명세서 ※ 결산총평은 국가회계에서의 결산개요와 유사함. 단, 재무보고서 관점에서만 기술 ※ 재무제표에는 공인회계사의 검토보고서가 첨부됨 ※ 채권, 채무, 공유재산, 물품관련 보고서는 예산회계결산서에 포함됨
4. 성과보고서	• 성과보고서	• 해당사항 없음
※ 근거규정	• 국가회계법 제13조, 제14조, 제15조, 제15조의2, 제16조 • 국가회계법시행령 제4조 및 제5조 • 결산작성지침(기획재정부)	• 지방재정법 제51조 및 제53조 • 지방재정법시행령 제59조 • 지방자치단체 결산작성통합기준(행정안전부)

(3) 세입세출결산서·예산회계결산서의 이해

세입세출결산서는 세입 또는 세출예산에 따른 집행결과를 집계한 결산서로서 단식부기·현금주의를 근간으로 하여 작성된다. 세입 또는 세출예산은 회계연도 중에 전년도 이월액, 예산의 이용 및 전용 등으로 인하여 조정되는데, 이를 예산현액이라고 한다. 예산현액은 실제 결산액과 비교하는 기준이 된다는 점에서 중요하다.

세입결산서는 '관-항-목'별로 세입현액, 징수결정액, 수납액, 미수납액, 불납결손액으로 구성되어 있다. 이를 통해 세입목별로 실제 세입액과 당기중 불납결손액을 파악할 수 있게 된다. 이러한 결산서 양식은 수입된 금액 전체를 통제할 수 있다는 측면에서 뛰어나지만, 정부에 들어오는 모든 금액을 세입으로 인식하기 때문에 세입의 실제 성격(수익발생, 부채증가, 자산매각 등)이 무엇인지는 파악하기 어려운 단점이 있다.

세출결산서는 '장-관-항-목'별로 세출현액, 지출액, 이월액(명시·사고), 불용액이 표시된다. 이를 통해 실제 세출목별로 실제 세출액과 당년도에 사용하지 못하고 차년도에 이월된 세출예산 금액을 파악할 수 있게 된다. 이 역시 정부의 지출 전체를 통제한다는 측면에서 적합한 양식이지만, 지출한 모든 금액을 세출로 인식하기 때문에 지출의 성격이 비용인지, 자산을 취득한 것인지 등을 파악하기 어려운 단점이 있다.

(4) 재무제표·재무보고서의 이해

1) 재무제표 작성 과정의 이해

정부회계에서의 재무제표 작성은 세입거래와 세출거래의 집계(단식부기→복식부기로의 전환)와 결산조정사항의 반영(현금주의→발생주의)을 통하여 모든 계정과목이 포함된 시산표를 작성한 후 각 재무제표를 산출하는 과정을 거친다. 이는 국가회계나 지방자치단체회계 모두 유사하다.

그림 11-2 | 재무제표 작성과정

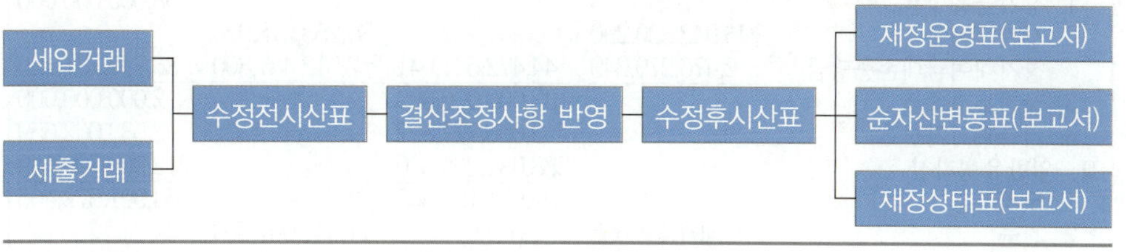

2) 재정상태표(국가회계)·재정상태보고서(지방자치단체회계)

재정상태표는 재정상태표일(일반적으로 회계연도말을 의미) 기준 자산과 부채의 명세 및 상호관계 등 재정의 현재 상태를 나타내는 재무제표로서 자산, 부채 및 순자산으로 구성된다. 이는 기업회계에서의 재무상태표(舊 대차대조표)에 해당한다. 재정상태표는 '자산=부채+순자산'의 등식이 성립된다. 재정상태표는 국가회계상의 명칭이며, 지방자치단체회계에서는 재정상태보고서라고 한다.

재정상태표상 자산 및 부채는 유동성배열법에 따라 계상(計上)된다. 유동성배열법이란 현금화가 가장 빠른 자산 또는 현금으로 가장 빨리 지급하여야 하는 부채부터 나열하는 방식을 말한다. 이에 따라 자산은 크게 유동자산과 비유동자산으로 구분되며, 부채 역시 유동부채와 비유동부채로 구분되며, 유동성대체(비유동자산에서 유동자산으로 계정을 재분류하는 것을 의미함. 부채도 같음)라는 회계처리가 발생하기도 한다. 이는 다음과 같이 좀 더 세부적으로 구분된다.

표 11-7 | 유동성 구분에 대한 자산과 부채의 구성

재정상태표(보고서)		
유동성구분	자산	부채
유동성	유동자산	유동부채
비유동성	투자자산	장기차입부채
	일반유형자산·사회기반시설·주민편의시설	장기충당부채
	무형자산·기타비유동자산	기타비유동부채

재정상태표의 실제 사례는 다음과 같다.

계정과목	20X1		20X0	
자산				
Ⅰ. 유동자산		35,310,156,807		28,804,857,913
1. 현금및현금성자산		1,910,529,910		14,559,224,419
2. 단기금융상품		24,874,000,000		6,800,000,000
3. 미수채권	6,342,401,208		7,221,574,961	
미수채권대손충당금	66,944,437	6,275,456,771	14,197,467	7,207,377,494
4. 단기대여금	1,936,966,730		-	
단기대여금대손충당금	6,796,604	1,930,170,126	-	-
5. 기타유동자산		320,000,000		238,256,000
Ⅱ. 투자자산		80,531,318,868		189,273,793,779
1. 장기금융상품		-		98,000,000,000
2. 장기대여금	46,948,820,290		89,253,218,920	
장기대여금대손충당금	2,476,279,249	44,472,541,041	2,512,487,800	86,740,731,120
3. 장기투자증권		33,000,000,000		2,000,000,000
4. 기타투자자산		3,058,777,827		2,533,062,659
Ⅲ. 일반유형자산		288,031,264,320		212,900,709,549
1. 토지		95,621,154,305		64,901,572,466
2. 건물	92,404,456,655		71,941,007,509	
건물감가상각누계액	18,733,806,147	73,670,650,508	16,405,011,117	55,535,996,392
3. 구축물	88,340,674,608		68,340,197,633	
구축물감가상각누계액	12,967,348,173	75,373,326,435	11,425,283,937	56,914,913,696
4. 기계장치	5,054,379,582		1,031,243,082	
기계장치감가상각누계액	1,184,100,684	3,870,278,898	-	1,031,243,082
5. 집기・비품・차량운반구	17,986,705,555		21,132,893,742	
집기・비품・차량운반구 감가상각누계액	4,456,553,014	13,530,152,541	4,019,770,353	17,113,123,389
6. 기타일반유형자산		17,235,726,609		10,723,883,616
7. 건설중인일반유형자산		8,729,975,024		6,679,976,908
Ⅳ. 무형자산		2,928,062,809		2,200,873,599
1. 소프트웨어		2,928,062,809		2,200,873,599
Ⅴ. 기타비유동자산		1,412,626,000		1,337,530,000
1. 기타의기타비유동자산		1,412,626,000		1,337,530,000
자산계		408,213,428,804		434,517,764,840
부채				
Ⅰ. 유동부채		1,617,988,403		1,177,514,107
1. 기타유동부채		1,617,988,403		1,177,514,107
Ⅱ. 장기차입부채		58,454,000,000		58,454,000,000
1. 장기차입금		58,454,000,000		58,454,000,000
Ⅲ. 장기충당부채		336,827,510		877,809,305
1. 퇴직급여충당부채		336,827,510		877,809,305
Ⅳ. 기타비유동부채		6,582,437		-
1. 기타의기타비유동부채		6,582,437		-
부채계		60,415,398,350		60,509,323,412
순자산				
Ⅰ. 기본순자산		251,041,251,844		251,041,251,844
Ⅱ. 적립금 및 잉여금		90,868,747,995		122,967,189,584
Ⅲ. 순자산조정		5,888,030,615		-
순자산계		347,798,030,454		374,008,441,428
부채와순자산계		408,213,428,804		434,517,764,840

3) 재정운영표(국가회계)·재정운영보고서(지방자치단체회계)

재정운영표는 한 회계연도 동안 수행한 정책사업(프로그램)별 원가를 중심으로 동 사업과 관련한 직접수익, 행정운영성 경비, 특정 프로그램에 직·간접적인 대응관계가 없는 수익 및 비용을 포함한 재정운영결과를 나타내는 재무제표를 말한다. 기업의 손익계산서와 비교할 수 있으나 프로그램에 대한 정보제공을 주된 목적으로 하는 국가회계의 특성이 반영된 재무제표이다. 한편, 재정운영표는 회계·기금·중앙관서단위와 국가통합단위가 다소 차이가 있다. 또한, 재정운영표가 프로그램별로 원가 정보를 제공하는 것에 비하여(이를 기능별 재정운영표라고도 한다) 원가를 구성하는 성질별(계정과목별) 회계정보를 제공하는 수익·비용 성질별 재정운영표는 필수보충정보로서 제공된다.

※ 재정운영표는 국가회계상의 명칭으로 지방자치단체회계에서는 재정운영보고서라고 하는데, 2011년까지는 그 양식이 서로 상이하였으나, 2012년부터 지방자치단체회계에서도 정책사업별 원가 위주의 정보를 제공하는 양식으로 변경되어 약간의 차이를 제외하고는 큰 차이를 보이지 않는다.

재정운영표의 작성은 발생주의 원칙이 적용된다. 따라서 모든 수익과 비용은 관련된 현금의 유입·유출 시기와 관련 없이 거래나 사실이 발생한 기간에 표시한다. 재정운영표의 구조(회계·기금단위 및 중앙관서단위)는 다음과 같다. 참고로 국가통합재정운영표는 중앙관서별로 재정운영순원가를 표시하므로 하기의 구조와 다소 차이가 있다.

〈재정운영표 구조〉

	Ⅰ. 프로그램총원가	• 프로그램총원가 - 프로그램과 관련하여 발생하여 프로그램별 배부가 가능한 원가
	(−) 프로그램수익	• 프로그램수익 - 교환수익으로써 특정 프로그램으로의 직접적인 추적이 가능한 수익
	= 프로그램순원가	
(+)	Ⅱ. 관리운영비	• 프로그램 수행을 지원하는 비용
(+)	Ⅲ. 비배분비용	• 프로그램에 직접적으로 대응하기 어려운 수익·비용
(−)	Ⅳ. 비배분수익	
=	Ⅴ. 재정운영순원가	
(+/−)	Ⅵ. 비교환수익 등	• 직접적 반대급부 없이 발생하는 수익 등
=	Ⅶ. 재정운영결과	

손익계산서와 재정운영표는 수익 및 비용과 같이 일정 회계기간 동안의 거래과정을 통해 자산 또는 부채를 증가시키는 계정과목들로 구성된다는 유사성은 있으나, 기업과 국가의 본질적인 차이로 인하여 서로 다른 회계정보를 제공하게 된다.

표 11-8 | 기업회계의 손익계산서와 국가회계의 재정운영표 비교

구 분	기업회계의 손익계산서	국가회계의 재정운영표
1. 기업과 국가의 운영 목적의 차이	영리추구	對국민에 대한 삶의 질을 향상시키기 위한 공공 서비스의 제공
2. 정보이용자에게 유용한 회계정보 차이	매출액, 당기순이익(영업이익) ※ 당기순이익이 중요한 이유 - 주주: 배당규모 결정 - 채권자: 원리금의 회수 - 과세당국: 조세징수규모 결정	정책사업(프로그램)에 대한 원가 정보(공공서비스의 효율적 집행)
3. 수익창출 근거 및 작성 차이	교환수익의 형태로서 손익계산서에 표시되며, 수익·비용대응 원칙 적용	조세수익 등 비교환수익이 국가수익 창출의 대부분이며, 이는 재정운영표에 표시되지 아니함(회계·기금·중앙관서단위).
4. 계정과목 표시 방향 차이	'수익－비용＝순이익'의 방향으로 계정과목 표시	'원가(비용)－수익＝재정운영결과'의 방향으로 계정과목 표시 ※ 재정운영결과가 (＋)이면 순비용을, (－)이면 순수익을 의미함
5. 개별과 연결(통합) 실체의 양식 차이	차이 없음	회계·기금·중앙관서단위와 국가통합단위의 양식이 다름
6. 기능별분류와 성질별 분류의 선택 여부	기능별 분류기준과 성질별 분류기준 선택	기능별분류가 원칙 ※ 성질별분류는 필수보충사항임

재정운영표의 실제 사례는 다음과 같다.

XX기금 (단위: 원)

과 목	20X1년		
	총원가	수익	순원가
Ⅰ. 프로그램순원가(주석XX,XX)	1,438,193,761,530	(91,907,406,290)	1,346,286,355,240
1. 에너지안전관리	86,079,309,550	-	86,079,309,550
2. 국내외자원개발	514,572,570,700	(12,208,648,500)	502,363,922,200
3. 전력산업경쟁력강화및수급안정	621,856,540,120	(52,428,926,540)	569,427,613,580
4. 원전사업및발전소주변지역지원	215,685,341,160	(4,092,733,950)	211,592,607,210
5. 국내외자원개발(융자)	-	(3,892,190,000)	(3,892,190,000)
6. 전력산업경쟁력강화및수급안정(융자)	-	(19,284,907,300)	(19,284,907,300)
Ⅱ. 관리운영비			5,921,825,180
1. 인건비			2,625,724,550

2. 감가상각비	166,050,100
3. 소모품비	11,541,050
4. 지급수수료	524,172,650
5. 연구개발비	411,704,390
6. 세금과공과	358,003,530
7. 교육훈련비	54,629,580
8. 지급임차료	300,642,800
9. 피복비와급량비	3,700,000
10. 유류비	2,963,000
11. 수선유지비	35,931,300
12. 여비교통비	86,891,260
13. 업무추진비	153,458,850
14. 감가상각비	109,959,670
15. 대손상각비	715,320,890
16. 보조비	346,131,560
17. 기타이전비용	15,000,000
Ⅲ. 비배분비용	1,141,987,280
1. 자산처분손실(주석XX)	1,141,987,160
2. 기타비용	120
Ⅳ. 비배분수익	79,264,817,090
1. 이자수익	19,565,353,740
2. 자산처분이익(주석XX)	59,664,499,520
3. 기타수익(주석XX)	34,963,830
Ⅴ. 재정운영순원가(Ⅰ+Ⅱ+Ⅲ-Ⅳ)	1,274,085,350,610
Ⅵ. 비교환수익등(주석XX)	1,275,154,408,520
1. 부담금수익	1,273,420,642,110
2. 제재금수익	1,733,766,410
Ⅶ. 재정운영결과(Ⅴ-Ⅵ)	(1,069,057,910)

※ 세출예결산의 분류 방법

세출예결산은 장-관-항-목-세목으로 세분화되어 이루어진다. 여기서 '목-세목'으로의 분류를 성질별(품목별) 분류라고 한다. '장-관-항'은 프로그램 예산제도에 의한 분야-부문-프로그램과 거의 동일한 개념인데, 실제 프로그램 예산제도는 분야-부문-프로그램-단위사업-세부사업으로 체계화되어 있으며, 이를 기능별 분류라고 한다. 프로그램 예산제도 하에서의 세부사업은 성질별 분류를 기능별로 전환하는 역할을 수행하는 바, 성질별 분류 기준인 '목-세목'을 인건비, 운영경비, 사업비로 재분류하는 역할을 하게 한다. 참고로 단위사업이란 하나의 프로그램(정책사업)에 대한 세분화된 정책사업으로 해석되며, 세항이라고도 한다.

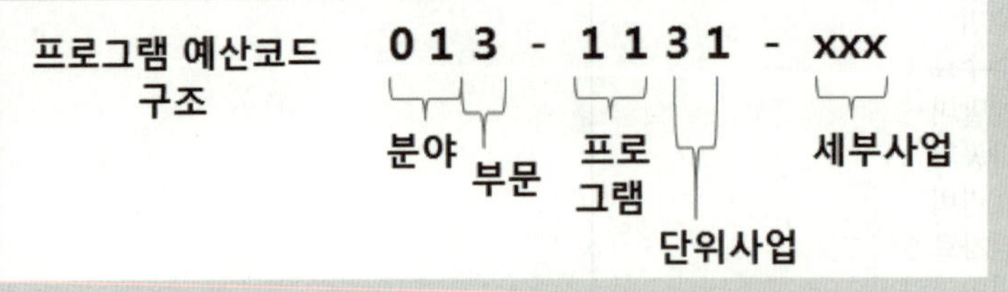

※ 원가의 기능별 분류와 성질별 분류

원가(비용)는 크게 기능별 분류와 성질별 분류에 따라 집계된다. 기능별 분류는 사업별 분류라고도 하며, 정부회계에서는 프로그램(정책사업)에 따라 원가를 집계하는 것을 의미한다. 이에 비하여 성질별 분류는 집행결과를 비용의 성질을 감안하여 계정과목(인건비, 운영비, 이전비용, 기타)별로 나타내는 분류방식이다.

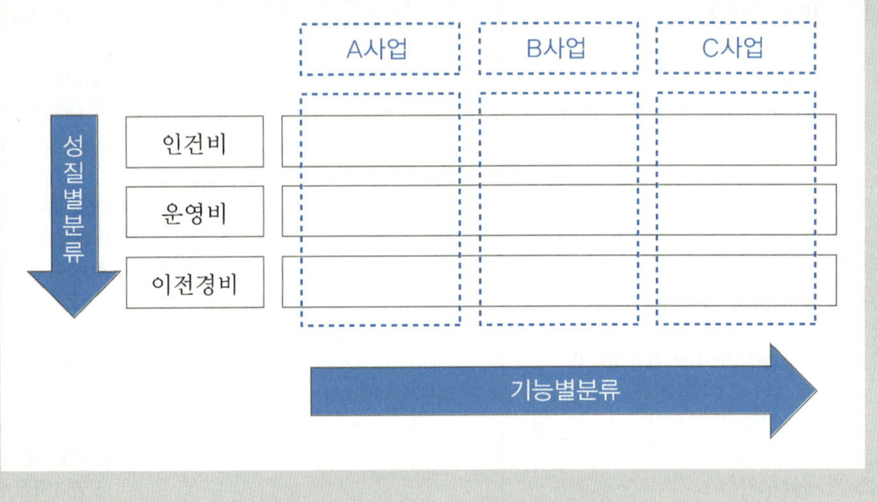

※ '프로그램'이란 용어는 법률상의 용어인가?

2010년말 현재 프로그램예산제도는 "예산안 편성 및 기금운용계획안 작성지침"에 따라 분야-부문-프로그램-단위사업-세부사업 구조의 정부예산안이 국회의 승인을 받고 있으나, 엄밀히 말하면 예산 및 재정운영의 기본법인 국가재정법에서는 아직도 기존 체계와 같은 장-관-항-세항의 구조를 규정하고 있다(국가재정법 제21조③). 그러나 실무적으로는 분야-부문-프로그램-단위사업-세부사업 구조를 사용한다. 한편, 프로그램예산제도는 세출부분에 대해서만 적용하고 있으며, 세입과 관련해서는 프로그램예산제도를 사용하고 있지 않다.

4) 순자산변동표(국가회계)·순자산변동보고서(지방자치단체회계)

순자산변동표(보고서)는 한 회계연도 동안 순자산의 변동명세를 표시하는 재무제표를 말하는 것으로 기업회계에서의 자본변동표와 유사하다. 순자산변동표(보고서)는 크게 두 가지의 역할을 한다. 첫째, 자산 또는 부채의 증감을 가져오는 수익, 비용 또는 이에 준하는 손익 등 유량(flows)의 결과를 재정상태표상 저량(stocks) 성격으로 변환시킨다. 둘째, 유량 성격의 계정과목이나 재정운영표 또는 재정운영보고서상의 계정과목이 아닌 경우 순자산변동표(보고서)에서 인식하게 된다. 대표적인 계정과목으로 투자증권평가손익(국가회계), 정부내자산수증 및 정부내자산기부(국가회계 용어이며, 지방자치단체회계에서는 재산이관·관리전환으로 생긴 자산의 증가 및 감소라는 계정과목을 사용한다), 기타순자산의 증감 등이 있다.

5) 재무제표간의 연결

재정상태표(보고서), 재정운영표(보고서) 및 순자산변동표(보고서)는 서로 밀접하게 연결되는 모습을 보이게 된다. 이를 도표로 나타내면 다음과 같다.

그림 11-3 | 재무제표간의 연결관계

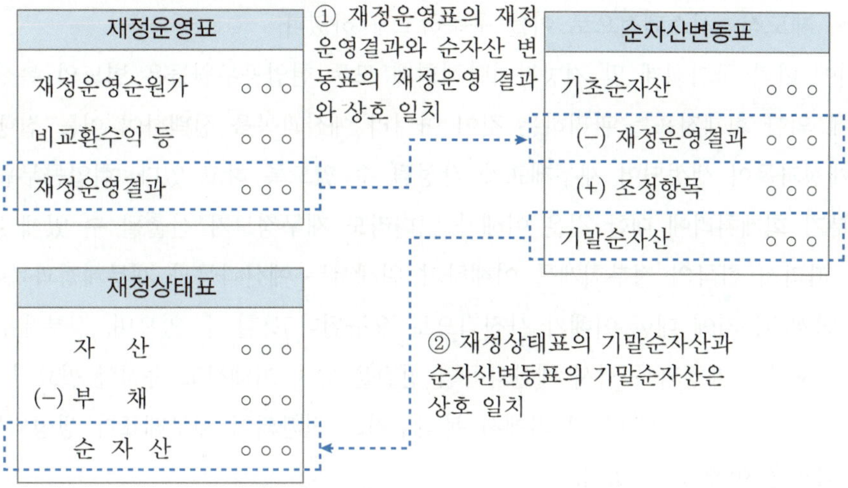

(5) 세입세출결산과 재무제표의 연계

정부회계의 특성상 예산회계가 중요한 부분을 차지하고 있기 때문에 예산회계는 재무회계와 밀접하게 관련된다. 특히, 단식부기·현금주의 예산회계로만 결산이 이루어져 왔던 정부의 경우 기술적으로 복잡한 복식부기·발생주의 회계제도를 도입하는 과정에서 가장 큰 문제가 되었던 부분이다. 이는 실제 예산편성, 예산집행, 결산을 담당하는 현업공무원들이나 예산편성과 결산을 승인하는 의회의 의원들이 복식부기·발생주의 회계에 익숙해 있지 않다는데 일차적인 이유가 있다.

우선 발생주의 인식방법의 적용 여부를 차치하더라도 실무적으로 단식부기·현금주의 예결산을 복식부기로 기록하는 방법이 해결하여야 하는 문제가 된다. 원래 복식부기 회계제도를 도입하기 위해서는 회계거래를 차변과 대변이라는 2중 계상 방식으로 회계처리를 하여야 하는데 이를 위해서는 회계전표라는 것을 관리하여야 한다. 그런데 일정 기간 동안에 들어온 돈(세입, 수입)과 나가는 돈(세출, 지출)을 일렬로 관리하던 시스템 하에서는 이러한 복식부기 회계전표를 이해하기가 쉽지 않는다는데 문제가 있다. 더욱이 복식부기 하에서는 회계정보를 크게 자산, 부채, 순자산(자본), 수익, 비용으로 구분하여야 하는데, 수입은 보통 수익의 발생·자산의 감소·부채의 증가와 관련되며, 지출은 비용의 발생·자산의 증가·부채의 감소와 관련된다. 수입(세입)과 지출(세출)을 복잡한 회계과목과 연계하기 위해서는 회계거래를 기록하는 시점부터 다양한 정보가 관리되어야 하고 기술적인 능력이 반드시 요구된다.

한국 정부에서도 복식부기·발생주의 회계제도를 도입하는 과정에서 이 같은 문제에 직면하게 되었고, 이를 해결하기 위하여 예산과목과 재무계정과목을 연계할 수 있도록 제도적·시스템적으로 이를 구축하고자 하였다.

이에 따라 국가회계 및 지방자치단체회계 모두 현업공무원들은 별도의 복식부기 방식에 의한 회계전표를 관리하는 것이 아니라 예산과목을 선택하여 이를 집행하면 재무계정과목이 생성되어 재무제표가 작성될 수 있도록 하고 있다. 현업공무원들이 복식부기 회계처리에 대한 깊은 이해가 없더라도 재무정보가 산출될 수 있게 된 것이다. 따라서 한국의 정부회계를 이해하기 위해서는 예산과목과 재무계정과목이 어떻게 연계되는지에 대한 이해가 사전적으로 요구된다고 할 수 있으며, 정부재무제표에서 사용하는 계정과목 역시 예산과목의 성질을 먼저 이해하고 숙지할 필요가 있다.

다음의 도표를 통해 단식부기에서 복식부기로 전환되어 재무제표가 생성되는 일련의 과정을 이해할 수 있다.

그림 11-4 | 단식부기에서 복식부기로의 전환 및 재무제표 생성과정

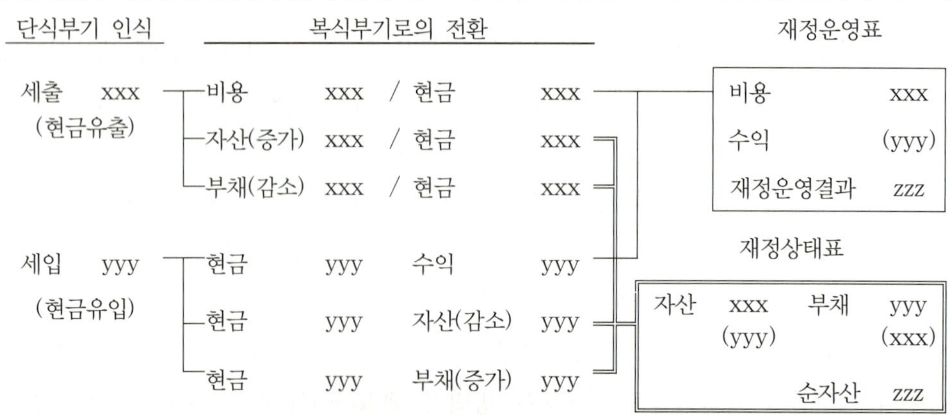

한편, 세입세출결산과 재무제표의 연계와 관련하여 추가적인 재무정보의 제공을 통해 연계과정을 이해하게 하는 방법도 있다. 이는 세입세출결산과 재무제표라는 2개의 재무정보의 신뢰성을 향상시켜 단식부기 · 현금주의에 익숙한 의회의 의원을 포함한 정부회계정보이용자들로 하여금 쉽게 정부회계정보를 활용할 수 있도록 하는 방법이다. 특히, 예산을 단식부기 · 현금주의로 편성하면서, 결산만 재무제표를 작성하는 정부에서 많이 활용하고 있다. 기업회계에서 발생주의 회계정보를 현금주의 회계정보로 변환시키는 현금흐름표와 개념적으로 유사하다(단, 방향은 반대임).

현재 국가회계에서는 이와 관련하여 '총잉여금 · 재정운영결과조정표'를 필수보충정보로서 제공하고 있다. 즉, 세입액에서 세출액을 차감한 총잉여금(결산상잉여금)과 복식부기 · 발생주의에 의한 재정운영결과가 어떠한 차이가 있는지를 설명하는 재무정보이다. 지방자치단체회계에서는 '예산회계와 재무회계의 차이에 대한 명세서'를 필수보충정보로 제공한다. 국가회계와는 다소 차이가 있는데, 잉여금 기준이 아니라 세입액과 세출액 각각을 재정운영보고서상의 수익 및 비용과 어떠한 차이가 있는지에 대한 정보를 제공하고 있다. 이를 통해 단식부기 · 현금주의에 익숙한 정부회계정보이용자가 재무제표에 대한 신뢰성을 향상시킬 수 있고, 정책의사결정 과정에서 풍부한 정보를 제공하는 역할을 하게 된다.

3. 정부자산 · 정부부채의 이해

(1) 정부자산

1) 정부자산의 개념

자산(資産)은 회계적 관점에서의 개념이다. 법적인 의미가 강한 재산(財産)과 유사하지만 좀 더 포괄적인 개념이다. 자산은 국가회계기준에서는 과거의 거래나 사건의 결과로 현재 국가회계실체가 소유 또는 통제하고 있는 자원으로서, 미래에 공공서비스를 제공할 수 있거나 직접 또는 간접적으로 경제적 효익을 창출하거나 창출에 기여할 것으로 기대되는 자원을 말한다(국가회계기준 제9조①). 지방자치단체회계기준에서는 (지방자치단체)회계실체가 소유하고 이들 자산을 일정기간 보유하거나 사용함으로써 공공서비스 잠재력이나 경제적 효익을 창출할 수 있는 자원을 말한다(지방자치단체회계기준 제11조①). 양 기준에서 자산의 정의는 거의 같다고 할 수 있다.

이는 기업회계에서의 자산 정의와 거의 유사하지만 ① 미래 경제적 효익(일반적으로 현금의 유입을 의미) 외에 ② 미래 공공서비스의 제공이 추가되어 있다는 점에 중요한 차이가 있다. 미래 경제적 효익은 희박하지만 미래 공공서비스 제공의 측면이 강한 자산으로 사회기반시설(SOC자산), 주민편의시설, 전비품(군사자산) 그리고 유산자산(문화재 등)이 있으며, 이는 정부만이 가지고 있는 특수자산이라 할 수 있다.

2) 정부자산과 (국가)채권 · 국(공)유재산 · 물품 · 군수품의 관계

발생주의 회계제도에 따른 자산이라는 개념이 도입되기 이전에도 정부는 세입세출결산과 별도로 (국가)채권, 국(공)유재산, 물품, 군수품에 대하여 개별법을 통해 관리 · 결산하여 왔다. 현재에도 실제 이들 재산에 대해서는 취득, 관리, 보관, 대여, 처분 등의 일련의 내부통제과정은 각 자산이라는 명칭보다는 각 법령에 의한 명칭으로 이루어져 있다. 즉, 재무제표에는 각 자산별 명칭으로 표시되지만, 실질적으로는 각 법령에 의한 명칭으로 관리되기 때문에 이에 주의할 필요가 있다. 주요 항목별로 비교하면 다음과 같다.

표 11-9 | 주요 항목별 관련법령 및 재무제표 관련 계정과목

구 분	관련법령	재무제표 관련 계정과목	비 고
국가채권	국가채권관리법	미수채권, 대여금, 현금및현금성자산	국가회계
국유재산	국유재산법	일반유형자산, 사회기반시설, 무형자산, 지급보증금, 투자증권	국가회계
물품	물품관리법	일반유형자산, 사회기반시설	국가회계
군수품	군수품관리법	일반유형자산(전비품), 기타 일반유형자산, 소모성군수품	국가회계
채권	지방재정법, 지방재정법시행령	미수세외수입금, 융자금대여금, 기타유동자산, 보증금 등	지방자치단체회계
공유재산, 물품	공유재산및물품관리법	일반유형자산, 사회기반시설, 주민편의시설	지방자치단체회계

국유재산법, 물품관리법(이상 국가회계 관련), 공유재산및물품관리법(이상 지방자치단체회계 관련)의 개정으로 인하여 국유재산, 공유재산, 물품은 국가회계기준 또는 지방자치단체회계기준에 따라 평가가 이루어져야 한다. 따라서 유형자산에 해당하는 국(공)유재산 및 물품은 감가상각을 실시하여야 한다. 국가회계에서 유가증권의 경우에도 국가회계기준에 따라 평가가 이루어져야 한다(지방자치단체회계기준에서는 유가증권의 공정가치 평가에 대한 별다른 규정이 없으며 취득원가로 평가된다).

채권의 경우 법령상 대손충당금 설정에 대한 규정이 없기 때문에 재무제표상 미수채권 등의 평가방법과 차이가 존재한다. 국가회계에만 존재하는 전비품의 경우 국가회계기준에서 평가방법을 국방부에서 결정할 수 있도록 하였기 때문에 군수품관리

법과 실질적인 차이는 없다(군수품별로 감가상각을 실시하거나 감가상각대체방법을 적용하고 있음).

〈국가회계기준에 의한 정부자산의 세부평가방법〉

중앙정부에 적용되는 국가회계기준에 의한 정부자산의 세부평가방법을 정리하면 다음과 같다. 지방자치단체의 경우 국가회계기준과 일부 상이한 부분이 있지만, 일반적인 흐름으로 볼 때 유사한 부분이 많다. 더 세부적인 평가방법과 회계처리 사항을 이해하기 위해서는 정부회계학(허웅 · 윤성식, 2011)을 참고하기 바란다.

자산종류	평가방법
유가증권	• 채무증권: 상각후원가 • 투자목적의 유가증권 중 공정가액을 측정할 수 있는 경우: 공정가액 평가 (단, 평가손익은 순자산변동표에 반영) • 그 밖의 유가증권: 취득원가 평가 ※ 국가회계기준에서는 유가증권에 대한 지분법평가(지분율이 20% 이상인 경우 피투자회사에 대한 경영성과를 근거로 유가증권을 평가하는 방법)는 인정하지 않는다.
미수채권	• 대손충당금 평가
융자금	• 융자금으로부터의 추정 순현금유입액(원리금과 채무불이행 예상액 고려)을 유효이자율로 할인한 가액으로 평가
재고자산	• 저가법(시가가 취득원가보다 낮은 경우 시가평가)
압수품	• 압수품 및 몰수품은 국가에 귀속되는 시점의 공정가액 반영
외화자산	• 화폐성 외화자산은 재정상태표일 기준 적정 환율 평가
일반유형자산, 사회기반시설, 무형자산	• 정액법 등 방법으로 감가상각 실시(단, 무형자산은 정액법만 인정) • 재평가를 실시하는 경우 공정가액 평가 • 취득 당시의 용역 잠재력을 그대로 유지할 수 있는 일부 사회기반시설의 경우(도로 등) 감가상각하지 아니하고 관리 · 유지에 투입되는 비용으로 감가상각비용 대체 가능 • 금융리스자산은 일반유형자산 등의 평가방법을 준용 • 건설중인자산에 대한 금융비용자본화(건설과정에서 발생한 차입금이자의 자본화)는 인정하지 않음 ※ 일반유형자산 등과 관련한 감가상각은 엄밀히 말하면 평가방법이라고는 볼 수 없다(이론적으로 감가상각은 원가배분의 과정임). 다만, 국유재산법, 국가회계기준 등에서 평가라는 용어를 사용하고 있고, 실무상으로 볼 때 감가상각을 평가방법의 하나로서 간주하여도 큰 문제는 없다고 판단된다.
장기채권	• 장기채권 중 명목가액과 현재가치의 차이가 중요한 경우 현재가치 평가
파생상품자산	• 공정가액 평가

(2) 정부부채

1) 정부부채의 개념

부채란 과거의 거래나 사건의 결과로 회계실체가 부담하는 의무로서, 그 이행을 위하여 미래에 자원의 유출 또는 사용이 예상되는 현재의 의무를 말한다(국가회계기준 제17조①, 지방자치단체회계기준 제11조②). 즉, 정부의 부채로 인식되기 위해서는,

㉠ 과거에 거래나 사건이 발생하였어야 하며,

㉡ 미래 경제적 자원의 유출 또는 사용이 예상되어야 하고,

㉢ 현재 그러한 의무가 존재해야 하는 세 가지 조건이 모두 충족되어야 한다.

부채는 회계실체가 부담하는 현재의 의무 중 향후 그 이행을 위하여 지출이 발생할 가능성이 매우 높고 그 금액을 신뢰성 있게 측정할 수 있을 때 인식한다. 단, 국가회계에서는 안보와 관련된 부채의 경우 부채로 인식하지 않을 수 있다.

2) 채무와 부채의 관계

일반적으로 채무라고 볼 수 있는 외상매입금이나, 미지급금, 차입금 등은 부채의 조건에 당연히 충족되는 부분이며, 통상 금전적인 채무나 채권자에 의한 청구권(creditor's claim)으로 쉽게 이해될 수 있는 부분이다. 이에 비하여 회계상 부채는 일반적인 채무보다 그 범위가 넓다. 예를 들어 보험회사의 경우 반드시 적립하여야 하는 책임준비금은 보험사건이 발생하지 않는다면 보험금수혜자에게 지금 당장은 법적으로 지급할 의무가 없기 때문에 보험회사의 채무는 아니라고 볼 수 없다. 일반회사의 부채계정에 대부분 존재하는 퇴직급여충당부채 역시 임직원의 퇴직을 가정하고 설정한 부채이지, 당장 회사가 임직원에게 지급하여야 하는 채무는 아닌 것이다. 이러한 부채를 일반적으로 충당부채(provisions)라고 하는데, 지출의 시기 또는 금액이 불확실한 미확정부채이다. 충당부채는 비금융부채라고도 한다.

한국 중앙정부와 관련되는 국가채무는 국가재정법 제91조 제2항에서 그 범위가 규정되어 있으며, 국가의 회계(일반회계·특별회계를 의미)와 중앙관서의 장이 관리하는 기금이 발행하는 채권(국채 등), 동 회계·기금의 차입금과 국고채무부담행위로 이루어진다. 이러한 국가재정법상 국가채무와 비교하여 국가회계기준에서의 국가부채는 그 범위가 넓다. 국가재정법상 국가채무를 금융부채라고 할 때, 국가부채는 금융부채 외에 비금융부채까지 포함하기 때문이다. 물론 국가재정법 하에서의 금융부채에 비하여 국가회계기준상 금융부채가 더 포괄적이기는 하는데, 미지급비용 등 발생주의 회계제도에 의한 부채도 포함되기 때문이다. 국가재정법상 국가채무와 국가

회계기준상 국가부채를 비교하면 다음과 같다.

※ 지방자치단체의 채무와 부채의 관계도 국가채무 및 국가부채의 관계와 크게 다르지 않기 때문에 국가채무와 국가부채의 관계를 숙지하면 충분히 이해할 수 있으므로 여기서는 생략한다.

표 11-10 | 국가재정법상 국가채무와 국가회계기준상 국가부채의 비교

구 분	국가재정법상 국가채무	국가회계기준상 국가부채
1. 범위	국채, 차입금, 국고채무부담행위	국채, 차입금, 국고채무부담행위 외에 미지급금(비용), 선수금(수익), 충당부채, 기타장기부채 등
2. 채무인식 회계실체	일반회계, 특별회계, 중앙관서의 장이 관리하는 기금(공공기금) ※ 중앙관서의 장이 관리하지 않는 기금의 채무는 제외됨	일반회계, 특별회계 및 국가재정법상 기금(공공기금 및 민간기금) ※ 중앙관서의 장이 관리하지 않는 기금의 부채도 포함됨
3. 재정증권과 한은 일시차입금	국가채무 불포함	국가부채에 포함
4. 회계·기금 간 발생 채무	국가채무 불포함	국가부채에 포함(단, 중앙관서 관점이며, 국가통합보고서 작성시 내부거래 제거로 관련 자산과 부채가 상계될 것임)

〈국가부채 논쟁〉

국가채무 또는 국가부채의 논쟁과 관련하여 또 다른 측면에서의 이슈는 공공기관의 부채를 포함할 것인가에 대한 부분이다. 이는 2010년 12월 30일 기획재정부에서 GFS 2001에 따른 국가채무 산정 방식을 변경하면서 원가보상율이 50% 이하인 공공기관의 부채가 포함될 것이라는 것을 발표하면서 촉발되었다. 사실 공공기관의 부채를 국가부채로 포함할 것인가는 정부회계 관점에서 많은 논란을 가져올 수 있다. 공공기관에 대한 보증채무를 어느 정도까지 인정할 것인가? 공공기관에 대한 정의를 어떻게 할 것이며, 원가보상율 50%에 대한 기준이 적절한 것인가? 공공기관의 부채가 과연 정부회계상 부채인가? 그렇다면 정부회계에서 부채의 정의는 무엇인가? 등이 복합적으로 관련되기 때문에 쉽게 접근할 수 있는 부분은 아니다.

〈국가회계기준에 의한 정부부채의 세부평가방법〉

중앙정부에 적용되는 국가회계기준에 의한 정부부채의 세부평가방법을 정리하면 다음과 같다. 지방자치단체의 경우 국가회계기준과 일부 상이한 부분이 있지만, 일반적인 흐름으로 볼 때 유사한 부분이 많다.

정부부채는 원칙적으로 만기에 상환하여야 하는 가액으로 평가한다. 다만 다음의 경우에는 별도의 평가과정이 필요하다.

부채종류	평가방법
국채·공채·지방채	발행수수료 및 발행과 관련하여 직접 발생한 비용을 뺀 발행가액으로 평가 국채·공채·지방채의 액면가액과 발행가액의 차이는 국공채(지방채)할인(할증)발행차금 과목으로 액면가액에 빼거나 더하는 형식으로 표시하며, 그 할인(할증)발행차금은 발행한 때부터 최종 상환할 때까지의 기간에 유효이자율로 상각 또는 환입하여 국채에 대한 이자비용에 가감함 지방자치단체회계기준에서는 유효이자율법 외에 정액법 등도 적용 가능함
외화부채	화폐성 외화부채는 재정상태표일 기준 적정 환율 평가
퇴직급여충당부채	퇴직금 지급대상자가 일시에 퇴직할 경우 지급하여야 할 퇴직금으로 평가
연금충당부채(공무원·군인)	연금지급대상 공무원 및 군인에 대하여 보험수리적 가정(장래 추정보수, 전체추정근무기간, 할인율, 임금상승률, 퇴직률, 승진률, 사망률 등)에 따른 연금충당부채 평가 지방자치단체회계기준에서는 연금충당부채에 대한 개념이 없음
보험·보증충당부채	보험·보증사업관련 미래예상 지출 추정액 또는 준비금 지방자치단체회계기준에서는 보험·보증충당부채에 대한 개념이 없음
장기채무	장기채무 중 명목가액과 현재가치의 차이가 중요한 경우 현재가치 평가
파생상품자산	공정가액 평가

3) 정부자산 및 정부부채의 범위에서 제외되는 자산 및 부채

일반적으로 볼 때는 정부자산·정부부채처럼 보이지만, 정부의 재무제표에는 계상하지 않는 자산·부채가 존재한다. 이들 자산·부채는 기업이 아니라 정부이기 때문에 보유 또는 부담하게 되는 특수 부외(簿外)자산·부채인 것이 대부분이다. 이들 자산·부채를 재무제표에 계상하지 않는 이유에 대하여 많은 논쟁이 없는 것은 아니지만, 현재 국가회계기준 또는 지방자치단체회계기준에서는 이들을 재무제표에 계상하지 않는 대신 필수보충정보 등에 그 내역을 공시하도록 하고 있다. 이러한 자산·부채의 종류는 다음과 같다.

표 11-11 | 정부자산 및 부채 범위 외의 자산 및 부채의 종류

종 류	내용(정의)	재무제표 제외 이유	비 고
1. 유산(遺産)자산(관리책임자산)	현 세대 및 미래세대를 위하여 정부가 영구히 보존하여야 할 자산으로서 역사적, 자연적, 문화적, 교육적 및 예술적으로 중요한 자산(문화재관리법상 문화재, 국립공원, 보호구역 등)	유산자산의 가치를 신뢰성 있게 측정할 수 없음	필수보충정보에 종류 및 현황을 공시

2. 천연자원	천연적으로 존재하여 행정활동 또는 기업의 생산활동 등에 이용할 수 있는 물자 또는 에너지 형태의 자산(지하자원, 대기, 해양자원, 동·식물, 국토 등)	천연자원의 범위를 객관적으로 파악하기 어려우며, 그 가치 역시 신뢰성 있게 측정할 수 없음	별도 공시사항 없음
3. 국가안보자산·부채	국가안보와 관련한 자산 및 부채는 기획재정부장관과의 협의를 통해 재무제표에 계상하지 않을 수 있음(특히, 안보와 관련한 중요한 군사자산, 국가정보원 관련 자산·부채 등)	안보정책 목적상 공시대상에서 제외	자산 및 부채의 내역을 별도로 관리해야 함
4. 국민연금 및 사학연금 충당부채	국민연금 및 사학연금과 관련하여 향후 유출될 경제적 자원을 보험수리적 평가방법을 통해 평가한 충당부채	국민연금: 사회보장적 성격 비교환거래이며, 해외사례도 없어 부채설정 대상에서 제외 사학연금: 국가가 고용주가 아니고 재원부족에 대한 책임이 없어 제외	연금사업의 재원조달 방법 및 운영성과, 장기재정 추계 등을 필수 보충정보에 공시
5. 공공기관에 대한 보증채무	공공기관의 채무와 관련하여 국가 또는 지방자치단체가 제공한 보증채무	정부가 인수하여 대지급이 확정되기 전 보증채무는 회계이론상 부채가 아님	지급보증은 우발사항이므로 그 내역을 주석으로 공시

4. 정부회계감사

(1) 정부회계감사(Audit)의 개요

일반적으로 정부실체에서의 감사(Audit)는 감사대상의 특정 업무나 행위에 대하여 당사자 이외의 제3자가 그 내용의 적정여부 내지 옳고 그름을 조사하여 그 결과를 보고하는 것이라고 할 수 있다(편호범, 2010). 특정 업무나 행위는 재무 및 회계사항뿐만 아니라 정부활동의 전반적인 사항까지 포함한다. 또한, 내용의 적정여부 내지 옳고 그름이란 업무의 정당성 내지는 적정성을 강조하는 것으로 이에 대한 판단기준은 법률 및 규정 또는 경제성·효율성 및 효과성에 의할 수도 있음을 나타낸다. 감사결과는 보고한다는 것은 감사결과를 감사대상기관, 감독기관은 물론 일반 잠재적 이해관계자에게 널리 공표함으로써 감사결과의 내용에 대한 비판과 더불어 감사책임이 면제되는 것을 의미한다(윤성식·권수영, 1998).

이러한 측면에서의 감사는 광의의 측면에서의 감사의 정의라고 할 수 있는데, 이는 재무 또는 회계감사와 감찰(Inspection)의 개념이 포함된다. 이에 비하여 협의의 관점에서는 재무 또는 회계감사를 의미한다(이하에서는 정부회계감사라 한다).

※ 한국의 감사원법에서도 감사원의 중요한 2대 기능을 결산검사 또는 회계검사(감사원법 제21조~제22조)와 직무감찰(감사원법 제24조)로 구분하고 있다.

정부회계 관점에서 감사(Audit)란 특정 경제실체의 경제적 행위와 사건에 대한 주장(재무제표 등)과 미리 설정된 기준(감사기준 등)과의 일치 정도를 확인하기 위하여 이에 관한 증거를 객관적으로 수집하고 평가하여 그 결과를 이해관계가 있는 이용자(행정부, 의회, 국민 등)에게 전달하는 체계적인 과정을 말한다. 감사는 일반적으로 감사결과에 따른 감사의견(opinion)을 표명하게 된다. 이하에서의 감사는 바로 이 같은 정부회계 관점에서의 감사(즉, 협의의 관점에서의 감사)를 의미한다.

(2) 정부회계감사의 종류

1) 정부회계감사의 분류

일반적으로 정부회계감사는 다음과 같이 다양한 관점에 따라 분류될 수 있다.

표 11-12 | 정부회계감사의 분류

분류의 기준	감사의 분류
1. 감사의 대상	• 재무제표감사(Audit of Financial Statements) • 내부통제감사(Audit of Internal Control) • 합법성감사(Audit of Compliance with Laws and Regulations) • 성과감사(Performance Audits)
2. 감사수행주체	• 외부감사(External Audit): 감사인은 감사대상 실체와 독립적인 제3자이며, 독립성 준수가 중요한 가치가 됨 • 내부감사(Internal Audit): 감사인은 실체내 제3의 조직
3. 감사수행의 강제	• 법정감사(Statutory Audit): 법률 등에서 감사수행 의무 부과 • 임의감사(Voluntary Audit): 자발적인 감사
4. 감사수준	• 감사(Audit): 경제적 행위와 사건에 대한 주장 전반적으로 합리적인 확신을 제공하기 위한 절차로서 감사의견 제시 • 검토(Review): 낮은 수준의 확신(limited assurance)을 제공하며, 검토절차 역시 감사에 비하여 단순하지만 검토의견은 제시 • 합의된 절차(AUP): 어떠한 확신도 제공하지 않으며, 사전에 합의된 절차만 수행하기 때문에 발견된 사항만 제시함

2) 재무제표감사(Audit of Financial Statements)

재무제표감사는 가장 기본적인 회계감사이다. 이는 독립적인 감사인이 재무제표가 중요성의 관점에서 일반적으로 인정된 회계처리기준에 따라 작성되었는지에 대해 합리적인 확신(reasonable assurance)을 제공하는 의견(opinion)을 표명하는 감사를 의미하는데, 일반적으로 회계감사라고 함은 재무제표감사를 말한다. 재무제표감사는 일반적으로 다음의 절차를 수행하게 된다(미국 SAS(Statements on Auditing Standards) 참고).

표 11-13 | 재무제표 입증감사의 절차

재무제표 입증감사의 절차
① 질문(Inquiries): 회계실체 내·외부자료로부터 정보를 습득하는 행위
② 관찰(Observation): 재고자산 실사에 대한 입회 등
③ 검사(Inspection): 기록, 문서, 자산 실체에 대한 조사 등
④ 조회(Confirmation): 제3자에게 정보를 요청하고 회신을 받는 절차
⑤ 분석적 절차(Analytical Procedures): 유의적인 비율 및 추세 분석
⑥ 역진법(Vounching)과 전진법(Tracing): 역진법은 실재성에 대한 검증(회계기록 → 회계자료) 방법이며, 전진법은 완전성에 대한 검증(회계자료 → 회계기록) 방법임
⑦ 실사(Counting): 현금, 재고자산 등에 대한 직접 수량을 확인하는 절차
⑧ 재계산검증(Recalculation and Recomputation, Footing): 재계산 확인 절차
⑨ 대사(Reconciliation): 독립적인 자료 간 금액·수량 확인 절차
⑩ 기타검토(Subsequent Events Review, Other Common Procedures 등)

(3) 한국의 정부회계감사제도

과거 한국 중앙정부의 세입세출결산에 대한 감사는 예산집행의 적정성을 위한 계수의 확인이 주를 이루었다. 그러나 새로운 복식부기·발생주의 정부회계제도의 도입에 따라 추가로 작성되어야 하는 국가재무제표에 대한 감사와 관련하여 새로운 접근방법이 필요하게 되었다. 국가재무제표에 대한 감사는 회계정보의 신뢰성 확보 관점에서 계정과목의 정확성, 자산 및 부채의 평가, 주석 등 비계량정보의 충분성에 대한 감사가 이루어져야 한다. 이러한 감사성격의 변화를 비교하면 다음과 같다.

표 11-14 | 세입세출결산 감사와 국가재무제표 감사 비교

구 분	세입세출결산 감사	국가재무제표 감사
1. 감사목적	• 세입세출결산서 수치의 확인을 통한 예산집행의 적정성 확인	• 의사결정에 유용한 회계정보에 대한 신뢰성 확보
2. 감사대상 정보	• 세입징수관, 지출관 등으로부터 제출받은 세입징수액계산서, 지출계산서 등 각종 계산서 • 한국은행의 국고금출납계산서 • 기획재정부장관으로부터 제출받은 세입세출결산보고서	• 중앙관서 및 국가통합 재무제표(주석, 필수보충정보, 부속명세서 포함) • 부속서류(국유재산, 물품, 국가채권, 국가채무 관련) ※ 기존 세입세출결산서를 포함한 각종 보고서 및 계산서는 당연히 포함됨

3. 감사방법	• 결산액과 감사원이 감사한 계산증명액의 대사 • 결산서 수납액 · 지출액과 한국은행 국고금출납계산서상 수납액 · 지급액 대사 • 세계잉여금의 확인	• 재무제표 작성과정과 관련한 내부통제의 타당성 검토 • 회계단위, 중앙관서단위, 국가통합단위 재무제표의 계정과목별 분류 및 집계의 정확성 확인 • 자산 및 부채의 평가방법 및 평가결과의 적정성 검토 • 재무제표와 기타 부속서류 간 금액의 정확성 대사 • 주석, 필수보충정보 등 계량 · 비계량정보의 완전성 및 충분성 감사 ※ 기존 세입세출결산서 감사방법 포함

※ 국가재무제표에 대한 감사를 위하여 기존의 세입세출결산에 대한 감사가 더 이상 이루어지는 것이 아니라, 국가재무제표 감사에는 당연히 기존의 세입세출결산에 대한 감사가 포함된다.

중앙정부와 비교하여 지방자치단체의 경우 2007회계연도부터 재무보고서가 작성됨에 따라 역시 2007회계연도부터 지방자치단체 재무보고서 검토기준에 따라 공인회계사에 의한 검토를 받고 있다. 이는 검토(review)로서 감사(audit)보다는 한 단계 낮은 감사절차이이다. 공인회계사에 의한 지방자치단체 검토보고서는 그 자체로서 지방자치단체 결산검사를 종료하는 것은 아니며, 지방의회의 결산검사위원의 결산검사 시 활용하는 자료로 사용된다. 중앙정부의 경우 감사원이 향후 복식부기 · 발생주의 재무제표에 대한 감사를 수행하게 되면, 지방자치단체 역시 검토가 아닌 재무제표에 대한 감사를 수행할 필요가 있으며, 검토기준 역시 감사기준으로 격상할 필요가 있다.

11.8 정부회계의 현재와 미래

1. 정부회계의 중요성

(1) 정부개혁과 정부회계

1900년대 초 예산제도의 구축시기에 품목별 예산을 통해서 회계는 막대한 공헌을 했지만 1980년에 이를 때까지는 주로 예산제도의 개혁이 정부개혁에서 주도적인 역할을 담당했다. 그러나 1980년대부터 뉴질랜드, 호주, 영국, 미국 등 주로 영미계 국가들을 중심으로 정부회계의 개혁이 본격화되었고 이제는 성과를 측정하는데 발생주의 회계와 재무보고가 결정적인 역할을 하기에 이르렀다.

정부회계는 더 이상 예산집행 사후에 기록만을 담당하는 사소한 기능에 머물지 않고 예산과 1대 1로 재정의 중요한 한 면을 담당하는 역할을 수행하게 되었다. 예산은 한정된 자원을 누가 갖느냐하는 정치적 측면을 가지고 있기 때문에 모든 사람이 관심을 갖는 동전의 앞면임에 반하여 회계는 과연 배분된 자원을 효과적이고 효율적으로 사용했는가하는 미묘하고도 어려운 문제에 관련되어 있기 때문에 상대적으로 사람들의 관심을 모으지 못하는 동전의 뒷면에 해당한다. 그러나 성과에 대한 책임을 강조하는 행정의 새로운 경향으로 인하여 정부회계는 과거 어느 때보다도 중요한 역할을 수행하고 있다. 최근의 개혁을 회계와 재무가 인도한 개혁이라고 하는 이유도 바로 여기에 있다.

(2) 회계에 대한 소홀

관리의 언어인 회계를 오랫동안 무시해온 공공부문은 기묘한 수수께끼이고 흥미있는 모순이라고 Brown은 말하고 있다. 1941년에 정부회계의 현실에 대해 개탄하는 글이 1988년에 이르러서도 바로 어제 쓰여진 것처럼 느껴질 정도로 정부회계의 한심한 현실을 잘 나타내고 있다고 Brown은 말하고 있다. 한국도 예외는 아니어서 회계는 오랫동안 공공부문에서 무시되어 왔다. 심지어 민간부문에서도 회계는 그저 장식품에 불과했으며 IMF외환위기를 촉발한 또 하나의 이유이기도 하다. 회계와 재무보고는 관리책임의 근본적인 측면의 하나이며, 보다 나은 서비스를 제공하고 세금을 보다 현명하게 사용하기 위한 수단이다. 기업부문과는 대조적으로 공공부문은 관리와 정책수단으로서의 회계를 대부분 과소평가하고 있다. 회계는 최악의 경우에 절망적으로 멍청할 수 있지만, 현명하게 사용하면 의사결정의 매력적이고 강력한 도구가 될 수 있다고 한다. 전통적인 회계의 정의는 경제적 사건을 기록, 분류, 요약, 해석하는 것이지만, 현대적인 회계의 정의는 의사결정에 유용한 재무정보를 제공하고 성과평가에 기여하는 것이다(Brown, 1988b).

사람들은 회계를 하찮게 생각하며 별로 중요하지 않은 오래된 규칙들의 집합으로 간주한다. 때로는 회계의 중요성을 인식하고 회계의 개선을 위한 위원회가 구성되기도 하지만 실제로 위원회의 건의내용이 시행되지도 않았고 사람들의 회계에 대한 인식을 변경하지도 못했다. 정부회계는 재정정책결정과 집행에 핵심적인 역할을 하며 현대정부의 중심에 존재함에도 불구하고 너무나 오랫동안 소홀하게 취급되었다 (Premchand, 1995).

대부분의 사람들은 회계가 중요하다는 것을 결코 인식하지 못할 것이다. 회계학의 중요성을 인식하기 위해서는 회계학 수업을 듣고 오랜 시간이 경과해야 한다. 차변 대변과 장부정리가 그렇게 중요하게 느껴지지 않기 때문이다. 회계를 비하하는 시각은 뉴질랜드의 정부개혁 과정에서도 정부개혁의 걸림돌의 하나였다. 뉴질랜드의 재무부는 대부분의 국가와 마찬가지로 경제학자들에 의해 주도되어 왔는데 정부회계가 정부개혁에서 주도적인 역할을 차지하는 데에 대한 경제학자들의 경멸과 반발은 문헌에 의해 보고될 정도이다. 경제학을 공부한 사람은 회계학이 중요하다는 것을 도저히 납득할 수 없을 것이다. 경제학의 세련된 모델과 방법론에 비해 회계는 조잡하고 이론적 체계가 결여된 장부정리로밖에 느껴지지 않기 때문이다. 아직도 한국 사람들은 IMF외환위기 이후 한국에 구제금융을 제공하면서 회계의 투명성을 강조하고 심지어 공인회계사를 많이 선발하라고 요구까지 하는 선진국들을 이해하지 못하고 있다. 한국의 낮은 회계수준이 각종 기업의 인수, 합병과 외국기업의 한국투자에 장애물이라는 신문기사는 한국 사람들에게 결코 이해되지 못한다. 하물며 정부회계의 중요성을 인식하는 것은 더욱 어려울 것이다.

2. 공공부문의 회계교육

학교에서 회계를 배우지 않기 때문에 회계의 중요성을 모르고 행정학분야에서 회계가 소홀히 취급되고 있지만, 실무계에서는 회계의 중요성을 인식하고 있었다. 공공관리자들은 학교를 졸업하고 실무를 담당하자마자 일상업무가 회계담당자, 회계시스템, 감사인과 관련되어 있음을 깨닫게 되며, 1년 이내에 기본재무제표를 이해할 수 없다는 사실에 당황해한다고 Brown은 말하고 있다. 실무계의 강력한 주장으로 재무행정교과과정개혁위원회는 회계를 이해해야 한다고 보고서를 작성했지만, 회계를 가르칠 교수부족이 가장 큰 문제이다. 또한 New York, Cleveland 같은 도시의 재정위기가 회계의 중요성을 부각한 사건이었다. 그러나 미국행정학회(ASPA)가 창설되었을 때보다 최근의 교과서가 회계에 대한 관심이 훨씬 적기 때문에 ASPA의 초기보다 회계에 대한 이해와 관심이 퇴조했다고 Brown은 주장하고 있다(Brown, 1988b).

우선 무엇보다도 회계와 재무보고(accounting and financial reporting)를 행정학교육에서 강화해야 한다고 Mansfield는 주장하고 있다. 회계전공자들에게만 회계이슈를 맡겨서는 안 되고 모든 관련된 사람들의 최선의 이익을 위해서는 행정학이 회계 이슈에 관여해야 한다고 말하고 있다(Mansfield, 1988). 이제 한국도 복식부기를 채택하고 발생주의회계를 도입했기 때문에 재무행정교육에서 더 이상 정부회계를 무시할 수 없을 것이며 무시해서도 안 될 것이다. 재무행정도 전통적인 예산과정과 법규에 대한 연구에서 탈피하여 투자, 현금관리, 구매관리, 정부회계를 포괄하는 공공재무관리로 재탄생해야 할 것이다.

3. 정부회계의 재등장

(1) 정부개혁과 정부회계

공식예산과정이 시작된 초기에는 예산은 회계학에 뿌리를 두고 있었으나 점점 정치학과 경제학의 영향을 받았고 최근 선진국의 예산개혁은 다시 회계학의 영향을 받았는데 특히 뉴질랜드의 예산개혁에서는 회계학이 가장 핵심역할을 수행했다(Schick, 1987b). 회계학은 오랜 기간 동안 무관심의 대상이었다가 영국, 뉴질랜드, 호주 등 영연방국가들을 중심으로 한 정부개혁의 영향으로 다시 사람들의 관심대상이 된 것이다. 많은 국가에서 회계개혁을 시도하고 있지만 회계개혁의 성공은 여러 가지 요인에 달려있다. 회계제도의 개혁에 유리한 환경을 구비하고 있는 국가는 Canada, Denmark, Sweden, 미국이며 불리한 환경은 독일과 프랑스이고 영국도 어느 정도 불리한 환경을 가지고 있다고 한다(Luder, 1992).

최근 뉴질랜드와 영국 등 주로 영연방국가들을 중심으로 이루어진 회계개혁으로 인하여 미국도 과거와는 달리 정부회계에 매우 큰 관심을 보이고 있다. 지난 20년 동안 이루어진 선진국의 정부개혁을 ‘회계와 재무가 인도한 개혁’으로 부를 정도로 정부회계는 결정적인 역할을 했으며 이제 비로소 정부회계에 대한 관심이 전 세계적으로 고조되고 있다. 각국에서 발생주의회계채택을 시도하거나 혹은 고려하고 있으며, 한국에서도 참여정부 하에서 본격적인 정부회계제도의 개혁을 통하여 복식부기와 발생주의회계제도의 도입을 추진하였으며, 국가재정법, 국가회계법, 지방재정법 및 국가회계기준을 제정하였다. 이처럼 한국의 정부회계제도의 변화는 바로 현대적인 예산과 회계제도의 구축이 시작된 것이며, 최근 국가들의 정부회계개혁 영향에 따른 획기적인 변화의 모습이라고 할 수 있다.

미국연방정부의 연방감사관(Inspector General)은 연방부처 내에서 효과성과 효율성을 검토하고 부정, 오류, 낭비, 권력남용을 방지하고 적발하는 임무를 수행하는데 연방감사관에 관한 법률은 회계의 중요성을 인식하게 되는 중요한 계기가 되었다. 또한 사업관리를 개선하기 위해 제정한 연방재무청렴법(The Federal Managers Financial Integrity Act)도 회계의 중요성을 부각하는 법규인데 행정부처가 내부회계와 관리통제를 수립하여 다음 임무를 달성하도록 요구하고 있다.

- 비용이 관련법규를 준수하는가?
- 자금, 재산, 기타 자산이 낭비, 손실, 부당한 사용, 횡령으로부터 안전한가?
- 수입과 지출은 신뢰할 수 있는 재무보고를 작성하기 위해 적절하게 기록되고 유지되는가?
- 이에 따라 각 부처의 최고책임자는 대통령과 의회에 회계와 관리통제의 적절성에 대한 의견을 표명한 보고서를 매년 제출해야 한다(Brown, 1988b).

정부회계에 대한 최근의 관심고조는 다음과 같은 이유에 기인한다. 긴축재정, 성과정보에 대한 관심, 정부회계가 민간부문회계에 접근하여 어느 정도 표준화를 이룩해야 한다는 회계전문인들의 믿음, 정부회계가 긴축재정문제와 성과평가에 대한 기여를 할 수 있다는 신뢰 등이다(Henry et al., 1989). 무엇보다도 회계정보가 성과평가에 필요한 정보를 제공하고 감춰진 부채를 기록하여 재정적자를 정확하게 파악하며 민간위임을 위한 계약시에 원가정보를 제공한다는 사실이 가장 큰 이유이다.

공공부문에서는 공공조직의 특성과 공공조직이 처한 환경으로 인하여 어쩌면 회계처럼 규칙에 기초한 절차는 효율성의 증진에 기여하기보다는 오히려 비일관성과 비효율성을 초래할지도 모른다. 공공조직에서는 기술적인 부분과 절차를 분리하여 명확한 목표를 부여하고 성과를 드러나도록 하는 것이 더 좋은 대안이다. 이것은 행동(action)을 의사결정(decision)과 분리하는 것으로 볼 수 있으며, 이러한 분리는 복잡한 공공조직을 단순하고 명료하게 한다는 장점도 있다. 핵심관리자에 대한 신뢰가 조정, 조사, 평가의 공식적 절차에 집착하는 것보다 더 나은 대안일지도 모른다고 Lapsley는 주장하고 있다(Lapsley, 1994). 이 주장은 무조건적인 정부회계 개혁이 바람직하지 못할 수도 있다는 것을 시사하는 것이어서 주의 깊게 경청해야 할 것이다.

(2) 복식부기와 정부회계

정부회계는 기업회계와는 여러 가지 점에서 차이가 나지만 근본적으로는 복식부기에 입각한 경제적 사건의 분석, 기록, 요약, 평가, 해석기술임에는 차이가 없다. 물론 전 세계적으로 복식부기에 입각한 정부회계제도를 사용하고 있는 국가는 소수에 지나지 않지만 단식부기에 의한 정부회계는 사실상 회계라는 명칭을 부여하기에는 어려운 점이 많다. 단지 부기에 지나지 않기 때문이다. 물론 복식부기를 채택하여도 부기 수준에 머물 수 있지만 복식부기를 채택할 때는 회계정보의 질을 높이기 위하여 발생주의 회계 등 여러 가지 측정과 보고기법을 정부회계기준으로 제정하여 복식부기와 결합하기 때문에 복식부기는 대체적으로 회계차원으로 발전한다.

한국은 참여정부 하에서 시작된 "디지털예산회계시스템(일명 dBrain)"을 통해 획기적인 예산회계정보시스템을 구축하였고, 디지털예산회계시스템을 2007년부터 실무적으로 사용하고 있으며, 2009년 회계연도부터 복식부기·발생주의 재무제표가 산출되고 있다. 예산회계시스템에서는 유무선 인터넷으로 모든 행정망이 서로 연결되고 자료의 입력과 출력이 실시간으로 이루어지고 있다. 디지털예산회계시스템은 ① 새로운 재정관리 사상을 도입, ② 새로운 재정범위를 연계, ③ 국가재정정보를 통합적으로 공유, ④ 실시간으로 재정 운용성과와 투명성에 대한 책임성을 확보, ⑤ 효율적인 재정관리, ⑥ 효율적인 국고금 관리, ⑦ 재정 공무원의 부정이 제거되는 청결한 시스템 등의 특징을 가지고 있고(배득종 외, 2011), 이를 통한 재무보고는 재무정보의 사용자, 국민, 조직의 구성원에게 성과를 알림으로써 공공관계(public relations)를 개선하는 기능도 수행한다. 즉 PR기능을 수행하는 것이다. 최근에는 재무보고의 공공관계 개선차원이 강조되기 때문에 재무보고를 작성하는 데 많은 비용이 소요되더라도 재무보고를 작성할 가치가 있다고 주장하는 사람들이 많다(Henry et al., 1989).

복식부기에 대한 Premchand의 다음과 같은 주장은 선진국에만 해당되는 것이 아니라 한국의 현실에도 부합하기 때문에 음미할 만하다. 컴퓨터의 등장으로 과거보다 훨씬 저렴한 비용에 회계시스템을 구축할 수 있게 되어 정부회계에 민간회계를 쉽게 도입할 수 있다. 수작업 단식부기시스템보다 전산화된 복식부기시스템이 훨씬 비용을 절감하기 때문에 복식부기채택이 비용을 증가한다는 주장은 잘못된 것이다. 과거에 수작업으로 단식부기를 시행해 왔다면 그보다 훨씬 쉬운 전산화된 복식부기시스템을 사용하지 못할 이유가 없다. 이미 전산화된 단식부기시스템을 사용하고 있다면 그러한 전산화가 잘못된 것이다. 전산화에 앞서 복식부기를 채택하고 전산화를 시행해야 한다. 단식부기시스템보다 복식부기시스템은 훨씬 다양한 기능을 수행하며 더 많은 정보를 제공할 수 있고 사용자의 요구에 쉽게 적응할 수 있다(Premchand, 1995).

(3) 복식부기와 발생주의회계

복식부기와 전산화된 회계시스템이 구축되었다고 자동적으로 바람직한 회계시스템이 되는 것은 아니다. 칠레(Chile)는 복식부기와 광범위한 전산회계시스템에도 불구하고 원가측정에 있어서 별다른 진보를 거두지 못하고 있다(Premchand, 1995). 복식부기를 도입하더라도 발생주의회계를 도입하지 않을 수 있다. 발생주의회계를 도입하더라도 완전한 발생주의회계를 도입하는 방법도 있고 부분적으로 발생주의회계를 도입할 수도 있다. 미국에서는 수정발생주의를 사용하고 있으며 많은 국가에서 발생주의를 부분적으로 사용하고 있다. 복식부기와 발생주의회계는 별개의 사항이기 때문에 복식부기와 발생주의회계를 혼동해서는 안 된다. 만약 자산, 부채, 수익, 비용의 측정에 어려움이 많다면 발생주의회계를 도입하지 않거나 부분적으로 도입하는 복식부기를 채택하면 된다.

외부에서 정당화된 공식구조를 조직에 도입함으로써 조직의 행위에 대한 의문으로부터 보호받게 되는데 회계의 도입도 조직의 성공과 생존을 위한 정당화의 도구역할을 할 수 있다. 외부에서 조직이 어떻게 운영되어야 하는가에 대한 합리화된 개념이 유행하면 그것은 조직에 대한 압력으로 작용하며 조직이 그것을 반영하면 조직의 정당성이 확보된다. 새롭게 유행하는 관리기법을 도입하여 제도화하면 조직은 적절하고 합리적이고 현대적으로 보이며 의회와 외부의 상급기관은 안심하게 된다. 민간기업은 시장에서 성공하기 위해 진정한 효율을 추구하지만 공공조직은 공공조직의 특성과 공공조직이 처한 환경 때문에 필요에 의해 조직이 작동하지 않기 때문에 정당성을 유지하기 위해 신화와 의식에 의존한다. 최근 한국의 복식부기도입과 발생주의회계의 도입에도 행정개혁의 바로 이러한 측면이 존재하는 것은 사실이지만 복식부기와 발생주의회계가 결코 유용성이 없는 것은 아니다. 다만 정부개혁 추진자들이 복식부기와 발생주의회계제도를 이러한 목적으로만 사용한다면 복식부기와 발생주의회계는 소기한 목적을 거두지 못하고 상징적 역할에 그칠 것이다(Lapsley, 1994).

4. 정부회계의 문제점과 개선방안

최근의 개혁을 시도했던 주요 국가들은 개혁의 성과를 국민에게 보여주려고 한다. 물론 이런 개혁은 전시효과 개혁에 그칠 수도 있고, 실제로 개혁 전반에 많은 영향을 미칠 수도 있다. 이처럼 개혁을 보여주고 싶은 정부들에게 있어서 정부회계는 좋은 재료이다. 정부회계는 정부가 무언가하고 있다는 것을 국민에게 보여줄 수 있는 매우 유용한 도구이다. 정부회계가 유용성을 가지기 위해서는 다음의 2가지 조건을 갖추어야 한다.

첫째, 현명하게 설계되어야 한다.

둘째, 현명하게 사용해야 한다. 사용자가 바보이면 현명하게 설계된 시스템이라 하더라도 제대로 된 역할을 하지 못한다.

최근 정부회계제도의 개혁을 통하여 주요 국가들은 발생주의제도의 채택과 복식부기 도입을 통한 획기적인 시도를 하고 있다. 이런 변화의 흐름 속에서 앞으로의 정부회계가 가야 할 방향은 정부회계가 어떤 역할을 할 수 있느냐를 묻는 것이 아니라, 우리가 과연 정부회계를 얼마나 알고, 얼마나 활용할 수 있는가를 물어야 할 것이다.

(1) 정부회계의 정치적 측면

정부회계는 매우 정치적인 측면이 강한다. 무엇을 보고하고 무엇을 보고하지 않을 것인지, 가능하면 액수를 축소하여 보고할 것인지 아니면 확대해서 보고할 것인지 등 매우 정치적인 판단이며, 주관적인 판단이다. 따라서 회계를 객관적 세계로 생각하기 쉽지만 반대로 주관적 측면도 있다. 예를 들면, 국가부채처럼 어떻게 보고해야 하는가는 매우 정치적인 주제이다.

공공부문에서는 예산이 압도적인 역할을 하지만 회계는 사소한 역할을 한다. 반대로 기업에서는 예산은 사소하고 회계가 중요하며, 순이익이 가장 중요하다. 그러나 국민들은 세금을 누가 얼마나 사용하려고 했는가(예산)에 못지않게 실제로 얼마를 사용했는가(회계)에도 관심이 있다. 원래 의도한 것을 거두었는가에도 관심이 있다. 특히 원래 의도한 것은 성과지표에 잘 설정되어야 하는데, 좋은 성과지표의 설정이 한계가 있기 때문에 실제로 어디에 얼마를 사용한 것에 더 관심을 가질 수 있다.

국민과 언론은 사소한 항목에 더 목을 맨다. 즉 지출에 대한 구체적 항목에 관심을 가진다. 가령 정말 사소한 항목인 기관장의 업무추진비에 관심을 갖는 것, 또는 지방의회 의원들의 활동비, 해외연수비의 규모에 관심을 갖는 것 등이다. 이런 관심은 잘못된 것으로 보일지 몰라도 성과지표가 한계를 갖는 한 사소한 항목에 관심을 갖는 일은 계속될 수밖에 없다. 기업은 사장이 얼마의 돈을 사용했건 순이익이 증가하면 좋은 것이다. 정부는 기업의 순이익처럼 조직의 성과를 측정하는 지표가 없기 때문에 지출의 구체적 항목을 시시콜콜 따지게 된다. 그리고 이러한 일은 대개 정치적으로 발전한다.

(2) 기업회계의 종속으로 오해하는 경향

정부회계가 인류 역사상 기업회계보다 먼저 등장했음에도 불구하고 최근에 기업회계가 눈부시게 발전하여 정부회계가 기업회계의 기법들을 도입하게 되고 정부회계를 기업회계의 일부분으로 이해하는 경향이 많다. 하지만 정부회계를 기업회계로 오해해서는 안 된다. 정부회계와 기업회계의 가장 큰 차이는 기업은 순이익이 너무 중요하기 때문에 그 과정은 상대적으로 관심대상이 아니라는 점이다. 그러나 정부는 순이익과 같은 수치가 없기 때문에 과정이 중요하다. 또한 정부는 매출 및 순이익 등에 관심을 가지는 기업회계와 달리 재무제표 뒤에 있는 수백개의 구체적인 항목에 더 관심이 있으며, 심지어 원천자료(기관장의 업무추진비 영수증 등)에 더 관심이 있다.

과정에 대한 정보로서 회계는 중요하다. 회계는 증빙자료부터 시작해 수많은 원천정보와 그 정보를 가공하는 중간 과정이 있다. 회계는 투명성, 정치적 정당성, 절약 등이 중요한 가치이다. 실제로 투명성이 역기능을 가져오는 경우도 가끔 있겠지만 투명성은 그 자체만으로도 의미가 있다. 국민들이 성과에 대해 확신할 수 없을 때는 투명성 그 자체에 관심을 가질 수 있다. 그리고 재무제표만이 아니라 원천정보로부터 재무제표에 이르는 모든 단계정보를 국민들이 속속들이 알고 싶어한다. 이것은 바로 회계를 통한 원천정보와 중간과정에 대한 국민들의 관심이 증가한다는 것을 의미한다.

예를 들어 통근비를 별로도 지불하는 기관과 봉급에 포함시키는 기관과 통근버스를 운영하는 기관은 인건비가 각각 다를 것이다. 그러나 통근비에 해당하는 비용항목이 있는 것은 사실이다. 총인건비를 알고 싶어 하고, 각종 수당을 통합한 결과를 알고자 할 때 바로 회계를 통한 원천정보 및 그 과정에서 만들어지는 정보가 관심의 대상이 된다. 또한 공무원의 초과근무시간수당 같은 약간 사소해보이는 정보에 국민들은 관심이 많을 수 있다.

이처럼 정부회계는 그 복잡성, 규모, 성격 등으로 판단해볼 때 기업회계보다 훨씬 범위가 넓고 깊은 내용을 다루고 있다. 기업회계의 거의 모든 주제가 정부회계에 포함되지만 정부회계는 기업회계보다 훨씬 많은 기법과 주제들을 포괄하고 있다.

정부회계정보를 해석하고 활용할 때 기업회계적 관점에서 벗어나지 못하는 경우도 있고 정부회계기준을 제정할 때도 기업회계기준의 시각에서 접근하는 경우도 있다. 정부회계는 기업회계의 기법을 도입했다고 하더라도 고유한 영역이며 고유한 문제점을 가지고 있기 때문에 고유한 방법으로 연구되고 고유한 시각과 원칙에 의해 정부회계정보를 해석하고 이용해야 한다.

(3) 정부회계는 정보시스템과 통합된 관점에서 이해

오늘날 정부의 모든 정보시스템은 개별적이면서 통합적이다. 예를 들면, 인사에 관한 정보시스템, 감사에 관한 정보시스템, 각종 민원정보시스템, 교통범칙금을 부과하기 위해 사용되는 PDA 등 수많은 정보시스템 들이 존재한다. 이런 수많은 정보시스템은 클라이언트 서버 시스템처럼 수직적이 아닌 서로 수평적으로 연결되어 있는 시스템이다. 하지만 이처럼 수평적 연결에도 불구하고 회계정보시스템으로 수렴되는 부분이 있고, 회계정보시스템이 중심적 역할을 할 수 있다. 회계정보시스템은 재정이라고 하는 가장 중요한 자산에 대한 시스템이기 때문에 다른 정보시스템이 회계정보시스템과 통합되는 것이 여러 가지 면에서 유용하다.

다른 정보시스템과 회계정보시스템이 통합되면 재무정보와 다른 정보가 결합되어 아주 유용한 추가 정보를 창출할 수 있다. 즉 통합적 관점에서 연결된 새로운 정보가 창출될 수 있다(예를 들어 월요일 오전 어느 지역의 교통 범칙금이 가장 많이 부과되고 위반자는 어느 타입인가? 등등).

정부회계는 컴퓨터 등의 전자기술과 융합하여 파악해야 하고, 단순한 정부회계로 파악해서는 안 된다. 정부회계와 정보시스템의 융합을 통한 정부회계정보시스템이 정부회계의 중심이 되어야 한다. 오늘날의 정부회계는 모두 전산화된 실시간 IT시스템이다. 따라서 정부회계라는 주제와 정보시스템이라는 주제를 별도로 이해하면 안 된다. 정부회계는 정보시스템과 IT기술의 발달로 인하여 전혀 다른 역할을 할 수 있게 되었다. IT기술로 인하여 실시간으로 모든 정보가 처리되고 SNS 등으로 국민과 상호작용이 놀랄만한 수준으로 증가할 수 있다. 향후 정부회계는 우리가 지금 상상한 것과는 전혀 다른 방향으로 발전할 수도 있다. 그것은 우리가 어떻게 정부회계와 정보시스템을 결합하여 발전시키는가에 달려 있다. 우리의 역량에 따라 정부회계도 발전한다.

(4) 회계법인의 적극적인 자세

회계법인은 새롭게 창출된 시장을 놓고 좋아하기만 할 뿐 적극적으로 역할을 할 생각은 없는 것으로 보인다. 발생주의와 복식부기의 정착과정에 회계법인이 연구용역을 통해 기여해 왔지만 회계법인이 정부회계개혁을 주도한 것은 아니었다. 그러다 보니 회계법인은 정부회계의 도입에 대해 수동적으로 대처할 뿐이다. 또한 회계법인 내에 있는 전문가마저 활용할 생각을 못하고 있다. 공인회계사들은 정부를 너무 모른다. 기업의 관점에서 재무제표를 접근하고 있기 때문에 예산에 대해서 잘 모르고 무엇보다도 공공부문에서 예산과 회계가 어떤 역할을 하는지도 잘 모른다.

그럼에도 불구하고 앞으로 회계법인이 정부회계영역에서 상당한 활동을 할 것으로 생각된다. 회계법인은 내부에 전문가를 양성해야 하고 이미 있는 전문가에게 적극적인 역할을 부여해야 한다.23) 만약 회계법인이 지금처럼 소극적인 자세로 일관하면 정부는 별도의 인증제도를 통해서 정부회계전문가를 양성하는 방안도 고려할 수 있다. 왜냐하면 우리나라는 현재 회계전문가도 부족하지만 정부회계전문가는 더욱 부족하기 때문이다. 정부의 재정개혁에 따른 정부회계의 변화에 발맞춰 우리나라의 현실에 적합한 정부회계전문가 양성이 더욱 필요한 시점이다.

정부회계전문가는 자신의 고유영역(재무회계, 관리회계, 감사) 이외에도 행정학과 정책에 관한 지식을 습득해야 한다. 특히 재무정보의 한계를 인식하고 비재무정보를 활용하여 성과평가에 유용한 정보를 제공할 수 있는 능력이 있어야 한다. 공공부문의 재무보고서는 성과평가를 위하여 기존의 재무정보 이외에도 비재무정보를 제공하는 추세로 나아가고 있다. 또한 민간경영기법의 공공부문 도입으로 인해 민간부문 공인회계사 등 민간 회계전문가가 공공부문에 취업하는 사례가 증가하고 있다. 그러나 민간경영기법은 공공부문에 적용될 때 한계를 인식하고 적용되어야 하며 민간 공인회계사만으로는 부족하기 때문에 공공부문의 특성을 잘 이해하는 회계전문가가 반드시 필요하다.

(5) 공무원의 순환보직

공무원의 순환보직으로 인한 정부회계지식과 기술축적이 불가능하다. 정부의 모든 분야에서 순환보직으로 인한 전문성확보가 어려운 현실이지만 특히 회계분야는 순환보직이 절대적으로 폐지되어야 한다.

(6) 감사기능의 개선 및 감사원 역할의 변화

정부회계는 정부예산과 분리될 수 없듯이 감사와도 분리될 수 없다. 회계기록은 감사를 받기 때문이다. 회계정보의 신뢰성은 감사에 의해 확보된다. 감사기능이 활성화될 때 정부회계의 수준도 향상된다. 감사원의 독립성이 결여되면 감사도 제 기능을 다하지 못하며 정부회계수준도 그만큼 낙후되므로 감사원의 독립성도 정부회계수준에 영향을 미친다. 감사원의 회계지식에 의해 정부회계수준이 영향을 받기 때문에

23) 공인회계사 중에서 일정한 교육과 훈련을 거친 뒤에 일정한 경력을 쌓으면 감사원이 인증을 해주어 해당 공인회계사 만이 공공부문에 활동할 수 있도록 회계법인과 감사원의 연계가 요구된다.

감사원은 회계전문가 확보방안을 강구해야 한다.

미국의 경우 1921년의 예산회계법(The Budget and Accounting Act)에 의해 예산실(BoB: the United States Bureau of the Budget)과 감사원(GAO)이 창설되었지만, 1966년 Elmer Staats가 감사원장에 임명되어 감사원의 위상을 끌어올릴 때까지 감사원은 사람들의 관심에서 제외되었으며 예산실만 부각되었다(Brown, 1988b). 그러나 미국의 감사원은 현재 연방최고재판소에 이어 미국 국민의 존경을 두 번째로 많이 받는 자랑스러운 기관이다.

이에 반하여 한국의 감사원은 전 세계에 유례가 거의 없는 행정부 소속으로서 독립성이 결여되고 전문성도 많이 부족하다. 복식부기와 발생주의회계의 도입을 통한 정부회계제도가 안정적으로 정착을 하게 되면, 감사원은 독립성 및 전문성의 확보뿐만 아니라 감사기준을 향상하려는 노력을 병행해야 한다. 포괄적이고 체계적인 감사기준을 제정하거나 기존의 감사기준을 대폭 수정하고 보완하여야 할 것이다. 정부회계기준에 맞추어 정부감사기준도 새롭게 탄생해야 한다. 또한 감사원은 정부회계 영역에 대하여 아웃소싱으로 대처할 가능성이 크며, 그것이 현재의 감사원의 상황에서 적절한 대안일 수 있다.

(7) 성과정보의 문제

모두가 다 아는 이야기이지만 회계는 성과평가에 있어서 아주 중요한 역할을 한다. 공공부문에서 성과평가가 한계를 가지고 있기 때문에 역설적으로 정부회계가 중요하다. 왜냐하면, 원가 그 자체가 중요하고, 원가 구성요소가 중요하며, 원천정보가 중요하기 때문이다. 회계는 성과평가가 해주지 못하는 아쉬운 부분에 대해 국민의 갈증을 해소시키는 역할을 할 수 있다.

최근의 재정개혁을 통한 예산과 회계의 연계문제가 대부분 해결되었다고는 하지만 가장 중요한 연계는 아직도 부족하다. 가장 중요한 연계는 예산에 포함된 국민과의 약속을 회계에서 확인하는 것이고, 재무보고를 통해 정부는 국민과의 약속을 지켰음을 입증하는 일이다. 정부는 효과성과 효율성을 입증할 책임이 있다.

이처럼 국민에 대한 약속과 그에 대한 책임을 입증하기 위해서는 원가정보를 쉽게 가공할 수 있는 시스템이 필요하다. 성과평가가 한계를 가지지만 원가정보는 여전히 유용하다. 국민들은 사실상 원가정보에 대해 관심이 많다. 정부회계에서 제공하는 원가정보에 근거한 추정도 의미가 있다. 가령 모든 대학생의 등록금을 반값으로 하기 위한 원가는 얼마가 될 것인가 하는 원가 추정은 매우 유용한 정보를 제공한다.

(8) 관리와 회계의 괴리

정책과 예산과정은 "기획→예산→집행→감사/평가→기획"의 단계로 진행되어야 하는데 대부분 기획은 이전단계의 감사와 평가결과를 무시하고 이루어진다. 또한 사업의 결과와 비용을 비교하지도 않고 사업의 결과에 대한 책임을 추궁하지 않는다. 예산보고서는 통일되지 않았으며 회계와는 달리 예산용어, 개념 등은 정확하지 않고 공식적이지도 않다(Bowsher, 1992). 비록 이러한 비판은 미국에서 제기되었지만 오늘날 우리의 현실에도 대부분 그대로 들어맞는다. 회계는 기획과 통제와 유리되고 결국 이러한 괴리는 관리와 회계의 괴리를 의미한다. 회계정보는 감사 후에 의사결정자에 의해 사용되지도 않고 미래의 기획에 반영되지도 않는다. 최근 선진국에서도 정부개혁에 의해 창출된 성과평가정보를 관리에 사용하지 못하는 문제점이 개혁의 실패사례로 지적되고 있다. 최근 우리나라는 성과관리제도를 도입하여 실시하고 있으나 여전히 성과정보를 적절하게 활용하지 못하고 있다. 따라서 관리와 회계의 연계를 위한 다각적인 노력이 필요하며, 이를 위하여 성과관리제도를 개선하고, 성과평가 정보가 예산 및 관리에 적극 반영될 수 있도록 하여야 한다.

(9) 정보사용자의 요구에 부응하지 못함

중앙집권적인 통제중심의 사회에서 분권화 되고 시장이 중심이 되는 사회로 변화함에 따라 사업의 관리자들과 정책결정자들은 다양한 시나리오 하에서 기획할 수 있는 능력과 자료를 분석하여 날카롭게 미래를 예측하고 단기간에 빠른 의사결정과 집행을 필요로 하는 상황에 자주 직면하게 된다. 회계정보는 이러한 경우에 유용한 정보를 제공할 수 있어야 하는데 대부분의 정부회계는 낡은 원칙과 제도에 기초하고 있기 때문에 심각한 개선이 필요하다고 한다(Premchand, 1995). 사람들은 회계를 불변의 고정된 내용으로 생각하는데 어떤 회계제도, 기준, 원칙을 설정하느냐에 따라 제공하는 정보의 질과 성격도 달라지며 회계시스템도 달라진다. 변화하는 상황에 대응하여 정보사용자의 요구를 반영하고 정보사용자가 필요로 하는 회계정보를 제공할 수 있도록 부단히 회계시스템과 정부회계기준을 수정 보완하여야 한다.

회계시스템의 결함이나 문제점을 대개 회계인력부족으로 돌리는 경향이 많은데 대부분의 경우 회계인력은 컴퓨터에 의해 처리될 수 있는 단순 반복업무를 수행하는데 불과하다. 회계시스템의 설계, 회계제도, 회계절차 등을 근본적으로 개선하지 않은 채 우수인력만을 채용하는 것으로 기존 회계시스템의 문제점을 개선하기는 어렵다. 물론 회계전문인력은 필요하지만 회계전문인력의 증가만으로 회계시스템의 문제가 해결된다고 생각해서는 안 된다. 또한 우수한 회계시스템은 회계시스템을 활용할 줄 아는 정책결정자와 관리자에 달려 있기 때문에 회계인력의 개선만으로는 안 되며 비회계인력에 대한 훈련과 회계인력과 비회계인력 사이의 커뮤니케이션도 중요하다 (Premchand, 1995).

(10) 의회의 역할

회계정보의 중요한 역할 중의 하나가 정부활동에 대한 정보를 제공한다는 것이다. 정부활동에 대한 정보들은 정부활동에 대한 감시 역할을 하는 의회에 있어서 아주 중요한 요소이다. 우리나라는 국정감사 등을 통한 정부활동에 대한 평가 및 감사를 하고 있다. 하지만 현재의 국정감사는 폭로성에 치중되는 경향을 보이고 있으며, 이럴 경우 회계정보의 사용은 제한적일 수밖에 없다. 여기서 과연 어떻게 회계정보를 사용할 것인가 하는 문제가 발생한다. 과거에도 그러했듯이, 재정개혁 이후 예산의 중요성은 더욱 증가하고 있으며, 앞으로도 더욱 그럴 것이다. 회계정보에 따른 성과지표와 원가정보는 새로운 장을 제공해 줄 수 있다.

예를 들어, 보건의료산업진흥을 위해 예산을 투입한 것에 대한 성과지표로 SCI논문 편수(국민은 몇 편이 적합한지 잘 모른다)를 사용한다면, 과연 그 많은 돈을 투입할 만한 가치가 있었는가에 대한 의문이 들게 된다. 보건의료산업이 GDP에서 몇 퍼센트를 차지하는가를 평가하는 것이 더 좋은 성과지표가 될 수 있다. 하지만, 정부지원은 보건의료산업에 미치는 지극히 작은 변수의 하나에 불과하기 때문에 다시 원가와 SCI편수에 치중하게 된다. 의회는 이런 상황에서 총체적으로 회계정보를 성과평가에 사용해야 한다. 과연 정부는 무엇을 하고 있는가? 그리고 이러한 원가는 과연 타당한가는 최종적으로 의회가 책임져야할 감사행위이다.

의회는 회계정보가 단순히 부기에 의해 만들어지는 수치이상이라는 것을 이해해야 한다. 회계는 바보가 사용하면 바보의 수치가 되고 현명하게 사용하면 매우 유용한 수치가 된다. 의회는 회계정보를 이용하여 정부의 효과성과 효율성을 판단하는 궁극적 장소가 되어야 한다. 의회가 회계정보에 무지하거나 관심이 없으면 결국 과거의 품목별예산에 치우치게 된다. 회계정보라는 고급정보는 결국 사장되고 만다.

(11) 세부사항을 총 점검하는 효과

정부회계는 인적자원에 대한 세부정보, 자산에 대한 세부 정보 등 정부부문의 세부적인 사항에 대한 정보를 점검할 수 있다. 뉴질랜드에서는 정부회계로 인하여 인력관리와 휴가 문제에 대한 새로운 사실이 밝혀졌다고 한다. 정부회계의 도입은 자산을 하나하나 구체적으로 조사하고 평가하고 기록하게 됨으로써 예전에는 몰랐던 사실을 알게 되는 등 총점검의 효과를 가져온다. 예를 들어 자산목록에만 있었던 자산의 가치를 평가하기 위해 현장을 방문하게 되고, 토지에 지상권이 설치되어 있는 새로운 사실을 발견하게 되는 경우가 바로 그러한 사례이다.

수많은 추세정보는 통계적 가공을 거쳐 고급 정보로 전환될 수 있고, 이런 상세한 정보는 새로운 사실을 제공해 주는 역할을 한다. 한국은 경복궁, 창덕궁, 종묘 같은 유산자원을 보고하지 않지만 보고할 수도 있다. 만약 보고한다면 최초의 금액은 별로 중요하지 않다. 매우 주관적이기 때문이다. 그러나 최초의 금액이 매년 어떻게 변화하는가는 매우 중요하다. 예를 들어 경복궁에 주기적인 문화재보수가 이루어진다면 경복궁의 자산가치가 매년 증가한다. 오랜기간 동안 문화재보수가 이루어지지 않는다면 자산가치는 그대로 있을 것이다.

(12) 성과평가라는 측면에서 많은 요소들을 융합하는 중심체

정부회계는 성과평가라는 장에서 여러 가지 정보를 융합하는 역할을 한다. 최근에 선진국의 재무제표에는 회계정보 이외의 정보들이 많이 포함된다. 예를 들어 인구, 소득, 범죄율 등. 이러한 정보들은 모두 정부의 성과를 측정하는 데 사용되는 기타 정보들이라고 할 수 있다. 여러 가지 기타 정보들이 포함되면서 재무제표가 성과평가를 위한 통합역할을 수행한다. 모든 정보는 결국 회계정보와 결합되어 성과평가를 위한 또 하나의 거대한 정보집합체를 만들어낸다.

정부회계는 정부활동에 대한 정보로서 국민에게 정부가 무언가를 정직하게 행하고 있다는 느낌을 주는 심리적 역할을 한다. 성과평가가 한계가 있기 때문에 정부회계의 사소한 정보가 국민에게 성과평가의 미진함을 보완한다. 정부회계는 원가정보의 공개를 통하여 투명성을 제공하고, 원가정보가 공개된다는 사실은 세금을 내는 국민에게 안도감을 줄 수 있다. 예를 들어 기관장의 업무추진비가 정직하면 국민들은 초대형 사업도 깨끗하게 관리될 것으로 생각한다. 결국 아주 사소한 항목의 공개도 국민에게는 중요할 수 있다. 초대형 사업의 성과평가가 한계가 있을 때는 결국 무언가 정부를 신뢰할 수 있는 단서를 찾기 마련이다. 예를 들어 기관장의 업무추진비는 사소한 항목이지만 성과평가의 부족한 점을 보완하게 된다.

(13) 정부회계의 독자적 발전의 결여

정부회계는 기업회계와 매우 다르기 때문에 독자적으로 발전해야 한다. 비록 기업회계의 복식부기를 차용해 왔지만 정부회계는 기업회계의 이론을 연장하여 사용할 수 없는 주제가 많다. 따라서 정부회계 연구자들은 정부회계를 기업회계와 비교하거나 기업회계에서 정부회계문제의 해결책을 찾으려고 해서는 안 된다. 정부회계는 기업회계연구와는 별도로 진행되어야 한다. 물론 기업회계의 학문영역에서 도움을 받을 수 있는 내용이 있겠지만 어디까지나 참고사항에 그쳐야 할 뿐 공공부문의 예산과 재무관리를 염두에 두고 정부회계를 발전시켜야 한다.

참고문헌

강주훈(1996). 내부통제제도 평가의 기본방향, 감사, (제50호), pp. 50-54.

문호승(1996). 공공기관의 내부통제제도 개선방안, 감사, (제50호), pp. 44-49.

박상임 · 허웅(2007). 회계정부 유용성 관점에서의 국가회계 · 지방자치단체회계 · 기업회계의 비교 분석. 생산성논집 21(3).

배득종 · 최용락 · 강경훈 · 허웅 · 김상균(2011). Fiscal Reform and Financial Management Information System in Korea(기획재정부 연구보고서).

윤성식(1996). 내부통제제도의 의의와 중요성, 감사, (제50호), pp. 27-31.

윤성식 · 권수영(1998). 정부회계 : 예산원가회계 및 감사. 법문사.

이경섭 · 홍광표(1997). 예산집행관련 회계사무집행실태, 감사, (제51호), pp. 33-37.

정운오 · 나인철 · 이명곤 · 조성표(2009). IFRS중급회계. 경문사.

편호범(2010). 정부 및 비영리회계. 법문사.

허웅 · 윤성식(2011). 정부회계학. 법문사.

Adair, J. J. and R. Simmons (1988). From Voucher Auditing to Junkyard Dogs: The Evolution of Federal Inspectors General, *Public Budgeting & Finance*, Summer, pp. 91-100.

Anthony, Robert (1988). Closing the Loop between Planning and Performance. *In* Richard E. Brown (ed.), *Accounting and Accountability in Public Administration*, The American Society for Public Administration, pp. 22-43.

Axelrod, Donald (1995). Budgeting for Modern Government, Second Edition, St. Martin's Press, Inc.

Ball, Ian (1981). Measuring the Cost of Government Services, New Zealand Planning Council.

Ball, Ian (1992). Accrual Accounting in the Public Sector: A Case Study, *Conference of the Accounting Association of Australia and New Zealand.*

Bowsher, C. (1988). Sound Financial Management: A Federal Manager's Perspective. *In* Richard E. Brown (ed.), *Accounting and Accountability in Public Administration,* The American Society for Public Administration, pp. 44-62.

Bowsher, C. A. (1992). Governmental Financial Management at the Crossroads: The Choice is Between Reactive and Proactive Financial Management. In Albert C. Hyde (ed.), *Government Budgeting: Theory · Process · Politics,* Second Edition, Brooks/Cole, pp. 389-397.

Broadbent, Jane and James Guthrie (1992). Changes in the Public Sector: A Review of Recent "Alternative" Accounting Research, *Accounting Auditing & Accountability Journal,* Vol. 5 No. 2, pp. 3-31.

Brown, Richard E. (ed.) (1988a). Accounting and Accountability in Public Administration, The American Society for Public Administration.

Brown, Richard E. (1988b), Public Administration Welcomes Accounting With Closed Arms. *In* Richard E. Brown (ed.), *Accounting and Accountability in Public*

Administration, The American Society for Public Administration, pp. 1-18.

Campell, O. W. (1988). San Diego's 1951 Annual Report, In Richard E. Brown (ed.), *Accounting and Accountability in Public Administration*, The American Society for Public Administration, pp. 151-155.

Celi, Louis J. and Barry Rutizer (1991). Global Cash Management, Business Inter-national Corporation.

Chan, J. L. (1992). Standards and Issues in Governmental Accounting and Financial Reporting. *In* Albert C. Hyde (ed.), *Government Budgeting: Theory · Process · Politics*, Second Edition, Brooks/Cole, pp. 381-388.

Coe, C. K. (1989). Public Financial Management, Prentice-Hall.

Connolly, Sara and Alistair Munro (1999). Economics of the Public Sector, Prentice Hall Europe.

Currie, Brian (1987). Accounting for Infrastructure Assets, *Public Finance and Accountancy*, 8 May.

Curro, Michael J. and Carolyn L. Yocom (1998). Federal Budget Practices in the 1990s. *In* Fred Thompson and Mark T. Green (eds.), *Handbook of Public Finance*, Marcel Dekker, Inc.

Davey, Howard and Ed Vos (1997). Financial Management Decision Making, Fourth Edition, Butterworths.

Ellis, George P. (1988). Two Books on Federal Accounting. In Richard E. Brown (ed.), *Accounting and Accountability in Public Administration*, The American Society for Public Administration, pp. 110-118.

Epstein, Paul D. (1996). Redeeming the Promise of Performance Measurement: Issues and Obstacles for Governments in the United States. In Arie Halachmi and Geert Bouckaert (eds.), *Organizational Performance and Measurement in the Public Sector: Toward Service, Effort and Accomplishment Reporting*, Quorum Books.

Frank, Robert H. and Philip J. Cook (1995). The Winner-Take-All Society, The Free Press.

Frater, Ian (1989). Accrual Accounting: The Experience of a Small Local Authority. *In* New Zealand Society of Accountants, *Managing Resources in the New Public Sector*, 1989 Public Sector Convention, New Zealand Society of Accountants.

Garner, C. W. (1991). Accounting and Budgeting in Public and Nonprofit Organization, Jossey-Bass.

Gary, T. Jack, Jr. (1988). A Single Audit of Federally Assisted Programs? *In* Richard E. Brown (ed.), *Accounting and Accountability in Public Administration*, The American Society for Public Administration, pp. 160-172.

Gilmour, R. S. and R. L. Sperry (1986). Pushing the String: Moving Central Manage-ment Reform from the Senate, *Public Administration Review*, September/October, pp. 392-396.

Greiner, John M. (1996). Positioning Performance Measurement for the Twenty-First Century. *In* Arie Halachmi and Geert Bouckaert (eds.), *Organizational Performance and Measurement in the Public Sector: Toward Service, Effort and Accomplishment Reporting*, Quorum Books.

Grizzle, Gloria A. (1998). Budgeting and Financial Management: Propositions for Theory and Practice. *In* Jack Rabin et al. (eds.), *Handbook of Public Administration*, Second Edition, Marcel Dekker, Inc.

Guess, George M. (1983). Comparative Government Budgeting. *In* Jack Rabin and Thomas D. Lynch (eds.), *Handbook on Public Budgeting and Financial Managment*, Marcel Dekker, Inc., pp. 161-191.

Henry, Douglas, Clive Holtham, Andrew Likierman and John Perrin (1989). Public Sector Accounting and Financial Control, 3rd ed., Van Nostrand Reinhold (Interna- tional).

Herzlinger, R. E., and D. Nitterhouse (1994). Financial Accounting and Managerial Control for Nonprofit Organizations, South-Western Publishing Co.

Hopwood, A. G. (1984). Accounting and the Pursuit of Efficiency. *In* Hopwood and Tomkins (eds.), *Issues in Public Sector Accounting*, Philip Allen Publishers, Oxford.

Jacobs, Kerry (1995) Budgets: A Medium of Organizational Transformation, Manage- ment Accounting Research, pp. 59-75.

Jonsson, Gert (1990). Government Accounting in Sweden. *In* A. Premchand (ed.), *Government Financial Management*: Issues and Country Studies, International Monetary Fund.

Kahn, Jonathan (1997). Budgeting Democracy, Cornell University Press.

Lapsley, Irvine (1994). Responsibility Accounting Revived?: Market Reforms and Budgetary Control in Health Care, *Management Accounting Research*, pp. 337-352.

Luder, Klaus G. (1992). A Contingency Model of Governmental Accounting Innovations in the Political-Administrative Environment, Research in Government and Nonprofit Accounting, Vol. 7, pp. 99-127.

Mansfield, Harvey C. Sr. (1988). The Quest for Accountability. *In* Richard E. Brown (ed.), *Accounting and Accountability in Public Administration*, The American Society for Public Administration, pp. 119-132.

McCullogh, Brian W. and Ian Ball (1992). Accounting in the Context of Public Sector Management Reform, *Financial Accountability & Management*, 8(1), Spring, pp. 7-12.

Meyer, Dan W., Albert C. Kiser, L. Leanne Whitaker and Thomas A. Gavin (1993). How GASB 11 Will Affect Municipal Governments' Financial Reporting, *Journal of Accountancy*, Vol. 175 No. 1, pp. 53-59.

Miah, Nuruz Zaman (1991). Attempts at Developing a Conceptual Framework for Public Sector Accounting in New Zealand, *Financial Accountability & Management*, 7(2), Summer, pp. 83-97.

Miller, Stephen H. (1992). Ed Mazur Versus The Behemoth, *Journal of Accountancy*, Vol. 174 No. 1, pp. 92-98.

Morse, Ellsworth H. (1988). Professional Accountants in Government: Roles and Dilemmas. *In* Richard E. Brown (ed.), *Accounting and Accountability in Public Administration*, The American Society for Public Administration, pp. 83-98.

Norman, Richard (1997). Accounting for Government, Victoria University of Welling- ton.

OECD (1997). Modern Budgeting, OECD.

O'Toole, Daniel E. and Brian Stipak (1996). Implementing Service Efforts and Accomplishments Reporting: The Portland Experience. *In* Arie Halachmi and Geert

Bouckaert (eds.), *Organizational Performance and Measurement in the Public Sector: Toward Service, Effort and Accomplishment Reporting*, Quorum Books.

Pallot, June (1991). Accounting, Auditing, and Accountability. *In* Boston, Jonathan, John Martin, June Pallot and Pat Walsh (ed.), *Reshaping the State: New Zealand's Bureaucratic Revolution*, Oxford University Press.

Pallot, June (1994). The Development of Accrual-Based Accounts for the Government of New Zealand, *Advances in International Accounting*, Vol. 7, pp. 289-310.

Pallot, June (1997). Infrastructure Accounting for Local Authorities: Technical Management and Political Context, *Financial Accountability & Management*, 13(3), August, pp. 225-242.

Points, Ron (1990). Recent Developments in Accounting and Financial Management in the United States. *In* A. Premchand (ed.), *Government Financial Management: Issues and Country Studies*, International Monetary Fund.

Premchand, A. (1995). Effective Government Accounting, International Monetary Fund.

Ratliff, Richard (1989). A New Perspective for Management Controls. *In* New Zealand Society of Accountants, *Managing Resources in the New Public Sector*, 1989 Public Sector Convention, New Zealand Society of Accountants.

Riso, Gerald R. and William L. Kendig (1988). Strengthening Federal Management Controls With Less Effort. *In* Richard E. Brown (ed.), *Accounting and Accountability in Public Administration*, The American Society for Public Administration, pp. 242-262.

Rose, Pete (1998). Financial Reporting. *In* Fred Thompson and Mark T. Green (eds.), *Handbook of Public Finance*, Marcel Dekker, Inc.

Rubin, I. (1987). Preventing or Eliminating Planned Deficits: Restructuring Political Incentives. *In* Allen Schick (ed.), *Perspectives on Budgeting*, Second Edition, the American Society for Public Administration, pp. 239-250.

Rutherford, Brian (1990). Towards a Conceptual Framework for Public Sector Financial Reporting, *Public Money & Management*, Summer, pp. 11-15.

Schick, A. (ed.) (1987a). Perspectives on Budgeting, Second Edition, the American Society for Public Administration, pp. 218-238.

Schick, A. (1987b). Budgeting as an Administrative Process. *In* Allen Schick (ed.), *Perspectives on Budgeting*, Second Edition, the American Society for Public Administration, pp. 1-12.

Schick, A. (1988). Contemporary Problems in Financial Control. *In* Richard E. Brown (ed.), *Accounting and Accountability in Public Administration*, The American Society for Public Administration, pp. 207-224.

Schick, A. (1995). The Federal Budget: Politics, Policy, Process, The Brookings Institution, Washington D. C.

Scott, Graham, Ian Ball and Tony Dale (1997). New Zealand's Public Sector Management Reform: Implications for the United States, Journal of Policy Analysis and Management, Vol. 16, No. 3, pp. 357-381.

Sheldon, D. R. (1996). Achieving Accountability in Business and Government, Quorom Books.

Shim, Jae K. and Joel G. Siegel (1997). Financial Management for Nonprofits, McGraw-Hill.

Staats, Elmer B. (1990). Government Accounting: Promise and Performance. In A. Premchand (ed.), *Government Financial Management: Issues and Country Studies*, International Monetary Fund.

Staats, E. B. (1992). The Continuing Need for Budget Reform. *In* Albert C. Hyde (ed.), *Government Budgeting: Theory · Process · Politics*, Second Edition, Brooks/Cole, pp. 61-67.

Stiglitz, Joseph E. (1988). The Economics of the Public Sector, Second Edition, Norton.

Thai, Khi V. (1983). Governmental Accounting. *In* Jack Rabin and Thomas D. Lynch (eds.), *Handbook on Public Budgeting and Financial Managment*, Marcel Dekker, Inc., pp. 317-344.

Toulmin, Llewellyn M., and Glendal E. Wright (1983). Expenditure Forecasting. In Jack Rabin and Thomas D. Lynch (eds.), *Handbook on Public Budgeting and Financial Managment*, Marcel Dekker, Inc., pp. 209-286.

Van Wagenen, Richard W. (1988). Financial Control: A Case Study. *In* Richard E. Brown (ed.), *Accounting and Accountability in Public Administration*, The American Society for Public Administration, pp. 225-241.

Walker, R. G. (1990). Should There Be Common Standards for the Public and Private Sectors? *In* J. L. Guthrie, L. Parker and D. Sand (eds.), *The Public Sector, Contemporary Readings in Accounting and Auditing*, Harcourt, Brace, Jovanovich, pp. 244-262.

Westwood, Mark (2000). Financial Accounting in New Zealand, 3rd ed., Longman.

White, J. (1985). Much Ado About Everything: Making Sense of Fedral Budgeting, *Public Administration Review*, September/October, pp. 623-630.

Wildavsky, A. (1992). The New Politics of the Budgetary Process, Second Edition, Harper Collins Publishers Inc.

Wood, Brian (1989). The New Accountability Regime for Local Government. *In* New Zealand Society of Accountants, *Managing Resources in the New Public Sector*, 1989 Public Sector Convention, New Zealand Society of Accountants.

Index | 찾아보기

[ㅂ]

[ㅅ]

[ㅇ]

[ㅈ]

[ㅊ]

[ㅋ]

[ㅌ]

[저자약력]

■ 주기완

〈학 력〉
건국대학교 행정학과 졸업
고려대학교 행정학석사
고려대학교 행정학박사

〈경 력〉
고려대학교 정부학연구소 선임연구원
창원시보조금심의위원회 위원
경상남도교육청 재정계획심의위원회 위원
경상남도 지방재정계획심의위원회 위원
경상남도 지방노동위원회 공익위원
경상남도 출자·출연기관운영심의위원회 위원
경상남도 양성평등위원회 위원
경상남도 도정자문위원회 위원
현재 창원대학교 행정학과 부교수
(사)한국평가감사연구원 감사

■ 瑞牛 윤성식

〈학 력〉
고려대학교 행정학과 졸업
오하이오 주립대학(콜럼버스) 경제학과 졸업
일리노이대학(어바나 샴페인) 회계학석사
동국대학교 불교학석사
버클리대학 경영학박사
동국대학교 불교학박사

〈경 력〉
미국공인회계사
텍사스대학(오스틴) 경영대학원 교수
정부혁신지방분권위원장
국회공직자윤리위원장
검찰미래위원장
고려대학교 행정학과 명예교수

재무행정학 [제2판]

2012년 2월 25일 초판 발행
2020년 1월 10일 제2판 1쇄 발행

저 자 주 기 완 · 윤 성 식
발행인 배 효 선
발행처 도서출판 法 文 社
주 소 10881 경기도 파주시 회동길 37-29
등 록 1957년 12월 12일/제2-76호(윤)
전 화 (031)955-6500~6 FAX (031)955-6525
E-mail (영업) bms@bobmunsa.co.kr
(편집) edit66@bobmunsa.co.kr
홈페이지 http://www.bobmunsa.co.kr
조 판 ㈜ 성 지 이 디 피

정가 41,000원 ISBN 978-89-18-91059-8